永福县志

YONGFU XIANZHI

（1991—2005）

永福县地方志编纂委员会 编

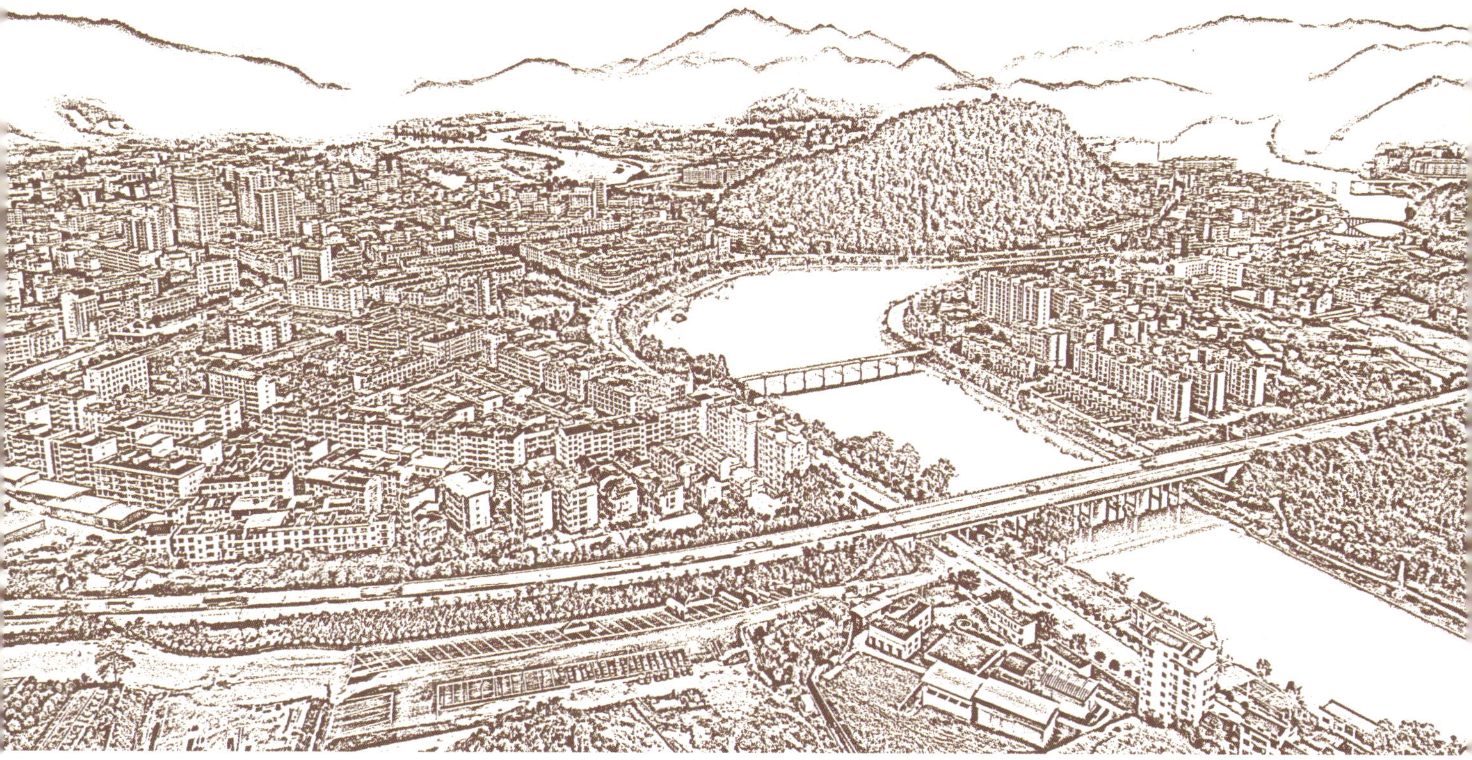

国家图书馆出版社

图书在版编目(CIP)数据

永福县志.1991—2005/ 永福县地方志编纂委员会
编.-- 北京：国家图书馆出版社,2018.6
ISBN 978-7-5013-6396-4

Ⅰ.①永… Ⅱ.①永… Ⅲ.①永福县—地方志—
1991—2005 Ⅳ.① K295.74

中国版本图书馆 CIP 数据核字(2018)第 062991 号

国家图书馆出版社官方微信

书　　名	永福县志(1991—2005)
著　　者	永福县地方志编纂委员会　编
责任编辑	于春媚
特邀编审	夏红兵
设　　计	南宁市佳彩广告设计有限公司
出　　版	国家图书馆出版社(100034　北京市西城区文津街 7 号) (原书目文献出版社　北京图书馆出版社)
发　　行	010-66114536　66126153　66151313　66175620 66121706（传真）　66126156（门市部）
E-mail	nlcpress@nlc.cn（邮购）
Website	www.nlcpress.com →投稿中心
经　　销	新华书店
印　　刷	深圳市精一瑞兰印刷有限公司
版　　次	2018 年 6 月第 1 版　2018 年 6 月第 1 次印刷
开　　本	889 × 1194（毫米）　1/16
印　　张	57
字　　数	1758 千字
书　　号	ISBN 978-7-5013-6396-4
定　　价	360.00 元

永福县第二轮地方志编纂机构及人员

永福县第二轮地方志编纂委员会

（2004 年 12 月—2017 年 6 月）

名誉主任：莫　桦（2004 年 12 月—2005 年 8 月）

　　　　　赵德明（2005 年 8 月—2009 年 1 月）

　　　　　文建中（2009 年 1 月—2011 年 6 月）

　　　　　黄永跃（2011 年 6 月—2014 年 5 月）

　　　　　蒋昌桂（2014 年 5 月—2017 年 6 月）

　　　　　于顺弟（2004 年 12 月—2015 年 5 月）

　　　　　徐元声（2004 年 12 月—2006 年 10 月）

　　　　　刘永祥（2006 年 10 月—2015 年 5 月）

主　　任：石春莲（2004 年 12 月—2006 年 7 月）

　　　　　文建中（2006 年 7 月—2009 年 1 月）

　　　　　蒋文明（2009 年 1 月—2013 年 4 月）

　　　　　王　芳（2013 年 4 月—2016 年 4 月）

　　　　　莫振华（2016 年 4 月—2017 年 6 月）

副 主 任：唐卫平　唐纪文　唐标明　秦际广　钟　涛　文建中　罗代璋

　　　　　赵家维　黄泽治　朱政光　秦学文　王承林　王宜琼　林增学

　　　　　李庆节　孙玉杰　蔡一鸣　黄建民　周昌盛　陈美继　韦普健

　　　　　莫凤祥　杨荣保　刘宏星　于彦华　潘仁松　蒙明德　秦建发

委　　员：李荣诚　林庚运　刘　晴　刘菊英　卿晓安　章国华　吴卫宁

　　　　　韩冠富　周长安　黄在治　廖宜荣　袁天赐　罗健华　龚国明

　　　　　李金元　秦明生　黄业韬　阳社恩　徐玉红　傅红叶　莫中元

　　　　　陈作胜　马运生　罗代璋　赵成太　黄宏忠　韦华嵘　黄武兴

　　　　　李群生　曾心地　黄佳明　黄德辉　韩庆生　韦松林　朱桂德

　　　　　潘敬宽　廖美瑛　莫西林　李汴明

《永福县志(1991—2005)》编辑部

(2004 年 12 月—2017 年 6 月)

主　　编:刘宏星(2004 年 12 月—2006 年 3 月)

　　　　于彦华(2006 年 3 月—2007 年 3 月)

　　　　潘仁松(2007 年 3 月—2009 年 8 月)

　　　　蒙明德(2009 年 8 月—2015 年 3 月)

　　　　秦建发(2015 年 3 月—2017 年 6 月)

总　　纂:蒙明德

副 主 编:韩庆生　韦松林　朱桂德　潘敬宽　廖美瑛　莫西林　李汴明

编　　辑:蒙明德　潘仁松　潘敬宽　唐贤珍　熊文华　李汴明　汤积光

　　　　黄德榜　蓝胜福

文字、数据电脑录入:莫伟华

校　　对:蒙明德　潘敬宽　熊文华　李汴明　莫伟华　文中山　秦　芳

永福县党史县志办公室工作人员

(2004 年 12 月—2017 年 6 月)

主　　任:刘宏星(2004 年 12 月—2006 年 3 月)

　　　　于彦华(2006 年 3 月—2007 年 3 月)

　　　　潘仁松(2007 年 3 月—2009 年 8 月)

　　　　蒙明德(2009 年 8 月—2015 年 3 月)

　　　　秦建发(2015 年 3 月—2017 年 6 月)

副 主 任:韩庆生(2004 年 12 月—2006 年 3 月)

　　　　韦松林(2004 年 12 月—2006 年 3 月)

　　　　朱桂德(2006 年 3 月—2010 年 4 月)

　　　　潘敬宽(2006 年 3 月—2016 年 5 月)

　　　　廖美瑛(2010 年 4 月—2012 年 1 月)

　　　　莫西林(2012 年 1 月—2013 年 8 月)

　　　　李汴明(2014 年 12 月—2017 年 6 月)

　　　　于冬德(2016 年 5 月—2017 年 6 月)

主任科员:莫西林(2013年8月—2017年6月)

　　　　蒙明德(2015年3月—2017年6月)

副主任科员:唐贤珍(2008年9月—2012年11月)

督 导 员:熊文华(2006年3月—2017年6月)

科　　　员:李汴明(2004年12月—2014年11月)

　　　　莫伟华(2008年9月—2017年6月)

　　　　文中山(2004年12月—2017年6月)

　　　　唐朝文(2004年12月—2010年10月)

　　　　秦　芳(2010年12月—2017年6月)

《永福县志(1991—2005)》资料员

刘卉芝	李荣诚	宾树德	林庚运	韦 政	毛春艳
谭显奎	李 秀	韦 兴	徐素梅	常代萍	刘建华
谢 永	王 松	蒙明德	唐 剑	李美花	韦孟坤
甘高强	王树正	李 玲	陆 华	谭小荣	蒋红林
李子发	赵苏华	李群生	刘 罡	黄定平	唐顺英
张 岚	赵俊宇	唐日奎	黄 旭	桑茂松	卢 健
尹德顺	王慧菊	李华珍	彭 晓	黄山川	蓝胜福
方玉明	黄 琦	黄清惠	黄卯生	王先斌	于佑珍
陈运安	王朝德	黄春波	朱定安	陈 兰	韦扬佑
蓝宏光	黄思荣	梁树荣	蒋建昌	韩冠富	李正国
经本福	王 珉	罗纯洁	李国富	黄海晨	赵文艳
李 毅	王柳平	于锦源	于 梅	刘爱英	蒋纪森
唐 健	覃世光	周可屹	潘福锋	黄性武	周水明
廖天德	韦芝霖	秦永军	邱林杰	胡先德	罗承方
秦 陶	蒋琼元	曾令录	林军华	赵源生	黄 进
傅文哲	王希尧	陈福友	潘桂国	于洪波	雷有龙
杨志勇	陆永松	徐胜明	黄嘉喜	黄仁凤	李宏锋
傅德军	秦日明	梁美昌	伍 洲	沈 欣	刘顺祥
李 雪	刘学永	廖斯平	唐 灏	张 鹏	

《永福县志(1991—2005)》审查验收单位和人员

初审单位和人员

初审单位：永福县地方志编纂委员会

初审人员：蒋文明　中共永福县委副书记、县人民政府县长

　　　　　　唐标明　中共永福县委副书记

　　　　　　罗代璋　中共永福县委常委、县人民政府常务副县长

　　　　　　徐玉红　永福县人大常委会副主任

　　　　　　李庆节　永福县人民政府副县长

　　　　　　王承林　永福县政协副主席

　　　　　　梁熙成　永福县政协原秘书长

　　　　　　汤积光　永福县教育局干部

　　　　　　黄肇尧　永福县供销社退休干部

　　　　　　黄业韬　永福县政法委主任科员

　　　　　　莫耀民　永福县工业和信息商贸局主任科员

　　　　　　秦德生　永福县人民银行副行长

　　　　　　潘建民　永福县党史办公室原主任、退休干部

　　　　　　尹春连　中共永福县委党校原副校长、退休干部

　　　　　　廖中天　永福县人民政府原副县长、退休干部

　　　　　　杨伯桓　永福县人大常委会原副主任、退休干部

　　　　　　刘宏星　中共永福县市容管理局党组书记

　　　　　　朱桂德　中共永福县政法委维稳办公室副主任

　　　　　　黄德辉　中共永福县委宣传部常务副部长

　　　　　　林庚运　永福县政协秘书长

　　　　　　蓝胜福　永福县教育局干部

复审单位和人员

复审单位：桂林市地方志编纂委员会办公室

复审人员：唐群森　徐朝凯　韦兰玉　徐李宁　胡小春　曾荣平　关玉成

　　　　　　廖志良　李春瑜　覃丰展

终审验收单位和人员

终审验收单位：广西壮族自治区地方志编纂委员会办公室

终审验收人员：徐朝凯　黄家接　韦兰玉　黄伟林　陈伟海　彭敏翎　刘　妍

　　　　　　　　徐李宁　曾荣平　关玉成　廖志良

序

一部如实记载永福县改革开放以来取得巨大成就的《永福县志(1991—2005)》，经过编纂者十多个春秋的茹苦孕育和辛勤耕耘，终于付梓面世了。这是全县政治文化生活中又一件可喜可贺的盛事。

永福县是首批中国长寿之乡，厚重的福寿文化、优美的自然环境，哺育着一代又一代的永福人民。在漫漫历史长河中，勤劳智慧的永福人民创造了灿烂文化，书写了辉煌篇章。改革开放以来，尤其是 1991—2005 年，是永福县承上启下、开拓奋进、夯实基础的重要时期。永福各族干部群众解放思想，团结奋进，励精图治，用智慧和双手谱写了艰苦创业、锐意进取的壮丽华章。十五年来，永福县域综合经济实力跃上新台阶，工业化实现新提升，农业产业化经营取得新进展，城镇化建设稳步推进，农村基础设施条件显著改善，社会各项事业全面进步，人民生活水平不断提高。其间，先后获得全国林业宣传工作先进县、全国科技进步考核先进县、国家科技进步三等奖、全国爱心献功臣活动先进县(2次)称号；获得自治区双文明建设工作先进县、首批广西经济发展十佳县、广西县域经济发展进步奖、自治区 A 类产业园区、自治区计划生育"三为主"工作达标县、自治区双拥模范县(3 次)、广西基本普及九年义务教育基本扫除青壮年文盲工作先进县等荣誉。这些为永福县科学发展、和谐发展、跨越发展奠定了坚实基础，积累了颇为珍贵的经验。

国编史，邑修志，是中华民族的优良文化传统。盛世修志，志载盛世。新编《永福县志(1991—2005)》以马列主义、毛泽东思想、邓小平理论、"三个代表"重要思想和科学发展观、习近平新时代中国特色社会主义思想为指导，运用辩证唯物主义和历史唯物主义的立场、观点、方法，以述、记、志、传、图、表、录等体裁，全面系统地记述了永福县自然、政治、经济、文化和社会的历史与现状，客观真实地反映了永福县"八五""九五""十五"计划时期经济社会发展的轨迹，具有鲜明的时代特点。这是一部永福人民的创业史、奋斗史和发展史；是承接断限，续写春秋，集思想性、科学性与资料性于一体的永福县情百科全书，值得一读。

以史为鉴知兴替，以志为鉴明事理。我们真诚向各级干部及广大读者举荐这部志书，相信开卷有益。望各级干部认真开发地方志资源，广大读者积极开展读志用志活动，使史志资源为现代文明服务，为科学发展服务。

昨天的永福已载入史册，明天的辉煌有待我们去创造。我们要深入学习贯彻中共十八大精神，践行党的群众路线，为建设"新型工业重镇、现代农业强县、福寿养生家园"的新永福而努力奋斗。我们相信，载入永福未来史册的，必将是更加辉煌灿烂的篇章！

永福县地方志编纂委员会

2017 年 6 月

凡　例

一、《永福县志(1991—2005)》(以下简称"本志")为 1996 年版《永福县志》(以下简称"前志")的续志,记述时限为 1991 年至 2005 年,对前志记述不完整或未记的重要内容适当补充,记述时间适当上溯。为了记述事物的完整性,少数文字资料记述时间下延。

二、本志编纂以马列主义、毛泽东思想、邓小平理论、"三个代表"重要思想和科学发展观、习近平新时代中国特色社会主义思想为指导,继承中国历代修志优良传统,贯彻存真求实的原则,运用新资料,体现新观点,反映新面貌,客观真实地记述永福县的自然、政治、经济、文化和社会的历史与现状。

三、本志为篇章体形式,采用述、志、记、传、图、表、录等体裁,以志为主。正文前设地图、照片、编纂委员会和编辑部人员名单、审查验收单位及人员名单、序、凡例、目录、概述、大事记;正文设 22 篇,篇下设章、节、目;后设附录、索引、编后记。正文配插图,表随文设置。

四、本志坚持生不立传原则,人物传略主要收录永福籍有较大影响的已故人物。人物表收录 1991 年至 2005 年在永福县工作,并在此期间取得副高级及以上职称的专业技术人员。先进单位和先进个人收录厅(局)级以上奖励的单位和个人。入志人物中县四家班子成员任职时间下延至 2006 年届满,属于县属正科级机构记正职行政领导人姓名及任职时间。

五、本志纪年记述方法:清朝及以前采用朝代帝王年号纪年,民国时期采用民国纪年,均括注公元纪年;中华人民共和国时期采用公元纪年。本志历史纪年和农历年,用汉字表示;公历世纪、年、月、日、时、分、秒等数据,用阿拉伯数字表示。

六、本志执行广西壮族自治区地方志编纂委员会 2001 年 8 月下发的《广西续修地方志行文规定》,采取语体文以第三人称记述;使用 2013 年教育部、国家语言文字工作委员会公布的《通用规范汉字表》;数字按照中华人民共和国国家标准《出版物上数字用法》书写;计量单位按照国务院 1984 年 2 月公布的《中华人民共和国法定计量单位》执行;统计数字以永福县统计局的统计资料为准,统计局没有的部分则采用相关部门提供的资料;地名使用 1994 年永福县人民政府编印出版的《永福县地名志》及其后经县人民政府批准的标准名称。

七、本志资料主要来源于县内外各级档案馆、图书馆和正史、旧志、碑文、有关报刊、专著、个人回忆等,以及各乡镇党委、乡镇人民政府、县直和自治区直、中直驻永各单位编写的部门志、乡镇志或相关业务工作资料,经核实后录用,为节省篇幅,一般不注明出处,另备资料存档备核。

专门用语原型词及其缩略语

原型词	缩略语
基本普及九年义务教育、基本扫除青壮年文盲	"两基"
普及实验教学	"普实"
讲学习、讲政治、讲正气	"三讲"
代表中国先进生产力的发展要求,代表中国先进文化的前进方向,代表中国最广大人民的根本利益	"三个代表"
非典型肺炎	"非典"
公共卫生突发事件责任网、信息网、求助网	公共卫生突发事件"三网"
保持共产党员先进性教育活动	先进性教育
非法对胎儿进行性别鉴定和非医学需要的终止妊娠	"两非"
市容环境综合整治"南珠杯"竞赛活动	"南珠杯"竞赛
工业企业的废气、废水、废渣	工业"三废"
一切新建、扩建和改建项目与技术改造项目及有关防治污染措施必须与主体工程同时设计、同时施工、同时投产使用	环保措施"三同时"制度
国民经济和社会发展第八个五年计划(1991—1995 年)	"八五"计划
国民经济和社会发展第九个五年计划(1996—2000 年)	"九五"计划
国民经济和社会发展第十个五年计划(2001—2005 年)	"十五"计划
农业、农村、农民	"三农"
森林防火、防乱砍滥伐、防病虫害	森林"三防"
林业育林基金、更改资金、林业建设费	林业"两金一费"
国有商业体制改革经营、价格、分配、用工放开	国有商业体制改革"四开放"
上划中央增值税、消费税	上划中央"两税"
农业税、农林特产税、耕地占用税、契税	农业"四税"
中外合资企业、中外合作企业、外商独资企业	"三资"企业

原型词	缩略语
食品生产许可	QS
学习建设有中国特色社会主义理论、学习中国共产党章程	"双学"
严格要求、严格管理、严格监督,自重、自省、自警、自励	"三严四自"
1994—1996年永福林业、种植业扩种水果10万亩(以板栗、沙田柚、白果、月柿为主),扩种竹子10万亩,每年种植当年见效的商品性经济作物10万亩(主要是罗汉果、桑茧、粮蔗、马蹄和西红柿、夏阳白、西瓜等瓜菜)	"三一〇"工程
世界观、人生观、价值观	"三观"
有理想、有道德、有文化、有纪律	"四有"
马克思主义基本理论、党的基本路线、党的基本知识教育	"三基"教育
县人民政府、县人民法院、县人民检察院	"一府两院"
学文化、学科技、比成绩、比贡献	"双学双比"
农村土地、山林、水利纠纷	农村"三大纠纷"
中央宣传部、司法部在公民中开展法制宣传教育的第二个五年规划(1991—1995年)	"二五"普法
中央宣传部、司法部在公民中开展法制宣传教育的第三个五年规划(1996—2000年)	"三五"普法
中央宣传部、司法部在公民中开展法制宣传教育的第四个五年规划(2001—2005年)	"四五"普法
拥军优属、拥政爱民	"双拥"
保吃、保穿、保住、保医、保葬(幼儿为保教)户	五保户
无生活经济来源、无劳动能力、无法定赡养或抚(扶)养人人员	"三无"人员
最低生活保障	低保
医疗保险	医保
新型农村合作医疗制度	"新农合"

目　录

概述 ··· 1

大事记 ··· 9

第一篇　行政区划

第一章　政区 ··· 22

　　第一节　位置 ··· 22

　　第二节　建置沿革 ····································· 23

　　第三节　行政区划调整 ································· 26

第二章　县城　乡镇 ····································· 38

　　第一节　县城 ··· 38

　　第二节　乡镇 ··· 41

第二篇　自然环境

第一章　地质　地貌 ····································· 62

　　第一节　地质 ··· 62

　　第二节　地貌 ··· 64

第二章　气候　物候 ····································· 67

　　第一节　四季 ··· 68

　　第二节　日照　太阳辐射 ······························· 69

　　第三节　气温 ··· 71

　　第四节　降水 ··· 73

　　第五节　风霜 ··· 74

　　第六节　湿度　蒸发 ··································· 74

　　第七节　气候分区 ····································· 75

　　第八节　物候 ··· 76

第三章　水文 ··· 77

　　第一节　地表水 ······································· 77

　　第二节　地下水 ······································· 80

第四章　土壤　植被 ····································· 82

　　第一节　土壤 ··· 82

　　第二节　植被 ··· 83

第五章　自然资源 84
　　第一节　土地资源 84
　　第二节　动植物资源 86
　　第三节　水资源 88
　　第四节　矿产资源 89
第六章　自然灾害 90
　　第一节　水灾 90
　　第二节　旱灾 92
　　第三节　病虫灾害 93
　　第四节　其他灾害 94

第三篇　人口与计划生育　居民生活

第一章　人口 96
　　第一节　人口数量与分布 96
　　第二节　人口变动 99
　　第三节　人口构成 101
　　第四节　长寿老人 102
第二章　计划生育 106
　　第一节　机构 107
　　第二节　计划生育政策 108
　　第三节　计划生育宣传教育 110
　　第四节　计划生育管理 111
　　第五节　计划生育技术服务 113
第三章　居民生活 115
　　第一节　城镇居民生活 115
　　第二节　农村居民生活 116
　　第三节　小康生活测评 117

第四篇　城乡建设　环境保护

第一章　城乡建设 120
　　第一节　机构 120
　　第二节　城乡规划 121
　　第三节　县城旧城改造 124
　　第四节　市政建设 125
　　第五节　市容环卫 129
　　第六节　县城房地产业 130
　　第七节　建筑业 134
　　第八节　村镇建设 135
第二章　环境保护 138

第一节　机构 ………………………………………………………………… 138

第二节　环境质量 …………………………………………………………… 138

第三节　环境监测 …………………………………………………………… 140

第四节　环境治理 …………………………………………………………… 142

第五节　环境事故调查处理 ………………………………………………… 145

第六节　环境管理 …………………………………………………………… 146

第五篇　农林牧渔

第一章　农村经济体制 …………………………………………………… 150

第一节　家庭联产承包责任制 ……………………………………………… 150

第二节　农村经济合作组织 ………………………………………………… 151

第二章　种植业 …………………………………………………………… 152

第一节　机构 ………………………………………………………………… 153

第二节　资源与区划 ………………………………………………………… 154

第三节　肥料、农药与种子 ………………………………………………… 156

第四节　主要农作物 ………………………………………………………… 159

第五节　农业生产基地 ……………………………………………………… 167

第六节　农业技术培训 ……………………………………………………… 168

第七节　农业执法 …………………………………………………………… 170

第八节　农技推广 …………………………………………………………… 172

第九节　农作物病害及防治 ………………………………………………… 177

第十节　农作物虫害及防治 ………………………………………………… 179

第三章　罗汉果生产与加工 ……………………………………………… 182

第一节　品种及分布 ………………………………………………………… 182

第二节　栽培及产量 ………………………………………………………… 184

第三节　加工及销售 ………………………………………………………… 186

第四节　罗汉果制品 ………………………………………………………… 187

第五节　罗汉果民间常见用法 ……………………………………………… 189

第四章　林业 ……………………………………………………………… 190

第一节　机构 ………………………………………………………………… 190

第二节　森林资源 …………………………………………………………… 192

第三节　林业生产 …………………………………………………………… 192

第四节　森林保护 …………………………………………………………… 195

第五节　林政管理 …………………………………………………………… 198

第六节　农村能源建设 ……………………………………………………… 199

第五章　农业机械 ………………………………………………………… 199

第一节　机构 ………………………………………………………………… 200

第二节　农机应用 …………………………………………………………… 200

第三节　农机服务 …………………………………………………………… 203

第四节　农机管理 …………………………………………………………… 205

第六章　养殖业 206
　　第一节　机构 206
　　第二节　畜禽饲料 207
　　第三节　畜禽养殖 209
　　第四节　畜禽良种引进与品种改良 212
　　第五节　畜禽饲养技术 213
　　第六节　畜禽疫病防治 214
　　第七节　渔业资源与渔业区划 218
　　第八节　渔业生产 219
　　第九节　养鱼技术培训与鱼病防治 221

第六篇　水利　电力

第一章　水利 224
　　第一节　机构 224
　　第二节　水利工程建设 226
　　第三节　水利工程管理 230
　　第四节　防洪抗旱 232
　　第五节　水政执法 234
　　第六节　水土保持 236
　　第七节　水库移民安置 238
第二章　电力 239
　　第一节　机构 239
　　第二节　小水电建设 240
　　第三节　供电 241
　　第四节　电网改造 243

第七篇　工　　业

第一章　工业管理 246
　　第一节　机构 246
　　第二节　国有工业企业及改革 247
　　第三节　集体工业企业及改革 251
　　第四节　个体私营工业企业 251
　　第五节　股份制工业企业 252
　　第六节　矿产开采加工 253
　　第七节　招商引资 255
　　第八节　安全生产监督管理 259
第二章　工业门类与名优产品 261
　　第一节　采矿　冶炼 261
　　第二节　机械　化工 263

第三节 中药 制糖 ……………………………………………………………………266
第四节 造纸 印刷 ……………………………………………………………………267
第五节 建材 木业 ……………………………………………………………………268
第六节 食品 酿酒 ……………………………………………………………………270
第七节 名优工业产品 …………………………………………………………………271
第三章 桂林苏桥新区 …………………………………………………………………273
第一节 机构 ……………………………………………………………………………273
第二节 开发与投资环境 ………………………………………………………………274
第三节 决策与开发规划 ………………………………………………………………275
第四节 基础设施建设 …………………………………………………………………276
第五节 服务管理 ………………………………………………………………………277

第八篇 商贸 旅游

第一章 商业 服务 ……………………………………………………………………280
第一节 机构 ……………………………………………………………………………280
第二节 国有商业经营及改革 …………………………………………………………283
第三节 集体商业经营及改革 …………………………………………………………287
第四节 个体商业与服务业 ……………………………………………………………291
第二章 粮油 ……………………………………………………………………………292
第一节 机构 ……………………………………………………………………………292
第二节 粮油体制改革 …………………………………………………………………294
第三节 粮油经营与市场建设 …………………………………………………………297
第四节 粮油仓储与加工 ………………………………………………………………298
第五节 政策性粮食供应 ………………………………………………………………300
第三章 旅游 ……………………………………………………………………………302
第一节 机构 ……………………………………………………………………………302
第二节 旅游经营 ………………………………………………………………………302
第三节 旅游资源 ………………………………………………………………………303
第四节 金钟山景区 ……………………………………………………………………304
第五节 其他重要景区和景点 …………………………………………………………305

第九篇 交通 邮电

第一章 交通 ……………………………………………………………………………312
第一节 机构 ……………………………………………………………………………312
第二节 公路 ……………………………………………………………………………313
第三节 水路 铁路 ……………………………………………………………………320
第四节 桥梁 隧道 ……………………………………………………………………322
第二章 邮电 ……………………………………………………………………………325
第一节 机构 ……………………………………………………………………………325

第二节　邮政 326

第三节　电信 330

第十篇　财税　金融

第一章　财政 336

　第一节　机构 336

　第二节　财政管理体制 337

　第三节　财源培植 339

　第四节　财政收入 339

　第五节　财政支出 341

　第六节　财政管理 344

第二章　税务 348

　第一节　机构 348

　第二节　分税制前税收 349

　第三节　国家税务 350

　第四节　地方税务 353

　第五节　农村税费改革 356

第三章　金融 357

　第一节　机构 357

　第二节　银行存款 360

　第三节　银行贷款 361

　第四节　银行其他业务 362

　第五节　保险 364

　第六节　金融监督管理 365

第十一篇　综合经济管理

第一章　国土资源管理 368

　第一节　机构 368

　第二节　土地、矿产资源规划 370

　第三节　地籍管理 377

　第四节　耕地保护 379

　第五节　耕地开发与整治 380

　第六节　土地使用 381

　第七节　土地执法监察 386

　第八节　矿业监督管理 387

　第九节　凤山地质灾害防治 389

第二章　计划 389

　第一节　机构 389

　第二节　计划体制改革 390

第三节 计划编制与执行 ···391

第四节 建设项目管理与安排 ···395

第三章 统计 ··397

第一节 机构 ···397

第二节 统计类目 ···397

第三节 统计管理 ···401

第四章 物价 ··403

第一节 机构 ···404

第二节 价格管理 ···404

第三节 商品价格 ···406

第五章 工商行政管理 ··409

第一节 机构 ···409

第二节 注册登记管理 ··410

第三节 市场管理 ···412

第四节 商标广告和合同管理 ···414

第五节 消费者权益保护 ···416

第六章 质量技术监督 ··417

第一节 机构 ···417

第二节 质量监督管理 ··418

第三节 计量监督管理 ··419

第四节 标准化监督管理 ···420

第五节 特种设备安全监察 ···421

第七章 审计 ··422

第一节 机构 ···422

第二节 财政金融审计 ··423

第三节 行政事业财务审计 ···425

第四节 企业财务审计 ··426

第五节 专项资金审计 ··427

第六节 经济责任审计 ··429

第八章 食品药品监督 ··430

第一节 机构 ···430

第二节 食品安全协调与监管 ···431

第三节 药品监管 ···431

第十二篇 中共地方组织 人民代表大会

第一章 中共永福县地方组织 ···434

第一节 党员代表大会 ··434

第二节 领导机构 ···436

第三节 工作机构和直属事业单位 ···439

第四节 基层组织 ···443

第五节　重要决策 444
第六节　组织建设 447
第七节　宣传教育 452
第八节　纪检监察 456
第九节　统一战线 459
第十节　政法工作 461
第十一节　其他党务 466
第二章　人民代表大会 470
第一节　人民代表大会全体会议 470
第二节　机构 472
第三节　常务委员会重要会议 474
第四节　人事任免 478
第五节　人大代表选举 479
第六节　代表视察与联谊交流 481
第七节　代表议案办理 482
第八节　执法检查 486
第九节　干部述职评议 487
第十节　基层人大工作 488

第十三篇　人民政府　政协

第一章　人民政府 490
第一节　领导机构 490
第二节　工作机构 493
第三节　基层政权 494
第四节　重要会议 495
第五节　施政纪略 503
第六节　机关事务管理 507
第二章　人民政协 507
第一节　机构 507
第二节　政协委员 509
第三节　政协委员会全体会议 511
第四节　主要工作 513

第十四篇　人民团体

第一章　工会 522
第一节　机构 522
第二节　工会代表大会 522
第三节　主要工作 523
第二章　共青团 525

第一节　机构......525

第二节　团员代表大会......526

第三节　主要工作......527

第三章　妇联......529

第一节　机构......530

第二节　妇女代表大会......530

第三节　主要工作......531

第四章　工商联......533

第一节　机构......533

第二节　代表大会......534

第三节　主要工作......534

第五章　残联......536

第一节　机构......536

第二节　残联代表大会......536

第三节　主要工作......537

第六章　科协......538

第一节　机构......539

第二节　主要工作......539

第十五篇　政法　国防建设事业

第一章　公安......542

第一节　机构......542

第二节　惩治刑事犯罪......543

第三节　治安管理......545

第四节　道路交通安全管理......548

第五节　户政管理......551

第六节　出入境管理......553

第七节　消防管理......553

第八节　监所管理......555

第二章　检察......557

第一节　机构......557

第二节　检察制度改革......558

第三节　刑事检察......558

第四节　经济检察......560

第五节　法纪检察......561

第六节　监所检察......561

第七节　控告申诉检察......562

第八节　民事行政检察......562

第三章　审判......563

第一节　机构......563

第二节　审判制度改革 …………………………………………………………… 564

第三节　立案 ……………………………………………………………………… 565

第四节　刑事审判 ………………………………………………………………… 566

第五节　民商事审判 ……………………………………………………………… 567

第六节　行政审判 ………………………………………………………………… 568

第七节　执行 ……………………………………………………………………… 569

第八节　审判监督 ………………………………………………………………… 570

第九节　陪审、调解制度 ………………………………………………………… 570

第四章　司法行政 ………………………………………………………………… 571

第一节　机构 ……………………………………………………………………… 571

第二节　法制教育宣传 …………………………………………………………… 572

第三节　法律服务 ………………………………………………………………… 574

第四节　人民调解 ………………………………………………………………… 575

第五节　法律援助 ………………………………………………………………… 575

第六节　"三大纠纷"调处 ……………………………………………………… 576

第七节　政府法制事务 …………………………………………………………… 576

第五章　国防建设事业 …………………………………………………………… 577

第一节　机构 ……………………………………………………………………… 578

第二节　兵役 ……………………………………………………………………… 579

第三节　民兵 ……………………………………………………………………… 581

第四节　国防动员和国防教育 …………………………………………………… 583

第五节　拥政爱民 ………………………………………………………………… 586

第十六篇　编制　人事劳动和社会保障

第一章　编制 ……………………………………………………………………… 590

第一节　机构 ……………………………………………………………………… 590

第二节　行政事业机构管理 ……………………………………………………… 591

第三节　人员编制管理 …………………………………………………………… 592

第四节　行政机关和事业单位改革 ……………………………………………… 593

第二章　人事 ……………………………………………………………………… 596

第一节　机构 ……………………………………………………………………… 596

第二节　人事制度改革 …………………………………………………………… 597

第三节　干部管理 ………………………………………………………………… 599

第四节　人才市场 ………………………………………………………………… 601

第五节　技术职称管理 …………………………………………………………… 602

第六节　工资福利 ………………………………………………………………… 603

第七节　离休　退休　退职 ……………………………………………………… 605

第三章　劳动和社会保障 ………………………………………………………… 606

第一节　机构 ……………………………………………………………………… 606

第二节　用工制度 ………………………………………………………………… 607

第三节　劳动就业 ……………………………………………………………………608

第四节　劳动培训 ……………………………………………………………………610

第五节　劳动工资　离休退休 ………………………………………………………611

第六节　劳动争议仲裁　劳动保障监察 ……………………………………………612

第七节　社会保险 ……………………………………………………………………613

第十七篇　民政　扶贫　信访

第一章　民政 …………………………………………………………………………620

第一节　机构 …………………………………………………………………………620

第二节　基层自治组织建设 …………………………………………………………621

第三节　优待　抚恤　安置 …………………………………………………………623

第四节　灾害救济 ……………………………………………………………………627

第五节　社会救济 ……………………………………………………………………628

第六节　城乡居民最低生活保障 ……………………………………………………630

第七节　社会福利 ……………………………………………………………………631

第八节　老龄工作 ……………………………………………………………………632

第九节　婚姻与收养登记 ……………………………………………………………632

第十节　殡葬管理 ……………………………………………………………………633

第十一节　勘界和地名管理 …………………………………………………………634

第十二节　民间组织管理 ……………………………………………………………634

第二章　扶贫 …………………………………………………………………………635

第一节　机构 …………………………………………………………………………636

第二节　扶贫规划实施 ………………………………………………………………636

第三节　扶贫项目 ……………………………………………………………………636

第四节　扶贫资金 ……………………………………………………………………637

第三章　信访 …………………………………………………………………………638

第一节　机构 …………………………………………………………………………638

第二节　信访制度和信访网络建设 …………………………………………………639

第三节　信访办理 ……………………………………………………………………639

第十八篇　教育　科技

第一章　教育 …………………………………………………………………………642

第一节　机构 …………………………………………………………………………642

第二节　学前教育 ……………………………………………………………………643

第三节　基础教育 ……………………………………………………………………645

第四节　会考　中考　高考 …………………………………………………………651

第五节　专业教育 ……………………………………………………………………653

第六节　成人教育 ……………………………………………………………………655

第七节　社会办学 ……………………………………………………………………657

第八节 教师队伍 657
第九节 教育经费 661
第十节 教育设施设备 664
第十一节 教育改革 666
第二章 科技 668
第一节 机构 668
第二节 科研管理与队伍 669
第三节 科技经费与服务 670
第四节 科技普及与推广 671
第五节 科技产品与成果 673
第六节 知识产权 676
第七节 防震减灾 677
第八节 气象业务与服务 677

第十九篇 文化 体育

第一章 文化 680
第一节 机构 680
第二节 群众文化 682
第三节 文学艺术 684
第四节 广播 电视 电影 686
第五节 广播电视网络与管理 688
第六节 报纸 图书 689
第七节 文化市场管理 690
第八节 文物 691
第九节 档案 693
第二章 体育 695
第一节 机构 695
第二节 体育设施 696
第三节 群众体育 697
第四节 学校体育 698
第五节 体育竞技比赛 700

第二十篇 卫 生

第一章 卫生行政 702
第一节 管理机构 702
第二节 卫生管理体制改革 703
第三节 医疗管理 704
第四节 农村卫生管理与监督 707
第五节 爱国卫生运动 708

第二章　医疗 709

　第一节　医疗机构 710

　第二节　医疗设施和技术 711

　第三节　中医　草药 712

第三章　疾病预防与妇幼保健 715

　第一节　预防保健机构 716

　第二节　传染病与地方病防治 716

　第三节　公共卫生监督 719

　第四节　妇幼保健 722

第二十一篇　民族　宗教　语言　社会风俗

第一章　民族 726

　第一节　机构 726

　第二节　民族人口与分布 726

　第三节　民族事务管理 727

　第四节　民族团结 728

第二章　宗教 729

　第一节　机构 729

　第二节　宗教事务管理 729

　第三节　佛教 729

　第四节　天主教 730

　第五节　基督教 730

　第六节　伊斯兰教 730

第三章　语言 731

　第一节　汉语方言 731

　第二节　少数民族语言 733

　第三节　民间语言 735

第四章　社会风俗 741

　第一节　节庆习俗 741

　第二节　生产习俗 744

　第三节　生活习俗 745

　第四节　礼仪习俗 747

　第五节　民间信仰 750

第二十二篇　人物　先进集体

第一章　人物 754

　第一节　人物传略 754

　第二节　高级专业技术职务人员表 760

　第三节　先进个人名录 763

第二章　先进集体 ···765
　　第一节　省部级以上先进集体名录 ·································765
　　第二节　厅（局）级先进单位名录 ·································767

附　　录

一、县委、县人民政府文献选辑 ···770
　　中共永福县委员会　永福县人民政府关于集资办教育的规定 ·············770
　　中共永福县委员会　永福县人民政府关于大力发展水果生产的决定 ·········771
　　中共永福县委员会　永福县人民政府关于狠抓农业综合开发加快农业经济发展的决定 ···772
　　中共永福县委员会　永福县人民政府关于加快发展非国有经济有关问题的决定 ·········774
　　中共永福县委员会　永福县人民政府关于加快发展乡镇企业的决定 ·········776
　　中共永福县委员会　永福县人民政府关于进一步加快企业整体改革的决定 ·········779
　　中共永福县委员会　永福县人民政府关于印发桂林苏桥新区优惠政策实施办法的通知 ·········782
　　中共永福县委员会　永福县人民政府关于招商引资奖励暂行规定 ·········784
二、名家看永福散文选辑 ···785
　　盛世多福寿 ···785
　　永福祈福 ···786
　　百寿便永福 ···789
　　福寿之乡的吉祥三宝 ···791
　　神秘的百寿丹砂井和百寿图 ···792
三、前贤诗词选辑 ···794
四、福寿诗词楹联赋选辑 ···801
五、永福民间传说、故事选辑 ···805
六、古县志研究 ···812

索　　引

索引 ···814

编后记 ···853

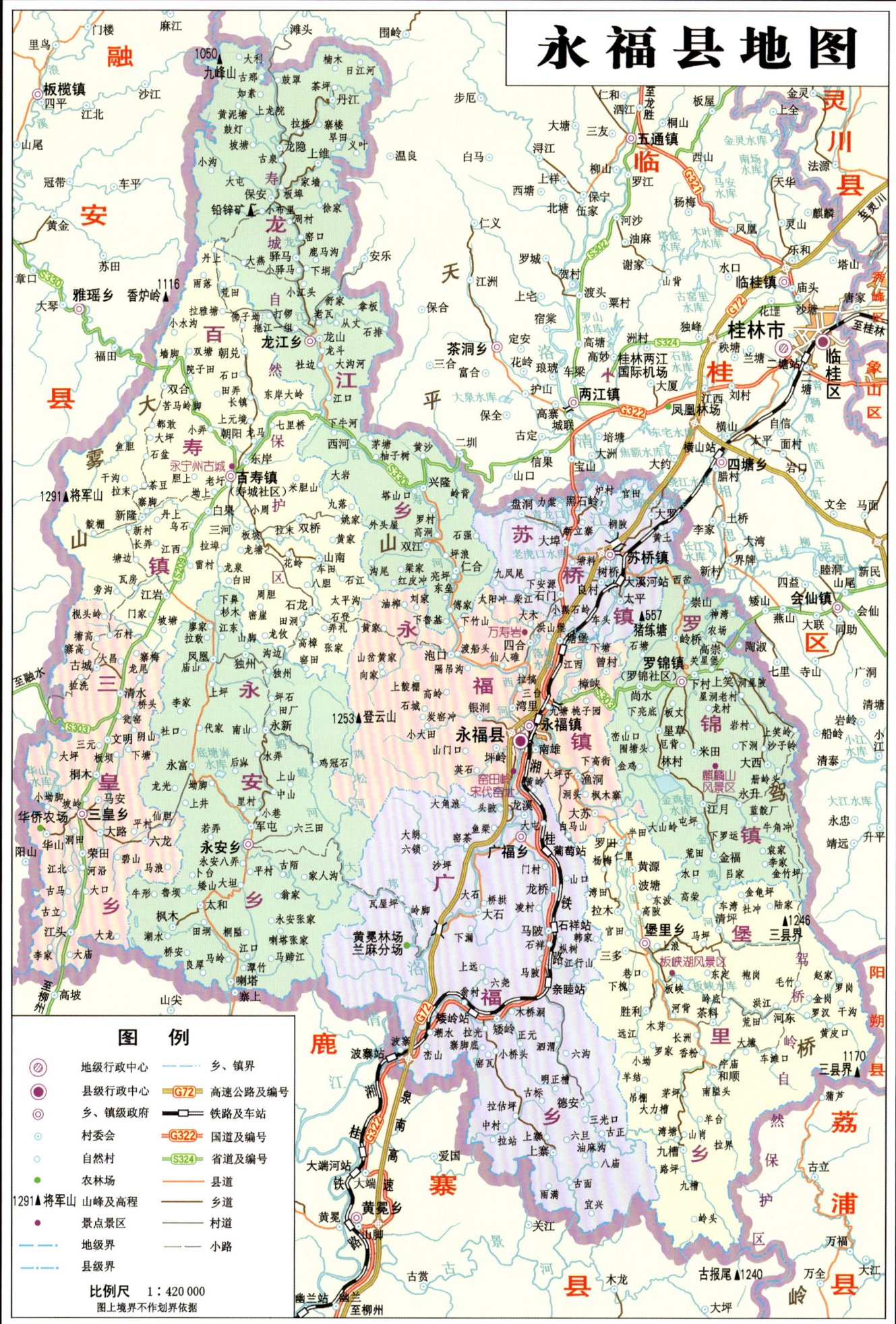

永福县地图

图 例

图例	
◎ 地级行政中心	----- 乡、镇界
● 县级行政中心	G72 高速公路及编号
◎ 乡、镇级政府	铁路及车站
⊙ 村委会	G322 国道及编号
○ 自然村	S324 省道及编号
● 农林场	县道
1291▲将军山 山峰及高程	乡道
● 景点景区	村道
----- 地级界	小路
----- 县级界	

比例尺　1：420 000
图上境界不作划界依据

广西壮族自治区地图院编制

审图号：桂S (2013) 59号　　2013年9月

2004年4月20日，自治区党委书记曹伯纯（右一）到桂林苏桥工业园区视察

唐庆甫　供图

2002年6月11日，自治区党委副书记王万宾（左二）视察苏桥镇农业综合开发基地　党史县志办　供图

2003 年 4 月 9 日，自治区人民政府副主席吴恒（前排右二）到桂林苏桥工业园区调研

唐庆甫　摄

2005 年 5 月 31 日，自治区党委副书记李纪恒（左一）视察桂林苏桥工业园区　唐庆甫　摄

2005 年 7 月 30 日，自治区党委常委、秘书长车荣福（左二）视察桂林苏桥工业园区

杨志德　摄

1999 年 1 月，广西军区副司令员、少将欧阳延生到永福县人武部视察工作

县人武部　供图

2005 年 10 月，中共桂林市委
书记莫永清（左二）到永福县进行
工作调研　　　　杨志德　摄

2003 年 1 月 1 日，桂林市人大
常委会主任雷熹平（前排中）视察
桂林苏桥工业园区

党史县志办　供图

2003年1月1日，桂林市市长王跃飞（右）会见到桂林苏桥工业园区考察的台湾南良集团总裁萧登波

党史县志办　供图

1997年11月18日，县委书记邓平树（左五）、县长朱名华（左一）出席县人民检察院新办公大楼落成仪式　　县人民检察院　供图

2002年10月，县委书记莫桦（前排左四）、县人大常委会主任于顺弟（前排左三）、县长石春莲（前排右三）与部分党代表合影

县委组织部　供图

2003年3月29日，永福县委书记莫桦（前排左二）、县长石春莲（前排右二）在桂林国家高新区苏桥园暨五菱轮胎开工仪式现场

党史县志办　供图

2005年9月4日，县委书记赵德明（前排右一）、县人大常委会主任于顺弟（前排右二）到苏桥镇铜陂屯检查工作　　唐庆甫　摄

2005年9月21日，县委书记赵德明（前排左二）、县长文建中（前排右一）到县明德一小检查工作

今日永福报社　供图

2005 年 8 月，永福县人大常委会主任于顺弟（中）到桂珠生物科技有限公司检查生产

唐庆甫　供图

2005 年 9 月，县政协主席徐元声（右三）到县城福源商城调研

县政协办　供图

2005 年 8 月，永福县缫丝厂生产车间 　　　　　　　　　　　　县经贸局　供图

2003 年 2 月 12 日，桂林市华力重工机械有限责任公司苏桥基地在桂林苏桥工业园区开工 　　　唐庆甫　摄

2004 年 10 月 14 日，桂林中族中药公司糖浆生产车间

杨志德　摄

2004 年 4 月 27 日，美国英格索兰公司高级管理人员考察桂林苏桥工业园区

唐庆甫　摄

2004 年 11 月 4 日，台湾南良集团与桂林苏桥工业园管委会在首届中国－东盟博览会上签约　　唐庆甫　摄

2005 年 1 月 6 日，桂林苏桥新区桂林正点蚊香厂生产线
　　　　　　唐庆甫　摄

2005 年 8 月，国电永福发电厂一角

唐庆甫　摄

2003 年 3 月 29 日，桂林国
家高新区苏桥园暨五菱轮胎建
设开工仪式

今日永福报社　供图

2005 年 10 月，永福县山葡萄种植喜获丰收

党史县志办　供图

2001 年 9 月，永福县成功引进南方优质梨种植

党史县志办　供图

2005 年 10 月，俄罗斯游客在百寿镇果园体验生活

唐庆甫　摄

2005 年 11 月，永福县西红柿种植喜获丰收　　　　　　　　　　　　党史县志办　供图

2005 年 11 月，东方神果——永福罗汉果　　唐庆甫　供图

2005 年 10 月 30 日，百寿镇柑橘生产丰收　　　　杨志德　摄

2005 年 8 月，广福乡桑蚕生产　　　　　　　　　　　　　　　　　　邹　龙　毛春艳　摄

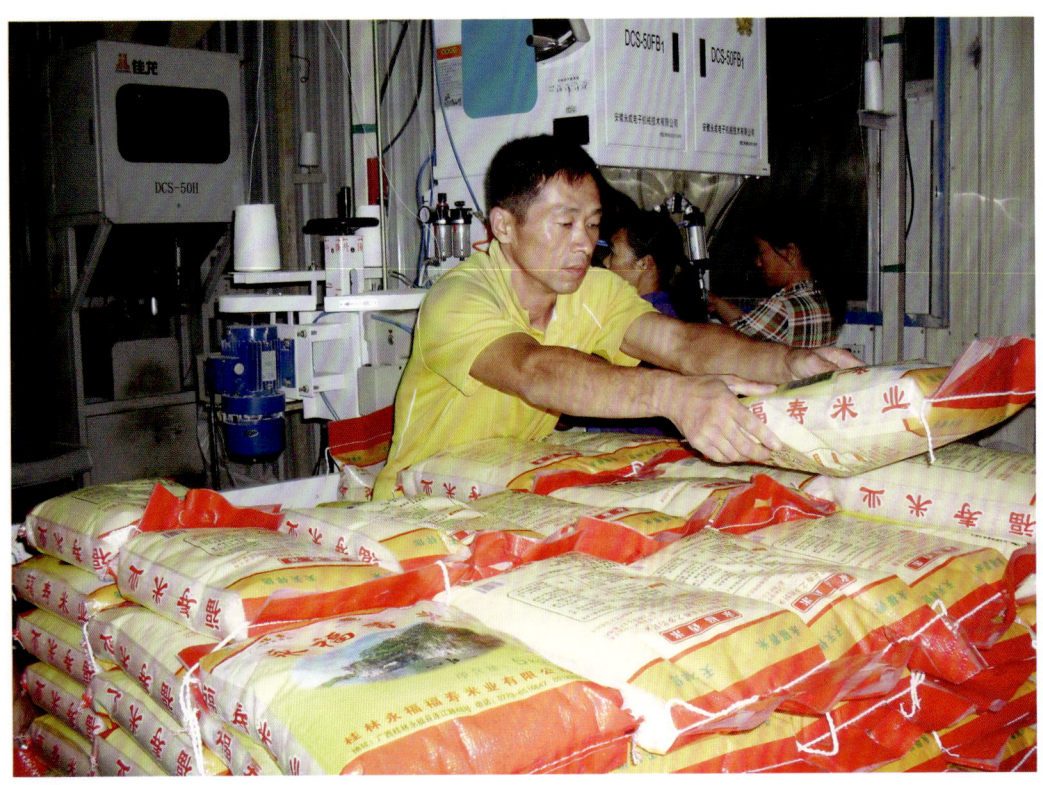

2005 年 8 月 13 日，永福福寿米业产品包装销售　　　　　　　　　　　杨志德　摄

2005 年 10 月 20 日，永福县龙江乡罗汉果丰收　　　　　　　　　　　　　　　唐庆甫　摄

2005 年 6 月 12 日，永福县罗锦镇种鸭养殖场　　　　　　　　　　　　　　　　杨志德　摄

2002 年 6 月，永福县县长石春莲（中）、县委副书记唐卫平（左二）、副县长黄显新（右二）、政协副主席王承林（右一）在天凤广场检查工作

党史县志办　供图

2005 年 10 月，县城建设新貌

2005年8月，县委、县人民政府综合办公大楼　　　　　　　张桂发　摄

2005年10月，经过改造后的永福县城龙福路小区　　杨志德　摄

张桂发　摄　　　　2005年8月，永福县城书香花园小区　　唐庆甫　摄

2005 年 4 月 12 日，永福县城步行街小区　　　　　　唐庆甫　摄　　　　2005 年 8 月，县城碧水湾住宅小区

2005 年 12 月，正在建设中的县城锦江花园小区工地　　　　　　　　　　　黄福辉　摄

唐庆甫　供图

2005 年 10 月 20 日，永福县城天凤广场（后改为福寿广场）夜景　　　唐庆甫　摄

2005 年 9 月 19 日，百寿镇集镇全貌　廖美瑛　摄

1998 年 5 月，永福县公路建
设大决战动员会议
党史县志办　供图

2000 年 8 月，永福县农民踊
跃交售公粮　　张桂发　摄

2001 年 6 月 30 日，县卫生局
举办庆祝建党八十周年联欢晚会

县卫生局　供图

2001 年 3 月，永福县公安交
警大队基本技能训练

县交警大队　供图

2005 年 6 月 14 日，县文工团人员下乡进行文艺辅导

杨志德　摄

2005 年 10 月，永福县城老年太极拳表演　唐庆甫　供图

2005 年 11 月 29 日，永福县
农民群众踊跃购买农业机械
唐庆甫　供图

2005 年 4 月 18 日，永福县
机关干部在南雄村附近植树造林
张桂发　摄

2005 年 7 月，永福县城全景 莫文军 摄

2005 年 9 月 16 日，永福县城
滨江路段景象 杨志德 摄

2005 年 5 月，永福县罗
锦田园风光　　陶　滔　摄

2005 年 5 月，永福县板峡湖风光

唐庆甫　摄

2005 年 5 月，永福凤山福字石刻
成为游客向往之地　　杨志德　摄

2005 年 7 月，永福县金鸡河水库风光　　　　　　　　　　　　　唐庆甫　摄

2005 年 8 月，永福县金钟山永福岩

唐庆甫　摄

2005 年 5 月，永福县中小学生
游览百寿岩　　唐庆甫　摄

2005 年 5 月，永福县百寿镇
永宁州古城永镇门　唐庆甫　摄

2005 年 6 月，罗锦镇
崇山古民居　唐庆甫　摄

2005 年 3 月，百寿镇重阳古树　　　　　　　　　县旅游局　供图

2005 年 5 月，永宁州古城门　　　县旅游局　供图

2005 年 7 月，永福县百寿镇国家保护物种——海菜花　　　　　　　　　县旅游局　供图

概　述

永福茅江大桥　　　　　　　　　　唐庆甫　摄于 2005 年

永福县位于广西壮族自治区东北部，桂林市西南面。介于北纬24°37′48″~25°26′39″，东经109°36′50″~110°14′19″之间。永福县境东部和北部与临桂县交界，西部和柳州市融安县毗邻，南部接柳州市鹿寨县，东南部与阳朔县、荔浦县和柳州市鹿寨县为邻。县城设在永福镇。湘桂铁路、桂海高速公路纵贯全境。县城北距桂林市区（市人民政府）高速公路里程50千米，铁路里程（至桂林南站）46千米，南至柳州市区108千米，至自治区首府388千米。县城北距桂林两江国际机场32千米，陆空交通便利。湘桂铁路、桂柳高速公路、永良二级公路、两江国际机场等现代化的交通大为缩短了永福与世界的距离。

1991—2005年，全县总面积2805.92平方千米。境内地形以山地、丘陵为主。东部、东南、西北高，西南低，以中山、低山、丘陵和山间盆地谷地岩溶地貌为主，东南部的架桥岭，最高峰观音山，海拔1246.90米；西北为天平山南端，最高峰大雾山，海拔1291.60米，为边界高山之冠。各类地貌类型中，山地是境内分布最广的地貌类型，占80.47%，丘陵占3.48%，岩溶面积占0.49%，平原面积占15.56%。境内最高山峰为登云山，海拔1253.10米。2005年森林覆盖率为74.10%。野生动物中有金猫、云豹、狗娃鱼等18种为国家保护动物。

永福境内河流属珠江水系，全县大小河流55条，最大河流洛清江及其支流西河。洛清江发源于临桂县宛田乡横岭界，经临桂县流入永福，由北向南流经县境东部，流入鹿寨县，注入柳江，在境内长57千米。发源于临桂县黄沙乡围岭的西河，进入永福境内由西北向东南流，至县城永福镇的南端注入洛清江，全长92千米。地表水年径流量57.84亿立方米，水电理论蕴藏量33万千瓦，截至2005年年底，已开发2.40万千瓦。

永福县境处于北回归线北侧，属中亚热带季风气候。1991—2005年，平均日照时数为1404.10小时，年平均温度19.10℃，年平均降雨量2067.33毫米，年平均无霜期314天，适宜生长松、杉、竹等林木，栽种水稻、玉米、红薯、芋头、淮山、大豆、高粱、花生等粮油作物和罗汉果、柑橘、橙类、柿、柚、梨、葡萄等经济作物。

永福县矿产资源比较丰富。中华人民共和国成立后，已发现矿产种类26种。开采的矿种较多，矿石产量达到一定水平，重晶石、铅锌、方解石等矿产品及其加工产品销往国内外，是永福县经济发展的支柱产业。其中重晶石矿含硫酸钡品味之高，为全国之冠。

永福今治，是1952年8月由永福、百寿两县合并而成。秦代以前，永福、百寿地方属于百越之地。秦属桂林郡地，汉属荆州零陵郡地。汉武帝元鼎六年（前111年）设始安县即今之桂林市。永福、百寿地方属始安属地。晋武帝太康二年（281年），析始安、潭中两县地，置常安县，这是百寿县域建县之始。唐高祖武德四年（621年），析始安县地永福乡，置永福县。永福、百寿县同属桂林郡地。民国二十五年（1936年），百寿县划归广西省柳州行政监察区。中华人民共和国成立后，1950年2月，百寿县划归广西省桂林专区。1952年8月，永福、百寿两县合并，沿用永福县名，属广西省桂林专区。1998年11月，桂林地区（专区）与桂林市合并，永福县属桂林市辖县。

1991年，永福县辖永福镇、百寿镇2个镇和桃城乡、罗锦乡、堡里乡、广福乡、苏桥乡、三皇乡、永安乡、龙江乡8个乡，设97个村公所、1个街道居民委员会，1912个村民小组（屯）。2005年年底，永福县辖永福镇、百寿镇、罗锦镇、苏桥镇4个镇和广福乡、堡里乡、三皇乡、永安乡、龙江乡5个乡，设93个村民委员会、6个社区居民委员会，1871个村（居）民小组。

1991 年,永福县总人口 260692 人,其中汉族 229428 人、壮族 21522 人、瑶族 7820 人、回族 1549 人、其他少数民族 511 人。2005 年,全县总人口 268151 人,其中汉族 228679 人、壮族 27297 人、瑶族 9385 人、回族 1287 人、其他少数民族 1503 人。

改革开放战略不断推进

20 世纪 90 年代,永福县坚持以邓小平理论为指导,不断推进经济、政治体制改革,促进经济与社会协调发展。

深化农村体制改革,促进农村全面发展。20 世纪 90 年代,永福县在全面实行家庭联产承包的基础上,进一步深化农村改革,完善集体与家庭双层经营体制。1995 年开始,永福县农村第一轮土地承包陆续到期,县委、县人民政府按照"大稳定、小调整、直接延长土地承包 30 年"的原则。至 2000 年年底,全县第二轮农村集体土地延包工作基本完成。2003 年全县启动农村税费改革,将农业税及农业税附加改为总计征收 7.80% 税率,取消农村"三提五统"(即村提留公积金、公益金、管理费,乡统筹乡村两级小学、军烈属优抚、计划生育、民兵训练、修建乡村道路)等经费,取消水田种植水果等经济作物的双重征税(即农业税、农业特产税),只征收农业特产税。2004 年 1 月,全面取消农业特产税。2005 年 1 月起,全县取消农业税(公粮)。同时积极调整农业产业结构,推进产业化经营,扶持农民专业合作社经济组织,发展农村经济,增加农民收入。

推进林业体制改革,生态建设取得显著成就。1988 年,永福县开始推进林业体制改革。2000 年开始实施退耕还林。2001 年划定生态公益林、商品林,启动森林生态补助,全面实施以生态建设为主的林业发展战略。1988—2005 年,全县有林面积从 12.43 万公顷增加到 16.75 万公顷,森林覆盖率从 44.30% 提高到 2005 年的 74.10%,木材蓄积量从 455.49 万立方米减少为 445.48 万立方米。

推进国有企业改革,形成产业发展优势。20 世纪 90 年代,永福县国有企业大多出现经营困难和亏损状况。1992 年,全县国有工业企业开始企业改革。先后经过企业内部改革、搞活企业、转换企业经营机制和企业产权制度改革等 4 个阶段。至 2005 年,县经贸局管理的 21 家国有工业企业已有 20 家完成企业产权制度改革任务。2005 年县辖国有工业企业还有 1 家,即永福县水厂。

实施住房制度改革,推进住房建设与管理。永福县是广西 10 个房屋改革先行试点县之一。1992 年下半年开始实行住房部分产权制度改革。1994 年开始按成本价向单位职工出售全部住房产权。1996 年县内开始推行干部职工集资建房,而后逐步发展成为购买商品房的市场化购房制度。1998 年 1 月,开始推行住房公积金制度。1999 年 11 月,加快铺开部分产权住房向全产权住房过渡,停止住房实物分配,鼓励职工购买公房或自建住房。截至 2003 年年底,全县组织职工投资 3595.10 万元集资建房,竣工 803 套住房,建筑面积 6.16 万平方米。至 2005 年底,全县累计出售公房 2069 套,售房建筑面积 14.18 万平方米。

推进商品流通体制全面改革。1991 年,县商业局所属公司、县粮食局所属企业、县物资局所属公司等是全县国有商业商品流通的主渠道。县供销社所属公司及乡镇基层供销社是全县农村商品流通的主渠道。1992 年 5 月,国有商业开始流通体制改革,组建县商业总公司。1996 年年底,县商业总公司停止经营职能。从 1998—2005 年,县商业局所属百货公司、百寿商业公司、糖业烟酒公司、五金公司、县糖果食品厂先后进行改制,上述企业不复存在。县物资局及其所属公司从 2001—2005 年进行改制。至 2005 年,除保留县民用爆破物品专卖中心外,县物质系统企业不复存在。县粮食系统所属企业从 1998 年 11 月开始实行粮食流通体制改革,成立县储备粮管理公司;县直属粮库及 8 个乡镇粮所成立粮油经营部,实行粮食储备与粮食经营分开。2000 年,县粮食系统推行竞争上岗,开始人员分流。2000 年 7 月,县粮食系统组建桂林福寿米业有限公司。至 2003 年,县粮食系统人员置换及分流完毕。至 2005 年,县粮食系统所属国有粮食企业 11 个。县供销系统从 2003 年开始实施企业产权制度改革(改制)。至 2005 年,县供销社系统企业的门店、

仓库大部分出卖转让,余下少量门店向社会招租,职工领取一次性补偿后与企业解除劳动关系,县供销社所属公司及乡镇供销社解体。县供销社只剩下烟花爆竹和农业生产资料两项专营业务。

稳步推进政治体制改革。1996年7月、2001年12月先后两次进行全县党政机构改革,改革的范围是县乡(镇)党政机关。改革的内容是转变职能,理顺关系,实行政事、政企职责分开,精简机构和人员。改革的方法是将一部分从事行业管理性质的行政机构改为事业机构,赋予行政职能,使用事业编制,完善基层政权建设。1996年4月,罗锦乡撤乡改镇。2000年1月,苏桥乡撤乡改镇。2005年6月,桃城乡与永福镇合并,成立新的永福镇。全县由1991年的2个镇、8个乡改设为4个镇、5个乡。完善群众自治组织建设。1995年10月全县撤销村公所,改设村民委员会。至2005年底,全县设93个村、6个社区居民委员会。

逐步建立人力资源和社会保障制度。改革人事制度:1996年永福县开始推行国家公务员制度,将原有国家机关的行政干部通过考试考核过渡为国家公务员。1999年对大中专毕业生实行"双向选择,自主择业"方式就业,行政机关和由财政拨款的事业单位一律不再以分配方式安排大中专毕业生就业。改革公费医疗制度:1999年全县农村合作医疗因故停办。2000年全县建立城镇职工基本医疗保障制度。逐步健全社会保障制度:1992年6月,县内开始实行劳动工伤保险制度。同年12月开始实行农村社会养老保险制度。1994年开始对下岗职工实行失业保险制度。1995年5月,全县建立机关事业单位养老保险制度。1998年10月,县内分别启动城镇居民最低生活保障制度和农村居民最低生活保障制度(简称低保)。同年县城有87名城镇居民享受低保。2000年全县农村有4837名居民享受低保。

永福县的改革开放战略,促使全县经济和社会事业实现跨越发展。2005年,全县国内生产总值完成30.21亿元,比1991年2.57亿元增长了10.76倍;财政收入完成1.73亿元,比1991年的4239万元增长了3.08倍;全社会固定资产投资完成12.52亿元,比1991年的1707万元增长了72.35倍;全社会消费品零售总额5.85亿元,比1991年的1.44亿元增长了3.06倍;完成农林、牧渔业总产值13.45亿元,比1991年的2.13亿元增长了5.31倍;完成工业总产值33.12亿元,比1991年的1.87亿元增长了16.71倍。全县50万元以上在建项目105个,固定资产投资继续保持快速增长势头。社会文化各项事业取得长足进步。

1998年5月,永福县获自治区党委、自治区人民政府授予"全(自治)区双文明建设工作先进单位"称号。2003—2005年,永福县先后获全自治区首届"广西经济发展十佳县""桂林市县(区)经济发展一等奖""广西年度县域经济发展进步奖"等荣誉。

新型工业重镇建设实现新提升

20世纪90年代初,永福县工业发展以市场为导向,落实企业经营自主权,使其真正成为市场主体。各工业企业实行了多种形式的经营承包,部分企业大胆尝试租赁、兼并、拍卖等形式,实现了生产要素的合理流动,增强企业活力。1995年,县委、县人民政府放手发展民营经济,出台"低门槛"政策和优惠政策措施,促进全县民营经济快速发展。同年,县委、县人民政府制定发展乡镇企业的优惠政策措施,多渠道、多元化投入资金,优化资源配置,推动乡镇企业发展。1996年,县委、县人民政府制定优惠政策和措施,支持重点项目和工业企业发展。1997年,县委、县人民政府制定全县国有工业、乡镇集体工业企业产权制度改革的决定,保证了工业企业改革的整体推进。2001年,全县强力推进国有工业企业改革改制,取得显著成效。至2005年,全县共完成国有工业企业改革改制20家,安置职工和离退休人员3800多人。

加快苏桥新区工业建设。2002年,永福县根据建设"新型工业重镇"的发展目标,力争使苏桥新区成为桂林城市向西发展的工业战场和永福工业崛起的排头兵。2005年,县委、县人民政府制定给予县工业企业发放特别优待证的规定。苏桥新区建设成为新的经济增长点。截至2005年年底,桂林苏桥新区已上工业项目53个,实际到位资金20多亿元。入驻新区并投产1000万元以上的企业和项目10个,投资500

万元以上的项目 2 个。新区规模以上企业完成产值 7.47 亿元,占全县规模以上工业总产值的 57% ;新区完成财税收入 6113 万元。被评为自治区 A 类产业园区。苏桥新区内已形成了造纸、日用化工、包装印刷、汽车配件、食品制衣、机械制造和电力等强大的产业集群。自治区内外一批知名企业如桂林合众国际橡塑、柳州华力、桂林正翰、浙江正点实业公司等相继落户苏桥新区。苏桥新区工业促进了全县工业经济的平稳增长。

加大交通邮电建设力度。20 世纪 90 年代初,永福县重视交通设施建设。1999 年 12 月,投资 4600 万元的苏桥新区东西大道投入建设。2001—2002 年,全县完成了江岩至永安柏油路、县城至亲睦村柏油路、渔村坳改道工程、永两公路部分路段改造、永良公路永福段部分路段改造、永兴公路完成路基和桥涵建设。2003 年 12 月,投资 2400 万元的桂海高速公路苏桥互通式立交桥竣工使用。2004—2005 年,完成了永兴公路柏油路等一批公路网建设,启动了永良二级公路永福段、桂浮公路永福段改造工程。2005 年,全县有营运客车 176 辆、出租车 18 辆,完成客运量 286 万人次;有营运货车 335 辆、多功能拖拉机 1050 辆,完成货运量 156 万吨。完成邮电业务总量 4787 万元,固定电话用户 2.68 万户,移动电话用户 3 万户。全县自然村屯的电话覆盖率 100%。

稳步推进城镇化建设。20 世纪 90 年代,永福县坚持按照"政府主导、市场运作、社会参与,不断完善小城镇规划体系,突出基础设施建设,加大产业引导和支撑"的思路,积极推进城镇化建设的健康、平稳发展。2000 年以后,对县城进行 3 次改造工程,扩宽街道,铺设水泥、柏油路面,美化亮化;实施小街小巷改造工程;加快住房建设。同时积极拓展县城面积,2005 年县城面积已扩大到 6.07 平方千米。天凤广场(后改为福寿广场)周边工程、路桥工程、西河防洪堤二期工程、新自来水厂等工程相继竣工;西河二桥、迎宾大道、金城山庄至县党校主干道相继建成通车,完成工程总投资 1.91 亿元。县城商住小区完成投资 1.05 亿元,县城 405k 公路铁路立交桥投入使用。县城市政基础设施建设逐步完善,供水供电能够满足县城居民生产、生活需要。同时加强和完善市容管理设施,实施城乡清洁工程,加强环境保护,逐步展现现代县城风貌。8 个乡镇政府所在地都进行了街道修整,铺了水泥或柏油路面,住房条件大为改善。

现代农业强县建设迈上新步伐

20 世纪 90 年代初,永福县在全面实行家庭承包责任制的基础上,进一步深化农村改革,完善双层经营体制。1996 年,县委、县人民政府制定《关于建设农业强县的决定》,通过实施科教兴农战略,增强农业投入,抓好农业规划和土地保护,切实改善农业生产基础条件。1999 年,开展农村土地承包期再延长 30 年工作,完成农村土地制度改革。2003 年,启动农村税费改革。2004 年,推进农业产业化经营,通过"公司 + 基地 + 农户"的经营模式,辐射带领群众调整优化产业结构。大力发展罗汉果、优质谷、甘蔗、桑蚕、温氏鸡、桂柳鸭等特色优势种养产业,初步形成了"山上林、坡上果、田中粮"的种植格局。无公害、标准化生产和农产品品牌培育工作进一步得到发展,优质米、罗汉果、桑蚕等特色优势农产品基地规模进一步壮大。2005 年,永福县依托桂林中族中药公司、福寿米业公司、农乐米业公司、荟力淀粉公司、香巴拉农业开发公司、温氏家禽公司等 30 个县级农业龙头企业,积极实施龙头带动战略,推动特色农业规模化发展。种植业方面,以农字号企业为龙头,带动和扩大山葡萄、优质谷、常年商品蔬菜、糖蔗、桑蚕、罗汉果等农产品的种植规模。养殖业方面,以广东温氏家禽公司永福分公司和香巴拉农业开发公司为龙头,带动全县温氏鸡、桂柳鸭、奶水牛的养殖。2005 年,全县为龙头企业提供原料生产的农民达到 10 多万人。全县粮食播种面积 3.08 万公顷,粮食总产量 14.67 万吨,比 1991 年的 12.14 万吨增加 2.53 万吨,被列为全自治区粮食高产创建县。

1991—2005 年,永福县有 20 多种优质农产品出口国外,其中罗汉果、福寿油黏米、优质椪柑、优质西红柿、蚕茧等都是出口免检产品。

永福的特色物产，首推"罗汉果"。1991年全县种植罗汉果面积357.30公顷，产果量1927万个。1993年，永福罗汉果在泰国曼谷国际博览会上获得金奖。1995年5月，永福县被命名为"中国罗汉果之乡"。同年，永福县被国务院发展研究中心列为"全国最大的罗汉果出口生产基地"。随后永福县罗汉果生产发展加快。2005年，全县种植罗汉果面积2751.40公顷，产果量1亿多个，占全国罗汉果产果量的70%。

永福的另一特产油黏米，栽培历史悠久。21世纪初，随着栽培技术不断改良，产量不断提高，面积迅速扩大，永福油黏米已经取代杂优水稻，成为永福县粮食生产的主导品种。2005年，全县超级稻油黏米种植达6700公顷，占全县水稻种植面积的30.04%，产量达6万吨以上。除了老百姓自己食用之外，每年都有一定数量出口，在国际市场上，比泰国的"泰珠米"质量更胜一筹。

永福县椪柑丰产性好，品质优，耐贮藏。主产百寿、永安、三皇等乡镇。1993—2005年，椪柑是永福县柑橘类主栽品种。百寿镇种植面积最大。2005年，永福县椪柑年产3.48万吨，产品畅销国内各大城市及东南亚国家和地区。

永福县的蚕茧品质优良，80%以上产自永福县广福乡。20世纪80年代中期，永福桑农从浙江引进优质蚕种进行饲养，蚕茧的产量成倍增长，质量在广西首屈一指。2005年全县桑园种植面积达1067公顷，发种量8500张。县内外出口商争相到永福收购茧丝，产品供不应求。

永福县苏桥镇，是桂林马蹄的主要产地之一。苏桥马蹄主要在水田、沼泽地栽种，平均亩产可达2200千克。每年都有许多客商、宾馆、高档酒店派专人来永福收购马蹄。1991—2005年，永福县每年出口马蹄约300吨。

永福县的西红柿种植极具规模及特色。尤其是三皇西红柿作为绿色食品、生态食品引起了各地客商注目。20世纪90年代，三皇西红柿市场迅速崛起，一举成为桂北地区最大的西红柿专业市场。2000—2005年，三皇西红柿每年向广东、香港销售量达7.50万吨。

截至2005年，永福县出产的罗汉果、优质油黏米、百寿椪柑、三皇西红柿、橙子、蜜橘等6种农产品，先后获得了广西壮族自治区"无公害农产品产地认定"和国家"无公害产品认证"。

福寿文化建设取得新进展

永福县有着悠久的福寿文化渊源。今日的永福县，原分属于永福、百寿两县。历史上，永福县是中国福文化集中展现的一块宝地，而百寿县则是中国寿文化展现最典型的吉地。提到永福的福寿文化，首先进入人们眼中的就是县城凤山顶上的"福"字大石刻和百寿岩中的"百寿图"石刻。这是永福县福寿文化的标志。

凤山"福"字大石刻，源于北宋武状元李珙（永福籍）"掌书福字"的故事。在百寿镇的寿字岩中，有宋代留下的石刻巨制"百寿图"。岩洞不大，在岩顶西侧，有一个阳刻的大寿字，字高177厘米，宽148厘米。在大寿字的笔画里，又阴刻嵌入了一百个小寿字，百字百样，珠玑纷呈。每一个小寿字都刻有铭章，注明文体或出处。大小寿字阴阳合璧，浑然一体，有如天造地设一般，奇妙无穷。世人谓之"百寿图"。从产生的那一天起，它就成为中国寿文化的一件瑰宝。《中国一绝》百集电视系列片将其摄入其中。《中国名胜辞典》亦将其录入。

不断加强福寿文化阵地建设。20世纪90年代，永福县始终坚持把教育文化事业放在优先发展的地位，采取各种渠道筹措资金，加强福寿文化宣传阵地建设。2003年，投资2000万元的县城天凤广场（后改名为福寿广场）竣工使用，成为群众娱乐健身的好去处。2005年，投资500多万元的永福县宣传文化中心大楼落成。并在县宣传文化中心大楼筹建了县博物馆，馆藏文物160多件，成为展示全县福寿文化教育的"活教材"。同时在乡镇恢复建立文化站，在各村建立村级文化活动场所，以便满足群众文化需求。截至2005年，全县有县文化馆、图书馆、博物馆各1个，乡镇文化站9个，村级文化活动室60多个，村屯科技文化中心户500多户。同时县文体局还建有一个藏书近2万册的乡村流动书库。

注重提升福寿文化队伍水平。永福县是广西彩调剧的发祥地。2002年,罗锦镇被自治区命名为"广西民间艺术(彩调)之乡"。2005年,诞生于永福的"广西彩调"被列为中国非物质文化遗产名录。是年,在永福城乡共有彩调队伍48支,全年演出达1000多场次,观众达10多万人次。写书法作画成为永福人民的优良传统。2005年,永福县"永福画院""西林画院"两家画院,习画者100多人,通过举办画展、出版专集等形式,习画者水平大为提升;永福县诗词楹联学会也成为群众文化的一部分,会员常集聚在一起浏览全县发展新貌,共同切磋作文写诗,其乐融融。

不断丰富福寿文化活动。1991—2005年,随着全县人民生活水平的提高,群众文化活动广泛开展起来。并逐步形成了"凤山之春""茅江之夏""金色之秋""银海之冬"四大广场文化名牌。"凤山之春",从1991年开始举办,至2005年已连续举办15届,参加演员群众达3.10万人。"茅江之夏",从1987年开始举办至2005年,已连续举办19届,参加演员群众达8万多人。"金色之秋",从1994—2005年已连续举办11届,参加演员群众达4.50万人。"银海之冬",是在每年元旦前后,举办广场电影及冬季电影下乡宣传活动。这4个大型群众文化活动,组成和打造了具有永福特色的广场文化知名品牌。

20世纪90年代以后,永福县业余彩调队、龙狮队等文艺团体普遍兴起。城乡居民婚嫁、乔迁、贺寿等喜庆场合,常有邀请彩调队、龙狮队表演助兴。从1991—2005年,共演出2500多场,观众达8.75万多人。

山歌会,也是永福县常见的一种群众自娱自乐的文化活动。在每年的"金色之秋"活动期间,以及平时县城凤城路林荫道上经常有山歌会。2000—2005年,永福县每年都选派歌师、歌手参加桂林市"漓江之声"山歌擂台赛,并多次获奖。

福寿文化艺术逐步走向繁荣。1991—2005年,永福县文工团作为专业文艺演出团体,每年以歌舞、彩调、桂剧等形式活跃在全县城乡,宣传党的路线、方针、政策和法律法规以及城乡新人、新事、新风貌等,并辅导群众开展业余文化活动。每年演出达100场左右。永福县文化馆每年都举办创作培训班1~2期,培养了众多业余作者。15年间,永福县业余作者在地市级以上公开刊物发表诗词118篇、小说故事15篇、散文19篇;在地市级以上公开报刊和赛事中发表美术、书法作品200余件。广播、电视、电影事业健康持续发展。

社会文化各项事业获得全面进步

20世纪90年代,永福县在工业、农业、文化等方面取得快速发展的同时,教育科技卫生及社会生活也获得全面进步。

教育事业生机勃勃。1992年县政府启动实施基本普及九年义务教育、基本扫除青壮年文盲工程(简称"两基")。1995年,全县初中入学率达到了普及指标。1997年,全县初中小学入学率99.88%、普及率100%;扫除青壮年文盲883人,扫盲率99.90%。同年10月顺利通过自治区"两基"评估验收,认定永福县为"两基"基本达标县。1998年4月实施普及实验教学(简称"普实")工作。2001年11月,通过自治区评估,永福县成为广西中小学普及实验教学达标县。永福县的高中教育得到新的发展,通过高考为高等院校输送数千名合格新生。职业教育在改革中崛起,永福县职业中学1991年成为自治区首批示范职业中学。永福县师范学校为永福教育培养了一批中小学骨干教师。

科技事业明显进步。1993年1月,永福县制药厂与中国医学科学院药用植物研究所合作开发出罗汉果甜甙,获"国家科技进步三等奖"。1996年,永福县全面实施"科技兴国、科技兴农"战略,通过科技普及推广,促进科技发展,科技成果增多。2004年,永福县获"全国科技进步县"称号。

卫生事业快速发展。20世纪90年代,永福县不断增设医疗卫生机构,增拨卫生事业经费,改善医疗防疫设施,培训医务人员。2000年1月,县中医院通过验收达到"二级甲等医院"。2005年全县有全民所

有制医疗机构12家,共设病床463张,拥有一批先进疾病检测治疗仪器,可广泛开展急诊、急救和各种医疗手术;全县有村级卫生所(室)97个、个体诊所106个,可开展一般常见病诊治。新型农村合作医疗运行良好。

人民居住环境改善,生活水平不断提高。2005年,全县在岗职工年平均工资收入1.48万元,比1991年的2070元增长了6.15倍;农民人均纯收入2964元,比1991年的704元增长了3.21倍;城乡居民储蓄存款余额9.78亿元,比1991年的8637.50万元增长了10.32倍。全年财政投入扶贫资金201.70万元,解决了1.50万人行路难问题。全县建立健全了各种劳动和社会保障制度,社会福利、劳动保险得到加强。

计划生育为全县人民群众普遍理解和接受,实行少生、优生。1991年以后,人口自然增长率都控制在10‰以下。至2005年,全县人口自然增长率为5.49‰。1993—1997年,连续荣获自治区"计划生育达标县"称号。少年儿童的身体素质普遍提高。

中共十一届三中全会以来至2005年,永福县的改革开放事业走过了将近30年的发展历程,在经济、政治、社会和文化各方面都取得了显著的成就,人民生活水平明显提高。但发展中存在的困难问题仍然不少。永福县属欠发达地区,经济总量仍然偏少,优化经济结构、转变经济增长方式有待加强;投资软环境有待进一步改善,引进的大项目、大企业还不够多;影响发展的体制性障碍和机制弊端依然存在,土地、能源和环境约束日益突出;机关干部素质的提升、工作作风和学风、工作主动性及预见性有待进一步加强;基层党组织的凝聚力和战斗力还需提高;城镇建设、征地拆迁、企业改制、医疗纠纷、环境保护等领域不稳定因素仍然存在;涉军利益群体、民办代课教师等群体诉求,劳动争议、群众上访等时有发生,做好群众思想工作和维护和谐稳定工作还需格外努力等。

中共永福县委、县人民政府决心带领全县各族人民以科学发展为主题,以加快转变经济发展方式为主线,以调整经济结构和壮大经济总量为主攻方向,深化改革开放,保障和改善民生;以科技进步为动力,加快推进工业化、城镇化、农业现代化、福寿养生产业化,围绕"经济强县、文化名县、生态和环境一流县"奋斗目标,把永福县打造成为"新型工业重镇、现代农业强县、福寿养生家园",谱写新的历史篇章。

永福县城凤城路景象　　　　　　　　唐庆甫　摄于 2005 年

大事记

1991 年

年初　县委在全县农村普遍开展社会主义思想教育,在党员中开展党的宗旨教育。并从县直部门抽调干部组成社会主义思想教育工作队,进驻各村公所,每个村公所进驻 3 名社教队员。农村党员和成年群众受教育面达 95%。10 月 27 日,县委印发《关于在全县厂矿、企事业单位开展社会主义思想教育的通知》,要求用 4 个月的时间,在全县厂矿、企事业单位、街道、学校,普遍开展一次广泛深入的社会主义思想教育。

1 月下旬　县委、县人民政府从南片 6 个乡镇及县直机关单位抽调 1.50 万人到广福乡开挖板峡水库西干渠二、三、四支渠。7 月 20 日,永福县板峡水库西干渠正式放水浇灌。

5 月 30 日　县委、县人民政府对在计划生育工作中作出突出贡献的 9 名人员进行表彰,并招收为国家聘用制干部。

7 月 29 日　县委、县人民政府印发《关于集资办教育的规定》,在全县范围内多渠道筹集教育经费,增加对教育的投入。

10 月 8 日至 10 日　中共永福县第八次代表大会在县城召开。选举中共永福县第八届委员会和纪律检查委员会。周文生当选为县委书记,覃正明、韦志光、朱名钟、朱名华当选为副书记,周文生、覃正明、韦志光、朱名钟、朱名华、许业钧、李宜校、杨伯桓、余世华、周明忠当选为常委。

10 月 17 日　自治区党委社教工作团 55 人进驻永福县苏桥乡、罗锦乡的 8 个村公所开展农村社会主义思想教育工作。

12 月 11 日至 15 日　新编《永福县志》审稿会议在县城召开。自治区政协副主席韦瑞霖、自治区通志馆地方志研究室主任晏源源,桂林地区地方志办公室、广西师大和桂林地区 10 个县及融安、鹿寨县的专家、学者、修志人员以及在永福工作过的部分人员参加评稿会议。1997 年 10 月 28 日,新编《永福县志》正式向国内外公开发行,全书 140 万字。该书编写工作历经 10 年,从 1984 年开始到 1994 年正式定稿。

是年　永福县籍举重运动员王云松代表广西在福州市举行的全国男子举重锦标赛上获金牌 1 枚、铜牌 2 枚。

1992 年

3 月 16 日　县人民政府决定在全县国合商业系统进行改革,实行“经营放开、价格放开、分配放开、用工放开”。

4 月 1 日　自治区党委副书记丁廷模到永福县检查社会主义思想教育工作。

5 月 3 日　县人民政府设立驻深圳办事处。

6 月 30 日　县委、县人民政府授予刘叙泽、梁进、唐永健、吴泓、黎传定、秦心国 6 人永福县首批“县级拔尖人才”称号。

7 月　永福县公安局完成第一代居民身份证制发工作。

8 月 1 日　县人民政府批准县纺织器材厂、轴承厂、葡萄酒厂等 14 家企业与香港桂安发展有限公司兴办合资企业。

8 月 19 日　自治区卫生厅组织专家到永福县考核验收消灭丝虫病工作。确认永福县已达到消灭丝虫病的标准。

9 月 1 日　永福县城西江市场开业。

10月10日　永福县列为全自治区城镇住房改革试点县。11月18日,县人民政府将县政府大院内住房定为首批房改试点。随后,县城辖区300多个单位中,有248个单位申请房改。

11月20日　途经永福的180次列车发生爆炸引发火灾,烧伤旅客44人。

是年　县城有线电视网络共架设传输主干线4.50千米,终端用户1400余户,县城有线电视网络建设初具规模。

1993 年

1月　永福县制药厂与中国医学科学院药用植物研究所合作开发出罗汉果甜甙。是年中药罗汉果开发与利用获中国医学科学院科技二等奖、国家科技进步三等奖。

6月　自治区造林灭荒检查组到永福检查验收造林灭荒工作。认定永福县灭荒达标栽植率为99.98%,荒山率为0.01%,永福县造林灭荒实现达标。

8月16日至17日　自治区专业森林消防队建设经验交流会暨秋冬森林防火工作会议在永福召开。

10月5日　桂柳高速公路永福段所辖51.60千米全线动工修建。1997年5月1日,永福段全面通车。

10月11日　县委决定实施永福县开发性农业发展"三一〇"工程和发展乡镇企业"一三一"工程。

10月18日至21日　中共永福县第九次代表大会在县城召开。选举产生中共永福县第九届委员会和中共永福县纪律检查委员会。选举产生永福县委常委9人,县委书记邓平树、副书记韦志光、朱名华、苏双佑,常委邓平树、韦志光、朱名华、苏双佑、刘永祥、许业钧、余世华、杨伯桓、周明忠。

11月22日至25日　中国人民政治协商会议永福县第四届委员会第一次会议在县城召开。大会选举产生常务委员会委员17人,主席吴忠,副主席李首坤、邱荷传、王宜琼。

11月25日至28日　永福县第十一届人民代表大会第一次会议在县城召开。大会选举产生县人大常委会委员14人,选举产生县人大常委会主任朱名钟,副主任谢桂兰、方向明、罗明珪、莫忠阶;选举产生县人民政府县长朱名华,副县长徐元声、陈燕林、梁家世、唐绍伦、李传龙、陈福霖;选举秦有锡为县人民法院院长,李仁生为县人民检察院检察长。

12月15日　广播电影电视部批准永福县建立调频广播电台,呼号为"永福县人民广播电台",发射台址为白马山。

是年　永福县获全自治区"计划生育工作达标县"称号。

1994 年

年初　永福粮贸大厦建成,是全县第一家装电梯的商业经营性大楼(宾馆)。

4月至5月　永福县共查处种植罂粟案件11起,面积0.31公顷。

5月5日　县委、县人民政府批转县经委《关于工业企业实行产权制度改革的工作意见》。

5月17日至18日　自治区党委书记赵富林在桂林地委书记唐正安、行署专员徐爱俐等陪同下,对永福县进行工作视察。

5月　孙道临导演的电影《非常大总统》在百寿镇实地拍摄。

6月9日　县委召开全县领导干部整风动员大会。

7月　法国前总统密特朗致信永福籍人士吕开信称:其已将"百寿图"作为东方文化珍品收藏于其私立博物馆。

9月6日　县委、县人民政府印发《永福县深化农村改革的实施方案》。

10月上旬　永福县籍残疾运动员李幼秀代表中国在国际"远南"残疾人运动会上取得4枚金牌、1枚银牌。10月20日，县人民政府为李幼秀举行庆功会。

11月26日至27日　全国森林消防专业队建设现场会在永福县召开。

12月29日　全县10个乡镇全部开通程控电话。

12月　广电部批复同意筹建永福县有线电视台，呼号为"永福县有线广播电视台"。

是年　永福县建成了天气预报警报系统。

是年　全县各乡镇人民政府所在地建立了有线电视网（其中桃城、永福镇为县城网络）。

是年　永福县获"全国爱心献功臣行动先进县"称号。

是年　全县农村土地联产承包开始进入第二轮承包期。至1999年2月，全县完成延长农村土地第二轮承包工作。

1995 年

1月4日　永福县获"全国林业宣传工作先进县"称号。

3月5日　中国人民政治协商会议永福县第四届委员会第三次会议在县城召开。会议补选县政协常委2人，谢桂兰当选为县政协主席。

5月26日　永福县被命名为"中国罗汉果之乡"。

5月　由县委组织部、县委党史办公室、县档案局编写的《中共永福县组织史资料》（第一卷）出版。该书35万字，包括党、政、军、统、群五大系统，上限1949年春永福县开始有中共党员活动，下限1987年10月中共第十三次全国代表大会召开。

6月1日　县有线电视台开办《一周永福新闻》栏目，每周定期播出永福新闻。

6月12日　县委、县人民政府印发《关于开展向刘自忠学习的决定》。8月2日，中共桂林地委作出在全地区开展向优秀村长刘自忠学习的决定。刘自忠生前是永福县龙江乡龙山村村委会主任，为发展龙山村经济，引导农民脱贫致富，作出了突出贡献。

8月28日　永福镇中学与桃城乡南雄初中合并，成立永福县第二中学。

10月11日　县委、县人民政府印发《永福县撤销村公所改设村民委员会工作方案》。11月17日，永福县全面完成撤销村公所改设村民委员会工作。

11月8日　县人民政府综合办公大楼举行开工典礼。1996年7月竣工使用。

12月25日　百寿镇被列为自治区小城镇建设试点镇。

1996 年

年初　开通了桂林至永福县微波传输专线，县有线电视网增加中央第五、第六、第八套和桂林地区有线台共4套电视节目，县城有线电视节目增加至16套。

1月28日　永福县第一所希望小学捐资暨奠基仪式在桃城乡大苏小学举行。

1月　永福县罗汉果制品厂"凤山"牌罗汉果冲剂项目、"天罗"牌罗汉果甜甙项目同获全国新技术新产品交易会金奖。

4月1日　县人民武装部由地方建制收归军队建制，为正团级单位，接受桂林警备区和中共永福县委、县人民政府双重领导。

4月23日 罗锦乡撤乡建镇,所辖区域不变。

6月4日 县医药局及局长王新生分别获全国医疗卫生工作"先进集体"和"先进个人"称号。

6月 由县人民政府组织编修的地情书《永福县地名志》公开出版发行,全书130万字。该书从1985年开始编纂,1992年成稿,2000年获广西第三届地方志成果奖(地情书)三等奖。

7月9日 县委、县人民政府确定永福县党政机构改革方案,将县委12个工作机构精简调整为6个,将政府的47个工作机构精简为23个;桂林地区核定永福县乡镇党政机构行政编制330名,减少62名。

9月28日 永福县城设七路十一街。其被命名为:(1)凤城路,辖建新街、半边街、四岭街;(2)凤阁路,辖西江街;(3)东滨路,辖洲坪街;(4)西滨路,辖古渡街、新洲街;(5)连江路;(6)向阳路,辖东江街、上窑街、茶岭街;(7)凤翔路,辖龙泉街。县城各路、街名称从1996年10月1日起正式启用。

11月28日 自治区人民政府确定把苏桥新区开发建设列为广西"九五"计划重点项目。1998年11月11日,县委、县人民政府成立"桂林苏桥新区开发建设协调服务领导小组",同时成立桂林苏桥新区工作委员会。

是年 永福县开通移动电话。

1997 年

1月31日 永福县标——凤凰展翅雕塑在县政府综合大楼前广场中心落成。

4月12日 自治区党委副书记马庆生到永福县检查招商项目工作。

5月21日 永福县小画家赵鑫所画的《啼鸣回归 国运宏昌》获在韩国举行的"和平杯"国际儿童书画艺术交流大赛银质奖。

6月28日 桂林火电厂"以大代小"技改项目正式落户永福县苏桥乡苏桥村。该工程是国家"九五"期间重点技改工程建设项目之一。

7月 永福县老画家何道德绘制的国画《百鸟欢歌》参加自治区庆祝香港回归巨幅国画展在南宁展出。

9月7日至11日 北京电视台到永福县拍摄《野生山葡萄王》《百寿岩·长寿村》《古城长寿老人》3部电视专题片。先后在北京电视台,中央电视台第7频道、第14频道节目播放。其中,《野生山葡萄王》当年还赴欧洲、丹麦国际植物博览会展播。

10月22日至23日 自治区"两基"评估验收组对永福县10个乡镇的"两基"工作进行实地评估验收。25日,确认永福县基本普及九年义务教育和基本扫除青壮年文盲工作基本合格。

11月3日 苏桥彭庄改河工程举行开工典礼,该工程于1998年9月30日竣工。

11月14日 永福县城西河山北洲河段断流,河床全部裸露。永福镇中洲村组织人员在河床底部挖出一条约0.60米宽的深沟,解决了江水断流现象。

12月30日 永福县公安局"110"报警服务台正式开通。

是年 全县开始实施教师资格认定。

1998 年

3月8日 晚上永福县8个乡镇遭受特大冰雹和暴风雨的袭击,受灾最严重的是堡里乡和桃城乡。

据统计,全县受损房屋 24850 间、春种作物 2300 公顷,大批竹苗、树苗被毁,全县直接经济损失 1200 万元。

6 月 16 日至 26 日 永福境内连续数日普降特大暴雨,雨量达 976.50 毫米,造成特大洪灾。县城水位线上升到 142.20 米,超过警戒水位线 2.20 米。

6 月 22 日 县人民政府印发《关于给予下岗职工基本生活保障的若干规定》,从 1998 年 7 月 1 日起,下岗职工领取基本生活保障金每人每月 150 元。领取时间最长不超过 3 年。下岗职工基本生活保障金采取政府、企业和社会各承担三分之一的办法解决。

6 月 28 日 自治区政府主席李兆焯到永福县视察洪涝灾情,慰问灾民。

7 月 16 日 永福县发生一起食物中毒事件,有 25 人因误食含有农药的葡萄中毒,被送往县城各家医院抢救。经过抢救,病员全部脱离危险。

7 月下旬 香港龙凤翔、澳门李志锋一行 7 人到永福,为灾区捐款捐物折合人民币 19.50 万元。

10 月 11 日至 13 日 中共永福县第十次代表大会在县城召开,出席大会代表 229 人。大会选举产生新一届中共永福县委员会和中共永福县纪律检查委员会。在第十届县委第一次全体会议上选举产生县委书记邓平树,副书记唐昌元、莫世贵、石春莲;常委有邓平树、唐昌元、莫世贵、石春莲、于顺弟、骆远明、唐卫平、唐禄贤、徐安民、朱政光、黄显新。

10 月 18 日 全国人大常委会副委员长邹家华在自治区政府副主席袁凤兰、桂林市委书记姜兴和、桂林市市长李金早陪同下赴苏桥新区考察,对新区的开发建设作出了要"确有项目,从小到大,一次规划,分步实施,少占良田,不搞污染"的指示。

11 月 8 日 永福县属新的桂林市管辖。是日,原桂林市和桂林地区正式合并成立新的桂林市。

是年 全县首次公开选拔一批副科级领导干部。计划选拔职数 15 个,该次公选报名 198 人,实际公选 12 人,另有 9 名公选优秀人员被充实到县直和乡镇领导班子。

1999 年

1 月 5 日至 7 日 政协永福县第五届委员会第一次会议在县城召开。出席会议委员 110 人。选举产生本届政协委员会常务委员 17 人,主席谢桂兰,副主席李传龙、秦有锡、王宜琼、卢秀明(兼)。

1 月 6 日至 8 日 永福县第十二届人民代表大会第一次会议在县城召开,出席代表 180 人。选举产生永福县第十二届人大常委会委员 10 人;选举产生县人大常委会主任邓平树,副主任徐元声、陈燕林、梁家世、方向明、王承林;选举产生县人民政府县长唐昌元,副县长于顺弟、钟晓梅、罗汉东、文建中;选举覃远存为县人民法院院长,张景源为县人民检察院检察长。

2 月 26 日 永福县正式启动农村电网建设与改造工作,并获自治区第一期农村电网建设与改造资金 6483 万元。

3 月 5 日 总投资 760 万元的永福县板峡水库第二期工程在永福县堡里乡合顺村大波屯举行开工仪式。

3 月上旬 永福县发生松毛虫害,受灾面积 800 公顷,主要分布在桃城、苏桥、罗锦、堡里 4 个乡镇。

4 月 30 日 永福县"148"法律服务专用电话 8510148 正式开通。

5 月 12 日 联合国世界卫生组织的 3 位专家到永福县视察医疗卫生工作。

6 月 8 日 全县 10 个乡镇传真通信设备全部安装成功并正式投入使用。

6 月 30 日 永福县"3·15"投诉举报中心和市场巡查大队正式成立。"3·15"投诉举报中心的电话号码全国统一为"12315"。

6 月 永福县开始实施"广播电视村村通"工程。

7月23日　桂林市农业局组织专家对永福县丰收计划项目进行测产验收。确认永福县早稻完成丰收计划1.09万公顷,完成项目任务的124.80%,各验收项目普遍超过自治区水稻丰产综合技术应用指标。

8月1日　永福县举办书画展,共展出30多位老年书画协会会员的80多幅字画。其中,县书画协会理事汤功亮创作的一幅长19.99米的"澳门回归竹",是全国首次用一幅纸张画的一棵完整的竹子。这幅画在澳门回归前邮寄给澳门首任行政长官何厚铧。

9月29日晚　县委、县人民政府举行庆祝中华人民共和国五十华诞大型文艺晚会。

10月22日至25日　县政协、县委统战部在县图书馆举办"庆祝建国50周年,迎接澳门回归"书画展。组委会收到各界人士的书画作品178件,共展出101件,观众达2800多人次。

11月15日　永福县客货运输中心正式投入使用。县客货运输中心坐落在县城北桂柳高速公路出口处,1996年年底开工,占地2万多平方米,总投资800多万元。

11月24日　永福县餐饮具消毒中心在县卫生防疫站正式开业。该中心有备用碗碟6万多个。

12月23日至27日　永福县全境遭受严重霜冻灾害,最低气温降至-2.50℃,最低地表温度降至-5.90℃。全县秋冬农作物受灾面积5334公顷,其中甘蔗严重受损667公顷、果树和竹子被冻死667公顷、蚕豆绝收800公顷、西红柿绝收2300公顷;直接经济损失达4600多万元,其中以三皇、百寿、桃城灾情最重。

12月29日　永福县第一个农村村级党委——中国共产党广福乡矮岭村委员会正式挂牌成立。

12月30日　桂林苏桥新区东西大道正式动工建设。总投资800万元,总长度3.77千米。

2000 年

年初　县委组织部开始在全县开展电教科技帮富的"515"活动,即在全县10个乡镇98个建制村建起500户党员电教中心户,为每位中心户免费订阅1份《广西科技报》,同时要求每位中心户联系5户群众学科技用科技共同致富。

1月9日　永福县中医院顺利通过自治区卫生厅创建二级甲等中医医院评审组评审,成为永福县第一个,也是桂林市第四个县级创建二级甲等中医院达标医院。

1月11日　县政府在全县范围内全面实行住房公积金制度和加强住房资金的管理。

1月13日　苏桥乡改为镇建制,所辖行政区域不变,机构和人员编制不增加。

1月22日　中国人民武装警察部队副司令员、中将王福中到永福县武警中队视察。

3月14日　永福县召开县处级领导班子和领导干部"三讲"(讲学习、讲政治、讲正气)教育动员大会。"三讲"教育历时一年。

4月21日　全国双拥工作领导小组、民政部授予永福县"全国爱心献功臣行动先进县"称号。

5月至7月　全县共有180家新建企业组建起工会组织,组建率达到95%。

6月10日　永福镇中洲村农民廖家祯设计的新型圆形拱顶旋水化粪池获国家知识产权局颁发的专利证书。

6月　根据永福籍作家黄继树的长篇小说《桂系演义》改编的四十集电视连续剧,在百寿镇永宁州古城进行实景拍摄。

7月13日至14日　桂林市特困村脱贫攻坚现场会在永福县召开。

8月4日　日本农业专家佐佐木到永福县,对永福县茄科类蔬菜青枯病的发生、防治进行研究、探讨,并提出防治良策。

9月14日　自治区桂海高速公路"绿色工程"建设现场会在永福县召开。

11月24日　桂林苏桥火电厂二号机组移交发电,它标志着该项历时3年、投资人民币13.20亿元的工程竣工。

11月28日　参加桂林中国青花瓶国际学会研讨会的180名考古专家到永福县窑田岭窑址考察。

12月4日至6日　永福县农村水电初级电气化建设通过自治区农村初级电气化建设达标验收领导小组验收。

12月19日　在永福县罗锦镇与临桂县交界的江北渡河边(属临桂县境内),发生一起在依法查禁赌博的过程中,罗锦镇部分参赌人员跳水逃离现场,5人虽经组织抢救仍溺水死亡的意外重大事件。

是年　永福县开展第五次人口普查。

是年　电脑网吧开始进入永福文化市场。

是年　永福县最后一批96名民办教师被吸收为公办教师。

2001 年

1月10日　中国人民武装警察部队政委、上将徐永清,副司令员、中将高文远在武警广西总队队长、少将温吉粼陪同下到永福县,慰问永福武警中队官兵。

1月　永安乡永富村付家屯因三皇乡黄启忠撰写《新聊斋·牛墓》一文在《广西政法报》上发表而起诉黄启忠、广西政法报社名誉侵权。永福县人民法院一审裁定驳回原告起诉,原告不服提起上诉,桂林市中级人民法院裁定维持原裁定。该案于2002年1月11日在中央电视台第1频道节目《今日说法》栏目播出。

2月4日　莫桦调任永福县委书记。

2月11日　永福县在县剧院广场举行反邪教千人签名活动。

2月18日　县委决定,在县直部门、乡镇、村级领导班子和全体干部中,有计划、有步骤地开展“三个代表”重要思想学习教育活动。时间长达两年左右。

3月1日　县人民政府向桂林市政府专项贷款260万元用于县供销系统第三期社员股金兑付。

3月1日至3日　永福县第十二届人民代表大会第三次会议召开。会议补选莫桦为县第十二届人大常委会主任、王正阳为第十二届县人民政府县长。

3月31日　永福县获自治区人民政府授予“无毒县”称号。

5月28日　中共桂林市委、市人民政府将桂林苏桥新区列入市级开发区。

6月7日　县统计局完成第五次全县人口普查的现场登记和复查任务。确认全县2000年11月1日总人口为268463人(包括外出人口、不包括外来人口)。

6月9日至14日　永福县8名举重运动员参加在象州县举行的自治区青少年男子举重锦标赛,获得金牌12枚、银牌4枚、铜牌6枚。

6月29日　县委召开《永福报》创刊暨永福报社成立大会。《永福报》从2001年7月1日起正式向全县发行,每周一期。

6月29日　县委召开庆祝中国共产党成立80周年大会。

7月27日　自治区总工会新建企业组建工会工作现场会在永福县召开。

7月27日　县人民政府决定在全县试行会计委派和政府采购制度。

9月13日　韩国三陟市市长金日东一行考察永福麒麟山风景区。

11月　永福龙江罗汉果在2001年中国国际农业博览会上被认定为“中国名牌产品”。

12月22日　县委、县人民政府印发《关于〈永福县党政机构改革方案的通知〉》,对全县党政机构改革工作进行布置。2002年2月,全县完成党政机构改革工作。

12 月 28 日至 29 日　《桂林苏桥新区经济社会发展规划》通过自治区、桂林市有关部门的领导和专家评审。

12 月下旬　全县第一个农村新村——苏桥镇太平村大平土新村建设竣工。大平土屯 67 户农户有 90% 的农户建起了新楼房,楼房规划整齐,每户都建有沼气,使用卫生厕所,总投资 350 万元,是永福县的"生态能源示范村"。

是年　永福县获自治区粮食局确定为全自治区优质谷生产基地县。

是年　全年财政收入 1.15 亿元,首次突破亿元大关。

2002 年

1 月 8 日　永福县金鸡河水库除险加固续建工程开工。此项工程主要是对水库 1500 米的副坝进行整治和溢洪道的加固,工程计划投资 254 万元,确定总工期为 300 天。

1 月 30 日　农业部产业化试点项目"永福县优质梨基地"启动会在县城召开。

3 月 1 日　永福县十二届人民代表大会第四次会议通过《关于禁止在县城城区燃放烟花爆竹的规定》《关于县城城区市容和环境卫生管理的若干规定》等决议。

5 月 9 日　总投资 980 万元的国家农村初级电气化投资项目——永福县板峡水库二期引水工程经过历时 3 年的建设胜利竣工。

5 月　由县委组织部、县委党史办、县档案局等编写的《中国共产党广西壮族自治区永福县组织史资料》第二卷(1987 年 10 月—2000 年 12 月)出版。

6 月 15 日至 17 日　全县连续普降特大暴雨。县城降雨量达 446.40 毫米,洪水暴涨,使县城最高水位达到 142.45 米,超过警戒水位线 2.45 米,比历史上最高水位的 1998 年高出 0.25 米。洪水造成直接经济损失 3.02 亿元。

6 月 16 日至 17 日　湘桂铁路永福县黄岭段发生总长度 150 米的山体滑坡,塌方泥土、山石达 7000 多立方米,造成铁路交通中断。驻桂塔山守备英雄团、柳铁桂林车务段、永福县干部群众及解放军官兵共 1000 多人组成抢险队伍日夜奋战,于 17 日上午 8 时完成抢修任务,恢复铁路通车。

9 月 10 日　永福渝邦汽车出租有限公司购买 12 辆出租车在县城正式运营,结束了永福县城没有出租汽车的历史。

10 月 8 日　永福县城中心市场(县人民武装部原址)正式开业。该市场占地面积 6977 平方米,其中建圩亭面积 2100 平方米,摊位 367 个;兴建门面面积 4280 平方米,用地硬化 4200 平方米,修建明暗排水道 1200 米;总投资 190 万元,历时一年建成。

10 月 15 日至 16 日　中共永福县第十一次代表大会召开。大会选举永福县出席中共桂林市第二届代表大会代表共 16 名。在第十一届县委第一次全体会议上,莫桦当选为永福县委书记,石春莲、莫建平、唐卫平、秦成枝当选为县委副书记,莫桦、石春莲、莫建平、唐卫平、秦成枝、文建中、钟晓梅、蒋汉学、刘陶文、古保华、黄泽治当选为县委常委。

10 月 20 日至 22 日　永福县政协六届一次会议召开。选举产生县政协六届委员会领导班子。徐元声当选为政协永福县第六届委员会主席,梁家世、王承林、卢秀明(兼)当选为副主席;选举政协常委共 19 人。

10 月 21 日至 23 日　永福县第十三届人民代表大会第一次会议召开。于顺弟当选为县人大常委会主任,朱政光、陈尚成、黄显新、王宜琼当选为副主任;石春莲当选为县人民政府县长,文建中、秦学文、唐火祯、唐沐林当选为副县长;覃远存当选为县人民法院院长;杨卫东当选为县人民检察院检察长;选举永福县出席桂林市第二届人民代表大会代表 20 名。

10 月　历时半年、投资 50 万元的凤山滑坡一期治理工程完工。

11 月　永福县在全自治区首先开始进行县、乡、村广播电视网络光纤联网工程，即用光纤将县广播电视台播出的电视节目传送到乡（镇）、村、屯。

12 月 10 日　永福县首次使用广西森林防火护航直升机在县城进行森林防火宣传活动。

12 月　县妇联成功争取到欧盟资金赞助的"反家庭暴力"项目，在全县进行反家庭暴力活动，是广西唯一取得欧盟资金支持开展的此项活动。

2003 年

1 月 1 日　永福县首次开通永福至湖南永州市的跨省班车线路。

1 月 6 日　全县普降大雪，降雪量是自 20 世纪 70 年代以来最大的一次。

1 月 7 日　县城整体亮化美化工程正式启动，对县城凤城路、凤翔路、凤阁路、滨江路、连江路、迎宾大道等主要街道原有路灯设施进行较大规模的改造。整个工程共新安装和改装 26 条路段，路灯共 1476 基 5356 盏。

1 月 19 日　永福县通过全自治区农村中医工作先进县验收。

2 月　县城天凤广场（后改福寿广场）竣工使用。

3 月 6 日至 12 日　永福县首届商品交易会在县城举行。来自全国各地的 50 多家客商设点参展，共设展位 102 个。各商家所带货物售出 80% 以上，完成交易额 60 多万元。

4 月　永福县成立"非典"（非典型肺炎）防治工作领导小组，全面启动公共卫生突发事件责任网、信息网、求助网"三网"系统；对县内医务人员进行及时培训，设立定点医院，对全县的影视厅、网吧、娱乐场所暂时予以停业。全县未发现"非典"患者病例。

5 月 16 日　县劳动力市场和人才市场开业。

6 月 1 日　永兴公路正式通车。该公路工程于 1999 年 8 月开工建设，至 2003 年 4 月竣工。南起永福县城，北接龙江乡兴隆的桂浮公路，全长 29.37 千米。

6 月 8 日　《桂林苏桥新区总体规划》顺利通过国家专家组评审。正式命名为"桂林国家高新区苏桥工业园"。6 月 16 日，桂林国家高新区苏桥工业园建设正式启动。

6 月　永福镇街道居民委员会与永福镇中洲村民委员会合并，镇区划分为凤城、向阳、龙泉 3 个社区居民委员会。

7 月 24 日　永福县召开学习贯彻"三个代表"重要思想动员大会。学习时间从 7 月开始到 12 月底止。

7 月底　永福县遭遇 12 年来最严重旱灾。全县范围内降雨量比 2002 年同期减少一半，水库蓄水量比 2002 年同期减少 3948 万立方米，全县粮食经济作物受旱面积 1.07 万公顷，受旱灾乡镇 9 个，受灾自然村 68 个，受灾人口 1.80 万人，成灾 0.90 万人，造成直接经济损失 2307 万元。三皇乡旱情尤为严重。

8 月 19 日　永福县正式推出住房公积金贷款业务。

8 月 23 日　永福制药厂的"中族"商标获"广西著名商标"称号。

9 月 1 日　永福县实验中学成立。该校校址在县城附近南雄村的十化洞。

9 月 7 日至 8 日　自治区秋冬菜无公害标准生产病虫防治技术现场研讨会在永福县召开。

10 月下旬　县体校业余运动员李兵、王永久代表桂林市参加全（自治）区第十届运动会"中国移动通信杯"举重比赛，13 岁的李兵获得男子 2 组 69 公斤以上级总成绩金牌，15 岁的王永久获得男子 2 组 69 公斤级铜牌。

12 月 9 日　桂林苏桥新区水厂举行揭牌暨供水仪式。苏桥新区水厂由广西联埔投资有限公司投入资金 500 万元兴建,日产水量为 6500 吨,可提供新区工业用水和居民生活用水。

2004 年

1 月 9 日至 16 日 永福县举办首届迎春购物节。有来自全国各地的 100 多家客商设点参展。

2 月 5 日 桂柳高速公路苏桥立交口正式开通。该工程于 2002 年 10 月开工,总概算投资 1860 万元。

4 月 13 日 永福县在南宁与广东温氏食品集团签约,成立桂林温氏永福公司,总投资 8800 万元。

4 月 18 日 永福县罗汉果育苗基地在永福镇渔洞村毛洞屯挂牌。

4 月 20 日 自治区党委书记曹伯纯在桂林市委书记莫永清、市长王跃飞等陪同下到永福县对奶水牛养殖示范基地和苏桥工业园进行调研。

4 月 23 日 韩国青年考察团一行 16 人到永福县苏桥工业园、奶水牛养殖基地及国电永福发电有限公司等地参观考察并双方共同栽种中韩友谊树。

4 月 27 日 县中医院首次成功完成一例心脏起搏器安装手术,这是永福县开展的首例心脏起搏器安装手术。

5 月 14 日 永福县正式启动中共党员代表大会常任制试点。

6 月 6 日 香港亚洲电视台一行 5 人到永福县桃城乡白马山对罗汉果种植和组培苗基地情况进行现场采访,并对永福县作为罗汉果发源地的种植历史规模、销售及用途在香港电视台予以专题报道。

6 月 16 日 永福县最大的房地产开发项目——龙珠新城正式开盘售地。该新城位于县城五里桥迎宾大道的黄金地段,占地面积 14700 平方米,由桂林宏厦房地产开发有限责任公司投资开发。

6 月 23 日 由广西植物研究所主办的广西生态脆弱地区智能系统与示范项目现场会在永福县召开。该项目是科技部下达的攻关项目,是西部大开发科技行动课题,桂林市由全州、兴安、永福 3 县具体实施。永福县承担攻关的项目是建立罗汉果电脑专家智能系统,已在龙江、桃城、堡里、苏桥等乡镇建立示范区和试验点。

7 月 24 日 永福县获"2003 年度广西经济发展十佳县"称号。

8 月 9 日 永福县举行首家大型图书市场——桂林永福图书市场开业仪式。该图书市场总面积 2100 平方米。

8 月 11 日 桂林永福林中仙罗汉果有限责任公司正式举行挂牌仪式。主要经营罗汉果系列产品及农副土特产的生产、收购、销售和加工。该公司是当日为止全国最大的一家罗汉果流通企业。每年销售罗汉果 3000 万个以上,创收 100 万元以上。

8 月 28 日 永福县的标志性建筑——永福县商业步行街举行开街庆典仪式。该商业步行街位于县城天凤广场旁,占地 2 公顷,建筑面积 4 万多平方米,有铺面、住宅 154 套,总投资 3500 万元,是永福县集购物、休闲、观光、娱乐为一体的现代化商业中心。

11 月 11 日 永福县连续 3 年获自治区"双拥模范先进县"殊荣。

11 月 22 日 投资近 1000 万元的永福三皇乡果蔬专业市场竣工使用。

11 月 28 日 永福县疾病预防控制中心大楼正式投入使用。该中心大楼投资 108 万元,建筑面积 1365 平方米。

12 月 27 日 永福山葡萄酒股份有限公司的"永福山"商标荣获广西著名商标。

12 月 27 日 全(自治)区村村通广播电视工程建设现场会在永福县召开。

是年 全县开始免征农业特产税。

2005 年

1月13日　国家质检总局发布产品原产地域保护公告,永福县罗汉果被列为国家原产地域保护产品之一。

1月19日　永福县城铁路立交桥工程经验收合格正式通车。

2月初至10月　中共永福县委组织开展保持共产党员先进性教育活动。整个活动分3批进行。第一批保持共产党员先进性教育活动至7月初结束。7月至10月,组织开展第二批、第三批保持共产党员先进性教育活动。

3月20日　广西万佳永福香米业公司成立。该公司经县粮食局牵头,引进广西万佳粮油厂资金,投资1200万元,在永福县开发建设10万亩绿色稻谷生产基地,年收购加工绿色稻谷及无公害稻谷3.50万吨。

6月12日　自治区主席陆兵到桂林国家高新区苏桥园进行专题调研。

6月16日　桃城乡撤销,整建制并入永福镇。调整后永福镇所辖区域总面积272平方千米,所辖区域包括龙泉、向阳、凤城3个社区和坪岭、银洞、湾里、泡口、四合、塘堡、曾村、樟峡、南雄、渔洞、大苏11个村,总人口5.60万人。

7月15日　永福县获"2003—2004年全国科技进步先进县"奖。

8月　赵德明任中共永福县委书记。

10月28日　永福县成立第一支农民专业防火队,由罗锦镇尚水村阳谷岭屯的28名农民组成。

11月3日　自治区副主席吴恒到苏桥工业园视察园区的基础设施和企业入园落户情况。

11月28日　百(寿)雅(瑶)公路全线基本贯通。百雅公路全长25千米,其中永福境内长13.50千米。

12月26日　永福西河二桥顺利竣工通车。该桥由南宁泽福房地产有限公司投资建设,总投资300万元,桥长189米,桥宽6.50米,可通载重20吨的车辆。

是年　全县开始免征农业税。

是年　县政府机关电子公文网开通使用。

永福县城西江大桥河段　　　　唐沐林　摄于 2005 年 7 月

第一篇

行政区划

第一章　政　　区

永福今治，是1952年8月由原百寿县、永福县合并而成。

原百寿县设治，始于晋武帝太康二年(281年)。

原永福县设治，始于唐武德四年(621年)。

秦代以前，永福(含百寿)地方属于百越之地。秦始皇辟岭南设三郡，永福(含百寿)地方属桂林郡。汉初属荆州零陵郡地。汉武帝元鼎六年(前111年)设始安县，即今之桂林市。自此，永福(含百寿)便一直是桂林属地。

1952年8月，由原永福、百寿两县合并，成立新的永福县。合并后，永福县域总面积2805.92平方千米。

1991年，永福县政区辖为2镇、8乡，下辖97个村公所、1个街道居民委员会。

1995年10月—11月，永福县各乡镇陆续撤销村公所，改设村(建制村)，下辖村屯小组(队)。1996年4月23日，罗锦乡更名为罗锦镇。2000年1月13日，苏桥乡更名为苏桥镇。2003年6月，将永福镇街道居民委员会与永福镇中洲村民委员会合并，镇区划分为凤城、向阳、龙泉3个社区居民委员会。2005年6月16日，永福镇与桃城乡合并，成立新的永福镇，下辖原永福镇区的凤城、向阳、龙泉3个社区居民委员会和原桃城乡的坪岭、银洞、湾里、泡口、四合、塘堡、曾村、樟峡、南雄、渔洞、大苏11个村民委员会(建制村)。

2005年年底，永福县政区划分为4个镇、5个乡，即永福镇、百寿镇、罗锦镇、苏桥镇、广福乡、堡里乡、龙江乡、三皇乡、永安乡，下辖93个村、6个城镇社区居民委员会。

第一节　位　　置

永福县地处北纬24°37′48″~25°26′39″，东经109°36′50″~110°14′19″之间，位于广西壮族自治区东北部，桂林市区西南部。县城设在永福镇，电话区号0773，邮政编码541800。永福县人民政府北至桂林市区(市人民政府)公路里程49千米，高速公路里程50千米，铁路里程(至桂林南站)46千米，南至自治区首府南宁市区(市人民政府)铁路行程388千米。

永福县境北部和东部与临桂县交界，东南部与阳朔县、荔浦县、鹿寨县3县为邻，南接鹿寨县，西和融安县毗邻。据《广西永福县土地利用现状调查》(1989年)资料，永福县南北最大纵距(南从堡里乡九槽村的古报尾山脊起，北至龙江乡龙隐村大利界山脊止)90.50千米，东西最大横距(东从堡里乡河东村的木湾岭脊起，西至三皇乡华山村湖广屯背后山山脊止)63千米。

永福县境域面积2805.92平方千米。

1999年6月—2000年8月，经永福、临桂、阳朔、荔浦、鹿寨、融安等县县际勘界工作界定，永福县与邻县县际边界总长390.53千米。与周边县行政区域界线长度分别是：永福县与临桂县边界线全长141.75千米；永福县与阳朔县边界线全长15.92千米；永福县与荔浦县边界线全长26.93千米；永福县与鹿寨县边界线全长108.60千米；永福县与融安县边界线全长97.33千米。永福县与周边县及其行政区交会处均设立界桩(碑)。

永福、临桂、融安3个县交会处的界桩分别设置在永福县龙江乡龙隐村、临桂县黄沙瑶族乡滩头村、融安县板榄乡沙江村相交处852米高地最高处,界桩为三面型花岗岩石,分别刻有"永福""临桂""融安"字样。

永福县与临桂县所辖行政区交会处还立有7块界桩,界桩上均有"永福""临桂"字样,即:永福县龙江乡丹江村与临桂县黄沙瑶族乡滩头村交界的谢家界,永福县龙江乡上维村与临桂县茶洞乡温良村相交的长冲口,永福县龙江乡龙山村与临桂县茶洞乡保合村相交处,各立有一块双面木质界桩;永福县龙江乡兴隆村与临桂县两江镇二圳村相交处立有一块双面型砖墩界桩;永福县苏桥镇黑石岭村与临桂县两江镇宝山村相交处立有一块双面型砖墩界桩;永福县苏桥镇大罗村与临桂县四塘乡江北村相交处立有一块双面型混凝土界桩;永福县罗锦镇上笑村与临桂县会仙镇陶淑村相交的野果山顶立有一块双面型花岗岩石界桩。永福县罗锦镇大西村与临桂县六塘镇青太村相交处立有一块双面型木质界桩。

永福、融安、鹿寨三县交会处的界桩设置在永福县三皇乡江头村、融安县桥板乡江边村、鹿寨县中渡镇高坡村交界的金竹弄西南面483.90米高程点的无名山顶处,界桩为三面型花岗岩石,分别刻有"永福""融安""鹿寨"字样。

永福县与融安县所辖行政区域交界处设置有5块界桩,分别在:永福县龙江乡保安村与融安县雅瑶乡车平村的边界线上,永福县百寿镇双河村与融安县雅瑶乡福田村的边界线上,永福县百寿镇新隆村与融安县泗顶镇寿局村的边界线上,永福县三皇乡华山村与融安县板桥乡二村村的边界线上,分别立有一块双面型木质界桩;永福县三皇乡清水村与融安县泗顶镇山坝村之间立有一块双面型花岗岩石界桩,界桩上均有"永福""融安"字样。

永福、阳朔、临桂3个县交界处的界桩设置在永福县堡里乡河东村、阳朔县金宝乡久大村、临桂县南边山村相交的大苏尾300米高程的山头,界桩为三面型花岗岩石,分别有"永福""阳朔""临桂"字样。

永福、荔浦、阳朔3个县交界处的界桩设置在永福县堡里乡河东村、荔浦县蒲芦瑶族乡古立村、阳朔县金宝乡红莲村的相交处,界桩是三面型花岗岩石,分别刻有"永福""荔浦""阳朔"字样。

永福、荔浦、鹿寨3个县交界处的界桩设置在永福县堡里乡九槽村、荔浦县蒲芦瑶族乡万全村、鹿寨县拉钩乡大坪村交界的826.50米高程点山头东北135米处小河中,因点位落入水中未埋桩。

永福、荔浦二县界桩设置在永福县堡里乡九槽村与荔浦县蒲芦瑶族乡古立村之间的二县交界线上,为一木质代用界桩。

第二节　建置沿革

今永福县是1952年8月,由原永福县、百寿县合并而成。两县合并后,仍称永福县。

原永福县,秦属桂林郡地。汉属荆州零陵郡始安县地。三国属吴国的荆州零陵郡始安、永丰两县地。吴甘露元年(265年)属始安郡始安、永丰两县地。晋仍为始安、永丰两县地,属广州始安郡。南朝宋代为湘洲始安县地。南朝齐代为湘州始安郡始安县地。南朝梁陈代为桂州始安郡始安县地。隋为扬州始安郡始安县地。在始安县南面有永福山。隋文帝开皇十一年(591年),以永福山命名永福乡。唐高祖武德四年(621年),析始安县地永福乡,置永福县,这是永福县县域建县之始。当时永福县县治设于今广福乡龙溪村飞龙溪。唐高祖建县时,又以永福乡命名永福县。此时永福县属岭南道桂州。唐开元二十一年(733年)属岭南西道桂管桂州。此外,在唐初,分兴安县地置治定县、宣风县。唐贞观中叶宣风县并入治定县。唐至德二年(757年)治定县更名理定县,县治在今鹿寨县黄冕乡理定。五代,永福县先属楚,后属南汉桂州。南汉永福县令刘龚将县治迁至东河与西河交汇处洛清江口,治所在原桃城乡政府所在地。宋朝仍称永福县,属广南西路桂州。宋高宗绍兴二年(1132年)升桂州为静江府,永福县、理定县同属静江府。元朝改静江府为静江路,永福县、理定县同属静江路。明太祖洪武二年(1369年),永福知县康孝良将县治迁到凤巢山下今所。明英宗正统五年(1440年)撤理定县,并入永福县,属广西布政使司桂平道桂林府。明穆宗隆庆五年(1571年),置永宁州,永福县属桂林府永宁州。清朝亦称永福县,属广西省桂平梧道桂林府。民国元年(1912年),永福县属广西省桂林府。民国二年(1913年)裁府设道,由道领县,永福县属广西省漓江道。民国三年(1914年)漓江道易名桂林道,永福县属广西省桂林道。民国十二年(1923年)析永福县的黄冕、鹿寨、寨沙3个区,合置榴江县。民国十五年(1926年)废除道制,桂林道改名为行政督察区,永福县属广西省桂林行政督察区。民国十九年(1930年),属广西省桂林民团区。民国二十三年(1934年),永福县属广西省桂林行政督察区。民国二十九年(1940年),永福县属广西省第一行政督察区。民国三十一年(1942年)三月,永福县属广西省政府直辖县。民国三十三年(1944年)属广西省第八行政督察区。1949年10月1日,中华人民共和国成立;11月23日,永福县解放。1950年2月,永福县属广西省桂林专区。1952年8月5日,将永福、百寿两县合并,沿用永福县名。县城驻地永福镇,县政府设在今凤城路73号。

原百寿县,秦属桂林郡地。秦末汉初为南越国属地。汉属荆州零陵郡始安县和交州郁林郡潭中县两县地。三国时属吴国的荆州零陵郡始安县和交州郁林郡潭中县两县地。吴甘露元年(265年)属始安郡始安县和郁林郡潭中县两县地。晋武帝太康二年(281年),析始安、潭中两县地,置常安县,这是百寿县域建县之始。县治在今鹿寨县中渡镇马鞍村境内,属广州始安郡。南朝宋代撤常安县,其地并入湘州始安县。梁代天监元年(502年)改属桂州始安郡。南朝梁代大同八年(542年),在原常安县地置梁化郡,属桂州,其后梁化郡改为梁化县,属桂州始安郡。隋文帝开皇十八年(598年),改梁化县为纯化县,属扬州始安郡。隋炀帝大业二年(606年),撤纯化县,其地并入始安县,仍属扬州始安郡。唐高祖武德四年(621年),重析始安县地复置纯化县,属岭南道桂州。唐太宗贞观二年(628年),纯化县治迁至今百寿镇三河村旧县屯。唐顺宗永贞元年(805年)改纯化县为慕化县。唐昭宗乾宁二年(895年)析慕化县地北部置古县,县治仍在今百寿镇三河村旧县屯原址;而慕化县南部仍称慕化县,县治南迁到今永安乡太和村。慕化县、古县均属桂州。五代,古县名称不变;慕化县于五代后梁开平元年(907年)五月改名归化县。后唐同光元年(923年)复名慕化县。古县、慕化县同属南汉桂州。宋仁宗嘉祐六年(1061年)撤慕化县,其地并入古县,属广南西路桂州。宋高宗绍兴二年(1132年),升桂州为静江府,古县属广南西路静江府。元朝改静江府为静江路,古县属静江路。明太祖洪武十四年(1381年),改古县为古田县,属桂平道桂林府。明成化十三年(1477年)知县陈达将县治迁至今百寿东河西岸小盆山北麓,建城池。城池至成化十八年(1482年)建成(从此州、县治一直设在永宁州城池里面)。明弘治五年(1492年)古田县被壮民起义军占领,先后达80多年。至明穆宗隆庆五年(1571年),明王朝收复古田县,将其升为直隶永宁州,永远安宁之意,并辖永福、义宁两县,属广西布政使司桂平道桂林府。清仍称永宁州,属广西省桂平梧道桂林府。民国元年(1912年),永宁州改为永宁县,属广西省桂林府。民国二年(1913年)撤府设道,由道领县,永宁县属漓江道。民国三年(1914年),永宁县改名古化县,属广西省桂林道。民国十五年(1926年)桂林道改为行政督察区,古化县属桂林行政督察区。民国十九年(1930年),古化县属广西省桂林民团区。民国二十年(1931年)三月,以县城东里许百寿岩之"百寿"名之,古化县改为百寿县,属广西省桂林民团区。民国二十三年(1934年)属广西省桂林行政督察区。民国二十五年(1936年),百寿县划归广西省柳州行政督察区。民国三十一年(1942年),百寿县为广西省政府直辖县。民国三十三年(1944年),属广西第八行政督察区。民国三十八年(1949年1月1日至9月30日止)六月,属广西省第十五行政督察区。1949年10月1日,中华人民共和国成立;12月16日,百寿县解放。1950年2月,百寿县划归广西省桂林专区。1952年8月5日,百寿、永福两县合并称永福县,属广西省桂林专区。

1971年,桂林专区改为桂林地区,永福县改隶桂林地区。

1998年11月,桂林地区与桂林市合并以后,永福县属桂林市辖县。

2005年,永福县城设在永福镇,县政府办公地址在县城凤城路73号。

表 1-1   永福县行政建置沿革表

朝代	隶属	县名	设置时间	县治今址	附注
两晋	广州始安郡	常安县	武帝太康二年(281年)	鹿寨县中渡镇马鞍村	
南北朝	湘州	始安县	南朝宋代		撤常安县,并入始安县
	桂州始安郡	始安县	南朝梁代天监元年(502年)		
	桂州	梁化郡	南朝梁代大同八年(542年)		稍后梁化郡改为梁化县
隋	扬州始安郡	纯化县	文帝开皇十八年(598年)		梁化县改为纯化县
	扬州始安郡	始安县	炀帝大业二年(606年)		撤纯化县,并入始安县
唐	岭南道桂州	永福县	高祖武德四年(621年)	广福乡龙溪村	析始安,设永福县
		纯化县	高祖武德四年(621年)		析始安,复置纯化县
		纯化县	太宗贞观二年(628年)	百寿镇三河村旧县屯	
		理定县	至德二年(757年)	鹿寨县黄冕乡理定	治定县改为理定县
	桂州	慕化县	顺宗永贞元年(805年)	895年南迁永安乡太和村	纯化县改为慕化县
		古县	昭宗乾宁二年(895年)	百寿镇三河村旧县屯	析慕化县北部,设古县
五代	桂州	永福县 理定县		南汉永福县治迁到原桃城乡政府驻地	先属楚,后属南汉桂州
		归化县	后梁开平元年(907年)		慕化县改名归化县
		慕化县	后唐同光元年(923年)		归化县复名慕化县
宋	桂州	永福县 理定县			
		古县	仁宗嘉祐六年(1061年)		撤慕化县并入古县
	静江府	永福县 理定县	高宗绍兴二年(1132年)		升桂州为静江府
元	静江路	永福县 理定县 古县			古县、永福县、理定县同属静江路
明	桂林府	永福县	太祖洪武二年(1369年)	永福县治迁至凤巢山下今所	
			英宗正统五年(1440年)		撤理定县,并入永福县
		古田县	太祖洪武十四年(1381年)		改古县为古田县
			成化十三年(1477年)	古田县治迁至百寿东河西岸小盉山北麓	建城池
		永宁州	穆宗隆庆五年(1571年)		升古田县为永宁州
清	桂林府	永福县			
		永宁州			

续表

朝代	隶属	县名	设置时间	县治今址	附注
中华民国	桂林府、漓江道、桂林行政督察区、桂林民团区、广西第一行政督查区(广西柳州行政督察区)、广西第八行政督察区(广西第十五行政督察区)	永福县			
		榴江县	民国十二年(1923年)		析永福县黄冕、鹿寨、寨沙3个区合置榴江县
		永宁县	民国元年(1912年)		改永宁州为永宁县
		古化县	民国三年(1914年)		改永宁县为古化县
		百寿县	民国二十年(1931年)		改古化县为百寿县
中华人民共和国	桂林专区	永福县		凤城路73号	1949年11月23日永福县解放
		百寿县	1952年8月5日撤百寿县,并入永福县		1949年12月16日百寿县解放
	桂林专区桂林地区桂林市	永福县			1971年前属桂林专区,1971年属桂林地区,1998年11月10日属桂林市

第三节　行政区划调整

　　1991年,永福县辖2个镇、8个乡,即永福镇、百寿镇和桃城乡、广福乡、堡里乡、罗锦乡、苏桥乡、龙江乡、三皇乡、永安乡。下辖97个村公所、1个街道居民委员会,1912个村民小组(屯)。

　　1995年10月,永福县各乡镇撤销村公所,改设村委会,下辖村屯小组(队)。

　　1996年4月,罗锦乡撤乡建镇,辖区不变。

　　2000年1月,苏桥乡撤乡建镇,辖区不变。

　　2001年年底,全县辖4个镇、6个乡,97个村、1个街道居民委员会,1871个村民小组。

　　2003年,经永福县人民政府批准,永福镇街道居民委员会与永福镇中洲村民委员会合并,组建成凤城社区、向阳社区、龙泉社区3个社区居民委员会,城镇区域面积3平方千米。随后,罗锦镇镇上村民委员会、百寿镇寿城村民委员会、苏桥镇苏桥村民委员会,相继改建为社区居民委员会,其所辖区域不变。

　　2005年6月,永福镇与桃城乡整体合并,称永福镇,其所辖行政区域为原永福镇和桃城乡所辖行政区域。新镇区面积272平方千米,下辖原永福镇的3个社区和桃城乡的11个村。

　　2005年年底,全县辖4个镇、5个乡,即永福镇、百寿镇、罗锦镇、苏桥镇和广福乡、堡里乡、龙江乡、三皇乡、永安乡。下辖6个社区和93个村,1871个村(居)民小组(队)。

表1-2　　　　　　　　　　　　　　　1991年永福县行政区划表

乡镇名	村公所	村公所(街)所辖自然村
永福镇	中洲村	东江街　建新街　解放街(另设居民委员会1个,管理无工作单位非农业户口居民)
百寿镇	寿城	百寿圩(含城内)　双排　老圩　龙相　西门上　大坳脚　胆上
	朝阳	瓦窑　桥头　中村　大宅　龙马　平楼　龙乜　元境　东岭脚　乌龙　八弄　大巷　弄门口　下都勒　马鞍山　上都勒　车田　小弄　田弄　西乡弄　唐家　八庙
	朝兑	喇岔尾　邹家　长镇　绿草　胡皮　石口　沟口　干江　张家　古堆　沙牛　冲田　牛岭　塘上　佛子坳　荒田　雨落　大板山　丹上
	双合	江边村　山脚　袁家　苦马岭脚　寨上　六亩　院子田　山门口　双塘　小水沟　马家　黄家　墙脚　谢家　六岔沟　老胆　塘上　新房子　公局　寨脚　陈家　上村　都敢　麻弄口　大坪　长田　石盆　坳脚　鱼胆
	新隆	老榨房　许龙口　岭脚　寨脚　茶豆　拉末　干沟　桥塘　中村　隔龙　老村　新村　梁家　沟口　洞盘　靛棚　龙肝　乘龙　清明弄　塘边　大允　小允　长弄　盘弄　小弄　湖广弄　绵羊弄　丹上　王岭
	白果	拉孝　校场脚　三旱　鲁洞　欧家　陈家　田心　拉庙　三轰　弯里　坳上　山北　寺背　犀牛塘　黄江　乌石　高椅　塘渡
	江岩	穿岩　南山　江西村　雷村　夏家　东岩　对江　西寨　蒋家　塘边　矮山脚　茶树坪　门家　大村　思磨　拉寨　拉立　坡塘　冲胆　东山　洞梗　洞苗　瓦房　洞头　旁沟　葛麻弄
	三河	拉累　王家胆　白塔口　龙井　小周　大周　板坡　拉胆脚　低塘　桥扶　车头　旧县　岭背　坡脚　岩口　石排　拉埠　都江　龙塘　高坳脚　杨家　龙泉　明村　白田　对江
	双桥	双桥　龙宝弄　东拉　下境　九丹　境头　塘边　刘家　茶盆　高枧　椎木　九落　路榜　姚家　黄家　水竹坪　拉隘　鹅颈　矿山　孙家　中坡　胡芦田　仁昌　水岩　深渡　拉末
	山南	山南　石江　榨房　赵家　马槽沟　对门岭　陈家　黄家　大芬　六有　老莫岭　武馆　夏家　车田　山脚　花岭　烂泥田　得玉岭　罗田
	石龙	石龙　拉社　老翁　八胆　八草　东脚　猫岭　太平旱田　锡碑　石登　太平沟　姚家　莫家　弄里张家　窑田　漆家　熊家　向家　高樟　横岭　田洞　大岭　螺蛳田　沙界岭　龙攸　密崖　中村　周胆　凉帽山　龙寨　梁家　韦家　丁兴　莫家　张家　牛江
	东岸	对河　冷水洞　九顶坪　关刀山　七里桥　平滩　小江口　安息　张家　横岭　大岭　豆腐灶　桃树湾　泡木山　灯盏窝　牛岭　五马练巢　坪山　荷木桥　夹江口　米胆　坡肖　蚂拐塘　米胆山　滑石板
桃城乡	坪岭	坪岭　下窑　石城平　马路　张弓坪　埃头陂　大茅　英石　迁元　坳底　大岭脚　拉幽　古楼寨　山门口　莲塘　蒋家村
	银洞	下洞陂　大村　城宅　岭口　东山　发贤　石城　小河　东香　门楼寨　八仙洲　乌冲　红瓦　大鱼腥　长洲　小大田　香粉厂　高岭　下坳　上靛棚　华山
	湾里	湾里　井门　寨岭　浪上　上洞　大冲口　上台　塘岸　下湾　金竹坪　下台　叶子槽
	泡口	牛头滩底　牛头滩　白沙洲　隔吊沟　上竹山　中竹山　下竹山　泡口　赵家　渡船头　车田坪　柑子冲　唐家坳　乐家　清水埠　黄泥田　木正　肖家　木鱼山　蒋家　沙塘　山岔　黄家　向家　大田　三麻塘　六马口　铜板田　楠木坪　油榨　刘家　谢家　沈家　曾家　蜜糖沟　崇江　石登坳

续表

乡镇名	村公所	村公所(街)所辖自然村
桃城乡	四合	仙人兑　长塘　拉稿　栾塘　油榨　伏龙寨　落岭　木村　小木村　老汉冲　太阳冲　蚂拐冲　三近　前洞山　马槽尾　楠木冲　陆洞　石梯　两岔　交椅　厄底　浪口坪　浪口　牛赶冲
	塘堡	上塘　下塘　八塘　洪山堡　高坪　江西村
	樟峡	樟峡　椅子村　龙源　坪子上　中间坪　桃子园　社底　大洲坪　龙友　小水　潘村　大坪子
	曾村	羊角山　湛底　含丹　寺陂背　曾村
	南雄	塔脚　县南　方家寨　渔排上　良佳寨　官村　堕庙　五里桥　老李家寨　九塘　新李家寨　十化洞
	渔洞	毛洞　下至山　渔村　大坪子　黄岭底　大岭脚　扁担岭　大亮　五湖队　上高街　下高街
	大苏	苏村　四驾车　古浪口　枫木寨　大方　茶山　洞头　当上　上白马　下白马　水流洞　上苏村
广福乡	广福	鸡石街　六槽　广福　下新寨　玉屏山　枧头　高寨底　周家岭　排楼　马芒　大转岭　石磨平　鱼梁　海湾　窑茶　沙坪　四亩陂　六锁　木桥头　大朗
	龙溪	龙溪　营盘岭　袁家　坳头　头陂　拉丹　洲麻槽　下小江　上小江　大角岭　下坪　黄岭　大屯
	大石	大石　水塘　大树底　王家村　汤家村　温家村　桥拱　路筵平　古立巷　下漏　土城　水油榨　吴家　岭脚　上坪　社背　瓦屋坪
	龙桥	龙桥　杉木　下圳　葡萄　门村　山口　小溪　古立　拉鱼　九陇　大岭堡　凌村　金猫坪
	马陂	马陂口　马陂村　嫩里头　拉拉　桃庄　六广　南冲　车站背　桐漏坪　屯陂　纳盘　鹅塘　枞树村　何家　韩家　更旦　张家　李家　石祥　上街　江行村　江行山　亲睦　小村　坡上　岭底
	矮岭	矮岭圩　烟厂坪　浪寨　湾田窝　翁村　下远　六尧　上远　老车站　枫树底　弯田　横岭　拉光　寨中　甘棠坪　毛家园　寨脚底　端午庙　板贡　小桥头　高椅　窑瓦　板断　八落　良佳寨　正元　木桥洞　龙岩口　对河　拉留坪　大田口　木伦　铜锁　社背　潮水　红少坳　峦山　白岩　石葵　泗渭　麻湾　油榨　波寨　龙头
	德安	黄茅　六沟　拉江　上黄茅界　中黄茅界　高枧　拉湾　扣五槽　三光口　古正　油麻沟　大洪山　八庙　更当　明正槽
	上寨	土养槽口　宜兴　古面　雨满　下寨　六旦　土养槽　上寨　古标　拉估坪　排上　中村　拉站
堡里乡	三多	官田　下水　寺背　波坪　波圳　波沙　波豆　大坡　四里　共基　大塘头　巷口　波圳头　乌石口　结丝　大崇　下槐　丛树底　白房子
	堡里	堡里街　黄洋　围庄　水产　上浪　八见　高堡　板峡　车头寨　六岭　六下　甲浪
	波塘	仁里　洲脚　新桥　犀斗岭　波塘　东波　大坪子　庙芽　高陂　路标　波落　新村　岭底
	黄源	西牛塘　河背　黄源　洲坪　大窑冲　在志冲　瑶坡　在远
	拉木	杨梅　湾田　六木　西冲　洞盘　拉路　坡上　上云　同乐　冲尾
	罗田	上陂勒　下陂勒　车田　岩头　大步湾　山门　罗记　屯田　半田　兴田　井田　太平　老马村

续表

乡镇名	村公所	村公所(街)所辖自然村
堡里乡	清平	桃树湾　马坪　猴子坡　大弯　邱家　白竹塘　青苔口　甲石　车湾　覃家　杉树底　夏家　牛井　六浪　陆家　牛角冲　凉伞　四定河尾　四定　金龟平　河对门　龙家　板贡　高浪　桥头　寨面上　底下田　湾山路　穇子坪　大桥边　社冲
	九槽	岭头　九槽　湾塘　中村　大力槽　烂泥田　路坪　山肖　长界　老油榨　独田坳
	和顺	茅坪　大坡　长洲　茶泡　香粉　广东潮　三顺口　庙门冲　杨台　宇庙　大塘　车滩口　新村　南隘头　七树槽　大鹅河　桥边　拉界
	胜利	远江　古两　雨坝　六故　龙田　罗卜冲　龙窝　拉芽　上拉优　六斗　木芽　同盘　小坳　羊结　吊棚　木芽口　下拉优　小鹅河　罗家　义家　六松　普祥　河背　新田　油榨背
	茶料	东定　茶料　袍岗　拉旺坪　岭底　坪冲　牛角冲
	河东	荒田　洪岗　三八塘　河东　毛竹　金岗　赵家　罗岗　干沟　黄皮口　老坝田　大塘　罗汉
罗锦乡	镇上	罗锦圩　河背　平头山　椅子山　神童岭
	下村	南宅　关星堡　龙田　青龙头　下村　白头岩　樟树头　龙村　大龙陂　源头　雷公桥
	高崇	崇明塘　元立　罗锦老村　羊蹄岭　罗锦新村　高等　新立村　神湾　的桥
	岭桥	大岭面　闸里　小岭头　大树底　岭头寨　水产　上林山　水洞头老村　水洞头新村　鹅桥头　下宅　木龙陂　下来山　全宅　西岭
	崇山	崇山头　黄洞　西岔　鹅寨岭　梨花村　大同坪　桐古街　渔船上　古面　石龙头
	尚水	杉树头　丛树岭　尚水　下村　豆豉村　泗陂头　水村　满堂老村　满堂新村　石塘　花园头　阳谷岭　芙蓉　罗卜陂　龚村　白竹　马坝桥　猪浪头　平河背
	星草	马鞍桥　板丈　林口　星塘桥　星草老村　星草新村　下亮底　上亮底　看牛坪　峦山口　沙坭田　山岔岭　寨上岭　围塘头　草坪子
	林村	林村　河陂头　堡岭头　桐山　福塘　金鸡　桃子坪　古座　近山　石头垌　蒙岭
	米田	碎米田　常山口　粑粑厂　山达　屯报　大塘头　红京村　厄背　湾里　枇杷　独山仔　龙家寨　沙塘　牛角湾
	江月	江尾　鹅塘　板塘　高紫寨　山背　龙岩　河口　大同　野山　板并湾　塘陂　社厄　屯坪　厄底　枧洞　大山岭
	金福	甘岭　仁陂山(含上、下仁陂山)　落运(含上、下落运)　山背　新村　邓家　甘岭沟　何家　吕家　萧家　福陂　山峡　庙门　油榨背　牵马垌(含上、下牵马垌)　荒田　烟厂　芭蕉湾　水口　北江　村上　老房子　李家　大山　高荣　青台　北江尾　岭头田　箭竹冲
	永升	陡岭脚　屯田　蒙家　小河　姜地坪　青山底　王家　枫木厂　苦竹冲　石山湾　袁家　社背冲　大河　大坳　牛角冲　大茅岗　金竹坪　兰靛厂　汤家　里都　邱家　大凉弄　三角石　大窝　双江口　拖排岭　李家　牛颈界

续表

乡镇名	村公所	村公所(街)所辖自然村
罗锦乡	大西	骆家　荣家　枫木冲　广子龙　大瑶徐家　庙边　屯田尾　册头岭　岩头　西湾尾　枞树界　南登　麻冲　犀牛塘　沙子岭　枞树园　下岭　狮子口　天河玉　下洞　香炉山　麻冲尾　枞树底　岩胆　岭头
	上笑	大泉头　星江　洞星陂上笑　上笑岭　书院山　老村　上村　下村　龙盘村
苏桥乡	苏桥	苏桥街　下坪　于村　枫木塘　马滩　珠江口
	树桥	挂鸟树　桥头寨　渡船头　交龙　老欧　新欧　塘堡岭　桐陂　烟厂
	太平	太平　彭庄　东岗岭　白石坪　大坪土　欧阳　山尾　双田
	良村	上良村　下良村　河交　河交渡　木塘庄　寺田　车头
	石门	上石门　下石门　木窑寨　岭背　塘料　龙山塘　流碑　小黑石岭　塔底　新村　榕树　水寨　坡上　柴江　山门口　九凤尾　大岭尾
	盘洞	盘洞村
	大埠	大埠　上江坪　下江坪　龙源　红岭　上安源　下安源　老村　力棠
	黑石岭	岳山　黑石岭　金竹山　近山　石村　新立寨　井头　波村　炉村　刹尾冲　潦潭　跳岩
	大罗	大罗　福定桥　黄土　张村　官田　鱼龙头　鱼田
龙江乡	龙山	江口　田厂　石壁　社边　龙豆　龙山　底下村　高头村　长沟　双塘口　老瓦　蒙虎　大端　香铺　舒家　丛仗　板冲　石铺垌　韦家　拿板　小满　雷电口　中寨　石排脚　黄塘坳　冷水沟
	丹江	寨楼　大河　盘家　戴家坪　板沟　坑塘　楠木　毛家　胡家　左家　楠木沟　茶坪　岩面　向家
	龙隐	中龙院　坡上　拉梅　岭上　上龙院　黄泥塘　坡塘　拉桥　下龙院　竹鸟　古兆　龙坪　如素　古灯　古泉利　鹿角槽　岔里　龙中　龙贡　沟口
	上维	家墙　安民　韩家　拉江　中间田　奇竹　义叶　旱田　上维　必正　杉木　杉树湾　大垌
	保安	老街　新街　小沟　朝坡　碧潦(河)　小埠里　矿厂　大屯　九湾　板布　板布坳　曹家　木岭　鱼塘湾　小埠外　石灰冲　曾家
	驿马	小江头　板坪　龙口坪　龙口弄　下垌　大燕　刘家槽　周村　窑口　窑尾　驿马　布扎　小驿马　六马沟
	西河	里旺　茅塘　高桥(山)　滩底　柚子树　沟口　横沟　庙背　大岩　上牛河　下牛河　太阳冲
	兴隆	兴隆口　新村　长江　岭背　大伞　大湾　黄沙　西燕　塔山(口)　大枧　喇茶　拉茶沟　小当　社沟　社背　落村　瓦厂　高桥　黄茅坪　大冲口　界底　寒水　老屋坪　车田　饭蓝
	双江	六社　黄家　双江口　长沟尾　红皮冲　梁家　高垌　里头屋　大垌田　旱田　石头田　大驿口　木桥头　外头屋　小河口　船埠　小驿口　刘家　界儿底　龙家　靖蜓沟　毛枧沟　六塘坪
	仁合	下鲁机　东垒　傅家　大坪土　鱼粮　亮坪　盖日头　茶油山　石山　厄底　水冲头　盘岭　双合　下村　田冲　黑皮冲　油路底　坪浪　对门冲　后背冲　石强　木山底

续表

乡镇名	村公所	村公所(街)所辖自然村
三皇乡	三皇	三皇圩　鸭路街　菜园屯　上村　中间村　坡岭屯　矮山
	荣田	洞田　大顶　江北　河沿　铺上　大荣　小荣　米珠　下榨　榨头　坡高　桥头　鸡鸭村　大樟
	江头	大庙　李家　大口　古马　庙坡　古立　新村　小村　大龙　东边弄　纳长　里口　江头
	六龙	龙底　马浪　平村　六胆　先胆　上村　牛尾　洞眼
	马鞍	龚家村　大花　马鞍　对江　拉寨　下马
	大路	山林　湾村　下枧　西岭　前岭　后岭　樟木　大路　高坡　枫木　披头　车胆　阳家岭　碧山　马鞍山
	华山	移门　湖广　湾村　大坪　泗村　小坳脚
	桐木	桐木镇　中冒　大浪　东岭　上华境　下华境　鱼头弄
	文明	文家　拉云　上塘　下塘　阴山　老镇　古多　板坝　上龙角　三元　棉花　余庙　蒋家　甘家　莫家　下龙角
	古城	拉洗　胆口　古豪　上皇　中皇　下皇　古摆　石村　朱家　石引　枧头岭　向阳　寨高　塘高　古义
	清水	白崖　寨梅　水头　大昌　路尾　清水街　卢家　中梧　桥头　翁窑　龙尾　八见　上竹胆弄　下竹胆弄　东龙　西龙
永安乡	永安	老圩　古底圩　上山寨　下山寨　朱竹　吕家　下瑶(六三田大弯子)中龙　下龙　小江　东岭　田村　八弄　若弄　平村　大坦　石山脚　甘弄　大弄　六庙　鸟笼(老屋　翁家　旧村　岩前　王家　林家　大路脚)上鸟　架枧　上坳　下坳　岭头(上岭　中岭)　桥边　古陌　塘上　砧板　河背　马晾塘　家人沟
	太和	上镜　对门　卜台　鲁坝　凤凰　外湾　矮山　潘家　鲁脚　善日　寺背　梨山　良冒　田垌　大花　拉朝　狮形　桥头
	枫木	枫木　中行　四合　上湾　泗令　大宅　潮水　下湾　桥安
	喇塔	喇塔圩　圩脚　坡高　上寺　街上　大冲　谭竹　江口　马蹄江　桐油隘　牛鼻江　何家　张家　马岭　旧村　屯浪　良厚
	军屯	军屯　小巷　大巷　上后沟　下后沟　古高　凉亭　狮美(上山　中山　下山　谢家)后弄　社胆弄(坳脚　曾家　谭家)老木弄　西山　上潮　礼村　石墙　铜矿沟
	永富	新村　李家　隘口　社口　尹家　八弄　旧村　戴家　傅家　坡高　拉槐　新村　塘坊　大邦　骑马径　龙光　岩口　石头村　盘古　干水　庙脚　上井　弯村　李园
	永新	石排　大弄　田厂　阳家　徐家　鱼塘　拉下　大端　东屿　南山　水弄　钟家(包括大钟家　小钟家)下水　山脚　上木村　下木村　新村　老醒
	凤凰	凤凰圩　龙鼻　下鼻　杉木　原木　廖家　坡台　江东　蒋家　山口　拉敢　塘坊　拉今　铁铺　张家　对江　堡里　庙山　龙湾　牛虾　新圩　布油　上坪　下坪
	独州	独州　阳境(山脚　铁匠　上村　潘家)坪石　古柏　明镜　岭高　沟边　谢家　长沟　东攸　高兀　石笋　蚂拐石　田厂

附:自然村屯变化

由于人口的增减、迁移等原因,1991年以后,永福县一些山区村屯规模发生了变化,部分小村屯因村民搬迁他地重建房屋,致使一些村屯或原用名消失,或更名,或因此增加新村屯。其变化情况如下:

百寿镇 1991—2005年,增加了2个自然屯,即东岸村豆腐灶新村和糁子弄新村。其中,豆腐灶新村是由原豆腐灶屯群众由于生活条件艰苦于1999年整体搬迁至关刀山地界新建而成,共22户118人。糁子弄新村是对河屯群众由于居住条件拥挤于1997年自然迁出新建而成,共20户87人。

广福乡 1991—2005年消失的自然屯8个,新增自然村屯19个,更名的自然村屯7个。分别为:

广福村,新增白竹枝屯,由矮岭村木桥洞部分村民搬迁而来。

龙溪村,原营盘岭并入龙溪三队。袁家并入龙溪五队。原拉丹更名为小江一队。原上小江、下小江合并为小江二队。原大角浪屯已无人居住消失。

龙桥村,原葡萄分解为葡南、葡北屯。原门村分解为垌上、上村、下村屯。原山口分解为厄上、上角、下角屯。原古立分解为秦家、侯家屯。原九陇分解为九陇、新村屯。原龙桥分解为上村、中村、下村、院厅巷、背后村屯。原杉木屯已无人居住消失。

马陂村,原六广分解为山门口、邱家、吴家屯。新增甫底、新村屯。

矮岭村,原红沙坳、峦山屯已无人居住消失。

德安村,原六沟改名民合屯,原拉江改名勇里屯,原扣五槽更名为扣朝屯,原八庙更名新村屯,原更当改名更旦屯,原明正槽更名民正朝屯,原三光口、高枧屯已无人居住消失。

上寨村,新增新村屯。

堡里乡 1991—2005年消失的自然村屯20个。分别为:

波塘村,庠斗岭5户20人归属岭头田屯,岭底7户28人归属庙芽屯。

罗田村,井田、老马村7户30人归属半田屯。

清坪村,龙家2户8人归属四定河尾屯,板贡5户20人归属桥头屯,高浪4户16人归属桥头屯,底下田20户80人归属六浪屯,弯山路8户32人归属青苔口屯,糁子坪25户110人归属车湾屯,大桥边5户20人归属凉伞尾屯,社冲5户20人归属金龟坪屯,陆家11户50人归属凉伞尾屯,牛角冲10户40人归属白竹塘屯,猴子坡3户12人、邱家7户30人、覃家3户12人、杉树底3户12人、夏家1户4人归属上浪冲屯,大湾4户20人归属在面上屯。

茶料村,牛角冲5户35人、岭底7户40人归属大丰岭屯,坪冲7户30人归属袍岗屯。

河东村,洪江6户28人归属洪岗屯,黄皮口4户30人归属黄皮屯,老坝田1户6人归属罗汉屯。

龙江乡 1991—2005年间,龙江乡新增自然村屯5个,减少的自然村屯36个。分别为:

因人口增加,新增的自然屯5个。即

丹江村,板沟屯分为板沟、板沟口屯。

上维村,家墙屯分为家墙、土皮屯。

驿马村,驿马屯分为驿马、田垌、上垌屯。

双江村,黄家屯分为上黄屯、下黄屯。

因人口减少并入其他自然屯的有36个。即

龙山村,蒙虎(70人)并入老瓦屯,冷水沟(25人)并入石铺屯,韦家(12人)并入拿板屯,中寨(30人)并入小满屯,黄塘坳(20人)并入大端屯。

丹江村,毛家(43人)并入大河屯,楠木沟(37人)并入楠木屯。

龙隐村,拉梅(28人)并入坡上屯、岭上(25人)并入龙中屯、沟口(69人)并入竹鸟屯。

上维村,大垌(17人)并入旱田屯,中间田(79人)并入安民屯。

保安村,板埠坳(38人)并入板埠一队、二队,曹家(34人)并入朝坡屯,木岭(7人)、鱼塘湾(61人)并入大屯,小埠外(61人)并入新街一队、二队,石灰冲(10人)并入矿厂(屯名),曾家(9人)并入小沟屯。

驿马村,刘家槽(31人)并入板坪屯。

西河村,柚子树(23人)并入里旺二队,庙背(11人)并入大岩屯。

兴隆村,社背(55人)、黄茅坪(26人)并入塔山屯,瓦厂(30人)并入大枧屯,大冲口(31人)并入拉茶沟屯,高桥(10人)并入社沟屯,界底(15人)并入长江屯,寒水(35人)并入西燕屯,老屋坪(17人)并入东村屯。

双江村,六塘坪(19人)、小驿口(23人)、大垌口(26人)并入大驿口屯,高垌(12人)并入船埠屯,刘家(33人)并入木桥头屯,里头屋(47人)并入外头屋屯,界儿底(23人)、毛枧沟(41人)、尤家(24人)并入石头田屯。

仁合村,茶油山屯原有2户人家,已有1户已搬迁到渡船头屯,茶油山(8人)并入大坪土屯。石山厄底(4人)并入盖日头屯,下村(4人)并入亮坪屯,木山底(9人)并入对门冲屯。

因搬迁消失的自然屯有2个。即:

仁合村,2005年水冲(30人)搬至黑皮冲屯。石墙村原有13户人家,截至2005年,已有8家搬出原住地。

小自然屯合并为大自然屯有1个。即丹江村,胡家(27人)、左家(40人)合并为日江河屯。

三皇乡　1991—2005年更名的自然村屯1个,即2003年六龙村的洞眼更名为凤溪屯,人口41人。

表1-3　　　　　　　　　　　**2005年永福县行政区划表**

乡镇	村委会(社区)	所辖自然村屯
永福镇	凤城社区	凤城路(建新街、半边街、四岭街)　凤阁路(西江街)　东滨路　西滨路(古渡街、新洲街)　连江路
	龙泉社区	凤翔路(龙泉街)
	向阳社区	向阳路(东江街、上窑街、茶岭街)
	坪岭村	坪岭　下窑　石城　马路　张弓坪　埃头陂　大茅　英石　迁元　坳底　岭脚　拉幽　古楼寨　山门口　莲塘　蒋家
	银洞村	下洞陂　大村　城宅　横石　岭口　解放洲　东山　发贤　石城　靛棚　小河　东香
	湾里村	湾里　井门　寨岭　浪上　上洞　大冲口　上台　塘岸　龙湾(原名下台)　下湾
	泡口村	牛头滩　白沙洲　隔吊沟　上竹山　中竹山　下竹山　泡口　赵家　渡船头　车田坪　柑子冲　唐家坳　乐家　清水埠　黄泥田　木正　肖家　木鱼山　蒋家　沙塘　山岔　黄家　向家　大田　三麻塘　六马口　铜板田　黄家　楠木坪　油榨　刘家　谢家　沈家　曾家　蜜糖沟　崇江
	四合村	仙人兑　长塘　拉稿　栾塘　油榨　伏龙寨　落岭　大木村　小木村　老汉冲　太阳冲　蚂拐冲　三近　前洞山　马槽尾　楠木冲　陆洞　石梯　两岔　交椅　厄底　浪口
	塘堡村	上塘　下塘　八塘　洪山堡　高坪　江西村
	曾村村	羊角山　湛底　含丹　子坡背　曾村
	樟峡村	樟峡　椅子部(bóu)　龙源　中间坪　桃子园　社底　大洲坪　龙友　小水　上潘　下潘
	南雄村	塔脚　南雄　渔排上　良佳寨　官村　堕庙　五里桥　李家寨　十化洞
	渔洞村	毛洞　下至山　渔村　大坪子　黄岭底　大岭脚　扁担岭　五湖队　上高街　下高街　新寨
	大苏村	苏村　四驾车　古浪口　枫木寨　大方　茶山　洞头　当上　上白马　下白马　水流洞　上苏村

续表

乡镇	村委会（社区）	所辖自然村屯
百寿镇	寿城社区	百寿圩　双排　老圩　龙相　西门上　大坳脚　胆上
	朝阳村	瓦窑　桥头　中村　大宅　龙马　平楼　龙乜　元境　东岭脚　乌龙　八弄　大巷　弄门口　下都勒　马鞍山　上都勒　车田　小弄　田弄　西乡弄　唐家　八庙
	朝兑村	喇岔尾　邹家　长镇　绿草　胡皮　石口　沟口　干江　张家　古堆　沙牛　冲田　牛岭　塘上　佛子坳　荒田　雨落　大板山　丹上
	双合村	江边村　山脚　袁家　苦马岭脚　寨上　六亩　院子田　山门口　双塘　小水沟　马家　黄家　墙脚　谢家　六岔沟　老胆　塘上　新房子　公局　寨脚　陈家　上村　都敢　麻弄口　大坪　长田　石盆　坳脚　鱼胆
	新隆村	老榨房　许龙口　岭脚　寨脚　茶豆　拉末　干沟　桥塘　中村　隔龙　老村　新村　梁家　沟门　洞盘　靛棚　龙肝　乘龙　清明弄　塘边　大允　小允　长弄　盘弄　小弄　湖广弄　绵羊弄　丹上　王岭
	白果村	拉孝　校场脚　三旱　鲁洞　欧家　陈家　田心　拉庙　三轰　弯里　坳上　山北　寺背　犀牛塘　黄江　乌石　高椅　塘渡
	江岩村	穿岩　南山　江西村　雷村　夏家　东岩　对江　西寨　蒋家　塘边　矮山脚　茶树坪　门家　大村　思磨　拉寨　拉立　坡塘　冲胆　东山　洞梗　洞苗　瓦房　洞头　旁沟　葛麻弄
	三河村	拉累　王家胆　白塔口　龙井　小周　大周　板坡　拉胆脚　低塘　桥扶　车头　旧县　岭背　坡脚　岩口　石排　拉埠　都江　龙塘　高坳脚　杨家　龙泉　明村　白田　对江
	双桥村	双桥　龙宝弄　东拉　下境　九丹　境头　塘边　刘家　茶盆　高枧　椎木　九落　路榜　姚家　黄家　水竹坪　拉隘　鹅颈　矿山　孙家　中坡　胡芦田　仁昌　水岩　深渡　拉末
	山南村	山南　石江　榨房　赵家　马槽沟　对门岭　陈家　黄家　大芬　六有　老莫岭　武馆　夏家　车田　山脚　花岭　烂泥田　得玉岭　罗田
	石龙村	石龙　拉社　老翁　八胆　八草　东脚　猫岭　太平旱田　锡碑　石登　太平沟　姚家　莫家　弄里张家　窑田　漆家　熊家　向家　高樟　横岭　田洞　大岭　螺蛳田　沙界岭　龙攸　密崖(ai)　中村　周胆　凉帽山　龙寨　梁家　韦家　丁兴　莫家　张家　牛江
	东岸村	对河　冷水洞　九顶坪　关刀山　七里桥　平滩　小江口　安息　张家　横岭　大岭　豆腐灶新村　糁子弄新村　桃树湾　泡木山　灯盏窝　牛岭　五马练巢　坪山　荷木桥　夹江口　米胆　坡肖　蚂拐塘　米胆山　滑石板
罗锦镇	镇上社区	镇上　罗锦圩　河背　平头山　椅子山　神童岭
	下村村	南宅　关星堡　龙田(木桥头)　青龙头　下村　白头岩　樟树头　龙村　大龙陂　源头　雷公桥
	高崇村	崇明塘　元立　罗锦老村　羊蹄岭　罗锦新村　高等　神湾　的桥
	岭桥村	大岭面　闸里　小岭头　大树底　岭头寨　水产　上林山　水洞头老村　水洞头新村　鹅桥头　下宅　木龙陂　下来山　全宅　西岭
	崇山村	崇山头　黄洞　西岔　鹅寨岭　梨花村　大同坪　桐古街　渔船上　古面　石龙头

续表

乡镇	村委会(社区)	所辖自然村屯
罗锦镇	尚水村	杉树头　丛树岭　尚水　下村　豆豉村　泗陂头　水村　满堂老村　满堂新村　石塘　花园头　阳谷岭　芙蓉　罗卜陂　龚村　白竹　马坝桥　猪浪头　平河背
	星草村	马鞍桥　板丈　林口　星塘桥　星草老村　星草新村　下亮底　上亮底　看牛坪　峦山口　沙坭田　山岔岭　寨上岭　围塘头　草坪子
	林村村	林村　河陂头　堡岭头　桐山　福圹　金鸡　桃子坪　古座　近山　石头峒　蒙岭　大井头　六甲　二甲　双塘头　官厅门　新元门　八甲
	米田村	碎米田　常山口　粑粑厂　山达　屯报　大塘头　红京村　厄背　湾里　枇杷　独山仔　龙家寨　沙塘　牛角湾
	江月村	江尾　鹅塘　板塘　高紫寨　山背　龙岩　河口　大同　野山　板并湾　塘陂　社厄　屯坪　厄底　枧洞　大山岭
	金福村	甘岭　仁陂山(含上、下仁陂山)　落运(含上、下落运)　山背　邓家　甘岭沟　何家　吕家　萧家　福陂　山峡　庙门　油榨背　牵马峒(含上、下牵马峒)　荒田　烟厂　芭蕉湾　水口　北江　老房子　李家　大山　高荣　青台　北江尾　岭头田　牛厂屯　口岭　峒上　坡上　箭竹冲
	永升村	陡岭脚　屯田　蒙家　小河　姜地坪　青山底　王家　枫木厂　苦竹冲　石山湾　袁家　册头岭　岩胆　社背冲　大河　大坳　牛角冲　大茅岗　金竹坪　兰靛厂　汤家　里都　大凉弄　三角石　丘家　大窝　双江口　拖排岭　李家　牛颈界
	大西村	骆家　荣家　枫木冲　广子龙　大瑶徐家　庙边　屯田尾　岩头　西湾尾　枞树界　南登　麻冲　犀牛塘　沙子岭　枞树园　下岭　狮子口　天河玉　下洞　香炉山　麻冲尾　枞树底　岭头　灯盏窝
	上笑村	大泉头　星江　洞星陂　上笑　上笑岭(含蒙家、谢家、张家、徐家、巫家)　书院山　星洞(含老村、上村、下村)　社家　塘背　张湾　西湾瑶
苏桥镇	苏桥社区	苏桥村　下坪　于村　枫木塘　马滩　珠江口
	树桥村	挂鸟树　桥头寨　渡船头　交龙　老欧　新欧　塘堡岭　桐陂　烟厂
	太平村	太平　彭庄　东岗岭　白石坪　大坪土　欧阳　山尾　双田
	良村村	上良村　下良村　河交　河交渡　木塘庄　寺田　车头
	石门村	上石门　下石门　木窑寨　塘料　龙山塘　流碑　小黑石岭　塔底　新村　榕树　水寨　坡上　柴江　九凤尾
	盘洞村	盘洞
	大埠村	大埠　上江坪　下江坪　龙源　红岭　上安源　下安源　力棠
	黑石岭村	岳山　黑石岭　金竹山　近山　石村　新立寨　井头　波村　炉村　刹尾冲　潦潭　跳岩
	大罗村	大罗　福定桥　黄土　张村　官田　鱼龙头　鱼田
	干校(原劳改农场)	
广福乡	广福村	鸡石街　岭头寨　学校背　姚家　沈家　土地庙　上街　下街　井头　圩背一队　圩背二队　陆槽　广福一队　广福二队　广福三队　广福四队　广福五队　广福六队　广福七队　玉屏一队　玉屏二队　玉屏三队　玉屏四队(原玉屏山、枧头)　高寨底　周家岭　排楼　马芒　大石山(原大转岭)　石磨坪　鱼梁　海湾　窖茶　沙坪　四亩陂　六锁　木桥头　大朗　白竹枝

续表

乡镇	村委会(社区)	所辖自然村屯
广福乡	龙溪村	龙溪一队 龙溪二队 龙溪三队(含营盘岭) 龙溪四队 园盘岭 龙溪五队 袁家 坳头一队 坳头二队 头陂一队 头陂二队 小江一队(原拉丹) 下小江 上小江 下坪 黄岭一队 黄岭二队 大屯一队 大屯二队
	大石村	大石一队(原大石) 大石二队(原上坪) 大石三队(大树底) 王家 汤家 温家 桥拱 大石六队(原水塘) 路筵平 古立巷 下漏 土城 水油榨 吴家 岭脚 社背 瓦屋坪
	龙桥村	葡南 葡北 下圳 垌上 上村 下村 厄上 上角 下角 小溪 秦家 侯家 拉鱼 新村 九陇 大岭甫(大岭堡) 上村 中村 下村 院厅巷 背后村 凌村 金猫坪一队 金猫坪二队
	马陂村	马陂口 上街 马陂村 嫩里 拉拉 桃庄 石头跳 山门口 邱家 吴家 南冲 车站背 桐漏坪 屯陂 纳盘 鹅塘 从树(原枞树村) 何家 韩家 更旦 张家 李家 石祥 江行村 江行山 亲睦 拉嫩 小村 坡上 岭底 甫底 新村
	矮岭村	矮岭圩一队 矮岭圩二队 矮岭圩三队 矮岭圩四队 老车站 烟厂坪一队 烟厂坪二队 烟厂坪三队 浪寨 湾田窝 猪场 翁村 下远一队 下远二队 六尧 上远 枫树底 横岭 拉光寨中 甘棠坪 毛家园 寨脚底 端午庙 板贡 小桥头 高椅 窑瓦 板断 八落 良佳寨一队 良佳寨二队 正元 木桥洞 白岩一队 白岩二队 石葵 拉留坪 泗渭一队 泗渭二队 对河 泗渭三队 大田口 木伦 铜锁 社背 潮水 麻湾 油榨 波寨 龙头
	德安村	黄毛(原黄茅) 民合 勇里 上黄毛界 中黄毛界 拉湾 扣朝 古正 油麻沟 大洪山 新村 更旦 民正朝
	上寨村	宜兴 古面 雨满 下寨 六旦 土养槽 土养槽口 上寨 古标 拉估 新村 排上 中村 拉站
堡里乡	三多村	官田 下水 寺背 波坪 波圳 波沙 波豆 大坡 四里 共基 大塘头 巷口 波圳头 乌石 结丝 大崇 下槐 丛树底
	堡里村	黄洋 围庄 水产 上浪 八见 高甫 板峡 上街 下街 车头寨 六岭 六下 甲浪
	波塘村	仁里 洲脚 新桥 波塘 东波 大坪子 庙芽 高陂 路标 波落 新村 岭头田
	黄源村	西牛塘 河背 黄源 洲坪 大窑冲 在志冲 瑶坡 在远
	拉木村	杨梅 湾田 六木 西冲 洞盘 拉路 坡上 上云 同乐 冲尾 大坡
	罗田村	上陂勒 下陂勒 车田 岩头 大步湾 山门 罗记 屯田 半田 太平
	清平村	上浪冲 下牛井 在面上 上牛井 油榨屯 桃树湾 马坪 白竹塘 四定 青苔口 甲石 桥头 车湾 六浪苏家 六浪王家 凉伞 凉伞尾 四定河尾 金龟坪 河对门
	九槽村	岭头 九槽 湾塘 中村 大力槽 烂泥田 路坪
	和顺村	毛坪 大坡 长洲 香粉 三顺口 拉界 庙门 大洲 杨台 宇庙 大塘 车滩
	胜利村	远江 古两 雨坝 六故 龙田 罗卜冲 龙窝 拉芽 上拉优 六斗 木芽 木芽口 下拉优 小鹅河 洋杰
	茶料村	大丰岭 东定 茶料 袍岗 拉旺坪
	河东村	荒田 洪岗 三八塘 河东 毛竹 金岗 罗岗 干沟 黄皮 大塘 罗汉

续表

乡镇	村委会(社区)	所辖自然村屯
龙江乡	龙山村	江口 田厂 大沟河(原石壁弄) 社边 龙豆 龙山一队 龙山二队 龙山三队 拖江一队(原底下村) 拖江二队(原高头村) 拖江三队(原长沟) 双塘口 老瓦 大端 香铺 舒家 丛仗 板冲 石铺(原石铺峒) 拿板 小满 雷电 石排(石排脚)
	丹江村	寨楼 大河 盘家 戴家坪 板沟 板沟口 坑塘 楠木 日江河 茶坪 岩面 向家
	龙隐村	中龙院 坡上 上龙院 黄泥塘 坡塘 拉桥 下龙院 竹鸟 古兆 龙坪 如素 古灯 古泉 大利 鹿角槽 岔里 龙中 龙贡 小沟
	上维村	家墙 安民 土皮 韩家 拉江 奇竹 义叶 旱田 上维一队 上维二队 上维三队 必正 杉木 杉树湾
	保安村	老街 新街一队 新街二队 小沟 朝坡 碧潦(河) 小埠里 矿厂 大屯 九湾 板布一队 板布二队
	驿马村	小江头 板坪 龙口坪 龙口弄 田峒 上峒 下峒 大燕 周村一队 周村二队 周村三队 窑口 窑尾 驿马 布扎 小驿马 六马沟
	西河村	里旺一队 里旺二队 茅塘 高桥(山) 滩底 沟口 横沟 大岩 上牛河 下牛河 太阳冲
	兴隆村	兴隆口 新村 乐村 长江 岭背 大伞 大湾 黄沙 西燕 塔山(口) 大枧 喇茶 拉茶沟 小当 社沟
	双江村	六社 上黄 下黄 双江口 长沟(尾) 红皮冲 梁家 旱田 石头田 大驿口 木桥头 外头屋 (小)河口 船埠 二冲(原蜻蜓沟)
	仁合村	鲁机 东垒 傅家 大坪土 鱼粮 亮坪 盖日头 头盘岭 双合 田冲一队 田冲二队 黑皮冲 油路底 坪浪 对门冲 后背冲 石强
三皇乡	三皇村	三皇街 鸭路街 菜园屯 上村 中间村 1队 2队 3队 4队 坡岭屯 矮山屯 9队 10队 15队
	荣田村	洞田 大顶 江北 河沿 铺上 大荣 小荣 米珠 下乍 桥头 乍头 鸡鸭村 大樟
	江头村	大庙 大口 古马 庙坡 古立 新村 小村 大龙 东边弄 纳长 里家
	六龙村	龙底 马浪 平村 六胆 先胆 凤溪 上村 牛尾
	马安村	龚家 大花 马安 对江 拉寨 下马 大花
	大路村	山林 湾村 下枧 西村 路东 路西 前岭 后岭 樟木 高坡 枫木 安山 披头 车胆 阳家 碧山
	华山村	拉粟 移门 湖广 湾村 大坪 泗村
	桐木村	中冒 新路 大浪 东岭 院子 秀井 西巷 上华 下华 安西 鱼头弄 塘边 塘边二队
	文明村	文家 拉云 上塘 阴山 老镇 古多 板坝 龙角 三元 蒋家 甘家 莫家 棉花 下龙角 翁窑
	古城村	拉洗 胆口 古豪 中皇 下皇 石村 米家 枧头 向阳 寨高 塘高 古义
	清水村	白崖 寨梅 水头 大昌 路尾 清水街1队 清水街2队 清水街3队 清水街4队 中梧 桥头 翁窑 龙尾 八见 上弄 下弄
永安乡	永安村	老圩 上山寨 下山寨 朱竹 吕家 下瑶 中龙 下龙 小江 田村 八弄 若弄 平村 大坦 石山脚 甘弄 大弄 六庙 上鸟 架枧 上坳 下坳 上岭 中岭 桥边 古陌 何家 塘上 古寺 老屋 林家

续表

乡镇	村委会（社区）	所辖自然村屯
永安乡	太和村	上镜　对门　卜台　鲁坝　凤凰　外湾　矮山　潘家　鲁脚　善日　寺背　梨山　良冒　田垌　大花　拉朝
	枫木村	枫木　牛行　四合　上湾　泗令　大宅　潮水　下湾　桥安
	喇塔村	圩脚　坡高　上寺　街上　大冲　谭竹　江口　马蹄江　桐隘　何家　张家　马岭　屯浪　良厚
	军屯村	军屯东屯　军屯西屯　小巷　大巷　后沟　古高　后弄　社胆弄　老木弄　西山　上潮　礼村　石墙　上山　下山　中山
	永富村	新村　李家　隘口　社口　尹家　八弄　旧村　戴家　傅家　拉槐　塘坊　大邦　骑马径　龙光　岩口　盘古　干水　庙脚　上井　李园
	永新村	石排　大弄　拉下　东屿　南山　水弄　钟家　下水　山脚　木村　新村　岭高
	凤凰村	凤凰圩　龙鼻　下鼻　杉木　原木　廖家　坡台　江东　蒋家　山口　拉敢　塘坊　拉今　铁铺　张家　对江　堡里　庙山　龙湾　牛虾　新圩　布油　上坪　下坪
	独州村	坪石　古柏　明镜　山脚　潘家　上村　铁匠　独州　岭高　沟边　谢家　长沟　东攸　高兀　石笋　平石　蚂拐石

第二章　县城　乡镇

　　永福县城为永福县治所在地，位于永福镇城区，始设于五代十国之南汉时期，县城位于永福县中部稍偏东，地处西河、茅江与东江交汇处，洛清江上游起点。桂柳高速公路和湘桂铁路纵贯县城。县城是全县政治、经济、文化和商业中心及商品集散地。

　　乡镇为永福县的基层政权。1991年，全县辖2个镇（永福镇、百寿镇）、8个乡（桃城乡、广福乡、堡里乡、罗锦乡、苏桥乡、龙江乡、三皇乡、永安乡），下辖97个村公所和1个街道居民委员会。1995年10月，全县村公所改称村民委员会（简称村委会）。1996年4月，罗锦乡更名为罗锦镇。2000年1月，苏桥乡更名为苏桥镇。2005年6月，永福镇与桃城乡合并，成立新的永福镇。

　　2005年年底，全县辖4个镇（永福镇、百寿镇、罗锦镇、苏桥镇）、5个乡（广福乡、堡里乡、龙江乡、三皇乡、永安乡），下辖93个村、6个城镇社区居民委员会。

第一节　县　　城

县城发展

　　永福县城位于永福县中部稍偏东，地处西河、茅江与东江交汇处，洛清江上游起点，东、南、西三面环水，东面是东江、茅江（洛清江支流），西面是西河。东江、茅江和西河在县城南面汇合成洛清江水系。凤山于县城中平地拔起，海拔286米，下广上圆，满山树木苍翠，风景秀丽。

永福县城始设于五代十国之南汉时期,至2005年已过一千年历史。旧时,由于水路交通方便,往南直达柳州;往北经桂柳运河进入漓江,沟通桂林,故永福镇历来为兵家争夺要地。1949年县域解放以后,永福县城周围与原桃城乡为邻,桂柳高速公路和湘桂铁路纵贯县城。县城是全县政治、经济、文化和商业中心及商品集散地。

1949年县域解放以后,中共永福县委、县人大常委会、县人民政府、县政协常委会四家领导班子机关驻永福镇。县四家班子机关建在永福县城凤山南面山脚下,即县城凤城路73号。

永福县城建设发展较快。1991年,县城城区面积3平方千米,常住人口16163人。临街房屋多为钢混平顶式楼房,主要街道为水泥和沥青路面,两旁绿树成荫。1993年开始,对县城进行规模性旧城改造,规范县城主要街道和建筑。1995年,县城又一次进行规模性旧城区改造。至1996年,新建扩建城市道路、人行道9.50万平方米,新建房屋建筑面积1.54万平方米。1997—2000年,按照县城总体规划方案,县城城镇建设用地的空间布局以桂柳高速公路和湘桂铁路发展为主轴,以旧城区为依托,集中紧凑地向西向北扩展城区规模。城市建设以多方位提升城市建设品位和人居环境为目标,创新经营城市理念,运用市场、产业、企业理念经营城市,走出了一条"以地兴城、以城建城"的县城建设新路子。2001年,县委、县政府印发《关于加快永福县城新城区开发建设的决定》,全县的城乡建设以县城建设为重点,按照创建桂林市一流园林式卫星城目标,把大规模的城市建设和改造作为推进县域经济的一个重要载体来抓。2001—2005年每年县城各项工程建设累计完成投资1.50亿元以上。2005年县城面积扩大到6.07平方千米,常住人口3万多人。形成了以天凤广场(2007年更名为福寿广场)为中心,以商业步行街、商贸城、福源商城和多个居住花园、别墅区和商住小区为主的新城区。随着县城城区功能日臻完善,城市面貌焕然一新。

2005年,永福县城公路网络各乡镇,亦通市内外。湘桂铁路经过县城,设火车站1个。桂柳高速公路纵贯县城,县城设综合汽车站1个,至各乡镇交通便利。县城内有西河大桥、西河二桥、茅江大桥、樟峡大桥、西河高速路大桥、茅江铁路大桥、县城405K公路铁路立交桥、南雄公路铁路立交桥8座市政桥梁。县城主要工业有机械制造、制药、罗汉果加工、酿酒、制糖、建材、矿产加工、粮食及副食品加工等。商业日趋繁荣,2005年县城有西江农贸市场、工贸市场、中心市场、城东集贸市场等,酒店、旅社、商业、理发和饮食服务行业网点遍布全镇。教育卫生事业有很大的发展,有高中1所、完全中学1所、初中2所、小学4所、幼儿园10所;有县人民医院、中医院、妇幼保健院、疾病预防控制中心等国有医疗保健单位4家,社会民办医院1家。全县县级党政机关、事业单位及中央、自治区、桂林市驻永福县机构全部集中在县城。

2005年,县城文化、体育事业发展较快。文化设施,除有宣传文化中心、文化馆、图书馆、剧院、电影院外,还辟有天凤中心广场、中洲文化乐园等。体育设施,有带看台、灯光篮球场5个、门球场3个,在茅江大桥东端正在建设永福县体育馆。有业余体校1所。

永福县城天凤广场　　　　　　　　　　　　　　　　　　唐庆甫　摄于2005年7月

街道划分

1991年，永福县城主要街道3条，即解放街、建新街、东江街。街道及巷道总长15千米，均为水泥、沥青路面。

1996年9月，经县人民政府批准，由县地名办、县城建局、县公安局和永福镇等单位对永福镇街道进行划分，将原有的建新街、解放街、东江街3条主要街道，重新命名为7路11街，并相应地更换路牌。至2000年，扩修改建西滨路。2001年扩修改建向阳路和迎宾大道。2003年扩修改建永兴大道和滨江路。

凤城路 辖建新街、半边街、四岭街。该路为县城主干道，南从西河尾码头经县人民政府大门前，北至永福老火车站路段。凤城路面宽28米，其中车道18米、人行道10米，1995年年底建成。

建新街。从西河码头南侧经老牛行、县供销社门前至百货公司对门街口。

半边街。从县政府招待所经县农业局背后，至供销贸易公司（茅江桥西桥头）。

四岭街。从烟草局岔路口经麻风冲住宅区至县老氮肥厂。

凤阁路 辖西江街。该路为县城主干道，从土产公司、百货公司经凤山背至县卫生局路口。西江街从西河尾码头沿西河上，经县幼儿园至西江市场路口。凤阁路面宽24米，其中车道14米、人行道10米，1996年年底改扩建工程竣工。

凤翔路 辖龙泉街。该路为县城主干道，从桂柳高速公路入口处（收费站）经贮木场开发区至原财政局（现为发展计划局）门口。龙泉街从养征站路口经原看守所（今为县公安局刑侦大队）门口，至凤翔路口。凤翔路路面宽40米，其中机动车道24米、人行道16米。1996年建成。

滨江路 南起凤阁路矿产局门口，北至永兴大道，全长200米。

东滨路 辖洲坪街。从茅河大桥西端经司法局前至立德粉厂。洲坪街从县科技局宿舍楼前经县计划生育局综合楼至县重晶石矿宿舍楼。

西滨路 辖古渡街、新洲街（新建街道）。该路从西河大桥西端，往上至湾里村，往下至下窑村。2000年年底，扩建改造西滨路土地局至国税局路段。

古渡街。从西河古渡码头经坪岭林场场部至县劳动局宿舍楼。

新洲街。从原土地局北头下坡处经工商局宿舍区至国税局宿舍楼。

连江路 该路为县城主干道。从天凤广场经铁路口、工农兵市场至金城山庄路口，路面宽40米，其中双车道24米、人行道16米。

向阳路 辖东江、上窑、茶岭等3条街。该路从铁道口工农兵市场岔路口经向阳小学至轴承厂，1995年竣工。2001年，扩修改建向阳路工农兵市场至向阳小学路段。

永福县城全景　　　莫文军　摄于2005年7月

东江街。从原交警队背后经东江边一带居民区至县酒厂背后。

上窑街。从县酒厂门前经向阳小学门口居民区至县水泥厂背后。

茶岭街。从县委党校经县防疫站至县制药厂路口。

迎宾大道 该路为县城主干道。从金城山庄路口往北经五里桥至李家寨，全长2200米，宽24米，双向4车道，2001年年底建成。

永兴大道 该路为县城主干道。从西河高速路大桥经龙福大酒店至金城山庄。2003

年年底扩修改建永兴大道天凤广场至永福汽车站路段。

表 1-4　　　　　　　　　　　**2005 年永福县城主要街道划分情况表**

街道名称	起止路段	车道(长度、宽度、结构)	人行道	竣工时间
凤城路	从西河尾码头经县政府大门前至永福老火车站	长 1.30 千米,宽 18 米 水泥沥青路面	10 米	1995 年年底
凤阁路	从土产公司、百货公司经凤山背至县卫生局路口	长 1.10 千米,宽 14 米 沥青路面	10 米	1996 年年底
凤翔路	从桂柳高速公路收费站经贮木场至县发改局路口	长 500 米,宽 24 米 水泥路面	16 米	1996 年年底
滨江路	从凤阁路矿产局门口至永兴大道	长 200 米,宽 20 米 水泥路面	10 米	2003 年年底
东滨路	从茅河大桥西端经司法局门前至县立德粉厂	长 1.10 千米,宽 13 米 水泥沥青路面	4 米	1995 年年底
西滨路	从西河大桥西端往上至湾里村,往下至下窑村	长 2.50 千米,宽 12 米 水泥沥青路面	6 米	2000 年年底
连江路	从天凤广场经老铁路口、工农兵市场至金城山庄	长 800 米,宽 24 米 水泥沥青路面	16 米	1995 年年底
向阳路	从工农兵市场口经向阳小学至轴承厂	长 1.20 千米,宽 12 米 水泥沥青路面	8 米	1995 年竣工 2001 年改扩建
迎宾大道	从金城山庄经五里桥至李家寨	长 2.50 千米,宽 24 米 水泥路面	16 米	2001 年年底
永兴大道	从西河桂柳高速公路大桥经龙福大酒店至金城山庄	长 1.20 千米,宽 24 米 水泥路面	16 米	2003 年年底

第二节　乡　　镇

永　福　镇

今永福镇由原永福镇与桃城乡于 2005 年 6 月合并而成。

原永福镇位于永福县中部,桂北古镇之一,是县人民政府所在地,亦是全县政治、经济、文化中心。2005 年 6 月,合并前全镇境域面积 6.07 平方千米。

原桃城乡坐落在永福镇周围,乡人民政府设在永福镇。2005 年 6 月,合并前全乡境域面积 266 平方千米。2005 年 6 月,桃城乡与永福镇合并后,沿用永福镇名。

合并后,新永福镇位于永福县中部,东与罗锦镇交界,西与永安乡、百寿镇相连,南与堡里乡、广福乡为邻,北与龙江乡、苏桥镇相接。境域东西长 21 千米,南北宽 15 千米。境域面积 272 平方千米,为县人民政府所在地,是永福县物流、人流、资金流、信息流中心和全县政治、经济、文化中心。

人口资源　1991 年,原永福镇境域面积 3 平方千米,辖永福镇街道居民委员会(管理无工作单位非农业户口居民)和中洲村公所(辖 5 个村民委员会);按人口多少为序,有汉、壮、瑶、苗、侗、仫佬、毛南、回、满、蒙古、布依、锡伯和彝族 13 个民族。总户数 4711 户、总人口 16163 人,其中汉族人口 14111 人,壮族人口 1141 人。人口自然增长率 5.36‰。有耕地面积 28.80 公顷,其中水田 21.67 公顷,旱地 7.13 公顷。1995 年 10 月,永福镇撤销中洲村公所,改设中洲村委会(建制村),下辖 5 个村民小组。2003 年,永福镇街道居民委员会与永福镇中洲村民委员会合并,组建成凤城、向阳和龙泉3个社区。2005年6月,合并前永福镇辖3个社区,有耕地面积9.14公顷,其中水田2.67公顷、旱地6.47公顷。2005年年末总户数8195户、总人口22531人,其中农业人口1248人、非农业人口21283人。人口自然增长率7.55‰。

1991年,桃城乡境域面积269平方千米,辖11个村公所、65个村民委员会、255个村民小组。1991年年末总户数5659户,总人口26697人,人口自然增长率5.33‰。全乡经济以农业为主,有耕地面积2242.94公顷,其中水田1991.87公顷、旱地251.07公顷。其银洞、泡口是全县林区建制村。土特产有香菇、木耳、罗汉果、重晶石矿等。1995年10月,桃城乡撤销村公所,改设村委会(建制村),下辖村屯(小组)队。2005年6月,合并前桃城乡有耕地面积2095.87公顷,其中水田1898.67公顷、旱地197.20公顷。辖11个村、246个村民小组。2005年年末总户数6690户、总人口26124人,其中农业人口25516人、非农业人口608人,人口自然增长率4.19‰。

2005年年底,新的永福镇辖3个社区和11个村、251个村民小组。按人口多少为序,有汉、壮、瑶、苗、侗、回、仫佬等民族,年末总户数15247户。总人口49390人,其中农业人口27206人、非农业人口22184人。人口自然增长率7.02‰。年末有耕地面积1903公顷,其中水田1699.33公顷、旱地203.67公顷。

农业 1991年,桃城乡经济以农为主,兼营林业。农业主种水稻,兼种红薯、芋头、玉米、黄豆、芝麻、木薯、甘蔗、瓜菜等。林业主种松、杉、毛竹,兼种油茶、油桐、果树等。年内,桃城乡粮食作物播种面积3402.73公顷,总产量1.51万吨。原永福镇经济以工商小贩为主,兼营农业,年内粮食作物播种面积36.73公顷,总产量176吨;桃城乡年内种植罗汉果面积27.53公顷,产果量80万个;种植水果面积162.07公顷,总产量577.20吨,其中柑橘158公顷,产量525.50吨。1995年,原永福镇粮食播种面积27.40公顷,总产量167吨;桃城乡粮食播种面积3681.67公顷,总产量1.69万吨。年内桃城乡种植罗汉果49.20公顷,产果量196万个,种植水果面积358.80公顷,总产量922吨。

20世纪末至21世纪初,原桃城乡及永福镇坚持走现代生态农业发展之路,依托在永福落户的温氏鸡、桂柳鸭养殖、永福香米、永福睿丰制丝有限公司等农业龙头企业,通过“公司+基地+农户”的方式,调整农业产业结构,发展规模水果、优质谷、无公害蔬菜、大棚西瓜、甘蔗、玉米、马蹄等种植业。同时发展猪、鸡、鸭等规模养殖业。2000年,原永福镇粮食播种面积23.67公顷,总产量109吨;桃城乡粮食播种面积4231公顷,总产量1.98万吨。年内,桃城乡种植罗汉果35.07公顷,产果量400万个;种植水果面积569.13公顷,总产量1740.90吨。2005年,永福镇完成粮食播种面积3989.87公顷,粮食总产量1.86万吨;完成蔬菜种植面积1197.87公顷、糖蔗种植面积23.33公顷、桑蚕种植153公顷、木薯种植401.53公顷、植树造林1413公顷。永福镇是全县罗汉果主要产区之一。2005年,罗汉果种植面积140公顷,罗汉果产量为1500万个,种植面积和产果量分别居全县第三位和第四位。2005年,完成农林牧渔业总产值15061万元,其中农业产值7852万元、牧业产值5199万元、林业产值1174万元、渔业产值512万元、服务业产值324万元。

2005年10月永福镇银洞村罗汉果生产基地

县旅游局　供图

工业 1991年,原永福镇办企业有三钡矿粉厂、卷闸门厂、食品综合加工厂、建筑队4家,属集体工商业的有轻工机械厂、胶合板厂、被服厂、修配厂、工艺美术厂、冶金厂、木衣架厂7家。年内,乡镇企业总收入1744万元,其中镇办企业529万元、村办企业115万元、联产个体企业1100万元;年内,桃城乡乡镇企业有农机修造厂、木器厂、重晶石矿等;乡镇企业总收入781万元,其中乡办企业45万元、村办企业40万元、联产个体企业696万元。

1995年,原永福镇镇办企业有14家,实现工业总产值1007万元,工业利润总额-77万元;桃城乡乡镇企业有9家,实现工业总产值287万元,工业利润总额12万元。

20世纪末至21世纪初,原永福镇及桃城乡工业主要发展矿产品开采加工,工业有矿产品开采加工、米业加工、木制品加工、食品加工、蚕茧加工、机械铸造、建材等行业。2000年,原永福镇实现工业总产值10923万元,工业利润总数396万元;桃城乡实现工业总产值14025万元,工业利润总额936万元。2005年年底,永福镇有工业企业47家(其中上规模工业企业8家),工业产值42265万元,工业利润总额2850万元。完成固定资产投资1847.50万元。

财政 1991年,永福镇实现财政收入104.10万元,财政支出56.80万元,农民人均纯收入1783元。桃城乡实现财政收入128.50万元,财政支出117.90万元。1995年,永福镇完成财政收入135万元,财政支出110万元;桃城乡完成财政收入181万元,财政支出244万元。2001年,永福镇完成财政收入169万元,财政支出72万元;桃城乡完成财政收入351万元,财政支出351万元。2005年,合并后的永福镇完成财政收入403.70万元,占任务数的115.50%;年内农民人均纯收入3160元。

教育·卫生·文化 1991年,原永福镇初中1所,在校学生600人,教职工45人;有完小1所,在校学生740人,教职工40人。桃城乡有初中2所,在校学生480人,教职工42人。中心小学1所,完小15所,在校学生3300人,教职工185人。卫生院1所,医务人员21人,病床22张。各村均有卫生所,医务人员25人。文化站1个,藏书1300册。电影队3个,影剧院3个,放映员6人。

1995年8月,永福镇中学与桃城乡南雄初中合并为永福县第二中学,为完全中学。1996年,广西南宁中华育英学校捐款20万元,桃城乡集资配套25万元,改建大苏小学。校名改为中华育英大苏希望小学。2005年8月,台塑集团投资改建桃城乡镇东小学,校名更改为永福县明德小学。2005年年底,永福镇有镇属初中1所、镇属小学11所。其中,镇属小学在校学生1150人、专任教师94人;镇属初中在校学生720人、专任教师43人。年内筹资400多万元,进行中小学"两基"迎国检基础设施建设,其中拆除学校所有D级危房共40000平方米,维修C级危房9500平方米,新建校舍12000平方米。镇卫生医院与县妇幼保健院属一个单位,两块牌子体制。2005年,有职工75人,开设病床65张。

镇党委、镇政府、镇人大主席团正职领导任职 1991—2005年,历任永福镇党委书记的有黄蓉佩(1990年12月—1992年10月)、邹孔林(1993年5月—1995年4月)、雷伍陆(1995年4月—1999年4月)、龙滨(1999年4月—2003年3月)、何德建(2003年3月—2004年3月)、苏海燕(2005年3月—2005年6月)、何树慈(2005年6月—2005年12月)。

1991—2005年,历任永福镇人民政府镇长的有白先频(1990年7月—1991年8月)、邹孔林(1991年8月—1993年5月)、李正国(1993年10月—1995年10月)、雷伍陆(1996年9月—1999年4月)、于德林(1999年9月—2003年5月)、苏海燕(2004年4月—2005年3月)、李洪波(2005年5月—2005年12月)。

1991—2005年,历任永福镇人大主席团主席的有王维政(1990年7月—1993年10月)、张桂兴(1993年10月—1999年4月)、龙滨(1999年9月—2003年3月)、何树慈(2005年6月—2005年12月)。

原桃城乡党委、政府、人大主席团正职领导任职 1991—2005年6月,历任桃城乡党委书记的有周明忠(1990年5月—1991年8月)、于顺弟(1991年8月—1996年3月)、秦学文(1996年3月—1998年8月)、袁天赐(1998年9月—2001年12月)、龚金长(2001年12月—2003年2月)、何树慈(2003年2月—2005年6月)。

1991—2005年6月,历任桃城乡人民政府乡长的有陈运安(1990年7月—1993年5月)、伍辉成(1993年11月—1996年4月)、李荣诚(1996年9月—1999年4月)、周长安(1999年9月—2000年7月)、李洪波(2001年12月—2005年6月)。

1991—2005年6月,历任桃城乡人大主席团主席的有李忠庆(1990年7月—1993年11月)、李家明(1993年11月—1994年9月)、阳荣璋(1995年4月—1996年5月)、伍辉成(1996年5月—1999年4月)、袁天赐(1999年9月—2001年12月)、龚金长(2001年12月—2003年2月)、何树慈(2003年2月—2005年6月)。

百 寿 镇

百寿镇为桂北古镇、永福县重点镇之一。位于永福县西北部,306省道贯穿全境。百寿镇东与永福镇和龙江乡交界,西接融安县的大坡乡和泗顶镇,南邻永安乡和三皇乡,北靠龙江乡和融安县雅瑶乡。境域东西宽24.50千米,南北长29.30千米,境域面积399平方千米,是永福县北面的百寿、三皇、永安、龙江4个乡镇的商贸、交通、文化、医疗中心,镇治设在百寿圩。该镇原名寿城乡。1989年4月,撤乡建镇,所辖行政区域不变,不增加机构和人员编制。该镇政府驻地至县城(经永兴公路)公路里程59千米,经永(福)两(江)路里程67千米,至桂林市区公路里程68千米,至柳州市110千米。百寿水源林保护区属自治区重点水源林保护区,保护面积1703.60公顷。

1991年,百寿镇辖12个村公所,116个村民委员会,270个村民小组。按人口多少为序,有汉、壮、瑶、苗、侗、回6个民族,总户数5933户、总人口32886人,人口自然增长率7.56‰。当年有耕地面积2652.60公顷,其中水田2091.20公顷、旱地561.40公顷。1995年10月,百寿镇撤销村公所,改设村委会(建制村),下辖村屯小组(队)。2005年,全镇辖1个社区和11个村,270个村民小组,按人口多少排序有汉、壮、瑶、苗、侗、回、仫佬等民族。年末总户数10107户、总人口32422人,其中农业人口29979人、非农业人口2443人。人口自然增长率4.83‰。年末耕地面积2488.40公顷,其中水田1951.33公顷、旱地537.07公顷。

2005年百寿镇小山峡风光　　　唐庆甫　供图

农业　百寿镇经济以农业为主,兼营林业。1991年,全镇农业主种水稻,兼种红薯、芋头、玉米、黄豆、高粱、花生、油菜、甘蔗、瓜菜等。林业主种杉、松、毛竹,兼种油茶、油桐、柑橙、板栗等。年内,全镇粮食播种面积3462.07公顷,总产量1.27万吨;年内种植罗汉果面积56.73公顷,产果量287万个;种植水果面积91.87公顷,总产量459.40吨,其中柑橙81公顷,产量438.50吨。1995年,百寿镇粮食播种面积3495.33公顷,总产量1.39万吨;年内种植罗汉果面积114.87公顷,产果量622万个;种植水果面积842.33公顷,总产量3185.70吨,其中柑橙501.60公顷,产果量2976.20吨。

20世纪末至21世纪初,百寿镇依据该镇天然的砂泥土质和独特的小气候环境,大力发展以椪柑、脐橙为主的柑橙类水果生产,其柑橙类果品具有个大、肉脆、味甜、色泽鲜亮、耐贮运等特点,畅销海内外市场。2000年,百寿镇粮食播种面积3586公顷,总产量1.68万吨。年内,全镇种植罗汉果209.67公顷,产果量818万个;种植水果面积2180.13公顷,总产量1.09万吨,其中柑橙1686.60公顷,产果量9731.20吨。2005年,百寿镇粮食播种面积3045.33公顷,总产量1.43万吨。年内,该镇获得全国无公害水果生产基地认证。是年,全镇水果种植面积2974.53公顷,人均有果园0.09公顷,水果总产量2.59万吨。一些身怀技艺的果农走出镇外到其他乡镇租地种果或传授种果技术。百寿镇还是全国闻名,桂北最大的罗汉果、香菇、木耳、冬笋、黄竹笋、板栗、黑灵芝、椪柑等土特产品批发市场。2005年,百寿镇发展罗汉果种植,种植面积

259.53公顷,产果量681万个。当年罗汉果种植面积居全县第三位。

2005年,全镇农林牧渔业总产值14968万元,其中农业产值9615万吨、林业产值1087万元、牧业产值3651万元、渔业产值270万元、服务业产值345万元。

工业 1991年,百寿镇镇办企业有硫铁矿厂、钟壳厂等。年内乡镇企业总收入1156万元,其中镇办企业201万元、村办企业23万元、联户个体企业932万元。1995年,百寿镇有镇办企业10家,实现工业总产值463万元,工业利润总额25万元。20世纪末21世纪初,百寿镇依托该镇资源,大力发展水果加工、矿产开采、水电、冶炼业等。实现第一、三产业相互带动。工业化、农业产业化相互促进。2000年,百寿镇实现工业总产值12884万元,工业利润总额454万元。2005年,百寿镇有镇办企业12家,实现工业总产值598万元。工业比重占全镇经济总量40%以上。

城镇·交通·旅游 百寿镇历史悠久,自唐朝至中华民国时期,先后为纯化县、慕化县、古县、归化县、古田县、永宁州、永宁县、古化县、百寿县治所,设州县治达1300多年。中华人民共和国成立后,1989年百寿改乡为镇。1995年,百寿镇被列为自治区小城镇建设试点镇,新建了南、北两个集贸市场。1997年,该镇党委、镇政府机关从回笼山北麓往西南迁址,新建了办公大楼。2002年,该镇被列为自治区小城镇建设重点镇。2005年新建百寿镇中心市场。全镇交通便利。1997—2005年,除山南、双合、双桥建制村外,其余建制村陆续修通了通村公路。有百寿至三皇、百寿至鹿寨、百寿至柳州、百寿至永安、百寿至永福、百寿至桂林、百寿至深圳往返客车,广播电视、电话实现了光纤联网。306省道(桂林至浮石公路)贯穿全境。

百寿镇内有中国江南地区保存最完好的明代石城永宁州古城,有入选《中国名胜大辞典》的百寿岩石刻,以上两处为自治区级重点文物保护单位。有建于隋唐时期的穿岩古驿道及相传活到158岁的廖扶一族所饮用的丹砂井等人文景观,还有海菜花河、重阳古树、九落岩、文笔山、关刀山、东岸豆腐灶瀑布、百寿—龙江森林公园等自然景观,极具旅游开发价值。

财政 1991年,百寿镇实现财政收入95万元,财政支出110.70万元;农民人均纯收入1730元。1995年,全镇完成财政收入204万元,财政支出284万元。2000年,全镇完成财政收入150万元(其中税收收入93万元),财政支出152万元。2005年,全镇完成财政收入270万元,财政支出277万元,农民人均纯收入3154元。

教育·卫生·文化 1991年百寿镇有县属高中百寿中学设于镇内。有初中2所,在校学生840人,教职员工45人。有中心小学1所,完小16所,在校学生4400人,教职员工183人。有电影院1座,座席800个;电影队7个,放映员8人。有文化站1个,藏书5000册,有中心卫生院1所,医务人员48人;卫生所12个,医务人员12人。有广播站1个,电视差转台1座,地面接收站1个。

1992年,百寿镇镇上小学成立。2005年,镇内有高中1所、初中2所、中心小学2所(其中城内小学为寄宿制小学)、村小10所、幼儿园2所,共有在校学生3150人,教职员工222人。镇内有中心卫生院1所,为永福县北四乡镇的急救中心,医务人员90人,病床80张。有村级卫生所12个,医务人员12人。有文化站1个,藏书5500册。

镇党委、镇政府、镇人大主席团正职任职 1991—2005年,历任百寿镇党委书记的有郑家定(1990年5月—1991年8月)、方向明(1991年8月—1993年9月)、秦学文(1993年9月—1996年3月)、夏良忠(1996年3月—1997年11月)、罗代璋(1997年11月—2001年4月)、何树慈(2001年5月—2003年2月)、林富先(2003年3月—2005年12月)。

1991—2005年,历任百寿镇人民政府镇长的有韦邦昌(1990年7月—1993年5月)、夏良忠(1993年10月—1996年9月)、黄起镜(1996年9月—1997年11月)、何树慈(1997年11月—2001年5月)、张荣翔(2001年5月—2005年12月)。

1991—2005年,历任百寿镇人大主席团主席的有曾双凤(1990年7月—1999年7月)、罗代璋(1999年7月—2001年4月)、何树慈(2001年5月—2003年2月)、林富先(2003年2月—2005年12月)。

罗 锦 镇

罗锦镇位于永福县东部,东与临桂县会仙镇、六塘镇交界,西接永福镇,南邻堡里乡,北靠苏桥镇和临桂县四塘乡。境域东西宽5千米,南北长25千米,境域面积238平方千米。该镇原名罗锦乡,1996年4月,撤乡建镇,所辖行政区域不变,不增加机构和人员编制。镇治设在罗锦圩,距县城16千米,至桂林公路里程43千米,良(丰)永(福)二级公路穿镇中心而过。境内居住着汉、壮、回、瑶、苗等民族。

1991年,罗锦乡辖14个村公所,106个村民委员会,316个村民小组,年末总户数8696户、总人口40426人。人口自然增长率5.45‰。1995年10月,罗锦乡撤销村公所,改设村委会,下辖村、屯小组(队)。2005年,全镇辖1个社区和13个村,308个村民小组,年末总户数11535户、总人口40900人,其中农业人口38470人、非农业人口2430人。人口自然增长率5.78‰。

罗锦镇矿产主要有褐铁矿、黄铁矿、赤铁矿、磷矿、白云石、方解石、石灰石矿等,特产有松脂、香菇、木耳、桐油、小磨油等。

农业 罗锦镇经济以农为主,兼营林业。13个建制村中有11个村属于河谷农业区,是县内的主要的产粮区,也是自治区粮食基地之一。1991年,全乡农业主种水稻,兼种红薯、芋头、玉米、小麦、黄豆、绿豆、木薯、甘蔗、花生、油菜、芝麻等。林业主种松、杉,兼种油桐、油茶、毛竹、柑橙等。年内,全乡粮食播种面积6133.53公顷,总产量2.40万吨;种植水果面积443.13公顷,总产量1947.50吨,其中种植柑橙440.93公顷,产量1930.50吨。年内油菜籽产量156.20吨。年末牛存栏10658头,猪存栏22830头,家禽饲养13.63万羽。

1995年,罗锦乡粮食播种面积6022公顷,总产量2.68万吨;种植水果面积852.13公顷,总产量3881吨,其中柑橙561.93公顷,产量3788吨。年末牛存栏13645头,居全县第一位。生猪存栏45285头,出栏54000头;家禽存栏83535羽,出栏118930羽。

20世纪末至21世纪初,罗锦镇依托该镇资源优势,大力发展粮食生产和多种种植、养殖业。通过"公司+基地+农户"种植养殖模式,带动该镇种植、养殖业发展。2000年罗锦镇粮食播种面积5898.20公顷,总产量2.75万吨。年

罗锦金鸡河水库公路

蒙明德 摄于2005年

内全镇种植水果面积1483.93公顷,总产量7045.70吨,其中,种植柑橙828.60公顷,产量6139.50吨;种植葡萄300公顷,产量550吨。年内,种植油茶籽302公顷,产量382.50吨。年末,全镇牛存栏7326头,猪存栏33200头,家禽出栏9.63万羽。2005年,全镇粮食播种面积5893.37公顷,粮食总产量2.78万吨。甘蔗种植面积140.40公顷,总产量6306.70吨;花生342吨、芝麻67吨、木薯1733吨。种植水果1182.80公顷,总产量6982.20吨。其中,柑橙407.67公顷,产量4275吨。全镇年末牛存栏1.59万头;生猪出栏5.06万头,年末存栏3.67万头;家禽出栏量194.12万羽;渔业养殖面积293.20公顷,总产量1.07万吨,其中河沟捕捞41.10吨。金鸡河水库是县内中型水库之一,总库容3095万立方米,灌溉面积2567公顷。

2005年,全镇有林地面积1.42万公顷,森林覆盖率68.70%;活立木蓄积量41.67万立方米。产油茶籽126.70吨,产松脂12.50吨。

2005年，全镇农林牧渔业总产值2.21亿元，其中农业产值1.24亿元、林业产值643万元、牧业7943万元、渔业724万元、服务业产值414万元。

工业　1991年，罗锦乡乡办企业有竹器厂、农机修造厂、铁木社等单位。年内，乡镇企业总收入977万元，其中乡办企业24万元、村办企业52万元、联户个体企业901万元。1995年，罗锦乡有乡办企业2家，实现工业总产值25万元，工业利润总额4万元。20世纪末21世纪初，罗锦镇依托该镇资源，大力发展以农产品加工为主的乡镇工业，新办了永福麒麟野红葡萄酒厂。同时开发石材深加工，全镇53家石材加工厂形成了较大的生产规模；矿产品开发、竹木加工也得到了继续发展。2000年，罗锦镇实现工业总产值10302万元，工业利润总额1020万元。2005年，罗锦镇完成工业总产值35000万元，其中规模以上工业产值1800万元。

交通·旅游·商业　罗锦镇交通便利，有通往桂林、永福县城和苏桥工业园区公路。1991年全乡完成公路建设4.20千米，投资11.50万元；2000年全镇新建公路7.80千米，投资8400万元；2005年全镇新建公路6.80千米，投资28万元。建制村通车率100%。永（福）良（丰）二级公路穿过罗锦圩，公路改造工程正在建设中。

境内著名景点有月山、金鸡河水库、金钟山景区等。金钟山景区位于罗锦镇政府东南部，距离7.80千米，距永福县城24千米，经永良公路距桂林市区52千米，经桂柳高速公路距桂林市区65千米，属大桂林旅游风景区，区位条件优越。景区开发于1998年，其主要景点有金钟岩、天坑、福寿宫、森林浴场等，第二期工程项目高尔夫练习场、跑马场等正在建设中。

1991年，罗锦乡商业部门有乡供销社、粮管所。2000年，完成并搬迁了新农贸市场。2005年，全镇有个体工商户625家、药店4家、饭店3家、餐馆15家，集贸市场交易额1150万元。

财政　1991年，全乡财政收入113.10万元，其中税收69万元；财政支出105.10万元。1995年，全乡财政收入172万元，其中税收148万元；财政支出228万元。2000年，全镇财政收入245万元，其中税收160万元；财政支出342万元。2005年，全镇财政收入364万元，其中税收298万元；财政支出336万元。年末金融机构各项存款余额9680万元。

教育·卫生·文化　1991年，罗锦有初中2所，在校学生843人，教职员工39人。中心小学1所，完全小学15所，学生4900人，教职员工202人。有卫生院1所，职工30人；村卫生所14个，医务人员14个。有电影院1个，座席800个；影剧场5座，座席2500个；电影队9个，放映员9个。文化站1个，藏书6000册。文化室2个，藏书880册。

2005年，罗锦镇有初中2所，在校学生1900人，教职员工98人；有中心小学1所，完全小学14所，小学教学点12个，在校学生共2300人，适龄儿童入学率99.56%；有教职员工160人。年内组织农民实用技术培训1.60万人次。年内，全镇有中心卫生院1所，医务人员30人，病床24张。配备有X光机、心电图检测仪、B超机、生化分析仪、救护车等医疗救护设施。年内医院就诊人数37500人次。各建制村均有卫生所。

罗锦镇是国家地方剧种"彩调剧"发源地，彩调剧在罗锦产生，成形于清乾隆年间，成熟于清嘉庆、道光时期，至今已200多年。1987年，罗锦镇林村被确认为广西彩调发源地。2002年，罗锦镇被授予"广西民间艺术（彩调）之乡"。2000年以后，由于老一辈艺人相继去世，大部分年轻人外出打工等原因，到2005年全镇仅有4支业余彩调队经常活动，除在罗锦镇演出外，还多次代表镇里参加县、桂林市彩调汇演，并多次获奖。

该镇彩调文艺创作活跃，创作了"毛桃""王三用计""美丑鸳鸯""村姑戏公爷"4部古装彩调戏；还创作了"双报喜""夕阳红""送温情""巧遇""彩调迷""党群共修连心路"6部现代彩调戏。

罗锦镇崇山村李姓一门的绘画艺术在永福最有名望。从清代嘉庆、道光年间成名的第一代李熙垣至当代的第八代李嗣源。约200年间，门族中绘画人才辈出，世称"画笔如林"。1995年桂林博物馆举办了

《桂林永福李氏一门八代书画展》共展出李氏一门八代 25 人的书画作品 250 余幅。绘画题材有山水、花鸟、人物等，绘画风格多样。民间工艺主要有油纸雨伞，1995 年主要为订购生产。是年产油纸雨伞 200 余把。该村现有保存完好的清代"古民居"。崇山村李吉寿宅第是六大院并排的四合套，横向六大院之间有巷道、侧门相通，家族间的各房各院之间通过此门进出，互相往来。借用此门，可以从宅院最西端一直走到最东端。四合套纵向呈多重递进式的三合院落。

镇（乡）党委、镇政府、镇人大主席团正职任职 1991—2005 年，历任罗锦镇（乡）党委书记的有于顺弟（1990 年 5 月—1991 年 8 月）、李传龙（1991 年 8 月—1993 年 9 月）、唐宏康（1993 年 9 月—1995 年 4 月）、马运生（1995 年 4 月—1998 年 3 月）、潘庆周（1998 年 3 月—1999 年 4 月）、雷志刚（1999 年 4 月—2002 年 10 月）、王培民（2002 年 10 月—2005 年 12 月）。

1991—2005 年，历任罗锦镇（乡）人民政府镇（乡）长的有周纯义（1990 年 7 月—1991 年 1 月）、莫如苏（1992 年 4 月—1993 年 11 月）、李宏健（1993 年 11 月—1996 年 4 月）、潘庆周（1996 年 4 月—1998 年 4 月）、林胜豪（1998 年 4 月—1999 年 4 月）、王培民（1999 年 4 月—2002 年 10 月）、金玉鹰（2002 年 10 月—2005 年 12 月）。

1991—2005 年，历任罗锦镇（乡）人大主席团主席的有周秀学（1990 年 7 月—1996 年 9 月）、莫孝成（1996 年 9 月—1999 年 4 月）、雷志刚（1999 年 4 月—2002 年 10 月）、王培民（2002 年 10 月—2005 年 12 月）。

苏 桥 镇

苏桥镇原名苏桥乡，位于永福县东北部。东与罗锦镇和临桂县四塘乡交界，西接龙江乡，南邻永福镇，北靠临桂县两江镇。境域东西相距 14 千米，南北相距 13 千米，境域面积 123 平方千米。2000 年 1 月，苏桥镇撤乡建镇，所辖行政区域不变，不增加机构和人员编制。新兴的桂林苏桥工业园区位于该镇，湘桂铁路、桂海高速公路和 106 省道贯穿全境。镇人民政府驻地苏桥街（圩），距桂林市区 26 千米，距两江国际机场 12 千米，距永福县城公路里程 17 千米。

苏桥镇地貌为丘陵和平地，地势较为平缓，起伏不大。气候属中亚热带季风气候。1991—2005 年，历年平均降水量 1676.10 毫米。最高年降水量 2650.60 毫米，最低年降水量 1441.20 毫米。降水多集中在 4 月至 7 月，占全年降水量 61%。5、6 两个月常出现暴雨天气，易成涝灾。8 月以后降水量逐渐减少，常出现秋旱。寒露风历年平均出现日期在 10 月 4 日前后，最早出现在 9 月 27 日。全年无霜期 316 天。境内主要河流有大溪河、相思江和龙山塘河，大溪河在境内长 15 千米，相思江在苏桥境内长 9.40 千米，龙山塘河全长 8.50 千米。有小（1）型水库 6 座、小（2）型水库 6 座，总库容为 2536.80 万立方米，有效库容 1410.70 万立方米。全镇水能藏量 9108.65 千瓦，可开发量 780 千瓦。全镇森林覆盖率为 68.75%。

1991 年，苏桥乡辖 9 个村公所，58 个村民委员会，162 个村民小组，年末总户数 4875 户、总人口 23899 人。1995 年 10 月，苏桥乡撤销村公所，改设村委会，下辖村民小组（队）。2005 年，全镇辖 1 个社区和 8 个村，162 个村民小组，年末总户数 6398 户、总人口 25829 人，其中农业人口 24772 人，非农业人口 1057 人。人口自然增长率 12.64‰。按人口多少为序，有汉、壮、回、侗、瑶、满 6 个民族。公务交际语言操桂林话，平时习惯讲平话（方言）。瑶族讲瑶话。

农业 苏桥镇经济以工业与农业并重。农业以种养为主，兼营林业。苏桥镇全境属县内河谷农业区，是县内主要产粮区，亦是自治区粮食基地之一。1991 年，全乡农业主种水稻，兼种红薯、芋头、黄豆、玉米、甘蔗、木薯、马蹄（荸荠）、瓜菜等。林业主种松、杉，兼种油桐、油茶、柑橙、柚等。年内，全乡粮食播种面积 3993.73 公顷，总产量 1.77 万吨；种植水果面积 374.60 公顷，总产量 1192.50 吨，其中种植柑橙 363 公顷，产量 1124.90 吨。年末，牛存栏 5423 头，猪存栏 16085 头；家禽饲养 12.23 万羽。渔业养殖 129.20 公顷，产量 81 吨。

1995 年苏桥乡粮食播种面积 3889.40 公顷，总产量 1.75 万吨；种植水果面积 489.73 公顷，总产量 2490

吨,其中柑橙 302.60 公顷,产量 2467.30 吨。年末全乡牛存栏 6288 头;猪存栏 24903 头,出栏 33116 头;家禽存栏 45305 羽。

20 世纪末至 21 世纪初,苏桥乡(镇)加大农业产业结构调整力度,积极发展种植和养殖业。传统农业产品主要有大米、马蹄、柑橙、西瓜、香芋、甘蔗等,尤其是马蹄享有盛名。新发展有东魁杨梅、大颗枇杷、山葡萄、鲜食葡萄等产品。2000 年,全镇粮食播种面积 3825.53 公顷,总产量 1.83 万吨;种植水果面积 784.06 公顷,总产量 3499.80 吨,其中种植柑橙 351.93 公顷,产量 2350 吨;种植葡萄 115.40 公顷,产量 195 吨;西瓜 106.67 公顷,产量 3040 吨;马蹄 288.40 公顷,产量 6813.70 吨。年末全镇牛存栏 7010 头;生猪存栏 7973 头,出栏 21020 头;家禽出栏 17.11 万羽,存栏 5.97 万羽。渔业养殖 362.67 公顷,产量 603.30 吨。2005 年,全镇粮食播种面积 4140.13 公顷,总产量 2.07 万吨;种植水果面积 953.46 公顷,总产量 4646.90 吨,其中种植柑橙 176.20 公顷,产量 2530.60 吨;种植西瓜 401.93 公顷,产量 1.52 万吨,居全县产量第一位。马蹄 126 公顷,产量 3604 吨,居全县产量第一位。年末全镇牛存栏 8167 头,奶水牛养殖成为县内的特色农业;生猪存栏 11470 头,出栏 29820 头;家禽出栏 178.82 万羽,存栏 25.88 万羽;渔业养殖 358.33 公顷,产量 725 吨。是年,全镇完成造林面积 1333 公顷,果树林 267 公顷。

2005 年,全镇农林牧渔业总产值 14602 万元,其中农业产值 8166 万元、林业产值 101 万元、牧业产值 5560 万元、渔业产值 493 万元、服务业产值 282 万元。

工业　1991 年,苏桥乡乡办企业有农机修配厂、陶瓷厂、酒厂、农具厂等单位。年内,乡镇企业总收入 841 万元,其中乡办企业 15 万元、村办企业 30 万元、联户个体企业 796 万元。1995 年,苏桥乡有乡办企业 5 家,实现工业总产值 128 万元,工业利润总额 41 万元。

1998 年 11 月,桂林地市合并后,桂林市委、市人民政府决定,在苏桥乡建立以能源、原材料、机械工业和轻化工业为发展重点的工业卫星城——苏桥新区。新区总体规划面积为 65 平方千米,其中一期开发面积 28 平方千米,计划于 2015 年开发完毕。园区以工业为主轴,逐步形成 4 大产业区及 1 个配套产业区,即装备机械产业区、食品及制药产业区、电子及电子信息产业区、轻工产业区,并配套建设社会

永福县苏桥经济开发区一角

杨志德　摄于 2005 年 1 月

服务功能产业区,同时相应开发休闲与品味文化产业,最终将建设成为功能区划明显、生态自然和谐、充满生机活力的桂林苏桥国际产业卫星城。1999 年 12 月投资 13.60 亿元的苏桥火电厂运行发电。2000 年,苏桥镇实现乡镇工业总产值 8867 万元,乡镇工业利润总额 667 万元。2001 年,投资 600 万元的苏桥水厂投入使用。2002 年,大溪河火车站由二股道扩建为 7 股半道,年货物吞吐量达到 350 万吨。2003 年 10 月,将苏桥新区划分为苏桥工业园和福龙工业园。苏桥园区被评定为自治区重点 A 类产业园区,福龙工业园为自治区 A 类产业园区。2005 年,苏桥工业园和福龙工业园已按标准建设完成了 A 区全部和 B 区部分水、电、道路、污水处理、通信等"九通一平"基础设施,已有国电永福发电有限公司、桂林合众橡塑、桂林正翰、浙江正点、柳州华力等大型企业落户苏桥,入园企业 23 家,总投资 40 亿多元。学校、培训中心、住宅、医院、商场、银行、娱乐设施等配套工程正在建设中。苏桥园已成为桂北新兴工业基地。

财政　1991 年苏桥乡实现财政收入 58.30 万元,其中税收 27.26 万元;财政支出 74.10 万元。1995 年,全乡完成财政收入 98 万元,财政支出 154 万元。2000 年,苏桥镇完成财政收入 302 万元,辖区内苏桥新区完成县级

财政收入 3300 万元;全镇财政支出 380 万元。2005 年,全镇完成财政收入 152.50 万元,支出 150.19 万元。

教育·卫生·文化 1991 年,苏桥乡有初中 1 所,在校学校 504 人,教职员工 30 人;有中心小学 1 所,完全小学 8 所,在校学生 2873 人,教职员工 123 人。有电影院 1 座,座席 800 个;影剧场 3 座,座席 750 个;文化站 1 个,藏书 4800 册;广播放大站 1 个。有乡卫生院 1 家,医务人员 14 人。各建制村均有卫生所。1999 年,广西共青团捐款改建树桥小学,并改名为广西共青团树桥希望小学。2005 年,全镇有初中 1 所,在校学生 820 人,教职员工 64 人。有中心小学 1 所、完小 7 所,学生 1400 人,教职员工 105 人。镇内有卫生院 1 所,职工 35 人,病床 12 张。各建制村均有卫生所。镇有文化站 1 个,藏书 3000 余册。

镇(乡)党委、镇(乡)政府、镇(乡)人大主席团正职任职 1991—2005 年,历任苏桥镇(乡)党委书记的有莫连生(1990 年 5 月—1991 年 8 月)、黄美昌(1991 年 8 月—1993 年 5 月)、陈运安(1993 年 5 月—1995 年 4 月)、蒋溢华(1995 年 4 月—2001 年 7 月)、周长芳(2001 年 7 月—2003 年 2 月)、周昌盛(2003 年 2 月—2005 年 3 月)、李洪波(2005 年 10 月—2005 年 12 月)。

1991—2005 年,历任苏桥镇(乡)人民政府镇(乡)长的有周继贵(1990 年 7 月—1993 年 5 月)、肖鸿京(1993 年 11 月—1996 年 4 月)、韦雅连(1996 年 9 月—2001 年 7 月)、林亚平(2001 年 7 月—2005 年 12 月)。

1991—2007 年,历任苏桥镇(乡)人大主席团主席的有漆光荣(1990 年 7 月—1993 年 5 月)、秦孟华(1993 年 11 月—1996 年 4 月)、郑桂安(1996 年 4 月—1999 年 4 月)、蒋溢华(1999 年 9 月—2001 年 7 月)、周长芳(2001 年 7 月—2003 年 2 月)、周昌盛(2003 年 2 月—2005 年 3 月)、李洪波(2005 年 10 月—2005 年 12 月)。

广 福 乡

广福乡位于永福县南部,东与堡里乡交界,西接永安乡,南邻鹿寨县黄冕乡,北靠永福镇。境域东西宽 21.50 千米,南北长 33 千米,境域面积 451 平方千米。乡人民政府驻广福村鸡石街,乡因村名,距离县城 11 千米。东部有湘桂铁路由北而南通过该乡中部,境内设有葡萄、石祥、亲睦、矮岭、波寨 5 个火车站;西部有桂柳高速公路,并在矮岭村波寨设有互交出入口。

1991 年,广福乡辖 8 个村公所,45 个村民委员会,166 个村民小组,年末总户数 4281 户,总人口 22178 人。1995 年 10 月,广福乡撤销村公所,改设村委会,下辖村民小组(队)。2005 年,全乡辖 8 个村,166 个村民小组,年末总户数 5784 户,总人口 21664 人,其中农业人口 20940 人、非农业人口 724 人。人口自然增长率 1.10‰。广福乡有鸡石街圩、矮岭圩 2 个集市。广福乡的德安、上寨村为瑶族聚居村,瑶民操瑶语。

广福乡地处山区和丘陵,西部和北部是天平山脉大崇山支脉,由西北向东南延伸;东部和南部是驾桥岭山脉由东南向西部延伸;中部形成由东北往西南走向的谷地。洛清江循谷地由东北向西南流。境内有大邦河,注入洛清江。主要矿藏有重晶石等。名优特产有桑茧、香菇、木耳、松脂、百香果、罗汉果。其桑茧具有解舒好(解舒率达 73%)、丝长(一茧丝长 1080 米)、出丝率高等性状,另外茧色洁白、光泽正常、茧形匀整,居广西榜首。

农业 广福乡经济以农业为主,兼营林业,是自治区林区乡之一。1991 年,全乡农业主种水稻,兼种桑蚕、木薯、红薯、玉米、芋头、黄豆、花生、油菜、芝麻、甘蔗等。年内,全乡粮

广福乡木薯生产基地

杨志德 摄于 2005 年 7 月 7 日

食播种面积 2799.33 公顷,总产量 1.13 万吨;种植水果面积 118.13 公顷,总产量 231.40 吨,其中种植柑橙 107.27 公顷,产量 145.20 吨。油茶籽产量 219.70 吨,居全县第一位。种植木薯 149.67 公顷,产量 438.30 吨,居全县第一位。造林面积 1124.87 公顷。年末,全乡牛存栏 6220 头,生猪存栏 14628 头。桑蚕业是广福乡农业的重要支柱产业。1991 年,全乡种桑面积占全县的 50%,桑茧饲养张数 7005 张,鲜茧产量 156.80 吨;桑茧产量占全县 57.29%。1992 年,全乡种桑养蚕业达到最高峰,种桑面积 733.33 公顷,产鲜茧 860 吨。

1995 年,广福乡粮食播种面积 2797.67 公顷,总产量 1.29 万吨;种植水果面积 190.87 公顷,总产量 613.80 吨,其中柑橙 97.73 公顷,产量 459.80 吨。年末全乡牛存栏 6178 头;生猪存栏 19460 头,出栏 28140 头。家禽存栏 44860 羽,出栏 90792 羽;蚕茧产量 188.90 吨,居全县第一位。

20 世纪末至 21 世纪初,广福乡积极调整农业产业结构,在发展粮食生产的同时,大力恢复发展桑蚕养殖产业,逐步确立了桑蚕在广福乡农业发展中的支柱产业地位。2000 年,广福乡粮食播种面积 3120.20 公顷,总产量 1.49 万吨,其中发展木薯 280 公顷,产量 1050 吨;种植水果面积 302.40 公顷,总产量 902.80 吨,其中柑橙 136.13 公顷,产量 755.40 吨;种植葡萄面积 125.53 公顷,产量 188 吨。年末全乡牛存栏 4070 头;生猪存栏 12770 头,出栏 18583 头;家禽出栏 19.22 万羽,存栏 6.68 万羽;蚕茧产量 61.90 吨;渔业养殖 72.87 公顷,产量 414.20 吨。2003 年,蚕茧产量有所下降,为 342 公顷。

2005 年,全乡粮食播种面积 3186.33 公顷,总产量 15348 吨,其中木薯种植 527.30 公顷,产量 2452 吨;种植水果面积 217.27 公顷,总产量 1775.30 吨,其中柑橙 186.87 公顷,产量 1407.10 吨。罗汉果组培苗种植有所发展,年内全乡罗汉果种植面积 137.67 公顷,产果量 300 万个,居全县第四位;全乡桑园面积恢复到 342 公顷,产茧 947 吨,单张产茧重达 45 千克;水产养殖面积 28.26 公顷,以养殖草鱼、鲤鱼、鲢鱼为主,水产品总产量 477 吨。家禽出栏 60.77 万羽,存栏 24.91 万羽;生猪出栏 3.84 万头,存栏 1.53 万头。境内的龙溪电站为全国优秀小水电站。2005 年,正在建设的鲤鱼滩水电站具有"高峡出平湖"之势,湖面广阔,明亮清澈,具有较高的旅游休闲观光价值。该电站建成后对调节县城水位,保护城区免遭洪涝灾害起到至关重要的作用。

2005 年,全乡农林牧渔业总产值 13024 万元,其中农业产值 7563 万元、林业产值 916 万元、牧业产值 3970 万元、渔业产值 324 万元、服务业产值 251 万元。

工业　1991 年,广福乡乡办企业有农具厂、修配厂、木器厂、酒厂、陶器厂等单位。年内乡镇企业总收入 997 万元,其中乡办企业 140 万元、村办企业 170 万元、联户个体企业 687 万元。1995 年,广福乡有乡办企业 10 家,实现工业总产值 779 万元,工业利润总额 12 万元。2000 年,广福乡实现工业总产值 12555 万元,工业利润总额 295 万元。

2005 年广福乡有乡镇企业 38 家,以制造业为主,实现乡镇工业总产值 4.96 亿元,利润总额 6800 万元,上缴税金 290 万元。年营业收入超过百万元的企业 16 家。

乡村建设　2005 年,全乡 8 个村中,德安村通村四级沙石公路正在建设中,其他村均已建成通村公路。年内,完成了鸡石街街道的道路硬化,12 个自然村完成了人畜饮用水改造,改厕近 680 座,建设沼气池 1600 座,建设文明卫生自然村屯 18 个,有区、市级文明村(单位)12 个。基本实现村村通电话、村村通有线电视。

财政　1991 年,广福乡完成财政收入 165.80 万元,财政支出 108.70 万元。1995 年,全乡完成财政收入 250 万元,其中税收 158 万元;财政支出 244 万元。2001 年,广福乡完成财政收入 148 万元,其中税收 123 万元;财政支出 264 万元。2005 年,全乡完成财政收入 251.93 万元,财政支出 251.39 万元;农民人均纯收入 3120 元。

教育·卫生·文化　1991 年,广福乡有初中 2 所、在校学生 358 人,教职员工 29 人;中心小学 1 所,完全小学 12 所,在校学生 2921 人,教职员工 147 人。有乡卫生院 1 所,职工 12 人,其中医务人员 10 人,病床 5 张,各村均有卫生所。有乡文化站 1 个,藏书 4900 册;影剧院 4 座,座席 2300 个。2005 年,全乡有初中 2 所,有初中在校学生 550 人,教职工 49 人。有中心小学 1 所,完全小学 6 所,在校学生共 1080 人,教职工 90 人。年内,全乡有卫生院 1 所(下辖矮岭分院),占地面积 600 平方米,建筑面积 1080 平方米,医务人员 15 人,病床 10 张。设备有 200mA 的 X 线、B 超、半自动化仪、电动洗胃机、心电图,分设儿科、内科、外科、妇产科、防疫保健科。各建制村均有卫生所。全乡已实施新型农村合作医疗,农民参合率 86.05%。乡文化站正在建设中,有村级彩调队 2 支。

乡党委、乡政府、乡人大主席团正职任职　1991—2005 年,历任广福乡党委书记的有李首坤(1988 年 10 月—1993 年 9 月)、朱政光(1993 年 9 月—1997 年 10 月)、罗代璋(1997 年 10 月—1997 年 11 月)、毛义德(1997 年 11 月—1999 年 4 月)、李荣诚(1999 年 4 月—2001 年 12 月)、秦际广(2001 年 12 月—2005 年 3 月)、李首群(2005 年 3 月—2005 年 12 月)。

1991—2005 年,历任广福乡人民政府乡长的有邱永忠(1990 年 7 月—1993 年 7 月)、李毅(1993 年 7 月—1996 年 4 月)、罗代璋(1996 年 9 月—1997 年 10 月)、王炳生(1997 年 11 月—1999 年 3 月)、秦际广(1999 年 3 月—2001 年 12 月)、莫万欣(2002 年 4 月—2005 年 12 月)。

1991—2005 年,历任广福乡人大主席团主席的有廖宜渭(1990 年 6 月—1996 年 4 月)、于有弟(1996 年 4 月—1999 年 4 月)、李荣诚(1999 年 4 月—2001 年 12 月)、秦际广(2001 年 12 月—2005 年 3 月)、李首群(2005 年 3 月—2005 年 12 月)。

堡 里 乡

堡里乡位于永福县东南部,东与临桂县南边山乡、阳朔县金宝乡、荔浦县蒲芦乡交界,西接广福乡,南邻鹿寨县拉沟乡,北靠永福镇、罗锦镇。境域东西宽 18 千米,南北长 33 千米。境域面积 366 平方千米。乡人民政府驻吉隆街(原名堡里街),距县城公路里程 24 千米。

1991 年,堡里乡辖 12 个村公所,99 个村民委员会,216 个村民小组(队),年末总户数 5552 户、总人口 25858 人。1995 年 10 月,堡里乡撤销村公所,改设村委会,下辖村民小组(队)。2005 年,该乡辖 12 个村,192 个村民小组。按人口多少为序,有汉、壮、瑶、侗、回、么佬、京、布依、蒙古、黎、土家、朝鲜等民族。年末总户数 6640 户、总人口 24721 人,其中农业人口 22942 人、非农业人口 1779 人。人口自然增长率 6.24‰。

该乡地处大瑶山的驾桥岭,地势东南高,西北低,属山区和半山区,其中九槽、和顺、河东、茶料、清平、胜利 6 个建制村属山地林农区,是自治区林区乡。该乡驾桥岭水源林区属广西水源林保护区,保护区面积 5287.90 公顷。主要矿藏有重晶石、铜矿、磷矿、石灰石等。土特产有罗汉果、香菇、木耳、松脂、棕榈片、甜茶、百合等。该乡水资源丰富,境内河流有茅江、罗汉河、拉攸河、拉界河、大波河、大鹅河、龙窝河、四定河、凉伞河、九槽河。主要水库有板峡水库(中型水库),总库容 8740 万立方米,其东、西干渠总长 85 千米,灌溉面积 7000 公顷。红旗水库,总库容 65 万立方米,灌溉面积 53.33 公顷。2005 年,该乡至县城通柏油公路,有 6 个村通公路,6 个村通简易公路。

农业　堡里乡经济以农业为主,兼营林业,为传统的农业大乡,也是全县优质谷生产基地。1991 年,全乡农业主种水稻,一年两熟;兼种红薯、玉米、黄豆、甘蔗、马蹄、芋头、木薯

堡里乡购买联合收割机收割稻谷

杨志德　摄于 2005 年 7 月 11 日

等。林业主种松、杉、兼种毛竹、油桐、油茶、柑橙、棕榈等。年内，全乡粮食播种面积2782.60公顷，总产量1.09万吨；种植水果面积145.73公顷，总产量357.70吨，其中种植柑橙132.33公顷，产量275.30吨。油茶籽产量88.90吨，油桐籽产量238吨，松脂430吨。当年造林面积997.73公顷。年末，全乡牛存栏4826头；生猪存栏10844头，出栏8118头；家禽饲养8.45万羽；渔业养殖面积208.67公顷，产量30吨。

1995年，堡里乡粮食播种面积3007.20公顷，总产量1.26万吨；种植水果面积181.53公顷，总产量838.20吨，其中柑橙种植130.33公顷，产量744.30吨。年末，全乡牛存栏4624头；生猪存栏19787头，出栏33440头；家禽出栏12.60万羽，存栏6.85万羽；渔业养殖面积209.13公顷，产量95.20吨。

2000年，堡里乡粮食播种面积3107.67公顷，总产量1.45万吨，其中优质谷种植面积534公顷。种植水果面积223.60公顷，总产量508.40吨，其中柑橙76.87公顷，产量253吨。种植罗汉果面积101.80公顷，产果量572万个。年末，全乡牛存栏3012头；生猪存栏22531头，出栏23772头；家禽出栏15.71万羽，存栏10.39万羽；渔业养殖225.33公顷，产量235.70吨。

2005年，全乡粮食播种面积2413.47公顷，总产量11154吨，其中水稻10552吨、玉米300吨、大豆302吨。年内甘蔗总产量2981.80吨，木薯1768吨，百合168吨。该乡是全县罗汉果产区之一。当年罗汉果种植333.33公顷，产果585.50万个，种植面积和产果量分别居全县第二位和第三位。全乡林地总面积30519.16公顷，其中有林面积29348.77公顷，木材蓄积量103万立方米，森林覆盖率78.14%；当年造林643.54公顷，其中用材林369.87公顷，经济林34公顷、竹林239.67公顷。茶叶种植29.67公顷，产量10.40吨。柑橘种植25.67公顷，产量839吨；油茶籽产量97吨，松脂产量210吨。年末牛存栏2964头，其中黄牛1300头、水牛1646头。生猪饲养量36348头，出栏38983头。家禽饲养量52.43万羽。渔业养殖226.60公顷，总产量373.20吨，其中河沟捕捞220.80吨。2005年，全乡农林牧渔业总产值10775万元，其中农业产值5414万元、林业832万元、牧业3920万元、渔业403万元、服务业产值206万元。

工业　1991年，堡里乡乡办企业有木器加工厂、工艺美术厂、修配厂、竹器厂、爆竹厂等单位。年内乡镇企业总收入899万元，其中乡办企业185万元、村办企业23万元、联户个体企业691万元。1995年，堡里乡有乡办企业14家，实现工业总产值2237万元，工业利润总额93万元。2000年，堡里乡镇企业以竹木加工为龙头，竹凉席加工厂达到18家，年产竹凉席15万张。实现工业总产值13748万元，工业利润总额854万元。进入21世纪以后，堡里乡中小企业发展较快。2005年，有加工企业74家，乡办工业企业有木器加工厂、化工厂、果场、林场、工艺美术厂、修配厂、竹器厂、爆竹厂等共30家，职工1380人，年完成工业产值5.35亿元。

旅游业　堡里乡境内林多、溪河多，自然风光秀丽，是县内主要旅游景区之一，尤以板峡水库形成的板峡湖风光为典型。板峡湖湖面面积360公顷，湖区四周群峰叠起，古木参天，苍翠葱茏，其中观日峰、拨云台、观音山、凌霄阁等诸峰和百草谷、拉郎坡、猴岛、东定瑶寨等景点点缀其间，有"广西第一坝"之称的混凝土双曲拱型坝雄踞于"夜合山"之间，壮丽无比。壮乡瑶寨仍保留着浓郁古朴的民族习俗风情，特别是保留了独具民族特色的瑶族"药物浸泡熏蒸浴"等，是不可多得的避暑、疗养、休闲、度假、登山狩猎、水上游乐及各种会议的综合性旅游区。

财政　1991年，堡里乡实现财政收入105.90万元，财政支出91.50万元。1995年，全乡完成财政收入163万元，财政支出235万元。2000年，堡里乡完成财政收入177.17万元，财政支出121.78万元。2005年，全乡完成财政收入141.17万元，财政支出128.65万元。农民人均纯收入2879元。

教育·卫生·文化　1991年堡里乡有初中1所，在校学生652人，教职员工46人。有中心小学1所，完全小学13所，在校学生3100人，教师148人。有电影院1座，座席800个；文化站1个，藏书4900册，有卫生院1所，职工23人，病床24张。各村均有卫生所。

2005年，全乡有初级中学1所，在校学生710人，教职员工65人。有小学中心校1所、完全小学8所、小学教学点2个，在校学生共1020人，教职员工共105人。适龄儿童入学率100%。组织农民实用技术培

训7000人次以上。有卫生院1个，职工18人，病床20张；各建制村均有卫生所。乡有文化站1个，藏书4200册。

年内，堡里乡有民间业余彩调队、舞龙、舞狮队5支，每逢县里有重大庆祝活动和赛事，或遇重大传统节日，或是乡村有重要喜事，这些彩调队、舞龙、舞狮队都参与演出活动。

乡党委、乡政府、乡人大主席团正职任职　1991—2005年，历任堡里乡党委书记的有罗贵禄（1987年10月—1991年8月）、潘九成（1991年8月—1995年4月）、黄流琪（1995年4月—1997年11月）、韦政权（1997年11月—1999年4月）、毛义德（1999年4月—1999年7月）、黄泽治（1999年7月—2002年9月）、莫振如（2002年9月—2005年12月）。

1991—2005年，历任堡里乡人民政府乡长的有潘以生（1990年7月—1993年3月）、韦松林（1993年5月—1996年5月）、蒋玉林（1996年9月—1998年3月）、龙滨（1998年3月—1999年3月）、唐俊彬（1999年4月—2002年9月）、于彦华（2002年9月—2005年12月）。

1991—2005年，历任堡里乡人大主席团主席的有李文明（1990年7月—1993年11月）、郑桂安（1993年11月—1996年4月）、韦经邦（1996年9月—1999年9月）、黄泽治（1999年9月—2002年9月）、莫振如（2002年9月—2005年12月）。

龙 江 乡

龙江乡位于永福县西北部，东与临桂县茶洞乡和两江镇交界，西接百寿镇和融安县雅瑶乡、板榄乡，南邻苏桥镇、永福镇，北靠临桂县黄沙瑶族乡。境域东西宽22.50千米，南北长42.50千米，境域面积401平方千米。龙江乡人民政府驻龙山村，距县城（永福—兴隆）公路行程49.50千米，永（福）两（江）公路行程65千米。

1991年，龙江乡辖10个村公所，43个村民委员会，121个村民小组（队），年末总户数4189户，总人口21131人。1995年10月，龙江乡撤销村公所，改设村委会，下辖村民小组（队）。2005年，全乡辖仁合、双江、兴隆、西河、龙山、驿马、保安、上维、龙隐、丹江10个村，151个村民小组，年末全乡总户数7655户、总人口22017人，其中农业人口21267人、非农业人口750人。人口自然增长率6.65‰。

龙江乡地处天平山区，地势西北高，东南低，北为崇山峻岭，东西两边是连绵不断的土岭。西北至东南为峡长山谷，东面与临桂县交界的最高峰雷电界，海拔1137.90米。该乡是县内的主要林区乡，也是自治区林区乡之一。2005年，全乡林地总面积29539.87公顷，其中有林面积27241.65公顷。木材蓄积量124万立方米。全乡森林覆盖率87%。境内的大板山水源林区是自治区级水源林保护区。境内有两栖类大鲵（俗称狗鱼、娃娃鱼），属国家二类保护动物。县城的西河源头位于该乡与临桂县交界的九滩。

龙江乡属中亚热带季风气候。1991—2005年，年平均气温18.20℃，年平均降雨量1965毫米。该乡各村溪流密布，水源丰富，主要河流有龙江、西河，其支流有丹江、坡塘江、上维河、碧潦河、布里江、拉江、双塘江、拖江、里旺河、茅塘河等。

龙江乡主要矿藏有铅锌矿、重晶石、黄铜矿等。农副特产有罗汉果、冬笋、香菇、木耳、蜂蜜等。

农业　龙江乡经济以林业为主，兼营农业。1991年，全乡林业主种杉、松、油茶，兼种毛竹、果树。杂树有锥木、樟木等。农业主种水稻，一年两熟。兼种红薯、玉米、黄豆、木薯。年内，龙江乡造林面积872.87公顷，其中杉树832.06公顷。森林覆盖率66.23%。全乡粮食播种面积1521.40公顷，总产量5334吨。经济作物主要是种植罗汉果。1991年，全乡种植罗汉果面积229.86公顷，产果量1511万个，种植面积和产量都居全县第一位。年末全乡牛存栏4015头，生猪生存6149头。

1995年龙江乡种植罗汉果570.20公顷，产果量3539万个，种植面积和产量居全县第一位。是年，全乡粮食播种面积1565.27公顷，总产量5698.30吨；水果种植面积242.53公顷，产量752吨。年末，全乡牛存栏3569头;生猪存栏10528头,出栏16012头;家禽出栏61931羽,存栏42964羽。

20世纪末,龙江乡在大力发展罗汉果生产的同时,积极发展百合、佛手、山葡萄、玉桂、八角等经济作物。2000年全乡种植罗汉果652.47公顷,产果量4722万个,种植面积和产量均居全县第一位。是年,全乡粮食播种面积1621.27公顷,总产量6882.70吨;水果种植面积224.67公顷,产量864吨。年末全乡牛存栏3285头;生猪存栏7414头,出栏15837头;家禽出栏44100羽,存栏19800羽。

永福县龙江乡社边农家乐　　唐庆甫　摄于2005年

2005年,龙江乡粮食播种面积1310.67公顷,总产量5646.60吨,农民人均产粮257.80千克。年末牛存栏3949头,其中黄牛2483头、水牛1466头;生猪存栏7257头,出栏14461头;家禽出栏10.48万羽,存栏3.15万羽;水产品养殖面积19.87公顷,水产品总产量208.40吨。

2005年,全乡农林牧渔业总产值11179万元,其中农业产值8536万元、林业产值1041万元、牧业产值1238万元、渔业产值142万元、服务业产值222万元。

龙江乡以罗汉果著称,是罗汉果人工栽培的发源地和主产区,其人工栽培历史已有300多年。罗汉果主要品种有长滩果、拉江果、冬瓜果、青皮果、红毛果和茶山果。独特的区域性气候,使龙江罗汉果成为永福罗汉果的主导品牌。1995年,龙江乡被农业部授予"中国罗汉果之乡"称号。1998年起,龙江乡罗汉果种植户范天环在县农业银行、信用社和科技部门的扶持下,投入10万元,与毕业于广西农业大学的弟弟范青致力于罗汉果优质品种的选育。至2001年,从30多个品种中精选出4个抗病性好、高产稳产的品种,经过群众试种,证明其坐果率高,一株可挂果200个,是常规品种的44~45倍,每株产值可达100元。2001年,龙江乡开始引进广西师大伯林生物技术有限公司组培苗"伯林二号",在保安村长滩沟试验种植并取得成功,单株平均产果106个,大、中果率为78%。2003年,罗汉果组培苗在水田、缓坡地示范种植相继获得成功,种植面积进一步扩大,当年该乡的罗汉果种植面积达133.33公顷。2004年,龙江乡罗汉果获国家原产地域保护产品品种。是年,龙江罗汉果组培苗面积超过266.67公顷。2005年,随着培育技术和群众管理技术的成熟,罗汉果组培苗的种植面积逐步趋于稳定。全乡罗汉果种植面积1630.80公顷,产罗汉果7393万个。种植面积和产果量均居全县之冠。

工业　龙江乡的工业以木材和罗汉果加工为主。1991年,全乡乡办企业有酒厂、茶场、林场、木器厂、矿石管理站等单位。年内,乡镇企业总收入877万元,其中乡办企业229万元、村办企业65万元、联户个体企业583万元。1995年,龙江乡有乡办企业2家,实现工业总产值151万元,工业利润总额12万元。2000年,龙江乡新办50万元以上的企业2个,桂林龙江保健品有限公司进入设备安装和调试阶段。全乡实现工业总产值2117万元,工业利润总额175万元。

2005年,全乡有乡镇企业63家,职工1452人,年产值12576万元,年利润1472万元。有小水电站12个,总投资8900万元;木材加工业中的永祥、龙腾、宏发等企业已实现成品化、精品化生产。林中仙罗汉果有限公司销售汉果200万个,产值150万元,上缴税利18万元。

乡村建设　龙江乡交通便利,桂浮公路及永兴公路横穿境内。2005年,10个建制村已实现村村通公路,有龙山—永福、保安—永福、龙山—桂林、保安—桂林、龙隐—桂林多个客车班次。村屯道路硬化总长186.40千米。有龙山村社边屯、双江村船埠屯2个新农村建设示范点。至2005年年底,全乡完成茅草房改造户12户,共建设沼气池550座。有邮电所1个,电信所1个,移动营业厅1个。

龙江乡山清水秀，自然风光秀丽猗旎。沿西河而下直至县城沿岸，清山常绕青罗带，河水清澈碧透，一尘不染，绵延几十里，其间负氧离子含量极高。2001年，龙山村社边屯已建设成为集培训、休闲、娱乐、运动、生态旅游等功能于一体的农村小康文明卫生村，吸引了大批的境内外游客。

财政 1991年，龙江乡实现财政收入126.60万元，财政支出107.30万元。1995年，全乡完成财政收入184万元，其中税收收入69万元；财政支出158万元。2000年，龙江乡完成财政收入221万元，其中税收收入106万元；财政支出220万元。2005年，全乡财政收入121.22万元，财政支出119.31万元。

教育·卫生·文化 1991年，龙江乡有初中2所，在校学生560人，教职工42人。有中心小学1所，完全小学12所，在校学生2900人，教职工103人。2005年，龙江乡有初中2所、村级小学8所、教学点2个，在校学生共1600人，中小学教职员工130人。有文化站1个，广播站1个，地面接收站3个。有乡镇卫生院1所，病床10张，医务人员10人；有村卫生所24个，医务人员35人。2005年，全乡参加新型农村合作医疗的群众有1.83万人，参合率达85.87%。

乡党委、乡政府、乡人大主席团正职任职 1991—2005年，历任龙江乡党委书记的有潘九成（1990年5月—1991年8月）、龚世祠（1991年8月—1993年9月）、黄子曦（1993年9月—1995年4月）、龚国民（1995年4月—1997年5月）、李崇德（1997年5月—1997年11月）、邓学云（1997年11月—1999年7月）、唐沐林（1999年7月—2002年9月）、邱鸿毅（2002年9月—2005年12月）。

1991—2005年，历任龙江乡人民政府乡长的有范天泽（1990年7月—1993年6月）、李崇德（1993年6月—1997年12月）、陈克宝（1998年1月—2001年12月）、谭建明（2002年1月—2005年12月）。

1991—2005年，历任龙江乡人大主席团主席的有盘先明（1990年7月—1996年9月）、黄开悦（1996年9月—1999年9月）、唐沐林（1999年9月—2002年9月）、邱鸿毅（2002年9月—2005年12月）。

三 皇 乡

三皇乡位于永福县西南部，东与永安乡交界，西接融安县泗顶镇和桥板乡，南邻鹿寨县中渡镇，北靠百寿镇。境域东西宽13千米，南北长28千米，为狭长盆地，境域面积185平方千米。乡人民政府设在三皇圩，距县城96千米。

1991年，三皇乡辖11个村公所，121个村民委员会，151个村民小组（队），年末总户数4935户，总人口24983人。1995年10月，三皇乡撤销村公所，改设村委会，下辖村民小组（队）。2005年，全乡辖三皇、荣田、江头、马安、大路、六龙、桐木、文明、清水、古城、华山11个村，177个自然屯（队）。按人口多少为序，有汉、壮、侗、苗、瑶、回、土家、仫佬、毛南、布依等10个民族。年末总户数7537户、总人口24325人，其中男性12950人、女性11375人，非农业人口928人。人口自然增长率4.76‰。

三皇乡为河谷及岩溶谷平地，属盆地和丘陵，有少部分山地。西北部为天平山脉大雾山支脉，东西两边为石山峰林地带，夹有少部分土岭。地势北稍高，南略低，形成平缓宽而长的南北走廊。主要河流有桐木河、塘村江。境内有华山水库（中型）和龙底水库。

农业 三皇乡经济以农业为主。1991年，全乡农业主种水稻，兼种红薯、玉米、芋头、黄豆、花生、芝麻、马蹄、西瓜、西红柿等。经济作物中以黄红麻居首。年内，全乡粮食播种面积3537.13公顷，总产量1.24万吨；黄红麻种植面积5.73公顷，产量1.80吨；种植水果面积100.67公顷，总产量286.50吨，其中种植柑橙84.20公顷，产量108.90吨。年末，全乡牛存栏6499头；生猪存栏11695头，出栏8221头；渔业养殖面积76.60公顷，产量28吨。

1995年，三皇乡粮食播种面积3799.80公顷，总产量1.43万吨；甘蔗种植面积174.33公顷，产量6767.50吨；种植水果面积316.67公顷，产量695.40吨，其中柑橙92.87公顷，产量397.10吨。年末，全乡牛存栏7019头；生猪存栏190.96头，出栏29589头；家禽存栏45064羽，出栏153595羽；渔业养殖面积

93.13 公顷,产量 80.90 吨。

2000 年,三皇乡粮食播种面积 3677.27 公顷,总产量 1.64 万吨;甘蔗种植面积 298 公顷,产量 9588.20 吨;种植水果面积 399.60 公顷,总产量 1022.30 吨,其中柑橙 145 公顷,产量 282.80 吨。年末,全乡牛存栏 4750 头;生猪存栏 9280 头,出栏 22543 头;家禽存栏 45000 羽,出栏 113500 羽;渔业养殖面积 83.60 公顷,产量 144.70 吨。

2005 年,全乡粮食播种面积 3320.13 公顷,总产量 15120 吨,其中稻谷 10736.80 吨、玉米 2583.50 吨、高粱 18.20 吨、豆类 745.40 吨。甘蔗种植面积 843.73 公顷,甘蔗总产量 41837.40 吨,其中产糖料蔗 40479.40 吨,果蔗 1357.80

三皇乡西红柿分箱包装销售

杨志德 摄于 2005 年 10 月 20 日

吨。蔬菜种植面积 3473.40 公顷,蔬菜总产量 10.19 万吨。甘蔗和蔬菜种植面积及产量均居全县之首。马蹄种植 120.33 公顷,总产量 2240.60 吨,居全县第二位。

三皇乡为桂北农业大乡,西红柿、水果、糖蔗为三大农业支柱产业。以西红柿等瓜果蔬菜为特色的农产品在广西、广东乃至全国有较高的知名度,其特色农业发展带动了周边县、乡镇的农业产业结构调整,农民因此而受益颇丰。

1989 年,百寿镇卢邦明引进香港的西红柿"益农 101"在三皇乡试种成功。1991 年以后,西红柿在该乡便逐渐发展成为特色产业、订单农业,三皇乡成为桂北最大的西红柿市场,其产业发展格局成为全县乃至桂北地区调整农业产业结构的榜样。1995 年,全乡西红柿种植面积 612.40 公顷,产量 11273 吨;2000 年,全乡西红柿种植面积 854.80 公顷,产量 26395.80 吨,种植面积和产量都居全县第一位。2003 年,该乡无公害西红柿蔬菜生产基地通过自治区认证。2005 年,全乡西红柿种植 2039.33 公顷,总产量 81894 吨。2005 年,全乡建有无公害西红柿、糖蔗、四季蔬菜和水果 4 个产业基地,共计 4666.67 公顷。西红柿农产品获农业部"无公害农产品"认证,获得首届"桂林市经济发展十佳乡镇"和"十佳农业种植基地"双十佳荣誉称号。

2005 年,全乡农林牧渔业总产值 20512 万元,其中农业产值 15900 万元、林业产值 156 万元、牧业产值 3898 万元、渔业产值 149 万元、服务业产值 409 万元。

工业 三皇乡工业发展区域为清水至三皇公路沿线,特别是以清水村为发展重点,全乡大部分厂矿企业集中在清水村。1991 年,三皇乡乡办企业有酒厂、针织厂等单位。年内,乡镇企业总收入 348 万元,其中乡办企业 12 万元、联户个体企业 336 万元。1995 年,三皇乡有乡办企业 2 家,实现工业总产值 54 万元;工业利润总额 8 万元。2000 年,三皇乡乡镇工业企业固定资产投入 174 万元,实现工业总产值 2420 万元,工业利润总额 141 万元。2005 年,三皇乡有规模乡镇企业 16 家,从业人员 800 多人,上缴国家利税 1200 万元。小型工业企业以竹木制品加工为主;较大的企业有糖厂 1 家、选矿厂 2 家、砖厂 3 家。三皇乡干米粉因润滑爽口,质量上乘,加工远近闻名,产品远销广西内外和广东、湖南等周边省。龙头企业为投资近 1 亿元的三皇糖厂。

交通·市场建设 三皇乡交通便利,南达鹿寨县、柳州市,西通泗顶、融安县等,北达百寿、永福、桂林。百(寿)鹿(寨)公路穿过三皇街,贯穿全境,其中百寿至三皇竹仔弄(三皇与泗顶公路交界处)为三级柏油公路。1997—1998 年,分别修建三皇圩至华山、三皇圩至六龙、三皇圩至马安、清水至百寿公路。1999—2004 年,永福县先后投资 335.70 万元,对清(水)江(头)公路进行大修和沥青路面修建。1999 年,全乡所有的建制村通公路。2005 年,完成全乡自然村通村公路建设。三皇乡农贸市场于 2000 年从老居民区搬迁至新街西面。2005 年,新建占地 1.20 万平方米的三皇乡果蔬专业交易市场,成为广西最大的蔬菜等农产品交易市场。

财政 1991 年,三皇乡实现财政收入 64 万元,财政支出 110.20 万元。1995 年,全乡完成财政收入 98 万元,财政支出 178 万元。2000 年,三皇乡完成财政收入 185 万元,财政支出 265 万元。2005 年,全乡完成财政收入 103.30 万元,财政支出 173.30 万元;农民人均纯收入 2854 元。

教育·卫生·文化 1991 年,三皇乡有初中 1 所,在校学生 785 人,教职员工 45 人。有中心小学 1 所,完全小学 10 所,在校学生 3750 人,教职员工 148 人。有卫生院 1 所,病床 9 张,职工 16 人。有文化站 1 个,藏书 4500 册,广播站 1 个。2005 年,三皇乡有初中 1 所、完全小学 11 所、幼儿园 3 所,在校中小学生 2100 人,入园幼儿 310 人,全乡教师 250 人。有文化站 1 个、乡村文化科技室 11 个、广播电视站 1 个。

2005 年,完成三皇乡卫生院整体搬迁。乡卫生院有医务人员 18 人,医疗设备基本齐全。有村级医务室 11 个。全乡 81% 的农民参加了新型农村合作医疗。

乡党委、乡政府、乡人大主席团正职任职 1991—2005 年,历任三皇乡党委书记的有韩冠富(1990 年 5 月—1993 年 5 月)、黄新亮(1993 年 5 月—1996 年 4 月)、刘娟(1996 年 4 月—1998 年 9 月)、周长芳(1998 年 9 月—2001 年 7 月)、林富先(2001 年 7 月—2003 年 5 月)、唐俊彬(2003 年 5 月—2005 年 12 月)。

1991—2005 年,历任三皇乡人民政府乡长的有刘昌义(1990 年 7 月—1993 年 11 月)、吴绍永(1993 年 11 月—1996 年 4 月)、王基传(1996 年 9 月—1999 年 4 月)、林富先(1999 年 4 月—2001 年 7 月)、苏海燕(2001 年 8 月—2003 年 2 月)、秦传志(2003 年 5 月—2005 年 12 月)。

1991—2005 年,历任三皇乡人大主席团主席的有黄肇曲(1990 年 7 月—1993 年 11 月)、李永庆(1993 年 11 月—1996 年 9 月)、曹谋汉(1996 年 9 月—1999 年 4 月)、周长芳(1999 年 9 月—2001 年 7 月)、林富先(2001 年 7 月—2003 年 5 月)、唐俊彬(2003 年 5 月—2005 年 12 月)。

永 安 乡

永安乡位于永福县西南部,东与永福镇、广福乡交界,西接三皇乡,南邻鹿寨县中渡镇,北靠百寿镇。境域东西宽 18 千米,南北长 29.50 千米。境域面积 371 平方千米。其喇塔、太和、枫木、永富、永新、凤凰、独州村属县内石山农业区。乡人民政府设在古底圩,距县城公路里程 105 千米,是永福县最边远的乡镇。1991 年,永安乡辖 9 个村公所,67 个村民委员会,201 个村民小组(队),年末总户数 5289 户、总人口 26471 人。1995 年 10 月,永安乡撤销村公所,改设村委会,下设村民小组(队)。2005 年,全乡辖 9 个村,189 个村民小组,年末总户数 6892 户、总人口 26883 人,其中农业人口 25736 人、非农业人口 1147 人。人口自然增长率 6.99‰。

该乡属半山区,小部分是河谷平地。东部为大崇山山脉,与永福镇的交界山登云山为县内最高峰,海拔 1253.10 米。东面是连绵不断的土岭,西边是石山峰林地带。地势东西高,中部低,呈槽型。河流有大邦河、凤凰河、古底河、喇塔河。矿藏有重晶石、褐铁矿、菱铁矿、辉锑矿、磷矿、黄铜矿、硬锰矿、黏土矿、大理石、石英石、方解石、石灰石等。重晶石含硫酸钡品位高,其纯度高达 97% 以上。1998 年以后,重晶石一度成为县内的支柱产业之一,其产品成为国内的名牌矿产品,出口美国、日本、德国、英国及东南亚等国家和地区。因该矿矿源日渐枯竭,至 2005 年该矿种只有零星开采。2005 年,全乡林地总面积 25783.39 公顷,其中有林木面积 11630.83 公顷,木材蓄积量 6.38 万立方米;森林覆盖率 75%。农业土特产品有黄竹笋、板栗、香菇、木耳、金银花等。

永安乡属中亚热带季风气候,雨量充沛。1991—2005 年,年平均日照为 1545.20 小时,年平均气温 19℃,全年无霜期 316 天。年平均降水量 1871.60 毫米,最高年份达 2650.60 毫米。

　　永安乡境内江岩至喇嗒公路贯穿南北,是全乡最主要的交通要道,南下经鹿寨县中渡镇可达柳州市,北上经百寿镇可达县城和桂林市。2005年,全乡基本实现村村通公路。

　　农业　永安乡经济以农业为主,兼营林业。1991年,全乡农业主种水稻,一年两熟,兼种红薯、玉米、芋头、黄豆、花生、芝麻、油菜、木薯、甘蔗、黄红麻等作物。林业主种杉、松,兼种毛竹、油菜、油桐、板栗等。年内,全乡粮食播种面积3304.47公顷,总产量1.19万吨;种植水果面积137.27公顷,总产量305.70吨,其中种植柑橙99.60公顷,产量207.60吨;油茶籽产量93吨,板栗50.90吨;当年造林面积890.07公顷。年末,全乡牛存栏8239头、生猪存栏12648头,出栏8299头;家禽饲养9.11万羽;渔业养殖面积27.53公顷,产量23吨。

　　1995年,永安乡粮食播种面积3534.27公顷,总产量1.44万吨;种植西红柿面积659.33公顷,产量10572.40吨;种植水果面积217.67公顷,总产量899.90吨,其中柑橙种植104.07公顷,产量559.40吨。年末,全乡牛存栏9307头,居全县第二位;生猪存栏22941头,出栏31202头;家禽存栏124491羽,出栏184430羽;渔业养殖面积49.40公顷,产量83.40吨。

　　20世纪末至21世纪初,永安乡依托该乡资源优势,切实加大农业产业结构调整,大力推广优质谷种植和山羊养殖,调大水果种植规模,扩大板栗和黄竹笋种植,促进了农业增效,农户增收。2000年,永安乡粮食播种面积3569.20公顷,总产量1.64万吨,其中优质谷种植面积1466.67公顷,优质谷产量占粮食总产量的55%。种植西红柿面积733.33公顷,产量15657.50吨,种植面积和产量均居全县第二位;种植水果面积504.67公顷,总产量1173.10吨,其中柑橙种植163公顷,产量617.60吨。扩种黄竹80公顷。年末,全乡牛存栏8514头,居全县第二位;生猪存栏15994头,出栏25003头;家禽存栏74300羽,出栏152100羽;渔业养殖面积31.87公顷,产量284吨。

　　2005年,全乡粮食播种面积3497.67公顷,总产量17295.80吨,其中稻谷13327.40吨、玉米2003.10吨、红薯1191.80吨。经济作物:甘蔗种植305.67公顷,总产量8577.80吨,其中糖料蔗8458吨,居全县第二位;木薯产量758.60吨,西红柿产量6460吨,柑橘产量1160吨,梨子产量74吨,板栗产量458.30吨。是年造林386.67公顷。年末牛存栏7768头,其中黄牛4534头、水牛3234头;生猪年饲养量1.47万头,当年出栏3.55万头;山羊存栏1.60万只,出栏9569只;家禽年饲养量26.13万羽;水产品养殖62.13公顷,总产量347.90吨。境内农业生产容易受旱灾。

　　2005年,全乡农林牧渔业总产值12183万元,其中农业产值7439万元、林业产值684万元、牧业产值3591万元、渔业产值238万元、服务业产值231万元。

　　工业　1991年,永安乡乡办企业有酒厂、农具厂、水电站、硫铁矿、重晶石矿等单位。年内,乡镇企业总收入955万元。其中,乡办企业280万元、村办企业19万元、联户个体企业656万元。1995年,永安乡

永安太和风光　　　　　　　　　　　　　　　　　　　　　　永安乡政府供图　摄于2005年

有乡办企业5家,实现工业总产值357万元,工业利润总额91万元。2000年,永安乡引资300万元,新增4个重晶石矿点和3个方解石矿点。全年生产重晶石矿21152吨,销售20502吨,上缴税金40.43万元,上缴利润9.50万元;方解石矿生产销路看好。全乡实现工业总产值8432万元,工业利润总额844万元。进入21世纪以后,永安乡企业以矿产品开采和木材加工为主。2005年,永安乡有乡镇企业48家,从业人员1250人,年产值4.80亿元,年收入5.01亿元。其中,乡办企业有独州铁矿、乡重晶石矿、大洋糟重晶石矿、永安合盛矿粉厂、良原方解石矿和部分木器加工厂等。

财政 1991年,永安乡实现财政收入119.60万元,财政支出118.10万元。1995年,全乡完成财政收入177万元,财政支出196万元。2000年,全乡完成财政收入245万元,财政支出266万元。2005年,全乡完成财政收入178万元,财政支出180万元。

教育·卫生·文化 1991年,永安乡有初中2所,在校学生635人,教职员工42人;有中心小学1所,完全小学15所,在校学生333人,教职员工122人。有电影院1个,座位500个;文化站1个,藏书1800册,广播站1个。有卫生院1所,病床12张,医务人员18人。1994年,永安乡政府多方筹资在乡政府西南面永安农械厂旁创办永安第二初中。1995年,永安二中于秋季学期正式招生办学。1996年,湖南人在永安创办民办湘桂初中,招生100人,1999年该校停办;2003年6月,永安二中并入永安初中。2004年,凤凰初中并入永安初中。2005年,全乡有初中1所,在校学生630人,教职员工58人;有中心小学1所,完全小学9所;在校学生共1063人。适龄儿童入学率100%。小学教职员工103人。有文化站1个,广播电视站1个。

2005年,永安乡有卫生院1所,病床16张,医务人员30人;乡村卫生室9个,乡村医生9人。2005年,全乡参加新农村合作医疗人数22000人,农民参合率81.20%。

乡党委、政府、人大主席团正职任职 1991—2005年,历任永安乡党委书记的有余世华(1987年10月—1991年8月)、莫连生(1991年8月—1993年2月)、漆光荣(1993年5月—1996年4月)、吴绍永(1996年4月—1998年9月)、黄永光(1998年9月—2001年5月)、曹望端(2001年5月—2002年6月)、黄腾平(2002年6月—2005年12月)。

1991—2005年,历任永安乡人民政府乡长的有黄从福(1990年7月—1993年11月)、陈身魁(1993年11月—1996年9月)、黄永光(1996年9月—1998年9月)、曹望端(1998年9月—2001年5月)、黄腾平(2001年8月—2002年6月)、苏华(2002年6月—2005年12月)。

1991—2005年,历任永安乡人大主席团主席的有蒋仕业(1987年10月—1993年11月)、漆光荣(1993年11月—1994年3月)、黄开悦(1994年3月—1996年6月)、陈身魁(1996年9月—1999年9月)、黄永光(1999年9月—2001年5月)、曹望端(2001年5月—2002年6月)、黄腾平(2002年6月—2005年12月)。

罗锦田园风光　　　　　　　唐庆甫　摄于 2005 年 7 月

第二篇

自然环境

第一章　地质　地貌

今永福县域位于广西壮族自治区东北部，桂林市西南部。县境地质在古生代志留纪末之前（距今约4亿年）是海洋。志留纪末广西经历一次大的造山运动——加里东运动，使永福县域第一次上升为陆地。泥盆纪开始，广西地壳又下沉。自古生代泥盆纪至中生代三叠纪（距今4亿~1.95亿年）持续2.05亿年期间，永福县全境又沉浸在海洋之中。中生代三叠纪发生的印支运动，使永福县域第二次上升为陆地（距今约1.95亿年）至今。到新生代第四纪县境才形成各种低山、丘陵和岩溶地貌形态。

永福县境内以中低山地和丘陵为主，且多分布于县内西北部、中部和东南部，并有面积不大的溪谷平原和河谷平原；县东北部和西南部以岩溶地貌为主，有孤峰平原、峰林谷地、峰丛洼地。

第一节　地　质

地　层

永福县至今发现的地层有震旦、寒武、泥盆、石炭、白垩诸系，沿洛清江和大小河沟谷地有第四系分布。尚未发现地下岩浆侵入岩体。

震旦系　永福县出露最老地层为震旦系上部，分布于龙江乡龙山村之南至西河村之北之间，往南于永福镇泡口至登云山东南一带也有零星出露，下部为南沱组，上部相当桂北一带的陡山沱组、老堡组。南沱组为一套成分复杂的泥、砂、砾混合冰成沉积物。陡山沱组、老堡组，为页岩、砂质岩、硅质岩。永福县全境上震旦世距海岸线远，物源供给少。据龙江乡所见，上震旦统厚100米，至今永福镇泡口村清水埠仅33米。

寒武系　出露在县境西部，北起龙江乡的丹江、龙隐、上维、保安，南经该乡的驿马、龙山、西河、兴隆、双江、仁合等村；永福镇的泡口、湾里、银洞、坪岭村至广福乡的龙溪、广福、大石村，沿大崇山山脉东侧一带。东部见于三县界（今永福、阳朔、荔浦三县）河东即驾桥岭的中心部位，构成县境内两大背斜的核部。另外，三皇断层以西，三皇乡古城村和百寿镇新隆村境内，也零星见及，寒武系出露约占全县面积的五分之一。下部称"清溪组"，中部为"边溪组"。据龙江乡所见，清溪组下部为砂岩、页岩夹硅质岩、黑色炭质页岩；中上部为灰绿—灰黑色砂页岩、粉砂岩；顶部5米为黑色灰岩，总厚度1882米。边溪组出露不全，为深灰—灰绿色页岩夹薄层砂岩、灰岩，厚度大于244米。

泥盆系　分布在百寿镇、永安乡一带的为灰岩、白云岩相，为灰黑色白云岩、灰色灰岩，成疙瘩状灰岩、灰色钙质页岩、泥灰岩，厚250~400米；分布在驾桥岭西坡的永福镇、广福乡、堡里乡及罗锦镇的金福、大西村一带，为泥质灰岩相，以泥质灰岩为主，少量带状灰岩，厚仅30余米；堡里乡杨梅（地名）一带厚度有所增加，约100米；罗锦镇的金福、大西村一带沉积的岩相和厚度与西部相同。白云岩灰岩相—上泥盆统，在罗锦镇的江月、大西、林村、米田村一带亦有分布，主要由浅灰、灰白色灰岩夹白云岩、生物碎屑灰岩和假鱼面状灰岩组成，厚度约1300米。驾桥岭西坡的永福镇、广福乡、堡里乡等地有硅质岩、扁豆状灰岩分布，主要由黑色硅质岩、灰黑色扁豆状岩及少量灰岩组成，厚120余米。泥盆系地层出露遍及各乡、镇，占全县总面积的70%。

石炭系　县境内仅出露下统岩关阶和大塘阶全段。下石炭统分布于县西部的百寿镇三河村,永安乡凤凰、永富村,三皇乡文明、桐木、马鞍、三皇、荣田、江头村一带,呈现狭条带构成向斜轴部,受断裂破坏仅保留其半;县东部零星见及,分布在苏桥镇黑石岭、大罗、良村,罗锦镇崇山、高崇、下村,广福乡龙溪、广福、龙桥村一带,为灰岩、泥岩。洛清江一带形成断沟,为砂岩、页岩、夹硅质岩、岩质页岩或煤线及薄层灰岩。

白垩系　早白垩世,县内永福镇四合村落岭一带见及,湖盆下部沉积了 153 米灰白色粗砂岩、砾岩;上部为紫红色页岩夹砂岩、粉砂岩,厚 197 米(未见顶)。县境内未见上白垩系沉积。县城西北的湾里、银洞一带,有白垩系向斜西翼断失,于县城西坪岭村山门口的紫红色页岩中有低温热液辰砂(汞)矿化。

县内缺失古近纪和新近纪沉积物。

在永福县域内出露的地层,泥盆系约占 70%,寒武系约占 20%,其他系约占 10%。

永福县域内的地层,受广西地质运动的影响,形成 1~3 级阶地冲积层。

三级阶地　高出河水面大于 50~90 米,零星残存泥砾层,最大残留厚 15 米。砾石以菱卵形为主,次为菱角状、滚圆状,杂乱,不具层理。

二级阶地　保存不完整,高出河水面 30~50 米(支流 4~13 米),为基座阶地。冲积物厚一般为 11~20 米(支流 5~10 米),具二元结构。

一级阶地　保存完整,高出河水面 10~25 米(支流 1~3 米)。沉积物厚大于 11~25 米(支流 2~3 米),具二元结构层。

地质构造

永福县境位于扬子准地台和华南准地台交界地带,褶皱和断裂发育。

褶皱　驾桥岭复背斜,寒武系地层北西向,褶皱幅度一般 1000 余米,两翼岩层倾角 30°~60°,有铜、铅、锌矿化。大崇山复背斜,龙江乡龙山村以北寒武系地层组成北西—南东向,轴面向南倾斜的倒转褶皱;江口屯以南为不对称的拱形褶皱,幅度一般为 2000 米,倾角一般 45°~70° 次级褶皱发育,背斜核部为震旦系。江口屯以南走向断层发育,有铅、锌、铜和重晶石矿化。

泥盆—石炭系地层分布区,构造线北北东—北东向,褶皱平缓,幅度小,一般 1000 米左右。

县东部沿湘桂铁路线一带,褶皱、断裂发育,构成洛清江复向斜,西翼受永福断裂切割,不完整,北端褶皱、断裂呈北北东—北东向;永福镇以南构造线折转向为北西—南东向,驾桥岭南部下泥盆统紫红色岩层中有含铜石英脉或含铜矿硅化带。

县西部百寿—三皇复向斜,构造线北北东向,发育北北东向断裂,西翼受百寿断裂破坏不完整,永安以东为一泥盆系单斜构造,永安以西构成数个复式褶皱,背斜核部为上泥盆统,向斜核部下石炭统,背向斜间受断裂破坏,造成背、向斜不完整。北东向丁兴断裂形成小型黄铁矿床,信都组有劣质赤铁矿、菱铁矿层。

断裂　永福境内断裂发育,根据断裂所切割的地层,所控制的沉积盖层的分布,分为:

百寿断裂宏观上由三皇乡的华山村至百寿镇的双合

永福金钟山景区天坑风光

县旅游局　2005 年供图

村,三皇乡的江头村至百寿镇的双合村,三皇乡的六龙村至百寿镇的朝兑村诸断裂构成。该断裂南起柳州市柳城县东泉、柳州市鹿寨县屯秋经永福县百寿镇至龙胜各族自治县三门镇往北延出湖南省,全长 180 千米,断裂倾向西,倾角 38°～50°,百寿圩北 10 千米处垂直断距 1100 米,中段李子园一带,垂直断距 400 米。断层于元古代已潜伏,形成于加里东期,印支期复活。

永福断裂通过县境的尚有龙胜—永福、桂林—来宾两条大断裂。前者南起武宣县经象州县桐木、鹿寨县四排、永福县至龙胜各族自治县马堤乡出湖南省黔阳,区内长 260 千米,在永福县南部组成 3～10 千米的断裂带,主断裂倾向西,倾角一般为 50°～80°,县城附近有东倾阶梯正断层。桂林至来宾断裂,东北段倾向北西,倾角 30°～60°,断距千余米,区内长 350 千米,沿断裂带,历史上曾发生四级以上地震(1940 年秋永福县内沿断裂带门窗振动作响、灯摆动,堡里乡拉木村拉路自然村,6 层 17 米高的炮楼摆动约 0.70 米,桌上壶内茶水外溢)。永福断裂,还包括堡里乡波塘、九槽一带 3～10 千米的断裂带。该断裂在县城以西坪岭村所见,断层倾向西,寒武系逆于白垩系之上。在广福乡西面,寒武系向东逆于下石炭统之上,垂直断距 2000 米,向南至鹿寨县理定,垂直断距 1500 米,沿断裂带形成数米至 40 米的硅化糜棱岩和角砾岩,挤压带有燕山期辰砂(汞)矿化,往北至临桂县茶洞乡江洲村一带有 6 个上升泉,沿断裂定向分布。

丁兴断裂位于百寿镇山南村、永安乡独州村之西,长大于 27 千米,北东向,是黄铁矿的主要容矿构造。

三皇断裂断面倾向西,倾角 38°～50°,百寿圩西北 4 千米处,可推算垂直断距 1300 米,三皇乡一带约 200 米,往南延出县境。

第二节　地　貌

永福县西部是越城岭山系天平山余脉大雾山,中部是天平山余脉大崇山,东南部驾桥岭矗立县境。而大崇山又把全县分成东西两块槽谷盆地,称为"三脉两廊"。大雾山和大崇山由西北向南和东南延伸,驾桥岭自南向北走向和西北走向,构成县域近似 N 形山体。洛清江在县境内由东北流向西南,把县内东南、西北两山地截然分开。大崇山山脉自北向南延伸,将全县分成东西两部分。县境东部,东南高,西北低。江河由东南流向西北,汇入洛清江。县境西部,从宏观看西北高东南低,但以百寿镇和三皇乡交界处,永安乡凤凰、独州村和永新、永富村交界处为界,却是南北低和北高南低。就全县地势而言,即是西北部、中部和东南部高,中部两侧及东北部较低。

地貌特征

永福县地貌特征可归纳为:三脉两廊;东南与西北山地对称;山丘多,平原少;江河流向不一,归宿一江。

三脉两廊　驾桥岭山脉矗立县境东南部,由南往北延伸,南起堡里乡的九槽、和顺、河东村,北至罗锦镇上笑村。中部大崇山山脉自北而南,北起百寿镇东岸村,南至永安乡喇塔村。西部是大雾山脉,由北向南绵延,北起龙江乡龙隐村,南至三皇乡古城村,三大山脉在县境内形成南北走向。东部的洛清江,沿驾桥岭山脉和大崇山脉形成的低谷切割而过,沿江两岸形似长廊(湘桂走廊一段);西部大崇山脉和大雾山脉之间,形成百寿至三皇山间盆地,狭长似廊。

东南与西北山地对称　县东南驾桥岭的堡里乡全部、广福乡的大部分,罗锦镇、永福镇的一部分;县西北天平山及两支脉大崇山、大雾山一带的龙江乡、百寿镇全部,永安乡大部分,永福镇一部分,三皇乡的北部,山峦起伏、重峦叠嶂,呈现出东南与西北对称山地。两山地多为中低山,山缘是山丘或丘陵。东南山地的最高峰是观音山,海拔 1246.90 米,属驾桥岭山脉,在堡里乡清平村境内。西北山地的最高峰,是大雾山山脉主峰大雾山,海拔 1291.60 米,是永福县和融安县界山,亦是永福县边界的最高峰。两山地对称轴的登云山,是大崇山脉主峰,在永福镇和永安乡的交界处。

山地丘陵多,平原少　永福县山地多、丘陵多、平原少,为山区县。据 1996 年全县土地详查接边统计,山地和丘陵面积占全县总面积的 83.95%(其中山地占 80.47%、丘陵占 3.48%),平原面积占总面积的 15.56%。山地遍布全县各乡,尤以龙江、永安、广福、堡里乡和百寿镇为甚。丘陵主要分布在苏桥镇,其他各乡镇亦有部分或少许。平原,主要是江河平原和孤峰平原,面积小,主要分布在洛清江、茅江、金鸡河、罗锦河、百寿河、桐木河、喇塔河沿河两岸,以及罗锦镇、三皇乡、百寿镇、永安乡的石灰岩地区。

江河流向不一,归宿一江　县境地势东西不一,东部东南高西北低,西部西北高东南低,但在西部的山间盆地却是中间高,南北低。县东部绝大部分大小江河由东南流向西北,少许由西北流向东南或由西南流向东北。县西部大小江河,有的由西北流向东南,有的由西南流向东北,有的由北流向南,有的由南流向北,尽管全县大小江河流向不一,但最后多归宿洛清江。

地貌类型

永福地貌类型,可归纳为山地、丘陵、平原、峰林谷地、峰丛洼地和溪谷山间盆地六类。

山地　山地是永福县分布最广的地貌类型。据 1996 年全县土地详查接边统计,山地面积为 2205.38 平方千米(即 22.05 万公顷),占全县总面积 80.47%。它包括中山、低山和山丘三类。中山海拔 800 米以上,低山海拔 500~800 米,山丘海拔 250~500 米以上。山地主要分布在龙江、永安、广福、堡里乡和百寿镇,其他各乡镇亦有分布。山地主脉驾桥岭、天平山及其支脉大崇山、大雾山,山脊线明显,多是南北向展布,这些山脊构成流域的分水岭和政区的分界线。山地地表水发育,沟谷深切,呈狭窄"V"形谷甚多,局部有平底谷、峡谷和山间盆地。山地植被好,丛林密布,为县内主要用材林区和经济林区,亦是水源林区。

丘陵　县内丘陵主要分布在苏桥、广福、罗锦、永福镇、三皇、永安等乡镇。据 1996 年全县土地详查接边统计,丘陵面积 129.20 平方千米,占全县总面积的 3.48%。分布在山地边缘和盆地周围。海拔 250 米以下,相对高度 50~150 米。丘陵切割轻微,起伏中等,顶较浑圆,土层较厚,宜农、宜林、宜果、宜牧。

平原　县内平原分为河流平原和孤峰平原两种。据 1996 年全县土地详查接边统计,平原面积 429 平方千米,占全县总面积 15.56%。河流平原主要分布在洛清江(大溪河段、东河段)、茅江中下游、金鸡河、罗锦河、百寿河中段、桐木河中、下游沿河两岸。孤峰平原主要分布在三皇乡清水、文明、桐木、马鞍、三皇、大路、荣田、江头等村,罗锦镇米田、林村、江月等村,百寿镇三河、白果、江岩等村,是县内的主要产粮、蔗区,并可种其他作物。

峰林谷地　面积不大,主要分布在罗锦、三皇、永安乡和百寿镇的石灰岩地区,宜林、宜牧。

峰丛洼地　面积不大,分布在罗锦镇、百寿镇和三皇、永安乡等石灰岩地区,峰丛洼地密布,形态多样,似圆、像椭圆,如长龙、呈多边,或封闭或半封闭,在沙土洼地中有漏斗、溶井、落水洞、地下河、天窗等。宜林、宜农、宜牧。

溪谷山间盆地　面积不大,分布在永福镇的坪岭村,广福乡的大石、矮岭村;百寿镇山南村等地的中低山间,宜林、宜农、宜牧。

永福县峰林谷地、峰丛洼地和溪谷山间盆地,约占全县总面积的 0.49%。

山　岭

永福县山地广布,山岭众多。主要山岭有 19 座。

凤山　位于县城中心,海拔 286 米,山上树木苍翠,风景秀丽,森林覆盖率 100%。1985 年,开辟为县城公园,是永福县风景名胜之一。

登云山　在县城西面,距离县城 12 千米,是大崇山主峰,海拔 1253.10 米,为县内高山之冠。北起五指山,南至大崇山,绵延数十里。山腰以下林木覆盖,以上为茅草,亦有疏林。森林覆盖率80%。山巅常年云雾缭绕,登山如登云,故名登云山。清朝山上建有庵、寺,今已毁。

大崇山 位于县境中部,是百寿镇与龙江乡和永福镇,永安乡与永福镇及广福乡的界山,南北长42千米,宽15千米,一般山峰海拔800米左右。该山由北而南把永福县截然分成东西两部分,形同屋脊。森林覆盖率80%,有优质树种紫檀木生长。山间多支流,东侧8条,西侧6条,皆注入洛清江。

马鞍山 在三皇乡大路村境内,位于村委会驻地大路屯西北面1千米处。海拔293.20米。东面多杂草,西面多藤刺。昔日山上建有庙宇,今尚存屋基,西面山麓曾为部队营房,今是三皇中学校园。校园内山脚处有银子岩,石乳形状各异。

大板山 在百寿镇朝兑村与龙江乡龙山村交界处,海拔591.60米,森林覆盖率80%。永福县于1960年起在此办有大板山林场,林场面积170公顷。今属广西水源林保护区。

关刀山 位于百寿镇东岸村驻地对河屯东北部,海拔394米,形似三国名将关羽所持的青龙偃月刀,故名关刀山。桂泗公路由山脚经过,旧时多有文人作诗赞之,为百寿一景。

大雾山 属天平山支脉,位于永福县西部和西北部,是永福县与融安县的交界山。其主峰海拔1291.60米,为永福县边界最高峰。该山北起龙江乡龙隐村的九峰,南至三皇乡的古城村,长40千米,宽12千米。该山还有海拔千米以上的山峰8座。森林覆盖率为80%,是永福县的主要林区,亦为水源林区,有紫檀木生长。龙江和百寿众多支流发源于此山。百寿至融安有山道经此山,鸟道羊肠,十分险峻。

月山 亦名月沧山。位于罗锦镇南面镇上村境内,距罗锦圩1千米,海拔230米。山脚有一池如月,故名月山。是县内名山之一。

西登岭 亦称西登山,在苏桥镇石门村西面,距下石门3千米,海拔649米。森林覆盖率85%。昔日常为人们重阳节登高之处,故名西登岭。岭巅旧时建有龙口庵,庵内有一水井,清澈如镜,终年井水常满。现庵堂已修复,其井如故。是县内名山之一。

波有岭 在三皇乡古城村与融安县泗顶乡田村交界处,是永福县与融安县界山之一,海拔1122米。林木覆盖率60%。岭腰以下多林木,以上多茅草。

苦马岭 又名哭妈岭。在百寿镇至融安县雅瑶交界处,百寿镇双合村境内,位于村委会驻地江边屯西面,距离1.20千米,海拔632米,林木覆盖率100%。百寿至融安雅瑶有道路经此,旧时为官道。今百(寿)雅(瑶)公路由岭脚经过。

驾桥岭 属大瑶山支脉,由南而北延伸至永福县东南部,是永福县与临桂、阳朔、荔浦和鹿寨县交界山,宽27千米,在永福边界长40千米,一般海拔800米,森林覆盖率为80%。主峰古报尾,位于永福县东南、鹿寨县东部交界处,海拔1240.80米。有海拔千米以上山峰多座。山上植被以常绿阔叶林居多,亦有针叶林。是县内的主要林区之一,也是广西水源林保护区。山间河流十余条,皆注入洛清江。

都琅界 在龙江乡兴隆村和苏桥镇盘洞村及临桂县两江镇山口村交界处,海拔604米,古时为兵家必争之地。据旧志记载:唐朝黄巢起义,率兵至此曾与官兵大战半月;宋朝征讨侬智高,杨八姐带兵经过此地,在界顶打井取泉水,留下"杨井天泉";明朝多次围剿起义军韦朝威、韦银豹父子,在此屡遭埋伏而失败。抗日战争时期,在此曾阻击日本侵略军。

雷电界 在龙江乡龙山村和临桂县茶洞乡三合村交界处,是永福县与临桂县界山之一,海拔1137.90米,森林覆盖率95%。界顶为茅草,以下为森林。

黑石界 属天平山山脉大雾山支脉,在百寿镇新隆村与融安县泗顶乡寿局村交界处,是永福县与融安县界山之一,海拔1250米,森林覆盖率为80%。岭界的东西两面多林木,岭脊一带茅草居多,其间亦杂有疏林和小块树林。

崇江界 在百寿镇山南村与永福镇泡口村交界处,海拔948米。20世纪50年代以前,为百寿通往永福的主要通道。

　　石城界　位于永福镇银洞村西面,距村委会驻地大村 5 千米,海拔 993.10 米。明朝弘治、嘉靖年间此处立城堡,以阻挡古田义军攻永福,为明朝古战场。

　　牛颈界　属天平山山脉大崇山支脉,位于永福镇银洞村和永安乡永新村的交界处,海拔 1044 米,森林覆盖率 85%。20 世纪 50 年代以前,为永安乡、三皇乡及百寿镇石龙村一带通往永福的山路必经地,路由"牛颈"上通过,十分险峻。

　　三县界　属驾桥岭山脉。在堡里乡河东村、阳朔县金宝乡久大村和荔浦县蒲芦乡古立村的交界处,海拔 1170 米。界顶多为茅草,以下为杂木林。

洞　　穴

　　永福峰林、峰丛、岩溶地貌发育成熟,穴洞众多。

　　百寿岩　在百寿镇东岸村境内。在本志第 305 页旅游景区中详记。

　　九落岩　在百寿镇寿城村境内。在本志第 307 页旅游景区中详记。

　　穿岩　在百寿镇江岩村境内。岩内有交通古道。在本志 307 页旅游景区中详记。

　　花岩　在百寿镇朝阳村境内。距百寿圩 2 千米。岩内较为宽敞,可容纳百余人。旧时为群众避兵、匪之乱所在。民国三十三年(1944 年)附近群众 30 余人躲于岩内,被日本侵略军用毒烟熏死。

　　潮水岩　又名龙岩,位于永安乡枫木村境内,在潮水屯后山上。岩洞距山脚百米左右,周围山峰突露。岩口向东,宽约 6 平方米,进岩往下 7 米有一水塘,宽约 10 平方米。该岩从古到今,有不定期潮水涌出,故名潮水岩。每年都有几次涌潮,涌潮时间无规律。潮水时间长则半天,短则几分钟。涌潮时有一奇特现象:春天雨水多时,涌水不大;有时水位上升数丈,但无涌潮;倒是秋旱无雨时,岩水往往涌起大潮。有时岩外山洪暴发,岩内却无潮水,天晴则反而有潮水。此现象至今尚未能解释。故当地群众总结有这样的谚语:"早潮晴,晚潮雨;中午潮水必天晴;潮后有三天无雨必长晴。"

　　斋岩　在三皇乡荣田村铺上屯西面,距离 2.50 千米。岩山腰,距平地约 100 米。岩分前、中、后三洞,全长约 300 米,宽 20 米,高 10~30 米不等,可容 1500 人左右。

　　金钟岩　位于罗锦镇大西村南登屯境内。距罗锦圩 7 千米,距永福县城 23 千米,距桂林市政府驻地 50 千米,岩洞全长 14.80 千米,其中极富旅游开发价值的一段为 3.50 千米,是永福县目前已经发现的最长的溶洞。2002—2005 年,永福县已全面开发旅游景区。

　　金钟山天坑　位于罗锦镇大西村南登屯境内,在金钟岩西北方,距离 2.50 千米。是溶洞与天坑相融合的地质奇观。天坑深度 80 米,直径 40 米,洞内空气清新,常年恒温在 18 度左右,天坑底部的负氧离子浓度比正常值高出 50~80 倍(达到每立方厘米 5 万 ~12 万个),与天坑相连的洞穴内有钟乳石景观,分布面积 1 万多平方米,钟乳石大厅穹顶高 88 米,拥有罕见的金银双色同体钟乳石。迄今为止,该天坑是大桂林岩溶旅游景区中唯一能从底部步行进入的岩溶漏斗(天坑)。2002—2005 年,永福县已全面开发为旅游景区。

第二章　气候　物候

　　永福县位于北回归线北侧,属中亚热带季风区,热量丰富,雨量充沛。日照充足,温和湿润。气候由于

受季风影响,降水季节性分布明显,主要集中在 5—7 月。由于降水,气温季节分布不均,旱涝、霜冻等异常气候时常发生。1994 年永福县建成了天气预报警报系统,对全县气象,尤其是异常气象进行预报警报。

　　永福县境内动植物的生长、发育与气候变化密切相关,并形成了具有永福县特点的一些物候特征,亦对农业生产造成一定的影响。

第一节　四　季

　　永福县位于北回归线北侧,属中亚热带季风气候,四季分明,冬短夏长。按气候学划分四季,5 天为一候,候平均气温小于 10℃ 为冬,大于 22℃ 为夏,在 10℃ ~22℃ 之间为春、秋。1991—2005 年全县年均气温 19.10℃。

表 2-1　　　　　　　　　　　　1991—2005 年永福县各月、季平均气温表

月份	3	4	5	6	7	8	9	10	11	12	1	2	断限内全年均温
气温℃	13.5	19.6	23.5	26.2	27.4	27.7	25.3	20.9	15.8	10.6	8.5	10.7	19.1
季	春			夏			秋			冬			
气温℃	18.8			27.1			20.6			9.9			

　　春季　永福县的春季一般在 3 月 6 日至 4 月 25 日,为期 51 天。以农历划分,春季大约始于惊蛰,终于谷雨前后。初春,南方暖湿气流活跃,气温开始回升,但冷空气活动仍较频繁,冷暖气团交汇面常在东南一带,形成南岭静止锋来回摆动,易于成云致雨,阴雨天气多,光照缺乏。1991—2005 年,历年 3 月至 4 月初都有不同程度的低温阴雨天气出现。最长是 1996 年,有 22 天;最短是 2002 年,只有 3 天。历年低温阴雨结束期,平均是 3 月 26 日。最早是 3 月 6 日(2002 年),最晚是 4 月 5 日(1996 年)。春季冷暖交替明显,时晴时雨,时冷时暖,初春细雨蒙蒙,春末雨势加大,进入雨季。长期阴雨及倒春寒天气对早稻育秧影响较大。据 1991—2005 年的气象资料统计,大约每隔两年有一次倒春寒或长时段低温阴雨天气出现。

　　夏季　永福县的夏季一般在 4 月 26 日至 10 月 6 日,为期 164 天。以农历划分,夏季大约始于谷雨,终于寒露前后。初夏,永福县主要受西南及东南季风影响,进入汛期,汛期温度高、湿度大、降水集中且强度大,雨量、雨日偏多。夏季是全年降水的高峰期,易造成洪涝灾害。7—8 月进入盛夏季节,极端高温常出现 35℃ 以上。由于副热带高压,有时加强和两伸控制,降水减少,常有不同程度的干旱。9—10 月初,降水较少,光照足,昼夜温差大,民间有"日暖夜寒,海水也干"的说法。历年 9 月份,降水量一般只占全年总降水量的 4%,这时正是晚稻大量需水季节,历年均有不同程度的旱情。

　　秋季　永福的秋季一般在 10 月 7 日至 12 月 6 日,为期 61 天。以农历划分,秋季大约始于寒露,终于大雪。秋季是夏季向冬季过渡时期,此时北方冷空气南下势力逐渐加强,南方暖湿气流减弱,气温陡降,降水量明显减少,进入秋高气爽的季节,有时在强冷空气影响下,在寒露季节的前后,出现日平均气温低于21℃,三级或三级以上北风,连续 3 天,即是寒露风天气。寒露风对晚稻抽穗扬花带来不利影响。秋季的末期常有霜冻天气出现。个别年份尚有冰雪天气。

　　冬季　永福的冬季一般在 12 月 7 日至 3 月 5 日,为期 89 天。以农历划分,冬季大约始于大雪,终于次年惊蛰前后。冬季主要受大陆冷高气压影响,北方冷空气南下势力较强,气温持续下降,有时降至 0℃ 以下,若遇强寒潮过境,常有大风、冰雪天气出现。1—2 月为永福县隆冬季节,天气寒冷。

第二节　日照　太阳辐射

日　　照

1991—2005 年,永福县日照时数平均值 1404.10 小时,日照百分率为 31.60%。最多年是 1992 年,日照时数是 1749.50 小时,百分率 39% ;最少年是 1997 年,日照时数是 1114.20 小时,百分率为 25%。历年日照时数及百分率详见下表。

表 2-2　　　　　　　　　1991—2005 年永福县各年、月日照及百分率表

单位:小时

年度	1 月		2 月		3 月		4 月	
	日照时数（小时）	月百分率 %	日照时数（小时）	月百分率 %	日照时数（小时）	月百分率 %	日照时数（小时）	月百分率 %
1991	15.7	5	39.5	13	18.8	5	80.6	21
1992	81.8	25	52.9	16	51.9	14	118.0	31
1993	81.2	24	98.7	31	41.7	11	69.4	18
1994	57.3	17	30.5	10	57.2	15	61.7	16
1995	64.0	19	43.2	14	31.3	8	55.4	15
1996	53.8	16	88.2	27	69.7	19	58.7	15
1997	93.4	28	54.5	17	24.8	7	82.7	22
1998	25.4	8	40.5	13	46.2	12	116.2	30
1999	66.9	20	68.2	22	53.2	14	61.4	16
2000	45.5	14	17.4	5	32.4	9	48.3	13
2001	33.1	10	46.4	15	76.4	21	41.9	11
2002	94.2	28	39.6	13	33.4	9	92.5	24
2003	114.4	34	53.3	17	55.1	15	89.4	23
2004	19.0	6	82.2	25	51.0	14	105.3	28
2005	23.6	7	17.8	6	27.8	8	85.8	23
年平均	57.9	17.4	51.5	16.3	44.7	12.1	77.8	20.4

续表

年度	5 月		6 月		7 月		8 月	
	日照时数（小时）	月百分率 %	日照时数（小时）	月百分率 %	日照时数（小时）	月百分率 %	日照时数（小时）	月百分率 %
1991	117.2	28	151.7	37	204.0	49	234.3	58
1992	105.8	26	150.1	37	219.1	52	273.4	68
1993	91.2	22	105.5	25	140.9	34	193.2	48
1994	108.4	26	139.9	34	153.5	37	168.7	42
1995	148.8	36	139.5	34	236.5	57	176.0	44
1996	95.4	23	129.2	32	137.5	33	190.3	47

续表

年度	5月		6月		7月		8月	
	日照时数（小时）	月百分率%	日照时数（小时）	月百分率%	日照时数（小时）	月百分率%	日照时数（小时）	月百分率%
1997	140.1	34	106.0	26	82.2	20	184.4	46
1998	124.0	30	37.9	9	136.8	33	246.8	61
1999	93.4	23	149.1	36	153.3	37	132.4	33
2000	118.5	29	149.6	37	220.4	53	198.5	49
2001	119.4	29	124.0	30	182.5	44	154.9	39
2002	124.6	30	113.0	28	143.6	34	162.1	40
2003	80.2	19	111.7	27	268.4	64	170.0	42
2004	128.3	31	140.5	34	131.5	31	178.3	44
2005	114.9	28	57.8	14	220.5	53	192.5	48
年平均	114	27.6	120.4	29.3	175.4	42.1	190.4	47.3

续表

年度	9月		10月		11月		12月		年合计	
	日照时数（小时）	月百分率%	日照时数（小时）	月百分率%	日照时数（小时）	月百分率%	日照时数（小时）	月百分率%	日照时数（小时）	月百分率%
1991	258.8	70	172.0	48	130.1	40	77.0	23	1499.7	34
1992	209.8	57	215.9	60	171.3	52	99.5	30	1749.5	39
1993	200.9	55	183.0	51	110.3	34	162.5	50	1473.5	33
1994	140.8	38	148.8	42	150.5	46	74.6	23	1291.9	29
1995	181.8	49	166.0	47	129.9	40	120.3	37	1492.7	34
1996	204.9	56	209.5	59	141.0	43	134.9	41	1513.1	34
1997	143.5	39	96.5	27	92.9	28	13.2	4	1114.2	25
1998	226.7	62	182.3	51	143.8	44	116.1	35	1442.7	33
1999	184.2	50	133.3	37	115.9	35	175.5	54	1386.8	31
2000	160.8	44	101.0	28	132.3	41	119.0	36	1343.7	30
2001	200.7	55	91.5	26	148.3	45	70.0	21	1289.1	29
2002	131.0	36	150.0	42	105.5	32	51.3	16	1240.8	28
2003	175.4	48	118.8	33	123.4	38	136.9	42	1497.0	34
2004	199.2	54	179.6	50	101.9	31	124.4	38	1441.2	32
2005	188.0	51	170.3	48	100.1	31	85.8	26	1284.9	29
年平均	187.1	50.9	154.6	42.2	126.5	38.7	104.1	31.7	1404.1	31.6

太阳辐射

　　永福县截至 2005 年还没有太阳辐谢观测，县气象局用广西壮族自治区气象台资料室的"我区太阳总辐射旬值的气候学计算公式"，计算出 1990 年永福县太阳辐射量，年平均总量为 98349.11 卡/平方厘米。各月情况见下表。

表 2-3　　　　　　　　1990 年永福县太阳总辐射旬、月平均总量表

单位:卡 / 平方厘米

时间	1 月	2 月	3 月	4 月	5 月	6 月	7 月	8 月	9 月	10 月	11 月	12 月
上旬	1512.72	1462.58	1532.03	1815.50	2501.61	3136.01	4197.62	4069.95	4233.54	3407.70	2599.76	1902.37
中旬	1604.76	1515.03	1615.06	2104.33	2409.71	3199.40	4116.66	4096.17	4049.04	2945.25	2163.21	1835.48
下旬	1518.40	1342.20	2039.00	2573.54	3693.90	3161.83	4726.46	4613.50	3846.38	2957.19	2180.51	1670.71
月计	4635.88	4319.81	5186.09	6493.37	8605.22	9497.24	13040.74	12779.62	12128.96	9310.14	6943.48	5408.56

　　由于太阳高度角的不断变化和各季节气候差异,直接影响太阳的辐射量。永福县的光能季节变化明显。后冬前春(1—4 月)多阴雨天气,光照弱,是全年太阳辐射最低值。尤其是 2—3 月,北季风逐渐减弱,南北冷暖气团势均力敌,滞在华南一带交汇,造成永福县较长时间连续阴雨。

　　夏、秋两季,由于太阳辐射的角度大,此时永福县处在单一的气团稳定控制下,大气透明度好,云量少,日照多。7—9 月是太阳辐射量最多的季节,其中 7 月是全年最高值,高达 13040.74 卡 / 平方厘米。5—10 月总辐射量 65361.92 卡 / 平方厘米,占全年总量的 66.50%。

第三节　气　　温

　　永福县地处低纬度,气温较高。据永福县气象局 1991—2005 年的气象资料统计,1991—2005 年平均温度 19.10℃,年平均最低温度 15.90℃,年平均最高温度 23.70℃。最冷月为 1 月,月均温 8.50℃,月均最低温 6.60℃,月均最高温 10.80℃。最热月为 8 月,月均温 27.60℃,月均最低温 26.20℃,月均最高温 29.10℃。极端最低温 –2.50℃,出现在 1991 年 12 月 29 日。极端最高温 38.90℃,出现在 2003 年 7 月 23 日。

表 2-4　　　　　　　　1991—2005 年永福县各月平均气温表

单位:℃

年度	1 月	2 月	3 月	4 月	5 月	6 月	7 月	8 月	9 月	10 月	11 月	12 月	年平均
1991	7.8	11.4	12.6	19.1	22.8	26.9	28.2	28.0	26.2	20.0	14.9	10.8	19.1
1992	8.8	9.3	11.3	20.7	22.5	25.6	27.4	29.1	26.2	19.8	15.8	12.2	19.1
1993	6.9	11.4	14.0	18.6	22.6	25.8	23.3	27.7	25.3	19.1	14.6	9.7	18.3
1994	9.3	9.1	12.1	20.3	24.7	25.7	27.0	26.8	24.5	18.5	16.9	11.8	18.9
1995	7.5	9.9	13.1	19.5	23.3	26.6	27.9	27.1	25.4	21.1	15.2	9.9	18.9
1996	7.3	9.3	11.6	16.3	22.4	26.5	26.8	27.1	25.8	21.3	16.0	11.3	18.5
1997	10.1	10.6	15.2	18.9	23.8	25.7	25.9	27.3	22.8	21.0	15.3	9.9	18.9
1998	7.0	10.9	12.8	21.8	23.3	25.4	27.5	28.7	25.9	22.7	17.1	12.5	19.6
1999	9.8	12.8	13.6	19.9	22.4	26.9	27.3	26.9	25.1	21.3	15.7	10.3	19.3
2000	8.8	8.0	13.8	18.6	23.5	26.1	28.4	27.8	25.0	20.5	13.2	11.1	18.7
2001	9.0	10.6	14.9	18.2	23.5	25.9	27.7	27.3	26.1	22.0	15.0	8.6	19.1

续表

年度	1月	2月	3月	4月	5月	6月	7月	8月	9月	10月	11月	12月	年平均
2002	10.8	12.6	15.2	19.9	23.3	26.8	27.4	26.2	24.3	19.7	15.8	9.9	19.3
2003	9.1	12.4	14.0	20.2	23.4	25.8	29.1	28.4	25.5	20.3	15.8	9.8	19.5
2004	8.5	12.6	13.4	21.0	23.3	26.4	26.4	27.7	25.8	20.8	16.6	10.5	19.4
2005	6.6	6.9	13.0	20.5	25.5	26.5	28.7	27.9	26.5	21.9	17.9	9.3	19.3
年平均	8.5	10.5	13.4	19.6	26.2	26.2	27.3	27.6	25.4	20.7	15.7	10.5	19.1

表 2-5

1991—2005 年永福县各有关温度表

单位：℃

年度	年平均最高气温	年平均最低气温	极端高温		极端低温		≥0℃积温	≥10℃有效积温	≥10℃活动积温
			℃	出现日/月	℃	出现日/月			
1991	23.3	16.0	37.3	19/7	-2.5	29/12	6748.3	3279.6	6248.2
1992	23.9	15.5	37.8	5/9	-0.9	15/1	6882.5	3585.5	6356.5
1993	23.2	15.4	35.8	15/8	-1.1	25/1	6793.7	3310.3	6299.1
1994	23.3	15.9	37.7	11/7	-0.6	21/1	6774.8	3570.1	6472.6
1995	23.5	15.7	37.6	31/7	-0.4	5/1	6832.5	3338.2	6598.6
1996	23.4	15.3	36.9	26/7	-0.7	20/2	6912.0	3555.9	6502.9
1997	23.2	16.2	36.1	1/8	-1.3	10/1	6950.3	3374.8	6132.6
1998	24.3	16.6	37.1	21/8	0.4	20/1	6977.4	3545.7	6438.1
1999	23.9	16.2	35.9	7/8	-2.4	24/12	7018.6	3408.2	6295.3
2000	23.2	15.7	37.6	17/7	0.0	2/2	7002.1	3515.3	6472.5
2001	23.6	16.0	36.1	5/7	-0.8	23/12	6910.2	3447.9	6588.8
2002	23.8	16.4	36.9	14/7	-0.9	27/12	6933.5	3561.1	6503.4
2003	24.5	16.1	38.9	23/7	-1.4	7/1	6852.4	3465.3	6742.8
2004	24.5	15.9	37.5	1/7	-0.3	21/1	6977.9	3525.6	6656.8
2005	23.6	16.2	38.5	13/8	-1.6	1/1	6789.1	3359.8	6210.0
年平均	23.7	15.9					6890.4	3476.2	6434.5

　　天平山山脉大崇山支脉，北起百寿镇和龙江乡交界处的双江口，由北向南延伸至永福县和鹿寨县的交界处，把永福县分成东、西两部。县的东南部，是大瑶山山系驾桥岭山脉，由南向北延伸，地势南高北低，县东部南面的堡里乡、广福乡是山地，林木较多，故永福县东部的气温由南至北递增。县的西北部和西部，是越城岭山系天平山山脉，由北向南延伸，地势北高南低。县西部北面的龙江乡、百寿镇是山地，林木较多，故永福县西部气温由北至南递增。

表 2-6

1991—2005 年永福县各乡镇月、年平均温度表

单位：℃

月份乡镇	1	2	3	4	5	6	7	8	9	10	11	12	年平均
广福	8.2	9.4	13.9	18.7	22.9	25.7	27.6	27.2	25.0	20.5	14.9	10.2	18.7
堡里	7.9	9.0	13.4	18.4	22.5	25.3	27.2	26.8	24.8	20.1	14.5	10.3	18.3
罗锦	7.7	8.9	14.3	18.4	23.2	25.6	28.2	27.6	25.1	20.7	14.9	9.8	18.7
苏桥	8.2	9.3	14.0	18.4	22.7	25.8	27.8	27.3	25.4	20.9	15.2	9.8	18.8
龙江	7.8	8.7	13.1	18.0	22.2	25.1	27.4	26.5	24.5	20.4	14.7	10.0	18.2
百寿	8.2	8.7	13.7	18.4	22.6	25.1	27.7	26.8	24.7	19.8	14.6	10.2	18.3
三皇	8.4	9.6	13.6	18.5	23.2	25.4	27.2	26.9	25.1	21.0	15.4	11.3	18.8
永安	8.4	9.6	14.3	19.0	23.3	25.9	27.6	27.3	25.4	21.0	15.1	10.8	19.0

第四节 降 水

永福县是广西多雨中心之一。

1991—2005 年，全县年平均降水量是 2067.33 毫米。其中，1993 年降水量最多，是 2868.30 毫米；2003 年降水量最少，是 1453.00 毫米。

各乡镇由于地理位置和地形的差异，年降水量不同。其中，百寿镇年降水量最多，平均降水量 2100.70 毫米；永福镇年平均降水量 2000.10 毫米。县东北的苏桥镇年降水量最少，年降水量 1676.10 毫米。县西南的三皇乡，年均降水量 1811.20 毫米。县东部的永福镇，西部百寿镇年降水量最多，其他各乡镇向北、往南均呈递减之势。

永福县春、夏季降水量较多，秋、冬季降水量较少。从 3 月份开始降水量逐渐增多，进入雨季。6 月份是一年降水的高峰期，平均降水量 464.41 毫米，最高达 1126.10 毫米。12 月份是一年中降水量最少月，平均降水量 55.30 毫米，以月平均降水量大于或等于 100 毫米为雨季的划分标准，永福县雨季出现在 3—8 月，降水量占全年降水总量的 75%~79%，9—12 月为旱季（平均月降水量小于 100 毫米），降水量占全年降水总量的 21%~25%。

暴雨。24 小时内降水达 50~99.90 毫米为暴雨。1991—2005 年，全县共下暴雨 131 次，其中下暴雨最少的年份是 2001 年 4 次；下暴雨最多的年份是 2002 年 14 次。

大暴雨，特大暴雨。24 小时内降水达 100~250 毫米为大暴雨，降水达 250 毫米以上为特大暴雨。1991—2005 年，全县下大暴雨 34 次。其中 1995 年、2001 年、2003 年没下大暴雨。大暴雨较少的年份是 1991 年、1992 年、1996 年，各下大暴雨 1 次；大暴雨较多的年份是 1994 年、1998 年、1999 年，各下大暴雨 5 次。2000 年、2002 年各下特大暴雨 1 次。

表 2-7

1991—2005 年永福县各月降水量情况表

单位：毫米

月份年份	1 月	2 月	3 月	4 月	5 月	6 月	7 月	8 月	9 月	10 月	11 月	12 月	全年
1991	113.7	39.9	109.3	151.2	234.8	222.4	250.7	68.3	16.4	70.3	105.3	95.4	1477.7
1992	89.0	178.1	175.1	89.9	554.4	458.5	128.6	34.3	56.9	6.2	18.8	74.7	1864.5
1993	114.6	151.7	154.5	196.5	493.8	680.5	505.9	234.1	130.3	69.0	98.0	39.4	2868.3

续表

年份\月份	1月	2月	3月	4月	5月	6月	7月	8月	9月	10月	11月	12月	全年
1994	27.3	92.8	154.1	204.9	397.1	656.2	247.7	560.6	75.6	140.0	13.3	14.8	2584.4
1995	133.3	104.1	141.6	223.8	173.1	322.4	113.3	232.8	94.1	106.4	42.1	12.4	1699.4
1996	78.1	24.9	384.4	182.8	251.0	378.1	383.7	183.4	21.6	26.4	10.9	22.9	1948.2
1997	131.0	69.6	182.1	307.3	262.3	230.6	451.6	230.7	69.8	73.4	55.8	117.4	2181.6
1998	90.2	113.1	189.8	151.0	242.5	1088.9	350.2	93.6	35.4	44.4	41.4	20.1	2460.6
1999	60.3	27.6	60.0	323.7	301.3	328.0	604.1	313.7	56.5	95.5	93.6	6.7	2271.0
2000	30.3	65.3	172.0	253.1	432.8	460.2	109.0	158.5	33.4	211.2	22.9	37.1	1985.8
2001	79.7	76.4	168.9	225.8	259.4	280.0	280.4	102.3	4.5	156.1	68.9	51.7	1754.1
2002	65.9	104.8	115.7	137.5	457.3	710.0	223.2	251.5	14.3	303.5	33.9	210.1	2627.7
2003	94.2	75.0	106.5	183.9	397.9	228.8	80.5	97.9	150.4	7.7	18.1	12.1	1453.0
2004	56.6	55.2	141.6	240.0	307.0	200.1	653.9	98.6	27.4	0.0	90.8	36.2	1907.6
2005	64.2	78.2	177.1	104.2	427.8	721.3	117.1	63.3	19.6	20.2	54.8	78.3	1926.1
年平均	81.89	83.78	162.18	198.37	346.17	464.41	299.9	181.6	53.7	88.7	51.24	55.3	2067.33

第五节 风 霜

风

　　永福县全年受季风影响，每年10月至次年3月，风由大陆吹向海洋，盛吹偏北风。永福地处湘桂走廊，北方冷空气长驱直入，由北至南入侵县内全境，由于峡谷地形的影响，风速加大，有时在寒潮过境时，常形成大风天气，湘桂铁路沿线风速加大，山区风速较小。据县气象局1991—2005年的气象资料统计，出现较多的风向和风速偏大的是东北风，10月至次年2月，东北风的频率在39%以上，平均风速是3.70米/秒。在强对流的天气影响下，有时出现短时大风，风力在8级以上。以寒潮大风为较多。其次是夏季的雷雨大风。风从海洋吹向大陆，盛吹偏南大风，时而形成雷雨天气。

霜

　　无霜期　1991—2005年，永福县无霜期有长有短。平均为314天，绝大部分年份为300天以上。最短年份是1992年，只有271天。1997—1998年，无霜期最长达365天。

　　霜期　1991—2005年，永福县绝大部分年份都有霜期出现。一般都出现在12月至次年2月之间，个别年份出现在11月份至次年3月份。

　　霜日　1991—2005年，永福县初霜日一般出现在11月11日至次年1月22日。平均初霜日为12月18日。初霜日最早出现在1992年11月11日。终霜日一般出现在12月23日至次年3月3日。终霜日最早出现在1999年12月23日。平均终霜日为2月2日，比1990年前平均终霜日提前2日。

第六节 湿度 蒸发

　　湿度　1991—2005年，永福县相对湿度年平均值为79%。年平均最大值82%，年平均最小值为76%。

春季较潮湿,秋季较干燥。月均最大值90%,出现在7月;月均最小值60%,出现在11月。绝对湿度(水汽压)分布与气温接近,夏季水汽含量最多,冬季最少。年平均值19.00百帕;年平均最大值19.60百帕,出现在2002年;年平均最小值18.10百帕,出现在1992年。月均最大值31.10百帕,出现在7月;月均最小值7.20百帕,出现在1月。日最大值37.50百帕,出现在2002年7月14日;日最小值1.70百帕,出现在2005年12月21日。

蒸发　1991—2005年,永福县年均蒸发量为1436.70毫米,比年平均降水量稍多。最大年蒸发量为1611.00毫米(2005年),最小年蒸发量为1217.60毫米(1997年)。年月均蒸发量多在100~200毫米之间,在100毫米以下的多是12、1、2、3月。月最大蒸发量为270.50毫米,出现在2003年7月;月最小蒸发量为29.10毫米,出现在2002年2月。2003年7月—8月和2005年7月—9月,永福县连续出现高温少雨天气,遭受严重旱情,月蒸发量均在200毫米以上。

年均蒸发量高于降水量的年份,容易出现干旱少雨天气;年均蒸发量低于降水量的年份,容易出现洪涝多雨天气。

表2-8　　　　　　　　　　　　1991—2005年永福县年蒸发量表

单位:毫米

年份	蒸发量	年份	蒸发量	年份	蒸发量
1991	1458.2	1996	1447.3	2001	1391.9
1992	—	1997	1217.6	2002	1313.1
1993	1331.8	1998	—	2003	1546.1
1994	1299.5	1999	1465.8	2004	1489.0
1995	1495.3	2000	1462.7	2005	1611.0

注:表中"—"为缺测

第七节　气候分区

永福县9个乡镇,均属中亚热带季风气候。由于地形和地理位置的差异,可分为三种区域性气候类型:

光温充裕易涝区　该区包括苏桥镇,罗锦镇的崇山、岭桥、高崇、镇上、尚水、下村、星草、林村、米田、江月、上笑等村,永福镇的曾村、樟峡、塘堡、南雄、湾里、渔洞、大苏等村,县城,广福乡的龙溪、广福、龙桥、马陵、矮岭等村,堡里乡的罗田、黄元、波塘、拉木、三多、堡里等村。这些区域属湘桂走廊通道,铁路沿线地区,呈喇叭形从南向东北方伸开,南面丘陵较多,北面地势较平,海拔150~200米。该区光、温、水充裕,地势较低,大暴雨季节,沿河两岸易受洪涝灾害。

温暖易旱区　该区包括三皇乡,百寿镇的寿城、白果、三河、江岩等村,永安乡的凤凰、永富、军屯、永安、太和、枫木、喇塔等村。这些地

2003年1月6日永福县城天凤广场周边下雪景象

张桂发　摄

区地势大致北高南低,大部分为石山林地带,群山之间地势平坦,海拔在 200~300 米。冬季北方冷空气受北面高山阻挡,不能直接入侵,回暖早,夏季南风盛行,西南风大,气温不高,既无酷热,也无奇寒,四季较为温暖。该区由于石山孤立、矮小,对南来的暖湿气流,缺乏抬升作用(除百寿镇),夏末秋初不易形成地方性降水,加之河少而小,不少地方在地下流,仅闻其声,不见其水。因此,常有秋旱发生。

温凉湿润区 该区包括龙江乡,百寿镇的朝兑、朝阳、新隆、东岸、双桥、山南、石龙等村,永安乡的独州、永新两个村,广福乡的大石、上寨、德安等村,堡里乡的胜利、九槽、和顺、河东、茶料、清平等村,罗锦镇的金福、永升、大西等村。该区属山区,海拔一般在 300 米以上,林木多,光照少,温度低,水源丰富,水冷,云雾多,大部分属林区气候,春季回暖迟,秋季寒露风来得早,故这些区域温凉湿润。

第八节　物　候

永福县境内动植物的生长、发育、活动规律的变化,对气候的反应,形成了永福县的一些物候特征。永福县民众经过长期观察,加以总结,找出规律性的现象,与二十四节气联系起来,形成了许多民谚、农谚和概括性语言。

立春 雷始鸣,始有麻勾鱼上溯迴游。柳树立春前发芽有倒春寒。立春前有枇杷、杨梅开花。

雨水 桃李花开,春笋萌发。宜种竹。

惊蛰 昆虫复苏,山上开始有竹鸡叫。宜种树。

春分 有大雁过境,往北飞,燕子始归来,青蛙闹春社。

清明 清明断雪,天气转暖,桐树开花,满山开遍映山红。苦楝树落子。

谷雨 谷雨断霜,白鹭群飞,布谷声声啼,杜鹃声阵阵。

立夏 画眉、斑鸠孵蛋,早稻插秧。

小满 枇杷黄熟。

芒种 禾苗生长正旺。

夏至 蝉始鸣,早稻扬花。桃李成熟。

小暑 早稻渐黄,开始进入酷暑。

大暑 气温高,鸡张嘴,狗伸舌,早稻成熟收获,晚稻插秧。

立秋 气温仍很高,晚稻进入旺盛期,石榴、枣子成熟。立秋后蚊子逐渐减少。

处暑 酷暑渐消,田豆下种。黄蜂筑巢,繁殖旺盛。蛇类活动频繁。俗语说:"七月黄蜂八月蛇,九月芭芒利如铁。"

白露 日暖夜凉,大雁开始南飞,冬季作物大多下种。

秋分 柚子、柑橘渐熟,桂花飘香。

寒露 芙蓉盛开。西北风起,蛇类、蛙类进洞,开始冬眠。青蛙打战叫,寒露风将到。黄蜂窝结得矮,寒露风来得早。

霜降 晚稻成熟,甘蔗始熟。油漆子开始成熟,同时又开花。

立冬 芭芒枯黄。

小雪 寒气渐盛,枫叶变红。十月南瓜(苗)当肉吃。

大雪 寒风凛冽,枫树落叶。

冬至 油桐、油茶籽成熟,苦楝树落叶。

小寒 进入严寒。蜡梅开花,野生动物及鱼类活动减少。

大寒 天气持续严寒,打狗不出门。

第三章 水 文

永福县属多雨地区,河流纵横交错,水量丰富。多数地表水汇集洛清江,流入柳江水系。河流水位落差较大,水能蕴藏量大,可开发能量强。地下泉水众多,构成奇特秀美的水文景观。

第一节 地 表 水

永福县境内,河流纵横交错,大小共有55条,总长1120.40千米。地表水年径流量57.84亿立方米,水电理论蕴藏量33万千瓦。已开发2.40万千瓦。20世纪90年代至2005年,境内河流在枯水期流量比20世纪60年代前枯水期流量减少,其主要原因是人工造林多为杉木林,蓄水性能差。蓄水性能较好的阔叶林减少,大胸径树木砍伐过量,而蓄水性能较差的松、杉林面积增多。

县内最大的河流为洛清江,其一级支流有龙山塘河、相思江、茅江、西河、头陂河、马陂河、中村河、古立河、大邦河、木皮河、矮岭河等11条。其他集雨面积在10平方千米以上的中小河流43条。

洛清江 水域面积35.70平方千米。是永福县境内最大的河流,属珠江水系,发源于临桂县宛田瑶族乡的横岭界,由北向南流经临桂县,于苏桥镇潦潭流入永福县,在县内由东北向西南流经县境东部,经苏桥镇、永福镇、广福乡,流入柳州市鹿寨县注入柳江,县内全长57千米。洛清江在县内各段名称:上段从苏桥镇潦潭至珠江口,称大溪河,长15千米;中段自苏桥镇的珠江口(相思江汇入大溪河处)至永福镇南端与西河交汇处,称东河,长14千米;下段自永福镇南端东河至永福县与鹿寨县交界处,称洛清江(亦称清江),长28千米。洛清江上段和中段河床较平,水流平缓,下段沿山谷而流,滩多流急。

洛清江集水总面积为3767平方千米,其中外县流入占1554平方千米;年径流量53.91亿立方米,其中永福县径流量为31.28亿立方米。年均流量171立方米/秒,最大流量3651.50立方米/秒,最枯流量14.41立方米/秒。河流水能理论蕴藏量6.06万千瓦,可开发量2850千瓦,已开发1550千瓦。在县内的河流下段建有龙溪水电站,装机容量1450千瓦。2004年11月,洛清江下段鲤鱼滩水电站开工建设。2005年10月鲤鱼滩电站成功截流,12月电站厂房土建完成。

洛清江流经永福县城,昔日为桂林、柳州交通必经的水道。民国期间,仍可乘木船往返桂林、柳州。后因陆路交通日趋方便,加之江中多处筑坝,航道被阻而废。今只在县城附近,尚能通行木船。

相思江 为洛清江一级支流。源于临桂县临桂镇,由北而南流至永福县和临桂县交界的渔船上屯,折向西北,在永福县境内流经罗锦镇的岭桥、崇山2个村;苏桥镇的苏桥、太平2个村。在苏桥镇境内,于苏桥街附近南折流入珠江口,汇入洛清江,在永福县境内长17.40千米。在罗锦镇境内河段,为唐朝长寿元年(692年)人工开挖的运河。相思江的主要支流有罗锦河、神湾河。

相思江集水面积158.60平方千米,多年平均流量6.98立方米/秒,最枯流量0.46立方米/秒。河流水能理论蕴藏量6.85万千瓦。该江流域为县主要粮、蔗区之一。

该江昔日为沟通桂林、柳州的主要航道,因年久失修,现已不能通航。

茅江 为洛清江一级支流。源于堡里乡河东村三县界驾桥岭西侧山区,由东南向西北流,流经堡里乡

的河东、茶料、堡里、三多、拉木、波塘、黄元、罗田等 8 个村；永福镇的大苏、渔洞、南雄 3 个村，汇入洛清江。全长 58.40 千米，其支流有罗岗河、拉攸河、龙窝河、金鸡河等四条。集水面积 453.50 平方千米，年均流量 19.95 立方米 / 秒，最枯流量 1.32 立方米 / 秒，河流水能理论蕴藏量 2.83 万千瓦，可开发量 2880 千瓦，已开发 2080 千瓦。在堡里乡境内河段建有板峡水库，为全县最大的中型水库。

西河　为洛清江最大一级支流。也是永福县境内第二大河流，因位于县城之西，故名西河。河段由县城上溯至龙江乡的双江口（即龙江河与百寿河交汇处），全长 53 千米，流经龙江乡的西河、兴隆、双江、仁合 4 个村；永福镇的泡口、四合、湾里、坪岭 4 个村，至县城南部汇入洛清江。其支流有龙江、百寿河、里旺河、茅塘河、长江、双江、大田河、银洞河、油榨河、坪岭河等。集水面积 1312.53 平方千米（其中外县 196.06 平方千米），年均流量 49.12 立方米 / 秒，最大流量 180 立方米 / 秒，最枯流量 3.24 立方米 / 秒。河床比降 3.80%。水能理论蕴藏量 14.62 万千瓦，可开发量 3.61 万千瓦。至 2005 年，已开发 1450 千瓦，占可开发量的 5.58%。该河是县内水能可开发量最大的河流。

西河是县内运输木材的主要航道。由龙江乡西河村至县城河段，一年四季可通航木船。

龙江　为西河支流，源于临桂县黄沙瑶族乡的围岭，由西北向南流，经龙江乡的丹江、龙隐、上维、保安、驿马、龙山等村，至双江口与百寿河汇合，注入西河，全长 39 千米，集水面积 480 平方千米，多年平均流量 21.14 立方米 / 秒，最枯流量 1.39 立方米 / 秒，水能理论蕴藏量 6.54 万千瓦，可开发量 1040 千瓦。支流有丹江、波塘江、上维河、碧潦河、布里河、拉江、双塘河、拖江等。

龙江河保安段及其支流丹江、上维河、布里河、波塘江、碧潦河、拉江等，有珍贵动物大鲵（娃娃鱼），属国家二级保护动物。

百寿河　为西河支流，源于百寿石龙村窑田，始由南向北流，至山南村的武馆折向西至三河村的低塘，再折向西北，流至三河村车头附近，而后由南向北流至东岸村小江口折向东北流至龙江乡龙山村双江口，与龙江交汇，注入西河主干。该河流经石龙村的横岭、田洞、石龙、太平、旱田、东脚、八草、拉社等 8 个自然村；山南村的车田、山南、对门岭、老莫岭、武馆等 5 个自然村；双桥村的仁昌、水岩、拉末等 3 个自然村；三河村的低塘、板坡、岩口 3 个自然村。由此起，河流分为两岔，一岔经拉累、车头、扶桥等 5 个自然村；白果村的三轰；另一岔流经三河村的汤家、龙井，然后汇合，再流经白果村的校场脚；寿城村的双排、百寿圩等，再流经东岸村的对河、九顶坪、关刀山、七里桥、安息、平滩、小江口等 7 个自然村，至双江口与龙江汇合，注入西河，全长 40 千米。尚有支流凤凰河、拉孝江、茫洞河、长镇河 4 条。

该河集水面积 359.50 平方千米，年均流量 15.82 立方米 / 秒，最枯流量 1.04 立方米 / 秒，落差 235 米，

永福县龙溪电站河段　　　　　　　　　　　　　　　　　　　　　　黄福辉　摄于 2005 年

水能理论蕴藏量2.52万千瓦,可开发量3565千瓦,至2005年,已开发175千瓦。百寿河上游和下游是林区,亦为水源林区,中游是水稻区,该河可通航木船,是百寿通永福的唯一水道。现在由于森林减少,水位降低,除丰水期外,不易通航,只能放运木材。

大邦河 为洛清江支流。源于牛颈界西侧,永安乡独州村境内东部山区,由西北流向东南,经永安乡的永新、军屯、永安3个村;广福乡的大石村,在大石村境内的五险庙,注入洛清江。全长35.70千米。尚有支流拉郎河、鸡松河、古底河3条。

该河集水面积219.45平方千米,年均流量9.66立方米/秒,最枯流量0.64立方米/秒,落差(板栗槽至五险庙)180米,水能蕴藏量2.13万千瓦,可开发量5425千瓦,至2005年已开发125千瓦。

矮岭河 为洛清江支流。源于广福乡德安村的黄茅界,由东向西流,流经德安村的六沟屯;矮岭村的大田口、对河、泗谓、拉留坪、石葵、白岩、木桥洞、矮岭老车站、矮岭圩、枫树底、横岭、寨中、弯田、木伦、矮岭火车站、铜锁、瓮村、社背、潮水、波寨、龙头、波寨火车站等1个圩、2个火车站、19个自然屯,后向西流入柳州市鹿寨县黄冕乡,汇入洛清江。在广福乡境内长24千米,集水面积104.68平方千米,年均流量4.61立方米/秒,最枯流量0.30立方米/秒,落差90米,水能理论蕴藏量4066.02千瓦,可开发量375千瓦。在支流正元河上,已建电站1座,装机容量300千瓦。

九槽河 为洛清江支流。源于驾桥岭山脉主峰古报尾北麓。始由东南向西北流,至堡里乡九槽建制村的湾塘折向西流,至广福乡德安建制村二龙塘,又折向西南,经广福乡德安、上寨村,后流入柳州市鹿寨县黄冕乡注入洛清江。在堡里乡和广福乡境内长37.40千米。该河集水面积147.41平方千米,年均流量6.48立方米/秒,最枯流量0.43立方米/秒,落差294米,水能理论蕴藏量8368.42千瓦,可开发量5280千瓦。

古底河 为大邦河支流。源于永安乡永新建制村的金竹弄,由北向南流,至永安乡的小江自然村折向东南。流经永新村的水弄、小钟家、大钟家、下水等4个自然村;军屯村的下山、古高、大巷、军屯、石墙等5个自然村;永安村的古底、架枧、下坳、桥边、何家、砧板、古陌、河背等7个自然村,1个圩,后流至夹河口注入大邦河。全长32.90千米。集水面积77.50平方千米。年均流量3.41立方米/秒,最枯流量0.22立方米/秒,落差200米,水能理论蕴藏量2005.10千瓦,在该河已建电站1座,装机容量125千瓦。

桐木河 为洛清江支流。源于波有岭南麓古城建制村境内的古毫沟,始由北向南流,至华山水库,折向东流,至下马折向南,流经古城村的西部;桐木村的上华境、下华境、桐木镇、中帽等4个自然村;马安村的龚家、下马、马鞍等3个自然村;大路村的披头、山林、大路、车胆、下枧等5个自然村。全长38.80千米。桐木河流至大路村下枧屯村边的大岩口,流入地下,由北向南流至柳州市鹿寨县中渡镇下磨村出露,伏流长21千米,在三皇乡地境内约7千米。出露后在中渡镇注入洛清江干流。集水面积24.97平方千米,年均流量3.12立方米/秒,最枯流量0.20立方米/秒,落差80米,水能理论蕴藏量5462.72千瓦,可开发量550千瓦。在清潭至大山河段建有清潭水库和华山水库。其中,华山水库为县内第三大中型水库。

喇塔河 为洛清江支流。源于三皇乡境内牛形大坳脚,由西北向东南流。流经枫木村的牛形、四合、上湾、泗令等4个自然村;太和村的拉潮、大花、田洞、善日等4个自然村;喇塔村的马岭、大冲、喇塔圩,后向南流入柳州市鹿寨县中渡镇注入洛清江,长15.50千米,集水面积47平方千米,年均流量2.07立方米/秒,最枯流量0.14立方米/秒,落差75米,水能理论蕴藏量1593.44千瓦。已在该河的马岭河段建电站1座,装机容量235千瓦。

半洞河 为融安县浪溪江支流。源于百寿镇境内大雾山北麓,始由西南向东北流。至高岭背折向北,流入柳州市融安县雅瑶乡。在永福境内流经百寿镇的双合村,长度11.20千米,集水面积49.44平方千米,年均流量2.17立方米/秒,最枯流量0.14立方米/秒,落差350米,水能理论蕴藏量7443.10千瓦。可开发量400千瓦。涨水时可放运木材。

第二节　地　下　水

截至 2005 年，永福县境内地下河只发现 1 条，有名的泉水发现 13 处，地下水埋藏深度一般为 10~50 米，藏水量 10.14 亿立方米。

地　下　河

已发现的是桐木河，于三皇乡大路村下枧屯附近大岩口潜没，由北向南潜流至柳州市鹿寨县中渡镇下磨出露。潜流全长 21 千米，在三皇乡境内 7 千米。进口流量 50 升 / 秒，出口流量 60.50 升 / 秒，年径流量约 174.20 万立方米。

泉　水

永福县泉水众多，构成永福奇特秀美的自然景观。

比较有名的泉水有 13 处。

丹砂井　在百寿镇东岸村对河屯的葛祖山下。明清时代的丹砂井，在葛祖山下的百寿岩左侧约百步处，用江石围砌成井塘。1966 年修建桂林至融水的国防公路时，已将古丹砂井填埋在路基之下。现今的丹砂井是依原井的水脉，在距离原井约 20 米处开凿出来的。

龙井泉　在百寿镇三河村龙井屯边。龙井屯背靠青山，西面山脚下一股清冽的甘泉涌出，清纯甘美，称为"龙井"。龙井在宋代已有"古县第一泉"的美誉。龙井泉水量大，一年四季不涨不消，常年涌流量为 0.20 立方米 / 秒。附近村民用青石在涌泉处砌成两个相连的水池，内池涌泉处为饮用水，外池为洗用水。池外是一条大沟，常年水满沟流，可浇灌田地 86.67 公顷。

玉女泉　又名思春泉，在百寿镇东江双排村的大江边。清澈的泉水从两瓣巨石间的深穴中汩汩涌出，流入大江，石瓣上下相连，中间是一道狭长的泉眼，形如一个巨大的女性生殖器，故乡里流传有"玉女亮羞，福水长流"之语。从元明时代，玉女泉已成名泉。

水头泉　在三皇乡清水村水头屯后山上，是清水江的源头，故名水头。水头泉是从山腰一座岩洞中流出来的泉水，岩洞的洞口处高约 6 米，宽约 10 米，大体呈一个椭圆形状。地下水从岩洞深处奔流而出，被洞口的天生巨石阻住，形成一个大水潭，水深处近 1 米。然后泉水从巨石的缺口处奔泻而下，在巨石下又形成一个深潭，声如雷鸣，而洞口又被高大的乔木树林层层荫蔽，因而未见其泉，先闻其声。水头泉的流量极大，丰水季节可达 1 立方米 / 秒；枯水季节也超过 0.20 立方米 / 秒。泉水出岩后形成一条约 14 千米长的清水江，沿江经过 20 多个村庄，灌溉农田 600 多公顷，然后注入桐木河。从明朝以后，水头泉已成名泉。

永福泉　旧名山北洲泉，地处永福县城凤巢山西北面的河洲边大山脚下，故名。该泉水

永福县渔洞上高街葫芦泉　　唐庆甫　摄于 2005 年

在莽莽大山里涵养孕育,从山北洲处的山脚下涌出一股甘泉,四季不涸。有善举者在涌泉处用砖与水泥砌成面积3平方米的方井。后因县供水公司再次修建厂房,特将泉水用管道接出至大道旁,并新建假山池塘,成为县城一处新的风景点。现今县城居民到此取水者络绎不绝,用此水煮饭、烹茶、饮用,有一种纯自然的甘甜味道。从宋朝以后,山北洲泉已成名泉。

福禄泉 又名葫芦泉,在永福镇渔洞村上高街屯。井的形状像是一个天然生成的大葫芦,因其形而得名,"福禄"是"葫芦"的谐音。福禄泉分为三级。第一级是葫芦肚,呈圆形,内径约5米,水深1.50米,泉内有三处泉眼,可见涌泉的水泡不断冒出,泉中游鱼悠闲穿梭于水草之中,是村民汲取饮用水之处;第二级是葫芦胸,呈椭圆形,横径3.50米,纵径5.40米,与圆形涌水泉有水道相通,是村民洗菜用的水池;第三级为葫芦颈,宽1.10米,长7米,用青石砌成平整的泉岸,供村民洗衣之用。泉水流出葫芦口后,进入一条大沟,灌溉良田80多公顷。

鉴真泉 原名凤塘泉,在苏桥镇石门村塘料屯西头,传说是因凤凰群集于此,在泉眼处戏水而得名。凤塘泉的下面,是一块巨大的石灰岩板块。岩石板块下面是地下河,水脉与永福西河相通。在这块大岩石的北端接近塘料岭处,有两个并排生成的天然石眼,石眼呈圆形,直径约40厘米,地下水从石眼中冒出来,形成了一个几十亩的大水塘,就叫凤塘,泉眼冒水处,形成了两个50厘米高的水柱,咕嘟震响,似凤凰长鸣之声,蔚为壮观。传说唐朝天宝年间,鉴真和尚第五次东渡失败后,海船漂流至琼崖,遂北渡琼州海峡,由陆路北归,至塘料村,见凤塘泉之美,便住宿下来,并用凤眼之水洗目,只一宿,便去疾复明。后人又称凤塘泉为鉴真泉。如今当地村民从人畜饮水的卫生观念出发,制作了一个大水柜安放在泉眼处,将泉眼与大塘隔离开来,泉水从大水柜四周的眼孔涌出,供村民饮水洗涤之用。

龙口泉 在苏桥镇石门村的西登山山顶上。西登山海拔649米,林木茂盛,是天平山脉向东延伸出来的一座山峰,形似一条巨龙伸进的龙头。山顶的南面有一个山洼,建有龙口庵和西登寺,形似张开的龙口,龙口泉就在这龙口庵内。明朝宣德年间,高僧明觉禅师云游到此,建立一座庵堂,叫"龙口庵",庵堂前这一眼泉水叫"龙口泉"。泉砌方井,水深数尺,水清如镜,四季不涸不盈,口感甘美。正应了"山有多高,水有多高"的古语。

福塘泉 在罗锦镇林村福塘屯,屯以塘名。福塘泉地处金鸡河东岸的小平原上,原来是一个近百平方米水面的天然清水潭,潭中有四处地下泉的冒井,可见冒井处水泡团团上涌。每年丰水季节金鸡河涨水时,冒井处会出现冒出水面30多厘米高的球状水花,浪球翻舞,银珠四溅,景象壮观。后来,村民们见水牛经常进塘浸泡洗澡,鸭子经常进塘浮游,为了不使井塘受到污染,就把冒井处用水泥砖石砌成两个连池,把旁边的水面填成平地,这样原来的冒水奇观就没有了。福塘泉水质优良,甜润甘美,入口如饮琼浆,一直享誉一方。相传福塘泉为元朝以后形成的一口名泉。

龙涎泉 在广福乡龙桥村龙桥屯东南面岭坡下的田垌边,从地底下冒出一眼清泉。泉水清澈甜润,村人饮用此水,皆神清气爽,体健身安。人们都说这眼泉水是龙的口水,喝了能祛病消灾,健康长寿,故将此泉叫"龙涎泉"。

丹砂泉 又名凉水井,因与丹砂井同一水脉,故又叫丹砂泉。丹砂泉,在百寿镇东岸村夹江口山下,距丹砂井800米。丹砂泉从一处石岩中涌出,形成一个不规则的天然石井塘,常年涌水量约0.1立方米/秒,泉水从井塘流出十多米后进入大沟,灌溉数百亩农田、果园。丹砂泉的水质与丹砂井相同,据专家测定为弱碱性的最佳天然纯净水。

江西泉 在百寿镇江岩村江西屯的山下。元代,战乱祸及长江流域,有罗姓一族人由江西迁到该地落脚居住,为了不忘祖籍,遂以"江西"为村名。村边这口井泉,便叫"江西泉"。江西泉从山脚下一处石岩中流出,丰水季节有0.30立方米/秒,冬季枯水季节亦有0.10立方米/秒,泉水冷冽纯净而甘美。村人在岩泉处砌成2个相连的长方水池,水池后砌了1条长60米、宽约1米的大沟,沟水流入的河道开满了海菜花。海菜花是生长在天然纯净水质中的水生植物,是检测天然水质的活标本。

里佳泉 又名尖山泉，在三皇乡江头村里家屯西南边的尖山脚下。今三皇乡南部的荣田、江头2个村以及今属柳州市鹿寨县的高坡、屯秋等村，在明清时期为永宁州所辖的永盈里，是最干旱的地区。每年天旱时，远近10千米内的村民都要到尖山泉来取水饮用，人背、车装、马驮，天天取水的人流不断。因此，在永盈里所辖的65个村落中，尖山泉旁边的村落是乡里人最羡慕的，故名"里佳村"，意即永盈里最好的村落。

里佳泉（谐音"里家泉"）是从尖山脚下一处石岩中涌流出来的泉水，其流量仅次于水头泉。泉水从岩洞中涌出后，在岩前形成一高一低两个相连的清潭，再流到山脚下低洼处，形成一个数亩方圆的大水潭。每当夏日炎热之时，汗流浃背的人们到此，酷暑顿消，心身凉爽。

第四章　土壤　植被

永福县地处中亚热带山区，高温多雨，土壤水分运动，生物活动强烈。土壤类型复杂多样。境内天然森林植被大致可分为山地、丘陵、平原植被及石山草木灌木等类型。

第一节　土　壤

永福县内土地肥沃，土壤养分充足，土壤类型多样。根据1980年冬至1983年1月进行的永福县土壤普查（此后至2005年没有进行土壤普查）统计，全县土地面积28.06万公顷。全县境内分为6个土类、12个亚类、29个土属、67个土种。其中，水田55个土种、旱地12个土种。6个土类为：水稻土、红壤土、石灰土、紫色土、种积土和矿毒土。12个亚类为：水稻土6个亚类，即淹育型水稻土、潴育型水稻土、潜育型水稻土、沼泽型水稻土、盐渍型水稻土和渗育型水稻土。全县水稻土面积1.73万公顷，占全县耕地面积的57%，占全县土地面积的6.30%，广泛分布于中山、低山的槽谷、丘陵和河谷平地，适合种植水稻等作物。

红壤土1个亚类，全县红壤土面积19.07万公顷，占全县土地面积的68.47%，广泛分布于低山、丘陵一带，盛产毛竹、杉木、松、樟、油茶、茶叶、油桐等。

石灰土2个亚类，即红色石灰土和棕色石灰土。全县石灰土面积2.53万公顷，占全县土地面积的9.08%。多为经开垦耕作而成的旱地土壤，适合种植旱地作物。

紫色土1个亚类，主要是酸性紫色土。全县紫色土面积约87.87公顷。为经开垦而成的旱地土壤。

冲积土1个亚类，主要是酸性潮沙土。全县冲积土面积375.14公顷，为河流多次洪水挟带泥沙沉积而成。

矿毒土1个亚类，主要是非金属矿毒田，是受工厂、矿山排出的废水、废渣、废气等有毒物质污染的低产田类。全县矿毒土面积约16公顷。

永福县的耕地以水稻土为主，占全县土地面积的6.30%。在水稻土壤中，潴育型土壤占82.60%，各乡镇都有。红壤次之，占土地总面积68.47%，石灰土占9.08%。在河流沿岸和平缓地带，阳光充足，地势开阔、质地适中，是水稻生长的良好环境。而在岭坡、山坳地段，则比较适合发展水果生产。总的来说，县内土壤发育良好，是发展农、林、牧的有利条件。

第二节　植　被

永福县阳光充足,气温高,降雨多,是广西多雨中心之一。地表多为黄壤、红壤、沙质土壤和冲积土,局部是石山。土壤肥沃,类型多样,山地占 80% 以上,没有裸露山岭和沙洲,植被良好。县境内植被大致可分为:阔叶、针叶混交水源林植被区(以阔叶林为主);栽培植物植被区;疏林、草地、藤蔓植被区。

水源林植被区

在桂林市区域十大片水源林中,永福县占两大片。它们是百寿水源林区、驾桥岭水源林区。

百寿水源林区,其范围包括龙江乡全乡 10 个村,百寿镇的朝兑、朝阳、双合、新隆、寿城、东岸、白果、双桥、山南、石龙等 10 个村;永福镇的四合、泡口、银洞、湾里、坪岭等 5 个村;广福乡的龙溪、广福、大石等 3 个村;永安乡的凤凰、独州、永新、军屯、永安、喇塔等 6 个村,面积约 998 平方千米。该水源林区阔叶、针叶混交植被好,丛林密布。

驾桥岭水源林区,其范围包括堡里乡全乡 12 个村;永福镇的大苏、渔洞村和南雄、樟峡村的一部分自然村;广福乡的德安、上寨、矮岭、马陂、龙桥村和广福、龙溪村一部分自然村;罗锦镇的金福、永升、江月、大西村和上笑、林村村的一部分自然村,面积约 852 平方千米。该水源林区阔叶、针叶混交植被好,丛林密布。

永福县上述两大片水源林植被区,面积约 1850 平方千米,占全县总面积约 66%。林木主要有松、杉、毛竹、油茶、椎、樟、枫木等,尚有优质杂树紫檀木等。

2005 年百寿镇重阳古树　　党史县志办　供图

栽培林植物植被区

永福县人工栽培林植被区,主要分布在沿河两岸的平地、谷地、盆地。是主要的农垦区,栽培植物覆盖面积约 267 平方千米,占全县总面积约 10%。

疏林、草地、藤蔓植被区

永福县疏林、草地、藤蔓植被区,主要分布在苏桥镇和三皇乡,以及永福镇、罗锦镇、永安乡和百寿镇的部分村。在水源林区的高山峻岭的岭(山)背(顶),大部分为茅草、疏林、草地、藤蔓植被区,面积约 668 平方千米,占全县总面积约 24%。

1991 年全县森林覆盖率 44.30%。2005 年全县森林面积 16.75 万公顷,立木蓄积量为 445.48 万立方米,森林覆盖率 74.10%。

第五章　自然资源

永福县物产丰富，美丽富饶，素有"福寿之乡"的美称。境内土地资源、动植物资源、水资源、矿产资源丰富，自然风景优美。大小河流纵横交错，土地肥沃，山区面积广布，林木茂盛，植被完好。优越的自然条件，为永福的经济发展提供了重要的前提基础。

第一节　土地资源

永福县土地资源丰富，按用途可分为耕地、果园地、林地、牧草地、居民点及工矿用地、交通用地、水域、未利用土地等类型。

根据1991年12月永福县土地管理局土地利用现状分类面积汇总上报的分布统计，永福县土地总面积（土地详查接边之前）28.06万公顷。其中，耕地3.07万公顷，占土地总面积的10.94%；果园地面积1171.83公顷，占0.42%；林地面积17.80万公顷，占63.44%；牧草地6348.21公顷，占2.26%；居民点及工矿用地3774.90公顷，占1.35%；交通用地795.21公顷，占0.28%；水域6902.14公顷，占2.46%；未利用土地5.13万公顷，占18.28%；其他土地1607.71公顷，占0.57%。土地资源潜力较大。

1996年，土地详查接边后全县土地总面积28.06万公顷。其中，耕地总面积3.06万公顷、果园地1173.36公顷、林地17.93万公顷、牧草地5954.52公顷、居民点及工矿用地3778.90公顷、交通用地912.29公顷、水域6906.78公顷、未利用土地4.95万公顷；其他土地2474.15公顷，占0.88%。在耕地总面积中，水田总面积2.44万公顷。其中，一级水田面积1556.71公顷，占水田总面积（下同）的6.39%；二级水田面积7821.49公顷，占32.08%；三级水田面积1.50

罗锦田园春色　　　　　唐庆甫2005年摄

万公顷，占61.53%。旱地总面积6225.01公顷。其中，一类旱地93.03公顷，占旱地总面积（下同）的1.49%；二类旱地560.97公顷，占9.02%；三类旱地5571.01公顷，占89.49%。

表2-9　　　　　　　　　　1996年永福县耕地评价等级面积汇总表

单位：公顷

乡镇名	耕地总面积	水田				旱地			
		小计	一级水田	二级水田	三级水田	小计	一类旱地	二类旱地	三类旱地
合计	30605.12	24380.11	1556.71	7821.49	15001.91	6225.01	93.03	560.97	5571.01
永福镇	39.87	22.23	—	22.23	—	17.64	—	17.64	—

续表

乡镇名	耕地总面积	水田				旱地			
		小计	一级水田	二级水田	三级水田	小计	一类旱地	二类旱地	三类旱地
百寿镇	3542.14	2837.88	166.26	708.92	1962.7	704.25	—	9.05	695.21
罗锦镇	5766.69	4476.45	117.67	1711.31	2647.47	1290.21	—	43.06	1247.18
桃城乡	3391.78	2888.46	289.36	923.39	1675.71	503.32	—	50.05	453.27
广福乡	2619.14	2120.68	202.82	649.39	1268.47	498.46	22.36	37.47	438.63
堡里乡	2650.51	2313.61	203.01	601.79	1508.81	332.9	—	5.37	331.53
苏桥乡	3449.65	3038.57	269.16	955.24	1814.17	411.08	70.67	121.43	218.98
龙江乡	1508.78	1281.55	39.58	618.54	623.43	227.23	—	—	227.23
三皇乡	4039.06	2846.59	134.43	935.88	1776.28	1192.47	—	117.88	1074.59
永安乡	3597.50	2554.09	134.42	694.8	1724.87	1045.41	—	159.02	884.39

根据永福县国土资源局 2005 年年底土地变更调查汇总统计，全县年末土地总面积 28.06 万公顷。其中耕地面积 2.17 万公顷，占土地总面积的 7.73%。其耕地分布情况为：永福镇耕地面积 1903 公顷，其中水田 1699.33 公顷、旱地 203.67 公顷；百寿镇耕地 2394.40 公顷，其中水田 1857.33 公顷、旱地 537.07 公顷；罗锦镇耕地 3650.13 公顷，其中水田 3081.93 公顷、旱地 568.20 公顷；苏桥镇耕地 2247.86 公顷，其中水田 2008.73 公顷、旱地 239.13 公顷；广福乡耕地 1788.86 公顷，其中水田 1352.13 公顷、旱地 436.73 公顷；堡里乡耕地 1913.80 公顷，其中水田 1510.67 公顷、旱地 403.13 公顷；龙江乡耕地 2370.20 公顷，其中水田 559.27 公顷、旱地 1810.93 公顷；三皇乡耕地 3216.73 公顷，其中水田 1956.53 公顷，旱地 1260.20 公顷；永安乡耕地 2205.93 公顷，其中水田 1668.07 公顷、旱地 537.86 公顷。

全县果园地面积 2377.06 公顷，占土地总面积的 0.85%。其中果园面积占 99.75%。其分布情况为：永福镇果园面积 86.13 公顷、百寿镇 1050.27 公顷、罗锦镇 320.53 公顷、苏桥镇 146.67 公顷、广福乡 87.73 公顷、堡里乡 114.20 公顷、龙江乡 184.60 公顷、三皇乡 196.80 公顷、永安乡 190.13 公顷。

全县林地面积 19.13 万公顷，占土地总面积的 68.18%。其分布为永福镇 1.79 万公顷、百寿镇 2.56 万公顷、罗锦镇 1.44 万公顷、苏桥镇 5697.07 公顷、广福乡 3.14 万公顷、堡里乡 3.05 万公顷、龙江乡 2.95 万公顷、三皇乡 1.06 万公顷、永安乡 2.58 万公顷。

全县牧草地面积 1460.20 公顷，占土地总面积的 0.52%。全部为天然牧场，面积在 166.67 公顷至 193.33 公顷的乡镇有永福镇、苏桥镇、广福乡；面积在 220 公顷至 253.33 公顷的乡镇有永安乡、三皇乡和罗锦镇。

全县其他农用地面积 1.71 万公顷，占土地总面积的 6.10%。其中，养殖水面面积 175.40 公顷，占 2.76%；农田水利用地面积 2007.80 公顷，占 31.65%。

全县年末建设用地面积 6908.82 公顷，占土地总面积的 2.46%。其中，居民点及独立工矿用地 4610 公顷、交通运输用地 852.53 公顷、水利设施用地面积 1446.29 公顷，其中水库水面面积 1423.53 公顷。

全县未利用地面积 3.97 万公顷，占土地总面积的 14.15%。其中，荒草地 3.57 万公顷、河流水面 3136.60 公顷、滩涂 21.27 公顷。

永福县土地资源丰富，人均耕地面积名列桂林市各县首位。土地利用率高，农民以种植粮食作物为主，同时种植蔬菜，栽种果树等。

在永福县的土地资源中，中、低山所占的份额比较大，海拔 800 米以上的中山占 42.95%，500~800 米的低山占 36.68%，其他丘陵和平原占 20.37%。中、低山主要分布在天平山、大崇山和驾桥岭地带，因土地坡度大，农垦困难，大多种植树木，为林业用地。东北部和西南部为岩溶地貌，主要分布在三皇、永安、百寿、罗锦等乡镇，地势较为平坦，容易耕种，是较好的农垦开发区。

第二节　动植物资源

　　永福县境内森林茂密,气候适宜,地形复杂,野生动植物种类繁多。珍稀动物有金猫、短尾猴、猴面鹰、娃娃鱼等十余种。植物中以金钱柳、楠木较为珍贵;马尾松、杉树、毛竹是永福县分布最广的经济林木。海菜花和重阳树是永福最具特色的植物。

野生动物

　　金猫　别名原猫、红椿豹、芝麻豹、乌云豹,属于猫科。金猫比云豹略小,体长 80~100 厘米。尾长超过体长的一半,耳朵短小直立,眼大而圆;四肢粗壮,身体强健有力,体毛多变。永福县金猫主要生活在亚热带山地森林中,属于夜行性动物,白天多在树洞中休息。独居,善攀缘,但多在地面行动。活动区域较固定,随季节变化而迁移。食性较广,小型有蹄类、鼠类、野禽都是扑食对象。每胎 2 仔,多产于树洞中。截至2005 年,野外种群数量极小,属于国家二级保护动物。

　　猕猴　别名黄猴、恒河猴、广西猴,属于猴科。体长 43~55 厘米,尾长 15~24 厘米。头部呈棕色,背上部棕灰或棕黄色,下部橙色或橙红色,腹面淡灰黄色。鼻孔向下,具颊曩。臀部的胼胝明显。永福县的猕猴多栖息在石山峭壁、溪旁沟谷和江河岸边的密林中或疏林岩山上,群居,一般 30~50 只为一群。善于攀援跳跃,会游泳和模仿人的动作,有喜怒哀乐的表情。取食植物的花、果、枝、叶及树皮,偶尔也吃鸟卵和小型无脊椎动物。在农作物成熟季节,有时到田里采食玉米和花生等。它们的繁殖有明显的季节性,一般于每年 11—12 月发情,次年 3—6 月产仔,哺乳期为 4 个月,饲养寿命长达 30 年。其适应性强,容易驯养繁殖。猕猴属国家二级保护动物。

　　短尾猴　别名红面猴,属于猴科。体型比猕猴大,体型浑圆、憨实,四肢粗壮,雄兽的体长为 70~80 厘米,体重 8~16 千克;雌兽的体长为 50~58 厘米,体重 5~11 千克。短尾猴的前额部分裸露无毛,几乎全部秃顶,呈灰黑色,颊部的毛也较为稀少。胸部、腹部,以及四肢内侧的毛稀疏而且颜色较浅,肩部、颈部和背部的毛较为粗糙。胼胝的周围也是裸露无毛。尾巴短得出奇,还没有后脚长,仅为体长的十分之一,而且被毛稀少,因此又有"短尾猴"之称。短尾猴的成体颜色是鲜红色,老年为紫红色,幼体为肉红色。耳朵较小,尾短光秃无毛。体背毛色为棕褐,披毛较长,腹面略浅;头顶毛较长,由中央向两侧披开。永福县的短尾猴栖息于亚热带常绿阔叶林中,生活在树上,也常集群在地面活动。食性较杂,主要以植物的果实、花、叶、根、茎及竹笋等为食,也在河谷地带捕捉螃蟹、青蛙等小动物。短尾猴比较畏惧寒冷,为昼行性、树栖的动物,但也常在沟谷、山坡等处的地面上觅食,夜晚在高大乔木的横权处休息。喜欢群居,每个群体的数量为10~30 只不等。每年 9—10 月份为交配的旺季,雌猴发情时性皮肤变红,但肿胀的程度甚微。怀孕期大约为 6 个月,次年的 3—4 月份产仔,一般为隔年生育一次,每胎产 1 仔。刚出生的幼仔面部为肉色;体毛为乳白色,3 月龄时首先从背部开始生长出棕色的毛,以后随着年龄的增长逐渐加深,但面部则需要在 1 年以后才开始变为红色。短尾猴的寿命大约为 20 年。属于国家二级保护动物。

野生植物

　　海菜花　在永福县百寿镇一段长 3.30 千米的河面上生长着全国少见的一种植物——海菜花。河面不是很宽,中间有一段长满了洁白的小花,那就是海菜花。花瓣不大,洁白如雪,花心呈淡黄色,整个看起来小巧精致。远远望去,一朵朵小花散落在平静的水面上,仿佛满天繁星。海菜花是一种沉水植物,它的根在水里,可生长在 4 米深的水中,对水体要求特别高,水体要清晰透明,无任何污染,才能生长。喜温暖。一般花期在每年 5—10 月。由于海菜花对水质污染很敏感,所以它是检测天然水源质量的试金石,凡是生长着海菜花的天然水域其水质可以免检,但现在已经是濒危植物。

永福县百寿镇国家保护物种——海菜花

唐庆甫 摄于 2005 年

重阳树 生长在永福县百寿镇东北侧 1000 米的对河村,村子坐落在公路旁,重阳树就长在村头。重阳树,又名水蚬木,属于戟科,是生长在热带、亚热带的树种。但百寿镇的这颗重阳树,树的胸围达到 5.31 米,胸径 150 多厘米,树冠覆地阴 0.05 公顷,高 14.60 米。树龄已近千年。重阳树上面寄生着一颗直径为 0.80 米的榕树,同样枝繁叶茂,两株树相得益彰,阴阳合抱,举世罕见。经一位研究亚热带植物的专家鉴定此树为世界上最大的重阳树。

永福县野生动物、植物名录

1991—2005 年,永福县境内野生动物和植物资源有以下几类:

野生动物 兽类:毛冠鹿、猕猴、短尾猴、河鹿、麝、云豹、金猫、大灵猫、小灵猫、苏门羚、穿山甲、水鹿、狐狸、豺、箭猪、野猪、野兔、獐、麂、果子狸、野猫、田鼠、竹鼠、野山羊、黄鼠狼、水獭、松鼠、黄猄、山鼠、蝙蝠、黑脸獐、獾、蛤蚧等。

鸟类:红腹角雉、黄腹角雉、白鹇、金鸡、麻雀、燕子、乌鸦、秧鸟、禾鸡、斑鸠、鹧鸪、白鹭、竹鸡、喜鹊、白头翁、水鸟、鱼鸟、秦吉了、鹦鹉、百舌、八哥、布谷、伯劳、杜鹃、鹭丝、黄莺、鹩、猫头鹰、猴面鹰、野鸭、山雉、画眉、黄鹂、相思鸟、啄木鸟、鸳鸯、翠鸟、鸽鸡、吃屎鸟、鹤、鹩鹈等。

蛇类:金环蛇、银环蛇、眼镜蛇、南蛇、蝮蛇、青竹蛇、五步蛇、草花蛇、黄金条、泥蛇、乌梢蛇、过树榕、水蛇、狗婆蛇、蜥蜴、鸡冠蛇、烙铁头、干芋苗、白花蛇、两头蛇、菜蛇、过山风等。

鱼类:草、鲭、鲤、倒刺耙、鲢、鳙、鲴、鲫、鳜、鳡、鲇、大刺鳅、鲶、黄颡鱼、大眼鱼、光眼鱼、石豪鱼、麻勾鱼、青竹鱼、榄鱼、黄尾鱼、间鱼、石曼、油丰鱼、狮子鱼、塘角鱼、白鳝、黄鳝、泥鳅、司公鱼、禾稿公、斑鱼、七星鱼、狗娃鱼、鲸鱼、剑骨鱼、马尾骨。

小青虾、白虾、螃蟹、龟、鳖(脚鱼)、蚌、螺、山蚂拐、水甲等。

昆虫类:桑蚕、野蚕(8 种)、蜜蜂、野蜂(50 余种)、虎甲虫(8 种)、步甲虫(30 余种)、瓢虫(15 种)、草岭、食蚜蝇、猎蝽(10 种)、蜘蛛(20 余种)、蜻蜓(3 种)、螳螂、蝉、蚱蜢(20 余种)、蝴蝶(19 种)、蟋蟀、灶鸡、蚁(红、黑、白 3 种)、蜈蚣、千脚虫、蝎虎、蚯蚓、水蛭(蚂蟥)、土狗等。

野生植物 主要树种:松、杉、桉、枫、红椎、栲树、米椎、酸枣、泡桐、楠木、苦楝、清风栋、稠木、樟、鸭脚木、枫杨、柠檬桉、乌桕、狗骨木、板栗、山枇杷、苏木、喜树、荷木、瓦木、漆树、阴香、竹柏、红修木、柑、橙、柚、梨、桃、李、杨梅、侧柏、桑木、构树、黄檀、大叶栎、深山含笑、香椿、赤杨、杨柳、野柳、桂花、灰木、虎皮楠、冬青、铁坚杉、大叶红兰、小叶红兰、榕、黄杨、苏铁、石榴、棕榈、檀、椿、柳、梓、桑、杞、棉木、黄连、山仓、合观、杨、锥栗、苦椎、水青岗、大叶青冈、紫檀、红椿、蜡树、槐、榆、毛桂、野黄桂、木莲、香花木、老糠木、粗糠紫、山合欢、枫香木、玉桂、杜仲、响杨、水冬瓜、石栎、麻栋、野山漆、黄杞、八角枫、紫树、山茉莉、山杜鹃、重阳木、鬼柳、奶浆树、油杉、油桐、茶树、牛尾木、苦枫、桧树、鸡爪桩、枧木、山荔枝、白荆木、黄皮果、山竹桂、紫檀、乌梨木、香元木、刺简木、榎头木、野参树等。

竹：毛竹、水竹、筋竹、白竹、苦竹、紫竹、方竹、寿竹、丹竹、刺竹、篱竹、淡竹、甜竹、牛角竹、棕竹、观音竹、篙竹、罗汉竹、绵竹、黄竹、青竹、吊尾竹、黑竹、箭竹、院竹、蒲竹、细竹、斑竹、桡竹、练竹、吕竹、念竹、麻竹、雷竹。

第三节　水　资　源

永福县雨量充沛，是广西多雨中心之一。县内植被良好，水源林面积约 1850 平方千米，对水资源的涵养，保护起较大作用。水资源丰富。2005 年，县内地表径流量 57.84 亿立方米，人均拥有水量 1.70 万立方米。

水　　量

永福县境内河流纵横交错，大小河流共有 55 条，总长 1120.40 千米。县内最大的河流为洛清江，属珠江水系，在县境内流经区域约 57 千米。其一级支流有龙山塘河、相思江、茅河、西河、头陂河、马陂河、中村河、古立河、大邦河、木皮河、矮岭河等 11 条，其他集雨面积在 10 平方千米以上的中小河流 43 条，水域面积 35.70 平方千米。水电理论蕴藏量 33 万千瓦，其中可开发量 5.40 万千瓦，发电量约 2.70 亿度。地表水年径流量按全县耕地每亩摊水量 17.49 立方米，高于全国平均 2.28 立方米。

罗锦江月风光　　　　　唐庆甫　摄于 2005 年

永福县境内地下水资源充足，已发现地下河 1 条，年径流量约 174.20 万立方米。赋存于众多的岩溶地层中，地下水补给主要来源于大气降水。其次是非岩溶地区的侧向补给，渠道和农田灌溉入渗补给。

但由于境内降水量时空分布不均，每年 3 月至 9 月雨季，河水流量大，10 月至次年 4 月降水量少，河水流量少，容易造成季节性少水。另一方面，受地貌地质因素影响，石灰岩地区岩溶发育，雨水通过岩溶裂隙流入地下，部分地区地表水缺乏。县内东北部地势平坦且较低，地表水丰富；西南部岩溶区水资源缺乏，水流枯干快；少部分农村人畜饮水困难。

蓄　　水

1991—2005 年期间，永福县有中型水库 3 座，总库容 1.33 亿立方米，有效库容 9185 万立方米，实灌面积 4966.67 公顷；有小（1）型水库 12 座，总库容 3431.50 万立方米，有效库容 2116 万立方米，实灌面积 1531.33 公顷；有小（2）型水库 34 座，小山塘 183 处，实灌面积 1454.27 公顷。永福县境内虽有不少水利设施，但部分地区仍受夏涝秋旱的威胁。

瀑　　布

永福县境山区广布，地势落差大，形成许多瀑布。比较出名的有位于百寿镇东岸村豆腐灶屯附近的豆腐灶瀑布、永福镇银洞村境内的石占瀑布、永福镇曾村村境内的湛底瀑布、百寿镇江岩村境内的老岩瀑布、罗锦镇大西村境内的金钟山瀑布等,具旅游开发价值。

第四节　矿产资源

永福县矿产资源品种较多。至 2005 年年底,经过勘查和采矿工作,已发现的矿产种类有 26 种,主要矿产资源有重晶石、方解石、铜、铅、水晶、磷、石灰石等。有色金属矿产、建材非金属矿产具有明显优势,资源潜力大。矿产资源开发已形成一定规模,开采的矿种较多,矿石产量达到一定水平。铅锌、重晶石、方解石等矿产品在广西具有重要地位,重晶石等矿产品及其加工产品销往国内外,是永福县经济发展的支柱产业。

矿床规模有中型矿床,但以小型为主,分布在县辖 9 个乡镇,矿床开采条件较好。

重晶石矿

重晶石矿在永福县内蕴藏量十分丰富,地质藏量 170 万吨。主要分布在永安乡和龙江乡,及永福镇的泡口和四合村,是永福县的主要矿种,也是主要出口产品。重晶石质优,点多面广,是以硫酸钡($BaSO_2$)为主要成分的非金属矿产品。截至 2005 年年底,县内重晶石矿查明资源储量 170 万吨。正在进行规模性开采。

2005 年永福县优质重晶石产品　县重晶石矿　供图

铁　矿

百寿镇石龙村的丁兴北东向断裂中,储藏有黄铁矿,藏量 38.70 万吨。自百寿经山南至永安乡的军屯以南,有赤铁矿、菱铁矿出露,储藏量达 1000 万吨。但矿层多,厚度薄,矿石杂质含量高,品位变化大,选矿有困难。至 2005 年还难以规模开采。

多金属矿(铜、铅锌)

多金属矿主要分布在龙江乡保安村银矿冲一带,永安乡永安村岭头一带和驾桥岭堡里乡河东村一带。总储量达 2.50 万吨。一般呈团块状、星散状体生于重晶石矿脉中,或以铜、铅或铅锌为主,多数为伴生矿物。主要矿物为重铅矿、内铅矿、伴生黄铜矿、黄铁矿等。

方解石矿

方解石矿主要分布在永安乡、三皇乡与罗锦镇,已勘察发现储藏点有 11 处,总储量 100 多万吨。自 20 世纪末 21 世纪初,每年约开采 30 多吨。它的成分为 $CaCO_3$ 的碳酸盐矿物。常含镁、铁、锰、锌等。方解石在风化过程中易被溶解形成重碳酸钙进入溶液,在适宜的环境下,随着二氧化碳的溢出而产生方解石

的沉淀,形成石钟乳、石笋等。方解石是组成石灰岩、白云质灰岩和大理岩的主要矿物成分。这些岩石已被广泛应用于建筑、冶金、化工等。

水 晶 矿

水晶矿仅见于龙江乡兴隆村长江自然村水晶点一处,产于寒武系地层中,有石英脉2条。其一,位于长江村西北,长约150米,厚0.1~8米,呈北东向;其二,位于村南,长约100米,厚大于8米,呈西向。至2005年,县境内已发现的水晶矿因储量不够,还形不成矿床,尚未开采。

永福县城南部全景　　　　　　　　　　　　　　　　　　　　唐庆甫　摄于2005年

第六章　自然灾害

永福县境自然灾害,主要是水灾和旱灾。其次是寒灾(倒春寒、寒露风)、虫灾等,霜冻、雹灾也在少数年份出现。以水灾、旱灾和虫灾次数较多,危害较烈。

第一节　水　灾

永福县地处中亚热带湿润气候区,受热带季风气候影响,成为广西暴雨中心之一,每年都有暴雨出现。加上许多地方地势较低等原因造成水灾较为频繁。据永福县气象局1991—2005年的气象资料统计,15年间共出现暴雨131次,其中大暴雨34次,特大暴雨2次。每年平均下暴雨8.73次,其中大暴雨2.26次、特大暴雨0.11次。暴雨最多的是2002年,下暴雨14次;最少的是2001年,只有4次。暴雨主要集中在4—7月,这4个月共达125次,占15年暴雨总数的95.42%。

从1991—2005年,共出现大的水灾16次,平均每年1.06次。

1993年6月7日晚8时至9日上午8时,堡里乡普降大雨,降雨量为430毫米,5000人受洪水围困,1

人死亡;956 户房屋进水,265 间房屋被损,其中 65 户 127 间房屋倒塌;淹没农田 580 公顷、大小桥梁 25 座、公路 1084 米。直接经济损失 193 万元。

1994 年,永福县发生 4 次水灾。6 月 13 日凌晨 2 点至下午 2 点永福县降暴雨 220 毫米,暴雨中心雨量高达 250 毫米。6 月 16 日上午 11 点至 17 日凌晨 2 点,全县又降暴雨,雨量达 215 毫米。6 月 26 日,全县再次普降大雨,更加剧了山洪暴发、河水猛涨。全县在 6 月 13 日、16 日、26 日 3 次惨遭中华人民共和国成立以来罕见的特大洪水袭击,县城茅河、东河、西河汇合处水位高达 141.70 米,超过警戒水位 1.70 米,比 1993 年特大洪水水位高 0.40 米。该次洪水降雨时间集中、面广,洪水凶猛而持久,全县 10 个乡镇 75 个村公所受灾,受灾户 5.25 万户,受灾人口 19.50 万人,受洪水围困 4.30 万人,紧急转移 1.43 万人。全县稻田被淹 947 公顷,水毁农田 77 公顷,冲毁渠道 135 处,长 1.45 千米;冲毁陂坝 635 处,冲垮拦河堤防 21 处,长 0.65 千米;损坏机电泵站 19 座,240 千瓦;损坏变压器 1 台 30 千伏安;损坏桥涵 10 处。此次洪灾直接经济损失 1.55 亿元。8 月 6 日上午 8 时至 7 日上午 8 时,永福县第四次遭受洪水袭击,降暴雨量高达 253 毫米,全县 10 个乡镇,68 个村公所,3.60 万户,16.50 万人受灾,死亡 3 人,伤 3 人。造成直接经济损失 7182 万元。

1996 年,永福县发生 2 次水灾。6 月 29 日,全县平均降雨量 112.5 毫米,县城沿河两岸农田大部分被淹,造成直接经济损失 470 万元。7 月 17 日,上午 8 时至晚上 12 时全县普降暴雨,平均达 150 毫米。暴雨中心的永安、三皇乡雨量高达 268 毫米,致使山洪暴发、河水猛涨。全县 10 个乡镇,85 个村,758 个自然屯,9.18 万人受到洪水灾害。这次水灾受伤 25 人,死亡 3 人;县城进水,洪水围困 0.35 万人,紧急转移 0.20 万人,损坏房屋 540 间,倒塌房屋 372 间,1.62 万平方米。农作物被淹面积 7696 公顷,其中粮食作物 4297 公顷、经济作物 3399 公顷;粮食减产 1.52 万吨;死亡牲畜 885 头;淡水养鱼损失面积 206 公顷,成鱼 35 吨;全停产工矿企业 5 个,损失灌溉效益 133.33 公顷。直接经济损失 2 亿元。

1997 年,永福县发生较大的洪水 3 次,分别是 4 月 21 日、7 月 3 日、7 月 7 日。特别是 7 月 7 日这场洪水,据统计全县受灾人口达 11 万人,成灾人口 6 万人,被洪水围困人口 0.30 万人,紧急转移安置 800 人,无家可归 34 人;农作物受灾面积 1560 公顷,成灾面积 1148 公顷,绝收面积 386 公顷,毁坏耕地面积 8 公顷;全县倒塌房屋 370 间,其中住房 180 间。造成的直接经济损失达 2329 万元。

1998 年 6 月 17 日晚 8 时至 6 月 26 日晚 8 时,10 天内永福县境内连续 7 次连降特大暴雨,累计降雨量高达 976.50 毫米,占历年平均年降雨量(1800 毫米)的 55%,比正常年份 6 月份的月降雨量多了 724.6 毫米,其中降雨量最多的一天达 237 毫米,成为这次洪灾中广西壮族自治区降雨量最多的县。全县境内所有水库、山塘全部大量排洪。其中,24 日一天连续 3 次洪峰涌入县城,县城水位线上升至 142.20 米,超警戒水位线 2.20 米,比 1994 年特大洪灾水位高出 0.50 米。这次洪灾,降雨量之大,持续时间之长,洪水位之高,水毁损失之严重为历史罕见。全县受灾人口达 20.60 万人,成灾 8 万人,被洪水围困人口 1.80 万人,紧急转移安置 0.23 万人,无家可归 40 人;农作物受灾面积 1.52 万公顷,成灾面积 1.11 万公顷,绝收面积 4100 公顷,毁坏耕地面积 169 公顷;全县倒塌房屋 2987 间,其中住房 380 间。洪灾造成的直接经济损失达 3.87 亿元。

1999 年 7 月 11 日至 12 日,永福县连降暴雨,全县平均降雨量 516.30 毫米,10 个乡镇都遭受了严重的自然灾害。其中,以三皇乡最重,在 11 日上午 9 时至 12 时短短 3 小时内降雨高达 303.60 毫米。这场洪水中,全县 6 个乡镇河流超警戒水位,三皇乡超警戒水位 2.50 米,百寿镇百寿河超警戒水位 1.90 米,县城西河超警戒水位 2.00 米,东河超警戒水位 1.80 米,苏桥乡超警戒水位 1.90 米。据统计全县受灾人口达 14.23 万人,被洪水围困 2.25 万人,紧急转移 0.23 万人。这次洪水上涨持续时间长,农作物受灾面积达 1.56 万公顷,成灾面积 6466 公顷,绝收 733 公顷;水毁农田面积 375 公顷,受淹鱼塘 393 公顷。倒房户 1160 户,倒塌房屋 1780 间,5.34 万平方米;损坏房屋 2680 间,8.04 万平方米。造成全县直接经济损失达 1.51 亿元。

2000 年 7 月 11 日 6 时至 12 日 12 时,永福县境内普降特大暴雨,降雨总量超过 500 毫米,其中三皇乡 24 小时内降雨 510 毫米，县内大小水库全部排洪，县城水位超警戒水位 1.90 米，仅比 1998 年特大洪灾水位低 0.20 米。全县水毁水利设施 1031 处，直接经济损失 1921 万元。

2002 年 6 月 15 日至 17 日，永福县普降特大暴雨，境内 10 个乡镇均出现灾情，其中县城降雨量达 446.40 毫米，广福乡降雨量 459.70 毫米，三皇乡降雨量 431 毫米，永安乡降雨量 326.30 毫米，是历年同期平均降雨量的 2.50 倍。暴雨造成江河水位突涨，洪水水位超警戒水位。在县城交汇的西河、东河、茅河 3 条河流河水暴涨，使县城最高水位达到 142.45 米，超过警戒水位线 2.45 米，比 1998 年特大洪水水位高出 0.25 米。县城通往各乡镇的公路交通全部中断，县城农贸集市场被洪水淹没。湘桂铁路永福站至葡萄站区间的黄岭发生大面积山体滑坡 150 米，导致铁路交通中断。全县 10 个乡镇全部受灾，受灾人口 20.50 万人，占全县总人口的 76%。被洪水围困村庄 156 个，被围困人口 1.50 万人，紧急转移安置 0.80 万人，无家可归 2000 人，房屋倒塌 1500 间，死亡牲畜 1100 头。这次特大洪水造成全县直接经济损失 3.02 亿元。

2003 年 5 月 18 日至 19 日，永福县普遍降大暴雨，境内 6 个乡、镇均出现灾情，其中县城降雨量 104 毫米、罗锦镇降雨量 143.30 毫米、苏桥镇降雨量 125.80 毫米，江河水位突涨，洪水水位超过警戒水位线，在县城交汇的西河、东河、茅河 3 条河流河水暴涨，县城最高水位达到 139.80 米，超过警戒水位线 1.80 米。经初步统计，全县农作物受灾面积 863 公顷，其中粮食作物 669 公顷；农作物成灾面积 569 公顷，其中粮食作物 455 公顷、农作物绝收面积 0.42 公顷，水产养殖损失 0.59 公顷，房屋倒塌 121 间，公路中断 4 处，损坏输电线路 4.20 千米，损坏通信线路 3.10 千米，损坏水利护岸 2 处。这次洪灾造成直接经济损失 4716 万元。

2005 年 6 月 18 日晚 19 时至 6 月 19 日中午 2 时，永福县境内大雨连绵不断。19 个小时内全县降雨量达 185.50 毫米，茅河水位达到 141.20 米，超警戒水位 3.20 米，超危险水位 2.20 米；西河水位达到 141.80 米，超警戒水位线 3.80 米。全县受灾乡镇 9 个，受灾人口达 2.86 万人，占全县人口的 10.70%。洪灾造成直接经济损失 6000 多万元。

第二节　旱　　灾

永福县因降雨量在时空上分配不均及森林砍伐过量、土地的不合理使用等自然及人为因素，境内旱灾时有发生。1991—2005 年，永福县出现过春旱、夏旱、秋旱，其中秋旱严重。有明显旱灾的年份是 1998 年、1999 年、2000 年、2001 年、2003 年、2004 年、2005 年。旱情较轻的是 1991—1997 年、2002 年。

1998 年 7 月至 8 月，由于受热带高压气压影响，永福县持续高温天气，降雨量比上年同期减少 102 毫米。全县出现不同程度的旱情。全县受旱的各种农作物达 7666.67 公顷，其中重旱 2533.33 公顷、干枯 1733.33 公顷。

1999 年 8 月—2000 年 4 月上旬，永福县出现近十年罕见的干旱。全县有 25 条小河断流，47 座中、小型水库中有 32 座干涸；180 座山塘有 153 座干枯，全县水库蓄水量仅有 2114 万立方米，与 1998 年同期减少 6806 万立方米。全县农作物受旱面积 1.17 万公顷，5.30 万人、24.60 万头牲畜饮水困难。

2001 年 1 月至 9 月，永福县春旱连夏旱，降雨量仅有 1340 毫米，与上年同期相比减少 210 毫米。全县受旱面积 5013.33 公顷，其中重灾 1353.33 公顷。

2003 年 6 月下旬开始，由于受热带高压气压的影响，永福县出现持续时间较长的高温干旱天气，最高气温达 38.90℃，降水量 1 至 7 月比上年同期减少 620 毫米，特别是 7 月份，历年平均降雨 241.70 毫米，当年仅为 90 毫米，减少了近七成。水库蓄水量比上年同期减少 3948 万立方米，三皇、永安等 6 个乡镇仅为 20 毫米，减少了近九成。全县农作物受旱面积 1.49 万公顷，造成农业直接经济损失 4500 万元。全县受旱灾乡镇 9 个，受灾村屯 92 个，受灾人口 5.80 万人。有 10 个村 25 个屯 5500 人、1.20 万头牲畜饮水困难，因高温干旱天气有 20 多头大牲畜死亡。

2004年8月1日至10月25日，全县降雨量为153.50毫米，比上年同期减少42.40%。全县中小型水库蓄水量比上年同期少686万立方米。8月份以后，华山、金鸡河、七排岭等17座中、小型水库基本干枯。全县受旱灾村屯61个，受灾人口8.70万人，其中有6.80万人、7.30万头大牲畜饮水困难；全县农作物因旱受灾面积1.72万公顷，其中干枯1433.33公顷。

2005年8月1日至10月10日，持续高温干旱，全县降雨量为79.60毫米，比正常年减少59.70%。全县除板峡水库有效蓄水量为3700万立方米外，华山、金鸡河、七排岭等41座中、小型水库基本干枯。全县受旱灾乡镇9个，受灾村屯61个，受灾人口19.64万人，有7.90万人、8.90万头大牲畜饮水困难；全县农作物受旱灾面积1.64万公顷，其中有7586.67公顷基本干枯。

第三节 病虫灾害

永福县病虫害，历年均有发生。

水稻、罗汉果病虫害

1991—2005年，永福县水稻主要病、虫害，除部分年份发生有所起伏外，年发生面积、发生程度变化不大，年发生面积保持在12万~13.33万公顷之间。1991—1999年稻瘿蚊发生持续上升。2000—2005年，发生直线回落。迁飞性害虫卷叶虫、稻飞虱几乎年年发生。1997年早稻稻瘟病在I404、优402等组合大暴发，发生面积5666.67公顷，损失稻谷1500多吨。

罗汉果根结线虫病、病毒病1995年后发生趋向严重。

柑橘黄龙病

柑橘黄龙病，是一种毁灭性的果树病害，对柑橘生产威胁、危害最大。20世纪90年代，在罗锦、苏桥镇传播蔓延较快，多数柑园被毁。2000年以后，该病在百寿、永安、龙江等乡镇迅速扩散，发病严重的果园病株达70%~80%。据全县柑橘黄龙病普查统计，1991年，全县柑橘平均病株率为0.74%，1995年为2.69%，2000年为4.57%，2005年为8.57%。

表2-10 **永福县部分年度柑橘黄龙病普查统计表**

病株率%＼乡镇＼年度	桃城乡	永福镇	百寿镇	罗锦镇	苏桥镇	广福乡	堡里乡	龙江乡	三皇乡	永安乡	全县平均
1995	2.85	2.87	1.03	3.13	6.15	1.01	1.91	0.20	0.32	1.02	2.69
2005		0.32	13.1	1.29	1.04	0.12	0.59	5.37	0.03	3.17	8.57

森林病虫害

1991—2005年，永福县森林虫害主要有松毛虫、毛竹黄脊竹蝗、毛竹双色竹刺蛾、松茸毒蛾、萧氏松茎象、松墨天牛、杨树叶蜂、杨树刺蛾、油茶枯叶蛾、油茶毒蛾、白蚁、地老虎、大蟋蟀、桉树尺蛾、桉树蚜虫等；竹林虫害有毛竹黄脊竹蝗、毛竹双色竹刺蛾。

松毛虫害一般每隔 4~5 年大暴发一次,每次虫害面积 1333.33~2000 公顷。1990 年,全县 1666.67 公顷松林发生松毛虫,分布在永福镇、苏桥镇、罗锦镇。1991—1995 年,永福县开展马尾松松毛虫综合治理。到 2005 年,全县松毛虫害发生率被控制在 5% 以下,成灾率控制在 4‰以下。

森林病害主要有松赤枯病、松针褐斑病、毛竹黑痣病、桉树叶枯病、桉树褐斑病、桉树红叶病、桉树叶斑病、板栗疫病、松材线虫病等。2001 年 9 月,经上级主管业务部门和专家鉴定,永福县已被传入松材线虫病。并将永福县城凤山列为疫情发生点(区)。经过监测防治,2005 年基本拔除了疫点。

2000—2005 年,百寿镇、龙江乡发生毛竹双色竹刺蛾虫害约 300 公顷。

第四节　其他灾害

1991—2005 年,永福县除发生洪涝、旱灾、病虫灾害外,还时而发生冰雹、霜冻、倒春寒、寒露风及山体滑坡、泥石流等自然灾害。

冰　雹

冰雹在永福境内随雷雨大风偶有发生,一般发生在 3 月至 5 月。造成灾害性的为 1998 年 3 月 8 日晚,永福县 8 个乡镇遭受特大冰雹和暴风雨袭击。受灾最严重的是堡里乡和桃城乡。据统计,全县受损房屋 2.49 万间、春种作物 2300 公顷,大批竹苗、树苗被毁。全县直接经济损失 1200 万元。

2003 年 4 月 3 日晚,县内 5 个乡镇遭受雷雨大风冰雹袭击,农作物直接经济损失 310 多万元。

霜　冻

1999 年 12 月 24 日至 27 日,永福境内出现持续霜冻,最低气温降至 -2.40℃,最低地表温度降至 -5.90℃,是永福县气象档案史上冻害最严重的一年。全县秋冬农作物受灾面积 5334 公顷。其中甘蔗严重受损 667 公顷,果树和竹子被冻死 667 公顷,蚕豆绝收面积 800 公顷,西红柿绝收面积 2300 公顷。全县直接经济损失 4600 万元。其中,以三皇乡、百寿镇、桃城乡灾情较重。

2002 年 12 月 26 日至 27 日,永福境内出现多年罕见的冰冻和雪雨天气,最低温 -3℃,部分道路一度中断,供电、供水设施受损,全县农作物直接经济损失 6127.28 万元。

山体滑坡

永福县既是山区县,又是广西暴雨中心。在山洪暴发时,在山区易造成泥石流、山体滑坡等地质灾害。造成灾害性的年份为 1998 年 6 月,永福县发生特大洪灾中,县城凤山山体出现多处滑坡、泥石流,山上和周边房屋多处裂开。危及 13 户、45 人的生命财产安全,造成直接经济损失 60 万元,没有人员伤亡。

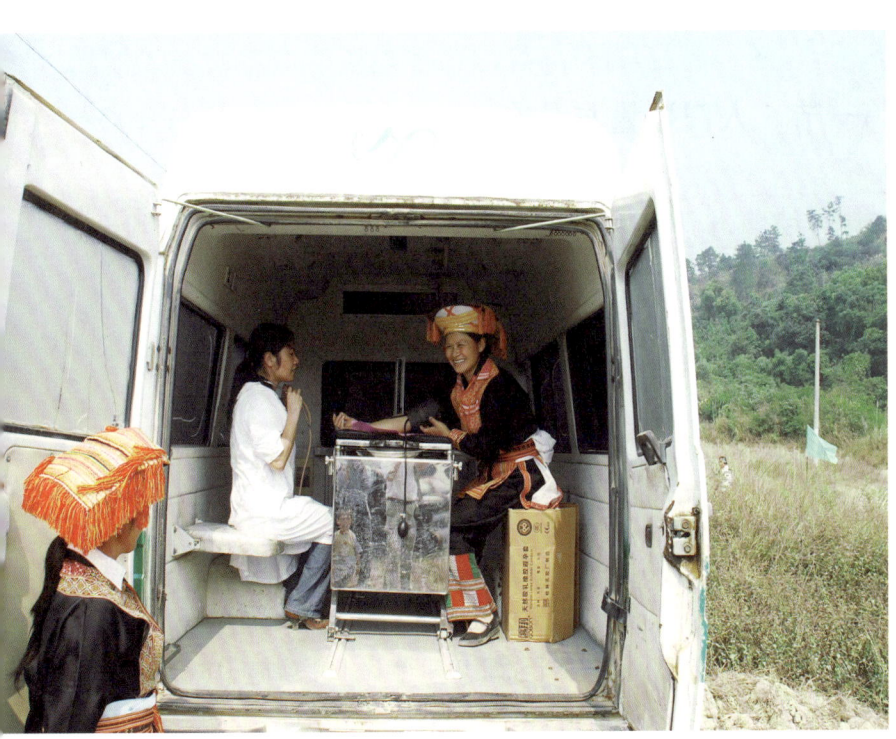

2005 年永福县流动计生服务车进瑶寨　　　　唐庆甫　摄

第三篇

人口与计划生育　居民生活

第一章　人　　口

20世纪末21世纪初,永福县的人口状况有5大特点:一是人口数量缓慢增长;二是城镇人口快速增长;三是文化素质提高,大专以上文化人口增多;四是少数民族人口增长较快;五是老龄人口增多。形成这些特点的原因,是经济发展、人民生活安定、生活水平提高;小城镇建设步伐加快,计划生育力度大,对少数民族(壮族除外)实行优惠的生育政策。值得关注的问题是:男性人口比例偏大,性别比不够平衡。

第一节　人口数量与分布

20世纪末21世纪初,永福县狠抓计划生育工作,控制人口增长取得了可喜成效,人口数量缓慢增长。人口分布密度因地域不同有所差异。

人口数量

永福县20世纪80年代后期,实行严格的计划生育政策,城镇人口一对育龄夫妇只生育一个孩子(政策允许生育二胎的除外),一对农村夫妇杜绝生育第三胎。到了90年代又提倡一对农村夫妇生育第一胎是男孩的,不再生育第二胎。因此1991年以后出现了相对稳定和缓慢增长的人口形势。1991—2005年,全县人口基本稳定在26万~26.80万人之间。年均净增524人。其中,1993—1999年,人口比上年度增加数维持在83~590人之间,年均增加309人。1999年、2002年、2003年分别比上年增加不到100人。2003年只比上年增加28人。个别年份的人口数量出现较大幅度的增长,如1992年比上年增加3187人,2000年育龄夫妇争生千禧宝宝,当年人口由上年的26.59万人猛增至26.83万人,比上年增加2391人。其间,有的年份出现人口下降的情况,如1996年比上年减少259人,2001年比上年减少382人,2004年比上年减少307人。2004年为了加快城镇化进程,在引进人口方面给予优惠政策。总人口有所增长,但人口自然增长率不大。2005年全县总人口比2004年增加414人,全县总人口达到268151人。至2005年,全县人口由1991年的260692人增至268151人,增加7459人。人口自然增长率年均3.97‰。

表3-1　　　　　　　　　　1991—2005年永福县人口情况统计表

单位:人

年度	总户数（户）	总人口	男	女	非农业人口	非农业人口占总人口 %	自然增长率‰
1991	54120	260692	134976	125716	24861	9.53	5.34
1992	55581	263879	136816	127063	28280	10.71	7.43
1993	56994	264469	136612	127857	28866	10.91	3.42
1994	57649	264922	136898	128024	29956	11.31	2.68
1995	58537	265084	137283	127801	31253	11.79	2.35

续表

年度	总户数（户）	总人口	男	女	非农业人口	非农业人口占总人口%	自然增长率‰
1996	58765	264825	137398	127427	31944	12.06	1.83
1997	59049	265132	137625	127507	32451	12.24	2.81
1998	59352	265839	137952	127887	32942	12.39	2.85
1999	59955	265922	138166	127756	33332	12.53	2.73
2000	62545	268313	139287	129026	33536	12.50	9.78
2001	67776	267931	139571	128360	33256	12.41	3.48
2002	70793	268016	139759	128257	33107	12.35	4.12
2003	73628	268044			32382	12.08	3.57
2004	76052	267737	139856	127881	32639	12.19	1.88
2005	77795	268151	140480	127671	32442	12.10	5.49

注：该表2000年为人口普查数字，其他年份为公安局年末户籍人口统计数字。

人口分布密度

永福县人口密度因地域差异有所不同。人口分布密度最大的是永福镇，该镇是县城所在地，大多数县直机关分布在该区域。平原乡镇人口密度大于山区乡镇人口密度。

全县整体区域被自然山脉明显地分成南北两片。北片乡镇即百寿镇、龙江乡、三皇乡、永安乡。这些乡镇远离县城。百寿镇和三皇乡大部分是平原，交通便利，人口密度较永安乡和龙江乡大；永安乡和龙江乡属山区乡，交通相对不畅，人口密度较小。2005年6月前，南片乡镇即永福镇、桃城乡、罗锦镇、苏桥镇、广福乡、堡里乡，其地域与县城相接或较近，亦距桂林较近，交通相对发达，因此南片乡镇平均人口密度大于北片乡镇平均人口密度。1991年、1995年、2000年，南片乡镇平均人口密度为每平方千米96人，2004年为每平方千米87人。2001年，县城进行了扩建，县城区面积由1991年的3平方千米扩建为6.07平方千米。2005年6月，原桃城乡与原永福镇合并，南片乡镇含永福镇、罗锦镇、苏桥镇、广福乡、堡里乡，平均人口密度每平方千米111人。而北片乡镇人口密度一直保持每平方千米80人左右。

人口行政区域分布

1991年年末，永福县拥有总户数5.41万户，其中乡村户数4.98万户；总人口26.07万人，其中男性13.50万人、女性12.57万人。其中非农业人口2.49万人。人口密度每平方千米93人。全县人口分布情况为：永福镇4711户，总人口1.62万人，其中男性8551人、女性7612人；人口密度为每平方千米5387人。百寿镇5933户，总人口3.29万人，其中男性1.69万人、女性1.60万人；人口密度为每平方千米79.70人。桃城乡5659户，总人口2.67万人，其中男性1.34万人、女性1.33万人；人口密度为每平方千米97.80人。广福乡4281户，总人口2.22万人，其中男性1.16万人、女性1.06万人；人口密度为每平方千米50.50人。堡里乡5552户，总人口2.59万人，其中男性1.35万人、女性1.24万人；人口密度为每平方千米68.60人。罗锦乡8696户，总人口4.04万人，其中男性2.13万人、女性1.91万人；人口密度为每平方千米170.20人。苏桥乡4875户，人口2.39万人，其中男性1.24万人、女性1.15万人；人口密度为每平方千米192.70人。龙江乡4189户，总人口2.11万人，其中男性1.08万人、女性1.03万人；人口密度为每平方千米57.70人。三皇乡4935户，总人口2.50万人，其中男性1.29万人、女性1.21万人；人口密度为每平方千米127.70人。

永安乡 5289 户、总人口 2.65 万人，其中男性 1.36 万人、女性 1.29 万人；人口密度为每平方千米 75.80 人。

1995 年，全县总户数 5.85 万户、总人口 26.51 万人，其中，非农业人口 3.13 万人，人口密度每平方千米 94.50 人。全县人口分布情况为：永福镇 5430 户、总人口 2.05 万人。其中，非农业人口 1.92 万人，占全镇总人口的 94%，占全县非农业人口的 61.56%；非农业人口比 1991 年增加 4554 人，人口密度为每平方千米 6822 人，比 1991 年增加 1435 人。在全县人口密度最大。百寿镇 6775 户、总人口 3.37 万人。其中，非农业人口 2903 人，占全镇农业人口的 8.61%，占全县非农业人口的 9.29%，人口密度每平方千米 82 人。桃城乡 5987 户、总人口 2.65 万人。其中，非农业人口 720 人，占全乡总人口 2.71%，占全县非农业人口的 2.30%，人口密度每平方千米 97 人。广福乡 4831 户、总人口 2.20 万人。其中，非农业人口 1672 人，占全乡总人口的 7.60%，占全县非农业人口的 5.34%，人口密度每平方千米 50 人。堡里乡 5608 户、总人口 2.58 万人。其中，非农业人口 1008 人，占全乡总人口的 3.91%，占全县非农业人口的 3.22%；人口密度每平方千米 68 人。罗锦乡 8907 户、总人口 4.05 万人。其中，非农业人口 2063 人，占全乡总人口的 5.09%，占全县非农业人口的 6.60%，人口密度每平方千米 171 人。苏桥乡 5347 户、总人口 2.38 万人。其中，非农业人口 1260 人，占全乡总人口 5.30%，占全县非农业人口 4.03%；人口密度每平方千米 192 人。龙江乡 4124 户、总人口 2.13 万人。其中，非农业人口 722 人，占全乡总人口的 3.38%，占全县非农业人口的 2.31%，人口密度每平方千米 58 人。三皇乡 5495 户、总人口 2.49 万人。其中，非农业人口 910 人，占全乡总人口的 3.65%。占全县非农业人口的 2.91%；人口密度每平方千米 127 人。永安乡 6033 户、总人口 2.61 万人。其中，非农业人口 756 人，占全乡总人口的 2.85%，占全县非农业人口的 2.41%；人口密度每平方千米 75 人。

2000 年，全国第五次人口普查，截至 12 月 31 日，永福县家庭总户数 6.25 万户、总人口 26.83 万人，平均每户 4.30 人。全县总人口中，农业人口 23.48 万人，占总人口的 87.50%；非农业人口 3.35 万人，占总人口的 12.50%。城镇人口 2.95 万人，占全县总人口的 11%；乡村人口 23.88 万，占总人口的 89%。

人口分布情况：永福镇 2.23 万人，百寿镇 3.39 万人，罗锦镇 4.08 万人，苏桥镇 2.49 万人，桃城乡 2.60 万人，广福乡 2.17 万人，堡里乡 2.58 万人，龙江乡 2.21 万人，三皇乡 2.51 万人，永安乡 2.57 万人。

全县总人口中，有户籍人口 25.53 万人，其中常住本地人口 22.98 万人，男性 12.32 万人、女性 10.65 万人；外出半年以上人口 1.26 万人，户口待定 398 人。

表 3-2　　　　　　　　　2000 年永福县人口普查情况统计表

项目 乡镇	总户数（户）	总人口（人）			境域面积（平方千米）	人口密度（人／平方千米）
		合计	男	女		
合计	62545	268313	139287	129026	2806	95.6
永福镇	6050	22278	11558	10720	3	7426
百寿镇	6923	33949	17635	16314	399	85.1
罗锦镇	9477	40818	21511	19307	238	171.5
苏桥镇	5483	24910	12548	12362	123	202.5
桃城乡	6483	25980	13546	12434	269	96.6
广福乡	5687	21721	10872	10849	451	48.2
堡里乡	5718	25784	13407	12377	366	70.4
龙江乡	5137	22058	11519	10539	401	55.2
三皇乡	5649	25085	13062	12023	185	135.6
永安乡	5938	25730	13629	12101	371	69.4

2005 年年末,全县总户数 7.78 万户、总人口 26.82 万人,户均 3.44 人。其中,农业人口 23.57 万人,占总人口的 87.88%;男性人口 14.04 万人、女性 12.76 万人;18 岁(不含 18 岁)以下人口 5.08 万人、18~35 岁 8.69 万人、36~60 岁 9.62 万人、61 岁以上 3.43 万人。人口自然增长率 5.49‰。

其人口分布情况为:永福镇总户数 1.52 万户、总人口 4.94 万人。其中,男性 2.55 万人、女性 2.39 万人。农业人口 2.72 万人;非农业人口 2.22 万人,占全镇人口的 44.94%。人口自然增长率 7.02‰。百寿镇总户数 1.01 万户、总人口 3.24 万人。其中,男性 1.73 万人、女性 1.52 万人。农业人口 2.99 万人;非农业人口 2443 人,占全镇人口的 7.53%。人口自然增长率 4.83‰。罗锦镇总户数 1.15 万户、总人口 4.09 万人。其中,男性 2.14 万人、女性 1.95 万人。农业人口 3.85 万人;非农业人口 2430 人,占全镇人口的 5.92%。人口自然增长率 5.78‰。苏桥镇总户数 6398 户、总人口 2.58 万人。其中,男性 1.32 万人、女性 1.26 万人。农业人口 2.48 万人;非农业人口 1057 人,占全镇人口的 4.09%。人口自然增长率 12.64‰。广福乡总户数 5784 户、总人口 2.17 万人。其中,男性 1.12 万人、女性 1.05 万人。农业人口 2.13 万人;非农业人口 1724 人,占全乡人口的 7.95%。人口自然增长率 1.10‰。堡里乡总户数 6640 户、总人口 2.47 万人。其中,男性 1.29 万人、女性 1.18 万人。农业人口 2.29 万人;非农业人口 1779 人,占全乡人口 7.19%。人口自然增长率 6.24‰。龙江乡总户数 7655 户、总人口 2.20 万人。其中,男性 1.16 万人、女性 1.04 万人。农业人口 2.61 万人,非农业人口 750 人,占全乡人口 3.41%。人口自然增长率 6.65‰。三皇乡总户数 7537 户、总人口 2.43 万人。其中,男性 1.29 万人、女性 1.14 万人。农业人口 2.34 万人;非农业人口 928 人,占全乡人口 3.81%。人口自然增长率 4.76‰。永安乡户数 6892 户、总人口 2.69 万人。其中,男性 1.45 万人、女性 1.24 万人。农业人口 2.36 万人;非农业人口 1147 人,占全乡人口 4.26%。人口自然增长率 6.99‰。

表 3-3　　　　　　　　　2005 年永福县人口分布情况表

项目 乡镇	总户数 (户)	总人口(人)			境域面积 (平方千米)	人口密度 (人/平方千米)
		合计	男	女		
合计	77795	268151	140480	127671	2806	95.6
永福镇	15247	49390	25489	23901	272	181.6
百寿镇	10107	32422	17272	15150	399	81.3
罗锦镇	11535	40900	21394	19506	238	171.8
苏桥镇	6398	25829	13247	12582	123	210
广福乡	5784	21664	11154	10510	451	48
堡里乡	6640	24721	12889	11832	366	67.5
龙江乡	7655	22017	11597	10420	401	54.9
三皇乡	7537	24325	12950	11375	185	131.5
永安乡	6892	26883	14488	12395	371	72.5

第二节　人口变动

由于 20 世纪 70 年代至 80 年代初期出生率高,导致 2000 年前后,全县人口出生出现一个小高峰。1991—2005 年期间,永福县的人口再生产进入了低增长的稳定阶段。因吸收干部、招工、参军、升学、工作调动、婚嫁等原因,引起境内人口的机械变动。

自然变动

1991年，永福县出生人口2483人，比上年少出生775人。人口出生率9.52‰，比上年下降3.03个百分点；当年人口死亡1089人，比上年减少131人；人口死亡率4.18‰，比上年下降0.52个百分点；人口自然增长率5.34‰，比上年下降2.53个百分点。1995年，全县出生人口2084人，死亡人口1460人。1998年全县出生人口1932人，人口出生率7.27‰；死亡人口1176人，人口自然增长率2.85‰。

2000年，全县出生人口4108人，人口出生率15.31‰。死亡1483人，死亡率5.53‰。主要原因是城镇化发展加快；由于20世纪70年代至80年代初期的出生率高，导致2000年前后全县出生人口增多。

2005年，全县出生人口2886人，人口出生率10.77‰；死亡人口1412人，死亡率5.27‰。年内净增人口1474人。

1991—2005年，全县人口数量增长缓慢，全县共出生3.73万人，年平均出生2488.20人。其中，男性2.01万人、女性1.72万人。其间，人口出生最多年为2000年，共出生4108人。依次超过3000人的年份分别是1992年出生3407人，2004年出生3109人。人口出生最少年是1996年，出生1883人。其次是1998年，出生1932人，其余年份人口出生均超过2000人。1991—2005年永福县人口净增7859人。

1991—2005年，全县死亡人口共2.14万人，年均死亡1428人，其中男性1.19万人、女性9524人。全县人口死亡率下降，死亡人口最多年是2004年，死亡2604人，其中男性1474人、女性1130人；死亡率9.75%。死亡人口最少年是1991年，死亡1089人，其中男性580人、女性509人；死亡率4.17‰。

表3-4 　　　　　　　　　　1991—2005年永福县人口自然变动情况统计表

单位：人

年份	总人口数	出生人数	其中		人口出生率（‰）	死亡人数	其中		人口死亡率（‰）	自然增长率（‰）
			男	女			男	女		
1991	260692	2483	1350	1133	9.52	1089	580	509	4.18	5.34
1992	263879	3407	1854	1553	12.91	1445	776	669	5.48	7.43
1993	264469	2406	1253	1153	9.10	1501	836	665	5.68	3.42
1994	264922	2093	1163	930	7.90	1382	827	555	5.22	2.68
1995	265084	2084	1110	974	7.86	1460	805	655	5.51	2.35
1996	264825	1883	958	925	7.11	1398	796	602	5.28	1.83
1997	265132	2038	1066	972	7.69	1294	715	579	4.88	2.81
1998	265839	1932	1074	858	7.27	1176	670	506	4.42	2.85
1999	265922	2015	1079	936	7.58	1291	724	567	4.85	2.73
2000	268313	4108	2175	1933	15.31	1483	825	658	5.53	9.78
2001	267931	2206	1283	923	8.23	1274	669	605	4.75	3.48
2002	268016	2519	1354	1165	9.40	1416	772	644	5.28	4.12
2003	268044	2154	1246	908	8.04	1197	669	528	4.47	3.57
2004	267737	3109	1537	1572	11.61	2604	1474	1130	9.73	1.88
2005	268151	2886	1600	1286	10.77	1412	760	652	5.27	5.49
合计		37323	20102	17221		21422	11898	9524		

机械变动

1991 年，永福县迁入人口 2604 人，其中省内迁入 2511 人、省外迁入 93 人；人口迁出 2661 人，其中迁往省内 2445 人、迁往省外 216 人。

2000 年，进行全国第五次人口普查，当年全县迁入人口 2383 人，迁出人口 2543 人。

2004 年 3 月 10 日，中共永福县委、县人民政府制定《关于加大县城招商招人，加快城镇化进程的若干政策规定》，其中规定"凡来永福县城经商办企业或从业的县内外人员，在县城有固定住所，本人愿意，均可以将本人及家属子女、父母、亲戚、朋友户口迁入永福县城，办理城镇户口"，这使得迁入永福县的人口数量增长速度加快。当年全县迁入人口 1450 人，比上年多迁入 334 人。迁出人口 2188 人，比上年少迁出 1019 人。

2005 年，全县迁入人口 1366 人。其中，省内迁入 1085 人、省外迁入 281 人。迁出 2337 人，其中迁往省内 1739 人、迁往省外 598 人。永福镇迁入 439 人、迁出 520 人；百寿镇迁入 81 人、迁出 459 人；罗锦镇迁入 120 人、迁出 252 人；苏桥镇迁入 121 人、迁出 140 人；广福乡迁入 62 人、迁出 132 人；堡里乡迁入 225 人、迁出 285 人；龙江乡迁入 146 人、迁出 141 人；三皇乡迁入 66 人、迁出 236 人；永安乡迁入 106 人、迁出 172 人。

第三节　人口构成

20 世纪末 21 世纪初，永福县人口性别比有拉大的趋势；人口老龄化进程加快，老年人口增多；人口文化素质提高较快。随着国有集体企业改制的深入，下岗失业人员逐步增多。

性别　年龄构成

县公安系统在年度人口统计中，不是每年都有性别构成、年龄构成、家庭构成等方面的统计，只有 2000 年全国人口普查年份才有较为详细构成统计资料。

1991 年，永福县总人口 26.07 万人，其中男性 13.50 万人、女性 12.57 万人。性别比（以女性为 100，下同）为 107。各乡镇人口性别比分别为永福镇 112，百寿镇 105、桃城乡 101、广福乡 109、堡里乡 108、罗锦乡 111、苏桥乡 107、龙江乡 104、三皇乡 106、永安乡 105。

1995 年，全县总人口 26.51 万人，其中男性 13.73 万人、女性 12.78 万人，性别比为 107。各乡镇人口性别比为永福镇 108、百寿镇 107、桃城乡 102、广福乡 101、堡里乡 107、罗锦乡 111、苏桥乡 107、龙江乡 106、三皇乡 108、永安乡 111。

2000 年，全国进行第五次人口普查，永福县总人口 26.83 万人中，男性 13.93 万人、女性 12.90 万人，性别比为 108。各乡镇人口性别比分别为永福镇 101、百寿镇 120、罗锦镇 115、苏桥镇 120、桃城乡为 113、广福乡 114、堡里乡 113、龙江乡 119、三皇乡 119、永安乡 123。总人口中，1 岁以下人口 2683 人、1~14 岁 5.62 万人、15~19 岁 2.17 万人、20~64 岁 16.10 万人、65 岁以上 2.41 万人。其中，15~49 岁妇女 6.71 万人。

2005 年，全县总人口 26.82 万人，其中男性 14.05 万人、女性 12.77 万人，性别比为 110。各乡镇人口性别比分别为永福镇 107、百寿镇 114、罗锦镇 110、苏桥镇 103、广福乡 106、堡里乡 108、龙江乡 111、三皇乡 113、永安乡 116。按年龄分类，全县 18 岁以下（不含 18 岁）5.08 万人、18~35 岁 8.69 万人、36~60 岁 9.62 万人、61 岁以上 3.43 万人。其中 70~79 岁 1.31 万人、80~89 岁 5520 人、90~99 岁 766 人、百岁以上老人 32 人，其中男性 3 人、女性 29 人。

1991—2005 年，全县人口出生性别比基本维持在 100~112 之间的年份有 1993 年、1996 年、1997 年。

人口性别比在 113~119 之间的年份有 1991 年、1992 年、1999 年、2002 年。人口性别比超过 120 的年份有 1994 年、1998 年、2001 年、2003 年。2001 年，人口性别比达到 139；其次是 2003 年，人口性别比达到 137。

婚姻家庭构成

永福县在 1991—2005 年期间，只有 2000 年第五次全国人口普查时，才有婚姻家庭构成方面的统计资料。

2000 年，第五次全国人口普查统计，全县有家庭 6.25 万户、总人口 26.83 万人，平均每户人口 4.30 人。其中，1 人户 6424 户，占总户数的 9.89%；2 人户 8555 户，占 13.18%；3 人户 1.63 万户，占 25.09%；4 人户 1.71 万户，占 26.28%；5 人户 1.07 万户，占 16.57%；6 人户 3695 户，占 5.69%；7 人户 1342 户，占 2.07%。8~10 人及 10 人以上共 793 户，占 1.22%。在这些家庭中，有集体户 501 户，人口 2202 人。

从全县家庭结构层次看，一代户 1.19 万户，占总户数的 18.36%；二代户 3.72 万户，占 57.28%；三代户 1.52 万户，占 23.48%；四代户 571 户，占 0.88%。从年龄构成看，全县 20 岁以上人口共 18.51 万人，其中男性 9.93 万人、女性 8.59 万人。从婚姻构成看，全县初婚有配偶 1.19 万人，再婚有配偶 315 人，未婚 4200 人，离婚 179 人，丧偶 1166 人。

文化构成

永福县在 1991—2005 年期间，只有 2000 年第五次全国人口普查时，才有人口文化构成方面的统计资料。

据 2000 年第五次全国人口普查统计，永福县 6 岁以上受教育人口共 22.25 万人，其中研究生 9 人、大学本科 530 人、大学专科 3022 人、中专 5250 人、高中 1.22 万人、初中 7.06 万人、小学 11.26 万人、上过扫盲班 4414 人；未上过学 1.38 万人。在大学本科人口中，20~29 岁 136 人。其中，男性 96 人、女性 40 人；35~39 岁 243 人，其中男性 196 人、女性 47 人。大学本科人口，在乡镇分布中，永福镇 329 人、桃城乡 94 人、苏桥镇 41 人，其余乡镇本科人口均在 20 人以下。研究生人口在 30~39 岁居多，共 8 人。

从业人口构成

永福县在 1991—2005 年期间，只有 2000 年第五次全国人口普查时，才有从业人口构成方面的统计资料。

2000 年，全县机关、事业单位及国有、集体企业工作人员 1.41 万人，其中男性 7921 人、女性 6227 人。由于国有集体企业改制的深入，是年全县失业下岗人员 3608 人，占 18 岁以上工作适龄人口的 1.92%。

从业人员结构为，从事农、林、牧、渔业人员 11983 人，采掘业 82 人，制造业 392 人，电力、煤气及水的生产和供应业共 42 人，建筑业 79 人，地质勘查、水利管理业 16 人，交通运输、仓储及邮电通讯业 194 人，批发和零售、餐饮业 423 人，金融、保险业 59 人，房地产业 2 人，社会服务业 108 人，卫生、体育和社会福利业 91 人，教育、文化艺术及广播电影电视业 262 人，科学研究和综合技术服务业 2 人，国家机关、政党机关和社会团体 292 人，其他行业 121 人。

第四节　长寿老人

永福县素有"福寿之乡"的美誉，历史上长寿老人居多。千百年来，永福人民在与大自然的搏斗和社会的生存活动中,谱写出一个又一个生命的乐章,把长寿这一现象延续至今。"水旱无忧三千峒,十里长逢百岁人",就是永福县自古以来吉祥、长寿的写照。永福县历史上,最长寿的人是西汉时期百寿镇的廖扶,寿 158 岁。据清代永福县知县林光棣、教谕苏信德编纂的《永福县志》记载,明清时代永福县(不含永宁州)80 岁以上老人就有 42 人。

表 3-5　　　　　　　　　　　　　　　永福县明清部分长寿老人名表

姓名	年代	籍贯	享年
吕朝堂	明	潘村(今永福镇樟峡村)	95 岁
吕国象	明	潘村(今永福镇樟峡村)	朝堂之子,95 岁
张守系	明	永福县城	御史张守约之弟,82 岁
黄瓒	明	在城里(当时州县所在地的乡,下同)	90 岁
章烨	明	在城里	87 岁
刘平琚	明	在城里	85 岁
刘仁	明	毛洞(今永福镇毛洞村)	89 岁
刘用生	明	在城里	80 多岁
梁凤阳	清	毛洞里(今堡里乡)	康熙初举乡饮介宾
张升	清	在城里	80 多岁
张照	清	在城里	张升之弟,80 多岁
吕尚和	清	潘村(今永福镇樟峡村)	90 岁
汤宾尹	清	边山(今广福)	82 岁
彭应龄	清	毛洞(今永福镇毛洞村)	87 岁
林元培	清	潘村(今永福镇樟峡村)	80 多岁
唐友敏	清	在城里	93 岁
陈周济	清	上台村(永福镇湾里村)	91 岁
莫忠福	清	大湖村	83 岁
蒙常柄	清	大良村(今苏桥镇良村)	90 岁
廖正忠	清	岭头村	83 岁
廖正福	清	岭头村	85 岁
廖启礼	清	岭头村	89 岁
廖秀瑜	清	岭头村	84 岁
谭正德	清	射月村	82 岁
廖树鸿	清	射月村	83 岁
张辉琮	清	腾平村	80 岁
何汉昭	清	南宅里樟树头(今罗锦镇下村樟树头屯)	81 岁
何升庸	清	南宅里樟树头(今罗锦镇下村樟树头屯)	88 岁
唐祝瑞	清	锦桥里罗锦圩(今罗锦镇罗锦圩)	84 岁
唐启元	清	锦桥里罗锦圩(今罗锦镇罗锦圩)	86 岁
黄世寿	清	湾里村(今永福镇湾里村)	87 岁
王炳禄	清	永福县城	90 岁
马世煦	清	永福县城	90 岁

续表

姓名	年代	籍贯	享年
刘日松	清	永福县城	81 岁
秦绍绪	清	塘外洲（今永福镇塘堡村下塘屯）	86 岁
谢积禧	清	龙溪村（今广福乡龙溪村）	82 岁
林际运	清	白马村（今永福镇渔洞村白马屯）	82 岁
张有顺	清	下湾村（今永福镇湾里村下湾屯）	85 岁
潘胜隆	清	前满村（今罗锦镇尚水村满村屯）	85 岁
杨祖和	清	下漏村	89 岁
秦建昌	清	东定村（今堡里乡东定村）	88 岁
黄粹光	清	毛洞（今永福镇毛洞村）	81 岁

到近现代,永福县（含百寿县）百岁老人达46人。

表3-6 **永福县近现代部分百岁老人名表**

姓 名	性别	出生年月	逝世年月	住 址	享年
王秀珍	女	1871 年	1978 年	百寿镇	107 岁
潘初妹	女	1876 年	1984 年	罗锦镇	108 岁
林五妹	女	1877 年	1982 年	罗锦镇	105 岁
门潘氏	女	1886 年	1987 年	堡里乡	101 岁
何世春	女	1886 年	1988 年	永安乡	102 岁
廖邹氏	女	1887 年	1988 年	堡里乡	101 岁
罗老运	男	1887 年	1989 年	百寿镇	102 岁
樊廖氏	女	1887 年	1989 年	永福镇	102 岁
秦周氏	女	1885 年	1990 年 10 月	永福镇	105 岁
徐满嫂	女	1891 年	1992 年 8 月	永福镇	101 岁
韦老雪	女	1890 年 10 月	1993 年 10 月	百寿镇	103 岁
王继宾	男	1887 年 2 月	1990 年 12 月	百寿镇	103 岁
周老玉	女	1894 年 1 月	1996 年 3 月	百寿镇	102 岁
龙杏生	男	1897 年 8 月	1998 年 10 月	苏桥镇	101 岁
何大妹	女	1895 年 12 月	1998 年 11 月	永安乡	103 岁
于元嫂	女	1897 年 3 月	1999 年 11 月	苏桥镇	102 岁
刘其兴	男	1896 年 11 月	1999 年 6 月	广福乡	103 岁
冯大妹	女	1886 年 3 月	2000 年 8 月	堡里乡	114 岁
徐代喜	女	1899 年 5 月	2002 年 6 月	罗锦镇	103 岁
蒋老细	女	1900 年 8 月	2002 年 12 月	百寿镇	102 岁
龚树姣	女	1896 年 8 月	2003 年 5 月	罗锦镇	107 岁
秦十二嫂	女	1902 年 5 月	2003 年 5 月	堡里乡	101 岁
于龙嫂	女	1902 年 4 月	2003 年 10 月	苏桥镇	101 岁
刘显坤	男	1897 年	2003 年 11 月	永福县药厂	106 岁

续表

姓 名	性别	出生年月	逝世年月	住 址	享年
黄老菊	女	1903 年 1 月	2003 年 12 月	百寿镇	100 岁
秦大妹	女	1901 年 12 月	2004 年 5 月	罗锦镇	103 岁
邓细仁	女	1902 年 3 月	2004 年 6 月	百寿镇	102 岁
熊五妹	女	1903 年 1 月	2004 年 8 月	广福乡	101 岁
廖韦氏	女	1900 年 5 月	2004 年 9 月	广福乡	104 岁
骆老春	男	1903 年 12 月	2004 年 10 月	百寿镇	101 岁
黄老蟠	女	1899 年 8 月	2004 年 12 月	百寿镇	105 岁
何大妹	女	1905 年 10 月	2005 年 1 月	罗锦镇	100 岁
黄朝英	女	1904 年 1 月	2005 年 3 月	三皇乡	101 岁
张性群	女	1903 年 7 月	2005 年 4 月	苏桥镇	102 岁
廖茂功	男	1904 年 8 月	2005 年 5 月	广福乡	101 岁
赵庆芝	男	1897 年 12 月	2005 年 7 月	罗锦镇	108 岁
吕四妹	女	1902 年 3 月	2005 年 7 月	广福乡	103 岁
龙长嫂	女	1902 年 6 月	2005 年 7 月	苏桥镇	103 岁
莫九嫂	女	1904 年 2 月	2005 年 7 月	堡里乡	101 岁
曹老鸾	女	1902 年 8 月	2005 年 9 月	百寿镇	103 岁
秦四嫂	女	1904 年	2005 年	永福镇	101 岁
李良氏	女	1902 年 6 月	2005 年 10 月	广福乡	103 岁
余老初	女	1904 年 10 月	2005 年 10 月	百寿镇	101 岁
张志慧	男	1905 年 6 月	2005 年 11 月	堡里乡	100 岁
王周氏	女	1901 年 4 月	2005 年 12 月	广福乡	104 岁
易六嫂	女	1902 年 7 月	2005 年 12 月	广福乡	103 岁

注:百岁老人资料收集截至 2005 年 12 月。

截至 2005 年 12 月,在永福县总人口 26.82 万人中,尚建在的百岁老人达 30 位,每 10 万人口中有 11.19 人,其比例大大超过世界长寿地区认定的(十万之七比例)的标准。是年,全县还有 60 岁至 79 岁的老人 36899 人、80 岁至 99 岁的老人 6381 人,百岁老人后备力量十分充足。2007 年 11 月,永福县获首批"中国长寿之乡"称号(是年,全国只评出 3 个县为中国长寿之乡)。

从尚建在的百岁老人所在的乡镇分布看,三皇乡 7 人,占 23.33%;永福镇、百寿镇、苏桥镇各 5 人,占 50%;罗锦镇、永安乡各 3 人,占 20%;广福乡、堡里乡各 1 人,占 6.67%。

表 3-7   2005 年年末永福县尚健在百岁老人名表

姓 名	性别	年龄	出生年月	住 址
廖三嫂	女	105 岁	1901 年 5 月	广福乡
唐九妹	女	104 岁	1902 年 9 月	永福县
龙丽珍	女	103 岁	1903 年 2 月	永福镇
吴光明	女	103 岁	1903 年 4 月	三皇乡

续表

姓　名	性别	年龄	出生年月	住　址
陈老翠	女	103 岁	1903 年 6 月	百寿镇
罗卢氏	女	102 岁	1904 年 1 月	三皇乡
唐聪妹	女	102 岁	1904 年 4 月	永安乡
霍木秀	女	102 岁	1904 年 6 月	百寿镇
谢三凤	女	102 岁	1904 年 6 月	百寿镇
代玉英	女	102 岁	1904 年 9 月	三皇乡
卢覃氏	女	102 岁	1904 年 12 月	三皇乡
陈春凤	女	101 岁	1905 年 8 月	三皇乡
麻润姑	女	101 岁	1905 年 2 月	永福镇
韦世贤	男	101 岁	1905 年 3 月	永安乡
龚七嫂	女	101 岁	1905 年 4 月	苏桥镇
莫三妹	女	101 岁	1905 年 3 月	苏桥镇
石四嫂	女	101 岁	1905 年 5 月	苏桥镇
秦三妹	女	101 岁	1905 年 6 月	苏桥镇
林凌氏	女	101 岁	1905 年 7 月	罗锦镇
毛仲祥	男	100 岁	1906 年 1 月	罗锦镇
于五嫂	女	100 岁	1906 年 1 月	苏桥镇
潘老吉	女	100 岁	1906 年 1 月	百寿镇
罗老雪	女	100 岁	1906 年 3 月	百寿镇
谭秀英	女	100 岁	1906 年 5 月	三皇乡
海淑卿	女	100 岁	1906 年 6 月	永福镇
廖素兰	女	100 岁	1906 年 9 月	永安乡
韦元珍	女	100 岁	1906 年 9 月	堡里乡
刘二妹	女	100 岁	1906 年 11 月	永福镇
吕佩芳	男	100 岁	1906 年 12 月	罗锦镇

第二章　计划生育

　　永福县的计划生育工作围绕稳定低生育目标进行。在 20 世纪 90 年代初，基本实现以宣传教育为主、避孕为主、经常性工作为主。到 20 世纪 90 年代后期，推行避孕方法知情选择，开展以计划生育技术服务为主要内容的计划生育优质服务和生殖健康服务。进入 21 世纪初，全县推行计划生育法制化、规范化管理，稳定了低生育水平。

由于计划生育工作扎实,全县人口自然增长速度放慢,与社会经济协调发展,居民生活水平普遍提高。1994—1997 年,永福县连续四年获自治区"计划生育达标县"称号。自治区计生委奖励永福县柳微汽车 2 辆。1996 年获"桂林地区计划生育工作示范县"称号。1998 年获全自治区第一批计划生育工作基本实现"三为主"达标单位。1999—2001 年,连续 3 年荣获自治区计划生育三为主达标"先进县"称号,步入全区计划生育工作一类县行列。2001—2004 年,连续 4 年获桂林市人口与计划生育管理达标奖。2005 年获"全国婚育新风进万家活动先进集体"称号。

第一节 机 构

县人口和计划生育局

1964 年 5 月,成立永福县计划生育委员会。1991 年县计生委有干部职工 15 人(含县计生站医生 2 人)。办公地址在县政府大院内。1996 年 5 月,县计生委改称县计划生育局,核定行政编制 12 人。办公地址搬到县城东滨路洲坪街 1 号。2002 年机构改革,县计生局内设政秘统计股、综合股和科技股,核定行政编制 9 人。下辖县计划生育服务站,人员 6 人。2003 年 6 月,县计划生育局更名为县人口和计划生育局,核定行政编制 9 人,事业编制 14 人(含计划生育服务站 6 人、县直计生站 2 人、流动人口管理站 3 人、计生协会 3 人),实际超编 4 人。2005 年,县人口和计划生育局为县人民政府工作部门,行政编制增加至 16 人,事业编制减少为 9 人。县人口和计划生育局内设办公室(政秘股)、政策法规股、奖励扶助办、流动人口管理站(股)、规划统计股、宣传教育股、纪检监察股、科技股、财会股 9 个股室。下辖县计生技术服务站和县计生协会 2 个事业单位。全局共有干部职工 26 人,实际超编 1 人。办公地址在县城东滨路洲坪街 1 号。

1991—2005 年,历任县计生委(局)主任(局长)的有萨玉才(1987 年 12 月—1992 年 6 月)、黄新亮(1992 年 6 月—1993 年 5 月)、廖毅(1993 年 6 月—1995 年 4 月)、陈克忠(1995 年 4 月—1997 年 11 月)、黄流琪(1997 年 11 月—2004 年 3 月)、徐玉红(2004 年 3 月—2005 年 12 月)。

乡镇计生机构

1965 年,永福县各乡镇成立计划生育工作委员会。1991 年,改称乡镇计划生育管理办公室。各乡镇配编制 3~4 人。1996 年,机构改革,改称乡镇计划生育服务站,属自收自支事业编制。2003 年,乡镇计生部门更名为计划生育管理办公室和计划生育技术服务站,实行两块牌子一套人员,核实编制 68 人,由自收自支事业编制转为财政全额拨款事业编制。2005 年,核定乡镇计生站事业编制人员 65 名,其中永福镇、苏桥镇、堡里乡、广福乡、百寿镇、三皇乡、永安乡计生站各 7 人,罗锦镇、龙江乡各 8 人。

计划生育协会

1989 年,永福县成立计划生育协会,由县党政领导和计生委(局)负责人任正副会长,有专职人员编制 3 人。1991 年,县计生协会办公地址设在县计生委内。1992 年,建立各乡镇计生协会,核定人员编制共 9 名。2004 年,永福县全面完成乡(镇)、村(居)计生协会整改工作。县级计生协会配备了专职副会长和专职秘书长。各乡镇计生协会均配备专职的协会秘书长,建立健全乡镇、村两级计生协会理事会。2005 年,县、乡镇、村级计生协会组织健全。

第二节　计划生育政策

20 世纪末至 21 世纪初,中共永福县委、县人民政府继续执行 1985 年制定的计划生育政策。同时结合新的形势变化,完善了相应的计生政策和措施。

晚婚晚育政策

1991 年后,永福县继续执行 1985 年中共永福县委、县人民政府制定的《关于贯彻执行国家计划生育政策的若干规定》,对晚婚晚育明确规定男 25 周岁、女 23 周岁以上初婚的为晚婚。已婚妇女在 24 周岁以上生育第一个孩子的为晚育。县人民政府鼓励晚婚晚育。2002 年 9 月,执行《广西壮族自治区人口与计划生育条例》规定,晚婚夫妇除享受正常婚假外,另外增加晚婚产假 12 天。晚育妇女生育第一胎的,除享受正常产假外,另外增加晚婚产假 14 天。若产假期间领取独生子女证的,另外增加产假 20 天。产妇在休假期间工资照发,不影响评奖。农村晚育夫妇,可免去当年集体义务劳动。

一般生育政策

原则上提倡一对夫妇只生育一个孩子。具体执行规定,非农业人口一对夫妇只准生育一个孩子。农村人口 1989 年 1 月 1 日后调整为第一胎生育男孩的夫妇,原则上不再安排生育第二胎;第一胎生女孩的夫妇,允许生育第二胎,但生育第二胎的时间必须与生育第一胎间隔 4 周年以上。

特殊生育政策

1991 年后,永福县继续执行 1985 年中共永福县委、县人民政府制定的《关于贯彻执行国家计划生育政策的若干规定》,符合下列情况之一允许生育第二胎:(1)第一个孩子经县鉴定小组鉴定为非遗传性残疾,不能成长为正常劳动力的;(2)夫妇婚后五年,一方经县以上医院确诊为患不孕症,有关部门批准接养了一个孩子后又怀孕的;(3)夫妇一方系二等甲级以上残废军人,或经县以上医院鉴定证明,相当于残废军人二等甲级以上其他伤残者,生活需人照顾的;(4)夫妇一方现从事矿区井下采掘工作并连续五周年以上,或现从事井下运输、机电、巷道维修等其他工作并连续满 7 年以上的;(5)夫妇一方为独生子女的;(6)夫妇一方系华侨、归侨或台湾、港澳同胞的,或其子女在国外定居,身边无子女的;(7)夫妇一方系壮族以外的其他少数民族的。

再婚夫妇有如下情况之一者,可以再育一个孩子:(1)一方只生育过一个孩子,另一个是初婚或未生育过的;(2)一方属丧偶,身边带养两个以内孩子,另一方是初婚的;(3)一方生育过两个以内的孩子,另一方是 30 周岁以上初婚的;(4)双方属再婚,再婚前各生育一个孩子,但均判随前配偶的(一方因生育女孩遗弃前配偶者除外)。

农村农民,除按上述规定,经乡(镇)人民政府审批有计划地安排生育二胎外,有以下情况之一者,亦可有计划地安排生育第二胎:(1)男到有女无儿的家庭结婚落户的(只照顾一个);(2)同胞兄弟中只有一人有生育能力;(3)只生育一个女孩确有特殊困难的;(4)壮、汉农民与瑶、苗、回、侗等少数民族通婚者;(5)祖辈居住在地广人稀、交通不便的边远山区的单家独户。

农民中夫妇双方或夫妇一方系壮族以外的少数民族,具有下列情况之一者,可有计划地批准生育第三胎:(1)在生育的两个孩子中,有一个经县鉴定小组定为非遗传性残疾,不能成长为正常劳动力的;(2)夫妇一方为独生子女的;(3)两兄弟以上只有一个有生育能力的;(4)夫妇一方系二等甲级以上残废军人或相当于残废军人二等甲级以上其他伤残者。

1991年,根据《广西壮族自治区计划生育条例》及实际细则,中共永福县委、县人民政府又制定《关于计划生育若干问题的补充规定》,对特殊情况下安排生育第二胎作了补充规定:(1)夫妻双方均是独生子女的;(2)夫妻一方是烈士的独生子女的;(3)夫妻一方是五级以上或者夫妻双方是六级以上伤残军人的。同时规定,农村居民男到有女无儿家结婚落户(双女户招婿,安排其中一个)的,可以安排生育第二个子女。

1994年11月,修订后的《广西壮族自治区计划生育条例》对特殊情况下安排生育二胎作了与上述规定一致的补充规定。

2002年9月,永福县执行《广西壮族自治区人口与计划生育条例》,其中特殊生育政策与上述规定一致。

奖励政策

1991年,永福县继续执行1985年中共永福县委、县人民政府制定的《关于贯彻执行国家计划生育政策的若干规定》第三条规定,职工、城镇居民(包括从事手工业商贩等个体劳动者)和农民终身只生育一个孩子的(包括生育两个孩子因夭折只剩下一个而不再生育的),孩子在14周岁以内,领取了《独生子女证》,给予一次性奖金50元;另从领取"独生子女证"的当年起,每年发给儿童保健费40元,发到14周岁。凡一对夫妇终身只生育一个孩子的全民所有制职工退休时,可加发基本工资5%的退休金;终身无生养的全民所有制职工,加发基本工资10%的退休金。

对采取节育措施的夫妇,在接受手术期间给予一定的营养补助。标准是:(1)生育两个孩子后采取计划生育措施的补助50元(职工30元);(2)生育三个孩子后采取计划生育措施的补助20元(职工10元);(3)育龄夫妇放环补助5元(重放不补)。

1994年11月,永福县执行《广西壮族自治区计划生育条例》,对晚育产假增加了男护理假7天。对符合生二孩条件,自愿终身只生一个孩子的职工,增发退休时月工资额的10%的退休金。

2002年9月,实施新的《广西壮族自治区计划生育条例》,把男护理假增至10天;把独生子女保健费发放由原来规定发至14周岁延长至18周岁;产假期间领取"独生子女父母光荣证"的,经本人申请、单位同意,可享受6至12个月的哺乳假;对已领取"独生子女父母光荣证"的城镇困难居民应当优先纳入当地最低生活保障,并提高10%的生活保障金。独生子女发生意外伤残、死亡,其父母不再生育和收养子女的,由县级人民政府给予适当补助。

2002年,群众接受计划生育手术全部实行免费。

2005年,永福县实行"农村部分计划生育家庭奖励扶助金政策"。发放对象242人,每人每年600元。

处罚政策

1991年后,永福县继续执行1985年中共永福县委、县人民政府制定的《关于贯彻执行国家计划生育政策的若干规定》中的处罚政策。并从1991年起,执行县委、县人民政府制定《关于计划生育若干问题的补充规定》。凡属计划外生育一胎的,罚款500元以上;抢生二胎的罚款1000元以上;属非婚、早婚生育的,罚款1500元以上;一胎是男孩,又超生二胎的,罚款3000元以上;超生三胎以上的,罚款5000元以上,对公职人员行政上给予开除公职的处罚,其中是中共党员或者共青团员的同时给予开除党、团籍的处分。

1994年,永福县实施《广西壮族自治区计划生育条例》:对已生育两个孩子以上,仍不采取绝育措施的,处以 1000 元以上 5000 元以下罚款；计划外怀孕，经教育仍不终止妊娠的，处以 1000 元以上 5000 元以下罚款；符合生育条件，尚未取得生育证生育的，生育第一个孩子的征收 500 元以上 2000 元以下计划外生育费，生育第二个孩子的征收 1000 元以上 3000 元以下计划外生育费；未达到法定婚龄及其他非婚生育的，征收 2000 元以上 3000 元以下计划外生育费；超计划生育一个孩子的征收 2000 元以上 5000 元以下计划外生育费；超计划生育两个孩子的，加倍征收。

2002 年 9 月，永福县实施修改后的《广西壮族自治区人口和计划生育条例》，除保留原条例中有关处罚规定外，把原规定征收的计划外生育费、超生费统称为征收社会抚养费。加大了对违反计划生育规定者的处罚力度，被依法征收社会抚养费的，7 年内不得录用为国家工作人员；医疗机构施行辅助生育手术前未查验当事人所持的县级计划生育行政部门出具的批准证明或未按技术常规操作造成多胎生育的，由县级以上卫生行政部门给予警告，没收违法所得，并处以违法所得不足 1 万元的，处 1 万元以上 3 万元以下的罚款。

第三节　计划生育宣传教育

1991 年，全县开展人口与计划生育基础知识教育，组织干部群众学习人口理论、人口形势和计划生育政策。县里按季度开展计生宣传周活动，由财政拨款，抽调专门人员，带上文艺演出队伍或电影队到农村集镇进行文艺演出或放电影，通过喜闻乐见的文艺节目、山歌演唱会、电影、发放宣传资料、黑板报、广播电视、报纸等形式宣传国家的计划生育方针政策，宣传广西计划生育条例和市、县的计划生育法规以及计划生育知识，宣传男女平等的思想等。1992—1993 年，学习宣传贯彻落实《中共中央国务院关于加强计划生育工作，严格控制人口增长的决定》，建立乡镇人口学校，大面积开展计划生育基础知识教育，规定凡是要求结婚的男女青年，必须先通过乡人口学校的学习培训，取得学习合格证后才能办理结婚登记手续。通过上述形式的宣传教育，使国家的计划生育方针政策和自治区的计划生育法规家喻户晓，群众的生育观念逐步发生了根本性的改变，对非农业户育龄夫妇只准生育一胎，农业户口和半边户（一方为农业人口、另一方为非农业人口）的育龄夫妇生育一个女孩在先，间隔四年，可申请生育第二胎；农民夫妇系壮族以外的少数民族，符合特殊条件的，"可有计划地批准生育第三胎"。1991—1993 年，永福县因计划生育宣传教育工作成绩突出，获得"全国计划生育宣传先进单位""广西计划生育宣传先进单位"等荣誉称号。

2005 年 10 月 18 日永福县计生人员深入瑶山宣传计生政策　　　　　　　县计生局　供图

1994—1999 年，计划生育宣传教育增加"三结合"（农村计划生育工作与发展经济相结合，与帮助农民勤劳致富奔小康相结合，与建设文明幸福家庭相结合）的内容，开展"三结合"示范户、示范乡活动。同时广泛宣传《广西人口与计划生育条例》及《广西人口与计划生育条例实施细则》，并在计划生育部门内组织学习《中国计划生育发展纲要（1995—2000 年）》。

2000 年下半年开始，组织干部群众学习，贯彻落实《中共中央国务院关于加强人口与计划生育工作稳定低生育水平的决定》，自觉转变生育观，提高执行计划生育政策的自觉性。

2001 年开始，全县人口与计生工作宣传以

"婚育新风进万家,千村万户树新风"活动为中心,注重进村入户的宣传。主要向群众传播计划生育丈夫有责、生男生女都一样,女儿也是传后人,生男生女顺其自然、晚婚晚育、少生优生等科学文明进步的生育观念。2001年,桃城乡获"全国婚育新风进万家"先进集体;中心户长游运妹获"全国婚育新风进万家"先进个人;百寿、桃城2个乡镇获"自治区婚育新风进万家"先进乡镇;桃城乡南雄村、堡里乡罗田村、永安乡枫木村、广福乡龙桥村等10多个村获桂林市"婚育新风进万家,千村万户树新风"先进单位称号。2003年,开展"关爱女孩行动"和打击"两非"(非法对胎儿进行性别鉴定和非医学需要的终止妊娠)活动,提高女孩的社会地位,打击重男轻女的思想和行为,最大限度地保持出生人口的性别比平衡。2004—2005年,把宣传贯彻落实《中华人民共和国人口与计划生育法》《广西人口与计划生育条例》作为学习宣传的重点,以宣传农村部分计生家庭奖励扶助为重点,深入开展婚育新风进万家和关爱女孩活动为主要内容。2005年,永福县获"全国和全自治区婚育新风进万家"先进单位称号。

第四节 计划生育管理

20世纪90年代至21世纪初,永福县对计划生育管理常抓不懈。全县各级党委、各级政府成立计划生育领导小组,党政一把手亲自抓,负总责,将计划生育工作摆上重要议事日程。县计划生育行政管理部门先后建立和完善计生专干培训、考核、凭证上岗制度,计划生育宣传教育制度,行政执行制度,依法行政制度,人口统计信息、避孕节育、准生证发放和管理,孕情跟踪随访制度,药具发放,流动人口管理等制度,强化计划生育经常性工作的管理。

1991—1996年,永福县的计划生育管理以行政执行手段为主。1997—2005年,以依法管理为主。

计划生育常规管理

全县要求生育第一个子女的夫妻,在依法结婚后至怀孕3个月内持双方的户口簿、结婚证、双方所在单位或者村(居)民委员会出具的本人婚育和收养情况证明,到女方户籍所在地的乡镇人民政府或者县级计划生育行政部门领取《已婚育龄妇女计划生育/生殖保健服务手册》,并接受人口与计划生育相关知识的培训。没领取服务手册生育一孩的夫妻视为计划外生育受处罚。

符合生育第二个子女的夫妻,由本人提出申请,经夫妻双方所在单位或者乡镇人民政府,报县级计划生育行政部门批准,可以生育第二个子女。没有经过计划生育部门批准而生育第二个子女的夫妻视为超生受处罚。

对违法生育子女、违法收养子女、婚外生育、非婚生育的,对双方当事人计征社会抚养费。对有超生行为的夫妻,如是干部职工的开除干籍或公职;如是农村夫妻则按政策规定给予一定的经济处罚。

计划生育行政执行

1991—1992年,永福县的计划生育工作主要实行行政执行手段。县委、县政府每年组织开展3次计生突击月活动,抽调县直单位干部职工与10个乡镇的政府干部和计生干部,组成600多人的队伍,集中到乡镇进行突击,对不配合的计生对象进行行政干预,强制采取计划生育措施,并强制收取超生罚款等。通过大规模的"集中突击",超怀、超孕、超生的势头得到控制,彻底扭转了无序生育的被动局面。

创建"计生"中心户组织 1992年,永福县率先在桂林地区创建计生协会最基层细胞组织"计生中心户长",并在桃城乡渔洞村、南雄村试点成功。4月4日,县委、县人民政府印发《关于加强计划生育基层网络建设的通知》，要求在全县建制村（街委会）、经济合作社（原生产队）成立计生中心户。从1992年5月1日起，凡需出具结婚、生育一胎、生育二胎、外出做工等4种证明，均需中心户长签署意见并盖印鉴方能生效。对群众申请各种困难补助、社会救济、办理建房证等，均需中心户长把好计生关并加盖印鉴，村公所签署意见，乡镇政府有关部门才能予以办理手续。计生中心户长制度，一直实行至2005年。2005年，全县1871个村民小组（屯）选出计生中心户长1542人，探索出一条群众自我教育、自我管理、自我服务的计划生育基层管理新路子。

2005年3月13日永福县深入各乡镇进行计生政策巡回宣传　　　　　　　　　唐庆甫　摄

　　计生"三结合""三为主"　永福县经过多年的计划生育工作，大多数人都逐步形成多生受累，少生幸福，基本做到按计划生育。为使部分因多种原因仍生活在贫困线以下的计划生育户尽快脱贫致富。1994年永福县开始实施计生"三结合"试点活动，先在桃城乡和百寿镇试点。1995年在全县铺开。1996年全县的计划生育工作强调"三为主"（宣传教育为主、避孕为主、经常性工作为主）与"三结合"活动同时进行。县委、县人民政府印发《永福县计生"三结合"工作实施方案》《永福县计生"三结合"规范化管理方案》等文件，使计生"三结合""三为主"工作深入开展。至1997年年底，全县各单位干部职工投入计生"三结合"的帮扶资金达6000多万元。很多群众在计生"三结合"过程中转变了生育观念，走上致富道路。

计划生育依法管理

　　1997—2005年，永福县的计划生育工作过渡到依法管理阶段。

　　签订计生工作责任状　1997年开始，全县各级党委、各级政府层层签订计生工作责任状，实行计划生育工作"一票否决"。每年，县委、县人民政府与市委、市人民政府签订计生工作责任状；乡镇党委、乡镇政府和县直各单位与县委、县人民政府签订计生工作责任状；村委会与乡镇签订责任状；乡、村计生专干与乡镇计生站签订计生工作责任状，做到层层抓落实，人人有责任，并把各项指标的完成情况列入年终考核。签订计生工作责任状制度，一直坚持至2005年。

　　健全乡（镇）、村级计生组织　1997年开始，永福县注重加强计生队伍建设，建立健全基层计划生育网络。每个乡镇计生站计生工作人员有7～8人，每个建制村配备计生专干1人，每个生产队（组）配备计生中心户长1人，形成了县、乡、村、组四级计生管理网络。截至2005年，县计生局不断加强计生管理队伍和计生服务队伍建设，全县形成责、权、利"三位一体"的计生干部队伍网络和管理体制。

　　计生工作"两化"管理　1998年4月，永福县人民政府印发《永福县推行计划生育合同法制化规范化管理工作实施方案》。县委办制定《永福县计划生育合同规范化管理暂行办法》，要求凡是已婚育龄妇女必须签订计划生育合同。合同甲方为乡（镇）人民政府，乙方为已婚育龄妇女。合同中规定了甲乙双方的权利、义务、双方违约责任等三大部分，经双方签章后生效。在执行过程中，如有一方违约，则按所违约的条款缴纳违约金。如不执行者可依法申请人民法院强制执行。是年完成签订任务的98%以上。

1998年，永福县计划生育局制定《关于进一步加强计划生育行政执法规范化的规定》，逐步建立和完善计生执法的"七项制度、八个程序"。七项工作制度是：行政执法监督检查制度、行政执法文书和行政备案制度、行政执法政务公开制度、计划生育合同管理制度、行政执法工作例会与培训制度、行政执法信息报告制度、行政执法档案制度。八个工作程序是：《生育证》审批发放管理程序、流动人口计划生育证明发放、查验管理程序、孕情管理工作程序、计划外生育费征收和管理程序、计划生育行政处罚程序、计划生育行政复议程序、计划生育行政应诉程序、申请人民法院强制执行程序，促进了计划生育的执法管理。

2002年，永福县结合新的实际，将计生执法的"七项制度"修改合并为"五项制度"，即计生行政执法责任制、计生行政执法过错责任追究制、计生行政执法监督检查评议制度、计生行政执法公示制度、计生行政执法人员学习和培训制度。截至2005年，全县一直按照计生执法的五项制度执行，不断强化计生执法管理。

第五节　计划生育技术服务

技术队伍

从1991年开始，县计生委先后派出人员参加国家、自治区、桂林地区计生部门组织的技术培训或到上级医疗部门进行深造。与此同时还联合县卫生局派出技术人员到乡镇，对乡、村计生技术人员进行培训。

1996年，县计划生育服务站成立，人员6人，负责管理避孕药具，开展妇检，并做一部分避孕节育手术。但大部分的计划生育手术仍在县人民医院、妇幼保健院和乡镇卫生院完成。

1997年，永福县10个乡镇都建立了乡镇计生服务站，人员25人。93个建制村建立有计划生育服务室，人员有96人。

1998—1999年，全县加强计划生育技术服务队伍建设。重点抓好乡镇计划生育专业技术人员的岗位培训、脱产培训和继续教育。乡镇计生服务所的专业技术人员，如获得执业医师或助理执业医师资格，全部注册。同时对县计划生育服务站技术人员重新聘任，中、初级职称考评制度得到落实。

2000年，全县93个建制村开展计划生育优质服务。

2005年，县计生技术服务站有技术人员7人。乡镇计划生育技术服务站共有技术人员65人。

技术服务

20世纪90年代，永福县计划生育技术服务网络逐步建立健全，计划生育技术服务基本上形成计生部门和卫生部门共同进行的格局。县乡计生技术服务部门狠抓计生节育措施的落实，做到手术者随来随做，并为群众提供术后服务。同时搞好避孕药具的发放，开展妇女孕情监测和跟踪服务。

1998—2000年，全县开展计划生育优质服务。重点开展避孕节育全程服务。掌握育龄妇女在避孕期内避孕节育的动态变化、效果，适时提供技术服务，定期查访，定期进行健康检查，加强节育并发症的防治，预防节育手术并发症的发生。

2001—2005年，县、乡计生服务部门重点开展生殖保健服务，即对处于青春期、新婚期、避孕期、孕产期、更年期，简称"五期"的妇女开展性知识咨询，妇科病检查与治疗，孕产期保健，儿童保健和转诊服务等。由县乡计生技术服务人员对全县已婚育龄妇女实行免费生殖健康检查。每年坚持对计划生育对象和避孕药具使用者进行回访，了解手术后身体状况、手术质量、使用药具后的反应。孕前管理通过每年的 4 次妇检查环查孕，同时还查病，并给有妇科病者开展指导性治疗。

生育指导

1991 年，永福县孕产保健协作组继续对全县孕产妇进行生育指导。1994 年，全面开展产前筛查和指导小孩喂养工作。县妇幼保健院选派妇产、检验专业技术人员 2 人参加自治区《产前筛查和新生儿遗传病筛查》培训班。县妇幼保健院日常开展常规的对新生儿进行 G-6-PD 筛查和致孕妇流产和畸胎的弓形体抗体等优生四项产前筛查工作，对地中海贫血、苯丙酮尿症、唐氏综合征等可疑患儿及时送桂林筛查中心确诊，通过早期的发现终止妊娠，避免唐氏儿的出生，指导正确的喂养使先天不足婴儿健康成长。1999—2005 年，永福县成立妇幼卫生监测领导小组，对全县 5 岁以下儿童死亡、孕产妇死亡、出生缺陷儿童进行动态监测。

节育避孕指导

20 世纪 80 年代，永福县计划生育节育政策，基本上是生育一个孩子的就要采取计划生育措施。进入 20 世纪 90 年代，除继续执行原来的有关规定外，还按 1989 年实施的自治区计划生育条例的有关规定，继续做好节育避孕指导工作。

1991—1993 年，全县计生部门加强优生优育、节育知识宣传教育，实行婚前检查，患有医学上认定不应生育的疾病者，禁止生育；坚持避孕为主，推行综合节育措施；绝育手术后要求复通者，必须经县以上计生部门批准。节育手续费用，属国家机关、企事业单位职工的，在本单位医疗费或福利费中开支；属城镇居民和农村人口的，在计划生育经费中开支；因节育手术引起的并发症处理办法，及因节育引起的纠纷，由县以上医疗事故技术鉴定委员会裁定。这 3 年全县适龄婚育人口综合节育率分别为 95.83%、90.16%、88.81%。

1994—1995 年，全县贯彻节育措施进一步到位，加大了计划生育措施力度，节育避孕服务能力更加完善，逐渐采用"皮下埋植长效避孕药管"的方法代替计划生育手术。这两年全县适龄婚育妇女放环人数分别为 2605 人、2518 人；实行皮埋人数分别为 444 人、547 人；全县适龄婚育人口综合节育率分别为 91.85%、91.68%。

1996 年，县计划生育服务站成立，全县妇女节育避孕技术服务工作步入规范化轨道。1998 年开始实行避孕方法知情选择，即让群众在了解自己身体状况，明确各种避孕方法优缺点的基础上，在计生技术服务人员的指导下，选择安全、有效、适宜的避孕措施。1996—2000 年，全县适龄婚育妇女接受计划生育手术的人数分别为 2172 人、2019 人、1913 人、1771 人、1773 人；实行皮埋人数分别为 582 人、602 人、582 人、552 人、486 人；全县适龄婚育人口综合节育率分别为 91.68%、91.03%、89.64%、90.01%、89.72%。

2001—2005 年，全县开展婚育新风进万家活动，广泛开展已婚育龄妇女节育措施的知情选择。县计划生育服务站每年都组织医务人员深入村屯为已婚育龄妇女开展免费生殖健康检查、孕期保健指导、育龄妇女术后回访等服务。全县约有 5 万名妇女接受了健康检查服务。这 5 年，全县适龄婚育妇女接受计划生育手术的人数分别为 1664 人、1478 人、1959 人、2432 人、1743 人；实行皮埋人数分别为 344 人、185 人、136 人、87 人、79 人；全县适龄婚育人口综合节育率分别为 89.36%、89.06%、88.70%、87.93%、87.75%。

第三章　居民生活

　　20世纪90年代至21世纪初,永福县经济快速发展,城乡面貌大为改观,社会秩序良好。居民生活水平随着经济的发展而显著提高。

　　1991年,全县机关、事业和企业全部职工年人均工资2070元,2005年14768元,比1991年增长6.15倍;1991年全县农民人均纯收入704元,2005年2964元,比1991年增长3.21倍。城乡居民支出也随之增大,1991年城镇居民家庭人均生活消费支出1650元,2005年7407元,比1991年增长3.49倍;农民人均生活消费支出580元,2005年3088元,增长4.32倍。15年间,全县城乡居民环境、衣食住行发生显著变化,新建房屋90%以上以钢筋混凝土结构为主,住房楼房化成为发展方向;城乡交通条件大为改观,居民出行方便快捷,义务教育得到普及,文化生活发生质的变化,现代化的小康生活开始展现。

第一节　城镇居民生活

城镇居民收入

　　城镇居民生活分两种类型:一种是在机关、事业和企业单位工作,靠工资生活;一种是务工经商和从事各种服务业自谋生活。1991年,永福县机关、事业和企业全部职工年人均工资2070元,其中机关职工2479元、事业单位职工2054元、企业职工1982元。在企业职工中,全民所有制职工年人均工资2100元、集体所有制职工年人均工资1984元、其他所有制职工年人均工资1686元。机关、事业、企业单位职工虽还有少许奖金、津贴收入,但工资收入仍是居民收入主体,发展呈增长趋势。经过1993年10月国家机关和事业单位进行工资改革和1994年企业进行工资改革后,城镇居民家庭人均可支配收入显著增长。1995年永福县机关、事业和企业单位全部职工年人均工资3991元。其中,机关职工4504元、事业单位职工3679元、企业职工3676元。在企业职工中,全民所有制职工年人均工资3741元、集体所有制职工年人均工资4154元、其他所有制职工年人均工资3538元。城镇居民年人均可支配收入由1991年的2070元增加到1995年的3991元,年均增长12.97%。2000年,全县机关、事业和企业单位全部职工年人均工资5804元。其中,机关职工6541元、事业单位职工5365元、企业职工6056元。在企业职工中,全民所有制职工年人均工资5858元、城镇集体所有制职工年人均工资5883元、其他所有制职工4374元。

　　2005年,全县机关、事业和企业单位全部职工年人均工资14786元。比上年增长4.97%。其中,机关单位年人均工资13294元、事业单位年人均工资17026元、企业人均工资11966元。在企业职工中,全民所有制职工年人均工资15137元。由于企业改制的推进,企业下岗的职工增加。下岗职工的工资性收入明显减少。城镇居民收入其他来源有经营净收入、财产性收入等。2003年以前无统计数据。自2004年开始,由统计部门进行抽样统计。2004年,全县城镇居民人均总收入为8384元,其中人均可支配收入为7993元。

　　2005年,据县统计部门对全县城镇住户调查情况统计,城镇家庭人均总收入9604元,比上年的8384元,增长14.55%。其中,人均可支配收入9198元,比上年增长15.08%。在城镇家庭人均总收入中,工薪收入5402元,比上年减少1.19%;经营净收入1636元,比上年增长21.82%;财产性收入416元,比上年增

278.18%；转移性收入 2510 元,比上年增长 37.31%。该年全县城镇居民中有 1706 人享受城镇居民最低生活保障。

城镇居民生活消费

1991 年,永福县城镇居民家庭人均消费支出明显增加。当年城镇居民家庭人均消费支出 1650 元。随着物价上涨的推动,城镇居民生活消费支出增长较快。1996 年物价涨幅下降,城镇居民消费支出进入平稳增长时期。

2000 年,县统计局根据自治区统计局的要求,对永福县城镇居民消费支出进行抽样登记调查。2000 年城镇居民人均消费水平 4781.74元,人均居住面积 16.72 平方米,城镇居民人均拥有铺装道路面积 19.50 平方米。

2005 年,城镇居民家庭人均生活费总支出7407 元,比上年增长 14.22%。其中,消费支出

2005 年永福县瑶族群众　　　唐庆甫　供图

5435 元,比上年增长 15.98%;购房与建房支出 337 元,比上年减少 19.95%;转移性支出 1305 元,比上年增长 16.10%;财产性支出 46 元,比上年减少 43.21%;社会保障支出 284 元,比上年减少 14.19%。2005 年城镇居民人均住房面积 17 平方米。

20 世纪 90 年代初,永福县城镇居民的家庭用品主要为"三转一响"(即自行车、缝纫机、手表、收音机)。90 年代末和进入 21 世纪初,许多城镇居民买房、买车,贵重家用电器(如彩色电视机、电冰箱、洗衣机、影碟机、普通电话、移动电话等)已普遍使用。随着生活水平的提高,城镇居民的衣着观念已从过去的御寒走向追求美观,成衣支出占生活支出的比例明显提高。人们对膳食的要求,从过去的讲温饱,转向讲质量求营养。小城镇建设进展顺利,人们的安居意识日趋追求完善,人均住房面积显著增加,许多家庭自建或者购买了楼房。随着交通运输和邮电业的发展,在众多家庭中,摩托车已取代了自行车,小汽车也已进入部分富裕家庭中。城镇居民在耐用消费品方面,"老三件"(自行车、缝纫机、收音机)已逐步退出,"新三件"(电视机、电冰箱、洗衣机)和"现代化三件"(移动电话、电脑、空调机)也进入大众家庭。

第二节　农村居民生活

农村居民收入

农村居民收入,主要靠种植、养殖和外出务工等取得。20 世纪 90 年代至 21 世纪初,随着农村产业结构的调整,除了传统的种植、养殖收入外,多种经营收入明显增加。据县统计部门统计,永福县内农村居民人均纯收入:1991 年 704 元、1992 年 762 元、1993 年 914 元、1994 年 1241 元、1995 年 1698 元、1996 年 2171 元、1997 年 2587 元、1998 年 2666 元、1999 年 3066 元。因 1996 年后的几年数据水分比较重,2000 年,县统计局根据自治区的要求进行挤水分,将 2000 年的农村居民人均纯收入减少为 2794 元,2001 年农民人均纯收入再次减少为 1940 元,2002 年 2085 元、2003 年 2373 元、2004 年 2676 元。2005 年 2964 元,比上年增加 288 元,排名居桂林市 12 县第七位。随着永福县农村劳动力外出打工逐渐增多,农村居民外出务工收

入也成为主要生活来源之一。

2005年，据县统计部门对全县农村住户调查情况统计，全县农民家庭全年人均纯收入4597元，比上年增长11.58%。其中，工资性纯收入727元，比上年增长20.56%；家庭经营性纯收入3720元，比上年增长11.75%；财产性纯收入7元，比上年下降8.14%；转移性收入143元，比上年增长31.88%。农村居民家庭全年现金纯收入2338元，比上年增长6.03%；实物纯收入626元，比上年增长32.91%；全年期内现金收入3548元，比上年增长5.38%。

2005年春节舞龙队下乡闹新春　　　唐庆甫　摄

农村居民生活消费

1991年，永福县农村居民人均生活消费总支出580元，人均分配粮食335千克。1995年，农村居民人均分配粮食332千克。随着永福县农村经济改革和发展，农民收入增加，消费结构改善，消费支出增加，消费质量逐步提高。

2000年，县统计局根据自治区统计局的要求，对农民生活消费支出进行抽样登记调查。是年，农村居民人均生活消费支出1471元，2001年1004元，2002年1027元，2003年1711元，2004年2181元，2005年3088元。

2005年，农村居民家庭生活总支出4895元，比上年增长31.88%。其中，家庭经营性支出1541元，比上年增长10.86%；购置生产性固定资产支出214元，比上年增长201.41%；税费支出1元，比上年减少90%；生活消费支出3088元，比上年增长41.59%；财产性支出5元，比上年减少87.60%；转移性支出46元，比上年减少20.69%。农村居民家庭全年期内现金支出3960元，比上年增长5.95%。

进入20世纪90年代后，永福县农村通过改水改厕，居民饮用水安全卫生系数提高。2000年，农村安全卫生饮用水普及率78.80%。

农民住房消费逐步提高，居住条件得到改善。1991年，全县农村居民人均居住面积15.17平方米。1995年，增加到15.23平方米。1998年，为16.69平方米。2000年，农村居民人均拥有钢筋砖木结构住房面积15.30平方米。2005年，农村人均住房面积22.70平方米。

1996年，全县有28个建制村通电话，占建制村总数的28.86%。2005年，全县农村居民有5.70万户拥有电话，自然村、屯电话覆盖率100%。2000年，全县农村通电乡村屯1857个，占全县全社会用电总户数的80.91%；农村居民生活用电689.35万千瓦时，占全县城乡居民生活总用电量1283.67万千瓦时的53.70%。2005年，农村通电的村屯达到99.69%。农村家庭拥有耐用消费品日益增多，除自行车、缝纫机、手表"老三件"外，电风扇、洗衣机、电冰箱也开始进入农村普通家庭，一些条件好的家庭还购置了摩托车、农用车，盖起了小洋房，生活越过越好。

第三节　小康生活测评

2000年，永福县统计局根据自治区统计局的要求，对永福县小康生活程度进行测算评估。根据自治区划定的10个方面小康值标准权数的实现程度和分值，进行调样调查和测算，得知在全县人均地区生产

总值、城镇居民人均居住面积、农民人均钢筋砖木结构住户面积、城市居民人均拥有铺装道路面积、通公路的建制村比重、九年义务教育普及率、婴儿死亡率、森林覆盖率8个方面的小康生活实现程度已达100%。只在城镇人均生活费收入（实现程度为92.36%）、农民人均纯收入（实现程度为72.26%）、人均蛋白质日摄入量（实现程度为85.71%）、教育和文化娱乐支出比重（实现程度为83.20%）、农村安全卫生饮用水普及率（实现程度为82.29%）5个方面的小康生活实现程度尚有一定程度的差距。通过测评，永福县小康生活总体得分92.71分，认定全县在2000年总体达到小康生活水平。

表 3-9 　　　　　　　　　　2000 年永福县小康生活标准测评计算表

编号	内容	单位	1980 年（初值）	2000 年（现值）	小康值	权数	实现程度	分值
1	人均地区生产总值 1990 年价	元	640.00	2690.53	2500.00	14	100.00	14.00
2	人均收入水平 1990 年价							12.77
	城镇人均生活费收入	元	900.00	2285.35	2400.00	6	92.36	5.54
	农民人均纯收入	元	300.00	950.36	1200.00	10	72.26	7.23
3	人均居住面积							12.00
	城镇居民人均居住面积	平方米	4.00	16.72	8.00	5	100.00	5.00
	农村居民人均钢筋砖木结构住户面积	平方米	4.50	15.30	15.00	7	100.00	7.00
4	人均蛋白质日摄入量	克	47.00	71.00	75.00	8	85.71	6.86
5	城乡交通状况							8.00
	城市居民人均拥有铺装道路面积	平方米	3.00	19.50	8.00	3	100.00	3.00
	通公路的建制村比重	%	50.00	89.70	85.00	5	100.00	5.00
6	九年义务教育普及率	%		100.00	100.00	10	100.00	10.00
7	婴儿死亡率	‰	34.70	23.65	31.00	8	100.00	8.00
8	教育和文化娱乐支出比重	%	6.00	14.32	16.00	10	83.20	8.32
9	森林覆盖率	%	12.00	71.80	15.90	7	100.00	7.00
10	农村安全卫生饮用水普及率	%	50.00	78.80	85.00	7	82.29	5.76
总计								92.71

2002年永福县城天凤广场周边景象　　　　　　张桂发　摄

第四篇

城乡建设　环境保护

第一章　城乡建设

永福县城乡建设遵循"规划先行"的原则，从1983年起开始编制县城总体规划。经过3次修改，至2003年基本成形，并经县人大常委会批准后实施。乡镇总体规划起步较晚，至2005年年底，仅苏桥镇和百寿镇建设总体规划基本完成。从1999年起至2005年，全县先后对创建文明卫生村和小康文明村的村屯进行规划建设。

1993年4月，永福县开始对县城实施旧城改造，扩宽县城主要街道，规范建筑及进行立面改造等。同时加快县城市政建设，供水、排水、防洪堤工程、市政桥梁、路灯、广场、园林绿化、集贸市场等建设。

1991—2005年，县城市容环境卫生管理得到加强。进入21世纪后，县城房地产业快速发展。至2005年，永福县城建成居住小区12个，商业小区3个，城镇居民居住和生活条件得到较大改善。乡镇建设、新村建设有序推进。

第一节　机　　构

永福县建设局

1976年5月，成立永福县基本建设局。1991年，沿用永福县城乡建设委员会名称，行政机构，正科级。办公地址在县政府大院内。1996年7月，机构改革，县城建委改称永福县建设局。2005年，永福县建设局为县人民政府工作部门，正科级，负责全县城乡规划、建设与管理、市政管理、市容市貌管理监察等工作。内设政秘股、建设工程管理股、规划管理股、村镇规划管理股、法规监察综合管理股5个股室，行政编制人员20人。下辖13个企事业单位有城市管理监察大队、环卫站、市政管理所、城建档案室、建筑设计室、园林管理所、建设工程质量监督站、建筑工程招标管理站、第一建筑公司、第三建筑公司、房地产开发公司、供水公司、污水处理厂等。共有企事业人员130人。在9个乡镇设有城建站，共有人员20人。另外，永福县人民防空办公室在县建设局挂牌，有编制及人员2人。局办公地址在县城永兴大道73号。

1991—2005年，历任县建设局（含城建委员会）局长（主任）有：陈启桂（1990年11月—1991年11月）、秦明生（1991年11月—1999年4月）、潘继钦（1999年4月—2002年12月）、李金元（2003年2月—2005年12月）。

永福县房产管理局

1992年1月，成立永福县住房制度改革领导小组，下设房改办，办公地点设在县政府大院。房改办负责县城住房制度改革的日常事务工作。1994年，永福县房改办定为县体制改革委员会下属机构，为非常设机构，办公室人员从各有关部门抽调。1997年5月，机构改革，撤销县体改委，县住房制度改革领导小组办公室由非常设机构转为常设机构，并挂永福县房产管理局牌子。1999年8月，永福县城镇住房改革领导小组更名为永福县住房制度改革委员会。永福县住房改革领导小组办公室也更名为永福县住房制度改革委员会办公室,简称房改办,与永福县房产局实行一套人员、两块牌子。

2002 年 2 月,永福县编制委员会批准永福县房产管理局职能配置、内设机构和人员编制方案。永福县房产管理局确定局机关行政编制 2 名、房管所事业编制 6 名、住房资金管理中心自收自支事业编制 6 名。2004 年 2 月,县住房资金管理中心划归桂林市住房公积金管理中心直接管理。2005 年,县房产管理局下辖的事业单位有房改办、房管所、白蚁防治站、测绘队。共有干部职工 10 人。办公地址在县城凤城路 98 号。

1992—2005 年,历任县房产管理局(房改办)局长(主任)有:唐顺江(1992 年 1 月—1994 年 1 月)、刘征贤(1994 年 1 月—1999 年 7 月)、曾开荣(1999 年 8 月—2003 年 5 月)、罗玄崧(2003 年 5 月—2005 年 12 月)。

住房公积金管理中心永福管理部

1999 年 7 月 1 日,成立永福县住房资金管理中心,受县住房制度改革委员会领导,负责全县住房公积金、单位房改房售房款等各项住房资金的归集、支付、核算和编制使用计划等管理工作,定为自收自支事业单位,人员定编 6 名。2004 年 2 月,县住房资金管理中心划归桂林市住房公积金管理中心直接管理,更名为桂林市住房公积金管理中心永福县管理部。2005 年,县住房公积金管理中心,有干部职工 5 人。办公地址在县城西滨路 1 号。

县建设局下属单位

城市管理监察大队　1989 年,成立永福县城建监察队,实有 5 人,属县城建委二层机构,系县财政差额拨款事业单位。2002 年 5 月,更名为永福县城市管理监察大队。2005 年有在编人员 9 人,聘请人员 2 人。城管大队主要职责是进行园林绿化、市政设施、市容市貌、建设规划的监察。

县环境卫生管理站(简称县环卫站)　1985 年 7 月,成立永福县环境卫生管理站,属县卫生局二层机构。1991 年 6 月,将县环卫站划归县城建委管理,成为县城建委二层机构,有干部 3 人,正式工人 7 人,临时工人 14 人。1997 年,县环卫站,有编制 40 名,实有干部职工 32 人,属县财政全额拨款事业单位,主要负责县城街道、广场、绿化带环境卫生的清洁、保洁和因此产生的垃圾清运工作;负责县城单位和居民生活垃圾有偿上门收取服务工作。2005 年,县环卫站有干部 12 人,正式工人 20 人,临时工人 52 人,合计 84 人。办公地址设在县建设局内。

县园林绿化管理所　1996 年 8 月,成立永福县园林绿化队,属县建设局二层事业机构。2004 年,更名为县园林绿化管理所,设在县建设局内,负责县城主街道、广场、凤山公园的绿化种植和管护工作。

县建筑工程招投标管理站　1996 年 8 月,成立永福县建筑工程招投标管理站,属县建设局二层事业机构,设在县建设局内,负责全县建设工程的招投标管理。

县建筑工程质量监督站　1984 年 9 月,成立永福县建筑工程质量监督站,属县建设局二层事业机构,设在县建设局内。2004 年,更名为县建设工程质量安全监督站。负责全县建筑工程的质量安全监督。

第二节　城乡规划

县城规划

总体规划编修　1983 年,永福县编制中华人民共和国成立后第一个县城总体规划。规划用地:5 平方千米。规划期限为 1983—2000 年;人口发展规模是县城人口控制在 2.20 万人。县城性质:以轻工业为

主,侧重发展罗汉果生产加工和重晶石矿加工工业等综合性城镇。1985年,桂林地区行署批准永福县城1983—2000年总体规划。

1988年,对县城总体规划进行第一次修改。在原总体规划的基础上,增加一些新的内容,用地规模由5平方千米调整为10平方千米。规划期限分为:近期1988—1995年;远期1996—2010年。人口发展规模:近期县城人口2万人,远期县城人口3万人。该总体规划于1989年报桂林地区行署批准实施。

1998年,对县城总体规划进行第二次修改。1999年,完成县城总体规划修改图、总体规划说明书。县城性质定为:全县政治、经济、文化中心,以农林产品加工工业为主导的工商城市。县城规划用地:14平方千米。规划期限分为:近期1998—2000年,远期2001—2015年。人口发展规模:近期县城人口3万人,远期县城人口6万人,城镇化水平达30%。

2003年,对县城总体规划进行第三次修改。2003年5月,完成县城总体规划图、电力电信图、给排水图、交通与道路图、园林绿化图、鸟瞰图及总体规划说明书。经县人大常委会批准后实施。县城性质定为:全县政治、经济、文化中心和以工业为龙头,农业、商业、旅游、文化协调发展,建成桂林高标准卫星城市。

发展目标:近期为2003—2010年,人口8万人左右,建成区面积14平方千米;远期年限为2011—2015年,人口12万人左右,建成区面积20平方千米。至2005年年底,永福县城的实际面积6.07平方千米。

总体规划用地条件　永福县城坐落的谷地长约7千米,宽约4千米不等。其中,谷地又分为南北2个部分。

谷地南部是旧城区所在地,东河、西河在此交汇为洛清江。谷地西面和东面均为海拔高程300米以上的山林地,坡度在30%以上的属不宜建设用地(三类用地)。南部地段海拔高程为140米左右,属适宜建设用地。湘桂铁路、桂柳高速公路呈南北向穿越城区,同时由于河流交错,用地比较零散,除东南部沿江有小部分农田外,用地已无较大发展潜力。

谷地北部是以永福镇塘堡村为中心,除西部仍为山林地外,东河两岸均为较开阔的台地,地形海拔高程为140~160米之间,属一类和二类用地。本地段现状有塘堡火车站及局部村庄,用地条件充裕。

从以上用地条件评定可以看出,永福县城用地选择,受自然条件制约的因素较多。县城东面、南面已有一定的基础,附近的土地极具开发潜力,可以布置工业、仓库和居住等用地。而县城西南有桂柳高速公路通过,两侧土地的利用价值将会提高。县城北面及塘堡火车站一带用地条件较好,且较接近桂林两江国际机场、苏桥工业园区。因此永福县城用地发展宜以老城区为主,向北端扩展,适当发展城西及城南两区域。在城市形态上,以东河及湘桂铁路为纽带,呈带状组团式结构。

总体规划布局　永福县城可发展的用地比较零散。总体规划在用地布局上采用带状中心组团式布局结构。根据县城地形和交通条件,县城规划建成区可划分为6个组团,即老城区、城东区、城南区、城西区、城北区和塘堡区。2003年,县城总体规划调整紧紧围绕建设桂林卫星城的发展目标进行设计,遵循有利于环境保护、旧城职能协调、城市结构布局合理等原则,将县城建设成为全县政治、经济、文化中心和以工业为龙头,农业、商业、旅游、文化各方面协调发展的高标准卫星城。

老城区以现状建成区为主,东以铁路及东河为界,西以西河及桂柳高速公路为界,南起东河、西河交汇处,北至火车站,桂柳高速公路永福出入口位于本区。该区目前是县城乃至全县的政治、文化和金融贸易中心。经过进一步的改造和完善,将发展成为具有居住、商贸、行政办公、文化娱乐、交通等职能的综合性县城主中心。

城东区,东、南面以东河为界,西以铁路为界,北至五里桥,该区以布局轻工业、居住、学校为主。

城南区位于东河以南,本区在时有城市设施的基础上,发展轻污染工业,扩大体育、教育用地。北面则以居住区为主。

城西区位于西河西面,东以桂柳高速公路为界。本区是县城新的开发区,以生活居住区为主。

城北区南起五里桥,北至樟峡大桥以北,规划该区发展成为具有居住、商务、服务、文化、娱乐、工业品大市场、县委办公中心、大型医院、仓储等诸职能的综合性中心区,规划为以后的县城主中心。

塘堡区位于塘堡火车站附近,为相对独立的"工作、生活"新区。

对无污染工业项目,布置在城东工业区、塘堡工业区。以上两区位于城区的上风向,应安排无大气污染的工业,如农副产品加工、竹木深加工、轻纺工业及农民进城办第二产业用地。对现有城区内部的工业企业,应进一步挖潜改造,加强环保措施,提高工业用地的使用效益,以适应经济发展和环境保护的需要。对轻污染工业区,布置在城西工业区和城南工业区。以上两区处于城区风向与河流流向下方,可安排建材、林业、化工、冶金、造纸等工业项目。

表 4-1　　　　　　　　　1996—2015 年永福县城建设规划用地平衡表

序号	用地代号	用地名称		现状(1996 年)			近期(2000 年)			远期(2015 年)		
				面积(公顷)	人均(平方米/人)	占总用地(%)	面积(公顷)	人均(平方米/人)	占总用地(%)	面积(公顷)	人均(平方米/人)	占总用地(%)
1	R	居住用地		72.40	29.57	33.07	85.59	28.45	30.28	173.64	28.94	29.68
2	C	公共设施用地		34.60	14.13	15.81	45.57	15.12	16.12	102.86	17.14	17.58
		其中	行政办公用地	2.53	1.03	1.16	5.20	1.72	1.84	12.17	2.03	2.08
			教育科研用地	20.99	8.57	9.59	20.12	6.73	7.15	34.29	5.71	5.86
			商业服务用地	7.56	3.09	3.45	14.59	4.83	5.16	39.78	6.63	6.80
			文化娱乐用地	0.75	0.31	0.34	1.19	0.37	0.42	2.05	0.34	0.35
			医疗卫生用地	1.48	0.60	0.68	1.98	0.66	0.70	4.33	0.72	0.74
			体育设施用地	1.29	0.53	0.59	2.40	0.80	0.85	10.24	1.71	1.75
3	M	工业用地		36.50	14.91	16.67	44.19	15.56	15.63	89.68	14.95	15.33
4	W	仓储用地		21.60	8.82	9.87	12.89	4.29	4.56	29.91	4.98	5.11
5	T	对外交通用地		6.80	2.78	3.12	9.10	3.03	3.22	23.28	3.88	3.89
6	S	道路广场用地		22.50	9.19	10.28	29.91	9.92	10.58	81.00	13.50	13.84
7	U	市政公用设施用地		2.10	0.86	0.95	3.02	1.01	1.07	11.88	1.98	2.03
8	G	绿地		20.00	8.17	9.14	28.78	9.51	10.18	72.82	12.14	12.54
		其中:公园绿地		18.00	7.35	8.22	23.64	7.82	8.36	55.05	9.17	9.40
9	D	特殊用地		2.40	0.98	1.09						
10	合计	城市建设用地		218.90	89.41	100	259.05	86.89	100	585.07	97.51	100

备注:县城现状人口(1996 年)2.45 万人、近期规划人口(2000 年)3 万人、远期规划人口(2015 年)12 万人。

分区规划　根据《永福县城总体规划(2003—2015 年)》的要求,2003 年 5 月,完成五里桥小区规划。规划用地面积 121.20 公顷。该小区以行政办公、商住为一体综合小区,内设大型工业品市场、县城中心医院、文体中心、小学、幼儿园等。该小区内各分区规划建筑密度控制在 40% 左右,房屋建筑设计 4 层以上。

2003 年 5 月,完成龙泉坪小区规划。规划用地面积 20 公顷。该小区以公馆、宾馆、住宅为主,并配置

有幼儿园、活动中心、银行等。该小区主要道路 22 米宽，是连接永兴大道与火车站小区的骨干道路。该小区的房屋建筑设计不限层高。

2003 年 5 月，完成大米厂小区规划。规划用地面积 3.60 公顷。该小区规划为商住区，主要为集团式开发，可以形成物业管理，建房率 40% 左右，按设计楼层六层计算，可建成房屋面积 6.91 万平方米。

西河小区，以住宅为主。

专项规划　根据《永福县城总体规划（2003—2015 年）》的要求，2003 年县城专项规划分为道路、桥梁、停车场、广场、旅游、公园、科研教育等规划。

县城道路等级规划分为 3 种类型。主干道路红线宽为 30~60 米。次干道路红线宽为 20~28 米。支路红线宽为 12~18 米。

县城道路骨架规划为：桂柳高速公路入口道路红线为 60 米，建筑红线为 80 米；永兴大道和凤翔路的道路红线为 40 米；凤阁路，从县政府招待所（金龙饭店）至凤山脚下接天凤广场滨江道的道路红线为 30 米；连江路接凤城路段的道路红线为 40 米；凤城路，从火车站至县政府门口的道路红线为 30 米；迎宾大道，从老汽车站圆盘至塘堡火车站立交桥的道路红线为 40 米；东河滨江道（东滨路）的道路红线为 26 米；利用铁路防护林设置有 26 米的平行铁路南北通道。

县城桥梁规划为：近期新架设观光桥（西河二桥）1 座，即从天凤广场与对面碧水湾公馆相连。远期增设桥梁 2 座，即东河与中州乐园上游连接为东河桥；塘堡区与樟峡区连接为樟峡二桥。

截至 2003 年，县城城区尚无停车场。规划在县城各新区内设置社会停车场与垃圾中转站、公厕共 5 处。

截至 2003 年，县城已建成电信广场、剧院广场、火车站广场和天凤广场（2007 年改为福寿广场）。规划在新的行政区设置文化行政广场，并在各住宅小区内设置一些以休息健身为主的小型广场。

规划县城旅游，配合开发西河漂流，把拉搞温泉、凤山公园、中州乐园连成一整体。把凤山公园规划为高山观景及纪念性公园，总面积 16 公顷。中州乐园在时有基础上扩大规模，乐园四周临江、环境幽静，规划成为娱乐性公园，内设书画展、文艺表演、垂钓等活动内容，总面积为 20 公顷。

规划县城科研教育点，积极改扩建原有教学点，同时在五里桥小区内新建大型教育区，保留建设好原有师范、党校、职业中学、气象站等科研教育点。

村镇规划

乡镇总体规划　永福县乡镇建设总体规划修编工作起步较晚。

2003 年全县开始启动乡镇建设总体规划修编工作，并重点对苏桥镇、百寿镇 2 个镇规划进行修编。至 2004 年年底，苏桥镇和百寿镇建设总体规划基本完成。截至 2005 年年底，罗锦镇、广福乡、堡里乡、龙江乡、三皇乡、永安乡 6 个乡镇建设的总体规划尚未修编。

村屯规划　1999 年，永福县以创建小康文明村为主要内容，对每个乡镇创建小康文明村的村屯要求进行规划建设，由此启动村屯建设规划工作。截至 2005 年年底，村屯建设总体规划搞得比较好的有龙江乡龙山村社边屯和苏桥镇太平村大坪土屯等。与此同时，永福县还先后开展了"村村通公路""村村通广播电视""农村电网改造"、人畜饮水工程等专项规划工作，促使村屯道路、房屋、卫生、供水、供电建设稳步发展。

第三节　县城旧城改造

1991 年，永福县城共有东江街、解放街、建新街 3 条主要街道和公路，总长 15 千米，均为水泥和沥青路面。是年，县城有公房建筑面积 30.45 万平方米，私人住宅建筑面积 35.60 万平方米。当时县城房屋和街道布局零乱,街道狭窄,房屋低矮破旧,市容市貌需要改造。

1993年4月,开始对县城进行规模性旧城改造,拓宽县城主要街道和临街建筑进行立面改造等。一期工程是扩宽街道:从电影院至农业局段,由原来的20米扩宽到24米;从农业局至西河大桥口段由20米扩宽到26米;从西河大桥口绕凤山背到财政局由15米扩宽到24米。至1995年年底,共拆迁旧房83户,占地面积1.31万平方米,建筑面积2.47万平方米。

1995年,县城又一次进行规模性旧城区改造。至1996年新建扩建城市道路、人行道9.50

2005年永福县城北部景象 唐庆甫 供图

万平方米。新建房屋占地面积1.23万平方米,建筑面积1.54万平方米。1997年,共拆除房屋占地面积5.69万平方米,拆除房屋建筑面积2.92万平方米,新建房屋面积11.20万平方米,总投资5600万元。1999年,筹措资金50万元,铺装开发新建小区道路、修补县城主要街道2000平方米。2000年,投入资金200多万元,对凤城路进行部分修补,拓宽连江路(老建行一带)、凤阁路(从卫生局至凤山背财政局门口)共1万多平方米,完成重新铺装人行道500多米及排水给水管网埋设;投资30万元,硬化开发区路面2.64万平方米。2001—2002年,旧城改造主要是改造凤城路主街道:投资60万元,对长1.30千米机动车道进行降坡(填高部分路段基础),全部铺设沥青路面;两旁人行道的铺设采取受益单位和个人出资的办法,共投资150万元铺设方块青石面积1万平方米;配合旧城改造工程,对临街33个单位的28栋楼房进行“穿衣戴帽”的立面改造工程,对沿街绿化、美化、市政配套工程落实施工(让所有的通信设施管网下地、供水系统重新改造),总投资1000多万元。完成良(丰)永(福)线一级公路县城段(全长2500米、路面宽23米,两旁人行道路面宽各10米)改建工程占地及周边土地开发的征地工作,共征用土地3.40公顷,房屋拆迁7147平方米,总投资174万元。拆除了贮木场一栋16户的宿舍和高速路口的隔离带;完成了茅江小区道路硬化;修建了凤阁路卫生局至财政局路段、连江路贮木场综合楼至铁路道口段道路的人行道,铺设大理石5.55万平方米,总投资270万元。这两年累计完成旧城改造工程量1654万元。

2005年,旧城改造主要是对原来凤山背道路长600米,主车道宽7米,进行了降坡改直建设,升高防洪堤护栏,铺设青石板人行道,安装路灯。同时改造县城主供水管道,下埋排水沟,并对部分旧建筑进行拆迁。整个工程项目投资170万元。

第四节 市政建设

供　水

县城供水　永福县城的供水由永福县水厂(也称供水公司)经营,供水范围覆盖城区的龙泉、向阳、凤城3个社区和与城区相连的永福镇南雄村的李家寨、五里桥、官村、堕庙、县南屯及湾里村下湾屯,面积6.07平方千米。

1991年,永福县城有水厂1座,以西河为给水源,取水点位于西河农贸市场上游,取水方式为河床大口井取水。是年,县城水厂年供水量179万立方米,水厂供水规模为每日0.49万立方米,供水人口约2.30万人。水厂净水工艺流程为:河床大口井—水泵房—高位水—管网。高位水位于凤山上,容积为1002.15

立方米。城区人均综合用水量每日 174 升，自来水普及率达到 100%。

　　1993 年，县城供水企业由于受永福县国有企业相继关停并转、取消水表底度等因素影响，供水量呈逐年下降趋势。1994 年，县城年供水量为 161 万立方米。1996 年，县水厂自来水管网铺设总长度为 12 千米，其中输水管 10 千米、配水管 2 千米，管径在 100 毫米至 500 毫米之间，以树枝状管网为主，部分管网已连接成网状，使城区供水安全性得到了提高。2000 年，供水量降到 151 万立方米。2003 年，开始回升，供水量 159 万立方米。2005 年，县城年供水量达 179 万立方米，并呈稳步上升态势。

　　随着县城经济的快速发展和县城框架的不断拉大，对县城的供水和用水需求不断增长。2002 年，县人民政府启动永福县城新水厂项目（地点在县城高速公路大桥西侧）。但由于多方面的因素影响，新水厂工程建设断断续续，进展不大。

　　2007 年 9 月，县城新水厂正式投入使用。

　　乡镇供水　1991 年，除县城外，还有百寿镇水厂（也称自来水厂）1 家，供水范围很小，只能供政府机关和附近少数单位饮用水，年供水量不足 10 万立方米；另外有少数几家企业、事业单位建的取水工程也只能自取自用。1992—2005 年，先后对百寿镇供水工程进行扩建，并先后建成罗锦镇、三皇乡、永安乡、龙江乡、堡里乡、广福乡、苏桥镇 7 个乡镇的供水工程，年供水量达到 469.70 万立方米；另有 52 家厂矿、企、事业单位，自建了供水工程，年供水量 403.95 万立方米，解决本单位生活和工业用水。

排　　水

　　1991 年，永福县城排水体制为合流制，已有一定规模的排水系统。统计表明，已修建排水管渠长度为 17 千米，大部分为砌砖（石）结构。2000 年以后，随着县城排水量的不断增加，部分排水沟显得断面窄小，再加上缺乏养护，排水管渠堵塞积水现象时而发生；部分明沟盖板缺损，影响市容和环境卫生，急需改善。2005 年，改造了凤翔路龙泉坪附近 1000 多米的大排污沟。

2004 年永福县城天凤广场段防洪堤工程

县水利局　供图

县城西河防洪堤工程

　　永福县是广西暴雨中心之一，县城区地处东河、西河、洛清江三河交汇处，受三河洪水的影响，极易遭受洪涝灾害。1999 年 1 月，成立县城防洪工程建设规划领导小组，并委托桂林水电勘测设计院对县城防洪堤进行规划设计。同年，自治区水利厅批复永福县城防洪排涝工程规划。规划范围从县城的桂柳高速公路大桥沿西河往南至茅江大桥的东、西河沿岸。防洪堤总长 3.97 千米，其中东河段从 0+000 米至 0+580 米两岸、西河段从 0+780 米至 214+186 米两岸。建设防洪堤 3.97 千米、防洪排涝闸 1 座 3 孔。

　　县城西河防洪堤　从桂柳高速公路大桥底至恋爱桥段沿河北、南两岸需建两道防洪堤，称为一期工程（三百洲段工程）、二期工程。西河北岸防洪堤为一期工程。设计堤长 780 米，核定一期工程总投资 702.48 万元。2002 年一期工程开工建设，实际完成堤长 840 米，实际完成投资 960 万元，其中使用自治区农水资金 100 万元、自治区防洪保安费 500 万元、县自筹 360 万元。完成疏通河道淤泥 4400 立方米，挖土 2800 立方米，砌基石 260 立方米，浇注混凝土 150 立方米。2004 年，一期工程竣工投入使用。

　　西河防洪堤二期工程　从永福县城区西河恋爱桥往南经西河尾码头至东河茅江桥段，设计堤长 1986

米,核定工程总投资 1946.19 万元。2004 年 12 月,二期工程开工建设。至 2005 年年底,实际完成了西河恋爱桥至老水厂 378 米堤段和东河县政府招待所至三江汇合口 580 米一级堤的建设,实际完成投资 475 万元,其中自治区防洪保安费 250 万元、国债资金 150 万元、县自筹 75 万元。

市政桥梁

永福县城市政桥梁有西河公路大桥、西河公路二桥、茅江(河)公路大桥、樟峡公路大桥、茅江(河)铁路大桥、中洲乐园铁桥、县城 405K 公路铁路立交桥、南雄公路铁路立交桥 8 座(内容详见本县志第九篇第一章交通)。

南雄公路铁路立交桥于 2001 年 12 月 30 日竣工使用后,由人工看守了几十年的南雄村铁道道口随即封闭,为县城向东发展提供了便利条件。

县城 405K 公路铁路立交桥于 2004 年 10 月建成后,由人工看守了几十年的工农兵铁道道口随即封闭,县城向北向东发展畅通无阻。

永福县城茅江大桥(1995 年摄)　党史县志办　供稿

路　灯

1991—2003 年 3 月底,永福县城路灯由县供电局管理,所需费用由县级财政列支。1991—1996 年,县供电局在解放街、建新街、东江街及其他小街小巷上安装了路灯,基本满足道路照明要求。1996 年 9 月,县城街道重新划分后,县级财政加大了对街道路灯管理费用的投入,对路灯进行全面改造,并将主街道的路灯线路全部埋入地下管理。2003 年 1 月,县城整体亮化美化工程正式启动,对县城凤城路、凤翔路、凤阁路、连江路、滨江路、迎宾大道等主要街道原有路灯设施进行较大规模的改造。整个工程共新安装和改装 26 条路段,路灯共 1476 基 5356 盏。截至 2003 年 3 月底,县供电局争取县级财政投入资金 450 万元,对凤城路、凤翔路、凤阁路、连江路、永兴大道、迎宾大道等街道的路灯进行了重新安装。另争取县级财政投入资金 69.50 万元,完成了迎宾大道、滨江路及茅河、西河县城段及贮木场等小区的亮化工程。

2003 年 4 月 1 日,经县人民政府批准设立永福县路灯管理所,作为县建设局下辖机构,所需人员从县建设局时有人员中调剂解决。2003 年 4 月 1 日,县路灯管理所随即接管县供电局移交路灯 100 多盏。4 月 10 日,经县人民政府批准,将县供电局每月收取的公共用电附加费拨付县建设局作为路灯电费、路灯维护管理使用。随着县城区域的扩大和满足县城亮化的需求,县路灯管理所先后与多家路灯生产厂家签订 22 份路灯安装承包合同,投入资金 300 多万元,改造路灯线路 55.03 千米,安装和改造街道及巷道路灯 6549 盏。

2005 年,县城路灯建设经费投入严重短缺,导致路灯管理所工作全面瘫痪,路灯得不到维护,全所工作人员长达 8 个月无工资发放,负债 8 万多元,欠付路灯电费 16 万多元。

天凤广场

县城天凤广场坐落在凤山西北面,位于桂柳高速公路永福出入口和永福汽车客、货运中心(汽车站)旁边,通往北四乡镇的永兴公路穿过广场,交通方便;广场西南面濒临西河,与县城滨江路、防洪堤连为一体。

天凤广场(2007年更名为福寿广场),修建时搬迁企业11家,共拆迁面积2.29万平方米,补偿资金265.98万元;安置房屋面积8712平方米,安置居民192户。拆迁安置工作于2001年10月完成。

2002年6月,天凤广场开工建设。2003年2月,竣工使用。天凤广场建设采取市场运作方式,即以广场建设带动周边土地开发,以土地开发收入保障广场建设资金。

广场分为主广场和文体广场。天凤广场及广场周边土地开发区占地19.33公顷。其中广场使用面积1.75万平方米,工程投资2000万元(含广场拆迁安置费用)。

永福县城天凤广场周边景象

张桂发　摄于2002年

园林绿化

公园乐园绿化　永福县城内有凤山公园和中洲乐园,分别建于1980年和1989年。1991—2005年,县级财政共投入30万元在凤山公园和中洲乐园内修建了凉亭5个、铁桥1座、花园1个、苗圃1个;种植各种观赏树木及观赏竹类,铺设水泥道路长度10多千米。其中,凤山公园有"城中森林公园"之称,绿化覆盖率达100%。县园林绿化管理所,加强养护和管理公园,保证公园的卫生清洁,定期巡查,严格制止非法砍伐树木,破坏绿化的不良行为。

凤山公园上有100多株苍松碧梧,长藤古树,层层如盖,郁郁葱葱。县园林绿化所对这些古树木实行定期巡查。县林业局防疫站负责凤山公园树木的生物病虫监测防治,在山上设立杀虫灯30盏,有效杀灭害虫。

居住区绿化　按照永福县城总体规划(2003—2015)的要求,截至2005年,县城内建成较好的绿化小区有:供电局、林业局、县政府机关大院、公路局等,还有房地产开发商承建的居住区,如碧水湾公馆、金城山庄等。这些小区的绿化覆盖率都在35%以上。

单位庭院绿化　按照《永福县城总体规划(2003—2015)》的要求,县城各机关、学校、企事业单位积极利用本单位庭院空闲地段,开发建设绿化美化景点。截至2005年,先后有供电局、永福中学、永福县实验中学、高速公路管理所等单位建成花园式单位,绿化覆盖率分别为40%、45%、43%、36%。

县城道路和广场绿化　1991—2000年,县城园林管理部门积极管理好县城主街道两旁的绿化树木,如桂花、天竺桂、榕树等,并补植人行道树。2001年,县园林部门在新建永兴大道和迎宾大道中间设立花圃隔离带共2000多米,并配备了喷水设施。2003年,天凤广场建成后,又投入129万元资金建设广场文体娱乐设施和种植绿化树木,其绿化覆盖率达45%。2004—2005年,在县城街道新种植和补植人行道树300多株。同时每年对街道树木定期修剪整形,使县城绿化达到日常维护二级标准。

集贸市场

1992年9月1日,永福县城西江市场竣工开业。

2002年10月8日,永福县城中心市场竣工开业。位于县人民武装部原址。该市场占地面积6977平方米,其中建圩亭面积2100平方米、摊位367个,新建门面面积4280平方米,用地硬化4200平方米,修建明暗排水道1200米,总投资190万元。于2001年开工建设,2002年10月竣工使用。

2004年8月13日,永福县城城东集贸市场竣工开业。该市场建筑面积2387平方米,总投资800万元。

第五节　市容环卫

市容管理

1991—2005年,县城建监察队(2002年5月改称为城市管理监察大队)对分管的县城市容、环境卫生、绿化、广告和街道进行巡查、督促,并进行分片管理。每天对城区市容和环境卫生进行正常秩序管理,整顿超门槛占道经营和流动摊点;清理乱堆乱放乱倒等现象。

针对市容市貌一些比较突出的现象,县城管大队与公安交警、工商行政等部门联合执法,拆除非法建筑和非法搭建现象,整治无牌、无证经营三轮车及乱停乱放车辆,整治市场周边和主要街道占道经营和乱摆乱放现象。

1991—2005年,永福县城管大队加强队伍建设,制定和完善城管监察队员守则、执法监

2005年11月永福县西河二桥周边景象

唐庆甫　供图

察公示制度、行政执法过错责任追究实施办法等管理制度。15年间,累计处理违反市容管理案件990多起、损毁园林绿地案件24起、损坏市政工程设施案件20起、查处违法建设案件11起、拆除违法建筑面积1400平方米、申请法院强制执行案件3起。

环境卫生管理

1991年,县环卫站环境卫生管理区域限于县城老城区的东江街、解放街、建新街3条主要街道和广场等,清扫保洁面积10.52万平方米。县环卫站实行每天一次清扫一次保洁的清扫制度,在主要街道上设置垃圾果皮箱20个,日清生活垃圾15吨,年清扫生活垃圾5475吨。

1993年,随着县城面积的扩大,县城主要街道和道路不断扩展和延长,县环卫站负责的环境卫生管理区域也不断扩大,并实行每天一次清扫三次保洁制度。1994年,在桃城乡十化洞新建垃圾填埋场1个。2000年,县环卫站配备微型拖拉机,到县城各单位和各住宅小区收运生活垃圾。2004年,县环卫站在县城建立垃圾中转站1个;新建广福乡黄岭生活垃圾填埋场1个,面积2.60公顷;配备垃圾运输车辆2辆,手扶拖拉机6辆,运送生活垃圾。2005年,县环卫站在县城主要街道上设置垃圾果皮箱80个,清扫保洁面积28.80万平方米;到县城各单位各住宅小区居民有偿上门收取生活垃圾5000户;日清生活垃圾50吨、年清扫生活垃圾18250吨。

公厕建设与管理

1991年,永福县城有公共厕所3座,群众免费使用。由县环卫站聘请临时工人进行清扫保洁。

1997年,在永福县城粮贸大厦对面新建公厕1座,占地面积70平方米,建筑面积70平方米;改建茅

江桥头公厕 1 座,占地面积 70 平方米,建筑面积 70 平方米。2005 年新建天凤广场公厕 1 座,占地面积 80 平方米,建筑面积 80 平方米。是年,县城共有公厕 5 座。

市容环境综合整治"南珠杯"竞赛

1998 年,永福县首次参加全自治区开展的市容环境综合整治"南珠杯"竞赛活动。县人民政府成立"南珠杯"竞赛领导小组,由县人民政府主要领导担任组长,县四家班子有关领导为副组长,县建设局、卫生局、环保局、公安局、交通局、宣传部等部门主要领导为领导小组成员。以参加市容环境综合整治"南珠杯"竞赛活动为载体,加强县城规划、市政设施建设、环境卫生整治和交通经营秩序综合整治,改善环境质量。重点解决沿街道门面乱占道搭棚、乱摆摊经营、乱停放车辆等问题。在沿街单位和门面实行"门前三包"(包绿化、卫生、秩序);加强县城市容市貌监管工作。在"南珠杯"竞赛中,永福县城管大队由于工作成绩显著,获自治区奖励城管执法公务用车 1 辆。至 2005 年,永福县共参加五届"南珠杯"竞赛,其中在第二届竞赛中获得先进集体奖,在第五届竞赛中获得优秀奖。

第六节　县城房地产业

住宅建设

1991 年年底,永福县城房屋建筑面积为 66.05 万平方米,其中住宅面积 35.60 万平方米,人均居住面积 9.70 平方米。1999—2000 年,结合县城"安居工程"进行居住小区建设,共投资 8545 万元,新建茅江、西河、桂柳高速公路永福出入口、贮木场、城东 5 个住宅小区,占地面积 3.32 万平方米,建筑住宅面积 2.14 万平方米,且大部分投入使用。2001—2005 年,继续对县城 8 个住宅小区进行商住房开发,建筑总面积 264.58 万平方米,使县城居民人均住房面积提高到 2005 年的 17 平方米。

公房建设

1991—2000 年,永福县完成县科技局、残联、交通局、邮政局、公路局、工商局、县房管所等机关单位办公楼建设;完成党校、永福中学、永福镇小等事业单位教学楼及学生宿舍楼建设;完成县信用联社、城区粮油供应公司、贮木场、桂林长通铝塑复合管厂等企业单位楼房建设。2001 年,完成移动公司永福分公司办公楼、永福石油分公司油库、县政府大院大门旁新建综合楼建设。2002 年,完成桃城财政所、公安局、供电局、新建财政局、公安局消防大队等办公楼、县政府招待所、永福中学新建教学楼、供水公司新水厂取水泵房、妇幼保健院门诊大楼、方诚房地产评估有限公司办公楼、民政局光荣院和福利院、县中医院住院部等楼房建设,建筑总面积 1.83 万平方米。2003 年,完成中石化永福分公司检察院西侧加油站、永福中学学生宿舍、永福二中学

永福县城步行街　唐庆甫　摄于 2005 年 4 月 12 日

生宿舍、卫生防疫站办公楼、重晶石矿南雄矿粉厂、县建筑工程公司办公楼、国土局综合楼、气象局办公楼、永福中学教学楼、国税局食堂招待所、广西移动永福分公司办公楼、农业局土肥站办公楼等楼房建设,建筑总面积达 1.53 万平方米。2004 年,完成公安局交警大队办公楼、森林公安分局办公楼、汽车站李家寨二站、县人民医院办公楼、环保局办公楼、建设局办公楼、质量技术监督局等楼房建设,建筑总面积达 8700 平方米。2005 年,完成中石化永福石油分公司城北油库、永福二中宿舍楼、县实验中学教学楼、中石油永福加油站、工商局办公楼、永福镇派出所综合办公楼、永福中学学生公寓、县实验中学食堂、永福中学学生食堂等楼房建设,总建筑面积 1.44 万平方米。

住宅小区开发

1991—1998 年,永福县城尚未进行住宅小区集中开发。

1999 年,永福县城结合"安居工程",开始进行居住小区建设,当年实际完成住宅建筑面积 8545 平方米。

2000—2005 年,继续实施县城安居工程,改善群众的居住条件。先后开发占地 4 公顷的向阳路城东小区、占地 3 公顷的五里桥小区、占地 13 公顷的西河小区、占地 10.47 公顷的茅江河一带小区、占地 12 公顷的贮木场至高速路出入口小区等 8 个住宅小区,开发土地面积 42.47 公顷。建居住房 1100 多户,建筑总面积达 264.58 万平方米,使县城居民人均住房由 1991 年的 9.70 平方米,提高至 2005 年的 17 平方米,同时有效地扩宽了县城区域。

书香花园别墅区　位于天凤广场东南侧,与天凤广场 32 米大道和西河防洪堤滨江路交汇于凤山脚下,与西河西南岸的碧水湾公馆隔江相望,占地面积 4086 平方米,建筑面积 1.41 万平方米,共有 51 栋别墅,户型全部造型为欧式建筑风格。2003 年 4 月开工建设,2004 年 5 月竣工,工程总投资 1136 万元,小区容积率 1.3,绿化率 15%。由贺州市房地产开发有限公司开发,永福县第二建筑工程公司承建。

滨江别墅区　位于天凤广场西北面,占地面积 3998 平方米,建筑面积 1.13 万平方米,工程总投资 1001 万元,共建房屋 11 栋 82 间,由同济大学建筑设计研究院设计,造型为欧式建筑风格。小区容积率 1.3,绿化率 20%,公用设施有小广场。2004 年 1 月开工建设,2005 年 9 月竣工,由贺州市房地产开发有限公司开发,永福县第二建筑工程公司承建。

拆迁安置和民政福利院小区　位于天凤广场西北面。拆迁安置小区建筑面积 8640 平方米,工程投资 480 万元,由永福县第一建筑安装公司承建。2002 年 6 月开工建设,2003 年 6 月全部竣工,交付使用。主要安置因建天凤广场而拆迁的居民住户。县民政福利院地处拆迁安置房北面,房屋建筑面积 2200 平方米,工程投资 290 万元。由永福县第一建筑安装公司承建。2003 年 10 月开工建设,2004 年 2 月竣工使用。该福利院用房后来实际置换为县民政局办公用房。

碧水湾公馆小区　位于西河南岸,与天凤广场隔江相望,总占地面积 9.33 万平方米,总建筑面积 6.50 万平方米,是休闲、居住一体的房地产开发小区,内设小广场、滨江道、防洪堤、西河二桥,工程总投资 6000

2005 年县城碧水湾住宅小区　　　　　　　　　　　　　　　　　唐庆甫　供图

万元。碧水湾公馆于2004年3月开工建设。由南宁市泽福房地产开发公司承建。

连江商住小区 位于连江路，由永福县新宇房地产开发有限责任公司开发，占地面积3100平方米，楼层七层，总建筑面积1.36万平方米。2004年3月开工建设，总投资3000万元。临街楼房一层为县城最大的超市——阳光购物中心，建筑面积1670平方米。

阳光公寓 位于城东小区原大米厂内，占地面积1.96万平方米，总建筑面积2.60万平方米。该公寓设计为商住两用，共由79间门面、42户住宅和2栋商品楼组成。阳光公寓于2004年12月开工建设，2005年12月竣工使用。小区容积率2.1，绿化率5%。由兴安县福馨房地产开发有限公司开发，兴安县第一建筑安装工程公司承建（三级房建施工企业）。

建设花园小区 位于原县矿粉厂内，由县建设局牵头，永福县第一建筑安装工程公司、桂林市七建公司承建（均为三级房建施工企业），占地面积1.53公顷，建筑面积3.30万平方米，有三房两厅、四房两厅户型220套。建设花园于2003年5月开工建设。2005年正在建设中。小区容积率2.1，绿化率10%，公用设施有篮球场、羽毛球场等。

金城山庄小区 位于老汽车站、糖果厂内，由永福县永达金城房地产开发有限公司开发，占地面积9495平方米。小区容积率1.8，绿化率25%，公用设施有运动场、健身场。分3期建设，第一期建筑面积2.90万平方米，于2005年1月开工建设；第二期建筑面积1.53万平方米，于2005年12月开工建设；第三期建筑面积1.60万平方米，已在规划中。由永福县建筑设计室设计，永福县第三建筑安装公司承建。

商业小区开发

商业步行街 位于天凤广场东面开发区，与天凤广场连为一体，地处县城发展中心地段，由贺州市房地产开发有限公司开发，占地面积1.86万平方米，建筑总面积3.20万平方米，工程总投资3100万元，共有15套商住楼。由同济大学建筑设计研究院设计，永福县第二建筑安装公司承建。于2001年开工建设，2004年8月竣工交付使用，小区容积率1.8，公用设施有小广场。

商贸城 位于天凤广场西北面，由贺州市房地产开发有限公司开发，占地面积1.27万平方米，建筑总面积3.20万平方米，工程总投资3100万元。共有商业铺面200多间，面积40~300平方米住房150多套，造型为欧式建筑风格。由中国建筑北京设计院设计，桂林市四建公司承建（二级房屋施工企业）。商贸城内设有大型停车场及物业管理。商贸城于2003年8月开工建设，2004年12月竣工交付使用。

福源商城 位于五里桥开发区，由海南省环保房地产开发公司开发，占地面积2.66万平方米，建筑总面积5.40万平方米，有三房两厅、四房两厅户型333户，底层为市场铺面。福源商城于2004年8月开工建设。小区容积率为2.0。由广西矿建公司承建（三级房屋施工企业）。

公房出售

永福县的公房出售，经历了按标准价出售公有住房部分产权和提高公有住房租金——对部分产权按成本价向全产权过度，推行职工集资建房和不断提高公有住房租金标准——停止住房实物分配和启动住房二级市场等三大阶段。

1992年10月，自治区将永福县列为全自治区城镇住房制度改革的10个试点县之一。1992年11月13日，县人民政府印发《永福县住房制度改革实施方案》的通知，以标准价购买公有住房部分产权工作在县城全面铺开。凡是1992年1月1日以后建成交付使用的新房按每平方米220元的标准价计算售房款，1992年1月1日以前建成交付使用的旧房按重置价每平方米180元重新折扣计算售房款。凡具有本县城镇常住户口、以自住为目的、符合分房条件或已租住公房的职工家庭户，均可申请购买公房，原则上旧房由原住户购买,原住户不愿购买的可由本单位其他符合条件的职工家庭购买,每个家庭限购一套。至此,县城80%的干部职工购买住房部分产权。1994年,国务院《关于深化城镇住房制度改革的决定》和《广西壮族自治区贯彻国务院〈关于深化城镇住房制度改革的决定〉实施方案》颁布后,公有住房出售改为按成本价出售全部产权,原购买住房部分产权可按成本价补足房款及差额部分的利息,转为住房全部产权。按照广西房改实施方案规定,每年7月1日至次年6月30日为一个房改年度,每个房改年度执行同一售房成本价。成本价由征(用)地及拆迁补偿费、勘察设计和前期工程费、建筑安装工程费、住宅小区基础设施建设费、管理费、贷款利息和税金等7项因素构成,上报自治区房改办审批后执行,一年一定。自1993年房改年度起,永福县出售公有住房成本价经过多次调整,最初每建筑平方米420元。1994—1998年,各年度分别为520元、536元、550元、560元、560元。计算售房款参考夫妇双方实行公积金制度前的工龄,给予工龄折扣、旧房折旧、现住房折扣和一次性付款折扣等优惠政策,同时结合住房的地段、楼层、朝向等环境因素定价。1994—1999年期间,永福县房改工作一度出现时冷时热现象,使得房改工作在全市乃至全自治区处于明显落后状态,全产权过渡工作只完成了百分之十几,住房公积金缴存在全自治区96个县排倒数第七位。

1992—2003年年底,永福县组织职工投资3595.10万元集资建房6.16万平方米,竣工803套住房。新建住房和空出的旧住房原则上实行先售后租,未出售的公房实行新的租金标准。公房的租金标准按建成年代计算,最初月租金每平方米使用面积为0.30~0.80元,以后调整为0.50~1.20元。实行新租金后,对离退休人员和困难户的住房租金给予适当减免。房改初期,部分单位对租住公房的干部职工,分别按本人标准工资的11%和5%发给住房补贴,执行不到1年,即取消。为加强对出租公房的管理,对租住公房的职工家庭还要收取租赁保证金,缴交标准为每平方米使用面积25元至50元不等,租住者退出公房或由租转购时退还住房保证金。

1999年11月29日,永福县人民政府印发《关于进一步深化城镇住房制度改革加快住房建设的通知》,部分产权住房向全产权过渡工作再次铺开。这次房改工作的重点是:停止住房实物分配,逐步实行住房分配货币化;建立和完善以经济适用住房为主的城镇住房供应体系;全面建立住房公积金制度;发展住房金融,培育和规范住房交易市场。

2003年7月3日,永福县第十三届人民政府第二次常务会议审议通过永福县住房公积金贷款实施方案和开放永福县房改房交易市场的请示。全县房改工作进入启动住房二级交易市场的新阶段。截至2005年年底,共办理房改房上市交易手续150宗,出售面积1.58万平方米,发放住房档案150户。

截至2005年年底,全县累计出售公有住房2069套,建筑面积14.18万平方米。其中,全产权住房1802套,占总售房数的87.10%;部分产权住房267套,占总售房数的12.90%;发放《房屋所有权证》1802套,发证率87.10%,建住房档案1206户;售房款余额737.06万元,维修基金102.73万元,住房保证金及其他资金8万元。

公房管理

直管公房　经过1992—2005年的住房制度改革,全县城镇99.80%的公有住房已出售给私人。截至2005年年底,产权属人民政府的直管公房尚有凤城路建新街的3座老房屋,约700平方米。由于年代久远,房屋使用功能不配套及维修问题,这3座老房屋已基本停租,仅出租一户给留守人居住。

自管公房　经过1992—2005年的住房制度改革,全县的县直单位自管公房住宅在进行房改后已基本出售给私人,只剩极少部分住宅和办公用房由各单位自行管理使用。

房产登记管理

房屋产籍、交易登记管理　永福县从1992年起开始进行房屋产权、产籍登记工作。1992—2005年,

全县进行房屋登记的房屋共 1.78 万宗,发放房屋所有权证 1.78 万户,绝大部分属城镇规划范围的房屋。

房产交易 1991—1998 年,永福县公私房产交易数量不多。1999—2000 年,随着住房制度改革的深入,私房交易的数量增多。2001—2005 年,永福县每年平均办理转移登记(过户)约 750 多宗,办理抵押登记约 800 多宗。

物业管理 永福县房产物业管理起步较晚。截至 2005 年,对县、乡镇开发的商品房尚未纳入物业管理范围。

住房公积金管理

1998 年 1 月,永福县开始推行住房公积金制度,部分直管单位开始缴存公积金。2000 年 1 月,永福县全面实行住房公积金制度。属财政全额拨款单位,住房公积金中个人部分按个人工资总额的 3% 缴交,同时财政配套 3% 存于个人住房公积金专户;属财政定额和差额拨款单位以及自收自支单位,职工个人部分按个人工资总额的 3% 缴交,单位出资为个人配套 3%;属 "条条" 直管的单位,职工缴存率可定在 3% 至 10% 之间,单位可作相应的配套。以后各年逐步提高缴存比例,至 2005 年全县住房公积金,缴存比例为 5%~15% 之间。至 2005 年年底,已有 148 个单位 6200 名职工参加了缴存公积金,占缴存公积金职工人数的 73.50%。

至 2005 年年底止,永福县住房资金管理中心累计归集住房公积金 3945.15 万元,发放个人住房贷款 3266.75 万元,参缴对象购买、建造、大修自住住房支取 1026.65 万元。

根据国务院《住房公积金条例》的有关规定,职工个人缴存的住房公积金和职工所在单位为职工配套缴存的公积金,属于职工个人所有。住房公积金应当用于职工购买、建造、大修自住房屋,任何单位和个人不得挪作他用。缴存住房公积金的职工,在购买、建造、大修自住房屋时,可以向永福住房公积金管理中心申请提取职工本人的住房公积金或申请住房公积金贷款。

第七节　建　筑　业

建筑施工

1991—2000 年,永福县的建筑专业企业主要有第一、第二、第三建筑安装工程公司。县第一建筑安装工程公司,隶属于县建设局,属全民所有制企业,为三级资质房屋建筑施工企业。县第二建筑安装工程公司,隶属于县乡镇企业局,属集体企业。县第三建筑安装工程公司为私人股份制企业。20 世纪 90 年代,县内大、中型建筑项目分别由上述 3 家建筑企业承建,建筑质量良好。2001—2005 年,随着县内房地产业的兴起和发展,县内大中型建筑项目除了由上述 3 家建筑企业承建外,还引进了广西矿建公司(三级资质房屋建筑施工企业)、桂林市四建公司(二级资质房屋建筑施工企业)、桂林市七建公司(三级资质房屋建筑施工企业)、兴安县第一建筑安装工程公司(三级资质房屋建筑施工企业)等外地建筑企业承建县内大中型建筑项目,助推了县内房地产业的发展。

20 世纪 90 年代中期,农村出现了建房热,许多乡镇出现了私营建筑队伍或工程队。农忙在家耕作,农闲自由组合在乡镇内外包揽建筑工程。90 年代末 21 世纪初,这些农村私营建筑队,纷纷进军县城,以包揽私人建房为主。

20 世纪 90 年代中期至 21 世纪初,县内建筑业在施工中基本实现了机械化。建材运输使用汽车、装载机、农用自卸车,工地平整使用推土机、铲车,基础工程开挖使用挖掘机,主体工程施工使用搅拌机、龙门吊、塔吊车等机械。

建筑工程质量管理

20世纪90年代开始，县内房屋建筑质量监督由永福县建筑工程质量监督站负责。随着建筑项目的增多，建筑层次的增高，对工程质量要求越来越严格，县建筑工程质量监督站增强监督职能，完善监督程序，从建筑工程项目办理手续开始至工程施工、竣工，实行一条龙的质量监督管理线，最后归档备案。

1991—2003年，永福县建设工程质量监督站主要负责全县公房建设工程参建各方责任主体质量行为、建设工程实体质量、各类建设产品质量、建设工程竣工验收以及公建工程投资额在30万元以上或建筑面积300平方米以上的各类新建、扩建、改建的建筑工程等监督工作。2003年6月开始，永福县建设工程质量安全监督站对建设工程的质量安全监督领域扩展到县城所有的私人建筑工程项目。

1991—2005年，永福县建设工程项目共967项，经验收合格率100%，工程优良率30%。至2005年年底，共完成全县公房建筑面积21万多平方米、县城私人建筑面积14万多平方米的质量安全监督工作。受县政府委托，永福县建设工程质量安全监督站还负责永福苏桥工业园和福龙工业园两大园区所有在建工程质量的安全监督工作。

建筑工程招投标管理

1991—1996年7月，永福县建筑工程尚未进行招投标。

为规范建筑市场的交易行为，防止在建设工程承包发包过程中出现不正之风，防止工程造价高估量冒算和低于成本的现象。1996年8月开始，县人民政府规定对全县大中型建设工程实行招投标管理。建设工程招投标的条件是：施工单项合同估算价在200万元以上，房屋建筑为混合结构的建筑面积2500平方米以上或框架结构建筑面积在2000平方米以上；或项目总投资在3000万元以上的工程建设项目。符合建设工程招投标条件的建设单位，到县建设工程招标管理站办理建设工程招投标手续。经过招投标手续以后，由建设单位持招标申请表、评标报告等资料，到县建设局建设工程管理股办理施工许可证。1996年8月至2005年，共完成各类招投标建设项目88宗，总投资额约3.26亿元。

建设工程监理

1991—2001年，永福县的建设工程监理由永福县建筑工程质量监督站负责。2001年12月，永福县嘉正工程建设监理有限公司注册登记成立，具有房屋建筑、市政工程监理丙级资质等级，专门负责全县建设工程监理工作。

1991—2005年，永福县报建实施工程监理项目共810项，通过监理合格率90%，其中优良率25%。其间，嘉正工程建设监理有限公司完成了县城金城山庄第一期、第二期工程和苏桥福龙园云汉有限公司厂房及办公楼等一批大中型工程项目的监理和项目管理。

第八节　村镇建设

集镇建设

20世纪90年代至21世纪初，永福县各乡镇集镇建设发展较快。街道普遍得到了修整、扩宽，街道两旁建好民居、商住楼等。百寿镇有新老街道4条,总长约3千米,水泥路面,集镇房屋建筑面积有较大发展,农贸市场条件改善;集镇供水供电逐步改善。罗锦镇有新老街道4条,总长约3千米,水泥路面,街道扩宽到20米;集镇房屋建筑面积有较大发展,供水供电能满足需求。苏桥镇、广福乡、堡里乡、龙江乡、三皇乡、永安乡等圩镇的街道得到修整扩宽,并普遍铺了水泥路面;在街道两旁建好民居、商住楼等;各乡镇集镇房屋建筑面积有较大发展,供水供电条件得到改善。

农贸集市建设

1991年1月,罗锦镇江月市场开业。该市场面积900多平方米。是年,全县共设矮岭、广福、堡里、龙江、保安、江月、罗锦、喇塔、永安、凤凰、三皇、清水、百寿、干校、苏桥、永福、工农兵17个集贸市场。

1994年,新建和扩建堡里、南雄市场、百寿农副土特产品专业市场,共投资97.80万元,新增市场面积8850平方米。使全县集贸市场增至20个。

1996年,全县农村集贸市场增至22个,市场面积77174平方米,设固定门面142个,固定摊位1519个。

1997年,新建罗锦粮食、牲畜专业市场。该市场面积2619平方米。是年,全县集贸市场增至23个,市场总面积达79793平方米。

2001年8月,三皇乡新农贸市场竣工使用。该市场占地1300平方米,投资180万元。

2002年1月,苏桥镇新农贸市场竣工使用。该市场占地7800平方米,投资390万元。

2004年11月,三皇乡果蔬专业集贸市场竣工使用。该市场占地1.20万平方米,投资1000万元。每天均有来自南宁、玉林、广东、武汉等区内外客商收购西红柿、蔬菜等,日成交额达400多吨。

2005年10月,百寿镇中心集贸市场竣工使用。该市场占地7000平方米,建筑面积3700多平方米,投资600多万元。

至2005年年底,永福县已建成的乡镇集贸市场有17个。其中,广福乡矮岭市场为两层楼房,建筑面积600平方米。

百寿镇集镇全貌　廖美瑛　摄于2005年9月19日

表4-2　　　　　　2005年永福县乡镇集贸市场基本情况表

乡镇	市场(个)	名称	占地面积(平方米)	投入建设资金(万元)
百寿镇	3	北市场	5000	850
		南市场	5000	400
		中心市场	7000	600
罗锦镇	1	罗锦市场	2850	110
苏桥镇	1	苏桥市场	7800	390
广福乡	2	广福市场	280	15
		矮岭市场	300	42
堡里乡	2	老街市场	2174	
		吉隆街新市场	6534	

续表

乡镇	市场(个)	名称	占地面积(平方米)	投入建设资金(万元)
龙江乡	2	龙山市场	174	
		保安市场		
三皇乡	3	新农贸市场	1300	180
		果蔬专业市场	12000	1000
		粮食交易市场	900	
永安乡	3	永安市场	960	
		凤凰市场	660	
		喇塔市场	780	

政府办公楼建设

1991年,永福县辖永福镇、百寿镇、桃城乡、广福乡、堡里乡、罗锦乡、苏桥乡、龙江乡、三皇乡、永安乡10个乡镇。每个乡镇都建设有政府办公楼1幢,但不少乡镇的政府办公楼因建设年代久远,楼层狭窄,办公条件简陋。因此,20世纪90年代至21世纪初,各乡镇都筹集资金新建或修建政府办公楼。

1996年,百寿镇人民政府办公楼建成,占地500平方米,楼层4层,建筑面积2300平方米,资金投入92万元。

1997年,罗锦镇人民政府办公楼建成,占地287.50平方米,楼层4层,建筑面积1215平方米,总投资89万元。

1999年,堡里乡人民政府办公楼建成,占地536平方米,楼层4层,总建筑面积2145平方米,资金投入130万元。

2002年,苏桥镇人民政府办公楼建成,占地403.50平方米,楼层6层,建筑面积1880平方米,资金投入150万元。

2002年,广福乡人民政府办公楼建成,占地面积220平方米,楼层3层,建筑面积750平方米,资金投入30万元。

2005年,三皇乡人民政府办公楼建成,占地面积530平方米,楼层5层,建筑面积3600平方米。

2005年,永福镇人民政府与桃城乡人民政府合并,称新的永福镇人民政府。合并后,镇政府办公楼有2栋,1栋位于凤阁路38号,占地766平方米,楼层5层,建筑面积1537平方米,资金投入153.70万元。另1栋位于凤翔路40号,占地1343平方米,楼层5层,建筑面积1833平方米,资金投入179万元。

村屯建设

20世纪90年代,永福县农村村屯建设速度加快。村屯建设主要是进行房屋修建、道路建设、改厕改水、供电及通信设施建设。1991—1998年,村屯建设以文明卫生村为主要内容,以住房整齐卫生、道路整洁硬化为目标。县内农村住房修建结构,逐步由原来的泥瓦(砖瓦)平房结构向砖混结构或框架结构转变;房屋修建由原来的零星杂乱的无规划建设转为比较整齐的有统一规划的建设。在交通便利的地方或经济条件较好的农户逐步修建砖混结构楼房。1999年,永福县启动小康文明村示范村屯建设。分为两类:一类是以拆除旧房建新村,包括建房及道路、供水、供电等基础设施建设。搞得比较好的有苏桥镇太平村大坪土屯。至2000年该村26户村民有19户拆除旧房屋建2层砖混结构楼房。同时修好村屯道路等。另一类以不拆除旧房另建新房的旧村改造模式,包括建房及道路、供水、供电、卫生等基础设施建设,搞得比较好的有龙江乡龙山村社边屯。至2004年该村已建成为住房整齐、道路整洁、环境优美的小康文明示范村屯。2000—2005年,永福县实施"公路村村通工程""广播电视村村通工程"、农村电网改造工程、人畜饮

水工程、推广沼气改厕工程、城乡清洁工程等,使通村公路、通屯（队）公路建设加快发展,交通条件得到改善。农村电网改造的完成,使全县99%的农户用上电。广播电视入户率逐年提高。人畜饮水工程的实施,使自来水入户率逐步提高。实施城乡清洁工程,推广沼气改造厕所,使村屯居住环境进一步改善。农民住房面积增加,村屯道路硬化,水沟疏通,庭院整齐美观。

2005年,全县乡镇村屯户数60191户,用电户数60006户,通电率99.69%。是年,全县农村住房幢数13332幢,建筑面积121.12万平方米;农民人均住房面积22.70平方米,居住条件得到改善。

第二章　环境保护

1991年起,永福县境内厂矿企业逐年增多。部分工业企业的"三废"（废气、废水、废渣）及居民生活污水、固体废弃物超标排放,环境污染有加重趋势。

从1991年起,县环境保护部门以发展生产与环境保护同步进行为目标,重点抓好工业污染的防治。通过搞好环境污染源监测,加大环境的综合治理和环境事故的调查处理力度,一如既往地搞好环境管理,长期有效地搞好环境宣传教育,环境保护检查和建设项目环境保护工作,成效明显。

至2005年,通过对环境污染源的监测、治理,特别是对污染源大的工矿企业进行限期整顿,县内的环境质量良好,水环境质量、大气环境质量、声环境质量得到改善。

第一节　机　　构

1985年8月,成立永福县环境保护站（简称"县环保站"）,属县城建环保局下属机构,开展全县污染调查和定点抽样监测。1991年10月,永福县环境保护站,更名为永福县环境保护委员会办公室（简称"县环保办"）,定员2人,挂靠县城乡建设委员会。1996年7月,机构改革,县环保办与城建委分离,成为独立的副科级行政机构。办公地址在县城工农兵市场背后居民区。1998年12月,挂永福县环境保护局牌子。1999年7月,定名为永福县环境保护局,为正科级议事协调机构,有干部职工9人,其中正、副局长各1人。2001年12月,机构改革,县环保局成为县人民政府工作部门,有行政编制4人。下辖环保局监察大队和环保局监测站2个二层事业机构,其中环保局监察大队编制5人、环保局监测站编制2人,均为全额拨款事业编制。2005年,县环保局及其二层机构共有编制和人员12人。县环保局办公地址在永福县城永兴大道47号。

永福县环保局升格为正科级行政机构后,历任局长有:雷伍陆（1999年7月—2002年1月）、韦华嵘（2002年1月—2005年12月）。

第二节　环境质量

水环境质量

永福县境内水环境有地表水和地下水。境内地表水源丰富,共有大小河流55条,主要河流为洛清江,属珠江水系。其干流源于临桂县宛田瑶族乡的横岭界,由北向南经苏桥镇潦潭流入永福县;支流包括西河、茅江、相思河。各支流于永福县城鹧鸪洲汇合入洛清江,洛清江在县境内流经区域约 57 千米,水质较好。除丰水期、平水期,溶解氧、汞、石油类、挥发酚、粪大肠菌群有超标外(符合Ⅲ类标准),其他指标均符合地表水Ⅱ类标准。洛清江主要污染物指标为氨氮、溶解氧、高锰酸盐指数、生化需氧量、化学需氧量。

1991—2005 年,永福县环保局监测站因缺少监测仪器,对全县地表水环境质量、空气质量的监测,都是聘请桂林地区环保局(桂林市环境监测中心站)、阳朔县、临桂县环境监测站帮助监测。每年对地表水进行枯水期、丰水期、平水期三次监测,对大气质量进行上、下半年各监测一次。检测结果表明:永福县地表水环境质量大体保持稳定,均达到地表水环境质量国家Ⅱ类水质标准;县城大气质量均达到环境大气质量国家二级标准。

表 4-3   **2005 年永福县地表水质监测结果表**

单位:毫克 / 升

项目	枯水期		丰水期		平水期		标准(Ⅱ)
	潦潭	龙溪	潦潭	龙溪	潦潭	龙溪	
pH 值	8.11	8.20	7.02	7.14	7.11	7.20	6~9
溶解氧	8.97	8.93	8.20	7.96	7.88	7.75	≥ 6
化学需氧量	9	6	5L	5	5L	5L	≤ 15
高锰酸盐指数	1.78	1.50	1.80	2.50	1.90	2.70	≤ 4
氨氮	0.10	0.17	0.102	0.213	0.083	0.105	≤ 0.50
生化需氧量	2L	2L	2L	2L	2L	2L	≤ 3
砷	0.0002L	0.0002L	0.007L	0.007L	0.007L	0.007L	≤ 0.05
六价铬	0.004L	0.004L	0.004L	0.004L	0.004L	0.004L	≤ 0.05
汞	0.0001L	0.0001L	0.002L	0.002L	0.002L	0.002L	≤ 0.00005
石油类	0.04L	0.04L	0.1L	0.1L	0.1L	0.1L	≤ 0.05
挥发酚	0.002L	0.002L	0.1L	0.1L	0.1L	0.1L	≤ 0.002
粪大肠菌	130	130	2400	5400	1600	2400	≤ 2000

备注:测试结果低于方法检出最小限值时,按所使用方法的检出限值报出,并加标志位 L。

永福县境内地下水大体有 4 类,即岩溶水、孔隙水、裂隙水、孔隙裂隙水。地下水深度一般为 10 米至 50 米,多在石山地区,以永安乡和三皇乡为多,罗锦镇和百寿镇个别村屯也有。永安乡永富村 23 个自然屯,3200 多人,266.67 公顷的农田,80% 以上靠用电泵抽地下水灌溉种植水稻和其他农作物,其中饮水就靠打井十多米至几十米深并同时建筑石梯下到地下水面取水,用肩挑或手提回家。

2005 年,县环保局对全县集中式饮用水源保护进行执法检查。根据环保局当年两次对县城环境饮用水监测和每个季度县防疫站饮用水源监测数据表明,县城和各乡镇政府所在地饮用水源环境及水质都达到国家二级标准。

大气环境质量

20 世纪 90 年代,由于县城、乡镇一些企业生产技术落后,大气污染源烟尘、粉尘、二氧化硫污染等在一些地方不同程度存在。2000 年以后,经过县环保局的环境治理,以及国有企业改制,一些企业相继关闭,大气污染得到一定程度缓解。

2002 年,永福县城烟尘控制区 6.04 平方千米,覆盖率达 100%,达标率为 100%。

2005 年,永福县城烟尘控制区范围扩大到 9.07 平方千米。根据监测结果,二氧化硫、氮氧化物、大气总悬浮颗粒物均达到功能区标准。县城大气达标率为 98%。监测结果表明,县城大气质量达到环境大气质量国家二级标准。

表4-4　　　　　　　　　　　　2005年永福县城大气环境质量表

监测地点	项　目	监测值（毫克／立方米）		
		最大值	最小值	五日均值
县政府大楼	二氧化氮	0.094	0.018	0.043
	二氧化硫	0.065	0.022	0.039
	总悬浮颗粒物	0.246	0.115	0.191
永福高速公路管理所	二氧化氮	0.052	0.012	0.028
	二氧化硫	0.045	0.020	0.034
	总悬浮颗粒物	0.259	0.099	0.183

声环境质量

　　永福县城的噪声污染源主要有工业噪声、交通噪声、建筑噪声、社会生活噪声和文化娱乐噪声等。1991—1995年，永福县城环境噪声平均值在50分贝至53分贝之间，低于国家56分贝控制值。1996—2002年，随着县城主街道的扩展，县城工厂企业的改制，一些企业相继关闭，县城区域环境噪声有所改善。2003—2005年，县城区域环境噪声监测面积为6.04平方千米，分2类和4类两个功能区监测，2类区昼间等效声级分别为54.60分贝、59.90分贝；夜间等效声级分别为44.30分贝、44.80分贝；昼夜噪声平均值49.50分贝、52.35分贝；4类区昼间和夜间等效声级分别为55.20分贝、52.10分贝。两个功能区类型监测数据均低于国家控制要求，达到功能区标准，属于较好等级。永福乡镇村屯环境噪声较少。

第三节　环境监测

工业污染源监测

　　1991—1999年，县环保部门依法对县内工业生产环境包括粉尘、废气、废渣，进行常规监测，收集相关数据；并逐步加大重点污染源监测的力度，收到一定成效。

　　2000—2005年，永福县对所有工业污染源着重抓"一控双达标"（一控：指的是污染物总量控制。双达标：指的是工业污染源要达到国家或地方规定的污染物排放标准、大气和地面水按功能区达到国家规定的环境质量标准）工作，要求有关工业企业签订环保责任状，并切实抓紧落实。监督检查污水处理设施建设，查处污水涉案案件。县环保部门定期对医院、矿山及矿产加工、造纸等单位和个人的污水处理和运转情况进行检查，督促他们对所排放的废

2005年6月，县环保局监测站实验室

县环保局　供图

水进行处理,达到国家规定的排放标准后方可向外排放,避免对环境造成污染。检查督促那些排污设施老化和排污设备运转不正常的企业将排污设施及时进行改造和更新。

饮用水源监测

1991—1999年,县环保部门和县卫生防疫部门每年定期对县城所在地饮用水源进行常规性环境监测,保证县城居民饮用水质安全卫生。

2000—2005年,永福县环保局对全县9个乡镇所在地饮用水源和县城饮用水进行常规性环境监测。通过监测,全县饮用水源环境及水质均达到国家饮用水标准。

噪声监测

1991—2001年,县环保部门每年对县城环境噪声进行常规性监测,收集相关数据,逐步健全县城环境噪声监测机制。2002年,永福县环保局根据《桂林市城市区域环境噪声标准适用区划》,将县城区规划为二类、四类两个适用区域,按照《环境监测技术规范》中《噪声部分》和《城市区域环境噪声测量方法》,对县城区及其周边区域的噪音污染环境状况进行布点、监测,监测项目为各功能区定点噪声监测、交通干线噪声监测。

2002—2005年,委托临桂县环境监测站派技术人员到永福帮助监测。首先划定二类区域噪声控制区监测范围,其范围是:东界,五里桥—县党校—轴承厂;西界,湾里下湾屯—国税局—土地局—劳动局宿舍;南界,安顺气库—第二中学—县糖厂;北界,五里桥—磁性材料厂—高速公路管理所。其次是划定监测网(点),二类区域的监测点位有3个,分别是县环保局、县国税局、县政府宿舍区;四类区域的监测点位有1个,为县医院门诊部。每个网格尺寸为190×190米,总面积为5.80平方千米,受益人口2.70万人。2002年,监测区域昼间平均等效声级53.20分贝,夜间平均等效声级46.40分贝,平均等效声级达到二类区标准要求,达标率为68.40%。工业企业厂界噪声共监测了昼、夜40个点,其中达标32个、不达标8个,达标率80%;交通干线噪声监测了昼、夜46个点,其中达标32个、不达标14个,达标率69.57%。2003年监测结果情况与上年相同。2004年监测的范围北界的磁性材料厂换为永福火车站,高速公路管理所换为县城新水厂,受益人口3万人,监测区域昼间平均等效声级为53.20分贝,夜间平均等效声级为46.40分贝,平均等效声级达到二类区标准要求,达标率为74.20%。工业企业厂界噪声共监测了昼、夜40个点,其中达标32个、不达标8个,达标率为80%;交通干线噪声共监测了昼、夜46个点,其中达标32个、不达标14个,达标率69.57%。2005年,监测的情况与2004年相同。结论是:2005年平均等效声级达到二类区标准要求,达标率为74.20%,其中噪声达到功能区标准。根据对县城各网格(点)噪声的分析,属于居住、商业、工业混杂的地点能够达到二类标准,仅次于道路、铁路交通干线两侧的地点能够达到四类标准,达到了创建噪声达标区的要求。两个功能区类型监测数据均低于国家要求,达到功能区标准。

烟尘监测

1991—2001年,县环保部门每年对县城烟尘控制区进行常规性监测,收集相关数据,逐步健全县城烟尘监测机制。

2002年,永福县首次按照国家城市环境综合整治定量考核的要求,在县城区域范围内开展烟尘控制区和噪声控制达标区的试点工作。县环保局在县城区9.70平方千米范围内建立烟尘控制区,对控制区内的烟尘排放进行监控。县城烟尘控制区的范围为:东界,堕庙—党校—水泥厂—轴承厂;西界,湾里下湾—国税局—土地局—劳动局宿舍;南界,县政府—第二中学—安顺气库—南雄村;北界,五里桥—磁性材料厂—桂柳高速公路管理所。当年烟尘控制区内正在使用的烟煤锅炉有4台，全部达到烟气黑度（林格曼）一级，达标率为100%；燃煤锅炉3台，烟尘排放浓度达标率100%；在用炉窑2台，烟气黑度全部达到林格曼一级；型灶（含煤油灶）4台，达到林格曼一级4台，达标率100%。烟尘控制创建工作符合国家城市环境综合整治定量考核的规定，烟尘控制区覆盖率达100%，县城烟尘控制区建设工作基本完成。2005年，全县有工业锅炉14台，共2947.50蒸吨，其中烟尘排放达标有13台，共2941.50蒸吨，达标率为98%。当年县城区烟尘控制区覆盖率达100%，达标率为100%。

第四节　环境治理

永福县的环境污染源主要是大气、水质、固体废弃物、噪声污染。境内大气污染源以烟尘、粉尘、二氧化硫污染为主。水质污染物主要有化学耗氧量。固体废弃物主要有炉渣、煤渣、生活垃圾等。噪声污染源主要有工业噪声、交通噪声、建筑噪声、社会生活噪声和文化娱乐噪声等。1991—2005年，永福县工业企业排放废水总量1269万吨，废气排放总量748.70亿标立方米，固体废弃物产生量4063万吨。

1991—2005年，永福县的环境治理除了对生产、生活过程中产生的污水、废气、噪音、固体废物等造成的污染进行依法治理之外，还加大了生态环境的综合治理力度。

污水治理

工业废水治理　工业废水主要产生于造纸、制糖、淀粉、食品及加工、矿业采选和化工等行业。据统计，1991—1992年，永福县有废水排污单位16家。这两年县政府分别与桂林地区行署和乡镇层层签订环保责任状，县环保部门具体负责检查督促企业是否严格按照"三同时"（建设项目中防治污染的设施必须与主体工程同时设计、同时施工、同时投入使用）制度投资建设污水处理设施，或设施是否正常运转，生产过程中产生的废水是否达标排放。对不按要求处理和排放废水造成污染事故的，由环保部门依法责令企业限期进行停产整改，经验收合格后方才准予恢复生产。对整改后仍达不到环保要求的，则予以停产关闭。对造成污染的，则依法进行处罚和追究行政责任。县水泥厂、制药厂、化肥厂、糖厂4家企业共投资建设治理废水项目3个，每年处理污水7.82万吨，废水排放均达到标准。

1993年，特别注意对老污染源如白马纸厂、广福纸厂、县糖厂、县制药厂等排污较多的企业进行检查督促。使这些企业建造废水沉淀池，治理污水的排放。

1994—1995年，着重抓老污染企业污染源的治理和防治新污染源的产生，将污染较严重的永福电镀厂（个体）、广福龙桥卫生纸厂（集体）等企业关闭。

2000年，永福县白马纸厂投资45万元对污水处理设施工程竣工，并由桂林市环保监测站检查验收。

2001年，将县城二类饮用水源保护区内的挖沙船取缔。

2003—2004年，将县内的新"五小"（小电站、小水泥厂、小玻璃厂、小炼油厂、小钢铁厂）企业依法进行关闭和取缔。

2005年，对县城西河饮用水源上游的"农家乐"、挖沙船进行整治和取缔；对9个乡镇饮用水源进行检查。检查结果显示，全县集中式饮用水取点上游均无工业排污口及污染源。

2000—2005年，全县共兴建工业项目80个，合计投资2.98亿元。其中，建设治理废水设施19个，共投资715.70万元，占总投资的2.40%。

医疗废水治理　1991—2002年，县人民医院、县中医院、县保健院3家县级医院分别对原来的污水处理设施进行不断改造、完善或更新。2003—2005年，又投资8.80万元先后建成5个废水处理池，容量共计约 245 立方米,对污水进行无害化治理,有效消除废水污染。

生活污水治理　20 世纪 90 年代末至 21 世纪初,永福县城和乡镇所在地居民在新建房屋时大多建有化粪池,家庭生活中产生的污水、废水都进入化粪池处理后排入城镇下水管道向外排放。集贸市场和餐饮业过程中产生的污水也基本进入城镇下水管网排放。农村较为富裕的家庭特别是文明卫生村屯的村民在新建房屋时也按照城镇人家的方式建设化粪池或沼气池,人畜粪便进入池中进行无害化处理后,产生的沼气用于照明,废水则用于施肥,农村废水污水乱流的现象正在逐步得到改善。

为了确保群众饮用水安全,2000—2005 年,县政府每年从县财政拨出 200 万元左右,对县城废水排水管道进行维修和治理,对生活污水进行治理,消除污染隐患。

废气治理

1991—2005 年,永福县工业企业废气排放总量为 748.70 亿标立方米,在排放的废气中含有害物质烟尘、粉尘、二氧化硫、氟化物等。

1991—1992 年,县水泥厂、制药厂、化肥厂、糖厂 4 家企业,共投资治理废气项目 2 个,每小时处理废气 8.17 万标立方米,使废气排放达到标准。

1993—2001 年,县大多数工业企业都通过安装除尘装置,对烟尘进行水磨、脱硫处理,粉尘回收率提高。

2002 年,停产关闭废气排放较严重的县水泥厂。

2005 年,经县环境监测站监测结果表明,永福县城(以县政府大楼和永福高速公路管理所为监测点)大气中二氧化氮、二氧化硫、总悬浮颗粒物日平均浓度分别每立方米为 0.035 毫克、0.036 毫克、0.187 毫克,大气质量达到国家二级标准。

噪声治理

永福乡镇村屯噪音污染源少。噪音治理主要在县城。县城的噪音主要来源于工业噪声、交通噪声、建筑噪声、社会生活噪声和文化娱乐噪声等。从 1996 年开始,永福县注重对县城噪声进行治理。对工业噪声,采用隔声方法;对建筑噪声,采用工人限时段作业方法。对社会生活噪声和文化娱乐噪声、采用限时、定点燃放烟花爆竹,禁止文化娱乐业高放录音、音乐和通宵营业等,降低了噪声污染。1997—2001 年,县环保部门继续对县城噪声污染进行治理,限定作业、营业时间,使用低噪声机械设备,采取隔音降噪措施等行业规定,严格控制歌舞厅等娱乐场所和木器加工、铝合金加工、建筑工地与室内装修装饰服务行业的噪声排放量,杜绝商业活动中使用高噪声音响招揽顾客等固定和流动污染源。2002—2005 年,对超标严重的文化娱乐场所进行整治、搬迁或取缔,确保噪声达标排放,保障居民安静、舒适的生活环境。

固体废物治理

工业固体废物治理　1991—2005 年,永福县工业固体废物产生量共计为 4063 万吨,其中冶炼废渣 1.40 万吨、粉煤灰 167 万吨、炉渣 509 万吨、煤矿粉 0.51 万吨、其他 3385 万吨。对这些固体废物的处理措施多是用来再生产创造价值。15 年间,全县工业固体废物综合利用量为 4041 万吨,利用量占产生量的 93.30%,其中利用冶炼废渣 1.40 万吨、粉煤灰 167 万吨、炉渣 507 万吨、其他 3366 万吨。以上废物利用的总产值为 1454 万元。

一般固体废物治理　1994 年以前,县城的生活垃圾(固体废物)多用汽车运送到苏桥果园场和罗锦乡种植果树的农户作肥料使用。1994 年 6 月,桃城乡十化洞垃圾场投入使用,该垃圾场按 20 年使用期,按月处理生活垃圾20吨设计,主要是用填埋方式处理,减少垃圾对环境的二次污染。12月,检查发现每月处理垃圾量为30吨,超出设计处理量的33.30%。随着社会经济的快速发展,这个垃圾场已不适应需要。2004年,县财政投资在广福乡黄岭村的山岭之中,再建新的垃圾处理场,占地面积2.60公顷,垃圾处理场建有垃圾坝,其主体底层和四周都用水泥粉刷。县城区每天产生的垃圾都由环卫工人收拢,用6架手扶拖拉机运回环卫站中转站车库,经过初步清理后,再用两部汽车送往垃圾场处理,日运送并处理垃圾30吨。每天清运的垃圾都集中倒入垃圾场,然后用药物进行杀虫、消毒处理,定时堆土填埋。

医疗废物治理 1991—2002年,永福县国有医疗机构的医疗废物在县内焚烧深埋处理。2003年按照《医疗废物管理条例》和《医疗卫生机构医疗废物管理办法》规定,对医疗废物进行集中处置,做到使用后的一次性医疗器材按照感染性废物进行管理、保存、消毒、毁形,烧埋有专人负责并有登记。病人医疗废弃物指定地点保存、消毒,定期由保洁员按规定清理到指定的地点焚烧深埋。2005年,永福县人民医院、永福县中医院、永福县妇幼保健院3家国有医疗单位的废弃物处理,统一由临桂县冲口"医疗废物处理中心"每天派专车到各家医院收集装运回去集中处理,每家医院每年向冲口医疗废物处理中心缴纳废物处理费5万元。

生态环境治理

永福县森林资源丰富,植被较好。生态环境治理主要是做好封山育林、退耕还林、植树造林,提高森林保护率;实施退化土地治理,遏制对矿石进行乱挖滥采行为;对废弃矿山进行复垦恢复和提高森林、植被的保护率和覆盖率。

森林环境治理 1991年以后,全县每年开展群众性植树造林运动,同时进行封山育林。1993年,成为广西造林灭荒县。1995年,全县森林覆盖率由1990年的44.30%提高到65.20%。

2001年,县委、县人民政府提出生态立县的发展战略。是年,永福县被列为国家首批森林生态效益补助资金试点县,受保护森林面积4.87万公顷。

2003年,永福县将林业生态建设与林区群众脱贫致富结合起来,促进群众造林护林的积极性,编制了《永福县中央森林生态效益补偿基金实施方案》,根据"因害设防"的原则,对西河源头和石漠化区域进行了全面保护,实施退耕还林,恢复植被,适时地进行植树造林和封山育林。2005年,上述区域受保护的陆地(含湿地)总面积为9.37万公顷,全县受保护的陆地(含湿地)面积达标率34.40%,森林覆盖率由2002年的73.52%逐渐上升到2005年的74.10%。水源林区群众户年均增收850元。

2005年,永福县被列入国家森林生态效益保护的公益林区面积达到9.37万公顷,范围涉及全县9个乡镇。这些区域被列入国家级重点公益林后,县林业局实行严格的禁伐封育措施。

卫生环境治理 永福县在农村实施人畜饮水、改水改厕工程,推广沼气池建设。

1991—2005年,全县用于人畜饮水工程资金累计达到8159.08万元,其中国家财政投入2339.83万元、农村集体投入744.29万元、农民个人投入4380.16万元、其他资金投入694.80万元。农村受益人口由1991年的14.36万人提高到2005年的24.26万人。2005年全县农村总户数60191户,累计建设沼气池3.07万座,沼气建设入户率51.08%,超过了全国生态县沼气池入户率30%的标准。其中,完成国债建沼气池7670座,完成国债投资767.00万元,地方配套资金和群众自筹资金约1840.80多万元。建成农村能源示范点21个。完成改厕32125户,卫生普及率达53.94%,达到国家规定50%的普及率要求。有228个村(屯)改厕率达到80%以上,通过桂林市验收获得了市级文明卫生村称号。农村生态家园建设蔚然成风。

废弃矿山复垦治理 1991—2001年,永福县对废弃矿山实行"谁开发、谁保护、谁复垦"的治理方式。2002年,县国土局制定《永福县矿产资源开发总体规划》。使矿业开发做到全面规划,合理开发,有效保护。2003—2005年,每年都进行矿业生产秩序清理整顿,严格禁止乱挖滥采行为。同时加强矿山生态环境保护与恢复治理,坚持"谁开发、谁保护、谁破坏、谁恢复"的原则,严格要求采矿人在矿业生产中做到边开采、边治理、边恢复，"三废"必须达标排放；尾矿和废渣必须符合规范要求。在矿山停采后，责令采矿权人对矿山进行复垦治理，否则，不准另外申请其他采矿权。至 2005 年，已对历年停采的 13 处零星矿点进行复垦治理，治理面积 1.35 公顷，矿山土地复垦率达到 40% 以上。

水土流失治理 1991—1999 年，县人民政府加强河道管理，明确规定在河道管理范围内从事采沙、采石、采矿、取土等活动的单位和个人，都必须服从河道整治规划，实行许可制度，并缴纳管理费。

2000 年，县成立河道采沙清理整顿小组。2001 年，县人民政府印发《关于整顿规范河道采沙秩序的通知》，加强对河道的管理和保护，整顿和规范河道采沙秩序，保障河道行洪安全。

2002 年 5 月，县人民政府印发《关于取缔无证沙船实施办法预案》。8 月，县水利局、县国土局集中查处大溪河塘堡河段和东河大洲坪河段的 9 条无证沙船，并申请法院强制执行。

2003 年 6 月，县人民政府印发《关于整治河道采沙秩序的通知》。下半年集中打击非法采沙、治理整顿全县范围的采沙行为。

2004 年，县水利局会同工商行政管理、公安部门对无证开采的 10 条采沙船进行整顿。

2005 年，县水利局对西河和堡里河内的非法采沙船进行全面整治。

至 2005 年全县共完成水土流失治理面积 1.28 万公顷，占水土流失总面积的 86.50%，退化土地治理由 2002 年的 73.17% 提高到 2005 年的 81.20%。

第五节 环境事故调查处理

废气污染调查处理

1997 年，永福县水泥厂发生排放工业废气、粉尘污染周边村庄农作物生产事件。县环保局调查后，责令县水泥厂投资 5 万元安装治理废气设施，使其排放的废气和粉尘达标后，才予以恢复生产。

1998 年，永福县南雄砖厂发生排放工业废气、粉尘对周边永福第二中学校园造成污染的事件。县环保局调查后，责令南雄砖厂投资 9 万元，建起 1 座高 54 米的烟囱，对废气、烟尘污染进行治理，解决因排放废气、烟尘对永福二中校园的大气污染问题。

据统计，1991—2005 年，县环保部门接到群众要求处理的废气污染事件的来信来访 80 件（次），占要求处理污染事件的来信来访总数的 40.70%。这些污染包括县建筑机械厂生产卷扬机喷漆、家畜家禽、养殖场、建材腻子店烧煮胶水、砖厂烧砖燃煤、酒厂熬酒等烧煤、火力发电厂燃煤等生产过程中产生排放的恶臭、废气体给周边环境造成的污染等。县环保局皆依法及时派员实地调查，依法作出处理，结案率达 100%。

噪声污染调查处理

1991—2005 年，县环保部门接到有关噪声污染的投诉信 25 件（次）。县环保局派员深入实地调查后，依法作出处理，结案率 100%，还居民安静、舒适的生活环境。

废水污染调查处理

1992 年，永福县粮油食品加工厂排出废水污染永福镇中州村 7 户农民当年种植的早稻 0.50 公顷，造成禾苗枯黄，并引起油水污染纠纷。经县环保部门勘查认定农田被油水污染属实，随后根据《中华人民共和国水污染防治法》的有关条（款）规定，要求粮油食品加工厂按季申报废水排放量及污染物含量；立即采取措施，治理含油废水，杜绝再出现污染事故；根据实际情况，给予受污染农户经济赔偿523元。

1995年5月，县铅矿的尾沙坝废渣溢满，造成大量废水流入河内，使龙江乡的下游乃至西河两岸人畜饮水困难。事故发生后，县环保部门及时派员调查处理，并由县财政拨款6万元，加高加固县铅矿尾沙坝，防治废水排放。

2000年，永福县白马纸厂治理污水的设备老化，运转不正常。县环保局经调查后，责令该厂对所生产的废水及时进行处理。该厂投资45万元，更新了污水处理设施，并由桂林市环保监测站检查验收。

2003年，永安乡喇嗒村良厚屯一家联营开采松沙铁矿石在泉水水源头抽水洗矿，造成良厚屯冬天水源枯竭断流，春天水质浑浊，色泽黄色，构成水污染，给全屯280人的饮用水和生产用水带来困难。县环保局查实后，依法作出处理，要求该企业暂时停产整顿，解决废水污染防治措施，另择洗矿水存放点，并报县环保部门审批，防止污染事故再次发生。

2004年，永兴公路建成通车以后，西河两岸先后出现10多家"农家乐"餐馆，餐馆把大量废水排入河内，河水被污染，群众生活饮用水直接受到影响。县政府于2005年3月责令西河两岸"农家乐"餐馆一律关闭。

2005年8月，百寿镇环益造纸厂将生产过程中产生的废水（化学漂白制浆）直接排入江河，导致河内鱼虾死亡，沿河两岸及百寿镇内2000多人饮用水受到严重污染，农作物甚至果树也被危害的事件。县环保局调查后，责令该厂停止生产，限期整改。环益造纸厂按照要求进行了污水处理，新建了3个污水处理池，总容量为330立方米。污水处理流程为：污水—沉淀池—二级沉淀池—三级沉淀池—回收利用，整个生产过程用水不外排放。

1991—2005年，永福县环保部门接到涉及环境污染的来信来访185件（次），皆及时派员调查处理，结案率达100%。

第六节　环境管理

环境宣传与教育

1991—1995年，县环保部门结合环保执法、环境管理业务工作，出板报、发传单，坚持做好面向企业，面向中小学，面向社会各阶层的环境保护宣传教育。

1996年，县环保部门广泛地宣传环境保护的法律法规，宣传第四次全国环保大会和自治区环保会议精神，使环保意识深入人心，接着对一些治理不力的工业企业进行限期整改，达到排污标准才准予生产。

1997—1999年，县环保局与团县委联合组织县直单位、桃城乡和永福镇共300多名共青团员，开展保护家园奔向新世纪——绿色大行动；与县教育局联合组织县属各中小学校举办"六五"宣传板报比赛；与县广播电视局联合制作环境保护专题节目，宣传环境保护法律法规。在"六五"世界环境日，环保局全体干部职工走上街头宣传环保知识并解答群众咨询，向群众发放有关资料传单1000多份。

2000—2001年，县环境保护部门在每年"六五"世界环境日前后，联合县直相关部门，采取出板报、上街宣传等，向群众宣传环境保护知识及其法律法规。

2002年3月9日，县环保局与团县委、永福中学等多所学校联合举办"保护母亲河——天天环保"为主题的环保宣传活动。制作环境保护宣传板报，拉上宣传标语横幅，向群众发放宣传资料1000多份，宣传环保法律法规及环保知识。接着开展为母亲河洗脸活动，组织青少年志愿服务队共100人分别到茅江、西河水质监测点提取水样，在沿河两岸捡拾垃圾、清除污染，并将监护情况通过媒体向社会公布。

6月5日，县环保局与永福报社联合出版以世界环境日为主题，"让地球充满生机"专版，介绍了世界环境日的来由、环保法律法规、环境保护知识等。当天县环保局与县文工团、永福镇小学等单位联合举行了环境保护宣传游行活动,组织100多名学生、群众从县剧院出发沿凤山背至铁路道口再转到县邮政局,散发环保宣传资料2000多份。下午,在街上摆摊设点,进行环境保护咨询活动,广泛听取社会各界的意见和建议,并为群众答疑解难。晚上,县环保局与县文工团联合举办了"让地球充满生机"为主题的文艺晚会,演出舞蹈《绿色家园》、小品《保护环境人人有责》等十多个节目。10月8日至11日,县环保局举办环境警示教育图片展,分别在县城、乡镇、学校展出,观看图片群众及学生达8000人次。

2005年6月永福县"六五"世界环境日宣传活动

县环保局 供图

2003年是环保"两法一条例"(《中华人民共和国清洁生产促进法》《中华人民共和国环境影响评价法》《排污费征收使用管理条例》)贯彻实施的第一年,县环保局先后召开两次学习座谈会,分别召集县内厂矿企业业主和县内相关部门进行学习,并就贯彻落实"两法一条例"提出许多意见和建议。年内,还在县城主要街道竖立永久性环境保护标语牌4块。

2004年,结合安全生产工作在县城设置环保咨询台进行环境保护法律、法规和知识宣传;在县城醒目的地方竖立永久性环境保护标语牌3块;指导相关企事业单位利用标语、板报、宣传栏和闭路电视进行环保宣传活动。

2005年年初,制作有环保标语的挂历200多份,分发给县内各企(事)业单位。在县环保局办公楼前及县城主要街道悬挂环保宣传标语4幅。在"全县安全生产宣传月""共产党员服务一条街活动"及"六五"世界环境日前后组织县直相关单位在县城主要街道发放环保宣传单2800多份,解答群众环保咨询100多次,并制作宣传板报2块、横幅1条。

环境保护检查

1991年以后,县环保部门加大环境执法和环境保护检查工作力度,有效防止环境安全事故发生,确保人民生命财产安全。

2001年,县环保局先后4次到县内排污企业和建设项目进行不定期检查,并对2家非法生产的厂家进行了处罚和责令关闭工作。

2002年,开展了2次贯彻执行《国务院环境保护若干问题的决策》执法检查。经检查历年关停的"十五小"和"新五小"(小火电站、小玻璃厂、小水泥厂、小炼油厂、小钢铁厂)企业已没有死灰复燃现象。

2003年9月,对全县重晶石开采及选矿点(共21家)进行环境保护检查,纠正了一些造成环境污染的采矿行为。

2004年,对全县危险废物、危险化学品进行全面调查,并加强管理,全年未发生环境污染事故。在清理整顿不法排污企业,保障群众健康环保专项行动工作中环保部门工作人员检查污染治理设施120多次,参加河道采沙及矿山检查40多次,无任何行政违法行为。

2005年,县环保局一是对大中型企业及建设项目的选址及周边环境进行实地勘探,并做好企业环境现状监测工作。二是继续加大环境现场监督检查力度,派员对全县企事业单位和个人私营企业的排污情况进行定期检查,尤其是对重点污染行业及群众反映强烈的企业"三废"治理设施运行情况进行突击检查。三是对河道采沙、矿山开采等建设项目进行专项检查。是年,共对43个矿点及16只沙船进行了检查,其

中对不符合继续生产的 7 个矿点报请县人民政府进行了取缔,对 2 只破坏河道的采沙船由县人民政府进行强制拆除,有效防止破坏生态环境事故的发生。

建设项目环保管理

县环保部门认真履行监督管理职能,加强对工业企业及建设项目的环境保护管理。

环境影响评价 环境影响评价,也称环评制度,即要求建设项目单位必须到环保部门办理环境影响报告书(表)的审批手续,项目才能获准建设。1991 年,县城新建、扩建、改建共 8 个项目,总投资 993.10 万元,其中环境保护设施投资 3.20 万元,县环境保护办公室为 8 个项目办理了环境影响报告书(表)的审批手续,编报率 100%。2005 年,全县共审批建设项目 51 个,其中自治区级 2 个、市级 8 个,也都进行环境影响评价。据统计,1991—2005 年,全县新建、扩建、改建项目共计 486 个,投资额 9.55 亿元,其中环境保护设施投资额 4800 万元。这些建设项目全部通过"环评",环境影响报告书编报率 100%。

环保设施"三同时"制度 即一切新建、扩建和改建项目与技术改造项目有关防治污染和其他公害的措施必须与主体工程同时设计、同时施工、同时投产使用。1991—1992 年,县环保部门对县纺织器材厂、印刷厂的建设项目进行了"三同时"设施验收工作。

1993 年,县环保部门组织力量检查新建和改建项目对"三同时"制度的执行情况,共检查 36 个企业,其中 26 个企业环保意识较强,做到先批后建,按照"三同时"经验收后投产;对 10 个企业的违章违规行为,除令其补办环境影响报告书等各项手续外,并处以罚款 3400 元,上缴县财政。

1997 年 2 月至 3 月间,县环保部门与县企业局成立联合调查组,对全县各乡镇工业企业污染源进行调查。全县乡镇共有较大的工业企业 30 家,调查了 27 家,涉及 10 个行业,其中胶合板加工 7 家、硫铁矿开采 1 家、砖瓦厂 5 家、人造板 2 家、其他矿采选 3 家、造纸厂 1 家、生活用木制品 4 家、竹藤棕草加工 2 家、工艺美术木制品制造 2 家。调查结果显示,全县乡镇工业分布零星,排污企业不多,对环境污染并不严重。

1998—2005 年,县环保局每年都坚持对建设项目"三同时"制度的监管,共为 338 个新建、扩建、改建项目,办理了"三同时"设施验收手续。"三同时"执行率 100%。

排污许可 1991—2001 年,永福县环保部门坚持推行企业排污许可证制度,要求企业按时办理排污许可证,并按照下达的污染物排放标准,总量控制要求,进行治污和排污,推动各企业污染减排工作。其间,全县重点工业企业污染物排放达标率达到 100%,保证了环境质量。

2002 年,县环保局制定《关于加强县城烟控区建设和管理的通知》,制定了污染物排放总量控制标准,对县城城区锅炉、窑炉、型灶等大气污染源进行调查及监督管理,对各种锅炉排放的烟气浓度和各种烟气排放的黑度实行定量控制。经过整治,有 2 家企业的电镀车间因污染被关闭,位于县城的水泥厂被关闭,1 家造纸企业和 4 个企业排污点被调查和限期整治。

2004 年,对县城内 13 家工业企业排污进行专项检查,对没有排污许可证的企业项目限期整顿。

2005 年,对乡镇工业企业排污进行专项调查。据调查,全县乡镇工业 2004 年用水总量 29.95 万吨,工业废水排放总量 20.16 万吨,工业废水处理总量为 17.50 万吨;工业固体废物产生量为 1.58 万吨,100% 综合利用,没有危险废物产生;工业燃料煤消费 0.76 万吨、燃料油消费 0.02 吨、电消费量为 6904 万千瓦 / 小时;工业废气排放量为 0.76 万标立方米、二氧化硫排放量 608 吨、烟尘排放 684 吨、氟化物排放 5 吨。

排污费征收 1991—2005 年,永福县环保部门依法开展企业排污费征收工作。对县境内排污企业进行排污申报和排污核定,按时、足额征收企业排污费。未按规定缴纳排污费的,责令排污企业限期缴纳,逾期拒不缴纳的给予行政处罚。2001 年,县人民政府将企业污水处理费确定为每立方米 0.70 元,废气处理费为每立方米 0.60 元。1991—2005 年,累计征收污水和废气排污费 3300 万元。对排污费实行"收支两条线"的管理办法,全额上缴国库,并建立健全排污费征收档案,做到"一厂(企业)一档管理"。

第五篇

农林牧渔

百寿镇脐橙生产　　　　　　　廖美瑛　摄于 2005 年 11 月

第一章　农村经济体制

　　20世纪80年代初,永福县农村实行家庭联产承包责任制,把集体耕地、山林等生产资料分包到组,进而分包到户经营。1984年年底至1985年年初,永福县将农村土地承包期延长至15年,荒山、荒地为20~30年或更长一些,并向各农户填发了承包土地证。1995—1999年,永福县农村第一轮土地承包期陆续到期,县委、县人民政府为稳定和完善家庭联产承包责任制,将农村土地承包期再延长30年,新开发的荒山、荒地、荒滩、荒坡承包期可延长至50~70年(简称土地二轮承包),同时签订延长土地承包期合同,发给土地承包证。

　　20世纪90年代末21世纪初,永福县农村出现了土地流转现象。

　　在永福县农村经济体制改革的过程中,农村经济合作组织有经济合作联社、经济合作社、农业龙头企业和农民专业合作组织等。农村合作基金会组织在永福县短暂存在4年时间被撤销。

第一节　家庭联产承包责任制

土地承包

　　1978年12月,中共十一届三中全会以后,全国农村开始实行经济体制改革。1980年9月,永福县开始在各人民公社推行农业"联产到组,联产到劳",进而到全面实行家庭联产承包责任制,把集体耕地、山林等生产资料分包到组,进而分包到户经营。1981年冬,县委、县人民政府印发《统一管理,包干到户责任制试行办法》文件,推行家庭联产承包责任制,承包期3~5年。1982年春,县委、县人民政府派出工作队到农村帮助农民签订联产承包合同,认真处理推行联产承包责任制中的耕地、耕牛、财产等问题,即将耕地等生产资料按人口比例承包到户,国家征购粮、集体提留等也由各户负责,产品分配实行"保证国家的,留够集体的,剩下都是自己的"的原则。至1982年年底,全县10个人民公社,2243个生产队都落实了联产承包责任制。

　　家庭联产承包责任制的经营管理是采取生产队为发包方,把集体所有的土地及山林按人口平均承包给农户使用和经营;农户为承包方,与生产队签订承包合同;生产队以农户为单位,自负盈亏,生产产品除保证完成上缴国家和集体部分外,剩下的全部归承包户自行处理。这种责任制,克服了以往分配中的平均主义"吃大锅饭"的弊病,把责、权、利紧密结合起来,调动了农民生产积极性,促进了农业生产

2004年9月9日,荷兰农业专家考察三皇乡西红柿种植　　　　　　　　　唐庆甫　供图

的发展。

1984年年底至1985年年初,县委、县人民政府又根据《中共中央关于1984年农村工作的通知》精神,印发《永福县关于延长土地承包期完善联产承包责任制工作的若干规定》,延长土地承包期,并向各农户填发了承包土地证。延长后的土地承包期限,耕地、鱼塘是15年,荒山、荒地是20~30年或更长些。

土地二轮承包

1995年开始,永福县农村第一轮土地承包期陆续到期。县委、县人民政府根据中央及自治区文件精神,全面开展稳定和完善农村家庭联产承包责任制工作,决定在原定土地承包合同到期之后,再延长30年不变(简称土地第二轮承包)。在延长土地承包期过程中,坚持按照中共中央提出的"大稳定、小调整,直接延长土地承包期30年"的原则。实行对人多地少、人口变化大、群众要求强烈的地方,进行承包土地大调整;对人口变化大、耕地多而问题不突出的地方,进行承包土地小调整或内部调整;对耕地多而人口变化不大的地方不调整,直接延长土地承包期。第二轮集体土地中的耕地承包期为30年,即从1995年1月1日至2024年12月31日;新开发的荒山、荒地、荒滩、荒坡,承包期可延长50~70年。同时继续做好签订延长承包期合同,发给延长土地承包证。

1999年1月29日,县委、县人民政府召开全县加快延长农村土地承包期工作会议,部署加快第二轮农村土地承包的任务和措施。会后,从县直各单位抽调200多名干部,组成工作队,分赴各乡镇开展第二轮农村土地延包工作。至2000年年底,全县第二轮农村集体土地延包工作基本完成。全县第二轮延包耕地面积1.96万公顷,延包农户4.82万户,签订土地承包合同4.82万份,发放农村土地承包经营证书4.80万份,从而完成农村土地制度改革工作。

第二节　农村经济合作组织

经济合作联社

20世纪80年代,永福县农村实行家庭联产承包责任制后,形成了以家庭经营为基础、集体统一经营为主导的双层经营体制。1991年,全县有以建制村为单位组建的经济合作联社98个,占应组建数的100%;有以自然村屯(村民小组)为单位组建的经济合作社1912个,占应组建数的100%。至2005年全县有经济合作联社99个、经济合作社1871个,皆占应组建数的100%。经济合作联社与建制村,经济合作社与村民小组分别实行一套人员、两块牌子。经济合作社作为农村集体所有和统一经营、发包方的法人代表,拥有土地等生产资料所有权、发包权和部分收益权,拥有集体资源开发利用决策权、规划权、投资建设权等。家庭经营则通过承包集体的土地或生产项目,向集体承担相应的义务,拥有在合同约定期限内的土地等生产资料的经营使用权、产品收益分配权等。这种统分结合的双层经营体制促进了农村经济社会事业的发展。

农村合作基金会

20世纪80年代中期,被列为全国十大农村改革试验之一的"农村合作基金会",于1995年开始在永福县出现。1995年下半年,成立全县第一个乡级农村合作基金会——桃城乡农村合作基金会。1996年7月,成立罗锦镇农村合作基金会。1997年年初,成立三皇乡农村合作基金会。基金会制定了章程和管理制度。管理原则是参照银行信用的管理原则进行,实行吸纳和投放资金按本金计上一定的利息。基金会的资金来源主要是吸纳社会上的闲散资金,重点投放在农业上,支持农村生产和经济的发展。至1997年年末,上述乡镇农村合作基金会入股会员达1300多人,筹集金额达到163.50万元,累计向农村及部分乡(村)办企业投放借款132万元。

1999年1月,国务院下文国发〔1999〕3号文件,永福县开始撤销农村合作基金会,其后续工作于2003年3月结束。

农业龙头企业

20世纪90年代,永福县不断深化农业产业结构调整,逐步形成蔬菜、水果等种植及养殖规模化经营。

进入21世纪以后,永福县积极推进农业产业化经营,扶持农业产业化龙头企业,带动农业发展。2001—2002年,县内桂林东和木业有限公司、桂林中族中药股份有限公司获得自治区第二批农业产业化重点龙头企业称号。2003—2005年,县内桂林香巴拉生态农业开发有限公司、桂林农乐米业有限公司、桂林

百寿脐橙　　唐庆甫　摄于2005年

中族中药股份有限公司、桂林东和木业有限公司获得桂林市第一批农业产业化重点龙头企业称号。这些农业产业化龙头企业,为农民生产经营提供种子、种苗、技术指导、产品流通加工和销售等产前、产中、产后服务,为全县农业产业化发展注入了活力。年产值近亿元的有桂林中族中药股份有限公司,其他企业年销售收入都在500万元以上。

农民专业合作组织

20世纪90年代后期,农户小生产与大市场之间的矛盾日益突出。为改变一家一户农户面对市场显得势单力薄的状况,农村开始出现规模性生产或经营的专业合作社(起初称专业协会)。

1999年12月,永福县第一个专业合作经济组织——龙江乡罗汉果协会登记成立。2003年,永福镇曾村湛底经济合作社生产发展较快,经营特色突出。至2005年年底,全县共有各类农民专业合作组织42个,成员1.25万户。经营领域涉及种植、林果、畜牧水产、农产品加工、运输服务等行业。特别是各个柑橘专业合作社的成立,为做好水果果园登记,解决产品销售难题作出了较大贡献。龙山村罗汉果协会积极走"公司＋协会＋农户"的产业化发展之路,及时为农户解决了种苗、技术、加工销售等一系列问题,受到群众欢迎。

第二章　种　植　业

永福县自然生态环境优越,适宜种植多种农作物,形成了粮食、水果、蔬菜三大支柱产业。柑橙、罗汉

果(另章专门记述)、杨梅、板栗、优质稻(含超级稻)、桑蚕、番茄(西红柿)等被列为优势和特色农产品。

"八五"计划期间,全县积极调整农村产业结构,在稳定粮食播种面积的基础上,进行规模化、集约化水果、蔬菜产业开发性生产,形成多种经营方式并存的种植业格局。1995年与1991年相比,粮食总产量由12.14万吨增加到13.52万吨,水果总产量由6575吨增加到1.43万吨,蔬菜总产量由2.14万吨增加到6.87万吨。

"九五"计划期间,全县粮食产业努力提高单产,积极发展优质稻生产;水果产业以优质为中心,以春、夏熟为重点,引进外地椪柑、葡萄、梨子等产品;蔬菜产业实施五年(1994—1998年)开发计划,加快"菜篮子"工程计划。2000年粮食总产量15.17万吨,达历史最高值;水果总产量大幅度增高,由1996年的1.73万吨增加到2000年的2.77万吨;蔬菜总产量大为增加,由1996年的7.99万吨增加到2000年的18.06万吨。

"十五"计划期间,全县农业向生态农业、品牌农业迈进。种植业调整内容向产业化、基地和规模化生产方向发展。积极发展超级稻粮食生产和无公害农业产品,提升农产品质量安全水平。2005年,粮食总产量14.67万吨,比2001年减少6300吨;水果总产量继续大幅度提高,由2001年的3.01万吨增加到2005年的5.16万吨;蔬菜总产量继续明显增加,由2001年的19.89万吨增加到2005年33.23万吨。全县农业产业结构进一步趋向合理。

第一节　机　　构

永福县农业局

1960年6月,成立永福县农业局,是主管全县农业生产的职能部门。1991年,县农业局为正科级行政机构,行政编制10名,实有在岗11人。办公地址在县城建新街260号。2001年12月,机构改革,县农办撤销,其职能划入县农业局;是月,县农业区划办公室并入县农业局。2005年,县农业局为县人民政府工作部门,内设政秘股、市场与农情信息股、政策法规股、科技教育股和农业区划办公室5个行政股室,人员编制19名,其中行政编18名、工勤编1名,实有人数19人。下辖县农业技术推广站、植保站、土壤肥料站、经济作物站、科教站、广西农业广播电视学校永福县分校、种子管理站、县农村合作经济经营管理指导站、植物检疫站、农药检定管理所、农业行政执法监察大队、农业技术推广中心、农业科学研究所等13个直属事业单位和永福镇、广福乡、堡里乡、罗锦镇、苏桥镇、龙江乡、百寿镇、永安乡、三皇乡等9个乡镇农业技术推广站,共22个事业单位,事业人员编制101人,实有人数105人。2005年,县农业局办公地址在县城凤城路88号。

1991—2005年,历任县农业局长的有罗从飞(1991年1月—1996年7月)、莫振如(1996年7月—2002年10月)、黄业韬(2002年10月—2005年12月)。

永福县水果管理中心

1989年5月,成立永福县特产局,主管全县柑橘和山葡萄种植。1991年,县特产局为正科级行政机构,办公地址设在县政府大院内。1996年7月,机构改革,县特产局改称县水果生产办公室,为县政府直属事业单位,赋予行政职能。2001年12月,县水果生产办公室改称县水果管理中心。内设县水果生产技术推广站,下辖永福镇、广福乡、堡里乡、罗锦镇、苏桥镇、龙江乡、百寿镇、永安乡、三皇乡9个乡镇水果生产技术推广站,共10个事业单位。2005年,县水果管理中心,内设水果站,人员编制5人,实有人员6人,下辖永福镇、广福乡、堡里乡水果站,每个站配置人员2~3人。水果管理中心办公地址在县政府大院。

1991—2005年，历任县水果管理中心（特产局、水果生产办）主任（局长）的有：曾令道（1989年5月—1994年1月）、何跃（1994年1月—1995年4月）、张家铖（1995年4月—1998年8月）、黄业韬（1999年7月—2001年8月）、蒋纪森（2001年8月—2005年12月）。

县农业生产领导小组办公室（农委）

1985年2月，永福县委农村工作部改称永福县农业委员会（简称县农委），负责组织协调全县的农业、畜牧、水产、林业、水利、农机等行业生产。1991年，县农委为正科级行政机构，办公地址设在县政府大院内。1996年7月机构改革，撤销县农委，成立县农业生产领导小组办公室（简称县农办），承担原县农委的职能。2001年12月，机构改革，县农办撤销，其职能划入县农业局。1991—2001年，历任县农办（含农委）主任的有：钟奕新（1990年10月—1992年4月）、文谋良（1992年4月—1994年1月）、罗从飞（1994年1月—1996年7月）、张广宁（1996年7月—1999年4月）、黄业韬（1999年4月—2001年12月）。

县农业区划办公室

1981年4月，成立永福县农业区划办公室，负责全县农业自然资源调查与规划。1991年，县农业区划办为正科级行政机构，编制8名，实有在岗人员8人，办公地址在县政府大院内。2001年12月，机构改革，县农业区划办并入县农业局，成为农业局的内部股室。1991—2001年，历任县农业区划办主任的有：李土生（1993年6月—1997年5月）、徐新连（1999年4月—2001年12月）。

第二节　资源与区划

耕　　地

1991年年末，永福县有耕地3.07万公顷，占全县土地总面积的10.94%。其中，水田2.44万公顷、旱地0.63万公顷；人均耕地0.11公顷，当年增加耕地面积420公顷。1996年年末，全县耕地面积3.03万公顷，其中水田2.41万公顷、旱地0.62万公顷；人均耕地0.11公顷，当年增加耕地面积279.93公顷。同时，6年间有0.05万公顷的"望天田"水田改种旱季作物和果树。2005年全县有耕地2.96万公顷，其中水田2.36万公顷、旱地0.60万公顷；人均耕地0.11公顷。耕地资源潜力大。

劳　动　力

1991年年末，永福县有农村劳动力11.05万人，占农村总人数的46.84%。其中，男劳力5.88万人、女劳力5.17万人。每个劳动力负担耕地0.20公顷。

1998年年末，全县有农村劳力12.26万人，占农村总人数的53.06%。其中，男劳力6.65万人、女劳力5.61万人；小学文化以下占29.50%、初中占57.20%、高中（中专）占13.25%、大专以上约占0.05%。每个劳动力负担耕地0.18公顷。当年外出务工0.77万人，占劳动力6.00%。

2005年年末，全县有农村劳力13.56万人，占农村总人数的56.51%。其中，男劳力7.37万人、女劳力6.19万人。每个劳动力负担耕地0.15公顷、果园0.06公顷。当年外出务工人数1.43万人，占劳动力总数的9.90%，外出务工人员中17~30岁占64%、31~40岁占28%、41岁以上占8%；受过专业技能培训的约占 8.50%；进入第一产业的占 5%，第二产业占 66.50%，第三产业占 28.50%。外出务工人员主要分布在广东、福建、浙江、江苏省和广西南宁市、柳州市、桂林市。

种植业区划

1995 年前永福县划分为 5 个种植业区：

北、中部山地林农区　包括龙江乡全境 10 个村，桃城乡的泡口、四合、银洞、坪岭村，百寿镇的新隆、双合、朝兑、朝阳、东岸、三河、山南、石龙村，永安乡的独州、永新、军屯、永安村等，共 26 个村，面积 11.27 万公顷，占全

2005 年 8 月永福县山葡萄种植喜获丰收

县党史县志办　供图

县总面积 40.17%。该区气候冬暖夏凉，雨量充沛，日照短，土地肥沃，是永福县的主要林区，也是广西重点水源林地带之一。该区耕地零星分布于河谷两旁和山槽，大多数为小块梯田和山坡旱地，耕地中水田 2733.33 公顷，旱地 1533.33 公顷。以水稻、罗汉果及旱杂粮为主，是罗汉果的原产地和集中产区，也是油茶的集中产区。

西部石山农业区　包括三皇乡全境 11 个村，百寿镇的寿城、三河、白果、江岩 4 个村；永安乡的喇塔、太和、枫木、凤凰、永富 5 个村，共 20 个村，面积 4.57 万公顷，占全县总面积的 16.29%。该区地貌为岩溶峰林谷地，水田都分布在河谷平地，旱地分布在石山弄场，光热条件好，雨量充沛，但分布均匀，加上缺乏地表河系，地面干旱缺水，特别是三皇、永安一带易出现秋旱。该区耕地面积 4793.33 公顷，占全县耕地面积的 24%。主要种植水稻、玉米、西红柿及旱地杂粮。1994 年发展一定面积的柑橘、桑蚕业、糖料蔗。1995 年，发展成万亩秋西红柿种植带。

南部丘陵林农区　包括广福乡的矮岭、马陂、龙桥、广福、龙溪、大石 6 个村，面积 2.21 万公顷，占全县总面积 7.87%。该区有较宽阔的丘陵间谷地，盆地和洛清江两岸的小块种植平原，耕地面积 1633.33 公顷，森林面积 1.02 万公顷，是自治区划定的杉木林基地区域。该区主要种植水稻、桑。1995 年开始发展水果种植，以早熟梨、柑橘、山葡萄为主。

东部河谷农业区　包括苏桥镇全境 9 个村（社区），罗锦镇的崇山、岭桥、高崇、尚水、镇上、星草、江月、米田、林村、下村、上笑 11 个村，永福镇的中洲村，桃城乡的南雄、渔洞、大苏、湾里、曾村、樟峡、塘堡 7 个村，堡里乡的罗田、波塘、黄源、拉木、三多、堡里 6 个村，共 34 个村，面积 4.95 万公顷，占全县总面积 17.63%。其中，耕地 8693.33 公顷，占全县耕地面积的 43.10%。该区为丘陵谷地，耕地多处丘间盆地，谷地和大溪河、茅河及洛清江峡谷两岸冲积平原，比较开阔，土地肥沃，是全县的主要双季稻耕作区和优质谷产区。1995 年还是全县最大的蔬菜产区。

东南部山地林粮区　包括堡里乡的河东、合顺、九槽、茶料、胜利、清坪 6 个村，广福乡的德安、上寨 2 个委会村，罗锦镇的金福、永升、大西 3 个村，共 11 个村，面积 5.08 万公顷，占

广福乡葡萄种植　　张桂发　摄于 2005 年 8 月

全县总面积 18.10%。该区属低山、中山地带,森林资源丰富,有森林面积 2.55 万公顷,是自治区杉木林基地之一。该区地广人稀,交通闭塞,生产比较落后,耕地较少,林副产品较丰富。历史上盛产茶油、桐油、松脂、香菇、木耳等。主要种植水稻、罗汉果及旱杂粮,是罗汉果、油茶的另一集中产区,并是甜茶叶的原产地。

1996—2000 年,永福县确定以下主要开发区域和项目:

一是以三皇、百寿、永安乡镇为主的西红柿种植带 1333.33 公顷;二是以广福、桃城、罗锦乡镇为主的桑叶种植带 1333.33 公顷;三是以桃城、罗锦、苏桥、堡里、广福乡镇为主的糖料蔗种植带 666.67 公顷;四是以罗锦、苏桥、桃城、永福镇乡镇为主的蔬菜种植带 3333.33 公顷,主要种植马铃薯、榨菜、荷兰豆、夏阳白;五是以龙江、百寿、桃城乡镇为主的罗汉果种植带 1333.33 公顷。

2001—2005 年,重点建设以下基地:

一是重点建设桃城(现永福镇)、堡里、广福、苏桥、罗锦、三皇、永安 7 个乡镇为主的优质谷生产基地。二是建设以三皇、百寿、永安乡镇发展西红柿种植,以桃城(现永福镇)、苏桥、罗锦乡镇发展香芋、荸荠及其他外销型蔬菜为主的商品蔬菜种植基地 6666.67 公顷,同时建立起生产、加工、销售的完整体系。三是以百寿、永安、三皇、龙江等乡镇为主的柑橙柚种植基地 3333.33 公顷。四是以桃城(现永福镇)、广福、苏桥、罗锦、堡里等乡镇为主的南方早熟梨 1333.33 公顷,东魁杨梅、枇杷、桃、李种植基地 1333.33 公顷。五是积极推广良种桑种植,在广福、永福镇、堡里等乡镇建立桑蚕基地 1333.33 公顷。六是发展三皇、永安乡镇甘蔗基地 2666.67 公顷。

第三节　肥料、农药与种子

肥　　料

永福县种植业常用的有机肥料主要有:人粪尿、厩肥、绿肥、饼肥与沼气肥。厩肥是用稻草或其他农作物的茎秆、杂草等垫栏材料吸收牲畜粪尿,定期清出栏堆沤发酵 1~2 月,呈腐熟或半腐熟状态后施用,农民称为"猪牛栏粪"。沼气肥料是用农作物茎秆、落叶、杂草等为主要原料,与人畜粪尿混合,放入沼气池内,经过微生物的酏气分解腐烂而成。饼肥主要有豆饼、花生饼、芝麻饼、菜籽饼、桐籽饼等。绿肥有紫云英(红花草)、茹菜、油菜、蚕豆、豌豆,一般在清明前后犁翻压青作肥料。1991年,全县农用化肥施用量(按实物量)计 1.32 万吨。1996 年,全县农用化肥施用量(按实物量计)2.69 万吨,有效成分占施肥总量的 60%~65%。其中,氮肥用量占化肥总量 50.70%,主要施用尿素、碳酸氢铵;磷肥用量占化肥总量 25.90%,主要施用磷酸钙、钙镁磷肥;钾肥用量占化肥总量 11.90%,主要施用氯化钾、硫酸钾;复合肥用量占化肥总量 11.40%,一般含氮磷钾,比例及含量各厂家不一致。

2000 年,由于县内水稻、玉米种植面积减少,全县农用化肥施用量减少至 1.22 万吨。随着农业产业结构的调整,化肥品种的不断更新及满足供应,化肥施用量又逐年增加。2005 年,全县化肥用量 4.67 万吨,其中氮肥用量占化肥总量 37.90%、磷肥占 22.20%、钾肥占 12.40%、复合肥占 14.50%。当年末全县已累计建沼气池 3.07 万座,占农村家庭总户数的 51.08%。年产沼液、沼渣 10250 吨,相当于生产氮(N)88.80 吨、磷(P_2O_5)25.90 吨、钾(K_2O)59.20 吨。

农　　药

永福县农药用量最多的是杀虫剂,其次是杀菌剂和除草剂。水稻常用农药有:甲胺磷、杀虫脒、杀虫双、三唑磷、敌敌畏、吡虫啉、噻嗪酮、井冈霉素、三环唑等。果树常用农药有：达螨灵、克螨特、丁硫克百威、吡虫啉、氯氰菊酯、灭多威、代森锰锌、可杀得、多菌灵等。1991年，全县使用农药数量636.54吨。所用产品均从外地调入。县内1998年建有一农药厂即桂林恒康化学品厂，生产产品为谷虫净，规模小，生产量不大，主要销往外地。1993年3月，杀虫脒开始禁止使用。是年全县使用农药542.48吨。1995年，全县使用农药555.30吨，1997年为649.61吨，1998年为604.82吨。2000年以后，由于农业产业结构的调整，县内水稻、玉米种植面积减少，全县使用农药减少至190.45吨，2002年又上升为215.38吨。2004年，全县使用农药373.63吨，是年县内禁止在蔬菜（含食用菌，西、甜瓜）、果树、茶叶、中草药材上使用甲胺磷、甲基对硫磷（甲基1605）、对硫磷（1605）、久效磷、磷胺、甲拌磷（3911）、甲基异柳磷、特丁硫磷、甲基硫环磷、治螟磷、内吸磷、克百威（呋喃丹）、涕灭威（铁灭克）、灭线磷、硫环磷、蝇毒磷、地虫硫磷、氯挫磷、苯线磷等19种农药及混配制剂；禁止在茶树上使用三氯杀螨醇、氰戊菊酯（包括各种异构体）及其混配制剂；禁止在甘蔗上使用特丁硫磷；禁止在花生上使用含丁酰拼（比久）等农药；禁止任何单位和个人生产、销售和使用六六六、滴滴涕、毒杀芬、二溴氯丙烷、杀虫脒、二溴乙烷、除草醚、艾氏剂、狄氏剂、汞制剂、砷、铅类、敌枯双、氟乙酰胺、甘氟、毒鼠强、氟乙酸钠、毒鼠硅等国家明令禁止的农药。其后，一些剧毒、残毒持久农药用量逐渐减少。2005年，全县使用农药370.69吨。

种　子

"双杂"（杂交水稻、杂交玉米）种子生产　1991—2005年，永福县按照省提、市繁、县制的"双杂"种子生产的方针，对"双杂"种子生产，主要是根据种子经营状况、种植农户的需求，每年的面积、品种有所不同，以满足永福县水稻生产需要（包括相互间的品种调剂）为目的。

永福县杂交水稻种子生产面积最多的年份是1996年，为260公顷，生产种子359.50吨。2000年《中华人民共和国种子法》施行，种子经营状况发生改变，当年没有进行杂交水稻种子的生产。2001年后，杂交水稻种子生产恢复。到2003年制种面积达到195公顷，生产种子545吨，杂交水稻种子量基本可满足生产的需求。2005年，杂交水稻制种面积60公顷，生产杂交水稻种子135吨左右。

永福县杂交玉米种子生产面积不大，多的年份面积有35公顷，有的年份没有进行生产。生产的品种主要有：1991—1995年，桂顶3号、桂顶4号、桂顶5号、掖单13号；1996—2005年，桂三5号、桂单1号、桂单22号、桂单26号、隆玉2号和超甜、桂甜、桂糯、紫糯等品种，制种产量三交种亩产高的达450千克，单交种亩产250千克左右。

水稻良种推广　1991—1999年，永福县年水稻种植面积为27330公顷至26417.50公顷。年杂交水稻用种量609.80吨至416吨；常规优质稻每年用种量145吨左右，杂交水稻面积占水稻种植面积的80%~85%。随着农业产业结构的不断调整以及稻米市场价格的影响，水稻种植面积略有减少。2005年，杂交水稻用种量275.40吨，占水稻种植面积用种量41.67%；常规优质稻用种量375.60吨，占全年水稻种植面积用种量56.82%。超级稻用种量10吨，占水稻种植面积用种量1.51%。由县种子公司组织生产，公司分别在堡里乡、罗锦镇、永福镇建立了稳定的杂交水稻生产基地，每年生产杂交水稻种子350吨左右。

1997年，永福县引进试种两系杂交水稻培两优288，在苏桥镇、桃城乡、百寿镇试验、示范种植10公顷。2001年，从湖南隆平种业有限公司调进两系杂交水稻、超级稻品种两优培九、D优527，在各乡镇试验、示范种植，面积达173.30公顷。2003年，从国家杂交水稻研究中心引进超级杂交水稻88S/0293在桃城乡大苏村进行示范种植，面积7.10公顷，平均亩产516.20千克。2005年，从湖南隆平种业有限公司引进准两优527、准两优1202、金优299、丰源优299，在罗锦镇、永福镇、苏桥镇进行连片示范种植，面积为533.30公顷，超级稻高产示范片平均亩产717.80千克。

表5-1　　　　　　　　　　　　1991—2005年永福县水稻用种量及主要品种统计表

年份 项目	播种面积（公顷）	用种量			自繁、引进、推广主要品种
		杂交稻(吨)	常规稻(吨)	超级稻(吨)	
1991	27330.00	609.80	153.70		金优桂99、汕优36辐、威优35、协优91、马坝油粘
1992	26638.30	594.30	149.80		汕优36辐、威优35、汕优华2、汕优402、威优402、马坝油粘
1993	26600.00	593.50	149.60		汕优3、辐威优402、威优77、优I402、马坝油粘
1994	26333.30	587.50	148.10		汕优36辐、优I402、金优402、金优桂99、马坝油粘
1995	25989.40	579.90	146.20		优I64、优I402、金优402、汕优36辐、马坝油粘
1996	25747.00	574.50	144.80		汕优402、优I402、汕优36辐、金优桂99、马坝油粘
1997	26347.30	587.80	148.20		优I974、优I402、金优402、优I4480、金优桂99、马坝油粘
1998	26618.10	419.20	302.00		优I402、优I974、金优974、金优77、优I4480、马坝油粘
1999	26417.50	416.00	297.20		优I974、威优402、优I4480、金优207、威优4480、马坝油粘
2000	24165.60	380.60	362.40		中优402、中优974、中优207、金优207、马坝油粘
2001	23336.60	367.50	350.00	2.60	中优974、中优402、金优207、金优463、马坝油粘、永福香粘
2002	22580.40	355.60	338.70	2.80	金优463、株两优02、福优974、金优207、华优8830、马坝油粘、永福香粘
2003	20494.30	278.40	345.80	3.00	金优463、威优463、株两优02、福优974、华优8830、岳优9113、马坝油粘、永福香粘
2004	21514.30	291.30	363.00	4.50	金优463、株两优02、准两优527、y两优1号、中浙优1号、岳优9113、马坝油粘、永福香粘
2005	22326.30	275.40	375.60	10.00	株两优02、T优463、T优974、准两优527、Y两优1号、中浙优1号、Ⅱ优航1号、淦鑫688、准两优1202、丰源优299、岳优9113、马坝油粘、永福香粘、美香粘、珍桂1号

　　玉米良种推广　1991—1995年，永福县年种植玉米面积在1268.30公顷之内，主要种植品种有桂顶3号、4号、5号、掖单13号。1996—2005年，随着饲料价格的提高，玉米种植面积逐年扩大。2005年，达到2698.60公顷，主要种植品种有桂顶5号、桂三5号、桂单22、桂单26、登海3号、正大619、正大818、正大999、迪卡007、苏玉1号、超甜28号等品种。

表 5-2   **永福县部分年份玉米用种量及播种面积统计表**

项目 ＼ 年份	1991	1993	1995	1996	1999	2001	2003	2004	2005
用种量(吨)	16.1	17.2	28.5	33.2	62.1	56.1	54.4	54.6	60.0
种植面积(公顷)	716.7	766.7	1268.3	1475.5	2761	2492.7	2417.8	2428.8	2698.6

蔬菜良种推广 1991年,永福县蔬菜种植面积1847.60公顷,主要商品菜基地在永福镇、桃城乡、三皇乡,主要种类有根菜类、薯芋类、葱蒜类、白菜类、荠菜类、瓜类、茄果类、豆类、食用菌等,品种由农户自留逐步向引进优质品种过渡。20世纪90年代,县内大宗蔬菜主栽品种西红柿,产地主要在三皇乡;品种不断更新,主要有益农101、桂星201、振兴2号、红宝石、荷兰的百利及以色列钻石等品种。2005年,全县蔬菜种植面积达到1.59万公顷,其中西红柿种植面积达2378.40公顷。

第四节 主要农作物

永福县主要农作物品种有:水稻、玉米、红薯、芋头、淮山、大豆、高粱、花生、油菜、芝麻等粮油作物;柑橘、橙类、柿、柚、梨、桃、李、葡萄、枇杷、黄皮果、板栗、枣、马蹄(荸荠)、金橘、杨梅、罗汉果、食用菌、棉花、甘蔗、烟叶、木薯、西瓜、香瓜等经济作物;紫云英、茹菜、萝卜为主的绿肥作物。

粮食、油料作物

水稻 永福县有悠久的水稻种植历史,水稻是全县主要的粮食作物之一。1991年,全县水稻种植总面积2.73万公顷,总产量11.76万吨。1992—2005年,随着耕作制度的不断改进,农艺操作不断更新,水稻单产不断提高,年均种植面积2.33万公顷左右,稻谷总产量12.25万吨左右。"九五"期间,被列为广西和国家商品粮食生产基地县。2005年,全县水稻种植面积2.23万公顷,稻谷总产量11.84万吨。

永福县是桂北地区的主要双季水稻种植区域。历年早稻于3月中下旬播种,4月中下旬移栽,7月中下旬收获;晚稻于6月下旬至7月初播种,7月中下旬移栽,10月中旬至11月初收获。早中迟品种搭配一般为4:4:2或3:5:2,北四乡镇早稻以早中熟种为主。主要种植品种有准两优527、Y两优1号、中浙优1号、Ⅱ优航1号、淦鑫688等超级稻组合、汕优系列、威优系列、优Ⅰ系列、金优系列、岳优系列等普通杂交稻组合和常规优质稻美香粘、珍桂1号、桂小粘、桂华粘等品种。每亩种子用量超级稻和迟熟组合每亩用种0.75~1千克,早、中熟组合每亩用种1.5~2千克。育秧方式主要采用561孔、434孔、353孔不同规格塑料秧盘育秧或使用每亩大田用20~25平方米编织布隔层育秧等育秧方式。用常规的选种、浸种、消毒、催芽后全部使用壮秧剂、多效唑、旱育保姆等药剂拌种,有利培育多蘖壮秧。播后搭盖农膜防寒保温,防止烂秧死苗。

依靠科技进步,推广新品种和应用先进适用新技术,是不断提高水稻单产的主要措施。20世纪90年代初,全县杂交水稻良种推广面积已占水稻种植面积的90%以上,单产350~400千克。2004年引进超级稻试验、示范。截至2005年全县超级稻推广面积6151.36公顷以上,占水稻种植面积的28%以上,总产量达6万吨以上。每年推广旱育稀植栽培技术,塑盘育秧抛秧技术、旱育稀植育秧技术、免耕抛秧技术种植面积1.67万公顷左右;推广编织袋育秧插大田面积0.13万公顷以上,病虫综合防治技术已大面积推广。

20世纪90年代中期,永福县开始大力调整农业产业结构,部分水田用于种果及种植经济作物,水稻生产由数量型向优质、高产、高效、无公害方向发展,优质稻种植面积不断增加。2005 年,全县优质稻(含超级稻)种植面积 2.05 万公顷,占全年水稻总面积的 92%;永福县 1.33 万公顷优质谷生产基地获得广西无公害农产品产地认定。

表5-3　　　　　　　　　　　　永福县部分年份水稻种植面积产量表

年份		1999	2000	2001	2003	2004	2005
总面积(公顷)		26618.80	24165.60	23336.60	20494.30	21514.40	22326.30
总产量(吨)		128078	129174	126632	107247	115495	118435
早稻	面积(公顷)	14474.70	13633.30	12654.80	12073.90	12008.80	12135.00
	总产量(吨)	61585	67678	65155	59994	62764	61009
中稻	面积(公顷)	530.00	504.00	504.00	463.50	486.70	463.60
	总产量(吨)	2697	3834	2852	2606	2745	2641
晚稻	面积(公顷)	11614.10	10028.30	10177.80	7956.90	9018.90	9727.70
	总产量(吨)	63796	57662	58625	44647	49986	54785

玉米　永福县玉米种植历史悠久。1991 年全县玉米种植面积 717 公顷,总产量 917 吨。1991—2005 年,玉米种植面积仅次于水稻。全县每年早晚两季玉米种植面积 0.19~0.28 万公顷,单产每公顷 4500~6750 千克,年总产玉米 4400~9600 吨。

从 20 世纪 90 年代初开始淘汰以马牙系列的低产品种,全面推广种植优质高产桂顶系列、桂单系列、掖单系列、正大系列等杂交玉米良种。由于玉米单交杂交品种具有较强的适应性、耐旱、抗病高产稳产、深受广大群众欢迎。以三皇、永安两乡千亩连片示范区测产统计,平均每公顷产 5250 千克,高的达 6750 千克。杂交玉米的推广,使山坡、坡地、旱田资源得到充分利用,同时有效地解决当地牲畜、家禽饲料用粮问题。

20 世纪 90 年代中期,永福县针对粮食生产结构不尽合理的状况,克服了粮食种植以水稻为主的单一种植习惯,充分利用山坡、荒地、旱田发展种植玉米,并开展百亩、千亩连片创高产玉米种植竞赛活动,全县范围内大面积推广玉米良种和地膜玉米、配方施肥、病虫防治等综合技术,产量不断提高。1993 年,在三皇乡实施千亩水稻—玉米—荷兰豆套种创高产活动获自治区农业厅科技成果四等奖。1999 年全县种植玉米面积 2360 公顷,总产量 5862 吨;2000 年全县玉米种植面积 2533 公顷,总产量 6492 吨;2001 年全县玉米种植 2493 公顷,总产量 7347 吨;2002 年全县玉米种植 2612 公顷,总产量 7688 吨;2003 年全县玉米种植 2417 公顷,总产量 7688 吨;2004 年全县玉米种植 2429 公顷,总产量 9452 吨。2005 年全县玉米种植 2711 公顷,总产量 9180 吨。

1990 年开始,自治区玉米研究所支持和帮助永福县连续 10 多年分别在三皇乡、罗锦镇开展玉米制种工作。每年制种面积 33.30 公顷左右,年产杂交玉米种子 100~150 吨,除保证全县玉米用种外,还有部分种子向邻县供应。

油菜　油菜是永福县食用油料作物和兼用绿肥植物,各乡镇均有种植习惯。1991—1993 年,永福县种植的油菜为本地小油菜品种,大部分利用旱田、坡地种植,每年种植面积 1000~1250 公顷,油菜年产量930~1270 吨。1994 年冬,永福县利用冬闲田抓好冬季农业开发为主要项目,油菜种植达 1435 公顷,油菜产量 1390 吨。全县大力推广以蓉汕 3 号、中油 4 号、花培 H116 等为主的杂交油菜品种,县农业局组织县、乡农技人员在各乡镇开展试验、示范、推广工作。分别在堡里乡三多、波塘等建制村开展千亩高产油菜种植示范,示范区种植品种主要为蓉汕 3 号、花培 H116,示范面积 20 公顷。为了保证示范区和种植成功,提高油菜单产产量,科研人员针对蓉汕 3 号、花培 H116 等生长特点,对油菜种植户进行培训,分发技术资料和进行现场操作。按照蓉油 3 号、花培 H116 生长特点,结合永福县的气候特点把过去油菜以点播为主的种植习惯改为全部采用育苗移栽方式。为了不影响当年晚稻收割时间或不影响次年早稻种植为前提,合理安排、适时播种、移栽,播种时间一般安排在 9 月下旬至 10 月初,11 月初移栽,秧龄 30~35 天,每亩用种 0.15 千克,分厢播种分厢起畦移栽,每亩移栽有效苗 15 万 ~18 万苗。同时还针对该品种生育期长,需肥量大的特点,施足基肥,晚稻收割后及时犁耕整厢,每亩施腐熟农家肥 500~750 千克和适量氮、磷硼肥作基肥,移栽后 10~15 天亩施尿素 10~15 千克,钾肥 8~10 千克,或复合肥 10~25 千克,并结合中耕除草培土。油菜抽薹期亩施尿素 5~10 千克,钾肥 2~3 千克,同时做好油菜菌核病、白粉病霜霉病和蚜虫、菜青虫等病虫害的防治工作。

当年冬种油菜示范获得成功,亩产油菜籽 50~60 千克。得到了自治区农业厅的充分肯定和好评,桂林地、市县多次到永福召开现场会,组织参观,总结经验。1995 年永福县冬季油菜种植面积达 1584 公顷,种植面积超历史纪录。2000—2005 年,由于油料价格逐年下降,油菜种植面积也不断减少。2005 年,全县油菜种植面积 339 公顷,油菜籽总产量 207 吨。

花生　花生是永福县油料作物主要品种,各乡镇均有种植习惯。1991—2005 年,每年种植面积从近 300~1000 公顷,以春花生为主,秋花生种植面积逐年增加,大多在旱田、旱地、山坡坡地种植以及林下作物套种、间种。种植品种为汕油 532、汕油 27、粤选 58、全油 27 等外地引进品种和本地传统的红籽和白籽花生两种。种植时间:春播花生一般在 3 月下旬至 4 月初播种,秋花生一般在 7 月中、下旬播种。种植方式以直播为主,一般采用全层犁翻耙细后,分厢起畦穴播和条播,厢宽 1.50~2 米,畦高 15~20 厘米,每亩种植 1.5 万 ~2 万蔸。肥料施用以有机肥为主,配合施用氮、磷、钾肥,增施硼肥或石灰。基肥亩施腐熟猪牛栏粪 750~1000 千克;3~5 叶期结合中耕除草亩施尿素 5~7 千克;花蕾期采用根外喷施硼肥和磷酸二氢钾作根外追肥;盛花期喷施多效唑 100~150 克控制苗高徒长,有利花生高产。

1991 年,全县花生种植面积 281 公顷,总产量 1060 吨;1995 年,全县花生种植面积 342 公顷,总产量 1282 吨;2000 年,全县花生种植面积 631 公顷,总产量 2360 吨。2005 年,全县花生种植面积 1051 公顷,总产量 3942 吨。

水　果

温州蜜柑　永福县特早熟品种(宫本、日南一号)9 月上中旬成熟,早熟品种(宫川、兴津等)10 月上旬前后成熟,中熟品种(尾张、池田)10 月下旬成熟。20 世纪 80 年代至 90 年代初期,中熟品种为永福县柑橘类主栽品种,主要分布在苏桥、罗锦、百寿等乡镇,其他乡镇也有零星种植,产品除少量鲜食外,大部分销往国内中小型罐头厂。20 世纪 90 年代中期,由于全国中熟温州蜜柑产量多、橘瓣罐头滞销以及中熟温州蜜柑品种混杂、质量低等原因,价格严重下滑,大部分果园因失管而绝收,永福县机耕队果场 33.33 公顷的温州蜜柑亦在此阶段毁园。2000—2005 年,全县种植的温州蜜柑大多数是特早熟品种宫本和日南一号,果园果品调运价格多年基本稳定。

椪柑　永福县椪柑丰产性好,品质优,耐贮藏。每年 11 月底至 12 月上旬成熟,主产百寿、永安、三皇等乡镇。1993—2005 年间,椪柑是永福县柑橘类主栽品种。百寿镇种植面积最大,该镇凭借其独特的山区小气候及土壤环境,生产出的椪柑口感清甜、肉脆化渣,产品畅销国内各大城市及东南亚国家和地区,是百寿镇柑橘种植户发家致富的主要品种。

南丰蜜橘、砂糖橘、马水橘　永福县南丰蜜橘每年 11 月中旬前后成熟,砂糖橘每年 12 月下旬至次年 1 月份成熟,各乡镇均有种植。马水橘每年 2 月中旬以后成熟,属于超迟熟品种,市场空间大。在 2000—2005 年间发展较快,产品除少部分销往上海、昆明等国内大中城市外,大部分出口越南后再销往东南亚其他国家。砂糖橘留树过冬容易受霜冻的影响,在农技人员的指导下,许多果农在 12 月至次年 2 月份采用树冠覆盖塑料薄膜的方法避开霜冻，延长了采收期，正好补充春节前后鲜果市场空当，果品售价提高30%左右。

甜橙　永福县夏橙主栽品种有阿尔及利亚、奥林达等，脐橙主栽品种有纽荷尔、大三岛等；其他甜橙有冰糖橙、桂花橙、红江橙等。2002年以后，脐橙、夏橙发展较快，甜橙类面积逐年减少。2005年，全县以脐橙、夏橙为主的橙类面积达到1371.50公顷，产量6万吨。

柚　永福县柚类主要品种为沙田柚，酸柚、砧板柚、琯溪蜜柚等品种也有零星种植。1991年，永福县实施万亩沙田柚扩种计划，扩种面积较大的乡镇是：罗锦156.67公顷、苏桥133.33公顷、百寿100公顷。1993年，实施沙田柚低产园改造及高产园建设工程。通过实施低产园改造及高产园建设，加快了科学施肥、人工授粉、修剪、环割促花、综合防治病虫害等技术的推广应用。1998年，沙田柚产品价格大幅下降，出现滞销、烂果现象，果农管护积极性受到较大影响，种植面积由1997年的733.50公顷下降到1999年的711.20公顷。2005年，全县种植沙田柚921.87公顷，总产量4370.80吨。

金橘　2000年以后，永福县百寿、永安、罗锦、桃城等乡镇一些农户自发到融安县、灵川县引进新品种脆皮金橘进行试种，总面积约33.33公顷。2004—2005年，一些农户到阳朔县白沙镇古板村引进阳朔金橘进行种植，全县种植面积最多时约133.33公顷。但由于永福县春季雨水多、降雨量较大，特别是第一次盛花期，经常遇到连续多日的强降雨天气，保花保果困难，导致产量低、效益差，很多农户纷纷采取高接换种技术改成了南丰蜜橘或砂糖橘。2005年唯有罗锦镇岭桥村水产屯种植的连片15公顷的阳朔金橘获得成功，他们不仅摸索出一套适合当地气候条件的保花保果技术，还在每年的10月份至次年的2月份采取了塑料膜覆盖树冠防雨防寒留树保鲜技术，有效地减少裂果、落果等现象，同时延长了采收期，品质显著提高，效益可观。

梨　永福县各乡镇均有种植梨树的历史，一般在房前屋后种植当地传统品种，每年6月底至8月中旬成熟，品质差、产量低。1993年，县农业局两名农技人员到湖北等地引进黄花、新世纪、二宫白、翠冠、金水二号、台湾青花梨等品种芽条进行嫁接繁殖。1995年引进品种种植面积1公顷，经过多年不断地探索，种植获得成功，并总结出一套适合该县的栽培管理技术，筛选出最适合永福县发展的品种有：黄花、翠冠、台湾青花等。在他们的示范带动及政府的引导下，永福镇、百寿镇一些农户于2000年进行连片种植，种植面积达306.70公顷。2002年，永福县引进广西汇珍公司在堡里、桃城、广福3个乡镇建立了200公顷的丰水梨产业化示范基地，同时也被列为广西种植业标准化生产示范基地。但由于丰水梨要求管护技术水平较高，虽经过多次培训，农户仍很难掌握管护技术。几年后，丰水梨树感病严重，产量低，不断被果农砍伐或高接换种。2005年，该品种在永福县所剩无几。2005年，全县梨子种植510.70公顷，总产量2060吨。

葡萄　永福县鲜食葡萄种植很少，巨峰、美国提子等品种在永福镇、苏桥镇、广福乡等均有零星种植，产量低、病虫害发生严重，未形成规模种植。主要品种以酿酒型山葡萄为主。1991—1997年，主要在永安、三皇、桃城等乡一些山上生长的野生葡萄，成熟季节农户到山上采摘果实售给酒厂榨汁酿酒。随着山葡萄酒业的发展，野生山葡萄产量越来越不能满足酒厂生产的需要。1997年冬，县科技局到山东省引进了3万株酿酒型"北醇"葡萄进行试种获得成功。1998年，又引进了10万株在罗锦、广福等乡镇推广种植。1999年，县人大常委会办公室组织相关单位到山东省引进"泽山一号"40多万株葡萄进行种植，由于多种因素影响，种植失败。2001年，全县人工栽培山葡萄面积达到918公顷。2002年，由于加工企业的疲软，山葡萄种植面积逐年减少。2005年，全县葡萄种植面积还有253.80公顷，总产量1124吨。

杨梅　2002—2004年，永福县到浙江省引进东魁等大果型杨梅在苏桥镇塘料屯、龙江乡横沟屯、罗锦镇西岔屯等地种植。至2005年全县大果优质杨梅种植面积已达346.67公顷，通过采取环割、施多效唑等促花、保花技术，4年树龄可开始生产，比浙江地区提前2年进入盛产期。

枇杷　1999年，永福县从灵川县引进大五星、解放钟、早钟6号、长虹3号等大果型品种嫁接苗在苏桥、罗锦等乡镇农户进行试种，经农技人员的指导，采取枇杷无公害高产栽培技术及果实套袋技术，使果树产量及果品质量得到不断提升。2005年,苏桥镇塘料屯18.67公顷的6年树龄连片枇杷园平均亩产量达600多千克,产地售价为每千克6~8元,效益较好。

板栗　1991年以前,永福县主栽品种为油板栗、毛板栗等,籽粒偏小,10月中、下旬成熟,主产永安、三皇、罗锦等乡镇。传统栽培板栗园多建于荒坡荒地,苗木实生繁殖,管理简单粗放,产量低,大小年现象明显。1991—1992年,永福县实施"133.33公顷板栗丰产栽培技术"项目。从浙江省引进早熟大籽粒九家种、毛板红等良种,推广应用嫁接育苗技术,产量不断提高。2001年,永福县参与桂林市水果办实施了"桂北三万亩板栗低产园改造"项目,通过推广应用增施有机肥料、抑强扶中(弱)为主的修剪技术,蕾期增施叶面肥技术,防治板栗蛀螟技术,板栗产量显著提高。2005年,全县板栗栽培面积达1409.86公顷,投产面积1002.93公顷,总产量1756吨。

表5-4　　　　　　　　　　　　1991—2005年永福县水果种植面积、产量统计表

单位:公顷、吨

年度	合计		柑类		橙类		柚类		柿子		李子		梨		葡萄		桃		其他	
	总面积	总产量	面积	产量	面积	产量	面积	产量	面积	产量	面积	产量	面积	产量	面积	产量	面积	产量	面积	产量
1991	2083.9	6575	1567.9	5026	231.5	303	109.1	173	9.6	45	10.6	534	16.4	123	40.1	130			98.7	241
1992	2408.3	9390	1641.1	6924	240.3	424	203.2	189	27.0	67	10.4	26	26.5	187	41.6	71			218.2	1502
1993	2116.3	9402	1419.4	7510	107.3	574	121.3	466	343.9	83	26.4	69	30.5	225	4.2	57			63.3	418
1994	2843.0	10951	1520.9	8546	155.3	818	385.1	615	455.0	103	103.7	73	43.3	328					179.7	468
1995	3695.9	14290	1878.9	11201	182.7	1221	578.2	784	489.3	235	163.1	166	80.5	300	20.3	89	113.0	95	189.9	199
1996	4466	17302	2271.6	14382	184.1	922	630.0	897	489.1	247	173.8	123	245.1	319	30.5	94	110.7	99	331.1	219
1997	5460.1	21678	2843.1	18050	363.9	1255	733.5	1089	601.5	468	175.9	204	250.3	308	38.5	114	131.5	161	321.9	29
1998	5238.4	24183	2786.9	18168	352.9	2447	711.9	1528	505.2	631	130.1	206	241.5	481	124.9	305	110.1	175	274.9	242
1999	5417.9	25269	2741.1	18777	383.7	2478	711.2	1815	519.1	696	111.1	189	214.3	508	334.1	334	82.0	178	321.3	294
2000	6729	27742.7	3398.9	19668	335.1	2178	875.9	2540	532.9	792	99.5	306.7	306.7	567	722.3	975	73.7	162	384.0	554
2001	7415.1	30128	3621.7	21470	352.1	2218	905.4	2743	541.1	860	134.4	217	419.6	626	918.1	1248	127.2	150	395.5	596
2002	7032.9	35327	3734.5	25082	685.9	2672	834.7	3198	359.6	875	81.1	162	346.3	729	563.7	167	124.0	180	303.1	2262
2003	8546.3	43940	4261.9	29493	777.1	2454	1024.5	4284	418.9	969	120.1	480	595.7	1588	344.9	1622	310.5	1109	692.7	1941
2004	7774.8	50346	3800.2	33004	883.2	3160	910.7	4716	357.6	1487	114.0	623	495.7	2142	246.7	1455	313.8	1802	652.9	1957
2005	7928	51612	3823.9	34877	913.5	3535	921.9	4371	356.9	1529	110.7	822	510.7	2060	253.8	1124	317.9	1191	718.7	2103

蔬　　菜

1991—2005年,永福县加大对蔬菜生产的政策扶持,促进了"菜园子"的发展。

面积与产量　1991年全县蔬菜种植面积1847.60公顷,产量2.14万吨。1994年,全县蔬菜生产开发实行五年(1994—1998年)规划。是年全县蔬菜种植面积为4955公顷,总产量8.63万吨。1995—1999年,全县番茄(西红柿)种植面积保持在1333.33公顷以上。2000年全县蔬菜种植面积1.21万公顷,总产量18.06万吨。是年,全县西红柿种植面积达到2066.67公顷,这期间配合桂林地区实施广西冬季农业"双增一稳"(即"农业增效、农民增收、农村稳定")工程3.33万公顷冬季蔬菜开发项目。2002年,县人民政府在农村实施"万元田"建设工程(即通过多种种植模式,使年平均亩产值达到1万元以上的农田,称"万元田")。"万元田"建设的主栽作物为各类蔬菜等经济作物。实施"万元田"建设的主要工作措施是推

广蔬菜新品种、新技术及新的高效栽培模式。是年,全县种植蔬菜1.27万公顷,总产量23.80万吨。2003年,县农业局及三皇乡政府,引进番茄(西红柿)嫁接育苗技术,经过两年的小面积试验推广获得成功。至2005年,番茄嫁接育苗技术推广应用面积达到666.67公顷,同时还推广了"猪—沼—菜—灯—渔"高效生态模式和无公害生产技术,应用面积1666.67公顷。2005年,全县种植蔬菜面积1.59万公顷,其中大力推广蔬菜"三避"技术(即避寒、避雨、避阳栽培技术)700公顷。蔬菜总产量33.23万吨。其中,西红柿种植2378.40公顷,西红柿年总产量9.51万吨。

表5-5 　　　　　　　　　　　　1991—2005年永福县蔬菜面积、产量统计表

单位:公顷、吨

年份	面积	产量
1991	1847.60	21400.00
1993	4379.00	49263.70
1994	4955.00	86260.00
1995	6107.10	68704.80
1996	7198.40	79894.70
1997	6893.40	112642.70
1998	8735.00	129200.00
1999	9757.20	141886.70
2000	12137.90	180550.10
2001	12871.70	198966.20
2002	12680.50	238002.00
2003	13648.30	277263.40
2004	13699.80	308118.30
2005	15925.00	332332.80

无公害蔬菜生产　2002年,永福县开始种植无公害蔬菜,建立67公顷的麻竹生产基地1个。2003年永福县建设无公害蔬菜示范点6个,面积186.67公顷。主栽品种是反季节西红柿、萝卜、毛节瓜等。2004年,三皇乡无公害蔬菜基地面积1085公顷,通过自治区无公害蔬菜产品认定。2005年,三皇乡蔬菜(以番茄品种为主)通过自治区无公害农产品认证。同年,三皇乡蔬菜生产基地被评为桂林市十佳生产基地。同时全县还建立无公害蔬菜生产示范点9个,面积246.67公顷。主要品种有秋番茄、春四季豆、毛节瓜、淮山、南瓜、芋头、黑皮冬瓜、茄子、菜用甜玉米等。

蔬菜品种　永福县蔬菜种类繁多,主要品

2005年6月26日,三皇乡无公害蔬菜基地生产

莫勇军　摄

种有根菜类、薯芋类、葱蒜类、白菜类、甘蓝类、芥菜类、瓜类、茄果类、豆类、水生菜、食用菌、多年生菜类。当地传统品种一般由农民自行留种，杂交种子及新品种均从外地调进供应农户，并逐年引进各种类型蔬菜新品种，如红椒一号、泰国尖椒、百利番茄、以色列系列番茄等。开始为零星种植，逐步向规模化、产业化发展。1991年全县蔬菜种植品种中白菜类占的比重最大，其次是豆角。1995年，全县蔬菜种植品种中白菜占的比重最大，其次是番茄（西红柿）。当时，白菜一年四季均有种植，而番茄主要以夏秋栽培为主，是全县的主导蔬菜产业。番茄种植的主要品种为香港蔡兴利公司培育的"益农101"，由于该品种已种植多年，各种性状逐渐退化，其果型、色泽、硬度都不能满足客户的要求。2001年，引进了漓红、红宝石等番茄品种。2003年，引进了一些番茄高档品种，如钻石番茄、荷兰百利番茄、以色列系列番茄等。2004—2005年，还引进了日本东升板栗南瓜、法国青刀豆、韩椒一号、中豌4号、6号和早熟豌豆、大红袍马蹄、巴西菇、茶薪菇、鸡腿菇等蔬菜新品种。

西　瓜

永福县境内种植的西瓜分为鲜食瓜（含无籽瓜）、籽用瓜。20世纪90年代初，籽用瓜（瓜子瓜）种植面积较大。1991年，全县西瓜种植68.20公顷，总产量1534.50吨。1992年达到110公顷，总产量2539吨。主栽品种为宁夏大红籽瓜。同时，鲜食西瓜品种台湾新红宝系列在永福县试种成功，得到大面积推广，逐渐代替了原种的马铃瓜和海康瓜。1995年，聚宝系列（即丰乐系列）、双虎巨宝、西农8号等西瓜品种得到大力推广。是年，全县西瓜种植78.40公顷，总产量1764吨。1997年，全县西瓜种植75.60公顷，总产量1910.80吨。1999年，全县西瓜种植有较大发展，种植面积达177.70公顷，总产量3748.30吨。2000年，引进小型瓜花仙子、黑美人、黄美人等新品种。在推广新品种的同时，县经作站还引进了一系列的西瓜种植新技术。1991年，获得广西壮族自治区农业厅授予《西瓜喷施稀土效应研究》和《西瓜早熟、优质、高产综合技术应用》项目广西农牧渔业科技改进奖四等奖和三等奖。1995年，西瓜种植开始推广应用营养杯育苗和地膜覆盖栽培技术。2000—2005年，取缔籽用瓜，全部以生产鲜食瓜为主。西瓜主要产区为苏桥、罗锦、桃城等乡镇。主要品种为丰乐系列，尤其是丰乐5号占的比例较大。2001年全县西瓜种植149.30公顷，总产量2249.20吨。2003年全县西瓜种植面积急剧扩大，达747.90公顷，总产量达17486.80吨，出现西瓜滞销状况。2004年，全县西瓜种植面积有所减少。2005年，全县西瓜种植568.20公顷，总产量1.28万吨。

桑　蚕

永福县有着适宜种桑养蚕的地理气候条件。每年从4月初到10月上旬均是养蚕的适宜季节，全年可养蚕8~9批，20~25天即可收获一批蚕茧。茧质优良，能缫制3A以上生丝。主要种植的桑树品种有沙2×伦109、桂桑优12和桂桑优62。主要饲养的家蚕品种有芙蓉×湘浑、菁松×皓月、两广二号以及桂蚕一号和桂蚕二号。1991—2005年，种桑养蚕成为永福县内农业的支柱产业之一。1991年，全县桑园面积1200公顷，发种量1.70万张，鲜茧产量460.90吨。1995年，建立了永福县缫丝厂，从事蚕茧加工生产。后因蚕茧市场疲软，从1996年开始，永福县桑蚕业逐步走入低谷，大批蚕农挖桑改种其他作物。1997年，全县鲜茧产量只有12.40吨，桑园面积减少至267公顷。2001年，永福县蚕茧市场行情看好，桑园面积得到迅速扩展。2002年，全县桑园面积667公顷，发种量7000张，鲜茧产量268吨。2005年，全县桑园种植面积达到1067公顷，发种量8300张，鲜茧产量上升到了546吨。

从1991—2000年，鲜茧价格平均保持在10~15元/千克。2001年以后，鲜茧价格逐步回升。2005年，创下了30元/千克的历史新高。通过进行方格蔟的应用、小蚕共育、省力化上蔟方式应用的生产技术革新，蚕桑生产走上了良种良法新路，提高了劳动效率和降低养蚕风险，蚕茧产量和质量也得到大幅提高。

表 5-6　　　　　　　　　　永福县部分年份桑茧种植面积及产量统计表

年　份	桑树品种	桑蚕品种	鲜茧产量（吨）	桑园面积（公顷）	发种量（张）
1991 年	沙 2 × 伦 109	桂夏二号	460.90	1200	17000
1995 年	沙 2 × 伦 109	桂夏二号 青松 × 皓月	477.50	1234	17500
1997 年	沙 2 × 伦 109	桂夏二号 青松 × 皓月	12.40	267	1100
2000 年	沙 2 × 伦 109	两广二号 青松 × 皓月	62.30	200	2000
2002 年	沙 2 × 伦 109	两广二号 青松 × 皓月	268.00	667	7000
2005 年	沙 2 × 伦 109 桂桑优系列	两广二号 青松 × 皓月	546.00	1067	8500

冬季绿肥

　　绿肥是重要的有机肥料,永福县历来有种植绿肥的习惯,是农民用来改良土壤,培肥地力,增强农业后劲的重要措施。永福县专用绿肥以紫云英(红花草)、茹菜(肥田萝卜、满园花)为主,有少量其他品种;兼用绿肥主要有油菜、蚕豆和豌豆。紫云英面积占专用绿肥的60%~65%。永福县多选用江西余江大叶、萍乡及安徽产的中迟熟品种,80%的种子从江西、安徽一带调进。每年9月下旬至10月上旬,晚稻腊熟期播种,播前晒种半天,用等量河砂装入编织袋内用力揉擦,浸种24小时,种子露白后套播于稻田中,每公顷播种20~23千克。第二年开春后每公顷施用尿素60~70千克,磷肥300~350千克。危害紫云英的病虫害有:菌核病、白粉病、蚜虫、蓟马、潜叶蝇、豆荚螟、斜纹夜蛾。3月下旬至4月上旬,盛花期压青,每公顷产量30~37.50吨,高产田可达70吨。茹菜常在稻田或旱地、果园中种植,一般沿用当地传统品种和自行留种。茹菜可单作,也可与豆科、禾本科绿肥混作或间作,以混播的鲜草产量高和品质好。每年于10—11月将地块犁耙开沟整理成厢后播种,每公顷播种15~20千克,留种田播4~6千克。第二年开春时每公顷施尿素50~60千克,磷肥220~300千克。4月上旬至中旬初,盛花期刈割压青,每公顷产鲜草37.5吨左右,产量高的可达52.5吨。

　　20世纪90年代初,永福县十分重视绿肥生产,成立了绿肥生产领导小组和技术组。领导小组负责制定生产计划,布置任务,组织宣传发动,抓好《禁垌公约》的制定和落实,召开现场会等;技术组负责宣传、培训、技术指导,抓万亩高产示范样板。1991年,绿肥生产达到90年代最高峰,播种面积为9549公顷。经自治区、市专家测产验收,平均每公顷产鲜草41.25吨,最高达54.15吨,绿肥压青比不压青平均每公顷增产稻谷264千克。自治区拨给永福县专项经费6.30万元,县财政配套经费20.08万元,乡镇财政出资10.3万元,粮食基地款配套19.46万元,其他专项投入32.40万元扶持绿肥生产。当年专用绿肥种植面积排在广西前列。1992年,桂林地区绿肥生产评比中,永福县的堡里乡、罗锦镇、广福乡千亩高产示范片获桂林地区三等奖。永福县土壤肥料站获自治区农业厅冬种绿肥先进单位。

　　从1993年开始,由于不断调整农业生产结构,开发冬季高效农业,永福县绿肥种植面积有所下降。是年,全县种植面积为7341公顷,1995年为6202公顷,1997年为5926公顷,2000年为5185公顷,2004年为4547公顷。2005年减少到3510公顷。

第五节　农业生产基地

无公害农产品生产基地

2002 年,桂林市农业局在永福县建立的 67 公顷麻竹生产基地,通过自治区无公害农产品产地认定和产品认证。2004 年 7 月,三皇乡农产品流通协会建立的 1333.33 公顷的西红柿生产基地通过自治区农业厅无公害农产品产地认定。2005 年,三皇乡 1333.30 公顷的西红柿生产基地获农业部农产品质量安全中心无公害农产品认证,成为永福县第一个国家级无公害农产品生产基地及产品。2005 年 6 月,百寿镇 2667 公顷无公害水果生产基地及甜橙、南丰蜜橘、椪柑获得自治区产地认定和产品认证;永福县 13340 公顷优质谷生产基地获得自治区无公害农产品认定和产品认证。2005 年 10 月,永福县 2660 公顷罗汉果生产基地获得农业部产地认定和产品认证。

广福乡桑蚕生产基地

邹　龙　摄于 2005 年 1 月 11 日

粮食生产基地

粮食自给工程基地　"九五"计划初期,永福县被列为自治区粮食自给工程项目县。1996 年,中央财政和自治区财政投资 100 万元,对永福县的粮食自给工程项目进行高档次、规模化综合配套建设。经过 1 年的建设,共培训农民 6 万人次,推广了水稻旱育稀植、测土配方施肥、节水灌溉、化肥机械深施技术,促进了粮食生产发展。

优质谷种植基地　永福优质谷大面积栽培始于 1986 年。1997 年,县农业局到广东曲江县引种,"马坝新粘""马坝香油粘"深受农户和市场青睐。2000 年,永福县被列为广西优质谷生产种植基地县。2000—2005 年,全县每年种植优质谷面积达 1.67 万公顷以上。2005 年,永福县有 1.33 万公顷的优质谷生产基地获广西无公害产地认定。

超级稻种植基地　2002 年 11 月,永福县人民政府向国家杂交水稻工程技术研究中心提出申请,请求该中心到永福县建立优质超级杂交水稻示范基地。2003 年,国家杂交水稻工程技术研究中心,同意永福县列为该中心优质超级杂交水稻示范基地。永福县在全自治区率先开始大面积引进、示范、推广超级稻。当年在桃城乡大苏村四架车屯建立了超级杂交稻试种示范,种植品种为 88S ／ 0293,示范面积 15 公顷,平均亩产达 620 千克。2004 年,国家杂交水稻工程技术研究中心在桃城乡大苏村四架车屯建立超级稻新品种"准两优级 527"示范点,示范面积 16.67 公顷,平均亩产达 700 千克。

柑橙生产基地

1991年，永福县柑类种植面积1567.90公顷、总产量5026吨；橙类种植面积231.50公顷，总产量303吨。被列为国家柑橙类生产基地县。柑橙类种植基地主要在百寿镇，当时有"桂北柑橘第一峒"——三河村王家胆；还有白果村黄江屯、江岩村雷村屯等。1997年百寿镇柑橙类种植面积突破1400公顷；2001年达到2400公顷（其中椪柑种植1466.67公顷），柑橙生产成为百寿镇的经济支柱。2005年，百寿镇获广西无公害水果（柑橙）生产基地认定。

2005年，全县柑类种植面积3823.90公顷，总产量34877吨；橙类种植面积913.50公顷、总产量3535吨。

番茄（西红柿）生产基地

永福县大面积栽培西红柿，始于20世纪90年代初，三皇乡是西红柿的主产区，永安、罗锦、百寿、苏桥等乡镇也有种植。

三皇乡优越的气候及地理条件，适合西红柿种植。季节上多采用夏植和秋植，栽培西红柿。1991年全乡种植西红柿150公顷，1995年达到800公顷，初步成为三皇乡农业支柱产业。2000年全乡西红柿种植面积接近1333.33公顷。2004年全乡1333.33公顷的西红柿被自治区认定为无公害蔬菜生产基地。2005年全乡西红柿种植面积达1372.67公顷，总产量达8.19万吨。其中，1333.33公顷的西红柿基地获农业部无公害农产品认证，保证了三皇乡西红柿的持续发展。是年，三皇乡西红柿基地还荣获桂林市十佳农业生产基地称号。

桑蚕生产基地

广福乡是永福县种桑养蚕面积最大、产茧最多、茧质最好的乡镇。1984年，广福乡几家农户开始零星种养获得成功，价格可观。1991年，广福乡桑园面积600公顷，占全县桑园面积的50%以上；发种量9005张，占全县蚕茧发种量的52.97%；产鲜茧264.65吨，占全县鲜茧产量的57.29%。桑蚕生产成为广福乡重要的农业支柱产业，也成为广西闻名的"桑蚕之乡"。1992年，广福乡种桑养蚕达到最高峰，桑园面积733.33公顷，鲜茧产量360吨。后因蚕茧市场疲软，广福乡桑蚕生产产量逐年减少。1996年全乡桑蚕生产跌入低谷。1997年随着蚕茧价格的回扬，全乡桑蚕种养有所回升。2001年，全乡桑园面积140公顷，产鲜茧176吨。2003年产鲜茧359吨。2005年，广福乡桑园面积恢复到640.20公顷，占全县桑园面积的60%；产鲜茧347吨，占全县鲜茧产量的63.55%。种桑养蚕再次成为广福乡重要的农业支柱产业，成为永福县重要的桑蚕生产基地。

第六节　农业技术培训

跨世纪青年农民培训工程

2001年，永福县成为全国首批"跨世纪青年农民科技培训工程"项目实施县。项目实施两年（至2002年）。在实施工作中永福县围绕该县特色产业，按照"培训一个岗位，掌握一门技术，发展一项产业，形成一个基地，致富一方农民"的理念，对青年农民进行300学时岗位技术规范培训，其中学习理论课200学时,实习 100 学时,使受训农民掌握岗位基本知识和劳动技能,培养成有文化、懂技术、善经营、会管理、觉悟高的新型农民,成为农村脱贫致富的带头人和农业生产技术骨干。培训内容有:水稻、南方优质梨、葡萄、罗汉果、蔬菜、西红柿、柑橘、甘蔗、食用菌、大粒枇杷、杨梅的高产栽培和猪禽饲养、种桑养蚕等实用技术;党在农村的方针政策;国家有关的法律、法规;农业和农村经济管理知识等。永福县不仅使用农业部和自治区的统一编制培训教材,还组织编写了《永福县跨世纪青年农民科技培训教材》《罗汉果栽培技术》《无公害蔬菜栽培技术》等乡土教材。培训方式以集中授课为主,重点

2002 年 5 月 15 日,桃城乡跨世纪青年农民培训

团县委　供图

在技能训练,边学边用。到 2002 年底累计开设 16 个岗位 73 期班,培训青农学员 3533 人,经过考试和实践考评,有 3102 人获青年农民培训证书资格。这些学员在农业生产第一线充分发挥示范带头作用,成为推动永福农村经济发展的重要力量。

农村劳动力转移培训阳光工程

阳光工程是农村劳动力转移培训阳光工程示范性培训的简称。实施阳光工程的目的是提高农村劳动力的就业能力,促进农村劳动力向二、三产业转移,帮助农民增收,推动城乡经济协调发展。永福县的阳光工程于 2004 年开始实施。由县农业局牵头,县财政局、劳动社会保障局、教育局、科技局和建设局协力配合。永福县委、县人民政府非常重视农村劳动力转移培训工作。于 2004 年成立了永福县农村劳动力转移培训阳光工程领导小组及办公室,制定了 2004—2010 年永福县农村劳动力转移培训规划,各乡镇也成立了相应的培训机构。2004—2005 年,永福县连续 2 年实施农村劳动力转移培训阳光工程,按照"政府推动、学校主办、部门监管、农民受益"的原则,对有意从农业产业转移到非农产业、具有初中以上文化程度、年龄 18~45 岁的农村劳动力进行转移培训。转移培训以短期的职业技能培训为主,辅助开展引导性培训。2004—2005 年,全县共开设计算机应用、农机驾驶、制丝等 12 个岗位培训班,对 5000 名农村劳动力进行转移培训,帮助 4120 人转移就业。

普及型技术培训

普及型农业技术培训是常规性的农业培训工作,培训对象是务农的农民。承担普及型农业技术培训任务的主体是县、乡、村三级农技人员和农科员。1991—2005 年,永福县农业科学技术培训呈现出多层次、多形式的培训格局,有专家讲座式培训、技术员手把手地现场操作培训,还有图文并茂的多媒体培训;有专家培训县级技术人员、县级培训乡级技术人员、乡级培训村级农科员、农科员培训农民的多层次培训方式,也有县乡村三级技术人员分别到村培训农民和县乡村三级联合到村培训农民的方式。以跨世纪青年农民科技培训工程、农科教结合示范县、学历教育、农村劳动力转移培训阳光工程等项目带动普及型农业实用技术培训的开展。普及型农业技术培训的内容主要有:水稻旱育稀植栽培技术、两系杂交水稻栽培技术、垄稻沟鱼栽培技术、"杀虫三诱"(即光诱、色诱、性诱)技术、"作物三避"(即避雨、避寒、避晒)技术、蔬菜反季节栽培技术、蘑菇冬闲田栽培技术、水果高产栽培技术、无公害栽培技术等。1991—1999 年,每年培

训农民 4 万 ~5 万人次。2000—2005 年,每年培训农民 6 万多人次。

第七节　农业执法

永福县农业行政执法工作,始于 20 世纪 90 年代末。依据法律、法规赋予农业行政主管部门的职能,对涉及农业生产安全的农药、种子、化肥等农业投入品和农产品质量安全进行监管。2001 年 6 月,成立永福县农业行政执法监察大队,将县植物检疫站、县种子管理站和县农药检定所与农业行政执法监察大队合署办公,统一集中行使农业行政执法处罚权。

植物检疫

永福县植物检疫站依照《植物检疫条例》及《植物检疫条例及实施细则》(农业部分)的规定,履行该县植物检疫工作职责,严格开展产地检疫、调运检疫和市场检疫及农业有害生物疫情普查、农作物种子种苗检疫情况等监管工作。

产地检疫　一是杂交水稻种子产地检疫;二是柑橘苗木繁育基地监管。1991—2005 年,检疫制种田面积 1633 公顷,检疫杂交稻种子 6400 吨,检疫柑橘苗、梨树苗、杨梅苗等共 121 万株。

调运检疫　一是种子苗木外调检疫。1991—2005 年,共检疫外调种子 1800 吨、柑橘苗 42 万株。二是农产品外销检疫。据不完全统计,1991—2005 年,检疫外销西红柿 5800 吨、柑橘类 4200 吨。

市场检查　重点对进入该县的柑橘苗木进行执法检查。1991—2005 年,查获无检疫手续柑橘苗木 2.16 万株、无检疫手续种子 2.80 吨。对上述无检疫手续的种子苗木,依据《植物检疫条例》的相关规定,进行了销毁处理。

农业有害生物普查　1991—2000 年,对县内已发生的几种检疫性农业有害生物,每年都开展普查,共查获水稻细菌性条斑病 2800 公顷、柑橘黄龙病 467 公顷、柑橘溃疡病 48 公顷,对疫情发生域采取控除、封锁、防治等措施,控制疫情的扩散、蔓延。2001—2003 年,对上级业务部门通报的几种检疫性农业有害生物开展普查,普查了紫茎泽兰、假高粱、西花蓟马。2005 年,普查了红火蚁和非洲大蜗牛、黄爪绿斑驳花叶病毒病。经查,在县内未发现上述农业有害生物危害。

种子管理

1991—2004 年,永福县种子管理站与永福县种子公司是两块牌子、一套人马,在全县范围内行使种子管理与生产经营职能,共有工作人员 16 人。按当时的种子管理法规,农业部门仅有种子管理权,没有处罚权。为做好种子管理工作,1994 年,县法院在县种子站设立永福县人民法院种子执行室,执行室主任由县法院法官担任,聘请县种子站 5 名技术干部为执行员。执行室的成立,保障了全县种子管理工作的顺利开展。2000 年,《中华人民共和国种子法》颁布。2001 年,《广西壮族自治区农作物种子管理条例》修订后颁布,明确了农业行政主管部门是种子管理执法主体。2003 年,种子市场逐步放开,进入永福县从事水稻种子销售的公司有 10 家,罗汉果种苗销售公司有 8 家,种子经营网点达 45 个,从业人员达 50 多人。

2004 年 12 月,县种子管理站与县种子公司分离,全县的种子管理工作由县种子管理站负责。县种子站不再参与种子生产、经营工作;种子公司不再参与种子管理工作。

法律法规宣传　1991—2005 年,县种子管理站加大了种子管理法律法规宣传力度。一是每年都采取出动宣传车到各乡镇巡回宣传、发放种子法规宣传资料、挂贴宣传横幅标语等形式,广泛开展种子法规的宣传;二是加强种子经营网点从业人员种子法规和知识的培训,每年至少召开一次全县种子管理暨种子知识培训会;三是自 2002 年始,针对全县罗汉果组培苗出现的质量问题,连续 4 年召开全县从事罗汉果种苗经营的种苗企业种子管理座谈会,不断完善种苗管理措施。

许可管理　1991—2005 年,永福县种子管理机构对农作物种子,采取了严格的管理措施。一是对申请农作物种子生产、经营许可制度严格把关,对不具备农作物种子生产、经营相应资质的申请人,拒绝许可;二是对农作物种子许可生产严格审查,不具备农作物生产资质,拒绝给予申请;三是对农作物种子许可证进行执法检查,重点对主要农作物杂交水稻和常规稻种子及罗汉果组培苗生产资质条件进行执法检查。

生产监管　农作物种子生产一直是永福县种子管理工作重中之重。1996 年县种子管理站在县法院支持下,组织 30 多人,对堡里乡、罗锦镇自发(无生产许可证)杂交水稻制种田 26.67 公顷进行依法铲除。2002 年县农业行政执法监察大队,在县法院和市种子站支持下,组织 20 多人,对堡里乡、罗锦镇自发(无生产许可证)杂交水稻制种田 20 多公顷进行依法铲除,确保了全县杂交水稻种子生产秩序井然。

市场检查　种子流通领域检查,是对种子质量的最后把关。县种子管理站在每年 2 月、3 月和 6 月种子销售关键时节,定期或不定期地开展种子市场执法检查,依法查处种子经营违法案件。1991—2000 年,查获假冒杂交稻种子近 1 吨。2001—2005 年,查处种子违法案 85 宗,没收假种子 4.50 吨、无证果苗 2.56 万株,案值 16 万多元,为农业生产挽回经济损失 140 多万元。

农药管理

永福县农药管理始于 1999 年。农药执法的开展,对农业生产、农产品质量安全,起到了重要的保障作用。

许可管理　根据《农药管理条例》及条例实施细则的有关规定,农药经营实行许可制。1999 年 3 月桂林市政府农药管理协调会决定:由农业行政主管部门对农药经营单位进行审查和发放《农药经营许可证》,工商行政管理部门凭《农药经营许可证》办理营业执照;由各县农药检定管理所负责对农药经营者进行技术培训,并发放《培训合格证》和《农药经营上岗证》,实行挂牌营业。2000—2001 年,永福县共核发《农药经营许可证》121 本,培训 180 人,核发《农药经营上岗证》145 本。2002 年,农药列入危险化学物品,经营许可转由安全生产监督管理部门核发。

市场检查　永福县从 2001 年起,每年 4 月、6 月、8 月各进行一次农药市场整治,重点查处无证农药、无标签或擅自修改标签农药、国家禁止销售的农药、过期失效农药和假劣农药产品。2003 年 5 月,罗锦镇、三皇乡部分农民早稻抛秧田,因施用江西某化工有限公司生产的"抛秧专用除草剂"而发生药害,经过调解,农药经销商赔偿受害农户 3 万元。2004 年 5 月,广福乡矮岭蚕茧农户的桑树施用湖北某农药厂生产的敌敌畏,造成蚕茧死亡,经过调解,农药经销商赔偿蚕茧农户 6 万多元;2004 年 10 月,百寿镇叶某的柑橘果树因施用柳城县某化肥厂生产的硫酸亚铁,造成黄叶落果,经过调解,农药经销商赔偿果农 3.80 万多元。2001—2005 年,全县农药执法立案查处 423 宗,涉案金额 42 万元;查获无证农药产品 54 个,擅自修改标签农药 36 个,挽回经济损失 120 多万元。

高毒农药、剧毒毒鼠强管理　高毒农药、剧毒鼠药严重危害人身健康和社会的安定。2002 年 6 月 5 日,农业部发布公告,明令禁止使用:六六六、滴滴涕、毒杀芬、二溴氯丙烷、杀虫脒、二溴乙烷、除草醚、艾氏剂、狄氏剂、汞制剂、砷、铅类、敌枯双、氟乙酰胺、甘氟、毒鼠强、氟乙酸钠、毒鼠硅。在蔬菜、果树、茶叶、中草药材上不得使用和限制使用的农药,如甲胺磷、甲基对硫磷、对硫磷、久效磷、磷胺、甲拌磷、甲基异柳磷、特丁硫磷、甲基硫环磷、治螟磷、内吸磷、克百威、涕灭威、灭线磷、硫环磷、蝇毒磷、地虫硫磷、氯唑磷、苯线磷 19 种高毒农药。2005 年,农业部发布公告,撤销含有甲胺磷、甲基对硫磷、对硫磷、久效磷、磷胺等 5 种高毒有机磷农药的制剂产品的登记证。

农产品质量安全管理 2003 年 3 月,三皇乡为发展无公害蔬菜生产,经乡十四届二次人民代表大会表决通过,禁止在三皇乡范围内销售和使用剧毒、高毒、高残留农药,保证了三皇乡无公害农产品生产基地和番茄通过产地认定和产品认证。2004 年 2 月 25 日,永福县人民政府根据《农药管理条例》和农业部公告要求,决定从 2004 年 6 月 1 日起,全县禁止销售和使用剧毒、高毒、高残留农药。2005 年,甲胺磷、甲基对硫磷、对硫磷、久效磷、磷胺等 5 种高毒有机磷农药其制剂产品,已全面退出永福农药市场。

肥料管理

永福县肥料管理主要是对复合(混)肥的监管。从 2001 年起,永福县农业行政执法监察大队,每年开展春季和秋季肥料专项整治行动。检查重点:肥料登记证产品,生产、销售有效成分或者含量与登记证内容不相符的产品,生产、销售无标签或擅自修改标签内容的产品以及假劣产品。2001 年 3 月,在县城某公司化肥经营部查获贵州省某复混肥厂生产的无登记证肥料 1 个品种,涉案数量 30 吨,涉案金额 2.30 万元。2004 年 4 月,在县城某化肥经营部查获兴安县复混肥厂生产劣质肥料 3 个品种,数量 13 吨,涉案金额 1.30 万元。对上述销售违规化肥的当事人,依据《中华人民共和国农业法》和《肥料登记管理办法》的相关规定,给予了相应的行政处罚。2001—2005 年,立案查处 18 宗,涉案金额 27 万元,罚没款 7.80 万元;查处无证肥料 8 种 72 吨。

第八节　农技推广

粮油作物栽培技术推广

水稻旱育稀植技术 水稻旱育稀植技术是在推广半水育秧的基础上改进形成的。永福县于 20 世纪 90 年代初开始引进。1991 年,县农技推广站分别在三皇乡桐木村、广福乡广福村、桃城乡大苏、南雄等村开展试验、示范工作。通过组织县、乡农技人员、村农科员等进行学习培训与现场操作相结合等措施,学会掌握技术要领。

技术要点:播种前 10~15 天,选择土地肥沃、背风向阳的水田、旱地、菜园地作育秧地,及时犁耙、整厢,每平方米用腐熟农家肥 5~10 千克和少量磷钾肥,均匀撒在厢面上拌匀,整理成秧床。种子进行常规选种、浸种、消毒、催芽后于 3 月中、上旬播种。播种前将秧床土淋透水,然后用 1000 倍敌克松进行土壤消毒防治立枯病。每平方米播种子 75~80 克,采用分厢定量匀播,播后压种入土,再用过筛细土盖种,盖种后及时喷清水,使细土充分湿透,再搭架盖膜防寒。从播种到一叶一心期保湿保温促出苗。二叶期做好通气炼苗,控水促根,防徒长和立枯病,晴天揭膜换气降温。三叶期在晴好天气,采用日揭夜盖地膜,逐步练苗,移栽前三天全部揭膜,插前一天淋透水以便拔秧。

1991 年,全县应用旱育稀植技术试验、示范面积 33.80 公顷。经测产验收,平均每亩比半水育秧增产5.10% ~7.30%。1992—1995 年,全县每年推广应用旱育稀植面积 666.67~1000 公顷。由于农民认为该技术在操作上有些繁琐,因而在全县范围内没有应用于大规模生产。1998 年大面积推广使用塑料软盘育秧技术后,旱育稀植技术被淘汰。

水稻抛秧栽培技术 水稻抛秧栽培技术是在推广半水育秧、两段育秧技术、旱育稀植技术移栽栽培技术上的一次重大改革,彻底改变了传统的育秧移栽方式。该技术具有省工节本、简便易行、能减轻劳动强度、提高劳动工效等优点,一个劳力一天可抛栽大田面积 0.20~0.27 公顷,为水稻移栽抢上季节赢得时间,为夺取高产奠定基础。

1996年,永福县开始在各乡镇开展此项技术应用试验、示范工作。分别采用561孔或353孔不同类型塑盘进行试验、示范。其技术要点为:先将沤制好的营养土(浆泥)填充在秧盆上,然后将经过壮秧剂或多效唑处理已破胸露白的水稻种子均匀撒在秧盘上,保持在半旱状态下育秧,二叶后晴天揭两头薄膜,通风换气,插秧前2~3天揭膜练苗,4叶左右选择晴天或阴天将秧苗带土抛到大田。根据品种特性、秧苗素质、土壤肥力、施肥水平等因素,每亩抛秧2~2.50万蔸。塑盘育秧成秧率一般在75%左右,秧田与大田比为1∶40,每亩大田秧盘使用561秧盘亩用50~60片,434孔秧盘亩用60~75片,353孔秧盘亩用75~90片。据1996年的示范田测产,平均亩增稻谷25~40千克,增产3.50%~5%。

抛秧栽培技术简单易行,省工、省时、节本、增产,深受群众欢迎,因而在试验示范成功的次年即迅速推广。2000年,全县水稻抛秧技术推广面积达水稻种植面积的95%。2001—2005年,全县的水稻栽培完全被抛秧栽培技术取代。

水稻免耕栽培技术　水稻免耕抛秧技术是借鉴国内外保护性耕作特别是免耕技术的研究成果,在水稻抛秧技术发展到大面积普及应用,技术体系比较完善的基础上建立起来的一项新型简化栽培技术。该技术主要是指在收获上一季稻谷后未经任何翻耕犁耙的稻田,先用除草剂均匀喷在稻田内及田埂杂草上,摧枯上季稻桩或绿叶作物,然后灌水泡田软化土壤,待水层自然落干或排至浅水将秧苗抛到大田中。2005年,永福县开始在各乡镇开展试验、示范工作。经测产验收,每亩可增产7.50~10千克,增长2.50%~3%。

水稻免耕栽培技术具有如下优势:一是省工省力,提高劳动生产效率。免耕抛秧栽培不用犁耙田,减少犁耙田用工,比单纯的水稻抛秧更省工、更省力。推广水稻免耕栽培技术后,可以释放出更多的农村劳动力外出就业、经商,有效地拓宽了农民增收途径。二是节本增效,有利农民转产增收。2005年,永福县犁耙田每亩成本价为50~80元不等,应用免耕栽培技术,可以节省不少开支。三是节约农药费用开支,减少农药用量或农药使用次数。一般免耕抛秧田只需农药成本15~20元左右。四是节能降耗,保护农田生态环境。免耕栽培首先可以节省养殖耕牛所消耗的自然资源和花费的人力资源;其次可以减少机耕、犁耙,减少水资源和燃油的消耗;还可以防止水土流失,有利于维护和改善土壤耕层结构,保持农田生态环境。

超级稻栽培技术　超级稻主要依靠"库大源足"夺高产。其主要经济指标要求是按照农业部制定的超级稻品种确定办法,要求在6.67公顷以上的示范田平均每亩日产量达到5.36千克以上,或在国家、省部级区试中平均比对照增产8%以上,早、中籼稻品质到部颁4级米以上(含4级),晚籼稻达到3级米以上(含3级)标准,并抗稻瘟病、白叶枯病等1~2种主要病虫害的水稻品种,才可冠以超级稻称号。

2000年,永福县在罗锦镇镇上村早稻试种超级稻组合"两优培九"面积0.25公顷。3月18日播种,8月5日收割,全生长期137天,平均亩产650千克,比当地主栽杂交稻组合亩增产250千克,增长40%~45%。

2004年,永福县开始推广超级稻种植。2005年,永福县开始大面积推广超级稻,全县超级稻种植面积达6251.36公顷,占全年水稻种植面积的28%。

推广超级稻栽培技术主要采取如下技术措施:一是选用适宜品种,适时播种。适合永福县种植的超级稻组合主要有准两优527、Y两优1号、中浙优1号、Ⅱ优航1号、淦鑫688等,这些组合的共有特性为分蘖能力强、株型紧凑、根系活力强、茎秆粗韧、剑叶厚直、穗大粒多、增产潜力大,并且具有耐肥、耐高温、抗倒伏等优点。早稻于3月15日—3月下旬播种,每亩用种0.6~1千克。二是培育壮秧,适时移栽。由于超级稻生育期长,培育壮秧是夺取高产的基础,稀播是培育壮秧的关键。在措施上,搞好种子选种浸种、催芽等处理。选用大孔塑盘,每亩大田用434孔塑盘45张或353孔塑盘55张,或选用编织袋隔层育秧,每亩大田用20~25平方米秧地,推广使用壮秧剂、多效唑、旱育保姆等粉剂拌种,有利于培育多蘖壮秧,待秧苗长到3.50~4.50叶开始抛秧移栽。三是合理稀植,科学管水。合理稀植是要求每亩大田达到一定蘖数和苗数数量,才能达到高产稳产;同时也根据品种特性确定种植密度,如分蘖力强,全生育期长,移栽密度可稀一点,反之,则应密一点,早稻生育期在120~130天期间的亩栽1.7~2万蔸,生育期在135天以上品种亩移栽 1.30~1.50 万蔸(每平方米 20~22.50 蔸)。科学管水要求抛栽后 2~3 天不灌水,立苗后浅水促分蘖,间歇灌溉,多次露晒田,总苗数达预期穗效 80%（15 万苗左右）及时排水晒田,孕穗齐穗期保持浅水层,齐穗到成熟干湿交替保持后期叶青籽黄,不早衰,有利提高千粒重。四是合理施肥,适时施肥。时有超级稻均为耐肥品种,需肥量较多,在施足农家肥的基础上,合理搭配使用商品化肥,氮、磷、钾合理配比,大田施肥量每亩施纯 N14~17 千克, $P_2O_5$7~8 千克, K_2O17~21 千克, N : P_2O_5 : K_2O 为 1 : 0.50 : 1。以 Y 两优 1 号为例确定产量与施肥水平见下表。

表 5-7　　　　　　　　1991—2005 年永福县水稻产量与施肥水平表

单位:千克

产量目标	施肥水平					
	尿素	折 N	磷肥	折 P_2O_5	氯化钾	折 K_2O
600~650	30	14	58	7	28	17
650~700	35	16	67	8	32	19
700~750	37	17	72	8.5	35	21

施肥原则:全层施肥,以有机肥为主。每亩施腐熟猪牛栏粪 1 吨,45% 复合肥 50 千克,过磷酸钙 25 千克。追肥数量因田土壤肥而定,肥田适当少施,中下等田应多施一点,掌握追肥 2~3 次,分别在抛后返青期和倒 3 叶露尖时和幼穗分化 4~5 期(抽穗 15 天),亩施尿素和钾肥各 5 千克。另外,在种植超级稻过程中重点防治卷叶虫、稻飞虱、纹枯病、大胎破口防治穗颈瘟。

杂交玉米高产栽培技术　玉米是永福县第二大粮食作物。1991—2005 年,杂交玉米是全县的主要种植品种。

技术要点:选用良种,适时播种。选择高产、优质、抗病的玉米头系列、正大系列等杂交玉米种,是夺取玉米高产、稳产的关键。亩用种量 1.50 千克左右。春播玉米于清明前后播种。用地膜覆盖种植可提早 7~10 天,于 3 月中、下旬播种。

合理密植　玉米种植可采用双行单株,或单行单株两种种植方法。春玉米双行单株种植,大行距 80 厘米,小行距 40 厘米。紧凑型玉米亩种植 4800~5000 株,株距 16~20 厘米;半紧凑型玉米亩种植 4000~4500 株,株距 23~25 厘米;平展型玉米亩种植 3200~3800 株,株距 26~30 厘米。单株单行种植,行距 70 厘米;紧凑型品种株距为 17~20 厘米,半紧凑型株距为 22~24 厘米,平展型株距为 26~30 厘米。秋玉米种植比春玉米种植密度适当增加。

合理施肥　精心整地,施足基肥。每亩基肥施腐熟农家肥 1~1.50 吨,磷肥 25 千克、钾肥 20 千克。作基肥,播种前集中条施或穴施于沟内。玉米长至 4~5 叶时,结合中耕除草,亩施钾肥 10 千克。玉米长至 8~9 叶时追施攻杆肥,亩施农家肥 500~1000 千克或尿素 4~5 千克,钾肥 5~10 千克,或者复合肥 5~8 千克,施后小培土。抽穗前 25~30 天,重施攻苞肥,亩施尿素 15 千克,然后盖肥大培土。在生育期,保持土壤湿润,雨天注意排水,苗期孕穗期和抽穗、扬花期遇干旱各灌一次跑马水,始终保持土壤湿润。

经济作物栽培技术推广

夏秋番茄反季节栽培技术　夏秋番茄是永福县主要经济作物。2003 年,永福县三皇乡引进番茄(西红柿)嫁接苗技术。技术要点:每年 6—7 月播种,种子消毒后播入营养杯或秧盘进行育苗,一般在苗地上方 1.50 米高度平拉遮阳网。部分应用嫁接技术的在 4~6 叶时嫁接。7 月中下旬—8 月初定植,每公顷定植2.50~2.70万株,9月下旬开始收果。主栽品种有以色列番茄系列、荷兰百利番茄、澳大利亚钻石番茄等品种。主要采用地膜覆盖、免耕起畦、嫁接育苗和无公害栽培技术。整个生长期不翻耕、不松土,且保持半厢沟水,既保湿又降温,同时还可预防番茄青枯病的发生。番茄嫁接苗根系发达、枝叶繁茂,长势旺、抗逆性强。经过两年试验获得成功。2005年,番茄嫁接育苗技术在全县得到推广与应用。应用率达番茄种植面积的70%以上。

番茄嫁接育苗技术　主要采用"劈接法"。技术要点:采用杂交选育的砧木1号、2号作砧木,接穗用以色列189番茄、荷兰百利番茄、澳大利亚钻石番茄等品种。砧木、接穗于6月中下旬播种,播后支拱盖膜及搭凉棚,防暴雨直接打击种子或幼苗和防止烈日暴晒;4~6叶时在避雨避晒环境下嫁接,边嫁接边盖小拱棚膜,防止干燥造成接穗萎蔫,嫁接后4天内不喷药、不淋水、不揭膜。7天后嫁接口基本愈合,嫁接后15天左右可移栽大田,9月下旬可开始收果。2004年起永福县推广应用"番茄多芽嫁接法",接穗种子大大节省,增加效益。

桑树栽培技术　20世纪90年代,永福县引进桑树栽培技术。技术要点:桑树种植时间为每年12月~次年2月,也可以在中秋节后进行秋植。一般根茎达到0.30厘米的桑苗即可移栽,种植密度以亩植3500~4500株为宜;行距70~100厘米,株距18~20厘米。开沟施足基肥,然后将泥土盖上并起垄,垄上种植桑树,桑苗定植后留株高20~25厘米剪齐。当桑芽长2~3片叶时,施入腐熟的人粪尿或尿素或复合肥等速效性氮肥,一般用量为尿素15千克/亩,复合肥25千克/亩。桑树每年剪伐两次,冬伐在冬至前后,留健壮枝条30~50厘米高;夏伐在6月中旬至7月中旬进行,齐地面处剪伐。每次剪伐后施足基肥。

养蚕技术　20世纪90年代,永福县引进推广养蚕技术。技术要点:包括蚕室蚕具的准备和消毒、蚕种预订、催青,采摘桑叶以及各龄期蚕的日常管护。常用的消毒剂有漂白粉、毒消散、蚕季安、防病一号、福尔马林等。主要使用的蚕具有尼龙薄膜、喷雾器、蚕扁、方格蔟、蚕茧筐等。

桑蚕的生长过程分为5个龄期,1~3龄为小蚕,4~5龄为大蚕。基本流程是蚕种催青—收蚁—小蚕饲养—大蚕饲养。小蚕期需采用上盖下垫尼龙薄膜的防干育形式饲养,桑叶切碎,一日3~4餐。4~5龄大蚕可采用地面育或蚕台育,桑叶喂片叶或条桑。每天给蚕座撒石灰粉进行消毒,适当添食一些抗生素。桑蚕每龄眠一次,眠中不需要喂叶,保持25℃~28℃的室内温度,干湿差保持1.50℃。5龄结束之后蚕体变得通体明亮,此时即是上蔟适期。

罗汉果组培苗栽培技术　罗汉果为永福县的主要经济作物。2001年,永福县开始引进推广罗汉果组培苗栽培技术。至2005年,先后有广西植物所组培苗公司、桂林伯林生物技术有限责任公司、桂林莱茵生物应用科技有限公司、桂林加好生物有限公司、桂林大地农业生物技术开发研究所、桂林吉福思生物技术有限公司、桂林嘉汇生物科技发展有限公司等,在永福县生产罗汉果组培苗。罗汉果组培苗的推广使用,不仅解决了种苗退化的问题,还使"罗汉果下山"成为现实,促进了罗汉果生产的持续发展。

其他农业技术推广

平衡施肥技术　平衡施肥是施肥技术的一项重大改革。1991年,永福县利用土壤普查成果,开展了土壤测试和地力分级,以及肥料试验,根据不同的土壤类型、作物品种特性,确定不同区域的氮磷钾等元素的用量,推荐配方施肥,推广作物专用肥,降低成本,提高效益。1992年,推广配方施肥面积1021.30公顷。水稻施肥推广使用水稻专用复合(混)肥,采用"重施基肥,适施分蘗肥,巧施穗肥,增施微肥"的方法。水稻配方施肥比习惯施肥每公顷增产稻谷490.50千克,增产7.90%,每公顷节约氮肥(纯N)13.50千克、磷肥(P_2O_5)6千克、钾肥(K_2O)7.50千克。玉米施肥采用有机肥和专用复混肥作底肥,尿素、钾肥作追肥。高产田轻追苗肥(占总追肥量的30%),重追穗肥(占50%)和补追粒肥(占20%);中产田施足苗肥(占40%),重施穗肥(占60%);低产田苗、穗均等追肥。一般化肥深施10厘米左右。

1996年，永福县列为广西土壤诊断施肥网络工程项目县，推广"测、配、产、供、施"诊断施肥技术。并于1997年3月成立广西南宁绿源肥业有限责任公司永福配肥站，建立了项目相应配套的土壤样品诊断室、电脑配方室、配方肥生产车间和仓库，总面积8780平方米，总投资规模26.60万元。1999年，推广面积1.69万公顷。测试土样1036个，建立了土壤肥料和作物栽培信息数据库，制定各样点的平衡施肥方案。推出了适合永福县的N、P、K比例为13：5：7的配方肥料。2005年，全县累计推广应用配方肥1.44万吨，推广面积7.10万公顷，每公顷增产8.50%，节约氮肥（纯N）13.50千克、磷肥（P_2O_5）10.50千克、钾肥（K_2O）9千克。2005年，自治区农业厅赠送永福县土壤养分速测仪和计算机各1台，开展智能化精准施肥技术示范推广，为农民快速检测土壤1210个，提供施肥建议卡4480张，推广面积8533万公顷。

旱作节水技术　旱作节水技术是一项从综合途径培养和保持土壤肥力，减少水土流失，提高蓄水保水能力和水资源利用率的技术措施。永福县夏季多暴雨，旱地水土流失严重，而春秋冬季节经常发生旱情，对旱地作物生长十分不利。1992年，全县开始推广以聚土垄作、聚土深耕、秸秆覆盖、水田旱育+节水灌溉为主要模式的节水技术。应用旱作节水技术的比未应用旱作节水技术的一般每公顷增产：柑橘20%~30%，西红柿15%~20%，甘蔗、大豆15%~25%，水稻3%~6%，平均每公顷节水795~1125立方米。

水稻垄作栽培（垄稻养鱼）技术　垄稻、垄稻沟渔是农业综合开发利用稻田提高水稻产量，增加经济收入的一项新技术途径。通过种稻养鱼结合在一起形成一个稻渔共生互利的立体农业生态系统，达到稻谷增产、渔丰收的目的。1991年，永福县推广垄稻栽培面积537公顷。1992年，推广垄稻栽培（垄稻养鱼）技术，县乡成立领导小组，农业部门成立技术指导组。全县组织党政干部384人和技术干部72人、农科员107人抓点办示范样板，推广面积达到1557公顷（其中垄稻养鱼307公顷）。通过测产验收，垄稻栽培比平栽稻田亩增28.70~70.40千克，增长8.18%~14.62%。1994年，全县推广垄作栽培面积3609公顷。

新型肥料应用技术　1991—2005年，永福县推广应用的新型肥料有：有机和无机肥料，植物生长调节剂，改善土壤理化性状调理剂，综合制剂。主要在水稻、柑橘上推广应用硫酸锌、硼砂（硼酸）、钼酸铵、硫酸铜、富民叶面肥、喷施宝、施宝乐、甲天下、植物动力2003、乙烯利、三十烷醇、云大120、2.4-D、比久、广增素802、稀土微肥、绿芬威、叶面宝、含氨基酸叶面肥、生物钾肥、多效奇生物肥、长效尿素、氨基酸复合肥、生物有机肥、商品有机肥、有机无机复混肥以及各种专用复合肥。水稻施用硫酸锌比对照区每公顷增产402千克，增6.20%；柑橘施用硫酸锌增产1137千克，增3.60%；柑橘施用硼砂增产1404千克，增3.90%。随后应用到油菜、蔬菜等作物上，油菜施用硼砂比对照区每公顷增产138千克，增3.60%。

植保"三诱"技术　植保"三诱"技术，即"光诱、色诱、性诱"，是利用农业害虫的趋性诱杀其成虫或雄成虫，以减少害虫的落卵量，从而达到生态控害的目的。1991—2005年，永福县推广的植保"三诱"技术主要是频振式杀虫灯、诱虫板、性诱剂等。

频振式杀虫灯是利用光、波、色、味诱集成虫，并配以频振式高压电网除虫的一种高效低耗物理杀虫工具，是一项简便、实用、经济、安全、有效的物理防治措施，可减少化学农药使用量，降低生产成本，降低产品中农药残留量，保护生态环境。2002年永福县开始引进频振杀虫灯技术，当年引进杀虫灯4盏，用于三皇乡荣田村米珠屯的秋番茄上，取得明显的控害及增效节本效果。2003年，永福县开始大面积推广应用，在推广过程中，植保部门完成了26种害虫防治效果调查，控害效果在70%以上，每亩减少农药使用量（商品量）0.20千克。并制定了在蔬菜、果树、水稻等多种作物上的规范使用技术。2003年推广频振杀虫灯350盏，2004年推广750盏，2005年累计推广1800盏。从2004年开始，利用频振式杀虫灯这一链接进行延伸，大力发展猪—沼—果（菜）—灯—鱼高效农业生态模式。2005年，在三皇、百寿、龙江等乡镇灯下建鱼塘饲养塘角鱼76个，每个新增产值200多元。频振式杀虫灯推广时间早，应用面大，效果突出，走在广西前列。2003—2005年，广西区植保总站连续3年在永福县三皇乡召开全区农业生态控害现场观摩会。

诱虫板是利用害虫对颜色的趋性而制作的粘捕害虫器具,具有使用方便、诱虫谱广、效果好等特点。2002 年,永福县开始在番茄、柑橘、叶菜类蔬菜等作物上使用黄色诱虫板,诱获的害虫主要是蚜虫、粉虱、斑潜蝇、黄曲条跳甲等小型害虫为主。至 2005 年共推广诱虫板 2.30 万张,面积 13.33 公顷,对减少农药用量,保护农田天敌起到重要作用。

性诱剂是利用人工合成的性信息素。辅与其他工具(诱辅器)诱捕害虫。2004 年,永福县开始引进该项技术,当年推广应用柑橘小实蝇诱捕器 3000 个、小菜蛾诱捕器 200 个、斜纹夜蛾诱捕器 200 个。2005 年,全县推广植保"三诱技术"频振式杀虫灯 180 盏,推广诱虫板 7200 张、性诱捕器 800 个。

第九节　农作物病害及防治

水稻主要病害及防治

1991—2005 年,永福县水稻病害主要有:稻瘟病、纹枯病、胡麻叶斑病、细菌性条斑病、细菌性褐条病、赤枯病,严重发生年份面积约 2.50 万公顷次,一般发生年份面积 2 万公顷次。轻度发生的病害有:稻曲病、黑粉病、恶苗病、菌核病、黄矮病等。

稻瘟病　分为苗瘟、叶瘟、叶枕瘟、穗瘟(穗颈瘟、枝梗瘟)、谷粒瘟。常年均有发生,一般年份早稻发生面积、危害程度重于晚稻,以叶瘟、穗瘟发生为主。该病 5 月中旬始见叶瘟,5 月下旬至 6 月上旬为叶瘟流行盛期,6 月中下旬为穗瘟的流行期盛期。1991 年,全县发生面积 1920 公顷次,防治面积 1499 公顷次,挽回稻谷损失 317.30 吨。1997 年,早稻大面积推广种植优 I402、优 I404 组合。该两组合 1990 年开始引进,已连续种植 8 年,致使组合抗性下降,由中抗稻瘟病变成高感稻瘟病,致使当年早稻穗瘟大流行,早稻发生面积 5390 公顷次,防治面积 6333 公顷次,挽回稻谷损失 2111.10 吨,实际损失 1643.30 吨。1998 年,发病面积 9536.50 公顷次,防治面积 1.90 万公顷次,挽回稻谷损失 2618 吨。2000 年,由于扩大常规优质稻种植,稻瘟病的发病面加大,是年发病面积 1.10 万公顷次,防治面积 2.00 万公顷次,挽回稻谷损失 2410 吨。2005 年发病面积 1.10 万公顷次,防治面积 1.80 万公顷次,挽回稻谷损失 4373 吨。

纹枯病　为水稻普发性病害,常年均有发生,禾苗封行后病害开始流行,禾苗拔节至抽穗期为病害的流行高峰期,早稻重于中、晚稻,高产田重于低产田。1991 年,全县发病面积 1.63 万公顷次,防治面积 1.30 万公顷次,挽回稻谷损失 6284.20 吨,实际损失 2030 吨。1998 年,发病面积 1.25 万公顷次,防治面积 2.57 万公顷次,挽回稻谷损失 5606.00 吨,实际损失 1006.90 吨。2005 年,发病面积 1.10 万公顷次,防治面积 1.60 万公顷次,挽回稻谷损失 4590.10 吨,实际损失稻谷 781.80 吨。

胡麻叶斑病　该病是局部发生的病害,在局部田垌,特别是一些冲槽田、冷水田、锈水田经常发生。1991 年全县发病面积 350 公顷次,1998 年发病面积 500 公顷次,2005 年发病面积 700 公顷次。年平均损失稻谷在 75 吨左右。

细菌性条斑病　该病是植物检疫对象。1991 年,主要在苏桥镇交龙屯等少数村屯发生,发生面积不足 6.67 公顷次。1994 年,全县发生面积 153.33 公顷次,叶发病率高的达 71%,病指 32;一般的叶发病率 8.50%,病指 3.20。2000 年后发生面积逐年减少。2005 年,全县发生面积 6.67 公顷次。

水稻病害主要防治措施:1. 推广抗病品种,淘汰感病品种。2. 加强肥水管理,提高抗病能力。采用适时晒田,降低田间湿度,稻田一旦发病就立即排水晒田,增施磷钾肥,促使禾苗生长健壮,控制病害发生。3. 药物防治。防治稻瘟病使用三环唑、稻瘟灵、春雷霉素等,防治纹枯病使用井冈霉素,防治水稻细菌性条斑病主要采用强氯精种子消毒和喷施叶青双等农药,禁止疫区种子调入非疫区。

柑橘主要病害及防治

黄龙病 属植物检疫对象。20世纪80年代,该病开始在永福境内传播蔓延危害,各果园零星发生,发病传播速度比较慢,每年病株递增率为11.70%。1991年后,特别是1995—1999年,每年病株递增率为44.90%,发病流行的速度非常快,许多果园因黄龙病毁园绝收,全县柑橘面积锐减,特别是南五乡镇近1333.33公顷温州柑园尽毁。2003年,全县柑橘面积6100公顷,柑橘黄龙病面积达692公顷次,发病率达到11.41%。柑橘减收1.30万吨以上。2004年,全县各乡镇共抽查柑橘果园45个点,面积119.20公顷,总株数16.36万株,发现柑橘黄龙病植株1.85万株,发病率达11.30%。2005年,全县开展柑橘黄龙病综合治理,通过建立无病苗繁育体系,彻底清除病株,及时扑杀柑橘木虱,加强水肥管理等措施,控制黄龙病蔓延危害。是年,柑橘黄龙病发病率为8.87%,比前几年略有下降,柑橘黄龙病综合治理初见成效。

溃疡病 该病属植物检疫对象,主要危害叶片、枝梢和果实,产生溃疡病斑,严重时引起落叶、枯枝和落果,幼树受害严重时导致树体死亡。每年4月开始侵染发病,9月为发病高峰。夏梢最易感病,秋梢次之,冬梢不易感病。脐橙、甜橙、柳橙高度感病;柚中等感病;南丰蜜橘和金橘高度抗病。由于各地盲目引种调运苗木,溃疡病有上升蔓延趋势。20世纪90年代,在永福县局部零星发生,到2000年后发病的区域迅速扩大。2002年发病面积133公顷次。2005年发病面积230公顷次,比前两年稍有下降。

炭疽病 炭疽病常造成大量落叶、落果、枝条枯死和果实腐烂。2003年,永福县发病面积1500公顷次。2004年,发病面积1850公顷次。2005年发病面积1360公顷次,比前两年稍有下降。

疮痂病 是柑橘和柚类的主要病害,病害每年4月开始为害新梢、幼叶、花萼和花瓣及幼果,果实受害后易脱落或造成表皮粗糙、果小、味酸。2003年永福县发病面积1670公顷次,2004年2030公顷次,2005年1850公顷次。比上一年稍有下降。

柑橘病害主要防治措施:主要采用冬季清园,剪除病枝、病叶并集中烧毁,及时挖除黄龙病树和药杀柑橘木虱,减少次年侵染来源。严格检疫,杜绝有病苗木上市,防止病苗、病穗及病果传入无病区,实施育苗许可证制度和苗木经营许可证制度。果农一般使用波尔多液、甲基硫菌灵、多菌灵等农药进行防治。2003—2005年,永福县推广"矮、密、早"规模化柑橘栽培技术,并加强栽培管理,增强树势,提高抗病能力。

蔬菜主要病害及防治

1991—2005年,永福县蔬菜主要病害有霜霉病、软腐病、病毒病、番茄青枯病、瓜类枯萎病、炭疽病、辣椒疫病等。

霜霉病 分为甘蓝、白菜、芥菜致病型生理小种,病菌喜温暖潮湿的环境,早晚温差大,多雾重雾,晴雨相间,湿度较大时作物发病重。连续作地,地势低洼、排水不良的田块发病较早较重。播种过早、种植过密、通风透光差、肥水不足或氮肥施用过多的田块发病重。

软腐病 危害大白菜、青菜、胡萝卜、莴苣、马铃薯、洋葱、黄瓜等20多种蔬菜。病菌喜温暖高湿,春夏温度高,多雨或梅雨期间发病重;连续作地,地势低洼、排水不良的田块发病较重;作物种植过密、通风透光差、氮肥施用过多的田块发病重。

番茄青枯病 危害番茄、茄子、辣椒、黄瓜、西瓜等作物。高温高湿条件下发病快而严重,尤以连作种植田块发病最重,7~10天可导致全田发病而失收。是一种毁灭性病害,生产区多采用种植嫁接苗来预防病害发生。

辣椒疫病 是一种毁灭性病害,可导致全田发病而失收。各地均有发生,尤以连年种植的田块发病严重。高温高湿利于病害流行,秋辣椒发病较轻。

瓜类枯萎病　主要危害黄瓜、冬瓜、丝瓜、西瓜等，植株发病后，一般 7~10 天就枯死，损失严重。

蔬菜病害主要防治措施：一是选用抗病品种；二是进行轮作，合理密植、加强管理；三是适时防治，使用高效低毒农药。

桑树病害防治

1991—2005 年，永福县桑树病害主要是桑花叶病毒病、赤锈病及桑根结线虫病。防治桑花叶病毒病的主要措施是：冬伐剪留枝条 30~50 厘米。三唑酮可湿性粉剂 700~1000 倍液喷洒树枝叶防治桑赤锈病效果明显。桑根结线虫病主要通过苗木检疫来防治，发病严重地块应与禾本科作物轮栽，避免间种麻类、瓜类及番茄等寄主作物。

蚕病综合防治

1991—2005 年，永福县蚕病主要有病毒病、细菌病和真菌病三大类。蚕病防治以防为主，综合防治。在饲养过程中，注意加强养蚕前、中、后的蚕室蚕具以及蚕体蚕座的消毒，提高管理水平，严格淘汰弱小蚕，适当添食抗生素。蚕用抗生素种类较多，主要有蚕服康、脓病灵、诺氟沙星等。加强桑园治虫，虫口污染严重的桑叶可用 0.2%~0.30% 有效氯漂白粉澄清液进行喷洒消毒或浸泡后再给蚕喂叶。

罗汉果病害及防治

1991—2005 年，永福县罗汉果病害主要有病毒病和根结线虫病。病毒病在发病初期可选用 20% 盐酸吗啉胍·铜可湿性粉剂 500 倍液加叶面肥喷雾进行防治。根结线虫病在 5 月下旬，可选用 10% 噻唑磷颗粒剂或 10% 硫线磷颗粒剂等药剂每坑用药 10~15 克，在根部开环沟施加土覆盖。

第十节　农作物虫害及防治

水稻主要害虫及防治

永福县水稻害虫主要有水稻螟虫（包括三化螟、二化螟、大螟）、稻纵卷叶螟、稻飞虱、稻叶蝉、稻瘿蚊、稻象甲、稻秆潜蝇、稻苞虫、黏虫、蝽象类、稻蓟马、稻负泥虫、稻蝗、稻铁甲虫、蝼蛄、福寿螺等。

稻纵卷叶螟　属迁飞性害虫，在永福县年发生 6~7 代。1~3 代危害早稻，第 4 代危害中稻和晚稻秧田，5、6 代危害晚稻，第 7 代无法完成一个世代，后死亡。每年 3 月中下旬，始见成虫从南方随气流迁入，第 1 代零星迁入，占全年迁入量的 5% 左右，发生轻，主要危害早稻秧田及早插本田。第 2 代迁入量各年份之间差异较大，有的年份多，个别年份少，但总的来看，2000 年前，第 2 代迁入量大多年份均不大，约占全年迁入量 15% 左右。2000 年后，第 2 代迁入量加大，占全年迁入量 30% 左右，个别年份如 2005 年占到 53%，该代害虫危害早稻分蘖期的禾苗。第 3 代主要集中在 5 月底至 6 月上旬迁入，占全年量的 55% 左右，而 6 月中旬迁入量约占 10% 左右，与当地残存虫源混合形成幼虫高峰危害早稻中后期禾苗的功能叶。6 月下旬至 7 月上旬第 4 代成虫大部分往北迁出，部分留在当地繁殖危害中稻和晚稻秧田。第 5 代主要是当地虫源，发生轻。8 月底 9 月初，第 6 代成虫开始回迁，与当地虫源混合为害晚稻。1991 年，全县发生面积 7319.70 公顷次，防治面积 8453.60 公顷次，挽回损失 1888.60 吨，损失稻谷 86 吨。2000 年，发生面积 8900 公顷次,防治面积 1.15 万公顷次,挽回稻谷损失 2976.70 吨,损失稻谷 76.90 吨。2005 年发生面积 9900 公顷次,防治面积 1.53 万公顷次,挽回稻谷损失 4707.80 吨,仍损失稻谷 520.30 吨。

稻飞虱 属迁飞性害虫,主要种群为白背飞虱和褐飞虱,年发生 6~7 代,以第 3、6 代发生量大,危害早、晚稻抽穗灌浆期。每年 3 月中下旬始见成虫从南方随气流迁入,白背飞虱 4 月下旬至 6 月上旬为盛迁入期,其中 5 月下旬至 6 月上旬为迁入高峰期。褐飞虱 5 月下旬至 6 月下旬为盛迁入期,其中 6 月中、下旬为迁入高峰期。田间,6 月下旬以前以白背飞虱为主,约占 85% 左右。6 月下旬至 7 月上旬,白背飞虱大量往北迁出,田间以褐飞虱为主,占 70% 以上。7 月中、下旬褐飞虱出现迁出高峰,大批褐飞虱往北迁出,残存下来的稻飞虱过渡到晚稻和中稻进行危害。9 月上旬褐飞虱、白背飞虱开始回迁,褐飞虱迁入量占总量 90% 以上,以褐飞虱为主。永福县 1991—2005 年,稻飞虱发生程度均在中等偏重至大发生。1991 年,发生面积 1.75 万公顷次,防治面积 3.21 万公顷次,挽回稻谷损失 1.15 万吨,损失稻谷 1300 吨。1998 年,发生面积 1.48 万公顷次,防治面积 2.75 万公顷次,挽回稻谷损失 1.02 万吨,损失稻谷 800 吨。2005 年,发生面积 1.37 万公顷次,防治面积 2.17 万公顷次,挽回稻谷损失 9600 吨,损失稻谷 1000 吨。

三化螟 年发生 4 代。第 1 代轻微危害早稻分蘖期形成枯心苗;第 2 代危害早稻穗期及中稻分蘖期,形成早稻白穗和中稻枯心苗;第 3 代危害晚稻分蘖期及中稻穗期,形成中稻白穗和晚稻枯心苗;第 4 代发生量最大,危害晚稻穗期形成白穗。永福县 1991—2003 年三化螟发生程度在中等至中等偏重。2003—2005 年,该虫的发生有所回落,发生程度在中等偏轻至中等发生。1991 年,全县发生面积 2176 公顷次。1999 年,发生面积 1.07 万公顷次。2005 年,发生面积 8600 公顷次。

稻瘿蚊 年发生 6 代,幼虫侵害水稻生长点,叶梢形成葱管,俗称"标葱",使其不能成穗。每年 6 月中、下旬危害早稻无效分蘖或早播晚稻秧苗,7 月上中旬危害晚稻秧苗,8 月上、中旬为害晚稻分蘖期禾苗。永福县 1991—1998 年,稻瘿蚊发生程度逐年加重,发生面积逐年扩大,1998 年达到高峰。1991 年,全县发生面积 4993 公顷次,防治面积 4900 公顷次,挽回损失 1401.80 吨。1998 年,永福县发生面积 9800 公顷次,防治面积 1.11 万公顷次,挽回损失 4114.50 吨。1995 年,开始大面积使用"益舒宝"防治,加上 1999 年冬霜冻较重,大量幼虫被冻死,因而自 2000 年之后稻瘿蚊发生面积逐年下降,到 2005 年为轻发生,发生面积不足 700 公顷次。

水稻害虫主要防治措施:抓好预测预报,指导农户及时进行有效的防治;推广综合防治措施,利用农业防治手段减少虫源,适时晒田、降低田间湿度,抑制害虫发生发展;科学施用化学农药,确定主攻对象,兼治其他害虫,5 月下旬以防治第二代稻纵卷叶螟为主,兼治稻飞虱;6 月中、下旬以防治第三代稻纵卷叶螟兼治稻飞虱;7 月上、中旬主治稻飞虱;8 月上、中旬防治第三代三化螟;9 月中、下旬防治第四代三化螟,兼治稻飞虱。防治稻纵卷叶螟主要用甲胺磷乳油;防治稻飞虱主要用异丙威乳油、敌敌畏乳油等。1991 年,防治三化螟主要用杀虫脒、杀虫双水剂;防治稻瘿蚊主要用甲基异柳磷乳剂或颗粒剂、克百威颗粒剂等。1992 年,杀虫脒被禁用,推广三唑磷乳油。连续多年使用三唑磷、杀虫双,三化螟的抗药性增强,防治效果下降。1997 年,推广米乐尔、益舒宝防治稻瘿蚊,有效地控制稻瘿蚊的为害;推广吡虫啉、噻嗪酮,防治稻飞虱,其防治效果和成本均优于异丙威。由于 90% 以上农户长期连续使用吡虫啉,稻飞虱对吡虫啉产生了较强的抗药性,而噻嗪酮仍维持高效。2003 年,县人民政府为抓好永福无公害农产品生产,禁止使用甲胺磷、甲基异柳磷乳剂或颗粒剂、克百威颗粒剂,开始推广使用毒死蜱、氟虫腈等药剂防治稻纵卷叶螟、三化螟等。

柑橘主要害虫及防治

1991—2005 年,永福县柑橘害虫主要有:螨类、蚧类、粉虱类、木虱类、蚜虫类、蝉类、凤蝶类、潜叶类、卷叶蛾类、尺蠖类、刺蛾类、吸果夜蛾类、天牛类、吉丁虫类、叶甲类、金龟子类、象鼻虫类、蜡象类、瘿蚊类、实蝇类共 20 类 45 种,其中以螨类、蚧类、粉虱类、潜叶蛾类发生面大,危害严重,影响产量和品质。

螨类 红蜘蛛、锈壁虱危害叶片、嫩枝、花和果。永福县红蜘蛛年发生 21~22 代，以春、秋两季发生最为严重。锈壁虱年发生 22 代，3—4 月间开始从越冬处转移到新梢、新叶上危害繁殖，5 月下旬至 6 月中旬陆续转到幼果上危害。果皮受害后细胞层遭到破坏形成黑皮果，果皮失去光泽品质变劣。

防治措施：(1)保护和利用天敌，如释放捕食螨，在果园种植藿香蓟、苏麻等，可增加夏季捕食螨虫源。(2)加强水肥管理，增施磷钾肥，切忌偏施氮肥。注意修剪，除去病虫害弱枝。(3)科学用药，重点防治早春红蜘蛛第一个高峰期，使用药剂：克螨特乳油、三唑锡可湿粉，阿维菌素乳油、达螨灵可湿性粉等。

蚧类 主要有吹绵蚧、堆蜡蚧、橘刺粉蚧、柑橘粉蚧、糠片蚧、矢尖蚧。若虫危害新叶、嫩枝和果实。永福县蚧类年发生 3~4 代，第 1 代 3 月下旬至 7 月上旬，第 2 代 6 月下旬至 7 月中旬，第 3 代 9 月上旬至翌年 3 月。

防治措施：1. 适时合理修剪，在幼虫孵化前剪去虫枝，集中烧毁；2. 保护利用天敌，在天敌大量繁殖时少用或不用农药或选择对天敌杀伤力小的药剂，以利天敌大量繁殖，控制蚧类发生。3. 掌握在卵块盛孵期喷药防治。4. 使用松脂合剂机油乳剂、杀扑磷、毒死蜱、敌敌畏等农药进行防治。

柑橘木虱 柑橘木虱是柑橘黄龙病的主要传媒。永福县年发生 7~8 代，5 月上旬至 9 月上旬一般出现 3 次成虫高峰。若成虫取食嫩芽和叶片汁液，抑制新梢生长，使叶片扭曲畸形，严重时使新梢凋萎枯死。

防治措施：合理抹芽控梢，加强肥水管理适时统一放梢，减少或控制虫源；掌握若虫盛孵期，用吡虫啉、甲氰菊酯等农药防治。

蔬菜主要害虫及防治

1991—2005 年，永福县蔬菜害虫主要有：小菜蛾、斜纹夜蛾、蚜虫、菜青虫、大猿叶虫、小猿叶虫、豆荚螟、地老虎、黄守瓜等。害虫世代重叠，危害期长。

小菜蛾 危害叶菜类蔬菜。年发生 14~15 代，在永福常年均有发生，每年的 10 月至次年 5 月，气温不高，利于害虫繁殖、危害，为害虫的发生盛期。防治上长期连续使用有机磷和菊酯类农药，使用量及用药次数增加，使小菜蛾产生了较强的抗药性，小菜蛾已成为叶菜类蔬菜的主要害虫。

防治措施：一是清除、集中烧毁老叶和杂草，杀死蛹体；二是使用频振式诱虫灯或性诱剂诱杀成虫；三是用苏芸金杆菌、氰戊菊酯、氯氰菊酯等农药防治。

斜纹夜蛾 属杂食性害虫，在蔬菜中对白菜、甘蓝、芥菜、马铃薯、茄子、番茄、辣椒、罗汉果、南瓜、丝瓜、冬瓜以及藜科、百合科等多种作物进行危害。它以幼虫危害植株，幼虫老龄时形成暴食，是一种危害性很大的害虫。在永福每年都有发生，一般在洪涝后最易暴发危害。

防治措施：一是使用频振式诱虫灯或性诱剂诱杀成虫；二是用三氟氯氰菊酯、氰戊菊酯等农药防治。

蚜虫 属蔬菜主要害虫，年发生 25~28 代，害虫群集吸取汁液，使叶片、嫩茎、幼苗卷缩、变黄，并传播多种病毒。

防治措施：一是蔬菜收获后及时清除残株和杂草，断绝蚜虫中间寄主；二是使用吡虫啉、啶虫脒、甲氰菊酯等农药防治。

豆荚螟 年发生 8~9 代，第一个高峰在 5 月中旬至 6 月下旬，成虫将卵产在菜豆花器和叶片上，幼虫从花蕾侵入危害豆荚。第二个高峰期在 7 月中旬至 9 月上旬，危害秋豆角开花结荚期。

防治措施：清除落叶残枝集中处理，减少虫源；采用频振式诱虫灯诱杀；使用苏芸金杆菌乳剂、氯氰菊酯等农药防治。

桑树虫害防治

1991—2005 年，永福县桑树虫害主要有桑蓟马、红蜘蛛、桑象甲和桑螟。桑蓟马和桑螟可用 80% 敌敌畏乳剂 1000~2000 倍液喷杀,残毒期 5 天。73% 的克螨特 1200 倍液喷洒叶背可有效杀死红蜘蛛,残毒期 10 天。

罗汉果虫害防治

1991—2005 年,永福县罗汉果虫害有瓜天牛、果实蝇、蜡象、黄守瓜、斜纹夜蛾等。防治瓜天牛在 5 月至 6 月诱杀成虫及在冬季清园时将受害植株平基头剪除,地面藤集中烧毁。防治果实蝇在 6 月初成虫始发期开始,在果棚内悬挂性诱剂诱捕器诱杀成虫;同时及时捡拾落果,摘除受害果,集中销毁处理。

第三章　罗汉果生产与加工

罗汉果,是中国名贵土特产,原产于永福县龙江乡的高寒山区。其性寒味甘,功能清肺润肠,可治疗人体呼吸系统和循环系统的多种疾病,尤其对支气管炎、急慢性咽喉炎、感冒、哮喘、高血压、便秘、糖尿病等有显著疗效,长久饮用有滋补、健身、消滞健胃化痰之功效,被国内外视为稀世珍品,称为"东方神果"。

永福县是人工栽培罗汉果的发源地和主产区。1983 年,永福县罗汉果及罗汉果制品获对外经济贸易部颁发的"荣誉产品证书"。1989 年,永福县被列为全国罗汉果生产出口基地县。1995 年,永福县被农业部授予"中国罗汉果之乡"。2001 年,在北京国际博览会上永

"东方神果"——永福县罗汉果(2005 年 11 月摄)

县旅游局　供图

福县罗汉果获国际农业博览会名牌产品。2004 年,永福县被国家质量监督检验检疫总局确认为罗汉果原产地域产品。2005 年,罗汉果原产地域产品改为地理标志产品。是年永福县罗汉果获广西无公害生产产地认定,成为全国最大的无公害罗汉果生产基地。罗汉果及罗汉果系列制品销往美国、日本、东南亚等国家和中国港澳地区。

第一节　品种及分布

永福县罗汉果品种、品系、类型丰富,在生产上主要栽培品种以果型、果毛、果柄、叶、花的形态特征不同而分为长果型与圆果型两类。凡果卵状椭圆形、梨形、长圆柱形的,均属长果型;凡圆形、扁圆形、短圆形的,均属圆果类。主要品种如下:

长 滩 果

原产于龙江乡保安村长滩河谷而得名。是居住在长滩尾的农民刘端丰于清光绪年间选育栽培而成。植株长势中等,叶片心脏形,先端渐尖,叶柄较长而细,花期在7—10月,果实长椭圆形成卵状椭圆形。果顶微凹,果实纵径约7.32厘米,横径约5.29厘米,果皮细嫩,被稀柔毛,具有明显的派脉(人称"蚂拐鼓")9~11条,种子小,长椭圆形,单株结果20~40个。此果还有厚皮长滩果与薄皮长滩果之分。薄皮长滩果的主要特征是无明显派脉,柔毛稀少,果多呈卵圆形,果顶稍尖,基部大而稍平。

长滩果在罗汉果中品质最佳,对生态环境要求较高,结果较迟,一般种薯经过栽培三年左右才能结果,而且繁殖种薯难度大。20世纪90年代以后,只有龙江乡的驿马、保安、上维、龙隐、丹江等建制村栽培,堡里乡的胜利建制村有零星栽培。

拉 江 果

拉江果又称为"拉江子",它是龙江乡上维村拉江屯的果农韩钦盛夫妇于20世纪40年代初在罗家岭挖回野种薯栽培而成,因地处拉江而得名。其植株长势中等,叶心脏形,柄长而细,花黄色,花期在6月下旬至10月,果实椭圆形或梨形,纵径约6.38厘米,横径5.28厘米,果实被锈色柔毛,近果基部更甚,种子小,呈椭圆形。本品种适应性强而品质好,在海拔200~600米的山区和低丘陵地区均可种植。单株结果20~40个。20世纪90年代至21世纪初,县内各乡镇均有栽培。

冬 瓜 果

原果产于龙江乡双塘垌老瓦山一带,此品种在历史上栽培较久,但曾一度失传。20世纪80年代又有种植。植株生长健壮,叶片三角心脏形,柄较长而粗,花期在6—10月。果实为长圆柱形,而末端平栽,大小整齐。果面密被短柔毛,具有六棱形,种子较大呈瓜子形。该品种果大而整齐。主要适应山区种植。20世纪90年代以后,尤以龙江、百寿、堡里乡镇栽培较多。

青 皮 果

20世纪50年代末,原果产于龙江乡碧潦河一带,是龙江乡龙隐村龙中屯潘汉珍选育出来的一个优良品种。具有丰产性能好,适应性强的特点,山区、平原、丘陵均可种植,但在平原种植易感根结线虫病。此品种植株生长良好,叶片心脏形,先端急尖,叶柄短而粗,花黄色,花期在6—10月。果园形,果面由基部至顶部具有脉纹,被短柔毛。种子大,近圆形。结果早而产量高,一般单株结果30~40个,品质中等。20世纪90年代以后,各山区乡镇均有栽培。

红 毛 果

原果产于龙江乡丹江村山区。红毛果子房、幼果、嫩蔓均密被红腺毛。植株生长健壮,果似梨形,果小,其纵径3.50~5.20厘米,横径3.50~4.50厘米,果面密被短柔毛,味甜,适应性强,丰产,鲜果可作加工用。但因其果小,烘烤时稍不注意易出响果,影响果质。20世纪90年代,县内各山区乡镇均可栽培。

茶 山 果

原果产于龙江乡南部拉茶山区，因其半野生于油茶林中而得名。果形圆而小，纵径 3.70~4.55 厘米，横径 3.60~4.55 厘米，果汁清甜，品质好，丰产，适应性强，是良好的育种栽培品种。20 世纪 90 年代至 21 世纪初，县内各山区乡镇均可栽培。

大罗汉果

该品种曾有栽培，但已失传多年，1980 年，龙江乡龙山村古蔓河舒家的果农谢招弟从曾种过大罗汉的地方挖回野生薯又加以栽培。植株长势旺盛，嫩梢暗红色，茸毛短、叶片呈三角形，先端渐尖，子房为黄红色，圆形，茸毛密被，花淡黄色，果形圆，大小整齐，纵径 5.50~6 厘米，横径 5.50~6 厘米，果面密被白色柔毛，果顶部有花柱缩存的尖凸。

第二节　栽培及产量

罗汉果原为野生果实。引入人工栽培，在永福县已有 300 多年的历史。

罗汉果栽培

中华人民共和国成立后，永福县传统的罗汉果栽培是用罗汉果种薯种植。一般选择海拔 400 米至 1400 米，中亚热带的针阔叶次生林地带、坡度 15° ~45° 之间、东向坡或南向坡，周围有完好植被的山地或丘陵开垦种植。主要品种有青皮果、长滩果、拉江果、红毛果等，其中青皮果占种植总面积的 95%。生产过程为：育种—种植—搭架—幼苗护理—幼苗上架—修剪枝蔓—人工授粉—幼果护理—熟果下架—糖化—烘干—密封保存等程序。农民一般用压蔓繁殖方法，每年 10 月底—11 月初将侧蔓顶端压入土中形成薯块，生长 2~3 个月即形成种薯。于次年春分节前后种植，每公顷种植 4000~5000 株。4—5 月引蔓上棚，6—8 月开花并进行人工授粉。9 月上中旬收获第一批果实。新培育的种薯种植当年少量挂果，薯种可继续生长 5 年左右。

由于罗汉果的传统栽培是采用种薯的无性繁殖，良种选育和提纯复壮难度很大，长期以来的传统生产导致品种严重退化，加之种植多在山区，靠伐林开垦土地种植，严重破坏生态环境，罗汉果传统的生产方式受到制约，生产也随之受到影响，增长缓慢。1998 年，全县罗汉果种植跌至低谷，种植面积仅有 802.80 公顷，总产果量 6430 万个。

传统罗汉果生产方式因压蔓、繁殖、品种混杂，种薯带病严重，特别是根结线虫病和病毒严重，促使罗汉果苗组织培训技术应运而生。

2005 年 9 月，广西植物研究所所长李锋在调研永福罗汉果项目成果　　　　县农业局　供图

1999 年，龙江乡个别农户试种组培苗。2000 年，永福县逐步开始推广种植组培苗（扦插苗）及栽培技术。县农业局技术人员根据罗汉果组培苗的特点，摸索出山下栽培技术。从此，永福县罗汉果种植逐步转向海拔 400 米以下的丘陵地区栽培，每公顷种植 1500~1800 株，种植当年即可挂果。达到丰产区水平。2002 年，永福县推广罗汉果组培苗（扦插苗）面积 33 公顷。部分农户进行了嫁接繁殖实验并获得成功。2005 年，全县组培苗种植面积 1948 公顷。永福罗汉果组培苗的开发成功和推广使用，给罗汉果生产再次注入新的活力，不仅解决了种苗退化的问题，还使"罗汉果下山"成为现实，罗汉果生产与保护生态环境的矛盾也迎刃而解。

罗汉果组培苗栽培技术要点

技术要点：主栽品种选用青皮果、红毛果，表现早熟丰产、果型好、果大、品质优良、适应性广、抗逆性强。选择土层深厚肥沃、腐殖质丰富、保水保肥力强、疏松湿润、微酸性黄壤或黄红壤，周围植被良好、森林覆盖率高的区域种植。3 月下旬至 4 月中旬种植，每公顷栽 1500~1800 株，雌雄株比例 50：1。主蔓 20~30 厘米长时插竹枝引蔓上棚，抹除侧芽。主蔓上棚后 5~6 叶时摘心，选留 4 条健壮蔓作一级侧蔓，一级侧蔓 5 叶时再次摘心，每个一级侧蔓留两个二级侧蔓，二级侧蔓 4 叶时再次摘心形成三级侧蔓坐果，坐果蔓一般要求 16~20 个。施肥主要以农家肥和氮磷钾三元复合肥为主。病虫防治重点是防治根结线虫病、病毒病、根腐病（青枯病）、斜纹夜蛾、蚜虫、蛀果虫等病虫害。

罗汉果组培苗是利用罗汉果茎尖来进行培育的苗，是新兴的罗汉果育苗技术，生产无标准，非常容易产生变异株造成不挂果。2003 年、2004 年、2005 年，每年由于个别罗汉果组培苗公司过度牟取经济利益，对组培苗生产环节掌握不好，繁殖代数过多，育出的罗汉果组培苗产生变异株。农民种植后挂果少或不挂果，给农民造成了一定的经济损失。

罗汉果产量

中华人民共和国成立后，永福县罗汉果生产发展较快。1991 年，全县种植罗汉果面积 357.30 公顷，产果量 1927 万个。

随着市场经济的发展，罗汉果的社会经济地位不断提高。永福县委、县人民政府高度重视罗汉果生产的健康发展，加大了对罗汉果的科研投入，农业技术部门加大了对罗汉果种植的技术改进、试验示范、技术培训和指导，罗汉果生产持续发展，种植和产量逐年增加，名气也越来越大。1993 年，永福罗汉果在泰国曼谷国际博览会上获得银奖。1995 年，永福县被国务院发展研究中心列为"全国最大的罗汉果出口生产基地"。永福罗汉果 1995 年被列入《中华之最大典（1949—1995）》。1996 年，永福县罗汉果面积达 1090.90 公顷，产果 5302 万个。

2000 年，全县开始推广罗汉果组培苗（扦插苗）栽培技术，助推了县内罗汉果生产的发展。2002 年，全县 9 个乡镇都有种植，罗汉果种植面积和产量逐年提高，2003 年，全县罗汉果种植面积达 1453.30 公顷，产果量达 7200 万个。2004 年，种植面积上升到 2774.60 公顷，产果量达 8767 万个。2005 年，全县种植面积 2751.40 公顷，产果量 1 亿多个，占全国总产量的 70%，是名副其实的"中国罗汉果之乡"。

表 5-8　　　　　　　1991—2005 年永福县罗汉果面积产量统计表

单位：公顷、万个

年　份	面　积	产　量
1991	357.30	1927
1992	308.70	1613

续表

年 份	面 积	产 量
1993	658.40	3821
1994	729.30	4148
1995	748.30	4451
1996	1090.90	5302
1997	874.10	6442
1998	802.80	6430
1999	870.10	6165
2000	1006.70	6500
2001	1191.50	6649
2002	1426.70	6800
2003	1453.30	7200
2004	2274.60	8767
2005	2751.40	10021

第三节　加工及销售

罗汉果销售

罗汉果成熟收获后，少量鲜果直接用于加工饮料等，一般都经烘烤加工，干果储存销售。1991—2005年，永福县罗汉果原果销售市场活跃。

罗汉果由于实用价值高，应用广泛，早在中华人民共和国成立前永福县罗汉果就已远销到东南亚各国。

中华人民共和国成立后，罗汉果生产发展较快，历年均收购出口。1988年，国家批准永福县为罗汉果生产基地县，由县计划委员会牵头，以县外贸部门为主，成立"永福县罗汉果生产经营开发联营公司"，罗汉果的开发、生产扶持、市场管理、收购、调拨由该公司统一安排，本着出口优先原则，把符合出口的果子全部调给县外贸部门。1988年，向外贸部门供应出口罗汉果209万个，1989年293万个。1990年外贸部门收购罗汉果583.75万个，出口金额405.10万元。

随着市场经济的发展，罗汉果收购逐年放开，罗汉果销售体制也发生了变化，个体私人逐步成为罗汉果销售的主流。据统计，1991年，县外贸部门收购、出口罗汉果400万个，占全县罗汉果产量20.78%，是县内罗汉果销售的主渠道；其余由个体、私营经销商销售。1996年，县外贸体制改革后，县外贸公司每年销售罗汉果原果40万~50万个；其余由个体、私营经销商销售。2001年，全县从事罗汉果经销户120多户，从业人员达3000多人。2005年，罗汉果购销从业人员达5000多人。注册了"福寿""林中仙""古城"等商标，涌现出一批罗汉果销售大户，其中有3个销售大户年销量高达3000多万个以上。百寿镇成为全国最大的罗汉果集散地。2001—2005年，每年在百寿镇销售的罗汉果达2亿个以上。

罗汉果深加工

罗汉果用途广泛。永福县罗汉果除大部分原果销售外，也还有相当部分用于深加工。20世纪90年代至21世纪初，永福县罗汉果加工业迅速崛起，成为推动罗汉果进一步发展的龙头企业。

最先对罗汉果进行深加工的是永福县卫生防疫站(后更名永福县卫生保健饮料厂)。1971年,开始研制,最早产品为"罗汉果冲剂",它以境内生产的优质罗汉果为主要原料,配以适量的优质蔗糖精制而成,有止咳、除痰、解暑、消热、润肺、益肝、健脾、生津提神的功能。1991年,县卫生保健饮料厂,生产罗汉果冲剂1.21万箱,销售收入209万元,上缴税金11万元,盈利总额15万元。以后每年生产罗汉果冲剂在1.30万~1.50万箱之间。

为了满足生产需求,1974年建立国营永福县制药厂,扩大罗汉果冲剂的生产。外贸收购供出口的罗汉果冲剂由上述两家制药厂供货,主销新加坡、泰国、马来西亚及欧美等国家和

永福县罗汉果装箱销售

杨志德　摄于2005年12月23日

中国香港地区。1991年,县制药厂销售收入986万元,上缴税金119万元,盈利40万元。20世纪90年代,县制药厂生产的罗汉果冲剂畅销不衰,成为国内最大的罗汉果制品出口企业。

2002年,永福县制药厂改制,成立桂林中族中药股份有限公司,主产罗汉果系列产品。是年,桂林中族中药公司已成为广西中成药生产基地,广西农业产业化重点龙头企业,全国农产品加工示范企业。该企业通过国家GMP认证,用地面积17.34公顷,总资产1.30亿元,拥有GMP标准厂房1.37万平方米,仓库6000平方米。2002—2005年,该公司总产值4.07亿元。实现销售收入3.53亿元,上缴税金1986.80万元,实现利润1192万元。拥有颗粒剂、茶剂、片剂、胶囊剂、合剂、散剂、糖浆剂、煎膏剂、酊剂、饮料等十大剂型60多个品种及20多个饮料品种。注册商标有"中族""凤山""今舒"等品牌,主导产品有罗汉果冲剂、山绿茶降压片、当归调经颗粒、牛黄消炎片、板蓝根颗粒、强力枇杷露、川贝清肺糖浆等。生产的罗汉果系列产品有复方罗汉果止咳冲剂、罗汉果止咳糖浆、罗汉果冲剂、罗汉果茶、罗汉果银花含片等。年产销总量约8.95万箱,销售金额2020万元。2004年,"中族"牌罗汉果制剂被评为广西名牌产品。2005年,"中族"牌罗汉果制剂被评为中国名牌产品。

此外,永福县外贸公司于1993年创办永福县天然保健食品饮料厂。以生产罗汉果冲剂制品为主。每年加工罗汉果原果30万~50万个,产值40多万元。1996年外贸体制改革以后,加工的罗汉果逐年减少。1997—2005年,每年生产罗汉果冲剂6000~8000箱,产值约200万元。

第四节　罗汉果制品

罗汉果是葫芦科罗汉果属的多年生藤本植物,是永福著名的农产品和中药材。作为农产品,罗汉果已有地方标准(编号为DB45/191–2004);作为中药材,清代的《永宁州志》中就有罗汉果的形态、性味、效果等内容的记载。当代的《岭南采药录》《全国中草药汇编》《中药大辞典》《实用中药手册》《广西中药志》等中药书籍均对罗汉果制品功能主治有所记载。

罗汉果冲剂

罗汉果冲剂(标准编号:Q/ZYCO1–2003)是20世纪70年代初,永福县在大搞中草药群众运动中,依据

永福民间应用罗汉果治疗咳嗽、痰多、便秘等数百个处方的用药方法研制而成。其主要成分是永福产优质罗汉果、优质蔗糖。该产品除具罗汉果原果的功能以外，还具有对冠心病的防治功能以及抗衰老、抗癌等功能。罗汉果冲剂由永福县卫生饮料厂、桂林中族中药股份有限公司和永福县天然保健食品饮料厂生产供应。罗汉果冲剂主销中国香港地区，出口主销新加坡、泰国、马来西亚及欧美等国家。该产品于1996年获全国新科技新产品交易会金奖；1997年，获广西壮族自治区优质产品奖。2000年以后，罗汉果冲剂产量及销量逐年上升，产品出口呈现供不应求的局面，年产量由原来1.20万箱增长到2005年的2.29万箱，销售金额780万元。仍然难以满足使用者日益增长的需求。

罗汉果茶

罗汉果茶是桂林中族中药股份有限公司2002年新开发的一种重要制品（国药准字：B20021008），是传统的永福茶文化与现代医学技术相结合研制而成的中药制品，本品为深黄色的块状物，气微、味甜。罗汉果茶系列产品有：罗汉果参芪茶、罗汉果灵芝茶、罗汉果银花冲剂、罗汉果玉叶茶、罗汉果绿茶、罗汉果菊花茶、罗汉果枸杞茶、罗汉果银杏茶等等，其主要原料是永福产优质长滩果、拉江果和当地产无公害特产，质量上乘，香味醇厚，口感甘甜。"中族"牌罗汉果茶及其制品销往美国、日本等20多个国家和中国台湾、香港、澳门地区。2005年，产销量1.40万箱，产销金额420万元。

罗汉果止咳糖浆

罗汉果止咳糖浆是桂林中族中药股份有限公司2002年新开发的一种非处方药品（国药准字：Z45020651）。主要成分有罗汉果、枇杷叶、桑白皮、白前、百部、桔梗、薄荷油。辅料有蔗糖、苯甲酸钠、乙醇、枸橼酸、香精。该品味甜、味苦、良性。该品属于咳嗽类非处方药药品。具有祛痰止咳的功能，可以治疗感冒咳嗽。该品可直接饮用，使用方便，每次10~15毫升，一日三次。桂林中族中药公司在不断研发、生产高科技现代中药的同时，同样注重传统中成药的开发和大规模生产。该厂已成为全国知名糖浆生产企业之一，产销跃居广西之首。2005年，产量3.70万箱，产销金额560万元。

蜜炼罗汉果膏

蜜炼罗汉果膏是桂林中族中药股份有限公司2002年新开发的一种新型保健产品。该产品用于治疗肺火燥咳、肠燥便秘、润燥、止痛、解毒、止咳清咽等，是一种老少皆宜的保健品。该项目获得国家申请专利号为200510075602.4，公开号CN1872133。

罗汉果止咳颗粒

罗汉果止咳颗粒是桂林中族中药股份有限公司2002年新开发的一种非处方药品（国药准字：Z45021795）。其主要成分是罗汉果、枇杷叶、百部、桑白皮、白前、桔梗。辅料为：蔗糖、乙醇、香精。该品为淡棕色颗粒，气味香甜。用于治疗肺热、肺燥咳嗽等病症。本品属于咳嗽类非处方药品，也属于冲剂型，用开水冲服。

罗汉果银花含片

罗汉果银花含片是桂林中族中药股份有限公司2003年新开发的独家产品。是根据验方整理而成，由主产永福县的罗汉果、金银花和甘草、西青果等 8 种药材组成,用于治疗风热症急喉痹、急性咽喉炎等病症。经广西中医学院第一附院、广西壮族自治区人民医院、广西医科大学第一附院对风热症急喉痹患病120 例进行临床验证,结果证明本品对风热症急喉痹患者有良好的疗效,并且质量稳定可靠。罗汉果金银花含片自投入市场后,产量及销售收入逐年递增。

罗汉果甜甙

罗汉果甜甙,是 1992 年永福制药厂与中国医学科学院药用植物研究所合作,以罗汉果为原料提取成功的保健品。1993 年在北京通过国家级的鉴定,1996 年荣获国家科技进步三等奖。该产品广泛用于医药、食品、饮料等行业,主销中国香港、台湾等地区,出口日本、美国、荷兰等国家。

第五节　罗汉果民间常见用法

罗汉果用途广泛,民间用法繁多,本志简单介绍几种常见用法。

罗汉果贵妃汤

材料:罗汉果半个、贵妃排骨 250 克、南北杏适量、盐少许。
做法:将罗汉果、南北杏及贵妃骨洗净;在锅内放适量水分,水滚放入各料,水滚后转慢火煲 3 小时,下盐调味即可饮用。
功效:具有清热解暑、润肺止咳、祛痰消渴、补益气血、补充钙质、润燥消积等功效。

罗汉果糖水

材料:罗汉果 1 枚、红枣、冰糖、百合若干。
做法:把所有材料淘洗干净,罗汉果拍碎,加水入锅,大火烧开 8 分钟,然后小火慢慢炆炖,40 分钟后起锅。
功效:具有清热润肺、消痰止咳等功效。

罗汉果姜茶

材料:罗汉果、姜。
做法:适量老姜带皮洗净,轻拍破,与罗汉果一同加入水中烧开,小火慢炆 3~5 分钟即可。
功效:清热润肺,止咳化痰。

罗汉果煲猪肺汤

原料:罗汉果四分之一个,猪肺 1 个,陈皮、葱、姜和盐适量。
做法:将准备猪肺切成小块,清水反复冲洗净,用水焯一下,焯好之后可直接放入煲里,加入适量的水、葱、姜、陈皮、罗汉果和盐,还可滴一点料酒,用中火加热烧开,小火炖半小时即可。
功效:润肺止咳、化痰祛结。

佛 果 酿

原料：罗汉果（鲜汉果更佳）、瘦猪肉、香菇、马蹄、盐等。

做法：选罗汉果小果，将罗汉果果肉淘净，用热水焯过，将瘦猪肉、香菇、马蹄等捣碎，拌以适量盐等配料，酿入罗汉果果壳，旺火蒸熟即可。

功效：是招待嘉宾的上好菜肴，味道鲜美，有开胃、消食作用，具有润肺化痰等功效，经常食用可养颜益寿。

罗汉果大姜汤

罗汉果大姜汤为永福县铅锌矿工人首创，用罗汉果 50 个、老姜 1.5 千克，入大锅加清水 100 千克，再加草药数种，大火煮沸后，改用小火熬煮半小时即成。矿工进隆道前或出隆道后均喝上一大碗，对防止和治疗职业病——硅肺病有奇效。对有色金属矿山工人的健康十分有益。

第四章 林 业

永福县属中亚热带雨林季雨林带，森林资源丰富，面积较大。1991 年，全县林业产值 3193 万元，占全县农林牧渔业总产值的 15%。1991—1993 年，全县围绕消灭宜林荒山，大力开展造林绿化。1994 年，全县实现绿化达标。1995 年，全县林业产值 5907 万元，占全县农林牧渔业总产值的 14.25%。其中，营林产值 671 万元，林产品产值 1285 万元，竹木采伐 3951 万元。1995—2005 年，以改善生态环境为目标，坚持依法治林，一手抓营林绿化，一手抓森林资源保护；不断强化管理，确保林业生产持续稳定发展。2000 年，全县林业产值 5679 元，占全县农林牧渔业总产值的 10.60%。其中，营林产值 20 万元、林产品产值 1943 万元、竹木采伐 3716 万元。2005 年，全县林业产值 6634 万元，占全县农林牧渔业总产值的 4.93%。其中，营林产值 163 万元、林产品产值 3224 万元、全社会林木采伐 3247 万元。是年，全县森林覆盖率达 74.10%。

第一节 机 构

永福县林业局

1960 年 1 月，成立永福县林业局。1991 年，县林业局为正科级行政机构。内设秘书股、营林股、林政办、森工股、森林防火办、林业推广站、公安股、绿化队、世行贷款、国家造林项目办公室、财务股，有行政干部 12 人，林政、公安 60 人。办公地址在县城东江街 91 号。县林业局下属单位有：县木村公司、坪岭林场、苏桥苗圃、大板山水源林场，共有员工 163 人。各乡镇林业站，各配备 3~5 人。

2005 年，县林业局为县人民政府工作部门，负责全县林业生产和森林资源保护。内设政秘股、纪检监察股、财务股 3 个股室。直属的企事业单位有林政办、营林办、世行贷款、国家造林项目办公室、调处办、农村能源办、森林防火办、森林公安分局、执法大队、林业技术中心推广站、森林病虫害防治站、木材公司、坪岭林场、大板山水源林保护站、金竹坳木材检查站、江岩木材检查站、罗锦木材检查站等;下设9个乡镇林业站。全县林业部门共有干部职工464人,其中干部155人、工人309人。是年,县林业局办公地址在县城凤城路113号。

1991—2005年,历任县林业局局长的有:梁家世(1987年10月—1993年6月)、肖健强(1994年1月—1995年4月)、毛玉臣(1995年4月—1998年3月)、马运生(1998年3月—2005年3月)、周长芳(2005年3月—2005年12月)。

永福县绿化委员会办公室

1990年3月,成立永福县绿化委员会,下设绿化委办公室,办公室主任由县林业局局长兼任,并从县直机关抽调39名干部在县林业局办公。1991—2000年,县绿化办公室具体指导全县造林、护林和农村节约能源工作。

永福县森林防火指挥部办公室

1998年,永福县成立森林防火指挥部,由县长任第一指挥长,分管副县长任指挥长、县林业局局长任常务副指挥长,县林业局分管副局长任专职副指挥长,县人民武装部部长、公安局长任副指挥长,有关部、委、办、局领导组成领导小组成员。指挥部下设办公室,办公室地点设在县林业局,配专职干部5人,负责森林防火的日常工作。各乡镇也同时组建了森林防火指挥部,乡(镇)长任指挥长,分管副乡(镇)长任副指挥长,有关站、所领导组成领导小组成员,乡镇指挥部下设办公室,办公室设在乡(镇)政府。村一级成立指挥所,村委成立森林防火领导小组。

2005年,县森林防火办公室配专职人员6人。下辖专业消防队1支,队员20人;乡镇森防办专业队9支,每支队员15人,共135人;建制村防火应急分队93支,每支队员20人,共1860人。

永福县森林公安分局

1987年,永福县公安局增设林业公安股及基层林业公安派出所(组)共9个单位,新增林业公安编制24人,用于充实林业基层派出所。9个增设单位分别为:永福县公安局驾桥岭水源林保护区派出所、永福县公安局寿城水源林保护区派出所、永福县公安局坪岭林场派出所、永福县公安局桃城派出所林业公安组、永福县公安局罗锦派出所林业公安组、永福县公安局广福派出所林业公安组、永福县公安局永安派出所林业公安组、永福县公安局龙江派出所林业公安组、永福县公安局林业公安股。2002年,永福县公安局林业公安股更名为永福县森林公安分局,并增挂永福县公安局森林警察大队牌子,实行两块牌子一套人员。是年,县森林公安分局开始实行警衔职务管理。至2005年,有人员编制24名,其中一级警督2名(其中1人已退休)、二级警督2名(2人都已退休)、三级警督20名、一级警司3名。办公地址在县林业局大院。

县林业局下属单位

永福县木材公司　县林业局下属单位。1979年4月成立。属于独立核算的森工企业。办公地址在县林业局院内。1991年,公司内设生产科、调拨科、政工科、财务科,有职工58人。2004年年底,县木材公司设秘书组(办公室)、财务组、林场调拨组、经营承包组,有职工90人,其中干部15人、工人75人。2005年3月从公司调剂职工46人转入永福县木材检验技术中心。

永福县木材检验技术中心　2005年3月成立,属县林业局二层自收自支事业单位,具有独立法人资

格。人员编制 46 名,实有人员 46 人,由县木材公司转入。专门管理木材检验业务。

永福县坪岭林场 1979 年成立,是县林业局下属单位。场部在桃城乡湾里村。1991 年,林场下设银洞、小江、石龙、德安、凤眼 5 个分场,有职工 36 人。1991—2005 年,坪岭林场主要管护飞播林,兼营造用材林和经济林。

永福县大板山水源林保护站 县林业局下属场站,始建于 1960 年,名叫县大板山采木场。1979 年,更名为县大板山水源林保护站。场所在龙江乡龙山村和百寿镇朝兑村交界处。1991 年有职工 28 人,管护森林面积 1886.33 公顷,为县内主要水源林区。2005 年有职工 52 人,其中干部 3 人、工人 49 人。年砍伐木材约 2000 立方米。

新苗林场(碧辽河林场) 1976 年成立。原为龙江乡乡办林场,场部在龙江乡保安村碧潦河地带,管护造林 466.67 公顷。1994 年,一次性将该林场转让给广西永福森工基地联营林场(由永福县木材公司、桂林地区木材公司、广西壮族自治区木材公司、兴安县木材公司联营),经营期 35 年。2000 年 10 月,4 家联营林场的其他 3 家单位退出联营。从此,联营林场(新苗林场)为永福县木材公司独家经营。至 2005 年年底,新苗林场有管护工人 2 名,管护林木面积 553.34 公顷,其中近熟杉木林 46.67 公顷、中幼杉木林 240 公顷、其他混交杂木灌木材 266.67 公顷。

第二节　森林资源

永福县是桂北重点林区之一,森林资源丰富。经过 1979 年、1988 年全面森林资源调查,建立了永福县森林资源连续清查体系。1999 年 8 月—2000 年 6 月,又进行了第三次森林资源调查。

1991 年,全县造林面积 8506.60 公顷。1993 年,永福县消灭宜林荒山,成为"广西造林灭荒县"。1994 年,全县实现绿化达标。1995 年,全县封山育林面积 4.30 万公顷。当年造林面积 1017 公顷,其中用材林 232 公顷、竹林 339 公顷、经济林 446 公顷;当年迹地更新面积 2659 公顷。

2000 年,永福县土地总面积 28.06 万公顷,其中林业用地面积 19.13 万公顷,森林面积 16.14 万公顷,占林业用地面积的 84.37%。集体林区中森林覆盖率(含灌木林)最高的是龙江乡,为 91.94%;最低的是三皇乡,为 60.67%。

2005 年,永福县森林面积 16.75 万公顷,立木蓄积量为 445.48 万立方米,全县森林覆盖率由 1991 年的 44.30% 提高到 74.10%。

龙江乡毛竹生产基地　唐庆甫　摄于 2005 年 5 月

第三节　林业生产

植树造林

苗木培育 1991—2005 年,永福县造林苗木培育以农村育苗专业户为主。专业户育苗量超过了国有单位的育苗数量。国有单位育苗主要在苏桥苗圃,育苗面积 8.50 公顷。育苗种类根据市场的需求而变化,但以用材林、竹林、经济林苗木为主。15 年间,全县共培育良种杉苗 1418 万株、马尾松苗 674.50 万株、湿地松苗 238 万株、桉树苗 140 万株、杨树苗 10 万株、竹苗 135 万株、其他苗木 124 万株。

人工造林　1991—1992 年,中共永福县委、县人民政府先后制定文件,对造林规划、林业发展中长期目标任务、消灭宜林荒山、封山育林、采伐限额、森林"三防"(防火、防乱砍滥伐、防病虫害)提出指导性计划及量化要求,并列入各级领导班子、领导干部政绩考核目标,奖罚分明。坚持每年春季开展大规模的全民植树造林活动。1991 年,全县造林面积 8506.60 公顷,其中用材林 8230.67 公顷、竹林 76.40 公顷、经济林 199.53 公顷。

1993 年,全县基本消除宜林荒山。是年 6 月,自治区造林灭荒检查组到永福检查验收造林灭荒工作。检查结果为全县灭荒达标栽植率 99.98%,荒山率为 0.01%。铁路两旁栽植率为 98.17%,主要公路两旁栽植率为 99.44%。主要河流两旁栽植率为 99.18%;"四旁"(即村旁、路旁、水旁、宅旁)栽植率平均为 95.12%,验收"两率"(栽植率、荒山率)名列桂林地区榜首。永福县造林灭荒实现达标。

1994 年,全县绿化达标。

1995 年,全县造林面积 1017 公顷,当年迹地更新面积 2659 公顷。

2000 年,全县造林面积减少,当年荒山造林 200 公顷,其中用材林 51 公顷、竹林 2 公顷、经济林 147 公顷。

2005 年,全县造林面积 1483.60 公顷,其中荒山造林 1076.60 公顷。当年迹地更新面积 407 公顷。

1991—2005 年,全县财政投入造林经费 1026 万元,社会投入造林资金 12.70 亿元。共造林 5.85 万公顷,成活率 90%。主要造林模式有人工纯造林和人工自然混合造林,其中人工纯造林 4.98 万公顷、人工自然混合造林 8700 公顷。

2005 年,全县森林覆盖率达 74.10%。

四旁植树　1995 年,全县"四旁"植树 6.40 万株。2005 年,全县"四旁"植树 6 万株。1991—2005 年,全县在城乡居民点"四旁"共零星植树 90.40 万株,扩大了绿化成果。

2005 年 4 月 18 日,永福县机关干部在南雄村附近植树造林　　　　张桂发　摄

表 5-9
1991—2005 年永福县人工造林面积统计表

年度	造林面积 (公顷)	年度	造林面积 (公顷)	年度	造林面积 (公顷)
1991	8506.20	1996	1050.00	2001	517.80
1992	9176.90	1997	4951.10	2001	2083.20
1993	5271.80	1998	2083.20	2003	1666.70
1994	6886.20	1999	585.00	2004	1316.90
1995	1017	2000	200.00	2005	1483.60

工程造林

生态公益林　2000 年,永福县被列为国家重点生态公益林补偿基金试点县。2001 年正式实施,并开始兑现补偿款。2004 年永福县被正式确定为森林生态效益补助资金的重点县之一。第一批列入国家级重点生态公益林补偿范围的森林面积为 4.87 万公顷,补助资金 310.60 万元。

退耕还林工程　2002年，永福县开始实施退耕还林工程。至2005年，全县共完成退耕还林4533.30公顷，其中退耕地造林2666.70公顷；每年发放工程补助金额达920多万元；荒山造林4266.60公顷，已给造林户一次性补助金额达320万元。

珠江防护林工程　2002年，永福县启动珠防林工程。至2005年，累计实施防护林面积为1732公顷。

世行贷款造林项目　1990年，永福县启动利用世界银行贷款造林项目。1991—2005年，共连续实施3期项目，造林项目总规模为6870公顷，总投资4668.02万元。其中，人工用材林造林面积6300公顷，投资4458.82万元；生态多功能造林面积570公顷，投资209.20万元。一期造林工程，称为"国家造林项目"；二期造林工程，称为"森林资源发展和保护项目"；三期造林工程，称为"贫困地区林业发展项目"。根据调查结果，永福县利用世行贷款资金营造的且当时保存较为完整的项目造林约1814公顷，其中杉木1069公顷、湿地松437公顷、马尾松294公顷、毛竹14公顷。

飞播造林　1992年，在全县造林灭荒大会战中，采用飞机播种造林面积9598.13公顷，合格面积8516.70公顷。

木材采伐

1991年，永福县国有林场按计划自行组织木材采伐，集体、个体林场及农户自有林、承包林，由林木所有者凭证组织采伐。当年全县木材砍伐情况不详。

1995年，全县砍伐木材61300万根、毛竹286.08万根、篙竹5.50吨、小杂竹1906万根。2000年，全县砍伐木材5.60万立方米、毛竹152万根、篙竹135万根、大杂竹219万根、小杂竹3952吨。2005年，全县砍伐木材6.61万立方米，毛竹151万根、篙竹25万根、大杂竹46万根、小杂竹770吨。

木材经营

1985年，国家取消木材统购统销。1991年，由县木材公司设点议价收购和自由上市销售。1997—2005年，由县木材公司收购经营的木材越来越少，而转由木材经销商凭生产许可证及营业执照经营销售木材和县内木材自由市场销售木材。

县木材公司以经营木材为主。1991—1996年，木材公司利润逐年减少。1997—1999年，木材公司基本没有利润，直接原因是木材经营放开，木材公司不再是木材主营单位。木材公司每年经营的木材量在2万立方米以下，约占全县木材经营量的30%~40%，艰难地维持着运转。2000—2005年，木材公司出现大幅度亏损。木材公司员工大量调出，只有少量留守人员在收些门面出租租金，管理离退休和内退人员，不再经营木材业务。

县新苗林场从1994年开始逐渐进入采伐期，至2005年共采伐杉木2.50万立方米，总产值660万元，收入"两金一费"（即育林基金、更改基金、林业建设费）205.90万元。其中，上缴地市县70万元、上缴自治区18万元、上缴税收110.79万元、产生利润7.11万元。

林副产品

永福县境林副产品丰富，有松脂、板栗、油桐籽、油茶籽等11类林副产品。

松脂，为县域最大一宗林副产品。20世纪50年代开始采收松脂。1985年取消松脂派购任务后改由市场销售。1995年，全县采收松脂1138吨，2000年1613吨，2005年采收松脂2451吨。

板栗，为县域主要经济果林之一。各乡镇皆有零星种植，主产永安、三皇、罗锦等乡镇。1995年，全县采收板栗 698 吨,2000 年为 1557 吨。2005 年,全县板栗栽培面积达 1409.86 公顷,投产面积 1002.93 公顷,年总产量 1733 吨。

油桐籽,原为县域大宗林副产品之一,品种有三年桐、五年桐。1991 年以后,全县油桐面积减少。其原因是价格下降,种植油桐不如种植其他经济作物效益好。1995 年,全县采收油桐籽 294 吨。2000 年为 911 吨。2005 年,全县产油桐籽 1165 吨。

油茶籽,油茶为县域较大宗林副产品。品种有普通油茶、小果油茶等。1991—2005 年,全县油茶种植面积保持稳定。年产油茶籽 1500 吨左右。其中 1995 年全县采收油茶籽 1323 吨;2000 年为 1880 吨,2005 年全县产油茶籽 1821 吨。

香菇,县域内种植香菇,全国闻名。品种分为香信、冬菇、花菇 3 种。永福香菇有天然野生菇和人工培植菇。1991—2005 年,天然野生菇越来越少,一般每年干香菇 3~5 吨,以百寿、堡里、龙江乡镇较多。永福人工培植香菇发展较快。1992 年,全县干香菇产量 120 吨。之后逐年上升,1998 年,全县干香菇产量达 220 吨。2003 年,推广夏季种植反季节香菇。2005 年,全县产干香菇近 1000 吨。

2005 年,全县林产品还有生漆年产量 2 吨、乌桕籽 9 吨、五倍籽 2 吨、棕片 231 吨、八角 137 吨、桂皮 31 吨、白果 10 吨。

第四节　森林保护

封山育林

20 世纪 90 年代至 21 世纪初,永福县森林保护继续贯彻"以封为主,封、管、造、节相结合"的方针,在各山区乡镇和驾桥岭水源林保护区、寿城水源林保护区、西河、茅江、东河流域等,重点区域面积约 18.53 万公顷,实行封山育林,分别实行全封、半封和轮封。各封山育林单位,制定封山育林村规民约,选聘责任心强的护林员管护,明确封山四至,开修好防火线。1995 年,全县封山育林面积 4.30 万公顷,当年幼林抚育实际面积 6599 公顷,成林抚育实际面积 1666 公顷。2000 年,新增封山育林面积 700 公顷。至 2000 年,全县第三次森林资源调查时,大部分封山育林区域已成林,林木生长郁郁葱葱。2005 年,全县有人工封山育林面积 2667 公顷,成林抚育面积 1030 公顷。

森林防火

1991—2005 年,永福县森林防火实行行政首长负责制,从指挥长到成员都制定了任期目标管理责任制,并公布上墙,每个森林防火指挥部都有森林防火责任区。同时县与乡镇、乡镇与村都签订了森林防火责任状,把森林防火责任分解到单位,落实到个人,并纳入年度任期考核内容。

森林消防预防工程建设　1991 年,永福县修建林道 166 千米,建生物隔离带 230 千米、瞭望台 11 座(其中砖瓦结构 6 座、简易结构 5 座),置无线插转机 2 台、置车载台 7 台、置对讲机 56 台、置运兵车 1 辆和巡山车 5 辆、指挥车 3 辆、望远镜 7 台、备风力灭火机 24 台、备二号工具 30 把。林业两金(即育林基金、更改基金)投入 60 万元。

1992—2003 年,永福县修建林道 298 千米、阻隔带 289.90 千米;建临时瞭望台 5 座;置无线插转机 1 台、对讲机 152 台、运兵车 3 辆、指挥车 2 辆、灭火机 115 台(包括黄冕林场在内)、备二号工具 300 把。林业两金(即育林基金、更改基金)共投入 220 万元。

2004—2005 年,永福县种植防火林带 36.60 千米,置对讲机 5 台、运兵车 1 辆。县乡财政防火投入 29

万元,林业两金投入46万元。

森林消防专业队、半专业队建设　1991年3月,永福县组建专业森林消防队,同时建起生产、生活基地。通过严格管理和训练,除完成永福县森林防火扑救任务外,支援过金秀、融水、荔浦、恭城、兴安等县的森林火灾扑救工作。1997年,永福县进一步完善森林消防队伍的建设。2005年永福县森林消防队有专业队员20人,他们平时在衣架厂做工,一有火情能迅速出动,及时到达,把发生火情控制在萌芽阶段。森林消防专业队员每人月平均工资1000元以上,达到以厂养队、自给自足目的,也减少了国家的财政和林业局的经费负担。

永福县森林消防队半专业队主要以县林业局、乡(镇)政府、乡镇林业站、武警中队为主组成。1991年,全县9个乡(镇)各组建15人的半专业森林消防队伍,装备齐全,配齐风力灭火机、对讲机和灭火服。全县93个村公所各组建20人的防火应急分队。2005年,全县保持以森林消防专业队为主、森林消防半专业队和防火应急分队为辅的消防网络,有效保护全县的森林资源。

与相邻县、场联防建设　1993—1995年,永福县和融安县连续轮流进行森林防火联防。联防范围:永福县的龙江乡、百寿镇、三皇乡,融安县的板榄乡、雅瑶乡、大坡乡、泗顶镇、桥板乡,共8个乡(镇)。在两县人民政府领导下,建立起护林防火联防指挥部,指挥部办公室设在值班县防火办公室,办公室主任由值班县林业局分管防火工作的副局长担任,办公室人员由两县防火办工作人员组成,由值班县负责办理护林防火日常工作。两县联防指挥部下设3个指挥所:龙板所(板榄、龙江)、百雅所(百寿、雅瑶、大坡)、三泗所(泗顶、三皇、桥板)。各指挥所由乡(镇)轮流值班,一年一轮换。

两县联防指挥部、各联防所负责周边地区森林防火的宣传、检查、督促以及森林火灾的组织扑救和森林火案查处的协调等工作。

2000—2005年,永福县广福乡大石村委会与黄冕林场兰麻分场每年都召开一次森林防火联防会议,研究部署森林联防相关事宜,取得良好效果。

森林病虫害及防治

1991—2005年,永福县主要森林病虫害有:

松毛虫、毛竹黄脊竹蝗、毛竹双色竹刺蛾、松茸毒蛾、萧氏松茎象、松墨天牛、杨树叶蜂、杨树刺蛾、油茶枯叶蛾、油茶毒蛾、白蚁、地老虎、大蟋蟀、桉树尺蛾、桉树蚜虫等。

松赤枯病、松针褐斑病、毛竹黑痣病、桉树叶枯病、桉树褐斑病、桉树红叶病、桉树叶斑病、板栗疫病、松材线虫病等。

1991—2005年,全县共投入森林有害生物防治费191.30万元。

松毛虫害防治　1991年,全县发生松毛虫害1666.67公顷,主要分布在永福镇、桃城乡、苏桥镇、罗锦镇。以后每隔4~5年大暴发一次,达到1333.33~2000公顷,一般年份也发生300~400公顷。

自治区森林病虫害防治检疫站于1993—1995年对永福县开展马尾松松毛虫综合治理技术推广应用,采取有效措施进行防治;建立组织机构,健全虫情监测网络,划分发生类型分类施策,及时开展以白僵菌为主的生物防治,控制虫源地、防止扩散蔓延,对控制虫情起到积极的作用。2000—2002年,永福县又被列为国家级松毛虫工程治理示范项目。一直到2005年全县的松毛虫发生率控制在5%以下,成灾率也控制在4‰以下。通过治理,松林生态环境得到改善,提高了对松毛虫的自然抑制能力,松毛虫种群数量比以前减少,严重成灾面积明显下降。

毛竹黄脊竹蝗防治　1991—2005年,全县每年发生300~400公顷,主要分布在桃城乡、百寿镇、堡里乡,采取在跳蝻前在地面上防治(修山的可预防)、上竹后采取喷粉或烟剂熏的办法。

毛竹双色竹刺蛾防治　2000—2005年,全县发生300~400公顷(主要分布在百寿镇、龙江乡),采取及时喷粉防治的办法。

松材线虫病 2001年9月,经上级主管业务部门和专家鉴定永福县已被传入松材线虫病。县城凤山被列为疫情发生点(区)。

2001年9月20日,桂林市人民政府召开治理松材线虫病工作动员大会以后,永福县加强了组织领导,专门成立领导小组,精心组织专业队伍,及时清理全县的枯死松树,对有疑问的枯死松树进行室内检验。

2002年,制定全县松材线虫病的预防和除治方案,划分疫情发生类型、疫情发生区。对县城凤山和桃城乡南雄村绘制了1:10000比例发生分布图,在凤山挂诱捕器诱杀天牛、设诱木堆等,减少传播媒介;在公路、铁路沿线、县城周围设立固定监测点100个,聘请105名监测员进行监测。每年4月、9月开展两次全面普查松树枯死木,组织专业队员及时清理枯死松木进行烧毁,发现一株及时清理一株。

2001—2005年,永福县松材线虫病的监测和防治共投入经费100多万元,其中国家林业局、自治区、市下拨经费70万元。永福县的松材线虫病没有蔓延扩散。在2005年基本拔除了疫点,有效保护县境森林资源。具体的监测和防治措施为:(1)设立固定监测点监测,聘请虫情调查员及护林员105人,监测全县森林面积18.53万公顷,监测率100%;(2)每年4月、9月开展枯死松树的全面普查并及时清理;(3)挂诱捕器诱杀天牛;(4)加强对外来松类植物及其产品的复检工作;(5)加强苗木繁育基地产地检疫;(6)木材检查站对过往的森林植物及其制品严格实施检疫证书查验制度;(7)加强组织领导,明确防治责任;(8)广泛开展宣传和培训,普及防治知识。

水源林保护

水源林保护区 1982年,经自治区人民政府批准成立驾桥岭、寿城水源林保护区,主要保护对象为水源涵养林。

驾桥岭水源林保护区跨永福县、阳朔县和荔浦县3县7乡(镇)26个村,面积7.60万公顷。在永福县境内面积4.65万公顷,占整个水源林面积的61%。其中,森林面积4.31万公顷,是该水源林保护区的核心部分。该保护区永福部分包括永福镇、广福乡、堡里乡3个乡镇12个村,人口4.20万人。该保护区没有进行划界确权,也没有进行保护区功能区划。1991—2005年,由乡镇林业站按集体林区模式进行管理。

寿城水源林保护区跨永福县、临桂县2县3乡(镇)18个村、1个国有林场和1个水源林保护站,面积7.59万公顷。在永福县境内面积5.84万公顷,占该水源林保护区面积的77%。其中,森林面积5.02万公顷,是该水源林保护区的核心部分。该保护区永福部分包括百寿、龙江2个乡镇14个村,人口3.50万人。该保护区没有进行划界确权,也没有进行保护区功能区划。1991—2005年,由乡镇林业站按集体林区模式进行管理。

大板山水源林保护 前身为永福县国有大板山伐木场,始建于1960年。1982年,属于寿城水源林保护区,当时场部设在七渡河。1991年,全场总面积2543.80公顷。林业用地面积2411.80公顷,占总面积的94.80%。其中,有林地面积1334.10公顷,占总面积的52.40%;宜林地面积1077.70公顷,占总面积的42.40%;农业用地18公顷,占总面积的0.70%;其他用地面积114公顷,占总面积的4.50%。2005年,大板山林场总面积与林业用地面积不变,林场有职工52人,其中干部3人、工人49人(包括临时工4人);木材年产量2000立方米。

第五节　林政管理

1991—2005年,永福县林政办公室和林业公安部门根据《中华人民共和国森林法》《广西壮族自治区森林管理办法》及其他林业法律法规的规定,负责全县森林资源的保护、管理及森林资源调查动态监测和统计等工作。

森林资源调查

永福县在1979年、1988年森林资源调查的基础上,1999—2000年,又进行了一次森林资源调查,摸清掌握县内森林状况,并建立全县森林资源连续清查体系,建立健全森林资源档案。根据森林经营活动情况和森林资源消长情况,按照生长大于消耗的原则,编制森林经营方案,确定每年度的森林资源采伐限额,把森林资源消耗量控制在生长量以下。2000年森林资源消耗量调查表明:永福县森林年生长量为37.32万立方米,年消耗量16.00万立方米,净增21.37万立方米,开始出现生长大于消耗的可喜局面,也体现了1993年以来全县开展造林灭荒、1994年绿化达标的良好成效。

林木采伐管理

1991—2000年,永福县每年林木采伐总量,一般在4.80万~6万立方米之间。2001—2005年,全县每年森林采伐量有所增加,其中2003年为7万立方米,2004年为5.96万立方米。2005年,增加为7.37万立方米,其中村及村以下竹木采伐量为木材6.61万立方米;毛竹151万根,嵩竹25万根,大杂竹46万根,小杂竹770吨。

永福县林业局依法发放林木采伐许可证、运输证,凭证砍伐、销售和运输。据不完全统计,1991—2005年,全县对42.15万立方米的木材发放木材采伐许可证;对36.78万立方米的木材发放了木材运输证;凭证砍伐、运输和销售木材36.78万立方米的木材;共发放各类竹子计1120万条(根)的采伐运输证。

加大对无证运输、走黑木材的拦获及查处力度。据统计,1991—2005年,全县共拦获查处无证运输、走黑木材1392起,累计木材达2.49万立方米,收取罚没款641.80万元。

加强木材加工经营管理,使木材加工生产经营走上制度化、规范化。1995年,永福县将境内西河流域第一重山的所有区域划为保护区;对保护区内实行杂木全封,严禁采伐任何商品用杂木(含商品用薪炭材);对全县内的松杉竹等商品材,严格限量采伐。对确需采伐的,严格执行采伐标准,办理采伐手续;对违规采伐者,给予严厉打击;保护区内的松杉杂木等商品材的采伐限额由相关乡镇人民政府申报,县林业局综合平衡并按程序办理相关手续后报县人民政府审批;全县内的残次林需要进行低改的,报县人民政府审批;严格执行公益林政策,禁止采伐公益林;对全县的木材加工厂进行严格审批和总量控制并报县政府审批。2005年,永福县鼓励和支持在全县大力种植毛竹,对群众利用荒山荒地种植毛竹的每亩一次性补助100元,利用残次林改造种植毛竹的每亩一次性补助50元。县成立西江流域森林资源保护行动小组,对西河流域的森林资源进行重点监管,确保各项森防措施落到实处。

查处林业违法案件

1991—2005年,永福县林业公安股及后增设的森林公安分局,积极查处全县各类林业行政、刑事案件,制止乱砍滥伐森林、无证运输木材、非法收购木材等。加强森林防火,保护野生动物及鸟类资源,维护林区社会治安和林政,推动木材检查站正常业务的开展。据统计,15 年间,共查处各类林业案件 2685 起,处罚 229 人次,收缴各种违法经营木材 4522 立方米,罚款金额共计 177.44 万元。其中,刑事案件 106 起,处罚人数 131 人;治安案件 113 起,处罚人数 98 人;林业行政案件 2466 起,受处罚人数总共 2466 人次。

第六节　农村能源建设

农村能源建设,是林业生产节能的一个重要环节。1990 年,永福县绿化委员会成立后,永福县农村能源办公室从县农委二层机构转为县绿化委员会二层机构,负责农村能源建设工作。1997 年,永福县开始实施"广西生态农业 152 示范工程"(即在 2002 年以前建设 100 个生态村、50 个生态乡和 20 个生态县)建设。2005 年 4 月,永福县顺利通过"广西生态农业 152 示范工程"的检查验收,成为广西生态农业县之一。永福县农村能源建设除推广省柴灶、沼气池外,还建有微水电站 357 座,发电 462.50 千瓦;使用太阳能热水器 485 户。

省柴灶推广应用

1991 年,永福县启动农村改燃节能工程。县人民政府及县绿化委员会多次召开推广省柴灶经验交流会议,培训砌灶技术人员。至 1995 年,共举办省柴灶推广技术培训班 12 期,参加培训学员 287 人,全县使用省柴灶家庭累计增加到 5.98 万户,占农村家庭总人口数的 88%。1996 年后农村能源的工作重点转向沼气使用推广。

沼气池推广应用

1996 年,永福县农村建有沼气池 1100 座,占农村家庭总户数 1.80%。2003 年,永福县实施农村能源沼气国债项目,使全县农村沼气推广进入快速发展阶段。据统计,2003 年,建设农村户用沼气池 800 座,2004 年 1672 座,2005 年 1870 座。至 2005 年年底,全县累计已建农村户用沼气池 3.07 万座,占农村家庭总户数 51.08%。

第五章　农业机械

1991—2000 年,随着永福县农村经济体制发生重大变革,农业机械经营形式多样化,农户购置农业机械的积极性不断提高,适合一家一户的小型耕作机械攀升发展。1991 年,全县农业机械装备量 1.14 万台套,总动力 3.63 万千瓦。2000 年,全县农业机械装备量 2.68 万台套,总动力 6.11 万千瓦。

2001—2005 年,由于国家各种惠农政策相继出台,加大对农户购置农业机械的补贴,全县农业机械化得到快速发展。农业机械装备总量迅速增长,农业机械在农业生产中的作用更大突出。2005 年,全县农业机械装备量 4.58 万台套,总动力 10.44 万千瓦;农机总作业产值 8500.93 万元;全县大部分村屯实现了农田排灌、农产品加工、饲料加工机械化及农用运输机械化。

第一节　机　　构

1972年6月,成立永福县农业机械化管理局,负责农业机械管理与服务。

1991年,县农机局为县政府下属局,正科级行政机构,内设办公室、农机管理股、农机安全监理股。下辖县农机研究所、农业机械化学校、农机技术推广站、农机供应公司、机耕队和各乡镇农机管理服务站。全县农机系统共有职工100人(其中局本身职工23人)。局办公地址在县城东江街四鸡岭292号。

1996年7月,机构改革,县农机局更名为农业机械化管理处,正科级事业单位,赋予行政职能。1997年5月,增挂永福县农机局牌子,实行一套人员、两块牌子。

2001年12月,机构改革,永福县农业机械化管理处(局)更名为永福县农业机械化管理中心,为县政府直管部门。2005年,县农机管理中心为县政府直属正科级事业单位,赋予行政职能,内设办公室、财务股,下辖县农机技术推广站、农机安全监理站、农业机械化技术学校、农机管理站和各乡镇农机管理服务站等。全县农机系统有在职职工61人。县农机管理中心办公地址在县城迎宾大道五里桥开发区。

1991—2005年,历任县农机管理中心(含农机局)主任(局长)有:文谋良(1987年10月—1992年4月)、钟奕新(1992年4月—1994年4月)、秦连兴(1994年9月—1996年7月)、侯家若(1996年7月—2001年7月)、黄永光(2001年7月—2005年12月)。

第二节　农机应用

20世纪90年代至21世纪初,随着农村经济的快速发展,永福县农业生产生活广泛应用机械操作。全县引进、应用的农业机械,主要有耕整机、化肥深施机、动力脱粒机、方向盘式小型拖拉机、后驱动多功能拖拉机、微型拖拉机、农用运输车、联合收割机、割晒机等耕作机械,收割机械以及谷物脱壳、增白、油料加工等农副产品加工机械。

1991年,永福县农业机械装备量1.14万台套,农业机械总动力5.42万千瓦。当年完成机耕面积4361.93公顷。

1995年,全县农业机械装备量1.63万台套,农业机械总动力4.15万千瓦。当年完成机耕面积5484公顷。

2000年,全县农业机械装备量2.68万台套,农业机械总动力6.11万千瓦。当年完成机耕面积9.76万公顷。

2005年,全县农业机械装备量4.58万台套,农业机械总动力10.49万千瓦。农机原值6607.65万元。农机装备总量持续增长,使农业机械化作业水平不断提高。是年,全县农机总作业产值8500.93万元;完成机耕作业面积8.27万公顷;机械播种面积2公顷,机收面积4336公顷。水稻动力脱粒面积1.30万公顷;完成农

2005年11月29日,永福县农民群众踊跃购买农业机械
唐庆甫　供图

业生产资料、农副产品流通、城乡建设等农村社会运输量90%以上;农副产品加工全部实现机械化。

耕作机械

1991年,全县拥有耕作机械2647台套,总动力1.27万千瓦。2000年,全县拥有耕作机械10428台套,总动力2.96万千瓦。2005年,全县拥有耕作机械1.57万台套,总动力4.38万千瓦。

拖拉机 1991年,全县大中型拖拉机进入报废高峰期,大幅度减少;而方向盘式小型拖拉机发展进入高峰时期,发展到1337辆;后驱动多功能拖拉机72辆。1995年以后,从外地引入一些变形拖拉机,适合农村短途运输。至2005年,全县拥有各类型拖拉机5400辆。

耕整机 20世纪90年代,耕整机深受农民欢迎。1991年,全县推广引进各种型号耕整机94台。至2005年,全县拥有耕整机1060台,耕作面积达4751公顷。

排灌机械

主要有农用水泵、水轮泵、潜水泵、喷灌机等。1991年,全县拥有排灌机械2267台,其中农用水泵1143台(套),2984千瓦,灌溉面积共2008公顷。2005年,全县拥有排灌机械1.04万台,其中农用水泵3905台、喷灌机械6488台。

植保机械

1991年,全县很少有植物保护机械。群众大多使用人力喷雾器,很少使用动力喷雾机器。2005年,全县拥有机动喷雾机463台,总动力1274千瓦,多数用于柑橘种植业。

收割机械

收割机械主要有机动脱粒机和联合收割机等。

机动脱粒机 20世纪90年代,随着水稻杂优品种的推广种植,机动脱粒机迅速发展。由1991年全县拥有633台,发展到1995年1537台,2000年5041台,2005年5853台。

联合收割机 1996年,县农机局引进1台江苏产的"农友"牌微型轮式收割机,进行示范推广。1997年,罗锦镇2家农户买回2台轮式联合收割机,进行机收作业。1998年,全县引进第1台湖州产130型自走式联合收割机。是年6月下旬,永福县农机推广站参加全自治区跨区作业合浦县机收现场会议,学习合浦、钦州、柳州等地区进行水稻跨区域收割经验,其后在全县进行水稻收割演示推广。2000年,永福县堡里乡农民廖次生、黄安华等5户农民自筹资金合伙购回2台珠江1.50型机动自走式联合收割机。2005年7月11日,县农机局在堡里乡波塘村新桥屯举行桂林联合收割机总厂(简称"桂联")水稻收割机新机具机收演示会,全县9个乡镇农民共购买了收割机22台。其中,桂联半喂入致富好帮手4CB1.5(510型)收割机5台、桂联超越号4L21.50橡胶履带自走式全喂入收割机13台、桂联之星4LZ3.0橡胶履带自走式全喂入水稻联合收割机4台。2005年全县有联合收割机138台,总动力3216千瓦。

农用运输机械

农用运输机械,主要有载重汽车、农用运输车、小型多功能拖拉机等。1991年,全县拥有各类农用运输机械 1155 辆。2005 年,全县共有各类农用运输机械 271 台(套)。其中,农用载重汽车 64 台 5395 千瓦、农用运输车 207 台 6551 千瓦。后驱动拖拉机 779 辆。

农副产品加工机械

农副产品机械,主要有碾米机、打糠机、榨油机、饲料粉碎机等。20 世纪 90 年代永福县使用的碾米机主要是广东饶平生产的增白、脱壳(10 厘米、15 厘米)组合机;打糠机主要使用北流县(市)生产的 37-1 型、灵山 37-2 型打糠机。1991 年,全县有农副产品加工机械 2076 台,其中碾米机 1667 台、饲料粉碎机 38 台、小型榨油机 61 台、打糠机 310 台。

2005 年,全县有农副产品动力机械 4172 台 25147 千瓦;农副产品加工机械 5340 台,其中碾米机 3812 台、榨油机 49 台、棉花加工机械 12 台、饲料加工机械 1467 台。

动力插秧机械

20 世纪 90 年代,永福县的种植机械是空白,原有的插秧机已报废,农民沿袭传统的手插种植方式。2000 年后,改手插方式为抛秧。2005 年,永福县引进 10 台久保田牌步进式机动插秧机,在全县进行示范推广。因其机型小,操作简单,符合农艺要求,且能增产,受到农民欢迎。是年,全县各乡镇都有部分农户购买机动步进式插秧机,从而实现水稻生产机耕、机插、机防、机收等全程机械化操作。

表 5-10 永福县部分年份农业机械情况统计表

机械类型	1991 年		1995 年		2000 年		2005 年	
	台套	千瓦	台套	千瓦	台套	千瓦	台套	千瓦
装备总量	11434	54190	16313	41533	26752	61119	45819	104906
一、耕作机械	2647	12730	4120	14954	10428	29560	15646	43801
大中型拖拉机	26	708	4	109	0	0	6	253
小型拖拉机	1331	11803	1182	8292	2950	19160	4668	26527
变型拖拉机	0	0	350	5600	483	7516	726	12261
大、中、小型机引农具	1196	0	2284	0	6274	0	9186	0
耕整机	94	219	300	953	721	2884	1060	4760
二、排灌机械	2267	4100	2662	5429	4465	5080	10393	12776
排灌动力机械	2251	4100	994	5429	1399	5080	3905	12776
喷灌机械	16	0	1668	0	3066	0	6488	0
三、农副产品加工机械	2076	14768	5723	16183	5644	19815	9512	25147
动力机械	0	0	2133	16183	1747	19815	4172	25147
加工机械	2076	14768	3590	0	3897	0	5340	0
四、农业动力机械	2653	20150	2137	770	1035	2578	3543	6746
动力机械	1959	13561	133	770	228	2578	1741	6746
加工机械	694	6589	2004	0	807	0	1802	0
五、农用运输机械	1155	2437	129	4182	112	4006	271	11946
载重汽车	20	1479	35	2344	45	3176	64	5395
机动运输船	35	354	29	311	27	349	0	0
三轮运输车	0	0	7	62	36	309	33	184

续表

机械类型	1991 年		1995 年		2000 年		2005 年	
	台套	千瓦	台套	千瓦	台套	千瓦	台套	千瓦
四轮运输车	1100	604	58	1465	4	172	174	6367
六、植保机械	3	5	5	15	26	76	463	1274
动力喷雾机	3	5	5	15	26	76	463	1274
七、收割机械	633	0	1537	0	5042	4	5991	3216
联合收割机	0	0	0	0	1	4	138	3216
机动脱粒机	633	0	1537	0	5041	0	5853	0

第三节　农机服务

20 世纪 90 年代至 21 世纪初,随着农村经济体制改革的深入,永福县农机部门逐步由管理职能为主转变为服务职能为主。农机服务体制基本形成,包括农机技术培训、农机技术推广、农机维修、农机销售和油料供应等网络体系。

农机技术培训

由永福县农业机械化学校承担。1991 年,永福县农机校坚持"面向农村,开辟市场,搞好培训,服务农业"的办学宗旨,先后投资 26 万元,逐步改善办学条件,购进河池型拖拉机 2 辆、农用运输车 2 辆、南宁工农 12 型手扶式拖拉机 4 辆、方向盘式小型拖拉机 2 辆等教练用车,修建教练场和教学综合楼,配有电教室和模拟教学设备共 5 台(套),达到国家规定县级农机校教育和培训设施标准。1992 年更名为永福县农业机械化技术学校。1994 年,经农业部农机化司验收,给永福县农机技术学校颁发"四有农机校"(有资金、有场地、有师资、有设备)证书。2003 年被自治区农业机械化管理中心鉴定为"广西农业行业特有工种专业技能培训基地"。1991—2005 年,县农机技术学校主要培训农机驾驶员及修理工,共办培训班 209 期,培训农机技术人员 5798 人,取得合格证书的有 5798 人。

堡里乡组织联合收割机收割稻谷

莫圣昌　摄于 2005 年 7 月 11 日

农机技术推广

20 世纪 90 年代至 21 世纪初,永福县农机技术推广站,根据社会农机具生产供应和市场销售的变化,农业机械从大中型、单一型向小型、多功能发展。重点推广方向盘式小型拖拉机、后驱动多功能拖拉机、自卸农用运输车、耕整机、水稻动力脱粒机、水稻联合收割机、电动微型水泵、多功能加工机械等,并改装原有手扶拖拉机挂车人工卸货为液压自卸车。农机技术推广逐步向水稻生产全程机械化（机耕、机播、机插、机收）和农村适用技术等新的生产领域发展。

耕整机推广　耕整机体积小、重量轻、结构简单，便于操作与拆装，适合小块田地作用；适应性强，水田、旱地皆宜，效率高，每小时犁田 0.06~0.10 公顷，耕田 1.03~2 公顷，价格便宜成本低，农民称为"一头牛的价钱，三头牛的功效"，深受农民欢迎。1991 年，在全县推广 130 台以后，逐步扩大推广面，全县累计拥有耕整机数量：1995 年 300 台，2000 年 721 台，2005 年 1060 台。

碾米机推广　主要推广广东饶白生产的增白、脱壳碾米一体机。1991 年，全县有碾米机 1677 台，1995 年 1710 台，2000 年 2270 台，2005 年 3902 台。

小型榨油机推广　1995 年，全县拥有小型榨油机数量 76 台，2000 年 58 台，2005 年 49 台。

农用水泵推广　这种农用微型抽水泵小巧轻便、移动方便、节能高效，每小时可抽水 10~15 立方米，适合农村小面积灌溉和流动作业。1991 年全县有农用微型抽水泵 983 台，1995 年 1332 台，2000 年 2596 台，2005 年 6460 台。

半机械化化肥深施技术推广　1995 年，县农机局农机技术推广站在苏桥乡石门村试验和推广水稻机械深施肥技术，试验面积 0.13 公顷，与常规化肥地面施肥比较，深施试验面积每亩增产 24.10 千克谷子。1995 年全县推广化肥机械深施面积 4153 公顷，超额完成自治区分配给永福县的任务。1998 年全县化肥机械深施达到 8000 公顷。2005 年全县化肥机械深施达到 13334 公顷。

农机维修

20 世纪 90 年代，县级农机修造企业基本倒闭，农村农机修理专业户成为农村机械维修中的主要力量。

1991 年，县农机局对县、乡（镇）、村三级 24 个农机维修点进行审定和发给农村机械维修点技术合格证，占应审点的 80%；经考试核发农业机械维修技术工作合格证的修理工 33 人，电、氧焊工 10 人，分别占应考人数的 100% 和 80%。2005 年，全县经审定的农机维修点 21 个，持证修理工 23 人。农机维修网点平时开展农机维修，每逢春耕生产、"双抢"（抢收、抢种）季节，还深入到农村田间服务，为在作业的拖拉机、耕整机、机动脱粒机等机械检查、维修、排除故障，保证机械正常作业。

农机销售和油料供应

农机销售　县内农机销售业务主要由县农机供应公司经营。1991 年，县农机供应公司由事业单位企业管理改为经营性企业单位，实行自主经营、自负盈亏。1991—1995 年，县农机供应公司销售总额 136.45 万元，实现利润 15.19 万元，缴税 9.34 万元。1996—2000 年，农机供应公司销售总额 219.41 万元，实现利润总额 9.46 万元，实缴纳税金 3.50 万元。2001 年以后，由于农机商品市场多元化经营，民营、个体农机供应点不断增多，农机商品市场竞争日趋激烈，县农机供应公司销售额急剧下降。2003 年，县农机供应公司销售严重亏损。2004 年 4 月，公司被迫停业，职工自谋出路。

油料供应　1991 年，永福县在苏桥干校创办县内农机系统第一个加油站，开始经营成品油。1992 年，县农机油料供应站建立，其业务全部由农机管理站管理，并逐步建立堡里、广福、罗锦、苏桥、龙江、三皇、永安和五里桥等 8 个加油站，人员及场地均由各乡农机站提供，归油料供应站统一管理。1994 年，国家实行农用平价柴油与农机作业量挂钩补贴制度。1995 年取消，改为每逢抗旱由县拨抗旱专用柴油的办法，农机救灾油的下拨分配、指标由市农业机械化管理局下拨到县农业机械化管理局，县农业机械化管理局按拥有量分解到乡镇，由乡镇农机管理站分配给机手，机手拿到指标到油料供应站购买。1998 年，油料供应取消双轨制，县农机油料供应站停止经营，油料供应全部由县石油公司统一承包和经营。至 2005 年农机油料供应渠道不变。

第四节　农机管理

20世纪90年代至21世纪初,随着农机部门的管理职能逐步转变为服务职能,县农机部门的管理职能主要体现在农机安全监理和农机市场管理两个方面。

农机安全监理

安全技术检验　1991年,永福县农机安全检查站更名为永福县农机安全监理站。每年开展拖拉机年度检测、驾驶员驾驶证审验、核发拖拉机牌证,对学习驾驶车辆的人员进行考试发证。对各种农机逐台检查技术状态,登记造册,对带病、爬窝的机动车提出限期修复,要求达到不漏油水气,机具齐全技术状况良好,才算合格。检测设备由原来使用的机械测功仪更新为电子功率油耗测定仪和便携式制动性能测试仪,每测一台机动车由原来的30分钟缩短为10分钟,提高了检测效率和精确度。由于农机管理体制的改变等原因,从1991—2001年,每年的拖拉机年检任务都完不成。2001年,全县拖拉机年检量为672台,当年拖拉机年检

2005年4月3日,县农机监理人员到堡里乡指导农机生产　　　　　　　　　　　杨志德　摄

率83%。2002年,加强对全县无牌无证及不符合安全条件的拖拉机进行彻底的清理整治,拖拉机年检打破历史上完不成任务的记录,完成拖拉机年检762台。2003年,完成拖拉机年检1062台,2004年1142台,2005年1253台。2005年,全县拖拉机年检率达到90%。2003年,堡里乡波塘村创建永福县第一个农机安全示范村。2005年,全县拥有农机安全乡镇5个,农机安全村57个,农机平安户745户,农机平安学校13个。

违章处理　1991—1997年,县农机监理站负责处理拖拉机在道路外发生的事故,按照"教育为本、处罚为辅"的原则处理违章行为。1998—2005年,县农机监理站负责处理县内发生的农机事故。

农机市场管理

1991—2001年,随着农村家庭承包责任制的落实,农机管理机构职能的转变,农机市场管理受到削弱。2002年,根据县人民政府的部署,县农机安全监理站配合县交警大队清理整顿县城及各乡镇的交通秩序。加强对农用机动车"黑车非驾"(即无牌、无行驶证、无驾驶证、无年检)的整理力度,农机安全监理和市场整顿工作上了新的台阶。2002年,县农机安全监理站获农业部"黑车非驾"整治活动先进单位。2003年,又获农业部安全教育模范通讯站先进单位。2004—2005年,在县城和各乡镇开展查处假冒或盗用农机推广许可证及销售伪劣农机产品等行为,规范农机经营,净化农机市场。

第六章　养殖业

　　永福县气候温和，饲料资源丰富，发展畜牧水产业条件优越。

　　1991年，全县畜牧业产值4321万元、渔业产值205万元，占全县农林牧渔业总产值的22%。1991—2000年，全县家畜、家禽养殖业以自给自足的一家一户散养方式为主，养殖规模不大，粗放经营；在类型上，家畜养殖以牛、生猪、羊为主，家禽养殖以鸡、鸭、鹅为主，水产业养殖以鱼类为主。2000年，全县畜牧业产值9182万元，渔业产值1573万元，占全县农林牧渔业总产值的20%。

　　2001年，永福县开始出现畜牧业和渔业养殖专业户，养殖规模逐渐扩大，并实行畜禽品种改良。2002年，龙头养殖企业进驻永福，实行科技养殖并发展壮大，带动全县养殖业快速发展。畜牧业和渔业逐渐成为农民增收的主要渠道，成为农村经济的支柱产业。2005年，全县畜牧业产值38965万元，渔业产值3255万元，占全县农林牧渔业总产值的31.38%。

第一节　机　　构

永福县畜牧水产管理处

　　1981年5月，成立永福县畜牧水产养殖局。1991年，县畜牧水产局为县政府下属局，正科级行政机构，内设办公室、畜牧股、水产股、财会股，职工12人。下属单位有县畜牧兽医站、县水产技术推广站、县鱼种场，共有职工38人。局办公地址在县城东江街四鸡岭152号。1996年7月，机构改革，县畜牧水产养殖局更名为县畜牧水产事业管理处，为县政府直属事业单位，赋予行政职能。1997年5月，增挂永福县畜牧水产事业局牌子，实行一套人员、两块牌子。2005年，永福县畜牧水产管理处内设办公室、渔业渔政股、畜牧与饲料股、医政药政股4个股室；下辖二层事业单位有县水产技术推广站（增挂渔政监督管理站、水生动物防疫检疫站牌子）、县畜牧站、县动物疫病预防控制中心、县动物卫生监督所。全处有在职人员37人，其中行政人员8人、技术干部21人、技术工人8人；具有中级以上技术职称11人。处办公地址在县城凤城路龙泉街。

　　1991年，全县9个乡镇设渔牧兽医站，共有在职人员30人。是年，永福县畜牧水产养殖局，下辖县鱼种场、水产技术推广站2个水产事业单位，人员编制7人。2000年1月，成立永福县渔政监督管理站。2002年8月，成立水生动物防疫检疫站，均与水产技术推广站合署办公。

　　1991—2005年，历任县畜牧水产管理处（含畜牧水产养殖局）主任（含局长）有：文桥贵（1989年2月—1998年9月）、吴绍永（1998年9月—1999年4月）、王炳生（1999年4月—2001年7月）、蒋溢华（2001年7月—2005年12月）。

下辖事业单位

　　永福县动物卫生监督所　1994年，县畜牧水产养殖局增设县兽医卫生监督检验所。2005年，县兽医卫生监督所为县畜牧水产管理处管辖二层事业单位,赋予行政职能。属县财政全额拨款的兽医行政执法机构。其主要职责是负责动物及动物产品饲养、生产、经营、运输、屠宰、储存各环节的检疫、防疫监管;动物疫情处置及动物卫生行政许可等。人员编制 15 人。

永福县动物疫病预防控制中心　1992 年,县畜牧水产养殖局成立县兽医防检站。2005 年,县兽医防检站为县畜牧水产管理处管辖二层事业单位,属县财政全额拨款的兽医技术指导机构。其主要职责是负责实施动物疫病的预防、控制及技术指导等。人员编制 12 人。

永福县畜牧站　1992 年,县畜牧水产养殖局设立县畜牧品改站。2005 年,县畜禽品种改良站为县畜牧水产管理处管辖二层事业单位,属县财政全额拨款的畜牧、饲料技术推广机构。其主要职责是负责畜牧业、饲料业品种结构调整;畜禽品种改良、管理及养殖新技术推广等。人员编制 6 人。

永福县水产技术推广站　1986 年,县畜牧水产养殖局成立县水产技术推广站。2000 年 1 月,县畜牧水产事业管理处成立县渔政监督管理站,与县水产技术推广站合署办公。2002 年 8 月,又成立县水产动物防疫检疫站,与县水产技术推广站合署办公。2005 年,县水产技术推广站为县畜牧水产管理处管辖二层事业单位,属财政全额拨款的水产行政执法和水产技术推广机构。其主要职责是负责渔业资源保护,开发利用;水生动物疫病监测及防控等。人员编制 5 人。

第二节　畜禽饲料

饲料资源

永福县地处亚热带,光、温、水等自然条件优越,生物种类繁多,分布广泛,资源丰富,既有大量的农作物茎叶果实供应,又有繁多的水上、地上、山上的野生饲料。据调查,蛋白质饲料品种有豆类、花生;淀粉性(热能)饲料有稻谷、红薯、木薯、芋头、高粱、玉米;纤维性饲料有花生藤、豆秆、甘蔗叶、统糠、米糠、二口谷、玉米秆、玉米芯等;多汁性饲料有:红薯藤、芋苗、蔬菜类、鲜木薯叶、豆腐渣、酒渣等。由于饲料范围广、种类繁多,一些品种既可作为人的粮食,又能作饲料用,不能截然分开,饲料的产量、数量难以精确统计。

淀粉蛋白质类饲料

1991—1995 年,永福县种植淀粉蛋白质类饲料比较丰富。全县种植豆类面积 6370 公顷,产量 7140 吨;种植花生面积 1488 公顷,产量 5582 吨;种植油菜籽面积 4934 公顷,产量 4087 吨;种植红薯面积 10851 公顷,产量 22.48 万吨;种植玉米面积 4337 公顷,产量 6455 吨;种植木薯面积 4693 公顷,产量 9376 吨;种植芋头面积 1342 公顷,产量 2.19 吨;种植高粱面积 215 公顷,产量 248 吨。

1996—2000 年,全县淀粉蛋白质类饲料生产发展较快。种植豆类面积 1.08 万公顷,产量 2.06 万吨;种植花生面积 2775 公顷,产量 1.04 万吨;种植油菜籽面积 8553 公顷,产量 8332 吨;种植红薯面积 1.35 万公顷,产量 31.02 万吨;种植玉米面积 1.01 万吨,产量 23.25 万吨;种植木薯面积 7801 公顷,产量 1.76 万吨;种植芋头面积 2489 公顷,产量 2.29 万吨;种植高粱面积 231 公顷,产量 258 吨。

2001—2005 年,全县淀粉蛋白质类饲料生产稳步发展。种植豆类面积 1.54 万公顷,产量 3.63 万吨;种植花生面积 4572 公顷,产量 1.71 万吨;种植油菜籽面积 6054 公顷,产量 5233 吨;种植红薯面积 1.28 万公顷,产量 28.98 万吨;种植玉米面积 1.27 万公顷,产量 4.13 万吨;种植木薯面积 9580 公顷,产量 2.49 万吨;种植芋头面积 2675 公顷,产量 2.32 万吨;种植高粱面积 1129 公顷,产量 2513 吨。

表 5-11　　　　　　　1991—2005 年永福县淀粉蛋白质类饲料生产情况表

单位：公顷、吨

年份	豆类		花生		油菜籽		红薯		玉米		木薯		芋头		高粱	
	面积	产量	面积	产量	面积	产量	面积	产量	面积	产量	面积	产量	面积	产量	面积	产量
1991	779	962	281	1060	1005	939	1889	21980	717	917	828	1379	188	1401	34	39
1992	968	1128	289	1085	1256	1272	2157	49690	724	996	812	1428	226	6751	46	46
1993	898	1023	295	1106	1254	1270	2342	52689	725	1003	877	1507	224	6713	40	62
1994	1235	1342	281	1055	1435	1390	2143	48229	903	1100	1029	2035	317	3112	54	47
1995	2499	2685	342	1282	1584	1497	2320	52197	1268	2439	1147	3027	387	3892	41	54
1996	2500	3686	423	1587	1517	1486	2521	56727	1322	2528	1213	2730	349	3210	48	40
1997	2084	3821	503	1886	1685	1510	2634	59271	1563	3957	1423	3202	408	3507	35	50
1998	2156	4232	635	2380	1756	1685	2793	68856	1917	4411	1659	3732	477	3974	43	55
1999	1946	4186	583	2190	2308	2353	2790	62782	2360	5862	1694	3811	563	5550	50	63
2000	2077	4671	631	2360	1287	1298	2783	62626	2533	6492	1815	4084	692	6669	55	50
2001	3063	7174	707	2650	1547	1740	2849	64116	2493	7347	1745	3927	483	3984	223	510
2002	3170	7268	707	2650	2615	1732	2767	62269	2612	7688	1737	5585	524	4107	208	490
2003	3181	7684	1055	3950	1208	1337	2420	54464	2417	7688	1738	5585	567	5560	207	505
2004	2921	6736	1052	3938	345	217	2433	54498	2429	9452	1900	4276	530	3954	227	558
2005	3034	7481	1051	3942	339	207	2340	54417	2711	9180	2460	5534	571	5561	264	450

纤维多汁性饲料

1991—1995 年，永福县纤维多汁性饲料比较丰富。全县甘蔗叶产量 6.39 万吨、饲料稻谷产量 3.57 吨、芋苗产量 3.23 万吨、红薯藤产量 24.41 万吨、青菜饲料 7747 吨、木薯叶产量 3.52 万吨、酒糟产量 2505 吨、豆腐渣产量 774 吨、稻草产量 9.82 万吨、花生藤产量 1.11 万吨。

1996—2000 年，全县纤维多汁性饲料生产稳中有升。甘蔗叶产量 4.82 万吨、饲料稻谷产量 4.15 万吨、芋苗产量 6.54 万吨、红薯藤产量 30.43 万吨、青菜饲料产量 8896 吨、木薯叶产量 5.85 万吨、酒糟产量 2721 吨、豆腐渣产量 968 吨、稻草产量 11.06 万吨、花生藤产量 2.08 万吨。

2001—2005 年，全县纤维多汁性饲料生产稳步发展。甘蔗叶产量 9.68 万吨、饲料稻谷产量 4.39 万吨、芋苗产量 7.03 万吨、红薯藤产量 28.83 万吨、青菜饲料产量 93.74 万吨、木薯叶产量 7.20 万吨、酒糟产量 3388 吨、豆腐渣产量 1027 吨、稻草产量 10.91 万吨、花生藤产量 3.43 万吨。

表 5-12　　　　　　　1991—2005 年永福县纤维多汁性饲料生产情况表

单位：吨

年份	甘蔗叶产量	饲料稻谷产量	芋苗产量	红薯藤产量	青菜饲料产量	木薯叶产量	酒糟产量	豆腐渣产量	稻草产量	花生藤产量
1991	20600	7500	4939	42503	1439	6212	550	132	19288	2107
1992	17900	7313	5929	48528	1428	6088	610	157	20508	2169
1993	8600	6894	5875	52698	1731	6576	432	123	22103	2171
1994	6100	5973	5446	48230	1510	7718	495	148	13148	2104

续表

年份	甘蔗叶产量	饲料稻谷产量	芋苗产量	红薯藤产量	青菜饲料产量	木薯叶产量	酒糟产量	豆腐渣产量	稻草产量	花生藤产量
1995	10700	8001	10155	52184	1639	8600	418	214	23157	2563
1996	7037	7984	9153	56727	1835	9100	505	204	23203	3174
1997	8795	8273	10712	59271	1848	10675	517	305	23208	3772
1998	10090	8172	12528	62878	1917	12441	589	137	22107	4764
1999	9902	7979	14788	62790	1548	12706	523	154	21970	4382
2000	12370	9137	18181	62627	1748	13615	587	168	20070	4732
2001	14457	8232	12689	64116	1837	13092	615	184	23048	5301
2002	17867	9868	13760	62270	1945	13028	797	195	23005	5302
2003	19380	7963	14893	54464	1963	13176	685	179	21017	7911
2004	22538	9137	13935	54753	1775	14256	613	215	21053	7910
2005	22517	8735	14992	52662	1854	18450	678	254	21000	7912

永福县饲料生产抽样调查

1991—2004年，永福县未开展饲料生产抽样调查。

2005年，永福县渔牧兽医局抽样调查2个乡镇（广福乡、罗锦镇）3个建制村（龙桥村、岭桥村、林村）20个自然屯，得出该点饲料生产产量。是年，广福乡龙桥村淀粉类饲料（含木薯、芋头、红薯、稻谷）生产产量1775吨、多汁类饲料（含萝卜、萝卜叶、木薯叶、芋头苗、红薯藤）生产产量1152吨、蔬菜类饲料（含青菜、豆腐渣）产量6128吨、纤维类饲料（含稻谷、米糠）产量590吨。罗锦镇岭桥村淀粉类饲料（含木薯、芋头、红薯、稻谷）生产产量2016吨、多汁类饲料（含萝卜、萝卜叶、木薯叶、芋头苗、红薯藤）生产产量3406吨、蔬菜类饲料（含青菜、豆腐渣）产量6361吨、纤维类饲料（含稻谷、米糠）产量630吨。罗锦镇林村蛋白质类饲料（含花生饼、菜籽饼）产量4.90吨、淀粉类饲料（含木薯、芋头、红薯、稻谷）生产产量1654吨、多汁类饲料（含萝卜、萝卜叶、木薯叶、芋头苗、红薯藤）生产产量2700吨、蔬菜类饲料（含青菜、豆腐渣）产量5363吨、纤维类饲料（含稻谷、米糠）产量363吨。以上抽样调查的3个试点村的饲料生产无法满足当年的畜禽生产需求，缺口部分饲料通过饲料经销市场购进。

第三节　畜禽养殖

畜禽品种

永福县群众素有饲养畜禽的习惯。在生产实践中，根据当地自然条件和生产生活的需要，经长期选择，培育成一些地方畜禽品种，此后又引进了许多外来畜禽良种。1991—2005年，永福县主要家畜品种有：水牛（包括摩拉牛、尼里拉菲牛、摩拉/尼里等杂交水牛都属于水牛）、黄牛（包括利木赞、夏洛来等杂交牛）、猪、马、山羊等。家禽主要品种有：鸡、鸭、鹅等。

罗锦种鸭养殖场　　　唐庆甫　摄于2005年5月

家畜养殖

牛　永福县的牛,主要有水牛、黄牛,多为散养,以传统放牧为主,全县各乡镇均有分布。主要用于犁田、耙田、踩肥等。20世纪60年代中期,永福县从外地引进摩拉水牛2头,至70年代发展到13头。由于多种原因,至80年代初期外来水牛逐渐消失,奶水牛饲养中断。据1991年统计,牛存栏5.99万头,出栏0.40万头。1995年,县内开始发展牛改良品种。桃城乡樟峡村龙源屯又引进了摩拉/尼里奶水牛13头(其中公牛2头),进行挤奶在县城销售,由于管理不善等原因,至2001年年初对摩拉尼里奶水牛进行转让处理。2001年以后,由于小型耕田机的普遍使用,县内农户逐渐减少耕牛饲养,耕牛数量呈下降趋势。2003年5月,永福县引进桂林香巴拉生态农业有限公司对奶水牛进行有效开发,并在苏桥镇建设奶水牛示范基地。是年11月公司从外地引进摩拉/尼里奶水牛50头,其中能繁母牛38头。公司采取与农户合作方式,建成奶水牛养殖小区15个,种植牧草133.33公顷,带动328户农户养殖。饲养量达1500头。2005年,香巴拉公司存栏奶水牛发展到205头,能繁母牛80头,按每头每年产奶1500千克计,年可以产奶100吨以上,水牛奶主要销往南宁进行加工。2004年,桂林澳西兰肉牛

永福县黄牛养殖

蒙明德　摄于2005年4月

有限责任公司落户永福县,公司引进西门塔尔、海福特种牛96头,后由于其他原因,公司撤离永福。至2005年年末,全县牛存栏6.45万头,其中黄牛存栏3.19万头、水牛存栏3.26万头。是年,全县牛出栏1.38万头。

猪　永福县的生猪品种,主要有长白、约克、杜洛克3种及以这3种猪为父本与本地母猪进行的二元、三元及多元杂交品种。境内农村农户普遍饲养生猪,品种以永福当地猪为主。1991年以后,随着科学技术普及、推广、应用,生猪品种的优化、改良,饲料工业的兴起和发展,混合饲料、浓缩饲料、全价饲料、饲料添加剂的投入市场,使得生猪的饲养周期缩短,出栏速度加快。1991年以后专业养猪大户、规模养殖户的不断出现,促进了永福县养猪业的快速发展。1991年,全县生猪存栏量为12.54万头,出栏8.16万头。2005年,全县生猪存栏达17.41万头,出栏达32.80万头,比1991年生猪存栏增加4.87万头,出栏增加24.64万头。

羊　永福县饲养的山羊主要品种为波尔山羊、南江黄羊、隆林山羊等。由于选种不同,山羊的毛色较杂,主要以白色、黑色、褐色、麻色、黄色为多。境内养羊由农户一家一户建栏,成群放养,每群数十至百多只不等。多分布在永安、百寿、三皇、罗锦等乡镇。由于人们生活条件的逐步改善,对肉类的需求有了新的变化,当地餐饮及外地对山羊的需求明显增加,给永福县的山羊发展带来了很大的空间。从1992—2005年,全县山羊发展较快,存栏数和出栏数都有明显增长。存栏数从1992年的136头增加到3.92万头,出栏数从1994年的378头增加到2005年的2.11万头。

马　永福县的马,主要是分布于山区、半山区,用于驮运物资或耕地。主要由农户散养。所养之马主要外地购入,境内繁殖很少。1991年,统计全县存栏的马为396匹。2005年统计为1380匹,增加984匹。

兔　永福县群众历来把养兔作为家庭副业。由于人们对兔肉的需求扩大,促使一些养殖户扩大规模。1991年,全县存栏兔仅为2693只,出栏3613只。2005年,堡里乡波塘村创建富源兔场,并与梧州市蒙山

县新宇兔业发展基地合作。该兔场是年存栏种兔1500只,出栏肉兔近万只,带动周边35户群众发展养兔。2005年,全县存栏兔达9000只,出栏达1.94万只。

表5-13　　　　　　　　　　1991—2005年永福县畜牧业生产统计情况表

单位:头、吨

年份	牛 全年存出栏 出栏	牛 全年存出栏 存栏	牛 其中年末存栏 黄牛	牛 其中年末存栏 水牛	牛 其中:能繁母牛	奶水牛 奶牛数量	奶水牛 奶生产量	奶水牛 其中能繁母牛	生猪 出栏量	生猪 存栏量	生猪 其中能繁母猪	羊 出栏量	羊 存栏量	羊 其中母羊数量	马 出栏量	马 存栏量	马 能繁数量	兔 出栏量	兔 存栏量
1991	4048	59939	38360	21569	27371				81625	125440	7438					396	148	3613	2693
1992	3901	63395	38247	25148	28478				107918	145761	8644		136			376	157	5087	6654
1993	4500	65264	39146	26118	29978				144027	166449	9098					529	224	8870	2172
1994	7923	65404	38770	26634	28130				164000	167000	9182	378	2103			780	231	6890	2030
1995	7348	53388	25564	27777	24449	13		11	215000	154000	8287	194	1967			987	325	7543	2213
1996	8124	54678	25889	28789	23866	13		11	278000	165000	7486	1968	2552			1128	458	5340	2523
1997	8714	55624	25575	30049	24799	13		11	279000	167500	8812	1370	2297			1368	541	6530	3185
1998	8855	55994	25181	30813	24329	13	6.40	11	219000	102400	9374	1221	2786			1289	539	3599	2263
1999	8824	58988	31330	27651	25105	7	1.00	6	206431	117886	9374	1081	3219	1628		1409	408	4336	3100
2000	8410	62039	32200	29813	24663	26	4.00	14	224415	131891	9550	1668	7746	4172		1306	394	7600	4900
2001	8918	62017	32030	29976	26048	18	0.20	16	221255	156469	10404	4282	12954	7171		1339	429	13400	13300
2002	9300	62047	31960	30086	27642				274113	155478	10868	6506	20500	6900	3	1381	623	7200	8800
2003	10050	61691	29894	31747	27217	50		38	292066	176453	12221	10996	28123	14356	3	1314	400	23433	15700
2004	10997	60576	28536	31886	26689	154	78.00	143	310165	188598	12962	19958	31495	16385	2	1345	439	24106	19900
2005	13800	64545	31721	32491	29376	267	95.00	212	328000	174100	8273	21100	39200	17315	8	1380	501	19400	9000

家禽养殖

永福县农村住户均有饲养家禽的习惯,以鸡鸭为主,鹅次之。

鸡　1991—2001年,永福县先后引进澳洲黑鸡、芦花鸡、新汉鸡、九斤黄、海红、固始鸡、仙居鸡、白洛克、来航鸡、渔布洛、星布洛、罗斯鸡、AA鸡、罗斯蛋鸡、乌骨鸡、竹丝鸡、高凤鸡等。由于没有原种和繁殖场,现在许多品种已经绝迹。永福县农户养殖的当地鸡毛色多样,有黄棕黑、黑麻、白色等毛色,农户散养较普遍,规模不大,一般是每户十几只以至几十只,以自食为主,少量出售。1991年,全县鸡出栏27.63万羽,存栏30.17万羽。2003年,永福县引进桂林广东温氏家禽养殖公司,利用"公司＋基地＋农户"产供销一条龙模式规模养鸡。2004年,引进桂林阳光利源养殖公司,规模养鸡。2005年,引进巨东勤业家禽养殖公司,规模养鸡。利用"公司＋农户"的模式大力发展养鸡业,品种有麻花鸡、小麻花鸡、三黄鸡等。2005年,广东温氏家禽养殖公司带动周边农民养殖户820户,共饲养鸡791万羽。其中,鸡出栏量610万羽、鸡存栏量181万羽。阳光利源养殖公司带动周边农民养殖户130户,共饲养鸡122万羽。其中,鸡出栏量87万羽、鸡存栏量35万羽。巨东勤业家禽养殖公司带动周边农民养殖户83户,共饲养鸡59.40万羽。其中,鸡出栏量39万羽,鸡存栏量20万羽。2005年,全县养鸡1000羽以上的重点户达700户,其中最多的养鸡达2万羽,为农民增收开辟新路子。2005年年末,全县鸡出栏645.40万羽,存栏211.40万羽。

鸭　永福县当地鸭种为广西麻鸭,引进的品种有北京鸭、西洋鸭、樱桃谷鸭、木鸭(杂交鸭),群众习惯以少量散养自食为主。1991 年,全县养鸭 25.01 万羽,其中鸭出栏 19.42 万羽、存栏 5.59 万羽。2002 年,引进桂林市桂柳家禽养殖公司规模养殖樱桃谷鸭。2005 年,桂柳家禽养鸭公司带动周边农民养殖户 376 户,共饲养鸭 70 万羽,其中鸭出栏量 34 万羽、鸭存栏量 36 万羽;年出售种鸭蛋 5475 万枚。桂柳家禽公司在罗锦镇以协会的形式与农户联营,发展桂柳种蛋鸭养殖获得成功。2005 年,罗锦镇桂柳种蛋鸭存栏达 40 万羽,仅此一项为该镇农民人均增收 1000 元。该镇养殖 500 只以上桂柳种鸭的农户达 163 户,其中最多的一户达 7000 羽。该镇成为全国养殖桂柳种鸭最多的乡镇。2005 年,全县养鸭 109.40 万羽,其中鸭出栏量 81.90 万羽、存栏量 27.50 万羽。

鹅 永福县饲养鹅的品种主要有:当地灰鹅、狮头鹅、白鹅等。农户以散养自食为主。1991 年,统计全县鹅存栏 4400 羽。2002 年,堡里、罗锦等乡镇出现一些养鹅大户,养鹅数量有较大发展。2002 年,统计全县鹅存栏达 1.93 万羽,出栏 4.50 万羽。2003 年,因市场价格低、销路不畅等因素影响,养鹅大户自行消失。农户仍以小规模散养为主,产量逐年下滑。2005 年,全县养鹅 3.87 万羽,其中存栏为 1.17 万羽、出栏为 2.70 万羽。

表 5-14

1991—2005 年永福县家禽生产情况统计表

单位:羽、吨

年份 \ 各类数量	家禽出栏				年末家禽存栏				禽蛋产量	蜂蜜产量
	合计	鸡	鸭	鹅	合计	鸡	鸭	鹅		
1991	474937	276314	194223	4400	362000	301700	55900	4400	60.2	4.90
1992	582263	370783	203898	7582	406747	344614	58522	3611	83	1.20
1993	663301	412024	241610	9667	437046	358002	74782	4262	102	7.70
1994	991073	738000	247000	6073	536000	463218	68210	4572	305	5.10
1995	897000	633000	247000	17000	575100	499000	71000	5100	475	5.30
1996	1010000	749000	244000	17000	545000	459300	80400	5300	568	5.40
1997	1150000	812000	321000	17000	616800	520000	90400	6400	107	11.00
1998	1240000	876000	348000	16000	669600	542000	121000	6600	364	7.00
1999	1227907	843981	367907	16019	735200	599000	127000	9200	723	7.10
2000	1475000	1022000	412000	41000	696200	551000	144000	1200	332	4.50
2001	1465220	991000	437000	37220	723464	540203	163706	19555	349	4.10
2002	1752000	1145000	562000	45000	859965	596700	244000	19265	386	5.10
2003	3694700	2944000	715900	34800	1275903	1017600	247000	11303	367	4.94
2004	5647400	4862000	752000	33400	1982900	1716000	261000	5900	395	4.97
2005	7300000	6454000	819000	27000	2400700	2114000	275000	11700	856	5.10

第四节 畜禽良种引进与品种改良

家畜引进与品种改良

猪 1991—2005 年,永福县先后引进大约克、长白、杜洛克、皮特兰等猪品种,多数作公猪用。至 2005 年尚保留的猪品种有约克、长白、杜洛克 3 个主要品种。长白猪亦称丹麦猪,原产丹麦;约克猪原产于英国;杜洛克猪原产于美国;长白猪亦称兰德瑞斯猪。用约克猪作父本与当地母猪进行元杂交和多元杂交的品种,生长发育快,胴体瘦肉多达 61%。长白猪和杜洛克猪的元杂交和多元杂交,在瘦肉率和生长速度及繁殖性能方面都有优势,群众乐于饲养。在品种改良方面用引进良种公猪和良种猪精液,采用人工授精技术,提高了成功率。

牛 1991 年,永福县当地水牛和黄牛由于近亲繁殖,品种逐渐退化。1995 年,永福县引进摩拉、尼里奶水牛 13 头挤奶销售。1999 年,引进利木赞黄公牛 6 头,分别在罗锦、三皇、永福镇、广福、堡里、百寿乡镇饲养,由于不适应当地饲养,后自行淘汰。2001 年,培育出第一代杂交摩拉、尼里水牛,至 2005 年年底摩拉、尼里水牛已达 150 头。2003 年,引进摩拉、尼里奶水牛 50 头繁殖生产。2005 年从山东引进西门塔尔杂交公母牛 96 头,在澳西公司和农户饲养。

永福县对牛的繁育改良工作于 1999 年曾经中断。2002 年,通过聘请自治区和桂林优秀牛品改专家在永福县开办 5 期牛人工授精培训班,共培训人员达 50 人次,有 15 名学员熟练掌握技术,使得牛人工授精技术在南五乡镇顺利开展,建立了牛品改网点 13 个。2004 年,县畜牧水产管理处与湖南省江永公司合作进行牛人工配种。采用市场化运作方式进行,永福县出台一系列扶持牛品种改良政策,从资金上扶持 10 头以上规模养殖户 35 户。2005 年,参加品种改良的牛饲养户,共产下杂交牛仔 100 头。

羊 1991 年,永福县引进山羊主要品种有波尔山羊、南江黄羊。波尔山羊原产于南非,体形大、耐粗饲料,是肉用的山羊良种,6 月龄体重可达 42 千克,7 月龄即可配种,年生二胎,生育年限为 10 年。南江黄羊原产于四川省南江县,成年公羊体重可达 59.30 千克,母羊 8 月龄可初配,年产一至二胎,双羔率 70% 以上。

家禽引进与品种改良

鸡 1991—2001 年,永福县先后引进澳洲黑、芦花、新汉鸡、九斤黄、海红、罗斯鸡、白洛鸡、海布洛、星布洛、固始鸡、仙居鸡、来航鸡、火鸡、乌肉鸡、艾文鸡等。2002—2005 年,通过引进广东温氏、阳光利源、巨东勤业家禽公司,发展麻花鸡、三黄鸡等品种。

鸭 1991—2001 年,永福县先后引进北京鸭、西洋鸭、木鸭(杂交鸭)、广西麻鸭等。2002—2005 年,通过引进桂柳家禽公司,发展樱桃谷鸭等品种。

第五节 畜禽饲养技术

家畜饲养技术

养牛 1991—2005 年,永福县养牛的方法:分为合群放牧和半牵半放两种。草山草地较多的乡村主要采用合群全天放养;土地面积窄狭、田地多、无牧场或牧场少的乡村则采用半牵半放饲养。在放牧时间上,根据春夏秋冬四个季节牧草的多少情况决定放牧时间阶段和长短,一般分为全天放牧和早晚放牧两种情况。全天放牧一般从每年农历的十一月至翌年的三月,这段时间牧草稀少,需要把牛全天赶到牧场放养。群众称为放"日牛"。每天从上午 12 时左右把牛赶至牧场,到下午 5~6 时收回;晚上补喂稻草和水。每年从农历四月至十月左右,这段时间因气温较高,牧草丰富,牛易吃饱,一般早上 8 时放出至 12 时赶回或下午 2 至 3 时钟赶回;晚上可不用补喂草料。半牵半放饲养方式适用全年四季时间。到春天,牛耕田劳役,因牧草少,牛吃不饱,一般都补喂红薯藤、米糠等粗料;但有的牛体质弱瘦,还需补喂米粥精料。

养猪 1991—2005 年,永福县传统养猪方法:一般以青菜、米糠、杂糠等混合,熟食饲喂,一日三餐;饲养 10 头以上的规模养殖户一般已改用新技术,由熟喂改为半生喂;由喂单一饲料改为喂混合饲料或全价饲料;由一般栏舍改为水泥栏舍;品种由一般杂交猪逐步改养三元杂肉猪;由养本地母猪逐步改养二元杂

母猪;由不驱虫改为驱虫养殖;由单户散养逐步向规模化饲养发展。

养羊　1991—1999年,永福县传统养羊采用放牧,对山地植被破坏较大。2000—2005年,山羊养殖户逐步采用圈养,利用当地秸秆、人工种草和精饲料作为山羊的主要饲料。此种养殖方法充分利用了本地饲料资源,节省人工,增加收入,便于羊群的管理和疾病的防治。

家禽饲养技术

1991—1999年,永福县传统的家禽养殖鸡鸭鹅以放养为主,喂以谷糠饲料;规模以上养殖多以栏舍集中喂养。2000—2005年,在温氏家禽养殖公司、阳光利源养殖公司、巨东勤业家禽养殖公司、桂柳家禽公司的带动下,以"公司+农户"的模式养殖家禽,由公司提供种苗、技术指导、饲料、药品,实行统一场地建设标准,统一种苗配送、统一技术标准、统一饲料供应、统一产品回收和销售。家禽养殖技术的革新促进全县家禽养殖业的发展。当地鸡以农村家庭散户饲养为主,占年养鸡量的10%左右,均为自繁自养自给,自给有余,再上市销售。

第六节　畜禽疫病防治

畜禽疫病种类

1991—2005年,永福县畜禽传染病的种类繁多。猪主要有猪瘟、猪肺疫、猪丹毒(以上3种疫病,人们称为猪的"三瘟"),猪链球菌病、传染性胃肠炎和寄生虫病等危害最大;牛主要有牛结核、牛出败、牛流行热等;禽类主要有鸡新城疫、鸡白痢、鸡球虫病、呼吸道疾病、鸭瘟、鸭传染性浆膜炎等。将县内发生过的畜禽传染病按病原微生物类来分类有57种,其中属病毒性疾病24种、细菌性疾病20种、其他病原体病4种、寄生虫性疾病9种。其病种及病名详见下表。

表5-15　　　　　　　　　　1991—2005年永福县畜禽疫病种类统计表

病原名称 畜禽名称	病毒性疾病	细菌性疾病	寄生虫性疾病	其他病原体
猪	猪瘟 口蹄疫 猪传染性胃肠炎 猪流行性腹泻 猪细小病毒感染 猪繁殖与呼吸综合征 猪伪狂犬病 猪乙型脑炎	猪链球菌病 仔猪副伤寒 猪传染性胸膜肺炎 猪丹毒 猪肺疫 仔猪红痢 猪痢疾 猪水肿病	猪蛔虫病 猪肾虫病 猪肺丝虫病 猪疥螨病	猪气喘病 猪附红细胞体
牛	口蹄疫 牛狂犬病	气肿疽 牛出败 破伤风 传染性角膜结膜炎	焦虫病 肝片吸虫病 锥虫病	牛流行热
羊	山羊痘 口蹄疫	羊肠毒血症 羊快疫 羊黑疫	肝片吸虫病	

续表

病原名称 畜禽名称	病毒性疾病	细菌性疾病	寄生虫性疾病	其他病原体
犬	狂犬病 犬瘟热 犬细小病毒病			
兔	兔病毒性出血(兔瘟)		兔球虫病	
鸡	禽流感 鸡新城疫 鸡痘 鸡马立克氏病 鸡传染性法氏囊 鸡传染性喉气管炎 鸡传染性支气管炎	鸡白痢 鸡出败	鸡球虫病 鸡蛔虫病 绦虫病	
鸭	鸭瘟 鸭病毒性肝炎	鸭霍乱 鸭传染性浆膜炎		
鹅	小鹅瘟	鹅口疮		

　　以上各类动物疫病都曾在永福县发生过,其中猪瘟、口蹄疫、禽流感、山羊痘、鸡新城疫等动物疫病是国家一类动物疫病;而口蹄疫、禽流感、猪丹毒、猪链球菌病等疫病又是人畜共患传染病,严重威胁着人类的身体健康和财产安全。1999 年 8 月,永福县广福乡矮岭村发现一例口蹄疫病牛,其后疫情蔓延全县,南五乡镇尤为严重。1999 年冬季至 2000 年春季,全县共扑杀、深埋病牛 860 多头。2003 年 7 月,在永福县北四乡镇发现大面积山羊痘疫情,共扑杀病羊 1053 头。

表 5-16　　　　　　　　　　　　　**2003 年永福病山羊扑杀情况统计表**

乡镇名称	建制村	扑杀数(只)			病名
		大羊	小羊	合计	
百寿镇	江岩村	45	13	58	山羊痘
	东岸村	21	5	26	山羊痘
	石龙村	16	2	18	山羊痘
永安乡	永富村	95	19	114	山羊痘
	凤凰村	101	22	123	山羊痘
	永安村	36	10	46	山羊痘
	太和村	119	37	156	山羊痘
	枫木村	61	12	73	山羊痘
三皇乡	清水村	150	41	191	山羊痘
	古城村	101	40	141	山羊痘
	六龙村	43	11	54	山羊痘
	江头村	31	10	41	山羊痘
	荣田村	2	0	2	山羊痘
	大路村	7	3	10	山羊痘
全县合计		828	225	1053	

永福县每年都有不少畜禽发病死亡。2003—2005年，非典型性肺炎、高致病性禽流感、猪链球菌病、猪无名高热综合征（高致病性蓝耳病）等疫病相继在国内以及世界其他国家发生，永福县畜牧业也受到严重挫伤，畜禽较常出现的疫病主要是猪瘟、猪流行性腹泻、鸡瘟、禽出败、鸡球虫病、鸡传染性支气管炎、喉气管炎、法氏囊病等，同时还有其他畜禽疫病，但发生比较少。

畜禽疫病防治

1991—2005年，永福县推行春秋两季动物防疫和月月补针的免疫程序，各类重大动物疫病，尤其是国家强制性免疫的动物疫病率大大提高。县兽医站每年都组织人员开展畜禽疫病防疫注射，除了春秋两季集中免疫和月月补针以外，有时还加强对禽流感、猪瘟、口蹄疫、猪链球菌病等重大动物疫病进行突击免疫，并取得良好的防疫效果。据有关统计数据显示，15年间，全县农村散养生猪猪瘟免疫率在93%以上，口蹄疫免疫率在90%左右；牛口蹄疫免疫率为92.45%；羊口蹄疫免疫率为91.07%；鸡新城疫免疫率在87%以上，禽流感达93%以上；规模养殖场猪瘟免疫率在96%以上，口蹄疫也在95%左右；规模养殖场鸡新城疫免疫和禽流感的免疫率都达100%。

表5-17 　　　　　　1991—2005年永福县畜禽疫病免疫注射统计表

单位：万头（只、羽）

年份	猪			牛			羊			禽					
	饲养量	猪口蹄疫	免疫率%	饲养量	口蹄疫	免疫率%	饲养量	口蹄疫	免疫率%	禽饲养量	禽流感	免疫率%	其中鸡饲养量	鸡新城疫	免疫率%
1991	20.8	19.2	92.3	6.40	5.74	89.7				83.25	77.59	93.2	57.80	50.40	87.2
1992	25.5	23.4	91.6	6.73	6.0	89.2				98.90	92.57	93.6	71.54	62.53	87.4
1993	31.1	28.7	92.2	6.98	6.29	90.1				110.03	102.87	93.5	77.00	67.61	87.8
1994	33.2	31.0	93.5	7.33	6.69	91.3	0.25	0.22	87.8	152.68	142.75	93.5	120.12	105.11	87.5
1995	36.9	34.4	93.1	6.07	5.57	91.7	0.22	0.19	88.4	146.50	137.12	93.6	113.20	99.96	88.3
1996	44.4	41.7	93.9	6.28	5.78	92.0	0.45	0.39	88.2	155.00	145.86	94.1	120.83	106.45	88.1
1997	44.7	40.9	91.5	6.43	5.91	91.9	0.37	0.33	88.6	177.00	167.79	94.8	133.20	117.08	87.9
1998	32.3	30.6	94.6	6.48	5.99	92.2	0.40	0.36	89.3	191.00	180.30	94.4	141.80	125.63	88.6
1999	32.6	30.7	94.2	6.78	6.32	93.2	0.43	0.39	91.2	196.23	185.83	94.7	144.30	128.86	89.3
2000	35.7	33.8	94.8	7.04	6.59	93.6	0.94	0.86	91.8	218.10	208.50	95.6	157.30	140.78	89.5
2001	40.2	38.2	95.1	7.09	6.61	93.3	1.72	1.59	92.3	218.85	208.78	95.4	153.12	136.43	89.1
2002	43.1	41.2	95.6	7.13	6.62	92.8	2.70	2.48	91.7	261.21	249.72	95.9	174.17	156.23	89.7
2003	46.9	44.7	95.3	7.17	6.68	93.1	3.91	3.60	92.1	497.11	480.21	96.6	402.00	367.43	91.4
2004	50.2	48.3	96.2	7.16	6.72	93.9	5.15	4.78	92.8	764.10	739.65	96.8	657.80	607.14	92.3
2005	50.3	48.5	96.5	7.83	7.38	94.3	6.03	5.63	93.4	970.00	942.84	97.2	856.80	795.11	92.8

永福县的畜禽通过预防注射和加强饲养管理水平等,许多疫病都得到有效控制。但随着交通便利,贸易往来频繁、自然环境恶化、气候反常等因素的影响,畜禽发病时往往是多病种混合感染,加大了诊疗救治的难度,有的由于病毒变异而表现出新特征或多种病征同时出现,造成新病种出现的假象。

表 5-18　　　　　　　　　　　1991—2005 年永福县动物疫病消长情况表

病名	发生年代及危害程度	发生地	消长情况
猪瘟	1991—1993 年局部危害;1994—2004 年零星发生;2005 年局部危害	县内各乡镇零星发生	1991 年流行面广,危害较严重;1994—2004 年发生比较少;2005 年出现大面积流行,危害较严重
猪链球菌病	2005 年局部危害	县内各乡镇零星发生	1991—2004 年发生较少,2005 年出现较多
猪繁殖与呼吸障碍综合征	2004—2005 年局部发生	县内各乡镇零星发生	
鸡传染性法氏囊	1991—1995 年危害严重	县内各乡镇零星发生	
鸡传染性喉气管炎		零星发生	
鸡新城疫	2003—2005 年局部发生	县内各乡镇零星发生	

永福县的畜禽除了传染病,还有许多非传染性疾病,常见危害比较大的主要有十几种。

表 5-19　　　　　　　　　　　1991—2005 年永福县畜禽常见非传染性疾病表

畜禽种类	病名
猪	蛔虫病、亚硝酸盐中毒、拉稀、便秘、流产、贫血、青饲料中毒
牛	瘤胃鼓气、瘤胃积食、腐蹄病、难产、流产、红薯黑斑病毒
羊	瘤胃鼓气、青饲料中毒
禽	嗉囊阻塞、嗉囊炎、白肌病、啄毛癖

以上几种疾病除了白肌病、啄毛癖可在日常饲养中加强饲养管理,调节各种微量元素的均衡,补充营养饲料等加以预防;青饲料中毒可在春季饲喂青饲料或早晨放牧时加强管理,春季尽可能等晨雾散去后再放牧或收割牧草,若发现牲畜中毒可用亚甲蓝静注抢救,但由于该病发病快、发病急,牲畜误食后半小时至一小时内发作,往往来不及抢救患畜就已死亡,其余各类疫病基本上没有药物可以预防,在治疗上也主要是对症疗法。因此,只有在日常饲养中加强饲养管理,改善饲养环境加以预防。

畜禽检疫

1991—2005 年,永福县继续对猪、牛、羊、禽等活畜禽产品及其肉产品实行检疫工作。县兽医站负责县食品公司屠宰场的屠宰检疫和铁路、陆路等运输出口检疫;乡镇兽医站负责各辖乡镇食品组屠宰场、圩镇市场及进出口活畜禽及其肉产品的检疫。

检疫收费:1991—1996 年间,县内检疫收费有些凌乱,没有统一标准,但基本都是在每头(次)2~3 元。

1997年,由县物价管理中心统一规定,永福县检疫收费实行新标准:防疫注射费用为牛、马、驴每头(次)1.20元,猪每头(次)1元,羊每只(次)0.60元,家禽每羽(次)0.20元;动物活检为牛、马、驴每头(次)4元,猪每头(次)3元,羊每只(次)3元,禽每羽(次)0.20元;动物产品检疫为牛、马、驴每头(次)4元,猪每头(次)4元,羊每只(次)3元,零散肉骨脏器每千克0.10元,种蛋每枚0.20元。

表5-20　　　　　　　　　　　1991—2005年永福县牲畜检疫情况统计表

单位:万头

年份	生猪出栏数	产地检疫数	屠宰检疫数	牛出栏数	产地检疫数	屠宰检疫数
1991	8.16	7.8	4.98	0.40	0.15	0.09
1992	10.79	9.6	5.13	0.39	0.14	0.10
1993	14.40	12.5	5.46	0.45	0.18	0.10
1994	16.40	14.7	5.52	0.79	0.19	0.16
1995	21.50	19.2	5.89	0.73	0.17	0.11
1996	27.80	24.6	6.02	0.81	0.21	0.15
1997	27.90	25.9	6.13	0.87	0.19	0.17
1998	21.90	20.8	6.11	0.88	0.20	0.16
1999	20.64	20.2	6.49	0.88	0.22	0.19
2000	22.44	21.3	6.57	0.84	0.25	0.17
2001	22.13	23.1	6.88	0.89	0.21	0.18
2002	27.41	26.4	6.64	0.93	0.26	0.22
2003	29.21	27.9	6.87	1.00	0.23	0.20
2004	31.02	30.5	6.92	1.10	0.17	0.15
2005	32.80	31.6	7.46	1.38	0.24	0.25

第七节　渔业资源与渔业区划

水域与鱼类品种

永福县的水域资源,主要有河流、山塘水库和池塘。全县境内有大小河流55条。境内河流总长1120千米。江河水域面积为3573公顷,占全县总面积的1.27%。主要河流有洛清江、西河、茅江和相思江。2005年,全县有大小水库共51座,面积1260公顷,可养鱼面积940公顷;有山塘面积931.33公顷,池塘面积249公顷。

1991—2005年,永福县鱼类品种比较丰富,分布在江河、水库、塘堰等水域之中,鱼类品种有90多种,分别隶属于6个目15个科,数量以鲤科鱼类为最多,品种、数量约占总数的50%以上。其中,草、鲤、鲴、鳜、鳊、斑鳠、鲶、鲢、鳙鱼等鱼类是江河中主要的经济鱼类。

渔业区划

1999年之前,永福县无渔业区划。

2000年，永福县根据地形和渔业资源生产条件的差异，将全县境域划分为4个渔业规划区。第一渔业规划区为县域南部丘陵平原地区，主要发展池塘、水库、稻田养鱼；第二渔业规划区为县域中部土岭地区，主要发展稻田家庭养鱼；第三渔业规划区为县域西北部石山地区，主要发展塘库养鱼开发；第四渔业规划区为县域北部天然江河地区，主要发展珍稀水生动物保护。

第一渔业规划区根据区划特点，充分利用优势，以发展池塘、水库渔业为重点，努力提高养殖单产，同时大力发展稻田养鱼、江河网箱养鱼，水产养殖业得到长足发展。2003年，全县池塘养鱼平均亩产达340千克，水库平均亩产154千克。桃城、苏桥、罗锦3个乡镇的稻田养鱼有较快的发展。1990—1992年，全县稻田养鱼面积从11.67公顷发展到145.73公顷。1992年，稻田养鱼实收面积84.27公顷，平均亩产19.30千克，新增商品鱼24.50吨。1987年，桃城乡、苏桥乡、永福镇开始发展网箱养鱼，至1992年以上3个乡镇网箱养鱼面积已发展到1100平方米。该年第一渔业规划区新增鲜鱼产量达56.10吨，新增社会产值28万元。2005年，全县网箱养鱼面积达到5000多平方米，并已成为所在乡镇重要的商品鱼生产基地。第二渔业规划区、第三渔业规划区、第四渔业规划区，由于各种原因，养鱼生产一直发展缓慢，区划应用效果差，特别是第四渔业规划区对珍稀水生动物大鲵等的保护措施乏力，捕捞过度，造成数量越来越少，且生存范围也在逐渐缩小。2005年，仅在龙江乡龙江上游的龙隐、上维、丹江建制村一带能见到大鲵等珍稀水生动物，属国家二类保护动物。

第八节　渔业生产

永福县的渔业生产主要以养殖业为主，江河捕捞为辅。1991年，全县捕捞鱼类498吨。2005年，全县水产养殖面积1340.40公顷，鱼类养殖产量3842吨，鱼类捕捞产量929吨。由于江河水域渔业资源急剧减少，渔民们不得不转产转业，另谋生路，现今境内单靠捕鱼营生的渔民已寥寥无几。池塘放养品种以草鱼为主，配养品种有鲢、鳙、鲤、鲫鱼，亩产一般在200~250千克；水库养殖主养品种为鲢鳙鱼，亩产在50~150千克；网箱养殖主养品种有草鱼、鲤鱼、光倒刺鲃、斑点叉尾鮰、黄颡鱼等。

水产品总量：1991—2005年，永福县水产养殖业稳步发展，水产品总量逐年递增，年均递增率是16.50%，其中2005年全县水产总产量为4771吨。

养殖生产

1991年，全县渔业养殖面积750.33公顷，养鱼产量498吨。其中，山塘水库养鱼613公顷，养鱼产量102吨；河沟养鱼3.27公顷，养鱼产量19吨；池塘养鱼125.93公顷，养鱼产量158吨。1992—2005年，全县鱼类养殖生产有较大发展，养殖年产量（包括池塘、水库、稻田、河沟）年均递增率为17.70%。其中，2005年全县池塘养殖面积291公顷、水库养殖面积960.30公顷、河沟养殖面积84.50公顷。鱼类养殖总面积1340公顷，养殖总产量3842吨。

捕捞生产

永福县江河鱼类资源尚丰富，但由于电、炸、毒鱼等违法行为肆虐，狂渔滥捕现象得不到有效扼制，鱼类资源日益衰竭。1991—1994年，全县捕捞产量较小，4年合计产量527吨；1995—1999年，鱼类捕捞量逐年有所回升，并保持小幅增长趋势。江河捕捞量的增加，与池塘、水库养殖业快速发展密切相关，由于洪涝频发，许多池塘、水库受洪涝侵袭，相当数量的养殖鱼类逃逸江河，增加了江河水域中的鱼类资源。这5

年合计捕捞产量 2805 吨。

2000—2005 年，永福县渔业生产进入稳步发展期，水产品产量稳步增长。2000 年全县水产品总产量 3775 吨，比 1991 年增长 7.58 倍，净增产 3277 吨；全县人均水产品占有量从 1991 年的 1.70 千克提高到 2000 年的 14 千克，增长 8.20 倍。2005 年，全县水产品总量达 4771 吨，其中养殖产量 3842 吨、捕捞产量 929 吨，人均水产品占有量 18.35 千克，渔业生产总值 3255 万元。水产业发展呈现持续稳定增长的良好态势。

鱼苗种生产

1991 年，全县的鱼苗种生产，主要以县鱼种场为主，个体生产者为辅。鱼种场本部位于县城南的南雄村，鱼种池面积 2.67 公顷；分场在罗锦镇新草村，养殖水面 14 公顷，主要生产草、鲤、鲢、鳙鱼苗种。1994 年，罗锦鱼种分场实行对外承包经营，草鱼、鲢、鳙鱼种的人工繁殖随之停止，改为主要生产成鱼。当年鱼种年产量 150 万尾。2005 年，永福县鱼种场实行企业改制。全县鱼苗种生产停止。鱼苗供应改由外地购进。

成鱼养殖

池塘养鱼 1991—1995 年，永福县池塘养鱼有较快发展，但养殖方式以割草施喂为主，养殖的鱼种以草、鲤、鲢、鳙鱼为主。1996—2005 年，逐步推广饲料养鱼，并引进建鲤、淡水白鲳、单性罗非鱼、鳗鱼、中华鳖、叉尾鮰、虹鳟、光倒刺鲃、黄颡鱼等。池塘养殖业从传统方式向集约化、规模化方向发展，产量和效益有大幅度提高。2005 年全县池塘养殖面积 291 公顷。

水库养鱼 1991 年，永福县的山塘及大小水库养鱼业开始实行承包经营，养鱼以鲢鳙鱼为主，并逐步引进、推广网箱养鱼。县水利局先后在板峡水库、金鸡河水库、华山水库引进成鱼增殖生产。2005 年，全县水库养殖面积 960.30 公顷。其中，罗锦镇金鸡河水库可养殖面积 190.75 公顷，已养殖面积 190.75 公顷；堡里乡板峡水库可养殖面积 224 公顷，已养殖面积 224 公顷；苏桥镇高峰、七排岭、寺背、狮子口、青龙口水库可养殖面积 249.20 公顷，已养殖面积 249.20 公顷；广福乡红沙沟、正元水库可养殖面积 15.75 公顷，已养殖面积 15.75 公顷；百寿镇思磨江水库可养殖面积 14 公顷，已养殖面积 14 公顷；三皇乡华山水库可养殖面积 86.80 公顷，已养殖面积 86.80 公顷；永安乡华山、九塔、山林水库可养殖面积 17.29 公顷，已养殖面积 17.29 公顷；永福镇万年青、落岭水库可养殖面积 36.05 公顷，已养殖面积 36.05 公顷。还有广福乡龙溪电站、鲤鱼滩电站库区面积 206 公顷，可发展水库养鱼项目。

稻田养鱼 1991 年，全县引进垄稻沟鱼养殖，养殖面积 8.13 公顷。其中，2.07 公顷示范田，稻谷平均亩产 720 千克，比上年增长 6%，亩均产鲜鱼 38 千克。该项技术应用取得显著的经济效益和社会效益：稻谷增产 29.70 吨，鲜鱼增产 17.08 吨，新增产值 10.30 万元。1992 年，垄稻沟鱼的推广力度进一步加大，全县推广养殖面积达 181 公顷，放养鱼种 161.05 万尾，总产鲜鱼 39.10 吨，平均亩产 18.10 千克。1996 年以后稻田养鱼逐渐衰落。至 2003 年全县稻田养鱼面积已不足 3 公顷。

网箱养鱼 网箱养鱼是一项高密度、集约化水产方式，是充分利用水面增加产量效益的一种先进渔业生产方式。1991—2005 年，永福县的网箱养殖发展经历了"两起一落"的过程。从 1991 年的养殖面积 1000 平方米，1992 年达 1100 平方米，1994 年达 1500 平方米，主养品种为草鱼，饲料供应为水陆生草料。由于投草喂养方式需要有充足的草料来源，且要投入大量的人力，劳动强度特别大，极大限制了养殖规模的扩展，加上饲料、病害、洪涝灾害等综合因素的影响，1995 年以后，以草鱼为主要对象、草料喂养模式的江河网箱养殖进入衰落期。1999 年，全县江河网箱养殖面积已收缩到不足 300 平方米。2000—2005 年，随着斑点叉尾鮰的引进和推广、黄颡鱼网箱养殖技术的推广，为永福县的网箱养殖发展注入新的活力，网箱养鱼再度焕发生机。2005 年,全县网箱养鱼面积达到 5800 平方米,年产量 500 多吨。

新鱼种引进

1991—2005 年,永福县水产、水利部门先后引进鳗鱼、建鲤、中华鳖、淡水白鲳、禾花鲤、银鱼、光倒刺鲃、斑点叉尾鮰、虹鳟、鲟鱼等优良鱼类品种,进行水产生产。2005 年,除鳗鱼、虹鳟停止养殖之外,其他品种在生产上还有养殖。

除开展技术培训外,县水产技术推广站先后开展建鲤、淡水白鲳、禾花鲤、光倒刺鲃、斑点叉尾鮰、虹鳟、黄颡鱼等的池塘或网箱养殖的试验示范,促进水产养殖新品种、新技术的普及、推广和应用。

表 5-21　　　　　　　　　　　1991—2005 年永福县渔业生产情况统计表

| 年份 | 养殖(按水域分) | | | | | | | | | | | | 捕捞 | 合计 (吨) |
| | 池塘 | | 水库 | | 河沟 | | 稻田 | | 其他 | | 合计 | | | |
	产量 (吨)	面积 (公顷)	产量 (吨)	面积 (公顷)	产量 (吨)	面积 (公顷)	产量 (吨)	面积 (公顷)	产量 (吨)	面积 (公顷)	产量 (吨)	面积 (公顷)	产量 (吨)	
1991	158	125.93	102	613	19	3.27	12	8.13	207	122	498	872.3		498
1992	207	129	132	582	15	6	44	181	13		411	898	133	544
1993	284	190	239	830	13	20			24	20	560	1060	170	730
1994	433	220	295	930	24	10	30	80	38	20	820	1260	224	1044
1995	576	248	618	910	142	20	30	100	28	7	1394	1285	336	1730
1996	740	268	842	922	87	9	40	77	75	18	1784	1294	423	2207
1997	980	303	981	919	45	12	33	88	80	20	2119	1342	454	2573
1998	1180	296	1233	950	38	7	29	60	34	6	2514	1319	734	3248
1999	1282	299	1384	950	59	9	33	67	32	6	2790	1331	858	3648
2000	1423	321	1380	897	130	27	32	62			2965	1307	810	3775
2001	1422	299	1572	897	135	27	32	62			3161	1285	692	3853
2002	1615	339	1553	881	220	44	39	76	8	1	3435	1341	743	4178
2003	1429	279	2095	905	170	29	2	3	37	4	3733	1220	876	4609
2004		281		936		33					3868	1254	891	4759
2005		291		960		84.5					3842	1340	929	4771

第九节　养鱼技术培训与鱼病防治

养鱼技术培训

垄稻沟鱼生产技术　1991—1995 年,永福县水产技术推广站到各乡镇开办各种形式的垄稻沟鱼生产技术培训班 58 期,参训人员 1500 人次,发放技术资料 5000 多份。

网箱草鱼养殖技术　1991—1994 年,永福县网箱草鱼养殖有较快发展。县水产技术推广站加大技术培训力度,开办各种形式培训班 30 多期,参训人员 850 人,强化对示范点的技术指导、普及草鱼组织浆免

疫疫苗的注射应用等措施,为养殖户提供技术支持,促进全县草鱼网箱养殖的发展。

池塘综合养殖技术　1996—2000年,县水产技术推广站先后举办30多期鱼鸭混养、鱼猪综合养殖技术培训,参训人员达1000多人次,使全县池塘养鱼技术水平得到有效提高。

斑点叉尾鮰网箱养殖技术　2000—2005年间,永福县水产技术推广站在各乡镇举办斑点叉尾鮰网箱养殖技术培训班数20期,参训人员达800多人次,促进了斑点叉尾鮰鱼养殖发展。

鱼病防治

永福县鱼病防治技术起步较晚。随着全县渔业生产不断发展,养殖生产逐步由粗放型向集约型转化,放养密度增大,鱼病发生相应增多,人们对鱼病的防治技术开始重视。县水产技术推广站从群众防治鱼病经验入手,不断总结提高,在养鱼生产中对流行广、危害大的常见病和多发病进行防治。如草鱼的细菌性烂鳃病、肠炎病和赤皮病。

1991—2005年,草鱼的细菌性烂鳃病、肠炎病、赤皮病和鲢鳙鱼的锚头鳋病是永福县最为常见、危害严重的鱼病。其次是车轮虫、小瓜虫和指环虫病等寄生虫病。

防治草鱼细菌性烂鳃病主要采用生态与药物相结合的方式。生态方式指通过清除池塘过多底泥、换水等方式改善鱼类生长的环境;药物方式主要指使用外用消毒药,如用高锰酸钾溶液等消毒剂清洗入塘前的鱼种,用生石灰、漂白粉、三氯异氰尿酸等药物调节水质等。这种生态加药物的方法对于预防草鱼疾病有着显著疗效,在全县鱼类养殖业中广泛应用。

鲢鳙鱼的锚头鳋病,主要通过调节池塘水质来减少发病率。池塘水质瘦不适宜鳙鱼生长,造成鱼种消瘦,抗病力降低,同时水质偏瘦宜于锚头鳋的生长繁殖,因此多用肥水养殖鲢鳙鱼来预防锚头鳋病。

车轮虫病预防方法是鱼池放养前用生石灰彻底清塘,合理施肥,合理密养;发病鱼池用硫酸铜和硫酸亚铁合剂(5∶2)全池泼洒,使池水中药液浓度为每升0.70毫克。

小瓜虫病预防方式是用生石灰彻底清塘,以杀灭胞囊;发病鱼池用硝酸亚汞全池泼洒,使池水浓度为每升0.10~0.20毫克。

指环虫病预防方式是生石灰清塘;发病鱼池用2.50%美曲磷脂(敌百虫)粉剂全池泼洒,使池水浓度为每升1~2毫克。2002—2005年,硝酸亚汞等违禁药物不再使用,常用的都是低残留、低毒的药物来防治鱼病。

第六篇

水利 电力

2005 年 1 月 22 日,县供电局李家寨变电站设施　县供电局　供图

第一章　水　　利

永福县境内河流众多，水流落差大，水力资源丰富。1991—2005年，全县保留有中型水库3座、小(1)型水库12座、小(2)型水库33座、山塘183处，但大多属于病险水库。15年间先后完成了全县水库除险加固工程，全县总蓄水库容1.82亿立方米，有效库容1.24万立方米，设计灌溉面积1.63万公顷，实际灌溉面积7952.27公顷。

永福县水利灌溉建设实行以"蓄"为主，"蓄、引、提"相结合的方针。至2005年年末，全县共筑饮水工程524处、提水工程38处、小水电站37座、灌区水利工程3处、农村人畜饮水工程87个，保障了农村生产生活用水。

实施县城防洪堤工程。2002—2005年，县城桂柳高速公路大桥底至恋爱桥段防洪堤完工，恋爱桥至茅江大桥段防洪堤正在建设中。

2001—2005年，永福县争取中央国债专项资金和自治区资金，做好水土保持工作，全县水土流失治理重点项目成效突出。

防汛抗旱成为15年间全县常抓不懈的工作；通过粮食补贴和用电优惠，搞好水库移民后期扶持，实现库区移民生活稳步提高。

第一节　机　　构

县水利局

1960年5月，成立永福县水利电力局(简称县水电局)。1991年，县水电局为县政府工作部门，正科级行政机构。局内设政秘办公室、水利股、电力股、工管站、水政大队、财务室、水土保持站。在职干部职工38人。局办公地址在县城东江街牌坊脚107号。

1993年，县防汛抗旱指挥部在县水电局设置防汛抗旱办公室，工作人员3人。

2000年，实施县农村电力管理体制改革。4月，实行一县一家管电的体制，将县水电局管理的供电部分业务划出水电系统，移交县供电公司，县水电局更名为县水利局，县水利局成为管理全县水利、水政、水土保持工作的行政职能部门。

2002年，县水利局成立永利设计室，工作人员6人。

2005年，县水利局为县人民政府工作部门，正科级行政机构，内设行政办公室、工程管理站、水政股、水土保持站、水利股、设计室、防汛办、水电股、财务股及水电施工队，在职干部职工47人。下辖桃城乡水电管理所、苏桥镇水电管理所、百寿镇水利电力工程管理所、永安乡水利电力工程管理所、板峡水库工程管理处、金鸡河水库工程管理处、华山水库工程管理处。全县水利系统干部职工180人，其中技术干部39人、工人141人。县水利局办公地址在县城凤城路121号。

1991—2005年，历任县水利局(含水电局)局长有：唐世衡(1984年6月—1994年1月)、张广宁(1994年1月—1996年7月)、秦连兴(1996年7月—2001年2月)、罗代璋(2001年5月—2005年3月)、周昌盛

（2005年3月—2005年12月）。

永福水文站

1972年8月,恢复设立永福水文站,地点在县城西河凤山背地段。隶属县水电局管理。1976年改由桂林地区水电局管理。1981年属广西水利厅水文总站管理。1991—1994年7月,永福水文站仍属广西水利厅水文总站管理。1994年8月—2005年,由广西水利厅水文水资源局管理。1991年有编制3名,在职3人。2005年有编制3名,在职3人。

县水利局下属单位

板峡水库工程管理处　1976年12月成立,地点在堡里乡境内。1991年,板峡水库管理处,为县水电局管辖的准公益性质的副科级单位,负责板峡水库、红旗水库、红沙沟水库、山口水库和正元水库的运行管理及堡里乡堡里村、胜利村、茶料村、清平村的供电运行管理工作。当年有职工72人。

1992年,成立广福水管所,在职人员3人,隶属板峡水库工程管理处管理。

1996年12月,县水电局将县旅游公司管理的板峡湖旅游区划归板峡水库工程管理处,其员工23人随岗进入水库管理处。是年,水库管理处有在职员工92人,退休人员13人,村级看水员23人。

2000年4月,实行一县一家管电的体制,县水利局将板峡水库管理处职工17人划归县供电公司。是年,板峡水库管理处有在职员工72人,退休人员16人。

2005年,板峡水库工程管理处为县水利局管辖的准公益性质的副科级自收自支单位。有在职员工56人,退休人员20人。

金鸡河水库工程管理处　1973年成立金鸡河水库工程管理所,地点在罗锦乡林村境内。1985年6月,改为金鸡河水库工程管理处。1991年金鸡河水库管理处,为县水电局管辖的准公益性质的股级单位,负责金鸡河水库、三五水库、红岩水库、三八水库的工程运行管理和农田灌溉、坝后电站、板丈电站运行及罗锦街片农村饮水安全工程(罗锦自来水厂)的运行管理工作。当年有职工44人。

2000年4月,实行一县一家管电的体制,县水利局将金鸡河水库管理处的职工17人划归县供电公司。是年,金鸡河水库管理处有在职员工42人,退休人员18人。

2005年,金鸡河水库工程管理处为县水利局管辖的准公益性质的股级自收自支单位,有在职员工43人,退休人员20人。

华山水库工程管理处　1985年6月,华山水库工程管理所改名为华山水库管理处,地点在三皇乡桐木村上华境屯境内。1991年,华山水库管理处为县水电局管辖的准公益性质的股级单位,负责华山水库工程运行管理、农田灌溉及华山坝后电站和石灰坳电站运行管理工作。当年有在职职工31人。

2000年4月,农村水利电力体制改革后,华山水库管理处有在职员工11人,退休人员13人。

2005年,华山水库管理处为县水利局管辖的准公益性质的股级自收自支单位,有在职员工11人,退休人员13人。

乡镇水电所　1973年6月,成立各乡镇水利电力工程管理所。1991年永福镇、百寿镇、苏桥乡、永安乡还保留有独立建制的水利电力工程管理所,共有在职员工106人。2005年以上4家独立建制的水利电力工程管理所,为县水利局管辖的准公益性质的股级单位,共有在职员工62人。

第二节 水利工程建设

水库除险加固与蓄水工程

1991—2005 年，永福县保留有中小型蓄水工程 231 处(不含水电站)，总库容 1.82 亿立方米，有效库容 1.24 万立方米，设计灌溉面积 1.63 万公顷，实际灌溉面积 7952.27 公顷。其中，中型水库工程 3 座，总库容 1.33 亿立方米，有效库容 9485 万立方米，设计灌溉面积 11200 公顷，实际灌溉面积 4966.67 公顷。

金鸡河水库除险加固工程 金鸡河水库是永福县 1958 年建成的 1 座中型水库。位于罗锦镇林村。水库集雨面积 127 平方千米。该水库地处石灰岩地区，裂隙和溶洞发育，砂卵石覆盖层厚达 3~10 米。建库时，由于大坝清基不彻底，运行年久，隐患逐步暴露、恶化，出现主坝填土流失严重，形成冒顶；副坝漏水，放水涵管破损；放水闸起闭失灵；溢洪道护垣及护岸水毁严重等险情。1994 年 12 月 10 日成立"永福县金鸡河水库除险加固工程指挥部"，指挥长为县委常委、常务副县长徐元声。该工程于 1994 年 12 月 12 日开工，至 1998 年 5 月竣工，国家实际拨款 582.40 万元，完成了主坝、副坝溢洪道的加固，放水系统的改造工程和进库、上坝、坝底公路的修建。

2001 年 9 月，自治区水利厅、财政厅下达金鸡河水库除险加固续建工程，计划投资 254.01 万元，其中国家补助 152 万元、地方自筹 102.01 万元。这次续建工程建设是在前一次除险加固工程完工的基础上，对已经批复但还没有列入建设计划的项目进行扫尾建设。主要建设副坝整治进库 / 坝底公路、水工 / 水文观测设施、溢洪道下游护岸修复、管理单位生活区建设及通信设施等。2001 年 11 月 27 日，永福县成立金鸡河水库除险加固续建工程指挥部，指挥长为县委常委、常务副县长文建中。2002 年 1 月 8 日，金鸡河水库除险加固续建工程开工，2002 年 11 月 18 日竣工，摘掉了危险水库工程的帽子。

2005 年该水库规模为总库容 3095 万立方米，有效库容 1875 万立方米，设计灌溉面积 3333.33 公顷。

华山水库除险加固工程 华山水库是永福县 3 座中型水库之一，位于三皇乡桐木村上华境屯西南侧。水库集雨面积 57.70 平方千米。该水库于 1963 年建成，所在区域属典型石灰岩地层，建库时施工条件差，无法处理漏水等难题，随着运行时间的长久，各种隐患逐渐暴露。2003 年，被桂林市列为三类病险水库。是年 9 月 23 日，永福县水利水电设计室完成"永福县华山水库临时除险加固设计"，工程概算 124.76 万元。2003 年 10 月 13 日，成立华山水库临时除险加固工程实施小组，组长为县水利局局长罗代璋。该工程于 2003 年 10 月开始施工，2004 年 3 月竣工，封堵了水库实施坝段的漏水洞，有利水库蓄水，保证了水库灌区农田用水。

2005 年，该水库规模为总库容 1580 万立方米，有效库容 920 万立方米，死库容 60 万立方米，设计灌溉面积 1880 公顷，其中水田 1510 公顷、旱地包括宜农可垦地 370 公顷。

板峡水库二期引水工程 板峡水库是永福县 1983 年建成的县内最大的中型水库，位于洛清江支流茅河的上

2003 年 10 月，永福县华山水库除险加固工程开工

县水利局 供图

游。水库集雨面积 89.60 平方千米,总库容 8740 立方米,有效库容 6390 万立方米,其中灌溉库容 4480 万立方米,防洪库容 1910 万立方米。滞洪库容 1770 万立方米,死库容 580 万立方米。设计灌溉面积 7000 公顷,防洪面积 800 公顷。坝后电站装机 3 台,容量 2400 千瓦;跌水电站装机 2 台,容量 200 千瓦。1991 年,兴修板峡水库西干渠广福段,完成土方 12.20 万立方米,长 34 千米的渠道建设。

1999 年,板峡水库实施引拉优河水进板峡水库的二期引水工程,建坝拦河引水。坝址位于板峡水库尾西南的和顺村庙门冲屯旁的拉优河,拦河坝拦截拉优河上游流域集雨面积 59.20 平方千米。拦河坝类型为混凝土砌石重力坝,C20 砼护面厚 40~100 厘米,坝顶长 88 米,最大坝高 12.60 米,坝厚 10.40 米。溢流堰净宽 70 米,堰顶高程 232.65 米。坝右端设冲沙闸(孔口 1 米 ×1 米),进水闸(孔口 3 米 ×2.50 米),进水闸底高程 230.10 米,均为铸铁平面闸门,进水闸设计流量 10 立方米 / 秒;渠道全长 3300 米,其中明渠长 330 米。隧洞共 5 座,其中大波隧洞长 316 米、香粉一号隧洞长 450 米、香粉二号隧洞长 460 米、长洲一号隧洞长 706 米、长洲二号隧洞长 1038 米。引水渠底净宽 3 米,过水深 2.50 米,渠底坡降 1/1500,引水流量 10 立方米 / 秒。2002 年 5 月 9 日,板峡水库二期引水工程建设竣工,完成工程总投资 989.77 万元。共完成工程量:挖填土石方 8.65 万立方米,砼及钢筋混凝土 4625 立方米,浆砌石 8412 立方米。每年可向板峡水库补充水量 4611 万立方米,增加灌区保灌面积 2486.67 公顷;坝后电站可年增加发电量 309 万千瓦时。

小(1)型水库蓄水工程　1991—2005 年,永福县有小(1)型水库 12 座,分别是落岭、青龙口、狮子口、老虎口、七排岭、寺背、高峰、正元、红沙沟、红旗、九塔、思磨江水库,合计集雨面积 92.39 平方千米,总库容 3406 万立方米,有效库容 1783.30 万立方米,设计灌溉面积 2520 公顷,实际灌溉面积 1531.33 公顷。

小(2)型蓄水水库　1991—2005 年,永福县有小(2)型水库 33 座(指灌溉),分别是横山桥、鱼田冲、大岭背、新塘、牛路冲、长冲、漫冲三五、红岩、枇杷岩、东风、合作、草劲头、力塘、老虎岩、蚂蝗田、白马槽、山口、含冲、龙底、小洞田、屯都、东边弄、矮山、杨家厂、老山、低塘弄、红星、拉怀、塘坊、中弄、拉敢、低塘、峦弄等水库。合计集雨面积 109.09 平方千米,总库容 1162 万立方米,有效库容 541.55 万平方米,设计灌溉 1330 公顷,实际灌溉面积 914.27 公顷。

小山塘蓄水工程　1991—2005 年,永福县小山塘蓄水工程有 183 处,分布在全县 9 个乡镇。总库容 614 万立方米,有效库容 573 万立方米,设计灌溉面积 814 公顷,实际灌溉面积 540 公顷。

引水工程

1991—2005 年,永福县投入一定财政资金,群众自筹大部分资金,实施拦河筑坝,用混凝土或浆砌石砌成拦河坝(引水陂),扩大农田灌溉面积。2005 年,全县共有引水工程 524 处,有效灌溉面积 6287.60 公顷,实际灌溉面积 5329.33 公顷。其中,灌溉面积 33.33 公顷以上的有 26 座。分别为永福镇 4 座、堡里乡 1 座、苏桥镇 1 座、广福乡 1 座、罗锦镇 7 座、百寿镇 5 座、三皇乡 4 座、永安乡 3 座。

提水工程

1991—2005 年,随着水利设施的不断改造和完善,农田自流灌溉面积的扩大,永福县不少地方进行提水工程建设,建立水轮泵站或电灌站,用电力抽水,延伸自流引水灌溉面积。2005 年,全县共有水轮泵站 38 处,抽水机 40 台,实际灌溉面积 1394 公顷;灌溉泵站 124 处(台),电灌站 68 处(台),容量 1009.50 千瓦。

县城防洪堤工程

1999 年 1 月,永福县成立县城防洪工程建设规划领导小组,实施永福县城防洪工程规划项目。规

划范围从县城高速公路桥底沿西河往南至樟峡大桥东河两岸,规划防洪堤总长 3.97 千米,其中东河段从 0+000 米至 0+580 米两岸、西河段从 0+780 米至 214+186 米两岸,建防洪堤 3.97 千米,防洪排涝闸 1 座 3 孔,建设桂柳高速公路大桥底至恋爱桥段防洪堤和恋爱桥至茅江河段防洪堤。

桂柳高速公路桥底至恋爱桥段防洪堤　永福县城桂柳高速公路大桥底往南至恋爱桥段西河防洪堤长 780 米,核定一期工程总投资 702.48 万元。2002 年,该工程开工建设,2004 年竣工使用。实际完成堤长 840 米,实际完成投资 960 万元,其中自治区农水资金 100 万元、自治区防洪保安费 500 万元、县自筹 360 万元。

恋爱桥至茅江桥段防洪堤　永福县城西河恋爱桥往南经西河尾码头至东河茅江大桥段防洪堤,设计堤长 1986 米,核定工程总投资 1946.19 万元。该工程于 2004 年 12 月开工建设。2005 年年底,实际完成西河恋爱桥至老水厂 378 米堤段和县政府招待所至西河尾码头段 580 米一级堤的建设,实际完成投资 475 万元,其中自治区防洪保安费 250 万元、国债资金 150 万元、县自筹 75 万元。

水电站工程

永福县河流纵横,水力资源十分丰富,境内小水电站比较多。1991—1999 年,全县的水电站供电由县经济委员会管理,只有小部分供电区域由县水电局管理。

2000 年,永福县进行农电体制改革,所有供电划归县供电公司管理。县水利局只管理水电站而不管理供电。县水利局对国有水电站的建设、技术改造、运行经营和维修进行管理;对国企电站和私人股份电站,只进行安全工作监督和防汛监控。

2005 年,全县已建成水电站 37 座,总装机容量为 5.33 万千瓦,年发电量 1.66 亿千瓦小时。其中,装机容量 1 万千瓦以上的有 2 座,即永福县鲤鱼滩水电站装机 1.26 万千瓦、龙溪水电站装机 1 万千瓦;装机容量在 1000 千瓦以上的有 16 座。

水电农村电气化县建设工程

永福县水电农村电气化县建设工程从 1995 年启动,至 2005 年取得明显阶段成效。

初级水电农村电气化县建设　1995 年,永福县列入全国第二批初级水电农村电气化县试点县。1996 年 4 月,国务院批准永福县为全国第三批水电农村电气化县。经过 3 年时间的建设,永福县完成初级水电农村电气化县建设。1999 年,永福县被评为全国第三批初级电气化达标县。2000 年 12 月,通过水利部初级水电农村电气化县验收。

"十五"规划水电农村电气化建设　2001 年,永福县依据全县"十五"经济社会发展总体规划,编制出《永福县水电农村电气化规划报告》,虽未获自治区水利厅批准,但仍坚持按水利部关于农村电气化县标准,实行连续建设、动态管理,建立 5 年一个台阶滚动发展的机制,按照替补县的规划和要求,继续加快建设水电农村电气化县的步伐,并于 2005 年 7 月通过自治区水利厅验收达标。至 2005 年 12 月,全县先后建成水电站 37 座,总装机容量 5.33 万千瓦,年发电量 1.66 亿千瓦小时。电网建设坚持经济、合理的供电半径进行布局,改造高低压输电线路,确保供电质量。

灌区水利工程

波塘田园化工程　堡里乡波塘村田园化工程于 2003 年冬季开工,至 2004 年春季建成。面积 86.67 公顷。位于堡里乡波塘村与黄元村之间,是波塘、仁里、周脚、新塘、河背、大窑冲、谢家等屯互连的耕作区。属板峡水库灌区,西干渠于东侧由南往北流过,永堡公路贯穿中间而过;茅江于西侧由东向西流过,地势开阔平缓,东南稍高向西北倾斜。

该田园区内水利建设设施有:排灌沟共6条,由东往西,相间50米,全长10805米。沟渠为矩形断面,宽0.40米,堤高0.60米;渠底为混合砂、石、渣回填,堤合铺砼。机耕路3条,总长2974米,路面宽3.50米;路堤为浆砌石,高0.80米,宽0.40米;路基是混合砂石铺底,砂石铺路面。

2005年,该田园区的农田灌溉用水自流快捷,排水畅通。

三皇田园化工程　三皇田园化工程于2004年冬季开工,至2005年春季建成。位于三皇乡三皇街南头,在三皇村和荣田村之间,南北长1.27千米,东西宽1.29千米,为三皇街、矮山、铺上、桥头、洞田等屯互连的耕作区。该耕作区水田面积200公顷,属华山水库灌区,东北高、西南低、地势平坦,西靠洞田河,东有三皇干渠,百(寿)鹿(寨)公路平行由北往南相向而行。

该田园区新建成的水利工程设施有矩形引水沟长385.40米,尺寸为0.60×0.54米或0.40×0.40米,引水流量每秒0.18立方米;灌溉渠总长720米,矩形断面,尺寸为0.40×0.40米,引水流量每秒0.06立方米;排水沟4条总长1140米,梯形断面,沟底宽1米,渠高1米,边坡1∶0.2,泄洪能力每秒2立方米,以上工程均为浆砌石体、砼铺底和护石。另有机耕路3条,全长3598.70米,路面宽3.50米,泥结石路面,路堤为浆砌石。其他建设除加固原有的1座石拱桥以外,又新建1座现浇C20钢筋混凝土肋型平板桥,跨度5米,路面宽4米,在沟渠上相隔40米远,建有2×0.60米的预制钢筋混凝土人行桥。该田园化建成后,水利设施齐备,农田排灌流水自如。

西岭田园化工程　2005年冬季,西岭田园化工程开工建设。位于罗锦镇岭桥村,是全宅、西岭、上林山、水洞头、鹅桥头5个自然屯相连的耕作区,水田面积297公顷。属金鸡河水库灌区,西干渠在西边大岭脚与罗苏公路平行,由田园边从西南往北相向而行。田园的东边罗锦河由南往北流,地势开阔平坦。

该田园区内水利建设设施有:新建三面光排灌沟渠10条,全长10.79千米;还有机耕路面的排溪沟总长760米,沟渠均为矩形断石,尺寸有0.60×0.50米、0.60×0.54米或0.50×0.40米不等。设计流量分别为每秒0.13立方米、0.06立方米、0.074立方米、0.036立方米等。渠堤用预制空心砖砌筑,沟底浇筑厚6厘米C15砼。

农村人畜饮水工程

永福县境内虽然水资源丰富,但由于降雨量时空分布不均,造成季节性缺水;同时受地形地貌地质因素影响,石灰岩地区岩溶发育,雨水通过岩溶裂隙流入地下,地表水缺;工业废水及城镇生活用水排放污染水质,造成农村人畜饮水困难。1991年,全县农民到1千米以外,垂直高度100米以上地方挑水,连续2~3个月缺水的村庄35个,村民3.21万人。其他人畜饮水困难村庄的人数5.68万人。全县人畜饮水困难人数8.89万人。

1991—2000年,县水利、民政等部门扶持资金,完成新建永安乡自来水厂及三皇乡、永安乡、广福乡、龙江乡、堡里乡、苏桥镇等村屯级人饮工程共33个。共投入资金172.33万元,其中国家补助资金共103.40万元、自筹资金共68.93万元,解决饮水困难1.15万人。

2001—2002年,桂林市分配给永福县农村人畜饮水解困工程资金366.67万元,其中中央投资220万元、地方配套146.67万元。建设农村人畜饮水工程项目16个,涉及全县9个乡镇,21个自然村屯,解决饮水不安全人口1.38万人。其中,规模较大的有广福乡鸡石街人畜饮水解困工程。

2003—2005年,桂林市和自治区分配给永福县农村人畜饮水解困工程资金507.50万元,其中中央投资284万元、地方配套223.50万元。建设农村人畜饮水工程项目8个,涉及苏桥镇、堡里乡、广福乡、永福镇、永安乡的12个村屯,解决饮水不安全人口1.35万人。其中,规模较大的有苏桥镇树桥人畜饮水解困工程、堡里乡围庄人畜饮水解困工程、广福乡矮岭人畜饮水解困工程。

第三节 水利工程管理

国有水利工程管理体制

永福县的国有水利工程,先后由县水电局和县水利局管理。1991—2005 年 11 月,永福县有 7 个国有水利工程管理单位,即板峡水库管理处、金鸡河水库工程管理处、华山水库管理处、桃城乡水电所、苏桥镇水电所、百寿水电所、永安水电所。经营管理全县水库 14 座,其中中型水库 3 座、小(1)型水库 11 座,有效灌溉面积 6780 公顷。这些水管单位的性质为自收自支的事业单位,实行独立核算,自负盈亏。2004 年年底,这 7 个水利工程管理单位的在职职工 165 人,退休职工 76 人。管理人员的工资、劳保福利、医药费、差旅费、办公经费和生产投资都实行自理;水利工程的维修除个别项目有专项经费支持外,日常费用自理。15 年间,这些水利工程管理单位多数年份收不抵支,运转困难。

全县国有水利工程管理体制改革从 2003 年开始,县人民政府先后出台相应政策文件。2004 年 8 月 9 日,县人民政府批准《永福县水利工程管理体制改革方案》。2005 年 9 月 20 日,成立永福县水利体制改革领导小组。是年 12 月 22 日,县人民政府批准县板峡水库管理处等 7 个公益性水管单位的人员编制为 165 人,并定性为差额拨款的事业单位。

2005 年 10 月 17 日,永福县水利冬修及水库除险动员大会 　　　　　　　　县水利局　供图

乡(镇)水利工程管理体制

永福县的集体水利工程,由乡镇水利管理站、水土保持站管理。集体管理的水利工程是受益区在一个乡镇范围内的小(1)型、小(2)型水库和引水工程以及机、点、泵站。其中受益范围跨 2 个村以上的工程由乡镇水利管理站管理;受益范围在 2 个自然屯以上的水利工程由村委会管理;其他分散的小型水利工程则由所在村民小组管理。1991—2005 年,永福县集体管理的水利工程有小(1)型水库 4 座、小(2)型水库 33 座、山塘 183 座;引水流量每秒 0.10 立方米以上的引水工程 27 处、引水流量 0.10 立方米以下的引水工程 4930 处。对于村、屯较大的引水灌溉工程,由灌区所在的乡、村,由分管水利干部为主组成水利工程管理小组,负责水利管理工程维修、灌溉,并固定专管人员负责灌溉工程的日常管理工作,专管人员的报酬由水库渔业生产收入和受益农户承担。

农民用水户协会管理

1991—1999 年,永福县的村、屯小水利工程,包括河流陂坝引水、电力排灌用水、人畜饮水等,分别由村委会或村民小组(队)管理。

2000年冬,广福乡龙桥村九弄自然屯鱼拉头生产队的韦小元,私人出资在马芒河上建筑起石排陂坝1座,引水灌溉农田面积13.33公顷。陂坝灌溉工程实行私人收费和维修管理。2001年,作为全自治区的典型代表参加了水利灌溉管理工作表彰会,并作为全自治区第一个农业灌溉用水户私人代表作了发言,得到自治区水利厅的表扬和鼓励。随后韦小元又出资建成另脚陂陂坝,灌溉农田面积7公顷。韦小元私人用水户灌溉规模达到20多公顷。

2004年,永福县贯彻落实水利部、国家发展和改革委员会、民政部文件《关于加强农民用水户协会建设意见》精神,对于村屯引水灌溉小型工程,成立"农民用水户协会"管理,把水利工程的所有权、使用权、管理权交给农民,调动农民"自己的事情自己办,自己的工程自己管"的积极性,提高水资源利用率和效益,督促水费征收,监督公平用水和节约用水。

2004年12月12日,桃城乡塘堡村江西屯农业灌溉用水户协会成为县境内第一个注册登记办证的农民用水户协会。协会主要管理江西村水轮泵站的提水灌溉和江西村农村饮水安全工程。是月,桃城乡渔洞村农民用水户协会成立。

2005年,罗锦镇江月村厄底屯、林村古座屯、堡里乡罗田村龙头口陂、桃城乡樟峡村凤角陂、堡里乡堡里村花红陂、堡里村八里陂等用水户协会先后注册登记。

至2005年年底,全县9个乡镇共成立农民用水户协会25个,管理25个小型水利工程,灌溉农田面积712公顷。协会在组建和运行管理中,坚持"自愿参加、民主管理;依照水系,划分辖区;计量供水,按供水数量和灌溉次数结算;合理收费,财务公开;水源充足,供水可靠"的5项用水管理基本原则,实行"一把锄头"放水,"一把尺子"量水,"一张发票"收费,"一支队伍"管护,收到良好的效果。

农民用水户协会实行独立自主经营,对用水户按灌溉田亩进行收取水费,水费用于管理人员的工资和工程维修。协会制定出章程,由用水户代表选举产生会长、副会长和董事,共同管理协会的日常工作。

水费征收

1991—2005年,永福县的水利工程实行水费征收制度,所收水费用于水利工程维护及管理。

水费征收的执行标准,各水库灌区有所不同。大都沿用农村体制改革前(1980年)的标准,每亩收取11.50千克稻谷、防洪保安费2千克稻谷左右。每年征收一次,委托各乡镇粮所在夏粮入库时集中代扣。1986年后,水费征收由集中收取改为分散到户收取。

随着农业产业结构的调整,用农田种植其他经济作物的面积日益扩大,水稻灌溉面积缩小,水费收入逐年减少。2001年后欠交水费现象严重。特别是2005年取消农业税(公粮)征收后,农村水费征收更为困难。2005年全县应收取农业用水水费101.57万元,实收41.68万元,仅完成任务的41%。其中,金鸡河水库管理处应收取40.36万元,实收23.90万元,完成任务的59%;华山水库管理处应收取16.99万元,实收2.17万元,完成任务的13%;板峡水库管理处应收取32.13万元,实收10.30万元,完成任务的32%;落岭水库管理处应收取2.02万元,实收1.06万元,完成任务的52%;苏桥镇水利站应收取6.56万元,实收3.60万元,完成任务的55%;百寿镇水管所应收取1.80万元,实收0.20万元,完成任务的11%;永安乡水管所应收取1.71万元,实收0.45万元,完成任务的26%。

取水许可管理

1991年9月,永福县在全县范围实施取水许可管理制度,规定凡利用闸、坝(含陂坝)、引水式水电站、渠道、虹吸管等取水,引水工程或者机电提水设施直接从江河、湖泊或者地下取水的单位和个人,在取得取水许可证后,按照取水许可证所规定的条件给予取水。

是年,依法对全县 68 个取水单位进行了登记,包括 11 个县城生活取水单位、24 个县城企业生产取水单位和 33 个乡镇取水单位,发放取水许可证 68 本,取水总量 6.71 亿立方米（含龙溪电站年取水量 5 个多亿立方米）。

1992—2005 年,每年年初下达年度计划取水量,年末审核实际用水量。要求取水户在取水口安装取水计量设施,并按经批准的取水量取水,促使取水户实行计划用水,节约用水。至 2005 年,全县取水许可证年终保有数 110 本,年审 110 户,年审率 100%；装置计量设施 29 户,年收取水资源费 6 万多元。

第四节　防洪抗旱

1991—2005 年,全县最大年降雨量是 1993 年的 2868.30 毫米,最少年降雨量是 2003 年的 1453.00 毫米,多年平均降雨量 2067.33 毫米；降雨天数最多的是 1997 年达 254 天,降雨天数最少的是 2003 年只有 154 天。各乡镇的降雨量和降雨天数也不均匀,水灾和旱灾在不同的地方都有发生。永福镇、罗锦镇、苏桥镇、堡里乡、广福乡和龙江乡为土岭丘陵地貌,水量较多；而永安乡、三皇乡和百寿镇多为石山地区,溶岩、坑洞较多,特别是永安乡和三皇乡,保水性能差,往往是洪水过后接着就是旱灾。永福县防汛抗旱指挥部规定每年的防汛时间为 4 月 1 日至 9 月 15 日,抗旱时间没有时间界限规定。

全县防汛抗旱工作成立了县防汛抗旱指挥部,由指挥部负责组织和指挥防汛抗旱、救灾工作。指挥长由县长担任,指挥部的成员部门有县水利、水文、气象、交通、通讯、计划、财政、电力、林业、农业、石油、物资、民政、教育、卫生、城建、国土、保险、宣传、公安、人武部和当地部队等部门。指挥部下设办公室,办公室设在县水利局。

抗洪抢险

1991 年,县内年降雨量 1477.70 毫米（年降雨天数 216 天）。其中,罗锦乡年降雨量 1450.30 毫米,三皇乡年降雨量 1210.30 毫米,堡里乡年降雨量 1084.00 毫米。其他部分地区全年的降雨量偏少,无洪水灾害资料记录。

1993 年 6 月 7 日至 9 日,堡里乡受洪水围困。灾情发生前,乡党委、乡政府通知乡直各单位和各村公所组织人员昼夜值班,一有情况及时汇报及抢险,尽量减少损失；灾情发生时,乡党委、乡政府全体干部 60 人分为 3 个大组,深入第一线抢险救灾,并召集乡直单位干部、职工 150 人,民兵 100 人进入险区抢险,抢运各种物资共计 30 万元,并将险区的老人、儿童、妇女疏散到安全地带；灾情发生后,乡党委、乡政府及时派出 6 个工作小组深入各村屯进行灾情调查,组织群众进行生产自救,并筹集资金 3.50 万元修复主要冲毁地带。

1996 年 7 月 17 日,全县发生洪水灾害,尤以永安乡、三皇乡最重。灾情发生后,县委、县政府、县人大、县政协四家班子领导 30 人分成 10 个组,带领有关部门的领导分赴 10 个乡镇

2005 年 5 月 25 日永福防汛抗旱指挥长培训班
县水利局　供图

指挥救灾。县红十字会派出医务人员 250 人次到灾区为灾民看病,并送出药品价值达 2 万元。洪水退后,县供电、交通、邮电等部门出动 500 人次,在 1 天内基本恢复全县 10 个乡镇主要公路交通和供电、通讯联络。县委、县政府及县直相关单位全力投入,筹集资金修复冲毁渠道 156 处、河堤 5 处、陂坝 510 处、机电泵 75 台;恢复国营灌溉工程面积 133.33 公顷,基本恢复通水。

1998 年 6 月 17 日至 26 日,全县发生特大洪水灾害。在 6 月 17 日特大暴雨后,据苏桥乡水管所报告,小(1)型水库高峰水库排洪,水深 1.20 米,且大坝左坝段坝体有 2 处漏水,1 处位于坝脚漏水较为严重,水位升高直接危及水库安全,县防汛抗旱指挥部办公室、县水利部门、苏桥乡人民政府、苏桥乡水管所有关人员及时赶赴现场,并作出了处置方案,确保了水库的安全。6 月 27 日 12 时,永安乡防汛抗旱指挥部接到水库管理员报告永富村小(2)型水库拉怀水库严重渗水,乡党委、政府及时组织当地群众 50 多人和 20 多名乡干部进行抢险。当晚 19 点,县水利部门和县防汛抗旱指挥部办公室组织 200 多名抢险突击队员赶赴现场,与乡人民政府、乡直属单位 100 多名干部职工、水库附近村庄拉怀、代家、旧村、八弄等屯的 160 多名群众的抢险队伍,共同奋战 5 个多小时,共搬运 120 多立方米泥土,排除水库险情。

2002 年 6 月 15 日至 17 日,全县发生大洪水灾害。16 日凌晨 2 时左右,湘桂铁路的永福站至葡萄站区间的黄岭(地名)发生大面积山体滑坡,长达 150 米,导致铁路被埋,由上海开往昆明、南宁开往无锡的 2 趟客运列车分别被困在永福站和葡萄站,县委、县人民政府组织抢险突击队与驻桂林部队带领解放军战士赶赴现场进行抢险,快速修复铁路交通。

抗旱救灾

1991—1994 年,永福县抗旱的主要措施是从河流、水塘抽水和打井抽水。县乡镇政府部门派出人员投入抗旱抢险,并投入抗旱经费及设备和物资,如抽水机、柴油、水管等。当时抗旱的主要工具和设施是抽水机、机泵、电泵、提水设施、机动运水车、水管等。

1995 年,据统计全县投入抗旱总人数 3 万人,提水设备 159 台套、容量 1793 千瓦;装机 90 台、总容量 1566 千瓦;投入抗旱资金 15 万元,其中县财政拨款 5.50 万元,群众自筹 9.50 万元。抗旱期间,用电量 18.80 万千瓦小时,用油 26.90 吨,浇灌面积 5666.67 公顷,临时解决 200 人和大牲畜 80 头的饮水困难。

1998 年 7 月至 8 月,全县旱灾发生时,县人民政府、县水利部门和群众共筹集资金 20 万元用于抗旱;共有 3.87 万人和 568 台机电泵投入抗旱,共用柴油 32 吨,用电量 44 万千瓦小时。

1999 年 8 月—2000 年 4 月上旬,全县出现罕见的干旱灾害。县、乡镇政府及县(乡)直部门积极投入抗旱。据统计,全县投入抗旱共动用提水设备 2200 台,用电量 160 万千瓦小时,耗油 10.50 吨。共有 3.53 万人投入抗旱,解决旱区大部分人畜饮水困难,抗旱浇灌面积 9933.33 公顷。

2000 年,下半年旱灾发生时,全县投入抗旱人数 5.87 万人,提水设备 3564 台套,抗旱浇灌面积 6466.67 公顷,解决旱区 3604 人和 2890 头大牲畜的饮水困难。

2001 年,春旱连夏旱灾发生时,全县投入抗旱机械 5262 台,其中机泵 5194 台、电泵 68 台;投入抗旱人数 4.60 万人,其中干部 736 人、群众 4.52 万人;共投入抗旱资金 60.18 万元,解决旱区 8180 人和 1965 头牲畜的饮水困难。

2003 年,夏、秋季旱灾发生时,全县投入抗旱人数 6.33 万人;投入抗旱机械 14262 台(套),其中机电泵 1323 台、机动运水车 16 辆;抗旱用电量 2.16 万千瓦小时,用油 54 吨;抗旱浇灌面积 305.27 公顷,解决旱区 1.59 万人和 5567 头大牲畜的饮水困难。

2004 年 8 月至 10 月,旱灾发生时,全县投入抗旱人数 7.67 万人;投入抗旱机械 1050 台(套),其中机电泵 5385 台、机动运水车 70 辆;抗旱用电量 0.99 万千瓦小时,用油 481 吨;抗旱浇灌面积 973.33 万顷,解决旱区 3.28 万人和 4.24 万头大牲畜的饮水困难。

2005 年 8 月至 10 月，旱灾发生时，全县投入抗旱人数 11.55 万人；投入机械 4165 台（套），其中机电泵 323 台、机动运水车 21 辆；抗旱用电量 0.347 万千瓦小时，抗旱用油 1530 吨；抗旱浇灌面积 628.07 公顷，解决旱区 3.65 万人和 3.16 万头大牲畜的饮水困难。

第五节　水政执法

1997 年 10 月，县水电局成立水政监察大队，设有专职水政监察员 6 人，兼职水政监察员 20 人，加强全县水政执法工作。1998—1999 年，全县水政执法的重点是开展水法宣传，依法对水事活动进行监督检查，参与水资源管理工作。2000 年以后，全县水政执法的重点转向水事纠纷调处和河道管理。

水法宣传

每年 3 月 22 日为"世界水日"。每年世界水日所在周的 3 月 22 日至 28 日为"中国水周"。水法宣传是水利部门一项重要的工作内容。1998—2005 年，县水政执法部门在"世界水日"及"中国水周"期间，在全县范围内深入广泛地开展宣传水利法律法规，提高社会民众对水资源的利用和保护，对水利工程的利用和维护的重要性的认识。一是在县城和各乡镇开展全面宣传；二是采用报纸、群发手机短信等方式宣传水利法律法规；三是利用宣传车辆逢圩日到乡镇集市巡回宣传；四是由县政府领导在电视上发表讲话；五是利用县广播电视台在黄金时间播放县领导讲话和电视系列片《人·水·法》等；六是由县文工团自编自演，利用小品、相声、快板、彩调的形式在县城和各乡、镇巡回演出。使广大群众逐步提高保护水资源、防治水污染重要性的认识，自觉节约用水、合理用水、维护全县的水生态环境。

河道管理

河道管理主要是对河道采砂、行洪、堤坝保护、河水污染、水土流失的行为和现象进行控制和管理。1992 年，永福县人民政府印发《关于永福县河道采砂、采石管理暂行规定的通知》及《关于河道管理的通告》的文件，明确规定在河道管理范围内从事采砂、采石、采矿、取土等活动的单位和个人，都必须服从河道整治规划，实行许可制度，并缴纳管理费。

1993—1997 年，永福县河道管理趋向规范。非法采砂、采石、采矿、取土行为减少。

1998—1999 年，县内无证非法采砂和不按规定河段采砂现象抬头，严重影响河堤、行洪安全等。

2000 年，永福县成立河道采砂清理整顿小组。2001 年，县人民政府印发《关于整顿规范河道采砂秩序的通知》，加强对河道的管理和保护，整顿和规范河道采砂秩序，保障河道行洪安全。

2002 年 5 月，县人民政府印发《关于取缔无证砂船实施办法预案》。8 月，县水利局配合国土局查处在大溪河塘堡河段和东河大洲坪河段 9 只无证砂船，并申请人民法院强制执行。

2003 年 6 月 5 日，县委、县政府召开整治河道采砂秩序会议，明确了主管领导、各职能部门的工作职责和工作重点。随后县水利局派出执法人员到各采砂点调查非法采砂船的分布情况、危害程度，到群众反映强烈的河段进行调查，完成《永福县河道采砂准入方案》的编写工作。7—12 月，县人民政府开展打击非法采砂，治理整顿全县范围的非法采砂行为。治理整顿工作重点：一是非法采砂行为较集中的河段及有碍行洪的非法采砂行为；二是因非法采砂造成耕地、河堤、牧场等毁坏的采砂船只；三是对违反规定运输非法采砂砂石的车辆，由县交通、交警、工商等有关部门依法予以严惩。

2004 年春节过后，河道非法采砂行为又有抬头现象，采砂业主在河道中乱堆乱放采砂弃料，严重影响汛期河道行洪。4月26日至30日,县水利局会同工商行政管理、公安部门对10多只采砂船进行整顿,拆除其中4只采砂船的起砂设备,促使7名采砂业主主动到水利局办理采砂手续,接受管理。

2004年6月,县物价局批准水利局按10%收取采砂业主在办理采砂许可证时,每条采砂船缴纳采砂押金1.20万~1.50万元。

2005年,一些在县境外采砂的船只流入永福县西河、堡里河及其他流域,非法采砂活动呈泛滥之势。永福县成立整治河道采砂秩序专项行动领导小组,并制定了一系列打击非法采砂活动的方案。9月2日,执法人员将《永福县人民政府关于整治河道采砂秩序通告》发放给各采砂业主,并在沿河村屯张贴。9月5日,县政府召开全县整治河道采砂秩序专项行动会议。9月12日—15日,对西河和堡里河内的非法砂船进行全面整治。

水事纠纷调处

1991—2000年,永福县内的水事纠纷(即农村农业生产灌溉用水和人畜生活用水的水源权属引起的争议)由县政府调处纠纷办公室统一受理及调查处理。

从2001年开始,县水利局水政监察大队依据自治区人民政府《关于土地林业水利三大纠纷若干问题的通知》(桂政发〔2000〕68号文件)精神,先行调处县内水事纠纷。

2001年,调处水事纠纷2起,即永安乡永安村下龙屯与上寨屯争执水沟水源纠纷和永安乡喇塔村屯与马岭屯争执社胆坳水源水事纠纷。

2002年,调处水事纠纷4起,即堡里乡罗田村半田屯9队和10队与11队争执老马沟水源;永安乡军屯村军屯2队和3队与后沟屯争执磨石沟水源纠纷;三皇乡古城村古豪屯与拉洗屯争执寨子岩水源纠纷和永安乡永富村拉槐屯与付家屯争执和尚岩水源纠纷。

2003年,调处水事纠纷3起,即苏桥乡树桥村交龙屯8队与9队农田灌溉及人饮用水纠纷;三皇乡大路村枫木屯与碧山屯争执龙米井水源纠纷和百寿镇山南村江舍村民小组与坡上村民小组争执杀狗岩水源纠纷。

2004年,调处水事纠纷2起,即苏桥镇太平村大坪土屯与欧阳屯争执欧阳沟水源纠纷和百寿镇朝阳村平楼屯与下元境屯争执六亩井水源纠纷。

2005年,调处水事纠纷1起,即永安乡独洲村明境屯一组与二组争执阳家屋背水沟水源纠纷。

主要水事纠纷选介

永安乡喇塔村屯与马岭屯水事纠纷　1999年,永安乡喇塔村屯浪屯自筹资金2万多元,于2月27日和3月7日2次到社胆坳水源头接水源,用其来解决全屯人畜饮用自来水,遭到马岭屯群众阻拦不准接水,因而引发争水源使用权纠纷。纠纷发生后,喇塔村委会和永安乡人民政府多次召集双方协商处理,由于各持己见,达不成协议,均书面报告要求县人民政府确权处理。

从2001年9月18日开始,由县调处纠纷办公室、县水利局和永安乡人民政府组成工作组,对该纠纷进行调处,工作组多次召集双方群众代表召开协调会,由于双方分歧较大,未能达成协议。

社胆坳水源历史以来都是两屯人畜饮水和农田灌溉水源。1997年,马岭屯在国家扶持下开发社胆坳水源水作为本屯人畜饮水,屯浪屯历年来人畜饮水同样饮用社胆坳水源流下的沟水,该屯自筹资金于1999年2月和3月7日2次到社胆坳水源头接水,都遭到马岭屯群众阻拦,经县、乡、村三级调处都没有达成协议,致使屯浪屯群众没有用上清洁的自来水。

1991年,屯浪屯与马岭屯为解决社胆坳农田灌溉用水,双方曾协商同意在社胆坳水源头分岔处建造

一个石座分水天平,让社胆坳水源属 2 个屯共同使用。

社胆坳水资源属于国家所有,开发水资源为人类服务,社胆坳水资源为马岭屯和屯浪屯共同开发合理利用的行为应予以支持。

县人民政府依据《中华人民共和国宪法》第九条:"矿藏、水流、森林、山岭、草原、荒地、滩涂等自然资源,都属于国家所有,即全民所有"和《中华人民共和国水法》第三条:"水资源属于国家所有、即全民所有"、第三十六条"单位之间、单位与个人之间发生的水事纠纷,应当通过协商或者调解解决,当事人不愿通过协商、调解解决或者协商、调解不成的,可以请求县级以上地方人民政府或者其授权的主管部门处理,也可以直接向人民法院起诉"之规定和依照"国发"〔1980〕135 号文件中第三个问题第四小点"本着有利于团结,有利于生产,有利于管理的原则的基础上,实事求是地考虑双方群众的利益,解决双方群众的实际问题"。

2002 年 3 月 29 日,县人民政府对社胆坳水资源作出如下处理决定:社胆坳水资源属于国家所有,准许马岭屯和屯浪屯共同合理使用,屯浪屯架接自来水的取水口必须在马岭屯自来水取水口以上 2 米处接水,不影响马岭屯用水;屯浪屯必须恢复社胆坳水源分岔处被打坏的石座分水天平,2 个屯合理分水和用水。

三皇乡大路村枫木屯与碧山屯争执龙米井水源纠纷 2003 年 6 月 3 日,县处纠工作小组对三皇乡大路村枫木屯一队和二队与碧山屯因在龙米井接水引发的水事纠纷进行调处,并与双方群众代表约定当日在乡政府会议室召开调解会。在调解会上,为使双方群众达成协议,调处纠纷人员列举事例来说服教育群众,并提醒双方群众代表,如果 2 个屯群众达不成协议,必然会留下隐患和不稳定因素,必然会给 2 个屯群众的生产、生活带来负面影响。通过工作组连续 10 多个小时耐心地做双方群众代表工作,终于促成双方群众代表握手言和,达成协议。

永安乡独洲村明境屯一组与二组争执阳家屋背水沟水源纠纷 2005 年 9 月,明境屯第一组村民因天旱饮用水源枯竭,到第二组村民的灌溉及饮用水水源头架接自来水,受到第二组村民及族人的强烈反对,双方互不相让,引发用水纠纷。

2005 年 9 月,永安乡司法所召集双方进行调解,由于第二组村民情绪过激,中途退场,调解失败。2005 年 10 月 13 日,永安乡人民政府下达了调解意见书,第二组村民不服调解意见,矛盾没有解决。2005 年底,明境屯第一组村民请求县水利局调处办公室帮助调解,县水利局调处人员与乡司法所沟通后,到现场查看水源,仔细了解情况,分头调查核实,现场办公,就地调解,经过宣传法律法规耐心教育群众,终于稳定了双方的情绪,阻止了矛盾纠纷的扩大升级。调处人员从现场回来后,认真查阅案卷,分析案情,并做了大量的外围调查工作,最后找到引发纠纷的根源和双方争执的焦点。2007 年 3 月 19 日,县水利局调处纠纷办公室召集双方代表到县水利局进行调解;调处人员认真听取双方陈述,终于查明,水事纠纷只是双方真实矛盾的表面,矛盾的根源在于双方原有积怨。调解会上,调处人员让双方在这个平台上有理有序,推心置腹地开展批评与自我批评。终于隔阂解开,达成互利协议。

第六节 水土保持

1991 年,县水电局进一步加强对全县水土保持综合治理,将水土保持工作纳入重要议事日程。2004 年县水利局水土保持站配备专职人员 5 人,依法做好水土保持的监督工作。重点强化对开发建设项目,包括开矿、筑路、城镇扩建、山区陡坡开垦种植的监督检查,严禁乱排渣石、倒土、违章建设施工、违法开垦种植等;对已造成危害的进行治理,保障水土保持项目的实施效果。

水土流失治理与开发

水土流失　永福县随着现代化、城镇化、工业化进程加快,各类基础设施建设和资源开发活动规模和强度越来越大,对地表植被和地貌的扰动越来越频繁,影响了生态稳定和平衡,致使一些地方生态退化,水土流失现象逐步严重。主要表现为:一是自然灾害。如水侵蚀,出现山体个别部位及河岸滑坡崩塌;二是人为开发利用欠合理。如修路乱倒土,采矿乱排渣,扩建城镇大兴土木,毁林开荒,改变了局部地貌,造成水土流失、土地退化、泥沙淤积、生态植被受损,水源涵养能力减退。县境水土流失严重区域主要在辖区内的矿山、新修公路、开发区及荒山、荒沟、荒丘、荒滩等。据统计,2000 年全县水土流失面积 38.85 平方千米,占总面积的 1.38%。其中,水力侵蚀面积 38.34 平方千米,工程侵蚀面积 0.51 平方千米。在水力侵蚀中轻度侵蚀面积 36.52 平方千米、中度侵蚀面积 1.71 平方千米、强度侵蚀面积 0.11 平方千米。

治理效果　1991 年以前,永福县水土保持工程主要是封山育林涵养水源和对河堤、河道治理。1991—2000 年,永福县全面推进《中华人民共和国水土保持法》《中华人民共和国水土保持法实施条例》和《建设项目环境保护管理条例》的贯彻实施,针对全县水土流失情况,采取了林木保护措施和工程建设措施相结合、综合治理。在荒山、荒坡、荒地、江河滩岸、坡上,实施植树造林,实施水源林木保护,划定小(2)型以上水库全封保护区域以及有的村屯封山禁牧区域,严禁乱砍滥伐,发挥林木的生态屏障功能,提高水源涵养能力,减少水土流失。群众在荒坡地栽种的经济林木和果木,还取得良好经济收益,收到综合效益。2001—2005 年,全县水土流失工程建设治理主要是完成县城凤山山腰多处山体滑坡的重点治理、县城西河尾的防洪堤修筑和河岸护堤第一期工程全长 780 米,使县城凤山脚下受滑坡威胁的数家相关单位和数百居民转危为安;对全县被洪水冲毁的河堤,基本上进行修复和加固,增加堤岸的抗洪能力。

治理开发重点项目

1991—2000 年,永福县水土保持治理的主要措施是投入资金对小(1)型以上水库管理范围内的水源林,特别是中型水库的水源林进行治理;对水库周围林地实行封山治理;同时开展退耕还林、推广沼气,争取小水电代燃料项目,减少水土流失。

2001 年,在全县江河源头、水库周围和公路两旁实施国家重点公益林试点,面积 4.87 万公顷。2002 年,全县营造珠江防护林面积 733.33 公顷,荒山造林面积 666.67 公顷和实施退耕还林面积 666.67 公顷。2003 年,实施退耕还林面积 1666.67 公顷。2004 年,实施退耕还林面积 333.33 公顷。

至 2005 年,永福县已完成水土流失的治理和开发的重点项目有:划定和落实蓄水工程保持范围的有板峡、金鸡河、华山 3 座中型水库;青龙口、狮子口、七排岭、寺背、高峰、落岭、正元、红沙沟、九塔、思磨江、老虎口 11 座小(1)型水库;划定落实县内主要河道洛清江、相思江、茅江、西河 4 条河道的保护范围,贯彻落实自治区级的两大水源林,即百寿水源林和驾桥岭水源林的保护措施;治理凤山山体滑坡 2 处。

永福县三皇乡大路村至江头村从北到南全长约 7 千米,东西宽约 2.50 千米,面积约 17.50 平方千米,是个无人居住的荒原,以前只长草丛不见树,地表沃土被水冲走相当厉害,少许地方被开垦种植农作物,但产量很低。20 世纪 70 年代中期,在农田基本建设高潮中,县、乡两级政府曾动员组织三皇乡各村群众去挖坑造林,但没有成功,种下的树苗无人管理成活率很低,成活的也被人畜践踏死光。

2001—2005 年,县水利、国土等部门扶持当地群众对荒原进行小流域水土保持综合治理工程,进行农林水土保持综合性开发。大种柑子、柚子、板栗等经济作物,增加当地群众的收入;大力发展甘蔗种植,成为三皇糖厂的甘蔗生产基地;营造杉树林、桉树林、枫树林遮天蔽日;昔日荒原已披上绿装,综合开发带来

很大的经济效益,富了周边的开发群众。在这块小流域里,用扶贫资金修筑的简易公路四通八达,方便群众生产生活。

第七节　水库移民安置

20世纪80年代以前,永福县修筑的国营水库中,有3座中型水库,即金鸡河、华山、板峡水库,3座小(1)型水库,即青龙口、狮子口水库和山林水库,1座水电站,即龙溪电站,共搬迁移民476户,2594人。库区和电站淹没住房1301间,面积4.29万平方米;淹没水田383.07公顷、旱地165.13公顷。按照当时国家有关政策,由县人民政府负责国营水库、电站工程需搬迁移民的安置工作。具体由县水电局水库移民办公室负责安置。安置的办法是:有的分散安置到其他村队落户;有的集中建移民居民点;有的全村统一搬到人少、田多的地方建村。搬迁的具体补偿实施办法:一种是按移民原住房面积,由当时建水库的施工指挥部抽调民工分户包干,即包拆、包迁、包建;另一种是按当时国家拨给的移民补偿经费,按原住房面积及等级情况给予不同补助金额,自行兴建住房。

水库电站库区移民安置,由于受到搬迁时的条件限制,没有很好地落实解决好移民的生产、生活、住房等相关方面问题,使移民在诸多方面受到制约,加上其他种种原因,使部分分散安置到其他村屯落户的移民,受到不同程度的歧视。如修建华山水库被安置在三皇乡三皇村三皇街、菜园屯的移民,在土地承包到户时,分给差田,不分给耕牛、农具等生产资料;修建板峡水库被淹没的黄源村,有建制的搬到堡里乡波塘、拉木、罗田等村建移民新村,虽然当时划拨给了一定数量的田地,但是数量有限,不能满足移民生产发展的需求。为田地等问题,常和相邻屯群众发生纠纷。还有在搬迁时房屋建筑质量差,至今不少的移民住房已为危房,生活环境条件差,不少移民饮水困难,交通不便,卫生条件差。这诸多方面的因素造成移民生活水平低,经济发展慢,不少的移民至今仍处在贫困中,这些历史遗留问题必须加以解决,移民才能摆脱贫困。以板峡水库库区淹没村黄源村为例,该村共227户1426人,这些需要搬迁的库区移民,当时县政府动员搬迁到水库受益且人少田多的堡里乡波塘、拉木、罗田3个村建新村,保留黄源村委建制。以上3个村划拨给黄源新村移民旱地31.72公顷作建房基地和自留地,水田99.63公顷给移民耕种。但随着农村土地承包到户和人口的增长,人均耕地面积逐年减少,土地成为生产发展的瓶颈,生活水平低于附近村屯群众的生活水平,住房拥挤无地扩展;再则群众放牧没有牧场,砍柴割草住地附近没有山场。

粮食补贴

1991年,永福县对库区、电站移民每年补助粮食(以大米为主)为369.70吨。

1992年,增加对桃城乡四合村两岔、老汉冲、六洞屯的水库移民供应定补粮22.90吨,使全县库区移民粮食供应量达392.60吨。1993—1995年,皆按这个标准供应。

1996年起,对金鸡河库区、板峡水库茶料村、狮子口库区张村移民,分别每年增加30吨、11吨、13.50吨。从而使库区、电站移民每年补助粮食增加到447.10吨。

2004年起,对堡里乡和桃城乡库区移民每年粮食补助进行调整。调整后全县库区、电站每年补助粮食增加到548.50吨。

用电优惠

1991—2005年,金鸡河库区、板峡水库库区、华山水库库区等移民生产生活用电每千瓦小时0.20元。

第二章　电　　力

1991—1999 年,永福县的供电由县水利电力局和永福县供电局共同管理。2000 年进行农村电力体制改革,所有的供电区均划归县供电局(公司)管理。县水利局只管理水电站而不管理供电。

1993 年,永福县电网形成,并接通桂林大电网以后,供电设施迅速发展,供电范围不断扩大。1993 年,有 35 千伏高压线路 4 条,总长 104.65 千米;有 35 千伏变电站 3 座,装机 4 台,总容量 9050 千伏安;10 千伏配电变压器 436 台,总容量 2.32 万千伏安。

1998 年,永福县农村电网建设与改造全面启动。至 2005 年 10 月,先后完成了第一期、第二期农村电网建设与改造工程。2005 年,永福县又开始县城电网改造与建设工程。至 2005 年年底,永福县电网内有 110 千伏变电器 1 座,35 千伏变电站 11 座;10 千伏输电线路和 0.40 千伏配电线路变压器 621 台。全县电网装机总容量 85710 千伏安。是年,全县火力发电量 188040.13 万千瓦小时,全社会电力消费 17605.37 万千瓦小时,较好地促进了县域经济的快速发展。

第一节　机　　构

永福县水利电力局

1986 年 11 月以前,永福县水利电力局管理全县的供电。1986 年 11 月—1999 年,永福县水利局仍管理小部分供电区域。2000—2005 年,永福县水利局只管理水电站而不管理供电。(详见本篇第一章"水利")

永福县供电局

1986 年 11 月,成立永福县供电局,负责全县的用电供应,为县人民政府职能机构。1991 年,县供电局有干部职工 97 人。办公地址在县城东江街乌龟岭 599 号。1996 年 7 月,机构改革,县供电局与县供电总公司实行一套人员、两块牌子。局长也称总经理,副局长亦称副总经理。1998 年,划为广西电力有限公司代管县。1999 年 4 月,永福县人民政府(委托方)、广西电力有限公司(受托方)、永福县供电局(被代管方)签订《广西电力有限公司对趸售县(市、区)供电企业实行委托代管协议书》,永福县供电局正式成为广西电力有限公司代管的供电企业。2000 年 4 月,全县水电和供电合并,把原属县水利电力局的水电管理职能划归县供电局,实现一县一家管电的体制。是年,县供电局下辖 9 个乡镇的供电营业所,全局共有干部职工 256 人;供电局内设 10 个职能部室,下辖 1 个公司、9 个乡镇供电营业所。2005 年,全局干部职工 285 人,其中管理技术人员 83 人、工人 202 人。县供电局办公地址在县城向阳路 34 号。

1991—2005 年,历任县供电局(供电公司)局长(总经理)有:张永诚(1989 年 2 月—1994 年 1 月)、李育森(1994 年 1 月—2001 年 6 月)、邓翠荣(2001 年 12 月—2003 年 5 月)、唐修林(2004 年 5 月—2005 年 12 月)。

第二节　小水电建设

1991 年,永福县有小水电站 16 座,装机 23 台,总装机容量 5540 千伏安,年发电量 1582 万千瓦小时。20 世纪 90 年代,全县兴起农村小电站建设高潮。

至 2005 年年底,永福县水利局管理的水电站 37 座,总装机容量为 5.33 万千伏安,年发电量 1.66 亿千瓦小时。分布在除苏桥镇以外的各个乡镇且大部分在山区。在 37 座水电站中,有板峡电站、板峡东干渠跌水电站、大石电站、金鸡河坝后电站、板丈电站、万年青电站、腾龙河电站、龙隐电站、马岭电站、山林电站、思磨江电站、华山坝后电站、石灰坳电站、九塔电站、九塔跌水电站共 15 座为国有电站由县水利局直接管理。龙溪电站、鲤鱼滩电站 2 座为国有企业电站,其他 20 座水电站属私人股份制电站。对国有企业电站和私人股份电站,县水利局只进行安全监督和防汛监控。

金鸡河水库所属电站

金鸡河水库的电站有板丈电站和坝后水电站。

板丈电站　在东干渠跌水处,距水库大坝坝址 6 千米,离板丈屯最近故名。电站始建于 1964 年冬,装机 1 台,容量 80 千伏安。1991—2000 年,年发电量 16 万 ~18 万千瓦小时。2000 年 11 月板丈电站启动技术改造工程。2001 年 3 月按期完工。工程投资 21 万元。改造后年发电量可达 30 万千瓦小时。

坝后水电站　在金鸡河水库副坝外坡脚处。电站始建于 1972 年。装机 2 台,容量 2×200 千伏安,年发电量 50 万千瓦小时。1991—2001 年,年发电量 80 万千瓦小时。2002 年 10 月,坝后电站启动第二次技术改造工程。2003 年春投入运行,装机 1 台,容量 500 千伏安,发电量上网运行。工程投资 71 万元。改造后年发电量 90 万千瓦小时。

华山水库所属电站

华山水库的电站有华山坝后电站和石灰坳电站。

石灰坳电站　位于三皇干渠桩号 0+960 米跌水处,1968 年建成,装机 1 台,容量 75 千伏安,年平均发电量 15 万千瓦小时。1997 年石灰坳电站完成技术改造,装机 1 台,容量 100 千伏安,年发电量增加到 18 万千瓦小时。

华山电站　位于华山水库坝后,于 1991 年 4 月完成安装,装机 2 台,总容量 235 千伏安。电站供电量全部进入电网。电费成为水库管理处的主要经济来源。

板峡水库所属电站

板峡水库的电站有板峡电站和东干渠跌水电站。

板峡电站　位于大坝下游 400 米处的左岸,是一座利用灌溉水发电的坝后引水式电站。1981 年动工。1983 年 3 月土建及设备安装完成。一期装机 2 台,容量 2×800 千伏安。1991—2002 年,年平均发电量 684 万千瓦小时。2003 年 3 月启动板峡电站二期工程,装机 1 台,容量 1000 千伏安。是年 6 月发电并网运行。

跌水电站　位于板峡水库大坝下游 500 米,在总干渠的末端,东、西干渠始端。始建于 1992 年,装机 2 台,容量 2×100 千伏安。至 2005 年,年均发电量 55 万千瓦小时。

龙溪水电站

龙溪电站位于广福乡龙溪村的洛清江干流之上,桂柳高速路左侧的下方。于1969年7月动工兴建,1972年6月竣工。1973年3月装机1台,容量650千伏安。1978年2月又装机1台,容量800千伏安。1991—2003年,年平均发电量762万千瓦小时。1991年电站有职工40人,拥有固定资产净值207万元。2004年10月,永福强源电力开发有限公司对该电站进行收购并进行技术改造扩建。扩建后,电站装机2台,容量2×5000千伏安,年均发电量2604.79万千瓦小时。电站性质为国有企业。

鲤鱼滩水电站

鲤鱼滩水电站位于广福乡广福村下游5千米,洛清江左岸。于2004年10月动工兴建。2005年12月,水电站主体工程与厂房土建工程完成。是一座以水力发电为主的小(1)型水电站工程,装机2台,容量2×6300千伏安。性质为国有企业。

私人股份制水电站

20世纪90年代,永福县兴起农村小水电建设高潮。至2005年,永福县已建成的私人股份制小水电站工程有20座,分别是大峰电站、雷电口电站、龙腾电站、双合电站、泉和电站、丹江电站、加祥电站、龙潮电站、里旺电站、大小田一级电站、大小田二级电站、九槽一级电站、龙山电站、保安电站、驿马电站、丛仗电站、河东电站、铜盆电站、鸡松河电站、中龙电站,总装机51台,总装机容量2.40万千伏安,年均发电量4323.35万千瓦小时。这20座小水电站性质为私人股份制电站。

第三节 供　　电

1986年11月以前,永福县的供电全部由县水力电力局的供电所管理。1986年11月,成立永福县供电局(也称供电所),水电局的供电所划归永福县供电局管理,仍有小部分供电区域由县水电局管理。2000年4月,进行农村电力体制改革,实行水利与供电分家,全县所有的供电区全部划给县供电公司管理。县水利电力局改称为县水利局,只管理水电站而不管理供电。县水利局只管理水库及国有水电站的发电,原管理的3个供电区划拨给县供电局经营;而对国有企业电站和私人股份电站只是进行安全工作监督和防汛监控。

供电范围

1991年,永福县形成由县供电局和水电局2家供电的格局。永福县供电局管辖县城及桃城乡、罗锦乡、苏桥乡镇的供电。县水利电力局管辖百寿供电区、堡里供电区和龙溪供电区。其中,百寿供电区管理北部4个乡镇(即百寿镇、三皇乡、永安乡和龙江乡)的供电,堡里供电区管理堡里乡和广福乡的供电,龙溪电站管理龙溪供电区的供电。是年,县城及10个乡镇均通电,97个村公所有90个通电。农村用电户数41394户,占总户数的83%。丰水季节,供电能够基本满足用户需要。

2005年,永福县城及9个乡镇,99个建制村(含社区)全部通电,全县1875个自然屯(队、村民小组)中,已通电的自然屯 1853 个，占自然屯总数的 98.83%；无电自然屯 22 个，占自然屯总数的 1.17%。农村用电户数 60006 户，占总户数的 99.69%。

永福县电网

永福县电网于 1993 年形成。是年，有 35 千伏高压线路 4 条，总长 104.62 千米，其中良永至永福 38.40 千米、永安凤凰村至永福 29.80 千米、板峡至永福 21.20 千米、苏桥至永福 15.22 千米。10 千伏高压线路 688.38 千米；低压线路全长 832 千米。全县有 35 千伏变电站 3 座，装机 4 台，总容量 9050 千伏安；10 千伏配电变压器 436 台，总容量 2.32 万千伏安。

1995 年，新建石门 110 千伏变电站。

2001 年，百寿 110 千伏变电站建成。该变电站为桂林电网管辖。

2005 年，永福县供电局辖区内有石门 110 千伏变电站 1 座，主变压器 2 台，总容量 40000 千伏安；35 千伏变电站 11 座，分别是罗锦 35 千伏变电站、湾里 35 千伏变电站、县城 35 千伏变电站、李家寨 35 千伏变电站、龙溪 35 千伏变电站、堡里 35 千伏变电站、永安 35 千伏变电站、龙江 35 千伏变电站、兴隆 35 千伏变电站、三皇 35 千伏变电站、凤凰 35 千伏变电站，总装机容量 15750 千伏安。永福县电网内有 110 千伏输电线路 2 条，共长 21 千米；35 千伏输电线路 10 条，共长 150.68 千米；10 千伏输电线路 169 条，共长 1193.31 千米；0.40 千伏配电线路共长 2206.76 千米。配电变压器 621 台，装机总容量 29960 千伏安。

电力生产

20 世纪 90 年代至 21 世纪初，永福县 110 千伏和 35 千伏电网网架结构得到完善，运行方式趋于合理，电力输、变、配、供能力得到增强，城乡用电得到保障。

1991 年，全县发电量 1568 万千瓦小时，其中龙溪电站发电 908 万千瓦小时。各水管所发电 639 万千瓦小时，乡村电站发电 21 万千瓦小时。龙溪电站完成年度工业产值 60 万元；实现销售收入 59 万元，盈利 24 万元，上缴利税 12 万元。县供电局完成年度工业产值 139 万元，实现销售收入 329 万元，盈利 38 万元，上缴利税 21 万元。是年，全县电力消费 1882 万千瓦小时。

1995 年，全县电力消费 4278 万千瓦小时，其中工业电力消费 4094 万千瓦小时，建筑业电力消费 184 万千瓦小时。是年，全县农村用电量 2308 万千瓦小时。

2000 年，全县发电量 35868.82 万千瓦小时，其中火力发电 33727.18 万千瓦小时。全社会电力消费 8654.22 万千瓦小时，其中生产用电 7370.55 万千瓦小时、城乡居民生活用电 1283.67 万千瓦小时。是年，全县农村用电量 3854.17 万千瓦小时。

2005 年，全县火力发电量 188040.13

桂林苏桥火电厂生产车间

杨志德 摄于 2005 年 10 月 29 日

万千瓦小时。全社会电力消费 17605.37 万千瓦小时,其中生产用电 15042.66 万千瓦小时、城乡居民生活用电 2562.71 万千瓦小时。是年,全县农村用电量 3035.97 万千瓦小时。

2005 年,永福县电网线损率 5.70%,平均网供负荷 23.61 兆瓦,平均日供电量 56.80 万千瓦小时,电压合格率 98.40%。全县城镇、农村供电可靠性率分别为 99.91%、99.59%。

第四节　电网改造

农网改造

1998 年,永福供电局开始大规模农村电网建设与改造工程,增大电网覆盖范围。

2001 年 10 月,永福县第一期农村电网建设与改造工程通过自治区验收。2005 年 10 月,永福县第二期农村电网建设与改造工程通过自治区验收。永福县两期农网建设与改造工程实际完成投资 8889.52 万元。完成新建(含改造)35 千伏变电站 10 座,35 千伏线路 105.51 千米,10 千伏线路 1167.94 千米,10 千伏及以下工程配电台区 916 个,完成"一户一表"改造 5.20 万户。罗锦变电站、堡里变电站、龙溪变电站、湾里变电站完成改造项目。

2005 年 10 月 15 日,县供电局员工在高空施工现场作业　　　　　　　　　　　县供电局　供图

2005 年,永福县供电局编写出《永福县农网完善化及无电村建设规划》,开展无电村屯供电建设。是年,县内百寿镇、永福镇、罗锦镇、堡里乡、龙江乡 5 个乡镇 22 个无电自然屯供电建设,获得批复资金共 532.34 万元,新建 10 千伏线路 40.31 千米,新增配变 22 台。同时,全县开展农网完善化工程 5 个,总投资 126 万元,其中新建台区 4 个,改造台区 1 个,新建 10 千伏线路 5.32 千米,4 千伏线路 17 千米。

城网改造

2005 年,永福县供电局开始县城电网建设与改造工程。投入县城电网建设与改造工程资金 233.33 万元。完成了 10 千伏配网项目扫尾工程,县城变电站至南雄工业园、县城变电站至天和木业公司、湾里变电站至福龙湾别墅区等 10 千伏线路及步行街箱变投入运营。县城变电站至李家寨 35 千伏线路、县城变电站接湾里、堡里 35 千伏线路、县城变电站改造工程投入运营。

主要技术改造

无人值班变电站　2005 年,永福县北四乡镇无人值班变电站正在改造中。无人值班变电站采用远程遥控计算机操作系统,微机继电保护自动化装置以及国际先进的 110 千伏 GIS 组合电器。

县城调度自动化　2005 年,永福县城调度自动化主站系统投入运营,完成完善化改造的罗锦变电站、

县城变电站等 5 个变电站的遥信、遥测信号能准确上传至自动化调度室。

配电设备改造　2001—2005 年,永福县供电局合理规划发展电网,加强配电设备改造。2005 年,滚动修编《永福县"十一五"电网规划》,上报了新建广福变电站、湾里至龙溪、龙溪至广福 35 千伏线路及扩容改造罗锦变电站、三皇变电站设备改造项目;福龙工业园区 10 千伏配网工程已通过可行性研究阶段。技术改造变电站设备,具体有无油化改造罗锦变电站李罗线(李家寨至罗锦线)303 开关、良罗线(良丰至罗锦线)304 开关,新增堡里变电站 35 千伏湾堡线 303 开关及龙江变电站主变 301 开关,更换改造罗锦、龙溪变电站直流系统,互换凤凰变电站 911、912 间隔的电流互感器等。

桂林龙江罗汉果保健品有限公司外景(摄于1998年)

党史县志办　供图

第七篇

工　业

第一章　工业管理

1991 年，永福县有工业企业 2579 家，其中国有工业企业 51 家、集体工业企业 85 家、村办联户个体企业 2443 家，完成工业总产值 16734 万元。

20 世纪 90 年代，在深化企业体制改革大潮和发展市场经济大环境中，永福县国有工业、集体工业出现经营困难和亏损状况。为了搞活企业，永福县从 90 年代末期开始，先后实行承包经营、租赁制、股份制、出售产权等制度改革，并形成国有、集体、个体私营等多种经济成分并存发展的格局。

2005 年，全县绝大部分国有和集体工业企业已转制为民营企业。是年，全县有规模以上工业企业 40 家，尚未改制的集体工业企业 2 家，城乡个体工业企业 2737 家，私营工业企业 410 家，股份制合作企业 11 家。全县工业完成生产总值 15.79 亿元，其中全县规模以上工业企业完成工业总产值 13.13 亿元，完成工业增加值 4.63 亿元。实现规模以上工业销售产值 12.91 亿元，产销率达 98.33%。其中，苏桥新区规模以上工业完成工业总值 7.47 亿元，占全县规模以上工业总产值的 57%。

第一节　机　　构

永福县经济贸易局

1958 年 8 月，成立永福县工业局，为县人民政府（县人民委员会）管理县办国有工业企业的职能部门。1988 年 1 月，永福县工业局与县经济委员会合署办公。1991 年，县经济委员会（含县工业局）为县人民政府工作部门，正科级，有干部职工 15 人。办公地址在县政府大院内。1996 年 7 月，机构改革，永福县经济委员会改称永福县经济贸易局，管理永福县国有工业企业。2001 年 12 月，机构改革，撤销县轻工业总会，并入县经贸局，干部职工增至 22 人。2005 年，永福县经济贸易局为县人民政府工作部门，正科级，管理全县规模以上工业企业。内设政秘股、重点企业办、经济运行股、规划技改股、企业管理股 5 个股室，办公地址在县城东滨路 22 号原立德粉厂院内，全局干部职工 24 人。

1991—2005 年，历任县经贸局（含县工业局、县经委）局长（主任）有：陈峰明（1990 年 10 月—1998 年 9 月）、李群生（1998 年 9 月—2001 年 12 月）、韩冠富（2001 年 12 月—2005 年 12 月）。

永福县中小企业局

1984 年 8 月，县公社社队企业局改称永福县乡镇企业局。1991 年，县乡镇企业局为县人民政府下属局，正科级行政机构，管理全县乡镇企业，有干部职工 10 人，局办公地址在县城东江街 243 号。1992 年 8 月，县乡镇企业局改称县乡镇企业委员会。1996 年 7 月，机构改革，县乡镇企业委员会恢复称县乡镇企业局，对全县乡镇工业等行使企业管理、指导、监督、协调、服务等行政职能。2002 年 8 月，县乡镇企业局改称县中小企业局，管理职能与原乡镇企业局相同。2005 年，永福县中小企业局，内设政秘股、财务股、生产管理股、环保安全管理股 4 个股室，管理永福县乡镇工业企业和第二建筑安装公司。全局干部职工 10 人。办公地址在县城凤城路 143 号。

1991—2005 年,历任县中小企业局(含县乡镇企业局、乡镇企业委员会)局长(主任)有:方日寿(1990年 10 月—1991 年 9 月)、罗贵禄(1991 年 9 月—2001 年 3 月)、潘庆周(2002 年 1 月—2005 年 12 月)。

永福县轻工总会

1985 年 4 月,县轻工业局改称县二轻工业管理局。1991 年,县二轻工业管理局也称县手工业联合社,为县政府下属局,正科级,有干部职工 8 人,管理全县轻工集体企业。局址在县城解放街 173 号。1996 年7 月,机构改革,县二轻工业管理局改称县轻工总会,有干部职工 7 人,指导管理全县轻工集体企业。2001年 12 月,机构改革,撤销县轻工总会,并入县经贸局。

1991—2001 年 12 月,历任县轻工总会(含二轻工业管理局)会长(局长)有:龚桥生(1990 年 10 月—1996 年 7 月)、李宏健(1996 年 7 月—1999 年 4 月)、丘凌才(1999 年 4 月—2001 年 12 月)。

永福县招商局

1987 年 10 月,成立县对外经济技术协作办公室,负责工业企业及资金引进工作。1991 年,县经协办为县政府职能部门,正科级行政机构。工作人员 5 人,办公室地址在县政府大院内。

1992 年 6 月,县经协办更名为县经济合作局。1996 年 7 月,机构改革,县经济合作局改称县对外经济技术合作办公室。2001 年 12 月,机构改革,县对外经济合作办公室改称为县招商局。2005 年,县招商局为县人民政府直属非职能部门,正科级机构,人员编制 5 名,实有人员 5 人。其主要任务是引进县外、市内外、自治区内外及外资资金和工业项目到永福落户。办公地址在县政府大院。

1991—2005 年,历任县招商局(含对外经济技术协作办公室、经济合作局、对外经济技术合作办公室)局长(主任)有:张雨生(1992 年 7 月—1994 年 1 月)、梁宗祥(1994 年 1 月—1999 年 4 月)、胡国光(1999 年4 月—2001 年 1 月)、黄武兴(2001 年 1 月—2005 年 12 月)。

永福县安全生产监督管理局

1991—2001 年,全县安全生产监督管理工作由县安全生产委员会办公室负责,先后挂靠县经济委员会和县经贸局,工作人员 2 人,办公地址在县政府大院内。

2001 年 12 月,成立永福县安全生产监督管理局,正科级行政机构,综合管理全县安全生产工作,核定行政编制 2 名,在职 2 人。办公地址设在县经济贸易局内。2004 年,县安全生产监督管理局列为县人民政府工作部门,主管全县安全生产综合监督管理工作,加挂永福县安全生产委员会办公室牌子。内设政秘股、监督管理一股、监督管理二股 3 个股室,核定行政编制 2 名,事业编制 2 名,实有人员 6 人。局办公地址在县城东滨路 22 号县经济贸易局院内。2005 年,局编制和实有人员不变。

2001—2005 年,历任县安全生产监督管理局局长有:赵成太(2001 年 12 月—2005 年 12 月)。

第二节 国有工业企业及改革

国有及规模以上工业企业发展

1991 年,全县有县属国营工业企业 51 家,其中县经委系统管理的国营工业企业 21 家、县矿产资源局

管理的工矿企业 3 家。这 24 家国营工矿企业共有职工 2800 多人，累计固定资产投资 2900 多万元。是年，县属国营工业企业完成工业总产值 7794 万元，销售收入 6478 万元；全年盈利总额 225 万元，上缴利润 130 万元，企业留利 108 万元；亏损企业亏损利润总额 324 万元。

1995 年，全县国有工业企业完成工业总产值 11304 万元，销售收入 6511 万元；全年利润亏损总额 558 万元。

2000 年，全县规模以上企业 28 家，共有从业人员 2407 人；完成工业总产值 20234 万元，销售产品收入 19654 万元。其中，全县国有工业企业 21 家，完成工业总产值 9561 万元，利润总额 1929 万元；有亏损企业 8 家，利润亏损总额 256 万元。

2005 年，全县规模以上企业 40 家，全部从业人员 4184 人；完成工业总产值 131268 万元，销售产品收入 129077 万元；企业利润总额 6985 万元。其中，亏损企业 12 家，利润亏损总额 957 万元。

国有工业企业改革

20 世纪 90 年代，由于主客观多方面因素的影响，永福县的国有工业企业在内部运行机制、产品更新换代以及管理体制、销售策略等不能适应市场剧烈变化，许多国有工业企业出现经营困难，甚至连年亏损等状况。为了搞活企业，适应市场经济的发展，从 1992 年起，永福县的国有工业开始了企业改革，主要经历了四个阶段。第一阶段是 1992 年企业内部改革。这一阶段是在企业内部实行人事、劳动、分配制度改革，推行企业内部经济核算制度，彻底改变企业内部吃大锅饭状况。1992 年，以永福县农机修造厂为试点，进行厂内人事、劳动、分配制度的改革，内引外联，一业多主，多种经营，经济效益显著提高。1992 年，县农机修造厂完成工业总产值 961.55 万元，比 1991 年增长 100.30%；销售收入完成 1022.71 万元，比 1991 年增长 225.30%；实现税金 53.63 万元，比 1991 年增长 223%。在企业内部改革中县农机修造厂的成功经验推动了全县国有工业企业的改革。第二阶段是 1993—1997 年，搞活企业，给企业松绑注入活力。这一阶段县人民政府为搞活县内工业企业，对企业放权让利，实行利改税和推行承包经营责任制管理。其间，县直属 18 家国有工业企业的经营者（厂长、经理）先后与县人民政府签订了"包死基数、确保上交、超收分成、歉收自理"的年度目标责任状书，把原计划经济体制下由政府包揽企业产、供、销的格局转变到企业及企业经营者肩上。第三阶段是 1998—1999 年，积极探索转换企业经营机制，开展经营权与所有权分离的改革。从 1998 年起，县内各国有工业企业分别采取租赁、嫁接、合资、合作等形式，着力把企业的经营权与所有权实现分离，使企业成为一个自主经营、自负盈亏、自我发展、自我约束的独立法人实体。其间，县酒厂、制药厂、纸品厂、糖厂、农机修造厂、砖瓦厂、轴承厂、水泥厂、矿产公司、矿石粉厂、硫铁矿、铅锌矿、化工二厂等企业都根据各企业实际开展了这一方面的改革，为过渡到产权制度改革创造了条件。第四阶段是 1999—2005 年，围绕建立现代企业制度目标，有计划有组织的进行国企产权制度改革，按照"国有民营""公有私营"措施进行改制。1999 年 8 月，永福县人民政府批准县经贸局提出的"关于县化工二厂出让部分土地处置下岗职工的请示"。县化工二厂用出让土地收入安置下岗职工。永福县国有企业产权制度改革由此进入实质性操作阶段。至 2005 年年底，县经贸局管理的 21 家国有企业，已有 20 家国有企业，完成企业产权制度改革任务。其中，实施产权制度改革有 12 家，采取破产形式进行改革有 2 家，采取企业处置资产安置职工有 2 家，采取长期租赁形式改革有 2 家，采取股份制形式改革有 2 家。全县国有工业企业中，未完成企业改制工作的仅剩 1 家，即曾为全国 20 个重点小化工矿山之一，1985 年以前年产矿量占全自治区硫铁矿年总产量四分之一的永福县硫铁矿。原永福县矿产资源局管理的县矿产公司、县泡口重晶石矿、天子岭重晶石矿 3 家国有矿产企业也全部完成产权制度改革任务。

2005 年，县辖国有工业企业还有 1 家，即永福县水厂（永福县供水公司），职工 100 人。

承包经营与租赁经营改革　在永福县国有工业企业体制改革过程中,实行承包经营与租赁经营改革形式的有 8 家。

1995 年 4 月,永福县供电局与福建私人投资业主共同承包经营生产处于滑坡的县葡萄酒厂,成立了"广西永福山葡萄酒公司"。半年后,福建私人投资业主退出,供电局又与华信公司合股承包经营永福山葡萄酒厂,后因联营产生纠纷。1997 年 8 月,承包合同终止。1998 年 5 月,县葡萄酒厂再次承租给桂林私人投资业主,成立永福山葡萄酒业有限责任公司。县葡萄酒厂改制时,该公司购买了县葡萄酒厂产权。

国电永福发电厂一角　　唐庆甫　摄于 2005 年 8 月

1999 年 6 月,县农机修造厂处于生产经营困境,为寻找生机,该厂向社会招贤承包。2003 年 3 月,负责承包经营县农机修造厂的承包方,终因资金不足,向农机厂提出提前终止承包经营合同。

2000 年,县氮肥厂原部分下岗职工共同集资,租赁该企业生产车间进行生产自救,成立了桂林隆霸焊接材料有限责任公司,生产经营焊接材料。该企业因重管理、抓质量,企业效益连年提高。2004 年 3 月,隆霸公司购买了县氮肥厂(后称磁性材料公司)产权,县氮肥厂改制工作得以顺利进行。

2001 年,福建私人投资业主与县砖厂签订了租赁经营县砖厂第一车间协议书。次年永福私人投资业主租赁经营县砖厂第二车间。这 2 家租赁企业为搞活永福县砖厂,发展生产经营,为县砖厂产权制度改革创造了条件。

2005 年 12 月,县矿产公司进行产权制度改革时,根据企业改制的实际情况,将公司所属泡口、天子岭两矿区开采权租赁给私人投资业主生产经营,租赁期自 2005 年 12 月起至 2025 年。

在国有工业企业推行承包经营与租赁经营改革过程中,除了上述企业外,具有影响且动作较大的企业还有县水泥厂、县化工厂、县制药厂等。

兼并与股份合作改革　在永福县国有工业体制改革过程中,实行兼并与股份合作改革形式的有 2 家。

1993 年,县俊杰集团公司经县人民政府批准,兼并了当时县葡萄酒厂。后因该酒厂原债务很重,在处理原酒厂债务问题上,未能与县政府有关部门达成一致意见,3 个月后,俊杰集团公司宣布退出,此次兼并失败。

1994 年 6 月,县印刷厂作为全县企业改革的试点单位之一,为搞活企业,经全厂职工大会讨论通过,报县体改委、县经委审核同意,经县人民政府批准成立了"永福县彩利达股份合作实业总公司"。后因企业管理不善等诸多原因,于 1996 年停产。至 2005 年 11 月经公司股东大会通过,报经县人民政府批准将企业生产区(含土地)及剩余资产进行转让出售,所得资金全部用于替企业股东补交社会养老保险金。

1994 年,作为全县企业改革试点单位之一的永福县汽车大修厂全体员工均购买了该厂股份,成立了股份制企业——永福县汽车修理实业股份有限公司。企业成立后,由于未能严格按照股份制企业的运作方式运作,另一方面由于经济体制改革进一步深化,全县范围内汽车修理行业、从业人员、修理网点不断增多,市场竞争日趋激烈,公司因经营困难,难以维持而停产。2001 年 9 月 20 日,经股东会议通过,报县人民政府批准,对企业资产实施处置并对员工进行妥善安置。

出售转让与关停破产　在永福县国企改制过程中,采取出售转让形式改革的企业有 10 家,采取关停破产形式进行改革的企业有 4 家。

　　永福县化工二厂(1988年县氮肥厂下马后分解成立的企业)由于企业无定型产品,市场竞争力差,自1993年一直处于停产状态。1999年8月,企业主管部门向县人民政府提交《关于县化工二厂出让部分土地处置下岗职工的请示》,获县人民政府批准。2002年12月,县人民政府同意化工二厂出售生产区土地和生活区土地及平房宿舍,所得收入返还企业用于安置职工。化工二厂处置资产安置职工工作从1999年8月—2004年8月基本完成,历时5年,企业改制前在册43名员工及退休人员全部得到妥善安置。

　　2000年4月,县化工一厂(原县立德粉厂)向县人民政府提出出售部分住房和闲置土地安置企业下岗职工的请示,县人民政府同意该企业请示。2001年5月31日,县人民政府同意该企业提出的整体转让化工一厂生产区资产的请求。根据上述县人民政府两个批复,2001年5月,县化工一厂与福建省来永福投资的私人投资业主签订了企业生产区资产(含土地)整体转让协议,化工一厂在册94名职工得到妥善安置。

　　2001年5月,县葡萄酒厂提出《关于整体转让县葡萄酒厂生产厂区产权的请示》获县人民政府批准。至此,成立于1956年,永福县最早的国企之一,其主导产品野生山葡萄酒一度走红广西壮族自治区内外,曾为永福县经济建设作出较大贡献的永福县葡萄酒厂被租赁经营其企业的桂林永福山葡萄酒业公司收购,企业在册的79名员工全部与企业解除了劳动关系并得到妥善安置。

　　永福县水泥厂因属国家明令关闭的"五小"企业,自2001年10月停产。2002年8月5日,县人民政府召开县水泥厂改制工作协调会,会议原则同意水泥厂以整体出让的方式将土地、房屋(留存职工必要的住房及用地)和机械设备向外公开出售,所得收入全部用于企业安置下岗职工。县人民政府先后就水泥厂的产权转让作了多次批复,直至2004年8月,该企业职工安置工作基本完成。

　　2003年7月,永福县矿石粉厂改制工作开始。该企业成立于1979年,主要产品有重晶石粉。20世纪80年代曾一度辉煌,进入90年代后企业经济效益逐步滑坡,至2002年企业全面停产。2003年7月,县人民政府同意该企业提出的处置资产安置下岗职工的请示,最终企业在册的96名职工及42名退休工人均得到妥善安置。

　　2004年元月,县医药公司在职的88名员工全部与企业解除了劳动关系,领到了补偿金,33名离退休人员也由改制后新成立的"森禾医药公司"接收管理。

　　2004年5月,桂北地区仅存的日榨450吨原料蔗的国有县级糖厂——永福县糖厂,由柳州客商以及永福私人投资业主整体购买。2004年年底,该企业改制工作全部结束。

　　2004年8月,永福县农机修造厂提出将被法院依法拍卖的企业资产所得收入用于下岗职工安置和清偿银行债务的请求获县人民政府批准。该企业始建于1958年,曾为永福县的经济建设作出过较大贡献,终因未能适应市场经济的发展而陷于困境。2004年8月,该企业产权制度改革完成,使这个特困企业的员工得到妥善安置。

　　2004年8月,桂林轴承厂因清偿债务原因采取公开拍卖的形式,将生产区全部资产出让给私人企业——永福恒大机械铸造有限公司。全厂55名离退休职工交给社会保险机构和社区管理;200多名在岗职工由企业发给一次性安置费或受聘于恒大机械铸造有限公司继续工作。

　　永福县铅矿始建于1967年,该企业红火时曾拥有200多名职工,日采矿石150吨,至1985年累计实现利润203万元,后因矿藏量逐年减少于1993年停产,企业员工大部分下岗待业,不少就业难的职工依靠政府发放最低生活保障金生活。2005年10月,为盘活该企业资产,搞好下岗职工安置,引进了南宁宏超有色金属有限责任公司对铅矿采取产权制度改革和对外引资开发相结合的方式,使长期处于特困、改制难以进行的该企业出现了转机,企业与强者联营,由强者承包,所得费用全部用于安置职工,同时新成立的企业也使部分身份得到置换的职工有了继续就业的机会。

　　采取出售转让与关停破产形式进行企业改革的国有工业企业还有永福县纺织器材厂和永福县纸品厂等。

第三节　集体工业企业及改革

县属集体工业发展

1991年,县属集体工业企业26家,完成工业总产值2462万元;城镇办集体工业企业7家,完成工业总产值455万元;乡办集体工业企业51家,完成工业总产值7045万元。

1995年,县属集体工业企业完成工业总产值11860万元,产品销售收入10859万元,利润总额346万元。乡镇办集体工业企业73家,完成工业总产值5478万元,产品销售收入5521万元,利润总额209万元。

2000年,县属和乡镇共有集体工业企业72家,完成工业总产值9590万元,上缴税金565万元。年末全县集体工业企业从业人员2197人。

2005年,县内绝大多数集体工业企业已改制。尚未改制的集体工业企业还有2家,即永福县重晶石矿和永福县轻工机械厂。

县乡集体工业企业改革

1991年,属永福县乡镇企业委员会管理的工矿集体企业有1家,即永福县重晶石矿。属永福县二轻工业管理局管理的工业企业有7家,即县胶合板厂、轻工机械厂、综合修配厂、化工冶炼厂、电镀厂、被服厂、针织服装厂,共有职工250人。其他县直部门创办的集体工业有3家,即县卫生保健饮料厂、南方塑料厂、县供销蜜饯厂,共有职工131人。

20世纪90年代初期,永福县集体工业企业,为适应体制改革,发展市场经济的新形势,纷纷采取多种形式的经营承包责任制或租赁式经营。1993—1997年,大多数集体工业企业出现经营困难,甚至大面积亏损。为了生存,一些集体工业企业以市场为导向,调整产品结构,实行转向经营。1998—2005年,县内绝大多数集体工业企业先后实行产权制度改革,出售、转让或破产等。

至2005年,永福县尚未改制的集体工业企业有2家,即永福县重晶石矿和永福县轻工机械厂。永福县重晶石矿生产经营正常,但由于矿源逐渐枯竭,重晶石开采量逐年减少。由1998年年产矿石量13.50万吨,减少至2005年年产矿石量5.36万吨。永福县轻工机械厂已停产多年,但由于多方面原因,至2005年还未实现改制。

2005年永福县重晶石矿亿名达矿粉厂

县重晶石矿　供图

第四节　个体私营工业企业

20世纪80年代末,随着国家经济体制改革不断深化,永福县个体私营工业又重新出现。90年代初期,一些国企、集体所有制企业推行承包经营制,一些个体私营企业前往承包经营,从而使个体私营工业在经

营规模、产品档次方面步入新台阶。但由于市场竞争激烈，部分个体私营工业企业被淘汰出局；而经营管理有方，产品适销对路的个体私营工业企业则不断壮大。特别是国有工业企业、集体工业企业产权制度改革更为个体私营工业企业的发展提供了发展的机遇。

个体工业

1991年，全县城镇个体工业企业180家，完成工业总产值691万元。农村个体工业企业2128家，完成工业总产值3078万元。是年，城乡个体工业户主要集中于制造业、加工业等行业。

2005年，全县城乡个体工业企业2737家，从业人数14129人，注册资金11828万元。完成工业总产值78379万元，上缴税金904万元。是年，城乡个体工业户主要集中于采矿、机械制造、加工、建筑业等行业。

私营工业企业

1991年，全县私营工业企业（指雇工8人以上）110家，从业人数950人。随着市场经济的发展，特别是国有、集体工业的改制、出售、转让、破产等，永福县的私营工业蓬勃发展。2000年，全县私营工业企业393家，完成工业总产值11663万元，上缴税金88万元；年末从业人员3020人。至2005年，全县私营工业企业已达410家。其中，年工业产值和销售收入皆达500万元以上规模的私营工业企业47家。这47家上规模的私营工业企业分布在县城（含永福镇）的有30家、广福乡6家、三皇乡3家、苏桥镇5家、罗锦镇1家、堡里乡1家、龙江乡1家。规模以上私营工业企业的产品从20世纪90年代的竹木制品、矿石产品、烟花爆竹等，发展到2005年的机械制造、采矿冶炼、制糖、酿酒、化工造纸、建材木业、食品、粮食加工等近百种产品。不少规模以上私营工业企业在注重企业管理方面成绩斐然，打造了享誉广西壮族自治区内外的产品，如永福私营重晶石矿及矿粉的品位和质量，永福香盈八方食品有限公司的"香盈八方"腊味，堡里乡的竹席、甜茶、龙江乡的"东方神果"罗汉果等。至2005年，永福县的私营工业企业已从弱到强，由小到大，成为永福工业发展的一支生力军。

第五节　股份制工业企业

1991年，永福县内有股份制合资企业4家，分别是广西永福冶化厂、桂永磁性材料有限公司、永福凤山竹筷有限公司、永福立德粉厂。

1991年，县重晶石矿引进美国布鲁依石油钻井公司资金1068万元（人民币），合股用于矿山的扩建与改造，使重晶石矿年生产能力提高至18万吨。

1992年，成立永福县俊杰集团公司，系永福县农机修造厂与香港企业主合资合股企业。

1992年，县罗汉果制品厂与国家农业投资公司、广西建设投资公司、桂林地区经济技术发展公司共同投资1100万元，合股开发罗汉果系列产品。1993年，该罗汉果制品公司创利税117万元。

1992年8月，永福县人民政府批准纺织器材厂等14家国有企业与香港桂安发展有限公司兴办合资股份制企业。

1992年9月，永福县农机修造厂与香港嘉钰（集团）投资有限公司合股创办了广西永福嘉福纸制品有限公司，使该厂原有的纸管车间年生产能力达到3000吨。是年，县农机修造厂还与香港德美日实业公司合股成立了广西永福桂恒机械制造有限公司。合作经营后，桂恒机械制造有限公司当年完成工业总产值961.50万元，与1991年同期相比增长了100.30%；完成销售收入1022.71万元，比1991年增长了 225.50%。

1994 年，在永福县国有工业企业体制改革过程中，又把永福县印刷厂改造成为永福县彩利达股份合作实业总公司；把永福县汽车大修厂改造成为永福县汽车修理实业股份有限公司。

1995 年，全县股份制工业企业完成工业总产值 162 万元，产品销售收入 125 万元，利润亏损 10 万元；外商投资工业企业完成工业总产值 1214 万元，产品销售收入 1034 万元，利润亏损 93 万元；中国港、澳、台商投资工业企业完成工业总产值 3574 万元，产品销售收入 2799 万元，盈取利润 7 万元。

2004 年 10 月 14 日桂林中族中药公司糖浆生产车间
杨志德 摄

1996 年，永福县彩利达股份合作实业总公司停产。

2000 年，全县股份合作企业 8 家，完成工业总产值 1187 万元，上缴税金 80 万元。

2001 年，永福县汽车修理实业股份有限公司停产改制。是年，县葡萄酒厂改制，组建成立桂林永福山葡萄酿酒股份有限公司。

2002 年 12 月，永福县制药厂改制。新组建成立桂林中族中药股份有限公司。从 2002 年成立至 2005 年，该公司企业总产值 4.07 亿元，实现销售收入 3.57 亿元，上缴税金 1986.80 万元，实现利润 1323.80 万元。成为永福县股份合作制成功运营的一个典型企业。

2003 年，成立桂林永福绿禾米业有限公司，属私营股份制企业。地址在县城白马工业集中区，总投资 800 万元，主要生产优质精洁米。

2005 年，全县有股份合作企业 11 家。外商及中国港澳台商在永福投资企业已基本停止运作。

第六节 矿产开采加工

20 世纪 90 年代至 21 世纪初，永福县非金属和有色金属采矿加工，成为县内特色工业。

矿产品开采

永福县开采的矿种有重晶石矿、铅矿、方解石、硫铁矿、黏土、石灰石、石英砂等。1991 年，全县有非金属采矿业 3 家、有色金属采矿选矿业 1 家，全年开采铁矿石 1.13 万吨、铅金属矿 164 吨、硫铁矿 3.19 万吨、重晶石矿 35.76 万吨。1992 年，开始开采方解石矿等。1993—1999 年，县铅矿、硫铁矿和重晶石矿成为县内工业经济支柱产业。

据县国土资源局 2000 年年底统计，全县共有矿山企业 145 个，开采矿山 3 座（中型 1 座、小型 2 座）。开发利用的矿山、矿种及年产量有：重晶石矿 3 座，年产矿石量 7.58 万吨；建筑用砂 11.70 万吨，黏土 13.94 万吨，硫铁矿 800 吨，铅锌矿 200 吨金属量，方解石 460 吨、石灰岩 1.12 万吨，铁路道砟用石英岩 0.36 万吨等。矿业（采、选、冶、加工）总产值 3500 万元，占全县国内生产总值 12.59 亿元的 2.78%，占全县工业总产值 11.60 亿元的 3.02%；矿产品销售总产值 1673.89 万元，其中重晶石产值 1400.49 万元。

2002年，全县批准登记发证的采矿点共89个，其中自治区矿产资源厅发证的1个，桂林市矿产资源局发证的2个。开采的矿种主要是重晶石，其次为建筑用砂、石灰石、方解石，黏土开采也有一定规模，铅矿、铁矿、铜矿只有少量开采。正常年份产值2000多万元，利税600万元左右。矿山每年缴纳的矿山资源补偿费25万元左右。

2005年，永福县批准登记发证的采矿单位50个，其中开采重晶石矿17个、开采方解石7个、采石场9个、开采页岩17个。

铅矿　由永福县铅矿开采，属县国有企业，矿区位于龙江乡保安村沙江一带。1968年正式投产。1991年，开采了I号矿体的4个中段，总掘进工程量5000多米，开采出铅金属矿164吨。同时建有1座日选量为150吨的选矿厂，共浮选回收金属量1万多吨。由于矿源枯竭，至1991年主体矿已基本采完，矿里原有技术水平有限，采矿工艺落后，难以对复杂矿体进行开掘，只在原采矿坑道中回收部分可以回采的矿柱及边缘残存矿石。1991年，回收金属量为100多吨，矿山生产亏损36万多元。同时，选矿尾沙坝已严重超负荷，因此该矿于1991年10月宣布停产闭坑。1993年7月，县铅矿申请进行企业产权制度改革。

硫铁矿　主要由永福县硫铁矿开采，属国有企业，曾经是县内的工业支柱之一。1991年硫铁矿矿源趋近枯竭，开采量逐步下降。1991—1995年，年开采矿石在2万吨至1.40万吨之间。1996年，开采矿石下降为5000吨。1997年，开采矿石下降到1500吨。1998—1999年，停止生产。2000—2003年，县硫铁矿将采矿权对外承包给个体开采，年均开采矿石2750吨。

其他小硫铁矿点有百寿镇的山南芭蕉沟和断桥、观音山硫铁矿、花岭矿，永安乡独州硫铁矿。这些矿点原来都属乡镇企业，后来都由个体承包采矿权进行开采。

1991—2003年，全县开采硫铁矿合计9.94万吨。2004年，全县停止开采硫铁矿。

重晶石矿　该矿种开采始于1982年。主要由永福县重晶石矿（属中型集体企业）牵头开采。1991年该矿产矿石15.81万吨，总产值672万元，实现利润58.04万元。1992年，该矿开采重晶石产量达15.83万吨，为1991—2005年产量的最高年份。1994—1998年，是县重晶石矿开采的辉煌时期，年开采矿石在11.54万~14.33万吨之间。由于矿源逐渐枯竭，重晶石开采量逐渐减少。1999—2005年，年产矿石量由9.65万吨下降至6.69万吨。

1991—2005年，县重晶石矿开采重晶石矿共计152万吨，平均每年8.94万吨。

其他重晶石矿小型矿点由民间私人开采。1991年面上矿点多达42个，开采矿石19.95万吨。1992—2002年，多数矿点仍在继续开采。

据永福县统计局对县内主要工业产品产量统计，1991年全县生产重晶石矿35.76万吨，其中全民所有制企业生产5.70万吨、集体所有制企业生产24.22万吨、村及村以下企业生产5.84万吨。1992年，全县生产重晶石矿34.44万吨，其中全民所有制企业生产4.94万吨、集体所有制企业生产25.24万吨、村及村以下企业生产4.26万吨。

2003年5月统计，全县登记的重晶石矿点37个。其中，属国有的2个，属县乡镇企业局的3个，有限责任公司4个，其余28个为乡镇集体、个体和私营矿山。全县累计开采出重晶石矿400万吨，消耗重晶石资源储量500万吨。其中，桃城乡泡口村泡口重晶石矿，隶属县矿产公司的原国有矿山，累计探明储量23万吨，伴生有铜矿。1982年投产，开采年限20年，设计年生产重晶石1万吨。至1998年实际年采重晶石6000吨。1998—2005年，该矿年产矿石1800吨。龙江乡里旺村的天子岭重晶石矿，隶属县经贸局的原国有矿山，累计探明储量32万吨。1981年投产，至1998年年产矿石4000吨。1998—2005年，年产矿石1600吨。龙山重晶石矿，属股份合作制企业，累计查明矿石储量150万吨。1980年3月建矿，至2005年，年产矿石4000吨。

矿产品加工

20世纪90年代至21世纪初,永福县矿产品的开发利用主要是加工矿粉和矿石米销售到县外;将开采的河砂用于建筑,用黏土生产建筑用砖。矿粉加工主要有重晶石矿粉、方解石矿粉和方解石米。

重晶石矿粉加工　20世纪70年代末,永福县矿粉厂(属国有企业)建成投产,其加工的"凤山牌"200目重晶石粉曾获"广西名牌产品优质奖"和广西优质产品奖。1985年,永福镇三钡矿粉厂(乡镇企业)建成投产,加工重晶石矿粉进行销售。1991年,全县加工重晶石矿粉7.78万吨。由于县内矿产品的深加工技术问题一直没有重大突破,据1992年全县主要工业产品产量统计,当年全县加工重晶石粉5.32万吨。由于企业经济效益逐步滑坡,1998年,永福镇三钡矿粉厂停产。2002年,县矿粉厂全面停产。2003—2004年,县内只有2~3家小型(个体)重晶石加工单位加工矿粉销售,附加值不高。

2005年,县内有重晶石矿粉加工企业4家,皆为私人企业。永福县盛源矿粉厂,每年加工能力1万吨,年加工量1万吨,产值500万元;永福县寿发矿业有限责任公司,每年加工能力0.80万吨,年加工量0.80万吨,产值400万元;永福县新亿达矿业有限责任公司,每年加工能力2万吨,年加工量2万吨,产值1000万元;永福县矿业开发有限公司,每年加工能力1万吨,年加工量1万吨,产值500万元。

方解石矿加工　1992年,县内始有方解石矿加工。是年开采和加工方解石矿企业1家。2005年,县内加工方解石矿企业6家,其中永安乡4家,即喇塔方解石矿、老龙山方解石矿、良厚屯石蓝方解石矿、枫木送江方解石矿;罗锦镇2家,即龙爪大山方解石矿、龙爪山方解石矿。皆为私人企业。开采的方解石矿主要是用于加工方解石粉和方解石米。

喇塔方解石矿点探明储量55万吨。1992年,开始由永安乡供销社与喇塔村民合作开采,由供销社出资金和技术,喇塔村集体派民工,所得利益按比例分成。1992年开始投资2~3万元,几个月之后,永安供销社遇体制改革,不再参与开采,采矿权转给私人,由私人组织开采,年产原矿石2000吨。1993年产矿石4000吨,1994年产矿石5000吨,1996年产矿石6000吨。2005年方解矿石产量达到1万吨以上。

1995年由私人投资70万元,开采龙爪山方解石矿,当年采矿石3500吨,至2005年每年产矿石7000吨左右,矿石全部加工成方解石矿粉出售。

1997年,由私人投资开采石蓝方解石矿,所得矿石用来加工成矿石米出售。每年开采矿石米在1000~2000吨左右。2001—2005年因故停产。

第七节　招商引资

1991—2000年,一直有部分县外、市内外、自治区内外投资业主在永福县投资,开办工业企业和进行旅游开发。这一时期的招商引资,以外商自发性投资为主。2001年12月,县招商局成立,招商引资工作转入正规化、常态化。2003年县政府出台了14个推进招商引资工作的文件。2004—2005年,继续执行2003年的招商引资优惠政策,招商引资领域进一步拓宽,来永福县投资的县外投资业主明显增加。2001—2005年,共引进和新上项目13亿元左右,推动了永福县经济的发展。

招商引资政策

1994年2月,永福县委、县人民政府筹建桂林苏桥新区;10月出台关于鼓励外商投资的优惠政策。该优惠政策主要有如下几个方面:

苏桥新区土地使用优惠　优先安排外来客商投资办企业所需用地,及时办理用地手续。1.兴办工业、仓储业用地,土地出让价、开发基金减30%~50%,5年免征土地使用费;2.建设港口码头、车站等基础设施及举办高新技术产业,土地出让价减35%~45%,十五年内免征土地使用费;3.经营种植业、畜牧业、养殖业的,土地出让价减15%~25%,免收开发基金,五年内免征土地使用费;4.经营商业、旅游业、服务业的,土地出让价减15%~25%,五年内免征土地使用费;5.兴办教育、文化、体育、卫生等公益事业用地,土地出让价减70%~80%,免征土地使用费。

苏桥新区企业所得税优惠　1.凡来新区创办独资企业、合资及合作企业,经营期在10年以上,企业所得税从投产之年度起"免三减四";2.从事交通、能源、基础设施产业,经营期在15年以上,企业所得税从投产之年度起"免五减五";3.从事第三产业的企业,企业所得税从投产的年度起"免二减三";4.外来客商兴办企业,免征投资方向调节税。

其他优惠政策　1.外来客商的企业生产所需原材料,流动资金,有关部门应优先考虑安排,购进生产用原料过程中所发生的管理费由本地区范围内部门收取的,一律减半缴纳。2.外商投资新办企业,其水、电、城建增容配套、环保、交通有关费用优惠30%~50%。3.外来客商投资50万美元以上(含50万美元),经营期限十年以上的,可由当地政府在新区内择优赠送200平方米宅基地。5.其他未提及的按国家和广西壮族自治区政府有关政策执行。

2002年,县委、县人民政府贯彻实施国务院西部大开发政策出台扶持新办企业的若干规定,结合永福县实际,从以下四方面鼓励新办企业发展。

简化审批、登记注册程序　1.取消审批事项,属于投资者出资的由其自主决策;2.简化审批程序,对县内不出资的项目,只审批项目建议书;3.简化登记程序,凡属投资者投资设立公司的,在办理工商登记注册时,投资者只需提交验资证明、公司章程和使用场地证明等3个必备材料,3个工作日内予以核发营业执照。

税收政策规定　企业所得税优惠政策。1.新办投资企业(不属于国家和自治区鼓励的除外),按15%的税率征收企业所得税。2.新办的企业(除国家明令禁止和淘汰的),从生产经营之日起,免征企业所得税2年。3.外商投资的企业根据法规享受所得税"免二减三"期间,同时免、减地方所得税。4.重点镇新办农产品加工、环境保护、资源利用等企业,从生产之日起,3年免征7年减半征收企业所得税。5.新办的交通、电力、水利、邮政、广播电视、有色金属、汽车、制糖、食品、信息技术以及医药和生物技术企业,自生产经营之日起,2年免征3年减半征收企业所得税。6.新办的高新技术企业,报经上级主管部门认定后,自生产经营之日起,2年免征3年减半征收企业所得税。7.新办的特色农业、水利企业、林业企业、环境保护和资源综合利用企业,自生产经营之日起,两年免征3年减半征收企业所得税。8.在执行上述企业所得税优惠政策的过程中出现交叉时,可执行其中最优惠的一项政策,享受优惠政策的时间连续计算。9.企业所得税减免税的审批管理,由县税务机关按照国家相关规定执行。10.上述减半征收所得税是指,享受15%优惠税率的企业,按照15%税率减半计算。11.以前制定的企业所得税优惠政策规定与该规定相抵触的,按照该规定执行。

增值税优惠政策,在永福县新办的企业,从投产之日起3年内,年缴纳增值税在10万元至20万元的按照地方财政实得部分的10%、21万元至100万元的按地方财政实得部分的13%、101万元以上的按地方财政实得部分的15%,由财政贴息安排给企业用于扩大再生产。

营业税(不含建筑业)优惠政策,在永福县新办的企业,从投产之日起3年内,年缴营业税额10万元至20万元的按照地方财政实得部分的20%、21万元至100万元的按地方财政实得部分的25%、101万元以上的按地方财政实得部分的30%,由财政贴息安排给企业用于扩大再生产。

其他优惠政策:1.对新办的生产销售出口产品的企业,税务部门应按规定及时办理或协助办理免、抵、退税的手续。2.凡收购永福县国有、集体、私营、股份企业,涉及产权转移时,在不改变产业性质的条件下,在办理房地产权交易时缴交的各种契税和营业税,按地方财政实得部分的20%奖励安排给纳税人用于扩大再生产。

收费政策规定 1.除国务院和自治区人民政府明文规定的收费项目外,任何部门不得自立名目实施收费。企业有权拒绝任何违规收费和不合理摊派。2.取消乡镇企业管理费、计划福利生产管理费和外来务工人员暂住费、暂住人口(流动)人口管理费、计划生育管理费、城市增容费、外地建筑(施工)企业管理费。3.凡是县级收取的各种行政事业性规费上缴市、自治区以上的,对新办企业一律按50%的标准收取。4.注册收费标准。凡注册法人企业的,注册资本在100万元以下的按0.80‰收取,注册资本在100万元至1亿元的,按0.40‰收取,注册资本在1亿元以上的,超过1亿元部分不收费。凡注册非法人企业的一律按照300元收取。

土地政策规定 1.企业采矿、取土用地可按临时用地的方式供应土地,采矿企业的采矿区外接道路还可采取企业投资、农村集体经济组织提供土地的方式共建共享,其用地视为乡村公共设施建设用地,按集体建设用地方式办理用地手续;实行土地置换,即用地单位原有土地适宜于被用地单位使用和管理,可以按对等方式协商置换土地使用。2.对单独选址建设的项目,其开采重要矿床手续和地质灾害危险性评估确认,在可行性研究阶段、提出用地预审申请前完成,正式报批用地时不必再办理。3.在土地登记发证中,土地行政主管部门完成权属调查,而土地登记申请人又能够提供符合要求的图件时,可免收地籍测量费(中介机构收取部分除外)。4.除法律规定外可以采取划拨方式提供用地外,新办企业需要集体土地时,由县政府征用报批后按成本价出让;需要单位和个人以行政划拨方式取得的土地使用权的,投资者可采取先租后买或缓交的形式,待交足土地出让金后再办理土地使用权证。

1996年11月,桂林苏桥新区成立后,中共永福县委、县人民政府相继制定了多项鼓励招商、投资的相关奖励、优惠政策。1999年12月,为鼓励国内外客商到苏桥新区投资开发建设,县委、县人民政府印发《关于桂林苏桥新区投资优惠政策》,明确了各项投资优惠措施。2000年3月,为更好贯彻苏桥新区投资优惠政策,县委、县人民政府印发《关于桂林苏桥新区优惠政策实施办法》,对税收提留、返还比例作出明确规定,增强可操作性。2001年6月,为鼓励社会各界人士引荐更多的县外客商到永福投资置业,县委、县人民政府又印发《关于招商引资奖励暂行规定》,对引进项目的人士,按其引进项目的实际到位投资额多少,给予相应奖励。2001年7月,为调动苏桥新区管委会各成员招商引资积极性,县委、县人民政府还专门针对管委会人员的奖励,印发《桂林苏桥新区管理委员会成员招商引资实施方案》。与此同时,县委、县人民政府先后于2001年和2005年分别印发《关于优化工业发展环境的暂行规定》和《关于给予县重点企业发放特别优待证的规定》,从服务上进一步增强了县外客商到苏桥新区投资的积极性。

2005年1月7日,台湾南良集团总裁萧登波考察苏桥经济开发区　　　　　唐庆甫　供图

招商引资措施

20世纪90年代初,县对外经济合作办公室(含经济合作局),先后组织县内有关部门赴北京、深圳、海南、广东、北海、防城等地,参加经贸洽谈会、中小型企业项目实用技术新闻发布会等措施招商引资。

1996—1997 年，组织有关部门和人员参加了深圳经贸洽谈会、广西桂林名优产品展销经贸洽谈会、厦门项目招商会和柳州经贸洽谈会。同时加强对"三资"（即中外合资、中外合作及外商独资企业）企业的协调服务，派出专人到"三资"企业协助工作，解决了福寿山公司与当地农户的土地纠纷、大溪地公司用地、香江水产开发公司运输鱼苗困难，以及鸿泰公司在桂林设立分支机构场地与劳工纠纷问题等，为企业排忧解难。1998 年，苏桥新区首次组建招商部负责开展对外招商工作。1999 年 4 月 21 日，桂林苏桥新区发展战略研讨会在永福县召开。会议认为，苏桥新区具有非常优越的区位、交通、水电、地质、资源、通讯等优势，是桂林市吸引项目、外资、人才，建设现代工业基地的最佳宝地。桂林市副市长吴集成在会上强调，建设苏桥新区是落实市委决策和自治区党委关于建设桂北经济区域精神的重大举措，各部门要通力协作，加快苏桥新区的建设和发展。

2001 年，在精简苏桥新区二层机构的同时，侧重加强招商力度，变一个招商部为 3 个招商部，促使新区招商迅速发展。同时，县招商局先后与中国台、港商人及外商洽谈，主要涉及农业综合开发、中草药开发、糖果食品加工、无公害罗汉果生产示范基地、中心广场商业步行街、商贸城、嘉桂园度假村开发及旅游项目开发等，其中开发中心广场商业步行街、商贸城和嘉桂园度假村开发及旅游项目开发已签订意向书或协议书。

2003 年，永福县进一步加大投资环境建设的力度，改善县内人居环境、交通基础设施、项目定址相关条件等，做到"硬环境"吸引人。同时从实实在在的事情做起，做好"三个结合"（即政企结合、银企结合、工农结合）、"三个支持"（即财政支持、信贷支持、舆论支持）、"三个保障"（即电力保障、原料保障、治安保障）、"一个制度"（即跟踪服务制度）、"营造氛围"（即亲商、护商、引商、便商氛围），使全县招商引资工作取得新的突破。是年，在县委、县人民政府明确苏桥新区管委的级别、编制后，引进了苏桥园开发建设公司和新组建永福经济建设投资公司，加强新区招商工作，全力加快苏桥新区基础设施建设，加强园区开发建设协调服务，做好入园工业企业项目的"四统一"（即统一政策、统一征地、统一办证办照、统一配套基础设施）工作，集中力量加快苏桥新区福龙园开发建设。2004 年苏桥新区掀起招商引资高潮。

2005 年，桂林苏桥新区形成了"一局一部两公司"的专业招商工作格局，即县招商局、苏桥新区管委招商部侧重新区招商引资工作，苏桥园开发建设有限公司和县经济建设投资公司分别侧重苏桥园和福龙工业园的招商引资工作，使苏桥新区招商引资工作出现良好局面，形成储备一批、开工在建一批、竣工投产一批的项目建设流水机制。

招商引资成效

永福县的招商引资工作起步于 20 世纪 90 年代中期。

1996 年 11 月，桂林苏桥新区成立后，永福县开始把招商引资工作当作新区开发的重头戏来抓。1998 年，引进了投资 13.04 亿元的国电永福发电有限公司一期建设工程，新区工业项目实现零的突破。其中：1、2 号机组于 2000 年年底正式运行发电。从 1996—2000 年，县内同期引进规模较大的项目还有桂林龙江保健品有限公司、永福嘉桂野生动物养殖场等。这 5 年共引进县外资金 13.60 亿元，其中引进外资 876 万美元。

2001—2002 年，全县共上新项目 310 个，引进县外资金 3.15 亿元，其中引进外资 455 万美元。在这些项目中规模较大的有县城福寿广场、商业步行街、商贸城、桂林金钟山旅游开发有限公司等。

2003—2005 年，全县共上新项目 451 个，计划总投资 152.60 亿元，累计投入资金 44.13 亿元。其中，新上工业项目 202 个，计划总投资 54.27 亿元，实际到位资金 37 亿元。属于重点项目有桂林香巴拉奶水牛项目、文大丝业、龙福酒业、中族中药公司 GMP 认证改造、三皇糖厂改扩建工程、葡萄酒厂 3000

吨干红生产线和桂林漓江红葡萄酒厂等项目。同期,苏桥新区实行"全方位、宽领域、多层次"招商,主要采取上门蹲点招商、小分队招商、以商引商、委托招商、网上招商等方式开展招商。在苏桥新区同期引进的较大规模项目有:投资26亿元的国电永福发电公司二期工程、投资6000万元的桂林正翰辐照有限公司、投资4500万元的桂林正点实业有限公司、投资2500万元的桂林桂珠生物科技有限公司、投资2500万元的桂林华力重工机械有限公司、投资2400多万元的桂林合众国际橡塑机械制造有限公司、投资1800万元的桂林速丰木业有限公司、投资1000多万元的桂林云汉日用化工有限公司等。在县城引进投资1000万元以上的工业项目有彩印厂、糖果厂、家具厂、玩具厂、服装厂、汽车美容城及龙溪、鲤鱼滩电站等。

至2005年年底,苏桥新区共引进项目53个,协议利用资金61.30亿元。其中,工业企业26个、基础设施项目23个、农业及商贸项目4个,已投产企业14家。在入园的26个工业企业中,投资1000万元以上(含1000万元)5000万元以下的项目企业8个、投资5000万元以上企业10个。新区累计完成固定资产投资49.65亿元。其中,2005年苏桥新区完成固定资产投资9.94亿元,比上年增长142.40%,占全县固定资产投资的79.39%;规模以上工业企业完成产值7.47亿元,比上年增长35.10%,占全县工业企业产值的57%;实现财政税收6113万元,占全县财税收入的35.33%。各项经济指标在全县经济指标的比重逐年攀高,对全县经济的拉动作用日益明显。

第八节 安全生产监督管理

1991—2001年,县安全生产监督管理工作由县安全生产委员会办公室负责。

2001年12月,县安全生产监督管理局成立。至2005年,该局依法行使全县安全生产综合监督管理职权,监督工矿商贸企业的安全管理工作,监督检查重大危险源,监控重大事故隐患的整改工作,查处不具备安全生产条件的生产经营单位,及时调处生产安全事故,促进全县经济安全发展。

安全生产教育和宣传

1991—2001年,县政府每年每季度都召开全县安全生产工作会议,强化安全生产宣传教育。每年定期组织企业特殊工种人员、企业负责人、安全管理人员进行安全培训,平均每年培训企业主要负责人200余人、安全管理人员450余人、其他特殊工种作业人员160余人,全力确保高危行业企业有关人员全部持有效证件上岗。

在日常监管中,督促各企业做好对新进员工的厂级安全教育、车间级安全教育和岗位(工段、班组)安全教育即"三级教育",定期做好对员工进行安全生产教育、培训和安全生产知识考核,确保从业人员具备必要的安全生产知识,熟悉有关的安全生产规章制度和安全操作规程,掌握本岗位的安全操作技能,了解事故应急处理措施。

从2002年起,每年都认真制订安全生产月活动方案,成立安全生产月活动领导小组,开展"安全生产月"各项活动。在组织开展"安全生产月"宣传咨询日活动期间,发放安全生产宣传资料,接待群众咨询,现场解答市民提出的安全事项、事故防范、应急救助等相关知识。组织非煤矿山、危险化学品、烟花爆竹、消防等方面的应急演练活动,通过应急预案演练,全面检验预案的实效,查找漏洞,分析存在问题,完善应急体系,提高预案的可靠性、针对性和操作性,增加应急处置的科学性、及时性和时效性。组织开展安全文化活动,向职工发放安全知识手册、安全读本,组织职工阅读安全图书,大力开展安全文化创建活动。

2002年6月，组织开展以"安全责任重于泰山"为主题的第一个安全生产月系列活动。组织实施《中华人民共和国安全生产法》，开展宣教活动，悬挂横幅40多条，展出板报30多块，张贴标语200多条，征订发放《中华人民共和国安全生产法》单行本10000多册，尽力做到企业职工人手一册，组织企业职工2000余人参加《中华人民共和国安全生产法》考试。

2002—2005年，县安全生产监督管理局，每年均不定期举办安全专业知识和安全法规培训班，学员对象为县辖工矿商贸企业负责人、安全工作人员、生产工人等，在不影响生产的前提下，分期分批进行培训学习。学习国家和自治区安全生产法规条例和规章制度、安全员职责范围、安全生产奖惩条例、安全生产知识和职业道德等内容。

每年6月全国"安全生产月"期间，在县剧院广场举行"安全生产月咨询日"活动。由县安全生产委员会成员单位共同举办安全生产咨询活动，发放宣传资料3000~5000份。

安全生产管理

1991—2001年，全县安全生产管理按照"安全第一，预防为主"的方针，实行安全生产监督管理行政首长负责制，按照"谁主管、谁负责"的原则和"横向到边，纵向到底"的要求，落实安全生产责任制。要求企业建立健全安全生产管理机构和安全生产责任制，明确专人负责安全生产工作，健全了管理网络。

2002—2005年，全县加强安全生产责任制和工作目标管理，每年由县政府与各乡镇、各部门及有关企业签订安全生产责任状，按照安全生产责任状落实安全生产职责。有效预防各类伤亡事故，没有发生较大以上事故。通过对辖区内重点行业、企业开展隐患排查、专项整治、安全生产大检查、打非治违的方式，维护全县安全生产形势持续稳定好转。

安全生产专项整治

非煤矿山专项整治　1991—2005年，全县加强对非煤矿山的督促检查，特别是严厉打击非法采矿行为，坚决关闭非法和不具备安全生产条件的小矿山，严防已关闭取缔的矿山死灰复燃。落实安全生产责任制，采取有效措施制止超能力生产，督促企业做好"一通三防"（一通:矿山有完善的通风系统。三防:防尘、防火、防中毒窒息）和防治水害工作，防止冒顶、片帮和坍塌事故的发生。所有无主尾矿库落实监管单位和责任人。严防汛期淹井、透水、垮坝、崩塌及突发性灾害事故的发生。加大检查巡查力度和提高检查频次，督促指导企业认真做好汛期安全防范工作。

危险化学品专项整治　1991—2005年，全县加强对生产、储存、运输、经营、使用等各个环节的安全监管，特别是对遇水、受潮、受高温影响，容易发生火灾、爆炸、泄漏中毒事故的危险化学品，实施重点监控，严防危险化学品生产和运输泄漏事故。加大对县城内加油站、储气站、加气站的监管力度，严防火灾和爆炸事故的发生。

烟花爆竹专项整治　2004年，将烟花爆竹生产单位的安全生产监督管理划入县安全生产监督管理局职能后，至2005年年底，着力加大烟花爆竹专项整治力度，严厉打击非法生产经营烟花爆竹的活动，加大隐患排查力度，指导、督促烟花爆竹生产经营单位认真贯彻执行《中华人民共和国安全生产法》等法律法规，不断增强全体人员的安全生产意识，增强企业事故预防能力和应急处置能力，全面提高企业安全管理水平。建立健全烟花爆竹安全监督管理体系和工作机制。规范烟花爆竹从业单位的生产经营活动，强化企业安全管理，增强防范事故的能力，遏制重、特大事故，使伤亡事故起数和伤亡人数稳中有降。

安全生产检查

1991—2005年，全县加强对交通、旅游、建筑施工等重点行业领域的专项安全检查，在春节、清明、"五一"、端午、中秋、国庆等期间，组织了人员密集场所、交通、特种设备等重点行业领域专项检查组开展安全隐患排查治理。每年至少开展季度安全大检查4次，各类专项检查12次，排查整改事故隐患400多项，打击非法违法、治理纠正违规违章生产行为1000多项，有效遏制了重特大安全事故发生。

安全生产事故查处

1991—2001年，县安全生产委员会办公室查处安全生产事故的数据不详。

2002年12月13日广福乡德安村发生一起物体打击事故。是日广福乡德安村进行电网改造时，当事人爬上运输电线杆的车上，坐在电线杆下，因电线杆滑落压住当事人，造成3人重伤。

2003年8月4日罗锦镇长水井方解石矿发生一起放炮事故。是日罗锦镇长水井方解石矿民工在隧道内进行爆破作业时，因违章作业，发生一起放炮事故，造成一死一伤。

2002—2005年，县安全生产监督管理局查处安全生产事故20起，死亡17人，受伤8人。其中，2002年1起，2003年3起，2004年11起，2005年5起。

第二章　工业门类与名优产品

1991年，永福县工业门类按企业所有制性质，分为国有（全民）工业、县直集体企业、乡镇集体企业、村办联户及个体工业4种类型；按照工业产品性质，分为轻工业和重工业2种类型；按工业行业性质，分为采矿、冶金、机械、化工、中药、制糖、造纸、印刷、建材、木材加工、食品加工、酿酒等类型。

20世纪90年代末至21世纪初，随着永福县国有、集体企业改革改制全面展开，私营企业及股份制企业异军突起。全县已形成了采矿、冶金、机械、化工、制糖、制药等六大主导工业产业，工业门类出现了变化。按2005年的统计标准，对永福县工业企业门类进行了重新分类。

永福县在大力发展工业生产的过程中，形成了一些名优工业产品。

第一节　采矿　冶炼

永福县含有十分丰富的矿产资源，已探明有重晶石、石灰石、黄铁矿、铜矿、锌、汞、水晶、磷等多种矿藏，因而采矿、冶炼成为永福县的主导工业产业之一。

采　矿

1991年，全县非金属采矿选矿业3家，完成工业总产值20万元，有色金属采矿选矿业1家，完成工业

总产值28万元；建筑材料采矿选矿业13家，完成工业总产值15656万元。全年开采铁矿石（黄铁矿）1.13万吨、铅金属164吨、硫铁矿3.19万吨。全县重晶石矿开采35.76万吨。完成工业总产值1021万元。

2000年，全县重晶石采矿业3家，完成工业总产值2093万元，实现产品销售收入1960万元，盈利251万元；硫铁矿采矿业1家，完成工业总产值333万元，实现产品销售收入288万元，盈利7万元；铅矿采矿业1家，完成工业总产值178万元，实现产品销售收入177万元，盈利11万元。

2005年年底，全县重晶石采矿业1家，有员工173人，完成工业总产值2258万元，实现销售收入2136万元；有重晶石选矿业2家，共有员工50人，完成工业总产值4873.40万元，实现销售收入4803.90万元，上缴税金140.30万元。

永福矿产公司　该公司地址在永福镇凤城路157号，属于矿产资源型国有企业，有泡口、天子岭两个矿山，主要开采重晶石矿，矿石品值在92%以上。1991年完成工业总产值349万元，2000年完成工业总产值308万元，实现销售收入276万元。1991—2001年8月，共开采重晶石12万吨；完成工业总产值7130.70万元，销售收入6597.10万元，上缴税金448.40万元，利润188万元。2005年该公司员工59人。是年9月，该公司改制租赁给个体投资业主，成立东升矿产品开发有限公司，所得租金收入全部用于安置原公司的全部职工。

永福县重晶石矿　属集体企业，成立于1982年6月，地址在永安乡铜庙沟，占地面积2平方千米，建筑面积2000平方米，总投资1900万元，有3个开采区25个窿道，主要产品是重晶石。1991年完成工业总产值672万元。2000年完成工业总产值1785万元。2005年，有员工173人。是年，该矿完成工业总产值2258万元，销售收入2136万元，上缴税金311万元，实现利润75万元。

永福县三皇清水选矿厂　属私营企业，成立于1996年，地址在三皇乡清水村，占地面积0.27公顷，建筑面积700平方米，总投资400万元，设备价值100万元，主要产品是重晶石矿及铅、锌清洗分类。2005年，有员工25人。从1997—2005年，完成工业总产值1.32亿元，产品销售收入1.29亿元，上缴税金560万元。

永福县硫铁矿　成立于1965年9月，属国有矿产资源型企业，地址在百寿镇，主要矿源是硫铁矿，有丁兴、花岭2个矿区。厂区面积为8602平方米。20世纪90年代初，因矿源枯竭，矿山开采每况愈下。1991年开采硫铁矿2.17万吨，完成工业总产值28万元，实现销售收入150万元，盈利25万元，上缴税金11万元。到1995年10月矿山停产。1991—1995年10月，该矿完成工业总产值988.20万元，实现销售收入786.50万元，上缴税金86.70万元，实现利润35.10万元，其中1995年亏损35.60万元。由于多方面的原因，2005年该企业尚未改制，有下岗员工90人。

永福县铅矿　成立于1967年，属国有矿产资源型企业。矿部在永福县龙江乡保安村，建筑面积1180平方米，矿区在龙江保安村，主要矿源是铅矿、铜矿。1988年，因矿源枯竭，转产新建一个年产5000立方米的刨花板厂，计划投资300万元，在百寿镇陵园街68号新建厂区，占地面积3万平方米，但该刨花板厂在筹建过程中流产。1991年开采铅金属矿164吨。1992—2004年，该矿山继续开采尾矿。于2005年5月，与南宁宏建有色金属有限责任公司签订引资开发合同。重新开发新建矿点，原企业员工53人，已全部进行身份置换和安置。1991—2004年，共开采尾矿（铅矿）1万吨，产值3133.70万元，销售收入2993.20万元，上缴税金348万元。属亏损企业。

永福三皇乡华山选矿厂　属私营企业，成立于2002年，地址在三皇乡华山村，占地面积0.47公顷，建筑面积133.40平方米，投资300多万元。主要设备选矿机2台／套，价值100万元，主要产品是重晶石矿及铅、锌、铜矿清洗分类。2005年，有员工25人。是年，完成总产值3223.40万元，实现销售收入3191.40万元，上缴税金70.30万元，利润4.60万元。

冶　炼

1991年，全县有色金属冶炼业2家，完成工业总产值141万元；金属制品业3家，完成工业总产值75

万元。20 世纪 90 年代,由于剧烈市场竞争,这些金属冶炼及金属制品业出现亏损,以至破产。21 世纪初,在国有、集体企业改制过程中,私营金属冶炼及金属制品业异军突起,并成为永福县主导工业产业之一。2005 年,全县有金属冶炼业 4 家,完成工业总产值 15688 万元,实现销售收入 13917 万元,上缴税金 596 万元,利润 368 万元。

永福县福成金属有限公司　成立于 2004 年 6 月,属私营企业,企业地址在苏桥镇石门村,占地面积为 2.20 万平方米,其中生产区 3000 平方米,厂房建筑面积为 800 平方米,总投资 1500 万元。主要设备 3 台/套,价值 167 万元;主要生产产品是多功能合金、低碳合金等。2005 年正式生产。是年,有员工 30 人,完成工业总产值 6933 万元,实现销售收入 6467 万元,上缴税金 181.50 万元,实现利润 120.50 万元。

永福县百寿腾飞铁合金有限公司　属私营企业,成立于 2004 年,企业地址在百寿镇背后山,占地面积 1.33 公顷,厂房建筑面积 2000 多平方米,投资 600 万元,主要产品是硅锰合金。2004 年正式生产至 2005 年,完成工业总产值 3004.10 万元,销售收入 2370 万元,上缴税金 122.10 万元,利润 98.70 万元。2005 年,该公司有员工 60 人。

广西永福海丰铁合金有限公司　属私营企业,成立于 2005 年,地址在永福镇樟峡大桥东侧,占地面积 1670 平方米,厂房建筑面积 1350 平方米,总投资 1000 万元,主要设备 1 台/套,价值 479 万元,装机容量 6300 千伏安,产钢 3600 吨,主要生产产品是硅锰合金,年生产产品为 1.44 万吨。2005 年 8 月,正式生产。年底,完成工业总产值 5133 万元,实现销售收入 4400 万元,上缴税金 242 万元,实现利润 187.40 万元。2005 年,有企业员工 100 人。

永福县百寿永盛铁合金有限公司　2003 年,由福建私人投资业主新建,地点在百寿镇白果村湾里畔,占地面积 1 公顷,建筑面积 3000 多平方米,总投资 1200 万元,固定资产投入 600 万元,主要生产设备有电炉设备。主要产品是硅锰合金。2004 至 2005 年,共生产产品 1000 多吨,完成工业总产值 4240 万元,销售收入 3730.70 万元,上缴税金 223.30 万元,利润 24.50 万元。

第二节　机械　化工

机械制造业和化学工业是永福县的主导工业产业之一。20 世纪 90 年代,因企业运行机制,产品更新换代,以及管理体制、销售策略等不能适应市场变化,永福县的机械、化工行业出现亏损。经过产权制度改革,许多机械、化工企业在 21 世纪初实现扭亏为盈。

机　械

1991 年,全县有机械工业企业 9 家,完成工业总产值 1385 万元;有交通、通信设备、计量器具制造工业 3 家,完成工业总产值 34 万元。全年生产滚动轴承 78.03 万套、建材设备 246 台套、食品机械 324 台、机动饲料粉碎机 55 台、中小农具 24.95 万件、结晶硅 257 吨、打谷机 568 台等。

20 世纪 90 年代,由于剧烈市场竞争,全县机械工业生产经营出现亏损。2000 年,全县机械制造工业企业有 5 家,完成工业总产值 1154 万元,实现产品销售收入 897 万元,利税亏损 21 万元,利润亏损 53 万元。全年生产轴承 26.40 万套、食品机械 960 台、建材设备 210 台(套);生产电焊条 1650 吨。

进入 21 世纪后,桂林华力重工机械有限公司、桂林合众国际橡塑机械制造有限公司进驻苏桥新区并正式投产。至 2005 年,全县机械工业企业达 7 家,完成工业总产值 14100 万元,实现销售收入 9476 万元,上缴税金 354 万元,盈利 500 万元。

永福县俊杰集团有限公司　位于永福县城五里桥,是由永福县农机修造厂与香港嘉钰(集团)投资有限公司、香港德美日实业有限公司于1992年合资、合作成立的3家企业组成。其中子公司永福县桂恒机械制造有限公司以原县农机厂机械制造部分为主与香港德美日实业有限公司合作经营。企业成立后，生产能力得到提高，生产规模不断扩大，成为桂林联合收割机厂主要协作厂家。1992年，桂恒公司实现工业总产值961.55万元，为桂林联合收割机总厂生产联合收割机、脱粒机总成1140台，新增年产值481.35万元，企业红火的日子一直持续到1998年。子公司永福县嘉福纸制品有限公司是县农机厂纸管车间与香港嘉钰（集团）投资有限公司合资成立的企业。企业成立后，其主要产品螺旋纸管的年生产能力为3000吨，居广西首位，产品主要销往广东、深圳。子公司桂林嘉桂野生动物养殖有限公司是县农机厂与香港嘉钰（集团）投资有限公司合资创办的企业。该企业总投资435万元，占地13.33公顷，主要以饲养蓝孔雀为主，孔雀年存栏量最高时达到1200多只。1997年前，为广西最大的蓝孔雀人工养殖基地和唯一的种孔雀供应基地。

永福恒大机械铸造有限公司　位于永福镇官村，原称桂林轴承厂。1991—1998年，共生产轴承750万套，总产值4374.20万元，上缴税金359万元，亏损373.90万元。其中，1994年亏损高达171.40万元，1996年盈利最高4.40万元。1999年该厂实行承包经营，更名为永福县建华轴承厂，留用原轴承厂职工73人，主要生产O类轴承，时间1年，共生产轴承50万套，产值200万元，上缴税金13万元。2000年，轴承厂处于停产、半停产阶段。2003年6月，按合同改制要求，把生产区的土地、厂房、设备整体转让给外地老板，成立桂林永福恒大机械铸造有限公司。该公司投资1200万元，主要生产铸钢件，装机容量1600千伏安，年耗电242万千瓦小时。2004年2月，正式投产，用工30人，主要设备3台（套），设备投入600万元。2004—2005年，该公司共生产1500吨铸钢件，完成工业总产值6500万元，上缴税金83万元。原轴承厂职工安置全部用转让金支付。

桂林华力重工机械有限责任公司　该公司成立于2003年12月，位于苏桥工业园内。由柳州华力集团公司出资整体收购、桂林轻工机械厂组建，是专业从事各种非开挖设备、工程机械及公路机械的大型合营企业。公司占地面积15.67公顷，具备年生产8000台（套）非开挖设备、工程机械和公路机械、驱动桥、制糖机械和压力容器的生产能力。可实现年产值2亿元，实现利税800多万元。2005年，公司有职工300人，总产值5500万元，销售收入3766万元，上缴税金167.90万元，亏损9.50万元。

2003年2月12日，桂林市华力重工机械有限责任公司苏桥基地开工　　唐庆甫　摄

桂林合众国际橡塑机械制造有限公司　该公司成立于2004年2月，位于苏桥工业园内。2005年2月正式投产。公司占地面积6.67公顷，厂房建筑面积7200平方米。总投资2400多万元。主要生产设备9台（套），价值254万元；装机容量1000千伏安时，年生产能力达150多台（套）。主要产品是橡胶挤压机，有销钉机筒冷喂料挤出机、复合挤出机、双锣杆压挤出机等，产品销往上海、广东等地区及泰国、法国等国家。2005年，公司有员工198人，其中技术人员28人。完成工业总产值2300万元，实现销售收入1850万元，上缴税金104万元，利润553.60万元。

永福县焊条厂　原为永福县国有工业企业，位于永福县凤城路四岭街。1999年10月，永福县焊条厂成立后投入资金250万元，购置1条年产8000吨焊条生产线，用工51人。2000—2003年，共生产电焊条9500吨，完成工业总产值2966.20万元，上缴税金63.80万元。2004年，国有工业企业改制，永福县焊条厂更名为桂林隆霸焊接材料有限责任公司，并对原焊条厂职工全部进行了身份置换，用工为58人。2004—2005年，隆霸公司共生产电焊条9800吨，完成工业总产值2687.70万元，上缴税金39万元。

桂林永福金鹏焊接材料有限责任公司　1999 年 10 月,桂林永福金鹏焊接材料有限责任公司成立后,搬迁至永福镇樟峡桥头,投入资金 450 万元,用工 45 人,占地面积为 8005 平方米,年生产规模 2000 吨。2000—2005 年,共生产电焊条 1.50 万吨,产值 4033.90 万元,销售收入 3630.20 万元,上缴税金 68.60 万元。

化学工业

1991 年,全县有化学工业企业 4 家,完成工业总产值 482 万元;塑料制品业 6 家,完成工业总产值 1159 万元;金属制品业 3 家,完成工业总产值 75 万元。全年生产合成氨 3200 吨、农用化肥 13200 吨、松香类产品 65 吨、塑料制品 276 吨。

20 世纪 90 年代,全县化学工业、塑料制品、金属制品业在剧烈市场竞争中,生产经营出现亏损,甚至停产、破产。2000 年,全县还有化学工业、金属、塑料制品企业 3 家,完成工业总产值 1738 万元,实现产品销售收入 1450 万元,利税亏损 28 万元,利润亏损 48 万元。

进入 21 世纪后,桂林正点实业有限公司、桂林桂珠生物科技有限公司、桂林永福云汉日用化工有限公司先后进驻苏桥新区,并形成生产能力。在县城及乡镇也出现了新的化工私营企业,形成了化工规模生产能力。2005 年,全县化学工业企业有 7 家,完成工业总产值 19816.60 万元,实现销售收入 14355.30 万元,上缴税金 1277 万元,利润 698.40 万元。全年生产蚊香 150 多万箱、松香 5934.55 吨等。

桂林正点实业有限公司　成立于 2004 年 9 月,位于苏桥福龙工业园内。2005 年正式投产。公司属私营企业,也是桂林市"1234"工程发展目标培育的重点企业之一,总投资 4000 多万元。企业占地面积 7.74 万平方米,其中生产区 5.86 万平方米;厂房建筑面积 2.52 万平方米。主要生产设备 14 台套,价值 363 万元;总装机容量 800 千伏安。主要产品是蚊香,有盘式蚊香、檀香、杀虫气雾剂、电热蚊香片、电热蚊香液、灭蟑香等,产品质量达到部颁标准,年产蚊香 150 多万箱。2005 年,公司有员工 395 人,其中技术人员 16 人。是年,完成工业总产值 9300 万元,实现销售收入 5300 万元,上缴税金 430 万元,利润 250 万元。

桂林正点蚊香厂生产线

唐庆甫　摄于 2005 年 1 月 6 日

桂林永福云汉日用化工有限公司　成立于 2005 年,位于苏桥福龙工业园内。公司占地面积 2.67 万平方米,其中生产区占地 1.20 万平方米,厂房建筑面积 5000 平方米,总投资 1000 多万元。主要生产设备 3 套,价值 150 万元,总装机容量 160 千瓦时。拥有自动化程度较高的制膏、灌装生产线 3 条,主要从事高档口腔护理产品的开发、研制、生产和销售。主要产品有云汉西瓜霜、中药牙膏、云汉玉斯洁洁白牙膏等系列产品。2005 年,公司有员工 104 人。是年,完成工业总产值 1895 万元,实现销售收入 778.30 万元,上缴税金 91 万元,

2005 年 10 月 17 日苏桥工业园桂林云汉日用化工有限公司生产产品　县经贸局　供图

亏损 137.50 万元。产品质量达到部颁标准。

桂林桂珠生物科技有限公司　成立于 2004 年 7 月，位于苏桥福龙工业园东南部。当年 12 月正式投产。公司占地面积 3.67 万平方米，厂房建筑面积 8000 多平方米，总投资 2500 多万元。主要生产设备价值 300 多万元。公司是一家集科研、生产、销售于一体的高科技民营企业。公司主要产品有"桂株牌"有机、无机复混肥、生物菌肥、生态复混肥、高奇多营养液等。2005 年，公司有员工 120 多人。是年，公司总产值 2021 万元，实现销售收入 1990 万元，上缴税金 539.30 万元，利润 688 万元。

永福县万福林业化工有限公司　成立于 2003 年，地址在永福镇樟峡村，占地面积 1.33 万平方米，建筑面积 1500 平方米，总投资 900 万元，固定资产投入 350 万元，主要设备锅炉、车间设备，全厂员工 26 人，主要生产产品是松香、松节油。2004 年投产到 2005 年，共生产产品 1 万多吨，完成工业总产值 7700 万元，销售收入 7400 万元，上缴税金 149.10 万元，亏损 66.70 万元。

桂林鸿帆科技发展有限公司　成立于 2005 年，属私营股份制企业，地址在广福乡矮岭村，占地面积 5.33 万平方米，其中生产区 2280 平方米，厂房建筑面积 6840 平方米，总投资 800 万元，主要设备 34 台，价值 413 万元，总装机容量 260 兆伏安，企业员工 82 人，主要生产产品是氟化铝，年生产能力 1.20 万吨。2005 年，完成工业总产值 963 万元，销售收入 920 万元，上缴税金 40 万元。

桂林永福睿丰制丝有限公司　成立于 2005 年，属私营企业，地址在县城东滨路 30 号，企业占地面积 1.13 万平方米，厂房建筑面积 2000 平方米，总投资 1000 万元，主要生产设备 1600 台 / 套，价值 300 万元，主要生产产品是白厂丝。2005 年，共生产产品 50 吨，完成工业总产值 1787.60 万元，销售收入 1667 万元，上缴税金 27.60 万元，亏损 35.40 万元。2005 年，有员工 115 人。

第三节　中药　制糖

永福县地处亚热带，天然药物资源繁多，糖蔗种植面积较大，具有发展现代中药、制糖行业得天独厚的资源优势。

中　药

1991 年，全县有医药工业企业 3 家，完成工业总产值 1340 万元；生产中成药 911 吨。其中，县制药厂完成工业总产值 1148 万元，县卫生保健饮料厂完成工业总产值 189 万元。

20 世纪 90 年代，全县中药工业在激烈的市场竞争中，生产不太正常。2000 年，县制药厂完成工业总产值 4026 万元，实现产品销售收入 4133 万元，上缴利税 368 万元，利润 83 万元。是年，全县生产中成药 1803.72 吨。

2002 年，县制药厂进行改制，新组建成立桂林中族中药股份有限公司，扩大中成药生产规模。2005 年，全县中药工业企业 3 家，完成工业总产值 13766 万元，实现产品销售收入 11900 万元，上缴税金 670 万元，利润 445 万元。是年，全县生产中成药 4203.22 吨，使中药生产成为永福县工业主导产业之一。

桂林中族中药股份有限公司　是国内最大罗汉果制品出口企业、广西中成药生产基地。该公司前身是永福县制药厂，始建于 1974 年。因资金短缺，生产不太正常。2002 年 12 月，县制药厂改制，整体转让给桂林天和药业公司，并对原制药厂的全部正式职工进行了身份置换和就地安排工作。新组建成立的桂林中族中药股份有限公司，地址在永福镇向阳路 40 号，企业占地面积 17.34 万平方米，其中生产区 4 万平方米；厂房建筑面积 1.97 万平方米，新投入资金 1000 多万元，新建厂房 1 栋，主要设备 238 台 / 套，价值 1659.85 万元，装机容量 700 兆伏安。该公司总资产 1.30 亿元，属中一型企业。企业通过国家 GMP 认证。

除原有的生产品种罗汉果系列产品，新增产品绿茶降压片、板蓝根冲剂、感冒解毒冲剂、感冒咳嗽冲剂、顺枇杷露、小儿止咳糖浆、当归补血精、清火桅麦片、新穿心莲片、牛黄解毒片等新药品共 20 个品种，大多数属中成药。注册商标有中族、凤山、今舒等品牌。2003 年，中族牌获广西著名商标。从 2002 年成立至 2005 年，该公司企业总产值 4.07 亿元，实现销售收入 3.57 亿元，上缴税金 1986.80 万元，实现利润 1323 万元。2005 年，该公司有职工 246 人，年生产能力达 60 多个品种，40 多万件，产品质量达到国家标准。

2003 年 9 月改制后的桂林中族中药公司生产车间

县经贸局 供图

永福县天然保健食品饮料厂 1993 年，永福县外贸公司创办永福县天然保健食品饮料厂。以生产罗汉果冲剂制品为主。每年加工罗汉果原果 30 万~50 万个，产值 40 多万元。1996 年，外贸体制改革以后，该厂加工的罗汉果逐年减少。1997—2005 年，每年生产罗汉果冲剂 6000~8000 箱，产值约 200 万元。

制 糖

1991 年，全县有制糖工业企业 2 家（县糖厂 1 家、糖果食品厂 1 家），完成工业总产值 674 万元，实现产品销售收入 697 万元。县糖厂全年盈利 2 万元，糖果加工厂全年亏损 16 万元。全年生产蔗糖 2200 吨（其中机制糖 2081 吨）、糖果 600 吨、糕点 123 吨、麦乳精 146 吨。

20 世纪 90 年代，由于市场竞争剧烈，县内制糖工业不太景气。1999 年，县糖厂租赁给私营投资业主经营。2000 年，县制糖工业企业 2 家，完成工业总产值 550 万元，实现产品销售收入 486 万元。县糖厂全年利润总额 0.40 万元，上缴利税 68 万元；糖果食品厂利润亏损 8 万元，上缴利税亏损 8 万元。是年生产机制蔗糖 3477 吨。

2005 年，全县制糖工业企业 2 家（永福顺兴制糖 1 家、桂林五洲制糖 1 家），完成工业总产值 3306 万元，实现产品销售收入 3166 万元，上缴税金 62.30 万元。成为永福县工业主导产业之一。

永福顺兴制糖有限公司 原名永福县糖厂，成立于 1972 年，为国营工业企业。1999 年，在国有工业改革改制过程中，永福县糖厂租赁给私营投资业主经营，成立永福县信利糖业公司。租赁期 5 年，在租赁期间内，该公司各项经营指标得到提高，其中产值比租赁前提高 20%，利润由原来亏损 85.20 万元减亏到 5 万元，从业人员由原来的 145 人，增加到 160 人。2005 年该公司整体转让（出售），成立了桂林永福顺兴制糖有限公司，为私营企业，投资 1200 多万元进行设备更新改造。2005 年完成工业总产值 706 万元，销售收入 680 万元，上缴税金 37.40 万元。

桂林五洲制糖有限公司 成立于 2003 年，为私营企业。地址在永福县三皇乡。总投资 9000 多万元，其中固定资产投入 328 万元，年产糖 5000 多吨。2005 年，该糖厂从业人员 230 人，生产成品糖 2800 吨，完成工业总产值 2600 万元，销售收入 2486 万元，上缴税金 24.90 万元。

第四节 造纸 印刷

永福县属林业大县，林业资源丰富，给造纸、印刷工业发展提供有利条件。

造　　纸

1991年，全县有造纸及纸制品业5家，完成工业总产值353万元，实现产品销售收入230万元。全年生产纸箱104.43万立方米。县纸箱厂上缴利税1万元，盈利4万元，龙腾纸品厂利润亏损1万元。

20世纪90年代，县内造纸工业及纸制品业生产不太景气。2000年，全县生产机制纸4200吨。2002年桂林元峰纸业有限公司重新恢复生产。2004年，永福县白马纸厂扩大生产能力，成为全县第一家规模纸业生产企业。

2005年，全县有造纸及纸制品业2家，完成工业总产值14279.90万元，实现产品销售收入12140万元，上缴税金810.30万元。是年，全县生产机制纸及纸板7005.30吨，产量比上一年提高2.48%。

永福县白马造纸厂　成立于1990年1月，为私营企业，地址在桃城乡白马洲，总投资500万元，主要生产瓦楞纸。2004年进行扩建第二条生产线，投入资金600万元，年产量达到2万吨瓦楞纸，是永福县第一家规模纸业生产企业。2004年，从业人员96人，固定资产1200万元，其中设备800万元，装机容量960千伏安，企业占地面积6800平方米，建筑面积5800平方米。2005年生产瓦楞纸4800吨，完成工业总产值8612万元，实现销售收入7320万元，上缴税金722.40万元，实现利润27万元。

桂林元峰纸业有限公司　永福县纸箱厂从1991—1998年，共生产外包装纸箱850万平方米，销售收入4820.60万元，总产值5420万元。1998年在原厂区内，投资80万元新建一条卫生巾生产线，因技术和质量不过关而停产。1999年4月，该厂租赁给河南私人投资业主生产经营外包装纸箱。2001年11月，纸箱厂通过县法院宣布矿产。2002年，由于永福县城新建天凤广场，该公司搬迁到永福镇向阳路茶岭街2号（原永福县大修厂），购买大修厂地盘，成立桂林永福元峰纸业有限公司，投资150万元，购进了四色印刷机1台，其他专用设备5台套，重新恢复生产，年生产能力为3000万立方米的外包装纸箱。2005年，该公司共有员工35人，固定资产净值97.80万元，占地面积4800平方米，建筑面积1800平方米，生产外包装纸箱1416万立方米，实现工业总产值5667.90万元，销售收入4820.60万元，上缴税金87.90万元。

印　　刷

1991年，全县有印刷业2家，完成工业总产值144万元，实现产品销售收入130万元；完成书刊印刷1.37万令。县印刷厂上缴利税3万元，盈利8万元；县向阳小学印刷厂上缴利税3万元，盈利1万元。

20世纪90年代，县内印刷工业生产不太景气，销售产品不畅，于1999年县内印刷业全部停产。

永福县彩利达印刷股份有限公司于1995年在永福县印刷厂的基础上，通过企业改制，成立为股份制印刷企业。成立股份制后，在1996年，生产印刷品6200令，销售收入61.70万元，比改制前一年（即1994年）增加2万元；完成工业总产值72.50万元；上缴税金2.70万元，比1994年减少6.70万元；利润亏损22.70万元，比1994年减亏3.10万元。因生产设备老化和落后，市场不畅，该厂逐步走下坡路，于1999年全面停产。

第五节　建材　木业

永福县为林业大县，木材资源丰富。同时境内石灰岩丰富，为发展建材、木业生产提供便利条件。

建　　材

1991年，全县有建材工业企业12家，完成工业总产值1311万元，实现产品销售收入825万元。县攀宝水泥厂全年利润亏损 8 万元,县砖厂利润亏损 12 万元。全年生产水泥 1.45 万吨、砖 2500 万块(其中机制砖 823 万块)、瓦 5800 万片、石灰 8300 吨。

20 世纪 90 年代,县内建材工业生产不景气,销售产品不畅。县内大部分建材工业实行承包或租赁经营,勉强维持运转。2000 年,县内主要建材工业企业 2 家,完成工业总产值 258 万元,实现产品销售收入 240 万元。攀宝水泥厂利润亏损 42 万元,利润亏损 36 万元。县砖厂全年利润 0.10 万元,上缴利税 1 万元。

2001 年,攀宝水泥厂停产关闭。县砖厂处于租赁经营状态。

2005 年,县砖厂完成工业总产值 250 万元,实现销售收入 241 万元,上缴税金 6.50 万元。是年,全县生产砖 4972 万块。

永福县顺安砖厂,原名永福县砖厂,属国有工业企业,地址在桃城乡石化洞,年生产能力为 800 万块砖坯。1988 年在苏桥原干校筹建第二期,占地 8.07 万平方米,年设计生产能力 1800 万块砖坯。1991—2003 年,该厂一直处于租赁经营,靠收取租金维持企业生存。按县人民政府对国企的改制要求,于 2004 年将砖厂总部部分土地约 1.20 万平方米及办公楼转让给桂林广东温氏家禽有限公司。县顺安砖厂从 1991 年租赁经营至 2005 年,完成工业总产值 3766 万元,实现销售收入 3657.10 万元,上缴税金 101.50 万元。

木 业

1991 年,全县有木材加工业企业 8 家,家具制造企业 1 家,共完成工业总产值 379 万元,实现产品销售收入 345 万元。全年生产锯材 2500 立方米、人造板 300 立方米、家具 1.30 万件。

20 世纪 90 年代初,县内木材加工生产不景气,产品销路不畅。90 年代末期,县内私营企业龙腾胶合板厂异军突起。2000 年,该厂完成工业总产值 522 万元,产品销售收入 501 万元,上缴利税 3 万元,利润总额 1 万元,当年该厂有员工 120 人。是年,全县木材加工业生产人造板 15291 立方米、胶合板 7470 立方米,产品销售旺盛。

2001 年,桂林天和木业有限公司进驻永福,从 2002 年起,规模生产中密纤维板产品。2005 年,桂林速丰木业有限公司又加盟永福,助推全县木材加工中密纤维板的发展。2005 年,全县木材加工产销两旺,生产人造板 439990.64 立方米、胶合板 16228.14 立方米。

桂林天和木业有限公司 成立于 2001 年,属私营企业,地址在永福镇南雄村,占地面积 1.74 万平方米,建筑面积 4756 平方米,总投资 1200 万元,主要生产产品是中密纤维板。2002 年,正式生产至 2005 年,总产值 1.05 亿元,实现销售收入 8800 万元,上缴税金 739 万元,实现利润 765.80 万元。2005 年,有员工 142 人。

桂林速丰木业有限公司 成立于 2005 年,属私营企业,地址在苏桥镇波村,企业占地面积 4.57 万平方米,其中生产区 4.36 万平方米;厂房建筑面积 1.14 万平方米。总投资 1800 万元,主要生产设备 6 套,价值 1599 万元,主要生产产品中密纤维板,年生产能力 8 万立方米。

桂林天和木业有限公司大门(摄于 2003 年 4 月 23 日)

县党史县志办 供图

2005 年企业总产值 4966 万元,实现销售收入 4800 万元,上缴税金 243 万元,利润 667.60 万元。2005 年,有员工 110 人。

第六节 食品 酿酒

永福县水质优良，土壤、水分富硒，是广西优质米生产基地县，为食品、酿酒工业发展提供有利条件。

食 品

1991年，全县有食品加工企业19家，完成工业总产值2407万元，实现产品销售收入2045万元。全年加工大米90900吨、面粉200吨；生产食用植物油800吨。

20世纪90年代，由于剧烈市场竞争，县内食品加工企业生产不太景气，产品销售不畅，大部分食品厂停产倒闭。进入21世纪后，县内一些新的食品加工企业崛起，并在市场上占有一席之地。2005年，县内规模食品加工企业4家，完成工业总产值3742.20万元，实现销售收入33973万元，上缴税金74.20万元，盈利37.10万元。

2005年10月，桂林典林食品有限公司生产产品
县党史县志办　供图

桂林永福福寿米业有限公司 属国有工业企业，成立于2000年10月，其前身是永福县大米厂。因县城规划改造，而重新成立的企业，占地面积6000平方米，其中生产区2000平方米，厂房建筑面积1000平方米。主要设备12台，价值68.60万元，总装机容量410兆伏安。2005年，有员工20人。主要生产大米，年生产能力2万吨。2005年，完成工业总产值749.10万元，实现销售收入664.80万元，上缴税金5.40万元，属亏损企业。

桂林永福绿禾米业有限公司 成立于2003年，属私营股份制企业，地址在县城白马工业集中区，占地面积1.20万平方米，厂房建筑面积3360平方米，总投资800万元。主要生产产品是优质精洁米。2005年，有员工30人。2004—2005年，完成工业总产值2884万元，实现销售收入2437.60万元，上缴税金68.70万元，利润13.30万元。

桂林荟力淀粉有限公司 成立于2004年9月，属私营企业，地址在广福乡六槽，企业占地面积1.50万平方米，其中产区1万平方米，厂房建筑面积5000平方米。总投资350万元，主要生产设备3台/套，价值8万元，总装机容量1000千安伏，年生产能力1.80万吨，主要生产产品是食用槽淀粉、预糊化淀粉。企业2005年有员工130人。是年生产产品2800吨，完成工业总产值1551.10万元，销售收入1514.50万元，上缴税金34.50万元，利润23.80万元。

酿 酒

1991年，全县有酿酒工业企业10家，完成工业总产值385万元，实现产品销售收入328万元。全年生产饮料酒2800吨（其中葡萄酒1100吨、白酒1700吨）、无酒精饮料204吨。

20世纪90年代，县内酒厂因市场疲软，产品销售不畅。1998年，县酒厂租赁给桂林永福山酒业有限公司，主产永福山牌葡萄酒，产品成为广西名牌产品，并迅速站稳广西市场。2000年，县内生产葡萄酒4720吨。2002年，永福县六福山葡萄酒业有限公司成立，主产山葡萄酒，助推了全县山葡萄酒生产发展。

2005 年,全县有酿酒工业规模企业 3 家,生产葡萄酒 2240 吨。

永福山葡萄酒业有限公司　原名永福县酒厂,成立于 1956 年,属老牌国有企业,全厂占地面积 3.72 万平方米,其中生产区 2.32 万平方米,厂房建筑面积 6530.60 平方米。1991 年,有员工 92 人,其中退休员工 43 名。该酒厂因市场疲软,产品销售一直不畅。为了寻找企业生机,该酒厂先后与桂恒公司、个体老板、县供电局和华信公司合股经营,都因债务等原因退出。1998 年,再次租赁给桂林永福山酒业有限公司。2001年 5 月,经县人民政府批准,该酒厂转让给桂林永福山酒业股份有限公司。从此,永福县国有酒厂退出历史舞台,企业全部员工用转让金安置。酒厂名称也更名为桂林永福山葡萄酒业股份有限公司,属私营企业,主要生产山葡萄酒。2001—2005 年,总产值 1.72 亿元,实现销售收入 1.08 亿元,上缴税金 1163 万元。

永福县六福山葡萄酒业有限公司　成立于 2002 年,属私营企业,是拍卖原县胶合板厂土地、厂房新建而成,总投资 200 万元,主要设备 26 台/套,价值 45 万元。2005 年,有员工 47 人,主要生产山葡萄酒。2003—2005 年,共生产山葡萄酒 1800 吨,企业总产值 1311.80 万元,销售收入 1200.60 万元,上缴税金 102 万元。

第七节　名优工业产品

永福县利用当地资源、交通、土地等优势,大力发展工业生产,并形成了一些名优工业产品。

重晶石矿

永福县是广西重晶石矿的生产和出口基地。

永福县的重晶石矿品质优良,重晶石矿点多面广,主要分布于永安、龙江、广福、堡里等乡镇的山区,矿点全部有道路通达,易采易运。重晶石矿资源丰富,仅永安乡的铜矿沟、银矿沟矿点的地质藏量达 185 万吨。

永福县对重晶石矿进行规模开采是从 1981 年开始,当时组建了永福县重晶石矿。1982 年后,由原来的单一开采、销售重晶石发展成为集开采、制造、加工、贸易、服务为一体的综合性集团化企业,开采能力和矿粉生产能力得到提升。1991 年,全县开采重晶石矿 35.76 万吨,生产重晶石矿粉 7.78 万吨。

20 世纪 90 年代,永福县重晶石矿生产经营正常,但由于矿源逐渐枯竭,重晶石开采量逐年减少。由 1998 年年产矿石 13.50 万吨减少至 2005 年年产矿石量 5.36 万吨。

永福县重晶石矿粉厂生产的"凤山"牌 200 目重晶石矿粉,在 1984 年获广西壮族自治区经委授予的"广西名牌产品优质奖"和 1989 年获"广西壮族自治区优质产品奖"。20 世纪 90 年代,该企业生产的重晶石矿粉出口量居广西第二位。因产品含硫酸钡高,高比重和高白度而成为广西质量最好,闻名全国享誉世界的优良产品。永福县重晶石矿和重晶石矿粉厂也成为中国"质量、服务、信誉"AAA 级企业,成为中国"讲诚信、守合同、重质量"企业,也成为永福矿产的龙头企业。重晶石矿及加工产品也成为永福县出口的特色产品。1982 年开始出口,出口量为 5461 吨,1988 年上升到 10855 吨,2000 年为 15200 吨,2005 年达 25400 吨。

随着科学技术的发展,永福县重晶石矿的开采和加工技术得到了进一步提高。21 世纪初,永福县常年提供高质量的化工级、钻井级重晶石矿和高等级标准的重晶石矿粉,其中化工级重晶石矿年产量 5 万吨、钻井级重晶石矿年产量 1 万吨、重晶石矿粉年生产能力达 1 万吨以上。永福县的重晶石矿及加工的矿粉主要出口销售美国、日本、德国、英国等经济发达国家。

生物复合肥

桂林桂珠生物科技有限公司位于苏桥福龙工业园东南部。是一家集科研、生产、销售于一体的生物

肥料企业，总投资 2500 万元，于 2004 年 12 月建成投产，设计年产 10 万吨，年产值达 4000 万元。该公司致力于科技和环保，着力抓好生物肥料的研制和开发，为发展无公害农业提供物质保障，企业已经通过 ISO 9001-2000 国际质量管理体系认证，产品有 4 大系列，40 多个品种。

"桂珠"牌有机—无机复混肥，是该公司的主导产品，除含有农作物必需的大量营养元素外，还含有大量的有机质和多种氨基酸成分，对增强农作物的抗病性、抗逆性，提高农作物的品质和产量，减少环境污染，保护土壤良好结构有显著作用，是发展无公害农业生产的优良肥料。

"桂珠"牌的生物菌肥，主要含放线菌、酵母菌、芽孢杆菌等多种复合微生物菌种，在土壤中氮素的作用下，大量繁殖，产生了大量的抗生素，大大地增加了植物对病害的抵抗力和免疫力，促进植物根系发达，快速生长，提早上市，还具有直接杀死或抑制了病原菌的生长，把土壤中通常条件下植物较难吸收的各种有机物或无机矿物质分解为植物可利用的物资等多种功能，给植物正常生长创造了良好的生态环境。施用生物菌肥，投入少，产出大，值得推广。

长效型有机—无机生态复混肥是公司采用独特的科学配方生产，它不仅含有丰富的氮、磷、钾大量营养元素，丰富的有机质，同时还配入了多种微生物菌种，能全方位提供农作物整个生长期的营养，促进作物生长、发育，帮助作物对营养元素的吸收，提高叶绿素含量，增强作物光合作用，从而达到农作物稳产、高产、高效益、高品质的目的。该产品实用性广、使用方便、肥料利用率高，实属低收入、高产出的不可多得的经济环保型好肥料。

"桂珠"牌高奇多营养液是该公司推出的新产品，该产品以纯天然腐殖酸中的黑腐酸、胡敏酸、黄腐酸为基础，配合螯合蛋白质、氨基酸、中微量元素、稀土元素等多种作物营养液精华素精制而成，具有营养全面、吸收快、见效快、肥效快、抗病毒基因、优质高产等神奇的特点。它综合了腐殖酸的奇效、蛋白质、氨基酸的多效、中微量元素的增效、稀土元素的神效而成为新一代集改土功能、营养功能、刺激功能和增产功能为一体的多功能绿色高营养型叶面肥。

2005 年，永福县已有 6 个品种 2 万公顷的农作物获农业部无公害农产品产品认证。这些农作物生产中有机生物肥料施用空间广阔。

白 厂 丝

白厂丝又名生丝，是桑蚕茧经缫丝后所得的产品，俗称真丝，机缫的又叫厂丝，手工缫的叫土丝，生丝脱胶后称熟丝。1991 年，永福县有桑园面积 1200 公顷，发种量 1.70 万张，主要分布在广福乡、罗锦乡、堡里乡、三皇乡等乡镇。永福县桑蚕业的发展为白厂丝的生产加工提供了广阔的发展空间，永福生产的蚕茧具有解舒好、丝长长、出丝率高等性状，另外茧色洁白、光泽正常、茧形匀整，尤其是解舒率达 73% 左右，一茧丝长 1080 米，位于广西榜首。2005 年，全县桑园面积达 1067 公顷，发种量 8500 张，鲜茧产量达 546 吨。

高质量的蚕茧和低廉的生产成本，吸引了外地客商到永福投资建厂。2000 年，永福县引进了桂林睿丰制丝有限公司，这是一家经过国家严格的质量检验，其产品达到国家 4A 级标准的生丝制造厂。该公司生产的白厂丝以科学的生产方法，现代化的生产设备，通过选茧、洗茧、煮茧消毒等多道严格工序加工而成，加工成的生丝供给高档服装或布匹制造公司。2005 年，该厂年生产白厂丝 500 多吨，产品供不应求，是出口免检产品，主要以出口为主，产品销往东南亚国家和中国港澳台等地区。

睿丰制丝有限公司还利用该公司生产的生丝为原料，生产高级保暖被，经传统的手工艺精制而成。

山葡萄酒

永福县最先研制开发山葡萄酒的是永福县酒厂。永福县酒厂始建于 1956 年，最初主要生产米酒。

1979 年开始以生产葡萄酒为主,当年生产的葡萄酒被评为广西优质酒。1980 年将原永福县酒厂更名为永福县葡萄酒厂。次年生产山葡萄酒 614.70 吨,产品供不应求。因生产能力不足,20 世纪 80 年代,每年生产山葡萄酒 700 吨左右。1983 年"凤山"牌精制山葡萄酒获广西壮族自治区经委授予名牌产品称号。1985 年产山葡萄酒 725 吨,当年生产的灵芝葡萄酒获得广西壮族自治区轻工业厅新产品奖。

为适应市场,永福县对县内山葡萄酒厂进行改制。2001 年成立永福山葡萄酿酒有限公司,同时还新组建了永福六福山葡萄酒业有限公司和漓江红葡萄酒业有限公司,永福的山葡萄酒生产逐步进入了高峰。2000 年全县山葡萄酒产量达 4720 吨,2001 年上升到 7159 吨,2002 年总产高达 12599 吨,是历史上产销量最大的一年。

永福山葡萄酒,以它质量上乘、甜酸适度、口感好、价位低等优势,不仅占领了广西、广东、云南等市场,而且还走进了北京人民大会堂的国宴,销往东南亚国家及中国香港地区。永福山干红葡萄酒、野生六福山葡萄酒、六福山干红葡萄酒、金标野生王、添香柔红等品牌产品十分畅销,成为广西知名品牌。后因市场下滑,总产渐减,2003 年总产 5583 吨,2004 年总产下降 2625 吨,2005 年为 2240 吨。

山绿茶降压片

桂林中族中药股份有限公司利用永福县丰富的山绿茶资源,充分发挥技术优势,于 1992 年与广西中医药研究所联合研制成功山绿茶降压片。山绿茶降压片分为糖衣片(国药准字 Z45020096)和薄膜衣片(国药准字 Z45021389),去膜或糖衣后,显深褐色,味苦。先后经上海高血压研究所、中国医科大学等国家著名研究机构研究证明,具有清热解毒、平肝潜阳等功效,其降血压、降血脂疗效显著,无副作用。中族山绿茶降压片已进入国家基本药物目录,国家重要保护品种,国家基本医疗保险和工伤保险药品,"中族"牌山绿茶降压片于 1998 年获广西优质产品。

进入 21 世纪以后,该公司山绿茶降压片年销售金额 200 万元左右,产品远销上海、北京、江苏、广东等区域,显现出巨大的活力,成为降压药物领域中独树一帜的中药。

第三章 桂林苏桥新区

桂林苏桥新区位于桂林市西南面,东接罗锦镇,西连苏桥镇石门村和大埠村,南毗永福镇,北连临桂县两江镇,南距永福县城 10 千米,北距桂林市区 26 千米,西距两江国际机场 8.50 千米,桂海高速公路、湘桂铁路和 106 省道贯穿苏桥新区南北。桂林苏桥新区工业是"泛珠三角经济圈"产业转移基地、国内外知名企业投资发展基地、桂林市"退三进二"(第二产业从市区退出发展第三产业)工业战略调整基地以及保护漓江、开拓城区向西发展延伸基地。至 2005 年,桂林苏桥新区共引进工业企业 26 家,其中投资 1000 万~5000 万元的工业企业 8 家,投资 5000 万元以上的工业企业 10 家。至 2005 年已投产的工业企业 14 家,完成产值 7.47 亿元,占全县工业企业产值的 57%;实现财税收入 6113 万元,占全县财税收入的 35.33%。

第一节 机 构

1991 年,桂林苏桥新区为桂林地区苏桥工业区。1996 年 11 月,苏桥工业区更名为桂林苏桥新区。

1999 年 1 月,成立桂林苏桥新区管理委员会。2001 年 3 月起,桂林苏桥新区管委会主任由中共永福县委书记莫桦兼任。管委会下设办公室、招商一部、招商二部、招商三部、土地城建规划部和保卫协调服务部。2003 年 3 月,桂林苏桥新区管委会设为副处级单位。管委会主任由县人大常委会主任于顺弟兼任,副主任由县政协副主席梁家世(专职)、县政法委员会书记蒋汉学、分管工业副县长唐火祯兼任。管委会下设办公室、招商部、土地城建规划部、生产技术协调服务部。编制 16 人,其中行政编制 4 人、全额财政拨款事业编制 12 人。各室部各设正副领导 1 人,其中正职领导享受正科级待遇,副职领导享受副科级待遇。至 2005 年不变,管委会办公地址在苏桥镇土榕大道与桂柳高速公路苏桥收费站出口交汇处。

第二节　开发与投资环境

桂林苏桥新区脱离漓江水系,而属于柳江水系,符合桂林市既要发展工业,又要保护漓江的发展战略,具有很好的开发与投资环境。

区位优势

桂林苏桥新区位于广西一级城市发展轴——湘桂走廊上,位于国际旅游名城桂林市和广西交通枢纽、工业重镇柳州市之间。它北距桂林市区 26 千米,临桂新区 10 千米,南距柳州市 118 千米,西到国际航空港两江国际机场仅 8.50 千米。广西桂北经济区将旅游和农林列为主导产业后,桂林市区工业企业须陆续迁往属于柳江水系的苏桥新区。

交通、通信、能源优势

苏桥新区交通便利。桂海高速公路、湘桂铁路和 106 省道贯穿新区南北。2002 年,铁路部门已将位于苏桥新区大溪河火车站的二股车道扩建为七股半车道,年物流吞吐量 350 万吨。2003 年 12 月,桂海高速公路苏桥互通立交工程竣工使用。沿着往南延伸的桂海高速公路和湘桂铁路,可直达海港城市北海、防城港、钦州和广东省湛江市。这里是中国大西南的出海通道,公路四通八达。2001 年,宽 60 米、长 3.77 千米的东西大道建成。2005 年,福龙工业园"两纵三横"总长 497 千米的园区路网基本建成。是年,苏桥工业园南北大道(总投资 1 亿元)开工建设。

通信已实现数字程控化。中国电信已开通光纤通信。2005 年,苏桥新区固定电话装机容量达 3000 门。中国联通和中国移动通信分别开通了无线寻呼、宽带上网、数据传真、数字移动电话和 IP 电话业务。新区具备了良好的对外联络条件。

新区能源充足。2000 年,苏桥新区装机容量为 2×13.50 万兆瓦时的桂林火电厂两台机组已并网发电。2004 年,再建装机容量为 2×30 万兆瓦时的二期工程。建有 35 千伏、110 千伏变电站各 1 座,并将再建 2 座 110 千伏的变电站。新区电能充足,安全可靠。苏桥新区所在地永

2005 年苏桥新区福龙工业园　　　唐庆甫　摄

福县境内河流密布,水电资源丰富,是发展高能耗工业和水电开发的最佳地区。

土地资源优势

苏桥新区坐落在宽阔低缓的丘陵台地与河谷冲积平原上,地质稳定,构造单一,无断层地带,地震烈度小于6度。基岩以页岩、粉砂岩、夹页岩为主,地基承载力大,地下水位低。新区地势平坦,最低海拔与最高海拔一般为155米~165米,相对高差10米左右。地面土层松散,容易平整,基础工程土石方量小。新区内耕地、林地和村镇面积合计仅占总面积的30.90%,丘陵荒地面积占62.80%,水面占6.30%。新区内村庄少,人口密度低,面积45平方千米的区域仅有1.20万人。新区开发占用耕地少,人口安置拆迁量小。

水资源优势

1991—2005年,苏桥新区年均降雨量为1800毫米,区内的大溪河年均流量42.45立方米/秒、最枯水流量2.80立方米/秒;相思江年均流量24.53立方米/秒;最枯水流量1.64立方米/秒。2005年,新区内有小(2)、小(3)型水库12座,年可供水量1968万立方米。有丰富的地下水资源可供利用。距苏桥新区西面6千米的洛清江干流西河,年均流量47.80立方米/秒,最枯水流量为3.20立方米/秒,是新区重要的补充水源。

第三节 决策与开发规划

桂林苏桥新区的前身,苏桥工业区起源于20世纪70年代中叶,属桂林地区工业基地。1991年,苏桥工业区隶属桂林地区。1994年,聘请桂林市规划设计院编制的《桂林苏桥工业城总体规划》,划定苏桥乡境内68平方千米的开发规划范围。1996年,经批准的桂林苏桥新区总体规划面积68平方千米,规划人口45万人,首期规划面积28平方千米;规划人口近期4.50万人,远期22万人。

1996年11月,自治区人民政府作出开发建设苏桥工业园区的战略决策,并将苏桥工业园更名为"桂林苏桥新区",确定为省级经济技术开发区,列入自治区"九五"计划重点建设项目,并成立以自治区主席为组长的桂林苏桥新区开发建设领导小组。1998年,桂林地市合并后,桂林市决定把桂林苏桥新区建设成为桂林市能源、原材料、机械和轻化工业的新型工业重镇。2001年2月,桂林市将苏桥新区开发建设列入桂林市"十五"计划重点项目。5月,中共桂林市委、市人民政府明确要求加快开发苏桥工业园,按照"谁投资、谁受益"的原则,运用市场机制,加大招商引资力度,加快基础设施建设,尽快把苏桥工业区建设成为规划科学、设施完善、功能齐备的新型工业发展基地,重点发展能源、机械、轻工、化工、原材料以及农副产品、矿产品的深加工工业。并决定将桂林苏桥新区列入市级仅有的两个开发区(即桂林高新技术开发区和桂林苏桥工业区)之一。同年,自治区党委、自治区人民政府将苏桥新区列入桂海高速公路通道工业带建设重点。

2005年6月12日自治区主席陆兵(前排中)与苏桥工业园区工作人员合影　　杨志德　摄

2002 年，中共桂林市委、市人民政府作出对苏桥新区实行市、县联合开发的决定，在首期规划开发的28 平方千米中，由桂林市负责开发的面积 16.72 平方千米，由永福县负责开发 11.28 平方千米。2003 年2 月，桂林国家高新区苏桥园指挥部成立。4 月，桂林市政府批复建立桂林国家高新区苏桥园，总体规划面积 7 平方千米，首期 2.20 平方千米。6 月 8 日，《桂林苏桥新区总体规划》顺利通过专家组的评审。6月 18 日，桂林国家高新区苏桥工业园建设正式启动。同年 7 月，桂林苏桥园建设开发有限责任公司成立，负责苏桥园开发建设。

2004 年 11 月，永福县开发建设永福福龙工业园，首期规划面积 4.20 平方千米。同月组建永福县经济建设投资有限公司，负责福龙园开发建设。"两园"以桂柳高速公路为界，以西为苏桥工业园开发建设，以东为福龙工业园开发建设。从而使桂林苏桥新区实现"一区两园"的开发格局。

第四节　基础设施建设

桂林苏桥新区脱离漓江水系，有很好的交通、土地、水、矿产、农业、林业、旅游等资源条件。自 1996 年10 月开发建设以来，通过财政支持、银行贷款、招商引资及土地开发等形式，对新区投入 20 多亿元建设资金。特别是在 2003 年、2004 年分别启动建设桂林国家高新区苏桥园和永福福龙工业园后，新区基础设施日臻完善，"两园"路网不断扩张，供水、供电不断完善。

道路建设

1991—1998 年，桂林苏桥新区（含苏桥工业区）内的道路交通较为滞后。仅有永两路苏桥干校至苏桥街上干线及至苏桥中学、桂林地区化肥厂、苏桥火电厂等少数厂校道路通行。1999 年，桂林苏桥新区启动大规模的园区道路建设。

东西大道　1999 年 12 月，桂林苏桥新区管委会正式启动建设贯穿新区的"东西大道"，总投资 800 万元，总长 3.77 千米。2001 年完成简易路面道路工程。2005 年，苏桥工业园以金木水火土"五行"命名园区道路。"东西大道"更名为"土榕大道"。并于当年投资 1.10 亿元对土榕大道拓宽改造，铺设沥青路面，宽 60 米。

大溪河火车站扩建　2002 年，位于苏桥新区范围内的大溪河火车站将二股道扩建为七股半道，年货物吞吐量达 350 万吨，增强了车站铁路运输物流承运能力。

苏桥新区道路设施步伐加快　　　　　　　　　　　　　　　　唐庆甫　摄于 2005 年

苏桥互通立交工程 2002年,总投资2400万元的桂柳高速公路苏桥互通式立交桥开工。2003年12月竣工使用,标志着苏桥新区真正纳入桂柳高速路经济走廊的范围。

园区路网工程 2003年,苏桥工业园一期A区规划面积2.15平方千米的路网桥涵工程开工建设,总投资1亿多元,园区道路宽40米、总长7.30千米。2005年该路面全面建成。

2005年,苏桥工业园一期B区总投资1亿元,园区道路宽50米、总长3493米的南北大道开工建设,该大道包括木兰大街1713米、水荆中路702米、UY线道路1078米。

2005年,福龙工业园一期规划面积4.20平方千米范围内的"两纵三横"的园区路网道路正式启动,总投资4500万元,道路总长4.97千米。当年路基基本形成。

供水、供电设施建设

供水设施 1991—2000年,桂林苏桥新区(含苏桥工业区)使用苏桥乡街上水厂供水或单位内部抽水供水。2001年,总投资1000多万元的苏桥新区水厂建设工程正式启动。至2003年竣工使用。该新区水厂共投入资金1200万元,日供水量为6500吨,可提供新区工业用水和居民生活用水。

供电设施 1991—1998年,桂林苏桥新区(含苏桥工业区)使用永福电网苏桥辖区供电。1999年,投资300多万元的110千瓦石门变电站建成并投入营运。2000年8月,新区火电厂——国电永福发电有限公司一期总投资13亿元、装机容量2×13.50万兆瓦时2台发电机组并网发电。2004年,国电永福发电有限公司二期总投资26亿元、装机容量2×30万兆瓦时发电机组开工建设。2005年福龙工业园完成从苏桥石门至苏桥新区总长5.14千米的专用供电线路改造,保证新区用电的安全稳定性。

标准厂房建设

2004年,苏桥工业园投资6000万元,启动标准厂房一期建设,建筑面积6.80万平方米。至2005年年底,2号楼2栋总建筑面积2.60万平方米标准厂房投入使用。

其他配套服务设施

职工住宿设施 2004年,投资450万元改建的6栋职工住宿楼交付使用,建筑面积9000平方米。2005年年底,为园区企业职工提供集中安置的2栋职工公寓大楼封顶,总建筑面积1.47万平方米,可安排3000名职工住宿。

通讯服务设施 苏桥新区通信服务设施逐步完善。2000—2005年,苏桥新区固定电话装机容量达3000门,有线电视、宽带上网、移动、联通、网通、数据传真均已开通。2005年年底,苏桥新区服务机构有银行、税务部门、工商行政管理部门、学校、就业培训基地、医院、商场、宾馆、饭店、加油站、农贸市场等配套设施。

第五节 服务管理

1991—1998年,桂林苏桥新区(含苏桥工业区)入驻工业企业不多。

1999—2005年,桂林苏桥新区不断强化为企业服务意识,努力改善服务软环境,逐步形成"政策、项目建设、亲情化"三大服务体系。

政策服务

1999 年,制定《桂林苏桥新区投资优惠政策》,对投资商在地价、土地出让金、税收等各方面提供优惠政策,承诺在新区内实施立项、审批、核发证照等"一条龙"服务;实施"一门式"审批程序,只要是属县级职权范围内可办的各种审批手续,承诺 5 个工作日内办结。2001 年制定《关于优化工业发展环境的暂行规定》,组建县工业企业发展办公室,对园区企业实行一条龙综合服务,并对重点工业企业实行定点定时、一个窗口收费;实行对重点工业企业进行评比、检查、罚款的准入制度,未经县工业办批准,任何部门和个人均不得以任何理由对重点企业开展各种检查、评比、罚款等活动。2005 年制定《关于给予县重点企业发放特别优待证的规定》,对符合条件的园区重点企业,发放特别优待证,并向企业提供 9 条优惠政策,对持有特别优待证的业主出现轻微违规行为的,应以教育为主,确需处理的要报有关县领导同意方可进行。

项目建设服务

1998 年,引进国电永福发电有限公司一期建设项目时,从县直部门及苏桥镇抽调精兵强将组成项目征地组负责征地工作。2003 年,新区又成立专门的征地工作组,全权负责苏桥园、福龙园区工业项目用地征用工作。同时成立项目建设协调服务组,推进项目建设。每引进一个投资超 1000 万元的工业项目,都成立专门的协调服务组,实行"一个项目、一名领导、一套班子、一抓到底"的协调工作机制,直到项目竣工投产。1999 年,成立苏桥新区管委会和 2003 年把管委会明确为常设机构,都在管委会内设"协调服务机构",负责项目建设协调服务。2003 年,随着入园工业项目增多,新区管委会还成立了企业服务中心,专门为客商业主提供项目审批、工商注册、银行开户等一条龙服务。

亲情化服务

2003 年,桂林苏桥新区在优惠政策兑现上,推行诚信服务,主动把优惠政策送到客商手中,并主动上门兑现优惠政策;在项目协调服务上体现管理人性化。每个工业项目联系人每天到联系企业开展服务,对存在的问题现场办公解决。在证照手续办理上体现过程亲情化。全程代办各种证照手续,且实行"零收费管理"。2005 年,桂林苏桥新区改变机关作风,推行首问负责制、跟踪服务制、限时办结制和责任追究制,为客商提供"保姆式"服务。

第八篇

商贸　旅游

永福县龙江乡社边农家乐　　　唐庆甫　摄于 2005 年

第一章　商业　服务

20 世纪 90 年代末至 21 世纪初,是永福县商业、服务业发生深刻变化的重要时期。通过不断深化改革改制,商业服务企业以国有、集体经营为主逐步转变为私营和个体商业经营为主,国家减轻了负债,商业注入了活力,市场丰富多彩,商品供应充足,社会消费品零售总额快速增长。

1991 年,全县社会商品零售总额 14363 万元。其中,国有商业社会商品购进总额 2210 万元,商品零售总额 2658 万元;集体商业社会商品购进总额 7675 万元,商品零售总额 8145 万元;个体商业社会商品购进总额 3163 万元,商品零售总额 3560 万元。

1995 年,全县社会消费品零售总额 23814 万元。其中,国有商业完成 4983 万、集体商业完成 4910 万元、私营商业完成 280 万元、个体经济完成 10416 万元、联营商业完成 266 万元、其他商业完成 2959 万元。

2000 年,全县社会消费品零售总额 36960 万元。其中,国有商业完成 5688 万元、集体商业完成 3704 万元、私营商业完成 1013 万元、个体商业完成 20472 万元、联营商业完成 901 万元、其他商业完成 5182 万元。

2005 年,全县社会消费品零售总额 58517 万元。其中,国有商业完成 7666 万元、集体商业完成 2380 万元、个体私营商业完成 39667 万元、其他商业完成 8804 万元。

永福县商贸企业体制改革起步于 1992 年,先后经历"四放开"(即经营、价格、分配、用工放开),承包或租赁经营、股份合作制、兼并划转、出售产权、破产等多种形式进行。随着国有、集体商贸企业改革的深化,个体私营企业不断发展壮大,形成多种体制、多轮驱动、优势互补的商业贸易局面。

第一节　机　构

永福县商业总公司

1956 年 2 月,成立永福县商业局,为国内贸易管理机构。1991 年,县商业局为县人民政府职能部门,正科级行政机构。局内设秘书股、业务股、财会股,职工 15 人。局办公地址在县城建新街 247 号。1992 年 5 月,成立永福县商业总公司,与县商业局实行一套人员、两块牌子体制。机关人员 12 人,下辖县百货公司、县五金公司、县糖业烟酒公司、县食品公司、县饮食服务公司,有干部职工 550 人。

1996 年 7 月,机构改革,撤销县商业局,县商业总公司转为单纯的经济实体,归县人民政府领导。办公地点搬迁至县城西滨路 49 号西江工贸市场楼上。

1998 年 9 月,县商业总公司增挂"永福县商业局"牌子。与县商业总公司实行一套人员、两块牌子体制。挂牌后,商业总公司其机构性质不变。1999 年,县人民政府确认县商业总公司(永福县商业局)为国有商业企业,同时为永福县商品流通主管部门,具有商品流通行政管理职能,对牲畜定点屠宰、酒类、杂货、盐业等行业进行监督管理。

2005 年,县商业总公司(局)内设政秘股、业务股、财务股,机关工作人员 11 名。直接管理县百货公司、县五金交电化工公司、县糖酒公司、县食品公司、百寿商业公司等 5 个专业公司和县糖果食品厂改制后的善后事宜和全县酒类流通和牲畜屠宰行业的行政执法监督管理,共有职工 452 人。总公司(局)办公地址不变。

1991—2005 年,历任县商业总公司(局)总经理(局长)有:王焕忠(1990 年 10 月—1992 年 6 月)、章国华(1992 年 6 月—1996 年 7 月)、曾志刚(1996 年 7 月—2001 年 7 月)、秦陶(2001 年 7 月—2005 年 12 月)。

永福县物资供应总公司

1960 年 5 月,成立永福县物资供应局,行使全县重要物资统管、统配职能。1991 年,县物资局辖县煤炭公司、金属化工公司、机电设备公司和百寿物资供应站。1996 年 7 月,机构改革,撤销县物资局,其部分行政职能转入县经贸局;设立县物资总公司,为单纯的经济实体,自主经营;同时保留行使炸药、雷管、导火索等民爆物资管理职能。2000 年县物资总公司下辖公司不再经营业务。只保留县民用爆破物品专营公司。2005 年,县物资总公司,下辖公司已全部改制,县物资总公司只留管理人员 2 人;下辖县民用爆炸物品专卖中心,有员工 8 人。县物资总公司及民用爆炸物品专卖中心办公地址在县城凤翔路龙泉东街 1 号。

1991—2000 年,历任县物资总公司(局)总经理(局长)有:赵文明(1990 年 10 月—1994 年 1 月)、侯家若(1994 年 1 月—1995 年 4 月)、梁斌(1995 年 4 月—2000 年 12 月)。

永福县对外经济贸易总公司

1978 年 9 月,成立永福县对外经济贸易局,负责全县进出口贸易。1988 年 6 月,改称县对外经济贸易委员会,同时挂"对外经济贸易公司"牌子,实行一套人员、两块牌子体制。1991 年,县外经贸委为正科级行政机构,内设人事秘书股、计划财务股、五金矿产股、医药保健股 4 个股室,有干部职工 33 人。外经贸委办公地址在县城东江街四鸡岭 171 号。1993 年,县外经贸委因业务扩大,将内设机构改设为人事秘书科、财务科、矿产轻化部、医保土畜产部、进出口部 5 个科(部),并创办永福县天然保健食品饮料厂,生产汉果冲剂等保健药品。1996 年 7 月,机构改革,撤销县外经贸委,其部分行政职能转入县经贸局;设立县对外经济贸易总公司,为单纯的经济实体,自主经营。是年年底,县外贸总公司撤销内设机构进出口部。2003 年,县外贸总公司撤销内设机构矿产轻化部,人员合并至医药保健部。2005 年,县外贸总公司内设办公室、财务股、医药保健部 3 个股(室),下辖永福县天然保健食品饮料厂,共有在职干部职工 19 人,离退休人员 16 人。

1991—2005 年,历任县对外经济贸易总公司(含外经委)总经理(主任)有:陈孔森(1988 年 6 月—1994 年 1 月)、周桥送(1994 年 1 月—1999 年 4 月)、廖永青(1999 年 4 月—2005 年 12 月)。

桂林市烟草公司永福营销部

1985 年 4 月,成立永福县烟草专卖局。同时挂永福县烟草支公司牌子,实行一套人员、两块牌子体制,归县人民政府管理。办公地址在县城东江街四鸡岭 174 号。12 月,县烟草局(含烟草公司)划归桂林烟草经济区,除党务仍由中共永福县委管理外,人、财、物、产供销、内外贸统一由桂林烟草专卖局(公司)管理。1991 年,县烟草局(公司)为正科级行政经营机构,负责全县烟草管理和经营,有正式员工 15 人。2003 年 4 月,永福烟草支公司更名为桂林市烟草公司永福分公司。7 月,取消单位法人资格,公司更名为桂林市烟草公司永福营销部。2004 年,进行机构改革,桂林市烟草公司永福营销部(永福县烟草专卖局)设综合办公室(内设安全、督查、财务专职人员)、专卖办公室、营销股。2005 年,内设股室不变,有员工 42 人,其中正式员工 16 人。营销部办公地址不变,门牌号改为凤城路四岭街 2 号。

1991—2005 年,历任县烟草专卖局(烟草支公司)局长(总经理)有:苏明峰(1990 年 10 月—1998 年 1月)、朱名晋(1998 年 1 月—2003 年 3 月)、何穗宁(2003 年 4 月—2005 年 12 月)。

中石化永福石油分公司

1978 年 3 月,成立永福县石油公司,经营石油产品零售业务,隶属县商业局,有员工 10 人。1991 年,公司有员工 24 人,办公室地址在县城东江街 275 号。1999 年 7 月,县石油公司上划给中国石油化工股份有限公司广西桂林石油分公司,更名为中石化永福石油分公司。2002 年,中石化桂林石油分公司实行"市县一体化"会计核算体制改革,将分公司与各县公司两级核算归并为一级核算,取消了县级公司法人资格,执行报账制,会计凭证、账簿、报表,全部上交桂林石油分公司统一管理。2005 年,管理体制不变。是年,中石化永福石油分公司有员工 40 人。分公司办公地址不变,门牌号改为县城连江路 47 号。

永福县供销合作联社

1955 年 3 月,成立永福县供销合作社,为全县供销系统联合组织,对所辖基层供销社和直属公司进行指导、协调、服务和监督,归县人民政府领导。

1991 年,县供销联社为自收自支的正科级事业单位,内设秘书股、办公室、业务股、生产股、经营管理股、财会股、审计股等 7 个股室。机关工作人员 29 人,离退休人员 19 人。下辖县土产公司、日杂公司、果品公司、农业生产资料公司、贸易公司、蚕丝公司和蜜饯厂等 7 个直属公司(厂)和 9 个乡镇基层供销社。全县供销社系统在职职工 840 人,离退休人员 212 人,共计 1052 人。县供销社办公地址在县城建新街 245 号。

1996 年 7 月,机构改革,县供销社改为经济实体,赋予行业管理职能。

2002 年 12 月,县人民政府确认永福县供销联社为财政差额供给的事业单位,其经费来源由县财政差额定补,不足部分由供销合作社按原资金渠道解决。同时核定县供销联社事业人员编制 8 名。

从 2003 年起,全县供销系统开始进行体制改革改制。至 2005 年已有大部分职工(含干部)置换了身份。

2005 年,县供销联社机关在职工作人员 13 人,离退休人员 22 人。内设机构为办公室、秘书股、人事劳动社会保障股、经济发展股、社有资产管理股、财会审计股 6 个股室。下辖全县 9 个乡镇基层供销社(即永福镇、罗锦镇、苏桥镇、广福乡、堡里乡、百寿镇、三皇乡、永安乡、龙江乡供销社)和 6 个直属公司(即县土产、日杂、农资、果品公司、安泰烟花爆竹有限公司、万通农资配送有限公司)。全县供销系统有在职职工 186 人,离退休人员 397 人。县供销联社办公地址不变,门牌号改为县城凤城路 51 号。

1991—2005 年,历任县供销联社主任有:韦珏(于 1989 年 10 月—1998 年 9 月)、蒋玉林(1998 年 9 月—2001 年 4 月)、吴甲兵(2001 年 4 月—2005 年 12 月)。

乡镇基层供销社

1952 年 12 月,永福县建立第一批乡镇供销合作社 6 个,分别是罗锦、堡里、鸡石(今广福)、苏桥、广福乡、百寿供销合作社,有社员 1.01 万人,股金 1.32 亿元(第一套人民币)。1954 年,发展到 9 个乡镇供销合作社,分别是城关、罗锦、堡里、苏桥、广福、寿城、三皇、和平、保安等,有社员 4.49 万人,股金 9.32 亿元。1955 年相继建立供销分店 17 个,零售网点 87 个。至此,全县供销合作社的体系基本形成。1991 年,乡镇基层供销社是由群众集资、国家扶助、民主管理、灵活经营的集体商业。2003—2005 年,各乡镇基层供销社进行体制改革改制,对大部分职工进行了身份置换,实现了减员增效。2005 年县供销社直接管辖 9 个乡镇基层供销社,即永福镇、罗锦镇、苏桥镇、广福乡、堡里乡、百寿镇、三皇乡、永安乡、龙江乡供销社。

第二节 国有商业经营及改革

1991 年,县商业局所属公司、县粮食局所属企业、县物资局下属公司等企业是全县国有商业商品流通的主渠道。1992 年,国有商业开始进行体制改革。实行"四放开"(经营、价格、分配、用工放开),而后又实行承包或租赁经营。1998—1999 年,分别实行股份制改革,改为民营或私营企业。至 2005 年,原县商业局所属的国有商业企业基本完成了体制改革,成为民营或私营企业。物资供应、对外贸易、烟草专卖、石油供应等国有商业企业也相应完成了体制改革。

国有(营)商业经营

1991 年,县商业局所辖国营(全民所有制)商业完成商业零售额 2291 万元,占全县商业零售总额的 21.74%;国营饮食业完成商业零售额 50 万元,占全县饮食业零售总额的 6.90%;是年,全县国营商业机构 78 家,职工 758 人。是年,全县国营商业完成商品购进总额 2210 万元,占全县商品购进总额的 15.07%;完成商品销售总额 2658 万元,占全县商品销售总额的 13.20%;年末,商品库存 706 万元,占全县商品库存的 17.62%。

20 世纪 90 年代,随着国家计划经济向市场经济转轨的不断推进,永福县各种私营商店、铺面如雨后春笋迅速发展,使原计划经济条件下的国营商业经营受到了严重冲击。1995 年,全县国有商业完成社会消费品零售总额 4983 万元。县商业局所辖国有商业各公司完成商品购进总额 2965 万元,占全县商品购进总额的 19.67%;完成商品销售总额 3598 万元,占全县商品销售总额的 21.22%;年末商品库存 391 万元,占全县库存的 14.70%。

2000 年,全县国有商业完成社会消费品零售总额 5688 万元,占全县社会消费品零售总额的 15.34%。2005 年,全县国有商业完成社会消费品零售总额 7666 万元,占全县社会消费品零售总额的 13.10%。

县商业局及所属国有(营)商业产权改革

20 世纪 90 年代,永福县商业系统所属各个国有(营)公司,由于成本高、效益低、负债沉重,陷入了难以维持的困境。为了使国家减轻负担,给商业注入活力,永福县商业系统开始了经营及产权改革改制工作。

县商业总公司体制改革 1992 年 5 月,永福县商业系统开始流通体制改革,组建县商业总公司,与县商业局实行一套人员、两块牌子体制,继续履行两种职能,即统筹、监督、服务、管理的行政职能和直接组织国营商业经营活动的企业职能。县商业总公司设职能和经营两大部门,职能部门设政秘科、经营管理科、财务科;经营部门设百货公司、五金交电化工公司、糖酒副食品公司、食品公司、糖果食品厂和百寿商业公司(将原来百货、糖业等公司在百寿镇的批发站合并而成)。总公司对所属公司(厂)的人、财、物、产、供、销实行统一管理。对下属公司(厂)的人事管理实行领导干部聘任制和全员劳动合同制;财务管理实行三级核算制,总公司为一级核算单位,各专业公司(厂)为二级核算单位,所有门店、批发部为三级核算单位;经营管理实行全员风险抵押和税利承包责任制,把任务用承包形式落实到最小核算单位;开展"三项制度"即分配制度、人事制度、用工制度改革,扩大各企业自主权;推行"四放开"即经营放开、价格放开、用工放开、分配放开政策。

1994—1995 年,县商业总公司所辖各商业公司相继实行承包或租赁经营。

1996年，县商业总公司因负债严重，筹资无门，直接组织国有商业经营活动的企业职能终止，多余人员被遣散和下岗，仅留任属财政供养的人员继续对商业流通系统履行统筹、监督、服务和管理的行政职能。

百货公司产权改革　县百货公司为县商业局下属国有商业企业之一。1991年，受改革开放大潮影响，县百货公司被私营商业冲击较大，经营日趋困难。1998—1999年，县百货公司先后将经营部综合楼、照相馆和县公安局对面的百货公司拆房空地进行内部招标拍卖，共收回国有资产金额142.60万元，用于清偿债务；并将公司20名中标者的国有职工身份置换为个体经营者；同时将公司所有的商场、门店推行国有民营，鼓励职工内引外联，自筹资金，自主经营，自负盈亏。公司将原来的百货大楼和永福饭店分别于2003年和2005年发包给个体户建成私营性质的"万帮""百联"两大超市；其余的11个大小门面全部由个体租赁承包。租赁收入用于支付公司自谋生活的下岗职工的养老、医疗和失业保险。

百寿商业公司产权改革　百寿商业公司为商业局下属国有商业企业之一。1991年受改革开放大潮影响，被私营商业冲击较大，公司经营日趋困难。1998年，县百寿商业公司将公司产权向内部职工转让，单位解体；将公司职工的身份置换成个体经营者。

糖酒副食品公司产权改革　县糖业公司为县商业局下属国有商业企业之一。1991年，受改革开放大潮影响，被私营商业冲击较大，公司经营日趋困难。2001年，县糖酒副食品公司利用县城旧城改造拆除五里桥公司仓库的5万元补助费，安置公司合同制工人14人；并将公司仅存的4个门店租赁给个体经营，所得租金用于缴纳下岗职工的养老、医疗和失业保险。

五金公司产权改革　县五金交电化工公司为县商业局下属国有商业企业之一。1991年，受改革开放大潮影响，被私营商业冲击较大，县五金交电化工公司经营日趋困难。2003年，县五金交电化工公司强化外债催收，收回资金21万元，将公司27名合同制工人全部安置完毕。2005年，争取到由县财政对这27名合同制工人拨给养老、医疗和失业保险经费，职工自谋职业。

糖果食品厂产权改革　县糖果厂为县商业局下属国有商业企业之一。1991年受改革开放大潮影响，被私营商业冲击较大，该厂经营日趋困难。2005年，县糖果食品厂采取资产整体处置，筹资安置职工和清偿债务的办法，实行整体改制，收回资金228.39万元，全部用于支付全厂78名职工的安置费，补缴养老、失业保险费和还债。企业整体解散。

物资供应经营与产权改革

物资供应经营　1991年，永福县物资局下属专营公司有煤炭公司、金属化工公司、机电设备公司、废旧钢材回收服务公司及百寿物资供应站等。主要经营钢材、有色金属、水泥、化工建材、轮胎、机械、车辆、机电设备、小型农机具、煤炭、液化气、废旧金属回收等物资，销售额1384万元，实现利润35万元。1992年，国家取消重要物资统管统配后，一些个体户开始进行钢材、有色金属、水泥、化工、建材、轮胎、小型农机具、煤炭、液化气、废旧金属回收等物资经营。1993年，随着物资供应体制的深化改革，国家统配物资计划比重不断缩小，市场调节比重不断扩大。县物资局在物资供应市场转型和国家压缩基建投资、统配物资减少的新形势下，将过去重建材统配产品、轻机电产品的指导思想和销售方式，改为在抓好统配产品的同时，扩大机电产品的购进与销售。1994年，国家全面实行钢材、水泥、机电、化工产品供应市场化。1995年，国家统配计划供应物资只剩下炸药、雷管、导火索等民爆物资，其他物资全部放开，实行市场调节，由市场决定供应和销售。生产厂家直接进入物资供应市场。永福县境内个体经营物资销售网点增多，竞争日趋激烈。1996—2000年，县物资总公司经营效益出现连年亏损，且亏损数额愈来愈大。2000年，县物资供应总公司下辖各专营公司不再经营业务。

物资供应产权改革　2001—2002年，县物资总公司以拍卖房地产等方式，一次性安置下属职工进行改制，与职工解除劳动合同关系。2003年，县物资总公司下辖物资专营公司，全部注销。

2005年县物资总公司保留县民用爆破物品专卖中心,负责管理和经营民用爆破物品。

外贸经营与产权改革

外贸经营 20世纪90年代初,国家放开商品进出口经营权。永福县外经贸委为了适应外贸体制改革的客观需要,进行内部承包经营,打破企业内部吃"大锅饭"的弊端,外贸商品经营实现稳中有升。1991年,县外经委(县外贸公司)完成商品购进总额1981万元,实现商品销售总额1799万元,其中供应出口1638万元。是年,收购、出口罗汉果400多万个,价格400多万元;收购重晶石、金属硅出口,总值300多万元。1992年,外贸公司收购、出口货物总额807万元。1993年,县外贸公司完成商品购进总额1831万元。实现商品销售总额1671万元;比上一年减少8.74%。其中,收购、出口产品总额694.02万元。1994年以后,外贸公司收购、出口产品总额逐年下降。原因是国内市场经济放开以后,外贸产品价格不稳定,组织出口货源比较困难,加上外贸公司资金紧缺,特别是县内外贸拳头产品重晶石、结晶硅两个产品收购比较少。重晶石由于国际市场不景气,价格大跌,口岸公司不要货,致使县内有货也难以调运出口。1995年,县外贸公司完成商品购进总额2207万元,实现商品销售总额2636万元,年末商品库存41万元。1997—2000年,因市场放开,县级外贸经营的产品不断减少。由原来的粮油食品、土产、畜产、医药保健、工艺、化工、五金矿产等类别,减少至医药保健和五金矿产两种类别,出口额大幅度下降。2001年,加入世界贸易组织后,全县外贸商品收购、出口的难度更大。2003年,县外贸公司退出了五金矿产品(主要是重晶石块矿和重晶石粉)的收购和出口贸易,只保留了医药保健产品(主要是罗汉果、汉果冲剂和夏桑菊冲剂)一种类别的收购和出口贸易。每年生产和出口贸易价值400万元至500万元,利润很少,勉强维持企业运转。2005年,县外贸公司在原材料价格大幅度上涨的情况下,完成了产品销售580万元,比2004年增长9%,为国家提供税收20.70万元;在生产上严格控制成本,全年盈利9.30万元。是年,县外贸公司有固定资产117万元,流动资产183万元,负债166万元。

外贸体制改革 1991年以前,县外经贸委与县对外经济贸易公司合署办公,一个机构、两块牌子,负责全县进出口贸易经营与管理工作,既是正科级行政机构,又是县内进出口贸易经营主体。

1991年,国家放开商品进出口经营权。县外贸委(县外贸公司)成为"自负盈亏"的法人实体和进出口贸易的经营主体。1993年,县外经贸委出资创办永福县天然保健食品饮料厂,负责收购罗汉果原果和生产罗汉果冲剂产品。1994年,县外经贸委开始实行全员优化组合,各业务部门实行承包经营,分开核算,自负盈亏,并实行效益与工资挂钩,按完成承包指标奖罚。1996年,深化县外贸体制改革,撤销县外贸委,设立县对外经济贸易总公司,变成了完全自主经营,自负盈亏的企业法人;原外经贸委部分行政职能转入县经济贸易局。1997年世界金融危机以后,县外贸公司产品不直接出口,只向自治区五金矿产进出口公司与自治区医疗保健进出口公司供货。2003年,县外贸总公司退出了五金矿产产品的收购和出口贸易,只保留医疗保健产品的收购和出口贸易。

烟草专卖

营销 1985年,永福县烟草专卖局(公司)刚成立时,在各乡镇供销社、集体商店建立卷烟委托批发点。1991年,自建桃城烟草批发部,并增设百寿、罗锦、苏桥代批点。1997年4月,取消代(委)批点,在百寿镇、罗锦、苏桥成立烟草管理所(批发部)和县城烟草批发部。经过对原有烟草委批点的清理整顿,根据地理位置和交通情况,保留堡里、广福、矮岭、波寨、龙江、保安、三皇、永安8个烟草委批点。同时,县烟草局成立烟草专卖稽查大队。2004年6月,撤销所有的烟草专卖管理所(批发部)及委批点,改烟草稽查大队为2个烟草稽查中队,改传统商业为现代物流,成立烟草客户服务中心,设营销客户经理,实行电话订货、网上配货、电子结算、现代物流的销售模式。烟草配送以县城为中心,建成:县城—龙江—百寿—三皇—永安,县城—罗锦—苏桥,县城—堡里,县城—广福—矮岭四条配送线路。2005 年,全县共有卷烟经销户1065 户,电话订货率高达 100%,电子结算率为 37%。

　　20 世纪 90 年代,永福卷烟销量商品结构向中高档发展,销售金额与税利逐年上升。1991 年,永福烟草局(公司)完成商品购进总额 779 万元;销售卷烟 7223 箱,其中广西产烟 6505 箱;实现商品销售总额838 万元,上缴税金 13.80 万元,利润 25.90 万元。1993 年,完成商品购进总额 1627 万元;销售卷烟 8781 箱,销售量达到历史最高水平;实现商品销售总额 1670 万元,上缴税金 21.20 万元,利润 35.50 万元。1994—1998 年,全县销售卷烟数量有所下降,税利逐年减少。其中,1995 年,完成商品购进总额 1518 万元,实现销售商品销售总额 1560 万元,商品库存 92 万元。1999 年,永福县烟草专卖局加强卷烟管理,整顿生产乱、价格乱、渠道乱等问题,使卷烟销售大幅度上升。当年销售卷烟 5611 箱,实现销售总额 2271 万元,上缴税金 50.40 万元,利润 63.90 万元。2002 年,根据上级烟草经营品牌战略的要求,实行烟草品牌结构的调整,卷烟销售量为 6920 箱,实现销售总额 2848 万元,上缴税金 86.68 万元,实现利润 129.95 万元,创历史最好成绩。2005 年,销售卷烟 8530 箱,实现销售总额 3500 万元,上缴税金 224 万元。

　　市场整顿　永福县烟草专卖局(公司)加强烟草市场管理,投入大量人力物力对卷烟市场进行整顿和查处工作。据不完全统计,自 1991—2002 年的 12 年中,在公安、工商、物价等部门配合下,县烟草部门共查处各种违法案件 1373 起(户),没收各种假冒及非法购进、运输卷烟 1800 多条,征收无证私运卷烟 32 箱,收缴切烟机 5 台,罚没款总计 12.50 万元。2003 年,立案 8 起,查获卷烟 41.90 件,烟叶、烟丝 2.30 吨,罚没款 5.60 万元。2004—2005 年,缴获各种切烟机 30 多台(套),罚没款 30.26 万元。

石油供应

　　县石油公司业务主要是销售柴油、汽油、煤油、润滑油。

　　20 世纪 90 年代,永福石油经营供应取得突破性进展。1991 年,永福县石油公司有五里桥油库加油站和李家寨城北加油站 2 座,加油机 4 台。石油成品油向市场开放。当年完成石油购进总额 519 万元,石油销售总额 574 万元,年末库存 22 万元。

　　1994 年,永福县石油公司在永福高速路出入口附近建成龙泉加油站,加油机 6 台。当年石油价格并轨,取消农用柴油计划价格,按市场价供应。是年,完成石油购进总额 1295 万元,石油销售总额 1431 万元,年末库存 9 万元。

　　1995 年,县石油公司完成石油购进总额 1471 万元,石油销售总额 1477 万元,年末库存 90 万元。

　　1999 年 7 月,县石油公司上划给中国石化集团,更名为中石化永福石油分公司。并按照中国石化集团公司"五统一"(统一资源配置、统一油品调运、统一价格协调、统一贷款结算、统一资金运作)的经营格局,结束了永福石化分公司独立核算、自负盈亏的历史。2000—2002 年,永福石化公司先后新建百寿、清水、龙江、罗锦、广福 5 座加油站,撤销了油库,改建了永福加油站,收购了堡里加油站,租赁了干校加油站,所有加油站全部使用电脑加油机,使永福的石化加油站几乎覆盖了所有乡镇,布局更为合理,极大方便全县群众的加油。2003 年,公司办公室搬到永福加油站楼上办公。2002 年,在苏桥工业园区高速路出口购地 7000 多平方米,2004 年建成了苏桥加油站。2004 年由于县城改道,对龙泉加油站进行了更换地址的改建,建成 4 车道,6 台 IC 卡加油机,并安装了高液位报警系统,改建后提高了加油站的科技含量和销量。至此,中石化在永福固定资产投入资金 2000 多万元,建成加油站 10 座。

　　2005 年,中石化永福分公司年销售量达到 1.40 万吨,销售总额 7900 万元,上缴税金 80 余万元。公司有永福、龙泉、苏桥 3 座加油站已经使用与全国联网的 IC 卡加油系统,所有加油站都实行电子化管理,安装了电子账表管理系统。

屠宰行业管理

县食品公司为县商业局下属国有商业企业之一。由于受改革开放大潮影响,经营日趋困难。

1985年,永福县食品公司取消生猪派购和定量供应城镇居民肉类以后,该公司的部分人员从事专业屠宰。1991年食品公司实行承包经营改革。1995年11月,为让群众吃上放心肉,在县城成立牲畜定点屠宰场,开始在县城执行牲猪、牛、羊定点屠宰,集中检疫、依法纳税、照章收费、分散经营、凭证上市的管理办法。1996年,全县8个乡镇相继建立牲畜定点屠宰场,在全县牲畜定点屠宰,集中检疫,统一纳税,分散销售。至年底,全县共有定点屠宰场9个(即县城、广福、堡里、罗锦、苏桥、龙江、百寿、三皇、永安牲畜定点屠宰场)。1996—2005年,全县牲畜进场检疫,宰杀总数59.58万头,共代收国税、地税1811.80万元。专业屠户收购肉猪、牛、羊等运到定点屠宰场检疫、宰杀后,再进入市场摊售。在集贸市场上还设有宰杀鸡、鸭、鹅、狗、兔等摊点,为消费者宰杀活禽畜。还有切块、绞肉加工服务和肉禽卤烧店供应熟食品。

表8-1　　　　　　　　　　1996—2005年永福县牲畜定点屠宰情况统计表

年份	定点检疫宰杀数量(头)	代收国税、地税金额(万元)	附注
1996	57180	113.90	
1997	54400	144.18	
1998	59200	194.74	
1999	64720	226.91	
2000	61030	213.98	每头生猪纳税28元。其中:国税12元,地税16元(从2003年3月起改为10元)
2001	60530	212.28	
2002	61130	214.25	
2003	61370	177.69	
2004	56070	151.35	
2005	60210	162.52	
合计	595840	1811.80	

第三节　集体商业经营及改革

1991年,永福县的集体商业主要是供销合作商业,是农村商品流通的主渠道。20世纪90年代,随着改革开放的不断深入,市场经济的进一步放开,永福县供销社所属公司以及乡镇供销社在经营上受到前所未有的冲击,经营领域逐步被蚕食,传统经营优势逐步丧失,经济效益急剧下降,企业亏损逐年严重。2003年,县供销社系统实施企业产权制度改革,直属公司及基层供销社大多采取租赁、承包等形式放开搞活,各项工作取得突出成效。

经营体制改革

1991年,县供销社下属的集体商业企业有县土产公司、日杂公司、果品公司、农业生产资料公司、贸易公司、蚕丝公司、蜜饯厂等7个直属公司(厂)和9个乡镇基层供销社。至2005年,县供销社7个直属公

司（厂）和乡镇供销社基本改制为私营企业或个体工商户。

1991年，永福县供销社系统先后召开了第六届县、乡社员代表大会，扩大了社员股金，恢复了供销社集体性质，在经营机制改革上，实行了"四放开"（即经营放开、价格放开、用工放开、分配放开）、"开门办社"的经营机制，对供销社直属公司实行承包经营责任制和风险抵押承包责任制；对乡镇基层供销社全面实行抽本承包、租赁经营改革。在经营方向和发展重点上，供销合作社开始走出"三尺柜台"，实行多种经营，大力发展加工、服务、娱乐、养种业务，向"一社多制""一企多营"的思路发展。

1992年，县供销系统以"四放开"为突破口，在系统内实行了优化劳动组合、风险金抵押经营、签订劳动合同上岗、柜组在"双挂"核算的基础上实行"六定"（定人员、定资金、定毛利、定费用、定商品、定结构）的经营机制。全供销系统共有761人缴纳了风险金40.52万元；单位把经营权下放给各柜组，各柜组允许进行商品零售、批发业务，自由定价，自行进货，自主经营，开展其他开发性业务。当年全系统新增门店21个。当年县供销联社将贸易公司与日杂公司合并为"日用工业品废旧物资回收公司"，同时把罗锦、百寿、堡里3个乡镇集体综合商店兼并到当地供销社，充分发挥了双方场地、资金、人力的优势，增强了市场竞争能力，取得了较好的经济效益。全系统当年实现销售总额7499.22万元，其中生活资料销售3637.46万元、生产资料销售3861.76万元，实现利润48.47万元。

1993年，县供销联社组建农资联合经营集团和生活资料联合集团两大集团公司。农资经营集团的成立较好地调节了与基层社分级核算、利益共享、风险共担、制度约束、县社调控的内部管理体制，搞活了经营，提高了效益。农资集团共建立网点96个，全年销售化肥2.12万吨、农药243吨。县贸易公司与日杂公司合并后，组建生活资料集团公司与基层社进行联购分销，当年实现联购分销额485万元，日用工业品集团公司当年实现总销售818万元，比上年增长17.40%。

1994年，永福县供销社系统召开了县、乡两级社员代表大会，完成了换届选举。同时制定了《永福县供销社入股实施细则》，掀起了自1983年供销社改革以来的第二次入股高潮。当年全系统社员股金由原来的16.40万元上升到96.50万元，仅百寿供销社就增加25万元，三皇供销社增加10万元。

1995年，永福县供销联社深化供销经营体制改革。实行抽本经营承包责任制，全部把日用工业品生活资料由职工招标承包，自筹资金、自主经营、自负盈亏、包干税利上缴；扩股工作继续开展，全县的社员股金增至247万元；深入改革以"改制、租赁、出卖（出售）"方式稳住农资经营，搞活生活资料经营，开拓农副产品加工，联营合办加工厂场。

1996年，制定《永福县供销社系统社员股金管理细则》，并设置了各乡镇任务表。制定供销社系统农资商品联购分销方案及评奖办法。坚持"入社自愿、退社自由"和"保息分红"原则，广泛吸收股金。是年年底，永福县供销社在县城和各乡镇建立社员股金服务部12个，社员股金管理中心1个，入社农户1万多户，社员股金945万元，比1994年增加30多倍。投入资金250万元，新上7个项目。是年年底，拥有社办厂场24个，其中蚕茧加工厂8个、竹木工艺厂9个、造纸原料厂1个、陶瓷厂1个、砖厂1个、肥料厂1个、汽修厂1个、玻纤工艺厂1个、纸箱厂1个。社办厂场总产值940万元，总销售875万元。1997年，达到1342万元。1998年，社员股金年末余额1332万元，入股社员达6000多户。

1997年以后，永福县供销社系统受市场经济影响，经营受到很大冲击，多数经营企业连年亏损，其中少数经营企业已资不抵债，面临破产境况。全县供销系统每年亏损90多万元，多数经营单位发不起职工工资。2003—2005年，全供销社系统进行劳动用工制度改革，妥善安置在职职工。对合同制职工依法解除劳动合同，按政策规定进行经济补偿。经济补偿标准：工龄每满1年，发给相当于本人1个月标准工资的补偿金，最多不超过12个月；同时对企业固定职工实行职工身份置换和进行经济补偿。解除与企业的劳动用工合同，补偿的标准是：①工龄在21年以上的，按全县上年度企业平均工资的3倍发给。②工龄在21年以下的，按全县上年度企业平均工资3倍÷21年×本人工龄发给。改革使大部分改制职工能在县失业保险所领到失业保险金。同时解决离退休人员生活问题。由于全供销系统职工都参加了劳动养老保险,退休人员能在劳保所领到退休工资。2003—2005年,永福县供销社系统经过劳动用工制度改革,对大部分合同制工人和国家正式职工进行了身份置换,共改制合同工225人、国家正式职工136人。2005年,全县供销系统的职工总数减少至578人。其中,在职职工186人、离退休人员392人。

社员股金清理整顿

社员股金是永福县供销社系统在20世纪50年代开始筹集,由群众自愿入股积累起来的供销社自有资金。至1994年年底,全县供销系统社员股金已达96.50万元。

1995年,中共中央《关于深化供销合作社改革的决定》(中发〔1995〕5号)文件下达,供销社广泛发动社员入社扩股以解决当时企业流动资金紧缺问题。永福县供销联社,以桃城、百寿两个基层供销社作为试点,成立"社员股金服务部",按照"入股自愿,退股自由,保息分红"的原则,并于1995年开始面向社会和农民吸收社员股金。1996年,全县其他基层供销社根据永福县人民政府《关于扩大社员股金服务部指标的通知》要求相继成立社员股金服务部。至1996年年底,全县有社员股金服务部12个、社员股金管理中心1个,入社农户1万多户,吸收社员股金年末余额945万元。

由于全国一些地方的社员股金管理出现问题,股金流失严重,引发了社员股金风波,影响社会安定,因而受到清理。永福县供销社社员股金也因为使用上不够规范和经营不善,而受到清理整顿。1999年7月,永福县开展"两会一部"清理整顿时,社员股金余额为871万元。清理时用备付现金468万元进行了首期兑付。尚未兑付股金403万元。随后通过变现资产和追回欠款,于2000年9月进行了第二次兑付129万元(其中桃城、百寿、龙江、罗锦供销社处置资产用于退还股金约126万元),尚未兑付股金274万元。于2001年3月,通过筹资10多万元和向桂林市举债专项贷款260万元第三次全部兑付完毕。

农副产品经营

1991年,县供销联社所属土产公司、茧丝绸公司、果品公司负责农副产品经营,各基层供销社也积极开展农副产品购销业务。全系统点多面广,信息灵通,并在系统内部开展分购联销形式,在外部开展横向联合,拓宽了销售渠道,为全县广大农户推销农副产品。是年,完成农副产品购进额567万元。1993年,完成农副产品购进额425万元。1994年完成农副产品购进额580万元。1994年,县供销系统农副产品销售比1991年减少29.30%。1995—2005年,随着市场经济体制的建立,农村产业结构的调整,农副产品逐步走向产业化经营,供销社系统积极发展农民专业合作社,培养农产品流通经纪人,指导、联合农产品流通经纪人,搞活农产品流通,实现供销合作社助农增收的目标。

毛竹　毛竹于20世纪50年代至60年代经过供销社扶持发展起来,是供销社土产公司主营产品。1992—1993年,收购原竹量共51.50万条,毛竹、竹片销售量分别比1991年减少18%、20%。1995年,毛竹经营放开。全县毛竹大部分转为社办企业及个体加工成品,供销社对原竹收购减少。1995年,由于毛竹销

2002年永福县百寿镇西红柿交易市场

百寿镇政府　供图

售政策的变化，县土产公司全年只收购毛竹 8.12 万条，比 1994 年减少 7.98 万条，毛利润由 1994 年的 30%
下降为 1995 年的 10%，亏损 16 万元。

蚕茧　为永福县农民群众传统特色产品。1991 年，全县桑园种植面积约 1200 公顷。由县供销社茧
丝绸公司经营供应出口，每年收购鲜茧 200 吨。1993 年，尽管蚕茧价格回升，但由于茧丝绸公司的蚕茧业
务被划走，因而蚕茧销售减少近 400 万元。1994 年，蚕茧生产因市场变化逐步下滑。1995 年，供销系统收
购蚕茧 48.20 吨。1997 年，收购蚕茧 12 吨。2001 年，永福县蚕茧市场价格回升，广福乡供销社成立振鑫
桑蚕专业合作社，三皇乡供销社成立桑蚕专业合作社，共发展社员 168 户，带动农户数 3000 户，年收购鲜
茧 100 多吨，全县桑蚕种植得到恢复和发展。

罗汉果　为永福县大宗农副产品。1991 年，随着出口产品经营逐步放开，罗汉果经营由为外贸统
购改为供销社自主经营。当年供销系统收购 230 万个，1992 年收购 210 万个，1993 年收购 202 万个。
1995 年，供销系统收购罗汉果 184 万个，金额 91 万元。1996 年以后，大部分罗汉果由农村专业大户
经销。2001 年，县内开始研究发展"组培苗"罗汉果生产。2002 年，龙江供销社成立"罗汉果专业合
作社"，组织农户进行试种推广获得成功。2005 年，供销社果品公司门店经营仍然坚持销售原果，年销
约 80 万个。

柑橘　1980—1990 年，县供销联社响应政府号召，为农户担保贷款金额 427 万元给柑橘种植户 3441
户，大力发展柑橘生产。到 1991 年，柑橘种植 2352.73 公顷，成为永福县农副产品收购的拳头产品，供销
社年收购量 1200 吨。1993 年，柑橘滞销，供销系统全年仅收 321 吨，比 1992 年减少 48.40%。随着柑橘产
业化发展，百寿、三皇、永安、龙江 4 个乡镇逐步形成椪柑、橙类的规模种植。2002 年百寿供销社组织一些
专业大户成立柑橘专业合作社，并注册"寿城"牌商标，获得进出口许可证，年收购柑橘 1700 吨，销往国内
外市场。

农业生产资料经营

化肥、农药、农膜、农具是重要的农业生产资料。1991 年，全县供销社系统完成农业生产资料销售
2029 万元。1993 年以前，农业生产资料为供销社专营商品。1993 年，永福县供销系统完成农业生产资料
销售 1723 万元，其中，年销售化肥 2.81 万吨、农药 185 吨、农膜 12 吨、农具 2.93 万件。

1994 年 8 月，国务院印发《关于改善化肥等农业生产资料流通体制的通知》，明确提出化肥的经营渠
道实行"一主两辅"，即以县农资公司和基层供销社为化肥流通的主渠道，农业"三站"（土肥站、农技站、植
保站）和生产厂家为化肥销售的辅渠道，同时允许农垦、林业局、烟草局、军队在本系统内销售化肥。农业
生产资料不再为供销社专营。永福县农业生产资料公司负责全县农业生产资料的组织、供应、批发、冬储
等业务。乡镇基层供销社农资门店的货源供应由县农资公司调拨，再零售供应到当地农民手中。基层供
销社设有庄稼医院、庄稼医生，为农民群众提供科技咨询服务。是年，全县供销社系统完成农业生产资料
销售 1625 万元。1995 年，县农资公司筹集资金 200 多万元，组织化肥 2.13 万吨、农药 297 吨、农膜 19.50 吨，
满足永福县销售后，调给外地化肥 1000 多吨，扩大对外销售业务 200 多万元。全年县供销系统完成农业
生产资料销售 1690 万元。其中，销售化肥 2.71 万吨、农药 153 吨、农膜 9 吨、农械农具 1.74 万件。1996 年，
全县供销社系统销售农业生产资料商品达 1808 万元，比 1995 年增长 10.21%，其中销售化肥 2.64 万吨、农
药 147 吨、农膜 3 吨、农机具 1.71 万件。2003 年，全县供销系统销售农业生产资料商品达 2523 万元，其中
销售化肥 1.93 万吨、农药 91 吨、农膜 3 吨、农具 1.10 万件。

2004 年，永福县供销社成立万通农资配送有限公司，发展农业生产资料连锁配送经营。到 2005 年，
发展加盟店 118 家，年销售农业生产资料商品 1750 万元，其中化肥 1.68 万吨、农药 112 吨、农具 9700 件、
农膜 2 吨。

表 8-2　　　　　1991—2005 年县供销社系统主要生产资料商品销售情况表

品名	单位	1991	1992	1993	1994	1995	1996	1997	1998	1999	2000	2001	2002	2003	2004	2005
生产资料	万元	2029	1861	1723	1625	1690	1808	1953	1974	2013	1473	1855	2336	2523	1802	1750
化肥	吨	28500	28900	28100	27500	27100	26400	24100	23800	22600	22000	21300	20600	19300	17040	16800
其中 氮肥	吨	20230	20650	20250	20400	19590	19120	17130								
钾肥	吨	5300	5420	5210	5140	5040	4900	4780	4650	4530	4460	4320	4380	4230	4210	4010
复合肥	吨	2970	2830	2640	2320	2470	2380	2290	2120	2090	2030	1960	1850	1810	1740	1690
化学农药	吨	197	206	185	178	153	147	121	103	97	95	88	87	91	96	112
农具	万件	3.01	3.15	2.93	2.87	1.74	1.71	1.63	1.55	1.42	1.32	1.26	1.19	1.10	1.02	0.97
农膜	吨	13	14	12	11	9	8	6	6	7	5	4	4	3	3	2

商品购销

1991 年,全县供销系统完成商品购进总额 6488.02 万元,商品销售总额 7430.34 万元,年末库存 1566 万元。

1993 年,全县供销系统完成商品购进总额 6309 万元,商品销售总额 7545 万元,年末库存 1360 万元。累计亏损 58.10 万元,比上年盈利 48.47 万元减幅 219.87%。其中,乡镇基层供销社亏损 60.58 万元,县供销联社直属公司盈利 2.48 万元。

1995 年,全县供销系统完成商品购进总额 7022 万元,商品销售总额 7855 万元,年末库存 1425 万元。

1996 年,全县供销系统完成商品购进总额 8870.29 万元,商品销售总额 9623.19 万元,完成税利 111 万元,累计亏损 315 万元。

2001 年,全县供销系统完成商品购进总额 7670 万元,商品销售总额 8212 万元,亏损 90 多万元,多数经营单位发不起工资。

2005 年,全县供销系统完成商品购进总额 3818 万元,商品销售总额 4240 万元。

第四节　个体商业与服务业

1978 年 12 月,中共十一届三中全会召开后,国家实行改革开放政策,为永福县个体商业服务业提供了良好的发展机遇。

1991 年,全县有证个体商户 2039 户,从业人员 2656 人。其中,县城 337 户,从业人员 412 人;乡镇村 1702 户,从业人员 2244 人。当年全县有证个体商户完成社会商品零售总额 3560 万元,其中乡镇村有证个体商户完成社会商品零售总额 2560 万元。是年,全县有证个体饮食业 423 户,从业人员 634 人,完成社会商品零售额 614 万元。其中,乡镇村 356 万元。全县有证个体户服务业 276 户,从业人员 369 人。当时的个体服务业分布为旅馆业 30 户,从业人员 90 人;理发业 110 户,从业人员 126 人;摄影业 5 户,从业人员 8 人;日用品修理业 115 户,从业人员 115 人;其他服务业 16 户,从业人员 30 人。

随着国家经济政策的放宽和改革开放的发展,永福个体商业服务业发展很快。1995 年,全县有证个体商户 3896 户,从业人员 4974 人;有证个体餐饮服务业 871 户,从业人员 1166 人。全县个体商业服务业,全年完成社会消费品零售总额 10416 万元。当年的个体商业服务业主要分布在批发零售业、住宿餐饮业、居民服务、修理及其他服务业等。

2000 年,全县有证个体商业服务业 5420 户,完成社会消费品零售总额 20472 万元;个体餐饮业 848 户,实现营业收入 5122 万元。

2001—2005 年,随着国有和集体企业的改革改制,不少职工置换为个体劳动者,从事个体商业、服务业。2005 年,全县有证个体商业、服务业 2922 户,从业人数 4568 人,注册资金 3854.89 万元。其中,批发零售商业 1732 户,从业人数 2134 人,注册资金 1707 万元;理发、日用品修理、旅馆、娱乐、信息咨询、计算机应用等社会服务业 450 户,从业人数 934 人,注册资金 2147 万元。个体餐饮业户 740 户,从业人数 1500 人,实现营业收入 12360 万元。全县个体商业服务业完成社会消费品零售总额 39667 万元;较大规模的个体商户有万帮超市、百联超市、阳光超市、张老大电器商场、复兴电器商场等。

永福县城阳光超市　　　蒙明德　摄于 2005 年

第二章　粮　　油

20 世纪 90 年代至 21 世纪初,永福县粮食流通体制逐步向建立社会主义市场经济的粮食购销体制转变,粮食市场向社会主义粮食市场过渡。

1991—1993 年,永福县实行粮食经营和价格"双轨制",逐步建立粮食储备,增强宏观调控能力,保证粮食市场供应和粮价基本稳定。

1994—1995 年,永福县在国家宏观调控下积极稳妥地放开粮食价格和经营,实行"保量放价"(即保留粮食定购数量、价格随行就市),改进粮食定购"三挂钩"(即与奖售化肥、奖售柴油和预购定金挂钩)政策,取消国家食油收购计划和食油定量供应政策,取消食油指令性调拨计划,长达 40 年的粮食统购统销制度彻底结束。

1996—2000 年,推行敞开收购、顺价销售、收购资金封闭运行 3 项政策,加快国有粮食流通企业体制改革,促使粮油企业自主经营。

2002 年,正式实施取消粮食定购任务,放开粮食购销市场和放开粮食购销价格的改革。

2004 年,进一步深化改革,全面放开粮食收购市场,农业税(公粮)不再缴纳实物,农户直接用现金到财政部门缴纳农业税。

2005 年,全面取消农业税,农户种粮不再缴纳公粮,中国施行几千年的"皇粮国税"彻底退出历史舞台。

第一节　机　　构

永福县粮食局

1955 年 10 月,成立永福县粮食局,负责管理粮油购销。1991 年,永福县粮食局为县政府职能部门,正科级行政机构,内设政工、秘书、财会、统计、购销、储运、加工、议价等8个股,编制13人,实有干部职工14人。下辖县直属粮油企业4个、城镇粮所和乡镇粮所9个。局办公地址在县城解放街凤山南麓232号。

1996年7月,机构改革,永福县粮食局确定"三定"(定员、定岗、定编制)方案,行政编制11人,其中实职性领导1正1副,内设机构有秘书股、政工股、财统股、储运股和购销股等5个股室。

2001年12月,机构改革,保留粮食局,并列为县人民政府职能机构,核定行政编制8人,其中领导职数3人。内设机构合并为政秘股、综合业务股2个股室。实有干部职工12人。

2005年,县粮食局内设机构不变,在职干部职工18人。局办公地址不变,门牌号改为县城凤阁路10号。

1991—2005年,历任县粮食局局长有:易恒奉(1987年10月—1993年6月)、范文希(1993年6月—1997年7月)、袁天赐(1997年7月—1998年9月)、张桂发(1999年1月—2005年12月)。

下辖企事业单位

1991年,永福县粮食局所辖国有粮油企业4个(即粮油贸易公司、饲料公司、直属粮库、粮油食品厂),城镇粮所和乡镇粮所9个(即城镇粮所、苏桥粮所、罗锦粮所、堡里粮所、广福粮所、百寿粮所、三皇粮所、永安粮所、龙江粮所)。全系统干部职工364人。所辖企业按事业单位管理,职工工资调整,定级全部按行政事业工资标准执行。

1993年3月,为适应粮食体制购销市场放开的形势,县饲料公司、直属粮库、粮油食品厂合并更名为永福县粮油饲料工业公司,属粮食局二层机构,全民所有制企业,其内部核算和人员编制不变。

1994年1月,新成立永福县粮油贸易公司,属粮食局二层机构,为独立核算、自负盈亏、自主经营的全民所有制企业。同年2月,永福县城镇粮所更改为永福县城东粮油供应公司。6月,成立"永福粮贸大厦",为独立核算、自负盈亏、自主经营的国有企业,主要经营餐饮、住宿、歌舞娱乐、食杂商品批零等业务,属粮食局二层机构。当年从粮食局分流25人到新成立的"永福县粮油贸易公司"和"永福县粮贸大厦"。

1994年4月,永福县粮食局与广西壮族自治区粮食局联合投资200万元新建缫丝厂。该厂为独立核算的乡镇企业,生产加工白厂丝(蚕茧抽成)。同年5月,广西丝绸永福联营公司划归县粮食局主管,员工17人,属粮食局二层机构,公司为集体企业,独立经营、自负盈亏、自担债权债务,年底并入缫丝厂统一管理。1996年,缫丝厂因生产亏损停产。

1995年7月,恢复桃城乡粮食管理所,与县直属粮库是一套人员、两块牌子。同月,恢复城镇粮食管理所。1996年9月,保留"城区粮油供应公司"。城镇粮所工作人员31人,营业场地770平方米;城区粮油供应公司工作人员10人,营业场地250平方米。

1998年11月,成立永福县储备粮管理公司,属粮食局二层事业单位,负责县级储备粮的管理工作。定编制5人,工资及经费由县财政按供给标准全额拨款。

1998年11月,永福县实行粮食流通体制改革,即实行政企分开,9个乡镇粮所及城镇粮所一分为二,成立粮食储备粮公司1个,粮食收储企业9个,粮食附营企业13个。改革后粮食企事业单位有:事业单位1个(永福县储备粮管理公司),核定事业编制5人;粮食收储企业9个(直属粮库及罗锦、堡里、广福、苏桥、百寿、三皇、永安、龙江粮所);附营业务企业13个(粮油饲料工业公司、粮油贸易公司、城区粮油供应公司、县粮贸大厦、缫丝厂及新成立的永福县罗锦粮油综合公司、永福县苏桥新区粮油综合公司、永福县堡里粮油综合公司、永福县广福粮油综合公司、永福县百寿宾馆、永福县三皇兴发综合公司、永福县永安粮油综合公司、永福县龙江森达综合公司)。这次改革把直属粮库从粮油饲料工业公司分离出来。改革后,粮食系统有在册职工482人,其中收储企业定编143人、附营业务企业339人。

2000年7月,县储备粮管理公司、直属粮库,各乡镇粮所及粮食系统部分干部职工集资组建桂林福寿米业有限公司,公司为国有控股企业,按公司章程由董事会管理。2002年,与广西粮食仓储公司联营,更

名为"桂林农乐米业有限公司"，注册资金150万元，其中国有股份占80%，自然人股份占20%。

2005年，县粮食系统所属国有粮食企业11个（永福县粮油饲料工业公司、永福县粮食局直属粮库、桂林永福福寿米业有限公司、罗锦粮所、堡里粮所、苏桥粮所、广福粮所、百寿粮所、三皇粮所、永安粮所、龙江粮所）。年底，所属粮食企业在职干部职工370人。

第二节　粮油体制改革

1985年，永福县取消粮食统购，实行合同定购，由此开启粮食体制的改革历程。1991—2005年，永福县的粮食体制改革，包括经营体制改革、购销制度改革和公粮改革3个方面。

粮油经营体制改革

1991年，粮食市场仍由县粮食局和乡镇粮所进行统一管理和经营。

1991—1992年，永福县粮食经营主要是按粮油平价计划供应，做好县内粮食购销平衡，确保城乡粮食供应，其间粮食收购实行合同定购，并对粮食统销价格进行大幅度调整。

1993年1月1日，永福县放开粮食购销价格，取消了城镇居民定量口粮标准和供应指标。城乡粮食销售价格，随行就市，依质论价。各种通用粮票一律停止流通，不得购粮。

1997年，永福县粮食定购价与市场价并轨，实行保护价敞开收购。

1998年，根据国务院关于进一步深化粮食流通体制改革的决定，永福县制定粮食流通体制改革实施方案。重点是：实行"四分开，一完善"，即：政企分开、中央与地方责任分开、储备与经营分开、新老财务账目分开，完善粮食价格机制。对县局下属有粮食管理职能的9个乡镇粮食管理所划分为开展政策性业务的粮食管理所和经营性业务的粮油综合公司，人、财、物分开，各自成为独立核算，自主经营的法人企业。

2000年，根据国务院《关于深化粮食流通体制改革的通知》精神，永福县粮食系统开始对干部职工实行置换身份与企业解除劳动关系，进行一次性安置补偿。2001—2002年，粮食部门国有经营性企业改制，拍卖处置国有粮食经营性企业，对职工进行一次性安置。

2002—2003年，根据《广西壮族自治区退耕还林工程粮食供应和粮食补助资金管理及拨补办法的通知》，永福县对计划内的退耕还林户每亩每年补助稻谷150千克。根据《广西壮族自治区人民政府关于我区公粮结算等有关问题的通知》，对永福县农户上缴农业税（公粮）实物的可采取以代金形式完成任务。

2005年，根据《广西壮族自治区人民政府关于从2005年起免征农业税的决定》，永福县对农户免征农业税（公粮）。

粮油购销制度改革

粮食定购　1985年以前，称粮食统购。1985年，粮食统购改为合同定购。

1991—1993年，由于粮食价格放开，定购粮任务改为经济合同粮。1994年又恢复粮食定购，一直执行到2001年。为鼓励农户积极交售国家定购粮，国家先后10次调整定购粮收购价格。

1992—1997年，永福县稻谷价格从每50千克22.50元提到70元，提高幅度为211%，是中华人民共和国成立以来提价幅度最大的时期，收购价格形成了粮食购销价格倒挂的现象，国有粮食企业既要敞开收购，又不能顺价销售，导致全县粮食库存直线上升。1998—2002年，国家逐渐下调了粮食收购价格，由1997年的每50千克70元，下调到2002年的46元，调整幅度为34.28%。

表 8-3
1991—2003 年永福县早籼稻谷定购价格表

单位:元 /50 千克

年份	价格	年份	价格	年份	价格
1991	22.60	1996	70.00	2001	45.00
1992	22.50	1997	70.00	2002	46.00
1993	34.00	1998	60.00	2003	53.00
1994	59.40	1999	53.00		
1995	68.00	2000	43.00		

1997—2000 年,国家先后调减粮食定购任务 4 次。粮食定购任务包括公粮和合同定购粮。永福县的粮食定购任务从 1996 年的 14876 吨至 2001 年调减为 5930 吨,减幅为 39.86%。调减对象:一是自产量不足,口粮水平偏低,未解决温饱问题的农户;二是国家重点工程建设占用耕地所挂空的订购任务;三是历史遗留下来的蔗奖粮、双超粮等因素影响的定购任务;四是农业结构调整幅度大,完成任务有困难的农户;五是定购粮任务较重,完成任务困难较大的农户。

2002 年 7 月 1 日,全县取消粮食定购任务,放开粮食购销市场价格。国有粮食购销企业面向市场,自主经营,自负盈亏,全面实行粮食购销市场化。对现有库存不能价顺销售的粮食,由县财政局核实数量,县人民政府确定销售价格,限量销售;对库存粮食购销倒挂进行补贴,由县财政局逐年从粮食风险基金中拨补,以减轻粮食购销企业负担,促进库存粮食销售。从 2003 年 1 月 1 日起,县财政不再负担国家定购粮保护价格的损失。

粮食议价收购 1991—1992 年,议价粮收购以国有粮食企业为主,个体经营者较少且受到严格的政策限制。国有粮食企业按照购得进,销得出,随行就市的思路进行粮食议价的经营,由此弥补了定购粮收购的不足。国有粮食企业议价粮收购主要从两个方面进行:一是在本地以不低于国家规定的保护价收购;二是到外地采购。到外地采购的,以饲料用粮(玉米)和粮食用粮居多。

1993 年以后,由于粮食价格放开,在农村、集市从事粮食经营的个体粮商越来越多,个体粮商在粮食零散收购,销售市场逐渐占据主导地位。至 2005 年年底,国有粮食企业解体,县储备粮管理公司专职管理各级储备粮,国有粮食企业彻底退出议价粮收购市场。

1991—2005 年,全县累计收购议价粮 91712 吨。

表 8-4
1991—2005 年永福县国有粮食企业稻谷收购情况表

单位:吨

年份	任务			实际收购					
	合计	公粮	定购粮	合计	公粮	定购粮	议价粮	保护价粮	其中:优质稻谷
1991	14975	3175	11800	28863	2699	13291	12873		619
1992	14975	3175	11800	21910	2478	10498	8934		1810
1993	14975	3175	11800	8267	1388	6226	653		801
1994	14975	3175	11800	12931	2500	8769	1662		1278
1995	14876	3075	11800	15320	2970	10070	2280		1720
1996	14876	3075	11800	17121	2941	11005	3175		585
1997	11366	3075	8290	14128	2715	8170		3242	200
1998	9930	3075	6854	11000	2580	5190	320	2910	267

续表·

年份	任务			实际收购					
	合计	公粮	定购粮	合计	公粮	定购粮	议价粮	保护价粮	其中:优质稻谷
1999	8930	3075	5854	16225	2680	6185	560	6800	436
2000	5930	3075	2854	15162	2938	2869	8970	385	3237
2001	5930	3075	2854	13536	2320	3060	8156		5870
2002		3075		11248	1200		10048		2040
2003				13783			13783		3190
2004				8669			8669		4219
2005				11629			11629		3985

注:2002 年 7 月 1 日取消定购粮任务,2003 年公粮交代金,2005 年取消农业税(公粮)。

粮食保护价收购　1991—1996 年,国家一直实行定购粮入库。1997 年 7 月 1 日,永福县开始实施国家粮食保护价政策,即为了切实保护农民利益,继续调动农民种粮的积极性,当市场粮价低于定购价时,实行保护价收购。保护价收购早籼稻每 50 千克价格:1997 年为 60元,1998 年为 55 元,1999 年为 51 元。从 2000年新粮上市起,永福县按照自治区的统一政策,早籼稻退出保护价收购范围。

1997—2000 年,全县采取保护价收购粮食13337 吨。

从 2001 年 7 月 1 日起,全县取消了粮食保护价收购。

永福县农民踊跃交售爱国粮　张桂发　摄于 2000 年

粮食平价定量供应　对城镇居民实行粮食平价定量供应是粮食统购统销的产物。1971 年 5 月 1 日,永福县根据国家规定,对全县非农业人口(城镇居民)粮食定量供应进行了大幅度调整。1991—1992 年,全县还一直按照国家制定的市镇居民粮食定量供应标准,由粮食部门供应粮食。干部职工每月的粮差补贴由县财政拨补。1991 年,全县非农业人口 2.46 万人,按每 50 千克 28 元的价格,供应平价粮食定量3861 吨。1992 年,全县非农业人口 2.51 万人,按每 50 千克 40 元的价格,供应平价粮食定量 3229 吨。

1993 年 1 月 1 日起,全县取消非农业人口粮食平价定量供应。从此永福县城镇居民粮食供应彻底告别凭证平价定量供应的历史。

粮油议销　1985 年,国家取消粮食统购以后,实行合同定购,粮食市场调节的范围逐步扩大。工业用粮、饮食行业用粮、饲料用粮、定量外补助粮食逐步退出平价供应范围,改为议价销售。国有粮食企业按照"购得进,消得出,有微利"的原则开展粮油议销,发展平抑市场粮价,稳定社会的作用。1988 年,取消食油平价供应。1993 年 1 月,取消粮食平价供应。永福县粮食企业所收购的粮食,除转自治区、县储备粮、民政救济粮、水库移民粮供应部分外,粮食全部改为议价销售。

1991—1997 年,永福县粮食企业累计议销粮食(稻谷)8.37 万吨。其中,粮食议价销售量最大的是1995 年,达 1.98 万吨,占 7 年总量的 23.66%;议价销售量最少的是 1991 年,为 2900 吨,占 7 年总量的 3.46%。

1998—2005 年,永福县粮食企业累计议销粮食(稻谷)10.79 万吨。其中,粮食议价销售量最大的是2000 年,达 3.02 万吨,占 8 年总量的 22.39%;议价销售量最少的是 2005 年,为 2500 吨,占 8 年总量的 1.85%。

1991—1998 年,永福县粮食企业累计议销食品油 2093 吨,平均每年议销 261.63 吨。其中,食品油议价销售量最大的 1996 年,达 903 吨;占 8 年总量的 43.14%;议价销售量最少的是 1998 年,为 180 吨,占 8 年总量的 0.86%。

1999 年,全县粮食企业停止销售议价食品油,改为全部按市场价格销售。

公粮征收改革

谷物　永福县粮食部门征收公粮(农业税)主要是早籼稻谷。征收后按当年国家粮食收购价格与财政部门结算。

1991—1994 年,永福县每年公粮征收任务为 3175 吨。4 年实际累计征收公粮(谷物)9065 吨,平均每年征收 2266 吨,占每年征收总任务的 71.39%。

1995 年,因修建国家重点工程桂柳高速公路占用部分农田、水毁田等,永福县每年公粮征收任务减少为 3075 吨,比 1991—1994 年每年减少 100 吨。1996—2002 年,全县公粮征收任务一直为 3075 吨。1995—2002 年 8 年,实际累计征收公粮(谷物)20344 吨,平均每年征收公粮(谷物)2543 吨,占每年征收总任务的 82.69%。

1991—2001 年间,全县公粮(谷物)征收既可交谷物,也可交代金,农民可以选择。2002 年起,公粮征收不强调交谷物,以缴代金为主。

代金　公粮征收以谷物为主。1991—2001 年,对于缺粮乡镇和灾区的公粮征收,经县人民政府核定,可以不交谷物,只交代金。国家根据粮食储备情况,允许由农户选择缴纳谷物或代金。从 2002 年起,征收公粮不强调交谷物,以缴代金为主。农户交代金,向县财政部门缴纳。2003 年 1 月 1 日起,征收公粮不用交谷物,只缴纳代金。

2005 年,永福县根据国家规定取消公粮(农业税)征收。

第三节　粮油经营与市场建设

粮油经营

1991 年,永福县粮食企业经营的粮油品种主要有:稻谷、大米及加工副产品;面粉、面条;食用油(含菜籽油、茶油、花生油);饲料(含麦糖、玉米、豆饼);工业用油(含毛豆油、米糠油)等。是年,全县粮食企业完成粮食收购 17785 吨、食用植物油收购 12 吨;实现粮食销售 7736 吨、食用植物油销售 31 吨。全年粮食企业完成粮食购进总额 2123 万元、粮食销售总额 1339 万元、年末库存 1383 万元。

1992—1993 年,全县粮食企业不断拓展多种经营业务,创办了县粮油饲料工业公司、百寿粮贸宾馆、罗锦粮贸宾馆,业务经营向服务型发展。1993 年,全县粮食企业完成粮食购进总额 820 万元、粮食销售总额 823 万元、年末库存 517 万元。

1994 年,全县粮食部门创办县粮贸大夏、县缫丝厂、珍珠加工厂、石门水库养猪场等经济实体,经营内容、范围进一步扩大。是年,全县粮食企业完成粮食购进总额 1519 万元,粮食销售总额 2427 万元,年末库存 1316 万元。

1995 年,全县粮食企业完成粮食购进总额 2627 万元,粮食销售总额 2326 万元,年末库存 2305 万元。

1997 年,粮食系统的珍珠加工厂、缫丝厂、粮油饲料工业公司相继停产。各粮管所的加工厂也先后停产。1998—2004 年,全县粮食系统经营的品种逐步减少,只剩下稻谷的购销和少量的大米加工销售,其他

的粮油产品均由个体工商户承接经营。2004 年 5 月，国务院颁布《粮食流通管理条例》，同时废止《粮食收购条例》，粮油市场放开经营。

2005 年，永福县对粮油流通实行有证经营，给予县储备粮管理公司和 2 家民营股份企业办理了"粮油收购资格证"，给 170 户个体粮食经营户办理了"粮油经营许可证"，粮食经营市场管理走上法制化轨道。

粮食市场建设及管理

1991—2005 年，永福县的粮食经营除稻谷在收购环节存在少量年份的政策性干预外，其他粮油品种都处于市场化经营的状态中。永福县、乡镇两级政府十分重视粮食市场建设，先后扩建了 10 个农贸市场。在每个农贸市场内，都安排 100~300 平方米的面积区间作为粮油交易专用区，基本满足了粮食流通的需求。同时，县内各粮食购销、加工企业也在集市门店增加营业网点，方便群众购粮。

1991—2003 年，全县粮食市场管理的权限和职责均属工商行政管理部门。2004 年，国务院《粮食流通管理条例》颁布后，才明确把审核粮食收储企业资格的职责划给粮食行政主管部门，而粮食市场其他管理内容则分别属于工商行政管理、质量技术监督、卫生、环保等部门。

第四节　粮油仓储与加工

粮食仓储管理

粮食仓储容量　20 世纪 90 年代初，永福县粮食系统共有直属粮库，罗锦、堡里、广福、苏桥、百寿、三皇、永安、龙江 8 个粮所，有大苏、江月、波塘、矮岭、干校、清水、凤凰、喇塔、兴隆、保安 10 个粮站，合计 19 个收存粮网点。

1991 年，改建粮食仓库仓容 3750 吨，其中广福粮所 750 吨、罗锦粮所 500 吨、苏桥粮所 2000 吨、百寿粮所 500 吨。是年，全县粮食仓库库容达到 4.67 万吨。1997 年堡里粮所改建 300 吨仓库库容。

1998—1999 年，新建粮食仓库仓容 9550 吨，其中苏桥粮所 3500 吨、罗锦粮所 2200 吨、直属粮库 2600 吨、广福粮所 900 吨、堡里粮所 350 吨。使全县粮食仓库库容达到 5.28 万吨。

2000—2005 年，县粮食系统为了筹措改制资金，先后将龙江兴隆粮站、堡里波糖粮站、苏桥干校粮站出售转让。至 2005 年年底，全县粮食系统还有 15 个收购储粮网点，实有粮食仓库库容 4.66 万吨，基本满足了全县粮食收购储粮的需求。

粮食仓储　永福县的粮食储存以稻谷为主，有少量玉米及成品粮。粮食企业多以散堆储存，包装储存较少。1991 年末，县国有粮食企业有经过各级专业培训并取得相应专业技术职称的保管人员队伍，库存原粮 46750 吨。粮食仓储有严格的工作程序，每年夏粮入库前，要对空仓及保粮器材进行熏蒸消毒。原粮进仓时，要根据粮食的生产年度、粮食品种分仓存放。粮仓入满后及时平整、降温、杀虫。经过 9 年的建设，粮食仓储条件逐步得到了发展。到 1999 年，粮食仓库周围实现了绿化，所有储粮仓库都安装了槽管、防虫门窗。储存以"三低"（低氧、低药剂、低温）及机械通风低温储粮技术为主。每年全县采用低温储藏的粮食达 90% 以上。储藏工作从"以防为主、防治并举"到"以防为主，综合防治"，储粮技术水平有很大提高。1991—1999 年，永福县连续 9 年实现"一符、四无"（账实相符，无虫、无霉、无鼠雀、无事故）粮食粮仓县，连续九年被评为桂林市（地区）"四无粮仓"先进县。其中，1993—1999 年，连续 7 年被评为自治区"四无粮仓"先进县。1991—1999 年，全县粮食仓储企业库存粮食稻谷共 35.98 万吨。

2000—2005 年，全县粮食仓储企业仓储容量有所减少。粮食储存执行国家新颁布的统一质检标准，把储存粮分为 5 等,等级差价按 3% 幅度增减计算,每年都进行一次比较全面的巡回检查。这六年,全县粮食仓储企业库存粮食稻谷共 11.24 万吨。

表 8-5　　　　　　　　1991—2005 年永福县粮食仓储企业仓库容量情况统计表

单位:吨

年度\单位	1991	1992	1993	1994	1995	1996	1997	1998	1999	2000	2001	2002	2003	2004	2005
合计	46750	46750	49250	50250	50250	50250	51550	52450	52800	55500	55500	55500	46600	46600	46600
粮库	12850	12850	12850	12850	12850	12850	14150	14150	14150	15450	15450	15450	6550	6550	6550
罗锦	5500	5500	5500	6500	6500	6500	6500	6500	6500	7400	7400	7400	7400	7400	7400
堡里	2350	2350	2350	2350	2350	2350	2350	2350	2350	2700	2700	2700	2700	2700	2700
广福	4400	4400	4400	4400	4400	4400	4400	5300	5300	5300	5300	5300	5300	5300	5300
苏桥	8750	8750	11250	11250	11250	11250	11250	11250	11250	12250	12250	12250	12250	12250	12250
百寿	3900	3900	3900	3900	3900	3900	3900	3900	3900	3900	3900	3900	3900	3900	3900
三皇	4550	4550	4550	4550	4550	4550	4550	4550	4550	4550	4550	4550	4550	4550	4550
永安	3200	3200	3200	3200	3200	3200	3200	3200	3200	3200	3200	3200	3200	3200	3200
龙江	1250	1250	1250	1250	1250	1250	1250	1250	1250	750	750	750	750	750	750

表 8-6　　　　　　　1991—2005 年永福县粮食仓储企业库存粮食稻谷情况统计表

单位:吨

年度\单位	1991	1992	1993	1994	1995	1996	1997	1998	1999	2000	2001	2002	2003	2004	2005
合计	50284	51156	28395	19682	39364	39996	41006	44268	45628	44663	26166	17685	16369	3707	3788
粮库						6423	10310	11208	11465	9840	5969	3448	3448	999	910
罗锦						6441	6489	6402	7068	6452	3885	2888	2832	271	96
堡里						2284	1748	2043	2708	2696	1412	786	650	716	421
广福						3485	3521	3726	4457	4865	2969	1831	1845	213	139
苏桥						8242	7988	9176	10100	10464	5908	4624	4501	528	923
百寿						3832	3477	3482	2882	3036	1471	1059	955	79	147
三皇						4461	4263	4233	3203	4109	2955	1510	594	708	1061
永安						2793	2202	2925	3569	3029	1594	1539	1544	193	91
龙江						2035	1008	1073	176	171	3				

注:表中空格为档案遗失,数据无法查找。

粮油加工

粮食加工　1991 年,永福县粮食部门有粮食加工单位 9 个,其中规模较大的有县大米厂(后改为县粮油饲料工业公司)、苏桥粮所加工厂、罗锦粮所加工厂。主要是加工政策粮即国家调拨粮、居民口粮、民政救济粮。是年,全县粮食系统加工大米 6991 吨、面条 257 吨、米粉 204 吨、面粉 650 吨。1992 年,全县粮食系统加工大米 3209 吨、面条 165 吨、米粉 28 吨。

1993 年,粮食购销市场放开,价格依市场价而定。同时取消城镇居民定量口粮平价供应,使全县粮食系统粮食加工业务大幅度减少。1993 年,全县粮食系统加工大米 2336 吨、面条 103 吨、米粉 38 吨。1994 年,加工大米 2004 吨、面条 97 吨。20 世纪 90 年代中后期,由于外调粮食以稻谷为主,城镇居民口粮以市场供应为主,各粮食企业加工数量急剧减少。1995年,加工大米909吨、面条66吨。1996年,加工大米538吨。1997年,加工大米503吨。1998年,加工大米245吨。1999年,加工大米10吨。2000年,加工大米2吨。至2000年粮食系统粮食加工基本停止。

2001—2005年,粮食系统先后新建3家规模较大的大米加工厂,分别是桂林永福福寿米业有限公司（国有控股企业）、罗锦迎福米业加工厂（私营企业）、绿禾米业有限公司（私营企业）。这3家粮食加工厂年生产加工大米的能力为3.80万吨,加工原料主要是优质稻谷。主要产品有:永福香米、永福软香米、绿禾香米、油黏米等10多个品种,加工后的大米主要销往广东和自治区内市场。

油料加工　1991年,永福县各乡镇粮所均有小型油料加工设备,以生产加工米糠油、茶油为主;县大米厂以加工米糠油、大豆油为主。规模较大的有县大米厂油脂加工车间,日榨大豆能力为30吨。

1991年,全县粮食系统加工米糠油4吨、统细糠4980吨。1992年,加工茶油2.60吨、米糠油4.20吨、统细糠153吨。1993年,加工米糠油3.30吨。1994年,加工茶油1.80吨。至1995年粮食系统油料加工生产基本停止。

1995年以后,全县食用植物油的加工,转为以个体经营者采用螺旋机榨、滚压榨榨油茶和花生油为主。截至2005年,食用植物油不再进行统一收购,而由榨油个体经营者自由上市销售。

第五节　政策性粮食供应

库区移民粮食供应

1991年,永福县对水库移民粮食供应,是每年1月至6月供应上年度的粮食,以大米居多。全年总供应量369.70吨。

1992年,按国家水库移民粮食供应政策,增加对桃城乡四合村两岔、老汉冲、六洞屯的水库移民供应定补粮22.90吨。1993—1995年,每年皆按这个标准供应。

1996年,对金鸡河库区、板峡水库茶料村、狮子口水库张村移民,分别每年增加30吨、11吨、13.50吨。从而使库区移民每年补助粮食达到447.70吨。

2001年3月1日,永福县人民政府决定水库移民粮食供应移民负担部分维持每50千克20元标准不变,粮食价差部分由粮食供应企业与当地财政结算。

从2004年起,每年对堡里乡库区淹没区增加库区移民补助粮61.80吨,桃城乡库区每年增加移民补助粮39.60吨。

2005年,全县对水库移民粮食供应总量544.60吨。

表8-7　　　　　　　　1991—2005年永福县粮食企业水库移民粮食供应统计表

单位:吨

年度\单位	1991	1992	1993	1994	1995	1996	1997	1998	1999	2000	2001	2002	2003	2004	2005
合计	369.7	392.6	392.6	392.6	392.6	447.7	447.1	447.1	447.1	447.1	447.1	447.1	447.1	544.6	544.6
粮库		22.9	22.9	22.9	22.9	22.9	22.9	22.9	22.9	22.9	22.9	22.9	22.9	62.5	62.5
罗锦	165	165	165	165	165	195	195	195	195	195	195	195	195	195	195
堡里	127.3	127.3	127.3	127.3	127.3	138.3	138.3	138.3	138.3	138.3	138.3	138.3	138.3	200.1	200.1
苏桥	62.4	62.4	62.4	62.4	62.4	75.9	75.9	75.9	75.9	75.9	75.9	75.9	75.9	72	72
三皇	7.5	7.5	7.5	7.5	7.5	7.8	7.5	7.5	7.5	7.5	7.5	7.5	7.5	7.5	7.5
永安	7.5	7.5	7.5	7.5	7.5	7.8	7.5	7.5	7.5	7.5	7.5	7.5	7.5	7.5	7.5

救灾救济粮食供应

永福县粮食系统积极做好全县"两户两属"（即五保户、特困户、军属、烈属）、重灾户、民政优抚人员的救灾救济粮食供应工作。

1991—1992 年，县粮食系统对救灾救济粮食的供应，由国家提供平价。"两户两属"群众凭证定量定价销售供应，到当地粮所购买。

1993—2005 年，粮食系统救灾、救济粮食的供应，由县财政、民政补贴差价供应救灾救济粮食，逐步过渡到县民政部门委托粮食系统销售供应救灾救济粮食。

1991—2005 年，全县总计供应"两户两属"等粮食（大米）7690 吨。

退耕还林粮食供应

永福县从 2002 年 9 月开始退耕还林粮食供应工作。

2002 年 9 月 10 日，县粮食局印发《永福县退耕还林粮食供应实施办法》。是年 12 月 27 日，永福县粮食局成立退耕还林粮食供应领导小组。

2002 年，全县退耕还林面积 666.70 公顷。2003 年，退耕还林面积 1666.70 公顷。两年合计退耕还林面积 2333.40 公顷。退耕还林地国家每亩每年补助稻谷 150 千克。2002 年、2003 年，永福县实际供应退耕还林粮食合计 3375 吨稻谷。经济林补助年限 5 年，生态林补助年限 8 年。退耕还林粮食价格按自治区人民政府规定每千克 1.40 元包干不变。

2002 年，对退耕还林户只能供应粮食实物，不得以任何形式将补助的粮食折算成现金发放，也不得折算成代金券发放；退耕还林供应的粮食必须达到国家规定的质量标准，永福县退耕还林粮食供应的品种是稻谷。

2004 年起，退耕还林粮食补助金由供应粮食实物改为发放现金，发放标准按每千克 1.40 元不变，对 2003 年应当年供应未供的退耕还林粮食补助也可以改为发放现金。

退耕还林粮食补助资金由中央财政负担，自治区包干使用。2002 年粮食补助资金由中央财政拨款。2003 年粮食补助资金由中央财政拨款改为当地粮食供应企业向当地农行申请贷款，实行中央财政挂账。2004 年粮食补助资金又改为中央财政拨款，粮食补助资金由粮食企业供应粮食实物改为由乡镇财政所划入退耕还林户退耕还林补助资金专户。

表 8-8 　　　　　　　　　2002—2003 年永福县退耕还林粮食（稻谷）供应统计表

单位：公顷、吨

项目 单位 \ 年度	2002 年			2003 年		
	退耕还林面积	应供应粮食	实际供应粮食	退耕还林面积	应供应粮食	实际供应粮食
合计	666.7	1500	1500	1666.7	1875	1875
桃城	36.4	82	82	131.7	148	148
罗锦	33.6	76	76	238.9	269	269
堡里	56.9	128	128	106.9	120	120
广福	66.7	150	150	150.1	169	169
苏桥				157.8	178	178

续表

年度 项目 单位	2002 年			2003 年		
	退耕还林面积	应供应粮食	实际供应粮食	退耕还林面积	应供应粮食	实际供应粮食
百寿	22.2	50	50	71.3	80	80
三皇	22.1	50	50	167.5	188	188
永安	57.5	129	129	100.6	113	113
龙江	371.3	835	835	541.9	610	610

第三章　旅　　游

永福县旅游事业起步较晚。2003 年以前全县旅游收入主要来源于板峡湖景区经营收入和县城旅店旅游项目经营收入。2003 年以后,全县逐渐加大资金投入。2003—2005 年,全县旅游投入 6580 万元,旅游收入 960 万元。

第一节　机　　构

1995 年 7 月,成立永福县旅游公司,属县水利电力局管辖,负责板峡湖旅游营业及宣传、促销工作,在职人员 4 人,其他人员从社会招收。

1999 年 12 月,成立永福县旅游局,同时挂"永福县旅游事业管理处"牌子,属县人民政府直属正科级事业部门。具体负责县内旅游资源的规划、开发和管理工作。办公地址在县政府大院内,有编制 2 人,实有人员 2 人。县旅游局成立之初,配副局长 1 人,主持工作。2001 年 7 月以后才配置局长主持工作。2005 年,县旅游局有人员编制 4 人,实有干部 5 人。2001—2005 年,历任县旅游局局长有:陈美继(2001年 7 月—2005 年 12 月)。

第二节　旅游经营

永福县旅游业起步较晚。1995 年 7 月之前,全县旅游资源尚未得到开发,旅游经营还是一张白纸。

1995 年 7 月,永福县旅游公司成立,并对外开放营业,主要负责板峡湖景区经营及宣传、促销等。当年旅游经营的内容有:航游板峡水库湖区、接待各类会议、民族歌舞、餐饮住宿、卡拉 OK、油茶、药浴、瑶寨民族风情等项目。当年游客逐步增多。1996 年接待游客达 1 万多人次,1997 年接待游客达到 10 万多人次。2000 年以后,板峡湖景区游客逐步减少。

2000 年,全县旅游行业接待旅客人数 5.74 万人次。旅店床位 700 张,旅馆酒店员工 81 人;旅馆酒店入住率 27%,每位旅客在县内平均消费 47 元。全年旅游营业收入 268.13 万元,利润总额 16.08 万元。

2005 年,全县旅游行业接待旅客人数 5.76 万人次;旅店床位 338 张,旅馆酒店员工 173 人;每位旅客在县内平均消费 68 元;全年旅游营业收入 393.60 万元,利润总额 63.90 万元。

第三节　旅游资源

自然旅游资源

永福县境内地貌复杂,地形多样,特色鲜明。西部是越城岭山系天平山余脉大雾山,中部是天平山余脉大崇山,东南部驾桥岭矗立。而大崇山又把全县分成东西两块槽谷地带,称"三脉两廊"。从空中鸟瞰全县,永福就像一块绿色的菱形翡翠,镶嵌在桂东北大地上。境内高峰林立,最高

2005 年永福金钟山景区永福岩风光　　　　　　　县旅游局　供图

峰登云山,海拔 1253.10 米。洛清江河谷是越城岭、驾桥岭两大山系的接合处,其一级支流 11 条,集雨面积在 10 平方千米以上的大小河流 43 条。独特的地形地貌构成了永福境内的奇山、奇岩、美岭、秀水,景致独特,美不胜收。

永福县境内风景名胜及名山名岩按其所处的地理位置及交通条件,大致上可分为北四乡镇景区景点和南五乡镇景区景点。北四乡镇景区景点有:百寿镇境内有永宁州城、百寿岩石刻、丹砂井、重阳古树、关刀山、文笔山、九落岩、穿岩、钟鼓岩、花岩、豆腐灶瀑布、老岩瀑布等;永安境内有潮水岩,三皇乡荣田村境内有斋岩,龙江乡境内有都琅界、社边风光等。

南五乡镇景区景点:县城至龙江西江漂流风景区;县城中心凤山及其石刻、永福镇湛底瀑布、银洞石占瀑布、福禄井等;罗锦镇境内有月山、血泪岩、金钟山景区、金鸡河水库等;苏桥境内有西登山,堡里乡有驾桥岭(自治区级自然保护区)、板峡湖景区等。

山岭资源　永福县的山,不仅多,而且美,形态各异,姿态万千。一座座山峰拔地而起。比较著名的山

永福县城南部全景　　　　　　　　　　　　　　　　　　　唐庆甫　摄于 2005 年

岭资源有位于县城中心的凤山、永福镇与永安乡交界处的登云山、百寿镇东岸村对河屯东北部的关刀山、苏桥镇石门村境内的西登山、百寿镇双河村与融安县雅瑶乡交界处的苦马岭、龙江乡兴隆村及苏桥镇盘洞村与临桂县两江镇山口村交界处的都琅界、罗锦镇境内的月山等。

岩洞资源　永福县的岩洞，比较著名的有位于百寿镇东岸村境内的百寿岩、百寿镇西面 2 千米处九龙山下的九落岩、百寿镇江岩村境内的穿岩、永安乡枫木村境内的潮水岩、百寿镇五马山上的钟鼓岩、三皇乡荣田村境内的斋岩、罗锦镇林村境内的血泪岩、罗锦镇大西村境内的金钟岩等。

江河资源　永福县的河流纵横交错，共有大小河流 55 条，总长 1120.40 千米。洛清江是境内最大的河流，其主要支流包括西河、茅江、相思江等，各支流于永福县城鹧鸪洲汇入洛清江。此外还有龙江河、百寿河、大邦河、喇嗒河等。

人文旅游资源

长寿生态旅游资源　永福县四季分明，冬短夏长，历年均温 18.80℃；空气中负氧离子含量为每立方厘米 8 万多个，超过平原地区 30 多倍。境内河流纵横交错，水质优良。2005 年全县森林覆盖率达 74.10%。

永福是世界闻名的"东方神果"——罗汉果原产地和中国罗汉果之乡。县境珍稀物种繁多，拥有天然药物资源 2741 种。在国家重点经营的 20 种中药材中，永福县有 11 种。

境内土壤中所含的微量元素很高，其中"生命元素硒"的含量最高。

据 2000 年第五次全国人口普查数据显示，永福县人均预期寿命为 75.24 岁，分别高出全国和广西人均预期寿命 3.24 岁和 1.95 岁。

水源丰富、空气清新、气候宜人是生活在永福环境中长寿之谜。2000—2005 年，永福县迈出了建设"生态和环境一流县"的步伐。据环保监测部门监测，永福县空气中二氧化硫年均值为 0.0063 毫克 / 立方米，可吸入颗粒物年均值为 0.0157 毫克 / 立方米，二氧化氮年均值为 0.0387 毫克 / 立方米，空气质量达到国家一级标准。同时空气中负氧离子的含量为每立方厘米 8 万多个，超过平原地区 30 多倍。位于罗锦镇金钟山景区内的天坑自然区，溶洞与河水形成了一套特殊的气流循环，负氧离子含量更是高达 10 万多个。医学专家说，来一次天坑，等于为心肺作了一次全面清洗。

文化旅游资源　永福县是宋代文状元王世则和武状元李珙的故里。据现有资料考证，一个县在同一历史朝代既出文状元又出武状元是独一无二的。

永福县是中国民间戏剧——彩调的发祥地。2002 年被命名为广西民间艺术（彩调）之乡。2005 年永福彩调被列为广西非物质文化遗产。唱彩调、看彩调、品彩调成为永福人民休闲养生的乐趣之一。

永福县境内留存着许多长寿吉祥宝物。如百寿图、丹砂井、重阳树、大"福"石刻、永宁州古城、山南悬棺葬墓、宋代窑田岭遗址等。

第四节　金钟山景区

金钟山景区位于县内罗锦镇东南部，广西旅游线路——桂林阳朔公路中间段，距桂林市 40 千米，距永福县城 20 千米，距阳朔县城 65 千米，是集游览、观光、会务、休闲、度假为一体的综合型旅游度假区。景区占地 2.50 平方千米，由桂林金钟山旅游开发有限公司承揽开发，总投资 1.50 亿元。景区建设分两个阶段：一期开发项目有岩洞观光、天坑、人工湖中心服务区、天体浴场、跑马场、高尔夫练习场、长寿宫等；二期开发项目有洞穴演艺厅、世界建筑博览园等。2002—2005 年，景区一期项目工程全面建设。对外营业指日可待。景区景观类型齐全，有绵延数千米的"大草坪"，有四季常绿的楠竹，有秋红满天的枫树林，还有花香四溢的茶树林。良田阡陌,小径曲曲折折,村落星星点点,自然的田园风光,独具韵味。

景区最著名的景点是永福岩。岩洞穴全长2700米,洞内面积近4万平方米,岩洞内步步皆景,景象变幻无穷,最为奇特的是,在一个洞内,可以观赏到四季不同的神奇景致。中国地质学会洞穴研究会会长、岩溶地质研究所朱学稳教授考察该岩洞后称:"此岩洞是百里挑一的世界奇洞,完全可以开发成世界性的好游览点。"

景区还有风光秀丽的天坑。是截至2005年大桂林旅游圈内发现、开发的唯一天坑。天坑与另一长约600米的溶洞相连,该溶洞内空旷高大,岩壁多为白色结晶体,或雪山或瀑布状,洞内有地下河,沿地下河行走数百米,即到达天坑底部。天坑实为山体坍塌所致。底部面积有800~1000平方米,坑口内收,直径30~40米,坑深30~40米,坑口有藤蔓下垂,坑底有各色低矮植物,坑底侧边有一深潭。整个天坑及溶洞、地下河因可进入性差,人迹罕至,保存完好。在天坑自然景区,溶洞与河水形成了一套特殊的气流循环,负氧离子含量高达10万多个。

永福金钟山全景　　　黄福辉　于2005年摄

永福县金钟山永福岩　　　唐庆甫　摄于2005年

第五节　其他重要景区和景点

永福县境山青、水秀、洞奇,名胜极多。明清时期,永宁州、永福县均有八景。永宁八景为文笔映日、笔架千云、寿岩古篆、竹鸟遗钟、道姑仙迹、六祖禅踪、杨井天泉、龙潭香鲤。永福八景为凤巢玉液、鹤沼金莲、金山耸翠、银洞流清、西江古渡、东岭甘泉、龙溪晚唱、上乘晓钟。由于时代变迁,且保护不够,上列景观或全灭绝,或已遭损,完整保存下来的已不多。1991—2005年,凤山、月山、西登山、登云山、百寿岩、九落岩、穿岩、河陂岩、板峡水库、西河风景区、永宁州古城等,已成为人们浏览、观赏的胜地。

百寿旅游景区

位于永福县百寿镇。主要景点有百寿岩、丹砂井、永宁州古城、千年重阳树、野生国珍海菜花等。还有"中国人民解放军四四零团"烈士陵园、穿岩、小山峡、特色田园风光、果海柑橘林、全国罗汉果集散市场等景观景点。

百寿岩　又名夫子岩,在百寿镇东北半公里处的对河山脚。岩深30米,面积约400平方米,宽敞明亮。相传东晋时葛洪曾在岩中炼丹。岩前原有一井叫丹砂井,据说吃了该井水能长寿,《抱朴子》和《广舆记》均载:廖扶一族人饮丹砂井水皆活到了百岁。宋绍定二年(1229年)县令史渭根据传说和有关记载,便在该岩顶石壁上镌刻了《百寿图》。全图主体是一繁体楷书大"寿"字，长175厘米，宽148厘米，笔力遒劲，雕刻精工。独具匠心的是在大"寿"字笔画中嵌入一百个小"寿"字，一字一体，无一雷同，从图腾文字直至行、篆、隶、真、草诸体皆备，每字旁均注明文体出处。传说《百寿图》可镇风浪，过去士大夫航海、宦游、行商，常将其拓品载于行箧，今人也视之为珍宝。岩壁还有赵孟頫书的"宁寿"、明代总兵俞大猷的《寿岩石壁题铭》和都御史张羽中的《平定古田大功碑》，以及其他题诗石刻23处。岩中石刻已于1980年被广西壮族自治区人民政府列为自治区重点文物保护单位。岩后洞口在明万历年建望北亭，前岩口在清乾隆三十五年（1770

永福闻名的丹砂井水深受游客喜爱

杨志德　摄于2005年5月11日

年）建宁寿亭。原亭因年久失修，于20世纪50年代毁坏。1990年，自治区文化厅拨款修复瞭望北亭，并筑了保护围墙。

丹砂井　位于百寿岩前。东晋道教理论家、医学家、炼丹术家葛洪在《抱朴子》一书中记载："廖扶，家有丹砂井，寿一百五十八岁。"丹砂井由此蒙上神秘无比的面纱。葛洪历经千辛万苦，才找到丹砂井这个他梦想的炼丹之地。丹砂井水，属含硒、锂、偏硅酸、重碳酸钙型矿泉水，达到饮用天然矿泉水国家标准。史料记载，东晋葛洪曾在此汲丹砂井水炼丹，廖扶族人饮此泉水皆长寿，廖扶本人享寿158岁。

重阳古树　在百寿岩前的小村头，有一株重阳古树，又名水蚬木树，树高14.60米，数干胸围5.31米，树的年龄已逾900年。经专家们反复考证得出的结论，这是世界上最大的一株重阳树。更为奇特的是，在这株古树身上约5米高的地方，寄生着一颗比水桶还粗的大榕树。榕树细腻光滑，与粗朴刚健的重阳树紧紧拥抱结成一体，成为一大奇观。

永宁州城　在百寿圩北端。明清两朝为永宁州治所，民国是古化、百寿县治。建于明成化十三年（1477年），始为土城。成化十八年（1478年）改建成石城，城垣内外壁用清一色大料石砌成，中间用泥沙填心，夯整牢固。开拱形城门4座，东曰"东兴"、南为"镇宁"、西名"安定"、北称"迎恩"。隆庆六年（1572年）、万历三年（1575年）、万历十四年（1586年）、清康熙年间（1662—1722年）多次增修。城墙周长1277米、高约6.33米、厚3.20米，墙上建城垛637个，窝铺12间，兵马司4处。门楼4座，原城内建筑有知州署、学正署、训导署、守备署、千总署、书院、明伦堂、养济院、常平仓、文庙、武庙、昭忠祠、城隍庙等。墙上垛头窝铺等，于民国二十年（1931年）被拆去建百寿民众教育馆，现存高度3.70米，周长1277米。城内建筑也因年久失修毁坏。1980年列为广西重点文物保护单位。1990年，广西壮族自治区文化厅拨款修复东门和南门门楼。如今城墙仍完整无损，是长江以南保存最完整的古石城之一。

山南悬崖墓葬　在百寿镇山南村庵子山悬崖峭壁上的仙姑岩里，岩口离地面约60米、洞宽20余平方米。正中央置放一座檀木棺，至今不朽。相传明万历年间（1573—1620年），一个叫青莲的贫弱女子反抗黄姓恶霸逼婚而出家于庵子山修道，死后葬于该岩穴。该墓葬是研究中国西南地区悬崖墓葬的重要资料之一。1983年列为县级文物保护单位。

百寿烈士陵园　在百寿镇校场岭。1949年冬至1951年5月，百寿县境土匪暴乱。中国人民解放军四四零团奉命清剿，历经一年六个月的浴血奋战，消灭了全部土匪。一些官兵在战斗中光荣牺牲。1951年5月30日，百寿县人民政府把分散在县内各地的81位烈士遗骨迁至校场岭集中安葬，建成烈士陵园。陵园面积5282平方米，四周以青砖筑成围墙。烈士墓坐落于中央，纪念塔高高耸立于墓前。塔为五角形，正面刻"中国人民解放军四四零团剿匪烈士纪念碑",侧面刻师团首长、百寿县领导人及百寿县各界人民代表会议的题词,塔座刻剿匪纪事及烈士英名。园内青松翠柏苍劲挺拔,绿草茵茵,洁净幽雅。每年清明时节,人们都前往瞻仰和祭扫。

穿岩　在百寿镇江岩村。岩洞南北相通,长60米,宽敞明亮,可容千余人。岩壁溜光,平如刀削;岩底石板铺平,古为桂林、云南、贵州的主要驿道,也是广西八府赴省城陆上交通的必由之路。南面岩壁有清州牧武越熊题刻的"灵岩一窍"和其他石刻多处,北面岩壁刻王天卿题的"洞天一色",参将陈大器篆刻题诗一首。南岩口东侧曾修灵岩寺,西侧修文昌阁,民国初年已毁。岩北面有一石洞,四季有风吹出,冬暖夏凉。

九落岩　在百寿镇西2千米处,为石灰石暗河岩窟,洞深不可测,从岩口行进1千米多,为一大深潭,一向无人涉过。能游览地段,宽敞平坦,最狭处宽5米、高4米,最宽处为"一洞天",宽约20米、高达50米。岩内石乳、石笋、石幔、石柱等,千姿百态,蔚为奇观,底部泉水斗折蛇行;泪泪有声,优美动听,游鱼随处可见。岩口于明朝时修建九落庙,1949年年底已毁。

野生海菜花　位于百寿镇下家村至白果村海菜花河。海菜花花瓣不大,洁白如雪,花心呈淡黄色,小巧精致。远望,一朵朵海菜花散落于平静的河面上,似满天繁星。海菜花属沉水植物,根在水里,可生长在4米深的水中,对水体要求特别高,水体要清晰透明,无任何污染,才能生长。喜温暖,一般花期5—10月,但在温暖地区,全年可见开花。由于海菜花对水质污染很敏感,所以它是检测天然水源质量的试金石,凡是生长着海菜花的天然水域,其水质可以免检,但现在已属濒危植物。

堡里乡景区景点

板峡湖景区　位于堡里乡,距永福县城26千米。也称板峡水库景区,景区旅游规划面积2570公顷,由板峡湖、东定湖、寨志湖、腾龙湖四大湖区组成,四湖相连,各具特色。板峡湖库区设计总容量8740万立方米,水面面积360公顷。库内可供游人垂钓,有游艇供人游览。库区湖面宽阔曲幽,四面青山环抱,周围群峰叠起,山深林密,云雾萦绕,犹如瑶池仙境一般。其中,观日峰、拨云台、观音山、拉郎坡、猴岛点缀其间,还有浓郁壮乡瑶寨风情的东定瑶寨等人文景观,令人流连忘返。其独特的混凝双曲拱大坝,雄居于夜合山之间,高60米,为广西第一拱坝。坝顶建装饰花栏和两座观库凉亭,峻峭巍峨。湖水下泄时恰似水一瀑,犹如万马奔腾,壮丽无比。水库全长7千米有余,八庙陂一带水面宽达2千米,碧波荡漾,气势磅礴。黄元庙以南水域狭窄,两岸山峰雄峙高耸,林木葱郁,湖光山色,美不胜收。整个湖区,夏季气温平均28℃,凉风习习。身处湖区,炎热酷暑,一扫而空,实在是不可多得的避暑、休闲、登山、水上游乐的综合性旅游胜地。水库外建有招待所,供游人住宿,既舒适又方便。

板峡湖旅游　永福县最早正式开展旅游业的是板峡水库的板峡湖旅游。

1995年7月8日,县人民政府正式成立永福县旅游公司(属县水利局下辖单位),负责板峡湖旅游营业。主要旅游内容有:观赏60米高的广西第一拱坝——板峡混凝土双曲拱坝;湖水下泄时恰似天水一瀑,气势磅礴,壮丽无比;乘船旅游和快艇游览板峡水库湖区;浸泡集几十种草药用铁锅熬水沉淀后盛在木桶内的瑶族药浴,客人可驱寒治感冒,治疗皮肤病;精细

2005年6月3日永福县板峡湖游艇

党史县志办　供图

品尝拉郎坡油茶；上猴岛赏猴，现人与野生动物的和谐；进瑶族农家做客，品味瑶族风情；购置山区瑶民特产；入住集休闲、用餐、住宿、民族歌舞为一体的板峡湖宾馆。从 1995—1999 年，游客较多。其中，1996 年接待游客 1 万多人次，1997 年接待游客达到 10 万多人次。2000 年以后，游客逐渐减少。

宋忠州防御史李珙墓　宋抗金英雄李珙，字温之，李珙墓位于堡里乡罗记村，建于南宋初年。原为青色料石围成，直径 9 米、高 2 米余，墓前有一对石人石马。1968 年，附近村民将石人石马和围墓料石打碎烧石灰。今在仅存一个直径 8 米、高 1.50 米的圆形土堆和一块墓碑。碑上刻"宋忠州防御史温之李公墓"。

县城周边景点

凤山　古称华盖山、凤巢山，在永福县城中心。山脚三面环水，山上古树参天，郁郁葱葱，山顶电视差转铁塔高高耸立，气势雄伟。过去有飞凤阁、澄心寺、王李二公祠、览翠亭、一览亭、听松亭等建筑，俱已毁。山上尚存古迹多处。山顶有大福石、玉液池。大福石上刻一楷书大"福"字，据传为清代听石僧所刻。字高 83 厘米、宽 78 厘米，书写奇特，每划收笔处均现五个指痕。传说是按李珙掌书福字真迹刻成的。玉液池又名凤巢玉液，相传隋、宋两朝凤凰多次结巢于山顶，百鸟翔集。靖江节度使报告宋王室。朝廷派采访使来察看，凿开凤巢下面大石，得到美玉一块。凿处成池，冒出一泓泉水，清冽甘美。人们称它为玉液池，并在池旁石壁上刻"玉池"二字。如今泉水仍常年流淌。山腰东南有状元坪，正南有状元石，石上刻"碧梧翠竹"四字。西南有状元岩，岩壁刻"王李二状元读书处"。这些地方相传为宋代王世则和李珙文武两状元读书的地方。北山腰有清代诗僧听石之墓。1985 年，凤山被辟为公园，从山脚修一曲折盘旋的梯级水泥路至山顶，在山顶修筑了一览亭，在南北山腰分别重建了览翠亭、听松亭，将状元坪辟为花圃。1996 年，在山顶复建澄心寺。

窑田岭窑址　宋代窑址，在县城南部 2 千米处的洛清江两岸，面积约 12 平方千米，具体分布在窑田岭、徐水冲、大部岭、塔脚岭、牛子坪、鬼塘岭、瓦窑岭、木浪头 8 个地方，共 23 座。窑址附近，瓷器遍地散布。1979 年自治区文物工作队发掘 3 座窑址，出土了碗、盘、碟、壶、罐、腰鼓等 30 多种青釉印花瓷器，徐水冲几座窑址现在保存最为完整。据考证，属宋代青瓷器窑址。1980 年列为广西壮族自治区文物保护单位。

山北洲窑址　在县城北 2 千米处的小窑门，为宋代青瓷器窑址，表面上已分不出几座，仅一座斜坡龙窑仍保存完整和 800 平方米堆积层中遗物散布，有碗、盘、壶、瓶等彩釉瓷器。1983 年列为县级文物保护单位。

登云山　在县城西面，距县城 12 千米。为天平山支脉大崇山主峰，海拔 1253 米，原为永宁州和永福县交界山。山顶重峦叠嶂，高耸入云。金秋登高，可远眺桂林。山腰林木葱茏，常年云雾缭绕。东南山腰，清顺治年间建登云寺，明觉禅师曾在寺中修炼，今遗址上还有石墙、石臼、石碑多处。寺下有一石洞，水从洞中直泻而出，飞落山脚，远眺犹如白练，古称"银洞流清"，为永福八景之一。该山山高谷深，幽静无比，冬天未冷先寒，从古至今，这里都是人们游览胜地。

苏桥镇景点

狮子口湖景区　位于县内苏桥镇大罗村，处丘陵山区地带，距桂林两江国际机场 6 千米，距桂林市中心 26 千米，距永福县城 20 千米。总库容 774 万立方米，地下泉水补给丰富，湖水清澈，湖区周边亚热带树木繁茂，野生动物丰富。

波村汉墓群　在苏桥镇波村西南的锣鼓坪，分布在约 0.25 平方千米的山间。共 28 座汉墓，现可辨认的 12 座土堆墓，最大的墓高 4 米，直径约 20 米；最小的高 2 米，直径 10 米。曾被不法分子盗挖 3 座，后自治区考古队对被盗之墓进行清理，发现一批汉代陶器。1983 年列为县级文物保护单位。

西登山　在苏桥镇石门村境内,距村委会驻地3千米。山上竹荣林茂,远望黛色苍苍,秀丽多姿。山上古迹有龙口庵和龙口井。龙口庵,在西南山腰,原由永福、临桂、义宁、永宁、龙胜、阳朔、融县七县民众集资修建,庙宇三进五座,规模宏大。龙口井在庵内大殿前,泉水清澈甜美,四季不涸不盈。20世纪"文化大革命"期间,庵宇已毁,井尚存。1996年,复建龙口庵。留下30余块修庵记事、题诗石碑。该山古今都是人们游览胜地。

古桂柳运河　又名南陡河、桂柳古运河,开凿于唐长寿元年(692年),全长15千米。主体工程相思埭在临桂县境。相思埭分相思水为二,一水东流上接漓江,一水西向下通洛清江支流大溪河,沟通漓江和柳江,为桂林至柳州水运要道。清雍正七年(1729年)兴工疏浚,沿河建闸陡24座。乾隆二十年(1755年)又在相思埭建二闸,船只便可常年通行。运河流经永福6千米,东起罗锦镇桐古街,西至苏桥镇太平村与大溪河汇合。现在陆路交通日益方便,运河年久失修,已不通航。

罗锦镇景点

崇山古民居　位于罗锦镇北部,距离永福县城20千米。相传始建于清乾隆年间,已有300多年历史。包括李氏一门旧居、李氏家族祠堂以及其他古民居。

李氏一门旧居由六家大院并排组成,排列整齐,规模宏大,每个大院之间建有侧门和巷道相通,地面用青石板铺设。旧居为小青瓦盖面,硬山顶式砖木结构二层建筑,外墙均用青砖砌筑,墙基部分用料石砌筑,防火山墙为骑马头墙。每家大院均为四进三开间,大门位于房子正前方,大门内有天井,四周有院墙。每进之间也有天井,天井两侧开有侧门,既可方便进出,又加强了6个大院之间的联系。房屋正中为堂房,两侧为厢房,内部结构较为简单,仅用砖墙或木板屏风分隔,屏风有的已经损坏,偶见有雕花、刻画等艺术装饰。

李氏宗族祠堂相传建于清乾隆年间,为三进三间砖木结构建筑,大门为拱形,高约六米,门内有天井,四周砌筑围墙,二进中间有天井,两边为厢房,后厅保存较为完好。前后厅及厢房的檐廊均用各石铺设。

其他古民居尚有20多座,只是规模小一些。

月山　在罗锦圩南端。平地拔起,一枝独秀。山顶怪石嶙峋,山脚清溪似带,西南一池,形如圆月,山得名于此。

罗锦镇崇山古民居

唐庆甫　摄于2005年

山腰四面有洞,洞洞相通,曲折错综,仿佛迷宫。西面一洞,宽敞明亮,内有石乳雕成的佛像一尊;明代在洞口处建白觉寺。如今寺虽已毁而佛像还保存完整,山上曾建醉月楼、延熏阁、潭云曲榭、览月亭等,今已全部毁坏。古往今来,该山一直是当地人中秋赏月、重九登高的游览胜地。

河陂岩　在罗锦镇林村河陂山下。该山数峰环连,方圆3平方千米。数峰环抱间有一片宽100余米、长500米的高原平地,山凹处筑有石墙,名叫里上寨。河陂岩口在东北山脚。洞穿数座山,有60多个岔洞,宽敞而又景致壮观的有仙牛坪、沙子滩、石磨坪、石门飞泉、桃源洞、盐田等20余处。仙牛坪高近20米,宽100多米,中有一个乳石酷似一牧童,旁边一堆堆乳石极像匍匐的水牛,坪里牛蹄似的小坑遍布。石磨坪里有4个乳石,形如石磨,上下分明。石门飞泉,一瀑布从方形洞中倾泻而下,声震雷动,气势雄伟壮观。

桃源洞中有山有水、山环水绕、幽雅怡情。盐田处一片斜平地上阡陌纵横，石丘田里，银光闪烁。里上寨和岩洞过去为当地人躲避兵匪战乱的地方。中华人民共和国成立后，岩洞曾一度被石油部辟为直属油库，现油库已迁离，可供游人览胜。

血泪岩　在罗锦镇林村的鳌峰山上，原名下岩。洞内宽广，深 60 余米。民国三十三年（1944 年）冬，日寇侵入县境，当地群众 84 人躲入岩中。11 月 3 日凌晨，日本侵略军冲至岩口放火烧毁人们所藏财物，熏死 79 人。如今岩内白骨累累，人们称之为"血泪岩"。1983 年列为县级文物保护单位。

广福乡兰麻古道

兰麻古道　在广福乡兰麻村的兰麻山，约修于唐初，为永福县至理定县（今属鹿寨县）和柳州的官道。现存 30 米长卵石铺成的梯级古道，每级长 5 米，宽 3 米。最低一级道旁石壁上刻着"太平岭"三字，相传为杨八姐南征侬智高经此地时在马背上用枪（矛）刻成。

西河流域景区景点

西河漂流　永福西河发源于海拔千余米的龙江乡、百寿镇深山密林间，雨量充沛，江水清澈碧透，源头潺潺流水，出没于莽莽森林，淙淙清泉，川流于峭壁幽谷。主要景点有九滩瀑布、仙人桥等。西河流经岩溶地貌，绿水碧波，青山倒挂，陡滩急流，深潭高峡，胜似三峡之奇，顺流漂流，颇具诗情画意，令人流连忘返。西河在县境内长 91.50 千米，全程漂流 50 千米，有"险滩急流鱼拍岸，平湖山静鸟谈天"之佳境，被誉为有桂林"山水之秀"、长江"三峡之险"的游览胜境。

百寿峡谷　百寿峡谷位于县内百寿镇和龙江乡之间，共 8 千米水路，有 12 个深潭、9 处滩、12 道湾、3 大峭崖，不仅两岸景色秀丽，而且每潭、每滩、每湾，都流传着动人故事和美丽传说。

龙江森林公园　龙江森林公园有森林面积 2.57 万公顷，森林覆盖率 84.21％。植被丰富，林相整齐，是江河漂流、森林探险、野营狩猎等回归大自然的好去处。

龙江社边风光　位于县内龙江乡龙山村社边自然屯，距县城 48 千米。2005 年首批获自治区农家乐旅游示范点称号。社边屯依山傍水，景色迷人，富浪漫色彩的吊桥连接两岸，农舍山庄点缀在青山绿水之间。当地村风纯朴，村容整洁，果树飘香；景区设有会议厅、餐厅、歌舞厅、篮球场、排球场、羽毛球场、医疗卫生室等设施；游客可漂流、可沿河冲浪、水上游乐、岸边垂钓、下地采果、登山观景、会议休闲，同时可观赏正宗的罗汉果及香菇种植与加工过程，品尝到纯绿色的山珍佳肴及品味极鲜的龙江河鱼。景区有客房 15 间，餐厅能供 100 人同时就餐。

第九篇

交通　邮电

永福县城樟峡大桥　　　　　　　莫文军　摄于 2003 年

第一章 交 通

1991 年，永福县境内有湘桂铁路（永福段长 70.20 千米）、322 国道永两线（长 21.25 千米）、306 省道桂浮线（永福段长 52.92 千米）3 条主干线；还有县道 217.30 千米，乡道 162.54 千米。1992—2005 年，增修了县道 64.97 千米、乡道 97.10 千米，尤其是在 1997 年 5 月桂柳高速公路（永福段长 52 千米）建成通车。从而使永福铁路、公路、交通四通八达，方便快捷。

县境内湘桂铁路由永福铁路工区负责养护，公路国道、省道和县道干线由永福公路局负责养护，县道普通线路和乡道、村道，由县交通局负责养护，专用公路由乡镇及县内相关单位进行养护。从 1990 年开始对县道进行油路改造。1992 年开始乡镇沥青路面建设，至 1998 年全县 10 个乡镇道路全部实现油路化。2005 年年底，全县境内有国道 2 条长 73.25 千米，省道 1 条长 52.92 千米，县道 8 条长 185.27 千米，乡道、村道 74 条长 454.84 千米，实现了 100% 的村全部通公路的目标。

交通运输企业主要有永福火车站、永福汽车站、县陆运公司、县水土航运公司。铁路运输工具以客货列车为主；公路运输工具以大型客货车、微型车、小型货车和拖拉机（含农用车）为主。客运有省际班线、跨市班线、市内班线、县内班线等。

县内水路运输的客运、货运主要集中在板峡水库及洛清江、西河、茅河等河流。2000 年以后，全县水路客货运输量急剧减少。2005 年，全县水路客货运输量更少。

第一节 机 构

永福县交通局

1972 年 6 月，恢复设立永福县交通管理局，负责全县公路交通运输。1991 年，县交通管理局为县政府工作部门，正科级行政机构，内设政秘股、征管股、公路股、财务股 4 个股室，在职干部职工 14 人。局办公地址在县城建新街 286 号。

2001 年 12 月，机构改革，县交通局为县人民政府主管全县交通工作的职能部门，同时增挂永福县交通战备办公室牌子，内设政秘股、计财股，全局编制 8 人（含交通战备办编制 1 人）。2005 年，永福县交通局内设政秘股、综合股，人员编制 8 人。下辖永福县交通运输管理所、公路管理所、地方交通规费征收稽查所、航务管理所和 9 个乡镇交通管理站，有干部职工 65 人。县交通局办公地址不变，门牌号改为县城凤城路 60 号。

1991—2005 年，历任县交通局局长有：李崇生（1986 年 8 月—1994 年 1 月）、于显东（1994 年 1 月—1999 年 4 月）、秦明生（1999 年 4 月—2005 年 12 月）。

永福县公路局

1971 年 2 月，恢复设立永福县公路局，为桂林公路总段下属单位，县交通局代管。1991 年，永福公路段为正科级机构,内设办公室、财务股、工务股、机料股,下辖道班 13 个,管护县内公路干线(即国道、省道)。全县公路段系统职工 125 人,公路段办公地址在县城东江街接官亭 277 号。1992 年 8 月,永福公路段改名为广西壮族自治区永福公路局(简称永福公路局),为自治区公路管理局所辖事业单位,正科级,其人事、财务隶属桂林公路局直接领导和管辖,县交通局代管机构,负责县境内国道、省道和县道干线的管理养护。局机关内设办公室、财务股、工务股、机料股、公路派出所(路政大队)。2005 年,永福县公路局内设办公室、财劳股、机料股、派出所、养护股、工程股、工会 7 个股室,有在职干部职工 58 人。办公地址在县城凤翔路 60 号。

1991—2005 年,历任县公路局(含公路段)局长有:王有芹(1991 年—1997 年 8 月)、文运松(1997 年 8 月—2003 年)、陈志华(2005 年 1 月—2005 年 12 月)。

永福县交通战备办公室

1985 年 1 月 31 日,永福县交通战备领导小组成立,领导小组下设办公室。1997 年 11 月,成立永福县国防动员委员会交通战备办公室,设在县交通局,设主任 1 名,为永福县负责交通战备动员的职能部门,行政编制 1 人。2001 年 12 月,机构改革,县交通战备办仍定为职能机构,挂靠县交通局,主要管辖永福境内包括铁路、公路、水路、电信等部门的国防交通战备工作。办公地址在县交通局内。至 2005 年不变。

县交通局下属单位

县公路管理所　1991 年,县交通局下辖的公路办公室负责县乡公路建设养护等工作。1992 年,县交通局公路办公室改为县公路管理所,主要负责全县县乡公路的建设、养护等工作。至 2005 年,该单位一直存在。

县交通局路政队　1997 年 10 月,从县公路管理所分离出来成立县交通局路政队,主要负责保护路产,维护路权,依法查处各种破坏路产行为,控制公路两侧建筑红线。2005 年县交通局路政队重新划归县公路管理所。

县交通运输管理所　1985 年成立县交通运输管理所,属交通局二层机构,配工作人员 5 人。1993 年升格为副科级事业单位,主要负责全县公路运输行业管理工作。2005 年县运管所在职人员 8 人。

县地方交通规费征收稽查所　1994 年成立永福县交通规费稽征办公室,隶属县交通局。1997 年更名为县交通规费稽查所,性质为副科级事业单位,专门负责全县地方交通规费征收稽查工作。

县航务管理所　1994 年 10 月,成立县交通局水上运输安全办公室(简称水运办),主要职责是管理全县水上交通运输安全事宜。1999 年更名为县航务管理所。2005 年成立县港口管理所,在县航务管理所挂牌,实行一套人员、两块牌子,属县交通局二层机构,不增加编制。是年,县航务管理所编制 5 人。

第二节　公　　路

公路管理

路政管理　1991 年,县交通局公路办公室负责县道、乡道的路政管理,保护路产,维护路权,制止和查处在公路上及公路用地范围内摆摊设点、堆放物品、倾倒垃圾、设置障碍、挖沟引水、利用公路边沟排放污物或者进行其他损坏、污染公路和影响公路畅通的活动；制止和查处在公路建筑区内修建建筑物和地面构筑物；对跨越、穿越公路架设、埋设管线及在公路建筑控制区、公路用地范围内架设、埋设管线、电缆等设施实施管理；对在公路上增设平面交叉道口实施管理；管护公路两旁绿化带。1992年，县交通局公路办公室改为县公路管理所，负责全县公路路政管理。1997年10月，成立永福县交通局路政队，负责县境内公路线路县道5条122.26千米、乡道31条190.54千米的路政管理工作，至2005年不变。

永福高速公路收费站　　　蒙明德　摄于2005年

1991年，永福公路局负责境内国道、省道和县道干线的路政管理工作。1993年，增设公路派出所。永福公路局负责境内良永线23千米、桂浮线永福境内54.33千米、永两线22千米、永堡线22千米的路政管理工作，至2005年不变。

交通规费征收　1991年，永福县继续执行自治区交通厅、自治区财政厅、自治区物价局《关于调整公路养路费征收标准的通知》规定：能够确定营运收入的运输车辆，恢复按营运收入总额的15%计征；不能确定运输收入的车辆（含承包、租赁车辆）其征收费额为：营运客车、客运后三轮摩托车、主要从事旅客运输的客货两用车，每吨每月征收160元；普通货车、特种车辆、重型汽车、大型平板车、不是主要从事旅客运输的客货两用车、非营运客车、汽车挂车，每吨每月征收130元，以上车辆主人，可与稽征单位签订养路费统缴合同，按合同规定缴费。凡不签订统缴合同的，每车每年缴纳养路费不少于9个月；按有关规定征收半费的车辆，其养路费按新标准折半计征。从事运输的拖拉机，每吨每月征收120元，每年缴费不少于8个月；从事田间作业兼上公路运输的拖拉机，每年缴费应不少于5个月。

此公路养路费征收标准一直执行到1996年年底。1997年起，永福县交通规费征收标准按1997年《广西壮族自治区交通规费征收管理办法》执行。当年交通规费征收385万元。

2005年，永福县执行自治区新的交通规费征收标准：客、货车按每吨每月征收242元；农用车、拖拉机、摩托车收费标准有新的变动。2005年，全县完成交通规费征收448万元，其中养路费244万元。

公路建设

1991—2005年，永福县境内共有通车公路75条，总长713.12千米。

国道　永福县境内有国道2条，总长73.25千米。

322国道永两线　该路起于永福至两江岔路口，长21.25千米。该路段于民国十八年（1929年）建成简易公路通车。1972年恢复通车。原为县道。1984—1985年，全段铺设沥青路面。1988年增列为"322国道"，与桂泗线（桂林—泗顶矿）相连。县内路段由临桂县两江岔路口至永福县南雄村李家寨。路基宽7.50米，路面宽6米。公路等级4级。1998年县公路局投资对永两线K8—K9、K10—K11的老油路进行中修。2001年投资97.61万元对永两线K11—K13、K14—K16进行油路大修。2002年投资72.07万元对永两线K13—K14、K18—K20的老油路进行大修。2004年投资71.50万元对永两线K0—K1、K6—K7、K8—K9的老油路进行大修。2005年投资0.32万元对青龙口桥维修。至2005年322国道永两线已完成大部分路段全面维修。

桂柳高速公路永福段　1993年10月，桂林至柳州高速公路经交通部批准开工建设，1997年5月1日建成通车。桂柳高速公路在永福境内52千米(起于苏桥镇大罗水库至广福乡波寨)。桂柳高速公路永福段路基宽24.50米(山区路段21.50米),全路为混凝土路面,双向4车道,设计行车时速为100千米,采用全封闭、全立交、全部控制出入口,每个互通式立交的交汇处设有收费站,收费站系统采用电脑自动化辅助,是广西修建的第一条高速公路,号称"广西第一路"。

省道　永福县境内有省道1条,长52.92千米。

S306线路永福段　省道S306线,也称桂浮线。该路起于桂林,经永福至融安县浮石,全长122.30千米。其中:在永福境内52.92千米,1969年建成。1985年,铺设沥青路面,路基宽8.50米,路面宽6米,公路等级4级,是往永福县西部的主要交通干线。1991—2003年,自治区先后投资170.85万元,对桂浮路永福境内路段进行维修。2004年,投资2796万元改建桂浮线永福段K42—K94+920共52.92千米三级公路。2005年,改建工程基本完工,交付使用。

县道　永福县境内有县道8条,总长185.27千米。

良丰至永福线　该路起于桂林市良丰至永福县城,全长40千米,其中永福境内22.82千米。1958年开工建设,1960年全线通车,路面宽5.50米,泥结石路面结构。该路与桂林至阳朔公路衔接,公路等级4级。1999年自治区投资99万元,2000年自治区投资91.61万元,2002年自治区投资72.07万元对良永线永福段进行大修和沥青路面修建。2004年永福县投资880万元对县城出口一级公路良永线K36+700—K38+700进行改建。同年,投资44.27万元对良永线永福段长20.16千米二级路进行改扩建工程。2005年,基本完成改扩建工程。

鹿清线　该路起于鹿寨县城至永福县三皇乡清水村,全长68.50千米,其中永福境内长19.33千米。1958年建成,路基宽6.50米。公路等级4级,泥结石路面结构。1997—2004年,永福县先后投资335.70万元,对鹿清线永福段进行大修和沥青路面修建。2005年完成改扩建工程,交付使用。

永堡线　该路起于永福县城至堡里乡政府,长21.60千米。1960年建成,路基宽5米,路面宽4米,沙土路面结构,公路等级4级。1996—1998年,县内投资400万元修建了长21.60千米的沥青路面。2001年县内投资120万元改建永堡线K2+440—K3+586路段路基路面,改建K3+350大坪子桥为钢筋混凝土板桥,改建涵洞6座68.70米。2002年县内投资129万元改建永堡线K0+786—K2+440路段的路基路面,改建涵洞11座110.70米。2003年县内投资14.15万元对永堡线茅江大桥桥面进行大修;投资24.50万元对K21—K23+600油路进行大修。至2005年基本完成永堡线大部分路段维修。

永矮线　该路起于永福县城至广福乡矮岭村,全长24.97千米。1970年,建成通车,路基宽7.50米,路面宽3.50米,泥结石路面结构,公路等级4级。

牛河至龙隐线　该路起于龙江乡牛河公路桥至龙江乡龙隐村,全长28.50千米。1969年建成牛河大桥至龙山村段。1974年建成龙山村至保安村段。1984年修通保安村至龙隐村段。该路路基宽4.50米,路面宽3.50米。泥结石路面结构,等外公路。1990年11月,牛河至龙山段8.86千米改建成四级沥青路面。

江岩至喇嗒线　该路起于百寿镇江岩至永安乡喇嗒村,全长39.18千米,途经凤凰、永富、军屯等建制村。1959年永福县政府拨款2万元,民办公助修通江岩至凤凰段,长7.50千米。1964年由交通部门集资5万元,次年修通凤凰至永安段,路基宽6.50米,路面宽3.50米。1995年由县交通局、县重晶石矿、永安乡政府共同投资修通15.34千米,从永安延伸至喇嗒村段,泥结石路面结构,等外公路。

干校至罗锦线　该路起于苏桥干校,经苏桥镇政府,至罗锦镇上村,全长20.26千米。其中,苏桥干校至大溪河(苏桥镇政府驻地),长6千米。1988年3月动工修建,由桂林地区交通局投资9万元,永福县政府投资4.50万元,桂林地区氮肥厂投资3万元,苏桥乡政府投资1万元,交县交通局设计施工。1989年元月建成通车,路基宽7米,路面宽4米。泥结石路面结构,公路等级4级。1992—2001年,筹资兴建经苏桥镇政府延伸至罗锦镇上村段,全长20.26千米,四级砂土路。

永兴线　该路起于永福县城至龙江乡(兴隆村)段。1999年8月开工兴建,2003年竣工使用。该路从永福县汽车总站起,经永福镇的湾里村、四合村、泡口村,至龙江乡的仁合村、兴隆村,终点与柳州市融水县 306 省道 K48+400 处相接,全长 29.37 千米,是桂林市永福县与柳州市融水县间的县际联网路。该路路基宽 6.50 米,路面宽 5 米,泥结碎砾石路面,公路等级 4 级。总投资 1302 万元,共完成路基土石方 90.34 万立方米,涵洞 1260.60 米 /104 道,路基排水及防护工程 2169.30 立方米,泥结碎砾石路面积 18.50 万平方米,小桥 112.20 米 /4 座,中桥 95.20 米 /2 座。

乡道 永福县境内有乡道 38 条,总长 259.54 千米;村道 36 条,总长 195.30 千米。

三(皇)华(山)公路 该路起于三皇圩至华山村,全长 4.70 千米,其中 1 千米为等外路,3.70 千米为四级公路,沙土路面。1997 年动工,1999 年竣工,总投资 120 万元。

三(皇)六(龙)公路 该路起于三皇圩至六龙村村部,全长 6.10 千米,其中 1.60 千米为等外路,4.50 千米为四级公路,路面宽 6 米,沙土路。1997 年 7 月动工,1998 年建成通车。

三(皇)马(鞍)公路 该路起于三皇圩至马鞍村村部,1997 年 1 月动工,全长 2 千米,四级沙土公路,总投资 60 万元。1999 年 10 月建成通车。

清(水)古(城)公路 该路起于三皇乡清水村村部至古城村村部,全长 2.60 千米,路面宽 5 米,总投资 90 万元。1997 年 9 月动工,1998 年 12 月竣工,为沙土路。

马(陂)亲(睦)公路 该路起于广福乡马陂村部至亲睦自然屯,1970 年修建,全长 1.10 千米为沙土公路。1999 年改为建沥青公路,总投资 52 万元。

矮(岭)潮(水)公路 该路起于广福乡矮岭村部至潮水自然屯,是在原湘桂铁路路基的基础上,按四级公路标准改建而成,沙石路面。该路于 1991 年 8 月底动工,1993 年 3 月竣工,全长 7.50 千米,路基宽 4.5~6.50 米,为民工建勤方式修建,总投资 225 万元。

永(福)渔(梁)公路 该路起于永福县城至广福乡龙溪村渔梁自然屯,原是 1993 年修建桂柳高速公路的一段辅道。1997 年改建为四级公路,泥结石路面。该路途经下窑、马路、龙溪、龙溪电站、渔梁屯,全长 8 千米,路基宽 6.50 米,路面宽 3.50 米,总投资 114.45 万元。

永(福)银(洞)公路 该路起于永福县城西江大桥桥头至桃城乡银洞村,全长 3.80 千米,路基宽 4.50~5 米,为等外沙土路。1998 年 9 月建成,总投资 155 万元,为民工建勤方式修建。

葡(萄)五(里)公路 原名葡广公路,起于广福乡葡萄至广福乡政府段,1973 年修建,由人行小路改建而成,长 2 千米,路基宽 4.50~7 米,路面宽 3.50 米,沙土路。1993 年因修桂柳高速公路,修建由广福乡政府延伸至大石村的公路辅道长 13 千米,为泥沙路。

龙(隐)丹(江)公路 在 1973 年修建龙江乡政府至龙隐村村部公路长 19.50 千米的基础上,1998 年 7 月,龙江乡以民工建勤方式修建从龙隐村起到丹江村段,全长 8.90 千米的龙丹公路,路面宽 4.50 米,为四级沙土公路,于 1999 年竣工通车。

罗(锦)米(田)公路 该路起于罗锦圩至米田村部,全长 5.70 千米,四级沙土路。1997 年 11 月建成通车。

农(场)高(崇)公路 该路起于罗锦初中至高崇村村部,长 2.20 千米,其中 1 千米为等外路、1.20 千米为四级沙土路,总投资 80 万元。1998 年建成通车。

关(星堡)上(笑)公路 该路起于罗锦镇下村关星堡自然屯至上笑村村部,长 8.90 千米。1957 年 7 月修建此公路,目的是为 1958 年大炼钢铁运送物资所需而修建,该路总投资 300 万元,其中 4 千米为等外路、4.90 千米为四级沙土路。1957 年 11 月通车。

太(和)枫(木)公路 该路起于永安乡太和村部至枫木屯,全长 3.60 千米,四级沙土路。1997 年 12 月建成通车,投资 120 万元。

龙(江)龙(隐)公路 该路起于龙江乡政府所在地龙山村至龙隐村部,全长 19.61 千米,路基宽 6 米,路面宽 3.50 米,其中 6 千米等外路,13.61 千米为四级沙土路。1973 年修建。1978 年建成通车,总投资 600 万元。1995 年投资 300 万元铺长 13.61 千米沥青路面,其余 6 千米为沙土路。

军（屯）永（新）公路　该路起于永安乡军屯村村部，至永新村村部，全长 11 千米，其中 2 千米等外路、9 千米四级沙土路。1982 年 7 月建成通车，总投资 400 万元。

树（桥）良（村）公路　该路起于苏桥镇树桥村村部至良村村部，全长 2.90 千米，其中 1.90 千米为等外路、1 千米为四级沙土路。1997 年建成通车。

苏（桥）大（罗）公路　该路起于苏桥镇圩上至大罗村村部，全长 5.80 千米，路基宽 6.50 米，路面宽 3.50 米，沙石路面，四级公路，以民工建勤方式修建。此路延伸至临桂江西公路，与省道桂泗公路相连。工程投资 47.04 万元。于 1996 年开工，1997 年 7 月竣工通车。

苏（桥）太（平）公路　该路起于苏桥镇圩上，至太平村村部，全长 2.60 千米，其中 1.10 千米为等外路、1.50 千米为四级沙土路。1996 年开工，1997 年 8 月竣工通车。

干（校）黑（石岭）公路　该路起于苏桥镇干校至黑石岭村村部，全长 3.10 千米，其中 2.10 千米为等外路、1 千米为四级沙土路。1996 年动工，1997 年 9 月建成通车。

干（校）盘（洞）公路　该路起于苏桥镇干校，至盘洞村村部，全长 4.85 千米，路基宽 6 米，路面宽 4.50 米，四级沙土路。1997 年 3 月动工修建。是年 8 月竣工通车。

堡（里）三（多）公路　该路起于堡里乡圩上，至三多村村部，全长 2.64 千米，1974 年修建为机耕路。1997 年改建成 1 千米为等外水泥路、1.64 千米为四级沙土路。

堡（里）清（坪）公路　该路起于堡里乡圩上，至清坪村村部，全长 10.30 千米，1971 年修筑。1974 年建成通车，路基宽 6 米，路面宽 3.40 米。泥结石路面结构。

毛（洞）渔（洞）公路　该路起于永福镇渔洞村毛洞屯，至渔洞村高街、大方屯，是通往永福镇渔洞高街、大苏大方等村屯的唯一公路。此路原是机耕路，还需过堡里河，晴通雨阻。1992 年按四级沙土公路标准改建。该路全长 1.98 千米，路基宽 4.50~6.50 米，路面宽 3 米，泥结石路面。1993 年 4 月竣工通车。

罗（田）拉（木）公路　该路起于堡里乡罗田村村部，至拉木村村部，全长 7.50 千米，其中 3.50 千米为等外路、4 千米为四级沙土路。1998 年建成通车。

专用公路　1991—2005 年，永福县有专用公路 17 条，总长 177.55 千米。

林区公路　20 世纪 70 年代至 80 年代，永福县林业部门为开发林业资源，投资 143.44 万元，修建 6 条林业专用公路，总长 61.35 千米。其中，70 年代修建 4 条，长 31.97 千米；80 年代修建 2 条，长 29.38 千米。

矿山公路　全县有 8 条矿山公路。其中，20 世纪 70 年代修建 2 条，长 17 千米；80 年代修建 6 条，长 86.20 千米。

板峡水库公路　该路起于堡里乡圩上，至板峡水库，长 3 千米。

龙溪电站公路　该路起于广福乡圩上，至龙溪电站，长 2 千米。

微波台公路　该路起于永福镇渔洞村至白马山微波台，长 8 千米。

简易公路　1991—2005 年，永福县乡村还建有简易公路 36 条，总长 195.30 千米。这些公路多是在 20 世纪 70 年代农业学大寨中修建的机耕路，后来逐步加宽加固成简易公路，晴通雨阻，可以通行汽车等交通工具。

公路养护

永福县对公路实行分级管理，对国道、省道干线由永福公路段（局）养护，对县道、乡道、村道支线由永福县交通局养护。

国道、省道、县道干线养护　1991 年，永福县境内的国道、省道、县道干线 5 条，长 137.92 千米，由永福县公路局道班（养护站）负责养护。其间，永福县公路局有 4 个道班（养护站），分别是苏桥干校道班，养护工 7 人，负责国道永福县城至两江岔路口，长 21.25 千米的养护；百寿道班（养护站）养护工 14 人，负责省道桂浮公路永福路段 52.92 千米和鹿清公路永福路段 19.33 千米的养护；罗锦道班（养护站），养护工 7 人，负责良永公路永福路段 22.82 千米的养护；红旗场道班，养护工 5 人，负责永福县城至堡里乡政府 21.60 千米的公路养护。1991—2005 年，养路费由上级拨给，机械设备有"解放"牌翻斗车、双排座公务车、摩托车、革新车、压路机、移动式碎石机等。2005 年，永福县公路局管养国、省、县道公路干线 8 条长 202.89 千米，养护工人 33 人。在公路养护中，主要是加大路面的保护力度，春季抓绿化、雨季抓抢通、夏、秋季抢修路面，冬季抓备料、路面整治，每年进行剪灌木、补植路树，实现公路两侧 100% 的绿化率。同时处置发生公路水毁和出现冰冻天气造成车辆运行困难等突发事件。

县道、乡道、村道支线养护　1991 年，永福县境内的县道、乡道、村道支线 12 条，长 125.52 千米，由永福县交通局道班负责养护。其间，永福县交通局有 12 个道班。分别是广福大屯道班，养护工 2 人，负责永福县城至广福葡萄 9 千米的公路养护；广福石祥道班、白岩道班，共有养护工 5 人，负责广福葡萄至矮岭公路 18.08 千米的养护；苏桥道班、彭庄道班、崇山道班，共有养护工 7 人，负责苏桥干校至罗锦镇公路 20.20 千米的养护；龙江田厂道班，有养护工 2 人，负责牛河大桥至龙山公路 8.50 千米的养护；永安道班、喇嗒道班、社胆道班、凤凰道班，共有养护工 16 人，负责永安喇嗒至百寿江岩公路 40.34 千米的养护；湾里上台道班，有养护工 6 人，负责永福县城至龙江兴隆公路 29 千米的养护。1991—2005 年，养护费由县财政拨给，机械设备有翻斗车、革新车、农用车、压路机、移动式碎石机等。

2005 年，县交通局负责管养公路 31 条长 222.62 千米。县交通局在县、乡、村道路的管养中，对县道长度 125.25 千米配设道班常年养护；乡道由交通局组织群众进行季节性养护；村道与有关生产队签订合同，落实经费、路段，由生产队组织群众管养。

林区和矿山专用公路，各自管养，多数采用落实专人、定报酬、分路段养护，也有组织专业队伍常年养护或临时组织人员突击养护。

道班（养护站）建设　永福县的公路养护，主要由道班队伍完成。1991 年，永福县公路局和交通局共有道班 16 个，工人 93 人，养护公路 263.44 千米。随着公路事业的发展，养护道路逐步实现器械操作。2002 年，全县道班配置公务车 1 辆、翻斗车 11 辆、洒水车 1 辆、工程汽车 2 辆、中拖 3 台、压路机 3 台、沥青机 2 台、振动夯 3 台。每个道班都有公路养护器械。2005 年，永福县共有道班 16 个，养护工人 71 人，其中县公路局道班 4 个，工人 33 人；县交通局道班 12 个，农民合同工 38 人。

公路运输

公路运输市场管理　1991 年后，县交通运输管理所依法加强交通运输市场监督管理，进行过多次运输市场整治工作。1993 年，对县内客运班线经营权进行招标议标竞争，取得班线客运经营权后按审批权限和审批程序审批，使客运市场井然有序。1994 年，对全县客运班线进行一次全面清理，更换线路牌。1995 年，取缔无证营运车辆。1999 年，整治道路客运市场。2000 年，开展打击非法营运的专项整治工作。2002 年，开展对县境夜班车的检查工作，同时对汽车维修市场进行整治。2003—2004 年，开展客货运输超限超载专项整治。2005 年，开展无证营运车辆专项整治，同时加强对汽车维修市场的管理。

客运站场　1958 年，成立永福县汽车站。站址在县城东江街接官亭 278 号。1991 年，永福汽车站职工 127 人，有客车 24 辆。是年，建筑面积扩建为 5383.42 平方米，每天开行 30 多个班次。1997 年 1 月，在县城北面的桂柳高速公路永福出入口处新建永福汽车客运大楼。1999 年 11 月竣工投入使用，总投资额 800 多万元，占地面积 14193 平方米，其中客运站房及停车场 3000 多平方米、门前广场 1700 平方米。该大楼建设初期为永福交通局贷款承建，与桂林连通公司联营。2001 年 11 月，永福交通局退出，由桂林连通公司独立经营，更名为"桂林连通运输集团有限责任公司永福汽车总站"。2002 年永福汽车总站已发展到拥有客车83辆,员工73人,站场面积3000多平方米的运输企业。2005年永福汽车总站拥有客车103辆,员工74人。

汽车客运 1991年,永福县客运汽车数量为86辆(含桂林汽车总站开往永福客车43辆、永福汽车站客车24辆、个体客车19辆),经营客运班线17条,日接发43个班次。1995年127辆(含私人客车89辆),定员2164客位。2000年129辆(含私人客车114辆),定员2295客位。2005年,全县客运汽车数量增至198辆。

1991年,永福县汽车客运量为192万人次,旅客周转量为5841万人千米。1995年,全县汽车客运量为259万人次,旅客周转量为10319万人千米。2000年,全县汽车客运量为255万人次,旅客周转量为7650万人千米。2005年,全县汽车客运量减少至245万人次,旅客周转量为11771万人千米。

班线客运 1991年,永福汽车站开行客运班线18条,即永福至融安、永福至柳州、永福经两江至桂林、永福经会仙至桂林、永福至三皇、永福至永安、永福至保安、永福至龙江、永福至百寿、永福至矮岭、永福至堡里、永福至罗锦、永福至江月、永福至苏桥、堡里经罗锦至桂林、百寿至鹿寨、百寿至桂林、百寿至龙江等,日接发班车43个班次。

2005年,永福汽车客运总站共开行客运班线41条,长3853千米。其中,省际班线2条771千米、跨市班线8条1064千米、市内班线15条1241千米、县内班线16条738千米。

省际班线 永福至湖南永州客运班线于2002年12月开始运行。每天发一辆,沿途经临桂、灵川、兴安、全州至湖南永州市。至2005年没有变化。

跨市班线 永福—柳州,全程117千米;永福—鹿寨,全程77千米;永福—南宁(琅东),全程385千米;永安—柳州,全程109千米;百寿—柳州,全程135千米;百寿—鹿寨,全程104千米;百寿—融安,全程80千米;三皇—柳州,全程105千米。

市内班线 永福—两江—桂林,全程58千米;永福—罗锦—桂林,全程56千米;保安—桂林,全程89千米;龙江—桂林,全程75千米;龙隐—桂林,全程95千米;永安—桂林,全程116千米;三皇—桂林,全程108千米;百寿—桂林,全程80千米;江月—桂林,全程55千米;堡里—桂林,全程81千米;潮水—桂林,全程86千米;喇塔—桂林,全程131千米;枫木—桂林,全程120千米;苏桥—桂林,全程35千米。

县内班线 永福—苏桥,全程18千米;永福—三皇,全程98千米;永福—矮岭,全程28千米;永福—罗锦,全程15千米;永福—百寿,全程68千米;永福—大石,全程25千米;永福—江月,全程24千米;永福—堡里,全程25千米;永福—龙江,全程70千米;永福—永安,全程106千米;永福—板峡,全程27千米;保安—永福,全程82千米;矮岭—三皇,全长123千米;百寿—龙江,全程17千米;三皇—六龙,全程7千米;百寿—朝兑,全程8千米。

高速公路客运 1997年5月1日,桂柳高速公路通车。永福汽车总站开通了永福至桂林、永福至南宁、永福至柳州、永福至鹿寨对开客运业务,实现高速直达客运。2005年,永福至桂林高速直达快班,每隔20分钟从永福站、桂林总站对开,运行时间为1小时;永福至南宁高速直达每天一班次往返;永福至柳州高速直达每天4个班次往返;永福至鹿寨高速直达每天6个班次往返。

出租汽车客运 1991—2002年7月,永福县尚未有出租汽车客运。2002年8月至2005年,由川籍王氏兄弟组建永福渝邦出租汽车有限公司,在永福县城正式营运,有豪华吉利轿车14辆,司机14人。

汽车货运 1991年,永福县有营运汽车货车352辆,1024吨位。全年运输量89万吨,货运周转量2757万吨千米。1993—1997年,因修建桂柳高速公路和两江国际机场,永福汽车货运量迅速上升。其中1995年全县有营运汽车货车515辆,1643吨位,货运量147万吨,货运周转量10203万吨千米;到1997年货运量达到180万吨,周转量达12600万吨千米。2002年,全县有营运汽车货车629辆,1979吨位;货运量156万吨,货运周转量11435万吨千米。2005年有货运汽车809辆、货运量为185万吨,货运周转量为10900万吨千米。

拖拉机货运　1991年，全县有个体联户拖拉机（含后驱动农用车）665台。1995年，私人拖拉机900台，2000年有私人拖拉机1200台，2005年有私人拖拉机含后驱动拖拉机6100台。其间拖拉机货运发展方向从手扶拖拉机向后驱动农用车发展，从田间耕作走向公路运输发展，从自货自运向经营性运输发展，从本村本乡运输向跨乡跨县运输发展。

第三节　水路　铁路

水　路

水路运输　1991年，永福县水路运输以货物为主，客运为辅。货物运输主要由县航运公司承担。是年，全县完成水上货运量2万吨，货物周转量29万吨千米；完成水上客运量8万人次，旅客周转量119万人千米。1995年，全县水路运输以个体及联户经营为主，全年完成水上货运量12万吨，货物周转量240万吨千米；是年，全县有个体及联户客船27艘，定员803客位，全年完成水上客运量40万人次，旅客周转量8000万人千米。2000年，全县水路运输量急剧减少。全县有私人客船8艘，载客量252客位；私人货船10艘，净载货物重量40吨位；私人客货船58艘，载客量1450客位，净载货物重量232吨位。2005年，全县水路客货物运输量更少。

水上航运管理　1991年，永福县水上航务由县交通局民间运输办公室进行管理。1994年10月，成立了县交通局水上运输安全办公室，加强了全县水上交通运输安全管理。1999年，县交通局水上运输安全办公室更名为航运管理所，专门负责水上安全运输管理，征收、稽查管理营运水上运输交通规费。对乡镇运输船舶、横水渡船舶修造厂（点）进行监督。2005年，成立县港口管理所，与县水上运输安全办公室一套人员、两块牌子，对全县港口规划、经营、安全监督管理。

水路航道　1991年，永福境内主要航道有洛清江、西河、茅江等河流。

洛清江航道　为县内主要航道。1970年建龙溪电站筑坝，使洛清江航运里程缩减。1991年，由于公路交通的发展和河床水位的下降，洛清江航运只剩龙溪坝面至永福县城4千米航线，可通行3~5吨小机船。1993年，桂柳高速公路开工建设并修建永福至广福乡大石村的便道后，洛清江航线不再通航。

西河航道　西河为洛清江一级支流，全长53千米，至县城南部汇入洛清江，自北向南流经龙山、西河、兴隆、双江、仁合、泡口、四合、湾里等建制村航道。由于水位下降，航道失修，1991年航道只留下县城至兴隆31.50千米通航，此航道为湾里、四合、泡口、仁合、双江、兴隆等建制村运输客货的主要航线。2003年4月，永兴公路建成通车，客货通航逐年减少。

茅江航道　茅江为洛清江一级支流。1991—2005年，永

2003年6月13日，永福西河上客船运输　　　　张桂发　摄

福至堡里茅江航道沿河水浅滩多,只能通行竹、木筏等。

横水渡口 1991年,永福县有横水渡口25处,分别为县城西河、湾里、长塘、泡口、渔排上、潘村、大洲坪、上塘、下塘、鸡石湾、龙溪坝上、大石、兰麻、彭庄、枫木塘、桐陂、卢村、小驿口、仁合、小当、拉茶、塔山、里旺、江北、黄洞等。均为人渡,使用渡船25艘,全部为木质柳叶型船只,主要分布在洛清江、西河、茅江、百寿河、相思江、龙江河等,隶属7个乡镇,25个自然村。20世纪90年代至21世纪

2005年10月,永福镇湾里村渡口运输　　　　唐庆甫　供图

初,由于经济的发展,县境内原来的横水渡口,已改成钢丝吊桥、浮桥、水泥桥、木头桥等。至2005年,全县还有横水渡口12处,分别是湾里、长塘、泡口、仁合、渔排上、潘村、大洲坪、上塘、下塘、鸡石湾、大石、兰麻等,均为人渡,使用渡船12艘,全部为标准型钢质渡船,每艘渡船定员在18~50客位不等。这些渡船多数是受益村屯的群众集资办的,也有少数是使用国家交通部门补助的经费举办的义渡。

铁　路

湘桂铁路永福段 湘桂铁路永福段于1940年建成通车,北接临桂横山K379+350千米,南至鹿寨县的大端河K409+516千米处,县境内铁路长70.20千米。1991—2005年,湘桂铁路永福段为单线铁路,采用电力机车牵引,牵引定数为3000吨,设计时速120千米/小时。永福段沿线,有大溪河、塘堡、永福、葡萄、石祥、亲睦村、矮岭、波寨8个四等火车站,其中境内主要车站有永福站(地处县城)、大溪河站(地处苏桥经济开发区)。湘桂铁路永福段经过苏桥镇、永福镇、广福乡。有铁桥19座,长1.22千米;隧道9处,长1.42千米。

铁路客运 1991—1996年,湘桂铁路永福境内有客运列车在上述8个火车站停靠上下旅客。每年发送旅客67万人左右。1997—2005年,因境内桂柳高速公路通车,永福火车站(因地处县城)还有7对客运列车停靠上下旅客。每年发送旅客约40万人次,平均日发送旅客1000人次。其他7个火车站(因上下旅客少)取消客运,主要作过往列车会车之用。

铁路货运 1991年,永福境内的大溪河、塘堡、永福、亲睦、矮岭、波寨6个火车站承办货运业务,县城输出的木材、矿石、土特产品等和输入的钢材、百货、化肥、煤炭等物资,大部分通过铁路运送。是年,上述6个车站发送货物29.45万吨,到达货物9.20万吨。2005年,上述6个火车站共计货运量796.80万吨,平均日收发货量为2.19万吨。其中,永福站的货物发送量由2001年的5.60万吨,增长至2005年的10.60万吨;货物营运收入由2001年的260.50万元,增长至2005年的713.60万元。大溪河车站的货物发送量由2001年的1.90万吨,增长至2005年的9.60万吨(主要为苏桥火电厂运送大量煤炭),货物营运收入由2001年的57.20万元,增长至2005年的338万元。

第四节 桥梁 隧道

桥 梁

永福县地貌复杂,地形多样,境内桥梁、隧道众多。1991年,永福县境内有公路桥梁66座,总长2550.03米。其中,大桥5座、中桥10座、小桥51座。2005年,永福县境内有公路桥梁96座,总长6271.07米。其中,按规模分类:大桥15座,长3601.21米;中桥17座,长1118.61米;小桥64座,长1522.35米。按结构分类:钢筋混凝土双曲拱桥18座、钢筋混凝土平板桥30座、浆砌石拱桥47座、钢筋混凝土梁式桥1座。这些桥梁桥面最宽的15米,最窄的4.40米。

国道桂柳高速公路永福段桥梁 桂柳高速公路永福段有13座桥梁。

横山水库桥 位于桂柳高速公路K388+826米处,钢筋混凝土简支板型梁桥,4孔全长78.41米,桥面净宽20米。1997年建成通车。

大溪河大桥 位于桂柳高速公路K390+429米处,钢筋混凝土简支板型梁桥,11孔全长229.18米,宽20米。1997年建成通车。

西河大桥 位于桂柳高速公路K406+540米处,钢筋混凝土连续工板型梁桥,8孔全长222.36米,宽20米。1997年建成通车。

袁家中桥 位于桂柳高速公路K413+517米处,钢筋砼连续板型梁桥,5孔全长84.20米,宽20米。1997年建成通车。

鲤鱼滩大桥 位于桂柳高速公路K418+140米处,钢筋砼连续板型梁桥,12孔全长255.69米,宽20米。1997年建成通车。

麻山沟中桥 位于桂柳高速公路K423+195米处,钢筋砼连续工型梁桥,3孔全长66.10米,宽20米。1997年建成通车。

五里大桥 位于桂柳高速公路K424+775米处,钢筋砼无铰箱型拱桥,2孔全长205.90米,宽20米。1997年建成通车。

兰麻三桥 位于桂柳高速公路K426+013米处,钢筋砼简支板型桥梁,3孔全长66米,宽20米。1997年建成通车。

兰麻二桥 位于桂柳高速公路K427+278米处,钢筋砼简支板型梁桥,2孔全长44米,宽20米。1997年建成通车。

兰麻一桥 位于桂柳高速公路K427+623米处,钢筋砼简支板型梁桥,4孔全长81米,宽20米。1997年建成通车。

波寨三桥 位于桂柳高速公路K434+124米处,钢筋砼连续工型梁桥,8孔全长323.24米,宽20米。1997年建成通车。

波寨二桥 位于桂柳高速公路K434+70米处,钢筋砼连续肋腋工型梁桥,5孔全长48.55米,宽20米。1997年建成通车。

波寨一桥 位于桂柳高速公路K434+922米处,钢筋砼连续工型梁桥,6孔全长204.83米,宽20米。1997年建成通车。

省道306桂浮线永福段桥梁 省道桂浮线永福段有4座桥梁。

白果二桥 位于百寿镇白果村境内,为钢筋混凝土梁式双曲拱桥。建成于1967年。桥长60.30米,宽6米。

白果一桥 位于百寿镇白果村境内,为钢筋混凝土梁式桥。建成于1967年。桥长29.30米,宽6米。

百寿大桥 坐落在百寿镇寿城村与东岸村交界的百寿河上,省道桂浮公路69K+139米处。于1966年下半年开工兴建,1967年10月竣工。该桥全长96.80米,两孔等跨,每孔净跨径35.00米,桥面宽6米,人行道宽2×0.75米,总宽7.50米,桥净高13.50米,桥两边设有菱形图案护栏,设计荷载汽-13挂-80。

牛河大桥 坐落在龙江乡西河村牛河屯西河旁,省道桂浮公路58K+350米处,是横跨西河的公路桥。1966年4月动工兴建,1967年上半年完工。该桥全长124.30米,桥面宽6米,人行道宽2×0.75米,桥净高19.40米,桥两边设菱形护栏,桥上部结构为钢筋混凝土双曲拱型,下部结构为重力式混凝土墩台,设计荷载汽-13,挂-60。该桥是桂泗公路跨径最大,长度最长的桥梁。

县道线桥梁 永福县境内县道线较大的桥梁有8座。

樟峡大桥 坐落在永福镇樟峡村樟峡屯与南雄村李家寨屯之间的东河上,此处原为樟峡渡(位于桥梁下游的100米处),是良丰至永福县城公路的重要桥梁。该桥于1983年3月15日动工兴建,1985年12月15日建成通车。全长205米,为钢筋混凝土双曲拱桥。该桥行车道宽7米,人行道宽2×1.75米,总宽为10.50米,高10.50米,设计荷载汽-20,挂-100。

茅江大桥 又名东河大桥,位于永福县城中心,永堡公路零千米处,为城镇公路桥。此桥于1976年12月动工兴建,1981年10月竣工。桥长318米,行车道宽9米,人行道宽3米,桥高13.50米。由五跨旱拱和两跨主拱构成,主拱每孔净跨65米,旱拱每孔净跨30米,下部为重力式混凝土墩台,上部为空腹式钢筋混凝土双曲拱,设花窗式护栏。设计荷载汽-15,挂-80。

西河大桥 位于永福县城西河街永福至银洞公路0千米处,跨西河,是沟通永福镇西部5个村(即坪岭、湾里、银洞、泡口、龙溪村等)的主要桥梁。全长307.90米,由主桥、引桥组成。主桥3孔,主孔跨径70米,为等截面积链钱悬半波钢筋混凝土双曲组成合拱;另两孔跨径35米,为等截面圆弧线半波钢筋混凝土双曲拱,全长140米。引桥9孔,每孔跨径7米,等截面圆弧线片70拱,全长75.60米,引道二级路92.10米。1992年建成通车,工程造价166万元。

永福县城西河公路大桥　　　　　黄福辉　摄于2005年6月

大溪河大桥 位于苏桥镇政府所在地0.50千米的大溪河上。处在干校至罗锦公路3.80千米处。1974年建成,为钢筋混凝土双曲拱桥。1拱净跨100米,单跨之大,为当时广西之冠。桥长150米,行车道宽15米,两边人行道各宽2.50米,高20米。两侧设花格护栏,设计荷载汽-20,挂-100。

堡里大桥 位于堡里乡政府驻地西南部堡里至三多公路0千米处的茅江上。主桥长110米,引道长530米,全长640米,行车道宽7米,两边人行道宽1.50米,5孔,每孔各跨18米,为等截面圆弧线悬半波式钢筋混凝土双曲拱桥。于1992年12月18日动工兴建,1995年8月竣工。

罗田大桥 位于堡里乡罗田村罗记屯西0.30千米,永福县城至堡里公路12K+275米处。该桥于1981年10月10日动工兴建,1984年5月1日完工。全长179米,行车道宽7米,人行道宽2×0.75米,为钢筋混凝土双曲拱桥,5孔,每孔净跨30米,净高8米。设计荷载汽-15,挂-80。

渔洞大桥 位于永福镇渔洞村和大苏村交界的茅河上。1992年,两个村的群众在上级政府和交通部门的支持帮助下,投资105万元修建此大桥。桥长159.70米,宽4.70米,上双曲拱,下V形桥台,于1994年11月建成通车。设计为汽载-5、汽载-10。

芭芒冲桥 永福至龙江兴隆公路芭芒冲桥位于永兴公路K19+284米处,为永福至兴隆公路的必经桥梁。建于2002年。为1~16米石拱桥,全长40.40米,桥梁行车速度20千米/小时,荷载公路-11级,桥梁为1~13米预应力混凝土空心板桥,宽度为净7.11+20.50米防撞墙。

专用铁桥和立交桥 永福县境内有铁桥19座,其中专用铁桥和立交桥6座。

中洲乐园铁桥 该桥位于原县人民医院对面,跨东河,在东河、茅河交汇口,长33.50米,宽1.50米,高4米,浆砌料石墩台,一墩两跨30米钢架铁桥,钢筋混凝土路面。1992年8月建成。

南雄铁路立交桥 该桥位于永福县城湘桂铁路406K+260米处,永福镇南雄村旁,桥以村名命名,称南雄铁路立交桥。该桥长15.50米,宽8.50米,总投资80万元。该桥于2001年8月5日动工兴建。2001年12月30日竣工。

亲睦公路立交桥 位于湘桂铁路亲睦火车站往南约2千米处,该桥长35.30米,宽7米,高7.60米,一拱净跨13米。该桥于2002年2月动工,2002年10月交付使用。

潮水铁路立交桥 该桥位于矮岭至潮水公路7.50千米处,桥长25.50米,宽5.30米,一拱净跨湘桂铁路12米,于1990年建成。

波寨铁路立交桥 位于潮水至波寨公路2.50千米处,此桥长25.28米,宽7.70米,于1993年建成通车。

永福县县城公路立交桥 该桥位于湘桂铁路404K+792米处,永福县妇幼保健院旁。桥长74.64米,宽21米,4车道,工程预算300多万元。桂林铁路工务区修建。该立交桥于2003年1月1日动工兴建,2004年10月竣工使用。县城公路立交桥是永福县城建设五大工程之一。

隧 道

20世纪60年代,永福县境内的隧道主要为铁路隧道,用炸药爆破修建。

1991年,永福县境内有湘桂铁路永福段隧道9个,20世纪90年代以后,大部分隧道用工程机械开挖。1996年,建成桂柳高速公路潮水隧道。2005年,永福县境内有湘桂铁路永福段隧道9个,桂柳高速公路永福段隧道1个。

湘桂铁路永福段隧道 石祥隧道,位于广福乡石祥至亲睦村车站中间里程,湘桂铁路423.02千米处。1960年修建,1961年竣工,隧道全长89.60米,高8米,宽5米。该隧道为混凝土直墙曲线半径结构。

马陂隧道,位于广福乡石祥至亲睦村车站中间里程,湘桂铁路424.15千米处。1960年动工,1961年竣工。隧道全长96米,高8米,宽5米,两旁开有排水沟。该隧道为直墙曲线半径混凝土、石浆砌结构。1960年竣工。

翁村1号隧道,位于广福乡矮岭至波寨车站中间里程,湘桂铁路428.58千米路段。1960年柳州铁路局对石祥至波寨路段进行技术改造,修筑长156.50米,宽5米,高8米的铁路隧道。

翁村2号隧道,位于广福乡矮岭至波寨车站中间里程,湘桂铁路434.26千米路段。1960年动工,当年完工。该隧道长158.10米,宽5米,高8米,为直墙式混凝土、石浆砌结构。1960年竣工。因隧道地处风化页岩碎石地区,漏水严重。1966—1975年,曾先后两次进行修补。

翁村3号隧道,位于广福乡矮岭至波寨中间里程,湘桂铁路434.56千米路段。全长71米,宽8米,高5米,为直墙式混凝土、石浆砌结构。1960年竣工。

翁村4号隧道,位于广福乡矮岭至波寨中间里程,湘桂铁路434.68千米路段,全长98.90米,直墙式混凝土结构。1960 年竣工。

社背隧道,位于广福乡矮岭至波寨中间里程,湘桂铁路 436.42 千米路段。全长 269.90 米,直墙式混凝土结构,是湘桂铁路线上最长的隧道。1960 年竣工。

潮水隧道,位于广福乡矮岭至波寨中间里程,湘桂铁路 437.66 千米路段。全长 253.10 米,直墙式混凝土、碎石结构。1960 年竣工。

波寨 1 号隧道,位于广福乡矮岭至波寨中间里程,湘桂铁路 438.75 千米路段。直墙式混凝土结构,全长 231 米,宽 5 米,高 8 米。1960 年竣工。

桂柳高速公路潮水隧道　潮水公路隧道位于桂柳高速公路国道 322 线永福段 432 千米处,东边隧道长 484 米,西边隧道长 496 米,洞内路面宽度 8 米,单向 2 车道。1996 年竣工。

第二章　邮　　电

1991 年,永福县邮电局负责管理全县邮政和固定电话、移动电话业务,全年完成邮电业务总量 133.13 万元。1995 年,全县完成邮电业务总量 526.23 万元。1998 年 9 月,县邮政电信两大业务实行分营,分别成立永福县邮政局和永福县电信局。永福县邮政局主营邮政业务,永福县电信局主营电信业务。

1999 年,永福县邮政局调整业务结构,从传统邮政走向现代邮政,实施减员增效工程。2000 年,全县完成邮政业务总量 371.92 万元。2001—2005 年,永福县邮政基础设施建设成果显著,邮政业务快速发展。2005 年,全县完成邮政业务总量 540 万元。

1999—2005 年,永福移动通信快速发展,形成电信行业激烈竞争的格局。先后成立广西移动通信有限公司永福分公司、中国联合通信有限公司永福分公司、中国铁道通信集团有限公司永福经营部,主营全县电信网络及相关的增值业务。移动电话业务发展速度迅猛;寻呼机作为通信技术的一个过渡性产品,2004 年基本淘汰;电子信息化使用领域逐步推广。2000 年,全县完成电信业务总量 1287.79 万元;2005 年,完成电信业务总量达 4247 万元。

第一节　机　　构

永福县邮电局

1953 年 9 月,成立永福县邮电局。1969 年,邮政、电信分开,1973 年,又合并复名县邮电局。1991 年县邮电局内设:行政办公室、邮政业务办公室、电信业务办公室、财务办公室和市话机线班、农话机线班、话务班、报务班、载波班、自动电话班、邮政班、投递班。下辖百寿邮电支局和罗锦、堡里、广福、矮岭、苏桥、三皇、永安、龙江 8 个邮电所。全县邮电系统共有干部职工 128 人。局办公地址在县城东江街 3 号。1998 年 9 月,县邮电局再次分营,分别成立县邮政局和县电信局。1991—1998 年 9 月,历任县邮电局局长有:秦志文(1987 年 10 月—1991 年 11 月)、莫春生(1991 年 11 月—1998 年 9 月)。

永福县邮政局

1998 年 9 月,由县邮电局分营成立永福县邮政局。内设综合办、市场部、客户部、营业部。并设营业、储蓄、封投、押运 4 个班。分营时永福县邮政局职工人数为 76 人。下设百寿邮政支局和罗锦、堡里、广福、矮岭、苏桥、三皇、永安、龙江 8 个邮政所。县邮政局办公地址在县城凤城路 87 号。

2005 年,永福县邮政局增设营销部,设首席营销总监 1 人,为局领导班子成员。年底,县邮政局内设综合办公室、市场部、营销部 3 个部室。下辖县邮政局邮政营业厅、储蓄营业厅、综合班、投递班和百寿邮政支局及罗锦、堡里、广福、矮岭、苏桥、三皇、永安、龙江 8 个邮政所,共有干部职工 104 人(包括正式工 51 人、聘用工 4 人、劳务工 49 人),其中管理干部 9 人、技术员 1 人、工人 94 人。文化结构为:本科文化程度 6 人,占 5.80%;大专文化程度 41 人,占 45.10%;高中(中专)文化程度 57 人,占 54.80%。县邮政局办公地址在县城凤翔路 6 号。

1998—2005 年,任县邮政局局长有:廖永成(1998 年 9 月—2005 年 12 月)。

永福县电信局

1998 年 9 月,由县邮电局分营成立永福县电信局。内设综合办、市场经营部及传输、程控、动力、机线、维护、电信营业、电报长话、农话维护等 8 个班。全局职工 56 人。1999 年 7 月,从永福县电信局分出,成立广西移动通信有限公司永福分公司。永福移动分公司分出后,县电信局内设 1 室 1 部(办公室、市场经营维护部),下辖县电信局 6 个生产班组、2 个电信支局、6 个乡镇电信所。2000 年 8 月,永福电信局更名为广西电信有限公司永福电信局。2001 年 4 月,永福电信局分为主业(永福电信局)、辅业(永福电信实业分公司)。电信主、辅业分离时,永福电信局在册干部职工 17 人,内设 1 个综合办公室和 1 个市场经营维修部,下辖电信营业、电信机务、网络培训中心 3 个班组,永福电信实业分公司在册干部职工 30 人。2003 年,永福电信局主业(电信局)、辅业(电信实业公司)重新合并。合并后,永福电信局内设综合办公室、市场经营部和运行维修部,下辖电信营业、电信机务、机线班 3 个班组,干部职工人数 38 人。2005 年,永福电信局内设综合办公室、安装维修部、市场经营部,下辖 2 个电信支局和 6 个乡镇电信所,干部职工人数 38 人。主要职能是管理和运营全县的固定电话、小灵通、宽带网络。县电信局办公地址在县城凤城路 87 号。

1998—2005 年,历任永福电信局(电信永福分公司)局长(总经理)有:莫春生(1998 年 9 月—2004 年 12 月)、莫竹清(2004 年 12 月—2005 年 10 月)。

第二节 邮 政

1991—2005 年,永福县邮政业务量呈前高后低趋势。1991 年,全县邮政投递量为 71.99 万件。其中,邮件、包件(裹)、汇票、快件 1991 年分别为 62.48 万件、0.80 万件、2.36 万张、6.35 万件;2005 年分别为 15 万件、0.39 万件、0.59 万件、2.67 万件。报纸和杂志的发行量 1991 年分别为 1.41 万份和 1.93 万份,而 2005 年分别为 8810 份和 1.06 万份。全县邮政储蓄余额 1991 年为 1400 万元,2005 年为 2.22 亿元。

邮政业务

1991 年,永福县邮电局经营的邮政业务有函件、包件(裹)、汇兑、报刊发行、机要等五大业务。2005 年,永福县邮政局经营的邮政业务主要有函件、包件、汇兑、报刊发行、机要、集邮、邮政快件和邮政储蓄等八大业务。2005年，全县完成邮政业务总量540万元，比上年增长4.80%。

邮政编码 1990年9月，县邮电局在县境内推行邮政编码，按行政辖区编码，乡镇邮政编码依次为：永福镇（包括县属单位、桃城乡）541800，罗锦镇541801，堡里乡541802，广福乡541803，矮岭村541804，苏桥镇541805，百寿镇541807，三皇乡541808，永安乡541809，龙江乡541812。县邮电局同时规定印制使用符合统一规格的信封、信袋，并实现函件邮编自动分拣。至2005年不变。

函件 函件包括信函、明信片、印刷品、盲人读物、邮简、邮送广告等。

20世纪90年代是函件顶峰时期。其后随着电话迅猛发展，函件业务逐年减少，尤其是平信减少量最大。

1991年，开办贺年（有奖）明信片业务。是年5月停办有声信函业务。全年收发函件62.48万件。

1992年，开办国内邮件电子信函业务，具有速度快、安全方便等特点。

1993年，国内函件业务分为平常信件、挂号函件、邮政快件、保价函件、特种挂号信函、航空和电子信函等业务。是年，开办国际国内特快专递业务和商业广告信函业务。全年收发函件84.72万件。

1995年，恢复办理国内邮简业务。全年收发函件161.08万件。

1996年，开办中国邮政回音卡业务。

1998年7月，停办邮政快件业务。

1999年3月至2005年，开办函件业务种类有：信函、明信片、邮简、印刷品、盲人读物、邮递广告、义务兵免费邮件。上述7种函件分为平常函件和给据函件。给据函件可加办回音卡、回执附加业务。1999年，取消国内函件航空业务。2000年收发函件45.51万件。2001年以后，由于移动通信发展迅速，收发函件数量急剧减少，2005年收发函件15万件。

包件（裹） 1991年，县邮电局经营的包件（裹）分为4种：民用包裹，重量以5千克为限；商品包裹，重量以15千克为限；印刷品包裹，重量以5千克为限；大件商品包裹，重量以25千克为限。对民用包裹和商品包裹一律实行保价交寄，最低保价额30元，纸质品包裹用户需要也可以保价交寄。全年收发包裹8000万件。

1993年，收发包裹1.87万件。1995年收发包裹8500件。

1999年，对国内包裹的最大重量放宽到35千克，最大尺寸以能装入2号袋为限。

2000年，全县收发包裹5222件。

2001年5月，在普通包裹业务的基础上增加快速包裹业务。至2005年快递包裹得到快速发展。是年，收寄量占包裹类业务量的55%以上。

汇兑 邮政汇兑是邮电局开办的一项金融业务。国内汇兑包括普通汇款和电报汇款，以邮寄方式传递汇票的为普通汇款；以电报方式传递汇票的为电报汇款。

1991年，永福县邮电局每笔汇款最高限额5000元。全年收发汇票2.36万张。1993年收发汇票2.84万张。1996年收发汇票3.26万张。

1996年12月1日，将每笔汇票限额提高到1万元。

1997年，由于邮政储蓄在国内实现微机联网，全国可通存通兑，既快捷又安全、方便，此后邮政汇兑业务呈下降趋势。

1998年7月，停办邮政快件汇款业务。

1999年9月15日，开办邮政入账汇款业务。

2000年，全县收发汇票1.53万张，收发汇票金额1866.27万元，兑付汇票金额3192.23万元。

2001年12月4日，开办电子汇兑业务。

2002年1月1日，开办网络化汇兑业务。传统汇兑业务虽并轨运行，但业务量大幅下降。

2002年2月9日，开办县城西联汇款的人民币兑付业务，187个国家的西联汇款可在汇出国汇出3分钟后在县城西联网点兑付。

2003—2005年，开办特快送汇业务。随着国内金融机构涉足个人汇兑市场，邮政特快业务量逐年下降。

集邮　邮电部曾于1974年、1978年、1980年、1982年、1989年先后发行画面以永福风景为题材的邮票共10枚。1991—2005年，县邮电局、邮政局利用永福得天独厚的自然风光，开发有永福特色的集邮品，加大对外宣传永福的力度，共发行纪念封、明信片110枚，举办集邮展览4次。1991年，集邮业务收入4.29万元。1995年，集邮业务量6.35万枚。2000年，集邮业务量54.71万枚。

邮政快件　1991年，永福县与国内大中城市之间可办理邮政快件业务。邮政快件业务办理主要有快件信函、快件汇款、快件包裹等，收寄时作给据邮件处理。寄件人认为贵重的资料或物品还可作保价邮政快件交寄。价值在300元（1996年11月1日起改为1000元）及以上的如照相机、手表、怀表、金银饰品、珠宝玉器、贵重药材等使用邮政快件时必须按保价快件交寄，每件最高保价金额为5000元。1991年，邮政快件投递量为6.35万件，1993年为8.65万件，1995年为10.81万件。1998年7月1日，永福县邮政快件业务取消。

报刊发行　1991年，县邮电部门负责各种定期、公开出版的报纸、杂志的发行。每年由读者向邮电局、所预订，由邮电局、所负责发行。

1991—1998年，永福县邮电局每年发行的报纸、杂志数量有起有伏。每年订阅发行报纸约320种，期发份数1.41万份，年末累计发行157.63万份；订阅发行杂志1450份，期发1.93万份，年末累计发行26.14万份。全县平均每百人订阅报刊0.16份；报刊流转额40.31万元。

1999—2005年，县邮政局每年发行的报刊纸、杂志共1000多种，其中报纸200种，期发份数8810份；杂志800多种，期发份数10648份。发行的报刊主要有《人民日报》《广西日报》《参考消息》《光明日报》《中国日报》《求是》《半月谈》《桂林日报》《桂林晚报》等。2004年《广西日报》《桂林日报》《桂林晚报》《广西法制报》由各报社自办发行。2005年，报纸发行量比1998年有所减少。

2004年，县邮政局邮发渠道发行报刊流转额下降近40%，流转额为78.50万元。2005年报刊流转额为83万元。

邮政储蓄　1991年，永福县邮电局邮政储蓄业务下辖县邮电局储蓄点、罗锦、苏桥、百寿、三皇、永安6个网点，储蓄余额为1400万元。1997年，增办全国"绿卡"工程和活期储蓄的异地存取业务。2000年下半年，县邮政局储蓄点、罗锦、苏桥、百寿、三皇、永安6个网点相继成为全国邮政储蓄"绿卡"联网网点。2001年7月，邮政储蓄从桂林"绿卡"中心过渡到自治区"绿卡"中心，储户在全区范围内办理活期储蓄的异地存取业务可通存通取，免收手续费，办理续存及取款实行签名制。

2005年，永福县邮政局邮政储蓄业务下辖县邮政局凤城储蓄点、凤翔储蓄点、罗锦、苏桥、百寿、三皇、永安邮政所7个网点。比1991年多增设了凤翔储蓄网点。截至2005年12月31日，全县邮政系统储蓄余额为2.22亿元；活期比例为56.10%，比年初增长0.65个百分点；发放绿卡8079张；全年累计完成商易通39户，完成计划任务的108%；代理保险全年累计完成380.25万元，创收8.86万元；储蓄短信完成2819户；公司业务开立7户，实现对公存款余额205.72万元，完成余额目标任务的137.15%。尤其是第四季度储蓄余额净增最多，实现净增1616万元。

邮政设施

1991年，县邮电局设本部营业厅1个，邮电支局1个，邮电所8个，并在全县设邮票代销处45处，信箱信筒54个。在县局营业厅配包裹收寄机1台。1994年9月，配备信函捆把机1台。是年12月，县邮电局邮政储蓄开通全国微机联网和活期异地存取款业务（简称"绿卡"工程）。邮政业务开始由手工操作转为电子化营业。1995 年,配电子秤 10 台。1996 年 8 月,县邮电局的报刊发行,使用微机管理并入桂林报刊发行中心联网。1996 年,邮政业务的挂号、快件挂号使用条码登单机。1997 年 1 月,县邮电局邮件档案室添置三类传真机 1 台。1998 年,分营后县邮政局配备信函过戳机 1 台。是年 5 月,特快专递设置"185"特别服务查询台、配微机 1 台,与桂林"185"特别服务台联网。2005 年,新设量收系统及邮资机各 1 台。

1991 年,全县邮用自行车 54 辆。1992 年 7 月,购置中巴邮政汽车 1 辆。1994 年 9 月,添置特快专递、专车投递邮件的微型邮政汽车 1 辆。1995 年 8 月,购置邮政储蓄存取款押送专车 1 辆。2005 年购置猎豹专用押款车及五十铃厢式邮运货车各 1 辆。

1998 年,县邮政、电信局分开后,全县邮政生产用房 9800 平方米。是年 5 月,购置 7 台信函过戳机,分别配置给县邮政局和罗锦、苏桥、堡里、百寿、三皇、永安邮政支局（所）。1999 年又购置 3 台信函过戳机,配置给广福、矮岭、龙江邮政所,是年全县邮政局、支局所全部实现微机营业。2000 年,购置自动柜员取款机 2 台,实现县城邮政储户用"绿卡"自动提取存款。2001 年,全县辖区内 8 个乡镇邮政支局、所的储蓄点实现微机营业。至 2005 年不变。

邮　路

1991 年,县邮电局的邮路分为自行车邮路和步班邮路。其中自行车邮路 5 条单程 87.10 千米,往返程 143 千米,主要直投地址 68 处,投递点 171 个,捎转点 24 个。乡镇邮电支局（所）有自行车邮路 28 条,单程 748.80 千米,返往程 1198.80 千米;步班 4 条单程 90 千米,往返程 154 千米,主要直投地址 427 处,投递点 1069 个,捎转点 135 个。

1998 年,邮电分营后县邮政局有委办汽车邮路 5 条 178 千米;自行车投递邮路 36 条 980 千米,其中直线投递路线 532 千米,环行投递路线 448 千米。至 2003 年年末,全县邮路总长超过 1000 千米。

2005 年,县邮政局有委办汽车邮路 9 条 431 千米。其中,县邮政局至汽车站 1 条,每日 2 次;县城至 8 个乡镇各 1 条,每日 1 次。自行车投递邮路 28 条 755 千米。其中,乡村邮路 6 条,每周 2 次;直线投递路线 382 千米,环行投递路线 373 千米。

投　递

1991 年县邮电局,设邮政投递员 3 人,负责县城邮件投递;设电报投递员 1 人,投递区域以县城为中心。每天送报时间定为 8 点、11 点、13 点、16 点、21 点共 5 次,把当日 21 点以前收到的电报投递完毕。对投递的电报每次收取 0.20 元投递费。县城和乡镇政府驻地以外的农村电报,采取邮递的方式由乡邮递,能赶上当日邮班的当日投递,不能赶上当日班的次日投递。乡镇支局（所）共设邮政投递员 9 人,负责农村邮件投递。

2005 年,县城和乡村投递员共 16 人。投递频次:周六班 11 条,周三班 16 条,周二班 19 条。其中,县城内投递员 4 人,周六班;乡镇投递员 12 人,周三班 2 条,投递邮路 607 千米。

百寿镇乡村投递员 2 人,投递邮路 5 条（周一班 5 条）共 131 千米;罗锦镇乡村投递员 2 人,投递邮路 2 条共 75 千米;堡里乡乡村投递员 1 人,投递邮路 4 条（均为周一班）共 107 千米;广福乡乡村投递员 1 人（矮岭所为营业员兼）,邮路 2 条（为周二、三班）共 70 千米;苏桥镇乡村投递 3 人,投递邮路 4 条共 101 千米;三皇乡乡村投递员 1 人,投递邮路 3 条（为周一、二班）共 90 千米;永安乡乡村投递员 1 人,邮路 3 条（均为周二班）共 90 千米;龙江乡乡村投递员 1 人,投递邮路 2 条（均为周二班）共 51 千米。

分拣封发

1991—1995年，永福县进口邮件只与桂林市邮电局直接封发往来，进口邮件每日8时左右到达，出口邮件每日14时左右交接；全县9个邮电支局（所）的邮件全部由县局集中分拣封发经转。

1996年7月，桂林市邮电局成立邮递中心局，取消县邮电局对各分支机构的分拣封发经转关系，邮件统一由桂林建立封发往来关系。

2001年6月1日至2005年，开通桂林市至永福县、龙胜县环形邮车邮路。全县进出口邮件一次性交接，到达时间为每日15时左右。

第三节　电　　信

1991—2005年，是永福县电信事业快速发展和电信体制变革的时期。除原有的县邮电局（电信局）外，先后有国信127、电信899、铁路通信3家国有无线寻呼台在永福建成并开展业务，随后又进行了邮电分营、电信重组，并相继在永福成立了中国电信永福分公司、中国移动永福分公司、联通、永福网通、铁通等国有电信企业分别经营固网和移动通信业务。固定电话、市话交换机和线路设备不断更新，容量不断增大。至2005年年底，全县固定电话用户为（含农村无线固定电话1273户）2.84万户。固定电话号码从1991年的4位升至2005年的7位。

永福县电信大楼　　　　蒙明德　摄于2005年

小灵通、IC卡电话遍布全县。移动电话迅猛发展，不断更换载频和信道，从模拟机发展到数字移动电话，移动电话号码从6位升至2005年的11位，移动电话用户从1998年的1439户发展到2005年的3万户。2005年全县电信业务总量4247万元，比上年增长15.94%。

主要电信企业

1991年，永福县邮电局负责管理和经营电信业务，主要有固定电话和移动电话。1998年9月，永福电信局成立后，主营电信业务。移动电话快速发展，形成电信行业激烈竞争的格局。1999年后，永福县电信分营，先后成立广西移动通信有限公司永福分公司、中国联通有限公司永福分公司、中国铁通集团有限公司永福经营部。主营全县电信网络及相关的增值业务。

广西移动通信有限公司永福分公司　1999年7月，移动通信业务从县电信局分离，成立广西移动通信有限公司永福营业部，专营移动通信电话业务，干部职工9人。2000年11月，更名为广西移动通讯有限公司永福分公司。2005年移动永福分公司有在编干部职工7人，雇请员工50人。办公地址在县城凤翔路4号。

中国联合通信有限公司永福分公司　1998年6月，寻呼通信业务从县邮电局分离，成立桂林寻呼公司永福经营部，专营无线寻呼业务。2000年7月，更名为中国联合通信有限公司永福分公司，公司下设综合、市场两大部门，经营数字移动电话、联通新时空移动电话和无线寻呼业务。2004年，无线寻呼业务停止。2005年，联通永福分公司有员工25人。办公地址在县城凤翔路66号。

中国铁通集团有限公司永福经营部　2004年5月，成立铁路通信永福经营部，属铁通桂林分公司的县级机构，下辖一个营业厅，办公室设在县城凤翔路龙泉街21号。面向社会公众提供固定网本地电话、国内国际长途电话、IP电话、数据传送、互联网、视讯、卡类、呼叫中心、虚拟专网业务等多项基础和增值电信业务，业务范围覆盖湘桂铁路永福段永福县城及苏桥、广福乡铁路沿线区域等。

固定电话

长途电话　1991年4月，县邮电局安装明线高十二路载波机和明线高三路载波机，提高了长话接通率。是年，全县完成长途电话张数6.34万张。

1992年10月，县邮电局开通永福至桂林诺基亚140M光端机，拥有出口电路576条，长途传输实现光缆化。1995年，全县完成长途电话张数3.65万张。1998年，县电信局完成南宁至长沙光缆干线架设26芯直埋永福局补缺配套工程；国家通信大动脉南宁至长沙、呼和浩特至北海两条光缆途经永福县，为永福的长途电路提供了优质电路。是年，新增长途电路150路，数据通信电路30路，专线用户电路30路。

2000年，县电信局开通2.50G本地网传输，永福下接128个2M电路。是年，全县完成长话业务量447.47万元。

2002年，永福出口电路896路。

2003年，永福出口电路1216路。

1994年7月，县邮电局开通2000门程控交换机，永福长途电话传输方式走向全自动化。12月，全县10个乡镇全部开通程控电话。至2005年年底，全县9个乡镇（因桃城乡与永福镇合并）全部开通程控电话。

市内电话　1991年，全县共有自动市内电话用户447户。1993年，县邮电局完成全县市话地下电缆管道埋设及无线寻呼、移动通信基站的安装工程。是年，全县有市内电话用户618户。

1997年，建设与市话交换扩容配套的线路扩容工程，新增主干电缆3000对，配线电缆4800对。

1998年，县电信局新增主干电缆403条千米，配线电缆2.30条千米。新增市话出局主干有城市电话用户8245户。配线电缆10.40条千米。

2000年，全县完成本地电话业务量535.16万元。

2001年，完成县城管道扩容、县局城东模块局及各乡的延伸工程。至2005年不变。

1993年10月，县邮电局购进安装数字程控交换设备。1994年7月9日，割接开通，市话容量2000门。

1997年，全县市内电话扩容4000门。使市内电话总容量达6000门。

1998年，新增市话用户555门，市内电话总数达4539门。

1999年，在县城安装IC卡电话25部，全县新增固定电话1456门，创历年发展的最高水平。

2000年，县电信局市内电话扩容2700门；新增固定电话5398门，使市内电话总数达1.37万门。完成电话放号5398部，固定电话总数达到1.37万户。创历年来电话放号最高纪录，在桂林电信各县局名列前茅。

2001年，全县市内电话交换机扩容2000门，使市内电话总容量达2.84万门。新增固定电话用户4006户，使市内电话总数达到1.77万户，是年，固定电话来电业务完成3000门。单机话务量费用平均每月62.50元。

2002年，新增固定电话用户2300门，使市内电话总数超过2万门。

2003年，全县市内电话交换机扩容6000门，使市内电话总容量超过3.40万门。是年，新增固定电话6500门，使市内电话总数达2.65万门。单机话务量费用平均每月62.19元。

2004年，全县新增固定电话用户5489门，使市内电话总数达3.19万户。

2005年，全县新增固定电话用户2905户，新增固定电话来电显示用户3807门。是年，全县累计市内固定电话达3.48万户。

IC卡电话 1999年，县电信局在县城开通IC卡电话25部。2000年，县城IC卡电话达95户，2001年，开通小灵通后，IC卡电话逐步取消。

农用电话 1991年，县邮电局恢复苏桥黑石岭建制村电话线路6.20线对千米，更换百寿镇的朝阳、东岸、白果、江岩、三河、双桥等6个建制村线路和百寿圩镇线路及用户引入线。对农话中继线路进行了改造，架设电缆2.40线对千米。

1993年，架设永福县城至白马纸厂电话线路14线对千米，对柳桂一级公路农话中继线进行改道8处共42条杆线，完成广福、永安两圩镇架空电缆的架设。

1996年，架通永福县城至罗锦15.50千米的光纤电缆；全部架通桃城乡9个村的农话线路。

1997年7月，开通百寿至三皇、百寿至永安光纤电缆传输。全县农话通信全部实现传输光缆化。至2005年不变。

交换机 1991年，全县农村固定电话用户246户。1992年，百寿镇开通程控交换机2部。1993年，全县农村固定电话用户达340户。

1994年，县邮电局购置程控交换机8部，分别安装在8个邮电所。全县8个乡镇全部实现农话程控自动化。

1995年，全县农话交换机总容量1600门，实装固定电话936户。

1996年，全县农话交换机总容量3200门，实装固定电话1870户。

1997年8月，8个邮电所全部与县局交换机连接。

1998年，新增农村固定电话606户。

2000年，全县农村固定电话达5421户。

2005年，全县农话总容量13056门，累计实装固定电话10572户。全县97个村全部实现村村通电话，村通电话率达100%。

传输设备 1991—1992年，县邮电局先后装设高十二路载波机1端，增开永福县城至苏桥农话载波三路对端机1套。

1994—1996年，全县8个邮电所装设光端机共16端，全县中继线实现光缆化，光端机取代载波机，中继线路传输实现数字化，农村数字通信网形成。

2000年起，全县各乡镇实施接入网建设，以性能较精良的光端机取代原有光端机，北四乡镇传输由百寿中转改为从县城直接传输。2005年，全县各乡镇实用电路为9120路。

电话号码 1991年永福市内电话号码为4位数。1994年7月，永福市话电话号码升至6位，在原4位号码2XXX前加"51"，即：51XXXX。1996年5月，桂林地市辖区组成桂林本地网，永福市话号码全部升至7位，在原6位号码前加"8"，号码为：851XXXX。长途区号统一使用"0773"，同时取消永福长途区号"07XXX"。各乡镇使用电话网号段为：县城851，苏桥镇8475，罗锦镇8630，百寿镇8618，龙江乡8602，三皇乡8638，永安乡8612，堡里乡8636，广福乡8470。

2001年，全县取消农话费用，城乡电话统一为市话，实行县城与乡镇的话费统一。

2005年末，县城及乡镇的电话号码没有变更。

农村智能电话 2005年，县电信局开通农村智能电话（ETS电话）1743户。号码为812XXX。

电　报

1991年，县邮电局电报BHC83汉字电传机增至3部。是年，全县收发电报4.63万份。

1992年12月—1998年4月，县内执行邮电部颁布的公众电报资费。其中，水情、天气、公益、政务、普通、银行汇款等电报，每字收费0.13元，每份以10个字起算，不足10个字按10个字计算，超过10个字的按实际字数计算，特急、加急电报费用加倍；新闻电报每字0.05元，每份按10字起算，特急、加急电报费用加倍。其中，1993年全县收发电报5.56万份。

1994年7月，永福县程控电话开通以后，电报业务的发展呈逐年下降的趋势。是年，全县收发电报4.31万份。

1995年，县邮电局开办公众电报传真业务，安装传真机1台。各乡镇支局、所先后也安装公众电报传真机，代替话传电报。是年，全县收发电报2.84万份。

1997年，县邮电局撤销报务班编制，同时取消播报机，使用载波电路2路收、发报机。设备迁至营业窗口，面对面传输电报收发业务。

1998年4月30日，电报资费重新调整。调整后的水情、天气、公益、政务、普通、银行汇款等。电报资费不变；去报译电每字收费0.01元；注销尚未发出的电报手续费每份0.20元；电报挂号一年收费60元，3个月20元；更名地址手续费5元。

1999年，县邮电局无线电台设备从原邮电局报房迁至电信局综合机房。

2000年，全县收发电报1.19万份。

2002—2005年，由于传真机的发展，逐步取代电报业务，电报业务量大为减少。只有有线电报电路传输收发电报业务。

县内电报营业网点在县电信局（含原邮电局）营业厅及8个乡镇电信所营业点。

无线寻呼

寻呼机（也称扩机）作为通信技术的一个过渡性产品。从20世纪90年代中期在永福出现发展，至90年代末发展到顶峰。使用126/127至189/199无线寻呼业务。无线寻呼机为单项移动通信，用户使用市内电话通过无线寻呼中心，向携带无线寻呼机者叫发寻呼信号，再通过回拨电话达到沟通联系目的。随着移动电话的普及，无线寻呼于2004年停办。

移动电话

模拟移动电话　1996年，永福县开通模拟移动电话（俗称手机），用户可随身携带，使电话沟通联络更为便捷。由于初期价格较高，永福境内只有少数重要岗位人员公费配置。1999年，推出"本地通"模拟移动电话后，扩大了用户普及面。永福县民众使用移动电话的人数逐年增多。模拟移动电话为7位，前两位为90。在自治区内自动漫游，在中南六省区可进行人工漫游。2001年12月，模拟移动电话完成了向数字移动电话的转换，模拟移动电话停止使用。

数字移动电话　1997年，永福县开通数字移动电话。数字移动电话号码为11位。2000年，根据用户需要，设"本地通"（适用于桂林市范围），"八桂通"（适用于广西全境），"神州行"（适用于全球范围），供用户选择。永福县城乡民众逐步选用数字移动电话。在永福境内，经营数字移动电话业务的有中国移动通信集团广西有限公司永福分公司和中国联通有限公司永福分公司。移动永福分公司经营的数字移动电话，前三位为"134,135,136,137,138,139,158,159"等号段。2005年,移动永福分公司有移动电话用户2.50万人。联通永福分公司经营的数字移动电话,前三位为130,131,132,133,155,156等号段。2005年,联通永福分公司有联通移动电话用户1.80万人。

小灵通 2001年,永福县开通小灵通无线电话。最初小灵通适用于在县城范围的人群使用。由于话费较低,相当数量的永福县民众选择小灵通代替移动电话使用。2003年,系统升级实现大桂林漫游通话。永福小灵通号段前4位为8608、8600、8612、8585、8588。是年,全县小灵通用户576户。2003年,全县小灵通用户达4000户。2004年,新增小灵通用户3749部。2005年,全县新增小灵通用户1492户,累计用户达5580部。

大灵通 2003年,永福县开通大灵通流动电话。大灵通除电话功能外,2004年,开发一呼双响、短信息、悦铃等时尚新业务,还可以开通电影热线、工商热线等业务。

网络通信（互联网）

1994年11月,永福县开通窄带网络业务,年末分组交换用户11户。

2001年11月以前,永福县的网络数据传输以窄带为主,通过163、169电话拨号连接到桂林电信的宽带拨号交换器设备接入互联网。当时的数据宽带用户集中在县城的党政机关和企事业单位。

2002年,县电信局在县城开通宽带上网业务。随后向乡镇延伸。是年年底,永福县宽带网络取代窄带网络。互联网逐渐成为单位用户及家庭用户在日常办公、业务管理的助手。

2003年,全县宽带用户455户,分组交换用户6户,公用数字数据用户13户。

2004年,永福县建成多媒体互联网,与国内其他互联网实现高速互接。是年,净增宽带用户838户。

2005年,新增宽带用户648户。累计用户达2263部。全县组建了地税四级网、公安电子眼监控网、交警管理四级网、政府视频会议网、防疫站光纤宽带网、教育光纤宽带网等。

永福县工商银行大楼　　　　　　　蒙明德　摄于 2005 年 10 月

第十篇

财税　金融

第一章 财 政

1991年，永福县财政收入为2572万元，财政支出3587.50万元，出现财政收支赤字现象。

1991—1993年，永福县财政实行包干体制，调动了县乡（镇）积极性。1994年年初，永福县实行分税制财政管理体制，逐步建立起比较规范的中央财政对地方返还和转移支付制度。1995年，全县财政收入5343万元，财政支出6381.60万元，基本满足工资供给和社会各项事业的发展需要。

1996年，永福县加强预算外资金收支两条线管理。同时启动苏桥新区开发，加强财源建设。1997年后，全县加强企业改制步伐，支持非公有制经济发展，拓展新的财源增长点。2000年，全县财政收入增至9083万元，财政支出增至9818万元。

"十五"计划时期，永福县财政收支规模快速增长，财政赤字得到消化，最终实现收支基本平衡。2001年，全县财政收入首次突破亿元大关，达到1.15亿元，财政支出也达到1.14亿元。2002年以后，永福县加快部门预算、国库集中收付、政府集中采购等制度改革，财政支出结构不断优化，教育、卫生、社会保障等满足公共需要的支出比重不断增加。至2005年，全县财政收入1.73亿元，财政支出2.04亿元；公共财政框架基本确立。

第一节 机 构

永福县财政局

1957年1月，成立永福县财政局，负责全县财政事务与管理。

1991年，县财政局为县人民政府工作部门，正科级行政机构。内设秘书股、农税股、预算股、事财股、农财股、综合股、资金管理所、工财股、国有资产管理股、控制社会集团购买办公室10个股（室），局机关干部职工29人。局办公地址在县城东江街81号。

1992年，县财政局增设会计事务管理所，人员由局调剂解决。

1995年，县财政局增设社会保障财务管理股。局机关干部职工增至36人。

1996年9月，财政局增设人事教育监察股。12月，财政局挂"永福县国有资产管理局"牌子，不增加人员编制。

1999年，财政局增设永福县预算外资金管理分局。撤销综合股，其职能划归预算外资金管理分局，不增加人员编制。

2002年4月，县财政局增设"永福县政府采购办公室"（股级）。是年县财政局内设职能机构（股、室、所）11个，即政秘股、预算国库股、行政事业社会保障股、农财股、农业税收征管股、经济建设股、综合预算外资金管理股、财政监督检查股、资金管理股、政府采购办公室和会计事务管理所，局干部职工34人。

2003年，财政局增设会计核算中心，编制12人，实际配备11人。

2005年，撤销会计事务管理所。

2005年，县财政局为县人民政府工作部门，正科级行政机构。内设政秘股、预算国库股、行政事业社会保障股、农财股、农业税收征管股、经济建设股、综合预算外资金管理股、财政监督检查股、资金管理股、政府采购办和会计核算中心 11 个股室。局机关干部职工 50 人（含会计核算中心 10 人），其文化构成为：大专以上学历 39 人;政工师 2 人、会计师 3 人、经济师 1 人、助理经济师 21 人、助理工程师 2 人、会计员 2 人。县财政局办公地址在县城永兴大道天风广场旁。

1991—2005 年,历任县财政局局长有:陈燕林（1990 年 10 月—1992 年 4 月）、韦祝功（1992 年 4 月—1994 年 1 月）、罗汉东（1994 年 1 月—1999 年 1 月）、范文熙（1999 年 1 月—2000 年 8 月）、吴卫宁（2000 年 8 月—2004 年 4 月）、秦际广（2004 年 4 月—2005 年 12 月）。

乡镇财政所

1991 年,全县 10 个乡镇财政所共有事业编制干部职工 62 人。2002 年 2 月,乡镇财政所"三权"（人权、财权、物权）上收为县财政局管理。2005 年 6 月,永福镇财政所与桃城财政所合并,成立新的永福镇财政所。是年年底,县财政局下辖永福镇、百寿镇、罗锦镇、苏桥镇、堡里乡、广福乡、三皇乡、永安乡、龙江乡 9 个乡镇财政所,在职干部职工 69 人。

2000 年 7 月,永福县堡里乡财政所办公大楼

县财政局　供图

第二节　财政管理体制

县级财政管理体制

财政包干　1991—1993 年,永福县继续实行"划分税种、核定收支、分级包干、定额补助"的财政管理体制。核定财政收入包干基数原则上是在划分税种的基础上,以 1989 年的财政决算收入为基数,计算确定财政收入基数。按照 1989 年原财政决算收入数和现行财政体制确定的分成比例计算出财政支出基数。对财政支出缺口部分,由上级财政给予定额补足。1991 年,县财政一般预算收入 1668.40 万元,上级补助资金 903.60 万元。1992 年,县财政一般预算收入 1365.40 万元,上级补助资金 1495.60 万元。1993 年,县财政一般预算收入 1977.70 万元,上级补助资金 2000.30 万元。1994 年该财政包干体制终止。

分税制　1994—2005 年,永福县实行"收入划分,事权和财权支出范围划分"的分税制财政管理体制。分税制的主要内容是:税收划分为中央固定收入、地方固定收入、中央与地方共享收入三大项,并确定上划中央财政税收返还地方的基数和系数。实行分税制后,原财政体制的分配格局暂时不变,原体制的定额补助继续按规定执行自治区分配定额。永福县实行分税制后,县财政主要承担本县政府机关运转所需支出以及本县经济、事业发展所需的支出。

桂林市（含原桂林地区）把自治区划给市的来源于县的收入作为县级收入全部留给县,包括上划中央"两税"（增值税、消费税）返还收入;同时按县固定收入和税收返还收入的一定比例集中一部分财力（即 2.50%）,进行各县间的再分配。2005 年,桂林市集中各县财力的办法取消。

2003 年,永福县还深化"收支两条线"财政管理体制改革。对县直部门和乡镇机关实行"收支脱钩,收缴分离"的管理体制,将执法机关的罚没款和预算外收入全部上缴国库,在经费上保障执法机关的正常经费安排和及时拨付,促使工作正常开展。同时,建立完善政府采购制度,扩大政府采购范围和规模,加强政府采购的规范化建设,制定政府采购的具体操作规程和《政府采购内部工作程序》等,建立健全政府采购监督管理和执行机构,实行"采管分离"的管理办法。积极支持和参与国有企业、粮食流通体制改革,认真做好粮食风险基金使用和管理,确保粮食储备的安全。调整支出结构,积极筹措资金,重点确保农业、科技、教育的正常支出,较大幅度地增加优抚、社会保障和公、检、法办案经费支出。

1994—2005 年,县财政实际上划"两税"总额 6548.60 万元。

乡镇财政管理体制

1991—1993 年,永福县乡镇级财政管理实行包干,由上级部门核定每年收支基数,实行"划分收支,收入基数逐年递增 5%,收大于支定额上缴,支大于收定额补贴,上缴的乡镇超收部分留成 70%,补贴的乡镇留成 80%,一定两年不变"的管理体制。

1994 年,配合全县财政管理体制改革,全县乡镇实行分税制财政管理体制。按照"分级财政、分级管理、分灶吃饭"的原则,确定乡镇分税制与包干制同时运转的财政管理体制。

1995—2005 年,乡镇财政管理体制,按照国家分税制改革要求,取消收入包干超收分成,实行合理划分财政收支,财权与事权相结合的分税分级财政管理体制的原则,实行"定收定支,定额上缴,定额补助,超收全留,超支不补,一定三年"的管理办法。实行新体制后,除上级财政按照政策增加转移性支出的项目外,凡是受减收增支的因素影响的乡镇,均由乡镇财政自行消化调整解决,县财政不再追加预算。县财政对各乡镇预算资金的调度,实行收支挂钩的管理办法,各乡镇每月的资金调度,由县财政根据各乡镇上月的财政收入和月均的上解或补助,计算财力进行调度资金。

县财政强化乡镇行政性收费收入及预算外资金管理,实行预算内与预算外有机结合的办法,逐步执行综合财政预算。县财政加强对乡镇财政工作的考核,逐步淡化收入任务观点,强化自求财政收支平衡。

县对国有企业财务管理体制

1991—1996 年,县人民政府对国有企业实行承包经营。企业上缴利润指标的确定,以企业前三年上缴财政利润的平均数作为基数。对实行上缴利润基数承包的企业,上缴利润超基数部分,财政按有关规定的不同比例返还给企业。企业留利部分按 5：2：3 的比例进入企业生产、经营基金、职工福利和奖励基金。对亏损企业实行减亏承包,采取"定额补贴,超亏不补,减亏全留"办法。1997 年,国有企业产权制度改革后,原制定的所有承包经营责任制财务管理办法自行停止执行。

行政事业单位财务管理体制

1991—2002 年,县人民政府对行政事业单位的财务按以下办法管理:对在预算管理上实行全额管理的单位,各项经费按国家预算核定的当年预算,实行"预算包干,结余留用,超支不补"的办法管理;对在预算管理上实行差额管理的单位,实行"定收入、定支出、定补助、结余留用"的办法管理。2003 年县财政局成立"会计核算中心",对全县行政事业单位的银行账户,财务管理全部纳入会计核算中心统一管理,保证了各单位资金的合理开支使用和单位业务经费的正常运转。至 2005 年不变。

第三节　财源培植

县财政收入主要来源于税收,培植税源是永福县财政的主要工作之一。

1991 年,县财政部门为培植财源,开发税源,投放 752 万元,借贷给工业企业解决企业生产流动资金,保证生产的正常进行;筹措资金 100 万元扶持甘蔗、桑蚕等种植开发性农业。1992 年投入支援农业生产资金 172 万元、支农周转金 125 万元,扶持柑橘、罗汉果、桑蚕种植;对乡镇企业投入扶持资金 200 多万元;向上级拆借资金 1628 万元,支持县工商企业发展生产。

1996—2000 年,在抓好原有财源的基础上,重点抓好苏桥新区的开发,充分利用苏桥

2000 年 7 月,永福县财政局工作人员下乡开展申报纳税宣传　　　　　　　　　县财政局　供图

新区的区域优势和交通便利条件,以火电厂立项投资兴建为龙头,加快新区的土地开发和城镇建设,以优惠的政策、良好的环境、优质的服务吸引外商投资,使苏桥新区工业税收成为新的经济增长点。

2001—2005 年,永福县财源建设的工作重点是联系重点工业企业,服务和稳定原有税源。国电永福发电有限公司、建筑业和房地产开发业成为最主要的税源。财政收入中建筑营业税大部分来自国电永福发电厂二期工程,而耕地占用税的 90% 来自苏桥工业园,增值税的增长大部分来源于国电永福发电厂。

第四节　财政收入

1991—1997 年,永福县地方财政收入由工商税收、农业四税(含农业税公粮、农业特产税、耕地占用税和契税)、企业所得税、国有企业上缴利润、罚没收入、行政性收费、其他收入和上级补足组成。

1998 年,设置各项税收、非税收入和上级补足共 22 类。财政收入的分类已经度过变化不定的时期,直至 2005 年都保持了收入管理的稳定。

1991—1995 年,为"八五"计划时期,全县地方财政预算总收入从 1991 年的 2572 万元增长至 1995 年的 5343 万元,增长了 1.07 倍,平均年增幅 20.05%。该时期工商税收入为财政预算收入的主要来源,约占每年财政预算收入的一半以上。在这期间增幅最大的是 1993—1995 年,1993 年比 1992 年增长 39.04%,后两年的增幅分别是 11.89% 和 20.04%。这 5 年财政收入工作主要是抓好支持生产发展,努力开发地方财源,增加地方财政收入。除大力稳定县办工业外,5 年来投入大量支农周转金,用于扶持如柑橘、桑蚕、罗汉果、糖蔗生产等重点税源,使财政收入逐年增加。

1996—2000 年,为"九五"计划时期,1996 年全县地方财政预算内收入 6595 万元,2000 年增加至 9083 万元,增长 2488 万元。年平均增幅 8.33%。这一时期,全县国有企业克服重重困难,效益好转,已稳步进入复苏阶段。县委、县人民政府狠抓财源建设,围绕"开放、搞活"原则,以产品和质量为中心,加大企业整顿改革力度,使企业的改革改制和产业结构调整有了新突破,一批技术含量高、产品有市场、创税多的支柱产业已逐步形成。另一方面在工商企业改革上加大招商引资力度,拓宽投资渠道,促进经济发展。特

别是桂林苏桥火电厂以大带小技改项目落户苏桥并建成投产,苏桥新区列入自治区"九五"规划,带动了全县招商引资工作。全县财税部门因地制宜,坚持源头征收、销售环节征收和检查征收相结合,尽可能减少税款的"跑、冒、滴、漏"现象发生。各乡镇财政所协作征管,加快了税收入账。

2001—2005 年,为"十五"计划时期,永福经济发展更快,财政收入年均增长 18.64%,是历史上增幅最大的时期。2001 年,全县财政预算内收入 1.15 亿元,全县财政收入首次超亿元,比上一年增长 12.60%。其中税收占财政总收入的 85%,非税收入占财政总收入的 15%。原因主要是全县工业有了新的增长点。苏桥火电厂全年上缴增值税 2069.83 万元,成为全县财政收入支柱。2004 年,全县财政收入 1.43 亿元,比上年增长 25.35%。仅苏桥火电厂全年上缴增值税 3840 万元,占全县财政总收入的 26.85%。2005 年,全县财政预算总收入达 1.73 亿元。税源主要来自国电永福发电有限公司(苏桥火电厂),耕地占用税、苏桥工业园区建筑业、县城房地产开发的税收也大幅增长。

1991—2005 年,永福县地方财政预算总收入为 12.65 亿元。

表 10-1　　　　　　　　1991—1997 年永福县一般预算收入情况表

单位:万元

项目 \ 年度	1991	1992	1993	1994	1995	1996	1997
一、工商税收类	765.10	833.50	3010.20	1847	1520	2624	2257.20
其中:增值税	329.20	357.10	1070	611.50	675	640	676
营业税	251.20	292	869	622.90	633	1714	1276.20
产品税	143.10	149	520.80				
个人所得税				53.20	13.30	33	154	175
城市维护建设税	8.60	10.20	30.20	61.60	107	46	47
屠宰税	33.00	21.20	69.20	31.80	72	70	83
固定资产调节税		4	397.80	505.90			
二、农业"四税"	271.00	295.80	551.50	346.20	795	884	816.60
其中:农业税	151.50	174.10	154.10	125.10	406.60	469	433.40
特产税	117.40	114.90	195.60	120.60	376	367	367.20
耕地占用税	0.30	5.10	9.10	1.90	6.40	41	10.20
契税	1.80	1.70	192.70	98.60	6	7	5.80
三、企业所得税	307	236.10	38.90	24.00	207	167	263.20
四、国有企业上缴利润			377.10	138.60	139	86	59
五、其他收入	325.20				178	502	773
六、罚没收入、行政性收费					476	525	602
其中:政法罚没						301	197
其他罚没						133	142
行政性罚没						91	263
合计	1668.30	1365.40	3977.70	2355.80	3315	4788	4771
上级补助	903.70	1495.60	0.30	2095.20	2030	1807	2094
总计	2572	2861	3978	4451	5345	6595	6865

表 10-2　　　　　　　　1998—2005 年永福县一般预算收入情况表

单位：万元

项目 \ 年份	1998	1999	2000	2001	2002	2003	2004	2005
1. 增值税	675	716	879	1024	1245	1500	1937	1431
2. 营业税	1221	1487	1376	1014	873	1139	1734	1378
3. 企业所得税	149	346	441	568	241	194	192	275
4. 个人所得税	188	240	286	510	255	223	285	260
5. 资源税	6	8	13	34	34	46	42	48
6. 城市维护建设税	55	69	101	181	250	309	476	442
7. 房产税	117	59	75	90	96	110	108	125
8. 印花税	42	35	15	13	4	5	22	22
9. 城市土地使用税	21	15	20	73	86	79	81	75
10. 土地增值税	1	1			5	81	145	194
11. 车船使用牌照税	6	6	5	4	5	1	12	13
12. 屠宰税	105	103	100	100	98	33		
13. 农业税	411	343	285	295	178	484	509	2
14. 农林特产税	392	369	375	318	461	531		
15. 耕地占用税	124	2	47	1	1	9	309	1432
16. 契税	73	23	29	32	59	126	301	311
17. 国有资产经营效益	49	113	124	39	38		20	
18. 行政性收费收入	296	241	900	259	401	412	502	827
19. 罚没收入	306	401	491	502	493	477	421	600
20. 专项收入	41	68	90	157	198	220	330	374
21. 其他收入	787	1220	329	345	333	194	223	61
合计	5065	5865	5981	5559	5354	6173	7649	7870
上级补助	2047	3697	3102	5894	8354	5197	6602	9393
总计	7112	9562	9083	11453	13708	11369	14251	17263

第五节　财政支出

　　20 世纪 90 年代，永福县经济基础薄弱，财政收入规模小，人均财力水平低，财政支出压力大。全县财政支出工作坚持贯彻适度从紧的政策，按照"量入为出，量力而行"原则，先保吃饭，后搞建设，多方筹措、拆借资金，保证正常供给和社会各项事业发展的基本需要。

　　1991—1995 年，为"八五"计划时期，全县财政预算总支出达 2.58 亿元。年均支出 5155 万元。其中，1991 年，全县财政预算总支出3857.50 万元，1995 年为 6831.60 万元。财政支

永福县城天凤广场周边建设

张桂发　摄于 2002 年 9 月

出的大头为社会文教费类和经济建设费,分别占 37% 和 17%。1994 年中央实行分税制,分税种上缴(75%)中央的分成办法,中央财政从县财政收入中上解 285 万元。同时县财政还支出 285 万元,返还承诺减免产品税、增值税的企业(海南攀宝建材有限公司和南宁电石厂),增加了财政支出数量。

1996—2000 年,为"九五"计划时期,全县财政总预算支出 4.06 亿元,年均支出 8120 万元,比上时期增长 59.20%。县财政支出增长幅度较大的原因:一是财政借款期限连续到期;二是各项改革配套措施出台,经费支出增加;三是财政供给人员增加和供给标准提高;四是从 1998 年后,增加了县内武装警察部队支出。

2001—2005 年,为"十五"计划时期,全县财政预算总支出 7.86 亿元,年均支出 1.57 亿元,比"九五"计划时期增长 92.12%。财政支出比重增幅较大的是行政管理费类,由"九五"计划的 14% 增加至"十五"计划时期的 24%;而经济建设费类支出比重下降 9%。2002 年后,社会保障支出包含行政事业单位离退休支出。2003 年后,增加了债务利息支出,农业支出包括农业生产支出统计。其他各年度财政支出分类变化不大。

1991—2005 年,永福县地方财政预算总支出为 14.50 亿元。

表 10-3　　　　　　　1991—1997 年永福县财政一般预算支出分年度统计

单位:万元

项目＼年度	1991	1992	1993	1994	1995	1996	1997
1. 基本建设支出		16	146.00	40	44	129	96
2. 企业改造资金						1042	1139
3. 科技三项费用			6	30	4	2	9
4. 农业支出							
5. 林业支出	81.80	88.30	139.60	159.10	193	203	194
6. 水利气象支出							
7. 工业交通等部门事业费	5.10	13.70	12.30	12.90	16	14	13
8. 流通部门事业费			17	3	5	1	1
9. 文体广播事业费	39	53.10	153.20	224.30	177	188	201
10. 教育支出	608.80	728.30	765.30	931.50	1095	1233	1045
11. 医疗卫生支出	337.90	198.90	100	34.60	208	7	13
12. 科学事业费	6	9.20	120	114	21	282	241
13. 其他部门事业费	76.20	98.30	131.30	226.70	358	369	325
14. 抚恤和社会福利救济			82.10	114.00	234	122	191
15. 行政事业单位离退休支出	1067.90	1191.10	1039	1145.10	1293		599
16. 社会保障补助支出			396.00	346.40	409	229	355
17. 国防支出			2.20	11	18	4	
18. 行政管理费	521.70	706.50	737.10	836.90	931	1017	858
19. 公检法司支出	137.10	212.30	245.00	343.90	412	534	392
20. 城市维护费	25.70	47.40	40.90	53	66	95	176
21. 政策性补贴支出							256

续表

项目 \ 年度	1991	1992	1993	1994	1995	1996	1997
22. 支援不发达地区支出			3.00	3.60	6.60		
23. 专项支出	22.20	21.10				39	
24. 其他支出	273.90	459.90	528.90	474.40	450	670	849
25. 支援农村生产支出	168.30	172.10	329.70	399.80	579	351	420
26. 各项价格补贴	44		4.80	6		340	
27. 乡镇财政超收分成	120						
28. 上解农业税提价	28						
29 本年度预算内支出	3563.60	4016.20	4999.40	5510.20	6519.60	6871	7373
30. 上解支出	293.90	343	64.20	153.60	312	340	359
总支出	3857.50	4359.20	5063.60	5663.80	6831.60	7147	7732

表 10-4　　　　1998—2005 年永福县财政一般预算支出分年度统计表

单位：万元

项目 \ 年度	1998	1999	2000	2001	2002	2003	2004	2005
1. 基本建设支出	87	85	150	585	952	805	891	976
2. 企业改造资金	1300	1106	1250	182	107	550	838	1133
3. 科技三项费用	7	8	9	8	7	10	10	11
4. 农业支出						693	686	815
5. 林业支出	236	225	259	590	690	513	860	1092
6. 水利气象支出						304	540	222
7. 工业交通等部门事业费	12		12	33	20	88	65	147
8. 流通部门事业费	5	10	3	5	4	138	4	196
9. 文体广播事业费	148	212	200	452	366	427	488	537
10. 教育支出	1212	1108	1556	3108	3120	3293	4132	4242
11. 医疗卫生支出	288	121	396	506	514	477	791	1076
12. 科学事业费	11	15	16	8	19	18	14	13
13. 其他部门事业费					701	712	843	1021
14. 抚恤和社会福利救济	230	390	139	464	591	661	660	1167
15. 行政事业单位离退休支出	670	829	950	29				
16. 社会保障补助支出	13	212	960	458	491	810	948	504
17. 国防支出		8	14	3	6	6		15
18. 行政管理费	816	891	1056	2297	2374	2505	3322	3979
19. 环境保护								
20. 武装警察部队支出	10	7	4		7	7	17	19

续表

年度 项目	1998	1999	2000	2001	2002	2003	2004	2005
21.公检法司支出	380	445	437	703	793	899	921	1049
22.城市维护费	113	95	102	149	103	98	86	170
23.政策性补贴支出	121	322	116	21	8	13	3	3
24.支援不发达地区支出	26	196	60	11	8	118		6
25.城乡社区服务								
26.债务利息支出						72	53	136
27.专项支出	60	60	90	157	195	221	323	374
28.其他支出	544	519	515	357	1265	846	933	890
29.支援农村生产支出	487	535	533	334	390			
30.税务统计财政审计等部门事业费	355	395	211	332				
本年度预算支出合计	7131	7794	9038	10792	12731	14284	17428	19793
31.上解支出	507	534	780	639	713	770	809	632
总支出	7638	8328	9818	11431	13444	15054	18237	20425

第六节　财政管理

预算外资金管理

　　永福县预算外资金管理始于20世纪80年代后期,是当时桂林地区预算外资金管理起步较早的县之一。对预算外资金主要实行计划管理、财政审批、银行监督的办法。由财政掌握的部分预算外资金主要用于乡镇事业发展和调入预算内平衡预算。

　　20世纪90年代初,随着改革开发的逐步深入,各级政府相继出台各种收费性政策,部分事业单位逐步实现"两个过渡",即由全额管理过渡到差额管理,由差额管理过渡到自收自支。国家为了弥补行政事业单位经费不足,支持一些有条件的单位通过行政事业性收费或有偿服务增加收入,使部分单位由单纯服务型转向经营型服务。这一时期预算外资金迅速增长,由于管理滞后,预算外资金基本上集中在各单位银行账户上,归单位所有和支配,财政部门只起到宏观监督作用。1991年5月开始,加强预算外资金管理,全面实行财政专户储存,接受财政部门的管理监督。当年参加财政专户储存的单位62个,储存金额735万元。1992年以后,由于预算外资金逐年增多,县人民政府采取专门措施,加强对预算外资金的管理。1995年,进行全县性的清理"小金库"专项检查,对重点检查出来的问题进行罚款处理。1996年根据国务院《关于加强预算外资金管理的规定》,永福县对预算外资金实行收支两条线管理。即将预算外收入按规定上缴国库后纳入财政专户进行管理。实行先收后支、量入为主的原则,财政部门根据单位编制的用款计划,经审核后予以回拨,作办公经费。1997年,根据财政部《关于加强乡镇预算外资金管理的通知》的要求,县人民政府加强对乡镇预算外资金的管理。2002年永福县取消行政事业单位银行账户,启动会计结算中心和建立政府采购制度。将县内各行政事业单位和社会团体等所收取的行政事业性收费、专项性收费及罚没收入委托银行收款,所有收费全部直接进入财政集中专户,按照"征管分离、罚缴分离"的原则进行管理。执收执罚单位不直接收款(特殊情况需现场直收的除外),只按收费、罚没项目、标准、性质及金额等,填制收费收入《缴款通知书》或《处罚决定书》。给缴款单位或缴款义务人到指定的银行或所属代收网点缴款,并凭缴款收据回执联办理有关手续。2002年,缴存财政专户资金达6006万元,集中解交县国库235万元,返拨给单位5939万元,透支168万元。2004年,缴存财政专户资金达17959万元,主要原因是城镇建设步伐加快,土地开发增多,土地基金收入大幅增长。2005年,缴存财政专户资金7347万元,集中解交县国库802万元,返拨给单位金额6691万元,透支146万元。

1991—2005年,全县预算外资金收入67928万元。对预算外资金主要用于基础设施和公益性建设支出,部分资金用于发放单位非财政供养人员工资性和社会保障性支出及弥补单位事业费不足。15年间,全县预算外资金累计支出67908万元,余额20万元。

表10-5　　　　　　　　　1991—2005年永福县预算外资金收支情况表

单位:万元

年度	纳入单位户数	缴存财政专户金额	解交国库金额	反拨给单位金额	累计金额
1991	62	735		552	183
1992	69	1247		1114	316
1993	72	1496		1287	525
1994	72	1962		1887	600
1995	77	2299		2257	642
1996	77	3073		3095	620
1997	78	3817		3826	611
1998	79	4009	189	3733	698
1999	79	4302	257	3884	859
2000	90	3939	338	3630	830
2001	104	4028	122	4048	688
2001	104	6006	235	5939	520
2003	127	5709	286	5629	314
2004	119	17959	500	17607	166
2005	122	7347	802	6691	20

国有资产管理

1991年6月,增设永福县财政局国有资产管理股。针对全县当年有7家国有企业实行承包、合股、撤并、分家等情况,国有资产管理股及时对国有资产进行监督管理。

1992年8月,对全县150家工商企业和行政事业单位占用的国有固定资产进行全面清查。9月对全县财务隶属财政管理的工商企业、企业化管理的行政事业开展国有资产产权登记工作。共登记73家,登记国有资产总额为21590.40万元。1993年进行国有资产产权登记的国有企业87家、集体企业6家,登记资产总额23004.10万元(其中国有资产9492.10万元)。

1993年4月,对全县216家行政事业单位的全部资产进行清查,登记全部资产总额为8516.40万元。其中,固定资产5782.40万元,占资产总额的67.90%;国有资产7558.40万元,占资产总额的88.75%。

1994年,对83家国有、集体、私人企业开展验资工作,验资总额为5400万元。对改制的5家国有企业进行了资产评估,评估资产总额为1573.80万元,评估资产增值785.70万元,债务总额为1099.30万元,资产净值为474.50万元。对产权变动、产权转移的4家国有企业进行资产评估,评估资产总额为4347.80万元。对县城旧城改造涉及的6家国有单位进行评估,评估资产总额为266.70万元。

1995年,对全县50家国有企业进行清产核资,资产总额34225万元,其中流动资产17046万元、长期投资1021万元、固定资产9885万元、无形资产91万元、专项及其他资产91万元、土地评估增值6091万元。负债总额20964万元,所有者权益总额1326万元。

1996年,对因业务需要和单位产权变动的5家国有企业进行资产评估。资产净值1200万元,资产增值率为40%。与工商行政管理部门配合,对53家集体企业进行资金验收工作;年内,还完成对55家国有企业的产权登记年检工作,125家行政事业单位初始产权登记。是年12月,县财政局国有资产管理股更名为"永福县国有资产管理局",加大对国有企业改制的资产清查力度。

1997年,对全县39家城镇集体企业进行全面清查核资。对其中4家集体企业部分资产变革、转让的资产进行评估;并完成3家集体改制企业进行清产评估。

1998年,完成县政府确定进行企改的16家国有企业的资产评估工作。是年还对农村集体财产进行清产核资,共清核132家。其中,农村组织类97家,清产核资总额4031万元;企业类35家,清产核资总额1786万元。

1999年,完成县内103家行政事业单位、58家国有企业的国有资产产权年检工作。是年,还对县供电局、山葡萄酒厂等6家国有企业的资产进行评估,评估资产净值达1亿元。

2000年,深化国有企业产权制度改革,对国有企业的资产、账户进行清查核实和认定,并对相关产权进行准确界定及产权转让授权。至2001年,相继完成对县葡萄酒厂、化工一厂整体转让;对县砖厂租赁承包;对县化工厂的部分资产转让;对县糖果厂、县招待所等国有企业的改制工作。

2001—2004年,共完成国有企业改制21家(原有国有企业54家)占全县国有企业总量的38.89%,其中破产企业2家、处置资产安置19家,共安置职工2949人。出让国有资产总收入7476万元,其中出让土地权属收入6016万元(面积99.97公顷);核销国有企业不良资产1974万元。对处置的国有企业资产所得,按政策规定主要用于改制企业职工安置及企业部分债务的偿还。

2002年,撤销国有资产管理局,其职能划归经济建设股管理。

政府采购管理

2002年4月,县财政局增设"永福县政府采购办公室"(股级),专管各行政事业单位的货物和服务的采购管理。从2002年开始试行政府采购,至2003年《中华人民共和国政府采购法》实施后,永福县的政府采购范围和规模逐步扩大。2002年采购资金为410万元,2003年为513万元。2004年完成政府采购业务81次,采购预算金额1256万元,实际采购金额为1125万元,节约资金131万元,节约率为10.45%。2005年完成政府采购业务70次,采购预算金额597万元,实际采购金额536万元,节约资金61万元,节约率10.22%。

财政监督

专项检查　1991年,县财政局对农业四税征收进行全面检查,共检查农户1567户,清理落实任务9241千克;农林特产税共检查422个单位和农户,清缴出税款9.08万元。

1992年,县财政局农税股深入乡镇财政所及各村屯进行税收检查,全县共检查农户4311户,其中追缴税户 317 户,清缴农业税金 28.34 万元,收取滞纳金 3.06 万元、罚款 300 万元;清缴特产税金 28.11 万元,收取滞纳金 0.59 万元、罚款 3.31 万元。

1993 年,县财政局检查出农业税尾欠 10 多万元、契税 15 万元,耕地占用税 5 万元。

1994 年,对农业四税的征收管理进行全面检查,查处偷、漏、欠税案件 21 起,挽回税收损失 14.50 万元。

1995 年,配合物价部门对全县 120 个单位进行收费检查,配合有关部门对"养老保险和失业保险""教育附加"等专项基金和"扶贫资金""票证管理""农税征收经费"等进行专项检查,纠正了一些违规现象。

1998 年,对全县 10 个粮食收储企业进行专项检查,按国家规定标准重新计算,核减财政对粮食部门水库移民粮供应价差补贴 3.30 万元,定向口粮供应价差补贴 28.87 万元。

1999 年,全县各乡镇组织力量对抗税欠税户按政策进行清理,共清查应税单位和农户 8600 多户,重点查处 360 户,清收尾欠和罚款 20 多万元。当年 8 月,增设"永福县财政稽查分局",对技术监督局、广播电视局等 5 个单位的预算外资金专户储存进行稽查,发现被查单位均有违反预算外资金管理规定的行为和预算外收入坐收坐支的行为。坐收坐支金额达 41 万元,应缴未缴政府调节基金 4.30 万元。同时,还组织力量对 1995—1999 年全县公费医疗专项经费的管理进行专项稽查,发现被查单位违反专项经费管理制度,挪用公费医疗专项经费 16.10 万元。

2000 年 10 月,县财政局组织检查组 12 人,分南北两片对全县 10 个乡镇的农业四税进行稽查,共查处税收案件 18 起,查补税款 2608 万元,罚款 7190 元,刑事拘留 1 人,扣押车辆 1 台。当年县财政局还成立财政涉税稽查大队,查处涉税案件 278 起,查处税款 8.70 万元,罚款 15 万元。年内,永福县还成立清理稽查"小金库"工作领导小组,抽调人员组建 3 个重点检查组,人员共 23 人,对列入重点检查的 38 个县直、乡镇单位开展检查,查出 10 个单位"小金库"资金 21.20 万元。

2001 年,县财政局组织物价、教育、审计部门对全县 116 所学校及其部门进行收费检查,对违规行为及时纠正。8 月县人大组织检查组对预算外资金开展执法专项检查。9 月县财政局对预算外资金及"小金库"进行全面检查,对违规坐收坐支预算外资金的 54 个单位及违规使用票据的 10 个单位进行严肃处理。

2002 年,各乡镇财政在完善申报纳税制度的同时,加大稽查力度,打击偷、逃税现象。各征收部门对全县税源加强征管,如对桂林虹源发电有限公司增值税的征缴情况以及通过对该公司及其施工单位进行了清查,征缴土地使用税 47 万元,城市维护建设税 69 万元以及教育费附加收入等。

2003 年,县财政局对全县 48 个行政事业单位进行财务综合检查,查出坐收坐支预算外资金 38 万元,使用白发票报账 10 万元,乱发放奖金 52.10 万元,侵占学生食堂伙食费结余 14.96 万元。查出丢失行政事业性收费一般收据 9 本。对 14 个违规单位作出相应处罚。

2004—2005 年,共查处部分单位坐收坐支预算外资金 166 万元,并对有违规行为的单位作出相应处罚。

税收财务物价大检查　1991 年上半年开展"税收、财务、物价大检查",查出县粮食系统违规金额 39.20 万元,县糖厂、县制药厂违规金额 7.02 万元。下半年全县重点检查 144 个县直和乡镇单位,共查出违规金额 147 万元。

1992 年 10 月至 12 月,重点检查 65 个县直和乡镇单位,共查出违规金额 123.68 万元。

1993 年,重点检查行政事业单位及厂矿企业 76 个,私营企业和个体工商户 9750 户,查出违规金额 80.95 万元。

1994—1995 年,重点检查行政机关和厂矿企业 41 个,共查出违规金额 550 万元。

1996—1997 年,重点检查厂矿企业 1081 家(其中个体工商户 753 家),共查出违规金额 175 万元。

1998—2005 年,取消"税收、财务、物价"联合大检查行动,将税收、财务、物价检查内容分散到各项财政专项检查行动中进行。

第二章 税 务

　　1991—1994年，分税前的永福县税务征收由县税务局负责。县税务局开征税种23种，4年共完成各项税收收入10565万元。

　　1994年9月，实行分税制。县税务局分设为县国家税务局（简称县国税局）和县地方税务局（简称县地税局）。实行分税制后，县国税局主要负责征收中央税、中央与地方共享税；县地税局主要负责征收地方税。县国税局和县地税局不断培植新税源，加强依法征管，组织税收收入增长较快，有效促进永福持续健康发展。县国税局组织的税收收入由1995年的3249万元，增加至2005年的9193万元，累计征收税款51463万元，增加了1.83倍。县地税局组织的税收收入由1995年的1189万元，增加至2005年的5294万元，累计征收税款31211万元，增加3.45倍。

第一节 机 构

永福县税务局

　　1950年1月，永福、百寿两县分别成立税务局。1952年8月，合并成为永福县税务局。

　　1991年，永福县税务局属垂直管理部门，受上级税务部门和永福县人民政府双重领导，以上级税务机关垂直领导为主的管理体制，正科级行政机构，内设办公室、秘书股、人事教育股、税政1股、2股、3股、监察股、会计股、票征股等8股1室，下辖10个乡镇税务所，有干部职工147人。1994年9月，进行税务分税体制改革。撤销永福县税务局，分别成立永福县国家税务局和永福县地方税务局。1991—1994年，永福县税务局办公地址在县城东江街2号。

　　1991—1994年，历任县税务局局长有：卢宗实（1981年7月—1991年12月）、周玉莲（1991年12月—1994年9月）。

永福县国家税务局

　　1994年9月，设立永福县国家税务局，属正科级行政机构，属垂直管理部门，受上级税务部门和永福县人民政府双重领导，以上级税务机关垂直领导为主的管理体制。内设办公室、税政股、涉外税收管理股、征收管理股、计划财务股、人事教育股、监察室7个股室，下辖稽查分局、发票管理所2个直属单位和直属分局、桃城税务所2个基层单位。共有干部职工53人，离退休人员30人。局办公地址在县城东江街2号。

　　1995年9月6日，县国税局增设乡镇税务所9个，即桃城、罗锦、堡里、广福、苏桥、寿城、三皇、永安、龙江税务所。

　　1997年3月，县国税局撤销9个乡镇税务所。按经济区域划分设立3个征收分局（即县城分局、南区分局、百寿分局）、1个稽查分局。是年11月，县国税局办公地址迁至县城西滨路87号。

2005年6月,县国税局县城分局改称永福税务分局,负责全县一般纳税人和查账征收的小规模纳税人税款的征收管理。南区分局改称苏桥税务分局,负责永福镇、广福乡、罗锦镇、堡里乡、苏桥镇个体户及部分小规模纳税人税款的征收管理。百寿分局改称百寿税务分局,负责百寿镇、永安乡、三皇乡、龙江乡个体户及部分小规模纳税人税款的征收管理。同时将计划财务股改称计划征收股,财务职能划归办公室;税政股改称综合业务股。

2005年,永福县国税局内设办公室、人事教育股、综合业务股、计划征收股、征收管理股、信息中心、监察股7个股室,下辖稽查局、发票管理所2个直属单位和永福税务分局、苏桥税务分局、百寿税务分局3个基层单位。共有干部职工78人。县国税局办公地址不变。

1994—2005年,历任县国税局局长有:周玉莲(1994年9月—1996年1月)、伍洪雁(1996年1月—2000年11月)、韦永业(2001年11月—2005年12月)。

永福县地方税务局

1994年9月,设立永福县地方税务局(简称县地税局),属正科级行政机构。属垂直管理部门,受上级税务部门和永福县人民政府双重领导,以上级税务机关垂直领导为主的管理体制。永福县地税局,内设办公室、税政股、征收管理股、计划会计统计股、人事教育股、稽查股6个股室。下辖直属分局1个,共有干部职工26人,局办公地址在县城凤阁路12号。1995年9月,永福县地税局增设9个派出机构,即桃城、罗锦、广福、堡里、苏桥、百寿、三皇、永安、龙江税务所;同时撤销稽查股改设稽查分局,为地税局的直属机关。是年共有干部职工66人。1996年10月,县地税局办公地址搬迁到县城凤阁路11号。1998年,县地税局稽查分局更名为稽查局,百寿税务所更名为百寿税务分局,并增设永福镇地税所。2002年机构改革,县地税局内设机构增设监察室;将计划会计统计股更名为计划财务股;将直属分局、苏桥税务所,分别更名为直属征收管理分局、苏桥税务分局;撤销永福镇税务所、桃城税务所、广福税务所,并将上述3个基层地税所职能划归直属征收管理分局。

2005年,永福县地税局内设办公室、税政股、征收管理股(计算机信息管理中心)、计划财务股、人事教育股、监察室6个股室;下辖直属机构1个,即稽查局;派出机构8个,即永福税务分局、苏桥税务分局、百寿税务分局、罗锦税务所、堡里税务所、三皇税务所、永安税务所、龙江税务所。全局共有干部职工86人。其中在职人数77人(公务员65人、工人4人、助征员8人),退休人员9人。局办公地址不变。

1994—2005年,历任县地税局局长有:阳林(1994年9月—1997年5月)、范文熙(1997年5月—1998年9月)、唐亚林(1998年9月—2001年12月)、彭书远(2001年12月—2004年2月)、徐健(2004年2月—2005年12月)。

第二节　分税制前税收

1991—1994年,永福县税务局开征税种有23种,即产品税、增值税、营业税、工商统一税、集体企业所得税、城乡个体工商户所得税、个人收入调节税、城市维护建设税、车船使用税、房产税、城镇土地使用税、屠宰税、资源税、国有企业奖金税、集体企业资金税、国有企业工资调节税、印花税、固定资产投资方向调节税、建筑税、国营企业所得税、国家能源交通重点建设资金、国家预算调节基金、教育费附加。

1991年,全局组织税收收入1844万元,1992年为2086万元,1993年为3337万元,1994年为3298万元。累计组织各项税收收入10565万元。在各项税收收入中,以工商税收和国营企业所得税为主,对税收

增长的贡献率在90%。如1991年的税收收入中,工商税为1540万元,企业所得税为126万元,企业调节税为2万元。占当年全局税收收入的90.45%。

第三节　国家税务

税种税收

1994年9月,永福县国税局成立,主要负责中央税和中央与地方共享税的征收管理和稽查工作。包括增值税、消费税、企业所得税、储蓄存款利息所得税、车辆购置税等税种。1995年年底,全局管辖纳税户3462户,其中个体工商户3205户。2005年年底,纳税户1609户,其中国有企业15户、集体企业40户、个体工商户1554户。

增值税　从1994年1月1日起实行。征收范围包括所有的工业生产环节、商业批发和零售环节及提供加工、修理修配的劳务以及进口货物。增值税实行价外税,在征收管理上分为一般纳税人和小规模纳税人。一般纳税人基本税率为13%~17%;小规模纳税人按6%的征收率征收。从1998年7月1日起,商业企业小规模纳税人的增值税征收率由6%减为4%。1995年,县国税局增值税征收2708万元。2005年,县国税局增值税征收8430万元,增长2.11倍。

消费税　从1994年1月1日起实行。征收范围仅限于烟、酒、鞭炮、焰火;贵重首饰化妆品;小汽车、摩托车;汽油、柴油;汽车、轮胎、护肤护发品等。消费税实行从价定率或者从量定额的办法计算应纳税额。税率为3%至45%不等。1995年,县国税局征收消费税6万元。2005年,征收消费税69万元,增长10.50倍。

企业所得税　从1994年1月1日起实行。包括对国有企业、集体企业、私营企业、联营企业、股份制企业、生产经营所得进行征税。2000年1月1日起,独资、合伙性质的私营企业按《中华人民共和国个人所得税法》征收个人所得税,不再是企业所得税的纳税人。企业所得税采用33%的比例税率。为了照顾众多小型企业的实际困难,对小型企业实行两档低税率,年应纳所得额3万元以下(含3万元)的企业,按18%的税率征收企业所得税;年应纳税所得额超过3万元至10万元的企业,按27%税率征收。1995年,县国税局征收企业所得税65万元。2005年,征收企业所得税447万元,增长5.88倍。

个人储蓄存款利息所得税　从1995年1月1日起实行。以储蓄存款利息所得的个人为纳税义务人,以办理结付个人储蓄存款利息的储蓄机构为扣缴义务人。个人储蓄利息适用20%的比例税率。1997—1999年,储蓄存款利息所得税暂停征收。2000年,县国税局恢复个人储蓄利息所得税征收。1995年,个人储蓄利息所得税征收25万元。2005年征收个人储蓄利息所得税187万元,增长6.48倍。

车辆购置税　从2005年1月1日起实行。车辆购置税的纳税人为购置应税车辆的单位和个人。征收范围为汽车、摩托车、电车、挂车、农用运输车。税率为10%。2005年县国税局征收车辆购置税款61万元。

营业税　1994年9月,国税和地税分设后,营业税为县国税局和县地税局共同征收的税种。1996年以后,以县地税局征收为主。县国税局只征收少部分营业税。2004年以后,县国税局停止征收营业税种。

县国税局从1996年停止征税土地增值税、车船使用税、房产税、城镇土地使用税、屠宰税、资源税、印花税、固定资产投资方向调节税和教育费附加收入。从1997年停止征收城市维护建设税和国家能源交通重点建设基金税、国家预算调节基金税。从1998年停止征收税款滞纳金罚款。

征收管理

1994年9月,县国税局设立,实行纳税申报、税务代理、税务稽查"三位一体"的征收管理。1995年,按《小规模纳税人申报手册》要求,采取多种征管方法强化个体税收征管,建立集贸市场征管资料档案,加强对集贸市场的税收征管。1997 年,从加强纳税申报入手,实行微机网上申报和手工申报相结合,在县城分局实行电子申报纳税制度;在南区分局、百寿分局,确定专管员按期到各征收点巡回征收,在小规模纳税人方面推行《纳税申报手册》依法征税。年内,还开展了"税法进农家""税法进企业"活动,广泛宣传税法,向纳税人发放税法宣传资料和文明征税监督卡。1999 年,在县城推行自行申报纳税制度,充分发挥办税服务厅的职能作用,集中征收,重点稽查。2003 年,贯彻落实提高增值税、营业税起征点政策。2005 年,对一般纳税人企业实行"四率"申报考核制度,即防伪税控报税率、专用发票抵扣联认证率、稽核数据采集率、一般纳税档案信息采集率,作为纳税申报的考核标准,从而保证了税款的及时、足额征收入库。1995 年,县国税局完成税收征收 3249 万元,2005 年增至 9193 万元。

税收征管模式

1994 年,县国税局开始实行征、查"两分离"为特征的分权征管模式,取代计划经济体制下形成的"一员到户,各税统管"的集权征管模式。

1997 年,永福县国税局推行以申报纳税和优化服务为基础,以计算机网络为依托,集中征收,强化管理的税收征管模式。

2003 年,实行增值税纳税申报"一窗式"管理模式,在申报环节对申报表信息与防伪税控系统抄报税和专用发票认证信息进行稽核,以审核纳税申报的真实性。

2004 年,县国税局各征收单位实行"一窗一人一机"的管理模式。

2005 年,县国税局统一规范各办税服务厅环境,税收业务流程,税收服务标准,实现纳税"一窗式"管理,"一站式"服务。

信息化建设

1994 年,县国税局信息化应用从单机向网络发展。

1996 年,开设微机局域网,实现税收征管新模式。所有纳税人通过微机申报纳税。

2001 年,"金税工程"开通,开发完成增值税一般纳税人税款预征模块,将 10 万元版增值税专用发票全部纳入微机税控管理。

2004 年,"金税工程"各业务系统升级和整合。

2005 年年初,县国税局推广应用中国税收征管信息系统(即综合征管软件)。7 月 1 日,综合征管软件成功上线运行,实现了信息数据在自治区级大集中,办公和行政管理实现公文处理自动化和办公无纸化。利用"广域网"建立起基于 W+b 的税收征管信息发布系统,行政管理逐步实现信息化。

至 2005 年年底,县国税局建成计算机房 1 个、局域网 1 个,有台式计算机 85 台、服务器 4 台。构建起国税信息网络,纵向上级局,横向各分局,形成全面覆盖纳税人和增值税的管理流程。

税务稽查

1994 年年底,县国税局设立稽查分局。税务稽查主要负责举报涉税案件的查处和税务审计及税收专项检查工作。2002 年按照新《中华人民共和国税收征管法》及其实施细则要求,稽查分局更名为永福县国家税务局稽查局,配备专职人员 9 人。为最大限度地减少税款流失,增加国家税收收入,税务稽查的重点在加强对废旧特产企业、以农副产品为主要原料的生产加工企业、房产企业、百货超级市场等行业的检查;

加强对增值税发票和骗取出口退税专项检查管理。1994年,检查企业业主25户,查补税款8万元。1995年,查补税款73万元。1996年,查补税款38万元。1997年,查补税款59万元。1998年,检查企业业主84户,查补税款103万元。1999年,检查企业业主99户,查补税款32.30万元。2000年,检查企业业主129户,查补税款25.65万元。2001年,检查企业业主114户,查补税款34.65万元。2002年,检查企业业主68户,查补税款10.37万元。2003年,检查企业业主55户,查补税款12.63万元。2004年,检查企业业主89户,查补税款13.38万元。2005年,检查企业业主28户,查补税款51.54万元。

表 10-6　　　　　　　　1995—2005 年永福县国税(费)收入情况表

单位:万元

项目＼年度	1995	1996	1997	1998	1999	2000	2001	2002	2003	2004	2005
总计	3249.8	2470.2	2772.2	2801	2893	3782	4454	5371	6446	8057	9202
一、工商税收合计	3105.8	2431	2755.2	2778	2870	3747	4393	5306	6377	8037	8747
增值税	2708	2399	2709	2708	2788	3525	4104	4991	6118	7764	8430
营业税	158			36	48	62	58	43	19	4	
消费税	6	12	10	22	20	63	68	102	74	75	69
车辆购置税											61
土地增值税	0.8										
城市维护建设税	98	14									
车船使用税	5										
房产税	6										
城镇土地使用税	2										
屠宰税	58										
资源税	15										
印花税	2										
固定资产投资方向调节税	16										
税款滞纳金罚款收入	6	1	0.2								
个人储蓄利息所得税	25	5				101	178	194	181	198	187
二、企业所得税	65	35	17	23	23	35	56	60	64	13	447
三、国家能源交通重点建设基金	24	3									
四、国家预算调节基金	18	2									
五、教育费附加收入	37										
六、其他收入		-0.8					5	5	5	7	8

第四节　地方税务

税种税收

1994年9月,永福县地税局成立。至1994年年末,没有划分地方税收收入。从1995年开始划分出地方税收入。县地税局主要负责征收地方税(费),包括营业税、地方企业所得税、个人所得税、房产税、印花税、城镇土地使用税、土地增值税、固定资产投资方向调节税、车船使用税、屠宰税、资源税、城市维护建设税、教育费附加等。

1995年,县地税局以营业税、企业所得税为主体税收,组织地方税收1189万元。1996年征管范围扩大到所有地税业户,加上桂柳高速公路修建,当年组织地方税收2442万元。1997年桂柳高速公路修建结束,当年地方税收减至1998万元。2005年组织地方税收5294万元,比1995年增长了3.45倍。11年共组织税收收入3.12亿元。

营业税　1994年1月1日开征。此税种为永福县地方税收收入的主体税种之一。1994—2005年,占全县地方税收收入的40%左右。征收范围及税率:交通运输业3%,建筑业3%,金融保险业5%,邮电通信、文化体育业3%,娱乐业5%~20%,服务业5%,转让无形资产和销售不动产为5%。自2000年起,娱乐业中电子游戏厅的营业税率一律为20%。

1995年县地税局征收营业税591万元。2005年增至2447万元,比1995年增加1856万元,增长了3.14倍。

企业所得税(地方企业所得税)　1994年1月1日开征。征收范围为县内国有企业、集体企业、私营企业、联营企业、股份制企业的生产、经营所得及其他收入。税率为33%。1995年,县地税局征收企业所得税209万元。2005年增至417万元,比1995年增长了99.52%。

个人所得税　1993年10月31日开征。征收对象包括工资、薪金所得,适用超额累进税率,税率为5%~45%;个体工商户生产、经营所得和对企事业单位的承包经营、承租经营所得,适用5%~35%的超额累进率;稿酬所得适用比例税率,税率为20%,并按应纳税款减征30%;劳动报酬所得,特许权使用费所得,利息、股息、红利所得,财产租赁、转让所得,偶然所得和其他所得,适用比例税率,税率为20%。随着经济的发展,居民收入不断增加,个人所得税逐步成为地方税主体税种。1995年县地税局征收个人所得税35万元,2005年增至1041万元,增长了28.74倍。

固定资产投资方向调节税　1991年1月1日开征。凡在中国境内进行固定资产投资的单位和个人,缴纳投资方向调节税。税目分为基本建设项目和更新改造项目税率0.50%~30%。2000年后暂停征收此税种。1995—2000年,县地税局征收固定资产调节税共180万元。

房产税　1986年10月1日开征。房产税由产权所有人缴纳。产权属于全民所有的,由经营管理单位缴纳。产权出典的,由承典人缴纳。房产税依照房产原值一次减除30%的余值计算缴纳,税率为1.20%。房屋出租的,以房产租金收入为房产税的计税依据,税率为12%。1997年开始,全县进行大规模城镇建设与改造,建筑业、房地产业蒸蒸日上,房产税增长较快。1995年县地税局征收房产税58万元,2005年增至125万元,增长了1.16倍。

土地增值税　1994年1月1日开征。凡转让国有土地使用权、地上建筑物及其附着物并取得收入的单位和个人,缴纳土地增值税。土地增值税按照纳税人转让房地产所取得的增值额和规定的税率计算征收,实行四级超率累进税率。1995年,县地税局征收土地增值税5万元,2005年增至194万元,增长了37.80倍。

城镇土地使用税　1988年11月1日开征。土地使用税以纳税人占用的土地面积为计算依据，依照规定税额计算征收。1996年1月1日起，永福县将城镇土地划分等级征收使用税。县城土地划分为两个等级，税额分别为一类每平方米2元，二类每平方米1元；建制镇统一按每平方米1元的税额计征。1995年永福县地税局征收土地使用税35万元，2005年增至78万元，增长了1.23倍。

印花税　1988年10月1日开征。从0.05‰至2‰或者定额5元的税率。应纳印花税的凭证为：购销、加工承揽、建设工程承包、财产租赁、货物运输、仓储保管、借款、财产保险、技术合同或者具有合同性质的凭证；产权转移书据；营业账簿；权利、许可证照；经财政部确定征税的其他凭证。1995年县地税局征收印花税31万元，2005年征收22万元，减少了9万元。

城市维护建设税　1985年1月1日开征。凡缴纳产品税（1994年1月1日改为消费税）、增值税、营业税的单位和个人，缴纳城市维护建设费。按照纳税人所在地的不同，税率分别规定为不同档次。不同地区的纳税人，实行不同档次的税率。具体适用范围是：纳税人所在地在县城、建制镇的，税率为5%；纳税人所在地不在县城或建制镇的，税率为1%。税款由地方政府安排使用，保证用于城镇的公用事业和公共设施的维护建设。从1997年开始全县进行大规模城镇建设与改造，建筑业、房地产业蒸蒸日上，城建税增长很快。1995年，县地税局征收的城建税52万元，2005年增加到442万元，增长了7.50倍。

"三费"（即教育费附加、防洪保安费、文化事业建设费）收入从2000年的138万元，增加至2005年的413万元，增长了1.99倍。

表10-7　　　　　　　　　　1995—2005年永福县地方税（费）收入情况表

单位：万元

税种＼年份	1995	1996	1997	1998	1999	2000	2001	2002	2003	2004	2005
合计	1189	2442	1998	2056	2606	2559	2864	2747	3198	4288	5294
营业税	591	1841	1349	1228	1595	1490	1144	1012	1290	1893	2447
企业所得税	209	129	204	149	346	291	568	482	483	481	471
个人所得税	35	149	175	188	239	286	509	510	556	713	1041
资源税	20	7	12	9	13	22	34	34	46	42	48
固定资产投资方向调节税	41	13	21	89	13	3					
城市维护建设税	52	50	47	55	69	101	181	249	309	476	442
房产税	58	76	45	117	59	75	90	96	109	108	125
印花税	31	10	3	42	35	15	13	7	5	22	22
城镇土地使用税	35	25	24	35	25	33	73	86	79	81	78
土地增值税	5	1		1				5	81	145	194
车船使用税	6	7	6		5			5	1	11	13
屠宰税	75	70	83	105	103	100	101	98	33		
教育费附加	15	60	18	20	68	90	136	159	197	299	297
防洪保安费			6	12	31	16		4	6	6	23
文化事业费附加					4	32	6	3	3	11	4
地方教育费附加											89
收滞纳金、捐款收入	16	4	5								

征收管理

1994 年 9 月,县地税局成立,依法开展税务登记、纳税申报、发票管理、税源监控、征管改革等工作。

税务登记 1994 年,县地税局成立后,为加强对纳税户的管理,杜绝漏征漏管户,继续推行税务、工商企业定时联系、互通信息、资源共享,及时建立健全税务登记制度。1995 年,办理税务登记证 1896 户。至 2005 年 12 月底,办理税务登记证 2668 户。其中:国有企业 48 户、集体企业 44 户、股份合作企业 30 户、有限责任公司 84 户、国有联营企业 1 户、股份有限公司 10 户、私营独资企业 10 户、私人合伙企业 7 户、其他有限公司 123 户、私营有限责任公司 7 户、个人独资和合伙企业 22 户、其他内资企业 89 户、港澳台商投资企业 3 户、港澳台商合作经营企业 1 户、港澳台商独资企业 1 户、外商投资企业和外国企业 4 户、中外合作经营 1 户、外资企业 4 户、个体工商户 2179 户。

纳税申报 1995 年,县地税局采取积极措施强化纳税申报管理。1995 年纳税申报率为 75%。2000 年,把纳税业主分为正常户、非正常户等分类管理制度;建立征收台账,反映每一纳税户每月申报纳税情况,并建立纳税申报分析制度;强化催报催缴制度;强化加收滞纳金制度;逐步建立和完善以纳税人自核自缴为基础的纳税申报制度等,促使个体业主和企业类业主自觉纳税申报率逐步提高。2005 年的纳税申报率为 95% 左右。

发票管理 1996 年 3 月,县地税局对在永福县范围内从事饮食业、娱乐业、服务业经营的业户实行"定额加发票"的税收征收管理办法。即由业户在领购定额发票时按所领购发票面额计算预缴税款,业户按所领购发票面额预缴税款后,对实行查账征收的业户,在月终办理纳税申报时,可从申报应纳税总额中抵扣原已预征税款数额;对实行"双定"(定期、定额)征税的业户营业额中未开发票的部分按"双定"征收税款,对填开发票的部分按开票营业额计算征收税款。2002 年 9 月,县地税局首次为 26 家饮食业、娱乐业、旅店业安装了税控机。至 2005 年年底,共安装税控收款机 108 户,实现了对重点行业的以票管税。

征管档案 1995 年,县地税局制定税收征管档案工作制度。1996 年又制定税收征管档案考评办法。对纳税企业按一户一档归集建档管理;对个体工商户按行业分档管理。2001 年起对个体工商户也实行了一户一档制的征收管理办法,从工程开工到完工结算进行全程跟踪,实行规范化征收管理。

税收征管模式

1995 年,县地税局实施"以计算机为依托,集中征收,重点稽查"的税收征管模式。

1996 年,建立完善以纳税人自核自缴为基础的纳税申报制度。对财务制度健全,办税能力强的企业,实行自行计算核税,自行填开缴税书,同时向税务机关报送纳税申报表的纳税申报管理模式。

1997 年,县地税局与金融部门实施银税一体化。即与金融部门联网,由纳税户到农行、信用合作联社任何一个储蓄网点开立储蓄卡账户存足应纳税款,金融部门按期计划代缴税款,即可完税;实行征、管、查"三分离"管理模式;加快电算化进程,加强税收信息化管理,完善"申报、代理、稽查"三位一体的征管模式。

2002 年,县地税局对私人建房税收管理进行改革,按建筑面积每平方米 5 元计征地方各税,并采取委托城镇部门代征的形式进行征管。

2003 年,县地税局对制砖行业实行以电控税的管理办法。即以每度电生产多少筒砖计算应纳税款。改善了过去对制砖行业实行估量核定征税的方法。全县制砖行业的月税款由此增加 43.20%。

税务稽查

1994年，县地税局内设稽查股。1995年，撤销稽查股，设立稽查分局。1998年改设为稽查局。1994—2002年，县地税稽查工作方式主要是从各分局抽调企业专管员组成县城、南区、北区三个工作组开展全县税收大检查。稽查工作的重点是查补税收收入。2003年，稽查局工作主要由稽查局稽查员分组稽查，工作重点由查补税收收入型转向执法型和查补税收收入型并重。2004—2005年，稽查局执行"查纠并举，以查为主"的工作模式。工作重点转型为服务型和执法型并重。

1995年，县地税稽查局检查纳税业主420户（次），查补税款172万元。

1996—1997年，县地税局检查纳税业主227户（次），查补税款2370万元（含稽查桂柳高速路永福段建筑业税收2016万元）。

1998—2000年，县地税局检查纳税业主344户（次），查补税款824万元。2001—2005年，县地税局检查纳税业主242户（次），查补税款1341万元。

第五节　农村税费改革

2003年，永福县启动农村税费改革，其主要内容是："三个取消，两个调整，一项改革。"即：取消乡镇统筹费、农村教育集资费等专门向农民征收的行政事业性收费和政府性基金集资；取消屠宰税；取消统一规定的农村劳动积累工和义务工；调整农业税和农业特产税政策；改革农村提留征收使用办法。经过调整，永福县农业税税率为6.50%，农业统一征收附加，附加比例为农业税正税的20%。从2003年1月1日起执行。

2003年2月22日，自治区召开农村税费改革试点工作电视电话会后，永福县有计划、按步骤进行农村税费改革工作。3月18日，永福县成立农村税费改革领导小组，下设办公室，地点在财政局，办公室人员分为秘书组、测算组、面上组、宣传组，并抽调相关人员进行工作。4月15日至26日，对各乡镇从事农村税费改革工作人员进行培训，要求各乡镇组织人员进村到户做好调查统计、测算摸底工作，并开展各种形式宣传做到家喻户晓。

2003年年底，全县顺利完成农村税费改革工作。全县第二轮土地承包确认计税面积1.63万公顷，计税常产为1.30亿千克，亩均常年产量为535千克。税费改革后，完成农业两税（农业税和农林特产税）为1091万元。其中，农业税及附加904万元，农林特产税及附加187万元。全县计税常产签字户数为56454户，占总户数的96.80%；新农业两税落实到户为57517户，占总户数的98.62%。农户领到了《农民税费负担监督手册》和《农民负担对比卡》，实现了"村村减负，户户受益"的农村税费改革目标。2003年12月，通过了自治区对永福县农村税费改革工作的验收。

2004年，永福县取消农业特产税，农业税税率降低1个百分点。2005年7月，永福县正式宣布在全县范围内从2005年起免征农业税，并将2005年度已向农民收取的农业税全额退还给农户。至此，终结了历史上绵延数千年的古老税种（农业税），农民种田实现了"零税赋"。

第三章　金　　融

1991年,永福县金融业机构共有5家,即:中国人民银行永福支行(简称县人民银行)、中国工商银行永福支行(简称县工商银行)、中国农业银行永福支行(简称县农业银行)、中国建设银行永福支行(简称县建设银行)、县邮政储蓄。1991年,全县金融机构人民币各项存款余额1.19亿元,各项贷款余额1.09亿元。1996年4月,中国人民保险公司永福县分公司分设为永福县财产保险公司和人寿保险公司。1996年9月,永福县农村信用联社脱离县农业银行,单独营业。1997年3月,中国农业发展银行永福支行组建成立。2002年7月,中国建设银行永福县支行撤销,其储蓄业务转入县邮政储蓄网点。

15年间,永福县金融机构开展会计制度改革,向国际惯例接轨;辖区银行间的结算业务有较大增加,联行结算业务实现从手工操作到计算机处理、卫星传递的重大跨越,缩短了资金在途时间,促进了各项金融业务平稳发展。2005年12月,全县金融机构共有6家,人民币各项存款余额12.11亿元,比1991年增加10.92亿元,增长9.13倍;各项贷款余额6.06亿元,比1991年增加4.98亿元,增长4.58倍。其中,县农村信用合作社发展成为辖区农村金融的主力军。2005年年底,存、贷款分别为4.06亿元、3.18亿元,分别占全县存、贷款份额的33.53%、52.47%。

15年间,永福县保险事业不断发展。至2005年年底,保险险种发展到29个,全县保费收入达3159万元。

第一节　机　　构

金融监管机构

中国人民银行永福支行　中国人民银行永福支行(简称县人民银行)设立于1950年5月,是中国人民银行桂林分行设在永福县的派出机构。1986年4月,专门行使中央银行职能,负责对辖区商业银行实行管理、协调、监督和稽核。1991年,县人民银行为正科级行政机构,内设办公室、货币金银股、会计国库股、综合业务股、农村信用合作管理股、保卫股6个股室。县人民银行办公地址在县城东江街121号。2000年,县人民银行撤销货币金银股、保卫股。2003年,增设货币信贷与统计股,撤销综合业务股、农村信用合作管理股。2004年4月,中国银监会桂林监管分局永福办事处从县人民银行分设出去。县人民银行只承担对辖区银行业金融机构支付结算、账户开立、利率执行方面的管理职责。2005年6月,人行桂林市中心支行对12个县支行实行"一拖一"管理模式的机构改革,临桂县支行管辖永福县支行。2005年,县人民银行仍为正科级行政机构,内设办公室、营业室,在职人员15人。办公地址不变,门牌号改为县城连江路32号。

1991—2005年,历任县人民银行行长有:王敬稷(1986年6月—1995年7月)、刘浩生(1997年7月—2002年)、王增(2004—2005年初)、邓国西(2005年初至2005年12月)。

中国银行业监督管理委员会桂林监管分局永福县办事处　2004年4月,中国银行业监督管理委员会桂林监管分局永福县办事处成立,属桂林银监分局的派出机构,受桂林银监分局领导,依法实施对永福辖

区银行业金融机构及其业务活动进行监督管理,人员编制 2 人。办公地址设在县人民银行院内。

银行业金融机构

中国工商银行永福县支行 1984 年 6 月,中国工商银行永福县支行成立,是中国工商银行广西分行设在永福县的支行,由中国人民银行永福县支行分设,是行使货币经营职能的国家专业银行。1991 年,县工商银行内设人秘股、储蓄股、会计股、出纳股、计划股、工商信贷股、保卫股 7 个股室;下辖营业网点 6 个,有职工 65 人。县工商银行办公地址在县城东江街 7 号。1993 年,县工商银行撤股改科,内设人秘科、储蓄科、会计科、出纳科、计划科、工商信贷科、信托部、劳动服务公司、经济警察队 9 个科室;营业网点(包括城市信用社)增至 7 个。1995 年,县工商银行内设办公室、信贷科、资金计划和储蓄科、营业部、房地产信贷部、工矿分理处和 4 个储蓄所,有职工 63 人。1997 年后逐步撤并网点。2003 年,县工商银行内设办公室、业务管理部、客户经理部“2 部 1 室”;营业网点保留支行营业部、1 个分理处、2 个储蓄所;在职员工总人数由 2000 年的 56 人减少到 46 人,其中编内员工由 48 人减少到 37 人,合同制工人由 12 人减少到 8 人;员工文化结构:本科 2 人、大专 7 人、中专 32 人、高中 5 人、初中 1 人。2005 年,县工商银行内设综合办公室、客户经理部“1 部 1 室”;营业网点保留支行营业部。在职员工 22 人。办公地址不变,门牌号改为县城凤城路 93 号。

1991—2005 年,历任县工商银行行长有:林飞云(1987 年 10 月—1993 年 3 月)、陈金(1993 年 4 月—1996 年 1 月)、和建顺(1996 年 1 月—1999 年 3 月)、肖卫平(1999 年 3 月—2000 年 1 月)、蒋黎杰(2000 年 1 月—2003 年 4 月)、杨宗夫(2003 年 4 月—2005 年 12 月)。

中国农业银行永福县支行 1964 年 1 月,中国农业银行永福县支行成立,是中国农业银行广西分行设在永福县的支行,由县人民银行分设,是行使货币经营职能的国家专业银行。1991 年,县农业银行内设办公室、人事股、监察室、存款股、农业信贷股、工商信贷股、会计出纳股、稽核股、信用合作股 9 个股室;下辖有营业所 9 个、营业部 1 个、储蓄所 5 个,共有职工 124 人。职工中具有大、中专文化的 46 人,经济师和会计师 18 人。县农业银行办公地址在县城东江街 8 号。1996 年 10 月,县信用联社及其乡镇信用合作社脱离县农业银行单设。1997 年 3 月,从县农业银行分设永福农业发展银行。2005 年,县农业银行内设综合管理部、信贷管理部、经营核算部、客户部;下辖有营业部 1 个、分理处 4 个;共有职工 60 人。职工中具有大、中专文化的 58 人,经济师和会计师 16 人。县农业银行办公地址不变,门牌号改为凤城路 95 号。

1991—2005 年,历任县农业银行行长有:林周清(1989 年 4 月—1996 年 1 月)、王灌生(1996 年 2 月—2001 年 7 月)、周进钊(2001 年 7 月—2002 年 1 月)、莫仕生(2002 年 1 月—2005 年 2 月)、龙毅(2005 年 2 月—2005 年 12 月)。

中国建设银行永福县支行 1984 年 6 月,成立中国人民建设银行永福县支行,是中国人民建设银行广西分行设在永福县的支行,是专门办理固定资产投资管理的国家专业银行。1991 年,县建设银行下设东江分理处和建新街储蓄所。县建设银行办公地址在县城东江街 131 号。1996 年 4 月,更名为中国建设银行永福县支行。2002 年 7 月,中国建设银行永福县支行撤销,其存储业务转入县邮政储蓄网点。

1991—2002 年,历任县建设银行行长有:张治珍(1986 年 8 月—1992 年 9 月)、吴建祥(1992 年 9 月—1996 年 9 月)、廖新建(1996 年 9 月—2000 年 4 月)、唐秋林(2000 年 4 月—2001 年)、李先荣(2001—2002 年)。

中国农业发展银行永福县支行 简称永福农发行,1997 年 3 月由中国农业银行永福县支行分设成立。永福农发行属中国农业发展银行桂林分行管理的政策性支行,承担永福、恭城 2 个县的农业政策性贷款的供应和监管工作。县农发行内设办公室、信贷部、会计出纳部、工会。1998 年,永福农发行兼营粮油信贷业务,封闭运行。2005 年有在职员工 8 人,内退职工 5 人。办公地址在县城凤城路 135 号。

1997—2005 年,历任县农发行行长有:龙飞(1997 年 12 月—2001 年 3 月)、范絮桂(2001 年 3 月—2005 年 6 月)、蒋平文(2005 年 7 月—2005 年 12 月)。

永福县邮政储蓄机构 邮政储蓄是由人民银行委托邮政机构办理以个人为主要对象的储蓄存款业务。1986 年,永福县邮电局恢复开办邮政储蓄业务。1991 年,邮政储蓄业务属双重管理,业务上接受中国人民银行永福县支行的监督管理,行政隶属县邮电局管理。下辖县局储蓄点、罗锦、苏桥、百寿、三皇、永安 6 个网点。2002 年 7 月,县建设银行撤销后,其存储业务转入县邮政储蓄网点,邮政储蓄余额首次突破 1 亿元。2004 年,县邮政储蓄机构,业务上接受中国银监委桂林监管分局永福办事处监督管理,行政隶属县邮政局管理。2005 年,县邮政局邮政储蓄机构下辖县局凤城路储蓄点、凤翔路储蓄点、罗锦、苏桥、百寿、三皇、永安 7 个网点。

合作金融机构

永福县合作金融机构为永福县农村信用合作联社。

1954 年,成立永福县信用合作社。1986 年 4 月,更名为永福县信用合作联社。信用合作联社既是集体经济组织,又是县农业银行的基层机构。县信用合作联社主任由县农业银行行长兼任。1991 年,县信用联社下辖县信用联社营业部和 10 个乡镇农村信用合作社。县信用联社的办公地址在县城东江街 123 号。1996 年 10 月,县信用联社及其乡镇信用合作社与县农业银行脱离行政隶属关系。而单独经营,金融监管由县人民银行负责。

1998 年,县信用联社增设经济警察分队。

2004 年,县信用联社的金融监管由中国银监委桂林监管分局永福办事处负责。

2005 年,县信用联社内设办公室、人事教育部、稽核监察部、资金运营部、资产保全部、安全保卫部、财务电脑部、清算中心 8 个机构。下辖营业网点 15 个;在职员工 125 人(其中管理人员 23 人)。文化结构:大学本科学历 16 人、大专学历 72 人、中专 15 人、高中 17 人、初中以下 5 人。技术职称结构:中级职称 7 人、助师职称 62 人、员级职称 23 人。县信用联社的办公地址不变,门牌号改为县城连江路 30 号。

1996 年 10 月—2005 年 12 月,任县信用联社主任(理事长)为秦孝英。

保险机构

中国人民保险公司永福支公司 1957 年 1 月,成立中国人民保险公司永福县支公司,是中国人民保险公司桂林市分公司设在永福县的支公司(简称县保险公司)。1991 年,县保险公司负责办理国内保险业务,主要经营财产损失保险、责任保险、信用保险、农业保险及上述业务的再保险、人身保险业务等。县保险公司办公地址在县城东江街 9 号。1996 年 4 月,县保险公司分设中保财产保险永福县支公司和中国人民保险公司永福县支公司,分别经营财产保险和人寿保险业务。

1991—1996 年,历任永福县保险公司经理有:唐广华(1982 年 10 月—1992 年 5 月)、曾桥玉(1992 年 5 月—1994 年 12 月)、黄德全(1995 年 10 月—1996 年 2 月)、安小明(1996 年 2 月—1996 年 4 月)。

中国人民财产保险股份有限公司永福县支公司 1996 年 4 月,由中国人民保险公司永福县支公司分设成立中国人民财产保险有限公司永福支公司(简称人保财险永福支公司),独立挂牌经营财产保险业务。内设机构有经理室、办公室、财务股、城市业务股、农村业务股。公司办公地址在县城凤城路 97 号。2003 年 7 月,实行股份制改革,更名为中国人民财产保险股份有限公司永福支公司,属桂林辖区垂直管理的县级支公司,保险业务增加短期健康保险。2005 年,人保财险永福支公司内设代理业务部、营销业务部、理

赔部、后勤服务部（含办公室），另在永福镇、苏桥镇、百寿镇设立营销服务部。有员工21人。

1996—2005年，历任人保财险永福支公司经理有：安小明（1996年4月—1996年5月）、唐寒松（1999年6月—2005年12月）。

中国人寿保险股份有限公司永福县支公司 1996年4月，由中国人民保险公司永福县支公司，分设成立中国人寿保险公司永福支公司（简称人寿保险永福支公司），独立挂牌经营人身保险类业务。公司办公地址在县城龙福路75号。2000年，通过整改重组，更名为中国人寿保险股份有限公司永福支公司，属桂林辖区垂直管理的县级支公司。2005年，人寿保险永福支公司内设大厅营业部、个险营销部、团险业务部和银邮中介代表部等4个机构。下辖百寿镇农村保险营销服务站、堡里乡农村保险营销服务站、苏桥镇农村保险营销服务站等3个农村网点保险站。共有员工和营销代理人员86人。

1996—2005年，历任人寿保险永福支公司经理有：范玲君（1996—2001年）、杨斌（2001年—2005年12月）。

第二节　银行存款

1991年，永福县金融机构存款业务品种单一，仅能办理城镇居民储蓄，对公存款、结算、汇兑等，年末各项存款余额为11947万元。其中，占比例较大的有县农业银行，年末存款余额5451.40万元；县工商银行，年末存款余额4045万元；县信用联社，年末存款余额2300万元。从存款结构上看，主要有企业存款、财政存款、机关团体存款、储蓄存款、农业存款、信托存款、其他存款等，以储蓄存款居首。1994年，县信用联社各营业网点开办了电脑储蓄业务。1996年，县工商银行对营业网点布局进行调整，搬迁撤并不合理网点。当年，全县金融机构各项存款余额为40420万元，其中县工商银行为10834万元，县信用联社为10400万元，县农业银行为9178万元。1997年3月，永福农发成立。该行是政策性金融机构，存款方面以贷款的派生存款，以及财政补贴资金存款为主。当年县农业银行存款余额首次突破亿元大关。2000年，全县金融机构各项存款余额为64295万元，其中占比例较大的有县农业银行，年末存款余额19400万元；县信用联社，年末存款余额16800万元。从存款结构上看，主要有企业存款、储蓄存款和农业存款等，以储蓄存款居首。2003年，县工商银行储蓄网点撤并为4个；县信用联社开通全自治区农村信用社存取款通存通兑业务。

2005年，全县金融机构各项存款余额为121126万元，其中占比例较大的有县工商银行为19100万元，县农业银行为49700万元，县信用联社为40600万元，县农发行为2665万元。全县各项存款余额仍然以储蓄存款居首，为97856万元，占80.84%。是年，全县金融机构存款余额比1991年增长了9.14倍。

表10-8　　　　　　　　　　　1991—2005年永福县金融机构人民币存款情况表

单位：万元

年份\项目	1991	1992	1993	1994	1995	1996	1997	1998	1999	2000	2001	2002	2003	2004	2005
各项存款余额合计	11947	14552	17617	23098	35866	40420	46492	53202	58412	64295	70451	77792	91236	110430	121126
1.企业存款	2722	3175	3384	6013	8398	7340	7071	7669	7468	8297	8544	8464	10596	14995	9872
（1）活期存款							5500	5720	5394	6450	6460	6185	8602	13055	8100
（2）定期存款							1571	1949	2074	1847	2084	2279	1994	1940	1772
2.财政存款	380	292	89	6	4	385	34	88	77	10	488	506	1064	2173	1678
3.机关团体存款	485	576	573	472	320	268	384	569	749	1277	1908	2163	3298	3714	5605

续表

项目＼年份	1991	1992	1993	1994	1995	1996	1997	1998	1999	2000	2001	2002	2003	2004	2005
4. 储蓄存款	6352	8184	10860	14107	26548	32109	37653	43538	48691	53379	58550	64490	73468	85329	97856
（1）活期储蓄							11984	13826	17793	22148	24694	28493	35568	44176	52269
（2）定期储蓄	4925	5919	7837	10069	17938	22101	25669	29712	30898	31231	33856	35997	37900	41153	45587
5. 农业存款	1521	1338	2059	2485	256	251	790	925	1195	1248	887	1195	1507	3967	4793
6. 信托存款	23	78	9	15	340	67									
7. 委托存款							275	284	6	−59	−151	12	13	27	
8. 其他存款	464	909	643				285	129	226	143	225	962	1290	225	1322

第三节　银行贷款

　　1991年，永福县金融机构的信贷资产规模较少，银行（不含信用社与邮政储蓄）各项贷款余额为11562万元。其中，占比例较大的有县农业银行，各项贷款余额6375万元；县工商银行，各项贷款余额4019万元；县建设银行，各项贷款余额1168万元。从贷款结构上看，主要有短期贷款、中长期贷款、委托贷款、其他贷款等，以短期贷款居首。从投放贷款主体看，有工业贷款、商业贷款、建筑业贷款、农业贷款、乡镇企业贷款、技术改造贷款等。县农业银行将贷款主要投向农业、林业、乡镇企业、农业生产资料、农副产品收购和粮食收购等；县工商银行将贷款主要投向工业技术改造和商业领域；县建设银行将贷款主要投向基本建设投资等。1993年，县工商银行将信贷投向重点支持一、二类企业，适度支持三类企业，严格控制四、五类企业。1996年，县工商银行将贷款投向重点转移到第三产业，发放商业、粮食、物资供销的流动资金贷款1500万元。当年，全县金融机构各项贷款余额31577万元，其中县工商银行为6032万元、县农业银行8308万元、县信用联社6600万元。1997年，永福农发行成立后，每年为永福、恭城两县提供3000多万元的粮食收购贷款，同时提供农业开发性贷款和扶贫、农村基建贷款，当年各项贷款余额10600万元。1998年，永福农发行将贷款更多地投向永福、恭城两县的粮棉油收购等，各项贷款余额达15500万元。

　　2000年，县信用联社全面推行农户小额信用贷款。当年，全县金融机构各项贷款余额47588万元，其中县工商银行4660万元、县农业银行14600万元、县信用联社12400万元。从贷款的投放主体看，主要有工业贷款6919万元、商业贷款14643万元、建筑业贷款144万元、农业贷款9134万元、乡镇企业贷款2536万元、"三资"企业贷款372万元、私营企业及个体贷款1785万元等。2002—2005年，县农业银行贯彻"大力发展优良客户、全面提升一般客户、压缩转化限制客户、坚决淘汰一般客户"的信贷调整方针，重点支持城乡基础设施建设、小城镇建设、城镇房地产开发、科教文卫、中小企业、农业产业化企业、县域特色工商业、苏桥工业园区及全县住房贷款的投放。2004—2005年，永福农发行开办农业产业化龙头企业贷款、农村基础设施建设、农业综合开发和农业生产资料等支农贷款业务。

　　2005年，全县金融机构各项贷款余额60619万元。从各项贷款结构看短期贷款44741万元，占贷款总额的73.81%；中长期贷款15278万元，占贷款总额的25.21%；票据融资600万元，占贷款总额的0.98%。是年，全县金融机构贷款余额比1991年增长了4.24倍。

表 10-9　　　　　　　1991—2005 年永福县金融机构人民币贷款情况表

单位:万元

项目 / 年份	1991	1992	1993	1994	1995	1996	1997	1998	1999	2000	2001	2002	2003	2004	2005
各项贷款余额合计	11562	12728	13588	15994	25601	31577	36152	40198	43205	47588	42204	42459	47701	59644	60619
1. 短期贷款	10771	11696	12563	14439	23939	29964	33325	35214	40080	44341	36614	34788	37055	42921	44741
(1) 工业贷款	3109	4063	4359	4746	5113	5713	6833	6994	7068	6919	4209	3497	3694	2766	370
(2) 商业贷款	5437	571	6139	5794	8866	12113	13114	12049	14771	14643	11457	10093	8539	8993	8512
其中:农副产品贷款	539	2891					9129	7322	8704	8224	6529	4889	3762	8314	8334
(3) 建筑业贷款	149	491	555	690	1624	910	1581	1304	180	144	102				
(4) 农业贷款	911	817	978	573	3441	3815	4721	6361	7190	9134	10873	12391	15879	21198	27770
(5) 乡镇企业贷款	447	512	494	966	1872	3434	2256	2134	2639	2536	1732	1707	1791	2210	628
(6) 三资企业贷款					69	69	79	79	79	372	63	55	55		
(7) 私营企业及个体贷款	18	22	39	147	13	69	544	1147	2043	1785	2581	1947	1548	2068	1517
(8) 其他短期贷款				1523	2941	3841	4197	5146	6111	8808	5597	5098	5549	5686	5944
其中:个人短期消费贷款											26	561	402	56	53
2. 中期流动资金贷款										380	440	3129	1587	1744	
3. 中长期贷款	639	920	929	1492	1301	1148	2452	4609	3125	2867	5150	4542	9058	14879	15278
(1) 基本建设贷款			50	50	50	50	50	730	375	306	241	501	263	263	
(2) 技术改造贷款	628	763	729	629	338	583	883	548	548	548	263			2600	1870
(3) 其他中长期贷款	11	157	150				1519	3331	2202	2013	4646	4041	8796	12016	13408
其中:个人中长期消费贷款											2855	2695	5156	9710	10131
4. 票据融资														100	600
其中:贴现														100	600
5. 委托贷款								375	375						
6. 信托贷款	55	34	27												
7. 其他类贷款	97	78	69	63	361	465									

第四节　银行其他业务

永福县各商业银行在搞好存款与贷款工作的基础上,积极努力地搞好银行其他业务。

管理体制改革

1991 年,县工商银行、县农业银行、县建设银行属国家专业银行。1995 年上述 3 家国家专业银行的管理体制转轨到国有商业银行。1996 年 10 月,永福县农村信用社脱离县农业银行管理,成为独立金融法人。1997年3月,从县农业银行分设永福农业发展银行,承担永福、恭城两县农业政策性贷款供应和监管工作。至此,永福农村金融体制完成了从农业银行"一脱一分"的改革任务。1996—1997年,县工商银行、县农业银行通过撤并低效营业网点,整合了人力资源;并将贷款重点投向城乡基础设施、小城镇建设、城镇房地产开发、科教文卫、中小企业、农业产业化、县城特色工商业、苏桥工业园区企业及全县住房贷款等领域。1998—2000年,县农发行建立科学的岗位绩效考核机制,全面推行风险防控机制,强化风险管理理念,加强贷款风险预警,健全预警指标体系。2001—2005年,县工商银行、县农业银行进行股份制改造。

电子化建设

1990年10月以前,县工商银行、县农业银行办理存贷款业务和内部资金核算全部为手工操作,工作效率低,劳动强度大。1990年11月,县工商银行率先使用第一台电子计算机处理储蓄业务。1994年11月,县工商银行储蓄营业网点全部实现电脑化,县域范围内实现联网,通存通兑。1995年,县工商银行对公业务开通了全自治区汇兑结算业务,账务往来核算实现电脑化,资金汇划全程2小时到账。1996年,县工商银行、县农业银行储蓄业务实现全自治区联网、通存通兑。1997年,县农业银行电子网络实现全国联网、通汇宝。适时汇兑系统快捷、安全、准确,广西区内农行系统汇兑实时内到账,农行与其他金融机构之间的跨行汇兑当天可以到账,广西区外汇兑次日可到账。2003年,县工商银行在县城安装首台自动柜员机。自动柜员机24小时营业,方便了持牡丹信用卡、牡丹灵通卡、银联卡持卡人随时办理取款,转账结算业务。当年,县工商银行对公业务办理实现电脑化,资金汇划适时到位,信贷、账务监督、文秘管理也实现微机管理。2004—2005年,县工商银行储蓄、对公业务、行政办公系统和信贷业务实现全国联网。2005年,县农业银行发放银行卡5.50万张。

中间业务

1996年以后,县工商银行、县农业银行开始办理银行中间业务,逐步开设了代收代付、代理国债、代理保险、代发工资、代缴税费、代扣电费、代理基金以及第三方存管等业务。县农业银行中间业务收入从1996年的5万元增加至2005年的200万元。县工商银行的代理类业务收入也有较大增长。

社员代表大会

县信用联社是经中国人民银行批准经营金融业务的农村合作金融机构,由社员入股,社员民主管理,实行自主经营、自负盈亏、独立核算。1986年4月16日,县信用联社召开首次社员代表大会,成立理事会、监事会。1996年10月,县信用联社与县农业银行脱离行政隶属关系,独立对外营业。1998年1月,县信用联社按照合作制原则重新设置股权,增扩股金,建立健全社员代表大会、理事会、监事会制度,明确农村信用社的产权,建立法人治理结构。1998年3月,县信用联社召开第二届社员代表大会,选举产生永福县农村信用合作联合社理事会成员5人、监事会成员3人。理事会设理事长1人、副理事长1人、理事2人;监事会设监事长1人,监事2人。

2005年,全县农村信用社入股1066户;拥有股金1388万元,比1991年增加1138万元,增长4.50倍;固定生产总值2456万元。

第五节 保　险

　　1991—1995 年,中国人民保险永福支公司的保险业务每年都在不断扩大,主要保险业务有机动车险及第三者责任保险、财产保险、养老保险、人身意外保险、健康保险、货物运输保险、农业种植养殖业保险和其他保险等 8 大类 16 个险种。1991 年保费总收入为 188.50 万元,理赔金额为 65.90 万元。1992—1995 年,保费总收入达 1601.90 万元(含财产保险、人寿保险业务),理赔金额为 890.90 万元。1996 年 4 月,中国人民保险永福支公司分设为中国人寿保险集团公司永福支公司与中国人保财产保险公司,独立经营。分开经营后,人寿保险永福支公司和人保财险永福支公司积极调整业务经营,优化险种结构,开发新险种,强化经营管理。2005 年,全县险种增加,财产保险有 9 种、人寿保险 3 类有 20 多种;全县保费收入共 1792 万元,理赔金额为 500.60 万元。

人寿保险

　　营销险种　1996—2005 年,人寿保险永福支公司经广西保险监督管理局批准,主要经营:养老保险、分红保险、健康保险、人身意外伤害保险等四大类人身保险业务。健康型医疗保险险种主要有"康宁终身保险""康宁定期保险"和"国寿康恒重大疾病保险";投资型分红保险险种主要有"国寿鸿端两全保险""国寿鸿裕两全保险""国寿鸿丰两全保险""国寿鸿泰两全保险""国寿鸿鑫两全保险""国寿鸿星少儿两全保险"和"美满人生""金彩明天"养老保险等;人寿传统型保险险种主要有"国寿英才少儿保险""国寿独生子女两全保险""子女教育保险""祥和定期保险""国寿简易人身保险""人身意外伤害综合保险"和"国寿学生幼儿平安保险"以及附加意外伤害保险、附加住院医疗保险等,共有 20 多个险种。

　　保费收入　1996 年,人寿保险永福支公司保险费收入 80 万元。2003 年,人寿保险永福支公司寿险新单保险收入 496 万元,完成计划 96%;趸交保费收入 381 万元,完成任务 139%;期交保费收入 115 万元,占任务 98%;短期险保费收入 51.60 万元,占任务 106%。2005 年,人寿保险永福支公司实现保费总收入 1181 万元。其中,寿险新单收入 504 万元、趸交保费收入 235 万元、期交保费收入 269 万元、短期险保费收入 173 万元。

　　给付与赔付　1996—2005 年,人寿保险永福支公司的人寿保险业务、财务、理赔统一集中在中国人寿保险股份有限公司桂林分公司进行处理。由人寿保险桂林分公司统一核保、统一给付和赔付。在人寿保险永福支公司设立服务办理大厅,使人寿保险给付、赔付方便快捷,有效防范化解经营风险,确保客户利益。2005 年,人寿保险永福支公司短期赔付款支出 105.60 万元,赔付率为 74%。

财产保险

　　营销险种　1996 年,人保财险永福支公司主要经营机动车辆及第三者责任保险、企业财产保险、货物运输保险、信用保险等非车险险种 4 种。其中,机动车车险数量逐年提高,成为推动全县财产保险费收入的主体。1998 年推出集保障与投资于一体的投资理财型家庭财产保险,开办住房按揭保险和汽车消费信用保险等,适应企业和个人的财产保险消费需求。2000 年,新开办了责任保险。2002 年,人保财险永福支公司设立营销服务部。2003 年,公司营销员 11 人全部取得个人营销代理资格证书,营销团队持证率达 100%,并全部与公司签订了营销代理合同。2005 年,人保财险永福支公司开办机动车辆及第三者责任保险,企业财产保险、家庭财产保险、货物运输保险、学生人身意外伤害保险、校园责任保险、个人贷款房屋抵押保险、生猪保险等7大类13个险种。营销服务部年保费收入占公司年保费收入的40%。

保费收入　1996年,人保财险永福支公司保险费收入365万元,其中机动车险232万元、非机动车险133万元。1997—2000年,保险费收入1556.50万元,其中机动车险1036.50万元、非机动车险520万元。2001—2005年,保险费收入2587万元,含机动车险1782万元、非机动车险805万元。2005年一年,保险费收入611万元,其中机动车险410万元、非机动车险201万元。

给付与赔付　人保财险永福支公司理赔服务以全国统一服务专线"95518"为平台,为客户提供24小时、365天的全程保险服务和保障。主要特色服务有"异地出险、就地理赔""三日付款,五日提车""简易赔款,立等可取",修理厂代理索赔,垫支施救费用,预付赔款,车辆互碰案件快速处理机制等,形成了方便、快捷的查勘定损和紧急施救保险服务体系。1996年赔付282万元;1997—2000年,共赔付966万元。2001—2005年,共赔付1481万元,其中2005年赔付395万元。1996—2005年,县财产保险赔付率在总保费的60%~65%。

第六节　金融监督管理

永福县的金融监督管理先后由县人民银行和桂林银监分局永福办事处负责。

人民银行金融管理

1991—2003年,县人民银行加强对全县金融机构的管理,督促各金融机构严格执行存款准备金管理规定,按时足额缴存存款准备金;向各银行发放支农贷款,支持农业农村农民发展生产;督促各银行执行人民币管理规定,维护人民币信誉。每年对县辖乡镇国库经收处业务进行一次重点检查,查各征收处是否按规定将征收的国库资金全部缴交入库,发现违规行为及时纠正。审核各银行办理的结算户开立、变更、撤销等业务,依法审批开立账户。制定同城票据交换管理制度,设立票据交换管理所,管理同城票据的交换。制定县人民银行支付清算系统应急预案,对大额支付、电子联行系统等方面制定应急措施,确保支付系统正常运转。加强银行卡市场管理,重点检查各金融机构银行卡支付体系的安全隐患,督促完善、落实银行卡发行、交易、清算等环节的各项管理制度和规定,不间断地开展人民币打假、反假行动。

2004—2005年,县人民银行主要依法履行经理国库、票据清算、银行账户管理、征信管理、反洗钱、金融统计等职责。

经理国库　1986年,县人民银行独立行使中央银行职能以后,一直负责办理县辖国库业务。1995年《中国人民银行法》颁布,人民银行经理国库以法律形式明确下来,县人民银行加强了会计国库股职能,国库业务由专职的国库人员办理。1991—2005年,特别是1994年"分税制"改革后,永福县经济发展迅速。2005年,地方财政一般收入合计1.73亿元,一般支出合计2.04亿元,上划中央收入632万元,分别是1991年的6.71倍、5.69倍、2.15倍。经济高速发展直接促进了国库业务的发展。与1991年地方财政收入划分为6大类42个税种相比,2005年国库核算的税种已达119种,全年办理入库税款2.96万笔,增长了3倍。国库业务核算手段有了很大改变。1995年,县人民银行配置电脑开展国库会计核算业务。1996年,推行应用自治区国库会计核算1.00系统。2000年,实行全国统一的国库会计核算1.00系统。2001年,推行全国统一的国库会计核算2.00系统,国库会计核算实行了全电算化。

票据清算与银行账户管理　1986年,县人民银行成立永福县同城票据交换管理所。县内各金融机构均在人民银行开立清算账户,集中办理永福县城范围内各代收代付银行最终资金清算业务。随着经济体制从计划到市场经济的转轨,票据种类从单一的支票业务发展到银行汇票、商业汇票、本票和信用卡等多种票据业务。县人民银行依法担负支付清算职责,提供支付清算服务。截至2005年年底,先后加入同城票据交换的辖内银行有县工商银行、县农业银行、县信用联社、县农业发展银行、人民银行国库等金融机构和部门。

县人民银行1992年起集中办理单位银行账户开立的核准、变更和撤销。2005年6月,人民币银行账户管理系统上线运行,上线后的账户管理系统把所有单位、个人银行结算账户纳入管理范围。

征信管理 2005年,县人民银行开始金融征信管理工作。按规定做好辖内银行信贷登记咨询系统、个人征信系统建设。严格按照授权查询、限定用途、保障安全、查询记录等措施,保护个人隐私和信息安全,保障个人信用数据库的规范查询。按行政许可及系统管理有关规定发放及年审贷款卡。截至2005年末,永福县贷款卡实发卡数177户,年检贷款卡145户。

反假货币与反洗钱监管 1991年,县人民银行多次举办反假货币培训班,增强辖内各银行一线人员的反假意识,提高防伪识假的技能。1996—2000年,县人民银行每年5至6月都组织辖区金融机构开展一次反假货币宣传周活动,提高人民群众的防假货币技能。同时,积极配合辖区商业银行营业网点和公安部门对市场上出现的假人民币进行鉴定和追缴,防止其在社会上流通继续损害群众利益。2005年,县人民银行建立反洗钱信息员制度,指导、部署辖内金融机构反洗钱工作,抓好辖内反洗钱监督检查工作。贯彻执行反洗钱制度和规定,做好反洗钱宣传工作。根据有关制度规定,结合实际,研究和制定金融机构的反洗钱措施、规划和有关政策,制定反洗钱工作制度,制定大额和可疑支付交易报告制度,并组织落实。

金融统计 1991—2005年,县人民银行根据《中国人民银行法》的规定负责金融业的统计、调查、分析和预测。县人民银行依法负责统计制度组织贯彻实施;开展统计数据的非现场检查工作;对上级下传的数据与各机构报送的原始报表进行检查、核对、记载;根据上级人民银行的统一安排开展金融统计现场检查工作;组织协调辖内其他金融统计工作的开展,负责县辖全部金融机构信贷月报等报表的编制,并按照有关规定予以披露。

桂林银监分局永福办事处金融监管

2004年4月,中国银行业监督管理委员会桂林监管分局永福办事处成立。负责定期分析辖区内银行业金融机构的经营和风险情况,对存在的问题进行风险提示。同时负责对县农村信用联社和邮政储蓄进行监管。

2005年,桂林银监分局永福办事处对辖区内金融机构开展金融案件专项治理工作情况进行监督检查,对存在问题提出限期整改意见和建议。加强对不良金融资产的监测,通过按月对不良贷款变化情况分析,按季对"双降"(不良资产余额下降、不良贷款比例下降)工作进行双重分析,督促指导县辖银行业抓好不良贷款的"双降"工作。加强非现场监管,对银行业的报表进行认真分析,发现问题及时发出预警通知;做好金融机构市场的准入、变更、退出的监管工作,及时防范和化解金融风险。

永福县土地资源　　　　　田晓军　摄于 2005 年

第十一篇

综合经济管理

第一章　国土资源管理

1991—1992年，全县土地管理部门主要做好清查干部职工违法违章建私房。

1994—1996年，永福县开展土地管理"三无"（无违法批地、无违法管地、无违法用地）乡镇建设活动，取得明显成效。

1997年在全县范围内再度开展全面清理非农业建设用地等。在清理违法用地的同时，1996—1997年还进行了土地变更调查、土地登记发证及土地证书年检工作。

1998年以后，全县侧重于土地开发利用和常规制度化管理工作。1998—2002年，先后完成了《永福县土地利用总体规划》和《永福县矿产资源总体规划》编制工作。

县内非金属矿产（主要是重晶石、石灰岩、黏土等）丰富。矿产资源管理，主要是加强重晶石矿、采石场、石灰窑、砖厂等的监督管理。2002年还重点开展了县城凤山地质灾害的防治。

1992年以前，县内单位需要用地均由县政府从原有的国有土地和征收后的集体土地中无偿划拨。1993年以后，根据上级规定，全县开始实行城镇国有土地有偿使用制度，对城镇国有土地实行有偿出让、转让、抵押或出租等行为。1995年，进一步深化国有土地改革制度，完善行政划拨和有偿出让、转让国有土地使用权，使用者按规定缴清各种税费后办理土地证。2002年成立县土地储备交易中心，对土地一级市场实行"招标、拍卖、挂牌"等制度，实现了政府有效控制土地一级市场，土地、矿产资源得到合理利用。

第一节　机　　构

永福县土地管理局

1986年10月，成立永福县土地管理局。地址在县人民政府办公楼内。1991年，县土地局为县政府下属正科级行政机构，负责全县土地、地政的管理工作，内设秘书股、土地规划利用股、土地监察检查股、地籍管理股、计划财务股5个股室，下辖二层机构有土地开发服务部、土地监察大队。当年县土地局及其二层机构共有人员42人，其中行政编制7人、事业编制35人。

1992年7月，成立县地产开发公司，属县土地局二层机构，自收自支事业单位，人员由县土地局在编在岗人员中调剂。

1996年，县土地局搬迁至县城西滨路50号新办公大楼办公。

2001年，县土地局内设机构及二层机构不变，全局共有人员42人，其中行政编制7人、事业编制35人。是年12月机构改革，县土地管理局与县矿产资源管理处合并，成立永福县国土资源管理局。

1991—2001年，历任县土地管理局局长有：罗茂生（1990年10月—1992年2月）、吕秉绪（1992年2月—1997年3月）、龚国明（1997年5月—2001年12月）。

永福县矿产资源管理处

1987年,成立永福县矿产资源管理局,负责对全县矿产资源和采矿企业的管理。1991年,县矿产资源管理局为县政府下属的正科级职能部门,下辖县铅矿、县硫铁矿和县矿产公司3个国有企业。局办公地址在县城滨江路1号。1994年4月,县矿产资源管理局,更名为县地质矿产局,职能不变。1996年7月,机构改革,县地质矿产局更名为县矿产资源管理处,为县财政部分拨款的正科级事业单位,赋予行政管理矿业职能。处内设地矿管理股和规费征收股,人员编制11人(县财政全额拨款事业编制4人、自收自支事业编制7人)。实有人员11人。下辖县铅矿、县硫铁矿和县矿业公司3个国有企业。1997年5月,增挂永福县矿产资源事业局牌子,实行一套人员、两块牌子。2001年12月,机构改革,县矿产资源管理处与县土地管理局合并,成立永福县国土资源管理局。由国土资源管理局统一行使全县矿山行业管理职能。直至2005年,县国土资源管理局的矿山行业管理职能不变。

1991—2001年,历任县矿产资源管理处(含矿产资源管理局、地质矿产局)主任(局长)有:王鹏(1989年2月—1993年2月)、韦邦昌(1993年6月—1999年4月)、潘庆周(1999年4月—2001年12月)。

永福县国土资源局

2001年12月,机构改革,县土地管理局与县矿产资源管理处合并,成立永福县国土资源管理局,属县政府下属正科级行政机构。局内设政秘财务股、土地规划利用股、地籍管理监督监察股、地质环境矿产开发管理股4个股和国土资源执法监察大队、土地开发服务部、地产总公司和矿产开发总公司4个二层机构。执法监察大队为全额拨款事业单位,土地开发服务部、地产总公司和矿产开发总公司均为自收自支事业单位。机构改革后,将原矿产资源管理处的矿山安全生产管理职能划归县安全生产监督管理局。保留国土资源局的全县矿山行业管理职能。年末,县国土资源管理局及其二层机构人员共39人,其中局机关在编人员13人。局办公地址在县城滨江路1号。

2005年8月,永福县人民政府印发《关于永福县国土资源系统管理体制改革方案的通知》,对永福县国土资源管理局的领导实行双重管理体制,局领导人员人事任免权归桂林市国土资源管理局,其他管理权属仍归永福县人民政府。县国土资源局在原有人员编制基础上增加事业编制20名,新增人员从局二层机构的在编或在岗的自收自支人员中择优录用。机构改革后,县国土资源局内设政秘股、行政监察股、财务股、法制监察股、规划利用与耕地保护股、地籍测绘管理股、矿产开发地质环境管理股7个股。局下辖的二层机构有:县国土资源执法监察大队,为财政全额拨款事业单位;县土地矿产交易所、县地产总公司、县耕地保护开发整理中心,均为自收自支事业单位。同时撤销县矿产开发总公司和局土地开发服务部,原有人员编制转入县地产总公司。2005年年底,县国土资源管理局及其二层机构人员共38人,其中县国土资源局机关从业人员33人(其中行政编制11人、事业编制22人),县国土资源执法监察大队事业编制3名;县耕地保护开发整理中心事业编制2名。局内设机构和二层机构人员均实行竞争上岗。局办公地址不变。

2001—2005年,任县国土资源管理局局长:龚国明(2001年12月—2005年12月)。

县国土局派出机构

1995年5月,永福县10个乡镇成立土地管理所,各配置工作人员2~3人,负责本乡镇土地、地政等工作,行政上隶属乡镇人民政府,业务上受县国土资源管理局管理。

2001年12月,全县10个乡镇土地管理所改称国土资源管理所。10个乡镇国土资源管理所共有人员

41人。2005年6月,永福镇与桃城乡合并,乡镇国土管理所相应调整为9个。

2005年8月,将9个乡镇国土资源管理所,划归县国土资源管理局管理,成为县国土资源管理局的派出机构,有专职工作人员21人。

第二节　土地、矿产资源规划

土地利用总体规划

1998年,永福县土地管理局编制出《永福县土地利用总体规划》。这是永福县历史上编制的第一部土地利用总体规划,规划对全县8个地类利用进行了调整。

规划期限　规划基期年为1996年。规划期限分为近期年和远期年。近期年为1997—2000年,远期年为2001—2010年。2001年规划调整后,近期目标年调整为2010年,远期目标年调整为2015年。

规划编制　1995年5月,永福县土地利用总体规划编制工作启动,县人民政府成立《永福县土地利用总体规划》领导小组及其办公室,并制定《关于开展编制土地利用总体规划的通知》,开始编制土地利用总体规划的前期工作。1997年7月,开展全面性的调查,进行了"土地利用现状及潜力分析""人口与土地需求平衡""基本农田保护区规划""城镇体系用地研究""土地适应性评价""林业用地研究""乡镇企业用地研究"等专题研究,编制全县土地框架性规划。同时,运用最新卫星片,利用微机信息系统对1996年全县土地利用现状进行了变更调查,绘制了全县1:100000土地利用现状图和各乡镇1:100000土地利用现状图。1998年3月,完成了《永福县土地利用总体规划》(初稿)和规划草图绘制工作。县规划领导小组两次召开协调会议,对规划报告草案和规划控制指标进行了反复审核和讨论,编制人员对规划草案进行多次修改,完成了规划草案的修订工作,形成了总体规划送审稿。1998年7月5日—6日,《永福县土地利用总体规划(送审稿)》经自治区规划验收小组评审验收,符合县级土地利用总体规划验收优秀成果标准。永福县根据评审意见再次对规划进行修编。2000年12月18日,自治区人民政府批复《永福县土地利用总体规划》实施。

规划目标　规划近期城区(县城)人口规模为3万人,城区面积6平方千米。规划远期城区(县城)人口规模为6万人,城区面积14平方千米。至2015年,把县城建设成为桂林市高标准的,与工业、农业、商业、旅游、文化协调发展的卫星城。

近期规划年土地利用目标:2000年,全县耕地面积保持在30323.53公顷以上。耕地减少量控制在248.52公顷以下,耕地补充量250.52公顷以上,耕地净增2公顷以上。基本农田保护面积为26110公顷,保护率86.30%。新增建设用地总规划控制在513.14公顷以内,其中建设占用耕地不超过198.52公顷;城镇居民点新增建设用地182.66公顷,农村居民点新增用地69.77公顷,独立工矿新增用地22.59公顷,交通新增用地106.22公顷,水利水电新增用地123.80公顷。森林覆盖率达到69%。大力改造中低产田、地、果园,治理水土流失,逐步改善土地生态环境,使土地利用率达到90%左右。

远期规划年土地利用目标:2010年确保耕地总量动态平衡。耕地保持在30280.14公顷以上,其中农田保护面积保持26110公顷;耕地减少面积控制在641.39公顷以内,建设占用耕地不超过451.39公顷;耕地补充660公顷,全县耕地净增18.61公顷。规划期末2015年人均耕地0.10公顷。

土地利用结构调整规划

2001年,根据永福县城镇建设的发展需要,永福县土地局对永福县土地利用规划进行调整。

规划目标 农用地面积由 1996 年的 221482.77 公顷,调整为 2000 年的 228459.77 公顷,2010 年为 2444264.38 公顷,占土地总面积比重由 1996 年的 79.80% 增加到 2010 年的 80%。规划期间,建设用地占用 746.09 公顷,因灾毁耕地 100 公顷,合计减少 846.09 公顷。同期未利用土地开发为农用地 23267.70 公顷,增减相抵,农用地净增 22781.61 公顷。

建设用地面积由 1996 年的 6762.25 公顷,调整为 2000 年的 7239.40 公顷,2010 年为 7911.94 公顷,占土地总面积比重由 1996 年的 2.40% 增加至 2010 年的 2.80%。其中,占用农用地 746.09 公顷(耕地 451.39 公顷、园地 7 公顷、林地 273.70 公顷、牧草地 14 公顷),占用未用土地 439.60 公顷,合计增加 1185.69 公顷。

未利用土地面积由 1996 年的 49499.18 公顷,2000 年限制在 42009.04 公顷,2010 年限制在 25531.88 公顷,占土地总面积比重由 1996 年的 17.80% 降至 2010 年的 9.20%。其利用开发的方向是:开垦耕地 220 公顷、园地 128.70 公顷、林地 15847 公顷、牧草 7432 公顷,建设用地 439.60 公顷,合计减少未利用土地面积 24067.30 公顷。同期因水毁耕地而增加未利用土地 100 公顷,合计净减少未利用土地 24067.30 公顷。利用原则是:凡是在现有条件下能利用的土地应先行充分利用,宜耕则耕,宜园则园,宜林则林,宜牧则牧。调控措施是:做好未利用土地资源调查与适宜性评价,优先保证宜耕地的开发,其次保证宜园地、宜牧草地、宜林地的开发;对当前不能利用的土地实施保护性措施,禁止破坏性利用。

规划措施 严格控制建设用地。规划期间,至 2010 年新增建设用地不超过 1185.69 公顷,其中城镇居民点增加 456.66 公顷、农村居民点增加 174.43 公顷、独立工矿用地增加 56.48 公顷、交通用地新增 229.15 公顷、水利水电用地新增长 260.97 公顷。至 2010 年,全县建设用地总规模控制在 7911.94 公顷以内,县城用地规模控制在 300 公顷以内。

加强土地整理、整治和开发复垦,改善土地生态环境。规划期间,至 2010 年改造中低产田地 1.50 万公顷;治理水土流失面积 2500 公顷;开发未利用土地 24067 公顷,其中开发为耕地 220 公顷;森林覆盖率达到 78% 以上,促进农林果牧渔业全面协调发展。

提高土地利用率和产出率。2010 年全县土地利用率提高到 90.81%,土地垦殖率仍保持 10.90%;粮食播种面积每公顷产量达到 5.63 吨,年均粮食总产 15.51 万吨,人均有粮达 500 千克;每公顷原料蔗年产达到 67.50 吨,总产量达到 9 万吨;水果总产量达到 13.47 万吨;林地活立木蓄积量增加到 576 万立方米;可养殖水面利用率达 78% 以上,年产水产品 5585 吨以上。

土地开发整理规划

2002 年 5 月—11 月,永福县国土资源局以《永福县土地利用总体规划》为指导,开展全县土地开发整理规划编制工作。

此次规划以耕地整理为重点,增加有效耕地面积,保障全县耕地的占补平衡,规划确定全县耕地总量不少于 3.03 万公顷,耕地整理区面积为 3750 公顷,未利用地开发面积达到 1965.68 公顷,超过土地利用总体规划要求 666 公顷,新增耕地 1741.35 公顷。

规划期限 总体开发整理规划期为 2001—2010 年。以 2000 年为基期年,2010 年为目标年,分近期、远期 2 个阶段。

规划区域 耕地整理开发区。对基本农田范围集中连片、水利条件较好、产量较高的耕地区内有零星未利用土地、田坎、水渠分布杂乱的进行耕地整理。规划期间,至 2010 年全县实施耕地整理区 13 个,整理总面积 3750 公顷,增加耕地 168.81 公顷,主要分布在罗锦镇、苏桥镇、桃城乡、百寿镇、三皇乡、堡里乡。重点项目有苏桥镇石门村流碑耕地整理区、桃城乡大苏白马耕地整理区、堡里乡波塘耕地整理区、百寿镇朝阳村耕地整理区和百寿镇江岩村耕地整理区。其中,2001—2005 年,实施耕地整理的有罗锦镇、苏桥镇、桃城乡、三皇乡、堡里乡等 5 个整理区,整理总面积 1884 公顷,整理后可增加耕地 84.83 公顷。未利用地

有 73 个开发区和 56 个开垦点,分布在罗锦镇、苏桥镇、桃城乡、三皇乡、百寿镇、堡里乡、永安乡、桃城乡,
开发区面积 1592.48 公顷,开发后可增加耕地面积 1273.98 公顷。2006—2010 年,土地开发整理区总面积
2239.20 公顷,开发整理后可增加耕地 382.54 公顷。实施耕地整理的有罗锦镇、苏桥镇、百寿镇、三皇乡、
永安乡共 8 个整理区,实施整理面积 1866 公顷,开发后可增加耕地面积 83.98 公顷;未利用地开发区有 30
个,分布在罗锦镇、苏桥镇、百寿镇、三皇乡、永安乡,开发面积 373.20 公顷,开发后可增加耕地面积 298.56
公顷。

表 11-1　　　　　　　　　　1996—2010 年永福县土地整理、复垦、开发方案表

单位:公顷

	项目名称	主要内容	位置及范围	涉及面积	新增面积
土地开发	三皇乡桐木村开垦水田	牧草地开垦水田	三皇乡桐木村渔头弄屯	10.67	9.50
	三皇乡大路村开垦旱地	未利用土地、牧草地开垦旱地	三皇乡大路村碧山大坳脚屯	99.33	88.00
	三皇乡荣田村开垦旱地	未利用土地、牧草地开垦旱地	三皇乡荣田村庙坡屯	70.00	64.00
	三皇乡六龙村开垦旱地	未利用土地、牧草地开垦旱地	三皇乡六龙村牛弄、龙底屯	27.50	24.00
	三皇乡三皇村开垦旱地	未利用土地、牧草地开垦旱地	三皇乡三皇村金猫山	13.51	12.00
	三皇乡桐木村开垦旱地	未利用土地开垦旱地	三皇乡桐木村	12.50	11.00
	三皇乡江头村开垦旱地	未利用土地、牧草地开垦旱地	三皇乡江头村纳长屯	38.30	34.00
	百寿镇江岩村开垦旱地	未利用土地、牧草地开垦旱地	百寿镇江岩村坡圹、拉立屯	45.33	41.00
	百寿镇白果村开垦旱地	未利用土地、牧草地开垦旱地	百寿镇白果村拉孝屯	8.42	6.20
	百寿镇三河村开垦旱地	未利用土地、牧草地开垦水田	百寿镇三河村对江屯	2.00	1.80
	百寿镇江岩村开垦旱地	未利用土地、牧草地开垦旱地	百寿镇江岩村雷村屯	3.33	3.00
	百寿镇寿城村开垦旱地	未利用土地开垦旱地	百寿镇活性碳厂	6.67	6.00
	永安乡军屯村开垦水田、旱地	未利用土地、牧草地开垦旱地	永安乡军屯村后弄屯	18.00	16.00
	永安乡军屯村开垦旱地	牧草地开垦旱地	永安乡军屯村古高屯	40.32	35.50
	永安乡永富村开垦旱地	牧草地开垦旱地	永安乡永富村岩口屯	16.95	15.50
	罗锦镇罗锦中学开垦旱地	牧草地开垦旱地	罗锦镇罗锦中学西侧	16.20	14.50
	罗锦镇星草开垦旱地	未利用地、牧草地开垦旱地	罗锦镇星草村	35.54	29.50
	罗锦镇岭桥开垦水田	牧草地开垦水田	罗锦镇下来山屯	16.66	15.00
	罗锦镇尚水村开垦旱地	未利用地、牧草地开垦旱地	罗锦镇尚水村朱浪头南面	15.00	13.50
	桃城乡四合村开垦旱地	未利用地、牧草地开垦旱地	桃城乡四合村拉稿屯	20.00	18.00
	桃城乡湾里村开垦旱地	未利用地、牧草地开垦旱地	桃城乡湾里村上台屯	13.00	12.00
	广福乡德安村开垦旱地	牧草地、疏林地开垦旱地	广福乡德安村羊杰河边	16.40	14.50
	广福乡上寨村开垦旱地	牧草地、疏林地开垦旱地	广福乡上寨村	12.40	11.00
	堡里乡三多村开垦旱地	未利用地、牧草地开垦水田	堡里乡三多村寺背屯	5.33	4.80
	堡里乡拉木村开垦旱地	牧草地、未利用地开垦旱地	堡里乡拉木村上云洲	11.17	10.20
	堡里乡堡里村开垦水田	未利用地开垦旱地	堡里乡堡里村板峡屯	15.00	13.50
	堡里乡罗田村开垦旱地	未利用地开垦旱地	堡里乡罗田村罗记下洲	11.70	10.10
	堡里乡堡里村开垦水田	牧草地开垦水田	堡里乡堡里村板峡屯	5.33	4.80
	堡里乡三多村开垦旱地	未利用地开垦旱地	堡里乡三多村四里冲	7.97	7.20
	堡里乡胜利村开垦水田	未利用地开垦水田	堡里乡胜利村小鹅河屯	1.00	0.90

续表

	项目名称	主要内容	位置及范围	涉及面积	新增面积
土地开发	苏桥镇大埠村开垦水田	牧草地开垦水田	苏桥镇大埠村干河屯	5.33	4.80
	苏桥镇黑石岭村开垦水田	未利用地开垦水田	苏桥镇黑石岭村干河屯	10.00	9.00
	零星土地开垦	把各乡镇零星宜农未利用地、牧草地开发为耕地	全县各乡镇	108.00	72.20
	小计	—	—	738.86	633
土地复垦	苏桥镇黑石岭村复垦	水毁未利用地复垦水田	苏桥镇黑石岭村濠塘屯、近山屯	14.50	14.50
	龙江乡双江村复垦	水毁未利用地复垦水田	龙江乡双江村六社屯	3.00	3.00
	小计	—	—	17.50	17.50
合计		—	—	756.36	650.50

未利用地开发区　将单块面积大于3公顷,坡度小于25°,土层厚度大于0.50米并宜于开垦成耕地,不破坏生态环境的未利用土地作为未利用地开发区。2000年,全县未利用地开发区共有73个和零星分散点56个,实施总面积1965.68公顷,新增耕地1572.54公顷,分布在桃城、苏桥、罗锦、堡里、百寿、三皇、永安等乡镇,其分布情况见下表。

表11-2　　　　　　　　　**2000年永福县未利用地区域情况统计表**

乡镇名	未利用地开发区(个)	零星分散点(个)	实施面积（公顷）	新增耕地面积（公顷）
桃城乡	1		72.00	57.60
苏桥镇	14	9	159.60	127.68
罗锦镇	18	14	213.78	171.02
堡里乡	3	3	16.50	13.20
百寿镇	7	7	103.76	83.01
三皇乡	20	19	1291.68	1033.34
永安乡	10	4	108.36	86.69
合计	73	56	1965.68	1572.54

重点项目用地规划

1998年,永福县土地局编制出《永福县土地利用总体规划》,对2010年以前,全县需要优先发展的交通、水利水电项目和对经济发展有影响的建设项目用地进行了专项规划。

水利水电能源项目　共9项,用地面积260.97公顷。板峡水库二期配套工程,分布在堡里乡合顺村;金鸡河水库渠道延伸,分布在罗锦镇崇山村、高崇村;华山水库渠道延伸,分布在三皇乡江头村、大路村;大邦河蓄能电站,分布在广福乡大石村;扩建装机3×4000千瓦的龙溪电站,占地86.75公顷(含淹没面积83.50公顷),分布在桃城乡南雄村、坪岭村,广福乡龙溪村;新建长塘电站,装机4×4000千瓦,占地3公顷,分布在桃城乡与龙江乡交界处的西河中游;修建县城防洪大堤,占地1.99公顷,位于县城内;相思江彭庄河改道工程,占地12.66公顷,分布在苏桥乡太平村;农网改造建设工程,分布各乡镇。

交通设施项目　共 6 项,用地面积共计 214.20 公顷。续建永福—兰麻—永安四级公路 61 千米,分布在广福乡、永安乡;新建永福—兴隆四级公路 29 千米,分布在桃城乡、龙江乡的西河沿岸;新建苏桥—罗锦四级公路 12 千米,分布在苏桥乡、罗锦镇;新建桂柳高速公路苏桥互通式立交桥,占地 30 公顷,其中占用耕地 15 公顷,分布在苏桥乡;湘桂铁路复线,复线全长 56 千米,占地 83 公顷,其中占用耕地 21 公顷,分布原湘桂铁路旁;新建罗锦—大西四级公路,规划里程 9 千米,占地 7.20 公顷,途经金钟山。分布在罗锦镇大西村、下村、镇上村。

工业用地项目　苏桥工业区,用地面积 346 公顷,分布在苏桥乡树桥村、苏桥村、石门村。

市政建设用地项目　共 6 项,用地面积 3.70 公顷。在县城内新建桃城水果市场,占地 0.50 公顷;在龙江乡扩建保安综合农贸市场,占地 0.20 公顷;在苏桥乡新建苏桥木材市场,占地 0.40 公顷;在罗锦镇公路边新建罗锦粮食市场,占地 0.60 公顷;在龙江乡人民政府旁扩建龙江综合农贸市场,占地 1.80 公顷;在县城内新建县城文化中心,占地 0.20 公顷。

旅游建设用地项目　共 4 项,用地面积 35 公顷。麒麟岩(后称金钟岩)旅游区,用地面积 30 公顷,分布在罗锦镇大西村;扩建日接待游客 1500 人的永福板峡度假山庄(复区),分布在堡里乡茶料、黄源村;新建容纳游客 20 万人的板峡森林公园(复区),分布在堡里乡茶料、黄源村;百寿岩、宋代窑田岭遗址,占地 5 公顷。

基本农田保护规划

1998 年,永福县土地局编制出《永福县土地利用总体规划》,对 2010 年全县基本农田保护进行了专项规划。

保护期限　基期年为 1996 年,保护期限年为 2010 年。

保护区范围　高产、稳产田,有良好的水利设施和经过治理、改造的耕地;县境内名、优、特、新农产品生产基地或地块;适合耕种开发性农业经济作物的农田;沿着公路沿线、交通便利的农田;农业科研、教学试验田;人多地少的乡、镇农田;冲田、土质较好的低产田和正在实施改造计划土质较差的中低产田。

分级标准　永福县基本农田保护区依照分区、片、块原则进行划分,即以乡、镇为单位划区,以建制村为单位划片,以自然屯落实到块。全县共划分成 9 个基本农田保护区,依次是龙江乡保护区、百寿镇保护区、苏桥乡保护区、三皇乡保护区、永安乡保护区、桃城乡保护区、罗锦镇保护区、广福乡保护区、堡里乡保护区。以乡镇的建制村为单位,编排保护片,以各自然屯的田垌为单位编排保护田块。基本农田保护区的分类、分级标准。基本农田保护区分为一、二两级。一级保护:生产条件好、产量高、长期不得占用的耕地,地势平坦,土壤肥沃,地力上等,耕地地层深厚,土壤理性化好,有水源保证,灌溉设施配套齐全,保水保肥,旱涝保收。面积连片集中,产量水平高。二级保护区:生产条件较好,产量较高,规划期内不得占用的耕地。主要是指地势较平坦,其耕层土壤理性化性状一般,地力中等,水利条件一般,保水保肥能力一般,面积集中连片,产量水平属中等,也包括部分能改造的低产田。至 2010 年,全县 10 个乡镇,除永福镇外,共设定 9 个基本农田保护区,103 个基本农田保护片,5020 个基本农田保护块。全县划定基本农田保护区面积共 26110 公顷,其中划定水田 23457.82 公顷、旱地 2652.18 公顷。基本农田保护率占全县耕地总面积的 86.30%。

苏桥工业园区规划

1994 年,由桂林市规划设计院编制了《桂林苏桥工业城总体规划》。规划确定 2020 年苏桥工业城人口发展规模为 45 万人,用地发展规模 52.25 平方千米(不含青龙口及狮子口水库风景区用地)。该规划在当时特定的社会经济环境下编制,未形成相应实施的法规性文件。2000 年,桂林苏桥新区管理委员会委托广西城乡规划设计院编制《桂林苏桥新区总体规划》。

规划年限　近期规划年:2000—2005 年;远期规划年:2006—2020 年;远景规划年:30~50 年城市布局形态设想。

发展目标　根据《桂林苏桥新区总体规划》,苏桥新区的发展规划分 3 个阶段。2000—2005 年,重要的基础设施基本建立,有一定的工业基础,国内生产总值达到 8.65 亿元(按 1998 年现行价格计算,下同),工业总产值 23 亿元;三产结构比为 9.70∶83.20∶7.10。2006—2020 年,城市基础设施和文化教育等设施基本完善,工业达到一定规模,城市已初具雏形。国内生产总值达到 21.30 亿元,工业总产值 50 亿元;三产结构比为 7.30∶72.70∶20。远景目标:到 21 世纪中叶,经济总量相当于现在(2000 年,编者注)的桂林市区,工业发展水平相当于现在(2000 年,编者注)的柳州市区。

表 11-3　　　　　　　　　　　　　**桂林苏桥新区建设用地平衡表**

序号	用地代号	用地名称		现状(1999 年)			近期(2005 年)			远期(2020 年)		
				面积(公顷)	人均(平方米/人)	占总用地 %	面积(公顷)	人均(平方米/人)	占总用地 %	面积(公顷)	人均(平方米/人)	占总用地 %
1	R	居民住房用地		15.64	20.85	18.73	117.36	26.08	23.67	370.88	20.60	18.00
2	C	公共设施用地		6.73	8.97	8.05	41.25	9.17	8.32	154.96	8.61	7.52
		其中	行政办公用地	0.51	0.68	0.61	—	—	—	56.27	3.13	2.73
			教育科研用地	4.12	5.49	4.93	5.39	1.20	1.09	13.47	0.75	0.65
			商业服务用地	1.79	2.39	2.14	34.15	7.59	6.89	48.52	2.69	2.36
			医疗卫生用地	0.31	0.41	0.37	1.71	0.38	0.34	7.40	0.41	0.36
			体育设施用地	—	—	—	—	—	—	1.63		1.42
3	M	工业用地		49.76	66.35	59.59	182.55	40.57	36.81	703.00	39.06	34.11
		其中	一类工业用地	—	—	—	70.53	15.68	14.22	312.06	17.34	15.14
			二类工业用地	—	—	—	112.03	24.89	22.59	390.94	21.72	18.97
4	W	仓储用地		30.03	4.04	3.63	3.03	0.67	0.61	48.64	2.70	2.36
5	T	对外交通用地					11.78	2.62	2.38	30.39	1.69	1.47
6	S	道路广场用地		6.52	8.70	7.81	74.31	16.51	14.98	302.44	16.80	14.68
7	U	市政公用设施用地		1.83	2.44	2.19	8.33	1.85	1.68	20.83	1.16	1.01
8	G	绿地					57.26	12.72	11.55	429.56	23.86	20.85
		其中:公园绿地					7.34	1.63	1.48	173.42	9.63	8.42
9		合计:城市建设用地		8351	111.35	100	495.87	110.19	100	2060.7	114.48	100

注:新区现状人口(1999 年)0.75 万人,近期规划人口(2005 年)4.50 万人,远期规划人口(2020 年)18 万人;狮子口水库与青龙口水库风景区不参与本用地平衡。

矿产资源规划

2002 年,永福县国土资源局聘请桂林工学院编制《永福县矿产资源总体规划》。这是永福县历史上第一部矿产资源总体规划,第一次对全县矿产资源及其勘查、开发利用与保护现状、矿产资源需求预测及可供性进行客观、准确地分析,全面调查和评价永福县矿产资源的情况。

规划范围及期限　2002年永福县矿产资源总体规划适用范围为永福县所辖的4镇6乡。在永福县境内开展矿产资源调查评价与勘查，矿产资源开发利用与保护，矿山生态环境保护与恢复治理以及矿业权的设置、招标、拍卖等工作必须符合该规划。

2002年永福县矿产资源总体规划期限为2001—2005年，规划基准年为2001年，规划年为2005年，展望到2010年。

规划目标　2002年永福县矿产资源总体规划对永福县矿业2005年要实现的目标为：

矿产资源开发利用目标，鼓励开展矿产品（重晶石、石灰岩）深加工。到2005年全县矿业（采、选、冶、加工）总产值力争年均递增8%，达到5142万元。

矿业结构调整目标，合理发展有色金属工业，加强对非金属矿产（重晶石、石灰岩）开发深加工的力度，开发与保护地质旅游资源，控制矿产资源开发总量。"十五"计划期间，大力发展以矿产品为原料的加工工业，以重晶石为原料加工成普通矿粉（325目），以石灰石为原料发展轻质碳酸钙系列产品。勘查、采、选、冶、加工能力协调发展，提高矿产品（重晶石、石灰岩）加工升值系数，使矿产品质量上一个新台阶。通过规模化经营，提高企业生产能力和经济效益，对规模小、污染严重、效益差、资源浪费严重的矿山企业（小矿及零星开采）限期关闭。减少矿山数，2005年全县小矿山数减少至50个，比2000年减少65%。

矿产资源有效保护与合理利用目标，建立健全符合永福县实际情况的矿产资源开采回采率、采矿贫化率、选矿回收率的考核体系，完善矿业权审批制度和矿产督察制度，规范集体和个体采矿行为。依靠科技进步提高采、选水平，使永福县中型矿山企业（如永福县重晶石矿）在"十五"计划期间矿产资源利用率（重晶石开采回采率88.70%、选矿回收率96%）比基准期提高3~4个百分点，扼制小型和个体矿山企业（如小矿及零星开采）矿产资源浪费现象。

矿山生态环境保护与治理目标，加大矿山"三废"（即废水、废气、废渣）治理力度，做到"三废"排放达标；抓好矿山复垦，恢复生态环境，到2005年废石场自然生态恢复重建率达到30%以上；编制《永福县矿山生态环境建设规划》。规划期内，矿山生态环境恢复治理主要项目有：（1）永福县铅矿尾矿坝修建。（2）永福县硫铁矿开采引发的滑坡治理。

规划分区及储量　2002年，永福县矿产资源总体规划将永福县矿产资源开发区分为三类，即允许开采区、限制开采区和禁止开采区。

允许开采区有17处：1.龙江保安铅锌矿开采区，主要是开采铅锌矿，矿床保有资源量为46万吨，金属量为2.23万吨。2.百寿镇双桥铁矿开采区、白果红岭赤铁矿开采区、江岩洞源赤铁矿区，主要开采赤铁矿，矿床保有资源量共计800万吨以上。3.建筑用砂、黏土、石灰岩集中开采区，分布面广、开采点多，必须集中开采，规模经营。其中，三皇乡文明村、苏桥镇干校、永福镇石花洞、曾村、南雄5个砖瓦厂用黏土区共7家矿床，矿床保有资源量共计1.57亿立方米；罗锦镇常山口、百寿镇弯里、三皇乡桐木3个石灰岩开采区共5家矿床，矿床保有资源量共计7312万吨；苏桥镇黑石岭、上良村和车头至永福镇塘外洲、永福镇樟峡、五里桥至官村、方家寨至广福乡龙溪5处石英砂开采区共16家矿床，矿床保有资源量共计6910万立方米。

限制开采区有4处，均为重晶石矿，分别是永福县龙江乡里旺重晶石开采区、永福镇泡口重晶石开采区、永安乡铜矿沟重晶石开采区和堡里乡三县界重晶石矿开采区，矿床保有资源量累计101万吨。

禁止开采区为城镇周边、洛清江两岸、水库周边、水源地周边、水利工程周边一定范围内，禁止开采矿产资源；禁止在湘桂铁路两侧、桂柳高速公路两侧、桂浮公路两侧、省道、旅游通道两侧可视范围露天开采矿产资源；禁止在自治区、市、县划定的自然保护区核心地带和缓冲地区、重要的风景名胜区、旅游景点、重点文物保护区和国防工程等所在地开采矿产资源。永福县属这类情况者有驾桥岭水源林保护区、寿城水源林保护区、麒麟岩（后称金钟岩）、板峡湖、金鸡河水库、西江漂流区等6个自然保护区及风景名胜区；禁止在耕地上开采黏土烧制砖瓦；国家有关法律法规规定的禁止开采石钟乳、岩溶洞穴。

矿山生态环境保护　2002年，永福县矿产资源总体规划规范了县境内在采矿山采选行为，严格禁止土法采、选和冶炼，废水、废气、废渣排放达到规定标准。加强废石、尾矿的综合利用，减少固体废弃物排放。加大现有矿山生态环境恢复治理力度，规划期内重点进行生态环境恢复治理的矿山有县铅锌矿尾矿坝修建、县硫铁矿开采引发的滑坡治理。

矿山在闭坑阶段，切实做好矿山废水污染根治和固体废物的处理，恢复和增加耕地。

开展矿山生态环境现状调查，调查矿山固体废弃物排放、分布、占用及损毁土地状况、尾矿利用状况、生产矿山及弃坑、闭坑矿山的生态环境。对重点矿山生态环境破坏及恢复治理状况进行监测。

建立矿山地质灾害预报和防治系统，对地质灾害监测和预报，使矿山地质灾害得到基本控制和综合治理。

第三节　地籍管理

土地变更调查

1991—1995 年，永福县未开展土地利用现状变更调查。

1996 年，永福县开展土地利用现状变更调查。调查时限以 1987 年永福县土地利用现状调查（即土地详查）成果为起点至 1996 年 10 月 31 日。调查内容：地类变更、权属性质变更、土地使用权变更、权属界线变更等。调查目的是对土地的动态进行监测，为领导机关决策提供土地变更信息，以便科学、合理地利用土地。1996 年 9 月，县土地管理局及各乡镇土地管理人员，以《土地利用现状调查技术规程》和广西《土地资源利用现状调查技术规定》为指导，在全县开展土地变更调查，调查工作于 11 月上旬结束。调查结果为：1987 年 4 月土地详查至 1996 年年底，全县土地变更总面积 823.53 公顷，涉及 8 个地类。其中，耕地减少 117.13 公顷、园地减少 7.81 公顷，主要用于交通用地；居民点及工矿用地分别增加 16.14 公顷、减少 4.55 公顷，增减对消后，净增 11.59 公顷；交通用地增加 109.49 公顷；水域略有增加；未利用土地 1996 年增加 16.19 公顷，比 1987 年减少 297.49 公顷，增减对消后，净减 281.31 公顷。牧草地减少 393.69 公顷，主要用于林业开发。林业用地 1996 年增加 665.68 公顷，比 1987 年减少 12.81 公顷，增减对消后净增 652.87 公顷。

1996 年，全县农用地面积 22.15 万公顷。

1997 年以后，每年的 9—11 月至次年的 10 月 31 日，县国土局（含原土地局）都按照上述方法进行土地变更调查。2005 年，土地变更调查汇总统计：年初全县农用地面积 23.12 万公顷，年末农用地面积为 23.11 万公顷，比年初（下同）减少 57.76 公顷。其中，耕地 2.96 万公顷，减少 17.83 公顷；园地 2376.07 公顷，减少 0.73 公顷；林地 19.13 万公顷，减少 39.16 公顷；牧草地 1460.18 公顷，减少 4.01 公顷；其他农用地 6341.20 公顷，比年初增加 3.97 公顷，其中畜禽饲养地增加 6.26 公顷，农田水利减少 0.19 公顷，田埂减少 2.10 公顷。年初全县建设用地面积 6843.42 公顷，年末建设用地面积为 6908.87 公顷，增加 65.42 公顷，全部增加用于居民点及独立工矿用地，年末全县居民点及独立工矿用地面积为 4610 公顷。年末，交通运输用地 852.53 公顷；水利设施用地 1446.29 公顷，其中水库水面面积 1423.53 公顷。年初，全县未利用土地面积 3.97 万公顷，年末为 3.97 万公顷，净减少 7.66 公顷。其中，荒草地 3.57 万公顷，减少 10.06 公顷；河流水面 3136.60 公顷，增加了 2.40 公顷。

土地登记发证

建设用地登记发证　1988 年 11 月，永福县土地局开始进行国有土地使用权和土地所有权登记发证。首先在县城部分街道进行土地登记发证试点，取得经验。1990 年，在县城全面实行土地登记发证，年内共发放土地使用证书 580 本,其中国有土地使用证书 385 本、集体土地使用证书 195 本。1991 年 4 月—5 月开始在罗锦、广福、永安等乡镇进行土地登记发证,年内共发放建设用地使用证书 21903 本,其中国有土地建设使用证 898 本、集体土地建设用地使用证 21005 本。

1992 年,建设用地登记发证工作在全县铺开。是年,全县建设用地登记发证 11492 本,其中国有土地使用证 820 本、集体土地建设用地使用证 10672 本。

1993—2005 年,全县建设用地登记发证工作进入常态化。每年县土地局都能及时办理国有土地和集体土地建设用地登记发证。13 年间,共发国有土地建设使用证 8483 本、集体土地建设使用证 7175 本。

农村集体土地登记发证 2004 年 9 月,永福县土地局开始在堡里乡罗田村进行集体土地登记发证工作试点,以自然村屯为发证单位,共发证 9 本,土地面积 398.65 公顷。由于以自然村屯发证,造成界线有重复交叉,因此后来改为以村委会为发证单位。2005 年 4 月,集体土地登记发证工作在全县铺开,全县 9 个乡镇 97 个村共发放集体土地所有权证 256 本,登记土地面积 23.82 万公顷,占应发证数的 92%,经自治区国土厅验收达到优秀等级。自此建立起全县集体土地所有权登记初始地籍资料,为依法管理集体土地权利人合法权益,防止和减少土地权属纠纷奠定了基础。

表 11-4　　　　　　　　　　1991—2005 年永福县建设用地土地登记发证统计表

年度	发证（本）		年度	发证（本）	
	国有土地证	集体土地证		国有土地证	集体土地证
1991	898	21005	1999	445	524
1992	820	10672	2000	484	601
1993	480	1017	2001	470	563
1994	250	802	2002	713	619
1995	290	451	2003	1704	350
1996	280	529	2004	1416	420
1997	256	503	2005	1365	256
1998	330	540	合计	10201	38852

土地变更登记 1995 年,永福县土地局开始进行土地变更登记发证。在原来土地登记完成的基础上,对发生变化的土地权利及内容,进行改正登记。1995—2001 年年底,县土地局共办理土地使用变更登记宗数 178 起,更正登记使用土地面积 16885 平方米。2002—2005 年,永福县国土资源管理局继续进行使用土地变更登记发证工作。4 年间,共办理使用土地变更登记宗数 5713 起,更正登记使用土地面积 56.63 万平方米。

土地证书年检 1997 年,永福县土地局开始开展土地使用证书年度检查验审工作。每年进行一次年检。2001 年 12 月,县国土资源管理局成立后,也每年进行土地使用证书年度检查验审工作。年检的范围包括国有土地使用证,国有土地使用权出租证明书、承租证明书,城镇国有土地使用权抵押证明书、抵押权证明书,集体土地建设用地使用证等。年检的内容包括:土地使用权属证书所登记的内容是否发生变化;土地使用权属证书所确认的土地是否是依法使用,是否改变土地用途;土地使用权属证书所确认的土地使用权和他项权利是否发生转让、出租、抵押等情况;在规定期限内的土地使用情况;土地使用权属证书所确认的土地使用权和他项权利是否按规定缴纳税费。至 2005 年,每年年检中,没有发现违法违章问题。

第四节　耕地保护

1991—1994 年,永福县的耕地保护工作除了沿袭进行植树造林、兴修水利、防止水土流失等传统措施之外,重点实施保护耕地四项目标责任制。1995—2005 年,重点开展划定基本农田保护区,有计划地进行耕地开垦和整理,使耕地基本实现占补平衡。同时建立健全土地监察网络,实施土地监察制度,依法查处违法违章使用耕地和破坏耕地行为,对耕地实施有效保护。

实行耕地保护责任制

1990 年 1 月,桂林地区行署与永福县人民政府签订了保护耕地"四项目标"(年末耕地总面积、人均耕地面积、非农业建设占用耕地面积、开垦耕地面积)责任状。1991—1994 年,县人民政府与各乡镇人民政府签订了耕地保护责任状。县土地管理局严格控制非农业开发耕地,把好国家机关、企事业单位、集体和个人建设用地审批关,有效制止乱占滥用耕地行为,同时鼓励各用地单位尽量用非耕地搞建设,切实保护耕地。1991 年,上级下达永福县耕地用于建设用地指令性指标为 13.13 公顷,实际用地 4.64 公顷,占下达指标的 35.34%。其中,国家建设计划用地指标 10 公顷,实际用地 4.28 公顷,占下达指标的 42.81%;农房建设用地计划 3.13 公顷,实际用地 0.36 公顷,占下达指标的 11.50%。上级下达永福县非耕地建设用地指令性指标为 23.80 公顷,实际用地 10.30 公顷,占下达指标的 43.30%。其中,国家建设计划用地指标 6公顷,实际用地 6.57 公顷,超用指标 0.57 公顷;农村建设用地计划 4.30 公顷,实际用地 3.74 公顷,占下达指标的 86.98%。由于严格依法办事,实行计划管理,当年节约耕地 8.49 公顷。

1992 年,上级下达永福县建设占用耕地指标 16 公顷,实际用地 3.53 公顷,占下达指标的 22.06%。其中,国家建设占用耕地 3.02 公顷、个人建设占用耕地 0.50 公顷;非耕地建设实际用地 13.27 公顷。县土地管理局对利用非耕地搞建设的单位,在办理手续上给予优先办理,促进各单位尽量用非耕地搞建设。永福县二中建设用地 6.47 公顷,全部是利用荒地。

1993 年,永福县特别鼓励用地单位用荒坡、草地搞建设。县土地管理局集资 2.20 万元,修建西河大桥头至板栗山长 258 米、宽 20 米公路,为建设单位提供了搞建设所需的荒坡、荒地,节约耕地 1.33公顷。

在管好土地的同时,县人民政府于 1991 年实行鼓励开垦耕地奖励办法,规定谁开垦谁种植谁受益,新开垦种植的耕地前 3 年每亩只交土地费 10 元,免交其他有关税费,调动了群众开发耕地的积极性。1991—1994 年,每年上级下达永福县土地开发任务 310 公顷,实际完成 720.67 公顷,超额完成 410.67公顷。

永福县在保护耕地和开发耕地方面成绩突出,1990—1992 年,连续 3 年获自治区二等奖,获奖金 3.60万元。

划定基本农田保护区

1994 年,永福县人民政府印发《关于建立基本农田保护区决定》。1995 年,印发《关于限期建立农田保护区的通知》,成立了县农田保护区领导小组,组长和副组长分别由县长、副县长担任,县土地、农业、计委、城建、水电、计生、司法、区划等相关部门的主要领导为领导小组成员,领导小组下设办公室负责日常工作。在每个乡镇保护区也相应成立基本农田保护区工作领导小组,每个保护片和保护块都落

实了保护责任人,形成县、乡、村三级基本农田保护监督管理机构。1995 年,全县完成基本农田保护面积 1.88 万公顷(含名优特产品的耕地),建造和设立基本农田保护标志和界桩 32 块,各乡、镇还写出农田保护区规定、村规民约等。

1999 年,永福县对基本农田保护区进行了调整。全县共建立 9 个基本农田保护区,103 个基本农田保护片,5020 个基本农田保护块,划定基本农田保护区面积共 2.62 万公顷,包括一级保护区面积 2.09 万公顷、二级保护区面积 5215 公顷。其中,划定水田 2.35 万公顷、旱地 2652.18 公顷。耕地保护率 86.30%。全县在交通沿线及主要保护地块明显地方建设基本农田保护区标志牌 21 块,在基本农田保护区内重点建设用地和集镇建设用地周边埋设基本农田保护界桩 506 个。

2000—2005 年,永福县对上述基本农田保护区,建立了相应的保护制度。实行基本农田保护区用途管制制度。禁止在基本农田保护区内建房、建坟、建窑、挖砂取土、采矿、堆放废弃物或破坏基本农田保护区内的基础设施,不准弃耕荒芜,不准破坏基本农田保护区内的标志牌和界桩。

实行占用基本农田保护区严格审批与占补平衡制度。严格控制使用基本农田保护区内耕地搞非农业建设,国家重点建设项目确需占用的,应严格按照规定程序和审批权限办理农地转用手续,并补充划入数量、质量相当的基本农田。占用单位按占用多少、开垦多少的原则,负责开垦相当数量和质量的耕地;没有条件开垦或开垦不符合数量和质量要求的应按规定缴纳耕地开垦费,专款专用开垦新的耕地。

实行基本农田质量、地力补偿制度。县农业局建立基本农田地力与放肥效益长期监测网点,定期向县人民政府提供基本农田地力变化状况报告以及相应的地力保护措施。

加强基本农田环境保护制度。禁止向农田保护区内排放工业废气、废渣、废水污染基本农田,由县农业局、环保局负责对基本农田保护区的基本农田进行环保监测,并定期向县人民政府提供基本农田环境质量与发展趋势的报告。

实行基本农田保护监督检察制度。县土地管理局和农业局及其他有关部门定期对基本农田保护情况进行检查,各乡、镇人民政府应向县人民政府报告年度基本农田保护情况;县人民政府对基本农田保护工作成绩显著的单位和个人给予表彰奖励;对违反《基本农田保护条例》的单位和个人,依法予以行政处罚,直至追究刑事责任。

第五节　耕地开发与整治

耕地开发整理

1991 年,上级下达永福县开垦耕地任务 60 公顷,实际开垦了 245.80 公顷,超额完成 185.80 公顷。1992—1998 年,共开垦耕地 1264.87 公顷。1999—2005 年,全县每年进行耕地开发整理工作,增加有效耕地面积,达到耕地占补平衡。年度耕地开垦,首先由永福县向自治区国土资源厅、桂林市国土资源局申请立项,经批准后实施,开垦任务完成后,再由自治区、桂林市国土资源部门验收。其间,分别在苏桥镇石门村塘料屯、树桥村桐陂屯、大埠村红岭屯、黑石岭村近山屯,罗锦镇下村下来山屯、下村 5 队,百寿镇白果村三皇屯、江岩村思磨岭,永安乡太和村卜台屯,三皇乡江头村东边弄、马安村对江屯等地进行耕地开垦,共开垦耕地 467.39 公顷,其中水田 127.46 公顷、旱地 339.93 公顷。耕地开发整理的工程造价为水田每亩 4000~6000 元,旱地每亩 2000~4000 元。开垦出的耕地经验收后交付集体使用,新增耕地用于建设占用耕地补充指标。

低产田综合整治

1991年，永福县水田面积有2.44万公顷。因诸多因素的影响，年每亩产粮300千克以下的水田（即"低产田"）面积5117公顷，占水田总面积的20.97%。

按分类全县年每亩产粮300千克以下低产田为三类：

一是无水利设施或水利设施较差的干旱高浪田面积2977公顷。

二是地势低洼易被洪涝淹没的水田面积813公顷。

三是受土壤类型影响的水田面积1327公顷。其中，土体渍水，土壤还原作用强烈，易产生有毒物质毒害根系，常出现赤枯病的潜育型水田面积670公顷；土地稀烂长期积水，人畜难以耕种的沼泽型水田面积48.27公顷；土壤盐化，有效成分含量低的盐渍型水田面积608公顷。

永福县对低产田的综合整治，由水利和国土部门共同参与，各负其责。水利部门主要职责是协调好水和土的关系，认真抓好解决高浪田缺水、低洼田渍水的难题，改善耕作条件，提高产量。1991—2005年，县水利部门先后完成低产田整治的工程项目有：板峡水库灌渠系列配套，延伸西干渠至广福乡，长4.20千米。2005年，西干渠工程竣工，使广福乡广福、龙桥、马陵3个村至大岭脚，即湘桂铁路两侧坡上的高浪田全部得水自流灌溉，面积100公顷；在缺水且有条件的地方，修建抽水站。先后建成的有三皇乡六龙村平村屯、清水村清水街、罗锦镇岭桥村西岭抽水站；同时更换崇山村西岔抽水站的设备和扩建渠道，重建广福乡广福街抽水站；建成永福镇石化洞排水沟，长1千米，沟底宽1米，深1米，沟两边打木桩护堤，使这片常年渍水的烂泥田6.67公顷，原荒废甚久无法耕种，现在有了排水沟，全部恢复了耕种。

第六节　土地使用

1992年以前，永福县的建设用地实行无偿、无限期、无流动的"三无"行政划拨使用制度。1993—2005年，对土地使用制度实行改革，将土地的"三无"行政划拨使用制度改变为有偿、有限期、有流动的土地有偿使用制度。

有偿划拨土地使用权

1993年，永福县人民政府印发《永福县城镇国有土地使用权管理暂行规定》，开始实行城镇国有土地有偿使用制度。对机关、教育、卫生、体育、文化和其他公共公益事业单位非经营性用地，实行行政有偿划拨取得土地使用权。行政划拨土地时，县国土局代县政府向用地单位收取每平方米5~10元的土地划拨费，上交县财政作为土地资源管理费用。1994年，全县行政划拨国有土地使用权74宗，面积1.65公顷，收入15.84万元。1995年，全县划拨国有土地使用权14宗，面积0.12公顷，收入0.60万元。1996年，划拨国有土地使用权3宗，面积0.03公顷，收入0.50万元。1997年，自治区清理取消一些行政收费项目，永福县的土地划拨使用费项目被取消。2001年，划拨国有土地使用权2宗，面积46.90公顷。行政划拨使用的土地一般不得转让、出租和抵押土地使用权。如发生土地转让，则依法实行出让等有偿使用方式。2002年，划拨15宗，面积4.82公顷。2003年，划拨7宗，面积0.73公顷。2004年，划拨2宗，面积6.05公顷。2005年，划拨土地34宗，面积0.57公顷，大多属于公共建筑用地。

城镇国有土地有偿使用

1993年，永福县开始实行城镇国有土地有偿使用制度，对城镇国有土地实行有偿出让，即采取协议出让、招标出让、拍卖出让的方式取得土地使用权的单位和个人，其使用权在规定年限内可以转让、出租、抵押或用于法律允许的其他经济活动。县人民政府依法控制土地一级市场，并正确引导和鼓励二级土地市场的健康发展。

土地分等定级　1993年永福县国有土地使用权出让前，县土地管理局等部门将县城（建成区）国有土地进行分等定级［这是中华人民共和国成立后第一次对县城（建成区）国有土地进行分等定级］，按照地段所处的区位不同分成五等，其中一、二等土地又各分为甲、乙、丙三个等级，三等土地分为甲、乙二个等级。建制镇所在地的土地等级划分参照县城二至四等土地办理，乡政府所在地的地类分级标准按县城三至五级土地办理。

表11-5　　　　　　　　　　**1993年永福县城（建成区）土地分等定级表**

类型	等级	区域范围
一等	甲	老城区：卫生局岔路口—十字街—老水厂抽水房；卫生局岔路口—老铁路交叉路口街道两旁；铁路交叉口—贮木场后门街道两旁；工农兵市场；铁桥头开发区—友明饭店—汽车站街道两旁
	乙	酒厂岔路口—药厂—党校街道两旁；石油公司—土产车队公路两旁；卫生局岔路口—老财政局—老水厂抽水房街道两旁
	丙	铁路交叉路口往西至西河边南片，人武部、水电局、林业局以西及贮木场以内不临街部分；劳动服务公司—县招待所河边一排房屋；印刷厂—坪子尾牛厂河边一排房屋；中洲乐园
二等	甲	水产局门口水田以北，老铁路交叉口至企业局公路以西，小铁路以东，到法院、检察院、烟草局、乳胶厂；企业局至火车站公路旁边
	乙	工农兵市场沿公路往东—永中北端—矿粉厂北端—铁路以东范围内不临街部分
	丙	新居民一区：北至大仓库公路，西接铁路，南接东河，东接酒厂公路，往南接种子公司
三等	甲	纺织器材厂、纸箱厂、竹筷厂等；南雄村铁路以西，东江以东一带；龙船坪出口、老氮肥厂区、生资仓库等一带
	乙	麻风冲、原氮肥厂宿舍；新居民二区、农业局宿舍、酒厂及南面河边一带
四等		镇矿粉厂、航运公司一带；石油公司至土产车队不临公路部分；西河西岸一带；大修厂、防疫站至963部队军事区三角地；供电局—预制场公路南侧；铁路以东南雄村一带；凤山上居民区
五等		火车站背后秦家坟、原氮肥厂生产区外一带；下山尾，党校、弹药仓、甘村岭、堕庙村、轴承厂、水泥厂及其东南方向一带

土地出让金年限和出让金　1993年，对城镇国有土地使用权出让、转让、出租等，由县人民政府依法收取土地出让金，包括土地出让地价（含回收基础设施投资和开发费，其中土地出让金为每平方米5~10元）、土地受益金等。当年3月15日，在永福镇坪岭村通过协议方式，首宗96平方米的国有土地使用权出让给建房户私人。县人民政府将土地使用权在一定年限内出让给土地使用者，土地使用者向县人民政府支付土地使用权出让金。县土地管理局代表县人民政府（简称出让方）与土地使用者（简称受让方）签订土地出让合同，有偿出让国有土地使用权，并根据不同用途确定使用年限：居住用地最高使用年限为70年；工业、教育、体育、综合或其他用地最高年限为50年；商业、旅游、娱乐用地最高年限为40年；临时批租用地最高年限为5年。土地使用者需要改变土地使用权出让合同规定的土地用途，要经过出让方和城镇规划部门批准，按照本规定重新签订土地使用权出让合同，调整土地使用权出让金，并办理登记。1993年，

全县共出让国有土地使用权78宗,土地面积1.05公顷,收取出让金6.30万元。

1994年9月,县人民政府对国有土地出让金标准进行了调整,城镇土地出让金的收取标准调整为每平方米10~30元,具体收费标准根据土地所处区位、使用时间和用途确定。

表11-6　　　　　　　　　　1994年永福县城(建成区)国有土地有偿使用收费标准

收费标准	项目级别	出让地价(元/平方米)			土地使用费(元/平方米)	土地划拨费(元/平方米)	转让增值费(元/平方米)	土地受益金(元/平方米)	征地拆迁费(元/平方米)
		金融、商业、办公	住宅	工业、仓储、交通					
一级	甲	150	100	90	0.30	根据地理位置收取5~15元	按增值比例计收	按出租收入征收20%	按实际情况计收
	乙	142	90	80					
	丙	135	80	70					
二级	甲	130	75	65	0.20				
	乙	125	70	60					
	丙	120	65	55					
三级	甲	115	60	50	0.15				
	乙	110	55	45					
四级		100	50	40	0.12				
五级		90	45	35	0.10				

1993—2001年,全县国有土地使用权出让2371宗,土地面积87.92公顷,收取出让金1059.64万元。

表11-7　　　　　　　　　1993—2001年永福县国有土地使用权出让情况统计表

年度	宗数(宗)	面积(公顷)	纯收益(万元)
1993	78	1.05	6.30
1994	248	53.98	353.15
1995	110	3.00	33.00
1996	284	0.43	60.56
1997	357	5.00	38.00
1998	244	11.00	117.00
1999	268	3.62	98.13
2000	501	3.08	315.00
2001	281	7.00	38.50
合计	2371	87.92	1059.64

实行基准地价　2001年12月,成立永福县城区土地定级评估价课题组,对县城城区5.03平方千米的土地进行土地定级和基准地价的评估。2003年9月,永福县县城区土地定级和基准地价评估经自治区国土资源厅专家组评定验收,报桂林市国土局批准实施。县城区土地分为商业用地、住宅用地、工业用地三大类,每类分为四级。基准地价为:一级商业用地每平方米1475元、二级895元、三级580元、四级320元。一级住宅用地每平方米450元、二级290元、三级175元、四级130元。一级工业用地每平方米235元、二级180元、三级145元、四级110元。乡镇所在地土地级别与基准地价参照县城区各类用地的三、四级确定;各乡所在地土地级别与基准地价参照县城区各类用地的三、四级确定。

基准地价确定以后，国有土地出让照章收费。2002—2005 年，全县出让国有土地 2223 宗，成交价款共 1.05 亿元，实际纯收入为 5006.02 万元。其间，全县出让土地成交价款不少，但县财政实际纯收入不多，主要是土地受让方在取得土地使用权进行土地开发的同时，土地出让方要将一部分价款返还给土地受让方进行一些基础设施建设和公益事业投资，如用于道路修建、环境美化等。如 2005 年土地出让成交价为 2177.97 万元，纯收益只有 44.60 万元。其中，协议出让价款 1670.30 万元，纯收益只有 43.97 万元；挂牌出让成交价款 507.71 万元，纯收益只有 0.70 万元。

表 11-8 2002—2005 年永福县国有土地使用权出让情况统计表

| 年度 | 出让小计 | | | 其　中 | | | | | | | | |
| | | | | 协议出让 | | | 拍卖出让 | | | 挂牌出让 | | |
	宗数（宗）	面积（公顷）	成交价（万元）	宗数（宗）	面积（公顷）	成交价（万元）	宗数（宗）	面积（公顷）	成交价（万元）	宗数（宗）	面积（公顷）	成交价（万元）
2002	648	106.52	2100.00	639			9			—	—	—
2003	398	14.84	1685.00	387	7.44	470.00	9	3.40	427.00	2	4.00	400.00
2004	528	81.70	4574.39	518	67.37	1747.45	2	0.05	125.00	8	14.28	2701.94
2005	649	80.16	2177.97	647	79.08	1670.30	—			2	1.08	507.71
合计	2223	283.22	10537.36	2191	153.89	3887.75	20	3.45	552.00	12	19.36	3609.65

国有土地使用权流转　永福县国有土地使用权流转包括出租、转让和抵押 3 种。1993 年，县内开始出现国有土地使用权出租 205 宗。1995 年 137 宗，1996 年 22 宗。1997 年以后，县内停止国有土地出租行为。至 1996 年年底，全县国有土地使用权出租共 364 宗，出租面积共 181.05 公顷，共收取租金 273.49 万元。

1995 年，县内开始出现国有土地使用权转让行为。土地使用权符合如下条件的可以转让：一是转让的土地必须是国有土地；二是转让的土地权属清楚；三是按规定缴纳相关税费；四是必须经县政府批准。当年办理国有土地使用权转让 4 宗，面积 0.03 公顷，转让金 11 万元。1996—2005 年，全县共转让国有土地使用权 1758 宗，面积 34.72 公顷，转让金 2142.90 万元。

1995 年，县内开始出现国有土地使用权抵押行为。通过出让方式取得国有土地使用权的土地使用者，其使用权在规定的使用年限内可以到县土地局办理抵押手续，其合法权益受法律保护。当年，办理国有土地使用权抵押 8 宗，面积 10.01 公顷，贷款金额 1416 万元。1996 年，县内国有土地使用权抵押走向高峰，办理国有土地使用权抵押达 242 宗，面积 16.35 公顷，贷款金额 1362.58 万元。1998—2005 年，县内国有土地使用权抵押回复正常，共办理抵押 1039 宗，面积 437.64 公顷，贷款金额 10161.24 万元。

表 11-9 1993—2005 年永福县国有土地使用权流转情况统计

| 年度 | 转　让 | | | 出　租 | | | 抵　押 | | |
	宗数（宗）	面积（公顷）	转让金（万元）	宗数（宗）	面积（公顷）	租金（万元）	宗数	面积（公顷）	贷款金额（万元）
1993	—	—	—	205	180	262.00	—	—	—
1994	—	—	—	—	—	—	—	—	—
1995	4	0.03	11.00	137	0.90	11.00	8	10.01	1416.00
1996	27	0.28	2.85	22	0.15	0.49	242	16.35	1362.58

续表

年度	转　让			出　租			抵　押		
	宗数 （宗）	面积 （公顷）	转让金 （万元）	宗数 （宗）	面积 （公顷）	租金 （万元）	宗数	面积 （公顷）	贷款金额 （万元）
1997	—	—	—	—	—	—	—	—	—
1998	231	8.00	22.00	—	—	—	13	3.00	472.00
1999	404	4.69	89.87	—	—	—	21	0.64	904.43
2000	211	1.53	150.00	—	—	—	30	8.74	365.40
2001	137	5.43	67.90	—	—	—	68	17.51	1768
2002	123	2.73	232.00	—	—	—	84	13.61	1191.00
2003	118	2.58	155.85	—	—	—	165	34.36	1931.20
2004	193	6.85	1028.00	—	—	—	463	42.38	2999.00
2005	314	2.63	394.43				195	317.46	530.21
合计	1762	34.75	2153.9	364	181.05	273.49	1289	464.00	12939.82

农村集体土地使用

按照土地管理法规定，1991—2005年，永福县农村集体土地使用权不能出让，也不能转让。集体土地必须经过国土部门按照土地管理法的有关规定对农民实行征用，给予农民合理的土地补偿和安置，经县人民政府和自治区人民政府批准进行征用，转为国有土地后才能出让或转让。

农村宅基地有偿使用

1993年春，永福县进行农村宅基地有偿使用制度改革试点。制定的收费标准为：1982年5月31日以前使用的宅基地，农村每平方米收0.03~0.05元，地处圩镇范围内的每平方米收0.05~0.08元；1982年6月1日起新使用的宅基地，在规定用地标准内的，按5月31日以前的标准执行，超过规定用地标准的，以户为单位按档次逐级加收，级别为：(1)超标准1~50平方米的，对超过部分，农村每平方米收0.10元，圩镇每平方米收0.15元。(2)超标准51~100平方米的，对超过部分，农村每平方米收0.15元，圩镇每平方米收0.20元。(3)超标准101~150平方米的，对超过部分，农村每平方米收0.20元，圩镇每平方米收0.25元。(4)超标准151平方米以上的，对超过部分，农村每平方米收0.25元，圩镇每平方米收0.30元。对出租房屋或以经营性质为主的用房收费标准另行规定。对五保户免收宅基地使用费；烈属(指配偶、父母、未成年子女)和残废军人免收费标准内宅基地使用费。缴纳宅基地使用费确有困难的特困户，由个人申请，经村民委员会(自然村屯)讨论同意，村公所审核，乡、镇人民政府批准，可给予暂缓或减免当年的宅基地使用费。

宅基地有偿使用费收取时间定为每年夏秋之间一次性收取，最迟在当年11月底结束。

收取的宅基地使用费，村委会留80%，村公所提成10%；上交乡、镇土地管理所7%，上交县土地管理局3%，作为业务活动指导经费。各村公所由专人负责，以户建立台账；村级留用的宅基地使用费实行由乡、镇管理专户储存，专款专用，财务公开，群众监督的制度；需要用时，由村委会写出书面报告，经村民代表会议通过，村公所同意，再报经乡、镇人民政府批准，银行或信用社才能付款，以保证宅基地有偿使用费"取之于土，用之于土，取之于户，用之于村"的使用原则。

1993年春，永福县以百寿镇寿城村作为农村宅基地有偿使用制度推行的试点，经过20多天，试点工

作结束,全村582户,除了有15户特殊困难户和五保户外,其余应收款567户已有549户交款,占应收款户的96.83%;共收款4468.94元。当年6月,根据上级指示,暂停收取农村宅基地有偿使用费。至2005年,使用农村宅基地不再收取费用。

第七节　土地执法监察

1991—2005年,县土地管理局建立健全土地监察机构,设立监察股、监察大队,配备专职人员负责查处违法占地案件,调处土地权属纠纷,严格执行县乡两级土地利用总体规划,依法监督土地使用制度化、法制化。

建立土地监察队伍机构

1989年,永福县建立起全县性的土地监察队伍机构。县土地管理局在局内设土地监察股,配备专职人员;在10个乡、镇土地管理办公室设兼职土地监察员;村一级由1名村干部义务兼任土地监察员,村民小组设立土地信息员,做到村村有执法监察员。1991年4月,成立永福县土地监察大队,属县土地管理局二层机构,作为全县行政区域内土地检查和土地行政执法工作的专门机构。1992年,成立"永福县人民法院土地管理执行室"。2001年12月,县国土资源管理局成立时,原县土地监察大队更名为县国土资源执法监察大队。2005年,永福县国土资源管理局、乡镇国土资源管理所共有专职土地监察人员32人,村级兼职监察员103人,县、乡镇、村三级的土地监察队伍机构基本健全。县土地监察队伍机构,依法监督土地使用情况,从县到乡镇、村层层落实巡查责任区,实行分片包干,责任到人,对公路两侧、农田保护区进行重点巡查,减少土地纠纷和土地违法行为的发生。并通过每年"6·25"全国土地日开展土地管理法规宣传周活动,利用报纸、广播电视、文艺演出、法律法规咨询、黑板报、标语等形式进行宣传,提高广大干部群众保护耕地,珍惜土地的自觉性。

查处违法用地案件

1991年11月27日,中共永福县委印发《关于处理好清房遗留问题的通知》,规定对在1991年9月开展的清查干部、职工违法违纪违章建私房中发现的已征地未动工和已动工建私房的党政干部,一律不准私建,要实行公建。干部职工建私房主建筑超占土地欠交的罚款,由财政局追缴。未交清罚款之前,土地管理局、城建局不准发放土地证、房产证。

1994年3月,永福县启动"三无"(无违法批地、无违法管地、无违法用地)乡镇建设活动。11月10日至12月10日,对该活动进行验收,全县10个乡镇,有9个乡镇达到"三无"标准,只有堡里乡未达标。至1995年,全县10个乡镇全部达到"三无"乡镇标准。1996—1997年,继续抓"三无"乡镇的达标巩固工作。

1997年6月,县人民政府印发《关于在全县范围内对各类非农业建设用地进行一次全面清查的通知》,在全县范围内进行第二次非农建设用地清查活动(第一次清查是在1987年4月)。至10月底,清查工作基本结束,清查出1991年1月1日至1997年4月15日,全县有612宗属于违法用地,面积415.22公顷(柳桂高速公路占374.90公顷),其中耕地102.21公顷、非耕地313.01公顷;国家建设用地30宗,面积400.52公顷;乡镇企业用地17宗,面积11.09公顷;村镇建设用地5宗,面积0.93公顷;个人建房用地560宗,面积2.86公顷。对清查出的违法用地对象,逐一进行拆屋还地、罚款等处理,对占地较多影响较大的单位和企业,一时难以交清罚款的,由单位作出计划,限期交清。

1997—2005 年,永福县国土资源系统(含原土地管理系统)继续组织力量搞好全县土地执法监察工作;共查处违法用地案件 522 宗,涉案违法用地面积 149.47 公顷,收取罚款 216.44 万元;纠正和制止了土地违法行为。

清理整顿土地隐形市场

1995 年 7 月,永福县开始对城镇国有土地隐形市场进行清理整顿。对不按规定将行政划拨土地使用权擅自出租或擅自改变用途、货款抵押等经营性活动的,补收了土地受益金 12.35 万元,上缴国库。

1996 年,查出非法出租土地 42 宗,面积 7822.04 平方米,收缴受益金 7.56 万元。

2001 年,永福县建立用地供应总量控制制度,规范土地市场,完善国有土地有偿使用制度。

2003 年 3 月,永福县深入开展县内治理整顿土地市场秩序工作,清理各类(开发)园区用地、非法圈占集体土地、违法违规交易和管理松弛等现象;成立永福县土地储备交易所,开展土地储备,实行土地使用权招标拍卖挂牌出让,建立土地有形市场,规范土地市场秩序。

2004—2005 年,全县没有发现土地隐形市场。

第八节　矿业监督管理

采矿、加工许可证发放

1991—2001 年,由永福县矿产资源管理局负责对全县采矿行业办理采矿权登记,发放开采、加工经营许可证,征收矿产资源管理费(1998 年取消此项收费)和矿产资源补偿费。

2002 年上半年,新成立的国土资源局对采矿、加工许可证全部换发新证。以后每年对采矿、加工许可证年检一次。至年底统计,永福县境内批准矿业许可证 92 件,其中矿产资源勘查许可证 2 件(全部为国有企业)、采矿许可证 90 件;批准登记面积 87.39 平方千米,矿业权使用费 5.15 万元。采矿许可证按经济类型分为国有企业 7 件,集体企业 43 件,私营企业 42 件。

2003 年,办理矿业许可证 100 件,其中采矿许可证 75 件、经营许可证 18 件、加工许可证 7 件,收取采矿权使用费 3.90 万元,采矿权价款 4.31 万元。

2004 年,办理采矿许可证 64 件,批准面积 12.02 平方千米,收取采矿权使用费 3.60 万元。按经济类型分为:国有企业 4 件,采矿权使用费 0.25 万元;集体企业 17 件,采矿权使用费 1.10 万元;有限责任公司 5 件,采矿权使用费 0.25 万元;私营企业 17 件,采矿权使用费 0.95 万元;其他企业 21 件,采矿权使用费 1.05 万元。

2005 年,办理矿业许可证 50 件,其中发放矿产勘查许可证 2 件、采矿许可证 48 件。批准登记面积 11.30 平方千米。在经过批准许可的 50 家矿石开采加工企业中属集体企业 9 家、有限责任公司 4 家、私营企业 37 家。在 50 个采矿权许可证中,新立的 1 个、变更的 2 个、延续采矿权的 47 个。按矿种类型分,50 个采矿权证都是非金属矿开采权(其中重晶石采矿 16 个),其余的都属行政审批。

采矿权出让

1991—2001 年,永福县采矿权出让由永福县矿产资源管理局(处),通过行政审批方式办理。2002 年,新成立的县国土资源局通过行政审批的采矿权出让宗数 89 宗,占采矿权出让数的 100%。

2003年，永福县开始通过挂牌出让的方式，办理采矿权出让。在当年采矿权出让11宗中，通过行政审批办理8宗，挂牌出让办理3宗，共收取出让价款4.47万元。

2004年，全县办理采矿权出让16宗，全部通过挂牌出让方式进行，收取出让价款9.65万元。

2005年，全县办理采矿权出让26宗，其中通过行政审批办理13宗，收取出让价款20.80万元。

矿业督查

1991—1995年，县矿产资源管理局（处）每年都进行年度检查，对矿山"依法采矿、矿产资源开发利用、矿产机构及规章制度的建立、矿产资源有偿使用"等进行督查，具体对矿山执行"开采回采率、采矿贫化（含矸）率、选矿（洗选）回选率"（简称"三率"）指标制定是否合理，是否列为经营承包考核指标，有无考核管理制度；损失、贫化的原因及改正措施；是否执行贫富、厚薄、难易、大小和主副兼采的原则；是否擅自改变合理的采矿顺序、采矿方法和选矿工艺；是否改变原工业指标；共伴矿产综合开采、综合回收和综合利用情况；统计年报填报质量等指标进行督查。督查中发现，矿山存在的主要问题是：无证开采、无证勘查、越界勘查、非法转让勘查许可证、扰乱勘查秩序、非法转让开采权，个别矿山实行破坏性开采等。针对督查出来的问题，县矿管部门及时进行处理，责令违规矿山限期进行整改，对违法的矿山依法进行取缔，吊销勘查、采矿许可证，维护正常的矿业秩序。

1996—1997年，县矿管部门继续对全县矿业进行监督管理。每年每季度都集中检查一次以上安全生产情况。

1997年11月6日至8日，永福县配合桂林地区矿管局组成的督察工作组，对永福县矿产公司天子岭重晶石矿进行跟踪督查。针对1996年督查组所提关于开展样品收集、资料整理、修编各种图件和进行开采区的二次储量计算等工作的意见和要求进行督查，并形成"继续做好资源勘查工作；修编矿区1/2000地质草图和矿点踏勘；修编矿体纵剖面图及有代表性的剖面图；采集必需的有代表性的样品；开采区的二次储量计算以利于进一步指导生产和加强生产勘探。根据现保有储量的状况，编制一个可行的开采方案，指导今后的开采生产活动"的《矿山督察整改报告书》。

2001年12月，县国土资源局成立后，矿业的安全生产职责划归县安全生产办公室负责，矿业生产的其他督查职责仍归国土资源局负责。

2002年《永福县矿产资源总体规划》实施后，从2003年3月1日起县国土资源管理局对县内矿山企业和矿产品经营、加工单位进行的年度检查，主要是检查企业主开采矿产"三率"指标、综合开发利用、地测机构建立、建立各项规章制度、依法开采、缴纳税费等。截至4月25日统计，全县应检各类矿山86个，其中国有矿山5个、集体所有制矿山33个、个体矿山48个。实际年检51个，年检率59%。其中，国有矿山3个，年检率60%；集体矿山16个，年检率48%；个体矿山32个，年检率67%。抽检矿山共35个，抽检率69%。其中，国有矿山2个、集体所有制矿山12个、个体矿山21个。国有矿山年检合格率为100%，集体矿山年检合格率为92%，个体矿山年检合格率为90%。年检矿产品加工企业4个，矿产品经营企业11个。检出无证开采场点31个，全部为河道采砂。通过年检，注销许可证27个，其中集体矿山12个、个体矿山15个，追缴应缴矿产资源补偿费1.45万元。年内在全县联合治理整顿河砂秩序期间，给予9艘无证采砂船主5000~15000元的罚款和限期拆除采砂船的处罚，对1艘越界违法采砂船主罚款5000元。这是县内多年来处罚金额最大、涉及人员最多、执法程序最为严格的一次矿业行政执法。

2003年5月以前，永福县矿产、国土部门对矿产业的监察工作主要是对县内的采矿权和矿业安全生产进行监督管理。而对矿产资源勘查项目的审批发证和监督管理是由省（市）以上国土资源部门履行的职责。2003年5月，有关矿产资源勘查监督管理的权限下放到县级国土资源部门。永福县国土资源局开始履行对探矿权所属项目的监督管理。

2004 年,矿产督察工作由一般性的大规模整顿,向规范化、制度化,实施日常监督管理转变。当年清理采矿权审批发证,开展 7 项专项整治,查封违法矿点 5 个,查封铁矿石 30 吨,注销不符合办矿条件的采矿证 15 个,要求停产整顿或限期整改的矿山 12 个,限制采石场盲目发展,引导扶持县内外企业对重晶石矿进行深加工。

2005 年,县国土资源局在与安全生产监督、公安、企业、环保等部门对矿山开展安全生产检查中,取缔无证开采矿山 5 个,责令 14 个有证但不符合安全生产条件的矿山进行整改,督促未申报安全生产许可证的矿山补办手续。

第九节　凤山地质灾害防治

1998 年,永福县发生特大洪灾,县城凤山山体出现多处滑坡,附近房屋出现裂开,严重威胁着周围群众的生命和财产安全。

2001 年,凤山山体滑坡治理被列为国家地质灾害治理工程项目。2002 年 5 月—8 月,对凤山滑坡进行勘查和排水系统工程应急治理,完成投资 80 万元。

2003—2004 年,对凤山山体滑坡进行综合治理,共投入治理资金 110 万元(自治区国土厅专项资金 80 万元、县自筹资金 30 万元),完成了 1 号、2 号、5 号、6 号滑坡治理工程建设。2004 年 6 月,通过自治区国土资源厅组织的专家验收。

2005 年,继续对凤山山体滑坡进行综合治理,投入治理资金 54.60 万元(自治区国土厅专项资金 20 万元、县自筹资金 34.60 万元),完成了 4 号滑坡治理工程建设。

第二章　计　　划

永福县人民政府注重对全县国民经济和社会发展的宏观调控。通过县计划部门每年编制县内工业、农业、乡镇企业、商业、财政收支的年度计划,并具体监督实施。1991—2005 年,还先后编制了全县国民经济和社会发展的第八个、第九个、第十个五年计划,并加强管理运行。同时,县计划部门还加强投资管理和项目建设。15 年间,累计完成全社会固定资产投资 111.13 亿元。加快推进行政审批和投资改革,采取政府指导、市场化运作,实现建设项目投资主体多元化。计划审批事项由 90 项减少为 5 项。

第一节　机　　构

永福县发展和改革局

1955 年 8 月,成立永福县计划委员会。1991 年,永福县计划委员会为县人民政府工作部门,负责编制县内工农业生产、商业、服务业及财政收支等的年度计划和中长期计划,同时检查落实计划执行情况。是年,县计划委员会为正科级行政机构,内设秘书股、计划股、基建股、综合股 4 个股,工作人员 16 人。办公地址在县政府大院内。1996年7月，机构改革，撤销县计划委员会、物价局，组建永福县计划局。内设秘书股、计划股、综合股、项目规划股，工作人员10人；物价局在计划局挂牌，工作人员5人。2001年12月，机构改革，县计划局改称发展计划局，内设综合管理股、经济建设股，县国民经济动员办公室挂靠在发展计划局，人员由发展计划局已有人员中解决，工作人员13人。下辖2个事业机构，即永福县综合规划设计室和永福县经济信息中心，事业编制人员2名。2004年，县发展计划局更名为县发展和改革局。并将局办公地址搬迁至县城凤阁路90号。2005年，县发展和改革局仍是县人民政府工作部门，正科级行政机构。内设综合股、经济建设股、经济动员办公室；挂西部开发办公室牌子。全局工作人员14人。办公地址不变。

1991—2005年，历任县发展与改革局（含发展计划局、计划局、计划委员会）局长（主任）有：秦诚东（1990年10月—1996年7月）、章国华（1996年7月—2005年12月）。

县发展和改革局下属单位

县综合规划设计室　1991年4月成立，为县计委下属事业单位，事业编制3名，在职1人。1996年7月，机构改革，县综合规划设计室，仍然保留事业编制，在职1人。2005年编制和人员不变。

县经济信息中心　1981年4月成立，为县计委下属事业单位，事业编制2名，在职2人。1996年7月，机构改革，县经济信息中心，仍然保留事业编制，在职1人。2005年编制和人员不变。

第二节　计划体制改革

进入20世纪90年代以后，由于市场经济体制的逐步建立，计划对经济发展的作用，不再通过指令性计划，而是通过五年计划和政策的指导性作用来实现。县计划部门，先后编制了永福县国民经济和社会发展第八个、第九个、第十个五年计划。

1991年，全县对国民经济和社会发展的主要指标仍由县计划部门下达指令性计划，实行指令性管理，但已开始由指令性管理向指导性管理转变。1992年，工业指令性计划的下达，由过去的产品、产量、产值、利润、企业发展全面管理，转向对生产总值的总量管理、税利指标管理和企业发展的宏观管理的模式；对企业人事管理权，用工权限全部下放给企业；对商贸业的经营范围、分配办法用工制度开始放开；对粮棉油等受国家计划管理的农产品，改由自治区下达指导性计划。

1994年，对全县国民经济和社会发展计划，只确定主要指标，除大、中专毕业生分配，城镇退伍军人安置，人口与计划生育指标外，不再下达指令性计划。而下达的指导性计划，由各乡镇、县直各部门以市场为导向自行安排，计划部门不再统配物资，对上不再编制物资申报计划，对下不再下达物资分配计划，物资调配计划彻底放开，物资供应彻底走向市场。

1995年，国家基本建设管理权限开始下放，凡符合国家产业政策和行业发展规划，资金、能源及原材料能自求平衡的总投资在1000万元以下，利用外商直接投资（含中外合资、中外合作、外商独资）300万美元以下的生产性项目和国家非禁止发展的项目，其项目建议书、可行性研究报告均下放到县计委审批。对新上项目，在服从基建投资总规模控制的前提下，总投资1000万元以下，外商直接投资项目300万美元以下的国家非禁止类项目，也下放到县计委审批。

1996—2000年，按照建立社会主义市场经济体制和计划体制改革的要求，计划编制的核算体系由社会总产值为代表的国民经济核算体系，转变成国内生产总值为代表的新的国民经济核算指标体系，年度计划（除计划生育指标外）基本取消指令性计划，计划重在发展战略、措施上提出要求，只提出国内生产总值、财政收入、全社会固定资产投资、社会消费品零售总额、城镇居民人均可支配收入、农民人均纯收入等几个主要指标的预期增长目标,不再提总量指标,不再对各乡镇和政府部门下达计划指标,而由各乡镇依据县预期目标自行确定。县计划局的工作重点逐步转向经济战略发展研究,经济运行监测、筛选、上报、管理财政投资项目上。从国民经济和社会发展第十个五年计划开始,逐步淡化各种指标,突出宏观调控发展目标。

2002 年,根据国家西部大开发有关政策,对不需要中央政府投资(包括中央预算内投资、纳入中央财政预算管理的各类专项建设资金、国债投资、借用国际金融组织和外国政府贷款等外债)、自治区政府投资(包括自治区预算内投资纳入自治区财政预算管理的各类建设资金)和桂林市政府投资(包括桂林市财政预算内外投资、纳入桂林市财政预算管理的各类建设资金、动用国有资产以及享受有关减免费用作为优惠政策),国家产业政策鼓励发展,凡符合永福发展规划及专项规划,以及永福县审批权限内的基本建设项目(外商投资项目和国家另有规定的项目除外),县发展计划局取消审批,逐步实行登记备案。

2004—2005 年,国务院作出《关于投资体制改革的决定》后,永福县计划部门对非政府性、非禁止性投资的项目全部改为备案制。

第三节　计划编制与执行

县计划部门编制国民经济和社会发展计划,主要有年度计划和五年计划 2 种。1991—2005 年,县计划部门除每年编制年度计划外,还编制了第八个五年计划(1991—1995 年),简称"八五"计划;第九个五年计划(1996—2000 年),简称"九五"计划;第十个五年计划(2001—2005 年),简称"十五"计划。计划的内容包括工业、农业、商业、基建、财政、林业、乡镇企业、交通、人口、科技、劳动工资、文化教育、体育、土地使用等。年度计划和五年计划都要提交县人民代表大会审议通过,执行结果要向县人民代表大会报告。

年度计划

永福县计划部门每年编制年度计划。每个年度计划分指导思想和计划指标两部分。是在上年度的 10 月开始调查摸底收集资料,深入调查和广泛听取各方面意见的基础上,采取自下而上、自上而下相结合的方法,对社会经济发展主要指标进行预测分析,编制出全县下年度国民经济和社会发展计划草案。计划草案提交县人民代表大会审议通过后,由县人民政府下达实施。执行结果要向县人民代表大会报告。在实施过程中,县计划部门负责检查计划执行情况,总结经验,找出差距,分析原因,提出努力方向,报县委、县人民政府和上级主管部门作出进一步指导计划执行的决策。

1991 年,全县国民经济和社会发展计划的主要指标:国内生产总值 2.29 亿元,比上年增长 27.50%;农业总产值 1.58 亿元,比上年增长 7.70%;工业总产值 1.09 亿元,比上年增长 19.80%;全县财政收入 2414 万元,比上年增长 11.96%;农民人均纯收入 703 元,比上年增加 50 元;年末总人口控制在 26.18 万人以内;人口自然增长率控制在 7.21‰以内;粮食总产量 11.93 万吨,比上年增长 4.40%。

执行结果:1991 年,全县国内生产总值完成 2.57 亿元,比上年增长 6.35%,完成年计划的 107.17%;农业总产值完成 1.93 亿元,比上年增长 2.57%,完成计划的 105.14%;工业总产值完成 1.67 亿元,比上年增长 20.28%,完成计划的 111.89%;全县财政收入完成 2414 万元,比上年增长 11.96%,完成计划的 100%;农民人均纯收入完成 704 元,比上年增加 51 元,完成计划的 100%;年末总人口为 26.07 万人,控制在计划范围内;人口自然增长率为 5.34‰;控制在计划范围内。当年出生人口 2483 人。粮食总产量完成 12.14 万吨,比上年增长 5.64%,完成年计划的 101.80%。

1995 年,全县国民经济和社会发展计划的主要指标:国内生产总值 6.92 亿元,比上年增长 20%;农业

总产值5.75亿元，比上年增长20%；工业总产值6.87亿元，比上年增长39.98%；全县财政收入4971万元，比上年增长11.68%；农民人均纯收入1484元，比上年增长19.58%；年末总人口控制在26.62万人以内，人口自然增长率控制在5.50‰以内；粮食总产量12.84万吨，比上年增长1.50%。

执行结果：1995年，全县国内生产总值完成7.79亿元，比上年增长35.31%，完成年计划的118.66%；农业总产值完成6.45亿元，比上年增长34.57%，完成年计划126.03%；工业总产值完成6.99亿元，比上年增长42.36%，完成年计划112.35%；全县财政收入完成5343万元，比上年增长20%，完成年计划107.48%；农民人均纯收入完成1698元，比上年增长36.83%，完成年计划的114.42%；年末总人口为26.51万人，控制在计划范围内；人口自然增长率为2.35‰，控制在计划范围内；当年出生人口2084人；粮食总产量完成13.52万吨，比上年增长6.86%，完成年计划的105.27%。

2000年，全县国民经济和社会发展的主要指标：国内生产总值13.80亿元，比上年增长19.02%；农业总产值10.04亿元，比上年增长13.09%；工业总产值13.87亿元，比上年增长23.90%；全县财政收入1.11亿元，比上年增长22.09%；农民人均纯收入3433元，比上年增长22.87%；年末总人口控制在27.40万人以内，人口自然增长率控制在7‰以内；粮食总产量与上年基本持平。

执行结果：2000年，全县国内生产总值完成12.59亿元，比上年增长8.50%，比年计划减少9.60%；农业总产值完成5.97亿元，比上年增长6.57%，比年计划减少6.12%；工业总产值完成11.56亿元，比上年增长3.25%，比年计划减少6.13%；全县财政收入完成9562万元，比上年增长5.27%，比年计划减少15.98%；农民人均纯收入3066元，比上年增长9.74%，比年计划减少5.45%；年末总人口为26.83万人，控制在计划范围内；人口自然增长率为9.78‰。当年出生人口4108人；粮食总产量完成15.17万吨，与上年基本持平。

2005年，全县国民经济和社会发展的主要指标：国内生产总值28.45亿元，比上年增长3.41%；农业总产值14.26亿元，比上年增长4.60%；工业总产值34.31亿元，比上年增长24.98%；全县财政收入1.86亿元，比上年增长30.56%；农民人均纯收入2863元，比上年增长7%；年末总人口控制在下达指标内，人口自然增长率控制在下达指标内；粮食总产量与上年基本持平。

执行结果：2005年，全县国内生产总值完成30.21亿元，比上年增长9.80%，完成年计划的106.18%；农业总产值完成13.45亿元，比上年下降1.27%，比年计划减少6.03%；工业总产值完成33.01亿元，比上年增长20.24%，比年计划减少3.96%；全县财政收入完成1.73亿元，比上年增长21.14%，比年计划减少7.78%；农民人均纯收入完成2964元，比上年增长10.76%，完成年计划的103.52%；年末总人口为26.82万人，控制在计划范围内；人口自然增长率为5.49‰，控制在计划范围内；当年出生人口2886人；粮食总产量完成14.67万吨，比上年增长2.75%。

五年计划

1991—2005年，永福县计划部门共编制了3个五年经济社会发展计划，即中华人民共和国成立以来永福县的第八个至第十个五年经济社会发展计划。"八五"计划时间是1991—1995年，于1991年编制，1991年3月30日召开的县第十届人大第二次会议审议通过并批准实施。"九五"计划时间是1996—2000年，于1996年编制，1996年3月28日召开的县第十一届人大第四次会议审议通过并批准实施。"十五"计划的时间是2001—2005年，于2001年编制，2001年3月3日召开的县十二届人大第三次会议通过并批准实施。每个五年计划的执行结果，要向县人民代表大会报告。

"八五"计划执行主要情况　"八五"计划期间，全县经济发展较快，主要指标有较大幅度增长，实现"普及九年义务教育"，实现初级卫生保健，恢复和健全农村合作医疗，文化体育事业较快发展。人口自然增长率平均控制在5‰以下。

国内生产总值　1995年，全县国内生产总值7.79亿元，比1991年增加5.23亿元，增长2.04倍，年均增长率51.08%。超额完成"八五"计划期间预定年度增长7.50%的目标。

农业总产值　1995年,全县农业总产值6.45亿元,比1991年增加4.52亿元,增长2.34倍,年均增长率58.50%。超额完成"八五"计划期间预定年度增长5.50%的目标。

工业总产值　1995年,全县工业总产值6.99亿元,比1991年增加5.32亿元,增长3.18倍,年均增长率79.50%。超额完成"八五"计划期间预定年度增长15%的目标。

财政收入　1995年,全县财政收入5343万元,比1991年增加2771万元,增长1.07倍,年均增长率26.75%。财政收入增长较快。

"九五"计划执行主要情况　"九五"计划期间,由于受县内工业改制和农业产业结构较为单一的影响,全县经济发展受到约束,发展速度稍慢一些。

国内生产总值　2000年,全县国内生产总值12.59亿元,比1996年增加2.91亿元,增长30.09%,年均增长率7.52%。没有完成"九五"计划期间预定年度增长9%的目标。

农业总产值　2000年,全县农业总产值9.46亿元,比1996年增加1.49亿元,增长18.84%,年均增长率4.71%。没有完成"九五"期间预定年度增长10%的目标。

工业总产值　2000年,全县工业总产值11.56亿元,比1996年增加1.77亿元,增长18.10%,年均增长率4.53%。没有完成"九五"计划期间预定年度增长20%的目标。

财政收入　2000年,全县财政收入9562万元,比1996年增加2967万元,增长44.98%,年均增长率11.24%,财政收入增长缓慢一些。

"十五"计划执行主要情况　"十五"计划期间,全县经济发展较快,经济布局和产业结构向合理方向发展。县域工业持续发展并初步形成规模。

国内生产总值　2005年,全县国内生产总值30.21亿元,比2001年增加16.88亿元,增长1.26倍,年均增长率31.63%。超额完成"十五"计划期间预定年度增长9%的目标。

农业总产值　2005年,全县农业总产值13.45亿元,比2001年增加3.69亿元,增长37.66%,年均增长率9.41%。没有完成"十五"计划期间预定年度增长10%的目标。

工业总产值　2005年,全县工业总产值33.01亿元,比2001年增加1.91亿元,增长1.37倍,年均增长率34.17%,超额完成"十五"计划期间预定年度增长15%的目标。

财政收入　2005年,全县财政收入1.73亿元,比2001年增加5810万元,增长50.72%,年均增长率12.68%,财政收入增长较快。

表11-10　　　　永福县"八五"计划经济社会发展年度计划指标及完成情况统计表

单位:万元

指标名称 \ 年度	1991 计划指标	1991 完成指标	1992 计划指标	1992 完成指标	1993 计划指标	1993 完成指标	1994 计划指标	1994 完成指标	1995 计划指标	1995 完成指标
国内生产总值	22875	25606	28480	30151	34520	40629	49549	57640	69168	77922
第一产业		13105		14812		18573		28940		39724
第二产业		5837		7583		11814		16463		21635
第三产业		6664		7756		10242		12237		16563
农业总产值	15876	19345	21275	22771	26640	28692	33282	47951	57541	64530
工业总产值	10999	16734	21100	22822	33110	34155	46610	49100	68740	69900
人均国内生产总值(元)		954		1149		1538		2178		2940

续表

年度 指标名称	1991 计划指标	1991 完成指标	1992 计划指标	1992 完成指标	1993 计划指标	1993 完成指标	1994 计划指标	1994 完成指标	1995 计划指标	1995 完成指标
全县财政收入	2414	2572	2674	2861	3095	3978	4654	4451	4971	5343
全社会固定资产投资		2232		3881		5420	8726	9796	12734	10910
社会消费品零售总额		11763	16090	12081	17800	14617	17540	19845	24806	23814
农民人均纯收入（元）	703	704	758	762	795	914	1113	1241	1484	1698
金融机构存款余额		119459		326493		48949		68373	15585	88918
金融机构贷款余额		108617		324472		49158		73497	14930	97349
年末总人口（人）	261819	260692	264622	263879	266384	264469	267120	264922	266200	265084
人口自然增长率（‰）	7.21	5.34	10.00	7.43	10.00	3.42	10.00	2.68	5.50	2.35
粮食种植面积（万公顷）		3.09	3.01	3.09	3.03	3.08	2.8	3.18	3.00	3.18
粮食总产量（吨）	119245	121387	124420	125342	124600	122620	125800	126498	128400	135176

表 11-11　　　　　　　　永福县"九五"计划经济社会发展年度计划指标及完成情况统计表

单位：万元

年度 指标名称	1996 计划指标	1996 完成指标	1997 计划指标	1997 完成指标	1998 计划指标	1998 完成指标	1999 计划指标	1999 完成指标	2000 计划指标	2000 完成指标
国内生产总值	97402	96763	12579	106553	108432	109643	119330	115958	138016	125886
第一产业	40866	47920	57378	51083	58745	51282	54461	55883	66839	59692
第二产业	27909	30508	42406	36081	43658	37164	41809	37891	50624	42542
第三产业	20675	18335	24752	19389	22879	21197	23210	22184	30430	23652
农业总产值	77436	79611	98717	85451	86972	83588	91946	88778	100406	94610
工业总产值	91569	97900	13216	116500	139800	116600	12417	111981	138748	115624
人均国内生产总值（元）		3651		4021		4130	4460	4361	5090	4713
全县财政收入	6032	6595	7584	6865	7894	7112	7823	9083	11090	9562
全社会固定资产投资	14728	17860	24996	17713	32060	27978	30216	36960	46200	59464
社会消费品零售总额	29529	29053	35735	31289	34417	32857	35485	35091	41154	36960
农民人均纯收入（元）	2141	2171	2671	2587	2937	2666	2866	2794	3233	3066
金融机构存款余额		40420		46429		53202	63700	58521	77154	64295
金融机构贷款余额		31577		36152		40198	43700	53579	57105	47588
年末总人口（人）	267300	264825	266400	265100	266800	265800	270000	265900	274000	268313
人口自然增长率（‰）	5.50	1.83	6.00	2.81	6.00	2.85	7.00	2.73	7.00	9.78
粮食种植面积（万公顷）	3.18	3.22	3.18	3.32	3.18	3.45	3.13	3.27		3.56
粮食总产量（吨）	137200	139177	142380	142135	145400	146745	125886	151625	持平	151703

表 11-12　　　永福县"十五"计划经济社会发展年度计划指标及完成情况统计表

单位:万元

指标名称 ＼ 年度	2001		2002		2003		2004		2005	
	计划指标	完成指标	计划指标	完成指标	计划指标	完成指标	计划指标	完成指标	计划指标	完成指标
国内生产总值	126394	133358	145360	146696	164299	196419	219989	275136	284527	302110
第一产业	58956	62841	65983	66517	71173	76928		84286	91037	91330
第二产业	43574	43796	50365	49204	59277	80721		133232	117655	154413
第三产业	23736	27081	30059	30975	34092	38770		57618	50530	57850
农业总产值	93671	97719	102604	105721	113121	112767		136247	142649	134533
工业总产值	145575	139452	160369	158523	190527	208615		274547	343183	330105
人均国内生产总值(元)	4797	4974	5421	5474	5911	7328	8207	8851	10001	11551
全县财政收入	10899	11453	13743	13708	17135	11369	14211	14251	18607	17263
全社会固定资产投资	64221	60812	65676	68540	76079	67577	74334	106067	112324	125210
社会消费品零售总额	33398	39362	42510	42902	47621	43911	40302	50497	53476	58517
农民人均纯收入(元)	2960	1940	2056	2085	2230	2373	2515	2676	2863	2964
金融机构存款余额		70451		77792		91236		110430	122577	121126
金融机构贷款余额		42204	270000	42459		47701		59644	63938	60619
年末总人口(人)	270500	267931	270000	268016	270000	268044		267737		268151
人口自然增长率(‰)	7.00	3.48	7.00	4.12	7.00	3.57	下达指标内	1.88	下达指标内	5.49
粮食种植面积(万公顷)		3.20		3.26		2.88		2.95		3.08
粮食总产量(吨)		152969		143410		133496		142737		146672

第四节　建设项目管理与安排

县计划部门负责全县建设项目的策划和前期工作的组织协调管理,对新上项目资金的筹措、建设实施、工程质量等严格按照国家规定要求进行管理。

建设项目管理

永福县计划部门对建设项目的管理,按照县人民政府和上级计划部门的有关规定执行。在建设领域,对固定资产投资的项目审批,规定投资总额必须在地区(市)计委核准的投资额度内。为控制固定资产投资规模,引导自筹资金的投向,规定当年使用的自筹资金必须按照"先存后批,先批后用"的原则,县计委凭资金落实情况审批项目。凡是全民所有制的基本建设项目,均需县计委审批立项。

1991 年,加强对全县重点建设项目的招标投标管理和固定资产投资项目管理。

1992 年,注重在项目建设过程中合理利用能源和节约能源。

1993 年,加强对自筹基本建设资金管理工作。

1995 年,基本建设管理权限开始下放,对投资在 1000 万元以下的建设项目由县计委审批。

1997年，加强对非经营性投资农业基本建设项目的规范化管理，进一步提高投资效益。

1998年，将工程建设项目地震安全性评价和抗震设防要求管理纳入基本建设管理程序。

1999年，加强对使用政府性基金的基本建设项目管理和基础设施投资项目管理，初步建立对基础设施投资项目的"四制"（项目法人制、招投标制、工程监理制、竣工验收制）管理。

2000年，对县级政府审批权限范围内的基本建设投资项目建议书进行审查和审批工作。

2001年，规范县域的基本建设项目立项管理工作。

2002年，县人民政府对部分基建项目取消了审批制度，对不需要政府投资，符合国家鼓励发展的产业，符合县域发展规划及有关专项规划，在县人民政府审批权限内的利用自有资金的基本建设项目实行登记备案制；进一步简化项目审批程序，缩小行政审批的范围。

2003年，永福县计划部门进一步简化建设项目审批程序。

2004—2005年，对于企业不使用政府资金投资建设的项目，一律不再实行审批制，区别不同情况实行核准制和备案制。其中，县政府仅对重大项目和限制类项目从维护社会公共利益角度进行核准，其他项目无论规模大小，均改为备案制。项目的市场前景、经济效益、资金来源和产品技术方案等均由企业自主决策、自担风险，并依法办理环境保护、土地使用、资源利用、安全生产、城市规划等许可手续和减免税确认手续。对于企业使用政府资金补助、转贷、贴息投资建设的项目，政府只审批资金申请报告。

建设项目安排

"八五"计划期间 1991年，永福县建成永福县西江农贸市场、龙江圩亭和堡里圩亭。1992年，筹建永福县第二中学，建成永福县体育活动中心、县妇幼保健院门诊综合楼。1995年，永福县第二中学首期工程完工投入使用；改扩建永福食品饮料厂、葡萄酒厂、农机修造厂、糖厂等。

"九五"计划期间 1996年，永福县建成县人民政府综合办公大楼。1997年，国家"九五"期间重点技改工程建设项目—桂林火电厂落户苏桥。1999年，动工兴建永兴公路。2000年，投资13.20亿元人民币的桂林火电厂二号机组竣工移交发电；开始农网一期建设改造工程；建成苏桥新区水厂。

"十五"计划期间 2001年，永福县完成板峡水库二期工程；开工建设县城铁路立交桥、南雄铁路公路涵洞、新水厂及管网改造、天凤广场、防洪堤一期工程、县城中心农贸市场；凤城路建设与改造工程基本完成；启动退耕还林工程和珠江防护林工程；建成1512座沼气池。2002年，完成金鸡河排险加固工程、永堡公路渔村坳改建工程；建成县城天凤广场、县城中心市场，凤山滑坡灾害治理一期工程竣工并通过验收；完成10处国债项目人畜饮水工程建设；建成国债项目罗锦镇月山初中学生公寓楼。2003年，完成县城防洪堤一期工程、农村电网改造二期工程、永福剧院改造、凤山山体滑坡应急治理工程、永福县公安局看守所搬迁；建成永兴公路、财政局大楼、龙福酒业公司、永福县疾病预防控制中心业务楼；百寿镇东岸小学、永福镇湾里初中、永安乡喇塔小学、罗锦镇大西小学、堡里乡中心小学、百寿中学教学楼、罗锦卫生院业务楼、永福县中医院新病房楼、永福县公路局综合楼、广福加油站；桂柳高速公路苏桥互通立交工程竣工并投入使用；永兴公路建成通车。2004年，建成投产企业有：永福绿禾大米加工厂、桂林桂珠生物科技有限公司复合肥生产厂、县城商业步行街、商贸城等；建成县城永兴大道、县城铁路立交桥、永福县检察院技侦楼、永福中学教学楼、永福第二中学实验楼；完成桂林中族中药股份有限公司GMP改造项目、永兴公路油路面铺设工程。2005年，建成投产的工业项目有：桂林正点实业公司一期工程、桂林永福睿丰制丝有限责任公司制丝项目、桂林荟力淀粉公司木薯淀粉生产项目。建成三皇乡卫生院业务楼、百寿镇、堡里乡派出所办公楼、建设局办公大楼、交警大队办公楼，实验中学、百寿中学、堡里初中、广福初中、永安初中学生公寓楼、永福中学、百寿镇小学、百寿镇白果小学、三皇乡桐木小学、永安乡永富小学、龙江乡龙山小学、三皇乡清水小学、百寿镇新隆小学教学楼，建成永福县西江二桥、百寿中心市场、三皇果蔬市场、永福县妇幼保健院业务综合楼第三层、永福县传染病区项目;完成苏桥园区一期规划路网工程,苏桥10千伏专用供电线路项目。

第三章　统　　计

　　1991—2000年,永福县统计部门有计划有步骤地改革统计体制、统计制度、统计方法、统计服务与监督,取得明显成效。2001—2005年,县统计部门扩展了统计范围,充实了统计内容,并精减和废除了一些不适应经济体制改革的报表。为适应加强宏观调控的需要,建立了国民经济综合平衡统计核算体系,增加了社会总产值、国内收入、国内生产总值、投入产出、地方综合财政和第三产业等统计;为适应农村第一、二、三产业的发展,把过去单一的农业生产统计;扩展为综合反映农村中的农业、工业、建筑业、商业和交通运输业等发展状况的农村经济统计;为适应社会主义精神文明建设和计划生育的需要,增加了人口、科技、文化教育、卫生和广播电视等统计。并在各专业报表中,增强了反映经济效益和社会效益的指标。15年间,县统计部门在做好国民经济各行业统计的基础上,开展了工业普查、农业普查、第五次人口普查、基本单位普查和第一次全国经济普查等重大国情国力普查和调查工作,对国民经济、社会发展和科技进步状况进行统计调查分析和监督。

第一节　机　　构

　　1979年,成立永福县统计局,配专职人员3人。1991年,县统计局为县人民政府工作部门,负责全县统计业务工作,有专职工作人员7人。局办公地址在县政府大院。下辖10个乡镇统计站,全县有专职统计人员114人,兼职统计人员27人。1992年,县统计局增设农村经济调查队,编制2人。1996年,机构改革,县统计局内设办公室、综合统计、工业、农业、法规和贸易统计股,人员编制9人。下辖10个乡镇统计站和农村经济调查队。2005年,县统计局为县人民政府工作部门,正科级行政机构。其内设机构不变,在编工作人员13人。办公地址仍在县政府大院。

　　1991—2005年,历任县统计局局长有:李定谋(1990年10月—1991年9月)、黄忠良(1991年9月—1994年2月)、陈运安(1995年4月—1999年3月)、莫中元(1999年3月—2005年12月)。

第二节　统计类目

　　1991—2005年,永福县统计工作类目分为综合核算、农村经济、工业与能源、建筑与固定资产投资、批发零售与餐饮业、劳动工资、城镇住户调查、服务业8个综合统计专业,并完成了全国性的普查统计和抽样调查统计。

定期统计

　　核算综合统计　1991年,永福县统计局继续进行国民经济核算,统计国内生产总值。1999年,永福县对1993—1998年各年度国内生产总值统计数据进行整理,编制永福县国内生产总值经济指标连续、口径统一的法定数字。

1999年以前,永福县综合统计包含交通、邮电、农业、工业、商业、文教、卫生、财政、金融等主管部门的报表,具体项目包括三大产业的人口、土地面积、工业、农业、固定资产、国内商业、劳动工资、卫生、财政金融等15个行业349项经济指标。

2000—2001年,执行自治区统计局综合统计制度,年报表有《国民经济基本情况(卡片)》和《社会经济基本情况表》,包括土地面积、人口和劳动力、国民经济综合指标、农村经济、工业、交通运输、邮电通信、商业和物资供应、对外经济贸易和旅游、教育科技卫生、财政金融保险、人民生活等12个项目200项经济指标。

2002—2005年,永福县核算统计作出调整。年报表有"总产值""当年国内生产总值""国内生产总值构成项目""按可比价格计算的国内生产总值""按支出计算的国内生产总值""按行业划分的资本形成总额""最终消费""居民消费水平""居民生活水平""农村居民生活消费""城镇居民生活消费""国内生产总值年报审核表"等12个表。季度报表有"季度国内生产总值""季度国内生产总值计算表""行业总产值、增加值及有关指标""国内生产总值核算中的有关价格指数"4个表。

农村经济统计　1991年,永福县农村经济统计主要是农林牧渔业的统计。季度报表有:农作物播种面积和产量、夏收作物产量表、秋收作物产量表、春收粮食作物产量表、牧业生产情况表、渔业生产情况表和农林牧渔业总产值表。年报表有:农村人口和劳动力资源、耕地面积、农作物播种面积和主要农产品产量;林、牧、副、渔业生产情况、农业总产值;农田水利、农业机械化程度等。1993年,全县实行粮食产量抽样调查,推算全县粮食总产量。1999年,根据自治区统计局的部署,调整1993—1998年牧业产品产量和农业总产值。2001—2005年,农村经济统计,主要采取农村居民住户抽样调查统计数字。

2001—2005年,按照自治区统计局的要求,永福县开展农村居民住户抽样调查,全县定点调查100户,由农户每天登记收支账本,以此调查资料核算全县农民人均纯收入和农村居民消费。农村经济统计除农村居民住户调查外,年报目录为17个,定期报表7个。

工业与能源统计　1991年,永福县工业统计项目有:全县工业总产值、全民所有制独立核算工业企业主要财务成本指标、独立核算工业企业工业净产值、主要产品产量、主要工业产品单位成本等。1999年,调整了1993—1998年工业总产值。2002—2005年,执行自治区统计局制定的工业统计年报表有"主要工业产品产量""规模以下工业主要产品产量""工业企业生产、销售总值""工业企业财务状况""规模以上工业主要产品产量""规模以上工业企业生产销售总值""规模以上工业企业财务状况"7个表。季报表有"主要工业产品销售量与库存量"。月报表有"工业增加值""工业产销总值及主要产品产量""工业企业主要经济指标"3个表。交通运输邮电通信业统计年报表有"独立核算运输企业财务状况表""民用车辆拥有量""全社会客货运输(吞吐)量""民用运输船舶拥有量"。能源统计年报表有"地区能源平衡表""工业企业能源购进、消费及库存""主要能源地区调拨情况";季报表有"工业企业主要能源消费量与库存量"。

建筑业与固定资产投资统计　1991年,永福县建筑业统计报表有"全民所有制基本建设、更新改造项目生产完成情况表""城镇集体所有制建筑业企业生产完成情况""城镇集体所有制建筑企业净产值""建筑业产值价格指数"4个表。2002—2005年,建筑业统计报表有些调整,增加"建筑业生产情况""建筑业企业房屋建筑工程生产情况""建筑企业财务状况"和"劳务分包建筑企业生产经营情况"4个表。

固定资产投资统计变化也比较大。1991年,永福县固定资产投资统计报表有"全民所有制单位零星固定资产投资""城镇集体所有制单位固定资产投资""本年基本建设施工规模和新增生产能力""本年其他施工规模和新增生产能力(设备)""本年更新改造施工规模和新增效益""城镇集体所有制新增生产能力或效益""农村集体所有制固定资产投资"和"城镇集体和工矿区私人建房情况"等8个表。2002—2005年,固定资产统计报表有些调整,主要有"农村集体固定资产投资""城镇和工矿区私人建房情况""固定资产投资统计基层标准表""固定资产投资完成情况一览表""房地产开发基层标准表""房地产开发经营情况表"和"固定资产投资构成调查表"等7个表。

批发零售与餐饮业统计　1991—1993年,永福县商业批发、零售与餐饮业统计报表主要有"社会商品零售额""商业部门商品流转购销存总值""主要工业品纯销、库存""农村社队货币收支与社员生产性货币收支""粮食与油脂购销存总值""粮食购销存统计""食用油脂购销存统计""对外贸易(销售)统计"和"主要商品流转统计"。1994年,取消"社会商品零售额""农村社队货币收支与社员生产性货币收支"2个表,增加"社会消费商品零售总额""社会农副产品收购总额和收购数量"2个表。2002年,国家统计报表制度改革后,永福县批发零售与餐饮业统计年报表有"限额以上批发零售贸易业商品购进、销售、库存总额""饮食业销售情况""限额以上批发零售贸易企业财务状况"3个表;季度报表有"限额以上批发零售贸易业商品购进、库存";月度报表有"批发零售贸易业商品销售总额和分类销售额""社会消费品零售总额"2个表。以上表格至2005年没有变化。

劳动工资统计　1991—1993年,永福县劳动工资统计报表主要有"全民所有制单位全部职工人数与工资""全民所有制单位全部职工工资总额构成情况""全民所有制单位按职工工资水平分组的职工人数""全民所有制单位各民族全部职工人数""全民所有制工业企业建筑企业全部职工人数情况""全民所有制单位职工劳保福利费用构成情况""城镇集体所有制单位全部职工人数、工资和个体劳动者人数""城乡劳动力资源与分配平衡表"等9个表。1994—2001年,调整劳动工资统计制度改革,统计报表有"全民所有制单位全部职工工资总额构成情况""全民所有制单位职工劳保福利费用构成情况""单位从业人员和劳动报酬情况""单位从业人员变动情况""市县从业人员和劳动报酬综合表""劳动情况"6个表。2002—2005年,永福县执行自治区统计局制定的劳动工资和服务业综合统计报表,年报表增加"财务状况一""财务状况二""财务状况三"3个表;劳动工资统计报表也进行了调整,报表有"单位从业人员和劳动报酬情况""单位从业人员变动情况""市县从业人员和劳动报酬综合表""劳动情况"4个表。2005年,按照自治区统计局的要求,将服务业综合统计分离出来,保留"单位从业人员和劳动报酬情况""单位从业人员变动情况""市县从业人员和劳动报酬综合表""劳动情况"4个表。

服务业统计　2005年,永福县将服务业统计从劳动工资统计专业中分离出来,设立服务业统计专业,报表有"行政事业单位财务状况调查表""社会团体和其他单位财务状况调查表""服务企业财务状况调查表""服务业个体经营户财务状况调查表"4个表。服务业专业统计的设立,为全县核算服务行业增加值打下基础。

普查统计

县级统计调查普查工作,主要是参加全国性的普查。

第五次人口普查　1991年以前,永福县已进行过四次全国人口普查。第一次是1953年、第二次是1964年、第三次是1982年、第四次是1990年。每次普查均以7月1日零时为标准登记时点。

2000年,永福县按照国务院的统一部署,进行第五次人口普查。普查的标准时点是2000年12月31日,普查登记的项目有姓名、年龄、民族、文化程度、职业、婚姻等。普查结果,全县总人口为26.83万人,其中男性为13.93万人、女性为12.90万人。在总人口中,汉族为23.11万人、少数民族为3.72万人。全县农业人口23.48万人、非农业人口3.35万人;城镇人口2.95万人、乡村人口23.88万人。当年出生人口4108人,其中男2175人、女1933人。

这次普查,县乡村都成立普查领导小组及办公室,县普查办抽调工作人员16人,乡镇普查办抽调工作人员78人。全县抽调普查员967人。

工业普查　1991年以前,永福县进行过2次工业普查。第一次是1954年,第二次是1984年。

1995年，永福县进行第三次全国工业普查。普查标准登记时间：1995年12月31日。1996年9月结束。普查登记主要是指独立核算工业企业。按体制分为国有经济、集体经济、个体经济、外商投资经济、联营经济、股份制经济、港澳台投资经济等。在普查登记的企业个数中，按管辖权限划分为乡及乡以上工业企业和村及村以下工业企业；按性质分为重工业、轻工业和小型企业。根据1995年工业普查数据，永福县独立核算工业企业从业人员6237人，从业人员年劳动报酬2154万元；全县工业总产值6.99亿元，其中乡及乡以上工业总产值3.02亿元。

农业普查 中华人民共和国成立以来，永福县于1996年进行了首次农业普查。

1996年，永福县开展第一次全国农业普查。普查的标准登记时间：1996年12月31日。1997年10月结束。普查结果：1996年全县农户4.70万户，其中纯农业户3.59万户，农业从业人员12.91万人；耕地面积3.03万公顷，其中水田2.41万公顷、旱地6200公顷。当年，全县农作物播种面积3.99万公顷，其中粮食播种面积3.22万公顷（含水稻播种面积2.24万公顷）。大牲畜年末存栏5.47万头，其中水牛存栏2.88万头、黄牛存栏2.59万头、奶牛13头；生猪出栏27.80万头，年末生猪存栏16.50万头。

这次农业普查，县、乡、村都成立领导小组及其办公室，普查员从中小学教师中抽调。1996年普查员达1122人。

基本单位普查 1996年11月，永福县进行第一次全国基本单位普查。基本单位普查的对象为除农户和个体经济以外所有的法人单位及法人单位所属的事业单位。普查的标准登记时间：1996年12月31日。1997年5月结束。普查登记结果：1996年，永福县法人单位612个，从业人数1.84万人。其中，单产业法人单位489个、多产业法人单位123个；产业活动单位1426个。

按三次产业划分，全县法人单位及从业人数。第一产业法人单位数12个，从业人数261人；第二产业法人单位数143个，从业人数6382人；第三产业法人单位数457个，从业人数1.17万人。

按单位类别划分，全县法人单位数：企业法人单位数293个、事业法人单位数101个、机关法人单位数94个、社会团体法人单位数12个；其他法人单位数112个，其中居民委员会1个、村民委员会97个、民办非企业8个、其他6个。

2001年12月，永福县进行第二次全国基本单位普查。普查标准登记时间：2001年12月31日；2002年5月结束。普查登记结果，2001年，永福县法人单位672个，从业人数19121人，其中单产业法人单位515个、多产业法人单位157个；产业活动单位1646个。

按三次产业划分，全县法人单位及从业人数。第一产业法人单位数13个，从业人数295人；第二产业法人单位数173个，从业人数6787人；第三产业法人单位数486个，从业人数1.20万人。

按单位类别划分，全县法人单位数：企业法人单位数321个、事业法人单位数114个、机关法人单位数101个、社会团体法人单位数17个；其他法人单位数119个，其中居民委员会1个、村民委员会97个、民办非企业11个、其他10个。个体工商5942户，从业人数达7503人。

第一次全国经济普查 2004年，永福县开展第一次全国经济普查。普查的标准登记时间是2004年12月31日。这次普查首次把工业普查、第三产业普查和基本单位普查合并，并将建筑业纳入普查范围。

此次普查的对象，是在县境内从事第二产业和第三产业的全部法人单位、产业活动单位和个体工商户。具体范围包括：采矿业、制造业，电力、燃气及水的生产和供应业，建筑业，交通运输、仓储和邮政业，信息传输、计算机服务和软件业，批发和零售业，住宿和餐饮业，金融业，房地产业，租赁和商务服务业，科学研究、技术服务和地质勘查业，水利、环境和公共设施管理业，居民服务和其他服务业，教育，卫生、社会保障和社会福利业，文化、体育和娱乐业，以及公共管理和社会组织等。

经普查登记，2004年，全县机关事业法人单位386个，从业人数6676人。其中，事业单位法人307个，从业人数5083人；机关单位法人79个，从业人数1593人。2004年，全县规模以上工业企业36个，工业总产值10.07亿元，工业增加值3.81亿元，工业销售产值9.61亿元，利润总额达5325万元。规模以下工业企业303个,工业总产值5230万元,工业销售产值4.77亿元,产品销售收入4.73亿元,利润总额2487万元。

抽样调查统计

县统计局从2000年起开展农村住户抽样调查,2001年起开展人口抽样调查,2004年起开展城镇居民生活抽样调查。

农村经济抽样调查　农村实行家庭联产承包责任制以后,原有的由村屯小组(生产队)集体核算上报村委会(大队)汇总统计数据的统计报送渠道已改变,千家万户的家庭分散经营要求农村经济采用抽样调查统计方式。1993年,永福县农村经济调查队,开始实行粮食产量抽样调查,以此推算全县粮食总产量等指标。

2000—2005年,在全县开展农民人均纯收入和农村居民消费抽样调查统计。在全县随机抽取100户农户为样本调查,由农户每天登记收支账本,以此核算全县农民人均纯收入和农民消费状况。根据每年抽样调查结果,得出2000年全县农民人均纯收入3066元,每人生活消费支出为1471元。2001年,根据自治区要求,县统计局对全县农民人均纯收入进行再核算、再统计,确定2001年全县农民人均纯收入和人均生活消费支出分别为1940元、1004元;2002年分别为2085元、1027元;2003年分别为2373元、1711元;2004年分别为2676元、2181元;2005年分别为2964元、3088元。

城镇住户抽样调查统计　2004—2005年,永福县按照国家统计局和自治区统计局的要求设立城镇住户调查统计,每年在全县抽60户城镇居民为样本,被抽中的城镇居民每天登记收支情况。月报表有《城镇居民家庭生活情况日记账》,具体有住房、人口就业、日用商品、信息化调查、现金收支、社会保障支出、生活消费支出、出售财物收入、家庭总收入、家庭总支出等项目,共189个指标。城镇住户调查统计的设立,为全县核算城镇居民人均可支配收入和城镇居民家庭总支出创造条件。

根据每年抽样调查结果,得出2004年全县城镇居民人均可支配收入为7993元,每人生活消费总支出为6485元;2005年分别为9197元、7407元,分别比上年增长15.08%、14.22%。

人口抽样调查统计　2001—2005年,永福县每年都进行一次人口变动情况抽样调查。具体是从每10年进行一次全国人口普查后的第二年开始,全县每年进行一次人口变动抽样调查。由自治区统计局随机抽取县内若干调查小区,县统计局负责组织入户调查。

第三节　统计管理

1991年,永福县统计工作进入一个全面发展时期,已建立起一个集中统一的政府统计系统和覆盖全县各乡镇、各行业的统计网络。1998年,随着经济和社会的发展,统计调查范围不断扩大,已涉及经济和社会各个方面。县统计局按月、季、年提供大量的统计资料和分析报告,比较全面、系统、准确地反映永福县的社会经济发展的进程、效果、规律等情况,成为各级党政领导部门制订政策、编制计划和科学管理经济工作的重要依据。2001—2005年,统计工作基本走上原始记录完整化、统计数据台账化、统计管理制度化、统计资料档案化、统计机构网络化、统计培训正规化、统计手段现代化、统计分析经常化和统计执法专业化的道路。

统计分析

县统计局从1996年起,开始对全县经济统计数据进行分析。根据全县经济运行的一些热点、难点问

题及社会各界关注的一些焦点问题,开展专题调查研究,并形成全县经济运行分析报告,为县委、县政府领导决策提供参考。

1997—2002 年,每年都形成全县经济运行综合分析报告 1 篇以上。

2003 年突发的"非典"疫情,对全县经济发展和人民生活造成一定冲击。县统计局根据上级统计部门要求,及时对"非典"疫情对全县经济发展的影响进行专题调查,并形成统计分析报告,为县委、县政府作决策参考。

2004—2005 年,在做好统计分析的同时,还形成《统计快报》,更好地发挥统计数据作用。

统计法学习宣传和执法检查

统计法学习宣传 1991—2000 年,县统计局每年组织全县统计人员参加自治区"二五""三五"统计普法考试。2001—2005 年,全面实施全县统计"四五"普法规划。2005 年,完成统计"四五"普法学习考试。在每年的"12·4"法制宣传日,组织开展形式多样的《中华人民共和国统计法》和《广西壮族自治区统计监督检查条例》宣传活动。

统计执法检查 1995 年 6 月,永福县统计局首次对全县所有企业、事业、行政单位和城乡个体户进行统计登记注册,颁发《统计管理登记证》,并规定每 3 年进行一次换证。

2001 年,县统计局首次在全县开展统计法执法情况大检查,检查采取自查和抽查的方式进行。检查中对迟报、拒报、虚报、瞒报的统计违法单位和个人进行立案查处,并依照统计法律法规给予经济处罚或下达统计处罚警告通知。当年,对严重违反统计法律法规的单位下达警告处理意见书 2 份。2002 年,对严重违反统计法规的单位下达罚款处理意见书 2 份,警告处理意见书 1 份。

2003—2005 年,每年查处严重违反统计法律法规的单位 3~5 个,除对统计执法检查中查处的问题进行通报外,还对相关单位进行罚款处罚。

统计培训

统计报表填报培训 1991—1995 年,县统计局针对每个统计专业进行 1~2 次业务培训。1996—2005 年,针对每年新出台的统计专业类目,及时进行年度培训;对常规的统计报表制度,则利用每年召开的年报会议,以会代训,使统计人员能熟练地掌握报表的填报工作。

统计从业资格培训 1998 年,根据国家统计局《统计人员持证上岗暂行规定》,永福县统计局开始在全县范围内开展《统计上岗证》业务培训。1991—2004 年,每年都进行统计人员从业资格培训。全县统计人员基本都持证上岗。2005 年,国家统计局将《统计上岗证》改为《统计从业资格证书》,县统计局每年10 月份对新从事统计工作的人员进行一次培训,让其持证上岗。

统计继续教育培训 2000 年,国家统计局规定,统计人员自取得《统计上岗证》起,每两年进行一次年审,同时接受继续教育培训。2001—2004 年,县统计局按照上级规定每年都对县内已获得《统计上岗证》或《统计从业资格证书》统计人员进行统计继续培训。2005 年,改为对已获得《统计从业资格证书》的统计人员继续教育。

统计信息化建设

统计程序 1991—2000 年,由于缺少设备,统计信息化建设缓慢。县统计局获得的统计资料,是按一定程序自下而上进行的。各部门、各企事业组织提供的统计资料,由该部门、该单位领导人或统计负责人审核,签名或盖章后上报。乡镇人民政府统计机构和乡镇统计员提供的统计资料,由本级人民政府统计机构负责人或乡镇统计员审核签名盖章上报。上报县统计局的资料,一律实行报表(有月报、季报、年报)和定期报送制度;不定期的统计调查或抽样调查资料,则按调查的目的、时间、地点、调查方法,由县局统一部署、规定报送的时间范围送达县统计局。

2001 年,建立统计局内部计算机信息网络。2002 年开通县统计局连接国家、自治区、市统计局统计信息网络。2003—2005 年,开通县统计局与乡镇统计站统计信息网络,实现了电子化办公。

统计设备 县统计部门最初使用的统计工具是算盘。随着经济的发展,计算工具逐步实现电脑化。1992 年,第一台电脑进入永福县统计局,统计人员开始使用现代化设备审核和汇总统计数据。2001 年 9 月,全局各股室配备计算机。到 2005 年年底,县统计局已每人配备 1 台计算机,各股室配备 1 台打印机,全局共配备各类微型计算机 13 台、传真机 1 台、打印机 6 台。所有专业统计的年报和定期报表资料,都用软盘或电子邮件传递。

统计服务

1991—1992 年,永福县统计局每年编印《永福县国民经济统计资料》。1993 年起,更名为《永福县国民经济统计年鉴》,送县四家班子领导、各乡镇党政主要领导及分管统计工作的领导、县直有关部门。

1996—1998 年,县统计局每年以《永福县国民经济统计年鉴》和《统计分析》等形式不定期发表统计分析,每月向县委、县政府领导报送全县经济运行分析材料,季度、半年和年度统计分析。

1999—2001 年,县统计局在每年编纂《永福县国民经济统计年鉴》的基础上,还围绕全县经济发展的一些热点、难点问题及社会各界关注的一些焦点问题开展专题调查研究,撰写专题调研报告。

2002—2005 年,县统计局进一步拓宽服务内容,提供及时的信息服务。定期向县委、县政府领导和各部门报送经济形势分析报告和发放《永福县统计月报》《统计快报》,开发利用统计资料库,办好统计信息网,及时发布统计公告,提高为社会公众的服务水平。

第四章 物 价

随着改革开放的不断深入,永福县逐步由社会主义计划经济走向市场经济,城乡居民的生活有了较大改善,食品及日常工业品消费价格发生了重大变化。1991—1993 年,重要商品还是执行政府定价和指导价,但县内主要农产品的统购政策和凭票供应办法逐步取消。1993 年 4 月,取消粮票和油票,实行粮油商品敞开供应。从此伴随城镇居民 40 年历程的粮票、油票等各种票证退出了历史舞台。

1994 年,开始对 84 种(类)重要商品实行最高限价和差率限制。1998 年,全县只对 29 种(类)重要商品的物价实行政府定价和指导价,其他商品和服务价格则一律实行市场调节价。1999—2005 年,市场商品随行就市,价格灵活。随着商品价格的放开,县物价管理部门加强价格调控、价格管理和价格检查,严格查处任意哄抬物价、牟取暴利的商业欺诈行为。同时加强对全县行政、事业和经营性收费单位的收费管理,对国家和自治区明令取消的收费项目进行全面检查,并印发有关收费项目和标准的规定,使收费的监管工作逐步走上正轨。

第一节　机　　构

1984 年 6 月，成立永福县物价局，专门管理物价工作。1991 年，县物价局为县人民政府职能部门，正科级行政机构，在职干部职工 7 人。局办公地址在县政府大院。下辖乡镇物价管理所。在国营工商企业和集体工商企业设专职或兼职物价员。1992 年 10 月，县物价局迁至县城凤城路 149 号。1996 年 12 月，机构改革，县物价局并入县发展计划局。物价局在发展计划局内挂牌，工作人员 5 人，独立行使职能并经费独立核算。2001 年 12 月，机构改革，恢复永福县物价局，为县人民政府直属事业单位，内设办公室、收费股、价格股。有人员编制 4 名，实有人员 4 人，下辖物价检查所和价格事务所，有事业编制 5 名，实有人员 5 人。2003 年 4 月，撤销二层机构价格事务所，成立价格认证中心。2005 年，县物价局为县政府职能部门，正科级行政机构。有人员编制 4 名，实有人员 4 人。下辖物价检查所、价格认证中心、成本调查队 3 个二层机构，事业编制 5 人，实有人员 5 人。县物价局办公地址在县城凤城路 149 号。

1991—2005 年，历任县物价局局长有：李秀尧（1985 年 10 月—1999 年 4 月）、王基传（1999 年 4 月—2002 年 1 月）、韦政权（2002 年 1 月—2005 年 12 月）。

第二节　价格管理

管理体制

1991 年，永福县已放开本地小产品、三类小商品价格、二类商品的价格；同时扩大企业定价的范围。一般日用商品价格已由市场调节。未放开商品价格的，主要是食盐、成品油、水电气等，由物价部门实行价格宏观调控。

1992—1993 年，永福县放开国营商业商品价格等大部分一类商品价格，进一步扩大企业定价的范围，落实企业定价自主权，把企业推向市场，由市场和产品供需实际情况调节产品价格。同时，全县主要农产品及日常工业品的统购派购政策和凭票证供应办法逐步取消。1993 年 4 月 1 日，取消粮票和油票，实行粮油商品敞开供应。

1994—1997 年，对重要商品实行最高限价和差率限制，建立以市场价格为主的价格管理体制。

1998 年，除政府定价的自来水、居民用电、交通运输、旅游、部分医疗药品等 29 类重要商品及行政事业性收费标准执行政府定价和指导价外，其他商品和服务价格一律实行市场调节价。经过改革，永福县物价管理工作走出了高度集中、僵化、单一的管理模式，逐步形成由中央、地方、企业分级管理的价格体制，实现了物价工作由管理型向管理服务型的转变，价格由单一化变为多元化，物价管理方式由管价格转变为管行为。

1999—2005 年，市场商品随行就市，价格灵活。县物价局除管理市以上人民政府和物价部门及有关业务主管部门管理的商品价格、服务价格外，主要管理县内的旅游收费、修理收费、其他收费及出租车价格、液化气价格、乡镇供水价格、小水电上网价格、粮食副食品价格和石油、化肥、农药、钢材、水泥等农业生产资料价格。按 3 种价格形式进行管理：一是政府定价的商品价格和收费，即与国民经济发展和人民生活关系重大的极少数商品价格和市以上政府规定的各类收费，主要有粮食合同订购价、粮食收购保护价、糖蔗收购价、蚕茧收购价、食盐价格、药品价格、供电价格、自来水价格以及行政事业性收费、中介服务收费等政府定价必须坚决执行，不得擅自调整。二是政府指导价，即指导企业单位制定产品价格和收费标准规定基准价和浮动幅度、差率、利润率、最高限价、最高保护价。提价必须申报,如交通运输价格、化肥、农药价格及公益性服务价格等。三是市场调节价,即商品价格的定价主体是经营者,由买卖双方自由协商价格。

重要商品价格检查

1991—1993年,永福县有步骤地放开粮食价格,进一步加强对钢材、水泥、化肥、农药、种子、公路运输的价格检查。

1994年,永福县完成石油购销价并轨,同时完成电力价格、食油价格、农业生产资料价格及运杂费、县乡自来水价格的测算及调整工作。

1996年8月,永福县制定物价控制目标七条措施。即把控制物价目标责任逐项分解到个人,实行局长负责制;凡是国家制定的价格和收费,均不折不扣地贯彻执行;加强对居民基本生活必需品和服务价格的监审;切实抓好明码标价工作;加强行政事业性收费管理;开展以农业生产资料为主的专项价格大检查;严格控制新的收费项目和调价商品出台。

2002年2月,县政府核实县物价局行政审批物价事项292项。3月,成立价格举报中心。6月,对全县涉农收费项目实行公示制度。12月,对液化气价格采取政府干预措施,实行价格监控。

2003年,对液化气、治疗"非典型性肺炎"的96种药品价格实行政府干预,对全县药品和医疗服务价格实行监控管理。4月,县人民政府正式下文规范价格调节基金制度。6月,对全县药品和医疗服务价格实行公示制度。

2005年,对县城液化气价格实行全面监控。

行政事业和经营服务性价格监督

1991年,永福县继续对全县教育、卫生医疗、土地、城市建设、计划生育等部门的行政事业性收费和经营服务性收费实行监督。由物价局、财政局、审计局抽调人员进行收费年审。

1992—2001年,县物价部门坚持按照自治区物价局有关文件规定,每年核发行政事业性收费和经营性收费许可证,实行一年一审、三年一换(证)制度,以监督和管理全县收费单位的收费情况。

2002年,县物价部门对全县行政事业性收费实行公示制度。

2003年,县物价部门对全县行政事业性收费单位的收费项目和标准进行清理整顿,禁止自立项目收费和分解收费,严肃查处超标准收费、超范围收费等乱收费行为。

2005年,县物价部门对全县经营性收费、中介服务收费进行清理整顿。

1991—2005年,县物价部门累计审查全县行政事业和经营服务性收费总额1.89亿元,注销收费许可证35个。

表11-13　　　**1991—2005年永福县行政性、事业性、经营性、公益性收费监督情况表**

年份	收费单位数 （个）	收费许可数 （个）	收费项目数 （个）	收费标准数 （个）	审查收费总额 （万元）
1991	121	121	780	910	650
1992	121	121	780	910	750
1993	121	121	780	910	750
1994	122	122	783	913	800

续表

年份	收费单位数 （个）	收费许可数 （个）	收费项目数 （个）	收费标准数 （个）	审查收费总额 （万元）
1995	122	122	783	913	800
1996	120	120	758	833	800
1997	124	124	808	943	820
1998	124	124	808	943	920
1999	126	126	840	993	1050
2000	122	122	930	1040	1400
2001	122	122	930	1040	1400
2002	115	115	730	990	1800
2003	117	117	780	1050	1950
2004	110	110	750	980	2200
2005	110	110	750	980	2800

价格认证评估

1994年8月，成立永福县价格事务所，为县物价局下属事业单位，负责价格评估工作。2003年4月，改为县价格认证中心，专门负责县域价格认证工作。1994—2005年，共接受行政执法机关、司法机关及公民认证评估委托案件616件，认证、评估标的总金额563.27万元。

治理乱收费

1991—2000年，永福县物价局每年对全县各行政事业性收费单位进行定期年审，对涉农收费、教育收费、工商收费、公安收费、医疗卫生收费、电信价格、供电价格等收费和服务价格进行专项检查。在每年的重大节假日，都开展对群众关心的"菜篮子""米袋子""火炉子"等居民基本生活必需品市场价格检查，查处乱涨价或短斤少两变相涨价行为。2001年，永福县开通"12358"价格举报电话。2003年，因全国性非典型性肺炎疫情，永福县出现板蓝根、食盐、醋、口罩等商品乱涨价风波。县物价局会同县药监局、公安、工商行政管理等部门进行多次突击检查，刹住乱涨价风，遏制价格违法行为。至2005年年底的15年间，永福县共查处价格违法案件246件，查出价格违法金额718.70万元，没收违法金额255.90万元，处以罚款55万元；返还消费者金额191.30万元，上缴国库119.60万元。

第三节　商品价格

1991—2005年，永福县市场价格走势经历了较大波动。其中，1991—1995年，永福县部分商品价格成倍上涨，居民消费价格指数直线上升，处于高通货膨胀时期。1996—2000年，居民消费指数逐步回落至合理水平，价格管理步入平稳时期。2001—2005年，永福县居民消费价格指数进入正常的升涨通道。

农副产品价格

粮食价格　永福县的主要粮食是大米和面粉。1991 年,永福县市场大米价格为每千克 1 元,面粉价格为每千克 1.10 元。1993 年 1 月 1 日,永福县取消国家定购粮,只保留公粮,实行收购粮食合同价。1994年 6 月,永福县提高粮食收购价格。当年市场大米价格上升为每千克 1.90 元,面粉价格上升为每千克 1.80元。2002 年,永福县粮食购销价格放开,粮食定购任务取消。公粮结算价格实行政府指导价,当年市场大米价格为每千克 2.60 元;面粉价格为每千克 2.80 元。2004—2005 年,粮食价格随行就市。大米价格每千克在 2.8~3 元之间波动;面粉价格每千克在 3~3.20 元之间波动。

猪、牛肉价格　猪、牛肉价格是永福县市场副食品价格的比价中心。1991 年,永福县市场猪肉价格为每千克 5.50 元,牛肉价格为每千克 6 元;1995 年,猪肉、牛肉价格皆为每千克 10 元。1999 年,猪肉价格上升为每千克 12 元,牛肉价格上升为每千克 14 元。2004—2005 年,猪肉价格每千克在 13~14 元之间波动,牛肉价格每千克在 20~22 元之间波动。

柑橘价格　柑橘为永福县主产水果。1991 年,永福县市场柑子、橘子价格分别上升为每千克 1 元、0.80元。1995 年上升为每千克 1.30 元、1.40 元。1999 年柑橘售价每千克 2 元。2002 年,柑子、橘子价格每千克 2.20元。2004—2005 年,柑子、橘子价格有所回升,售价皆为每千克 2.40 元上下。

表 11-14　　　　　　　　　　　　**永福县部分年份部分农副产品价格变动表**

单位:元/千克

品名 ＼ 年份价格	1991	1992	1993	1994	1995	1999	2001	2002	2004	2005
猪肉	5.50	6.60	7.60	10.80	10.00	12.00	12.00	12.00	13.00	14.00
牛肉	6	6.80	7.80	8.40	10	14	14	18	20	22
土鸡	9	10	11	14	15	20	20	22	26	28
饲料鸡	5	5.60	5.80	6.50	7	7.60	7.60	8	10	10
活鸭	6	6.20	6	6.20	6.20	6.20	6.80	7	7	8
草鱼	6	6.40	7.40	8.20	8.20	9.90	9	9	9	9
大白菜	0.20	0.30	0.40	0.40	0.50	1	1	1	1	1.20
生菜	0.40	0.50	0.80	0.90	1	1.80	2	2	2.40	2.60
苹果	0.80	0.90	1.40	1.60	1.80	3.40	4	4.80	5.20	5.40
橘子	0.80	0.90	1.10	1.30	1.40	2	2.20	2.20	2.20	2.40
柑子	1	1.10	1.10	1.20	1.30	1.80	2	2.20	2.20	2.40
大米	1	1	1.20	1.90	2.20	2.20	2.40	2.60	2.80	3
面粉	1.10	1.30	1.30	1.80	2.40	2.80	2.80	2.80	3	3.20

日用工业品价格

永福县日用工业品价格随行就市。1991 年,食盐价格为每千克 0.68 元,酱油价格为每千克 1.40 元,白糖价格为每千克 2.40 元,肥皂价格为每条 0.90 元,洗衣粉价格为每 500 克 1.75 元。1995 年,食盐价格为每千克 1.26 元,酱油 1.60 元,白糖 4.40 元;肥皂价格为每条 1.10 元,洗衣粉价格每包 500 克为 2.20 元。2000 年,食盐价格为每千克 1.40 元,酱油价格为每千克 1.80 元,白糖价格为每千克 4.60 元,肥皂价格为每条 2 元,洗衣粉价格为每 500 克 3.50 元。2004—2005 年,食盐价格为每千克 2 元,酱油价格为每千克 1.80~2

元,白糖价格为每千克 4.60~2.80 元之间波动,肥皂价格为每千克 2 元,洗衣粉价格为每千克在 3.60~3.80 元之间波动。

表 11-15　　　　　　　　　永福县部分年份部分日用品价格变动表

单位:元

品种	单位	1991 年	1995 年	1998 年	1999 年	2000 年	2003 年	2005 年
食盐	千克	0.68	1.26	1.40	1.40	1.40	2.00	2.00
酱油	千克	1.40	1.60	1.60	1.80	1.80	1.80	2.00
白糖	千克	2.40	4.40	3.00	3.00	4.60	4.60	2.80
牙膏	支	0.80	1.10	1.20	1.50	1.80	2.00	2.20
肥皂	条	0.90	1.10	1.40	1.50	2.00	2.00	2.00
洗衣粉	500 克	1.75	2.20	3.00	3.40	3.50	3.60	3.60
作业本	本	0.14	0.20	0.30	0.40	0.40	0.40	0.40

农业生产资料价格

永福县农业生产资料以尿素、复合肥为代表,市场价格一路上涨。1991 年,尿素、复合肥价格分别为每吨 1476 元、1690 元。1995 年,尿素、复合肥价格为 1470 元、1720 元。2000 年,尿素、复合肥价格分别上升为每吨 1600 元、1760 元。2001—2005 年,尿素、复合肥价格上涨到每吨分别在 1700~1800 元、1860~2100 元之间波动。

表 11-16　　　　　　　　　永福县部分年份部分化肥价格变动表

单位:元 / 吨

品名	1991 年	1993 年	1995 年	1999 年	2000 年	2001 年	2003 年	2004 年	2005 年
尿素	1476	1500	1470	1560	1600	1700	1700	1800	1800
复合肥	1690	1750	1720	1760	1760	1860	1960	2000	2100

生活用电用水价格

用电价格　永福县生活用电价格执行自治区统一价格。1991 年,城镇居民用电为每千瓦小时 0.22 元,农村居民用电为每千瓦小时 0.15 元。1995 年,分别上升为每千瓦小时 0.32 元、0.22 元。1999 年,城镇居民和农村居民生活用电价格分别上升为每千瓦小时 0.43 元、0.33 元。2002—2005 年,城镇居民和农村居民生活用电价格执行统一电价,每千瓦小时 0.52~0.53 元。

自来水价格　1991 年,县城居民生活用水价格为每吨 0.27 元。1995 年,提高到每吨 0.50 元。1999 年,再次提高到每吨 0.90 元。2002—2005 年,县城居民生活用水价格为每吨 0.90~1.20 元。

表 11-17　　　　　　　　　永福县部分年份居民生活用电用水价格变动表

项目	单位	1991 年	1993 年	1995 年	1996 年	1999 年	2002 年	2004 年	2005 年
城镇居民用电	元 / 千瓦小时	0.22	0.32	0.32	0.45	0.43	0.52	0.52	0.53
农村居民用电	元 / 千瓦小时	0.15	0.22	0.22	0.32	0.33	0.52	0.52	0.53
县城居民用水	元 / 吨	0.27	0.27	0.50	0.50	0.90	0.90	1.20	1.20

第五章　工商行政管理

　　1991 年,永福县工商行政管理的主要职能是负责辖区内的工商企业登记、广告合同商标管理和市场管理等。1992 年,永福县掀起市场建设高潮。1993—1996 年,县工商行政管理部门加大企业登记管理制度改革,鼓励企业从事综合经营和跨行业经营,支持兴办乡镇企业和第三产业。1998 年以前,永福县工商行政管理部门归地方管理。1999 年 3 月,县工商行政管理部门上划给自治区工商行政管理局垂直管理。2002 年 8 月,县市场物业管理中心彻底完成市场办管脱钩工作。2003—2005 年,县工商行政管理部门在完成常规职能的同时,还积极开展"3·15"市场商品打假活动和打击非法传销、整治食品行业等专项活动;加大经济案件查处力度,对辖区内的市场经营活动实行全方位监管,维持市场正常秩序,保护消费者合法权益。

第一节　机　　构

永福县工商行政管理局

　　1975 年 10 月,成立永福县工商行政管理局,负责集贸市场管理和企业登记职能。1991 年,县工商局为县政府工作部门,正科级行政机构,内设秘书股、市场管理股、个体私营企业管理股、经济检查股、企业登记管理股、经济合同管理股、财会股 7 个股室,下辖永福镇、罗锦、广福、苏桥、百寿、三皇、永安、龙江、堡里 9 个工商行政管理所。全局干部职工 81 人。局办公地址在县城建新街 278 号。

　　1992 年 11 月 6 日,永福镇工商行政管理所更名为城区工商行政管理所。1995 年,县工商局增设商业广告股。全局人员减少至 75 人。1996 年,县工商局增设监察股,秘书股改为政秘股。1998 年,增设公平交易监督股、消费者权益管理股。全局共 10 个股室和 9 个乡镇工商行政管理所,干部职工 110 人。

　　1999 年 3 月,永福县成立市场开发服务中心,并与县工商行政管理局在编制、职能、人员、财务、资产等分开,但由县工商局代管 3 年。是年,永福县工商行政管理局上划给自治区工商行政管理局垂直领导,负责永福县区域内的工商行政管理。

　　2001 年,广福工商所并入城区工商所,龙江工商所并入百寿工商所。

　　2002 年,机构改革后市场开发服务中心(也称市场物业管理中心)不再属工商局领导。县工商局股所由 16 个减少至 11 个,即县局机关设置政工科、财务股、办公室、企业注册登记与个体私营经济管理股、公平交易商品广告与消费者权益保护股、市场与合同规范管理股 6 个股;在乡镇设置城区、百寿、堡里、罗锦、苏桥 5 个工商所,原三皇工商所并入百寿工商所。全局干部职工由 71 人减少至 54 人。

　　2004 年 12 月 28 日,根据业务工作需要恢复三皇工商所。

　　2005 年,县工商局仍由自治区工商局垂直管理,正科级行政机构。内设办公室(法制股)、人事教育股、纪检监察股、财务股、企业注册与个体私营经济管理股、公平交易股、商标广告股、消费者权益保护股 7 个股;下辖城区、百寿、三皇、堡里、罗锦、苏桥 6 个工商所。全局干部职工 58 人。县工商局办公地址不变,门牌号改为县城凤城路 98 号。

　　1991—2005 年,县工商局历任局长有:罗汉东(1990 年 8 月—1994 年 1 月)、韦树荣(1994 年 4 月—

2004 年 2 月）、蒋廷喜（2004 年 2 月—2005 年 12 月）。

市场物业管理中心

1999 年 3 月，永福县工商行政管理局开始实施市场办管脱钩改革，成立永福县市场开发服务中心。根据工商行政管理机关与所办市场实行机构、职责、人员、债权债务"四分离"原则，从永福县工商行政管理局分离工人 32 人、临时工 2 人，组成市场开发服务中心，接管县工商行政管理局所办的 22 个集贸市场。县市场开发服务中心属独立核算的事业单位，主要负责集贸市场的开发、建设和维修。内设办公室、财务室。暂由县工商局代管 3 年。

2002 年 3 月，县工商局代管 3 年期满，永福县市场开发服务中心与永福县工商局完成代管彻底脱钩工作。是年 8 月，经县人民政府批准，县市场开发服务中心更名为县市场物业管理中心，主要负责集贸市场的物业管理，包括经营、卫生、治安管理，成为独立核算的副科级事业单位，内设办公室、财务室，下辖 8 个集贸市场管理所。2005 年，县市场物业管理中心，干部职工 57 人。办公地址在县城西江农贸市场 4 楼。

工商团体

永福县个体劳动者协会 1983 年，成立永福县个体劳动者协会。办公地址在县工商行政管理局大楼。1991—2005 年，该协会维护个体劳动者的合法权利和利益，向政府和有关部门反映个体经济发展的情况；组织个体劳动者进行自我管理。15 年间，永福县个体劳动者协会先后召开第四次至第七次代表大会进行换届选举和总结部署个体劳动、生产经营工作。个体劳动者协会专职人员 2 人，由工商局人员编制调剂。

永福县消费者协会 1990 年 8 月，成立永福县消费者协会。办公地址在县工商行政管理局大楼。1991—2005 年，该协会向消费者提出消费信息和咨询服务，参与有关部门对商品和服务的监督检查，受理消费者投诉，并对投诉事项进行调查，调解或移送有关行政执法机关处理。15 年间，永福县消费者协会先后召开第二届至第七届理事会议，进行换届选举和总结部署维护消费者权益工作。县消费者协会专职人员 2 人，由县工商局人员编制调剂。

第二节　注册登记管理

企业注册登记

20 世纪 90 年代初期，随着企业承包经营改革的推进，永福县还有相当数量的国有、集体、联营企业。1991 年，工商部门的企业注册登记范围为：一般性公司登记、企业法人登记及非法人分支机构登记。登记的内容有企业公司的设立、变更、注销登记；企业名称预先核准以及登记企业的年检工作。当年，永福县共有国有、集体及联营企业 1011 家。其中，当年注销企业 34 家，新增企业 153 家。

1993 年，永福县加大搞活工商企业力度，使企业数量有较大增长。当年，全县共有国有、集体及联营企业 1167 家。其中当年注销企业 172 家，新增企业 167 家。

1996 年，全县工商企业注销登记达到最高峰。当年，全县共有国有、集体及联营企业 1308 家。其中，当年注销企业 28 家，新增企业 48 家。1998 年起，县内各国有、集体工业企业纷纷进行产权制度改革，县内国有工业企业逐步减少，联营企业（含股份制）、私营企业逐步增多。1999 年，永福县共有国有、集体、联营企业（含股份制）、私营企业 1135 家。其中，当年注销企业 37 家，变更登记企业 36 家，新增企业 75 家，新增企业注册资金 4570.20 万元。2000 年,永福县工商局加强企业登记管理,帮助国有、集体企业进行改革改制。至 2005 年,全县国有、集体、联营(含股份制)企业、私营企业 634 家,其中成功改制的国有工业企业 20 家。

工商企业年检

1991 年,永福县工商行政管理局对全县工商企业进行年度检查,凡已办理工商企业登记,取得营业执照的工商企业均参加年检。年检时,各工商企业必须如实填写《工商企业登记事项年检报告书》,经年检合格的,发给年检合格证;对连续 2 年不交年检报告书、不参加年检的工商企业,由基层工商所呈报县工商局,依照有关规定,吊销其营业执照。当年,全县应检企业 892 家,实际年检企业 858 家,年检率 96.19%。1992—2000 年,县工商局共年检工商企业 9402 家,企业参加年检率 90.08%;注销工商企业 916 家。2001—2005 年,县工商局结合年检,清理工商企业无照经营,查处无证经营工商企业,共年检工商企业 4825 家,注销工商企业 197 家。

表 11-18　　　　　　　1991—2005 年永福县工商企业注册登记及年检统计表

年度	应检企业（家）	实检企业（家）	其中				当年合计企业(家)
			注销（家）	变更（家）	新增企业（家）	新企业注册资金（万元）	
1991	892	858	34		153		1011
1992	1011	980			161		1172
1993	1172	1000	172		167		1167
1994	1167	1167			77		1244
1995	1244	1220	8		68		1308
1996	1288	1260	28		48		1308
1997	1308	964	344		51	726	1015
1998	1015	1015			82	5374	1097
1999	1097	1024	37	36	75	4570.2	1135
2000	1135	772	327	36	75	63611	883
2001	883	764	45	74	21	1744	859
2002	859	859			37		896
2003	896	683	172	41	72	863	796
2004	796	661	57	41	41	842	780
2005	716	661	57	41	41	923	700

个体工商户注册登记与年检

20 世纪 90 年代,永福县工商行政管理局实行简化、放宽、鼓励的登记政策,积极促进个体工商户的发展。1991 年,全县登记个体工商户 4607 户,其中当年注销 360 户,新增 1550 户。1995 年,全县登记个体工商户 6459 户,其中当年注销 286 户,新增 1024 户。1996 年以后,永福县贯彻加快个体、私营经济发展的精神,将个体私营经济作为全县新的经济增长点,并加强对个体工商户的登记管理。2000 年,全县注册登记的个体工商户 10002 户。2001 年,放宽个体工商户注册登记条件,鼓励下岗分流人员从事个体经营。至 2005 年年底,全县注册登记的个体工商户 7777 户,其中当年注销 458 户,新增 967 户。

在做好个体工商户注册登记的同时,县工商局还认真做好个体工商户年检工作。1991 年,年检个体工商户 3057 户,占应检个体工商户的 89.46%。1992—2000 年,县工商局共年检个体工商户 5.66 万户,占应检个体工商户的 92.91%。2001—2005 年,县工商局共年检个体工商户 2.92 万户,占应检个体工商户的 79.77%。

表 11-19 　　　　　　　　 1991—2005 年永福县个体工商户注册登记及年检统计表

年度	应检(户)	实检(户)	其　中		当年个体工商合计(户)
			注销(户)	新增(户)	
1991	3417	3057	360	1550	4607
1992	4607	4265	342	597	4862
1993	4862	4562	300	868	5430
1994	5430	4807	323	914	6021
1995	5721	5435	286	1024	6459
1996	6459	6233	226	1136	7369
1997	7369	7015	354	1087	8102
1998	8102	7518	584	1234	8752
1999	8752	8514	238	1097	9611
2000	9611	8242	1369	1760	10002
2001	10002	6156	3846	1381	7537
2002	7537	4608	186	1034	8385
2003	5642	5517	449	592	5785
2004	6109	6069	400	1199	6908
2005	7268	6810	458	967	7777

第三节　市场管理

集贸市场管理

　　1991 年,县工商局负责永福、工农兵、广福、矮岭、堡里、罗锦、江月、苏桥、干校、龙江、保安、百寿、清水、三皇、凤凰、永安、喇塔 17 个集贸市场的管理,维护市场经济秩序,查处市场违法行为,查处无照经营,处理消费者投诉,查处严禁上市物品及查处注水肉、石粉鸡鸭、病死猪肉、野生动物等。

　　1992 年 9 月,县城西江农贸市场开业,永福市场关闭。

　　1994 年,新建县城南雄市场、百寿农副土特产品专业市场,使县工商局管理集贸市场增至 19 个。

　　1997 年,新建罗锦粮食、牲畜专业市场,使县工商局管理集贸市场增至 20 个。

　　1999 年 3 月,根据工商行政管理机关与所办市场在机构、职责、人员、债权、债务"四分离"原则,成立永福县市场开发服务中心,接管县工商局所办的 20 个集贸市场。

　　2002 年 8 月,县市场开发服务中心更名为县市场物业管理中心,下辖 8 个市场管理所,管理全县 20 个集贸市场,市场总面积 5.14 万平方米,建筑面积 3.46 万平方米,固定资产达 1800 万元。

　　2002 年 10 月,永福县城中心市场竣工开业。县政府将其承包给私营企业管理经营。

　　2002—2004 年,县市场物业管理中心按市场经济形式管理全县 20 个集贸市场,实行独立核算,负责所办市场的开发、建设和维修;负责市场的物业管理,包括市场的经营、卫生、治安;收取市场服务费、租赁费等,年缴纳额达 12 万多元。

　　2005 年,永福县市场物业管理中心,经营管理全县 19 个集贸交易市场。另有干校市场已停业。其中,县域南片 9 个,即西江农贸市场、东江市场、南雄市场、堡里市场、苏桥市场、广福市场、矮岭市场、罗锦市场、江月市场;县域北片 10 个,即百寿市场(3 个)、龙江市场、保安市场、三皇市场、清水市场、永安市场、凤凰市场、喇嗒市场。从经营产品性质分为消费品综合市场 1 个、农副产品综合市场 18 个。在 19 个集贸市场经营的个体工商户 6883 户,从业人数 8016 人;商品年成交额为 8890 万元,其中消费品综合市场(即西江农贸市场)商品年成交额为 2642 万元,其他 18 个农副产品消费品市场商品年成交额为 6258 万元。

2005 年 6 月 20 日永福县加大文化市场管理,净化市场环境　　　　　　　　杨志德　摄

2002—2005 年,县市场物业管理中心下辖的 8 个市场管理所,均采取工资、经费独立核算等形式,搞好市场经营,盘活市场资产,集中财力,逐步偿还市场债务。同时加强市场环境脏、乱、差现象的治理,改善市场容貌,完善市场职能。

市场检查与整顿

1991—1998 年,县工商行政管理部门每年对集贸市场、农贸市场、食品市场等进行经常性的检查监督,查处市场违法行为,维护市场正常经济秩序。期间,共深入市场检查 3004 次,查处无证经营 5169 户,查处违章经营案件 1460 起。至 1998 年末,共获自治区级文明市场 1 个(永安市场),桂林地区级文明市场 8 个(永安市场 3 次、矮岭市场 2 次、广福市场、三皇市场、百寿市场各 1 次)。

1999—2001 年,永福县工商局实施市场办管脱钩工作。将 20 个集贸市场移交给县市场开发服务中心管理使用。县市场开发服务中心不间断地深入集贸市场检查,打击欺行霸市、哄抬物价、短斤少两、掺杂使假等不法行为,整顿市场秩序。其间,共深入市场检查 1721 次,查处无证经营 1225 户,查处违章经营案件 893 件。

2002—2005 年,县工商行政管理部门及市场物业管理中心不断完善市场巡查制,推行市场巡查与开展创建文明市场相结合,开展集贸市场划行归市活动,整顿市场内乱搭乱建、乱摆乱放现象,打击假冒伪劣商品等行为。其间,共深入市场检查 1204 次,查处无证经营 1303 户,查处违章经营案件 475 件。没收劣质大米 1240 千克、过期食品 350 包、过期化肥 18 吨;捣毁非法传销窝点 21 个,遣送传销人员 250 多人,没收非法出版图书 590 册、光碟 320 张等。

个体工商户文明经商

1991 年 3 月 30 日,永福县个体劳动者第四届代表大会在县劳动服务公司会议室召开,会议选举产生会长 1 人、理事 23 人。是年在个体工商户中开展税收、物价、治安、工商法规及法律知识等内容的学习和培训。

1993 年,全县个体工商户在文明经商中涌现出许多先进个人,其中受桂林地区表彰 6 名、县级表彰 24 名。

1994 年,在县城及 10 个乡镇的固定门面张贴个体、私营企业“十要十不准”文明公约牌,提高个体户和私营企业文明经营的自觉性。是年评出桂林地区表彰个体工商户 3 名、私营企业 2 户;县人民政府表彰个体工商户 27 名、私营企业 4 户。

1995 年,开展“爱国、敬业、守法”教育活动,掀起个体工商户自我教育、自我管理、自我服务的热潮,

评出全县"信得过"个体工商户、私营企业 224 户。

1996 年,永福县个体劳动者协会组织开办裁剪班 8 期,参训人员 96 人。堡里分会组织会员 30 多人到阳朔参观学习。评出县级先进文明户 296 户。

1997 年 10 月 28 日,永福县个体劳动者协会第六次代表大会在县工商局召开,会议选举产生会长 1 人、理事 22 人。是年,10 户个体工商户、私营企业被自治区工商局评为营销大户和纳税大户,10 人被县政府评为十大经济能人,10 人评为市场文明经营户。

1998 年,在全县开展争创"五星个体工商户、私营企业"活动,评出县级"五星"个体工商户 76 人、"五星"私营企业 3 户。

1999 年,县委宣传部与个体劳动者协会联合主办永福县首届个体私营经济"光彩事业"知识竞赛。10 月 20 日,选送 2 个文艺节目参加桂林市红盾艺术团永福慰问演出活动,为受灾个体工商户送去慰问金 3250 元。

2002 年,在全县个体工商户中开展"户户讲道德,店店无假货"活动。

2003 年,在县城个体工商户中开展文明经营一条街活动。

2004 年,开展个体工商户职业道德教育活动。全县个体工商户自觉做到"文明经营、守法经营"。

2005 年,永福县个体劳动者协会为受灾个体户和特困个体户送去慰问金 4000 多元。

第四节 商标广告和合同管理

商标管理

1991 年,永福县国有、集体企业产品注册商标很少。企业注册商标平均不到百分之一。

1992 年,县工商局积极协助县内工商企业开展商标申请注册活动,增强商标法律保护意识。当年,县农机修造厂生产的小钢磨碾米机成功注册为"桂恒"牌商标。

1993 年,永福县矿石粉厂的"凤山"牌重晶石粉、永福县制药厂生产的"凤山"牌中成药、永福县糖果厂生产的"南先王"牌单晶冰糖、永福镇三钡矿粉厂生产的"金山"牌重晶石粉成功申请商标注册。

1995 年以后,全县注册商标申请量增长较快。当年全县有效注册商标数 18 个,2000 年有 25 个。

2005 年,永福县经国家工商行政管理局核准注册商标 37 个。其中日用工业品类 14 个、机械制造类 5 个、中成药类 5 个、食品类 11 个、酒类 2 个。

15 年间,永福县工商局加强商标管理,查处商标侵权行为,维护商标信誉;积极协助企业开展注册商标申请,开展注册商标代理、查询,并积极协助企业参加广西著名商标评比活动。2003 年 3 月,桂林中族中药股份公司申请的"中族"牌注册商标被评为"广西著名商标"称号。2004 年 5 月,桂林永福山酒业有限公司申请的"永福山"牌注册商标被评为"广西著名商标"称号。

表 11-20　　　　　　　　　1991—2005 年永福县主要商标注册一览表

商标名称	企业名称	注册商品	注册日期
桂恒	永福县农机修造厂	小钢磨碾米机	1992 年 5 月 20 日
凤山	永福县矿石粉厂	重晶石粉	1993 年 3 月 1 日
凤山	永福县制药厂	中成药	1993 年 3 月 1 日
南先王	永福县糖果食品厂	单晶冰糖	1993 年 6 月 14 日
金山	永福镇三钡矿粉厂	重晶石粉	1993 年 7 月 5 日

续表

商标名称	企业名称	注册商品	注册日期
宝罗	永福罗汉果制品厂	果汁饮料	1995 年 1 月 28 日
裕悦	永福罗汉果制品厂	果汁饮料	1995 年 1 月 28 日
古南门	永福县葡萄酒厂	酒类	1995 年 1 月 30 日
凤山	永福县制药厂	罗汉果冲剂	1995 年 1 月 30 日
桂超	桂林超然食品实业公司	米粉	1995 年 11 月 28 日
双昌	永福县食品饮料厂	糖果	1995 年 12 月 28 日
鹏霸	永福鹏霸电焊条厂	焊条	1996 年 5 月 21 日
天罗	永福罗汉果制品厂	果汁饮料	1996 年 9 月 28 日
永桂	桂林地区金穗粮油食品有限责任公司	大米、米粉	1997 年 5 月 21 日
彩利达	永福县彩利达股份合作实业总公司	纸张加工	1997 年 5 月 21 日
中族	永福县制药厂	中成药	1997 年 6 月 28 日
宇乐	永福龙山罗汉果贸易有限公司	罗汉果及制品	1997 年 11 月 14 日
银罗	永福县天然保健食品饮料厂	固体饮料	2000 年 3 月 2 日
亿昌	永福县堡里亿昌竹木加工厂	木地板	2001 年 5 月 20 日
金鹏	永福金鹏焊接有限责任公司	金属焊条	2002 年 11 月 28 日
永福山	桂林永福山酒业有限公司	山葡萄酒	2002 年 11 月 28 日
今舒	永福县制药厂	中成药	2002 年 12 月 14 日
福寿	永福县名优土特产礼品经销部	土特产品	2004 年 8 月 31 日
日康	永福县龙腾木业有限公司	胶合板	2004 年 9 月 6 日
森林美	永福县森林家私	家具	2004 年 11 月 15 日
露禾	绿禾米业有限公司	大米	2005 年 1 月 6 日
古城	三皇古城木革制品厂	木革制品	2005 年 1 月 27 日
思苗	永福迎福米业有限公司	谷种	2005 年 3 月 29 日
锦菱	桂林市隆霸焊接材料有限责任公司	焊接材料	2005 年 6 月 15 日
图形	福威摩托车配件厂	摩托车配件	2005 年 12 月 21 日

广告管理

永福县工商局广告监管的重点为大药店(房)、化妆品商店、保健品商店、信息服务部、电器商店等行业。

1991—1995 年,根据城乡市场出现虚假广告的新特点,县工商局加大了执法监管力度。要求企业加强规范广告管理,禁止非法广告。同时在县城和乡镇完善广告栏目建设,禁止户外乱贴广告。五年间,共清除乱贴广告 276 处,缴获未经许可散发广告 1.13 万份。

1996—2000 年,县工商局主要是规范广告管理,批准县城户外广告登记 9 处,要求所有广告均张贴在广告栏内。其中,1998 年批准办理户外广告公司 2 户。5 年间,不间断开展广告治理检查活动,共清除乱贴广告 150 处,收缴违章散发广告 3960 份,拆除未经登记广告横幅 40 条。

2001—2005 年,县工商局结合整顿和规范市场经济秩序,重点整治食品、药品、医疗、化妆品、美容服务等虚假广告,规范广告行为。5 年间,依法审批户外广告 173 件、印刷品广告 4 件;清理各类违章路牌广告 87 处,清除违章户外广告牌 35 块;查处广告违法案件 6 起,收缴违章散发广告 1970 份,拆除未经登记广告横幅 37 条。

合同管理

永福县工商局合同管理的重点是推行经济合同示范文本,通过鉴证、咨询和询查,有效防止违法和无效合同的发生,为企业避免经济损失。

1991—1992年,县工商局认真贯彻国务院《关于推行经济合同示范文本制度的通知》,重点指导44家骨干企业建立经济合同示范文本制度和台账制度。共组织检查全县工商企业的各类经济合同7540份,合同金额2528.28万元;鉴证经济合同165份,合同金额837.82万元;调解经济合同纠纷4起,合同金额33万元;备案经济合同19份,合同金额1.39亿元;确认无效合同3份,合同金额7.06万元;查处不合格经济合同11份,合同金额50.13万元,共为企业挽回经济损失300.07万元。

1993—1995年,县工商局合同管理的重点是指导45家骨干企业开展"重合同、守信用"活动,推行经济合同示范文本,强化经济合同管理。共组织检查全县工商企业的各类经济合同14060份,合同金额5280万元;鉴证经济合同250份,合同金额4363万元;确认无效合同4份,合同金额8.26万元;查处不合格经济合同1107份,合同金额1209万元;查处违法合同1份,合同金额3万元;确认无效合同4份,合同金额8.26万元;接待经济合同咨询77人次,协助企业查询经济合同67份,为企业挽回经济损失762.29万元。有9家企业被自治区工商局授予"重合同、守信用企业"称号。

1996—2000年,县工商局合同管理的重点是继续指导县内骨干企业开展"重合同、守信用"活动,同时查处利用购销、承包经营、租赁经营等虚假合同进行欺诈的违法行为。共组织检查全县工商企业的各类经济合同1705份,合同金额4665万元;鉴证经济合同126份,合同金额6052万元;查处不合格经济合同491份,合同金额794万元;协助房管部门办理房屋出租合同110份。共为企业挽回经济损失696.90万元。有11家企业被桂林市工商局授予"重合同、守信用企业"称号。

2001—2005年,县工商局合同管理的重点转为鉴证经济合同。共鉴证经济合同72份,合同金额4477万元。有8家企业被桂林市工商局授予"重合同、守信用"企业称号。

第五节　消费者权益保护

投诉网络建设

1998年前,永福县尚未开通维护消费者权益举报电话。1999年6月30日,永福县工商局"12315"消费者权益保护指导中心成立,并开通了维护消费者权益申诉举报电话"12315"。2000—2005年,县工商局逐步完善"12315"申诉举报中心网络体系、行政执法体制,形成"12315"申诉举报中心和工商局所经济检查、消费者协会为基础的投诉网络,推进"12315"消费者申诉举报网络进商场、集贸市场、企业、社区、农村等,使消费者权益得到切实保护。

维权保护

1991—1995年,每年"3·15"国际消费者权益日宣传期间,县工商行政管理部门都举办收缴伪劣商品展览。共展出伪劣商品100多个品种,当场焚烧假冒伪劣商品300多件。

1996年3月15日,县工商行政管理部门展出伪劣商品86个品种,数千件商品并当场焚烧。

2001年3月,县工商行政管理部门开展市场大检查,查获假烟、走私烟价值1万多元。

1991—2005 年,全县共开展"3·15"国际消费者权益日大型宣传咨询活动 15 次(每年 1 次),县工商行政管理部门出动人员 750 人次,宣传车辆 150 辆次,出版板报 225 块,印刷分发宣传材料 4.50 万份,书写横幅标语 150 多幅,现场解答消费者问题 2200 人次。15 年间,县工商行政管理部门共受理各类消费者投诉案件 1591 起,为消费者挽回经济损失 240.30 万元。

第六章　质量技术监督

1991 年,永福县标准计量局主要协助自治区质检部门做好统一质量计量监督检查工作,以及核发县内一些产品临时许可证。1993—1995 年,县技术监督局加强商品交易计量行为的规范管理,开展打假治劣工作。同时开始办理县内组织机构、企业代码和食品标签登记备案工作。1999 年 9 月,更名为县质量技术监督局,并上划为自治区垂直管理,强化了质量管理职能。2001 年 12 月,又将县劳动部门的特种设备安全监管划归县质检部门监管。至此,县质量技术监督部门具有质量管理、计量管理和特种设备管理三大职能。2002—2005 年,县质检部门不断推进以质取胜战略,加强质量、计量管理,强化特种设备安全监察,帮助企业提高技术和产品质量。

第一节　机　　构

永福县质量技术监督局的前身是永福县标准计量局,成立于 1985 年 3 月。同时把县标准计量所从县科学技术委员会划归县标准计量局管辖。

1991 年 9 月,永福县标准计量局更名为永福县技术监督局,正科级行政机构,办公地址在县城凤阁路 72 号,有干部职工 13 人。县标准计量所为县技术监督局的二层机构。1996 年 7 月,机构改革,永福县技术监督局更名为永福县技术监督管理处,属于事业编制,有干部职工 16 人。1999 年 9 月,永福县技术监督管理处上划广西壮族自治区质量技术监督局垂直管理,并恢复行政编制,更名为永福县质量技术监督局,赋予行政管理职能,有干部职工 19 人。局内设机构有办公室、综合管理股、食品安全监督管理股、特种设备安全监察股、法规股(含稽查队),下辖永福县标准计量所和永福县产品质量监督检验所。2001 年 12 月,原由县劳动局负责的锅炉、压力容器、压力管道、电梯等特种设备的安全监察职能划归县质量技术监督局。由于县质量技术监督局办公地址属凤山山体滑坡危险地段,2002 年 10 月,办公地址租用连江路县供电局房屋办公。是年 3 月,县标准计量所与县质量技术监督局分开办公,并独立核算。2003 年 2 月,原由县卫生防疫站负责的食品生产质量安全的管理职能划归县质量技术监督局。县质量技术监督局与县标准计量所、产品质量监督检验所负责全县境内的质量、计量、标准化、特种设备和食品生产质量安全的监督管理工作,并行使行政执法监察职能。2005 年,永福县质量技术监督局仍为自治区质量技术监督局垂直管理的正科级行政机构,内设办公室、综合管理股、法规监督股 3 个股室,核定行政编制 9 名、事业编制 1 名,实有干部职工 10 人。永福县标准计量所为县质量技术监督局下辖的二层事业单位,编制 8 名,实有干部职工 8 人。局办公地址仍然租用连江路县供电局房屋办公。

1991—2005 年,历任县质量技术监督局(含技术监督局、技术监督管理处)局长(主任)有:郑成忠(1987 年 10 月—1996 年 7 月)、李毅(1996 年 7 月—2001 年 5 月)、何成桂(2001 年 6 月—2002 年 6 月)、谢玉辉(2002

年8月—2005年12月）。

第二节　质量监督管理

产品质量监督与行政执法

1991—1995年，永福县质量技术监督部门每年都对全县生产企业的产品质量进行定期或日常监督抽查。对生产酒类、食品、红砖等企业发放工业产品临时生产许可证245份，抽样检验346批（次），产品质量合格率为73%。1996—2000年，发放工业产品临时生产许可证310份，抽样检验560批（次），产品质量合格率为75%。2001—2005年，抽样检验产品质量560批（次），合格440批（次），合格率为79%。

1991—2005年，县质量技术监督部门帮助和指导永福县12家企业取得了国家工业产品生产许可证，33家企业取得食品生产QS证（食品生产许可证）；推荐了5家企业申报广西名牌产品，其中桂林中族中药股份有限公司的"中族"牌罗汉果、桂林云汉日用化工有限责任公司的玉斯洁超防牙膏获得了"广西名牌产品"称号。

县质量技术监督部门对产品质量行政执法，主要通过4个方面工作进行。

监督县内生产企业　1991—2005年，县质量技术监督部门对县内210多家生产企业的各种产品，采取定期或不定期的抽样检验，共检验产品1580多批次，合格产品达1200多批次，合格率为76%以上；不合格产品580多批次，不合格率为24%；对生产不合格产品的企业，都下发了质量整改通知书，并结合实际给予适当的处理，提出合理化的意见和建议，帮助和指导企业提高产品质量，最终达到产品质量检验合格。

监督县内销售企业　1991—2005年，县质量技术监督部门对全县流通领域的食品、建材、农资、农机、摩托车和汽车配件、日用品、化妆品、通信产品、预防"非典"药品等消费者关心的热点商品进行专项大检查。在每年春天还开展"查农资，保春耕，服务'三农'"的专项大检查。共出动执法人员5600多人次，检查各类销售企业、摊位1480余家（次），抽取样品1850多批次，经检验不合格的有400多批次，查处假冒伪劣商品标值240余万元，查处违法产（商）品标值100余万元，维护了消费者的合法权益和广大农民的根本利益。

受理质量投诉　1997年秋，永福邮电宾馆使用燃气热水器，因产品质量问题造成旅客一死一伤的重大事故，县质量技术监督局及时将热水器送检，使受害者的经济损失得到及时合理的赔偿，为消费者挽回经济损失50万元。1991—2005年，县质量技术监督部门共受理各类产（商）品质量投诉30多起，为群众挽回经济损失近80万元。

打假工作　1993—1996年，县质量技术监督部门对产品、商品质量开展"净化市场，保两节（春节、中秋节）""查农资，保春耕""查建材，保市场""查食品，保健康"的市场打假治劣活动。1997年，端掉了一个制造假洗衣粉窝点。1998年，处理一个外地来永福贩卖假皮鞋的销售商。2000年下半年，查处了在永福境内销售的四川省什祁市宏达瑞丰化工厂和四川省什祁市川昕肥业公司生产的不合格高效复合肥一批，价值20多万元。

宣传产品质量法

1993年2月，《中华人民共和国产品质量法》（简称《产品质量法》）颁布实施，县人民政府成立了产品质量法宣传贯彻领导小组，印发有关文件，在县直各单位和各乡镇开展为期半年的宣传贯彻《产品质量法》活动。1994—1996年，县质量技术监督局在全县范围内广泛、深入宣传《产品质量法》，每年9月开展质量宣传月活动；还结合"3·15"活动，向群众传授识别假冒伪劣产（商）品知识。仅1996年就发放质量提示牌 2000 多份。2000 年 7 月,《中华人民共和国产品质量法》修改后,于 10 月,永福县技术质量监督局举办《产品质量法》学习班 1 期,培训相关工作人员 130 多人。从 2001—2005 年,县质量技术监督局分期分批举办有生产、销售业主参加的《产品质量法》学习培训班共 9 批次,共 510 名业主接受了培训,生产者及销售者增强了质量意识。

食品生产安全监督管理

2002 年之前,县内食品生产质量安全监督由县卫生防疫站负责。1991—1993 年,县卫生防疫站每年都进行食品卫生监督。主要对学校安全进行监测,同时加强对市场食品的监督管理。除检查食品外,同时对餐具进行抽样检查,对从事食品加工、销售的从业人员进行健康状况体检,办理食品卫生许可证。

1994 年,对食品从业人员进行健康检查,体检率达 96.50%,凡查出有“五病”(病毒性肝炎、肺结核、化脓性皮肤病、痢疾、伤寒)人员,皆要求调离工作。

1995 年,加强对中小学食堂卫生及学生体检监督。

1997 年,县公共卫生监督所成立,负责全县食品卫生监督监测,进行定期抽查食品和餐具消毒监测工作。

2001 年,县卫生局、公安局、工商局等部门联合行动,出动 200 人次,查处无证食品 1500 千克,没收销毁霉变过期食品 1300 千克。

2002 年,重点抓学校食品安全监督管理工作,举办 6 期学校食品从业人员培训班;没收劣质大米 1240 千克、含“吊白块”腐竹 373 千克。

2003 年 2 月,县质量技术监督局接管了食品生产质量安全监督管理工作后,对全县 38 家食品生产企业、75 种食品产品进行“地毯式”的全面普查登记,使 38 家食品生产企业建立了质量档案,并进行质量安全监督。2003—2005 年,共抽取 105 批(次)食品产品,送桂林市质检所检验,合格的 79 批(次),合格率达 75%。至 2005 年年底,全县已有 33 家食品生产企业(不包括小作坊)取得了食品生产 QS 证,占食品生产企业总数的 86.80%。

第三节 计量监督管理

计量器具强制检定

1990 年 9 月,永福县人民政府发布通告,禁止在全县范围内生产、使用市制度量衡器,全部使用中华人民共和国法定计量单位的计量器具。1991 年,县技术监督局完成了县内各商业单位和市场上使用的计量器具的监督改制工作。

1991—1996 年,县质量技术监督部门及永福县标准计量所,每年都按规定对用于贸易结算、安全防护、医疗卫生、环境监测的地中衡、台(案)秤、天平、砝码、压力表、电能表、水表、出租汽车计程表、血压计和加油机、电话计费器等计量器具,按期进行年检,以维护国家、集体和消费者的合法利益。对电能表和水表,则分别委托县供电局、县供水公司进行检定,县质量技术监督局不定期进行监督检查,以确保检定的科学、公平、公正。6 年累计检定计量器具 4510 台(件),其中地中衡 130 台、台(案)秤 2520 件、分析天平 120 台、架盘天平 210 台、砝码 210 件、压力表 900 个、加油机 420 台(次)、水表 1100 块、电能表 2000 块;维修计量器具 1350 台(件)。

1997—2001 年,5 年累计检定计量器具 4230 台(件),其中地中衡 150 台、台(案)秤 1950 件、分析天平 120 台、架盘天平 200 台、砝码 200 件、加油机 680 台(次)、压力表 930 块(次)、水表 1300 块、电能表

2350 块；维修计量器具 1280 台(件)。

2002—2005 年，4 年累计检定计量器具 5350 台(件)，其中地中衡 210 台、台(案)秤 2160 台件、分析天平 190 台、架盘天平 270 件、砝码 270 件、压力表 1340 块(次)、加油机 910 台(次)、水表 1500 块、电能表 2800 块；维修计量器具 1650 台(件)。

计量执法检查

1992 年，县技术监督局开展计量执法，联合县标准计量所开展计量器具检定执法检查。1994 年开展计量违法专项检查。1995 年查处县内 1 家生产企业的产品定量包装严重不合格，罚款 1.70 万元。1997 年，查处三皇乡 8 家西红柿收购商贩利用计量器具作弊欺骗农户的违法行为，没收了这 8 家西红柿收购商贩的计量器具。1998 年，专项检查永福县城卖甘蔗的杆秤，收缴不合格杆秤 60 多把；并处理了在苏桥镇专做 9 两秤给农户卖甘蔗的个体商贩，收缴了一批不合格杆秤，并罚款 2000 元。2000 年，开展对石油加油站的计量检查，打击短斤少两的违法行为。2002 年，开展产品定量包装执法检查，查处 38 家销售产品定量包装不合格的违法经营者。2005 年，对全县瓶装石油液化气市场开展计量专项检查。

1991—2005 年，县质量技术监督局每年都开展计量领域的执法检查，打击短斤少两违法行为。共开展专项大检查活动 14 次，检查市场 125 个(次)，检查生产销售单位计量器具 1560 多台(件)，合格 1480 台(件)，合格率 94.90%；检查定量包装零售商品 650 种，合格 580 种，合格率 89.20%；检查金银饰器 165 件，合格 165 件，合格达 100%。通过大检查，对使用不合格计量器具的生产、销售企业和经销定量包装不合格商品的单位，分别责令改正；处罚了 11 家违法单位，共罚款 5500 元，并收缴了一批计量不合格杆秤。15 年间，县质量技术监督部门，累计处理计量纠纷 12 起，联合有关部门进行计量仲裁 14 起，查处计量违法案件 38 起。

工业企业计量定级

1991 年，永福县技术监督部门继续进行工业企业计量定级升级工作。县质量技术监督部门帮助企业加强计量管理，指导企业搞好计量基础设施硬件建设，对计量进行整顿，逐步完善计量检测手段，不断提高计量检测业务水平。1995 年，经对 28 家县内工业企业申请计量定级考核，经桂林地区技术监督部门计量考核，有 7 家企业获得二级计量合格证书，有 21 家企业获得三级计量合格证书。1996 年，经桂林地区质量技术部门复查考核，有 9 家企业计量升级，获得二级计量合格证书，18 家企业获得三级计量合格证书。1997 年，县标准计量所通过桂林地区技术监督局组织的计量资格考核，认证为县级标准计量所。1998 年，永福县质量技术监督局协助桂林地区技术监督部门完成对全县眼镜店的计量质量考核工作。2001 年，协助自治区、桂林市质量技术监督部门对县建筑工程质检站进行自治区级计量认证。2002 年，协助桂林市质量技术监督部门对全县 17 个加油站进行计量考核认证。

第四节　标准化监督管理

标准化工作

1989 年，《中华人民共和国标准化法》颁布实施后，永福县质量技术监督部门每年都召开工业企业有关人员会议，对《中华人民共和国标准化法》进行宣传贯彻，使全县标准化工作全面铺开。

1991—1996 年，永福县技术监督部门按照《中华人民共和国标准化法》《中华人民共和国标准化管理条例》规定，要求县内批量生产投放市场的产品必须按标准组织生产，执行国家标准和地方标准；对县内无上述标准的产品，应先制定出企业标准，并经质量技术监督部门批准后，方可投入生产。其间，永福县技术监督部门为县内工业企业制订企业标准 4 个，产品标准注册登记 5 个。1997—2001 年，为县内工业企业制定企业标准 144 个，产品标准注册登记 432 个。其中，1999 年在全县开展了"消灭无标准生产"活动，对全县 177 家生产企业的 368 个产品进行了普查登记，并开展执行标准注册工作，共为企业查询标准 280 个，制定、修订标准 82 个，产品标准注册登记 370 个。当年，全县产品标准覆盖率由开展前的 30% 提高到 99.50%。2000 年 12 月，顺利通过了自治区技术监督部门的验收，以 91 分的成绩名列桂林市技术监督系统第二名。2002—2005 年，为县内工业企业制订企业标准 80 个，产品标准注册登记 102 个。其中，2004 年，县质量技术监督局与县有关部门共同起草制订的"罗汉果标准"得到了国家质检总局的批准。开启了全县在农业生产方面制定标准的先河，并获得了国家级"罗汉果原产地域产品"保护。2005 年，罗汉果原产地域产品改为地理标志产品。

组织机构代码

1993 年，根据自治区统一布置，永福县人民政府印发《关于统一颁发党政机关、企、事业单位和社会团体代码证书的通知》，县技术监督局开始在全县范围内进行组织机构代码登记，执行代码管理制度。1993—1997 年，为有关企业、事业单位和社会团体机构赋码 708 个；并对组织机构代码实行年检制度。5 年共年检组织机构代码证书 1400 本。1998—2002 年，全县赋码 401 个，年检证书 1950 本。其中，2001 年 7 月，永福县建立机构代码微机室，并实现组织机构代码登记管理全自治区联网。2003—2005 年，全县赋码 411 个，年检证书 2180 本。至 2005 年年底，县质量技术监督局为全县有关单位和企业赋码 1520 个，其中有效库数据量为 860 个。

食品标签备案

1995 年，永福县技术监督部门根据国家颁布实施的强制性标准《食品标签通用标准》，针对县内食品生产企业在食品预包装上标注不规范的问题，专门举办了食品生产企业有关人员参加的业务培训班，共有 70 多人参加，学习《食品标签通用标准》。此后，县内食品产品在预包装上的标识得到进一步规范，产品质量不断提高。1995—2000 年，全县食品标签备案 150 个。2001—2005 年，全县食品标签备案 367 个。

商品条码管理

2000 年，永福县质量技术监督局开始做好商品条码在县域各经济领域中的推广和使用。至 2005 年年底已为县内 41 家生产及销售企业办理了商品条码，应用条码达 100 多个产（商）品。

第五节　特种设备安全监察

1991—2001 年，县内特种设备，包括锅炉、压力容器（含石油液化气瓶）、电梯、起重机械、大型旅游观光设施等的安全监察由劳动部门负责。县劳动部门每年对全民所有制企业、集体所有制企业的特种设备工作人员进行培训、考核并发证。11 年间，共举办特种设备工作人员培训班 9 期，培训特种设备工作人员 345 人。实行特种设备工作人员持证上岗制度、严禁无证操作行为发生；每年对特种设备持证上岗情况进行检查，避

免违章作业;对特殊设备安全生产,实行年度年检,对存在安全隐患的特种设备进行安全检测。

2001年12月,县内特种设备的安全监察由县劳动局(部门)划转到县质量技术监督部门。永福县质量技术监督部门按照《中华人民共和国特种设备安全监察条例》,加大了对全县特种设备的安全监察力度。在2002年年初,对全县范围内的特种设备及生产状况进行普查登记工作。并根据国家的有关规定对县内特种设备中的锅炉、电梯等每年强制检测一次;起重机械、压力管道每两年强制检测一次;石油液化气瓶每4年强制检测一次。2002—2005年,共检测特种设备1017台(次),其中锅炉280台(次)、电梯132台(次)、起重机械248台(次)、压力容器357台(次)。签发特种设备限期整改指令书共180份,排除安全隐患55处。检测液化气瓶1.67万个(次),其中2004年,完成液化气瓶普查1.11万个,查出超期瓶1050个,责令报废1050个。

至2005年年底,永福县特种设备已有317台(件),其中锅炉55座、电梯27台、起重机械116台、压力容器119件。另有液化气瓶1.11万个。特别是2003年3月国务院颁布《特种设备安全监察条例》后,县质量技术监督局进一步加大了对特种设备监察力度,落实安全监管责任制,做好重要节假日和重大活动前后特种设备的安全检查工作,确保了节假日和重大活动时特种设备的安全运行。

截至2005年,全县没有发生特种设备重特大安全事故。

第七章　审　　计

1991—1994年,永福县审计工作重点是行政事业单位财务审计、企业财务和专项审计等。1995年,《中华人民共和国审计法》实施,全县审计工作步入法制化、规范化的轨道。审计机关依法开展同级预算执行情况的审计,实施对本级政府各部门及下级政府预算执行情况的审计,审计职能得到加强。2001—2005年,县审计局加强对重点领域、重点部门、重点资金和重大违纪违法问题的审计,完善财政、金融、企业审计,探索经济责任审计、专项审计新路子,审计工作步入深化提高阶段。

第一节　机　　构

1984年6月,永福县审计局成立,对行政机关、人民团体、事业单位、国有集体企业的财务收支、决算和银行信贷计划的执行情况进行审计,编制3人。1991年,县审计局为县人民政府工作部门,正科级审计行政机构,内设办公室、行政事业审计股、企业审计股,有人员编制9名,实有干部8人。局办公地址设在县政府大院内。1995年,增至9人,其中行政编制8人,事业编制1人。下辖县审计师事务所,为自收自支事业单位。因审计师人数达不到规定要求,1998年,县审计师事务所撤销。2005年,县审计局为县人民政府工作部门,正科级审计行政机构,内设秘书股、行政事业审计股、经济责任审计股、固定资产投资审计股和财政金融审计股,人员编制数9名,实有干部职工12人。其中,技术职称有审计师2人、经济师1人、助理审计师3人、助理会计师1人、审计员5人;有2人取得概预算员资格证。县审计局办公地址在县城凤阁路67号。

1991—2005年,历任县审计局局长有:杨万精(1984年8月—1993年5月)、钟晓梅(1994年1月—1996年3月)、周玉莲(1996年3月—2001年11月)、黄宏忠(2001年11月—2005年12月)。

第二节　财政金融审计

县级财政预决算及财务审计

1994 年之前,永福县县级的财政审计,主要由桂林地区行署审计局对县级财政决算进行不定期审计。1995 年 1 月《中华人民共和国审计法》颁布实施以后,永福县本级财政预、决算审计由永福县审计局组织实施。

1995 年 10 月—1996 年 2 月,永福县审计局分两次对 1995 年度县财政局和县地税局进行审计,并溯至 1994 年度。审计发现其预算执行过程中存在少解少报预算收入、多计提农业税附加退库共计 68.61 万元;对全县预算外资金管理不严,当年全县单位预算外收入存入财政专户的只占 35%;企业上缴的利润有 15 万元长期挂账,未转入预算收入。

继 1995 年之后,至 2005 年,县审计局每年都对上一年度县本级财政预算执行情况和决算以及县财政局各股室财务收支情况进行审计。审计发现,1996 年,县财政给企业的税收超基数返还比例过高,达 80% 至 90%(应不超过 50% 为宜);部分单位偷漏税收较普遍,许多单位搞实业,把各行各业好搞的、有利可图的项目收入都转到实业账上;而税收征管不力,特别是将各乡国税所撤并为百寿、南区两个分局,将乡镇级税收征管得力干部集中到县城、百寿镇之后,乡镇税收征管力量空虚,征管脱节,税收流失更为严重,全年损失 200 万元左右。1998 年、2000 年,县财政预算严重违反《中华人民共和国审计条例》等法规,总预算直接给县财政局的股室拨付经费、拨付贷款贴息、多提业务费和奖励基金;2001 年重复多提退库农业特产税滞纳金、罚没收入征收经费,应缴未缴预算收入等。1999—2001 年,违法违规违纪使用资金达 91.19 万元。1999、2000 年,县财政分别向财政局职工集资付息高于同期银行贷款平均利率的 3 倍、2.25 倍。2002 年,县财政局为本单位职工多编制发放 2 个月奖励工资,多编制发放 2 倍业务经费(其他单位年人均分别为 1 个月奖励工资、业务费 1000 元)。2002 年和 2003 年,全县土地出让金收入有 1605.52 万元未列入县基金预算收入专款专用,占该项收入的 93.59%。2003 年,漏征防洪保安费、城市维护建设税和教育费附加共计 325.71 万元。2004 年,未把全县医疗统筹费用列入县财政预算编制,实际支付时挤占机关、事业等部门的预算科目共计 300 万元。

除上述问题之外,县审计部门通过对 1995—2005 年县级财政预算及预算执行审计,对不按法律法规要求编制预算、少解少报预算收入、人为平衡预算收支、违规乱提乱占税收经费、私设小金库、无凭证列支大额款项、违规使用基金、账务管理混乱、挤占挪用预算收支等现象,都依法作出了审计建议,使违规现象得到相应纠正和处罚。

在对财政预决算执行审计的同时,也对财政局及其二层机构 1995 年、1997 年、2000 年度的财务收支情况进行抽查审计查证。审计当期,财政局及其资金管理所、农财股、农税股、国有资产管理局、商财股等存在挪用专项资金、应缴未缴财政收入、固定资产不入账管理、隐瞒预算外收入、预算外收支不入本级财政管理、无依据和超标准发放津贴补贴等违法违纪违规行为,共查出违规资金 936.09 万元,调整纠正账务资金 11.92 万元,追缴财政收入和税款共 25.41 万元;还纠正了财政局违反县政府规定给全局职工发放物价补贴的行为。

乡镇级财政预决算及财务审计

1995 年 10 月,在开展县级财政预决算审计的同时,永福县审计局对全县 10 个乡镇 1994—1995 年 1 月—6 月的财政预算执行情况和决算以及乡镇政府财务收支情况进行审计。

经审计发现,因违规操作人为造成 1994 年财政决算不实现象严重。有 6 个乡镇财政决算出现瞒报、少报支出共计 174.53 万元,虚增支出(账务处理错误)计 20 万元,预算外支出挤占预算经费共 6855 元。

有4个乡镇隐瞒预算收入共97.56万元。有8个乡镇共隐瞒预算外收入（不完全统计）105.20万元。有2个乡镇的计生罚款、企业上缴利润、教育集资等均未纳入乡级财政收入管理。有1个乡镇瞒报预算支出21.69万元。有4个乡镇违反规定将"引税返还款"返给税务部门（本应返还给企业作为"挖潜改造资金"使用）共计资金33.52万元。有3个乡镇私设小金库资金共30.19万元。有3个乡镇公费支付私人驾驶员培训费共计1.44万元。有3个乡镇长期大额借款白条抵现金数额达79.59万元，其中最高的达48万元。有1个乡镇用预算拨款发放乡政府党政领导及乡财政所人员奖金1.90万元。有1个乡镇挪用以工代赈款5万元。其他违规资金（不完全统计）37.31万元。

对以上出现的问题，县审计局根据相关法律法规对相关乡镇作出罚款、限期规范资金渠道、调整账务等处罚处理。

1996—2001年，县审计局对各乡镇每年的预决算执行情况和政府财务收支情况实行有计划审计，审计了6个年份，共审计出不规范资金和问题资金744万元。

通过审计，使乡镇年度的财政预算执行情况和财务管理在规范化、合法化的合格率方面逐步提高，违法违纪违规的财政现象逐步减少。1998年，永福镇的财政违规行为由1994—1995年6月（审计年度，下同）的8项下降到1998年的4项；桃城乡的财政违规行为由10项下降为2项；罗锦乡的财政违规行为由13项分别下降为1996年的4项、1999年的3项、2001年的6项；苏桥乡财政违规行为由8项分别下降为1996年的5项、1999年的3项；堡里乡财政违规行为由11项降为1997年的2项、2000年的3项；永安乡财政违规行为由11项下降为1997年的2项；三皇乡财政违规行为由18项下降为1997年的2项；龙江乡财政违规行为由9项下降为1996年的4项、1999年的3项。

2002年以后，不再进行乡镇财政预决算审计。

税务银行保险业审计

1991—1996年，县审计局尚未对税务、银行、保险业进行审计。1997年，县审计局对农业银行永福县支行1995年度、1996年度的资产负债及损益情况进行审计。2001年，对永福农业发展银行2000年度的资产负债及损益情况分别进行审计查证。经审计查证，农业银行永福县支行应作调账处理资金额6.28万元，收缴国库资金2605元，审计核减工程造价10.07万元。

1999年，县审计局对工商银行永福县支行1998年度的资产负债及损益情况进行审计。经审计查证，工商银行永福县支行违反财政法规，人为瞒报亏损和调整损益应进未进表内利息，多核销固定资产及折旧等行为，造成损益、资产、负债不实，涉及资金额629.59万元，漏缴税费12.50万元。

2000年，县审计局审计查证县财产保险公司1997年违规将业务超支支出3694元挤入成本支出，私设"小金库"资金1.38万元；县人寿保险公司1999—2000年虚列手续费支出3.65万元；两保险公司审计期内因违规经济行为漏缴税款1.32万元，被处罚金781元。同年，县审计局对桃城乡、罗锦镇农村合作基金会1996—2000年期间的经济活动进行审计查证。两基金会在审计期内，违法违纪违规隐瞒收入、转移资产、发放资金补贴福利、公款私存等资金共27.83万元。罗锦镇基金会工作人员贪污公款2.16万元，造成该基金会严重亏损以致停业；该基金会违规隐瞒亏损3.84万元。对上述违规行为，县审计局依法作出了审计建议，并作出相应处罚。2001年，县审计局对中国农业发展银行永福支行2000年度的资产负债及损益情况进行审计查证，未发现违规问题。

2001年、2002年县审计局分别对县地税局及其分局、股室及乡镇地税所1995年、1996年、2000年收支情况进行审计，追缴违法转移的县级税收收入和税金243.76万元，查证"小金库"资金80万元。审计补记账外固定资产26.09万元、房改资金26.76万元。对县地税局将下划税收收取乡镇手续费私设"小金库"45万元的违规行为处以审计罚款4万元。

第三节　行政事业财务审计

1991—1995 年，永福县审计局依法对全县各级行政、事业单位(含驻永机构)的财务收支情况进行不定期审计和抽查审计，共审计了 68 个单位(含部门管理的二层事业单位，不含因经济责任审计领导的被审计单位)。其中，1991 年，受审计 2 个单位，查出违规资金支出 7614 元，纠正调整财务资金 6.27 万元。1992—1993 年，受审计 5 个单位。1994 年受审计单位 28 个。1995 年受审计单位 33 个。受审计时限有的为当年，有的追溯审计 2 年、3 至 5 年不等。

据不完全统计，在这 5 年受审计的单位中，县农业系统 7 个单位及其二层机构共隐瞒收入 54.89 万元，私设"小金库"资金 18.72 万元，其他违规资金额 141.56 万元；经审计查证，追缴应缴未缴财政收入 117.76 万元，审计罚款 20.19 万元。县城建、交通、国土、环保等单位挪用城市配套资金、排污费共 63.14 万元；经审计查证，追缴应缴未缴财政收入 69.59 万元，其他违规资金 75.29 万元；审计纠正了城建部门违规乱发和超标准发放干部职工(人均 20~30 元／月)补贴津贴行为，审计罚款 3000 元。县文化体育局(委)、计划委(局)、乡镇企业局(委)、经济委员会办公室、经济合作局、总工会、防疫站等单位，违规违纪资金 71.96 万元；经审计查证，追缴应缴未缴县财政收入 12.21 万元，被审计罚款 6.13 万元。县民政部门福利奖品操作不规范违规资金 63.94 万元。广播电视局违规收费、公款私存、坐收坐支等资金 81.35 万元。民政、广电、计生部门应缴未缴财政收入 430.23 万元，其中 1993—1995 年 3 月期间，县计生局和 9 个乡镇计生服务站计生罚没收入未缴财政 426.26 万元，用于支付奖金、招待费、补助、福利、伙食费等费用占该款项的 32.74%。以上 3 个部门其他违规违纪收支资金达 233.19 万元，其中广电部门违规收费、公款私存、坐收坐支、报支不报收等资金 81.35 万元，计生局及其计生服务站其他违规收支资金 102.39 万元；经审计查证，上述 3 个部门被处审计罚款共 38.81 万元。粮食局、劳动服务公司、交警队违规违纪资金共 244.44 万元，其中粮食局应缴未缴财政收入和税款资金 70.10 万元，截留储粮储备费及利息 83.88 万元，违规虚报利润超发奖金 17.31 万元；劳动服务公司挪用预算外资金建私房 60.80 万元，且至 1995 年年底仍有 3.90 万元未归还。对上述 3 个部门的违规问题均作了审计处罚及纠正。

1996—2000 年，是县内行政和事业单位受审计的高峰期，受审计的单位共计 102 个。其中年受审计单位最多的为 1996 年，达 43 个。在这 5 年受审计的单位中，县农业、林业、水利、畜牧水产、农机等局及其二层机构共被审计出违规违纪资金 404.53 万元；经审计查证，追缴归位专项基金(资金)46.12 万元，追缴应缴未缴财政收入、税费共 137.22 万元。县城建、环保、国土资源(含矿产)部门及其二层机构共被审计出违规违纪资金 138.44 万元，其中挪用排污费、截留坐支城镇基础设施投资回收费共 109.39 万元；经审计查证，追缴应缴未缴财政收入和税费 42.99 万元，规范资金渠道资金 36.22 万元。县教育、卫生系统违规违纪资金 869.94 万元，其中教育系统不规范资金 798.60 万元，占 91.07%；卫生部门 5 个医院药品加成超过国家规定标准(中药综合加成率不超过 20%、西药不超过 15%)获利 36.59 万元；经审计查证，追缴应缴财政资金和税费 2.29 万元，规范资金渠道资金 251.34 万元。县文化、计划、乡镇企业、统计、团县委、党校、民族、人事劳动、残联和政府招待所等部门共被审计出违规违纪资金 360.48 万元，其中挪用以工代赈款 38 万元，以工代赈库存大额现金 34.48 万元；劳动及其保险单位挪用挤占"基金"用于管理费等支出 100.34 万元，康复扶贫贷款被挪用 18.92 万元；少数民族补助费被挪用 5 万元；经审计查证，规范账务资金 118.02 万元，被审计罚款 4.29 万元。县工商行政管理、技术监督、广电、计生部门被审计出违规违纪资金 649.06 万元，其中工商部门 224.56 万元、技术监督部门 10 万元、广电部门 404 万元、计生部门 8.31 万元；经审计查证，追缴财政资金和税费 6.96 万元，被审计罚款 2.30 万元。县司法局、政法委、公安局、法院、检察院等部门共被审计出违规违纪资金 253.83 万元，其中有 61.06 万元的治安联防费未入财政专户，占该项收入的

95.20%；隐瞒见义勇为资金收入 6.31 万元；使用非法凭证入账，脱离财政部门监督资金和列支、坐支挪用专项资金共 97.68 万元；经审计查证，追缴财政税费收入 6849 元。

2001—2005 年，受审计单位 60 个，是 1993 年至 2005 年受审计单位最少的。其中，2001 年对桃城乡湾里中学 2000 年度财务收支进行审计，查出违规金额 5.80 万元；对板峡水库管理处 1999—2000 年度财务收支进行审计，查出管理不规范金额 3.15 万元；对县地税局 2000 年度财务收支进行审计，查出管理不规范金额 26.80 万元；对堡里乡堡里初中 2000 年度财务收支进行审计，查出违规金额 56 万元，管理不规范金额 4.60 万元；对苏桥镇初中 2000 年度财务收支进行审计，查出违规金额 10 万元；对县广播电视局 2000 年度财务收支进行审计，查出违规金额 3.70 万元；对百寿镇中心卫生院 2000 年度财务收支进行审计，查出违规金额 2.80 万元；对罗锦镇中心卫生院 2000 年度财务收支进行审计，查出违规金额 5.10 万元；对县财政局 2000 年度财务收支进行审计，查出违规金额 47.60 万元。2002 年，对县老干局 2000—2001 年度财务收支进行审计，查出违规金额 17 万元；对县粮食局 2001 年度财务收支进行审计，查出违规金额 22.50 万元。2003 年，对永福公路局 2002 年度财务收支进行审计，查出违规金额 6.30 万元；对广福乡广福初中 2002 年度财务收支进行审计，查出违规金额 5.10 万元。2004 年，对县科技局 2003 年度财务收支进行审计，查出违规金额 29.80 万元；对县教育局 2003 年度财务收支进行审计，查出违规金额 10.80 万元；对县建设局 2003 年度财务收支进行审计，查出违规金额 9.70 万元；对县人事局 2003 年度财务收支进行审计，查出违规金额 19.30 万元；对县交通运输管理所 2002—2003 年度财务收支进行审计，查出违规金额 60.60 万元。2005 年，对县社会养老保险所 2004 年度财务收支进行审计，查出违规金额 16.80 万元；对县卫生局 2004 年度财务收支进行审计，查出违规金额 12.30 万元。在这 5 年审计期限内，共查证违法违规违纪资金 570.98 万元，其中属挤占挪用的专项基金经费金额达 134.05 万元；经审计查证，纠正调整账务资金 294.44 万元，追缴财政收入 8905 元。

第四节　企业财务审计

国有工业企业财务审计

1991—1993 年，永福县多数国有工业企业，实行承包经营。1993 年承包期届满。县审计局对 14 家国有工业企业经济指标进行审计查证，内容包括资产、负债及损益和财务收支状况，主要查证企业在承包期间的工业产值、销售收入、实现利润、上缴利润、固定资产增值、自有流动资金、全员劳动生产率、资金利税率、定额流动资金周转天数、职工人均收入等指标的真实性，账务处理的合法合规性等。经审计查证，县供电局、制药厂、矿产经营公司、汽车修理厂、印刷厂、供水公司 6 家企业的经济承包指标完成较好；县矿粉加工公司、葡萄酒厂、冶炼厂、糖厂、轴承厂、纺织器材厂、纸品加工公司、矿产开采公司 8 家企业经营困难，其中酿酒、冶炼、轴承、纺织器材、纸品加工企业资不抵债，达到了可依法申请破产的程度。审计查证了桂林轴承厂 3 年承包期间虚盈实亏的基本事实。县审计局、县纪律检查委员会还组成联合调查组对桂林轴承厂 1993 年报告亏损 125 万元的真伪进行专门调查。经查证，桂林轴承厂当年实际亏损 109.24 万元，多报亏损 16.27 万元。对此违规问题进行了审计纠正。

1995 年县审计局审计石油永福分公司、县烟草公司 2 家企业财务。1996 年审计县矿产公司、彩利达股份实业合作总公司 2 家企业财务。1998—2000 年，审计县供水公司、供电局、矿粉加工公司 3 家企业财务。共审计出违规违纪资金 333.37 万元，仅供水公司（1998—2000 年）就审计出违规违纪资金 291.08 万元，其中私分国有资产、违规转移资金、截留国家财政资金、公款私存、安装工程超标收费、乱罚款等资金共计 286.21 万元。上述企业共漏缴财政收入和税款 44.48 万元；经审计查证，要求上述国有企业调整账务资金共 437.91 万元，并处以审计罚款共 3.60 万元。

集体工业企业财务审计

1994—2001年,县审计局对县重晶石矿等5家集体工业企业的资产、负债、损益和财务收支进行审计,所查企业存在乱挤成本、乱提基金、人为减少利润、少缴税费、公款私存等违规违纪行为,共查证违规违纪资金428.26万元,其中属于屡查屡犯严重违纪的资金8.24万元,漏缴税费5.51万元;经审计查证,调整上述集体企业账务资金209.71万元。

1993—2003年,县审计局对国有、集体以外的商贸等其他17家企业进行审计,共查出违规违纪资金共计321.28万元。其中,查证一联营企业弄虚作假、私分债务款等违规违纪资金共计22.46万元;3家企业违规挤占成本费用8.25万元,某中心仅2003年就违规和超标准发放津贴、补贴、福利和为私人支付个人应负担的保险基金共10.99万元;查证4家企业漏缴财政收入和税、费共计20.81万元;查证一企业个别股东贪污资金13.70万元。经审计查证,纠正了上述企业违规经济行为,并被处以没收上缴财政和罚款共计2.26万元。

第五节　专项资金审计

基建工程决算审计

1991—1994年,永福县的基建工程决算审计,大多数由县财政局、建设银行和中介机构进行。永福县审计局从1995年1月起,开始少量的基本建设(包括新建、扩建)项目竣工决算审计,主要是为送上门的工程项目进行审计,审计内容包括竣工决算编制依据、项目建设及概算执行情况、交付使用财产和在建工程,转出投资、应核销投资及应核销其他支出、尾工工程、结余资金、基建收入、投资包干结余、竣工结算报表、投资效益评价、其他专项审计等,并出具审计报告。

1995—2005年,县审计局共实施42个基建工程决算审计,送审工程造价累计5143.02万元,经审计确认工程造价4820.22万元,核减工程造价322.96万元。

外资运用审计

2002年、2005年,县审计局分别对县林业局利用世界银行贷款国家造林项目和森林资源发展保护项目进行审计。发现县林业局从1991—2001年违反世界银行贷款国家造林项目支出范围,支出资金368.88万元,偷漏税款68.06万元。至2005年年底,债权债务数额大,达到624.67万元。其中2000年县财政和林业局应配套的资金全部不到位,增加国家资金归还风险。

通过审计还发现县林业局从1996—2001年,对森林资源发展保护项目资金的管理费严重超出协议规定支出43.78万元,挪用世界银行贷款和还款准备金用于非造林项目资金达127.07万元,违法巧立名目将项目资金用于被检察机关没收的因违规个人所得退赔款19.37万元;违规擅自取消项目债权债务资金147.70万元,其间县本级配套资金未到位4.08万元。

县审计局提出了审计建议,使存在问题得到纠正和改进。

其他专项资金审计

小型水利专项资金审计　1998年,县审计局对县水电局管理的小型水利专项资金进行审计。当年全县小型水利专项资金收入 575.35 万元，工程实际支出 422.58 万元（含经费暂付款、经费材料款）。经审计查证，发现存在挤占、挪用水利专项资金用于通信费、招待费、赞助费、职工上缴教育附加费等非水利工程建设支出资金 4.53 万元，白条列支工程支出人工费 4.49 万元、运输费 2371 元。县审计局提出了审计建议，使存在问题得到纠正和改进。

农村"三提五统"费审计　2000 年，县审计局对桃城乡、三皇乡该年度的"三提（即提取公积金、公益金、管理费）五统（即统筹农村教育事业附加费、计划生育费、抚恤费、民兵训练费、修建乡村道路费）"费的征收、管理及使用情况进行审计。上述两乡征收的费用都按规定存入财政专户，但征收难度大，桃城乡只完成年度任务的 60%，三皇乡完成 32%（不含教育费附加）。审计发现在向农民征收教育费附加之外，仍有违规向在校学生收取教育附加费的做法。县审计局提出了审计建议，使存在问题得到纠正和改进。

退耕还林和种苗工程资金审计　2003 年 7 月，县审计局对 2002 年度全县退耕还林工程和种苗工程资金进行审计。发现全县已在 2003 年 6 月 30 日实际完成退耕还林和种苗工程面积 666.69 公顷，超额完成 266.67 公顷。在中央的粮食补助资金和林业部门管理的种苗补助资金和现金补助已到位的情况下，县林业局违反国务院《退耕还林条例》和自治区关于兑付的规定及其标准，当年实际兑付农、林户的粮食补助只有 714.10 吨，低于自治区规定的第一次兑付不得少于 50% 的兑付标准，少兑付 35.90 吨；截留农户的补助资金，没有在 6 月 30 日前将负责分配的现金补助付给持有验收合格证的农户。县审计局提出了审计建议，使存在问题得到纠正和改进。

农业综合开发资金审计　2004 年，县审计局对三皇乡农业综合开发中低产田改造项目资金共 440 万元（中央补贴 200 万元，区、县配套 100 万元，农户以劳力、物产折资共 140 万元）进行审计，未发现违规违纪问题。

养老保险、医疗保险、失业保险基金保险　2005 年，县审计局对县人事社会保障局 1995—2004 年机关事业单位职工养老保险基金、企业职工基本养老金、农村社会养老保险金、城镇职工医疗保险基金、生育保险基金、工伤保险基金、失业保险基金进行审计，发现 1995 年、1998 年、1999 年 3 年机关事业单位职工基本养老基金和企业职工养老金被挤占、挪用于管理费支出、建办公楼、购车和油费、购空调、发放在职职工补贴等费用的资金共计 137.86 万元。1997 年、2000 年县财政分别借用机关事业单位职工的养老保险基金共 115 万元也长期未归还原位。

1999—2000 年，县社保经办机构挪用企业职工基本养老保险基金 62.70 万元用于购建固定资产，至 2004 年年底未进行清理收回；用企业职工养老保险基金垫付困难企业离退休人员退休费 16.31 万元尚未归还。

截至 2004 年年底，农村社会养老保险基金共被挪用 13.40 万元，借用于发放经办机构人员工资。经办机构人员挪用和冲减的调剂金应按规定调整调剂金 1.70 万元。

通过审计，县社保经办机构被收缴 1993—1995 年、1999 年财政款项 8.52 万元；其他存在问题也得到纠正和改进。

国土专项资金审计　2004 年、2005 年，县审计局分别对 2001 至 2004 年国土专项资金进行审计，内容包括国有土地使用权出让、划拨、转让管理情况，国有土地使用权出让金征管、使用情况，以及新增建设用地土地有偿使用费、耕地开垦费收缴情况进行审计，审计对象包括县国土、财政等主管部门，并对百寿镇、苏桥镇和桃城乡国土专项资金进行抽审。审计发现，审计年度内存在未编制土地利用年度计划；有 24 宗，用地面积 63.90 公顷的国有土地使用权出让未与受让方签订出让合同；供地程序不规范；有 9 宗建设用

2002 年 11 月，县审计局工作人员开展经济责任审计

县审计局　供图

地超过规定的期限未动工开发建设,面积6.97公顷,属闲置土地,未依法进行处置;截至2004年8月底,永福县欠交上级新增建设用地土地有偿使用费、耕地开垦费合计691.19万元。审计年度内共挪用土地出让金31.24万元,坐支耕地开垦费8.54万元。乡镇土地所共截留土地出让金185.94万元,个别镇违规收取耕地开垦费1.27万元,土地罚没收入未上缴县财政合计6500元。县审计局提出了审计建议,使存在问题得到纠正和改进。

民政救灾救济物款审计 2001年,县审计局对民政局1994—2001年度各次重大灾害期间县内外各界捐赠款物的具体使用情况进行审计。发现1997年度县民政部门违规违纪将补助修建房屋的资金用于县城、罗锦、三皇、龙江等乡镇的福利大楼和敬老院建设共列支资金6.72万元;经审计发现,历年结余的抗灾基金款被挪用35.90万元。县审计局提出了审计建议,使存在问题得到纠正和改进。

第六节 经济责任审计

2000年,县审计局开始设立经济责任审计,对离任的党政机关和国有企事业单位主要负责人进行离任经济责任审计。2003年1月,成立了县经济责任审计工作领导小组,领导小组下设办公室,办公地点设在审计局;同年,增设"任中审计",对在任的单位及部门领导干部进行选择性审计,变事后审计为事中审计,为组织部门提拔任用领导干部提供重要依据。2000—2005年,全县共审计了经济责任人54人,查出违纪违规金额2750.66万元,纠正违纪违规金额2547.03万元,决定处理处罚金额203.63万元,向纪检司法机关移送案件2件。

行政事业单位经济责任审计

2000—2005年,县审计局对县直党政机关和事业单位、乡镇党政领导共47人进行了经济责任审计,其中离任审计42人、任中审计5人,涉及单位40个。在这40个单位中,除其中3人所在的县卫生局、县国土局、县老干局未发现有违纪违规问题外,其余37个单位都不同程度地存在着违纪违规问题。主要有:(1)违反《中华人民共和国预算法》规定,隐瞒收入支出、人为平衡预算。在2002年的经济责任审计中,发现桃城乡政府将预算支出54万元转暂付挂账;永安乡隐瞒预算支出62万元;县农机局隐瞒收入7万元。(2)招待费超标。2002年审计查出县矿管局2000—2002年业务招待费超标12万多元。(3)坐支现金及预算外未存专户。2002年查出百寿镇坐支现金及预算外未存专户39万元。(4)挤占、挪用土地出让金、耕地开垦费等应上缴收入。2003年查出三皇乡政府截留挪用土地开垦费和土地出让金27万元,百寿镇截留挪用基础设施费11万元。(5)私设"小金库"。2003年查出农业局私设"小金库";2004年查出罗锦镇私设"小金库";2005年查出县卫生防疫站私设"小金库"。(6)决算不实。对1999—2002年罗锦镇党委书记、镇长的任期经济责任审计、2001—2003年桃城乡党委书记的任期经济责任审计、2001—2003年苏桥镇党委书记的经济责任审计、2003—2005年苏桥镇党委书记的经济责任审计等,均发现有决算不实问题的存在。(7)挪用专项资金。2004年在对县农机中心主任的经济责任审计中,发现被审单位挪用抗旱救灾柴油专项资金9万多元;2005年在对县水利局局长的经济责任审计中,发现被审单位挪用小型水利专项资金6万多元。(8)欠缴租金收入应缴的税费等。2000—2005年,经济责任审计中,共查出违纪违规金额2473.91万元。经审计查证,纠正违纪违规金额2293.81万元,决定处理处罚180.10万元,向纪检司法机关移送案件1件。

国有集体企业领导经济责任审计

2000—2005年,县审计局受县经贸局和乡镇企业局委托,对部分县国有企业和集体企业正职以及分

管财务工作的领导共 7 人进行了经济责任审计,涉及单位 7 个。在这 7 个被审企业中,除其中 1 人所在的县化肥厂未发现有违纪违规金额外,其余 7 个企业都不同程度地存在着违纪违规问题,特别是查处了县物资总公司原经理的经济犯罪案件,并按要求向纪检司法机关移送。在对县物资公司的经济责任审计中,县审计局通过清查核对该公司账务,发现该公司与四川省某公司的业务往来存在疑问,于是以一张模糊不清的对账单为线索,精心组织安排审计力量,与相关部门密切合作,组成联合调查组对县物资公司与四川省某公司的业务往来进行调查并取得充分有力的证据,查出县物资公司违纪违规金额 217.65 万元。通过审计查证,纠正违纪违规金额 211.78 万元,决定处理处罚 5.87 万元,县物资公司原经理受到了法律的严惩。

在同一审计期间,县审计局通过对桂林轴承厂、县水泥厂、县信利糖业公司、县物资公司、县轻工总会、县重晶石矿共 6 家国有集体企业领导经济责任审计中共查出违纪违规金额 276.75 万元。通过审计查证,纠正违纪违规金额 253.22 万元,决定处理处罚 23.53 万元,向纪检司法机关移送案件 1 件。

第八章　食品药品监督

1991—2002 年,永福县的食品安全协调与监管,主要由县卫生局及县卫生防疫站负责;药品、医疗器械监督管理主要由县医药公司(后改为县医药局)负责。2003—2005 年,全县的食品质量安全监管由县质量技术监督局与县公共卫生监督所、县食品药品监督分局负责,药品、医疗器械监督管理由县卫生局与县食品药品监督分局负责。15 年间,这些食品、药品主管部门认真履行食品、药品生产流通管理职能,不断深入全县食品、药品厂家(企业)实行现场监督检查,发放卫生、药品生产经营许可证,并建立档案管理,经常开展食品生产、饮食行业,药品、医疗器械生产流通专项整治、打击食品、药品假冒伪劣行为,规范了全县食品、药品生产流通秩序。

第一节　机　　构

永福县医药局(公司)

1992 年 10 月,在永福县医药公司的基础上成立永福县医药局,与原县医药公司合署,一个机构、两块牌子,为正科级事业机构,赋予部分行政职能。2001 年机构改革,取消县医药局,保留县医药公司,改为企业单位。2003 年县医药公司解制,场所处置,人员分流。

桂林市食品药品监督管理局永福县分局

1991—2002 年,永福县卫生局设立药政管理股,监督管理县内医疗市场,审查医疗广告,整顿非法行医。2002 年 5 月,成立桂林市药品监督管理局永福县分局,专门负责全县药品、医疗器械、经营和使用的监督管理工作,有干部职工 8 人,办公地址在县城步行街口。2004 年 9 月,更名为桂林市食品药品监督管理局永福县分局,增加食品安全综合协调职能,隶属自治区食品药品监督管理局垂直管理。2005 年,桂林市食品药品监督管理局永福县分局,内设办公室、市场监督股、综合业务股、食品安全协调股 4 个股室,有干部职工 10 人。局办公地址不变。

2002—2005 年,任桂林市食品药品监督管理局永福县分局局长的是:周耀邦(2002 年 5 月—2005 年 12 月)。

第二节　食品安全协调与监管

1991—1993 年,永福县食品监督工作按照分段监管的原则,分别由县工商局、卫生局、质量技术监督局、农业局、畜牧局、经贸局等职能局负责。全县对食品厂家实行现场监督审查,发放卫生许可证,并建立档案管理,每年进行 2~3 次监督。对饮食业户实行发放许可证,建立档案管理,每年进行 2~3 次监督。

2003 年 2 月,县质量技术监督局接管了食品生产质量安全监管工作,对全县 38 家食品生产企业,75 种食品产品进行全面普查,并建立质量档案。

2004 年,明确了县食品药品监督局对食品生产、食品行业的卫生监督协调职能,并开展食品卫生专项整治工作。县工商局、食品药品监督局、公安局联合出动执法人员 356 人次,检查食品经营摊点 500 多户,取缔无证无照食品经营户 12 户,没收劣质变霉大米 700 多千克。

2005 年,县人民政府成立县食品安全协调委员会,统一领导全县食品安全工作。对全县食品、生产加工、批发零售的单位、门市部进行 2 次以上的食品卫生、安全检查,全年查缴私宰猪肉 500 千克、过期奶粉 15 件、不合格食品 300 件。

第三节　药品监管

药品生产流通监管

1991 年,永福县境内还没有独立的药品管理机构。药品管理由县卫生局药政股和县医药公司共同管理。药品检验由卫生局药检所负责。

1992 年 10 月,在县医药公司的基础上成立了县医药局。县内药品生产流通监管由县卫生局药政股和县医药局共同负责。

1993—1997 年,县卫生局和县医药局坚持每年定期深入县内药品的生产企业,检查药品生产流程,监测药品生产质量;坚持每年一次药品流通检验证照制度;每年开展 1~2 次药品执法检查,重点查处无照行医、无照经营药品,查处假冒伪劣药品。同时,永福县各医院都成立了药事委员会,对药品流通进行监督管理。

1998 年,根据自治区《卫生系统药品零售管理办法》,对全县各医院和一体化管理的卫生所的药品进购、质量价格进行监督检查。

2002 年 5 月,桂林市药品监督管理局永福县分局组建成立。将原属于县卫生局药政股、药检所、县医药局药品生产流通监督职能划归新组建的县药监分局,从而加强了对药品生产流通监督管理的统一行政执法职能。

2003—2004 年,县药监分局不断加强辖区内涉药单位的监管力度,每年对药品生产企业、药品经营企业、县乡村医疗机构等涉药单位的监督检查覆盖率为 100%。同时不断完善药品购进监督验收记录制度,实行药品分类管理试点工作,进一步规范县内药品生产流通秩序。

2004 年 9 月,在县药监分局的基础上组建县食品药品监督管理分局,加强了食品安全协调和药品、医疗器械监管职能。县卫生局建立了医药购销廉洁公约制度,执行卫生部颁布的八条行业纪律,加强药品集中招标采购工作,阻断假劣药品进入县内渠道。

2005年，完善农村药品供应渠道，农村卫生所（室）的药品从乡镇卫生院代购或由具有药品经营资格的药品经营企业提供。

药品使用监管

医院药房监管　1991年，永福县各医院药房监管坚持"全额管理、数量统计、实耗实销"的原则，做到药品出入有据、定期盘点、账物相符、药房日清月结。

1993年，永福县各医院健全药事委员会，完善药品使用管理制度、药房药库工作制度。药事委员会经常开会研究药剂工作。医院药品采购由科室提出，经药事管理委员会集体研究后统一采购。做到药品分类存放、妥善保管、经常检查，药库进货基本做到"少量、多批"，减少药品积压损失，加快资金周转。

1994—2005年，永福县各医院均设有门诊药房，其中县人民医院、县中医院、县妇幼保健院和百寿、罗锦中心卫生院还设有病房药房，配备药剂师具体负责药品的使用管理。药房除为临床提供质量可靠、疗效确切、使用方便的药物外，还负责国家有关药品管理的法律法规执行情况的监督检查。

医院药品招标监管　2003年，永福县各医院药品实行政府统一招标采购。当年12月至2004年4月，各医院、卫生院主动参照招标价、执行价将当时价格虚高、未属招标采购的50多种药品降价。至2005年，县直三个医疗单位（医院）均采用电脑管理药库药房，参与桂林市统一招标采购，杜绝回扣等暗箱操作，各乡镇卫生院的药品则跟标采购。

药政监督管理

1991年，永福县开展药品监督管理、医药市场整顿活动，查出假劣中药90.70千克，过期、失效霉变西药98个品种30020袋（包），价值3412元；没收非法行医者药品价值4741.43元。

1993年，全县处理无证经营的药贩3家，销毁假劣药品15个品种206千克。

1996年4月，县卫生局、县医药管理局联合下发《关于加强我县乡村医生、个体诊所和零售药店药品采购管理的暂行规定》，督促县内各医疗机构规范药品管理。2000年通过检查未发现违反《药品采购管理暂行规定》的现象。

2002—2005月，县药监分局及县食药监分局不断深入开展药品监督检查。每年对药品生产企业检查5次以上，对药品经营企业检查3次以上，对药品使用单位（医院诊所）检查2次以上。加大药品专项整治，进行了对"齐二药"（齐齐哈尔第二制药厂）生产的假药、静脉注射人免疫球蛋白、奥运会期间的兴奋剂等药品专项检查262人次，从源头上杜绝假劣药品流入县内。同时加强行政处罚力度。对药品生产、销售和使用过程中的违法违规行为及时查处。4年间，共立案查处75起，销毁假劣药品6.91万元，上缴罚没款16.64万元，有效净化了永福县药品市场。

表11-21　　　　　　2002—2005年永福县药政监督处罚案件情况统计表

年份	案件数（件）	案件性质	涉案药品价值（元）	罚没款金额（元）	销毁药品金额（元）
2002	3	劣药3件、其他1件	3015	6330	3015
2003	48	假药4件、劣药38件、其他6件	34329	71659	34329
2004	14	假药4件、劣药3件、其他7件	27340	77465	27340
2005	10	假药5件、劣药4件、其他1件	4388	10962	4388
合计	75		69072	166416	69072

2005 年 2 月，永福县城城北区域建设　　　　黄福辉　摄

第十二篇

中共地方组织　人民代表大会

第一章　中共永福县地方组织

中共永福县地方组织,包括中共永福县委员会及乡镇、村屯及各种企、事业单位的基层党组织等,是永福县坚持改革开放和进行社会主义建设的领导核心力量。

永福县党员代表大会和由代表大会选举产生的中共永福县委员会,肩负着领导全县各族人民进行改革开发和社会主义现代化建设的重任。1991—2005年,永福县先后召开八、九、十、十一次(届)党员代表大会,选举产生第八、九、十、十一届中共永福县委员会及相应届次的县纪律检查委员会。历次代表大会和各界中共永福县委员会,按照"谋划全局,把好方向,出好思路,充分发挥党的领导核心作用"的原则,根据中央和上级党委的战略部署和各项指导方针,解放思想,实事求是,与时俱进,开拓创新,制定一系列加快永福县经济社会文化发展的重大决策,推动全县改革开放和现代化建设不断向前发展。

15年间,县纪检监察部门从严治党,惩治腐败,纯洁了党的队伍。县委组织部、宣传部、党校、县直属机关工委等部门不断加强基层组织建设,发展壮大了党员队伍,增强了党的凝聚力和战斗力。县委政法工作不断加强,稳定了社会秩序。县委统一战线工作、老干部工作的开展,密切了党群关系、干群关系。坚持做好对台工作、侨务工作,增进台湾同胞、港澳同胞、海外华侨及其眷属对祖国和家乡的了解。

第一节　党员代表大会

按照《中国共产党章程》规定,中共永福县地方组织由党员代表大会选举产生。1991—2005年,中共永福县委员会共召开了四届党员代表大会(即第八届、第九届、第十届、第十一届)。从2004年起,永福县作为桂林市实行党代会常任制的唯一试点县,全体党代表实行常任制,任期5年,每年召开一次会议。

中共永福县第八次代表大会

1991年10月8日至10日,中国共产党永福县第八次代表大会在县城召开。应出席大会代表225人,实际到会代表222人,代表全县党员7625人。

大会的主要任务是:总结上次党员代表大会以来的工作,研究确定永福县今后3年两个文明建设、党的建设的奋斗目标和主要任务,动员与组织全县广大共产党员和干部群众自力更生、艰苦奋斗、扎实工作、开拓前进,为实现永福政治经济和社会的稳定发展而努力奋斗。

大会的主要议程是:听取周文生代表中共永福县第七届委员会所作的《坚持党的基本路线,加强党的建设,为永福政治经济和社会的稳步发展而奋斗》的工作报告;听取余世华代表中共永福县纪律检查委员会向大会所作的纪检工作报告;审议中共永福县第七届委员会关于党费收缴管理使用的情况报告;选举产生中共永福县第八届委员会;选举产生中共永福县纪律检查委员会。

大会审议和通过了县委工作报告;审议和批准了县纪委工作报告。选举产生了中共永福县第八届委员会委员25人、候补委员5人;选举产生新一届中共永福县纪律检查委员会委员15人。在第八届县委第一次全体会议上,选举产生县委常委10人,周文生为县委书记,覃正明、韦志光、朱名钟、朱名华为县委副书记。在县纪委第一次全体会议上,选举产生县纪委常委 7 人,余世华为纪委书记,李四一、廖文伟为纪委副书记。

中共永福县第九次代表大会

1993 年 10 月 18 日至 21 日,中国共产党永福县第九次代表大会在县城召开。出席大会代表 230 人,代表全县党员 8213 人。

大会的主要任务是:总结第八次党员代表大会以来的工作,研究确定永福县今后 5 年工作总的指导思想、奋斗目标和主要任务,动员与带领全县共产党员和各族人民同心同德、振奋精神、埋头苦干,为建设永福美好未来而奋斗。

大会的主要议程是:听取邓平树代表中共永福县第八届委员会所作的《加强党的建设,深化各项改革,为加快永福经济步伐而努力奋斗》的工作报告;听取余世华代表中共永福县纪律检查委员会向大会所作的纪检工作报告;审议中共永福县第八届县委关于党费收缴管理使用的情况报告;选举产生中共永福县第九届委员会;选举产生中共永福县纪律检查委员会。

大会审议和通过了县委工作报告;审议和批准了县纪委工作报告。选举产生了中共永福县第九届委员会委员 24 人、候补委员 5 人;选举产生新一届中共永福县纪律检查委员会委员 15 人。在第九届县委第一次全体会议上,选举产生县委常委 9 人,邓平树为书记,韦志光、朱名华、苏双佑为副书记。在县纪委第一次全体会议上,选举产生县纪委常委 7 人,余世华为书记,李四一、侯玉卿为副书记。

中共永福县第十次代表大会

1998 年 10 月 11 日至 13 日,中国共产党永福县第十次代表大会在县城召开。出席大会代表 229 人,代表全县党员 9065 人。

大会的主要任务是:总结第九次党员代表大会以来的工作,研究确定永福县今后 5 年工作总的指导思想、奋斗目标和主要任务,动员与带领全县共产党员和各族人民把充满希望的永福县带入 21 世纪,实现经济社会持续稳定、协调、全面发展。

大会的主要议程是:听取和审议邓平树代表中共永福县第九届委员会所作的《高举邓小平理论伟大旗帜,认真落实十五大精神,把充满希望的永福县带入 21 世纪》的工作报告;审议骆远明代表中共永福县纪律检查委员会向大会作纪检工作报告(书面);审议关于党费收缴管理使用的情况报告(书面)。选举产生中共永福县第十届委员会;选举产生中共永福县纪律检查委员会。

大会通过了县委工作报告;通过和批准了县纪委工作报告。选举产生了中共永福县第十届委员会委员 25 人、候补委员 5 人;选举产生新一届中共永福县纪律检查委员会委员 13 人。在第十届县委第一次全体会议上,选举产生县委常委 11 人,邓平树为县委书记,唐昌元、莫世贵、石春莲为县委副书记。在县纪委第一次全体会议上,选举产生县纪委常委 5 人,骆远明为纪委书记,罗健华、李铭、陈雍为纪委副书记。

中共永福县第十一次代表大会

中共永福县第十一届代表大会第一次会议　2002 年 10 月 14 日至 16 日,中国共产党永福县第十一届(次)代表大会在县城召开。出席大会代表 230 人,代表全县党员 9892 人。

大会的主要任务是:总结第九次党员代表大会以来的工作,研究确定永福县今后 5 年工作总的指导思想、奋斗目标和主要任务,动员与带领全县共产党员,全面落实自治区党委"富民兴桂新跨越"战略部署,

加快实现"一流县"的奋斗目标。

大会的主要议程是：听取和审议莫桦代表中共永福县第十届委员会所作的《全面贯彻"三个代表"重要思想，加快实现"一流县"宏伟目标而努力奋斗》的工作报告；审议秦成枝代表中共永福县纪律检查委员会向大会作《认真实践"三个代表"重要思想，以党风廉政建设和反腐败斗争的实际成果取信于民》的纪检工作报告（书面）；审议关于党费收缴管理使用的情况报告（书面）；选举产生中共永福县第十一届委员会；选举产生中共永福县纪律检查委员会。

大会通过了县委工作报告；通过和批准了县纪委工作报告。选举产生了中共永福县第十一届委员会委员 27 人、候补委员 6 人；选举产生新一届中共永福县纪律检查委员会委员 15 人。在第十一届县委第一次全体会议上，选举产生县委常委 11 人，莫桦为县委书记，石春莲、莫建平、唐卫平、秦成枝为县委副书记。在县纪委第一次全体会议上，选举产生县纪委常委 5 人，秦成枝为纪委书记，廖宜荣、唐小兰为纪委副书记。

从 2004 年起，经中共广西壮族自治区委批准，永福县作为桂林市实行党员代表大会常任制的唯一试点县，全体党代表实行常任制，任期 5 年，每年召开一次代表大会。

中共永福县第十一届代表大会第二次会议　中国共产党永福县第十一届代表大会第二次会议于 2004 年 5 月 13 日至 14 日在县城召开。出席大会代表 220 人，特邀、列席人员 84 人。

大会的主要议程是：听取和审议县委书记莫桦代表中共永福县第十一届委员会所作的《科学发展，干事创业，为争创桂北一流县和广西经济发展 10 佳县而努力奋斗》的工作报告；审议县纪委书记秦成枝代表中共永福县纪律检查委员会向大会作《以经济建设为中心，求真务实，惩防并举，深入推进党风廉政建设和反腐败工作》的纪检工作报告（书面）；审议和通过《中国共产党永福县代表大会常任制试行办法》；审议党代表提出的议政案；审议 2003 年度党费收支情况报告（书面）。

大会通过了县委工作报告；通过和批准了县纪委工作报告；审议和通过了《中共永福县代表大会常任制试行办法》。

中共永福县第十一届代表大会第三次会议　2005 年 1 月 14 日至 15 日，中国共产党永福县第十一届代表大会第三次会议在县城召开。出席大会代表 218 人。

大会的主要议程是：听取和审议县委书记莫桦向大会作《全面落实科学发展观，奋力加快争创"桂北一流县"进程》的县委工作报告；审议县纪委书记秦成枝代表中共永福县纪律检查委员会向大会作《标本兼治，综合治理，确保加强党的能力建设战略任务完成》的纪检工作报告（书面）；通过中共永福县委员会《关于加强党的执政能力建设的实施意见》；通报议政案办理情况；审议 2004 年度党费收支情况（书面）。

第二节　领导机构

中共永福县委员会及其常务委员会

1949 年 12 月，分别成立中共永福县委员会和中共百寿县委员会。1952 年 8 月，合并成立新的中共永福县委员会。1956 年 5 月，中共永福县第一届委员会成立了县委常务委员会。中共永福县委员会是永福县社会主义事业的领导核心。中共永福县委常务委员会是中共永福县委的常设领导机构。

1991—2005 年，中共永福县委共经历 4 届委员会。县委办公地址在县城凤城路 73 号。

中共永福县第八届委员会（1991 年 10 月至 1993 年 10 月）　1991 年 10 月，中共永福县第八次代表大会召开，选举产生中共永福县第八届委员会委员 25 人，候补委员 5 人。在第八届县委第一次全体会议上，选举产生县委常委 10 人，其中书记 1 人、副书记 4 人。至 1993 年 10 月，历任县委书记 2 人、副书记 6 人。

中共永福县第九届委员会(1993年10月至1998年10月)　1993年10月,中共永福县第九次代表大会召开,选举产生中共永福县第九届委员会委员24人,候补委员5人。在第九届县委第一次全体会议上,选举产生县委常委9人,其中书记1人、副书记3人。至1998年10月,历任县委书记1人、副书记8人。

中共永福县第十届委员会(1998年10月至2002年10月)　1998年10月,中共永福县第十次代表大会召开,选举产生中共永福县第十届委员会委员25人,候补委员5人。在第十届县委第一次全体会议上,选举产生县委常委11人,其中书记1人、副书记3人。至2002年10月,历任县委书记2人、副书记7人。

中共永福县第十一届委员会(2002年10月至2006年8月)　2002年8月,中共永福县第一届(次)代表大会召开,选举产生中共永福县第十一届委员会委员27人,候补委员6人。在第十一届县委第一次全体会议上,选举产生县委常委11人,其中书记1人、副书记4人。至2006年8月,历任县委书记2人、副书记6人。

表12-1　　　　　　　　　1991—2006年中共永福县委员会历届常委会成员名表

届次	职务	姓名	性别	民族	籍贯	任职时间	备注
第八届	书记	周文生	男	汉族	湖南	1991年10月—1993年9月	
		邓平树	男	瑶族	荔浦	1993年9月—1993年10月	
	副书记	覃正明	男	壮族	永福	1991年10月—1993年9月	
		韦志光	男	壮族	平乐	1991年10月—1993年10月	
		朱名钟	男	汉族	阳朔	1991年10月—1993年10月	
		朱名华	男	壮族	永福	1991年10月—1993年10月	
		谢纯政	男	汉族		1992年3月—1993年2月	挂职
		苏双佑	男	汉族	灵川	1993年9月—1993年10月	
	常务委员	许业钧	男	汉族	永福	1991年10月—1993年10月	
		李宜校	男	汉族	兴安	1991年10月—1993年10月	
		杨伯桓	男	汉族	贵港	1991年10月—1993年10月	
		余世华	男	汉族	永福	1991年10月—1993年10月	
		周明忠	男	壮族	永福	1991年10月—1993年10月	
		刘永祥	男	汉族	阳朔	1993年6月—1993年10月	
第九届	书记	邓平树	男	瑶族	荔浦	1993年10月—1998年10月	
	副书记	韦志光	男	壮族	平乐	1993年10月—1993年12月	
		朱名华	男	壮族	永福	1993年10月—1998年8月	
		苏双佑	男	汉族	灵川	1993年10月—1997年8月	
		陆　斌	男	汉族	灌阳	1993年12月—1997年8月	
		胡世华	男	瑶族	平乐	1995年1月—1998年8月	
		莫世贵	男	壮族	荔浦	1997年11月—1998年10月	
		石春莲	女	苗族	资源	1997年11月—1998年10月	
		唐昌元	男	汉族	全州	1998年8月—1998年10月	
	常务委员	刘永祥	男	汉族	阳朔	1993年10月—1998年8月	
		许业钧	男	汉族	永福	1993年10月—1995年2月	
		余世华	男	汉族	永福	1993年10月—1995年8月	
		杨伯桓	男	汉族	贵港	1993年10月—1996年4月	
		周明忠	男	壮族	永福	1993年10月—1997年8月	
		徐元声	男	汉族	永福	1993年12月—1998年10月	
		曾一帆	男	瑶族	平乐	1995年2月—1996年4月	
		黄金科	男	汉族	兴安	1996年1月—1998年8月	

续表

届次	职务	姓名	性别	民族	籍贯	任职时间	备注
第九届	常务委员	于顺弟	男	汉族	永福	1996年1月—1998年10月	
		黄显新	男	壮族	平果	1996年6月—1998年10月	
		唐禄贤	男	汉族	荔浦	1997年8月—1998年10月	
		唐卫平	男	汉族	兴安	1998年8月—1998年10月	
		骆远明	男	瑶族	恭城	1998年8月—1998年10月	
		徐安民	男	汉族	江苏徐州	1998年8月—1998年10月	
		朱政光	男	壮族	永福	1998年8月—1998年10月	
第十届	书记	邓平树	男	瑶族	荔浦	1998年10月—2001年1月	
		莫桦	男	汉族	横县	2001年1月—2002年10月	
	副书记	唐昌元	男	汉族	全州	1998年10月—2001年1月	
		莫世贵	男	壮族	荔浦	1998年10月—2001年1月	
		石春莲	女	苗族	资源	1998年10月—2002年10月	
		覃树芳	男	汉族		1999年2月—1999年12月	挂职
		盛宁江	男	汉族		1999年12月—2000年12月	挂职
		王正阳	男	汉族	兴安	2001年1月—2002年10月	
		莫建平	男	汉族	资源	2001年1月—2002年10月	
	常务委员	于顺弟	男	汉族	永福	1998年10月—2002年10月	
		骆远明	男	瑶族	恭城	1998年10月—2002年10月	
		唐卫平	男	汉族	兴安	1998年10月—2002年10月	
		唐禄贤	男	汉族	荔浦	1998年10月—2002年10月	
		黄显新	男	壮族	平果	1998年10月—2000年9月	
		徐安民	男	汉族	江苏徐州	1998年10月—2002年9月	
		朱政光	男	壮族	永福	1998年10月—2002年9月	
		童庭阶	男	汉族	湖南新邵	2000年9月—2002年8月	
		刘陶文	男	汉族	湖南新化	2002年8月—2002年10月	
第十一届	书记	莫桦	男	汉族	横县	2002年10月—2005年8月	
		赵德明	男	汉族	黑龙江	2005年9月—2006年8月	
	副书记	石春莲	女	苗族	资源	2002年10月—2006年7月	
		莫建平	男	汉族	资源	2002年10月—2006年8月	
		唐卫平	男	汉族	兴安	2002年10月—2006年8月	
		秦成枝	男	汉族	灵川	2002年10月—2006年8月	
		马地	男	汉族		2003年5月—2004年5月	挂职
		禤东	男	汉族		2004年5月—2005年9月	挂职
	常务委员	文建中	男	汉族	灌阳	2002年10月—2006年8月	
		钟晓梅	女	汉族	永福	2002年10月—2006年8月	
		蒋汉学	男	汉族	兴安	2002年10月—2004年12月	
		古保华	男	汉族	平乐	2002年10月—2006年8月	
		黄泽治	男	汉族	永福	2002年10月—2006年8月	
		刘陶文	男	汉族	湖南新化	2002年10月—2005年1月	
		梁柱平	男	汉族	玉林市	2005年1月—2006年8月	
		白先频	男	回族	永福	2005年4月—2006年8月	

注：1. 表中的正、副书记均为当届常委。2. 表中挂职副书记档案分别在桂林地委（市委）组织部，籍贯无详查阅。

中共永福县纪律检查委员会

1952年,中共永福县委设立纪律检查委员会。1984年12月,根据《中共中央国务院关于县级党政机关机构改革若干问题的通知》,明确县级纪律检查委员会是县级党政领导班子之一。原中共永福县委纪律检查委员会改为中共永福县纪律检查委员会。1991年10月—2005年,全县党员代表大会选举产生第八届至第十一届中共永福县委员会的同时,分别选举产生新一届中共永福县纪律检查委员会。县纪委检查委员会办公地址在县城凤城路73号县委大院。

1991年10月,中共永福县第八次代表大会召开,选举产生新一届中共永福县纪律检查委员会委员15人。在县纪委第一次全体委员会议上,选举产生县纪委常务委员会委员7人,其中余世华当选为县纪委书记,李四一、廖文伟当选为县纪委副书记。

1993年10月,中共永福县第九次代表大会召开,选举产生新一届中共永福县纪律检查委员会委员15人。在县纪委第一次全体委员会议上,选举产生县纪委常务委员会委员7人,其中余世华当选为县纪委书记,李四一、侯玉卿当选为县纪委副书记。

1998年10月,中共永福县第十次代表大会召开,选举产生新一届中共永福县纪律检查委员会委员13人。在县纪委第一次全体委员会议上,选举产生县纪委常务委员会委员5人,其中骆远明当选为县纪委书记,罗健华、李铭、陈雍当选为县纪委副书记。

2002年10月,中共永福县第十一届(次)代表大会召开,选举产生新一届中共永福县纪律检查委员会委员15人。在县纪委第一次全体委员会议上,选举产生县纪委常务委员会委员5人,其中秦成枝当选为县纪委书记,廖宜荣、唐小兰当选为县纪委副书记。

表12-2　　　　　　1991—2006年中共永福县纪律检查委员会历任书记名表

姓　名	职务	性别	民族	籍贯	任职时间
刘现芝	书记	男	汉族	广西灵川	1988年10月—1991年8月
余世华	书记	男	汉族	广西永福	1991年10月—1995年8月
于顺弟	书记	男	汉族	广西永福	1996年1月—1998年8月
骆远明	书记	男	瑶族	广西恭城	1998年8月—2002年10月
秦成枝	书记	男	汉族	广西灵川	2002年10月—2006年8月

第三节　工作机构和直属事业单位

县委工作机构

1991年,中共永福县委设办公室、组织部、宣传部、统一战线工作部、政法委员会、直属机关委员会、政策研究室、机要局、老干部局9个工作机构和纪律检查委员会机关。1995年4月,成立保密局,与县委保密办一套人马。1996年7月,进行机构改革:机要局在县委办公室挂牌;信访办在县委办挂牌;老干局并入组织部,并在组织部挂牌;直属党委在组织部挂牌;对台办设在统战部。2001年12月,在县直属党委的基础上成立县直属机关工委。2005年年底,县委设办公室、组织部、宣传部、统一战线工作部、政法委员会、直属机关工委6个工作机构和纪律检查委员会机关。

县委办公室 1957年，撤销县委秘书室，成立县委办公室。县委办公室为县委的专门办事机构。1991—2005年，县委办（含机要局）为正科级单位。编制为22人，实配18~20人。县委督察室、县委机要局、县委保密局4个部门在县委办挂牌。县委办公室主任皆由县委常委担任。县委办办公地址在县城凤城路73号。1991—2005年，历任县委办公室主任有：朱名华（1990年10月—1992年3月）、刘永祥（1992年3月—1998年8月）、朱政光（1998年8月—2002年9月）、黄泽治（2002年9月—2006年8月）。

县委组织部 1949年12月，分别成立中共永福县委组织部和中共百寿县委组织部。1952年8月，合并成立中共永福县委组织部。1991—2005年，县委组织部为县委负责党建和干部工作的常设工作机构，正科级单位。县委组织部部长皆由县委常委担任。内设秘书股、组织股、干部股、干教股、干监股、组织员办、电教办、调研股、档案室等9个股室，人员编制12人，实配12~14人。县委老干局在县委组织部挂牌。县委组织部办公地址在县城凤城路73号。1991—2005年，历任县委组织部部长有：杨伯桓（1990年9月—1996年1月）、黄金科（1996年1月—1998年8月）、唐卫平（1998年8月—2002年9月）、古保华（2002年9月—2006年8月）。

县委宣传部 1949年12月，分别成立中共永福县委宣传部和中共百寿县委宣传部。1952年8月，合并成立中共永福县委宣传部。1991—2005年，县委宣传部为县委专门负责宣传教育的常设工作机构，正科级单位。县委宣传部部长皆由县委常委担任。内设办公室、党教理论股、社会宣传股、新闻股4个股室，人员编制8人，实配7~8人。县精神文明建设领导小组办公室（简称县文明办），挂靠在县委宣传部，人员编制3人，实配2~3人。县精神文明建设办公室、对外宣传办公室在县委宣传部挂牌。县委宣传部办公地址在县城凤城路73号。1991—2005年，历任县委宣传部长有：林冬生（1988年10月—1991年8月）、周明忠（1991年8月—1997年8月）、唐禄贤（1997年8月—2002年10月）、钟晓梅（2002年10月—2006年8月）。

县委统一战线工作部 1952年1月，中共永福县委增设统一战线工作部。1991—2005年，县委统战部作为县委专门负责党外代表人士的常设工作机构，正科级单位，编制4人，实配4~5人。县委统战部部长多数时期由县政协副主席担任，个别时期有专职部长。2005年县委统战部有在职干部5人。县民族局、宗教事务局、侨办、台办4个单位在县委统战部挂牌。县委统战部办公地址在县城凤城路73号。1991—2005年，历任县委统战部部长有：袁志鹏（1990年8月—1993年11月）、李首坤（1993年11月—1999年1月）、李传龙（1999年1月—2002年10月）、周长芳（2002年10月—2004年3月）、罗代璋（2005年3月—2006年8月）。

县委政法委员会 1981年3月，成立中共永福县委政法委员会（简称政法委），内设办公室。1991年，县委政法委是中共永福县委实现对政法工作领导的机构，正科级单位。编制4人，实配4人。负责全县法制建设，领导和协调法院、检察院、公安局、司法局等政法部门工作。办公地址在县城凤城路73号县政府大院。1992年4月，为加强社会治安综合治理工作成立了县综治办，核定编制4名，与政法委合署办公。1999年，为加强处理和防范邪教组织工作，成立县处邪办，核定编制1名，与政法委合署办公。2002年，县综治办编制由4名减为2名。县委政法委书记有个别时期由县委副书记担任，而大部分时期由县委常委担任。2005年12月，全委共有编制9人，实有干部12人。县委政法委办公地址仍在县政府大院。1991—2005年，历任县委政法委员会书记有：陈禄升（1989年8月—1994年4月）、陆斌（兼职1994年4月—1995年2月）、胡世华（兼职1995年2月—1998年8月）、徐安民（1998年8月—2002年10月）、蒋汉学（2002年10月—2004年12月）、白先频（2005年4月—2006年8月）。

县直属机关工作委员会 1972年7月，成立中共永福县直属机关委员会（简称直属党委）。1991年，县直属党委为正科级机构。编制4名，配备干部4人。办公地址在县政府大院。2001年12月22日，在县直属党委的基础上组建成立县直属机关工委。县直属机关工委是主管县直属机关单位党务工作的县委派出机构，正科级单位。是专门负责县直机关党建工作的职能部门，内设办公室、纪律检查工作委员会、组织股、直属武装部。2005年，配备干部4人，办公地址仍在县城凤城路73号县政府大院。1991—2005年，历任县直属机关工委(含直属党委)书记有:潘福龄(1987年12月—1992年12月)、吕万纪(1993年2月—1996年7月)、唐宏康(1996年7月—1999年4月)、莫天发(1999年4月—2001年12月)、刘征贤(2001年12月—2005年12月)。

县委其他职能部门

县委老干部局　1984年11月,中共永福县委老干部局成立。1991年,县委老干部局为县委职能机构,正科级机构。编制5人,实配5人。办公地址在县政府大院。1996年7月,机构改革,县委老干部局归口县委组织部管理。老干部局是县委管理离休干部的工作机构,主要任务是:贯彻上级有关离休干部管理的政策和规定,做好全县离休干部的管理和服务工作。2000年、2001年,县委老干部局先后成立永福县关心下一代工作委员会、县老年大学,该两单位实行领导负责制,组织开展日常工作。2005年,县委老干部局人员编制5人,实有工作人员6人。办公地点在县城凤城路118号。1991—2005年,历任县委老干部局局长:吕万纪(1990年10月—1993年2月)、莫连生(1993年2月—1996年7月)、黄子曦(1996年7月—1999年4月)、徐玉红(1999年4月—2004年2月)、苏海燕(2005年5月—2005年12月)。

县文明办　1991年8月,中共永福县委成立精神文明建设领导小组及其办公室,负责协调和指导全县的精神文明建设。人员由县委宣传部抽调,领导小组组长由1名县委副书记担任,办公室主任由县委宣传部领导兼任。1997年,根据中共十四届六中全会精神,成立以县委书记任主任、县长为第一副主任的永福县精神文明建设指导委员会。在县精神文明建设指导委员会下设置永福县精神文明建设委员会办公室。1997年5月6日,经县委常委会会议研究同意,"永福县精神文明建设委员会办公室"定为正科(局)级常设办事机构,列入编制系列。人员编制3名,实配2人。1991—2005年,都坚持由县委宣传部副部长兼任县精神文明办主任。县文明办办公地址在县委宣传部。1991—2005年,历任县文明办主任有:周明忠(兼,1991年8月—1992年3月)、王希尧(兼,1992年3月—1993年12月)、刘鹃(兼,1994年1月—1996年4月)、李群生(兼,1996年7月—1998年9月)、黄宏忠(兼,1998年9月—1999年4月)、韦名华(兼,1999年4月—2000年7月)、黄佳明(兼,2000年7月—2002年1月)、黄新亮(兼,2002年1月—2005年12月)。

侨务办公室　1985年,设立永福县侨务办公室,负责管理华侨和归侨事务。1991年,县侨办办公地址在县政府大院。为正科级事业单位,赋予行政管理职能。编制1人,实配1人。2001年12月,机构改革时,县侨办在县委统战部挂牌,仍属于政府系列的正科级单位。办公地址在县政府大院。1991—2005年,历任县侨务办公室主任有:梁少新(1988年3月—2002年)。

台湾工作办公室　1983年5月,永福县台湾工作办公室成立,负责管理台湾工作事务。最初名称为中共永福县委对台工作办公室,后更名为中共永福县委台湾工作办公室、永福县人民政府台湾事务办公室,两块牌子一套人员。1991年,县台办从县委统战部独立出来,为正科级单位,行政编制1人,实配1人。办公地址在县政府大院。2001年12月,机构改革时,县台办在县委统战部挂牌,仍属于独立的正科级单位。1991—2005年,历任县台湾工作办公室主任有:毛宗忠(1994年1月—2001年11月)、常代萍(2001年11月—2005年12月)。

县综治办　1992年4月,成立永福县社会治安综合治理工作办公室,负责全县社会治安综合治理工作,为正科级单位,但未设专职主任。核定人员编制4名,实配2人,与县委政法委合署办公。办公地址在县委政法委内。2001年12月,机构改革,县综治办人员编制由4名减为2名,开始设专职主任。2001—2005年,历任县综治办主任有:白先频(2001—2003年3月)、李小安(2003年3月—2005年12月)。

县委直属事业单位

1991年,中共永福县委直属事业单位有党史办公室、党校。2001年12月,机构改革,县委党史办公室与县志办公室合并,称县党史县志办公室,隶属中共永福县委和县人民政府双重领导。2005年,县委直属事业单位有县党史县志办公室、县委党校。

县党史县志办公室 1981年7月1日,成立中共永福县委党史资料征集小组,下设办公室。1991年,县委党史办公室为正科级事业单位,编制6名,实配干部4人。办公地址在县委大院内。2001年实配干部增至5人。1991—2001年,历任县委党史办公室主任有:傅荣光(1988年6月—1991年8月)、朱政光(1991年8月—1993年9月)、潘建民(1994年5月—1999年4月)。

1981年7月1日,成立永福县县志编纂委员会。1982年12月,县志编纂委员会下设办公室。1991年,县地方志办公室为正科级事业单位,编制5名,实配干部5人。办公地址在县政府大院内。2001年,实配干部5人。1991—2001年,历任县志办公室主任有:韦扬佑(1988年10月—1994年2月)、宾新友(1994年5月—1999年4月)。

2001年12月,机构改革,中共永福县委党史办公室与永福县志办公室合并,名称更名为永福县党史县志办公室,正科级单位,隶属县委和县人民政府双重领导。其主要任务是:负责征集、编纂中共永福地方史和永福县地方志正本、专题资料及大事记等。人员编制减为6人,实配干部10人。2005年实有干部9人。办公地址在县政府大院。2001—2005年,历任县党史县志办公室主任有:刘红星(2001年12月—2005年12月)。

县委党校 1959年1月,成立中共永福县委党校。1991年,县委党校为县委正科级事业单位,主要负责全县党员干部的培训,有编制21人,实配干部职工21人。校址在县城向阳路茶岭街9号,校园占地面积1.80公顷。1995年6月,根据中共中央文件精神,县委党校为正科级事业单位,由县委直接管理,在职干部职工增至21人。1996年起,由分管党校工作的县委副书记兼任县委党校校长;专设常务副校长1人,为县直部门正职,主持党校日常工作;设副校长2至3人,协助校长和常务副校长工作。县委党校的主要任务是:负责全县党员、干部的主体培训。2005年,县委党校内设办公室、教务处、总务处3个股室,人员编制21名。在职实有教职工21人。党校校址不变。1991—2005年,历任县委党校校长有:黄辉曲(1987年1月—1996年7月)、苏双佑(兼,1996年7月—1997年8月)、莫世贵(兼,1997年12月—1998年9月)、石春莲(兼,1998年9月—2002年10月)、唐卫平(兼,2002年12月—2006年8月)。

1996—2005年,历任县委党校常务副校长有:黄辉曲(1996年7月—2001年7月)、蒙明德(2001年7月—2005年12月)。

中共永福县纪律检查委员会机关

1991年,中共永福县纪律检查委员会机关(简称县纪委),内设办公室、案件审理室、纪律检查室、信访室、调查研究室(均为副科级单位)。编制13人,在职12人。办公地址在县委大院。

1987年12月,成立县监察局。1991年,县监察局为县政府工作部门,正科级,内设办公室,编制6名,在职5人。办公地址在县政府大院。

1993年5月,县纪委与县监察局合署办公,实行一套人员、两块牌子的体制。监察局局长兼任纪委副书记。工作机构设纪委办公室、党风廉政建设室、宣教调研室、信访举报室、执法监察室、纪检监察室、案件审理室7个职能室,人员编制19名,实有在职人员18人。合署后的县纪委履行党的纪律检查和政府行政监察两种职能,完成纪检、监察两项任务,对县党委全面负责;县监察局仍按照宪法规定属于政府序列,继续在县人民政府领导下工作。合署后的县纪委监察局办公地址在县政府大院。

1996年8月,乡镇纪委书记由同级党委副书记担任,纪委专职委员任纪委副书记。

2002年1月,县机构编制委员会核定县纪委监察局编制17名,其中行政编制16名、工勤编制1名。领导职数6名,其中书记1名、副书记2名、局长1名(兼纪委副书记)、副局长2名。

2003 年 7 月,县纪委监察局增设监察综合室。

2005 年 12 月,县纪委监察局增设效能监察室。至 2005 年年底,县纪委监察局内设办公室、党风廉政建设室、宣教调研室、信访举报室、执法监察室、纪检监察室、案件审理室、监察综合室、效能监察室 9 个股室。实有在职人员 18 人。

1991—2005 年,历任县监察局局长有:侯玉卿(1987 年 12 月—1994 年 1 月)、罗承平(1994 年 1 月—1996 年 7 月)、罗健华(1996 年 7 月—1999 年 4 月)、韦政权(1999 年 4 月—2001 年 7 月)、廖宜荣(2002 年 1 月—2005 年 12 月)。

第四节　基层组织

永福县基层党组织

1991 年,中共永福县委下设乡(镇)党委、县直属机关党委,除配有正、副书记外,还配有组织、宣传、纪律检查等委员各 1 人。县直属政权机关视情况成立党组。县直属机关、团体、学校、厂矿等,视其党员多少分别设总支委员会和支部委员会,并设专职或兼职书记 1 人、副书记 1 至 2 人。村委会、居委会视其党员多少分别设党委、总支委员会、支部委员会,并设专职书记 1 人、副书记 1 人。

1991 年,中共永福县委下设 2 个镇党委、8 个乡党委和 3 个县直党委。10 个乡镇党委分别为永福镇党委、百寿镇党委、桃城乡党委、广福乡党委、堡里乡党委、罗锦乡党委、苏桥乡党委、龙江乡党委、三皇乡党委、永安乡党委。3 个县直党委为县直机关党委、县人民武装部党委、县农业银行党委。下辖 35 个党总支,436 个党支部,7625 名党员。

1992 年 7 月,成立县经贸局党委;9 月,成立县商业局党委;10 月,成立县公安局党委。至 1992 年年底,县直党委增至 6 个。

1996 年 4 月,罗锦乡党委更名为罗锦镇党委。

2001 年 1 月,苏桥乡党委更名为苏桥镇党委。

2003 年 12 月,成立县工商局党委。至 2003 年年底,县直党委增至 7 个。

2005 年 6 月,永福镇与桃城乡合并,成立新的永福镇党委。

2005 年年底,县委下设 4 个镇党委、5 个乡党委和 7 个县直党委。9 个乡镇党委分别为永福镇党委、罗锦镇党委、苏桥镇党委、百寿镇党委、广福乡党委、堡里乡党委、龙江乡党委、三皇乡党委和永安乡党委。7 个县直党委分别是县直属机关工委、人民武装部党委、公安局党委、经贸局党委、县商业总公司党委、工商局党委、县农业银行党委。在县人大、县人民政府、县政协、县人民法院、县人民检察院及县人民政府各工作部门设立党组。下辖 69 个党总支,580 个党支部,10182 名党员。

基层纪律检查委员会组织

1992 年 10 月,县公安局党委设纪律检查委员会,配置纪检干部 4~5 人(含兼职人员)。

1996 年 8 月,各乡镇党委换届后,成立纪律检查委员会,设 1 名书记(由乡镇党委副书记兼任)和专职副书记,不设书记的由专职副书记主持工作。配置纪检干部 5 人(含兼职人员)。

1996 年 8 月,县经贸局党委、县直属机关党委、县商业总公司党委设纪律检查委员会。分别配置纪检干部 4~5 人(含兼职人员)。

1997 年 7 月,县农业银行党委设纪律检查委员会,配置纪检干部 4~5 人(含兼职人员)。

截至 2005 年,各乡镇党委、县直属机关工委、各县直党委都一直设立纪律检查委员会。分别配置纪检干部 4~5 人(含兼职人员)。

第五节　重要决策

1991—2005 年,中共永福县委、县人民政府有目的、有计划、有针对性地作出了许多重要决策。而且随着时间的推移,县委对所作出的许多重要决策,又进行了不断地调整、补充和完善,推动了全县改革开放、奔康致富的进程。

加强理论学习

1991 年,中共永福县委印发《关于组织各级干部加强社会主义基本理论学习的决定》,重点学习《当代社会主义若干问题讲话》《江泽民"七一"讲话》。

1992 年,县委决定组织广大党员干部学习邓小平南方谈话、中共十四次代表大会有关文件。

1993 年,县委决定组织广大党员干部学习建设有中国特色社会主义理论、社会主义市场经济理论知识。

1994—1996 年,县委决定组织广大党员干部开展"双学"(即学习中国特色社会主义理论、学习党章)及中共十四届六中全会文件的学习活动。

1997—1998 年,县委决定开展学习中共十五大报告和邓小平理论活动。县委中心组集中学习理论 5次,10 个乡镇党委集中学习理论 60 次。每个参学领导干部各写出体会文章 1 篇以上。

1999—2000 年,县委决定组织全县党员干部开展"三讲"(即讲学习、讲政治、讲正气)、"三严四自"(即严格要求、严格管理、严格监督和自重、自省、自警、自励)学习活动。

2001—2002 年,县委决定在全县党员干部中开展"三个代表"(即中共代表中国先进社会生产力的发展要求、代表中国先进文化的前进方向、代表中国最广大人民的根本利益)重要思想学习活动,在全县各级党组织中掀起学习"三个代表"重要思想热潮。

2005 年,县委决定在各级党组织中分 3 批开展以实践"三个代表"重要思想为主要内容的保持共产党先进性教育活动,解决了一批群众关心的问题,提高了党员素质,增强了各级领导班子的团结。

集资办教育

1991 年,县委、县人民政府制定《关于集资办教育的规定》,决定自 1991 年起在全县范围内多渠道筹集教育经费,增加对教育的投入。文件规定了教育集资对象和标准、征收办法及管理使用等,保证了教育集资工作的顺利进行。全县教育集资先执行 7 年,至 1997 年年底,共集资教育经费 1062 万元。1998 年停止征收教育集资。

加强人口与计划生育工作

1992 年,县委、县人民政府制定《关于依法管理计划生育的实施办法》。规定了全县出生人口指标的管理、准生证的管理和发放、流动人口的计划生育管理、对育龄夫妇的节育措施实行合同管理、对违反计划生育条例和政策的处罚内容及处罚程序、加强计生统计工作等,使全县计划生育工作逐步走上规范管理的轨道。2001年，县委、县人民政府又制定《关于加强人口与计划生育工作，稳定低生育水平的决定》，提出今后10年全县人口与计划生育工作的目标，以及人口与计划生育工作的管理服务机制。

加强"三农"工作

搞活农副产品流通 1993年，县委、县人民政府制定《关于搞活农副产品流通，促进我县农业经济发展的决定》，决定从1993年起加强对农副产品流通工作领导，实行多渠道的经营方式，加强农副产品推销队伍建设，开展产供销系列化服务等，全面搞活农产品流通，切实解决农副产品"卖难"问题。

大力发展水果生产 1993年，县委、县人民政府制定《关于大力发展水果生产的决定》，明确了全县水果生产的发展规划、品种布局、种苗供应、加强管理、奖励与处罚等措施，推动了全县水果生产发展。

加快生猪生产 1993年，县委、县人民政府制定《关于加速我县牲猪生产的决定》，提出全县生猪生产发展的目标和强化生猪品种改良，全面推行生猪统防统保制度、推广科学喂养、抓好饲料生产、抓典型示范带动规模饲养及组织生猪外销、搞活流通等措施，加速全县生猪生产发展。

狠抓农业综合开发 1994年，县委、县人民政府制定《关于狠抓农业综合开发，加快农业经济发展的决定》，提出全县农业综合开发的战略重点、主要指标、开发任务和强化措施，推进农业综合开发持续发展。

稳定农村土地承包责任制 1994年9月，县委、县人民政府印发《永福县深化农村改革的实施方案》，要求在稳定农村家庭承包和统分结合的双层经营机制的前提下，加快村级集体经济发展，举办村级企业加工业等；以放活土地利用为核心，促进农业规模开发，加快农村经济发展步伐。1999年1月，县委、县人民政府印发《关于稳定和完善农村土地承包责任制的通知》，将第二轮集体土地的承包期延长30年不变。

加强水利工作 1995年，县委、县人民政府制定《关于加强水利工作决定》，提出全县90年代水利工作的方针、主要任务和加强水利建设的措施等。

建设农业强县 1996年，县委、县人民政府制定《关于建设农业强县的决定》，提出建设农业强县的基本构想、奋斗目标、主攻方向和主要措施。通过实施科教兴农战略，增强农业投入，抓好农业规划和土地保护，切实改善农业生产基本条件，鼓励党政机关、事业单位干部职工参加农业综合开发，继续抓好农村基层组织建设，深化农村改革等工作，推动建设农业强县步伐。

深化工业改革，加快工业发展

加快非国有经济发展 1995年，县委、县人民政府制定《关于加快发展非国有经济有关问题的决定》，提出放手发展非国有经济的"低门槛政策和优惠政策措施"，促进全县非国有经济快速发展。

加快发展乡镇企业 1995年，县委、县人民政府制定《关于加快发展乡镇企业的决定》，提出促进乡镇企业持续高效发展的规划目标、政策措施。通过以市场为导向，调整产业结构、优化资源配置；因地制宜，鼓励多种经济成分共同发展；推动规模经营；办好工业小区；以农民积累为主体，逐步形成多元化、多渠道投入机制；领先科技进步，不断提高乡镇企业水平等途径加快乡镇企业发展。

加快工业发展 1996年，县委、县人民政府制定《关于加快工业发展的决定》，提出了加快工业发展的目标、深化企业改革的原则和形式，大力发展工业的优惠政策和激励机制，以及建立工业发展基金，支持重点项目和企业发展的措施。

加快企业整体改革 1997年，县委、县人民政府制定《关于进一步加快企业整体改革的决定》和《关于企业改革若干问题的决定》，提出了全县国有工业、国合商业、乡镇集体企业产权制度改革的目标、范围、主要内容、主要形式和运作方式。通过切实解决好企业改革中的重点和难点问题，保证了企业改革的整体

推进。

扶持重点企业发展　2005年，县委、县人民政府制定《关于给予县重点企业发放特别优待证的规定》，明确了县重点企业特别优待证的发放对象、优待条款、审批程序和管理办法，进一步优化了县域工业经济的发展环境。

搞好造林绿化

1993年永福县高标准实现造林灭荒达标。1994年，县委、县人民政府制定《关于1994年实现绿化达标的规定》，提出全县造林绿化标准、落实措施和奖惩办法，促进了全县造林绿化工作。

扩大招商引资

制定招商引资优惠政策　吸引国内外客商来永福投资办企业。1992年县委、县人民政府制定《关于国内外客商来我县投资办企业的若干政策规定》，对国内外客商来永福投资办企业，给予财政税费、土地使用等优惠政策。1994年，县委、县人民政府制定《关于鼓励内引外联，扩大经济技术合作，加速发展永福经济的若干规定》，进一步明确国内外客商来永福投资办企业的优惠政策，并对引进资金、技术和人才实行奖励和优惠政策，推动全县经济发展步伐。2001年，县委、县人民政府又制定《关于招商引资奖励暂行规定》，鼓励社会各界人士引荐更多的县外客商来永福投资办企业。

桂林苏桥新区投资优惠政策　2000年，县委、县人民政府制定《桂林苏桥新区优惠政策实施办法》，明确来苏桥新区投资优惠的实施办法和具体标准，推动了苏桥新区工业的发展。

推进城镇化进程

2000年、2002年，县委、县人民政府先后制定《桂林苏桥新区优惠政策实施办法》和《关于鼓励干部职工、城乡居民、农民、个体私营业主在县城购地建房的若干政策规定》，鼓励干部职工、城乡居民、农民、个体私营业主在县城购地建房，加快县城建设，推进城镇化进程。2004年，县委、县人民政府制定《关于加大县城招商招人，加快城镇化进程的若干政策规定》，积极鼓励县内外人员进永福县城经商、购建房、落户，扩大县城人口总量，发展繁荣县域经济，加快推进城镇化进程。

推动科技兴县

1998年，县委、县人民政府制定《关于加速科技进步，实施科技发展战略的决定》，提出永福县推动科技兴县的奋斗目标、工作重点和主要措施。通过建立科技推广网络和科技体系，多渠道、多层次增加科技投入，实行优惠政策和激励措施，调动科技人员积极性，加强科技培训和职业教育，建立县级科技进步岗位目标责任制等措施，加速全县科技进步步伐，促进永福经济发展。

开展依法治县

2000年，中共永福县委制定《关于开展依法治县的决定》，要求全县人民充分认识依法治县的重大意义；切实抓好建章立制，加强对各项事业的依法管理；抓好普法教育，为依法治县打下坚实基础；积极推行执法责任制，切实坚持依法行政；围绕中心工作，全面推进依法治县工作。

第六节　组织建设

基层组织建设

基层党建工作　1991年,中共永福县委在全县农村、厂矿、企事业单位党组织中开展社会主义思想教育,主抓以党支部为核心的基层组织的整顿。1998年,县委开展创建广西农村基层组织先进县和先进乡镇党委活动;同时,从全县机关、企事业单位抽调62名干部,组建党建工作队,指导检查企业领导班子思想建设工作;认真组织机关党组织开展"双学"活动,"三严四自"工程,"三讲、三观"教育活动。2000年,县委调整和改进农村中党的基层组织建设,派出农建工作队员327人,进驻全县96个村委会、3个街道居委会,加强第二轮农村基层组织建设,并使验收全面达标;同时,调整县直机关、企事业单位党的组织管理关系,检查机关、企事业单位党组织贯彻落实党建目标责任制情况。2004年,成立全县非公有制经济组织党的建设领导小组办公室,建立非公经济党组织28个,占应建立非公经济组织的75%。2005年,开展"六路"(桂浮公路永福段、永苏公路、永堡公路、永广公路、永罗公路、百寿三皇公路)百里党建示范带建设,把党建示范带的建设与百里文明长廊建设结合起来,加快了农业产业结构调整和小康文明新村建设的步伐。同时在县直机关开展"四服务一促进"(即服务基层、服务企业、服务外商、服务群众、促进经济发展)主题党建实践活动,建立机关部门联系乡村、企业、社区的制度。

党员发展　1991年,全县党员发展的重点放在生产一线的产业工人、农民以及优秀青年中,全年共发展党员438人,其中生产(工作)一线的307人,占发展总数的70%。1995年,永福县制定发展党员工作"三年规划",组织实施"推优育苗"(即推荐优秀共青团员作为党员发展对象)工程,开展"党建带团建"活动。1998年,推行发展党员公示制等,严把程序关。1995—2000年,全县共发展新党员1209人,其中35岁以下的785人,占65%;其中经过推优的党员846人,占70%。

2001—2003年,全县注重在非公有制经济组织中发展新党员。3年共发展新党员344人,其中在非公经济组织入党的新党员155人,占新党员总数的45%。2004—2005年,继续做好发展党员工作,两年共发展新党员139人。

1991—2005年,永福县共发展新党员3287人。至2005年年底,设基层党组织665个,其中党委17个、党总支部69个、党支部580个。全县有党员10082人,占全县总人口的3.70%。其中,少数民族党员1230人,占党员总数的12.20%;女性党员1964人,占19.48%;35岁以下党员2005人,占19.89%;大专以上文化的党员1762人,占17.48%。

表12—3

1991—2005年永福县党组织及党员人数统计表

单位:个、人

年份	基层党委	党总支	党支部	党员			
				总数	其中		
					女	少数民族	35岁以下
1991	16	35	436	7625	1332	953	1721
1992	16	40	465	7947	1408	985	1842
1993	16	40	481	8213	1450	1002	1866
1994	16	43	489	8457	1457	1103	1921
1995	16	45	506	8621	1492	1121	1975

续表

年份	基层党委	党总支	党支部	党员			
				总数	其中		
					女	少数民族	35 岁以下
1996	16	45	518	8752	1581	1152	1983
1997	16	47	536	8912	1603	1186	2001
1998	16	52	551	9065	1627	1208	2052
1999	16	54	563	9160	1643	1267	2038
2000	16	54	579	9466	1676	1293	2067
2001	16	63	498	9730	1753	1307	2197
2002	16	63	512	9892	1866	1339	2172
2003	17	63	546	9963	1914	1342	2116
2004	17	63	567	10025	1930	1356	2053
2005	17	69	580	10082	1964	1230	2005

党员教育与管理

1991 年，县委开展全县民主评议党员工作。全县 436 个党支部，全部参加了评议；全县正式党员 7187 名，参加评议 6756 名，占党员总数的 94%。

1995 年，县委在全县党员干部中开展“双学”（即学习有中国特色社会主义理论、学习党章）活动，并将“双学”活动列入党建工作目标责任制考核内容。同年 11 月 15 日，中共广西壮族自治区党委组织部发出通知，追认广西壮族自治区优秀村长、永福县龙江乡龙山村刘自忠为共产党员。自治区党委同时作出决定：在全区范围内开展学习刘自忠的活动。县委号召全县广大党员和基层干部以刘自忠为学习榜样，加强农村基层组织和干部队伍的建设，搞好物质文明和精神文明建设。

1996—2005 年，县委利用县乡党校阵地，开展党员电化教育和农村党员大培训活动。放映电教片 360 部，开办农民实用技术培训班 2100 期，受教育党员 8 万多人次。还先后摄制《林中仙罗汉果》《莫连生养鸭》等反映永福县先进党组织和先进模范人物的专题片 23 部，在全县党员中广泛播放学习。

1999—2005 年，县委还先后在全体党员干部中开展下列专题党员教育与管理活动。

2004 年 10 月，永福县科级领导干部培训班合影

县委组织部　供图

“三讲”教育活动　1999 年 8 月至 11 月，根据中共中央和自治区党委的部署，在县四家班子、县（处）级领导干部和公安、法院、检察院领导成员中分 4 个阶段开展“三讲”（讲学习、讲政治、讲正气）教育活动。教育活动分宣传发动、学习提高；自我剖析、听取意见；交流思想、开展批评与自我批评；整改建制、巩固提高等 4 个环节过程，提高学习者的党性和思想觉悟，解决存在的突出问题。2000 年 4 月至 5 月进行“三讲”教育回头看，巩固了“三讲”成效。2000 年 10 月至 12 月在全县党员中开展了“三讲”教育活动，提高了全体党员的党性和思想觉悟。

"三个代表"学习教育活动　2001年2月至2002年6月，根据中共中央和自治区党委、桂林市委的部署，中共永福县委在全县党员干部、村级两委班子中开展"三个代表"重要思想学习教育活动。这次学习教育活动先后分县直、乡镇机关单位及试点村、全县村委三批进行。机关单位着力解决本单位存在的突出问题和加强同农民群众的联系、与困难农户结对帮扶；村委着力巩固农村基层建设工作成果、解决两委班子存在的突出问题和找准发展路子。县委给县直8大口系统、10个乡镇、全部村（居）委员会分别派驻督查组指导开展活动，给每个村至少落实1个县直单位帮助解决农民增收困难问题。

先进性教育活动　2005年1月，按照中央、自治区、市委的统一部署，永福县分3批先后开展了以实践"三个代表"重要思想为主要内容的保持共产党员先进性教育活动。参加对象为16个基层党委，69个党总支部，580个党支部，10082名共产党员。教育活动分3批进行。第一批主要是县级党政机关和部分企事业单位；第二批主要是城区基层组织和乡镇机关；第3批主要是农村党员。每批半年左右时间。每批先进性教育活动分学习动员、分析评议、整改提高三个阶段进行，紧紧围绕"提高党员素质、加强基层组织、服务人民群众、促进各项工作"的目标要求，大力开展"一名党员一面旗帜"主题实践活动，始终把"取得实效"和"成为群众满意工程"贯穿落实。通过各级党组织和广大共产党员的努力，先进性教育活动取得了明显成效：广大党员普遍地接受了一次严格的党内政治生活锻炼，增强了宗旨意识，提高了理论素养；对各级党组织的思想、组织、作风和纪律进行了重点整顿，组织生活制度进一步健全，党员管理更为规范，党的组织建设得到加强，党组织的凝聚力、战斗力进一步增强；各级党组织把开展先进性教育活动与促进经济社会发展有机统一起来，做到"两不误、两促进"，群众关心的一些热点难点问题得到较好解决，党群干群关系进一步密切。永福县先后被评为自治区、市级先进性教育活动先进单位。

创优争先　从1991年起，中共永福县委在全县党组织中广泛开展"创优争先"（创建先进基层党组织，争当优秀共产党员和优秀党务工作者）。每年"七一"进行评选表彰活动。1991—2005年，共评选出县级先进基层党组织（含党委）367个、优秀党员516名、优秀党务工作者325名；获市级表彰的先进党组织32个、优秀共产党员56名、优秀党务工作者28名；获自治区表彰的先进党组织9个、优秀共产党员、优秀党务工作者11名。

党代会常任制试点

按照中共十六大报告提出的"完善党的代表大会制度，实行党的代表大会代表任期制，选择一些县（市、区）试行党的代表大会常任制"的要求，从2004年3月开始，永福县被列为自治区在桂林市唯一的党代会常任制工作试点县。2004年5月14日，中共永福县第十一届代表大会第二次会议通过了《中国共产党永福县代表大会常任制试行办法》，规定党代表任期与本届代表大会的届期相同，明确了党代表在闭会期间的职责履行和发挥作用的途径。至2005年，党代会常任制试行2年时间里，永福县积极创新载体、完善制度、丰富内涵，不断深化党代会常任制试点工作，先后推行了党代会年会制、党代表分类履职活动制度、科级正职领导干部任免票决制、党员旁听制、质询制度、"县委社情民意联通卡"制度以及以"三联系五带头"为主要内容的党代表联系帮扶党员群众制度等，有效激活了党代表的议政功能，强化了领导核心，扩大了党内民主，增强了党组织的凝聚力和战斗力，推动了全县经济社会又好又快发展。上述党代会常任制的试点经验实践成果，被自治区、桂林市给予了高度评价，认为是为党代会常任制的推行提供了丰富的、有价值的经验。

领导班子和干部队伍建设

1991年至2005年，永福县根据《党政领导干部选拔任用工作条例》精神，按照"稳妥、完善、提高"

的方针和干部"四化"（革命化、年轻化、知识化、专业化）的要求,坚持德才兼备原则,深化干部人事制度改革,注重年轻干部、妇女干部和少数民族干部的培养和干部多岗位交流锻炼,全面加强领导班子和干部队伍建设。1991—2005 年,县委、县人大、县政府共任免科级(含副科级)干部 1541 名,交流科级(副科级)干部 850 名。

领导干部选拔任用 1998 年,县委拿出 9 个副科级领导职位面向社会进行公开选拔,通过严格的笔试、面试、考核,优中选优,对 9 个职位给予了任命。2002 年、2003 年,又分别面向社会公开选拔组工干部和县乡团干 15 名,拓宽了选人用人渠道,提高了干部的参与意识和竞争意识。

1999 年,县委组织部开始对委任制的科级领导干部实行任前公示制度,对拟提拔科级领导干部人员的对象均通过有线电视、永福报社及县乡政府公示栏进行公示。公示期为 7 天,公示期满后无不良反映的正式任命。

2001 年,县委组织部开始实行领导干部任用试用期制度。对一般干部提拔为副科级领导干部、副科级提拔为正科级领导干部都要试用 1 年,试用期满,经考核合格的,由组织人事部门办理正式任职手续。

2002 年,县委组织部开始对党政领导干部选拔任用工作试行差额考察制度。对拟任一个领导职务必须考察两个或者两个以上人选。2002—2005 年,共考察科级后备干部 343 名,提拔任用 125 名。

2002 年,县委组织部每年要求各乡镇与县直各单位推荐年轻、文化程度高的优秀后备干部,拓宽选任渠道。通过组织(单位)推荐、群众推荐和个人自荐 3 种方式进行推荐,经过资格审查、面试、综合评价,建立结构优化的后备干部信息库。2002—2005 年,共确定科级后备干部 265 名。其中,女性 63 名,占 23.77%;少数民族 87 名,占 32.83%;非党干部 35 名,占 13.21%。

领导干部考察 县委组织部先后于 1993 年 8 月、1998 年 8 月、2002 年 8 月 3 次大规模完成全县 10 个乡镇换届考察及县直部门领导班子考察及班子成员的调整任免工作。同时,县委组织部还对科级领导干部实行年度考察制度。每年年终对科级领导班子和领导干部进行实绩考察,对其一年中的政治业务素质和履行职责情况开展全面考查、核实、评价,以此作为加强领导班子的管理和领导干部任用、奖惩的依据。

干部教育培训 永福县的领导干部培训主要由县委组织部组织进行,主体培训由县委党校实施。县委组织部先后制定和实施《1991—1995 年干部培训规划》《1996—2000 年干部培训规划》《2001—2003 年干部培训规划》《2003—2007 年永福县在职干部全员培训计划》。培训内容包括中共十四大、十五大、十六大、十七大精神及公共行政管理、法律法规、WTO 知识、电脑、英语口语等。培训的对象包括乡镇及县直部门正、副科级领导干部,后备领导干部、农村党支部和村委会主任,全县企事业单位和乡镇妇女、共青团、党务干部等。同时,积极选送领导干部到中央、自治区、桂林市党校学习培训,提高了参训学员的党性修养、领导能力和工作水平。

1991—2005 年,县委党校开设的党员干部主体培训班共举办 75 期,参训学员共 6200 人次。每期培训时间在 10 天至 15 天之间,也有少数班次为一个星期左右。这一时期学习培训的主要内容,主要是根据县委、县人民政府的批示和参训人员的知识需求而定。在主体班教学过程中,能够积极运用案例式教学、讨论式教学、多媒体课件教学等方法,并组织学员外出参观考察。使参训学员既增强了党性修养,又拓展了眼界,学到了实用知识,从而提高了工作能力和领导水平。

1987—2004 年,中共广西壮族自治区委党校在永福设函授站,招收在职干部函授大专学员,学制 3 年,先后开设政治、行管、经管、金融、财会 5 个专业共 28 个班,共毕业大专学员 1243 人。

1999—2004 年,中共中央党校在永福举办函授本科法律专业 5 个班,学期两年半。共毕业学员 200 人。2002—2005 年,广西财经学院在永福举办函大财会专业 4 个班,学制三年,共毕业学员 143 人,从而为永福培养了一批高素质的干部和德才兼备的管理人员。

领导干部监督管理 1991 年,中共永福县委,坚持领导班子和领导干部民主生活会制度,进一步完善民主集中制。县委领导班子坚持每年召开一次民主生活会,开展经常性的批评和自我批评。同时县委加强对科级领导班子民主生活会的指导,要求每次民主生活会有针对性、有明确的主题,围绕主题事先进行谈心,做好基础工作,确保会议质量。1999 年,开始实行领导干部任职前公示制,公示期 7 天,广泛听取群众反映和意见,公示期满无不良反映的再行任命。2001 年,开始实施领导干部考核前预告制度,预防领导干部带病提拔。

老干部工作

按照国务院《关于老干部离职休养的暂行规定》,中华人民共和国成立后永福县先后有 135 位老干部离职休养。1991 年年底,尚有离休干部 105 人。其中,属抗日战争时期入伍的 18 人,解放战争入伍的 87 人。在这些离休干部中享受厅局级干部待遇 2 人,县处级干部待遇 51 人。2005 年 12 月底,尚有离休干部 47 人,其中属行政事业单位 33 人,企业单位 14 人。这些离休干部中享受县处级干部待遇 25 人,平均年龄 80 岁。1991—2005 年,县委老干部工作按照国发〔1982〕62 号《国务院关于老干部离职休养制度的几项规定》,对老干部离休后实行“基本政治待遇不变,生活待遇略为从优”的要求,按照“单位尽责、社会统筹、财政支持、加强管理”的原则,认真落实好老干部的政治待遇和生活待遇,逐步建立和完善离休干部离休费、医疗费保障机制和财政支持机制。

政治待遇　按照老干部离休后基本政治待遇不变的要求,建立健全各项制度,离休干部能按规定看文件、听重要报告,根据需要参加县委、县政府的重要会议和重要活动。每年定期或不定期召开老干部座谈会,沟通思想,倾听意见,加强与老干部的联系。老干部局每月组织离休干部集中学习一次,内容有学习文件、政治理论、时事政治和通报全县经济社会建设各项工作情况。每年组织 2~3 次参观考察活动,就地就近参观县内工业、农业建设项目和旅游景区建设项目。老干部局坚持平时走访老干部、了解情况,上门看望老干部,尽力为老干部解决实际问题,坚持给年满 80 岁的离休干部送生日蛋糕祝寿。遇上春节及其他重大节日,县党政主要领导走访慰问离休干部。

生活待遇　老干部离休后,原标准工资(含待遇工资)照发,其他各项生活待遇(包括适当补贴、生活补贴、清凉饮料费、取暖费、办公费等)与在职同级干部一样。离休干部还享受交通补贴费(一般干部每月 10 元、县处级每月 15 元)。年满 70 岁以上的每月享受高龄补贴费 80 元;抗战时期入伍的每年享受一个月或一个半月工资生活补贴,每月还可享受 200 元的护理费。因病长期生活不能自理的离休干部每月享受 250 元的护理费。从 1997 年 7 月起,对享受县处级待遇并安装有住宅电话的离休干部每月发放住宅电话补贴 30 元。

从 1993 年起,不属于财政开支的企业(含自收自支事业单位)离休干部实行社会养老保险统筹。2004 年 1 月 1 日起,企业单位离休干部参照行政单位同级离休干部享受县发放的适当补贴、生活补贴,所需经费从原工资渠道开支,对特困企业无力发放的,由县财政拨款支付。对离休干部的离休专项补贴费,不论是由财政部门发放,或是由所在单位、劳动保险所发放,均能按政策规定足额发放。

医疗待遇　离休干部的医疗费按规定实报实销,对离休干部就医、疗养给予优先照顾。每 2 年定期组织离休干部进行健康检查、健康疗养。由财政供养的行政单位离休干部实行公费医疗,企业和自收自支事业单位的离休干部由原所在单位按公费医疗规定实报实销。为方便离休干部看病,根据其住地位置就近指定定点医院。

从 2000 年起,凡不属于财政开支或不享受公费医疗待遇的企业、自收自支事业单位的离休干部,全部实行社会统筹,每人每年统筹费 3500 元,交县医保所统一管理,办理医疗证,实行定点医疗,按规定范围实报实销。由财政开支的行政事业单位离休干部的医疗费也纳入社会统筹范围,实行医疗保险制度。从 2004 年起,特困企业和自收自支改制事业单位的离休干部的医疗费全部列入财政预算,由财政开支。

老年大学 2001年11月15日,成立永福县老年大学,是老年人自我教育、自我娱乐、自我提高的一所业余学校。学校成立校务委员会,下设办公室、教务处、总务处。老年大学的办学宗旨是:"老有所学,增长知识;老有所乐,健康长寿;老有所为,服务社会"。老年大学的校长、副校长、教师实行聘用制,教学由任课教师按教学计划自编教材进行。2001年第一个学期开设诗词楹联、书法、绘画、歌舞、彩调5个专业,招收学员52人。2004年增加诗词、戏剧专业。2005年增加拳剑专业。2001—2005年累计招生1400多人次。

2005年6月,县供销社中共党员教育培训合影

县供销社 供图

第七节　宣传教育

理论学习

1991—1992年,县委宣传部在全县范围内组织各级干部进行社会主义基本理论的学习,重点学习了《关于社会主义若干问题纲要》《当代社会主义若干问题讲话》《江泽民同志"七一"讲话》、邓小平南方谈话、中共十四次代表大会有关文件。同时开展关于深化改革开放,加快发展的专题教育活动。

1993年,组织各级干部学习建设有中国特色社会主义理论、社会主义市场经济理论知识、《邓小平文选》第三卷等内容。

1994—1996年,组织全县党员干部开展"双学"(即学理论、学党章)活动及中共十四届六中全会文件的学习。全县举办"双学"理论培训班58期,培训党员干部3500人次,党员受教育面达93%以上。

1997—1998年,组织全县党员干部学习中共十五大报告精神和邓小平理论活动。县委中心组开展集中理论学习5次,10个乡镇党委开展集中理论学习60次;县委党校举办学习中共十五大精神培训班5期,参训学员420人。参训学员分别写出了学习体会文章1篇以上。

1999年,把邓小平理论、"三讲"教育必读书目作为理论学习重点内容,在县广播电视台开辟了理论学习专题节目。

2000年,全县的理论学习与开展"三讲"教育、警示教育结合起来。县领导结合"三讲"教育与警示教育要求,写出理论调研文章55篇。县委宣传部、县委组织部、县委党校组织"三讲"教育宣讲团深入各乡镇和县直各单位进行巡回宣讲。2001年,县委组织的"三个代表"学习教育活动将全县党员干部的理论学习推向高潮。

2002年,组织全县党员干部学习中共十六大精神,重点是深入学习"三个代表"重要思想等。县委制定并印发了全县理论学习制度,重点抓好县、乡两级党委中心组学习,带动全县党员、干部的理论学习。要求各级党委(党组)中心组集中学习每年组织6次以上,每季度不少于2次,每次1至2天。要自觉坚持自学,每周应安排一定的自学时间,要坚持写学习笔记,全年学习笔记字数不少于2万字。每年要深入基层开展调研活动10天以上,理论讲座(宣讲)2次以上,完成理论研讨或心得体会文章2篇以上,中心组每年召开一次理论学习汇报会,通报一年的理论学习情况,总结交流经验。

2003—2004年,全县的理论学习以深入学习贯彻中共十六大和中共十六届三中、四中全会精神、科学发展观、社会主义市场经济理论、大力加强党的执政能力建设、提高党的执政水平为重点,结合自治区党委、桂林市委富民兴桂新跨越、经济工作"三突破"以及县委、县政府"争创桂北一流县""再创广西经济发展10佳县"等县域经济工作要求展开一系列学习活动。县委理论学习中心组举行8次专题学习,每次专题学习由一名县委领导轮流主讲,其他县领导在课堂上,畅谈自己感受心得,并撰写理论学习体会文章。这种学习经验效果被桂林市委推选参加2004年全自治区党委(党组)中心组学习经验交流会,并在会上作典型经验发言。

2005年,结合共产党员先进性教育活动的开展,全县各级干部的理论武装工作得到进一步强化,重点学习中共十六届五中全会公报,领会全会精神。

主题宣传

1991—2005年,永福县举行了5次重大的宣传教育活动。一是1991年,在农村开展社会主义思想教育活动,主题是"用社会主义思想占领农村阵地";二是1993—1994年,学习宣传邓小平建设中国特色社会主义理论活动,主题是"解放思想,谋划发展";三是1999—2000年,学习宣传"三讲"活动,主题是"讲学习、讲政治、讲正气";四是2001—2002年,学习宣传"三个代表"重要思想活动;五是2005年,学习宣传保持共产党员先进性教育活动,主题是"党员受教育,群众得实惠"。

县委宣传部门在每次重大主要宣传活动中,做好组织协调工作,要求各级党组织通过制作专题宣传板报、黑板报、横幅、排演专题文艺晚会、贴标语、树橱窗等形式,向广大党员、干部、群众,客观、全面地反映永福县经济社会发展的新举措、新业绩。在县乡主要街道、广场、机关大院,空飘气球、悬挂灯笼、升挂国旗、插彩旗、悬挂标语、悬挂徽标、张贴宣传画,有条件的单位还制作了花坛。

社会宣传

永福县社会宣传的主要任务是"以科学的理论武装人,以正确的舆论引导人,以高尚的精神塑造人,以优秀的作品鼓舞人",把握正确舆论导向、思想导向、生活导向、行为导向、服务导向和审美导向,着力宣传永福改革开放和现代化建设的新成就、新变化,为改革、发展稳定创造良好的舆论环境。

利用报刊杂志开展社会宣传 1991年,永福县每个乡镇和县直各口(系统)都专门成立了新闻报道中心组。到2005年,全县保持了一支130多人的新闻报道通讯员队伍。每个乡镇党委分工一名副书记(后兼任人大主席)和宣传委员负责该乡镇的新闻宣传报道工作。各乡镇制定了新闻写作激励政策,每年对通讯员进行奖励。县委、县政府每年拿出一定的专项经费,对新闻报道突出的单位和通讯员进行奖励。同时,还积极争取各级宣传媒体对永福县进行采访宣传,每年到永福采访的记者达200多人。

1991—2002年,永福县每年在市级以上主流媒体报刊发表文章在400~600篇之间。2003年,全县在市级以上主流媒体报刊发表文章680篇,分别获《广西日报》《桂林日报》新闻报道工作甲等奖。2004年,全县在市级以上主流媒体报刊发表文章718篇,分别获《广西日报》《桂林日报》新闻报道工作甲等奖。2005年,全县在市级以上主流媒体、报刊发表文章743篇,分别获《广西日报》《桂林日报》新闻报道工作甲等奖。

2001—2005年,还积极利用永福广播电视台和《今日永福》开展社会宣传。

开展节庆宣传 1991—2005年,每年在元旦、春节、中秋、国庆等节日以及重大活动期间,通过在主要街道悬挂彩带、横幅、插国旗、彩旗,利用LEDC(发光二极管)电子屏幕走字、在路树悬挂灯笼,主要公共场所空飘气球等多种形式开展节庆社会宣传,在全县营造浓厚、热烈的节庆气氛。

开展青少年读书教育宣传 1993年,永福县开始组织参加第一届全国青少年爱国主义读书教育活动。至2005年,每年都认真组织青少年开展爱国主义读书教育活动,开展读书教育演讲和讲故事比赛,开

展爱国主义教育征文活动。遴选优秀选手积极参与市级读书教育演讲、讲故事比赛，推荐优秀征文作品参与自治区、市征文评比。

党报党刊征订

1991年以后，每个年度的党报党刊征订工作，主要由县邮政局（含以前的邮电局）组织实施。在大征订期间，县委成立重点党报党刊发行工作领导小组，由县委办、县委组织部、县委宣传部、邮政局派出人员召开发行工作会议，负责协调，督促和指导。并就重点党报党刊征订问题专门发文件或通知，把指标任务分解到乡镇和县直、中直、自治区直驻永福各相关单位。县邮电局贯彻执行"计划发行、区别范围、扩大零售、发展代办"的业务总方针，积极宣传和组织党报党刊征订工作。

1991年，永福县发行的党报主要有《人民日报》《广西日报》《漓江日报》等10多种，期发份数3500份，年末累计发行126万份；发行的党刊主要有《求是》《广西党建》《广西支部生活》《半月谈》《半月谈》（内部版）《时事报告》《时事资料》等20多种，期发份数9800份，年末累计发行15.95万份。

1992—1998年，全县党报党刊征订数量稳中有升。

1998年11月，桂林地市合并后，永福县发行的党报党刊主要有《人民日报》《广西日报》《桂林日报》（含《桂林晚报》）《光明日报》《经济日报》《求是》《当代广西》等"五报两刊"。同时，每个年度由县纪律检查委员会负责征订《中国纪检监察报》和《党风廉政教材》，县委组织部负责征订《党建》杂志，县委宣传部负责征订《半月谈》《半月谈》（内部版）《时事报告》《时事资料》等杂志资料。还有部分刊物由各主管部门负责组织征订。

2004年，《广西日报》《桂林日报》《桂林晚报》等报纸改为各报社自行发行。全县党报党刊发行量有所减少。

2005年，全县完成征订《人民日报》53份、《广西日报》947份、《桂林日报》（含《桂林晚报》）2916份、《光明日报》10份、《经济日报》22份、《求是》55份、《当代广西》1300份。

精神文明建设

1991年年初，中共永福县委决定在全县农村开展社会主义思想教育活动；在各中小学校开展"四有"（有理想、有道德、有文化、有纪律）教育。1996年10月，县委印发《关于认真组织学习、宣传、贯彻中共十四届六中全会精神的决定》，并制定全县精神文明建设"九五"规划。1997—2005年，永福县社会主义精神文明建设遵循《中共中央关于社会主义精神文明建设指导方针的决议》，以提高公民素质、培育"四有"（有理想、有道德、有文化、有纪律）新人，加强思想道德教育，深入开展创文明单位、文明村镇、文明行业（窗口）、军（警）民共建，评"三户"（遵纪守法户、五好家庭户、双文明户）等群众性精神文明创建活动。

思想道德教育 20世纪90年代，永福县积极推进社会主义精神文明建设，贯彻中共中央《爱国主义教育实施纲要》。1991年，全县在广大农村开展社会主义思想教育；在企业职工中开展"双基"教育（基本路线和基本国情教育）。在各中小学校开展"四有"教育（指有理想、有道德、有文化、有纪律）；在广大党员中开展"三基"教育（指马克思主义基本理论、党的基本路线、党的基本知识）；加强农村基层党组织建设。1992年，由县委宣传部、县文明办和县委党校编写《文明公民读本》发行2000多册。1993年，由县委宣传部和县委党校编写《沂蒙九章》学习辅导材料发行1500册。在全县党员、干部、群众中加强以社会公德和职业道德为核心的思想教育，深入开展学雷锋树新风和满意在永福活动。1994—1997年，全县深入开展"四有""三热爱"（热爱祖国、热爱社会主义、热爱中国共产党）和"四德"（社会公德、职业道德、家庭道德、个人品德）教育。1997—1999年，以迎接香港、澳门回归祖国为契机，组织干部群众参加庄严的升国旗仪式,观看爱国题材的电影和大型图片展等,激发民众的爱国热情。同时在全县公民中进行"三观"(人生观、世界观、价值观)教育。在职业中学学生中开办"少年军校",对中学生进行军事训练、国防教育和革命传统教育。1999 至 2000 年,全县加强"三个主义"(社会主义、爱国主义、集体主义)、"三讲"(讲学习、讲政治、讲正气)教育活动。

进入 21 世纪,永福县思想道德教育以全面实施《公民道德建设实施纲要》为主题,以"9·20"公民道德宣传日活动为契机,开展"爱国守法、明礼诚信、团结友善、勤俭自强、敬业奉献"的 20 字基本道德规范的宣传教育,倡导政务诚信、商务诚信、社会诚信。2000—2001 年,深入开展"青少年志愿服务"活动。2002—2003 年,组织开展"怎样做文明永福人"大讨论活动。2004—2005 年,大力开展诚信建设,进行"八荣八耻"的社会主义荣辱观教育,为创建文明和谐新永福提供精神动力。

创建"呵护未来服务队"　2004 年,由永福县人民检察院干部赖家明倡议成立永福县"呵护未来服务队"。服务队由团县委、县妇联、县人民检察院等单位发起。服务队订有章程,确定了"为青少年服务,伴青少年成长"的活动宗旨,明确队徽,活动主要以开展法律、心理咨询服务为主,广泛深入各级学校,用身边活生生的案例作教材,配以通俗而风趣的语言,将《中华人民共和国未成年人保护法》《中华人民共和国预防未成年人犯罪法》等法律法规巧妙地融入一个个真实感人的故事中,加强未成年人的思想道德法制教育。2005 年,永福县将"呵护未来服务队"收归县委宣传部、县文明办主管,统一组织开展活动,为服务队提供了一定的组织保障和经费保障。

创建文明单位和文明村镇　20 世纪 90 年代初,永福县开展创建"文明单位""文明村镇"活动。各乡镇和县直各单位做到领导认识、活动措施、活动经费到位。创建单位的内容从村容村貌、单位环境抓起,从完善基础设施入手。1993—2005 年,全县将争创"文明单位"和"文明村镇"活动作为精神文明建设的主要内容,按照单位申报,有关部门审查,文明考核验收,分级审批,党政共同命名的程序确认。对文明单位实行动态管理,经过复查,按照文明单位条件决定留撤。

在文明单位创建工作中,永福县按照自治区、地(市)两级制定的文明单位标准,严格把关,要求创建单位做到:领导班子坚强有力、业务工作实绩显著、创建工作扎实有效、管理规章制度健全、环境面貌整洁优美、治安秩序状况良好。

在文明村镇创建工作中,由县文明办牵头指导,各乡镇制定创建文明村镇实施方案,形成党委宣传委员具体负责,镇村干部抓好落实,同心协力,齐抓共管的工作格局,并以文明村镇创建工作带动农村精神文明建设发展。

1992 年,全县创建地(市)级文明单位 3 个,分别是永安乡工商所、工商银行永福支行、永福县公路局。1993 年,创建地(市)级文明单位 3 个、地(市)级文明村 3 个,分别是县农械厂、罗锦文化站、县法院、永福镇中洲村、桃城乡塘堡村、龙江乡龙隐村。1994 年,创建地(市)级文明村 7 个,分别是百寿镇东岸村、百寿镇寿城村、苏桥镇苏桥村、桃城乡曾村、龙江乡保安村、三皇乡三皇村、罗锦镇江月村。1995 年,创建地(市)级文明单位 1 个,是县卫生局。1996 年,创建地(市)级文明单位 17 个、地(市)级文明村 5 个,分别是县委办、县政府办、县财政局、县医药局、县烟草公司、县建设局、县土地局、县交通征稽所、县信用联社、县妇幼保健院、永福镇财政所、永福镇小学、月山初中、百寿镇卫生院、百寿二中、县人民检察院、县人民医院、桃城乡渔洞村、广福乡龙溪村、堡里乡堡里村、堡里乡拉木村、三皇乡荣田村。1997 年,创建地(市)级文明单位 1 个,是龙江乡财政所;地(市)级文明村 3 个,分别是苏桥镇太平村和盘洞村、龙江乡龙山村。2000 年,创建市级文明单位 9 个,分别是县高管所、县供电局、永福中学、县水利局、县公安局、县地方税务局、县重晶石矿、县中等职业技术学校、堡里乡供销社;市级文明村 7 个,分别是桃城乡南雄村、永福镇湾里村、罗锦镇尚水村、永安乡永安村、广福乡矮岭村、广福乡马陂村、罗锦镇林村。2002 年,创建自治区级文明单位 4 个,分别是工商银行永福支行、县高管所、县地方税务局、县重晶石矿;自治区级文明村 8 个,分别是罗锦镇江月村、苏桥镇太平村和盘洞村、龙江乡龙山村、永福镇湾里村、广福乡矮岭村、广福乡马陂村、罗锦镇林村。

当年,创建市级文明单位 3 个,分别是堡里乡政府、人民银行永福支行、永福县电信局;创建市级文明村 1 个,是堡里乡罗田村。2004 年,创建市级文明单位 3 个,分别是国电永福发电公司、永福地税苏桥分局、县广电局;取消市级文明单位 3 个,分别是县中等职业技术学校、堡里乡供销社、桃城乡南雄村。2005 年,创建市级文明单位 3 个,分别是县气象局、县国税局、移动永福分公司。

1991—2005 年,全县共获得自治区级文明单位 4 个、自治区级文明村镇 8 个;获得地市级文明单位 40 个、地市级文明村镇 26 个。15 年间,取消地市级文明单位 3 个。

第八节　纪检监察

党风廉政建设

党风廉政教育　1991 年,县纪委举办党员骨干培训班,学习《中国共产党章程》和中共中央《关于党内政治生活的若干准则》及有关党风党纪建设的文件。通过党员大会、支部大会对党员干部进行党风廉政教育,党风受教育面达 85% 以上。

1993 年,县纪委在党员干部中开展理想信念教育和宗旨教育,组织党员观看党风党纪教育录像片 105 场次,观看人数达 2800 多人。

1994 年,县纪委印发《关于在党员干部中广泛开展社会主义道德教育活动》的通知,认真抓好党员干部职业道德、家庭道德和社会公德的教育;发行自治区纪委编写的《社会主义道德教育学习资料》300 多册。

1995 年,县纪委开展以领导干部廉洁自律教育为中心内容的反腐倡廉教育活动。发行自治区纪委编写的《领导干部廉洁自律读本》450 册。

1996 年,县纪委在全县党员干部中开展学习党纪政纪条规教育活动,组织党员观看电教片,并办培训班,举办知识竞赛,扩大党员教育面。同年,县委印发《关于在全县开展创建"三严"单位,争当"四自"干部活动》的通知,对全县党员干部进行"三严""四自"教育。

1999 年,县纪委组织广大党员干部认真学习邓小平论党风廉政建设和反腐的理论。举办骨干培训班 2 期,参训人数 120 人;组织党员干部观看党纪教育录像片 150 场次,观看人数达 3500 人次。

2000 年,开展以胡长清、成克杰、李乘龙等重大案件为主要内容的警示教育。播放《胡长清案件警示录》150 场,观看人数 3000 多人次;发行《惩治腐败警钟长鸣——成克杰案件警示教育材料》等书籍 350 册。

2003 年,组织全县党员干部观看《一心为民的好书记郑培民》《扭曲的人生——李真贪污案剖析》等电教片 50 场次,观看人数 2500 人次。征订自治区印制《党员领导干部廉洁从政手册》300 册。

2005 年,重点学习中共中央《建立健全教育、制度、监督并重的惩治腐败体系实施纲要》,结合共产党员先进性教育,重点开展思想信念、权力观、革命传统、反腐倡廉形势等教育。同时开展廉政文化进机关、进社区、进农村活动。

领导干部廉洁自律　1991—1992 年,县纪委制定领导干部廉政制度,规定不准用公款大吃大喝,对经费开支、工作餐费标准作了明确规定;在乡镇建立廉政食堂,县直单位干部下乡,在食堂用餐。并每年进行专项检查。

1993 年,全县党政机关对照中共中央提出的党政领导干部不准经商办企业的规定,进行自查自纠。至年底,共清理党政机关经商办企业 25 个,在企业兼业兼职的 38 名干部,全部返回机关上班。

1994 年,全县党政机关对照自治区党委、自治区人民政府制定《关于党政机关汽车配备和使用管理的规定》《关于党政机关工作人员在公务活动中食宿接待标准的规定》,进行自查自纠。使全县党政机关配车和公务接待行为进一步规范。

1996 年,全县党政机关结合开展讲学习、讲政治、讲正气和实施"三严四自"工程,继续抓好领导干部廉洁自律工作。县纪委要求科级以上领导干部申报个人收入情况。

1997年，县纪委开展清理领导干部用公款配置通信工具问题。共清理公费住宅电话92部，一次性折价处理68部，节约经费13.20万元；清理移动电话45部，一次性折价处理25部，节约经费9.50万元。

1999年，县纪委印发文件，要求停止用公款为领导干部配备住宅电脑和用公款支付领导干部住宅电脑上网费用。同时，印发《关于坚决刹住收受和赠送"红包"歪风》的通知，指出今后凡是赠送和收受"红包"的，都视为顶风违纪行为，不管数量多少，情节如何，一经查实，一律严肃处理。

2001年，继续落实中共中央关于进一步规范领导干部廉洁从政行为的有关规定，要求党员干部结合开展"三个代表"重要思想教育活动，进行自查自纠，主动清退过去收受的"红包"。

2004—2005年，落实自治区党委对各级领导干部廉洁自律提出的6条具体要求。重点整治"跑官要官"、收受钱物，党员干部参与赌博和借婚丧嫁娶之机敛财等问题。

党风廉政责任制 1996—1998年，县委、县人民政府与10个乡镇党委、乡镇政府和80多个县直单位签订《党风廉政建设目标管理责任书》，把考核结果作为干部任用和年终奖励的重要依据之一。

1999年，县纪委印发《永福县党风建设责任制考核办法》要求各单位制定切合实际的党风廉政建设责任制。

2000年，县纪委监察局对全县的党风廉政建设责任制落实情况进行了全面检查。

2001年，县委制定各级党政领导班子尤其是党政"一把手"一岗双责制度，在履行好业务职责的同时，承担起党风廉政建设的责任，从而使党风廉政建设责任制进一步落到实处。

2003年，贯彻执行自治区党委、自治区人民政府《关于进一步落实党风廉政建设责任制意见》，要求各级党组织每年须向上一级党委、纪委书面报告年度落实党风廉政建设责任制的情况。

2005年，县纪委派出4个检查组，对全县9个乡镇、80多个县直单位的党风廉政建设进行全面检查，并将检查情况在全县进行通报。

永福县积极探索推进基层党风廉政建设责任制的有效途径，有所创新地在全县9个乡镇、99个村及每个自然屯推行"一线监督机制"的经验在全自治区农村基层党风廉政建设工作经验交流会上得到交流。1991—2005年，全县被中央、自治区、市各级主流媒体和纪检监察系统刊物采用纪检监察通讯和信息文章283篇。其中，《永福县廉政建设监督关口前移效果好》等51篇文章被新华网等官方网站采用。每年实行救灾扶贫款物、拉动内需资金以及其他涉农资金分配使用抄送纪检监察机关备案制度和款物管理使用信息披露制度的工作经验获自治区纪委监察厅推介。

查办违纪违法案件 1991—2005年，全县纪检监察系统认真查办党风廉政违纪案件，共立案查处违纪违法案件182件，结案182件，结案率100%。从严惩处一批违纪违法者，较好地发挥案件检查的惩处职能和威慑作用，更加直观地教育广大党员干部，维护正常的经济、社会秩序。

纠正部门和行业不正之风

减轻农民负担 1992年，县纪委与有关部门配合，就全县农民负担问题进行专项调查和清理。

1993年，县人民政府取消16个涉及农民负担收费项目。

1995年，县纪委监察局组织相关部门开展减轻农民负担情况的执法检查。重点对化肥、农药等农用生产资料经营情况进行专项检查。

1997年，县纪委监察局对减轻农民负担开展执法效能监察。

2002年11月，县人民政府印发《永福县推行涉农税收、价格、收费公示制度实施方案》，规范了涉农收费行为和标准。

2003年，永福县启动农村税费改革试点工作。取消特产税、降低农业税、减轻农民负担，农民人均减

负 14 元。

2004 年,永福县取消特产税,农民人均减负 13.50 元。

2005 年,永福县取消农业税。同时切实抓好减轻农民负担工作,落实"一项制度八个禁止",即:执行农民负担预决算制度;禁止平摊农民特产税、屠宰税;禁止一切要农民出钱、出力、出工的达标升级活动;禁止一切没有法律法规依据的行政事业收费;禁止面向农民集资;禁止各种摊派行为;禁止强行向农民以工代劳;禁止在村、屯招待下乡干部;禁止用非法手段向农民收款收物,切实减轻农民负担。

治理公路"三乱" 1993—1994 年,永福县县纪委组织相关单位对境内公路沿线乱设卡、乱收费、乱罚款(简称公路"三乱")问题进行治理整顿。1995 年,县纪委与县交通局对公路"三乱"行为进行检查整顿。1999 年以后,每年都进行不定期检查,开展经常性的自查自纠活动,没有发现公路"三乱"问题反弹现象。2005 年永福县荣获自治区人民政府授予的公路无"三乱"县称号。

治理中小学乱收费 1995—1996 年,县纪委会同县物价局、教育局对全县中小学的收费情况进行检查。2000—2001 年,县纪委加大治理中小学收费力度,对少数学校少量乱收费行为,坚决予以纠正。2002 年,县人民政府印发《关于进一步做好治理中小学乱收费工作的通知》。规定从 2002 年开始,凡乡镇辖区内 5% 以上的中小学发生乱收费问题,责任在学校的除处理直接责任人和学校领导外,对乡镇教育组主要领导负责人就地免职,并追究相应的纪律责任;责任在乡镇或村委会的,乡镇分管教育的领导就地免职,同时追究相应的纪律责任,有效地加强治理中小学乱收费工作。2003—2005 年,继续治理中小学乱收费问题,要求收费使用统一正规票据,收费收入金额全部存入同级财政专户,实行收支两条线管理,使治理中小学乱收费工作更加有制度保障。

行风评议 1997 年,永福县纪委监察局开始推行对县直部门和行业开展行风评议工作。1998—2003 年,先后对县工商局、交通、卫生、林业、国税、地税、供电等部门开展行业作风评议。2004 年,永福县纪委监察局开始在全县推行行风评议结果与经济奖惩挂钩制度,这一经验在自治区纠风工作会议上作了推介。至 2005 年,共有 21 个县直单位和部门先后列入行风评议单位。通过开展行风评议工作,有效地促进部门和行业风气的进一步好转,改进干群关系,改善投资环境,有效促进经济社会发展。

执法监察

1991—1992 年,永福县纪委执法监察的重点是查处领导干部违纪案件。

1993—1994 年,县纪委监察局执法监察的重点是对《全民所有制企业转换经营机制条例》和《农民承担费用和劳务管理条例》的贯彻执行情况进行监督检查。

1995 年,开展减轻农民负担情况的执法检查。重点对农药化肥等农用生产资料的价格、质量专项检查。同时对县内重点工业企业实现"挂牌"保护。

1996 年,全县开展预算外资金清理,对未实现财政专储、使用票据不合理、违反控制购车资金、业务性收费提高标准、取消收费项目仍在执行收费的单位进行了通报和处理。

1997—1999 年,先后对减轻农民负担和部分企业开展执法效能监察,对公款配备的通信工具作价处理及收缴费用情况、教育附加费及收支两条线执行情况进行执法监察。

2000 年,重点对供销社系统社员股金服务部领域开展执法监察。

2001—2002 年,先后对全县社会保障资金、粮食体制改革、土地管理等进行专项检查。

2003 年,对全县 5 个乡镇教育组、3 所中学和 1 所小学共 9 个单位从 1996—2002 年的财务管理和学校收费进行立项开展专项执法监察,查出"小金库"(账外账)、贪污公款、乱收费、以权谋私、侵占教师工资、超标违规报领通信费、公款旅游、公款学小车、私分学生资料费、重复发放补助、私分教育附加费等各种违纪违规金额达 451.50 多万元。经研究处理如下:还给学生家长金额 31.70 万元,上缴县财政金额 31.50 万元;纠正违规收费项目 8 项,提出整改措施和建议 14 条;发现案件线索 5 条,由县纪委立案查处 2 件,给予党纪处分 2 人,挽回经济损失 126 万元。

2004 年,成立县机关效能投诉中心。当年接到投诉件 126 件,转交有关部门办理 15 件,自办 111 件,办结率 100%。其中,对永福县广福乡民政办婚姻登记收费及财务管理情况立项进行了执法监察。经调查核实该乡民政办从 2002 年 4 月至 2004 年 5 月,收取结婚证、离婚证工本费 3490 元不开正式发票;违规收取调解费 1600 元;隐瞒截留罚没收入 1.32 万元。鉴于该乡民政办的违规收费、违规使用罚没款属于单位行为,所收取费用全部用于民政事业开支和乡政府日常开支,并有领导审批,未发现个人贪污挪用行为,并且在立项调查前已自行纠正。因此,对违规收取的款项不予收缴,但对民政办负责人进行严肃批评教育,并责成乡政府对所属部门行政收费进行一次检查,对存在类似问题要切实改正,并加强对收费的公示。

2005 年,县机关效能投诉中心共接到投诉 68 件,包括督促办理 32 件、直接办理 36 件。其中,对县林业局林政办开展了专项执法监察,查出林业局林政办以采脂费名义收取违纪金额 10 多万元,查出私设"小金库"金额达 100 多万元,对林业局林政办的违纪行为进行了处理。

第九节　统一战线

统战干部队伍建设

新的历史时期,爱国统一战线的范围进一步扩大。永福县统一战线工作的对象主要包括全县少数民族人士、宗教界人士、非公有制经济代表人士、党外人士、台湾同胞、海外侨胞及其眷属等。1991—2005 年,中共永福县委统战部作为县委常设工作机构,全面贯彻党在新时期的统一战线路线、方针、政策,积极发挥统一战线"法宝"的作用,团结人心、凝聚力量,在全县建设一支团结在党周围的党外代表人士队伍。

1991 年,全县有统战干部 18 人,其中县委统战部 5 人、乡镇 10 人、县直各党委 3 人。1991—2002 年,由县政协一名专职副主席兼任县委统战部部长。各乡镇有一名副书记分管统战工作。全县大多数党支部设有统战委员,形成统战工作层层有人抓的工作格局。县委把统战理论与实践列入县委党校的教育培训计划,举办领导干部培训班时经常安排有统战理论与实践课。

2002 年,中共永福县委转发中共桂林市委《关于进一步加强统一战线工作的意见》,召开全县统战工作会议,对新世纪、新时期的统一战线工作进行部署;并开始设置专职的县委统战部部长,加强县委统战部的领导力量。

2003 年在全县各乡镇党委恢复设置了专职的统战委员。2004—2005 年,在全县大多数基层党总支、党支部设置统战委员,建立县、乡、村三级统战工作网络。加强培训学习,每年举办 1~2 期统战委员培训班或用以会代训的形式提高统战干部的工作业务水平。2005 年,有县乡专职统战干部 20 人。统战工作按照"长期共存、互相监督、肝胆相照、荣辱与共"的方针,坚持和完善共产党领导的多党合作和政治协商制度。通过座谈会、情况通报会等形式,就永福县的政治、经济、社会发展情况和重要人事安排等进行协商讨论,听取党外人士的意见和建议,对合理意见和建议予以采纳并及时办理和答复,使政治协商、民主监督逐步走上经常化、制度化。

党外统战工作

培养选拔党外干部　从 20 世纪 90 年代开始,县委统战部逐步建立党外知识分子干部信息库。1999 年,县委统战部对全县各乡镇和县直各单位副科级以上领导干部进行调查摸底,建立党外领导干部花名册。2002年,加强党外领导干部重点联系工作。对优秀党外行政干部和知识分子给予长期培养和培训进修,努力做好培养举荐工作。1991—2005年,共推荐民主党派成员、无党派人士担任县处级领导8人;在县人大常委会、县政协、乡镇人大担任人大代表和政协委员476人次;培养推荐乡科级党外领导干部31人。对那些政治素质好、群众公认度高的年轻党外干部,采用岗位交流、挂职、交叉任职等方法重点培养。

加强与非公经济代表人士联系　从20世纪90年代起,县委统战部加强对县工商联工作的指导帮助,更好地发挥工商联作为党和政府联系非公有制经济的桥梁和助手作用。1998年,县委统战部协助县工商联、县总工会开展为企业下岗职工"再就业送温暖"活动。2000年,对全县非公经济人士进行"致富思源、富而思进"教育。举办非公经济企业负责人培训班1期,学习统战政策、税收政策和企业管理知识。2001年,在非公经济企业中开展"爱国、敬业、守法、诚信"企业教育活动。2003年,选择县内10多家优秀非公经济企业参加"桂林市光彩事业"促进会,开展向社会公益事业捐款慈善活动。2004—2005年,县委统战部建立健全永福县优秀社会主义事业建设者、各商会负责人、重点民营企业优秀人才信息库,实施"优秀社会主义事业建设者"成长计划,在全县非公经济人士中开展"学先进求进步,争做优秀社会主义事业建设者"活动。至2005年联系全县非公经济人士456人,举办非公经济人士培训班8期,参训人员550人。向上级推荐表彰优秀社会主义事业建设者3名。引导非公经济人士积极承担社会责任,开展公益事业,回报社会,参与"光彩事业送温暖"活动。1991—2005年,永福县民营企业、商会及非公企业人士捐赠款物共计3000多万元。

民族宗教工作　永福县属典型的少数民族杂散居县。县内17个少数民族杂散居住在各个乡镇村屯。1991—1995年,县民族局对符合条件的部分公民及时进行民族成分变更和认定。1996—2005年,争取到少数民族项目专项扶持资金173万元,扶持边远少数民族村屯的基础设施建设。2005年,还为永福镇回族居民新落实一块墓地,面积0.77公顷;同时争取到香港乐施会项目资金48万元,重建永福镇银洞村解放桥和广福乡矮岭村横岭桥2座水毁桥梁。

永福县有佛教、道教、天主教、基督教、伊斯兰教5个宗教。1991—2001年,全县的宗教事务由县委统战部管理。县委统战部贯彻落实《宗教事务条例》和有关法律法规,加强对县内宗教事务的管理。2001年12月—2005年,由永福县宗教事务局专门管理县内宗教事务。县宗教事务局进一步建立完善各项宗教工作管理制度,实现宗教工作的制度化、规范化;健全县、乡、村三级宗教工作信息网络和报告制度,完善宗教场所的民主管理制度;加强对爱国宗教人士的培养,支持宗教团体提高自养能力,积极防范和及时处置涉及宗教因素的突发事件,帮助宗教界解决实际困难和问题;积极引导他们参与社会公益事业活动,维护全县宗教领域的和谐与稳定。

招商引资　1991—2005年,县委统战部深入开展中国港澳台地区和海外统战工作,加强与永福县的外资企业,特别是中国港澳台资企业的企业家和外方主要管理人员的联系,帮助台商、台属解决实际困难,做好到访的台湾各界人士650多人次的接待工作;引荐参观考察永福县旅游开发景点和苏桥工业区,促成投资项目2个,投资额1.60亿元;促成中国港澳台同胞和海外人士实施捐资助学和扶贫项目12个,捐资560万元。

侨务及中国港澳台事务工作

侨务分布:1991—2005年,永福县共有归侨6人,侨眷、侨属、港澳同胞亲属700多人;侨居海外华侨约600多人,主要分布在美国等国家;归侨中有4人居住在县城,均已退休,有1人居住在国营黄冕林场(现属鹿寨县管辖)也已退休,有1人居住在农村,生活困难,靠领低保生活。侨居海外的华侨大多为经商,也有工程师、医生等职业。

接待来访　1991—2005年,县侨务办公室接待中国港澳台同胞和海外到访团组16个,共计100多人,其中有来自美国、马来西亚、泰国、澳大利亚、芬兰、加拿大、南非、英国、以色列、日本、中国港澳台同胞和海外等10多个国家和地区的友人到永福参观、考察及访问。接待过世界华侨华人总会执行董事韩健和秘书长任兴亮、马来西亚广西同乡总会会长、拿督孔庆庶带领的经贸考察访问团及广西同乡会等,互通信息,增进了解和友谊,扩大了影响。

接受捐赠　1994年,永福县遭受洪灾,接受香港顺发贸易公司总经理邝志庄捐赠大米1万吨、食用油5000吨。1997年接受香港同胞捐赠5万元港币,澳门同胞捐赠5万元人民币。1998年,接受香港同胞马美玲等人捐赠13万元修建罗锦清真寺;接受香港同胞龙凤翔等7人捐赠21万元修建堡里乡罗田小学、苏桥乡石门小学、苏桥乡敬老院,发给农民衣物、药品一大批;龙凤翔代表香港黄凤蕊捐助5000元给贫困儿童上学,代表澳大利亚华侨郑润淄捐资3000元给特困女生上学。

引进外资　1991—2005年,县侨务办公室先后引进外资项目21个,合同资金1000多万美元。其中,较大的项目有美国麦克劳投资260万美元兴建的龙江罗汉果保健品厂、美籍华人林大成先生投资150万美元兴建的永福文大丝业有限公司、澳大利亚籍华人梅最机投资20万美元的孔雀山庄等。

宣传贯彻侨法　1991—2005年,县侨务办公室每年都以发放宣传资料、悬挂宣传横幅标语、出版墙报板报等多种形式宣传《中华人民共和国归侨侨眷权益保护法》。县侨办共接待归侨侨眷来信来访560人次,并认真做好登记备案,对能解决的问题,及时作出处理;对超出侨办职责范围的问题,沟通相关部门协调处理。共协调解决侵侨案件和参与维护侨益25件次。

对台事务

据统计,永福县共有中华人民共和国成立前去台人员130多人。1991—2005年,增加涉台婚姻300多对,县内台属约5000人。

开展与台湾交流　1991—2005年,县台办通过开展与台湾的交流工作,先后接待台湾来访客人上千人次(其中台湾著名书画家、台湾梅园园长李锦昌来永福参访,促进了永台文化交流平台);引进台资企业3家(富山农牧渔业养殖综合开发有限公司、立群木雕有限公司、台湾南良集团企业);接受台湾捐资221万元,其中台胞于敬之捐款3.50万元修建苏桥镇黑石岭小学、台塑集团先后捐款170万元建成了永福县2所明德小学、台北市广西同乡会捐款47.50万元修建苏桥镇太平小学并为该校购买了一批教学设施。

对台宣传　1991—2005年,县台办虽然工作条件简陋,但能因地制宜,多渠道多形式开展对台宣传工作。通过橱窗专栏、知识竞赛、组织稿件等形式,广泛宣传对台方针政策。宣传贯彻中共中央"和平统一,一国两制"的基本方针和现阶段发展两岸关系,推进祖国统一进程的八大主张,坚决反对和遏制"台独"分裂势力。

从1994年《中华人民共和国台湾同胞投资保护法》颁布至2005年《中华人民共和国反分裂国家法》颁布,县台办每年都以各种形式开展宣传。

服务实事　对台工作是县委、县人民政府的一个对外窗口,对台工作主要是围绕经济建设中心,开展为台胞、台属和台资企业服务,为经济建设、改革开放和祖国统一大业服务。在工作中,县台办满腔热情,助人为乐,不怕麻烦,做台胞、台属的知心朋友,主动走访台胞、台属和台资企业,每年中秋或者春节召开联谊座谈会,听取意见和建议,为他们排忧解难。1991—2005年,共接待来信来访和回家探亲台胞上千人次,帮助台资企业处理经济纠纷4起,做到件件有落实,事事有回音。

第十节　政法工作

执法监督

1991—1995年,永福县政法工作以普法宣传工作和执法监督为主。县政法部门深入乡村进行普法宣传和执法监督。加强政法队伍建设，从严治警。贯彻执行《中华人民共和国人民警察法》《中华人民共和国检察官法》《中华人民共和国法官法》，强化内部制约机制、严格依法办案。根据自治区高级人民法院《关于开展执法大检查的通知》，在法院系统开展执法大检查，针对是否办"三案"、打"白条"等10个方面的问题，制订方案，组织实施。邀请县人大、政协、纪检、监察、审计等执法监督单位的领导参加座谈，通过县有线电视台宣传执法工作，对自查中发现的重点问题进一步检查、及时纠正，经地（市）评查，抽查的案件全部合格。

1997年，县人民检察院干警外出办案

县人民检察院　供图

1998年实施"形象工程"，开展政法队伍教育整顿和执法大检查，共检查1300件案件，发现有问题的40件，及时纠正40件。2000—2002年，根据政法部门"收支两条线，不准办企业"的规定，政法委协同县纪检等4部门，对政法部门进行了检查。执法检查6次，先后抽查办结案件档案50份，走访群众300人，促进了公正执法。

2004年，开展取保候审专项执法监督，对2000—2003年上半年的取保候审案件进行全面检查，检查取保候审案件98件110人，同时集中处理涉法上访问题，排查处理涉法上访案件2起，全部处理完毕。

2005年，开展政法系统执法大检查。对县政法队伍工作作风、办事纪律、有无滥用职权、刑讯逼供、徇私枉法等问题进行了检查整顿。通过开展重点执法检查，整顿监管场所和清理超期羁押，规范政法机关涉法文件，清理不适合从事政法工作人员，对存在的问题进行自查自纠和检查整改，维护了政法队伍形象。

社会治安综合治理

20世纪90年代，中共永福县委、县人民政府将社会治安综合治理工作列为重要议事日程，作为重要工作来抓，列入"一把手工程"，层层签订责任状，与精神文明和物质文明建设工作目标管理同部署、同检查、同考评。县社会治安综合治理委员会先后制定了《关于社会治安综合治理工作意见》《永福县社会治安综合治理成员单位参与社会治安综合治理的主要职责和任务》《社会治安综合治理五年规划》等指导性文件，调动人民群众参与综合治理的积极性。1991—2005年，县委先后8次调整了县社会治安综合治理委员会，设立了县社会治安综合治理办公室，定编定人。坚持"打防结合、预防为主，专群结合、依靠群众"的方针，从严从快打击各种严重危害社会治安的刑事犯罪分子。正确处理改革、发展、稳定三者之间的关系，保持社会和谐稳定。按照自治区党委提出"大事不出，中事不出，小事少出"的维护社会稳定工作的总体要求，自觉把维护社会稳定、社会治安综合治理和平安建设工作放在重要位置，采取措施，推动社会治安综合治理各项措施的落实，确保不发生造成恶劣影响、严重危害社会稳定的重大群体性事件、重大刑事案件、重大治安灾害事故和重大安全生产事故，确保人民群众安居乐业，确保社会和谐稳定和国家长治久安。

1992年4月，经县委、县人民政府研究成立"永福县社会治安综合治理办公室"，县综治办核定编制4名，实配2人。其主要工作职责是组织、指导、协调各部门、各单位开展综合治理工作，落实综合治理措施。

1992—1993年，由县政法委牵头在农村抓好苏桥乡石门村综合治理试点工作，并在苏桥乡召开现场会，在全县推广石门村的综合治理工作经验，从而促进全县综合治理开展；积极抓好边远结合部的综合治理，组织公、检、法等各有关部门有效治理永安乡喇塔村和公路沿线的治安秩序；在全县98个村委会全部配置了专职治安特派员，负责本村治安保卫和调解工作。在县城，设立2个治安岗亭，划分警务区并成立了治安联防队;积极抓好各单位内部的治安防范,做好责任签约工作,使县城治安秩序明显好转。

1994年,永福县实行社会治安综合治理领导干部责任制,有效提高各级各部门主要领导"为官一任,造福一方,保一方平安"的政治责任感。

1995—1997年,永福县开展"争创社会治安模范县、乡镇和机关单位"活动。抓好治安联防队员的充实和完善工作,全县组建专职巡防队伍10支64人,义务治安联防队115支1298人,形成了县、乡镇、村三级治安联防网络,在治安防范工作中发挥了重要作用。

1998年,在抓好县城社会治安"龙头"的同时,继续开展多种形式的联防活动,实行军民联防、警民联防、警校联防;重点单位行业场所落实了人防、物防和技防各项措施,切实做到"看好自己的门、管好自己的人,办好自己的事",大大增强了防范能力。

1999年,永福县在组织开展"扫黄打非"活动、禁毒活动的同时,开展创建"安全文明乡镇、村屯(小区)和单位"活动。年底,全县共创"安全文明小区(村)、单位"143个。

2000年,永福县开展创建"无毒县"工作。2001年1月,自治区人民政府授予永福县为"无毒县"称号。

2001年,永福县在98个村(居委会)相继成立村级综治办。依法取缔邪教组织,严密防范和依法严处邪教组织的犯罪活动。

2002年,根据永福县党政机构改革精神,重新明确县综治办在县委政法委挂牌,其职能不变,其编制由1992年的4名减少至2名。

2003年,永福县成立了社会治安打防控体系建设工作领导小组,采取切实有效措施,组建4支队伍(巡警队、专职巡防队、义务治安联防队、单位内保队),在县城构筑4道治安防线,在乡镇建立调解庭,在村级建立调解室;并为乡镇司法所长解决副科级政治级别。同时,在全县范围内选择10个村,100个自然屯作为农村社会治安防控体系建设"四个有"(有人办事、有场地办事、有经费办事、有固定报警电话)试点活动,有效遏制违法犯罪活动,维护全县社会稳定。

2004年,县委办公室、县人民政府办公室印发《永福县加强人民内部矛盾纠纷排查调处和社会治安综合治理基层基础工作方案》,建立起人民内部矛盾纠纷排查调处的有效机制;并在一些重点自然村开展建立综治工作站工作。

2005年起,永福县开展为期3年的平安创建活动。坚持以建立健全基层综治网络为基础,以排查和化解矛盾纠纷为重点,以开展严打整治工作为抓手,取得明显成效。当年,获自治区"平安县"称号。

开展专项斗争

20世纪90年代至21世纪初,永福县政法部门连续开展打击盗抢、追逃、经济犯罪等专项斗争。1991年开展4次专项斗争:一是在5月开展查处破坏生产打击报复基层干部的专项治理,查处了此类案件18起,打击处理了一批违法犯罪分子。二是在6月开展严打专项斗争,破获各类刑事案件177起,查处赌博案件40起,摧毁违法犯罪团伙25个119人,缴获偷盗自行车113辆、电视机4台、收录机4台、电风扇1台;逮捕12人、刑事拘留8人、治安拘留17人、收审40人、警告15名、罚款24名。三是在7月开展打击拐卖妇女儿童和查禁取缔卖淫嫖娼的专项斗争,查处拐卖案件17起,抓获人贩子21人,解救妇女13人、儿童2人,摧毁拐卖团伙6个23人;查处卖淫嫖娼案件25起,打击处理卖淫嫖娼人员76人。四是在9月至12月开展反盗窃专项斗争,共破盗窃案件118起,其中治安案件54起;抓获盗窃犯87名,摧毁盗窃团伙13个46人,缴获赃款1769元,缴获砂枪6支、炸药28千克、雷管100枚、管制刀具2把、耕牛4头等;抓获批捕逃犯3名,负案在逃犯15名;打击处理盗窃违法犯罪人员131人,其中逮捕25人、刑事拘留10人、治安拘留22人、收容审查18人、少年管教2人、罚款32人、警告17人、其他5人。

1992年,开展5次严打和综合治理专项斗争,共破获刑事案件106起,摧毁犯罪团伙11个85人;查处治安案件29起,抓获各类违法犯罪人员656人;缴获砂枪43支、管制刀具17把,查扣偷盗自行车1207辆,没收了395辆。

1993年,开展6次严打和综合治理专项斗争,共破刑事案件61起、治安案件441起,摧毁违法犯罪团伙44个205人、逮捕11人、刑事拘留9人、治安拘留22人、收容审查44人;铲除罂粟80珠,缴获砂枪40支、管制刀具58把。

1994年,开展5次专项斗争:一是在春节期间开展反盗窃、查禁赌博、扫除六害专项斗争。二是在3月至4月,开展反盗窃耕牛专项斗争。三是在4月至5月,开展禁种铲毒专项斗争。四是在"五一"前后和10月中旬,全县开展综合治理专项行动,共破各类刑事案件99起。其中,耕牛案件18起,摧毁盗牛团伙4个16人;查处治安案件291起,抓获违法犯罪人员638人;铲除罂粟30210珠,处罚非法种植罂粟人员11人;缴获砂枪19支、炸药23.50千克、雷管95枚、管制刀具40把。

1995年,开展春夏和冬季严打专项斗争,共破刑事案件101起,抓获违法犯罪嫌疑人826人;查处赌博案件119起,查处卖淫嫖娼案件18起,查处黄色录像播放点4处,缴获黄色录像带12盒;铲除非法种植罂粟4210珠,缴获罂粟干果500个、种子100克,破获特大贩毒案件1起、重大贩毒案件4起,缴获鸦片膏10.25千克,抓获贩毒人员9名。

1996年4月至6月,开展严打专项斗争,共破刑事案件58起,抓获刑事犯罪嫌疑人87人;查处治安案件133起317人,打掉违法犯罪团伙40个207人,缴获砂枪12支、炸药96千克、雷管166枚、管制刀具24把、摩托车6辆及其他赃款赃物一批;同时查获吸毒案件2起,抓获吸毒人员4人,铲除非法种植罂粟500多珠,抓获负案逃犯5人,批捕在逃犯5人、两劳在逃犯1人。

1997年,3月至5月、10月至11月分别开展了春季和冬季严打斗争,共破各类刑事案件38起,其中重特大案件22起,抓获刑事犯罪嫌疑人59人;查处治安案件100起390人,打掉违法犯罪团伙40个217人;缴获砂枪5支、管制刀具24把、摩托车1辆及其他赃款赃物一批。

1998年,进行4次专项斗争,专项斗争的内容主要是:(1)特种行业;(2)禁毒;(3)反盗窃;(4)清查盗抢和走私机动车辆。共破刑事案件89起,其中大案43起;收缴黄色录像及盗版光碟103张;抓获参赌人员177人、卖淫嫖娼人员24人;抓获贩毒人员2人,缴获海洛因2克。

1999年,开展4次专项斗争。一是在3月开展禁赌专项斗争,共查封赌场12家,抓获参赌人员246人,缴获赌资赌具一批。二是在5月开展夏季严打和清理整顿特种行业及娱乐场所专项斗争,共破刑事案件15起,其中重特大案件5起;督办案件2起,涉毒案件2起;抓获刑事犯罪嫌疑人18人,打掉刑事犯罪团伙2个8人;查处治安案件32起76人,打掉扰乱社会治安的团伙3个14人,查获淫秽物品5件,抓获卖淫嫖娼人员5人,并对17家存在问题的单位提出警告和整改。三是在8月开展收缴非法枪支弹药专项斗争,共出动警车11辆次,收缴火药长枪8支、火药短枪44支、小炮弹2枚。四是在9月开展秋季禁嫖娼禁赌专项斗争,清查各种场所100余家,抓获卖淫嫖娼人员6人,查处赌博案件2起,抓获赌博人员23人。

2000年,开展禁赌、收枪治暴、夏季严打、反盗窃、冬季严打和打击假冒伪劣产品等专项斗争,共破刑事案件98起,查处卖淫嫖娼案件43起85人;查封赌博窝点48个,抓获各类违法犯罪人员839人,抓获非法销售假冒伪劣产品犯罪嫌疑人2人,摧毁了1个销售伪劣产品点,缴获伪劣产品43件;收缴各类非法枪支3650支、子弹39发。

2001年4月—2003年3月,开展历时两年的严打整治斗争,共破刑事案件410起,其中重大案件161起、特大案件15起,打掉犯罪团伙81个,成员298人。查处赌博案件305起,摧毁赌博窝点102个;打掉非法设赌的违法犯罪团伙68个,成员245人;打击处理违法犯罪人员1530人,呈报劳动教养68人。其中,2001年4月至9月开展"打黑除恶"专项斗争,打掉县城以黄××为主的恶势力团伙,百寿镇的周×、赵××为首的恶势力团伙,百寿镇的冯××、罗××为首的恶势力团伙等共6个,成员24人。2001年10月开展追逃集中抓捕专项斗争,共抓获网上逃犯6人、负案在逃犯罪嫌疑人30余人。

2004 年，开展严打专项斗争，共破刑事案件 86 起，其中重大案件 46 起。打掉犯罪团伙 11 个，成员 57 人；抓获犯罪嫌疑人 252 人、刑拘 118 人、逮捕 70 人、劳教 7 人。

2005 年，开展"两抢一盗"、严打整治、收枪治暴及赌博等专项斗争，共破刑事案件 181 起，打掉犯罪团伙 24 个，成员 84 人；查处治安案件 145 起，打掉非法设赌的违法犯罪团伙 18 个，成员 241 人；打击处理违法人员 383 人，治安拘留 87 人；收缴爆炸物品 54 千克、管制刀具 66 件、淫秽书刊 85 册、淫秽光碟 45 盘。

2001—2005 年，永福县在打击经济领域犯罪专项斗争中，共破获 30 起经济案件。

收枪治暴

20 世纪 90 年代至 21 世纪初，县委、县人民政府对收枪治暴工作高度重视，全县政法部门把收缴砂枪、匕首及其他管制刀具等凶器作为整顿社会治安的重点工作来抓，县公安局各科、所、队、室分片包干，分管领导具体负责，到各乡镇进行宣传发动，开展拉网式收查工作。据统计，1991 年缴获砂枪 6 支、炸药 28 千克、雷管 100 枚、管制刀具 2 把。1992 年缴获砂枪 43 支、管制刀具 17 把。1993 年缴获砂枪 40 支、管制刀具 58 把。1994 年缴获砂枪 19 支、炸药 23.50 千克、雷管 95 枚、管制刀具 40 把。1995 年缴获砂枪 19 支、炸药 23.50 千克、雷管 95 枚、管制刀具 40 把。1996 年缴获砂枪 12 支、炸药 96 千克、雷管 166 枚、管制刀具 24 把。1997 年缴获砂枪 5 支、管制刀具 24 把。1999 年 8 月开展收缴非法枪支弹药专项斗争，共出动警车 11 辆次，收缴火药长枪 8 支、火药短枪 44 支、小炮弹 2 枚。2000 年收缴各类非法枪支 3650 支、子弹 39 发。2001 年 4 月—2004 年 3 月，共收缴各种非法枪支 1959 支、收缴炸药 206 千克、黑火药 500 千克、雷管 1997 枚、导火索 1550 米、军用手榴弹 1 枚、子弹 1032 发、土制炸弹 8 枚。2005 年收缴爆炸物品 54 千克、管制刀具 66 件。

铁路护路

铁路是国民经济的大动脉。确保铁路治安秩序的稳定和运输安全畅通，不仅仅是铁路部门的任务，更是地方党委、地方政府义不容辞的责任。永福县境内湘桂铁路由北到南纵贯全境，境内铁路线长 56 千米，有 8 个火车站，途经两镇一乡 11 个村 51 个自然屯，沿线群众 4 万多人，有 18 所中小学校、27 座桥梁、10 个隧道、183 个涵洞。1991—2005 年，县委、县人民政府一直保留铁路护路联防工作指挥部，主动承担协助铁路部门抓好护路联防工作的重任。

1996 年 4 月，县人民政府与柳州铁路分局签订了湘桂铁路永福段护路联防工作责任状。由于护路工作体制的改变，铁路护路的形式已由原来的有偿护路转变为义务护路。永福县县、乡镇两级党委、政府高度重视这一工作。重新充实调整县、乡镇两级护路联防指挥部和办公室成员，并按照"热心、守法、健康、就近"的原则，重新选配 49 名义务护路队员；把护路经费列入财政预算，确保护路工作的正常开展；把护路工作纳入社会治安综合治理工作内容。由于县领导重视，目标明确，措施到位，工作扎实，成效显著。1996 年 8 月，桂林地区铁路护路联防工作现场会在永福县召开。同时永福县组织的护路宣传文艺队代表自治区护路办在柳北 6 县 20 多个乡镇巡回演出，引起强烈反响。

1997 年，永福县在铁路沿线开展安全文明村屯、安全文明线路创建活动。铁路沿线村民、中小学生自觉加入到学法、知路、爱路、护路行列，涌现了许多爱路护路的感人事迹。8 月 31 日—9 月 1 日，自治区政法委、公安厅、广西法制报社、广西电视台等单位到永福县拍摄和采访铁路护路联防工作。是年，永福县获全自治区"铁路护路联防工作先进县"称号。

2000 年，广福乡农民潘秀姣、秦炳秀母女和潘庚连、韦代英夫妇为维护铁路运输安全，不顾个人安危勇救列车，保护了国家人民财产安全，受到自治区、市护路部门和县人民政府的表彰、奖励。

2005 年，永福县结合"平安永福"创建活动，在湘桂铁路沿线开展创建护路安全村和"平安铁路示范路段"活动。是年永福县广福乡马陂村被自治区命名为"铁路护路安全村"荣誉称号。

15 年间，永福县以铁路护路宣传为先导，以创建平安铁路为主线，以防止耕牛上道和防止路外伤亡事故为重点，狠抓铁路护路联防各项措施的落实，确保全县境内铁路治安秩序的稳定和运输安全畅通。境内线上涉铁刑事案件逐年减少，多年保持无私设道口、无耕牛上道、无五类案件、无车辆肇事的良好状况。

第十一节　其他党务

督　　查

1991—1999 年，中共永福县委督查工作由县委办公室代为进行。其间，县委办主要负责上级党委及县委领导批示的督办和有关政策落实的督促检查。

2000 年 3 月，中共永福县委督查室成立，正科级单位，专门负责县委决策督查和县委领导批示查办，在县委办公室挂牌。主任由县委办公室副主任兼任，专设副主任 1 名。同时选聘资历深、有威信、工作经验丰富、公道正派、敢于反映和处理问题的干部担任兼职督察员。

2001 年起，县委督查室制定了督查暂行规定，建立并执行立项、登记、送批、催办、回报、立档等督查工作程序和制度。2002 年，成立县委、县政府重大决策联合督查组，负责检查、督促县直各单位、各乡镇落实县委、县政府重大决策工作。其工作直接向县委、县政府负责。

1991—2005 年，总共办理督查件 120 起，办结率为 99%。其中，上级督查件 12 件。

政策研究

1988 年 4 月 15 日，中共永福县委政策研究室成立，正科级单位，在县委办公室挂牌。主任由县委办公室副主任兼任，专设副主任 1~2 名。2001 年，县委政策研究室并入县委办公室。1991—1995 年，县委政策研究室围绕农业增产、农民增收及经济发展等情况进行调查分析，为县委决策提供参考。1996—2001 年，县委政策研究室先后以县内企业发展、劳务输出、城市建设、屠宰税征收、文化产业发展等方面工作展开调研，形成多篇调研报告，供县委决策参考。

保密工作

1981 年 4 月，成立永福县保密委员会，下设县委保密办。1986 年 11 月 5 日，更名为县委保密工作局。1991 年，县委保密局在职 1 人，在县委办挂牌。

1995 年 4 月成立永福县保密局。2002 年 8 月永福县保密局更名为"县国家保密局"，与县委保密局为一套人员、两块牌子。县委保密局是县委保密委员会的工作机构，正科级单位，是县委保密工作的参谋、助手；县国家保密局属县人民政府的职能机构、执法部门。

1991—2005 年，县委保密局在全县范围内举办了保密知识竞赛，采取广播电视、播放录像、张贴宣传标语、发放宣传资料等多种形式进行保密宣传教育。以县委党校为阵地，采取以会代训的形式培训各级领导干部、涉密工作人员等，并把保密教育纳入干部培训、考核内容，增强干部对保密工作的认识。对各部门秘密文件、数据每年进行一次清理，并交到县保密局，统一归档；对废旧秘密文件、数据统一清理，交到县档案局管理，统一监销。每年对保密工作都要开展检查。加强对计算机用户的管理和党政网用户的管理检查。加强对办公自动化、无线电通信、政务内网涉密信息的保密管理和检查。加强对密级文件和内部数据的管理。2005年,县保密局要求各系统、各单位内部办的局域网、储存的内部文件和使用共享软件的计算机,加强对涉密计算机网络的保密安全管理。

机要工作

1984年,建立中共永福县委办公室机要股。1990年9月,改称为中共永福县委机要局,正科级单位,归口县委办公室管理。县委机要局是全县机要工作的业务领导和管理部门,主要承担全县党政领导和县直机关间内部保密通信、办公自动化网络建设和信息化安全保护等的规划、建设和管理工作,是党政领导实施政令指挥的通信中心。

直属机关党建

发展党员　发展党员工作是县直属机关工委(含2001年前的直属党委,下同)的重要职责。1991—2005年,县直属机关工委遵循新形势下发展党员工作"坚持标准,保证质量,改善结构,慎重发展"的16字方针,坚持入党自愿和个别吸收的原则,成熟一个,发展一个。注重在生产、工作第一线和高知识群体、青年中发展党员。同时严格执行发展党员的手续和工作程序,做好发展党员工作。15年间,共发展新党员889人。其中,1991年47人、1992年55人、1993年58人、1994年55人、1995年69人、1996年67人、1997年77人、1998年61人、1999年65人、2000年71人、2001年65人、2002年34人、2003年59人、2004年59人、2005年47人。同时,县直属机关工委每年都对新党员和入党积极分子进行培训,使他们懂得党的基本理论、基本路线、基本纲领、基本经验和基本知识,端正入党动机,切实保证发展新党员的质量。

党员学习培训　1991—1992年,县直属机关党委举办党员、入党积极分子培训班4期,参训人员250人。1993年,组织各党支部,开展社会主义市场经济理论的学习培训。1994年,开展学习《邓小平文选(第三卷)》的培训。1995年,组织开展建设有中国特色社会主义理论和党章的学习培训。1997年10月至12月,组织机关各党支部学习中共十五大文件精神学习活动。1998—2001年,每年都举办县直机关党总支、支部书记培训班和纪委、宣委、组委培训班2~3期,全面提高基层党务工作者的党性修养和业务能力。2002年,举办县直机关党总支、支部书记培训班,参训学员85人。学习中共十六大文件精神、如何做好支部书记工作、严格发展党员规范性程序、做好发展党员工作等内容。2003年,组织机关各党支部党员参加"三个代表"重要思想知识竞赛活动。2004年,组织机关党员干部学习党风廉政法律法规,并开展学习《中共党内监督条例》和《中共纪律处分条例》等读书活动。2005年,举办县直机关各党总支书记培训班1期,参训人员90人;举办入党积极分子培训班1期,参训人员60人。主要学习保持共产党员先进性教育内容《中国共产党章程》、如何做一名合格的共产党员等内容。1991—2005年,县直属机关工委共举办党务干部和入党积极分子培训班35期,参训人员2200人次,有效提高了党员的党性修养和工作能力水平。

党员教育管理　1991—2005年,县直属机关工委把党员的经常性教育列入重要议事日程,纳入党建工作责任制,加强领导,明确责

2003年,县直机关工委新党员培训班合影

县直机关工委　供图

任,层层抓落实,切实抓出成效。

深入开展创先争优活动。县直属机关工委结合机关实际,充分发挥党组织的战斗堡垒作用和党员的先锋模范作用。积极组织各党总支、支部做好年度自治区、市、县先进基层党组织、优秀共产党员、优秀党务工作者的推荐评选工作;同时,在每年"七一"期间,县直属机关工委均对在党建工作中表现突出的先进集体和先进个人进行表彰。15年间,共召开党建工作表彰会15次,表彰基层党组织150个,优秀党务工作者150人,优秀党员450人。

严格党的组织生活。1991年,县直属党委制定党员目标管理制度。1995年,进一步完善党建工作制度。2000年,对所辖的100多个党支部落实党建目标管理责任制工作情况进行检查。2001年组织县直机关党组织和党员参加了"三个代表"重要思想学习教育活动。2005年,组织县直机关党组织和党员参加保持共产党员先进性教育活动。同时,每年都对机关各党支部执行"三会一课"、民主生活会等制度进行检查,并组织各党支部开展民主评议党员活动。

完善党员关怀机制。县直属机关工委在每年春节、"七一""八一"等重大节日期间,都组织开展对中华人民共和国成立前入党老党员、特困党员、复员退伍困难党员进行慰问活动,切实给广大党员带去组织的关爱。15年间,共组织慰问党员1350人次。

党史县志编纂

收集、编纂中共永福地方史 收集、编纂中共地方史料,是地方党史办的主业。1991—1995年,县党史县志办通过从报刊、媒体、地方文史资料中收集及走访调研等各种形式,累计收集中共永福县地方党组织及其党员队伍各种革命斗争及社会主义建设史料220多万字,图片60多张。并于1991年8月,编辑出版《永福剿匪斗争》,全书16万字,并为编纂中共永福历史正本及社会主义时期党史专题资料提供了丰富史料。2002年12月编辑出版《永福县改革开放20年(1978年12月—1998年12月)》,全书29万字,全面客观的反映永福县改革开放20年各行各业取得的巨大成就。

编纂、出版组织史资料 根据《中共组织史资料》全国编纂座谈会精神和中共桂林地委的要求,1987年6月,成立中共永福县委组织史资料编纂领导小组及其办公室,由县委组织部牵头,县委党史办、县档案局协作。至1993年共征集资料近百万字,收录机构120个、人员名录1149人,查阅档案2820卷,走访老干部104人,发出信函调查征求意见203人次,召开座谈会3次,参加座谈103人。从编写初稿起先后修改5次,于1993年6月定稿。1993年12月,由广西人民出版社出版《中国共产党永福县组织史资料》第一卷(1949年2月—1987年10月),全书35万字。

1997年4月,调整充实中共永福县委组织史资料编纂领导小组及其办公室,由县委组织部、县委党史办、县档案局等单位协同编写《中共永福县组织史资料》第二卷工作。1997年5月,开始布置各单位征集资料。1998年6月,形成征求意见稿。1999年,形成修改稿,几经修改。2001年5月,正式定稿。2002年10月,正式出版《中国共产党永福县组织史资料》第二卷(1987年10月—2000年12月),全书18万字。

编纂、出版《永福县志》 1984年12月,永福县志办正式成立后即着手编修新编《永福县志》。至1990年,县志办查阅历史档案上万卷、图书刊物千余册,收集和复印历史文献近200篇,调研笔录30多篇(次),收集笔记本10多本,厂矿、学校等史料30多篇,拓印有关碑文50多张;收集县志资料1500多万字,图表、实物上百件。至1990年,县直各单位交来专志26部、乡镇志9部,县统计局提供了永福县中华人民共和国成立后的大量数据资料,为编写《永福县志》打下了基础。在此基础上开始撰写新编县志初稿。1991年2月,全志进行总纂。1991年12月,召开自治区地方志办公室、桂林地区地方志办公室、桂林地区10个县及临桂、融安、鹿寨等周边县方志界人士参加新编《永福县志》评稿会议。评稿后修改工作于1993年5月完成,并完成县级审阅。1993年10月,通过桂林地区复审。1994年3月,通过自治区通志馆终审。

1996年12月,由新华出版社正式出版新编《永福县志》,下限1990年12月,字数140万字。

编纂、出版《永福县大事记》　编辑《永福县大事记》是党史县志办的主要业务之一。1991—2003年,县党史县志办着力收集永福县中华人民共和国成立后大事记,客观记述永福县地方史的大事要事。2004年7月,出版发行《永福县大事记》(1949年11月至2003年12月),全书23万字。2004年1月至2005年12月,每月都编辑一期《永福县大事记》,共编辑24期,约16万字,内容包括上级视察、重要会议、领导活动、各部门各乡镇重要工作、友好往来等。

党校教育

党员干部培训　20世纪90年代至21世纪初,县委党校坚持以举办党员干部主体培训班为主,对学员进行党性修养、科技、文化知识、工作能力及领导水平等方面教育。县委党校培训的主要对象是全县副科级以上领导干部、青年干部、党外干部、少数民族干部和妇女干部、村级支部书记、村委主任等。每年根据县委、县政府要求,举办5~6期党员干部主体培训班,每年培训学员500人左右。1991—2005年,县委党校共开设党员干部主体培训班75期,参训学员共6200人次。1991—2000年,县委党校主体班的教学内容主要有《马克思主义理论学习纲要》《邓小平文选》《邓小平建设有中国特色社会主义理论学习纲要》《社会主义市场经济理论》以及党史党建、党的基本路线教育、国情形势教育、职业道德教育等。2001年,县委党校在培训教学中,认真贯彻"三个代表"重要思想,加强学员思想政治建设和作风建设。2002年,加强"中国加入世贸组织"知识培训和中共十六大精神培训。2005年,在全县开展保持共产党员先进性教育活动中,县委党校充分发挥自己的职能作用,派出骨干教师到各乡镇和县直单位,进行保持共产党员先进性教育巡回培训。具体每年主体培训班教学的主要内容,是根据县委、县政府的批示和参训学员需求的知识而定。在主体班教学过程中,能够积极运用案例式教学、讨论式教学、多媒体课件教学等方法,并组织学员外出参观考察,使参训学员既增强了党性修养,又拓展了眼界,学到了实用知识,从而提高了工作能力和领导水平。

学历教育培训　为了提高在职干部的文化水平,1987—2004年,自治区党校在永福县委党校设立函授站,招收在职干部、职工参加函授大专学习。先后开设政治、经管、行管、金融、财会5个专业,共28个班,毕业函授大专学员1243人。1999—2004年,中共中央党校在县委党校先后开办函授本科法律专业5个班,毕业函授本科学员200人。2002—2005年,广西财经学院在县委党校设立函授站,先后招收函授大专财会专业4个班,毕业学员143人。在函大教学过程中,县委党校坚持理论联系实际的教学方针,努力提高教学质量,培养了一大批高素质的干部,为社会输送了一大批德才兼备的优秀人才。

1988年9月,县委党校根据县人民政府加强社会力量办学精神,在全县中考落榜的考生中择优招收高中代培班1个,学制3年。至1991年7月,该届高中班顺利毕业,毕业学生58人。从1994年秋季开始,县委党校根据自治区教委文件批复,以永福县成人中等专业学校名义,向社会招收成人中专学生,进行学历教育职业培训。截至2005年,共招收10个班学生,毕业学生358人。对成人中专毕业生全部由学校推荐就业,获得社会好评。

教学研究　20世纪90年代,县委党校进行教学改革。对党员干部主体班的培训课程设计,从过去以马克思主义哲学、政治经济学、科学社会主义、中共党史、党的建设理论为主,扩展到能适应改革开放需要的内容,既开设理论教育课,又开设基本知识与技能课,包括经济管理与行政管理知识、现代科技知识、法律法规知识、文史知识等;还开设国情形势教育和县情教育课程。特别是2001年以后,县委党校进行教学体制和教学方法改革,有计划地实施案例教学、情景模拟教学、互动性教学等现代培训方法,创造了一些新的教学经验,推动了党校教育的发展。

1991—2005年,县委党校在完成教学任务的同时,还积极组织教师围绕上级党校系统的部署要求和

县委、县人民政府的重大决策,深入全县农村基层单位、城镇基层单位、厂矿企业等,开展社会调查与教学科研活动。

在科研活动中,始终坚持为推进党的理论教育服务,为县委、县人民政府的重大决策服务,为永福县经济建设、政治建设、文化建设、社会建设服务。

在社会调查与教学科研活动过程中,鼓励教师撰写有一定理论价值的调研文章。15年间,县委党校教师共参编教材、读本5部;撰写调研报告8篇,有的调研报告为县委决策起到参考作用;撰写理论文章160多篇,在市级以上报刊发表的20篇,其中省级5篇、国家级2篇。这些发表的文章获得自治区级以上奖励3篇。

第二章　人民代表大会

永福县人民代表大会是地方国家权力机关。常设领导机关是县人民代表大会常务委员会(简称县人大常委会),常设工作机关是县人民代表大会各专门委员会(简称县人大各专委会)。从1990年8月至2006年10月,永福县共经历4届人民代表大会。其中,县第十届人大任期3年(1990年8月至1993年11月);县第十一届人大任期6年(1993年11月至1999年1月);县第十二届人大任期3年(1999年1月至2002年10月);县第十三届人大任期4年(2002年10月至2006年10月)。

1990年8月至2005年12月,永福县人民代表大会共举行全体会议21次,听取和审议工作报告、议案,作出各项决议、决定;选举产生了4届县人大常委会主任、副主任、委员,县人民政府县长、副县长,县人民法院院长、县人民检察院检察长和出席桂林地市合并后第一届、第二届人民代表大会的代表;决定成立了县人大各专委会并通过各专委会主任委员、副主任委员、委员的人选。

1990年8月至2005年12月,永福县人大常委会共举行会议101次,听取和审议工作报告,作出决议、决定,任免本级国家机关工作人员,补选上一级人大代表,组织人大代表开展视察、议案办理和干部述职评议,开展执法检查等。

15年间,县人大及其常委会始终坚持党的领导,围绕工作中心和大局,履行宪法和法律赋予的职责,逐步扩大人民民主,保障全县各族人民通过人民代表大会依法行使国家权力,依法管理国家事务,不断推进社会主义物质文明、政治文明、精神文明建设协调发展,促进永福经济社会又好又快发展和全面进步。

第一节　人民代表大会全体会议

1990—2005年,永福县第十届至第十三届人民代表大会先后召开全体会议,共21次。

永福县第十届人民代表大会全体会议

1990年8月27日至31日,永福县第十届人民代表大会第一次会议在县城召开。出席会议的人大代表192人。县委、县人民政府、县政协领导及县直各有关部门负责人、辖区内的市人大代表、县第九届人大常委会委员等列席会议。永福县第三届政协全体委员列席了会议。会议听取和审议了县人民政府工作报告、县人大常委会工作报告、县人民法院工作报告、县人民检察院工作报告。并对上述报告作出了决议,对应届县人民政府在任期3年内办理的12件实事进行了讨论,并作出相应决议。会议选举产生县人大常委会委员13人;选举莫祖恒为县第十届人代会常务委员会主任,刘珏铭、谢桂兰、李季华为副主任;选举覃正明为县人民政府县长,李宜校、廖中天、徐元声、邓文川、罗明珪、廖盛芬、刘希斌为副县长;选举秦有锡为县人民法院院长;选举卢义书为县人民检察院检察长。

县第十届人大二次会议、三次会议、四次会议、五次会议,先后于1991年3月27日至30日、1992年3月26日至28日、1992年11月26日至28日、1993年3月29日至30日在县城召开。其中,县第十届人大二次会议作出了《关于在全县公民中开展法制宣传教育的第二个五年规划的决议》;县第十届人大四次会议选举出席自治区第八届人民代表大会代表3人(即朱名华、曾玮、覃正明)。县第十届人大三次、五次会议为一年一度的例会。

永福县第十一届人民代表大会全体会议

1993年11月25日至28日,永福县第十一届人民代表大会第一次会议在县城召开。出席会议的人大代表192人。县委、县人民政府、县政协领导及县直各有关部门负责人、辖区内的市人大代表、县第十届人大常委会委员等共108人列席会议。永福县第四届政协全体委员列席了会议。会议听取和审议了县人民政府工作报告、县人大常委会工作报告、县人民法院工作报告、县人民检察院工作报告,并作出了相应决议;会议听取代表建议、批评、意见办理情况的报告。会议选举产生了县第十一届人民代表大会常务委员会组成人员(委员)14人,选举朱名钟为第十一届人民代表大会常务委员会主任,谢桂兰、方向明、罗明圭、莫忠阶为副主任;选举朱名华为县人民政府县长,徐元声、唐绍伦、陈燕林、李传龙、陈福霖、梁家世为副县长;选举秦有锡为县人民法院院长;选举李仁生为县人民检察院检察长。

县第十一届人大二次会议、三次会议、四次会议、五次会议、六次会议、七次会议、八次会议,分别于1994年3月28日至30日、1995年3月6日至8日、1996年3月26日至28日、1997年3月25日至27日、1997年11月25日至26日、1998年3月26日至27日、1998年10月7日至8日在县城召开。其中,县十一届人大三次会议补选许业钧为县人大常委会副主任。县十一届人大四次会议补选杨伯桓为县人大常委会副主任。县十一届人大六次会议选举出席自治区第九届人民代表大会代表5人(即王志英、韦纯束、朱名华、朱名钟、张燕)。县十一届人大八次会议选举出席桂林市(原桂林市与桂林地区合并后的新桂林市)第一届人民代表大会代表16人;县第十一届人大二次、五次、七次会议为一年一度的例会。

永福县第十二届人民代表大会全体会议

1999年1月6日至8日,永福县第十二届人民代表大会第一次会议在县城召开。出席会议人大代表180人,县委、县人民政府、县政协领导及县直有关部门负责人、辖区内的区、市人大代表、县十一届人大常委会委员、原县四家班子部分离退休人员共130多人列席会议。永福县第五届政协全体委员列席了会议。会议听取和审议了县人民政府工作报告、县1998年国民经济和社会发展计划执行情况及1999年计划安排(草案)报告(书面)、1998年县财政预算执行情况和1999年财政预算安排(草案)报告(书面)、县人大常委会工作报告、县人民法院工作报告、县人民检察院工作报告,并作出了相应决议。大会选举产生县第十二届人民代表大会常务委员会组成人员(委员)16人,选举邓平树为县人大常委会主任,徐元声、陈燕林、梁家世、方向明、王承林为副主任;选举唐昌元为县人民政府县长,于顺弟、文建中、钟晓梅、罗汉东为副县长;选举覃远存为县人民法院院长;选举张景源为县人民检察院检察长。

县十二届人大二次会议、三次会议、四次会议,分别于2000年3月7日至9日、2001年3月1日至3日、2002年2月27日至3月1日在县城召开。其中县第十二届人大三次会议听取和审议《永福县国民经济与

社会发展第十个五年计划纲要》的报告,作出了相应决议;补选莫桦为县第十二届人大常委会主任,补选王正阳为县人民政府县长。县第十二届人大四次会议作出了《关于禁止在县城城区燃放烟花爆竹的规定的决议》和《关于县城市容和环境卫生管理的若干规定的决议》;县第十二届人大二次会议为一年一度的例会。

永福县第十三届人民代表大会全体会议

2002 年 10 月 20 日至 23 日,永福县第十三届人民代表大会第一次会议在县城召开。出席会议人大代表 182 人,县委、县人民政府、县政协领导及县直各有关部门负责人,辖区内的区、市人大代表、县十二届人大常委会委员和原四家班子部分离退休人员等 128 人列席会议。永福县第六届政协全体委员列席了会议。会议听取和审议了县人民政府工作报告、县 2002 年国民经济和社会发展计划执行情况与 2003 年计划安排(草案)报告(书面)、县 2002 年财政执行情况和 2003 年财政预算安排(草案)报告(书面)、县人大常委会工作报告、县人民法院工作报告、县人民检察院工作报告,并作出了相应决议。大会选举产生县第十三届人民代表大会常务委员会组成人员(委员)13 人,选举于顺弟为县人大常委会主任,朱政光、陈尚成、黄显新、王宜琼为副主任;选举石春莲为县人民政府县长,文建中、秦学文、唐火桢、唐沐林为副县长;选举覃远存为县人民法院院长;选举杨卫东为县人民检察院检察长;选举出席桂林市第二届人民代表大会代表 20 人。

县第十三届人大二次会议、三次会议、四次会议、五次会议,分别于 2003 年 2 月 20 日至 22 日、2004 年 2 月 19 日至 21 日、2005 年 3 月 3 日至 5 日、2006 年 2 月 22 日至 24 日在县城召开。其中,县第十三次人大五次会议听取和审议《永福县国民经济和社会发展第十一个五年计划纲要》的报告,并作出了相应的决议;县第十三届人大二次、三次、四次会议为一年一度的例会。

第二节　机　　构

领导机构

永福县人民代表大会作为地方国家权力机关,从 1980 年 12 月第七届起设置常务委员会,作为县人代会的常设机关(领导机构),对人民代表大会负责并报告工作。常务委员会由主任、副主任和委员组成,经人代会全体会议选举产生。其任期与人代会代表相同。1990—2005 年,县人大先后经历 4 届常务委员会。其中,第十届县人大常委会设主任 1 人、副主任 3 人、委员 13 人;第十一届县人大常委会设主任 1 人、副主任 4 人,委员 14 人;第十二届县人大常委会设主任 1 人、副主任 5 人、委员 16 人;第十三届县人大常委会设主任 1 人、副主任 4 人、委员 13 人。常务委员会不定期召开,在人代会闭会期间,讨论和决定本行政区域内各方面的重大事项。县人大常委会闭会期间,由主任、副主任组成主任会议,处理常务委员会的重要日常工作。1990—2005 年,县人大常委会办公地址在县城凤城路 73 号。

表 12-4　　　　　　　　　　1990—2006 年永福县人大常委会领导名表

届次	职务	姓名	性别	民族	籍贯	任职时间	附注
第十届	主任	莫祖恒	男	汉	广西荔浦	1990 年 8 月—1993 年 11 月	
	副主任	刘珏铭	男	汉	广西阳朔	1990 年 8 月—1993 年 11 月	
		谢桂兰	女	汉	广西桂林	1990 年 8 月—1992 年 6 月	
		李季华	男	汉	广西永福	1990 年 8 月—1993 年 11 月	

续表

届次	职务	姓名	性别	民族	籍贯	任职时间	附注
第十一届	主任	朱名钟	男	汉	广西阳朔	1993年11月—1999年1月	
	副主任	谢桂兰	女	汉	广西桂林	1993年11月—1995年2月	
		方向明	女	汉	广西永福	1993年11月—1999年1月	
		罗明圭	男	壮	广西永福	1993年11月—1999年1月	
		莫忠阶	男	汉	广西桂林	1993年11月—1996年3月	
		许业钧	男	汉	广西永福	1995年3月—1999年1月	
		杨伯桓	男	汉	广西桂平	1996年3月—1999年1月	
第十二届	主任	邓平树	男	汉	广西荔浦	1999年1月—2001年2月	县委书记兼任
		莫桦	男	汉	广西藤县	2001年3月—2002年10月	县委书记兼任
	副主任	徐元声	男	汉	广西永福	1999年1月—2002年10月	
		陈燕林	男	汉	广西荔浦	1999年1月—2002年10月	
		梁家世	男	汉	广西永福	1999年1月—2002年10月	
		方向明	女	汉	广西永福	1999年1月—2002年10月	
		王承林	男	汉	广西永福	1999年1月—2002年10月	
第十三届	主任	于顺弟	男	壮	广西永福	2002年10月—2006年10月	
	副主任	朱政光	男	壮	广西永福	2002年10月—2006年10月	
		陈尚成	男	汉	广东雷州	2002年10月—2006年10月	
		黄显新	男	壮	广西平果	2002年10月—2006年10月	
		王宜琼	女	汉	广西永福	2002年10月—2006年10月	

工作机构

　　1991年,县第十届人大常委会内设工作机构为办公室、法制工作委员会、财经工作委员会和教科文卫工作委员会(即"一办三委")。县人大常委会机关人员编制21人,实有人数19人。1999年4月,县人大常委会内设工作机构,增设农业农村工作委员会。2001年12月,机构改革,县人大常委会内设工作机构合并为办公室、内务司法工作委员会、财经教科文卫工作委员会(即"一办二委")。2002年3月,确定人员编制15人(其中行政编12人、工勤编3人),实有人数15人。2002年12月,增加事业编1人。行政编制人员和事业编制人员编制共16人,实有人数16人。2004年,增加行政编1人,人员编制共17人,实有人员17人。2005年,县人大常委会内设工作机构保持为办公室、内务司法工作委员会、财经教科文卫工作委员会(即"一办二委")。县人大常委会机关人员编制17人(其中行政编14人、工勤编3人),实有人数17人。1991—2005年,历任县人大常委会办公室主任有:于显东(1990年2月—1994年1月)、谭应华(1995年4月—1998年11月)、张桂兴(1999年1月—2002年1月)、李荣诚(2002年1月—2005年12月)。历任县人大常委会内务司法工作委员会主任有:莫忠阶(1988年7月—1993年10月)、韦琼珍(1994年9月—1995年4月)、毛元秀(1995年4月—1998年11月)、黄光寿(1999年1月—2005年12月)。历任财经教科文卫工作委员会主任有:廖晋吉(1990年10月—1993年10月)、黄金兴(1994年1月—1998年11月)、黄开悦(1999年1月—2002年1月)。历任县人大常委会原教科文卫工作委员会主任有:韦琼珍(1992年4月—1993年10月)、潘庚生(1994年9月—1998年11月)、吴洁好(1999年1月—2001年12月)。

第三节　常务委员会重要会议

县第十届人大常委会重要会议

1990—1993年，永福县第十届人大常委会共召开22次会议。主要会议有：

1990年

10月29日—30日　第一次会议，学习有关法律法规；通过成立县第十届人大常委会代表资格审查委员会的决议。研究决定人大常委会组成人员工作分工。接受秦诚东辞去县人大常委会委员职务的请求；任命县人大常委会内设委室主任1人；任命县人民政府组成部门主任、局长41人；任命县人民法院庭长、副庭长、审判委员会委员、审判员9人；免去县人大常委会委室主任、副主任3人；免去县人民检察院检察委员会委员、副检察长职务1人。

12月19日—20日　第二次会议，学习中共中央总书记江泽民在视察广西时的重要讲话和传达地委工作会议精神；听取县工商局关于县城农贸市场筹建情况汇报；听取县物价局关于开展验收、财务、物价大检查情况汇报；听取县财政局关于财政预算执行情况汇报；听取审议县人民政府关于调整财政预算的提请报告；研究确定组织代表视察的有关事项。任命县人民法院副庭长、审判员2人；免去庭长、副庭长、审判委员会委员、审判员职务9人。

1991年

3月5日—6日　第三次会议，学习"广西壮族自治区乡、民族乡、镇人民代表大会工作条例"；听取和审议县人大常委会、县人民政府、县人民法院、县人民检察院向县十届人大二次会议所作各项工作报告初稿；研究决定召开县十届人大二次会议事宜。接受刘叙泽辞去县十届人大常委会委员职务的请求；任命胡承易为县人民政府副县长；任命县人民政府组成部门主任、局长1人，任命县人民检察院副检察长1人。

3月27日　第四次会议，审议县人民政府关于永福县国民经济和社会发展十年规划和"八五"计划纲要的报告；听取和审议县人民政府关于永福县第二个五年普法规划的报告；研究补选十届人大常委会委员名额及候选人建议名单。任命县人大常委会委室副主任1人，任命县人民政府组成部门局长1人。

5月10日—11日　第五次会议，传达自治区七届人大四次会议精神；听取县农委关于全县春耕生产、开发性农业生产情况的汇报；听取县林业局1990年林业生产计划完成情况及1991年造林绿化工作的安排、准备情况的汇报；听取县水电局关于板峡水库西干渠系工程施工进度情况及1991年春灌情况的汇报；讨论研究县文化局关于开放营业性桌球的报告。

7月29日—30日　第六次会议，听取和审议县卫生局、县计划生育委员会的工作汇报；讨论通过了关于恢复营业性桌球活动的决定。任命县人民法院庭长、副庭长、审判员9人，免去副庭长职务3人。

9月11日—12日　第七次会议，听取和审议县教育局的工作汇报；审议通过永福县人大常委会关于在全县开展执法检查的决定；听取县第十届人民代表大会第二次会议代表建议办理情况的汇报；学习有关法律、法规。任命县人大常委会委室副主任1人；任命县人民政府组成部门局长4人；任命县人民法院副庭长1人；免去县人民政府组成部门局长职务2人。

11月7日—8日　第八次会议，听取县财政局关于财政预算执行情况的汇报；听取县工商行政管理局关于工商行政管理法规执行情况和县城农贸市场建设进展情况的汇报；听取自治区人大代表永福小组在永福县进行反盗窃斗争专题视察情况的通报。接受莫光容辞去县十届人大常委会委员职务的请求；任命陈燕林为永福县人民政府副县长；任命县人民政府组成部门主任、局长3人；免去县人民政府组成部门主任职务1人。

1992年

2月26日—28日　第九次会议,研究决定召开县第十届人大三次会议的有关事项。任命县人民政府组成部门局长1人;免去胡承易县人民政府副县长职务;免去县人民政府组成部门局长职务2人;任命县人民法院庭长、审判委员会委员、审判员6人;免去县人民法院庭长、审判委员会委员、审判员职务5人。

4月9日—10日　第十次会议,听取县人民政府关于1991年财政决算和1992年财政预算情况说明;听取和审议县农业局关于春耕生产情况汇报;听取和审议县林业局关于造林灭荒情况汇报;学习中共中央2号文件和邓小平南方谈话。任命县人大常委会委室主任1人;任命县人民政府组成部门主任、局长4人;免去县人民政府组成部门主任、局长职务5人;任命县人民检察院检察员1人。

6月11日—12日　第十一次会议,听取县供销社、县商业局关于"四开放"的改革情况汇报;听取县粮食局关于粮食统销价格改革的情况汇报;学习《中华人民共和国人民代表大会代表法》。接受谢桂兰辞去县十届人大常委会委员、副主任职务的请求;任命谢桂兰为永福县人民政府副县长;任命县人民政府组成部门主任、局长4人;免去邓文川永福县人民政府副县长职务;免去县人民政府组成部门主任、局长职务2人。

8月11日—12日　第十二次会议,任命县人民政府组成部门主任、局长2人;免去县人民政府组成部门局长职务1人;任命县人民法院副庭长1人。

12月25日　第十五次会议,听取和审议县农委关于1992年农业生产情况及1993年春耕生产准备、农村产业结构调整计划的汇报。任命县人民法院副院长、庭长、副庭长、审判员6人;免去县人民法院庭长、副庭长职务5人。

1993年

2月23日—25日　第十六次会议,听取县人民政府、县人民法院、县人民检察院1992年工作总结和1993年工作计划的汇报;讨论通过县人大常委会1992年工作总结和1993年工作要点;审议县计划委员会关于1992年国民经济和社会发展计划执行情况和1993年计划(草案);任命县人大常委会委室副主任1人,免去县人大常委会委室副主任职务1人,免去县人民政府组成部门局长职务1人。

3月16日　第十七会议,听取和审议县人民政府关于调整"八五"计划主要指标的建议;听取和审议县人民政府关于1992年财政决算和1993年财政预算(草案)的汇报;研究决定召开县十届人大五次会议事宜。

4月21日—22日　第十八次会议,听取和审议县人民政府关于春耕生产、农业产业结构调整、造林灭荒等三项工作情况汇报。

6月25日—26日　第十九次会议,听取和审议县经济委员会关于贯彻《全民所有制工业企业转换经营机制条例》情况汇报。任命梁家世为县人民政府副县长;任命县人民政府组成部门主任、局长3人;任命县人民法院副庭长、审判员3人,县人民检察院检察员1人;免去县人民政府组成部门主任、局长职务3人;免去县人民法院副庭长职务2人。

8月23日　第二十次会议,研究决定县、乡镇人大换届选举有关事项;听取执法检查组对各乡(镇)和县直各有关部门贯彻执行《全民所有制工业企业转换经营机制条例》《农民承担费用和劳务管理条例》进行重点检查的情况汇报。任命县人大常委会委室副主任1人;免去县人民政府组成部门主任职务1人。

9月22日　第二十一次会议,听取县、乡镇人大换届选举工作进展情况汇报。任命韦志光为永福县人民政府副县长(代县长);任命县人民检察院副检察长1人;任命乡镇选举委员会主任1人;接受覃正明辞去县人民政府县长职务的请求;免去乡镇选举委员会主任职务1人。

10月31日—11月1日　第二十二次会议,听取和审议县人大常委会、县人民政府、县人民法院、县人民检察院的工作报告。任命县人民检察院检察委员会委员1人。

县第十一届人大常委会重要会议

1993—1999 年，永福县第十一届人大常委会共召开 31 次会议。主要会议有：

1994 年

3 月 10 日—11 日　第二次会议，听取和审议县人民政府关于调整本届政府任期内办实事的议案；听取和审议县人民政府关于加强县城改造的议案；听取县农委关于农业生产情况和"三一〇"工程实施情况的汇报。任命县人大委室主任、副主任 4 人；任命县人民检察院副检察长 2 人，检察委员会委员、检察员 19 人。

5 月 17 日—18 日　第三次会议，听取县经委关于国有工业企业产权制度改革和生产情况汇报；听取县财政局、税务局关于财政税收体制改革情况汇报。任命县人民法院审判委员会委员、审判员、副庭长 11 人，免去副庭长职务 2 人；任命县人民检察院检察员 2 人。

7 月 19 日—20 日　第四次会议，讨论通过县人大常委会《议事规则》《主任会议制度》《人事任免办法》《人大代表联系办法》。

1995 年

2 月 24 日—25 日　第八次会议，任命骆远明为县人民政府副县长、免去陈福霖县人民政府副县长职务，接受谢桂兰辞去县人大常委会副主任职务的请求。

8 月 16 日　第十一次会议，任命钟晓梅为县人民政府副县长。

1996 年

3 月 15 日　第十四次会议，接受莫忠阶辞去县人大常委会副主任职务的请求。

5 月 7 日　第十五次会议，任命曾一帆为县人民政府副县长。

9 月 6 日　第十八次会议，任命徐安民为县人民政府副县长。

11 月 14 日　第十九次会议，审议通过《关于在全县公民中开展法制宣传教育的第三个五年规划的决定》。

12 月 27 日　第二十次会议，任命李汉春为县人民政府副县长。

1997 年

11 月 26 日　第二十五次会议，审议通过县人民政府制定的《永福县县城总体规划》。

1998 年

2 月 13 日　第二十六次会议，听取县政府办、局正职领导 21 人和"两院"（即法院、检察院）副职及二层机构负责人 27 人的述职报告并进行评议。

8 月 30 日　第三十次会议，接受朱名华辞去县人民政府县长职务的请求，任命唐昌元为县人民政府副县长、代理县长，任命于顺弟为县人民政府副县长。

9 月 8 日　第三十一次会议，任命罗汉东、文建中为县人民政府副县长。

县第十二届人大常委会重要会议

1999—2002 年，永福县第十二届人大常委会共召开 29 次会议。主要会议有：

1999 年

3 月 22 日　第二次会议，讨论通过修改后的县人大常委会《议事规划》《主任会议制度》《人事任免办法》《人大代表联系办法》。

4 月 1 日　第三次会议，任命县人大常委会委室主任、副主任 4 人；任命县人民政府组成部门主任、局长 21 人;任命县人民法院审判委员会委员、庭长、副庭长、审判员 14 人。

8 月 25 日 第五次会议,任命陈尚成为县人民政府副县长。

11 月 4 日 第六次会议,通过县人大常委会《关于在永福县行政、审判、检察机关推行执法责任制的决定》。

2000 年

3 月 1 日 第九次会议,评选出 1999 年度"十佳公仆",接受朱名钟辞去人大常委会委员职务的请求。

4 月 15 日 第十次会议,审议和通过县人大常委会《关于开展依法治县决议》。

6 月 30 日 第十一次会议,审议和通过县人大常委会《监督工作规定》《关于错案和行政过错责任追究制度的决定》《关于讨论和决定本行政区域内重大事项的规定》。

9 月 19 日 第十三次会议,任命黄显新为县人民政府副县长;听取县公安局对县人大代表评议意见的整改情况汇报。

2001 年

2 月 6 日 第十五次会议,任命王正阳为县人民政府副县长、代理县长;接受邓平树辞去县人大常委会主任职务的请求;接受唐昌元辞去县人民政府县长职务的请求。

5 月 9 日 第十八次会议,审议和通过《关于桂林苏桥新区总体规划》。

6 月 25 日 第十九次会议,审议和通过《永福县人大常委会关于加强医药经营管理的决议》。

7 月 31 日 第二十次会议,任命刘翔为县人民政府副县长(挂职)。

8 月 15 日 第二十一次会议,听取县人民政府关于县城建设工作汇报。

10 月 11 日 第二十二次会议,审议和通过了《关于在全县开展第四个五年法制宣传教育规划的决议》。

2002 年

4 月 26 日 第二十六次会议,听取县人民政府关于河道采砂情况的汇报,作出《关于加强河道采砂管理的决定》。

7 月 30 日 第二十八次会议,决定成立县选举委员会及其办事机构;任命乡镇选举委员会组成人员;确定县人大代表选举名额分配方案和乡镇人大代表名额。

9 月 19 日 第二十九次会议,免去刘翔挂任的县人民政府副县长职务。

县第十三届人大常委会重要会议

2002—2005 年,永福县第十三届人大常委会共召开 19 次会议。主要会议有:

2002 年

12 月 20 日 第一次会议,通过 2003 年常委会工作要点,任免县人民政府组成部门主任、局长 20 人。

2003 年

4 月 3 日 第四次会议,听取和审议县人民政府关于社会保障、再就业工作和《中华人民共和国种子法》执行情况的汇报。

9 月 12 日 第六次会议,听取县交通局和县监察局年度工作进展情况汇报;任命黄定伟挂任县人民政府副县长。

12 月 31 日 第八次会议,批准县人民政府调整部分财政支出预算的方案;通过召开县十三届人民代表大会第三次会议的决定。

2004 年

4 月 12 日 第九次会议,听取县人民政府办公室关于政府办工作情况的汇报和关于承办代表建议、

意见情况汇报及计生工作专题汇报。

8月27日　第十一次会议,听取县人民政府关于贯彻执行《中华人民共和国义务教育法》的情况汇报;补选蒋炳穗、刘靖波为桂林市第二届人民代表大会代表。

11月19日　第十二次会议,听取县审计局对同级财政2003年财政预决算审计情况汇报;听取县人大常委会特定问题调查委员会关于对永福县规模以上企业生产销售情况和中小企业发展现状的调查情况汇报;讨论通过县人大常委会《关于述职评议的暂行办法》;任命袁荣礼为县人民法院挂职副院长。

12月24日　第十三次会议,听取和审查县人民政府《关于调整2004年度财政收支预算的方案》;听取县人民政府议案办理情况的汇报;听取县人民政府关于《中华人民共和国审计法》《中华人民共和国工会法》执行情况的汇报。

2005年

11月9日　第十七次会议,听取和审议县人民政府关于林业工作情况汇报;免去袁荣礼县人民法院审判员、审判委员会委员、副院长职务(挂职期满)。

12月26日　第十八次会议,批准县人民政府《关于调整2005年度财政收支预算的方案》;任命胡革强为永福县人民政府副县长(挂职)。

第四节　人事任免

县第十届人大常委会人事任免

县第十届人大常委会任免国家机关工作人员168人次,接受辞去职务5人。其中,任命118人次、免职50人次。

按部门分别统计如下:

任命县人大常委会委室主任、副主任6人次;免职4人次,其中接受辞去县人大常委会副主任职务请求的1人,接受辞去县人大常委会委员职务请求的3人。

任命县人民政府副县长及委、办、局主任、局长70人次,其中决定代理县长1人,任命副县长4人;免职21人次,其中接受辞去县长职务请求的1人,免去副县长职务的2人,免去县人民政府组成部门主任、局长职务的18人;免去乡镇选举委员会主任职务1人。

任命县人民法院副院长、庭长、副庭长、审判委员会委员、审判员37人次,其中副院长1人;免职24人次。

任命县人民检察院副检察长、检察委员会委员、检察员5人次,其中副检察长2人;免职1人次。

县第十一届人大常委会人事任免

县第十一届人大常委会任免国家机关工作人员302人次,其中任命209人次、免职93人。

按部门分别统计如下:

任命县人大常委会委室主任、副主任12人次;免职5人次,其中接受辞去县人大常委会副主任职务请求的2人。

任命县人民政府副县长及委、办、局主任、局长80人次,其中决定代理县长1人,任命副县长8人;免职49人次,其中接受辞去县长职务请求的1人,接受辞去副县长职务请求的1人,免去县人民政府组成部门主任、局长职务的47人次。

任命县人民法院副院长、庭长、副庭长、审判委员会委员、审判员 79 人次,其中副院长 3 人;免职 31 人次,其中免去副院长职务的 1 人;撤销职务 1 人。

任命县人民检察院副检察长、检察委员会委员、检察员 38 人次,其中副检察长 5 人;免职 7 人次,其中免去副检察长职务 1 人。

县第十二届人大常委会人事任免

县第十二届人大常委会任免国家机关工作人员 238 人次,其中任命 160 人次、免职 78 人次。

按部门分别统计如下:

任命县人大常委会委室主任、副主任 17 人次;免职 13 人次,其中接受辞去县人大常委会主任职务请求的 1 人,接受辞去县人大常委会委员职务请求的 2 人。

任命县人民政府副县长及委、办、局主任、局长 42 人次,其中决定代理县长 1 人,任命副县长 4 人;免职 17 人次,其中接受辞去县长职务请求的 1 人,免去县人民政府组成部门主任、局长职务的 6 人。

任命县人民法院副院长、庭长、副庭长、审判委员会委员、审判员 64 人次,其中副院长 3 人;免职 38 人次,其中免去副院长职务的 1 人。

任命县人民检察院副检察长、检察委员会委员、检察员 37 人次,其中副检察长 4 人;免职 10 人次,其中免去副检察长职务 1 人。

县第十三届人大常委会人事任免

截至 2005 年 12 月,县第十三届人大常委会任免国家机关工作人员 102 人次,其中任命 80 人次、免职 22 人次。

按部门分别统计如下:

任命县人大常委会委室主任、副主任 2 人次;免职 2 人次。

任命县人民政府副县长及委、办、局主任、局长 38 人次,任命副县长 1 人;免职 15 人次,即免去县人民政府组成部门主任、局长职务的 15 人次。

任命县人民法院副院长、庭长、副庭长、审判委员会委员、审判员 32 人次,其中任命副院长 3 人、人民陪审员 11 人;免职 5 人次,其中免去副院长职务 2 人。

任命县人民检察院副检察长、检察委员会委员、检察员 6 人次,其中任命副检察长 2 人;免职 1 人,即免去副检察长职务 1 人。

第五节 人大代表选举

1990—1992 年,永福县、乡镇两级人民代表大会进行同步代表换届选举。1993 年起,修改后的《中华人民共和国全国人民代表大会及地方各级人民代表大会选举法》规定,县级人民代表大会的任期由原来的 3 年改为 5 年,乡镇人民代表大会的任期 3 年不变。从 2002 年起,重新修改后的《中华人民共和国全国人民代表大会及地方各级人民代表大会选举法》规定,乡镇人民代表大会的任期由 3 年改为 5 年,与县人代会的任期相同。1990—2005 年,县人民代表大会换届选举 4 次,乡镇人民代表大会换届选举 5 次。每次换届选举,县、乡镇都成立选举委员会和办公室,选区成立选举工作领导小组,抽调干部组成选举工作队,到各个选区指导选举工作。选举工作依照法律程序,确定和分配代表名额,划分选区,进行选民登记,发动选民提名推荐初步代表候选人和酝酿协商确定正式代表候选人,最后根据选民的居住情况,采取召开选民大会、设投票站和流动票箱等方式,进行无记名投票,选举新一届县、乡镇人民代表大会代表。

第十届县、乡镇人大代表换届选举

1990年6月至8月,永福县、乡镇人民代表大会同时进行代表换届选举。县第十届人大强调代表候选人的条件为:第一,政治上拥护中国共产党的领导,坚持四项基本原则,坚持改革开放,模范遵守宪法和法律,能密切联系人民群众,反映群众的意见和要求;第二,有一定的社会活动能力和参政议政能力,有一定的文化水平;第三,对人大工作有热情,能履行代表职责,积极参加代表活动。当年,全县总人口26.53万人,选民16.26万人,占总人口的61.29%;参加投票的选民15.29万人,占总选民的94.03%;选出县第十届人民代表大会代表192人、乡镇人民代表大会代表664人。

广福乡龙溪村选举县、乡人大代表

张桂发　摄于1998年

第十一届县、乡镇人大代表换届选举

1993年8月至11月,永福县、乡镇人民代表大会同时进行代表换届选举。县第十一届人大提出代表候选人的基本条件是拥护中国共产党的领导,热爱社会主义祖国,模范遵守宪法和法律;要有努力为人民服务的热情,反映群众的意见和要求;要具有一定的议政能力和社会活动能力,能够参加代表各项活动,有履行代表职责的身体素质。当年,全县总人口26.45万人,选民17.25万人,参加投票的选民16.14万人,占总选民人数的93.57%,选出县第十一届人民代表大会代表192人、乡(镇)人民代表大会代表665人。

第十二届县、乡镇人大代表换届选举

1998年10月至1999年1月,永福县人民代表大会进行代表换届选举。县第十二届人大提出代表候选人的基本条件是:热爱祖国、热爱人民、热爱社会主义、拥护中国共产党、模范遵守宪法和法律;有一定的社会活动能力和参政议政能力,有履行代表职责的政治责任感和工作积极性;能密切联系人民群众,反映群众的意见和要求。当年,全县总人口26.58万人,选民18.33万人,参加投票的选民17.28万人,占总选民人数的94.27%;选出县第十二届人民代表大会代表180人。1999年8月至10月,乡镇人民代表大会换届选举,所辖总人口24.39万人,选民18.71万人,参加投票的选民17.83万人,占总选民人数的95.30%;选出乡镇人民代表大会代表577名。

第十三届县、乡镇人大代表换届选举

2002年8月至10月,永福县、乡镇人民代表大会同时进行代表换届选举。县第十三届人大提出的代表候选人的基本条件与第十二届代表候选人的基本条件相同。当年,全县总人口26.80万人,选民19.59

万人,参加投票的选民 18.39 万人,占总选民人数的 93.87% ;选出县第十三届人民代表大会代表 182 人、乡镇人民代表大会代表 581 人。

第六节　代表视察与联谊交流

县第十届人大代表视察

县第十届人大常委会共组织县人大代表和驻县的自治区人大代表开展视察活动 3 次,参加视察活动的人大代表 50 多人次,视察单位 30 多个,有力促进了"一府两院"(县人民政府、县人民检察院、县人民法院)工作及相关工作的开展。

1990 年 12 月组织部分县人大代表和驻县的自治区人大代表对全县开展工业超亿元和龙溪杯劳动竞赛活动、国营企业落实二轮承包、水利冬修、造林绿化、绿肥生产和永福中学、永福县职业中学的校区、教学区、学生宿舍区情况进行了视察。通过视察,向县政府提出调整永福中学领导班子的建议,县人民政府予以采纳,该校的学风、校风、升学率等明显好转。

1991 年 6 月,组织部分人大代表对广福、堡里、苏桥、百寿、龙江、永福镇等 6 个乡镇的农业、林业、乡镇企业、计划生育工作进行视察,对推动和发展全县农村工作起到了积极作用。

1992 年 7 月,组织部分人大代表对全县公安系统及所属的队、科、所共 22 个单位进行视察和评议,使公安干警受到一次深刻的民主与法制教育。会后公安局及时作出整改方案报县人大常委会,并认真组织干警进行整改。通过视察、评议,促进一些久拖不决的案件得到解决,干警存在的一些工作作风问题得到及时纠正。

县第十一届人大代表视察

县十一届人大常委会共组织人大代表视察活动 10 次,参加视察的人大代表 140 多人次,视察单位 60 多个(次),有力地促进了"一府两院"(即县人民政府、县人民法院和人民检察院)工作。

1993 年 4 月,视察全县春耕生产情况和"310"工程实施情况。

1994 年 4 月和 11 月,先后 2 次组织人大代表分成 3 个组到各乡镇对永福县社会治安工作进行视察,为人大常委会审议公安等执法部门工作提供了第一手资料;9 月至 11 月,组织部分人大代表对永福县林业部门工作开展视察,就存在的几个方面问题提出了改进的意见、建议。通过视察,林业部门制定了整改方案认真进行整改。

1995 年 1 月,组织部分县人大代表对县政府工作进行视察,主要对 1994 年度国民经济和社会发展计划执行情况、工业、农业、商业生产、经营和体制改革情况、财政收入和财税体制改革情况、为民办实事情况等几项工作进行视察;11 月对县人民法院审判工作和干警队伍建设工作进行视察;12 月对广播电视工作进行视察。

1996 年 9 月组织部分县人大代表对县交通局及局长的工作进行视察。

1997 年 11 月会同县政协组织部分县、乡人大代表和政协委员对永福县公路大决战实施情况进行视察。

县第十二届人大代表视察

县第十二届人大常委会共组织人大代表视察活动 6 次,参加视察的人大代表 130 多人次,视察单位

40多个（次）。

1999年年初，视察全县教育事业发展和"两基"成果；年底对办理代表建议、意见落实情况进行专题视察。

2000年8月开展对县公安工作的视察，并召开有县四家班子领导、部、委、办、局主要负责人，公、检、法、司二层机构以上领导共300多人参加的评议大会。这次视察评议活动得到了社会的普遍赞誉，公安干警队伍思想作风建设有了明显改变。

2001年年初，针对永福县河道采沙秩序混乱、无证开采、毁坏河堤、乱堆弃料严重影响行洪安全的强烈反映，组织部分县人大代表进行现场视察。县政府根据人大代表的意见和要求，加大了整治力度，进一步规范采沙秩序，有效地保护了资源和沿河群众的安全与生产。年底又对全县冬季水果开发大会战进行视察，有效促进县委、县政府的农业发展战略实施。

2002年，组织部分人大代表视察永福县重点项目建设、基础设施建设、旧城改造等工作。

县第十三届人大代表视察

截至2005年12月，县第十三届人大常委会共组织人大代表视察活动13次，参加视察的人大代表370多人次，视察单位80多个（次）。

2003年先后组织市、县人大代表视察县城建设、苏桥工业园建设、优质水果基地、无公害蔬菜基地和农业产业化龙头企业。

2004年先后于5月、8月和10月3次组织部分人大代表对县域经济发展、苏桥新区开发建设和法院工作进行视察，促进相关工作的顺利进行。

2005年组成4个代表小组深入到各乡镇对永福县森林乱砍滥伐的严重问题进行视察和调研，指出存在的问题，提出改进的建议和意见。县人民政府作出禁止采伐一切林木3个月和在全县范围内实施造林大会战的决定，全县的乱砍滥伐及森林火灾得到遏制，植树造林掀起高潮。10月组织人大代表对政府承诺的10件实事进行视察，促进了10件实事的办理。

代表联谊交流

1991—2005年，永福县人大常委会加强横向联系，每年都分期分批组织常委会组成人员和机关工作人员及部分市县人大代表到自治区内外的一些县（市、区）人大常委会进行学习考察；同时接待自治区内外的一些县（市、区）人大常委会人员及人大代表的来访，互相学习，交流工作经验。15年间，共接待来自自治区内外90多个县（市、区）人大常委会人员及人大代表近1000人。此外，县人大常委会还参加了桂林市每年一次的县、区人大工作经验交流会，市人大各专门委员会召开的工作研讨会和经验交流会。通过外出学习考察和参加联谊会、研讨会、座谈会，交流经验，探讨问题，不断改进工作，收到较好效果。

第七节　代表议案办理

县第十届人大代表议案办理

县第十届人大常委会共收到10人以上代表联名提出的议案共311件，其中予以立案的10件，其他的301件作为代表建议和意见处理。

1990 年 8 月,县第十届人民代表大会第一次会议共收到 10 名以上代表联名提出的议案共 167 件,经大会议案审查委员会审查,大会主席团通过并经大会表决,予以立案的 5 件,其他 162 件均作为代表建议和意见处理。

该次会议人大代表针对加强村级组织建设的需要提出了《关于加强村级组织建设,提高村公所干部思想、业务素质,增强事业心和责任感,同时适当增加村公所干部工资的议案》。县人民政府及县委组织部通过充实调整村级班子,组织干部学习、培训等,加强农村基层政权建设。同时,给已退下工作岗位的老村干部每年一定的生活补贴,对当时没有政策规定给在职的村级干部增资的情况进行了解释。

该次会议人大代表针对要加强农村宣传阵地建设需要提出《关于要求修复村级有线电话和农村广播网的议案》。县人民政府和县广电局在县财政资金无法解决的情况下,建立调频广播电台,使群众可以采取有线和无线相结合的方式收听广播。

该次会议人大代表针对加强社会治安综合治理的需要提出了《关于要求政府切实抓好社会治安综合治理,同时加强公安干警政治思想、业务素质和作风建设的议案》。政法口在三皇乡抓了社会治安综合治理试点;并在全县开展了声势浩大的社会治安综合治理活动,打击了一大批违法犯罪分子及其嚣张气焰,使社会治安情况得到好转。同时,县公安局对全县公安干警开展了思想、纪律、作风整顿,加强对干警的思想教育,并对 4 个派出所和 1 个业务股的领导进行充实和整顿,切实加强公安队伍建设。

该次会议人大代表针对永福县教育基础设施薄弱,小学入学率低,小学升初中、初中升高中比例低的问题,提出了《关于要求增加对教育事业的投入,逐年提高永福县小学入学率,提高小学升初中、初中升高中比例的议案》。县政府把九年义务教育纳入国民经济与社会发展的 5 年计划、10 年规划,逐年增加对教育的投入,同时继续采取社会集资的办法,逐步解决代表们提出的问题。

该次会议人大代表针对县城市容建设提出了《关于要求搞好县城市容,将县政府至永福镇中学之间沿街的破烂房屋拆除,修建好新居民区的排水沟和道路,增建街道沿途公共厕所的议案》。相关职能部门针对这一议案,在街道净化、美化、绿化等方面做了大量工作,县财政拨款 564 万元用于县城农贸市场扩建等,认真解决代表提出的问题。

1991 年 3 月,县第十届人民代表大会第二次会议共收到 10 名以上代表联名提出的议案 63 件,经大会议案审查委员会审查,大会主席团通过并经大会表决,予以立案的 2 件,其余的 61 件作为代表建议和意见处理。

该次会议,人大代表针对永福县柑橘合同贷款 416 万元已全部到期,大部分尚未收回的问题,提出了《关于要求政府重视水果还贷工作的议案》。县政府通过印发收贷文件、组织专门力量负责水果还贷等,虽然做了不少工作,但受多种因素的影响,当年只收回应收数量的 4%,对本案的办理当年未达到预定的要求。

该次会议人大代表针对全县乱砍滥伐林木作为生活燃料,影响林业发展的问题,提出了《关于保护森林,尽快解决改燃节能工作有令不行、有禁不止的问题议案》。县政府及县绿委会采取广泛宣传、培训技术人员上门服务、资金补助、检查评比等措施,不断扩大推广建省柴灶和沼气池的效果,办好代表议案。

1992 年 3 月县第十届人民代表大会第三次会议共收到 10 名以上代表联名提出的议案,共计 50 件。经大会议案审查委员会审查,大会主席团通过并经大会表决,予以立案的 2 件,其他 48 件均作为代表建议和意见处理。

该次会议,人大代表针对全县卫生计划免疫工作经费不足的问题,提出了《关于要求重视乡、村卫生计划免疫工作的议案》。县人民政府十分重视,按全县总人口每人每年 0.10 元计算,拨款 2.60 万元给卫生部门。县卫生部门组织卫生、医务人员深入全县 97 个村公所全面开展卫计免工作,并对疾病多发区村屯进行重点管理,使永福县疟疾、丝虫病等疾病达到了上级卫生部门要求的标准,保证了群众的身体健康。

该次会议人大代表针对县糖厂尚未兑现 1991 年给蔗农欠款打"白条"问题,提出了《关于落实好〈中共中央关于进一步加强农业和农村工作的决定》,立即兑现 1991 年种蔗政策,稳定农村局势的议案》。县政府在财政十分困难的情况下,经过多渠道筹集资金于当年 12 月底已兑现 86 万元,尚欠 60 万元,并争取在 1993 年将剩余的全部兑现,以调动农民的生产积极性,巩固和发展农村的大好形势。

1993 年 3 月县第十届人民代表大会第五次会议共收到 10 名以上代表联名提出的议案 31 件,经大会议案审查委员会审查,大会主席团通过并经大会表决,予以立案的 1 件,其余 30 件均作为代表建议和意见处理。人大代表针对全县拖欠教师工资和各种政策性补贴的问题,提出了《关于要求政府采取措施兑现教师各种补贴的议案》。县人民政府多方筹措资金兑现教师各种补贴,并下发相关文件,要求各乡镇在当年 10 月底前认真做好此项工作。至当年 10 月底止,全县已将拖欠的教师工资和各种政策性补贴 76 万元兑现 12 万多元,其余部分设法在 1994 年春节前兑现完毕,以便调动教师积极性,进一步把永福县的教育事业办好。

县第十一届人大代表议案办理

县第十一届人大常委会共收到 10 名以上代表联名提出的议案 385 件,其中予以立案的 6 件,其他 379 件作为代表建议和意见处理。

1993 年 11 月,第十一届人民代表大会第一次会议共收到 10 名以上代表联名提出的议案 181 件,经大会议案审查委员会审查,大会主席团通过并经大会表决,予以立案的 2 件,其他 179 件均作为代表建议和意见处理。该次会议,人大代表针对村公所干部工资偏低问题,提出了《关于要求增加村公所干部工资问题的议案》。县人民政府召开常务会议进行了专题研究,认为虽然县财力十分紧张,但村干部工资偏低的问题应急需解决,决定从 1994 年 1 月 1 日起给全县在职村干部平均每人每月增加工资 10 元,用压缩行政会议经费等方面开支的方法,将村干部的增资经费列入 1994 年财政预算。人大代表针对百寿中学教学条件差、师资力量不足的问题,提出了《关于要求增加对百寿中学教育投入的议案》。县人民政府经研究,对师资投入问题,由县教委对百寿中学的师资问题作出一个认真的调整充实计划,报县政府研究。对资金投入问题,因上届县人民政府已把建设永福二中列入重点工程,而且需要大量的资金投入才能完工,如果永福二中不及时建成,将造成永福镇小学无法搬迁。根据当前县财政的能力,县人民政府决定只能先保永福二中建设,待永福二中完工之后,县政府才能把教育投资的重点转移到百寿中学。

1994 年 3 月,县第十一届人民代表大会第二次会议共收到 10 名以上代表联名提出的议案 58 件,经大会议案审查委员会审查,大会主席团通过并经大会表决,予以立案的 1 件,其他 57 件均作为代表建议和意见处理。该次会议,人大代表针对永福县农业投入不足的问题,提出了《关于增加对农业生产的预算投入问题的议案》。根据人大代表的具体建议,县人民政府常务会议进行了研究,对 1994 年农业生产的预算投入作了调整,由原预算的 134 万元提高到 168 万元,比 1993 年预算增长 2.44%。同时还积极争取上级对永福县的农业投入资金的扶持,包括上级下拨资金,全县农业投入总额共达 399.80 万元。

1995 年 3 月,县第十一届人民代表大会第三次会议共收到 10 名以上代表联名提出的议案 55 件,经大会议案审查委员会审查,大会主席团通过并经大会表决,予以立案的 1 件,其他 54 件均作为代表建议和意见处理。该次会议,人大代表针对保护永福县农业综合开发的"三一○"工程成果提出了《关于制定规定保护"三一○"成果问题的议案》。县人民政府研究制定了保护"三一○"工程的决定,并利用广播、电视等宣传工具进行了宣传,同时还将通告张贴各村屯,对龙江乡出现的故意破坏"三一○"工程的案件按"通告"规定进行了严肃处理。

1996 年 3 月,县第十一届人民代表大会第四次会议共收到 10 名以上代表联名提出的议案 44 件,经大会议案审查委员会审查,大会主席团通过,均作为代表建议和意见处理。

1997 年 4 月,县第十一届人民代表大会第五次会议共收到 10 名以上代表联名提出的议案 30 件,经大会议案审查委员会审查，大会主席团通过并经大会表决，予以立案的 2 件，其他 28 件均作为代表建议和意见处理。该次会议，人大代表针对永福县部分中、小学校收费过高，存在乱收费的现象，提出了《关于对中小学校收费问题进行认真清理，减轻群众负担的议案》。县人民政府高度重视，把制止中、小学乱收费作为减轻农民负担的重点工作来抓，一是责令县教育局立即布置全县所有中、小学校开展自查自纠，县教育局组织有关人员抽查部分中、小学的收费，对多收乱收款项的及时清退；二是由县纠风办、监察局、减负办、物价局、财政局等部门抽人组成专门检查小组对各类学校的收费名称、标准进行检查，并按上级的有关规定重新核定了收费标准，同时对群众反映强烈的部分学校乱收费问题进行了查处，对严重违纪的个别学校进行了严肃处理。人大代表针对永福县部分娱乐场所存在赌博现象，提出了《关于要求立即关闭带赌博性质的娱乐场所和禁止赌博的议案》。县人民政府组织县综治办、公安、工商行政管理、文化等部门，对县城和乡镇的娱乐场所进行了全面检查，关闭了带赌博性质的娱乐厅，并对从业人员进行了严肃的批评教育和相应的经济处罚。

1998 年 3 月，县第十一届人民代表大会第七次会议共收到 10 名以上代表联名提出的议案 17 件，经大会议案审查委员会审查，大会主席团通过，均作为代表建议和意见处理。

县第十二届人大代表议案办理

县第十二届人大常委会共收到 10 名以上代表联名提出的议案 245 件。其中，予以立案的 1 件，其他 244 件作为代表建议和意见处理。

1999 年 1 月，县第十二届人民代表大会第一次会议共收到 10 名以上代表联名提出的议案 72 件，经大会议案审查委员会审查，大会主席团通过并经大会表决，予以立案的 1 件，其他均作为代表建议和意见处理。该次会议，人大代表针对苏桥工业的发展需要提出了《关于请求县人民政府批准苏桥乡改建苏桥镇的议案》。县人民政府及民政部门按审批权限，及时整理有关材料上报自治区和桂林市人民政府，经多方争取，自治区和桂林市人民政府正式批复，同意将苏桥乡改为苏桥镇。

2000 年 2 月，县第十二届人民代表大会第二次会议共收到 10 名以上代表联名提出的议案 67 件，经大会议案审查委员会审查，大会主席团通过，均作为代表建议和意见处理。

2001 年 3 月，县第十二届人民代表大会第三次会议共收到 10 名以上代表联名提出的议案 62 件，经大会议案审查委员会审查，大会主席团通过，均作为代表建议和意见处理。

2002 年 2 月，县第十二届人民代表大会第四次会议共收到 10 名以上代表联名提出的议案 44 件，经大会议案审查委员会审查，大会主席团通过，均作为代表建议和意见处理。该次会议表决通过了《永福县人民政府关于禁止在县城城区燃放烟花爆竹的规定》和《永福县人民政府关于县城城区市容和环境卫生管理的若干规定》。

县第十三届人大代表议案办理

截至 2005 年 12 月，县第十三届人大常委会共收到 10 名以上代表联名提出的议案 261 件，全部作为代表建议和意见处理。

2002 年 10 月，县第十三届人民代表大会第一次会议共收到 10 名以上代表联名提出的议案 107 件。经大会议案审查委员会审查，大会主席团通过，均作为代表建议和意见处理。

2003 年 2 月，县第十三届人民代表大会第二次会议共收到 10 名以上代表联名提出的议案 38 件。经大会议案审查委员会审查，大会主席团通过，均作为代表建议和意见处理。

2004 年 2 月，县第十三届人民代表大会第三次会议共收到 10 名以上代表联名提出的议案 58 件。经大会议案审查委员会审查,大会主席团通过,均作为代表建议和意见处理。

2005年3月,县第十三届人民代表大会第四次会议共收到10名以上代表联名提出的议案58件。经大会议案审查委员会审查,大会主席团通过,均作为代表建议和意见处理。

第八节　执法检查

1991年,县人大常委会从9月下旬开始,在全县范围内开展执法大检查,重点检查公、检、法、司、税务、土地、工商行政管理等执法机关和执法人员的执法情况,共查出各种违法违纪问题88件。通过执法检查,全县执法机关和执法人员的法制观念普遍有所提高,违法违纪问题得到及时纠正。

1992年,县人大常委会对《中华人民共和国企业法》《中华人民共和国义务教育法》《中华人民共和国民族区域自治法》《中华人民共和国药品管理法》《中华人民共和国食品卫生法》《中华人民共和国著作权法》《广西壮族自治区计生条例》《全国人大常委会关于加强社会治安综合治理的决定》和自治区人大常委会《关于禁毒、严禁嫖娼和严惩拐卖绑架妇女儿童犯罪分子的决定》等11个法律法规的贯彻执行情况进行了检查。通过执法检查,提高了全县执法机关和公民的法制观念,推动和保障了改革开放和经济建设。如通过对《中华人民共和国药品管理法》的执法检查,推动了全县药品生产、管理、医疗、销售单位对该法的学习,对照法律进行自查自纠,全县共查出假劣药品6件17979包(片),并当众进行了销毁。在社会综合治理方面,督促公、检、法和工商、文化、广播电视等部门密切配合,协同作战,促进了全县社会稳定。

1993年,县人大常委会对《全民所有制工业企业转换经营机制条例》和《农民承担费用和劳务管理条例》的执行情况进行检查。通过执法检查,政府和各主管部门积极进行整改,进一步落实企业自主权,促进了企业经营机制的转换;在减轻农民负担方面,县里下文取消了几十项不合理负担。

1993—1994年,县人大常委会在全县范围内对永福县贯彻执行《中华人民共和国教师法》《中华人民共和国农业法》《中华人民共和国消费者权益保护法》《中华人民共和国环境保护法》《中华人民共和国食品卫生法》《中华人民共和国义务教育法》情况进行检查。在执法检查中,针对全县拖欠教师工资的问题,向县人民政府提出了补发教师工资的建议,并于1994年春节前全部兑现。

1995—1996年,县人大常委会组织开展《中华人民共和国药品管理法》《中华人民共和国矿产资源管理法》《中华人民共和国统计法》《广西壮族自治区预算外资金管理条例》的执法检查。通过检查,全县药品管理、矿产资源管理、统计管理、预算外资金管理工作得到进一步规范和加强,并促进预算外资金管理法规的贯彻实施。全县存入财政专户的资金达760万元。

1996年11月,县十一届人大常委会第十九次会议作出《关于在全县公民中开展法制宣传教育的第三个五年规划的决定》,并开展全县第三个五年法制宣传教育规划的执法检查。

1997年7月至9月,县人大常委会组织人大代表在全县范围内开展"六法二条例"即《中华人民共和国产品质量法》《中华人民共和国农业技术推广法》《中华人民共和国民事诉讼法》《中华人民共和国科技进步法》《中华人民共和国土地管理法》《中华人民共和国归侨侨眷权益保护法》,自治区《产品质量监督条例》《文化市场管理条例》的执行情况进行检查。针对检查出的问题,提出意见和建议提交"一府两院"办理,促进了"一府两院"工作人员依法行政,及时解决和纠正在执法过程中存在的一些问题,确保法律、法规在永福县范围内得以顺利贯彻实施。

1998年,县人大常委会组织开展《中华人民共和国农业法》《中华人民共和国种子法》《中华人民共和国教育法》《中华人民共和国环境保护法》《自治区减轻农民负担条例》《中华人民共和国建筑法》《中华人民共和国预算法》等法律法规的执法检查。在执法检查中,针对县水泥厂污染严重和县糖厂打白条拖欠农民甘蔗款等问题,及时向县政府和有关部门提出解决办法和意见,促使存在的问题得到较好解决。

1999年起,县人大常委会在全县行政、审判、检察机关推行执法责任制。县十二届人大常委会第六次会议和第十一次会议分别作出《关于推行执法责任制的决定》及《执法程序制度》《监督工作规定》《关于错案和行政过错责任追究制度的决定》。当年,县人大常委会还召开了全县推行执法责任制动员大会,与县人民政府组成部门和县法院、县检察院分别签订执法责任状,年底组织检查组对执法责任制落实情况进行了检查。

2000—2002年,县人大常委会组织开展对30多部法律法规进行了执法检查。在执法检查中,针对群众对永福县一些医疗、医药单位和个体经营者存在无证行医、药价高和乱收费等现象的强烈反映,人大常委会组成专门调查组深入调查、走访,并作出《关于加强永福县医药管理的决议》。县人民政府根据人大决议,制定整改方案,并组织力量进行整治,取得了良好的社会效果。

2003—2005年,县人大常委会组织开展了《中华人民共和国劳动法》《中华人民共和国森林法》《中华人民共和国义务教育法》《中华人民共和国计划生育法》《中华人民共和国种子法》《中华人民共和国电力法》《中华人民共和国水法》《中华人民共和国环境保护法》《中华人民共和国审计法》《中华人民共和国水土保持法》等18部法律法规执行情况的检查。同时,积极配合自治区、桂林市人大在永福县开展了《中华人民共和国矿产资源法》《中华人民共和国文物保护法》《中华人民共和国动物防疫法》《中华人民共和国民事诉讼法》及《个体工商户和私营企业权益保护条例》《中华人民共和国道路运输管理条例》《中华人民共和国劳动法》15次执法检查活动,确保了法律法规的贯彻实施。

第九节　干部述职评议

县人大常委会开展对任命干部的述职评议始于1992年。1992年组织人大代表对全县公安部门干部进行评议。评议会前组织调查组对全县公安干警遵守和执行宪法及法律法规情况、执行上级和县人大及其常委会决议和决定情况、廉洁自律情况、履行职责勤政为民及联系群众情况等方面进行调查,要求述职公安干警认真准备评议发言材料。述职评议采取大会述职、小会评议的方式进行,即述职者在大会上作述职报告,再召开人大常委会会议,由常委会组成人员和参加的县人大代表对述职干部逐个评议。评议会后,被评议的公安干警根据人大常委会的评议意见制定整改方案,3个月内上报整改情况。

1994年9月至11月,县人大常委会组织部分人大代表对永福县林业部门工作开展视察和述职评议,就存在的几个方面问题提出了改进的意见和建议。林业部门制定了整改方案认真进行整改。

1997年,县人大常委会组织部分人大代表对县人大常委会任命的所有政府组成部门科级正职领导干部进行了述职评议和测评。

1998年1月,县第十一届人大常委会召开第二十六次会议,对任命的县人民政府职能部门领导和"两院"(县人民法院、县人民检察院)副职及二层机构负责人进行述职评议。述职对象共55人,其中48人在会上作了述职报告。

1999年,县人大常委会印发《干部述职评议办法》,明确干部述职评议的对象、内容、方法步骤和要求,并组织人大代表对县人大常委会任命的部分政府组成部门领导干部进行测评。

2000年8月,县人大常委会组织人大代表开展对县公安工作进行视察评议,并召开有县四家班子领导,部、委、办、局主要负责人,公、检、法、司二层机构以上领导共300多人参加的评议大会。这次视察评议活动得到了社会的普遍赞誉,使公安干警队伍的思想作风建设有了明显改变。

2000年12月,县人大常委会组织部分人大代表对县经贸局局长、县农业局局长、县教育局局长进行述职评议。

2001年，县人大常委会组织部分人大代表对县检察院检察长、县城建局局长、县计生局局长的工作进行述职评议。

2002年，县人大常委会组织人大代表对县公安局局长工作进行述职评议。

2004年，县人大常委会修改并印发《关于干部述职评议的暂行办法》，使干部述职工作逐步走上正规化、法制化的轨道。

第十节　基层人大工作

评选表彰优秀议案、建议

1991—2005年，永福县人大常委会重视乡镇人大工作和县直各口（系统）人大小组工作，组织乡镇人大代表和县直人大代表开展视察、调研及学习培训活动，提高基层人大代表的参政议政能力和社会活动能力。十五年间，县人大常委会通过制定和完善《乡镇人大工作年度考核评比办法》《先进人大代表小组评比办法》，并每年进行考核、评比、表彰活动。1991—1999年，共评选出先进人大代表小组18个，优秀议案和建议32件，承办工作先进单位25个。2000年以后，每年都开展评选人大代表优秀议案、建设和承办工作先进单位活动。2000—2005年，共评选出先进人大代表小组18个，优秀议案和建议24件，承办工作先进单位18个。

学习培训

1991—2005年，县人大常委会坚持对乡镇每届人大主席、副主席、秘书进行业务学习培训，组织学习《中华人民共和国宪法》《中华人民共和国地方人民代表大会组织法》《中华人民共和国地方人民代表大会选举法》《中华人民共和国地方人民代表大会代表法》《中华人民共和国地方人民代表大会监督法》和自治区《乡、民族乡、镇人大工作条例》等法律、法规和有关人大工作的文件、材料，提高对地方国家权力机关性质、地位、作用的认识，明确乡镇人大工作的职责、任务和方法，推动乡镇人大工作的开展。15年间，县人大常委会每次召开会议，都邀请部分乡镇人大主席列席。每年初，县人大常委会召开全县人大工作会议，总结交流上一年县、乡镇人大工作的经验和做法，部署全年县、乡镇人大工作，提出工作要求和目标。根据工作需要，不定期组织乡镇人大主席、副主席到县外参观考察，学习外地乡镇人大工作的经验和做法。15年间，共组织乡镇人大主席、副主席去县外参观考察12次，学习培训275人次。

业务指导

每年乡镇人大召开人大例会前，县人大常委会都派人到各乡镇检查指导会议的筹备工作，草拟规范文稿供各乡镇参考；开会时，派人到会具体指导，使乡镇人大例会按法定程序进行，做到有材料、有报告、有审议时间、有决议。乡镇人大进行换届选举，县人大常委会都制定具体的换届选举工作方案，对换届选举工作的筹备、宣传发动、选民登记、初步代表候选人的提名推荐和正式候选人的确定以及组织选民投票选举等各个阶段工作，提出具体要求，并组织指导组到各个乡镇加强指导，保证换届选举工作依法完成。2003年3月，县人大常委会派人到永福镇大苏村、苏桥镇石门村、广福乡龙桥村、堡里乡罗田村指导建立人大代表小组责任公示制试点。2004年，人大代表小组责任公示制在全县各代表小组中全面推行。

第十三篇

人民政府　政协

永福县政府政务公开栏　　　　　蒙明德　摄于 2005 年 10 月

第一章　人民政府

　　永福县人民政府既是县人民代表大会的执行机关,也是地方国家行政机关,对县人民代表大会和上级国家行政机关负责并报告工作。

　　1991—2005 年,永福县先后经历第十届至第十三届县人民政府。15 年来,县人民政府以经济建设为中心,以深化改革开放为动力,不断提出各个年份的奋斗目标和主要措施,并带领全县各族人民扎实工作,开拓进取,为实现全面建设小康社会的宏伟目标而努力奋斗。

　　加大固定资产投资力度,拉动经济增长。固定资产投资,从 1991 年的 1707 万元,增长到 2005 年的 12.52 亿元。全县国内生产总值,从 1991 年的 2.57 亿元,增长到 2005 年的 30.21 亿元;人均国内生产产值从 1991 年的 984 元,增长到 2005 年的 11551 元;财政收入从 1991 年的 2572 万元,增长到 2005 年的 1.73 亿元。

　　改革农村经济体制,巩固农业基础地位,促进农业增产、农民增收。1991 年,全县农业总产值 1.93 亿元;粮食总产量 12.14 万吨,甘蔗产量 5518.50 吨,水果产量 5391.40 吨,水产品产量 4980 吨;农民人均纯收入 704 元。2005 年,全县农业总产值 13.45 亿元;粮食总产量 14.70 万吨,甘蔗产量 6.70 万吨,水产品产量 3.34 万吨;农民人均纯收入 2964.10 元。

　　推进工业化、城镇化建设,带动经济社会发展。截至 2005 年,全县共完成国有工业企业改制 18 家,安置职工和离退休人员 3800 多人;加快苏桥新区建设,桂林苏桥新区已上工业项目 53 个,实际到位资金 20 多亿元。新区完成财税收入 6113 万元,被评为自治区 A 类产业园区。2000 年以后,对县城进行 3 次改造工程,加快住房建设。2005 年县城面积已扩大到 6.07 平方千米。8 个乡镇政府所在地都进行了街道修整,住房条件大为改善。

　　加大交通邮电建设力度,改善经济社会发展环境。1991 年,全县公路总里程 434.13 千米,通车乡镇 100%,通车村 78%;完成邮电业务总量 133.13 万元。至 2005 年,全县公路总里程 713.12 千米,通车乡镇 100%,通车村 98%;完成邮电业务总量 4787 万元,固定电话用户 2.68 万户,移动电话用户 3 万户。

　　教育、科技、卫生、文化、体育等各项社会事业快速发展,人民群众生活水平不断提高。2005 年,全县在岗职工年平均工资收入 1.48 万元,比 1991 年的 2070 元增长了 7.15 倍;农民人均纯收入 2964.10 元,比 1991 年的 704 元增长了 4.21 倍。全县建立健全了各种劳动和社会保障制度,社会福利、劳动保障得到加强。

第一节　领导机构

　　1991—2005 年,永福县经历了第十届至第十三届县人民政府。其中第十届县人民政府(1990 年 8 月—1993 年 11 月)、第十一届县人民政府(1993 年 11 月—1999 年 1 月)、第十二届县人民政府(1999 年 1 月—2002 年 10 月)、第十三届县人民政府(2002 年 10 月—2006 年 10 月)。1990—2005 年,县人民政府办公地址在县城凤城路 73 号。

县第十届人民政府

1990年8月,永福县第十届人大第一次会议在县城召开。选举产生永福县第十届人民政府县长1人、副县长7人。1991年3月,永福县第十届人大第二次会议补选胡承易为县人民政府副县长(挂职)。1991年11月,县第十届人大常委会第八次会议,补选陈燕林为县人民政府副县长。1992年2月,县第十届人大常委会第九次会议免去胡承易副县长职务。1992年6月,县第十届人大常委会第十一次会议补选谢桂兰为县人民政府副县长;免去邓文川副县长职务。1993年6月,县第十届人大常委会第十九次会议,补选梁家世为县人民政府副县长。1993年9月,县第十届人大常委会第二十一次会议,补选韦志光为县人民政府副县长(代县长);接受覃正明辞去县人民政府县长职务。

县第十一届人民政府

1993年11月,永福县第十一届人大第一次会议在县城召开。选举产生永福县第十一届人民政府县长1人、副县长6人。1995年2月,县第十一届人大常委会第八次会议,补选骆远明为县人民政府副县长;免去陈福霖副县长职务。1995年8月,县第十一届人大常委会第十一次会议,补选钟晓梅为县人民政府副县长。1996年5月,县第十一届人大常委会第十五次会议,补选曾一帆为县人民政府副县长。1996年9月,县第十一届人大常委会第十八次会议,补选徐安民为县人民政府副县长。1996年12月,县第十一届人大常委会第二十次会议,补选李汉春为县人民政府副县长(挂职)。1998年8月,县第十一届人大常委会第三十次会议,接受朱名华辞去县人民政府县长职务的请求;补选唐昌元为县人民政府副县长、代理县长,补选于顺弟为县人民政府副县长。1998年9月,县第十一届人大常委会第三十一次会议,补选文建中、罗汉东为县人民政府副县长。

县第十二届人民政府

1999年1月,永福县第十二届人大第一次会议在县城召开。选举产生永福县第十二届人民政府县长1人、副县长4人。1999年5月,县第十二届人大常委会第五次会议,补选陈尚成为县人民政府副县长。2000年9月,县第十二届人大常委会第十三次会议,补选黄显新为县人民政府副县长。2001年2月,县第十二届人大常委会第十五次会议,补选王正阳为县人民政府副县长、代理县长;接受唐昌元辞去县人民政府县长职务。2001年7月,县第十二届人大常委会第二十次会议,补选刘翔为县人民政府副县长(挂职)。2002年9月,县第十二届人大常委会,免去刘翔挂任的副县长职务。

县第十三届人民政府

2002年10月,永福县第十三届人大第一次会议在县城召开。选举产生永福县第十三届人民政府县长1人、副县长4人。2003年9月,县第十三届人大常委会第六次会议,补选黄定伟为县人民政府副县长(挂职)。2005年12月,县第十三届人大常委会第十八次会议,补选胡革强为县人民政府副县长(挂职)。2006年7月,县第十三届人大常委会第二十二次会议,补选文建中为县人民政府代理县长;接受石春莲辞去县人民政府县长职务。

表 13-1　　　　　　永福县第十届至第十三届人民政府县长、副县长名表

届次	职务	姓名	性别	民族	籍贯	任职时间	备注
第十届	县长	覃正明	男	壮	广西永福	1990 年 8 月—1993 年 9 月	
	代县长	韦志光	男	壮	广西平乐	1993 年 9 月—1993 年 11 月	
	副县长	李宜校	男	汉	广西兴安	1990 年 8 月—1993 年 11 月	
		廖中天	男	汉	广西宾阳	1990 年 8 月—1993 年 11 月	
		邓文川	男	汉	广西上林	1990 年 8 月—1992 年 6 月	
		徐元声	男	汉	广西永福	1990 年 8 月—1993 年 11 月	
		罗明珪	男	壮	广西永福	1990 年 8 月—1993 年 11 月	
		廖盛芬	男	汉	广东兴宁	1990 年 8 月—1993 年 11 月	
		刘希斌	男	汉	辽宁	1990 年 8 月—1993 年 11 月	挂职
		胡承易	男	汉	广西兴安	1991 年 3 月—1992 年 2 月	挂职
		陈燕林	男	汉	广西荔浦	1991 年 11 月—1993 年 11 月	
		谢桂兰	女	汉	广西桂林	1992 年 6 月—1993 年 11 月	
		梁家世	男	汉	广西临桂	1993 年 6 月—1993 年 11 月	
第十一届	县长	朱名华	男	壮	广西永福	1993 年 11 月—1998 年 8 月	
	代县长	唐昌元	男	汉	广西全州	1998 年 8 月—1999 年 1 月	
	副县长	徐元声	男	汉	广西永福	1993 年 11 月—1999 年 1 月	
		陈燕林	男	汉	广西荔浦	1993 年 11 月—1999 年 1 月	
		梁家世	男	汉	广西临桂	1993 年 11 月—1999 年 1 月	
		唐绍伦	男	汉	广西永福	1993 年 11 月—1999 年 1 月	
		李传龙	男	汉	广西永福	1993 年 11 月—1999 年 1 月	
		陈福霖	男	汉	福建	1993 年 11 月—1995 年 2 月	挂职
		骆远明	男	瑶	广西恭城	1995 年 2 月—1999 年 1 月	
		钟晓梅	女	汉	广西永福	1995 年 8 月—1999 年 1 月	
		曾一帆	男	瑶	广西平乐	1996 年 5 月—1999 年 1 月	
		徐安民	男	汉	江苏徐州	1996 年 9 月—1999 年 1 月	
		李汉春	男	汉		1996 年 12 月—1998 年 4 月	挂职
		于顺弟	男	汉	广西永福	1998 年 8 月—1999 年 1 月	
		文建中	男	汉	广西灌阳	1998 年 9 月—1999 年 1 月	
		罗汉东	男	汉	黑龙江安达	1998 年 9 月—1999 年 1 月	
第十二届	县长	唐昌元	男	汉	广西全州	1999 年 1 月—2001 年 2 月	
	代县长、县长	王正阳	男	汉	广西兴安	2001 年 2 月—2002 年 10 月	
	副县长	于顺弟	男	汉	广西永福	1999 年 1 月—2002 年 10 月	
		钟晓梅	女	汉	广西永福	1999 年 1 月—2002 年 10 月	
		罗汉东	男	壮	黑龙江安达	1999 年 1 月—2001 年 3 月	
		文建中	男	汉	广西灌阳	1999 年 1 月—2002 年 10 月	
		陈尚成	男	汉	广东雷州	1999 年 8 月—2002 年 10 月	
		黄显新	男	壮	广西平果	2000 年 9 月—2002 年 10 月	
		刘翔	男	汉	广西桂林	2001 年 7 月—2002 年 9 月	挂职
第十三届	县长	石春莲	女	苗	广西资源	2002 年 10 月—2006 年 7 月	
	代县长	文建中	男	汉	广西灌阳	2006 年 7 月—2006 年 10 月	
	副县长	文建中	男	汉	广西灌阳	2002 年 10 月—2006 年 7 月	
		秦学文	男	汉	广西临桂	2002 年 10 月—2006 年 10 月	
		唐火祯	男	汉	广西灵川	2002 年 10 月—2006 年 10 月	
		唐沐林	男	汉	广西龙胜	2002 年 10 月—2006 年 10 月	
		黄定伟	男	汉		2003 年 9 月—2004 年 8 月	挂职
		胡革强	男	汉		2005 年 12 月—2006 年 10 月	挂职

注：表中挂职副县长档案在桂林地委（市委）组织部，籍贯无详。

第二节　工作机构

1991年,永福县人民政府机构共设63个工作机构,即政府办公室、计划委员会、经济委员会、财贸金融委员会、农业委员会、科学技术委员会、城乡建设委员会、人事局、劳动局、编制委员会办公室、行政管理科、监察局、民族事务委员会、县志办公室、老龄工作委员会、土地局、档案局、统计局、物价局、体改委、审计局、侨务办公室、台湾工作办公室、民政局、工业局、对外经济技术协作办公室、供电局、职工教育办公室、交通局、乡镇企业局、糖业办公室、矿产资源管理局、财政局、工商局、税务局、粮食局、对外经济贸易局、人民银行、供销社、烟草局、商业局、标准计量局、物资局、轻工局、林业局、水电局、畜牧水产局、农业局、农机局、特产局、气象局、农业区划办公室、文化局、体育运动委员会、教育局、卫生局、广播电视局、计划生育委员会、公安局、公安交警大队、司法局、处理纠纷办公室。

1996年、2001年先后两次进行机构改革。2005年年底,县人民政府工作部门设置25个,即政府办公室、人事劳动社会保障局、监察局、民政局、审计局、科技局、教育局、计生局、卫生局、发展和改革局、统计局、环保局、经济贸易局、安监局、交通局、建设局、农业局、水利局、林业局、财政局、文化体育局、国土资源局、水产畜牧兽医局、公安局、司法局。县人民政府直属非职能机构设置23个,即法制办、处纠办、县志办、信访办、扶贫办、物价局、中小企业局、招商局、房管局、粮食局、苏桥新区管委、档案局、侨务办公室、对台湾事务办公室、残疾人联合会、旅游局、县直机关服务中心、供销合作联合社、广电局、农机管理中心、水果管理中心、市容局、地震局。

地方税务局、国家税务局、质量技术监督局、工商局、供电局、人民银行、烟草专卖局、人寿保险公司、财产保险公司、工商银行、农业银行、农村信用合作社、石油总公司、邮电局、电信局、移动公司、联通公司等为上级垂直管理单位。

永福县人民政府办公室

永福县人民政府办公室,成立于1953年2月。1991年县人民政府办公室为县人民政府的工作部门,是协助县人民政府领导处理县人民政府日常工作的行政机构,内设秘书股、综合股、信息调研股、机要保密股等,人员编制13人,实有人员12人。经过1996年7月、2001年12月2次机构改革,县政府督查室、县法制办、县扶贫开发办、县处理土地山林水利纠纷办公室在县政府办公室挂牌。永福县政府办公室具体负责办理政府文电、政府会议筹备、公文,处理下级请示事项,协助沟通有关部门关系,督促政府工作落实,协助处理突发事件和重大事故,编报政府资料等,保证县人民政府工作正常运转。2005年,县人民政府办公室仍为县人民政府工作部门,正科级行政机构。内设第一秘书股、第二秘书股、第三秘书股、政府应急管理办公室、政府督查室5个股室,人员编制13名,实有人员13人。县法制办、扶贫办、调处办在县政府办公室挂牌。县政府办公室办公地址在县城凤城路73号。

1991—2005年,历任县人民政府办公室主任有:曾大善(1990年11月—1999年4月)、周昌盛(1999年4月—2003年2月)、黄建民(2003年2月—2005年12月)。

县直机关后勤服务中心

在本志各专业章未专门列记的永福县机关后勤服务中心为县人民政府直管事业单位。

1981年11月,成立县人民政府机关行政管理科。1991年,县政府机关行政管理科,配有人员35人。

1996年7月,机构改革,行政管理科改称县直机关后勤服务中心,为县政府直属事业单位。主要负责县人民政府机关后勤事务管理。内设机构为(1队7组),即车队、食堂组、电工组、水工组、汽车修理组、清洁卫生组、门卫组、保卫组。人员编制38人。2001年12月,进行机构改革,县直机关后勤服务中心保留县机关事务管理局牌子。内设机构为(1队5组),即车队、食堂组、水电工组、汽车修理组、清洁卫生组、安全保卫组。人员编制23人,实有人数23人。2005年,县直机关后勤服务中心,为县人民政府直属非职能部门,正科级机构,内设机构为(1室4股),即办公室、财务股、保卫股、水电股、综合股。人员编制23人,实有人数23人。县机关事务管理局办公地址在县政府大院。

1991—2005年,历任县直机关后勤服务中心(含原行政管理科、机关事务管理局)主任(局长)有:秦明生(1990年10月—1991年12月)、阳社恩(1991年12月—1994年1月)、黄武兴(1994年1月—1996年7月)、吕万纪(1996年7月—1998年9月)、廖宜荣(1998年9月—2002年1月)、唐建鑫(2002年1月—2005年12月)。

第三节　基层政权

乡镇人民政府

1991年,永福县人民政府下辖10个乡镇(即永福镇、百寿镇、桃城乡、广福乡、堡里乡、罗锦乡、苏桥乡、龙江乡、三皇乡、永安乡)人民政府。

1996年4月,罗锦乡改设为镇。2000年1月,苏桥乡改设为镇。2005年6月,永福镇与桃城乡整体合并,成立新永福镇。2005年年底,永福县基层政权划分为4镇5乡,即永福镇、百寿镇、罗锦镇、苏桥镇、广福乡、堡里乡、龙江乡、三皇乡、永安乡。

1990年7月20日—25日,永福县分别召开第十届乡镇人民代表大会第一次会议,选举产生乡镇人大主席、乡镇长各10名、副乡镇长共40名。1993年10月25日—30日、1996年9月20日—26日,永福县分别召开第十一届、第十二届乡镇人民代表大会第一次会议,选举结果人数与第十届人数相同。1999年9月23日—28日,永福县先后召开第十三届乡镇人民代表大会第一次会议,选举产生乡镇人大主席10名、乡镇长10名、副乡镇长30名。2002年10月22日—28日,永福县先后召开第十四届乡镇人民代表大会第一次会议,共选举产生乡镇人大主席10名、乡镇长10名、副乡镇长30名。

1991—2005年,各乡镇通过召开人民代表大会,选举产生乡镇政府领导班子。设乡镇长1人、副乡镇长2~3人,正、副乡镇长由本级人民代表大会实行差额选举产生。2005年之前,乡、镇人民政府每3年进行一次换届选举。

2005年年底,乡镇人民政府下设政府办公室(与党委办公室合署办公)、团委、妇女联合会、人民武装部、民政办、司法所、企业管理办公室、村镇建设管理所、国土资源管理所、企业劳动服务站、农村合作医疗办公室等二层机构。县直单位派驻乡镇机构有派出所、交警中队、财政所、林业站、计划生育服务所、农业技术推广站、农机管理站、兽医站、文化广播电视站、工商所、水管所、供电所、农行营业所、信用合作社、交通管理站、邮政所、电信所、税务所、供销社、粮食管理所等。各乡镇还设有卫生院、中心校(教育组)、中小学校等事业单位。

乡镇政务公开

1998年9月,永福县10个乡镇开始全面实施乡镇政务公开。公开的主要内容是:计划生育政策落实情况、救灾救济情况、宅基地使用审批情况、村集体经济收益使用情况、村干部报酬、财务情况等事关群众切身利益的重要事项。各乡镇成立政务公开领导小组及监督小组,规定每季度公开一次。县基层办、县民政局每年不定期对乡镇政务公开内容进行督查。如发现问题,及时要求相关乡镇改进和完善。1999—2005年,全县所有乡镇都建立了较为规范的政务公开栏。使群众及时了解、监督乡镇涉及群众民生的重大事项的贯彻落实情况。而且,永福县乡镇政务公开从内容、形式、时间、程序和管理基本上做到"五个规范、一个满意"(即管理规范、形式规范、内容规范、时间规范、程序规范、群众满意)。

第四节 重要会议

第十届县人民政府重要会议

第十届永福县人民政府(1990年8月至1993年11月),召开的重要政府常务会议和县长办公会议有:

县政府常务会议 1990年12月15日,县政府召开常务会议。会议听取县财政局关于1990年度财政预算执行情况的汇报。讨论通过了县人民政府关于调整1990年度财政预算的提请报告。会议讨论通过了县标准计量局提交的《关于市场商品质量检查情况和加强商品质量管理的意见》;研究通过了《关于加强农村社会经济统计一套表工作的决定》。会议研究通过了县轴承厂提交的《关于用新增增值税和新增利润税前还贷的报告》;县商业局、财政局《关于我县国营商业企业实行第二轮承包经营和责任目标实施方案的报告》。

1991年3月20日,县政府召开常务会议。会议讨论通过了县人民政府《关于永福县国民经济和社会发展十年规划和"八五"计划纲要的报告》《关于永福县第二个五年普法规划的报告》。研究通过了《关于1991年永福县公费医疗管理办法》《关于进一步搞活商品流通工作的意见》《关于建设县城农贸市场、西河大桥引桥需要解决搬迁户几个问题的意见》;研究通过了县化肥厂提交的《关于永福化肥厂推销积压碳铵的请示》、县糖厂提交的《关于县糖厂350吨/日榨填平补齐项目贷款还款计划的报告》及《关于发展春烤烟生产的意见》。

1991年11月5日,县政府召开常务会议。会议研究通过了县财政局关于财政预算执行情况的汇报。讨论通过了县人民政府《关于做好1991年冬季征兵工作的意见》《关于调整永福县国营企业固定职工退休费用统筹提取办法的决定》《关于减免农业税征收任务和尾欠的意见》《关于多渠道筹措教育经费的暂行规定》;研究通过了县制药厂提交的《关于与国家农业投资公司联合开发罗汉果系列产品的请示》县商业局提交的《关于兴建县城工贸大楼的报告》。

1992年3月25日,县政府召开常务会议。会议研究通过了县人民政府《关于1991年财政决算和1992年财政预算情况的报告》《关于在全县国合商业系统实行"四放开"(即经营、价格、分配、用工放开)改革的意见》《关于多渠道筹措教育经费、改善办学条件实施规划的意见》《永福县人民政府关于推动科技进步的若干规定》《关于在全县实施初级卫生保健工作规划的意见》《关于集资建设乡镇卫生院的意见》《关于推行合作医疗制度的意见》。还研究通过了县制药厂提交的《关于对县制药厂技改扩产给予税前还贷的报告》。

1992年6月18日,县政府召开常务会议。会议讨论通过了县人民政府《关于在全县推行家庭财产长效还本保险的意见》《关于永福县水事案件查处暂行规定》《关于永福县河道采砂、采石管理暂行规定》《永福县关于划定水工程管理和保护范围的规定》《关于开展创建全国保险先进县活动的意见》。会议研究通过了县商业局、县供销社《关于国合商业四放开若干问题的请示》、县土地局提交的《关于进行农村宅基地使用制度改革试点工作方案》县经委提交的《关于永福县汽车修理厂搬迁问题的事项》《关于在县农机修造厂和矿石粉厂进行转换经营机制综合改革试点的意见》、县劳动局提交的《关于国营企业离退休职工医

疗费用社会统筹试行办法》。

1992年10月15日，县政府召开常务会议。会议讨论通过了县人民政府《关于认真抓好1992年冬季征兵工作的意见》《永福县1992年冬季征兵工作表彰奖励办法》；研究通过了县财政局提交的《关于采取措施切实完成1992年财政收入任务的意见和措施》、县国营商业总公司提交的《关于永福县国营商业总公司定额征税和经营承包实施方案的请示》。

1993年3月10日，县政府召开常务会议。会议讨论通过了县人民政府《关于调整"八五"计划主要指标的建议》《关于1992年财政决算和1993年财政预算（草案）的汇报》；研究通过了《关于调整电价和综合附加费标准问题的意见》《关于民兵训练基地建设及人武系统开展以劳养武活动的请示》《关于完成1993年财税收入任务奖励办法》《关于在全县推行生猪统防统保若干规定的意见》《关于国营企业离退休职工在职职工医疗费用社会统筹试行办法》。

1993年5月7日，县政府召开常务会议。会议讨论通过了县人民政府《关于永福县城镇国有土地使用权管理的管理办法》《关于永福县行政首长环境保护目标责任制考核办法》《关于加强政府法制工作的意见》《关于1993年发展个体、私营经济有关奖励问题的意见》《关于对发展优质谷完成收购任务给予奖励的意见》。会议研究通过了县供水公司提交的《关于调整自来水价格的请示》。

1993年8月28日，县政府召开常务会议。会议讨论通过了《关于抓好冬季农业开发工作的意见》《关于在全县食品、饮食、服务行业中征收排污费的决定》《关于认真抓好1993年税收、财务、物价大检查的意见》《关于调整农林特产税有关问题的意见》《关于抓好冬季绿化生产的意见》。

县长办公会议 1990年9月12日，召开县长办公会议，研究确定《关于第十届县人民政府领导成员工作分工情况》。研究通过《关于当前木材产供销有关问题的决定》《关于抓好今冬绿肥生产的决定》《关于调整充实县速丰项目建设领导小组和成立世界银行贷款国家造林项目办的决定》。研究通过了县轴承厂提交的《关于县轴承厂技改贷款要求税前还贷的报告》、县制药厂提交的《关于县制药厂技改贷款税前还贷的请示》、县化肥厂提交的《关于县化肥厂亏损的报告》。

1990年10月20日，召开县长办公会议。会议研究通过了《关于认真抓好重点工商企业财税收入，保证完成全县财税任务的意见》《关于开展税收、财税、物价大检查的决定》《关于成立永福县工商企业第二轮承包领导小组的决定》《关于做好我县冬季征兵工作的意见》《关于认真抓好秋收入库工作的意见》《关于认真抓好农村生活安排工作的意见》。会议研究同意县供电局提交的《关于县供电局向区电力开发公司购买200万千瓦小时用电权的请示》。

1990年11月22日，召开县长办公会议。会议研究通过了《关于发展蔗糖生产的意见》；研究同意县体改委、经委、财政局提交的《关于做好我县工商业新一轮承包的实施意见》、县公安局提交的《关于认真做好1990年城镇居民、职工家属"农转非"工作的报告》、县经委、县财政局、县体改委、县劳动局提交的《关于国营工业第二轮承包的报告》。

1991年1月16日，召开县长办公会议。会议讨论确定《关于进一步加强对牲畜五号病防治工作的意见》；研究通过了县林业局提交的《关于加速荒山造林绿化步伐有关问题的请示》；县特产局、县供销社提交的《关于1990年种植柑橘贷款未转合同户应按原合同执行的请示》。

1991年4月17日，召开县长办公会议。会议研究确定了《关于下达1991年财政收支包干基数的意见》《关于夺取1991年粮食生产增产丰收的意见》《关于进一步加强劳动就业和社会保险工作的意见》《关于在全县范围内开展"四低、四荒"（即中低产田、产园、产林、水面；荒地、荒山、荒水、荒滩）调查的工作意见》《关于做好柑橘、桑蚕、罗汉果、山葡萄等苗木、甘蔗种子管理的意见》《关于做好1991年烈军属优待和五保户保养工作的意见》。研究通过了县供销社提交的《关于县供销系统1991—1993年企业承包实施方案》。

1991年6月15日，召开县长办公会议。会议研究通过了《关于加强社会团体管理的意见》。研究通过县税务局提交的《关于税务局完成全年税收任务给予奖励的意见》；县攀宝公司提交的《关于批准永福县水泥厂承包合同的请示》;研究通过了县经委、县财政局提交的《关于我县国营工业企业第二轮承包上交利润招标的请示》;县水电局提交的《关于加强现有水利工程管理的有关规定》。

1991年7月26日,召开县长办公会议。会议研究通过了《关于认真做好夏粮入库工作的意见》《关于将县胶合板厂迁到原县氮肥厂有关问题的决定》《关于建立林业管护区有关问题的决定》《关于乡镇、村企业加工用材的代购、结算等有关事项的意见》,研究通过了县农业银行提交的《关于搞活我县农村信用社的报告》。

1991年9月2日,召开县长办公会议。会议研究通过了《关于加强城乡个体工商业户和私营企业税收征管工作的意见》《关于抓好今年冬种绿肥生产的决定》《关于永福县辖区河道管理的暂行规定》《关于做好柑橘贷款回收工作的意见》《关于加强国有资产管理工作的意见》。研究通过了县经委提交的《关于关停和清算广西永福立德粉厂的请示》、县轴承厂提交的《关于争取"八五"技改的情况报告》。

1992年1月15日,召开县长办公会议。会议研究通过了《关于抓好当前糖蔗砍运榨工作的紧急措施》《关于认真抓好财税工作,坚决完成1992年财税收入任务的决定》《关于开展房屋登记发(换)房产证工作的意见》《关于在城镇规划范围内实行统一规划、综合开发、配套建设的若干规定》。

1992年4月8日,召开县长办公会议。会议研究了《关于委托县工商银行办理我县住房改革业务的决定》《关于将计生工作管理站下放给乡镇统一管理的决定》《关于切实抓好群众春夏荒生活安排的意见》。研究通过了县经委提交的《关于要求解决国营工业企业生产经营中存在的几个问题的请示》、县工商局提交的《关于支持搞活经济的意见》、县物价局提交的《关于对国合商业实行价格放开的意见》、县劳动局提交的《关于在国合商业厂矿企业实行用工放开、分配放开的意见》。

1992年7月26日,召开县长办公会议。会议研究通过了县保险公司、县林业局提交的《关于在全县建立森林火灾保险制度的意见》,县计划委、县教委、县人事局提交的《关于做好1992年大、中专毕业生分配工作的意见》,县特产局提交的关于《永福县1992年一万一千亩柑橘中低产园改造项目实施方案》;研究通过了《关于对县化肥厂的产品实行放开经营的决定》《关于做好1992年夏粮入库工作的意见》《关于抓好山林、土地、水利纠纷工作的补充规定》《关于做好柑橘贷款回收工作的意见》《关于转变涉农部门职能、建立和完善农业社会化服务体系的意见》《关于1991年国家机关事业单位工作人员升级奖励的意见》。

1992年9月2日,召开县长办公会议。会议研究通过了县土地局提交的《关于在全县进行农村宅基地使用改革的实施方案》;研究通过了《关于抓好今冬绿肥生产的意见》《关于依法征用、管理土地的有关规定》《关于做好1992年干部、职工、城镇人口对军烈属优待款统筹的意见》《关于做好防治牲畜五号病工作的意见》《关于抓紧做好西河开发区工作的意见》。

1992年12月10日,召开县长办公会议。研究通过了《关于1992年榨季亏损补亏办法的决定》《关于成立广西丝绸永福联营公司的事项》。

1993年1月25日,召开县长办公会议。研究通过了《关于1992年粮食年度水库区定销安排问题》《关于加强化肥、农药、农膜经营管理的意见》《关于兑现永发〔1992〕30号文件和永政发〔1992〕55号文件有关奖励政策的决定》《关于推行儿童计划免疫保偿制及实行乡(镇)集中定点接种的意见》《关于批转县保险公司等四个单位在全县开办城乡用电综合责任保险的意见》《关于分配1993年国库券任务的意见》《关于国家建设征用集体土地补偿费用使用问题的意见》《关于做好1993年军烈属优待统筹款统筹工作的意见》。

1993年4月12日,召开县长办公会议。研究通过了《关于解决农村"两户两属"救济粮补贴问题的意见》《关于永福县水资源费征收使用管理暂行办法》《关于下达1993年粮食收购经济合同任务的意见》《关于在县城学校收取教育保证金的请示》《关于桂柳汽车一级公路永福县路段征地拆迁实施办法》。

1993年6月8日,召开县长办公会议。研究通过了《关于永福县"八五"期间市场建设发展规划的意见》《关于做好1993年大中专毕业生分配工作的意见》《关于调整农业税(公粮)计税价格的意见》;研究通过了县经委提交的《关于有偿转让永福化肥厂全部产权的请示》《关于县水泥厂承包给攀宝公司资产移交工作的请示》。

1993年7月19日，召开县长办公会议。研究通过了《关于永福县公墓场地管理有关问题的意见》；研究通过了县物价局提交的《关于加强房地产价格管理意见的请示》、县宗教办提交的《关于同意恢复永福县天主教爱国会的请示》、县经协办提交的《关于成立永福县经济开发公司的请示》；研究通过了《关于继续做好柑橘贷款回收工作的意见》《关于确保县城光缆、程控、管道工作顺利施工的意见》《关于永福县农村五保户供养工作的暂行规定》《关于加速发展我县烤烟生产的决定》。

1993年9月24日，召开县长办公会议。研究通过了县审计局提交的《关于对国有工商企业进行承包经营终结审计的请示》、县交通规费稽征所提交的《关于同意出让县物资局办公楼北面国有土地给永福交通规费稽征所建宿舍及办公楼的请示》；研究通过了《关于继续做好收取和管理水果技术改进费的意见》《关于调整电价、筹措抢修龙溪电站大坝经费的请示》《继续抓紧抓好粮食入库工作的意见》《关于认真抓好1993年冬季征兵工作的意见》《关于迅速解决拖欠教师工资及政策规定补贴的意见》。

第十一届县人民政府重要会议

第十一届永福县人民政府(1993年11月至1999年1月)，召开的重要政府常务会议和县长办公会议有：

县政府常务会议　1993年11月13日，县政府召开常务会议。讨论了县职教办提交的《关于行政单位成人中专读书人员学费的问题》。会议决定，对于没有大中专文凭，第一次读中专者，学费本人自理20%，财政负担80%；第一次读大专者，学费本人自理30%，财政负担70%；已有大中专文凭再读者，所有学费全部自理(上级指定选送的大专、本科生除外)。会议讨论了村干部工资偏低问题。会议决定从1994年1月1日起给全县在职村干部每人每月增资10元，并将村干部增资经费列入1994年财政预算。会议讨论了对干部职工"四种补贴"的发放问题。会议认为"四种补贴"可按自治区人事厅文件规定，在财政经费包干内解决，应设法从11月起发放，计入工资基数，如有困难的单位也可空支，今后按标准补足。

1994年3月24日，县政府召开常务会议。研究了永福县第二中学建设完工问题。认为县第二中学要在当年9月份以前完工，即使贷款也要建好；会议讨论了县公费医疗管理办法，要求先召集有关单位征求意见和讨论，参照外县做法，修改后再研究。会议研究同意增加百寿至雅瑶公路财政拨款，加快工程进度。会议确定了1994年全县十件实事工程项目的领导和负责办理单位。10件实事为：1.完成县城2000门程控电话工作和光缆通信工程，逐步开通各乡镇程控电话；2.完成永福二中教学楼和师生宿舍楼的建设以及永福镇小学教学楼的建设；3.搞好县城旧城区的改造和五里桥经济开发区、西河住宅开发区及县城部分主要街道的改造、桂柳公路经县城出口重要街道建设；4.完成永富至永安乡政府的公路建设；5.兴建县城殡仪馆；6.修通百寿至雅瑶公路的百寿路段；7.修建百寿土特产交易、批发市场；8.铺设永福至板峡水库柏油公路；9.完成板峡水库西四支渠扫尾工程，做好东干渠建筑工程的前期工作；10.修建县职业中学教学大楼。

1994年12月24日，县政府召开常务会议。研究了永福县国民经济及社会发展"九五"计划和2010年远景规划思路；会议研究了当年农业生产投入问题，决定对1994年的农业生产预算投入作些调整，同时争取上级扶持，使全县农业投入总额达400万元。

1995年4月13日，县政府召开常务会议。研究了全县农业综合开发"三一〇"工程问题，决定制定保护"三一〇"工程的通告，并严肃惩处在生产过程中故意破坏"三一〇"工程的案件。会议研究了加强全县农田水利工作的问题，决定动员和依靠社会力量办水利，决定筹集和管好用好发展地方电力的两项基金(电力基金、建设农村初级电气化县专项基金)；决定鼓励农村发展水利股份合作制，决定全县水利工程实行有偿供水等。会议研究了发展全县非国有经济的相关问题,作出了关于加快全县非国有经济有关问题的决定。

1995年7月15日,县政府召开常务会议。研究了加快全县乡镇企业发展问题,决定要因地制宜,鼓励多种经济成分发展乡镇企业,决定改组联合,推动乡镇企业规模经营,决定与小城镇建设相结合,办好乡镇工业小区,推动乡镇企业集中发展,决定以农民积累为主体,逐步形成多元化、多渠道的乡镇企业投入机制,加快乡镇企业发展。

1996年6月13日至14日,县政府召开常务会议。研究了加快全县工业发展问题,决定要以"三改一管"为重点,深化企业改革,实行税收优惠政策,大力发展工业;鼓励党政机关、事业单位在职人员申办或到集体和乡镇企业工作;建立发展工业的激励机制和工业发展基金,支持重点项目和企业发展等。会议研究建设农业强县问题,提出建设农业强县的主要目标和主攻方向;决定实施科教兴农战略,增加农业投入,抓好农业规划和土地保护;决定鼓励党政机关、事业单位干部职工参加农业综合开发;决定继续抓好农村基层组织建设和深化农村改革,形成建设农业强县的强大动力。

1997年5月14日,县政府召开常务会议。研究了全县部分中、小学校收费过高,存在乱收费的问题,决定要对全县中小学校收费问题进行清理,并把制止中小学乱收费作为减轻农民负担的重点工作来抓。会议研究了县内部分娱乐场所存在赌博的问题,决定由县综治办、公安、工商行政管理、文化等部门,对县城和乡镇的娱乐场所进行全面检查,并相应处罚等。

1997年8月15日,县政府召开常务会议。研究进一步加快企业整体改革问题,讨论明确了企业整体改革的主要形式和运作方式,切实解决好企业改革的重点和难点,以便进一步加快全县企业整体改革步伐。

1998年3月10日,县政府召开常务会议。研究并原则通过了县计划局提交的《关于1998年国民经济和社会发展计划(建议数)的报告》、永福县财政局提交的《永福县1997年财政决算和1998年财政预算(草案)情况的报告》。

1998年5月18日,县政府召开常务会议。讨论并原则通过了《永福县第十一届人民政府(任期)工作总结》,会议认为,该总结实事求是,客观公正地对第十一届人民政府近五年的工作成绩与工作情况进行了总结。会议还研究了加快全县科技进步问题,决定多渠道、多层次的增加科技投入,并实行相关优惠政策和激励措施,推动全县科技进步。

1998年12月15日,县政府召开常务会议。听取并通过了副县长梁家世、县委组织部部长唐卫平就开发永福金利岩(暂名,即后来定名的金钟山)前期工作介绍及建设有关事项,决定用引进资金的方式,加快永福金利岩景区开发,推动全县旅游工作走向新台阶。

县长办公会议　1994年2月25日,召开县长办公会议。研究和通过县人民政府关于调整本届政府任期内办理的实事工程项目,研究和确定县人民政府关于加强县城改造的方案。

1994年5月10日,召开县长办公会议。研究并同意县经委提交的关于国有工业企业产权制度改革和生产情况汇报;研究并同意县财政局、县税务局关于财政税体制改革情况汇报。

1994年11月20日,召开县长办公会议。听取县林业局工作情况汇报;听取并同意县财政局对1994年度财政预算执行情况的汇报。

1995年3月25日,召开县长办公会议。研究和讨论加强全县农田水利工作。决定要动员和依靠社会力量办好水利事业;建立县级水利建设资金;筹集和管理好发展地方电力的"电力基金"和建设农村初级电气化专项基金,鼓励农民承包小流域水利治理。

1995年7月17日,召开县长办公会议,研究加强全县社会治安综合治理相关问题。会议认为,为加强社会治安综合治理,同意成立永福县治安联防大队,各乡镇成立治安联防中队。会议还研究了供销社社员股金问题。同意部分乡镇供销社成立股金服务部,挂牌办公,吸收社员股金。

1995 年 11 月 15 日,召开县长办公会议。研究帮助困难企业职工解困问题,决定县政府成立帮助国有困难企业职工解困领导小组,制定措施,并要求各有关部门认真帮助国有困难企业职工解困。

1996 年 5 月 20 日,召开县长办公会议。研究全县"普九"(普及九年制义务教育)攻坚问题,要求加快多渠道筹集教育经费渠道,扩建、维修校舍,保证完成"普九"任务。

1997 年 9 月 19 日,召开县长办公会议。研究加快推进企业体制整体改革问题。会议决定成立永福县加快推进企业整体改革领导小组。领导小组下设政策研究和综合办公室、工业企业改革组、商业流通改革组、企业改革资产评估组、职工再就业安置组,全面推进企业整体改革工作。

1997 年 10 月 15 日,召开县长办公会议。研究迎接自治区"两基"(基本普及九年义务教育、基本扫除青壮年文盲)评估验收工作。会议要求全县教育系统按照自治区评估验收标准,全面做好全县"两基"遗漏补缺工作,迎接自治区评估验收。

1998 年 6 月 10 日,召开县长办公会议。听取县供销社关于吸收社员股金情况的汇报。会议认为根据上级精神,必须及时清理整顿社员股金,制止高息揽蓄,亏损企业不得吸收股金,暂停扩股,集中备付金化解退股风波。会议还讨论通过了《关于给予下岗职工基本生活保障的若干规定》。

第十二届县人民政府重要会议

第十二届县人民政府(1999 年 1 月至 2002 年 10 月),召开的重要政府常务会议和县长办公会议有:

县政府常务会议 1999 年 3 月 7 日,县政府召开常务会议。会议讨论并原则通过了县财政局提交的《1999 年财政预算安排方案(草案)》;讨论并通过了庄园山葡萄酒有限公司提交的《关于要求整体购买葡萄酒厂的请示》。

1999 年 8 月 20 日,县政府召开常务会议。会议讨论并通过了县防疫站提交的《关于在全县范围内推广使用集中式消毒餐饮具的请示》;讨论了医疗保险制度改革有关问题,决定基本医疗保险金由用人单位和个人共同缴纳,用人单位缴纳的基本医疗保险费为参保职工上年度工资总额的 4% 以内,在职职工个人缴纳的基本医疗保险费为本人上年度工资总额的 2% 以内。

2000 年 7 月 24 日,县政府召开常务会议。会议讨论研究了县教育局提交的《关于永福县代课教师有关问题处理的请示》。会议决定:代课教师的去留问题由各乡镇自行解决,聘请代课教师的工资经费坚持哪级聘请哪级负责的原则;师范类大中专毕业生的接收工作,由各乡镇根据各自编制限额和实际需要拿出接收方案报县人事局、教育局综合后报县政府审定。会议同意县宗教办提交的关于批准登记修建永福县基督教堂的报告。会议研究并通过了县建设局提交的《关于新建县自来水厂几个问题的请示》。会议决定:一是将供水公司由原来的经贸局管理划归为县建设局管理,企业性质不变,仍属独立核算的国有企业;二是建设局往上争取的新建自来水厂的资金属国有资金,用于县供水公司的技术改造,主要新建泵房和管网改造;三是对供水设施技术改造所涉及的征用土地税费给予如下优惠,属上交市、区部分不能减免,属县财政所得部分予以免收,属乡镇所得部分减免三分之二;四是技改后的供水公司的内部管理在主管局指导下进行;五是会议要求建设局积极向上争取资金,尽快组织实施县供水公司的技术改造工程。

2001 年 2 月 27 日,县政府召开常务会议。讨论通过了县财政局提交的《关于财政统发工资有关问题的请示》。为强化财政预算管理,加快财政支出改革,确保干部职工工资按时足额发放,会议议定:从 2001 年 4 月 1 日起,永福县县、乡镇两级逐步实行财政统一发放工资制度,第一批先在县直属部门执行,第二批再延伸到乡镇财政供给单位。

2001 年 7 月 13 日,县政府召开常务会议。会议讨论并通过了县教育局提交的关于对全县义务教育学校布局进行调整的意见。认为当时各中小学校,尤其是一些乡镇小学校教学点分散,规模偏小,办学效益差,不仅浪费教育资源,还在一定程度上影响了全县基础教育整体质量的提高,已不能适应新形势下全面贯彻素质教育的要求。为了优化教育资源配置,会议同意对全县义务教育学校布局进行合理调整,并成立县、乡两级领导小组,制定出分步实施的可行性方案报县政府审批后实行。会议还研究了教育有关问题。一是学校建校欠债问题,要求做好核实工作,在弄清分级负担的基础上,县、乡镇、村都要对自身承担的部分作出还款计划,兑现所承诺的还款任务;二是关于加快中小学校基础设施建设步伐有关问题,要求教育、计划、财政等部门尽快拿出方案和具体项目上报争取资金。

2001年10月19日,县政府召开常务会议。会议研究并通过了《永福县房改房上市交易实施细则》。该细则确定房改房上市交易的条件及有关规定、上市交易手续的办理程序和应缴纳的相关收益、费用及税金等内容。会议还研究了全县农业综合开发冬季战役暨跨世纪青年农民科技培训工程的相关问题。

2002年1月1日,县政府召开常务会议,研究全县安全生产工作问题。会议总结回顾了2001年全县安全生产的形势,分析了2002年1月5日罗锦星草村峦山口采石场哑炮爆炸死亡两人的事故和2002年1月9日在广福矮岭的白岩巷道口火车与客运班车相撞两死三伤事故的原因。会议决定立即召开全县安全生产工作紧急会议,并在全县范围内开展安全大检查和安全专项整治活动。

2002年6月15日,县政府召开常务会议,研究防洪救灾工作。会议分析了6月15日全县发生的洪涝灾情,并就如何做好当前的抗洪救灾工作进行部署和安排。会议要求县乡领导奔赴一线现场指挥处理灾情,并建立县乡领导和县直部门包村抗洪救灾工作责任制。

县长办公会议　1999年6月17日,召开县长办公会议。讨论并通过了县交通局提交的《关于永福至兴隆公路的测量、设计问题的请示》。会议议定:县交通局应尽快对永兴公路进行勘测、设计、编制预算。同时,县财政从预备经费中安排5万元作为永兴公路的勘测、设计费用和其他支出。

1999年11月5日,召开县长办公会议。讨论并通过了县房改办提交的《关于进一步深化城镇住房制度改革加快住房建设的通知(草案)》;讨论并通过了县民政局提交的《关于城镇居民最低生活保障制度的暂行办法》。讨论确定了县乡镇企业局提交的《关于核定乡镇企业管理办公室人员编制的报告》;同意成立"永福县渔政监督管理站"。

2000年4月25日,召开县长办公会议。讨论并通过了县环保局提交的《关于成立县环境监理大队的请示》。为全面推进环境监理工作,进一步加大环境执法力度,保障国家环境保护法律、法规的贯彻实施和环境保护目标的实现,根据国家人事部、国家环保总局有关文件精神,会议同意成立永福县环境监理大队。该大队属环保局二层机构,人员暂从环保局内部调整,待机构改革时再作相应调整。

2000年12月4日,召开县长办公会议。会议决定要重点做好全县牲畜定点屠宰行业的缴税清理工作,同时还要对永福县大宗农产品和矿产品交易缴税情况进行清理。

2001年4月19日,召开县长办公会议。会议对迎接自治区"两基"复查工作存在的困难进行了具体的分析并提出了解决的措施。同时对教育的其他工作进行了研究:一是中小学的布局调整(撤点并校)问题,要求条件成熟一个,撤并一个;二是"普及实验室"工作,要求年内完成50%的任务,确保2003年通过自治区"普实"验收;三是"普及九年制义务教育"负债问题,要求作出还款计划,按比例明确还款任务。

2001年9月5日,召开县长办公会议。会议研究了天凤广场、防洪堤、永兴公路等有关事项。决定县财政局(恋爱桥)至高速公路沿江一线道路两侧的征地、拆迁、安置和补偿工作由防洪堤指挥部负责;县财政局(恋爱桥)至高速公路西河桥底路段长740米、宽21米的滨江道路由防洪堤指挥部负责承建,其中包括沿河6米宽的人行道和15米宽的水泥路面滨江大道。永兴公路入口路段(新客运站至21米宽滨江大道段)40米宽的城镇公路范围内所涉及的房屋拆迁、安置、补偿、征地等事宜由永兴公路指挥部负责,道路由永兴公路指挥部筹资建设;天凤广场及周边的其他开发项目、道路、公益项目由广场指挥部负责筹资建设。

2002年4月19日,召开县长办公会议。会议讨论并通过了县经贸局提交的关于县矿石粉厂改制有关问题的请示;讨论并通过了关于组建经济开发公司的问题。

2002年8月15日,召开县长办公会议。会议讨论并同意将永福县市场开发服务中心改制为永福县

市场物业管理有限责任公司；讨论并同意划拨土地给县人民医院选址搬迁。

第十三届县人民政府重要会议

第十三届永福县人民政府（2002年10月至2006年10月），截至2005年12月，召开的重要政府常务会议和县长办公会议有：

县政府常务会议　2003年3月26日，县政府召开第十三届县人民政府第二次常务会议。会议研究并通过县人民政府关于社会保障、再就业工作和《中华人民共和国种子法》执行情况的汇报。会议研究同意成立县燃气管理站、县环境卫生监察中队和县路灯管理所。会议研究同意县房产局提交的住房公积金贷款方案和开放永福县房改房交易市场的请示。

2003年7月3日，县政府召开第三次常务会议。会议研究了龙溪电站改制和改扩建的方案。为充分发挥电站水资源的优势，会议同意龙溪电站的改制和改扩建方案，将电站整体对外出让经营权，引进资金对电站进行扩建，所得收入用于企业改制，安置好企业职工；会议研究同意在县职业中学创办一所实验学校；会议研究解决了全县普及中小学实验教学工作的有关问题。

2003年7月15日，县政府召开第四次常务会议。会议研究并同意县卫生保健饮料厂、县矿石粉厂整体转让处置资产妥善安置职工的请示、关于城镇职工大病医疗救助统筹和调整基本医疗保险起付标准的请示和三皇乡多元糖厂拍卖征税等事项。

2003年12月20日，县政府召开第六次常务会议。会议研究通过县财政局提交的关于调整部分财政支出预算的方案。会议还研究同意将县龙溪电站的国有资产、经营性净资产转让给广西天鹤电力有限公司，转让后将龙溪电站扩建改造。

县长办公会议　2002年12月18日，县政府召开县长办公会议。会议研究并同意县人民医院搬迁重建、增设县城主要街道消防栓，开展清理整顿河道采砂，实施生态县建设等问题，并做出了相应决定。

2003年6月5日，县政府召开县长办公会议。研究部署整治河道非法采砂问题。

2003年9月28日，县政府召开县长办公会议。会议研究如下事项：(1)为解决凤山背屠宰场的污染问题，同意搬迁屠宰场；(2)会议同意从2004年起，退休村干部养老金每人每月增加40元；(3)会议同意将各中学学生宿舍食堂建设管理推向社会化，吸引社会闲散资金投资教育基础设施建设；(4)会议还研究同意县二轻城镇集体工业联合社机构及人员安置方案、关于解决原县制药厂欠缴部分职工养老保险金的报告和县化工厂提交的关于出让国有土地给桂林德康药业有限公司用于扩建的请示等。

2004年2月17日，县政府召开县长办公会议。讨论并同意县国土资源局提交的《关于开展集体土地所有权登记发证工作的请示》。为搞好永福县集体土地所有权登记发证工作，会议同意先在堡里乡罗田村开展集体土地登记发证试点工作，再逐步在全县推开。会议强调，土地管理部门要本着对国家、集体和农民群众高度负责的精神，积极稳妥地开展试点工作，确保全县集体土地所有权登记发证工作任务的全面完成。

2004年4月25日，县政府召开县长办公会议。研究并同意创办永福县《政务信息》内刊问题。会议责成县人民政府办公室围绕全县中心工作，突出针对性、实效性，负责抓好《政务信息》的创办工作。各乡镇、县直各部门要做好信息上报工作。

2004年8月3日，县政府召开县长办公会议。研究并同意县林业局提交的《关于组建森林消防专业队的请示》。会议认为近年来，因气候干燥，全县森林防火形势日趋严峻。同意新组建两支森林消防专业队，并补足原森林消防专业队人数，每队人数为30人。

2005年4月27日，县政府召开县长办公会议。研究并通过县林业局提交的《关于打击破坏森林资源行为专项整治行动实施方案》。会议原则同意县林业局提出的专项整治行动实施方案，并报县委审定。

2005年6月3日,县政府召开县长办公会议。讨论并通过县教育局提交的《永福县中小学教师资源整合方案》。会议原则同意《永福县中小学教师资源整合方案》,具体由县教育局、财政局、人事劳动社会保障局和编办根据各学校编制和实有教师情况制定具体实施方案,对有富余教师的学校采取竞聘上岗,分流富余人员到教师不足的学校,达到教师资源的优化配置,为全县教育事业发展创造一个激励向上的竞争环境。

2005年8月22日,县政府召开县长办公会议。研究并通过县国土资源局提交的《永福县国土资源系统管理体制改革的实施方案》。会议原则同意该实施方案。但具体的机构和人员编制的设置要经有关部门严格核准,核准后的编制人员经费统一纳入县财政预算支出解决;同时为避免更多地增加财政负担,各乡镇国土资源管理所在本次体制改革确定的事业编制工作人员,必须从各自所在乡镇国土资源管理所在编或在岗人员中竞聘录用,未被录用的人员,由所在乡镇政府另行安排工作。具体的竞争上岗、择优录用方案要商县人事劳动社会保障、监察、编办、财政等部门和各乡镇人民政府制定,报县政府批准后实施。

2005年10月28日,县政府召开县长办公会议。讨论并通过县林业局提交的关于提请审议《永福县2005年冬季造林大会战实施方案》的请示。会议决定批准该实施方案,并印发各乡镇、县直有关部门执行。

第五节 施政纪略

民主决策

1991—2005年,县人民政府作为地方行政机关,坚持民主决策。县人民政府通过政府全体会议、政府常务会议、县长办公会议及专题政府会议等方式,集体研究重大行政事项。而且,县人民政府在作出重大决策前,均自觉接受人大常委会监督,听取县政协常委会参政议政,并事先征求部分人大代表、政协委员和党外各界人士意见,虚心接受民主监督和社会监督,提高政府决策的科学化。

依法行政

1991—2005年,县人民政府作为县人民代表大会的执行机关,坚持依法行政。凡属县内重大改革发展事项和经济、社会、文化事业等计划安排均由县人民代表大会讨论通过,作出决定后,交给县人民政府各工作职能部门具体实施,并向人民代表大会报告工作。

向县人民代表大会报告工作,主要由县长报告政府工作,由县发展改革局(含县计划委员会、县发展计划委员会)局长(主任)报告上年度县国民经济社会发展执行情况及当年国民经济和社会发展计划草案,由县财政局局长报告上年度县财政决算和当年财政预算草案。每年,县人民政府及有关部门还向县人大常委会汇报专项工作。1992年开始,建立县人民政府组成部门正职向县人大常委会述职评议制度。从1992—2005年,共进行了9次较大规模的述职评议,以加强对政府工作人员的监督。

15年间,县人民政府对人大代表议案办理与政协委员提案办理,坚持及时化和常态化。政府相关部门在办理议案、提案过程中,走访人大代表和政协委员率年均达90%以上。

机关建设

为进一步强化行政工作目标考核,县人民政府加大督查工作力度。1991年10月,成立县法制局,规范政府涉法事宜工作。在县政府办公室增设综合督查股,狠抓全县行政工作的落实。

为改进工作作风，进一步解放思想，县人民政府在 1992—1993 年开展创建"文明机关"，争当人民满意公务员活动。1995 年，在全体党员干部开展"双学"活动。1999 年，开展"三讲"教育活动。2001—2002 年，开展"三个代表"重要思想学习教育活动。2005 年，开展"保持共产党员先进性"教育活动。通过各项学习教育活动，增强各级行政机关和行政干部的公仆意识和艰苦创业意识，增强了凝聚力和战斗力，为做好政府工作奠定基础。

施政成果

县域经济　20 世纪 90 年代，永福县坚持以经济建设为中心，不断深化改革，扩大开放，全县经济建设持续发展。特色农业种植成效显著。1995 年永福县获"中国罗汉果之乡"称号。2000 年，全县国内生产总值完成 12.58 亿元，其中第一产业完成 5.97 亿元、第二产业完成 4.25 亿元、第三产业完成 2.36 亿元。农业和农村经济持续发展，农业整体水平有了较大提高。2000 年与 1995 年相比，粮食增产 12.22%，水果增产 93.39%，蔬菜增产 121.59%，森林覆盖率从 65% 上升到 74%。县乡工业发展加快，各项指标大幅增长，国有工业通过改革整顿，保持了较快发展。5 年累计完成技改投资 3900 万元，工业增加值年均增长 17.69%；制药、酿酒、冶炼、竹木加工、采矿、水电等特色支柱产业逐步形成。交通运输、邮电、通信、商贸服务等第三产业发展进一步加快。个体和私营经济得到长足发展。全县个体工商户由 1995 年的 6459 户增加到 2000 年的 10002 户。2000 年个体工商户和私营企业年上缴税金达到 1812 万元，占全县财政收入的 21%。财政实力不断增强，全县财政收入从 1995 年的 5343 万元增加到 2000 年的 9083 万元，年均增幅 14.19%。银行保险事业发展较快。2000 年年底，银行存款余额达到 6.43 亿元，比 1995 年增长 79.26%；贷款余额达到 4.76 亿元，比 1995 年增长 85.88%；保险费收入 1043 万元，比 1995 年增长 71%。

2001 年永福县调整农业产业结构，积极发展优质谷种植，荣获"广西优质谷生产基地县"称号。

2002 年全县国内生产总值完成 14.67 亿元。经济结构调整取得积极进展。农业和农村经济有了新的发展，农业结构不断优化，产业结构调整取得显著成效。主要农产品稳步增长，畜牧水产业稳步提高，水果、蔬菜和其他经济作物发展较快。2004 年永福县荣获"广西无公害蔬菜生产基地县"。农民人均纯收入有较大幅度增长。县乡工业发展加快。工业经济运行质量和效益明显提高。制药、酿酒、冶炼、竹木加工、采矿、小水电等特色支柱产业逐步形成。交通运输、邮电、通信、商贸服务等第三产业的发展进一步加快。个体私营经济得到长足发展。2004 年永福县获"广西县域经济发展十佳县"称号。

2005 年全县国内生产总值完成 30.21 亿元，三次产业结构从 2002 年的 45.00∶34.30∶20.70 调整到 2005 年的 29.70∶51.10∶19.10；工业经济占了全县经济的半壁江山。农业发展取得显著成效，农村面貌有较大改观，农民收入有大幅增长。优质谷、罗汉果、柑橘、西红柿、木薯、甘蔗、温氏鸡等农产品形成了规模种养和产业足链。县乡工业经济保持迅猛的发展势头，运行质量和效益明显提高，电力、制药、酿酒、冶炼、竹木加工、采矿等特色支柱产业初具规模。交通运输、邮电、通信、银行保险、商贸服务等第三产业发展进一步加快。以产权制度改革

2005 年 8 月，永福县委、县政府召开工作会议

杨志德　摄

为核心,稳步推进国有工业企业的改革,先后完成了县矿粉厂、酒厂、农械厂等21家国有工业企业的产权制度改革,盘活了国有资产,解除了企业的沉重包袱。在国有工业企业改制的推动下,新创办了各类企业28家,安置职工2044人。2005年苏桥工业区规模以上工业企业实现产值7.47亿元,上缴税金6113万元,占全县财政收入的35.40%,成为全县经济发展的亮点。

城乡基础设施建设　20世纪90年代,永福县十分重视城乡基础设施建设。不断加大固定资产投入,大力加强交通、电信、水利、能源、小城镇等基础设施建设。"九五"期间累计完成固定资产投资22亿元。全县克服重重困难,重新启动了苏桥新区的开发建设,并取得了初步成果。投资超过1亿元的桂林火电厂落户苏桥,1、2号机组于2000年年底正式运行发电,投资4600万元的苏桥新区东西大道正在建设之中;投资800多万元的苏桥新区自来水厂建成;投资800多万元的苏桥新区招商大厦已开始建设;高速路苏桥立交道口已获自治区交通厅正式立项。

2001—2002年,交通方面全县完成了江岩至永安油路、县城至亲睦村油路、渔村坳改道工程、永两公路部分路段改造、永良公路永福段部分公路段改造;永兴公路已完成路基和桥涵建设,桂柳高速公路苏桥互通立交桥工程正在抓紧建设之中。水利方面,完成了板峡水库二期工程、金鸡河水库除险加固工程等。能源方面,新建了百寿11万伏变电站;基本完成了苏桥火电厂建设,顺利完成了农网改造一期工程。城市建设和小城镇建设主要包括2个方面:一是先后启动了县城旧城改造、中心市场、五里桥一级公路、两座铁路立交桥、永兴大道、县城新水厂、防洪堤等重点工程建设。二是乡镇小城镇建设进一步加快,一批农贸市场、村委会办公楼、乡镇集镇改造项目相继完工;苏桥镇、罗锦镇、永安乡、三皇乡以农贸市场为中心,建起了一批住宅小区,百寿镇、堡里乡建起了整齐美观的街道。

2003—2005年,全县狠抓县城和重点乡镇的基础设施建设。一是完成了县城旧城改造、中心广场、县城防洪堤一、二期、滨江路、迎宾路、永兴大道、两座铁路立交桥、凤山滑坡治理等12项重点工程建设,县城面貌发生巨变。二是乡镇小城镇建设加快,罗锦、苏桥、百寿等乡镇基础设施建设得到较大改善,60%的村委会办公楼的改建项目相继完工。一批农贸市场如三皇乡、百寿镇、苏桥镇的专业农贸市场相继建成。三是完成了永兴油路等一批公路网建设。启动了永良二级公路、桂浮路永福段公路改造工程。金钟山景区建设取得较大突破,县城规划、建设和管理水平进一步提高。

科教文卫事业　20世纪90年代,永福县始终坚持把科技教育放在优先发展的地位,全面实施"科教兴县"战略。1996—2000年期间,全县累计完成科研项目285项,其中获省部级奖励的28项、地市级奖励的95项,推广新技术1322项,推广新品种118个,成为"全国科教结合百县、千乡、万村工程示范县",科技对经济增长的贡献率由1995年的36%提高到2000年的42.69%。全县教育事业发展迅速,"两基"教育在1997年顺利通过自治区和国家验收,被评为自治区和国家"两基"教育达标县。广播电视事业得到长足进展,基本实现了"村村通",1999年顺利通过了自治区验收。医疗卫生事业有了较大发展,农村改水改厕工作全面铺开。全县健身活动蓬勃开展,体育竞技取得新的成绩。

2001—2002年,全县科技工作取得新成绩,科技创新取得新突破,科研取得一批新成果。教育事业较快发展,全县教育质量和办学水平得到提高,教育改革继续深化,办学条件得到较大改善。福寿文化建设取得突破性进展。2002年永福县获"广西民间艺术之乡(彩调)"称号。广播电视综合覆盖率得到提升,基本实现了"村村通"目标。医疗卫生事业取得新成绩,城乡医疗卫生条件不断改善,农村初级卫生、防疫保健工作全面展开,农村改水改厕工作顺利开展。

2003—2005年,全县狠抓科技工作不放松,科技普及得到进一步加强。2003年通过了自治区对永福县青年农民培训工程的检查验收,科技对经济发展的贡献率逐年提高。荣获2003—2004年度"全国科技进步考核先进县"称号。坚持把教育摆在优先发展的战略地位,3年投入教育基础设施资金2600多万元,先后通过了自治区"普九"复查和"普实"检查验收。坚持开展形式多样的群众性文化体育活动,大力弘扬彩调和书画传统艺术,县城和乡村文化活动日趋活跃。继续巩固卫生突发事件责任网、信息和报告网、紧急救助网"三网"建设,有效防控"非典""猪链球菌病"、禽流感疫情的传播,城乡医疗卫生条件不断改善。推动广播电视事业新发展,先后完成县城和各乡镇有线电视光纤网络主干线建设。农村"村村通广播电视"联网工程进展顺利。

精神文明和民主法制建设 20世纪90年代,永福县始终坚持两个文明一起抓,以宣传科学思想、普及科技知识,反对封建迷信、倡导文明健康方式为主要内容的群众性精神文明创建活动广泛开展,促进了人们思想解放和观念更新;在全县党员干部中开展"双学""三讲""三学""三观"学习教育活动,认真实施"三严四自"工程,全县社会风气有了明显好转,干部群众思想道德素质有了新的提高。通过开展文明县城、文明集镇、文明单位、文明村、文明户等创建活动,在社会上树立起讲文明树新风的良好风尚。村级直接选举、村务公开、政务公开、厂务公开稳步推进。广泛开展"二五""三五"普法,使全县人民的法制意识和法律观念进一步增强。反腐倡廉深入开展,预防和治理腐败力度加强,违纪案件查处力度不断加大,纠正部门和行业不正之风取得新成效。深入开展社会治安综合治理,严厉打击各类刑事犯罪和各种恶势力以及邪教组织,坚决扫除"黄赌毒"等社会丑恶现象。争创"无毒县"活动扎实开展,社会治安环境得到改善。积极调处农村"三大纠纷",使一批积案、难案得到及时调处,认真接待群众来信来访及时化解人民内部矛盾。

2001—2002年,全县精神文明建设进一步加强。社会主义理想信念教育、道德教育和群众性精神文明创建活动广泛深入开展。民主法制建设取得新进展。实施《永福县依法治县工作规划》依法行政和司法公正工作得到加强,法制宣传教育和法律服务工作有新的进展,人民群众法制意识得到提高。坚持"严打"方针,加强社会治安综合治理,严厉打击严重刑事犯罪和各种经济犯罪。调处"三大纠纷"工作成效显著,有效防范了重特大安全事故的发生,维护了全县的社会稳定。

2003—2005年,在全县开展了一系列群众性精神文明创建活动,涌现出一大批文明社区、文明村镇和文明单位。"四五"普法教育顺利完成,创建"平安永福"活动扎实有效,调处"三大纠纷"和群众信访工作成效显著,各种刑事犯罪活动得到有效遏制,社会治安防控体系进一步完善。

关注和改善民生

20世纪90年代,永福县经济和社会的较快发展,给人民群众生活水平的提高提供了基础和保障。"九五"计划期间,全县农民人均纯收入有较大幅度增长,5年累计有2.13万农村贫困人口越过温饱线,贫困人口比例从1995年的8.90%降低至2000年的4.94%。在城镇初步建立了国有企业下岗职工基本生活保障、行业保险和城镇居民最低生活保障制度,以基本养老保险、失业保险、医疗保险为主要内容的社会保障制度逐步建立。

2001年至2002年,永福县率先在全自治区进行了医疗制度改革并取得了良好成效。县人民政府承诺任期内为民办的十件实事,已完成了板峡水库二期工程、农网改造一期工程、永福中学综合楼、永福至罗锦公路油路的改扩建工程、罗锦至金钟山公路和永兴公路路基工程建设6件实事,其他4件正在建设之中。

2003年至2005年,全县坚持做好劳动就业和社会保障工作。3年新增8717个就业岗位,安置下岗失业人员2459人。城镇居民登记失业率控制在3.50%以内,低于全市平均水平。退休职工的基本养老金、失业保险金、基本医疗费能按时足额发放。农民负担逐年减轻。2003年在全县推行了农村税费改革试点工作。2005年全县免征了农业税,直接减轻农民负担近1000万元。2005年全县城镇居民人均可支配收入9198元,农民人均纯收入2964元,分别比2002年增长41.60%和42.16%。困难群众和社会弱势群体的生活得到进一步改善。

第六节　机关事务管理

在本志各专业章未专门列记的县人民政府机关事务管理工作,在此简记。

1991—1996年7月,县人民政府机关行政管理科主要负责机关后勤事务管理,包括县委、县政府大院内机关人员的工资、业务经费的发放管理,房屋、水电的维修管理,清洁卫生、食堂管理和安全保卫工作管理。1996年7月,历时7个月,投资430万元的县委、县政府综合办公大楼建成,大院内的大部分单位搬至新综合办公大楼。

1996年7月—2001年12月,县直机关服务中心的主要职责是负责县委、县政府大院行政、后勤事务工作。包括大院内机关人员的财务、业务经费管理,大院内房屋、水电维修管理,清洁卫生、安全保卫和环境绿化管理,食堂管理。同时负责县委、县人大常委会、县人民政府、县政协四家班子领导车辆的使用、维修管理。

2002年1月—2005年,县直机关服务中心(机关事务管理局)的主要职责是负责县委、县政府大院的行政、后勤等事务工作。包括做好财务、国有资产管理、公共机构节能、后勤服务保障工作;做好政府大院办公区内地面硬化、政府综合大楼3楼贵宾接待室装修、和谐楼装修等基础设施建设;做好机关保卫工作,在大院内安装各种监视系统,对办公大楼各个楼层的消防器材进行定期检查和年检,充实综合办公大楼的内保力量。

第二章　人民政协

中国人民政治协商会议永福县委员会(简称县政协)是地方国家参政议政机关。1991—2005年,永福县政协先后召开了4届会议,经历了第三届、第四届、第五届、第六届委员会更替。通过县政协换届,实现新老交替,老委员继续发挥作用,新委员不断补充进入政协组织,团结一大批党外人士和社会各界群众,扩大了统一战线队伍。

县政协第三、四、五、六届委员会充分发挥政治协商、民主监督、参政议政职能,共收到委员提案1156件,审查立案709件,并全部办理。县政协推荐部分政协委员担任县委、县人民政府有关部门的特邀监督员、行风评议员等,在参与执法督查、行风评议中发挥积极作用。县政协共征集文史资料300多篇,70多万字,图片20多幅;整理、编印《永福文史资料》第三集至第五集,20多万字,发挥了资政、存史、育人等功能。

第一节　机　　构

领导机构

永福县政协作为地方国家参政议政机关,设立常务委员会主持会务,常务委员会由主席、副主席、秘书长和常务委员组成,经全体委员会议选举产生。第三届县政协(1990年8月至1993年11月)常委会设主席1人、副主席5人(含兼职2人)、秘书长1人、常务委员17人;第四届县政协(1993年11月至1999年1

月）常委会设主席1人、副主席3人、秘书长1人、常务委员17人；第五届县政协（1999年1月至2002年10月）常委会设主席1人、副主席4人（含兼职1人）、秘书长1人、常务委员17人；第六届县政协（2002年10至2006年10月）常委会设主席1人、副主席4人（含兼职1人）、秘书长1人、常务委员15人。常务委员会会议不定期召开。常务委员会闭会期间，由主席、副主席、秘书长组成主席会议，处理常务委员会的重要日常工作。县政协常委会办公地址在县城凤城路73号。

表13-2　　　　　　　　　　1990—2006年永福县政协领导名表

届次	职务	姓名	性别	民族	籍贯	任职时间	备注
第三届	主席	朱仲立	男	汉族	广西永福	1990年8月—1993年11月	
	副主席	袁志鹏	男	汉族	广西临桂	1990年8月—1993年11月	
		周祖荣	男	汉族	广西隆安	1990年8月—1993年11月	
		邱荷传	男	汉族	广西荔浦	1990年8月—1993年11月	
		梁进	男	汉族	广西玉林	1990年8月—1993年11月	兼职
		王宜琼	女	汉族	广西永福	1990年8月—1993年11月	兼职
第四届	主席	吴忠	男	侗族	广西龙胜	1993年11月—1995年2月	
		谢桂兰	女	汉族	广西桂林	1995年2月—1999年1月	
	副主席	李首坤	男	汉族	广西永福	1993年11月—1999年1月	
		邱荷传	男	汉族	广西荔浦	1993年11月—1999年1月	
		王宜琼	女	汉族	广西桂林	1993年11月—1999年1月	
第五届	主席	谢桂兰	女	汉族	广西桂林	1999年1月—2002年10月	
	副主席	李传龙	男	汉族	广西桂林	1999年1月—2002年10月	
		秦有锡	男	汉族	广西永福	1999年1月—2002年10月	
		王宜琼	女	汉族	广西永福	1993年11月—1999年1月	
		卢秀明	男	汉族	广西永福	1999年1月—2002年10月	兼职
第六届	主席	徐元声	男	汉族	广西桂林	2002年10月—2006年10月	
	党组书记	刘永祥	男	汉族	广西阳朔	2006年6月—2006年10月	
	副主席	梁家世	男	汉族	广西临桂	2002年10月—2006年10月	
		王承林	男	汉族	广西永福	2002年10月—2006年10月	
		卢秀明	男	汉族	广西永福	2002年10月—2006年10月	兼职
		罗代璋	男	汉族	广西永福	2005年12月—2006年10月	

注：2006年6月起，县政协机关设立党组。

工作机构

1990年8月，县政协第三届委员会内设工作机构为：办公室和经济科技委员会、祖国统一民族宗教委员会、教文卫体史委员会。是年10月增设提案法制委员会。即"一办四委"。1991年，县政协人员编制16名（其中行政编制5名、事业编制11名），实有人数14人。历任县政协秘书长有：何运廉（1990年8月—1991年8月）、梁熙成（1991年8月—1993年11月）。历任县政协祖国统一民族宗教委员会主任有：刘溯源（1990年10月—1992年3月）、韦政（1992年4月—1993年11月）。历任政协经济科技委员会主任有：罗文豪（1990年12月—1992年2月）。历任县政协教文卫体史委员会主任有：黄献祥（1990年12月—1993年11月）。历任县政协法制提案委员会主任有：梁熙成（兼，1991年9月—1993年11月）。

1993年11月，县政协第四届委员会内含工作机构为：办公室、社会联谊委员会（原祖国统一民族宗教委员会)、经济科技委员会、提案法制委员会、文教卫体史委员会。即"一办四委"。历任县政协秘书长有：梁熙成(1993年11月—2002年1月)。历任县政协办公室主任有：梁熙成(兼，1993年11月—1998年9月)、李铭(1998年9月—2002年1月)。历任县政协社会联谊委员会(原祖国统一民族宗教委员会)主任有：韦政(1993年11月—2002年1月)。历任县政协经济科技委员会主任有：李宗庆(1993年11月—1996年3月)、李正国(1996年3月—2002年1月)。历任县政协提案法制委员会主任有：粟秀芳(1993年11月—1999年1月)、曾心弟(1999年1月—2002年1月)。历任县政协教文卫体史委员会主任有：黄献祥(1993年11月—1995年12月)、李宗庆(1996年3月—1999年1月)、林庚运(1999年1月—2002年1月)。

2002年1月，根据永福县机构改革方案，县政协机关由"一办四委"合并为"一办二委"，即：办公室、提案文史委员会(原提案法制委员会和教文卫体史委员会合并)、经科联谊委员会(原经济科技委员会和社会联谊委员会合并)。机关编制12名(其中行政编制10名、事业工勤编制2名)。历任县政协秘书长有：梁熙成(2002年1月—2002年10月)、林庚运(2005年3月—2005年12月)。历任县政协办公室主任有：林庚运(2002年1月—2005年3月)、黄世斌(2005年3月—2005年12月)。历任县政协提案文史委员会主任有：赖红艺(2002年1月—2005年12月)。历任县政协经科联谊委员会主任有：李正国(2002年1月—2003年3月)、林新发(2003年3月—2005年12月)。

2005年，县政协机关(含办公室及各专委会)，共有人员编制12名(其中行政编制10名、工勤编制2名)，实有人数14人。

第二节　政协委员

凡赞成《中国人民政治协商会议章程》，经县政协常务委员会协商同意，成为县政协委员。政协委员产生的具体步骤：一是提名推荐。推荐县政协委员候选名单，由县委、各人民团体、无党派人士、各界别等协商提出。二是协商确定建议名单。对各方面提出的推荐名单，由县委组织有关部门进行综合平衡，反复同各推荐方面协商形成建议名单。三是县政协常委会会议通过。将委员建议名单提交县政协常委会进行协商和表决，经全体常委过半数同意予以通过。四是公布。将县政协常委会议通过的委员名单，由县政协办公室分别通知推荐单位和本人，向委员颁发证书，并通过新闻媒体向社会公布。增补县政协委员的程序，也需要经过提名、协商、县政协常委会议通过和公布等步骤。

政协永福县第三届委员

1990年8月，政协永福县第三届委员协商产生。由中国共产党、人民政府、工人、军队代表、工会、共青团、妇女、农民、宗教、工商联、文化、体育、科技、教育、医药卫生、财贸、归侨、港属、台属、起义投诚人员、旧军政人员、知名人士23个界别组成，共有委员99人。委员中，有中共党员40人、妇女14人、少数民族25人，各占委员总数的40.40%、14.14%、25.25%；知识分子占委员总数的46%。委员平均年龄46岁。

政协永福县第四届委员

1993年11月，政协永福县第四届委员协商产生。由中国共产党、共青团、工会、妇联、工商联、文学艺术、科技、经济、农林、教育、体育、医药卫生、少数民族、侨联、港台属、宗教、特邀17个界别组成，共有委员110人。委员中，有中共党员44人、妇女19人、少数民族委员35人、知识分子委员59人，分别占委员总数的40%、17.27%、31.82%、53.64%。1997年6月21日以后，吸收了4名香港人士为县政协名誉委员。委

员平均年龄 44.90 岁。

政协永福县第五届委员

1999 年 1 月,政协永福县第五届委员协商产生。由中国共产党、共青团、工会、妇联、工商联、文化艺术、科技、经济、农林、教育、体育、医药卫生、少数民族、侨联、台联、宗教、特邀等 17 个界别组成,共有委员 110 人,其中有 8 名香港特邀名誉委员。委员中,有中共党员 42 人,妇女委员 23 人,少数民族委员 27 人,分别占委员总数的 38%、21%、25%;具有中专、大专、大学文化的 71 人,占委员总数的 60.20%;具有专业技术职称的 43 人,占委员总数的 36%;委员平均年龄 40.40 岁,比第四届降低 4.50 岁。

政协永福县第六届委员

2002 年 10 月,政协永福县第六届委员协商产生。由中国共产党、共青团、工会(包括工人)、妇女、工商联(包括个体协会)、文化艺术、科学技术、经济、农林水产(包括农民)、教育、体育、医药卫生、少数民族、归侨、港澳台属、宗教、特邀等 17 个界别组成,共有委员 118 人(经补选六届二次会议 128 名、六届三次会议 136 人、六届四次会议 139 人)。委员中,中共党员、妇女和少数民族的比例分别为 39.80%、18.60% 和 28.80%;大专以上文化 87 人,具有中级以上专业技术职称 44 人,分别占委员总数的 68.60% 和 37.30%;平均年龄 39.50 岁,比第五届降低 0.90 岁。

表 13-3 　　　　　　　政协永福县第三届至第六届委员会委员各界别组成人数表

（以各届第一次会议计）

构成 ＼ 届次	第三届委员(人)	第四届委员(人)	第五届委员(人)	第六届委员(人)
中国共产党	19	9	10	11
人民政府	3			
共青团	1	1	1	2
妇联	1	1	1	2
工人	3			
农民	9			
宗教	3	3	2	4
解放军	1			
教育	10	10	10	9
文化	3			
体育	2	2	1	2
医药卫生	4	4	4	4
科技	10	10	10	10
工商联	2	2	2	4
少数民族	7	7	5	4
归侨	3	3		
港属	3			
台属	8			

续表

届次\构成	第三届委员（人）	第四届委员（人）	第五届委员（人）	第六届委员（人）
起义投诚人员	1			
旧军政人员	1			
知名人士	1			
财贸	3			
工会	1	3	3	3
文学艺术		3	4	6
经济		19	20	20
农林		7	9	17
港台属		9		
特邀		17	21	13
侨联			3	3
台联			4	4
合计	99	110	110	118

表 13-4　　　　　　政协永福县第三届至第六届委员会委员构成情况表

（以每届第一次会议计）

届次\构成		第三届	第四届	第五届	第六届
委员总数		99	110	110	118
大专以上文化	人数（人）	21	35	47.	87
	百分比（%）	21.00	31.80	42.70	68.60
中级以上职称	人数（人）	16	47	33	44
	百分比（%）	16.00	42.70	30.00	37.30
中共党员	人数（人）	40	44	42	47
	百分比（%）	40.40	40.00	38.00	39.80
妇女	人数（人）	14	19	23	22
	百分比（%）	14.14	17.27	21.00	18.60
少数民族	人数（人）	25	35	27.00	34
	百分比（%）	25.25	31.82	25.00	28.80
委员平均年龄（岁）		46	44.90	40.40	39.50

第三节　政协委员会全体会议

政协委员会全体会议是政协履行政治协商、民主监督、参政议政职能的最高形式。一般情况下,县政协委员会全体会议每年举行一次。会议期间,委员列席县人大会议。1990年8月至2005年12月,永福县政协共经历了4届委员会,召开了19次全体会议。

政协永福县第三届委员会全体会议

县政协三届一次会议,于1990年8月21日至23日在县城召开。实有委员99人,出席会议96人。会议的主要议程是学习全国统战会议精神和中共中央总书记江泽民讲话;选举县政协常务委员17人,选举朱仲立为主席,袁志鹏、周祖荣、邱荷传、梁进、王宜琼(女)为副主席,何运廉为秘书长;会议协商了县人民政府县长、副县长和县法院院长、县检察院检察长候选人。

县政协三届二、三、四次会议,分别于1991年3月20日至22日、1992年3月10日至12日、1993年3月22日至25日在县城召开。第二次会议协商讨论全县农村社会主义教育问题;会议收到委员提案85件。第三次会议补选梁熙成为常委、秘书长;会议一致通过聘任韦瑞霖、黄婉秋、黄继树为县政协第三届委员会顾问的决议;会议收到委员提案69件;有8名委员代表7个咨询委员会就全县工农业生产和科教文卫等问题作专题发言。第四次会议有5名委员作专题发言,会议收到委员提案59件。

政协永福县第四届委员会全体会议

县政协四届一次会议,于1993年11月23日至25日在县城召开。会议议程有:1.选举产生政协永福县第四届委员会主席、副主席、秘书长、常务委员;2.听取县政协第三届委员会常务委员会工作报告和提案工作报告;3.学习《中国人民政治协商会议章程》和有关文件;4.通过给离任委员的致敬信;5.列席县人大十一届一次会议;协商县人民政府县长、副县长和县人民法院院长、县人民检察院检察长候选人;6.协商《政府工作报告》《县人民法院工作报告》《县人民检察院工作报告》;7.讨论通过《政协永福县第四届委员会第一次会议政治决议》。出席会议委员99人。会议选举常务委员17人,选举吴忠为主席,李首坤、邱荷传、王宜琼(女)为副主席,梁熙成为秘书长。

县政协四届二、三、四、五、六次会议,分别于1994年3月26日至29日、1995年3月4日至7日、1996年3月24日至27日、1997年3月31日至4月2日、1998年3月25日至26日在县城召开。出席会议的委员分别为101名、101名、92名、103名、110名。第二次会议收到提案69件,有8名委员作了专题发言。第三次会议增补委员3人、常委2人、主席1人,补选谢桂兰(女)为县政协委员、常委、主席;会议收到提案59件。第四次会议有8名委员作专题发言,收到提案56件;表彰了30名在"四个一"(即一件好的提案、一项调研视察活动、一件好事实事、一条建议良策)活动中取得优异成绩的委员。第五次会议有10位委员作专题发言;表彰了30名优秀委员,会议期间及会后收到委员提案65件。第六次会议收到委员提案63件;表彰了"四个一"活动先进政协小组1个、优秀委员26名。

政协永福县第五届委员会全体会议

县政协五届一次会议,于1999年1月5日至8日在县城召开。会议议程有:1.听取县政协第四届委员会常务委员会工作报告和提案工作情况报告;2.审议县政协第四届委员会各专门委员会工作报告;3.听取并审议县政协第五届委员会换届工作情况报告;4.选举产生县政协第五届委员会主席、副主席、秘书长、常务委员;5.列席县人大十二届一次会议,讨论协商《政府工作报告》等5个报告,协商县人民政府县长、副县长,县法院院长、县检察院检察长候选人;6.审议通过县政协五届一次会议政治决议。出席会议的委员108名。会议选举产生了政协永福县第五届委员会常务委员17人,选举谢桂兰(女)为主席,李传龙、秦有锡、王宜琼(女)、卢秀明为副主席,梁熙成为秘书长。会议收到委员提案56件。

县政协五届二、三、四次会议,分别于2000年3月7日至9日、2001年2月28日至3月2日、2002年

2月27日至3月1日在县城召开。出席会议的委员分别为106名、109名、110名。第二次会议表彰优秀委员20人、优秀提案6个、提案办理先进单位3个;会议期间收到委员提案78件。第三次会议有4名委员作专题发言;表彰了"四个一"活动优秀委员20人、先进政协小组1个、优秀提案5个、提案办理先进单位2个;会议期间及会后收到委员提案85件。第四次会议有5名委员作专题发言;表彰"四个一"活动先进政协小组3个、优秀委员18人、优秀通讯员4人、优秀提案4个、提案办理先进单位4个;会议收到委员提案78件。

政协永福县第六届委员会全体会议

县政协六届一次会议,于2002年10月20日至22日在县城召开。出席会议的委员115名。会议议程有:1.听取县政协第五届委员会常务委员会工作报告;2.听取县政协第五届委员会常务委员会提案工作报告;3.听取县政协第五届委员会提案文史委员会工作报告(书面)和经科联谊委员会工作报告(书面);4.听取县政协第六届委员会筹备工作情况报告;5.选举县政协第六届委员会主席、副主席、常务委员;6.列席县人大十三届一次会议,听取并协商《政府工作报告》等报告;7.审议该次会议政治决议。会议选举徐元声为主席,梁家世、王承林、卢秀明为副主席,常委15人。会议收到委员提案88件。会议表彰了优秀提案4个,提案办理先进单位4个。

2005年3月3日,县政协六届四次会议在县城召开,图为大会主席台　　　　　　　　　杨志德　摄

县政协六届二、三、四、五次会议,分别于2003年2月20日至21日、2004年2月19日至20日、2005年3月3日至4日、2005年12月3日在县城召开。出席会议委员分别为116名、121名、128名、106名。六届二次会议有4名委员作大会专题发言;收到委员提案49件。六届三次会议有4名委员作大会专题发言;收到委员提案75件。六届四次会议补选林庚运为秘书长;会上有4名委员作大会专题发言;会议对2004年度3个先进政协委员小组、24名优秀政协委员、5个优秀提案、3个提案办理工作先进单位、3名提案办理工作先进个人进行了表彰;会议收到委员提案70件。六届五次会议补选罗代璋为副主席。

第四节　主要工作

参政议政

1991—1993年,第三届县政协常委会在永福县制定十年规划和"八五"计划中,组织政协委员26人次深入厂矿、农村、城镇开展调查研究,写出专题调查报告给县委、县政府及有关部门,并组织政协委员视察,写出书面报告,提出可行性建议,县政协领导和部分政协委员还参与制定计划的全过程。在三届一次会议上,协商县人民政府县长、副县长和县法院院长、县检察院检察长人选;全体政协委员认真听取了永福县十年规划和"八五"计划的报告及说明,进行了广泛的民主协商,献计献策,使计划更为完善。在三届三次会议上,政协委员针对《县人民政府工作报告》协商提出了9个方面43条意见,被县政府采纳;8名委员分别作了《发展优质谷》《加速畜牧水产业发展》《大力发展职业教育》等 8 个有较高水平的专题发言。在三届四次会议上，安排政协委员作了《桂柳一级公路开通后永福经济发展的有利趋势与方略初探》等 5 个专题发言，委员们还就如何创造永福县改革开放的有利环境、搞活国有企业和乡镇企业、加强农业基础工作和农村工作、巩固和稳定社会治安秩序、教育发展和农村计划生育、知识分子和科技人员待遇、市场管理和商品流通、提高人民收入等重大问题，积极协商议政，提出意见建议，为县委、县政府决策和推进部门工作起到了很好的作用。

1994—1998 年，第四届县政协常委会注重选择全县经济建设中的重要议题进行协商讨论，每年第一季度的常委会协商讨论全县年度国民经济发展计划，第三季度的常委会请县人民政府领导通报上半年经济工作及下半年安排概算，形成关于抓好下半年经济工作的协商意见转县人民政府参考。1994 年 9 月，县委制定永福县农村深化改革延长土地承包经营责任制时，采纳了县政协组织委员调查研究提出的大部分建议。1996 年 3 月，县政协对永福县"九五"计划和 2010 年远景目标（草案）进行了充分协商。1996 年，县政协围绕县委"农业稳县、工业兴县、科教强县"战略部署，征求意见 13 条。1997 年，县政协围绕县委"引资金、上项目，兴科教、求效益，努力实施四大战略、六大突破，构筑三大特色经济"，召开各类座谈会、研讨会 13 次，形成书面意见，积极向县委县政府建言献策。在四届二次至六次会议上，共有 26 名政协委员作了《以科教振兴发展企业，以现代化管理促经济效益》等 26 个专题发言。

1999—2002 年，第五届县政协常委会召开党组会议 9 次、主席会议 50 次、常委会议 13 次、全体会议 4 次，召开恳谈会、研讨会、情况通报会和各种类型座谈会 36 次。县政协常委会议共听取县人民政府和苏桥新区管委及农业、工业、林业、工商、财政、教育、文化、卫生、水利等 19 个部门和乡镇的工作通报，进行直接协商，就其中的难点和存在问题提出建议，出谋划策。1999 年上半年和 2000 年上半年，先后修订了《县政协主席会议议事规则》《县政协常务委员会工作规则》等 9 项制度。在五届三次会议上，安排了《永福县旅游资源及其开发前景的思考与建议》《发挥基层商会作用，促进乡镇经济发展》等 4 个专题发言。在五届四次会议上，安排了《永福县教育卫生系统人才流失问题透视》《对永福县国有企业改制的几点思考》《创建无公害农产品生产基地，打造绿色农业品牌》等 5 个专题发言。

2002—2005 年 12 月，第六届县政协常委会紧紧围绕县委、县人民政府建设"经济强县、文化名县、生态和环境一流县"的战略部署，共召开党组会议 11 次、主席会议 56 次、常委会议 16 次、全体会议 5 次、专题协商会议 45 次。党组会议、主席会议、常委会议邀请县委、县政府领导和部门负责人到会通报情况，讨论协商；每次全体会议都整体协商了政府工作报告及其他报告，提出了许多建设性的意见建议；专题协商会协商了部门工作、企业发展难题、矛盾纠纷、群众信访等问题，提出工作建议和解决办法。2005 年，围绕全县编制"十一五"规划的若干问题，组织开展多次调研座谈和协商讨论。六届二次会议至五次会议安排了《加强特色农业品种基础科学研究，促进永福县区域特色农业可持续发展》《抓住林业历史性转变机遇，把永福县竹业经济做大做强为富民强县的支柱产业》《加强水利基础设施建设，为农业发展打下坚实基础》《加快发展草食动物规模养殖，为农民增收开辟新途径》《关于组建农村新型合作经济组织的探讨》《建设文化名县的构想与对策》《注重保护，抢救第一，合理利用，加强管理，发挥文化遗产对福寿文化的支撑作用》《加强永福县林业生态建设和产业发展的几点建议》等 16 个专题发言。

1991—2005 年，县政协运用党组会议、主席会议、常务委员会议、全体委员会议、各类专题会议等形式，按照"民主、求实、团结、鼓劲"的方针，对贯彻党和国家的大政方针和全县政治、经济、文化及社会生活中的重大问题进行协商讨论，提出意见和建议。每年召开一次全体委员会议（2005 年召开两次），就全县国民经济和社会发展"八五""九五""十五"计划纲要草案，每个年度的政府工作报告、国民经济和社会发展计划及执行情况的报告、财政预算及上年预算执行情况的报告、县人民法院和县人民检察院工作报告，进行协商讨论，各专门委员会、工作组、政协委员小组和政协委员共作了 60 个专题的大会发言，为县委、县人民政府决策提出意见和建议。坚持开好至少每季度一次的常委会议、至少每月一次的主席会议，选择全县经济建设和社会发展中的重要议题进行协商讨论,建言献策。每年召开各种专题会议进行对口协商、专题协商。

根据中共中央文件精神,县政协主席列席县委常委会议,主席、副主席参加县四家班子领导会议,参与全县性工作等重大问题的讨论,实行直接有效的参政议政。1996年上半年,县委以永发〔1996〕45号文件制定了《关于县政协办公室和各专门委员会与县党政部门、人民团体、政法机关加强协商联系的暂行规定》,各专门委员会与县委、县政府部门、人民团体、政法机关加强联系,就经济建设、社会发展、统战工作等有关问题进行对口协商讨论。

为了坚持和完善中国共产党领导的多党合作和政治协商制度,推进政治协商、民主监督、参政议政的规范化、程序化、制度化建设,中共永福县委于1996年制定批转了《政协永福县委员会关于政治协商、民主监督、参政议政的规定》,要求各乡镇党委、乡镇政府,县直各部门结合实际,认真贯彻执行。

民主监督

1991—2005年,永福县政协认真学习《中共中央关于进一步加强中国共产党领导的多党合作和政治协商制度的意见》《中共中央关于加强人民政协工作的意见》,建立和完善了《民主监督制度》和《关于行使民主监督职能的若干措施》,加强政协的民主监督工作,力求取得实效。一是县政协每年召开全体会议时,全体政协委员列席县人大代表会议,对县人民政府的工作报告提出意见。县人民政府的许多重要决策,均提前与县政协征求意见,主席、副主席分别列席县委常委会议、县人大常委会议、县政府有关会议,以发挥民主监督作用。二是利用提案,反映社情民意等方式,对政府及其部门工作提出意见建议。三是推荐40多名委员担任县委干部监督员、乡镇和部门的行风监督员、行风评议员,有效地增强被监督、评议单位和干部职工的服务意识、法律意识、廉政意识。同时,通过监督和评议,做好解惑释疑工作,积极消除群众对行政部门工作的误解。四是与广电局、永福报社联合开展舆论监督。五是通过政协委员视察、参与工作检查等形式,开展民主监督。15年间,县政协民主监督的有效开展,推动了县委、县人民政府决策的民主化、科学化,改进了行政部门工作,促进了全县经济发展与社会进步。

委员视察和专题调研

第三届县政协期间,1992年组织36名委员和有关专家就全县经济文化的现状开展10个方面的专题调查,在实事求是了解情况的基础上,充分讨论,仔细分析,认真探索,深入研究,撰写出《搞活国营工业企业的难点和对策》《把农村科学普及作为科技兴农的重要手段》等8篇有较高水平的调查报告,提出了许多切实可行的建议。1993年,随着桂柳一级公路(后改为高速公路)的开工建设,县政协及时开展调研,分析了一级公路开通后永福经济发展的有利趋势,提出了依托一级公路发展永福经济的设想与建议,被县委、县政府采纳,取得显著的效益。

第四届政协期间,1994年县政协组织政协委员72人,历时一个半月,走访了41个村公所,154个队,363户,1153人,通过广泛调查综合分析研究,结合永福县当前农村实际,提出了对贯彻落实中共中央关于延长土地承包经营问题,宜采取"宣传到位、维持原状、自然调节、注意引导"的办法;对农村股份(合作)经济采取政策上给予鼓励扶持,加强法律引导,促其不断发展、完善的办法。被县委、县政府采纳,推动了全县延长土地承包责任制工作的开展。1995年县政协组织了以政协委员为主,聘请有关部门领导参与的调查组14人,对全县职业教育情况进行了为期2个多月的调查,重点解剖了县职业中学,提出了"高度重视职业教育和农村实用科技培训、把职业中学办成全县职业教育(培训)的龙头、鼓励农业科技人员到乡、村开展技术指导承包活动、加大财政投入"等四项建议,引起了县委、县政府的高度重视。经过几年的努力,永福县职业教育（培训）工作走上了全自治区先进行列。1996年，县委、县政府提出了开发苏桥工业区的构想，为争取自治区立项，县政协积极支持，挑选5名有较高水平的委员，深入苏桥实地考察，历时24天，完成了《苏桥工业区开发规划设想》《苏桥工业区土地利用现状》《苏桥开发区内人口分布情况》《苏桥开发区水资源情况》《苏桥开发区交通现状》《苏桥开发区通讯设施和供电能力》《苏桥开发区优惠政策》等7篇材料，及绘制图表、拍摄照片等，提供给县委、县政府上报自治区，并通过永福县的自治区政协委员在全区政协会议上提出提案。1998年，桂林地市合并后，县政协多次邀请桂林市民主同盟等民主党派到苏桥视察调研，协助完成了《苏桥新区需要桂林，桂林更需要苏桥新区》的调研报告，由市民主同盟在市政协一届二次大会上专题发言，引起了市领导高度重视，社会反响强烈。

第五届政协期间，1999年8月至9月，组织开展《全县乡镇卫生院建设的现状与发展》调研，全面了解乡镇卫生院分布、人员结构、基础条件、医疗设备、服务水平、医疗收入、生活待遇等情况，对发展永福县乡镇卫生院提出积极建议。同时对全县农业名特优新产品进行调查，详细了解罗汉果、山葡萄、优质米、椪柑、石山竹笋、热带亚热带水果的种植、产量、加工和销售情况，提出发展对策。2000年，县政协开展"西部大开发给永福县的机遇""科学技术的转化利用与经济发展""永福县旅游资源分布及其开发利用"等一系列调研，并及时提交了《关于尽快建立旅游局，开发永福县旅游资源的建议》，被县委、县政府采纳。2001年，为搞好文化建设调研，政协调研组全面了解了全县文化建设现状，县、乡、村抓好文化工作的成功经验和产生的积极作用，群众对文化活动的要求及参与程度，历史文化的保护、开发、利用和特色文化的发展，存在问题等，提出了提高永福文化品位、文化建设为社会经济发展服务、文化产业发展等建议。2002年，县政协组织委员和部分单位负责人对永福县河道非法采砂情况开展调研，采集了大量的图文材料，以县政协常委会建议案的形式提交县委、县人民政府，使县委、县人民政府高度重视，采取了发布公告、制定管理措施、落实人员等有力办法，使永福县河道非法采砂得到了有效治理。

第六届政协期间，2003年，组织了"永福县特色农业科学基础研究"调研，探索出永福县特色农业可持续发展的路子。组织了对永福"竹林经济发展"进行调研，提出了加快永福县竹业经济发展的构想与措施。还组织对"永福县教育现状与发展"进行调研，向县委、县人民政府提交《永福县教育现状与发展的调研报告》和《县政协常委会关于加快永福教育发展的建议》，形成的建议共10项，得到县委、县人民政府及教育行政主管部门全部采纳，及时落实。2004—2005年，县政协的调研视察也抓住了重点、热点、难点问题，精心组织，其中《永福县工业可持续发展》《永福县农业水利基础设施建设》《建设文化名县的构想与对策》等调研报告得到了县委、县人民政府的高度评价。

1991—2005年，永福县政协围绕全县加强基础设施建设、调整农业产业结构、发展乡镇企业、优化投资环境、加快国企改革步伐、加快发展旅游业、招商引资、鼓励发展非公有制经济、工业园区建设、推动文化教育卫生事业健康发展，以及加强社会主义精神文明建设和民主法制建设等重大问题开展委员视察和专题调研，共组织视察87次，形成视察报告53篇；组织调研69次，形成调研报告69篇；在充分调研、视察的基础上，形成大会专题发言材料68篇。这些涉及全局性问题或群众普遍关心的热点难点问题的调研、视察报告，经县政协主席会议、常委会议协商审定后转县委、县人民政府、有关乡镇和县直部门，在县委、县人民政府的决策过程中起着重要参考作用，对改进和推动乡镇和县直部门工作起到了积极作用，大会专题发言引起了较大反响。

提案工作

永福县政协从1987年起设置了常设提案工作机构，并建立健全规章制度，使提案工作逐步走上规范化、制度化轨道。

在第三届县政协期间，共收到提案213件，经审查立案131件，其他作为来信和意见办理。对县政

1992年3月三届三次会议《加强永安至鹿寨英山路段的治安管理》提案,县委极为重视,县委副书记亲自抓,与县政法委、公安局认真研究案情,制定措施,积极与鹿寨县公安部门联系,联合治理,使道路治安状况明显好转。对县政协《关于永福县小学由五年制转六年制的提案》《关于解决中小学校校舍紧张和增加民办、代课教师工资的提案》,县教委积极向上级有关部门报告,并作出计划安排,县委、县政府制定文件,各乡镇认真贯彻实施。

在第四届县政协期间,共收到提案312件,经审查立案195件,其他作为来信和意见办理。对县政协《要求把百雅公路列入1994年财政预算》的提案,县委、县政府非常重视,专门召开政府常务会议研究,积极筹措资金,县委书记、县长多次深入现场检查指导,解决实际问题,加快了工程进展。对县政协1995年3月四届三次会议《建议乡镇企业领导和业务人员加强经济法规学习培训》的提案,县企业委认真办理落实,挤出资金与县成人中专学校联合开办"乡镇企业经营管理中专班"和"乡镇重点企业会计、统计培训班",提高企业领导和工作人员的业务素质。对县政协《建议建立见义勇为专项基金》提案,县政法委立即做出通过集资、投保、建立见义勇为专项基金的方案报县政府批复。对县政协《要求解决板峡水库淹没区群众的生活问题》提案,县长、副县长非常重视,亲自带领县水电局、粮食局、民政局、堡里乡领导到板峡库区的茶料村东定屯等调查了解,现场办公解决了实际问题。对县政协《关于修复凤城路林业局至电影院一带河堤护栏的建议》的提案,县政府及时拨款,县城建委认真组织施工,使街道、河堤美观而安全。1996年,县委、县人民政府决定开发苏桥工业新区,为使自治区尽快立项,永福县的自治区政协委员在自治区政协会议上提出了提案获得了回复和办理。对县政协1997年3月31日四届四次会议第26号提案,针对县城新居民区开发建设和实施旧城改造后,街道名称混乱、门牌号码混杂的情况,提出重新确定县城街道名称、编排门牌号码的建议,县政府高度重视,成立领导小组,一名副县长主抓,从县政府办、公安局、城建局、民政局、永福镇抽调14名干部具体负责,广泛征求各界人士意见,经过两个多月的调查研究,于1997年6月底制定出初步方案,又经过三上三下广泛听取各方面意见,最后呈报县政府。县人民政府于9月正式行文划定县城7条主路11条街道,各方面人士盛赞县政协这一提案提得好、政府办得好。

在第五届县政协期间,共收到提案297件,经审查立案179件,其他作为来信和意见办理。对县政协2000年3月五届二次会议《北四乡镇人民群众强烈要求收看永福新闻》的提案,县广电局局长亲自办理,落实人员把每天的永福新闻制成录像片,运送到北四乡镇广播站及时播放。对县政协2001年2月五届三次会议《渔村坳公路改道应尽快落实》提案,县委、县政府相当重视,把其列为2001年的重点工程之一。经过多方筹措资金,抓紧施工,到2001年年底,新改道的公路路面已基本贯通。

2001年当苏桥工业新区的发展受到交通制约时,县政协协助桂林市民主同盟完成集体提案《关于尽快开通桂柳高速公路苏桥段立交口的建议》,联合桂林市8个民主党派,连续几年在自治区、市政协大会上提出,终于使自治区决定开设桂柳高速公路苏桥立交口,解决了苏桥工业园区发展的"瓶颈"问题。

第六届县政协截至2005年12月,共收到提案286件,经审查立案186件,其他作为来信和意见办理。对县政协2002年10月六届一次会议,针对永福县河道采砂秩序混乱,非法采砂禁而不止,损坏河堤、农田,破坏航道,引发治安和民事案件上升的严重现象,提出《应加大力度整治捞砂船疯狂采砂行为》提案列为当年重点提案,主席会议研究决定,组织部分政协委员和有关部门负责人成立联合调查组,对永福县河道采砂的现状进行专题调研,调研报告经县政协常委会讨论后形成建议案报县委、县人民政府。2003年6月5日,县人民政府召开县长专题办公会议,对整治河道非法采砂进行全面部署。对县政协《群众强烈要求取消水费底度不足而按底度收取的规定》提案,是政协委员在参加全县行风评议、走访基层、听取群众意见后提出来的,提案认为这样的底度收费没有法律依据,经与主管部门协商,此项收费规定于2003年11月底取消,实行按实际用水度数收费,群众非常满意。县政协常委会在组织开展教育调研后,向县委、县人民政府提交了《永福县教育现状与发展的调研报告》和《县政协常委会关于加快永福教育发展的建议》,形成的建议共10项,县委、县人民政府及教育行政主管部门全部采纳,逐项落实。对县政协2005年

3月六届四次会议《关于开通县城公交车的建议》等提案,关注热点,充分反映民意,引起县委、县人民政府的重视,提案得到很好的落实,在广大人民群众中产生良好影响。对县政协《关于增设学校（园）周边道路交通安全警示标志的建议》,县交警大队创造条件及时办理,得到了学校和社会的普遍赞扬。

1991—2005年,县政协共收到政协委员、政协小组、县政协各参加单位、民主党派、县政协各专门委员会提交的提案1108件,经提案审查委员会审查立案691件,这些提案得到各有关部门和各乡镇政府的认真办理答复。未予以立案的410多件,作为来信或意见转有关部门和乡镇作工作参考。15年间,县政协提案内容涉及构建和谐永福、推动工业化进程、发展农村经济、农业科技指导、罗汉果原产地建设、新农村建设、公共财政服务、人事劳动社会保障、金融服务、城乡清洁卫生、市政建设、环境保护和水资源利用、林业建设、供电及水利工程建设、教育和科技文化卫生事业发展,文物古迹保护等方面。县政协每年都确定一批重点提案,由县政协主席、副主席领衔督办,县党政有关部门,各乡镇党委、乡镇政府高度重视,认真办理。在县政协提案工作的推动下,党委、政府解决了一大批热点、难点问题,促进了全县经济发展、社会进步与文化繁荣。

联谊活动

1992—1993年,受县委、县政府委托,县政协组织编写了《永福县投资指南》《广西永福县部分招商洽谈项目简介》,拍摄《福寿之乡》录像,编印《永福乡情》书稿等,向国内外朋友、各地同乡系统介绍永福的地理环境、风土人情、交通邮电、经济发展、人民生活、投资政策、土特名产、旅游资源等,有效地促进了永福县经济社会事业发展。

开展经常性的走访活动,加强同县内民族和宗教界上层人士、党外干部、高级知识分子、非公经济人士的沟通联系。永福县是广西的重点宗教县,有伊斯兰教、天主教、基督教的教友数千人,有4处宗教场所。1995年3月11日,罗锦清真寺事件发生后,县政协积极做好矛盾化解工作,举办各类学习培训班,深入县内七个乡镇调查了解民族宗教工作,宣传党的民族宗教政策,增强民族宗教界人士对党和政府的理解信赖,为促进全县社会政治稳定发挥了应有的作用。加强同"三胞三属"（台湾同胞、港澳同胞、海外侨胞及其眷属）的联系。20世纪90年代初,永福籍的港澳台侨胞有300多人,他们在县内的亲属有5000多人,这是政协统战工作的重要对象,也是永福县开展对外交往活动的重要桥梁,对永福县的建设发展是一种积极的潜在力量。为此,县政协做了大量工作,如每年接待回乡探亲的"三胞"50余人次,与40多人进行书画作品交流活动,与100多人保持经常通信,为30多人找到阔别几十年的亲人,为26户"三属"搭桥引进资金80多万元兴办家庭企业,争取"三胞"捐资10多万元回乡办公益事业,引进30万美元开办养殖场,同时积极为台资企业解决困难,如台胞李明峰投资400万元回永福创办金猫坪养殖场,与当地农村发生土地、交通等纠纷,县政协领导亲自为其解决了困难,协调好台胞与当地群众的关系。

永福县是名副其实的"书画之乡"。20世纪90年代,全县共有各级书画协会会员269人,其中自治区会员43人,国家会员3人,世界书画协会会员4人,另外还有各个层次的书画爱好者3000余人。他们中的许多骨干都曾担任过或正在担任县政协委员。县政协每年都开展丰富多彩的书画交流联谊活动,如选送作品参加自治区、全国、日本、韩国及世界华人经济共同体书画展,邀请著名书画家到永福表演交流,协助县人民政府在桂林市举办"李氏一门八代书画展",协助中国美术协会会员、被誉为"雄鸡大王"的永福民间画师蒋青在桂林市举办个人画展;与台湾陈立夫、世界华人经济共同体主席潘业中等以书画形式建立了联系,与日本书画界名人在桂林市进行了恳谈交流等。

1991—2005年,县政协积极开展"三情"（亲情、乡情、友情）联谊,举办多种形式的联谊活动,加强同民主党派、人民团体、工商联、无党派民主人士、港澳台同胞、海外侨胞和各界人士的沟通与交流。在辛亥革命80周年、毛泽东诞辰100周年、江泽民发表《为促进祖国统一大业而继续奋斗》等重要讲话、抗日战争胜利50周年、香港回归、澳门回归等重要纪念日和每年春节、中秋节等传统节日,县政协都举办形势报告会、各界人士座谈会,宣传"和平统一、一国两制"基本方针,弘扬爱国主义精神,增进各界人士在爱国主义、社会主义旗帜下的广泛团结,坚定为实现祖国统一大业共同奋斗的信心和决心。

文史和宣传工作

1991—2005年,县政协征集文史资料300多篇70多万字、图片20余幅,充分发挥政协文史资料存史、资政、育人作用。整理、编印《永福文史资料》第三集至第五集,计88篇20余万字。在1999年庆祝中华人民共和国成立50周年、人民政协成立50周年,喜迎澳门回归之际,县政协编印了《永福县诗词曲联专辑》,从400多件来稿中选用了266件作品结集出版。2000年,县政协征集编印《永福回族文史资料》3万余字。2003年,县政协参加市政协《桂林回族》的编务工作,完成永福部分的文稿。在2005年纪念抗战胜利60周年之际,桂林市政协出版《桂林文史资料》,刊发了永福县政协选送的三篇文稿共7000多字。

1994年成立县政协宣传报道组。宣传报道组积极向《人民政协报》《广西政协报》《广西日报》《桂林日报》等报刊投稿。第四届县政协被地市以上报刊、电台、电视台用稿900多篇(幅);第五届县政协被各级报刊、电台、电视台用稿710多篇(幅);第六届县政协在市级以上报刊发表文稿103篇,照片17幅。据统计从1991—2005年县政协被评为自治区政协宣传工作先进单位9次,被评为自治区政协宣传工作先进个人7人。

县政协积极开展工作总结和理论研究,多次参加自治区、桂林市政协工作座谈会、经验交流会。2002年县政协《做好"三情"联谊,促进地方发展》论文入选自治区政协编印的《实践与创新》一书。

委员学习

1991—2005年,永福县政协先后组织政协委员学习毛泽东、邓小平、江泽民、胡锦涛关于统一战线和政协工作的一系列重要论述,中共中央《关于坚持和完善中国共产党领导的多党合作和政治协商制度的意见》《中共中央关于进一步加强中国共产党领导的多党合作和政治协商的意见》《中共中央关于加强人民政协工作的意见》《中国人民政治协商会议章程》《政协全国委员会关于政治协商、民主监督、参政议政的规定》《自治区党委关于进一步加强人民政协工作的意见》、江泽民在庆祝人民政协成立50周年大会上的讲话等。

第三届县政协组织委员学习《中共中央关于制定国民经济和社会发展十年规划和"八五"计划的建议》《中共中央关于进一步加强农业和农村工作的决定》和中共中央总书记江泽民"七一"重要讲话,加强对新时期党的路线、方针、政策的理解。县政协主席、副主席给委员作《新时期人民政协的性质、地位、任务和作用》《提高对统战工作重要性、必要性的认识,搞好新时期爱国统一战线工作》等学习辅导。1992年,组织委员和各界人士学习邓小平视察南方谈话和中共十四大报告等文件精神。共收到委员学习心得,体会文章58篇,理论文章32篇。

第四届县政协组织委员学习《中共中央关于加强社会主义精神文明建设若干重要问题的决定》,深刻领会贯彻执行社会主义物质文明和精神文明两手抓、两手都要硬的方针的重要性和必要性。学习中共十五大精神,研究组织全体委员学习贯彻的方法和步骤,为委员安排学习辅导报告,推动中共十五大报告及文件精神学习活动的深入开展。共收到委员学习心得、体会文章137篇,理论文章25篇。

第五届县政协组织学习邓小平理论和"三个代表"重要思想,学习中共中央《关于加强和改进思想政治工作的若干意见》《江泽民在中国共产党建党八十周年大会上的讲话》《中共中央关于加强和改进党的作风建设的决定》以及《中共中央关于制定国民经济和社会发展第十个五年计划的建议》等重要文献。

1999年8月，县政协领导班子成员参加县（处）级领导干部"三讲"教育，用整风精神，解决党性党风方面存在的问题。安排政协工作讲座，辅导委员学习《提案工作条例》和提案业务学习。共收到委员学习心得、体会文章95篇，理论文章30篇。

第六届县政协组织委员学习新时期统一战线和人民政协工作的方针、政策，中共十六大报告和十六届历次全会精神，2004年修订的政协章程，学习《中共中央关于制定国民经济和社会发展第十一个五年计划的建议》，开展保持共产党员先进性教育活动。共收到委员学习心得、体会文章65篇，理论文章35篇。

服务基层

1991—2005年，为发挥政协"人才库""智囊团"优势，第三届县政协组建了农业、水果、林业、教育、卫生、工业交通、财贸金融等7个专门咨询委员会，建立12个政协小组，共开展咨询活动67次，咨询服务对象7000余人次，举办各类培训班159期，培训6839人次，为群众办实事27件。县政协委员应邀参加自治区内外高水平的科研活动和高层次的学术交流活动17次，由县政协组织撰写上送或委员撰写上送的各种科研论文21篇，王宜琼、梁熙成、肖祖豪、郑道英、谢敬森等11名委员的科研论文和科研成果分别获得地区级、省（自治区）级、部级奖。1992年永福县首届遴选出6名科研"拔尖人才"，梁进、秦心国两名政协委员入选。

第四届县政协组织委员成立"310""131"工程咨询委员会，开展咨询活动26次，接受咨询服务4600多人次，到基层开办各类培训班19期，培训1860多人次，向县委、县政府和部门提出建议166条。1993年3月县政协四届一次会议决定在全体委员中开展"提出一件好的提案、参加一项调查或视察活动、办一件好事实事、献一条良策或信息"的"四个一"活动。广大委员积极响应，岗位奉献，建功立业。第四届县政协共对86名在"四个一"活动中成绩突出的委员进行了表彰奖励。

第五届县政协邀请桂林市民主同盟10多名专家到堡里乡山区为少数民族群众义诊，桂林市80多名专家技术员到县城和百寿镇科技帮扶，桂林市100多名文艺工作者到罗锦镇星草村慰问演出，协助自治区政协委员视察团视察苏桥工业新区及三皇乡、百寿镇工农业发展情况。县政协还千方百计联系款物扶贫救灾，仅2002年6月洪灾就争取到桂林市慈善事业会等善款4万多元、衣物3000多件。组织委员到桂林市等地举办书画精品展5次，选送430幅书画作品到国内外参展参赛18次；举办西部大开发学术研讨会、学习中共中央总书记江泽民《关于教育问题的谈话》研讨会，选送27篇论文参加桂林市政协评比，成绩为全市最优。共有48名委员被评为"四个一"活动优秀委员，10名委员被评为永福县首批十佳政协委员。

第六届县政协根据永福新形势，将"四个一"活动的内容修改为"提一条好建议（提案）、做一件实事（好事）、引一个老板、上一个项目"，共有64名委员被评为"四个一"活动优秀委员。根据桂林市政协的统一安排，组织驻永福县的市政协委员到灌阳县视察，协助驻灌阳县、雁山区的市政协委员到永福县视察，完成了较高质量的视察报告。积极协助自治区政协、桂林市政协组织专家学者、政协委员到永福县开展"水环境保护""农村劳动力转移""农村出嫁女问题"等6个专题调研。大力开展"四个一"活动、"三下乡"活动、送温暖活动、企业联谊活动、对外交流活动、争先创优活动、走访委员活动，密切与委员的联系、与外界的联系，促进了永福经济、社会和谐发展。

永福县开展科普下乡到瑶寨　　　　　唐庆甫　摄于 2005 年

第一章 工 会

永福县各级工会为群众性组织，是中共永福县委联系职工的桥梁和纽带。

1991—1994年，永福县总工会大力开展维权活动，就职工合法权益问题向县委、县政府提出10多项合理化建议。为帮助困难职工，各级工会拨出13万元专款开展送温暖活动。加强工会自身建设，培训员工850人次，贯彻落实《中华人民共和国工会法》，工会工作整体水平有新提高。

1995—2000年，永福县总工会继续实施送温暖工程，促进再就业，推行平等协商签订集体合同，加强新建企业工会等重点工作。至2000年8月，全县190家私人企业组建工会，吸收4120人加入企业工会组织。

2001—2005年，永福县总工会建立困难职工帮扶中心，开展"金秋助学"及组织职工参加重大疾病互助补充保障活动，取得良好社会效果。

第一节 机 构

永福县总工会是全县工会组织的常设协调机构。1955年12月成立永福县总工会。1991年，永福县总工会为正科级人民团体，内设办公室。下辖女职工委员会、经费审查委员会。专职干部职工7人。办公地址在永福县城凤城路91号。1991年永福县有基层工会组织139个，专职工会人员（干部）5人；行业工会组织3个。全县工会会员总数8942人，占全县职工总人数的93%，其中女会员3094人。1996年，开始在乡镇企业建立基层工会组织。1999年，开始在非公企业建立基层工会组织。至2001年12月，全县有190家私人企业建立工会。

2005年，永福县总工会仍为正科级人民团体。内设办公室。下辖女职工委员会、经费审查委员会。专职干部职工6人。办公地址不变。是年，全县基层工会组织180个，其中国有企业工会19个、事业单位工会16个、行政机关工会42个、非公企业工会94个；乡镇工会工作委员会9个。全县工会会员总数1.64万人，其中女会员4857人。

1991—2005年，历任永福县总工会主席有：秦继连（1984年12月—1995年5月）、王树正（1995年5月—2001年12月）、定英（2001年12月—2005年12月）。

第二节 工会代表大会

1991—2005年，永福县总工会先后召开2次工会代表大会。

永福县工会第十次代表大会

永福县工会第十次代表大会于1995年5月11日—12日在县城召开。出席会议代表134人、特邀代表37人，并邀请桂林地区9个县的总工会主席到会指导。大会听取和审议并通过王树正作的县总工会第九届委员会工作报告,审议并通过县总工会第九届委员会财务工作报告,审议并通过县总工会第九届经费审查委员会工作报告。大会选举产生永福县总工会第十届委员会委员 18 人、常务委员 6 人。王树正当选为县总工会主席;同时选举经费审查委员会委员 4 人。1997 年 2 月增补副主席 1 名(兼职)。1999 年 5 月增补副主席 1 名。2001 年 12 月机构改革,定英任县总工会主席,增补副主席 1 名。

永福县工会第十一次代表大会

永福县工会第十一次代表大会于 2003 年 4 月 25 日在县城召开,出席会议代表 120 人、特邀代表 50 人。大会听取和审议并通过定英作的县总工会第十届委员会工作报告,审议并通过县总工会第十届委员会财务工作报告(书面),审议并通过县总工会第十届经费审查委员会工作报告(书面)。大会选举产生永福县总工会第十一届委员会委员 19 人、常务委员 9 人。定英当选为县总工会主席;选举专职副主席 1 名、兼职副主席 1 名。同时选举经费审查委员会委员 5 人。

第三节　主要工作

维护职工合法权益

维护职工合法权益,是工会工作的主要职责。1991 年,国家的经济改革从计划经济逐步向市场经济过渡。工会维护职工合法权益的任务更显繁重。随着永福县企业改革和改制的不断深入,部分职工的合法权益受到侵犯。工会一方面通过送温暖活动解决部分职工生活困难,另一方面根据国家的方针政策,积极向有关部门反映和协商,帮助职工维护合法权益。1992 年,县总工会要求国营企业和部分集体骨干企业建立健全劳动争议调解机构。同时,县总工会就职工合法权益问题向县委、县政府提出 10 多项合理化建议。1994 年 7 月,《中华人民共和国劳动法》颁布。永福县总工会因势利导,通过举办有企业经营者参加的培训班,深入学习和贯彻《中华人民共和国劳动法》。1996 年,县总工会会同县经贸局在县供水公司召开签订集体合同的现场会,典型引路。在全县所有国有企业、部分集体企业按《中华人民共和国劳动法》规定推行集体合同制度。从整体上维护职工合法权益,当年签订用工集体合同的企业达 60 家,受到桂林地区工会的表彰。1997—2005 年,全县签订单项用工集体合同的企业 31 家,区域性、行业性的用工集体合同的企业 23 家,职工集体合同覆盖全县 239 家企业法人,职工 2534 人。使职工的合法权益从源头上得到了维护和法律上的保障。

新经济组织工会建设

1991 年以后,随着经济改革的不断深化,永福县一些企业经营困难而停产,工会组织在减少,而非公经济异军突起,不断壮大。在非公企业组建工会组织,维护职工合法权益,是工会工作的重中之重,但由于各方面因素的制约,这项工作的力度不够,工会组建率一直徘徊不前。1999 年,全国总工会提出"哪里有职工,哪里就要有工会组织"的工作要求后,在县委的支持下,永福县成立了由县委分管副书记为组长的永福县新建企业组建工会工作领导小组,将工会组建工作纳入各级党建任务,召开有乡镇领导、企办主任参加的培训班动员,在全县掀起新建企业工会组建高潮,大力吸收农民工加入所在非公企业的工会。2000 年 8 月,通过在堡里乡召开的新经济组织工会建设现场会引路,全县 180 家私人企业组建工会,组建率达 95%;吸收 4200 人加入了工会组织。同时在全县 10 个乡镇全部建立工会工作委员会。2001 年 7 月 26 日,

自治区总工会在永福县召开新经济组织工会建设现场会,肯定永福县新建企业组建工会的经验。2005年底,全县国有企事业单位工会组建率达100%,非公企业工会组建率达87.80%。

"职工之家"建设

1991年,永福县总工会继续深入开展基层工会"职工之家"建设活动。1992年,通过评比"合格职工之家""模范职工之家",使活动不断深入。1994—1995年,对已获先进职工之家的单位工会进行复检验收。1999年,组织工会会员骨干参加自治区工会组织纪念职工之家建设十五周年征文活动。2001年,重新修订"职工之家"建家规划和评选、验收、考核制度办法。1991—2005年,共有145家基层工会被评为县级"先进职工之家"称号。

送温暖活动

1992年,永福县铅锌矿企业因矿源枯竭而停产,首先陷入困境,职工没有工资和生活费。县总工会从这一年起,启动送温暖工程,资金来源是每年由全县有工资收入的职工捐一些,向上级工会申请一点,县财政拨一点,本级工会拿一点来解决。至1994年,各级工会拨出13万元专款开展送温暖活动。1995年,中央办公厅、国务院办公厅下发《千方百计解决部分群众生活困难》的通知,永福县成立了以县委领导为组长,县政府领导为副组长,县总工会、经贸局、商业局等部门领导为成员的困难职工帮贫解困领导小组,多渠道筹集资金,每年元旦、春节开展送温暖活动,每年有250~300人得到救助,救助金额每年约4万~7万元。2003年起,县级财政好转,县长办公会议批示,不再向职工募捐,每年送温暖活动资金除上级工会拨给外,大部分由县财政拨款解决。2005年元旦、春节,县总工会开展送温暖活动,救助200人,金额达9万元。

建立困难职工帮扶中心

根据自治区、市总工会要求,经县委批准,永福县总工会于2003年12月成立困难职工援助中心。2004年4月改为困难职工帮扶中心。帮扶中心的工作主要是发挥工会组织的网络健全、全面联系群众的优势,拾遗补阙,救急救难,快速反应。其工作职责是接待信访,困难救助,职业合作,法律援助。帮扶中心建立后,至2005年,先后接受市总工会和县财政拨款4.50万元,为受到病、伤的特困职工40人提供资金约2.50万元的帮助。

"金秋助学"活动

2000年7月,由永福县总工会发起"金秋助学"活动,扶助贫困家庭职工子女部分学费。从2000年到2005年6年间,在每年秋季入学时县总工会通过多方筹集资金,先后为永福县下岗特困家庭的子女306人解决高中、大专以上学习学费困难问题,助学金额达6.80万元。

职工重大疾病互助补充保险

2003年起,永福县总工会积极参加自治区、市总工会开展的职工重大疾病互助补充保险工作,得到县委的大力支持。2003年5月,县委领导亲自在全县干部大会上作动员讲话,发动全县广大职工积极参加重大疾病互助补充保险工作。2003年当年有职工近2000人参加这项保险,至2005年年底参加人数发展到3100人。参保对象每人每年每份交40元,如患有规定范围的12种重大疾病,每参保1份可获1.50万元的赔付。到2005年年底，全县参保职工中累计有17人共获得23.50万元的赔付。其中，1人参保2份，一次性获得赔付3万元。另还有30人共获得1.07万元的补助，较好地帮助患重病职工解决燃眉之急。

劳动模范评选与管理

县总工会是同级劳模评选和管理的工作机构。

1991年起，为弘扬劳动模范精神，县总工会加强对20世纪50年代以来永福县获得全国、省（自治区）级劳模人员的统计、整理、查找、认定和发证工作。经多方多年查证，永福县从20世纪50年代到2005年，共有市级以上劳模101人，其中全国劳模2人，省（自治区）级劳模85人、市级劳模14人。截至2005年年底，还在永福县工作和生活的健在市级以上劳模58人。

从2000年起，经县总工会申报，对县内获全国、自治区级劳模，如生活困难可于每年年终获得自治区、市总工会给予1000~3000元的慰问金。2003年4月，对有工资渠道的健在劳模可按月获得劳模补贴；县总工会定期为健在的劳模进行体检，每年慰问一次；对生活困难的劳模进行帮扶解决困难。

1991—2005年，县总工会参与评选自治区劳动模范6人，他们是1993年邓榕珍，1995年陈重宁，1996年李幼秀、盘先武，1998年范天坤，2005年陈贻康。评选自治区五一劳动奖章2人，他们是2000年王素珍，2004年全相林。1998年桂林地市合并后至2005年，评选桂林市劳动模范7人，他们是2000年侯韬、吕儒忠、莫春生，2002年陈立忠、陈贻康，2004年罗建明、曾小成。

第二章　共青团

永福各级共青团组织是永福各级党组织的助手和后备军，是永福青年的群众性组织。

20世纪90年代，共青团永福县委员会（简称团县委）在做好基层团组织建设的同时，重点实施"青年志愿者活动"，创建"青年文明号"活动、希望工程活动、青年科技示范推广活动等，引领广大青年投身永福各项建设。

2001—2002年，团县委协同县农业部门开展"跨世纪青年农民科技培训"工程，引导农村青年科技致富。2003年，创办农村青年中心"流动希望书库"和"爱心超市"试验基地，举办乡村青年文化节。2004—2005年，创办"呵护"未来服务队，加强未成年人的思想道德宣传，社会反响较好。

1991—2005年，由团县委牵头，联合教育、关心下一代工作委员会、妇联等相关部门加强少先队工作，让少年儿童在社会实践活动中陶冶心灵、健康成长。

第一节　机　　构

中国共产主义青年团永福县委员会（简称团县委）是全县青年组织的常设机构。1957年7月，成立中国共产主义青年团永福县委员会。1991年，永福县团县委为正科级人民团体，内设办公室，编制2名，实有干部2人。办公地址在县政府大院内。1996年7月，机构改革，核定团县委编制3名，实有干部4人。2005年，团县委编制4名，实有干部4人。办公地址不变。

1991年，全县设有共青团基层委员会16个，团总支部134个，团支部510个，共有团员7075人。至

2005 年年底,全县设有共青团基层委员会 15 个,团总支部 138 个,团支部 526 个,共有团员 1.06 万人。

1991—2005 年,历任永福县团县委书记有:梁知光(1988 年 9 月—1991 年 10 月)、谭应华(1991 年 10 月—1994 年 10 月)、陈克宝(1994 年 10 月—1997 年 9 月)、廖万刚(1997 年 9 月—2001 年 5 月)、唐健梅(2001 年 5 月—2005 年 12 月)。

第二节　团员代表大会

1991—2005 年,永福县共青团组织先后召开 5 次代表大会(即十二次、十三次、十四次、十五次、十六次)。

共青团永福县第十二次代表大会

共青团永福县第十二次代表大会于 1991 年 10 月 31 日至 11 月 1 日在县城召开。出席大会代表 176 人。大会听取和审议谭应华代表第十一届团县委所作的工作报告;选举产生第十二届团县委委员 17 人、候补委员 4 人、常务委员 7 人。谭应华当选为团县委书记。大会还选举产生团县委副书记 1 名。

共青团永福县第十三次代表大会

共青团永福县第十三次代表大会于 1994 年 10 月 17 日至 19 日在县城召开。出席大会代表 178 人。大会听取和审议陈克宝代表第十二届团县委所作的工作报告;大会通过了《关于开展青年星火科技示范活动的决议》;大会选举产生第十三届团县委委员 20 人、候补委员 4 人、常务委员 7 人。陈克宝当选为团县委书记。大会还选举产生团县委副书记 2 名。

共青团永福县第十四次代表大会

共青团永福县第十四次代表大会于 1997 年 9 月 9 日至 10 日在县城召开。出席会议代表 172 人。大会听取和审议廖万刚代表第十三届团县委所作的工作报告;选举产生第十四届团县委委员 19 人、候补委员 5 人、常务委员 7 人。廖万刚当选为团县委书记。大会还选举产生团县委副书记 2 名。

共青团永福县第十五次代表会议

共青团永福县第十五次代表会议于 2001 年 5 月 30 日在县城召开。出席会议代表 128 人。大会听取和审议唐健梅代表第十四届团县委所作的《高举邓小平理论伟大旗帜,脚踏实地,开拓创新,迎接新世纪新挑战》的工作报告;选举产生第十五届团县委委员 19 人、候补委员 5 人。唐健梅当选为团县委书记。大会还选举产生团县委副书记 2 名。

共青团永福县第十六次代表大会

共青团永福县第十六次代表大会于 2004 年 3 月 11 日在县城召开。出席会议代表 126 人,大会听取和审议唐健梅代表第十五届团县委所作的《高举团旗跟党走,团结带领全县青年为全面建设小康社会和实现永福县争创"广西经济发展 10 佳县""桂北一流县"的宏伟目标而奋斗》的工作报告;选举产生第十六届团县委委员 19 人、候补委员 5 人。唐健梅当选为团县委书记。大会还选举产生团县委副书记 2 名。

第三节　主要工作

基层团组织建设

1991—1995 年,永福县团委按照团中央的部署,重视共青团基层整体化建设,注重支部、团委、阵地和活动 4 个要素,通过各级团干部大量细致的工作,解决了一批团组织软弱、懒散问题,增强了基层团组织的战斗力。1997 年,根据自治区党委组织部和自治区团委的要求,推动"党建带团建"工作。1998—2005 年,团县委加强基层团组织管理,开展团课与团日活动。活动的内容根据各年度党组织的要求和共青团员的思想状况,或是宣讲《中国共产主义青年团章程》,或者是邀请老团干、英模人物作报告,对团员青年进行思想政治教育。7 年间,先后开展了"永福跟党走""我为团旗添光彩""青春献祖国"等主题团课与团日活动。

发展共青团员是各级共青团组织的基础性工作。1991—1999 年,永福县每年发展共青团员约 3100~3700 人。2000—2005 年,由于全县中学生人数逐年减少,每年发展共青团员的数量有所减少,约有 2500~3000 人。1991—2005 年,团县委一直注重"推优育苗"(推荐优秀共青团员加入中国共产党和培养吸收优秀青年加入共青团组织)工作。全县共发展共青团员 4.32 万人。

青年志愿者活动

1994 年起,永福县团委在每年 3 月,都组织开展以学雷锋做好事为重点的志愿活动。每年的元旦、春节期间,也组织开展青年志愿服务活动。1995—1998 年,团县委组织共青团员开展消灭荒山、绿化造林青年志愿活动。参加活动达 8500 人次。2002 年,团县委组织 200 多名青年志愿者为县城茅江"洗脸"(清洁)活动。2003 年春夏之交,在抗击"非典"活动中,团县委组织 2000 多名共青团员参加城乡"爱国卫生奉献周"活动。2004—2005 年,积极做好"回乡大学生志愿服务西部计划"活动。

2002 年 3 月,永福县共青团员开展城乡清洁工程志愿活动　　　　　　　　团县委　供图

1994—2005 年,永福县各级团组织先后成立"学雷锋志愿者""禁毒宣传志愿者""城乡清洁工程志愿者""青年突击队"等青年志愿者组织。充分利用每年学雷锋日、志愿者活动日、国际禁毒日、国庆等重大节庆日,组织青年志愿者 3000 多人次,开展形式多样的为民服务活动 140 多次,服务群众近 2 万人次。

"青年文明号"活动

1996 年,团县委与县精神文明办在全县各窗口行业青年集体中开展创建"青年文明号"竞赛活动。

竞赛活动涉及公安、交警、国税、地税、移动公司、电信、商业、金融、城建、卫生、交通等13个行业，参赛人数1500多人。1997年，团县委决定在青年文明号集体中开展"服务卡助万家扶贫解困活动"，以居民生活小区为范围，以特殊困难户为重点，丰富和拓展青年文明号活动。1999—2002年，各青年文明号围绕各自的行业特点，积极开展争优创效活动，成为各行业部门中提升服务质量，提高办事效率的中坚力量。同时，各青年文明号积极开展"百号建百村"活动，经常性地开展慰问孤寡，帮扶贫困学生，支持新农村建设等活动。国税局青年文明号资助贫困生刘某某从小学一直到大学的学习。2003年，在预防和控制"非典"疫情工作中，团县委按照上级要求，开展"抗击非典，青年文明号"与你同行活动。2004—2005年，加强重点工程青年文明号的创建力度，将创建渗透到现代管理和一流服务中。2005年，县移动公司、县国税局、县电信公司、县地税局4家青年文明号，共筹集资金4万多元，为罗锦镇永升村修建便民桥1座，解决了该村300多群众出行难问题。

1996—2005年，全县共创建市级青年文明号单位11家，其中县移动公司、县电信公司、县国税局、县地税局4家获自治区级青年文明号单位。

希望工程活动

1995年，成立永福县"希望工程"助学基金会。通过宣传发动，号召单位、各界人士捐款捐物，改善学校环境，帮助适龄学生完成学业。

1996年9月17日，由广西"中华育英学校"董事会捐赠20万元，桃城乡配套23万元兴建永福县第一所希望小学"大苏希望小学"竣工。

1999年3月12日，广西共青团第一所希望小学——苏桥乡树桥希望小学奠基。该校的建设经费主要来源于广西各地团员捐赠灾区的特殊团费。

1995—2004年，永福县团委积极开展希望工程活动，配合有关部门引进援助资金20多万元，扶助贫困学生1000多人。农村中小学义务教育实行"两免一补"（免课本费、杂费、补助寄宿生生活费）政策后，希望工程的主要对象转变为帮扶贫困大学新生上大学。2005年团县委积极筹措资金，共帮扶大学新生35人，帮扶金额8万多元。

青年科技推广活动

1994年，团县委组织团员青年开展青年星火带头人科技致富活动，挑选一批具有科技素质的团员作为领头人，带领群众依靠科技知识发展经济，向群众传授种养殖技术。1995年，在青年工人开展"五小"（小发明、小改造、小设计、小革新、小建议）智慧杯竞赛活动中，县轴承厂吕永林获得全自治区"百名科技英才标兵"称号；县糖厂赵月荣等3人节约能源降低煤耗锅炉改进项目获得"全自治区第四届'五小'智慧杯竞赛成果"三等奖。

1997年，团县委组织团员青年参加全国共青团组织的"服务万村行动"，开展"三个一万"，即"树一万名好支书，创一万个经济实体，扶一万户脱贫致富"的主题活动。1998—2000年，完成团员青年1328人的小康工程任务。2001—2002年，团县委协同县农业部门开展"跨世纪青年农民科技培训工程"。累计举办培训班73期，培训青年3533人，其中3102人获青年农民培训证书资格；创办实体20个，农业综合开发基地80个。

农村青年中心活动

2003年，团县委为适应农村团员青年大量外出务工，农村共青团的工作难于开展的情况，分别在各乡镇成立了农村青年中心 8 个,并在其中设立"流动希望书库",使各青年中心成为集娱乐、休闲、学习、交流等多位一体的青年聚集地。2004 年,团县委创办农村青年中心培训就业连锁超市试点基地 1 个,效果明显。2005 年,团县委争取资金 2 万多元,在百寿镇青年中心建成"移动爱心书屋",对门面进行了统一装修,配置电脑、电视等设施,使该中心成为全县档次最高、功能最全的青年中心。

呵护未来服务队

2004 年 10 月,团县委组建了由团县委、检察院、法院、司法局等单位为成员的呵护未来服务队。服务队以"为青少年服务,伴青少年成长"为宗旨,以鲜活的法制案例、故事、加强未成年人的思想道德宣传,并经常到中小学校开展法制教育、励志教育等活动。至 2005 年年底,共开展 80 多场,受教育学生 1.50 万多人次。呵护未来服务队已成为永福县加强未成年人思想道德建设的主要形式和载体,并得到了团中央、自治区团委和团市委领导的高度评价。

乡村青年文化节

2003 年,团县委开始组织各基层团委开展青年歌手大赛、青春才艺大赛、三人制篮球赛等内容丰富、形式多样的乡村青年文化节活动,丰富农村青年的业余文化生活,得到广大农村青年的欢迎和喜爱。2004 年,永福县荣获"全国乡村青年文化节建设先进县"称号。

少先队工作

少先队即中国少年先锋队的简称。1978 年 9 月,全县各初中和小学恢复少先队组织名称。1991 年,永福县各级共青团组织加强全团带队工作,从思想上、组织上、工作上带好少先队。指导各级少先队组织帮助少年儿童树立共产主义道德情操,逐步养成良好人生观和价值观。1992 年,团县委与县教委、文化局编导儿童剧参加桂林地区儿童剧通讯赛,获组织优秀奖。1993 年,团县委、县教委获"全自治区少先队工作先进集体"。1994—1999 年,每年举办"十佳少先队员"和"百名好少年"评选活动,共评选出"十佳少先队员"60 人、"百名好少年"556 人。2000—2005 年,团县委在全县少先队中开展优秀少年队员、优秀少先队干和优秀少先队辅导员评比表彰活动;开展"红领巾跟党走,读书读报教育活动""跨世纪中国少年雏鹰行动""手拉手""小卫士"等活动,让少年儿童从小参加有益身心健康的社会实践活动,在实践中增长知识,陶冶心灵,健康成长。

第三章　妇　　联

永福各级妇女联合会为永福各族妇女界的群众性组织。20 世纪 90 年代,永福县妇女联合会(简称县妇联)积极实施《妇女儿童发展规划》,切实维护妇女儿童合法权益;在农村妇女中开展"双学双比"竞赛活动,在城镇妇女中开展"巾帼建功"活动,带领广大妇女投身于经济建设和改革开放事业。同时由县妇联牵头,在全县开展"五好文明家庭"创建活动,推动和谐社会发展。

2000—2005 年，县妇联继续深化农村妇女"双学双比"竞赛活动，构建教育培训、科技示范、扶贫救助、劳务输出等服务网络；深化城镇妇女"巾帼建功"活动，推动妇女创业和再就业、引领妇女建功立业。同时，实施"春蕾计划"，救助贫困女童学习，促进儿童健康成长。

第一节　机　　构

1959 年 3 月，成立永福县妇女联合会。1991 年永福县妇女联合会（简称县妇联），为正科级人民团体，有工作人员 4 人，设主任 1 名、副主任 1 名，内设办公室。办公地址在县政府大院。下辖 10 个乡镇妇联，有专职妇干 10 人；村委（居委会）妇代会主任 99 人。1992 年 5 月 9 日，县妇联成立妇女禁赌会，选出会长 1 人、副会长 5 人、会员 9 人。

1993 年 8 月 12 日，成立永福县妇女儿童工作协调委员会，委员会办公室设在县妇联。1993 年 9 月，县妇联正、副主任改称正、副主席。县妇联设主席 1 名、副主席 1 名。

1997 年 9 月 23 日，县妇女儿童工作协调委员会更名为妇女儿童工作委员会。

1998 年，永福县妇联有工作人员 5 人，设主席 1 名、副主席 2 名，内设办公室、宣传部、维权部。

1999 年 9 月，永福县妇女儿童发展规划监测评估领导小组成立。2001 年 7 月，成立县妇联明珠培训中心。2003 年 1 月，成立县妇联"反家庭暴力"法律服务中心。

2005 年 6 月，县妇联辖 9 个乡镇妇联（因永福镇妇联与桃城乡妇联合并为永福镇妇联），有专职乡镇妇干 9 人，村委（居委会）妇代会主任 99 人。

2005 年 12 月，县妇联有编制人员 4 名，实有人员 5 人。办公地址在县政府大院。辖 9 个乡镇妇联，有专职乡镇妇女干部 9 人。

1991—2005 年，历任县妇联主席（主任）有：韦琼珍（1987 年 12 月—1992 年 3 月）、李莲娣（1992 年 3 月—1999 年 4 月）、李美花（1999 年 4 月—2005 年 12 月）。

第二节　妇女代表大会

1991—2005 年，永福县妇联先后召开 2 次妇女代表大会（即九次、十次）。

永福县第九次妇女代表大会

永福县第九次妇女代表大会于 1992 年 3 月 30 日至 31 日在县城召开。出席会议代表 185 人，其中列席代表 7 人、特邀代表 7 人。大会听取和审议永福县第八届妇联所作的工作报告；选举产生永福县第九届妇女联合会执行委员 22 人，选举李连娣为县妇联主席，选举副主席 1 人。1992 年 4 月增补副主席 1 人。1998 年 9 月增补副主席 1 人。

永福县第十次妇女代表大会

永福县第十次妇女代表大会于 2000 年 1 月 10 日在县城召开。出席会议代表 156 人。大会听取和审议永福县第九届妇联所作的工作报告；选举产生永福县第十届妇女联合会执行委员 23 人；选举李美花为县妇联主席，选举副主席 1 人。

第三节　主要工作

维护妇女儿童合法利益

1991年，县妇联配合有关部门积极开展《中华人民共和国婚姻法》和《关于维护儿童、老人合法权益的若干规定》宣传活动；各基层妇联到街头巷尾宣传20次，出宣传板报22期，开展法律咨询54次，举办各种法制学习班22期。接待群众来访来信224件，办结率为86%。当年县妇联获桂林地区妇联系统维权先进单位。1992年5月9日，县妇联成立妇女禁赌会，选出会长1人、副会长5人、会员9人。当年接待来信来访192件，做到件件有登记，事事有回音。1992年10月，县妇联开展《中华人民共和国妇女权益保障法》宣传月活动，出动宣传车11次，发放宣传资料4114份，受教育人数达14.19万人次。1993年，县妇联举办乡（镇）村妇干学习培训班，参训妇女干部100多人；是年，共接待来信来访211件，办结率达98%。1994年，县妇联配备1名法律干部专门负责信访工作，共接待来信来访141件，县妇联获桂林地区妇联系统维权先进单位。1995年，县妇联共接待来信来访293人次。是年获桂林地区妇联系统维权先进个人1人。1996年，县妇联制定"三五"普法教育规划，并把普法工作纳入基层妇联目标考核管理。全年共接待来信来访257件，表彰宣传工作先进集体3个；表彰维权工作先进集体3个。1997年，县妇联共接待来信来访137件。1998年，县妇联开展"法进万家"学习活动。全年共接待来信来访224件，已处理224件。1999—2000年，县妇联共接待来信来访403件，办结率98%，使访者有应，问者有答。2001年，县妇联、县司法局在全县范围内开展了新《中华人民共和国婚姻法》及国家"四五"普法的学习宣传月活动，出动宣传车10次、广播30次、版报6期、标语56条，发放有关法律资料1.20多万份。共接待来信来访171件，189人次，办结率达100%。2002年12月县妇联成功争取到欧盟赞助的"反家庭暴力"项目，接待来信来访151件。2003年开始实施"反家庭暴力"项目各项工作。4月15日至26日，举办县、乡两级"反家庭暴力动员暨骨干培训会"。同时开通了"反家庭暴力"热线电话"8551298"，成立"反家庭暴力"法律服务中心。在全县妇女中开展了"不让毒品进我家"，创建"无毒社区"活动，共接待来信来访233件，信访办结率达100%。2004—2005年，继续开展创建"三无"（无毒、无赌、无家庭暴力）活动和"不让毒品进我家"等一系列禁毒宣传活动，重点开展"平安家庭"创建活动。发放各种宣传资料5000余份。重点为农村妇女和留守儿童、外来务工妇女、老年妇女提供法律帮助。两年共接待来信来访349件，办结349起，办结率达100%。

农村"双学双比"竞赛活动

1991年，县妇联在农村妇女中继续开展"学文化、学科技、比成绩、比贡献"的"双学双比"竞赛活动及扫盲工作培训。参赛妇女47438人次，发动妇女扫盲参学人数3075人次；协调有关部门举办各类技术培训班438期，培训妇女1.80万人次。县妇联获桂林地区科学技术推广先进单位。1992年，"双学双比"活动进一步深入开展。全县"双学双比"参赛妇女4.95万人次；举办各种实用技术培训班445期，培训妇女1.21万人次。1993年，加强妇女文化学习，全县"双学双比"参赛妇女4.90万人次，妇女脱盲1296人；举办科普班、实用技术培训班634期，培训妇女2.50万人次。1994年，围绕永福县农业种植业"310"和"131"两大工程开展"双学双比"活动，组织动员全县妇女大力发展种植业和养殖业。1995年，抓农民致富奔小康与"双学双比"相结合，不断增加农户经济收入，推动农业生产和农村经济发展，培训妇女2.47万人次。县妇联被评为桂林地区"双学双比"竞赛活动先进协调单位。1996年，动员和组织3.21万名妇女参加乡、村举办的各种实用技术培训班，同时落实结对扶贫。1997年，全县举办各类实用技术培训班208期，培训妇女2.45万人次，

参加扫盲学习 3605 人次,已基本扫除青壮年妇女文盲。1998 年,以提高农村妇女整体素质为根本,培训妇女 2.28 万人次。1999 年培训妇女 2.10 万人次。2000 年,全县举办各类技术培训班 190 期,培训妇女 2 万人次。2001 年,开展农村妇女种养竞赛,组织农村万名妇女参与竞赛活动。2002—2003 年,以"巾帼科技致富工程"为载体,积极动员妇女投身农业产业结构调整,逐步走上科技致富道路。县妇联获桂林市 2002—2003 年"双学双比"先进集体。2004—2005 年,开展科技、文化、卫生、司法"四下乡"活动,及开展"四进农家一进村"活动,县、乡镇妇联因地制宜地开展创建工作,全县创建县级"巾帼示范村"9 个,市级"巾帼示范村"1 个。配合有关部门共培训农民 6.20 万人次,其中培训妇女 3.65 万人次,占培训总人数的 58.87%。

城镇"巾帼建功"活动

1991 年,县妇联在城镇妇女中开展"巾帼建功"活动。全县参赛妇女达 86%。1992—1994 年,以建立社会主义市场经济和振兴永福经济为中心,动员广大城镇妇女做"四自"(自尊、自信、自立、自强)新女性。1995—1996 年,"巾帼建功"活动立足在提高妇女科技文化素质和经营管理水平上下功夫。1997 年,设立"巾帼文明示范岗"。1998 年,鼓励下岗女职工"巾帼再创业",积极参与再就业工程。1999 年,推行岗位成才,技术比武,学习科技知识,倡导爱岗敬业,树立行业标兵。2001—2005 年,开展争创'文明示范岗'活动,实施"女性再就业工程"。深化城镇妇女工作"五进社区"活动。至 2005 年年底,获国家级"巾帼文明示范岗"1 个;自治区级"巾帼文明示范岗"3 个;市级"巾帼文明示范岗"5 个;县"巾帼示范村"3 个。

五好文明家庭创建活动

1991 年,县妇联组织广大妇女参加全国妇联、卫生部等 8 部委联合举办的"感恩杯"妇女儿童知识竞赛。1992 年,首次开展金婚、银婚、铜婚佳侣评选活动,全县评出金婚 2 对、银婚 7 对、铜婚 4 对。1993 年,开展评选"美好家庭"活动,获自治区"美好家庭"户 2 户、县"美好家庭"户 12 户。1994 年,在全县范围内开展"五好家庭"和"美好家庭"评选活动。全县评选出"五好家庭"458 户、"美好家庭"13 户。1995—1996 年,加强家庭文化建设,共评选县"美好家庭"标兵户 20 户。1997 年,开展家庭美德宣传和创建"五好文明家庭"活动。全县共评比表彰"五好文明"家庭 161 户,其中"五好文明"家庭标兵户 10 户。1998 年,广泛开展"法进万家"宣传活动,评出"法进万家"一等奖 1 个、二等奖 2 个;县"五好文明家庭"11 户。1999 年,县、乡妇联组织引导广大农村妇女崇尚科学,反对迷信。2001—2005 年,在城区广泛开展创建"学习型家庭"和"五好文明家庭户"活动;在农村,深入开展"美德在农家"活动,积极推进家庭文明建设。5 年间,获自治区"禁毒好家庭"1 户,标兵户 7 户;桂林市"五好文明家庭"创建活动先进单位 1 个,市"美德在农家"先进单位 1 个。

妇女儿童发展规划实施

1993 年 8 月 12 日,成立永福县妇女儿童工作协调委员会,负责全县实施《90 年代中国妇女儿童发展规划纲要》的协调、指导、宣传发动和监督检查工作。

1994 年,县妇联牵头编制的《90 年代永福县儿童生存保护和发展规划》于 8 月 5 日以县人民政府文件下发实施。11 月,组织举办了实施《中国儿童发展规划纲要》和《90 年代永福县儿童发展规划》宣传培训班,县直和乡镇共有 70 多人参加培训。

1998 年 1 月,县妇联牵头编制的《永福县妇女发展规划》以县人民政府文件下发实施。

1999 年 9 月,成立永福县妇女儿童发展规划监测评估领导小组。至 2001 年 3 月,永福县连续 3 年开展《永福县妇女发展规划》《90 年代永福县儿童发展规划》的监测评估工作。通过评估全县有 36 项指标达到自治区要求,有9项指标与自治区接近,并顺利地通过自治区检查。

2002年7月,县妇联牵头编制的《(2001—2010年)永福县妇女发展规划》《(2001—2010年)永福县儿童发展规划》,以县人民政府文件下发实施。

"春蕾计划"实施

永福县从1996年开始实施"春蕾计划",由县妇联牵线搭桥,争取国内外有关组织和个人捐款捐物,救助贫困女童学习。1996年,在全县开展向贫困女童献爱心活动,收到捐款8568元、衣物327件、学习用品111件,慰问女童106人。

1997年,开展"爱心护春蕾"活动,并进行实施"春蕾计划"评比表彰活动。是年,获桂林地区"春蕾计划"优秀教育工作者1人;评出县"春蕾计划"优秀教育工作者12人,优秀"春蕾"女童24人。

1999年11月,县妇联、县残联得到西澳洲扶轮社扶助,为全县10名下肢残疾女童捐助10架轮椅。

2001年7月,成立县妇联"明珠培训中心"。开办剑桥英语培训班,参加英语培训的"春蕾"女童达100多人。

2002年,继续实施"春蕾计划",把资助贫困女童学习列入工作重点,对贫困女童的分布进行调查摸底,建立了春蕾数据库。是年5月,得到香港佛教慧修学会黄凤蕊和桂林市基督教会的支持,共得到募捐善款1.40万元,其中香港佛教慧修学会1万元、桂林市基督教会4000多元,扶助永福县70名特困女童学习。

2005年,通过县妇联渠道资助贫困女童和贫困女大学生达142人,资助金额4.80万元。

第四章　工　商　联

永福各级工商业联合会(简称工商联)为永福县工商企业界的群众性组织。

1991—1994年,永福县工商业联合会(简称县工商联)加强思想和组织建设,拓展会务工作。

1995—2005年,县工商联在恢复成立乡镇商会的基础上,以非公有制经济人士为主要工作对象,调整会员结构,发展会员企业。同时积极引导非公企业参政议政、参加经济建设、参与公益与光彩事业等,使工商联成为中共和政府联系非公有制经济的桥梁和管理非公有制经济的助手。

第一节　机　　构

1986年7月,恢复成立永福县工商业联合会。1991年县工商联为正科级人民团体,编制4名,实配干部4人,办公地址在县政府大院内。1993年10月,根据《中华全国工商业联合会章程》规定,各级工商业联合会同时是民间商会。工商业联合会主任亦称商会会长。2005年,县工商业联合会,有人员编制4名。实有人员4人。办公地址不变。

1995—1996年,全县10个乡镇设立了工商业联合会分会,选举产生各乡镇工商联合会分会长、副分会长、执行委员,发展会员企业及个人会员。2005年,有乡镇工商联分会9个。

1991—2005年,历任县工商联主席(会长)有:韦孟坤(1994年5月—1999年4月)、李善明(1999年4月—2005年12月)。

第二节　代表大会

1991—2005 年,永福县工商业联合会先后召开了 3 次会员代表大会(十次、十一次、十二次)。

永福县工商联第十次会员代表大会

永福县工商联第十次会员代表大会于 1994 年 8 月 15 日至 16 日在县城召开,出席大会代表 49 人。大会听取和审议县工商联第九届执行委员会工作报告;选举产生永福县工商业联合会第十届执行委员会委员 21 人。选举名誉会长李首坤、会长韦孟坤、副会长 2 人、兼职副会长 6 人。

永福县工商联第十一次会员代表大会

永福县工商联第十一次会员代表大会于 1999 年 10 月 26 日在县城召开,出席大会代表 45 人。大会听取和审议县工商联第十届执行委员会工作报告;选举产生永福县工商业联合会第十一届执行委员会委员 23 人。选举名誉会长李传龙、名誉副会长韦孟坤、会长李善明、副会长 1 人、兼职副会长 6 人。

永福县工商联第十二次会员代表大会

永福县工商联第十二次会员代表大会于 2002 年 3 月 26 日在县城召开,出席大会代表 55 人。大会听取和审议县工商联第十一届执行委员会工作报告;选举产生永福县工商业联合会第十二届执行委员会委员 27 人。选举会长李善明、副会长 1 人、兼职副会长 8 人。

第三节　主要工作

组织建设

1986 年 7 月,永福县工商业联合会恢复设立后,首要任务是抓组织建设,扩大队伍。1991 年后,县工商联以非公有制经济人士为主要工作对象,调整会员结构,发展各级组织。永福县工商业联合会会员企业 70 家。1995 年落实县委决定,全县组建工商联乡镇分会组织。至 1996 年年底全县 10 个乡镇分会组建完成。

1997—2003 年,随着全县国有集体工商企业改制工作的基本完成。全县个体私营企业蓬勃发展,永福县工商联干部不断深入到个体私营企业之中进行调研,掌握员工第一手材料;与个体、私营企业主广交朋友,沟通情况;培训个体、私营企业员工队伍,学习党的路线、方针、政策,经济法律法规和经济管理知识;对员工进行“致富思源、富而思进”和爱国、敬业、守法、奉献等教育,激发个体私营企业员工队伍的上进心和责任感,增强工商联组织在个体、私营企业队伍中的凝聚力和向心力。在这基础上,大力发展工商联合会企业会员和个人会员队伍。2005 年全县规模以下个体私营企业已达 8401 家,其中私营企业 624 家、个体工商户 7777 家;从业人员 3.53 万人,其中私营企业从业人数 1.49 万人、个体工商户从业人数 2.04 万人。全县规模以上非公有制企业 42 家,从业人数 4210 人。至 2005 年 12 月永福县工商业联合会会员企业已发展到 560 多家。

公益与光彩事业

1991—1995 年,县工商联组织工商会员企业学习《中共中央统战部关于工商联若干问题的指示》的通知精神,进行爱国主义思想教育,促进全县招商引资工作的开展。1996 年,县工商联在会员企业中开展光彩事业活动,号召非公企业投身光彩事业,为社会做实事好事。1997—2002 年,县工商联及下属乡镇基层分会,在非公企业中广泛开展"致富思源、富而思进"和"爱国敬业、守法诚信"等思想教育活动,组织会员企业参与县里举行各类大型公益性活动,支持光彩事业、扶贫救灾、捐资助学等。6 年间,共捐款 45.20 万元。

2003 年,积极推荐工商会员企业参加桂林市光彩事业促进会,并组织会员企业"光彩事业农村行、学校行"等活动,扶贫助困。2004 年,组织会员企业开展"送温暖,光彩行"活动。2005 年全县非公企业参与全县公益事业捐款 5.80 万元,参与光彩事业捐款 6 万元。永福镇工商联分会组织该镇非公经济人士积极投身光彩事业。该镇昌发竹木工艺厂、容城工艺厂、白马纸厂、顺兴糖业公司、张老大电器商场、复兴电器商场的 6 位民营企业主筹集资金 5000 元,购买篮球、羽毛球、乒乓球等文体用品,分送给全镇 14 所中小学校。在 9 月教师节时,永福镇民营企业主为全镇中小学校购买饮水机、各种教学办公用品等价值近万元。

参加经济建设

1991—1999 年,永福县工商联及下属乡镇基层分会,积极参与永福经济建设。工商联联系会员企业,开展招商引资工作,向客商推介永福、宣传永福。2000—2003 年,先后邀请沈阳希贵集团董事长刘希贵、湖南长沙大桥集团公司董事长吴国荣,到永福县考察,旅游开发,并同县委、县政府签署了合作协议。

2004 年 8 月,县工商联系统,组织会员企业开展"学习新政策,促进新发展,实现新进步"的"三新"学习活动,永福县中族中药股份有限公司总经理张元明代表永福县到桂林市做了促进非公有制经济发展的典型发言。10 月,市委统战部、市工商联在永福县召开了"三新"学习活动会议。市委统战部、工商联在检查全市非公有制经济发展情况时,对永福县的非公有制经济发展给予肯定和表彰。

2005 年 10 月,永福县非公企业与永福县委统战部、县工商联和县工商银行联合举办了银企座谈会,加强了银行和企业之间的沟通与交流。县工商联、县工商银行有关负责人以及县内 30 多家非公企业代表参加了座谈会。

2005 年,抓好工商联法律咨询服务工作。给全县 9 个乡镇工商联分会 20 多家会员企业签订了免费法律咨询服务协议,共解决 20 余件经济纠纷案件。用法律武器为非公经济企业挽回经济损失 60 多万元。

2004—2005 年,县工商联先后联系东北彩印集团、东方家园、北京小土豆集团、天津得利集团等 10 多家企业 30 多人次到永福县考察企业项目投资事项。

参政议政

1991—1995 年,县工商联组织推荐会员加强调查研究,积极反映社情民意,拟定各种提案参政议政。1996—2000 年,县工商联积极推荐工商会员参与人大、政协工作,向人大提交议案,向政协提交提案。工商联会员中担任市、县人大代表和政协委员人数每届都在增加,非公企业人士参政议政水平逐步提高。2001—2005 年,工商会员中担任桂林市人大代表的有 3 人,担任县人大代表 2 人、县政协委员 16 人(其中常委 2 人)。这些政协委员和人大代表围绕全县经济建设,积极进言献策,促进了全县民营非公经济健康发展。

第五章　残　　联

　　永福县残疾人联合会（简称县残联），1990年12月26日至27日，召开第一次代表大会，正式选举产生第一届残联主席团及执行理事会。1999年8月、2003年3月，又先后召开了换届选举大会。截至2005年年底，全县9个乡镇99个村（社区）皆成立了残疾人协会。

　　1991—2005年，县残联依据《中华人民共和国残疾人保障法》以及残疾人联合会章程，围绕中共永福县委、县人民政府的中心工作，结合永福县残疾人工作实际，组织开展了残疾人法制宣传和法律援助、残疾人康复、残疾人教育和就业、扶贫解困、文化体育等工作，推动全县残疾人事业进一步发展。

第一节　机　　构

　　1990年11月27日，永福县残疾人联合会成立，核定事业编制2名，由县民政局代管。1991年2月，县残联定为副科级事业单位，核定编制2人，实配干部2人。办公地址在县民政局。1997年12月，成立永福县残疾人劳动就业服务站，为县残联下属事业单位。1998年2月，县残联升格为正科级事业单位，并增加事业编制2名。2005年县残联为正科级人民团体。内设办公室、教育就业室、宣文计财室、康复室、组织联络维权室。有编制4名，实有干部职工5人。办公地址在县政府大院。

　　2005年，全县9个乡镇成立残联，并配置了残联理事长。全县99个村（社区），也成立了村级残疾人协会，形成了自上而下残疾人工作的组织网络和工作体系。

　　为了加强对残疾人事业的支持和领导，1994年3月，成立了永福县人民政府残疾人工作协调委员会（简称残工委），主任由县人民政府分管副县长担任，成员9人，研究部署残疾人工作中的重大问题和重大活动。

　　1998年，县残联升格为正科级事业单位后，至2005年，历任县残联理事会理事长有：唐直科（1998年2月—1999年4月）、李超美（1999年8月—2005年12月）。

第二节　残联代表大会

　　1990—2005年，永福县残疾人联合会共召开了3次代表大会。

永福县残联第一次代表大会

　　永福县残联第一次代表大会于1990年12月26日至27日在县城召开。出席会议代表64人（其中残疾人代表36人），代表全县7500多名残疾人。大会听取和审议县残联主席团工作报告，确定了残联工作方针和任务；选举产生永福县第一届残联主席团名誉主席李季华、主席徐元声、副主席8名，常设理事会理事长1名。1999年4月，增补副理事长2名。

永福县残联第二次代表大会

永福县残联第二次代表大会于 1999 年 8 月 12 日在县城召开。出席会议代表 53 人(其中残疾人代表 26 人)。代表全县 1.40 万名残疾人。大会听取和审议县第一届残联主席团工作报告,选举产生永福县第二届残联主席团名誉主席石春莲、主席于顺弟、副主席 4 名,常设理事会理事长李超美、副理事长 1 名。

永福县残联第三次代表大会

永福县残联第三次代表大会于 2003 年 3 月 25 日在县城召开,出席会议代表 60 人(其中残疾人代表 33 人),代表全县 1.45 万名残疾人。大会听取和审议县第二届残联主席团工作报告,选举产生永福县第三届残联主席团。选举名誉主席唐卫平、主席唐沐林、副主席 4 名,常设理事会理事长李超美、副理事长 1 名。

第三节　主要工作

法制宣传和法律援助

1991—2000 年,县残联利用各种时机采取张贴宣传活动标语、办板报、专栏、出动宣传车巡回宣传等方式,开展残疾人法制宣传活动。2002 年,专门开展组织学习《中华人民共和国残疾人保障法》知识竞赛。2005 年,成立永福县残疾人法律援助工作站,积极开展残疾人维权服务和法律援助。截至 2005 年共核发"残疾人证"4936 本。接待和处理残疾人及残疾人家属来信来访 180 件人次,其中来访 150 人次、来信 30 件;协助处理残疾人维权案件 10 起 12 人次。

普查和康复

残疾人抽样调查和普查　根据 1987 年广西随机抽样调查统计,永福县残疾人数为 7500 人,占全县总人数的 3.01%。1996 年 6 月 12 日,根据自治区残疾人联合会发出《关于全区残疾人总数和各类残疾人数量变更的通知》,将永福县残疾人数调整为 1.40 万人,占全县总人数的 5.29%。2004 年 9 月,开展第二次全国残疾人抽样调查。此次抽样调查,将残疾人调整为视力残疾、听力残疾、言语残疾、肢体残疾、智力残疾、精神残疾和多重残疾七大类。根据这次抽样调查和县内人口普查结果显示,永福县共有残疾人 1.95 万人,占全县总人口的 7.22%。其中,视力残疾 2898 人、听力残疾 4712 人、言语残疾 299 人、肢体残疾 5669 人、智力残疾 1303 人、精神残疾 1443 人、多重残疾 3176 人。在遗传和发育致残、外伤和疾病致残、环境和行为致残三个重要致残方面的致残因素中,以后天原因致残为主。

残疾人康复　1991—1999 年,县残联积极协助县内医院开展残疾人白内障复明,聋哑儿童听力语言训练和小儿麻痹后遗症矫治等三项康复工作。2000—2005 年,在全县持续实施《视觉第一中国行动——白内障复明工程》《长江新里程——普及型小腿假肢安装计划》,每年开展特需人群补碘。"全国爱耳日""全国爱眼日""世界精神卫生日"等残疾预防宣传工作。由于全县 95% 的残疾人生活在农村,县残联在残疾人康复工作中,实施重点工程与普遍服务相结合,通过组织开展"视觉第一中国行动"、普及型假肢装配、听力助残重点和脑瘫儿童康复训练工程,同时在基层及家庭推广实用、简便、易行的康复措施,开展康复训练和康复救助服务。至 2005 年年底,已有 3000 多名贫困残疾人得到康复治疗与训练服务,改善了身体功能,提高了劳动能力。

教育和就业

残疾人教育　1991—2000年，县残联积极开展"扶残助学"活动。大力推广残疾少年儿童随班就读，人数247人，使残疾少年儿童义务教育入学率达到80%以上。2001—2005年，开展"春雨助学行动"，共争取资金10.40万元，扶持207名残疾学生入学；申报彩票公益金扶残助学项目，资助5名残疾学生在普通高校就读。

残疾人就业　1991—1995年，县残联加大残疾人的劳动技能培训，使城镇有能力的残疾人能自谋职业。1996—1998年，县残联举办残疾人种植、养殖、加工等实用技术培训班，使有劳动能力的农村残疾人能自谋职业。1999年，县人民政府印发《永福县分散按比例安排残疾人就业的规定》，积极发展福利企业吸收残疾人就业，大力扶持自谋职业和个体从业。1999—2005年，累计安置500多名有劳动能力的城镇残疾人就业。在农村，通过开展残疾人就业扶助工作，扶持有劳动能力的残疾人从事种植业、养殖业、手工业和家庭副业等多种经营，使有劳动能力的农村残疾人就业人数达3000人以上。

扶贫解困

1991—2000年，县残联围绕"改善残疾人生产、生活条件，解决贫困残疾人温饱"工作目标，运用资金扶持、政策扶持和社会扶持等多种手段，推进残疾人扶贫解困工作。2001—2003年，县残联和县扶贫办积极探索扶贫助残就业新路子，依托广西师范大学柏林公司，在永福镇创办了一个占地面积4公顷，总投资300多万元的罗汉果组培苗培育基地，并挂牌成立"永福县残疾人培训基地"。截至2005年，共为残疾人免费提供罗汉果组培苗1.50万株，培训残疾人3000多人次，并对残疾人进行生产技术跟踪服务和产品销售服务，联系企事业单位安排残疾人150多人就业。全县民政部门对1100多名无劳动能力的特困残疾人通过采取纳入最低生活保障制度、集中供养、五保户供养、临时救济、定期补助、社会扶助等措施，保障其基本生活。

1991—2005年，县残联累计投入各类扶贫资金150多万元扶持贫困残疾人5300多人，解决5000多残疾人的温饱问题。其中，2005年永福县人民政府印发《农村贫困残疾人危房改造项目实施方案》，实施扶残"安居工程"。是年，县残联向上争取资金60多万元，对200户残疾人无房户和危房户进行了房屋改造。

文化体育

1983—1993年，永福县残疾人李幼秀，多次参加国内、国际残疾人运动会，共夺取34块奖牌，被评为"自治区劳动模范""十大杰出青年"。1994年10月20日，县人民政府为在国际"远南"残疾运动会上取得4枚金牌、1枚银牌的永福县籍残疾人运动员李幼秀举行庆功会。1991—2005年，全县残疾人群众文化活动也得到一定程度的开展。县残联多次邀请专业画家对残疾人绘画爱好者进行培训，韦兆华、龙宪军等成为县内有名的残疾人画家。

第六章　科　　协

1991—1997年，永福县的科学技术普及工作由永福县科学技术协会（简称县科协）和县科技局负责组织。1997年,永福县建立科技普及工作联席会议(简称县科普联)制度。1998—2005年,县科协作为全县科技普及的牵头协调部门,每年策划组织开展科技下乡、"五月科技活动月""十月科普大行动"、科技宣传与培训等活动。同时积极开展农村适用技术培训,科普试验示范,建立农村科普网络,加强青少年科普教育等,较好地促进了全县的科技进步和经济社会的发展。

第一节 机 构

1979年3月,成立永福县科学技术协会(简称县科协)。1991年县科协为正科级人民团体,编制2名,实配2人。县科协领导由县委任命。办公地址在县政府大院内。2002年,机构改革,县科协与科技局合署办公。办公地址搬迁至县城东滨路4号。县科协的主要职能是负责管理各专业协会和普及科学技术、维护科技工作者的合法权益。2005年,县科协仍与县科技局合署办公,有编制2名,实配干部2人。办公地址仍在县城东滨路4号。

2005年年底,全县9个乡镇皆成立科协组织,并配备科协主席。全县拥有县级学会(协会)29个、农村专业技术协会93个、科普示范基地16个、科普示范户1680户。

1991—2005年,历任县科协主席有:方朝欢(1984年3月—1995年3月)、潘以生(1995年3月—1996年10月)、蒋纪森(1996年10月—2001年7月)、廖万刚(2001年7月—2005年12月)。

第二节 主要工作

科技普及

1991—1995年,县科协采取多种形式广泛宣传科学思想,弘扬科学精神,普及科学技术,逐步形成了"科技下乡""十月科普大行动"等品牌科普活动。1997年,永福县建立科普工作联席会议(简称县科普联)制度。县科普联由县科技局、县委宣传部、县科协等10多个部门(单位)组成。县科普联每年召开会议1至2次,管理协调全县的科普工作。每年策划组织开展科技下乡、"五月科技活动月""十月科普大行动"、科技宣传与科技培训等活动。

1996—2000年,每年1月、5月、10月以县科协、科技局牵头组织县科普联相关单位组成科技、文化、司法下乡服务队,分别在县城和各乡镇开展大型科技普及宣传活动。通过板报、挂图、印发资料,上科技培训课、文艺演出、广播、播放科技影碟等形式,对农业新技术、医疗保健、日常法律法规知识等进行宣传和咨询服务。5年间,共组织科普宣传活动18场次,听众达1.20万人次。

2001—2005年,县科协与县委组织部、县文化局、县卫生局、县科技局等单位联合开展科技、文化、卫生"三下乡"为主体的科普宣传月、全国科普日等大型联动性科普品牌活动。五年间,共编写印制科技资料2.50万册,制作科普宣传板报500块,发放科技资料12万份,制作科教光碟600本,免费赠送科技图片5万多册;组织科普文艺节目36场次;在永福电视台点播频道开通"三农网专栏",每天定时开播,解答农民在种养生产过程中遇到的技术难题。

农村适用技术培训

1991—1995年,县科协对农村适用技术的培训,主要通过开办培训班,举办报告会,组织技术人员到

田间地头现场传授技艺。对普通农民的培训,以传授农业科技知识,提高农业种养技能为主;对农村干部的培训,主要是引导其成为农村技术骨干和科技致富带头人。5年共举办农业科技讲座125次,举办培训班165期,培训人数1.20万人,出版科普黑板报、墙报520期,印发农业科技资料6.50万份。

1996—2000年,由县科协、科技局协调县直各单位、各乡镇学习《全民科学素质行动计划纲要》;对农村基层干部、党员群众举办各种种植、养殖技术培训班,使参训群众掌握适用的农业生产种植、养殖和加工适用技术。利用村屯科普图书室、科普示范点、示范基地、示范户、宣传栏、黑板报等宣传阵地,对农民群众进行科普宣传,提高农民科学文化素质。5年共举办各类适用技术培训班250期,培训人数2.50万次,共印发农业科技资料5.50万份。

2001—2005年,县科协与县农业、科技、畜牧、林业、环保、卫生、教育、司法、计生等部门建立起相互关联的县、乡、村三级农村适用科技培训网络。依托乡镇党校、乡镇文化站、成人教育学校分别对农村党员、基层干部和农民群众进行农村适用技术、卫生保健、法律常识等知识培训。每年累计培训时间不少于100个学时。5年共开展各类适用技术培训班430期,培训3.50万多人次,发放宣传资料12万份,免费赠送科技图书5万多册。

科普试验示范

1991—2000年,县科协与县直相关部门,加强科普试验示范工作。在农村开展科普试验示范基地创建活动,先后创建了水稻优质谷、罗汉果、西红柿、桑蚕等主栽品种种植科普示范基地和瘦肉型猪、温氏鸡、桂柳鸭等养殖科普示范基地。科普试验示范基地的创建,给全县的种植业和养殖业起到了示范带动作用,推进了无公害水果和蔬菜栽培基地和产地认定、产品认证工作。同时还在乡镇、村屯、农户中开展科普示范乡镇、示范村、示范户的创建工作。至2000年,全县建有科普示范点56个,其中示范基地16个、科普示范户1100户。2001—2005年,县科协在罗锦镇大西村,建立罗汉果下山科普示范点。发展罗汉果种植6.67公顷,罗汉果种植户32户。经过请专家和技术员对该点作技术指导后,2005年该示范点的罗汉果种植户每亩纯收入6000元左右,人均增收200元。经过罗汉果下山科普试验示范后,全县罗汉果种植面积从2001年的1191.50公顷、产果量6649万个扩大到2005年的2751.40公顷,产果量1亿多个,占全国罗汉果总产量的70%,成为名副其实的"中国罗汉果之乡"。

农村科普网络

1991年以后,县科协作为全县各专业协会(学会)的管理机构,把培育发展各类农村专业技术协会作为重要任务。逐年成立农业专业协会组织。至2000年,全县建立各类农村专业技术协会26个,其中种植类12个、养殖类6个、销售类8个,分布在全县9个乡镇。各农村专业技术协会按照市场的要求和农民的需要,组织生产、合作营销,按原定计划赢利空间,增加农民收入。2001—2005年,县科协推进科普知识进村屯、进农家。全县建有科普图书室76个,协调相关单位为48户科普示范户配置电脑、电视机、影碟机。

青少年科普教育

2001年开始,县科协与县直相关部门把广大青少年学生的科学技术普及列入科普教育工作计划,利用自身网络和渠道,开展"爱科学月"活动,组织青少年撰写小论文,进行小设计、搞科技小发明和开展科技夏令营等活动。2003年全县中小学校90%以上配有专职或兼职的科普辅导员。2004年举办全县青少年科技辅导员培训活动。

2005年,县科协、科技局、团县委等单位组织全县中小学生开展"未成年人思想道德科普知识"和创新要素作文科普知识、环保建筑设计制作活动1次,参加人数1万人;举办卫生防疫、防火、灭火科普培训1次,参训人数1.60万人。编印青少年科技教育资料1种1.20万份。

1996 年 4 月,永福县人武部收归军队建制交接仪式

县人武部　供图

第十五篇

政法　国防建设事业

第一章　公　　安

1991—2005 年，永福县公安部门在队伍建设、惩治刑事犯罪和社会治安管理工作不断得到改进和发展，户政管理、道路交通管理、消防管理、出入境管理和监所管理等也进入了一个快速的发展时期。

公安机关机构设置日益健全，民警整体素质和战斗力提升。1991 年，县公安局内设 9 个科（队），下辖 10 个乡镇派出所。全局干警 135 人。1993 年 5 月，县公安部门首批授衔。从此公安干警授衔工作进入正常化。2005 年底，全局内设 18 个科（室、队），下辖 9 个乡镇派出所，全局干警 174 人。

通过"严打整治"（严厉打击刑事犯罪、大力整治社会治安）等多种措施，不断加大惩治刑事犯罪力度，维护社会治安大局稳定。1991—1995 年，先后开展以破大案、打团伙、追逃犯为主要内容的"严打"统一行动，5 年共立刑事案件 1500 起，破案 1127 起，破案率年均 78.83%。1996—2000 年，继续贯彻"严打"方针，有效打击"两抢一盗"（抢劫、抢夺、盗窃）犯罪活动。5 年共立刑事案件 784 起，破案 593 起，年均破案率 81.08%。2001—2005 年，继续开展以破大案，追逃犯、打团伙为主要目标的"严打整治"行为。5 年共立刑事案件 1465 起，破案 922 起，年均破案率 63.43%。

严格交通和消防管理。交通管理以"压事故、保畅通"为目标，加强路面监控和车辆驾驶的源头管理。15 年间共处理交通事故 272 起，死亡 94 人，直接经济损失 90.88 万元。消防管理贯彻预防为主、防消结合的方针，适时开展消防安全专项治理，有效遏制火灾事故的发生。15 年间共参加灭火救援 320 起，抢救受伤人员 165 人，抢救财产价值 463 万元。

户政管理、出入境管理、监所管理等与时俱进。运用了科技管理手段，先后进入电子计算机系统管理时代。

第一节　机　　构

永福县公安局

1949 年 12 月，成立永福县公安局。1991 年，县公安局为县人民政府工作部门，副处级行政机构，内设秘书科、政工科，第一科（政保科）、第二科（内保科）、第三科（治安科）、第四科（预审科）、消防科、刑侦队、交通警察队 9 个科（队）。4 月，县公安局交通警察队更名为县公安局交通警察大队。年底，全局公安干警 135 人。局办公地址在县城解放街 8 号。

1991 年 9 月 16 日，县公安局增设缉毒缉私股。

1992 年 7 月 9 日，县公安局增设监察室。10 月 15 日，成立中共永福县公安局委员会，并设立中共永福县公安局纪律检查委员会。10 月 28 日，县公安局秘书科更名为县公安局办公室。

1994 年 1 月 29 日，县公安局缉毒缉私股更名为缉毒缉私警察大队。11 月 18 日，县公安局刑侦队更名为刑事警察大队；增设出入境管理股。12 月 26 日，县公安局增设审计室。

1995 年 5 月 25 日，县公安局治安股更名为治安警察大队。

1996 年 3 月 14 日，县公安局内保股更名为经济文化警察大队。是年，局办公地址更名为县城凤阁路

6号。

　　1997年6月18日，县公安局增设计算机安全监察股。10月22日增设巡逻警察大队。

　　1998年3月25日，县公安局增设警务督察大队。4月15日，撤销县公安局预审股和收容审查所，撤销后预审股的职能划归刑事警察大队。

　　1999年5月4日，县公安局政治侦察大队更名为国内安全保卫大队。6月3日县公安局经济文化警察大队更名为经济犯罪侦察大队。

　　1999年年底，县公安局内设：办公室、政工股、警务督察大队、信访室、法制股、行政管理股、机要通讯股、刑事警察大队、治安警察

2001年6月20日，自治区公安厅厅长陆炳华（右三）到县公安局检查指导工作　　　　县公安局　供图

队、巡逻警察大队、禁毒大队、经济犯罪侦查大队、户政股、出入境管理大队、国内安全保卫大队、交通警察大队、看守所、拘留所18个股（室、队）。全局公安干警155人。

　　2003年6月8日，成立永福县治安巡防大队，招聘50名专业治安巡防队员，由县公安局负责管理。

　　2005年，县公安局仍为县人民政府副处级工作部门。内设办公室、政工股（科）、监察室、国内安全保卫大队、出入境管理大队、刑事警察大队、治安巡防大队、治安警察大队、交通警察大队、禁毒大队、经济犯罪侦察大队、户政管理股（科）、法制股（科）、行政管理股（科）、机要通讯股（科）、信访室、看守所、拘留所18个科（股、队）。全局公安干警174人。县公安局办公地址不变，仍在县城凤阁路6号。

　　1991—2005年，历任县公安局局长有：王桂生（1989年4月—1991年4月）、秦济权（1991年4月—1992年2月）、蒋继品（1992年2月—1996年1月）、尹中海（1996年1月—2000年8月）、蒋汉学（2000年8月—2004年5月）、黄在治（2004年5月—2005年12月）。

　　1991—2005年，历任县公安局政委有：王永义（1989年5月—1991年4月）、王桂生（1991年4月—1992年8月）、郑家定（1992年8月—1995年12月）、庄代勇（1995年12月—1997年5月）、唐全源（1997年5月—2000年8月）、胡本连（2000年8月—2004年6月）、彭鸣（2004年6月—2005年12月）。

县公安局派出机构

　　1991年年初，永福县公安局下辖永福镇、桃城、罗锦、苏桥、广福、堡里、寿城、三皇、永安、龙江10个派出所。是年3月6日，县公安局寿城派出所更名为县公安局百寿派出所。2005年6月，永福镇派出所与桃城乡派出所合并，称永福镇派出所。2005年年底，永福县公安局下辖永福镇、罗锦、苏桥、百寿、广福、堡里、三皇、永安、龙江9个派出所。

第二节　惩治刑事犯罪

刑事案件侦查

　　1991—1995年，永福县公安部门每年都开展打击刑事犯罪的"严打"斗争，重点打击杀人、伤害、爆炸、抢劫、强奸、重大盗窃、拐卖人口等犯罪分子。5年共立刑事案件1500起，破案1127起，破案率年均

78.83%。其中,杀人案发41起,破案37起,破案率90.24%;拐卖人口犯罪案发31起,破案26起,破案率83.87%;抓获在逃犯20人。

1996—1999年,县公安部门继续深入贯彻"严打"方针,加强刑事案件侦查破案,对严重暴力案件及其他严重危害社会秩序和人民群众安全感的案件,优先组织力量侦破,依法"从重从快"打击刑事犯罪分子。公安部门刑侦部门将命案侦查作为刑事侦查工作的重中之重,组织优势兵力,奋力攻坚克难,力争快侦快破。针对这一时期抢劫、抢夺、盗窃犯罪多发性特点,公安部门不断探索和研究抢劫、抢夺、盗窃犯罪的规律、特点和手段,采取专案侦查、集中打击等多种形式,有效打击"两抢一盗"(即抢劫、抢夺、盗窃)犯罪活动。1996年,县公安部门先后破获了"4·4"罗锦镇王某某被害失踪三年白骨案、"10·28"三皇乡卢某某被害失踪两年碎尸案等重特大疑难案件。1999年7月至9月,县公安局开展"追逃"专项斗争,抓获在册逃犯17人。这4年共立刑事案件496起,破案431起,破案率年均87.29%。其中,杀人案发34起,破案24起,破案率70.59%;抓获在逃犯24人。

2000年12月至2001年10月,县公安部门开展"打黑除恶"专项行动,打掉县城以黄某某为主要成员的恶势力团伙,百寿镇周某、赵某某等人组成的恶势力团伙,百寿镇冯某某、罗某某为首的恶势力团伙等6个恶势力团伙,抓获成员24人。2001年10月下旬,县公安部门开展为期5天的追逃集中抓捕行动,共抓获网上通缉逃犯6人,负案在逃犯罪嫌疑人30人。2000—2001年,共立刑事案件602起,破获374起,年均破案率61.89%。其中,杀人案发17起,破案11起,破案率69.70%。

2002年8月至12月,县公安部门开展"打击抢劫、抢夺等多发性犯罪活动",破获刑事案件82起,其中重特大案件30起,抓获犯罪嫌疑人102人、劳教87人,打掉犯罪团伙11个,成员41人。全年立刑事案件278起,破率191起,破案率64.66%。其中,杀人案发4起,破案3起。

2003年,全面落实自治区公安厅提出"命案必破"要求,全年杀人案发7起,破案7起;破获了影响较大的"8·15"罗锦杀人焚尸案、广福杀人案。县公安局还开展打击拐卖妇女儿童犯罪专项斗争,拐卖人口案发1起,破案1起。全年共立刑事案件249起,破案161起,破案率64.66%。

2004年,县公安部门扎实开展为期一年的"命案必破"专项行动,快速侦破了百寿"1·28"、龙江"2·17"、百寿"6·22"、龙江"8·16"、永安"8·22"等故意杀人案件;破获了震惊永福的"8·3"特大杀人案,抓获罪犯嫌疑人廖某某,还破获两起历年杀人案。从而使全县全年发命案6起破8起,破案率达133%。全年共立刑事案件262起,破案165起,破案率62.90%。

2005年,全年发命案8起破6起。破获了县城"2·4"故意杀人案、百寿"6·5"故意杀人案、永安"6·17"故意杀人案、县城"7·6"抢劫杀人案等影响较大的案件。全年共立刑事案件362起,破获193起,破案率53.31%。

1991—2005年,全县共立刑事案件3749起,破案2642起,年均破案率70.47%;抓获涉案犯罪嫌疑人5073人。其中,共发杀人案117起,破案96起,破案率82.05%;拐卖人口犯罪发32起,破案27起,破案率84.37%。

侦破经济犯罪案件

20世纪90年代,随着国家经济体制改革的不断深入,永福县经济犯罪案件有增多趋势。1991—1998年,公安部门管辖的经济犯罪案件由刑侦部门负责侦查。8年共立经济犯罪案件54起,破案30起,破案率55.56%。1999—2005年,金融、财税诈骗案件,伪造股票、债券等有价证券案件,股票、期货诈骗案件,伪造、贩运、倒卖国家货币案件,各种形式的融资、集资犯罪案件等五类经济犯罪案件,改由公安机关经济犯罪侦查大队侦查。1999—2005年,永福县公安部门共立经济犯罪案件30起,破案30起,抓获犯罪嫌疑人49人,挽回经济损失260万元。

表 15-1

1991—2005 年永福县刑事案件立案、破案统计表

单位：起

年度	刑事案件			其中：经济案件		备注
	立案	破案	破案率 %	立案	破案	
1991	692	480	69.36	25	11	
1992	267	192	71.91	11	5	
1993	224	180	80.36	4	2	1991—1998 年全县经济案件由刑侦部门侦查，共立案 54 起，破案 30 起。
1994	185	165	89.19	3	1	
1995	132	110	83.33	2	2	
1996	120	110	91.67	6	6	
1997	116	107	92.24	3	3	
1998	120	104	86.67	0	0	
1999	140	110	78.57	0	0	
2000	288	162	56.25	7	7	
2001	314	212	67.52	6	6	1999—2005 年全县经济案件由经侦部门侦查，共立案 30 起，破案 30 起。
2002	278	191	68.71	6	6	
2003	249	161	64.66	3	5	
2004	262	165	62.98	3	3	
2005	362	193	53.31	5	3	
合计	3749	2642	70.47	84	60	

第三节 治安管理

特种行业管理

1991 年，永福县由公安部门审批和管理的特种行业的有旅馆业、印刷业、印章业、典当业、废旧金属收购业、机动车修理、旧机动车交易、报废车船拆卸等。1991 年，全县列入特种行业管理的店铺有 11 家，1992 年 15 家，1993 年 18 家，1994 年 20 家，1995 年 33 家，1996 年 44 家，1997 年 50 家，1998 年 54 家，1999 年 55 家，2000 年 58 家，2001 年 65 家。经营特种行业的单位或个人，须先向公安机关办理开业备案手续，经公安机关对安全防范措施考核检查合格，领取《特种行业许可证》后，才能向工商行政管理部门办领营业执照。做到一级发证两级管理，并与业主签订治安责任状。对特种行业的常规管理，公安机关按照各项规定、办法，依法办事，支持和保护合法经营，限制和取缔非法经营，建立健全登记、验证、财物保管、门卫值班、情况报告、送审、奖惩等安全责任制，堵塞漏洞，预防和打击各种违法犯罪活动。

2002 年，取消了大部分特种行业的公安行政审批和特种行业许可证的核发。是年，全县登记注册的特种行业管理的店铺还有 70 家。2003 年为 81 家，2004 年为 85 家。

2005 年，列入特种行业审批的只有 4 种，即旅馆业、雕刻印章业、典当业、寄卖（拍卖业）。全县登记注册的特种行业管理的店铺有 89 家。其中，旅馆业 81 家、印章业 4 家、典当业 4 家。县公安局加大对特种行业的治安管理进行了专项整治，并组织警力对其进行不定期检查。

危险物品管理

枪支弹药管制刀具管理　1991—1998 年,县公安局结合"严打"专项斗争和治安管理工作,对县内匕首、三棱刀、弹簧刀(跳刀)等管制刀具多次进行清查收缴,共收缴管制刀具 3670 把。1999 年 8 月 31 日,县公安局开展收缴非法枪支弹药专项行动。出动警车 11 辆次,警力 60 人次、共收缴火药长枪 8 支、火药短枪 44 支、小炸弹 2 枚。2001 年 6 月 18 日,县公安局在百寿镇开展收缴非法枪支和爆炸物品专项行动,共捣毁 3 个非法制造和贩卖爆炸物品及枪支的窝点,收缴黑火药 405.80 千克、白硝 1.25 千克、铁砂 162.50 千克、砂枪 2 支、未制成的枪管 10 支、土制炸弹 5 枚。1991—2005 年,县公安局根据《中华人民共和国枪支管理法》对全县非军事系统枪支弹药进行管理,多次开展收缴非法枪支弹药专项行动,共收缴各种非法枪支 2960 支、军用手榴弹 1 枚、土制炸弹 15 枚。

民用爆炸物品管理　县公安局负责民用爆炸物品公共安全管理和民用爆炸物品购买、运输、使用、爆破作业的安全监督管理,监控民用爆炸物品流向。1991—2005 年,共与全县 110 个生产、销售、储存、使用爆炸物品的单位签订了治安管理责任书,并定期进行安全大检查,发现隐患限期整改;同时对爆破员分批进行培训,对考试合格的发给爆破员证。15 年间,县公安局对散存社会上的爆炸物品反复清理收缴,共收缴炸药 406 千克、雷管 2997 枚、导火索 2550 米、黑火药 1311 千克。

烟花爆竹管理　永福公安机关负责烟花爆竹的公共安全管理。1991—2000 年,全县有烟花、爆竹生产企业 1 家。2001—2005 年有 2 家。1991—2000 年,每年全县有烟花爆竹销售点 109 家。2001—2005 年,每年全县有烟花爆竹销售点 148 家,并在县城成立烟花爆竹公司实行专营。加强烟花爆竹生产、储存、销售安全管理,多次开展安全大检查。1991—2005 年,共收缴违章销售的烟花爆竹 160 箱,禁止销售危险性大的烟花爆竹(如鱼雷、摔炮等),做好许可焰火晚会燃放工作。15 年间多次在中秋、元宵等节日举办焰火晚会,没有发生事故。

危险剧毒物品管理　县公安局负责做好剧毒化学物品的备案登记和购买运输许可及剧毒化学物品道路通行监管;与工商行政管理部门配合,对使用剧毒物品制成的老鼠药(如毒鼠强等)进行严格管理。1991—1995 年,每年全县经营剧毒物品的店铺 22 家。1996—2000 年有 26 家。2001—2005 年,每年全县经营剧毒物品的店铺 30 家。15 年间,县公安局共收缴销毁毒鼠强等 5 千克;同时在发生剧毒化学物品泄漏、遗撒、爆炸等事故时,负责协助做好事故现场的道路交通管制、现场警戒和人员疏散等工作。2004 年 1 月 31 日上午 7 时许,一辆罐车,运有 5 吨二甲苯,在桂柳高速公路由桂林往柳州方向行驶至 428 千米 +500 米处翻下约 30 米深的路基(位于广福乡大沟口),二甲苯发生泄漏。8 时 30 分,县公安局组织民警到现场进行处置,与市消防一支队、县环保、卫生、安监、防疫及广福乡政府、黄冕林场等部门成功地处置了该起二甲苯泄漏事故。

公共娱乐场所管理

1991 年,永福县由公安部门审批和管理的公共娱乐场所(包括影剧院、歌舞厅、KTV、游戏室、桌球室)等 15 家。1992 年 20 家,1993 年 22 家,1994 年 25 家,1995 年 30 家,1996 年 35 家,1997 年 45 家,1998 年 60 家。对经营公共娱乐场所的单位或个人,由公安机关与其签订治安管理责任书进行治安管理。县公安局对其进行不定期检查,督促其合法经营。

1999 年,县公安局对符合安全规定的公共娱乐场所发给《治安管理许可证》。是年,全县有公共娱乐场所 63 家。2000 年 8 月至 9 月,县公安局会同县工商行政管理、文化、宣传等部门组成联合清查组,对县城 60 多家公共娱乐场所进行清理整顿,规范经营。2001—2004 年,每年全县公共娱乐场所 65~70 家。

2004 年,根据国务院公布,取消公共娱乐场所经营单位设立治安审批的规定,由公安机关加强对公共娱乐场所管理,定期进行安全检查,对存在治安隐患和违反治安管理规定的,发给整改通知书,限期整改,并与公共娱乐场所签订《治安管理责任书》,同时对从业人员进行治安知识培训。由于加强管理,全县公共娱乐场所治安秩序明显好转。

2005 年,永福县公共娱乐场所 74 家,其中影剧院 2 家、歌舞娱乐 8 家、按摩服务 8 家、游戏游艺 21 家、桌球 16 家、网吧 19 家。

禁　　毒

20 世纪 90 年代,永福县境内吸毒贩毒现象有所抬头。1991 年 9 月,永福县公安局成立缉毒缉私股,负责全县范围内走私物品案件、贩毒、吸毒、非法种植毒品等案件的侦破及预防毒品犯罪的宣传教育工作。

1997 年 10 月,县公安局破获一起贩卖毒品案件,缴获毒品海洛因 205 克,抓获贩卖毒品人员 2 人。

2000 年,永福县开展创建"无毒县"工作。各乡镇、县直各单位承包负责,按区域管辖原则落实禁毒工作责任制,层层鉴定责任状,将禁毒工作纳入乡镇、县直单位工作目标管理。6 月,县禁毒办、县综治办、县精神文明办、县公安局等禁毒成员单位在永福镇开展了上街禁毒宣传咨询活动,张贴禁毒标语 254 条,散发宣传资料 3000 余份,观看禁毒宣传画展近万人次,观看电视宣传片 3 万人次。2001 年 1 月,自治区人民政府授予永福县为"无毒县"称号。2005 年 10 月,永福县继续申报"无毒县",当年通过自治区禁毒委考评达标。

1991—2005 年,县公安部门共查获毒品案件 15 起,抓获犯罪嫌疑人 18 人,缴获毒品海洛因 708 克,铲除毒品源植物罂粟 249 株。

查禁卖淫嫖娼　查禁赌博

查禁卖淫嫖娼　20 世纪 90 年代,永福县境内涉黄违法现象有所发展。县公安机关通过专项整治,组织开展加强娱乐、休闲等服务场所治安管理,严厉打击查处卖淫嫖娼等违法犯罪专项行动。对辖区各类洗浴桑拿、美容美发场所及附带此类经营项目的宾馆场所、出租房屋进行全面检查和整治。

1991—1995 年,县公安部门累计查处卖淫嫖娼案件 134 起,行政拘留 29 人、罚款 256 人、警告 4 人。其中,1992 年破获介绍他人卖淫案 2 起,1994 年 1 起、1995 年 3 起。

1996—2000 年,县公安部门累计查处卖淫嫖娼案件 170 起,行政拘留 60 人、罚款 344 人。其中,1996 年破获介绍他人卖淫案 3 起,1997 年 4 起,1998 年 1 起。

2001—2005 年,县公安部门加大打击取缔卖淫嫖娼专项斗争,县境内卖淫嫖娼行为有所减少。5 年累计查处卖淫嫖娼案件 163 起,行政拘留 104 人、罚款 273 人、警告 2 人。其中 2001 年破获介绍他人卖淫案 7 起,2002 年 4 起。

查禁赌博　20 世纪 90 年代,永福县境内赌博现象又开始出现。1991—2000 年,县人民政府及公安机关多次明令禁赌。本着教育为主、处罚为辅的原则,对屡教不改、恶习较深的惯赌分子,对以营利为目的聚众赌博者,或者以赌博为业或主要经济来源者,对开设赌场的,依照《县公安部门在治安管理处罚法》和《中华人民共和国刑法》的有关规定分别给予罚款、行政拘留、劳动教养或追究刑事责任。但赌博活动仍时有起伏,屡禁不止。2001 年 4 月至 2003 年 3 月,共查处赌博案件 305 起,摧毁赌博窝点 102 个,破获非法设赌的违法犯罪团伙 68 个,抓获赌博犯罪成员 245 人,打击处理涉赌违法人员 1530 人。2004—2005 年,针对群众反映强烈的县城步行街利用电子游戏机赌博问题,县公安局多次进行查处,共收缴各类带赌博功能的电子游戏机 965 台。

群众治安联防

1991年,全县97个村公所(建制村)、1个街道居民委员会,共建立了98个治安管理委员会,成员1110人,协助各村社会治安综合治理。

1995年,永福县公安机关开展群众治安联防工作,从乡镇社区、村委会干部和群众治安积极分子中物色人选,组织治安联防队,加强对乡镇、社区和农村治安工作的宣传和防范。

2003年6月,永福县成立治安巡防大队,各乡镇成立治安巡防中队,并招聘50名专业治安巡防队员,专门负责县城3个社区和9个乡镇重点路段昼夜巡逻。

2004年,永福县开始在村(社区)中建立治保会组织。

2005年,永福县共有村级治保会97个,成员1256人,治保会主任由村(居)委会主任兼任。

1991—2005年,永福县治保组织协助公安机关破获刑事案件186起,查处治安案件463起,调解各种民事纠纷2457起。

"110"报警服务

1997年6月,县公安局增设巡逻警察大队,开展"110"报警服务。12月30日,县公安局"110"报警服务台正式开通。"110"报警中心全天24小时值班,接受群众报警,处理各种应急事件及群众求助。2004年,对指挥中心"110"报警服务台系统进行更新改造,并完成了"110""119""122"三台合一工作,合并后的"110"报警服务台,综合受理"110""119""122"报警,统一指挥,信息共享,反应快速。

打击非法传教

1991—1998年,永福县境内未出现非法传教行为。

1999年7月18日,县公安局会同县宗教局、县委统战部在广福乡矮岭村烟厂坪屯取缔1个非法基督教传教点,信教群众60余人,皆为中年妇女。

1999年7月21日,县公安局开始对邪教组织活动痴迷者进行清理整顿。至7月25日已清理整顿登记39人,收缴邪教组织宣传品147册(张),永福县的邪教组织活动原痴迷者纷纷表示要与邪教组织划清界线。

2000年2月25日,县公安局刑事拘留1名邪教组织活动痴迷者中的顽固分子。

2003年9月22日,县公安局在苏桥镇黑石岭村岳山屯破获一起传播邪教案,抓获组织成员19人,其中对1名主要人员报送劳教3年,治安处罚18人。

2004—2005年,永福县境内没有出现非法传教行为。

第四节　道路交通安全管理

道路交通秩序管理

1991—2005年,由县公安局交警大队负责国道、县道和乡道安全管理。县交警大队在强化道路交通管理,压缩交通事故方面实行动态管理,坚持把90%以上的警力投入到路面上巡逻监控、疏导交通,维护秩序。对在行驶中的车辆进行严密监控,规定"驾驶车辆、行人、赶骑牲畜必须遵守右侧通行的原则,各行其道"。设置雷达测速仪,对行驶中的机动车辆进行监控,按照国家规定的最高行驶速度规定,对各种机动车辆限速行驶。对车辆载物超重、超高、人货混装、客运车辆超员、农用车辆非法搭客营运、摩托车超载、骑二轮摩托车不戴安全头盔等违法行为,进行严肃处理。在县城内的主要街道及人行道划分车辆临时停放点,规定自行车、摩托车、小型汽车临时停放时必须按规划的停放点停放,其他地方不准乱停乱放。出租车、微型客车必须在规定的停车场、点候客,公共汽车设立固定旅客上落站。客运车辆不准在县城内缓行揽客。大型货车、农用运输车必须停放在规定的停车场内。在特定路段和特定地点设立禁停标牌和限时通行标牌。公路上临时停车必须在行车道外,白天须设有醒目标示,夜间必须开启停车灯光。

交通法规宣传教育

1991—1995 年,县公安交警部门在每年的春运工作期间,利用图片、宣传画、广播、影视、墙报宣传资料,开展交通法规宣传教育。其间,共进行交通图片展览 20 场次,广播、影视讲座播出 15 场次,出墙报宣传资料 40 期(版),树立了交警形象,增强了群众的交通安全意识。

1996—2000 年,县公安交警部门坚持运用各类交通安全常识竞赛、板报评比、彩调小品等群众喜闻乐见的形式,宣传交通管理法规和常识。期间,共举行交通安全宣传活动 33 场次,组织交通安全知识学习 75 次,讲授交通安全课程 45 次,播放交通安全广播讲座 185 讲,播放交通安全宣传录像 65 场次。

2001—2005 年,县公安交警部门共举行交通宣传活动 38 场次,组织交通安全知识学习 48 次,讲授交通安全课程 31 次。播放交通安全广播讲座 144 讲,播放交通安全宣传录像 30 场次。其中,2004 年《中华人民共和国道路交通安全法》实施后,永福公安交警部门开展交通安全常识进社区、进学校、进企业、进家庭、

2001 年,永福县公安交警大队基本技能训练

县公安交警大队　供图

进农村活动,播放"关爱生命、安全出行"光碟,强化交通法规宣传工作,提高广大群众的交通法制意识,并根据实际情况制定了交通安全管理的措施。

车辆管理

机动车登记　1991—2005 年,永福县机动车的管理仍按上级的规定,大小汽车申办入户、发证、发牌、年度审验由地市级以上车管部门办理;摩托车、农用车由县公安局交警大队办理发证、发牌业务及管理;拖拉机由县农机监理站管理。1991 年年底,全县有入户在册的各种机动车辆 1923 辆(台),其中大小汽车 395 辆、摩托车 165 辆、拖拉机 1363 台。1995 年年底,全县有入户在册的各种机动车辆 2499 辆(台),其中大小汽车 1028 辆、摩托车 491 辆、农用车 80 辆、拖拉机 900 台。2000 年,全县有入户在册的各种机动车辆 5358 辆(台),其中大小汽车 1758 辆、摩托车 2400 辆、农用车 250 辆、拖拉机 950 台。2005 年年底,全县有入户在册的各种机动车辆 6506 辆(台),其中大小汽车 2024 辆、摩托车 3200 辆、农用车 732 辆、拖拉机 550 台。

机动车检验　1991—2004 年,永福县大小汽车检验由地市级车管所负责,摩托车、农用车、拖拉机由县公安局交警大队负责。2004 年 5 月 1 日,《中华人民共和国道路交通安全法》实施后,规定上道路行

驶的拖拉机由交警部门交给农机部门管理。县公安交警部门历经几次对计算机网络的改造,实现机动车检验由计算机进行操作。1991年,县公安交警部门完成县内摩托车和拖拉机检验1528辆(台)。1992—2003年,完成县内摩托车和拖拉机检验1.81万辆(台)。2004—2005年,县交警部门完成县内摩托车检验3768辆;县农机管理部门完成县内农用车、拖拉机检验2395辆(台)。

驾驶员管理

1991—2005年,永福县境内驾驶员培训机构有县汽车驾驶员培训学校、县农业机械化学校。学员参加培训后,经考试合格,发给驾驶证。未经考试和考试不合格者一律不予发证。1991年,全县有机动车驾驶员1229人,其中汽车驾驶员571人。1995年,全县有机动车驾驶员2526人,其中汽车驾驶员1714人。2000年,全县机动车驾驶员7149人,其中汽车驾驶员3500人。2005年,全县有机动车驾驶员8950人,其中汽车驾驶员5468人。

1991—2003年,县公安交警部门对驾驶员的驾驶证实行一年一审的审验制度,对不合格者暂扣证照。2004年,《中华人民共和国道路交通安全法》实施后,县公安交警部门取消驾驶证一年一度的审验制度,实行驾驶证每6年审验换证。其中,小型汽车(含摩托车)6年送交一份体检表;年龄在60岁以上或者持有大型客车、牵引车、城市公交车、中型客车、大型货车、有轨电车准驾车型的机动车驾驶人,每年进行一次身体检查。

交通事故处理

永福县城乡道路发生的交通事故统一由公安机关交通管理部门负责查处。1991年,查处交通事故31起,死亡6人,受伤36人。1992年起,按国务院颁布的《道路交通事故处理办法》实施,交通事故分小事故、一般事故、重大事故、特大事故,对赔偿、处罚、调解等程序作了明确规定。1992—2003年,县公安交警部门共查处交通事故212起,死亡83人,受伤267人,直接经济损失77.39万元。2004年5月,公安部制发了《交通事故处理程序规定》,更明确了对交通事故管辖、受理、处理程序、处理办法、赔偿标准等规定。2004—2005年,县公安交警部门共查处道路交通事故29起,死亡5人,受伤26人,直接经济损失11.77万元。

表15-2　　　**1991—2005年永福县公安局交通警察大队处理道路交通事故统计表**

年度	事故总数(起)	死亡人数(人)	受伤人数(人)	直接经济损失(元)
1991	31	6	36	17410
1992	20	8	23	23700
1993	8	5	9	10650
1994	14	6	13	45570
1995	17	5	1	43000
1996	18	6	41	193650
1997	11	3	20	41000
1998	15	7	28	50250
1999	8	7	7	58200
2000	35	10	29	65891
2001	20	2	29	80520
2002	33	17	57	148895
2003	13	7	10	12377
2004	12	3	16	37050
2005	17	2	10	80660
合计	272	94	329	908823

特大交通事故选记

1991年7月5日,黄某某驾驶东风大货车搭乘12人在大板山采育场林区装完毛竹,在驶回场部途中行至永福县大板山采育场保护站路段,因太靠路边行驶,造成路基塌陷而翻车,造成车上3人死亡、6人受伤的特大交通事故。

1994年9月10日,卢某某驾驶鹿寨县矿业开发经营部的自御货车搭乘10人从鹿寨往百寿方向行驶,在20171线76千米+250米路段,卢某某驾车超速行驶,致使车辆在转弯过程中失控,撞断左侧的树木后翻下低于公路1.60米的低洼地中,造成车上5人死亡、5人受伤、车辆损坏的特大交通事故。

2002年9月16日22时50分,吕某某驾驶普通客车搭乘8人,由罗锦镇返回永福县城,当车辆行驶至永福县良永线28千米+550米路段时,由于吕某某超速行驶,车辆制动不符合安全要求,车辆超载、超员,操作不当,致使车辆驶出公路右边撞到路基上一块砖混结构水泥牌上,车辆严重损坏,2人当场死亡、1人送医院抢救无效后死亡,5人不同程度受伤的特大交通事故。

第五节 户政管理

常住人口管理

1991年,永福县常住人口管理由乡镇派出所负责,县公安局户政股(科)负责业务指导,人口资料存放在乡镇派出所。1991年,全县常住人口54120户、总人口260692人,其中男性134976人、女性125716人,农业人口235831人、非农业人口24861人。

1992年,永福县对农村实行门牌、户口簿管理。

1995年,全县常住人口58537户、总人口265084人,其中男性137283人、女性127801人,农业人口233831人、非农业人口31253人。

1997年,永福县按照自治区公安厅《转发公安部关于启用和换发新的常住人口登记表和居民户口簿有关事项的通知》(桂公转〔1996〕24号),启用和换发新的常住人口登记表和居民户口簿,并按有关条例的规定标准进行立户和分户,并将人口数据录入计算机管理。

2000年,全县常住人口62545户、总人口268313人,其中男性139287人、女性129026人,农业人口234777人、非农业人口33536人。

2005年,永福县按照自治区人民政府办公厅印发的《全区进一步改革户籍管理制度实施办法的通知》要求,开展新一轮户籍制度改革,建立实施城乡统一的户籍管理制度,取消城乡分割的按农业户口、非农业户口登记常住户口的办法,实行在经常居住的地方登记为常住户口,统称"居民户口"。

2005年,全县共有常住人口77795户、268151人,其中男性公民140480人、女性公民127671人,非农业人口为32442人。

流动人口管理

1991年,县公安部门继续对流动人口实行办理暂住户口登记和签发暂住证制度,规定外来人口要持有关证件到当地派出所申报暂住登记。暂住时间在30天以内的只申报登记;超过30天的要同时办理暂住证。是年,全县有暂住人口1100人,其中男性820人、女性280人。

1995年6月，公安部发布实施暂住申领办法，规定凡离开常住户口所在地，拟在暂住地居住一个月以上，年满16周岁的人员，在申报暂住户口登记的同时，申领暂住证。

1996年永福县启用新的《暂住人口登记表》，实行《流动人口通报协查工作制度》，实行新的暂住人口登记管理制度。

2002年3月，由于广西取消暂住人口治安管理费，永福县流动人口管理工作受到冲击。县公安局将流动人口管理纳入实有人口管理。

2003年，永福县把暂住人口管理工作纳入《广西县级公安机关户政管理部门正规化建设标准》，即纳入政府的人口管理重要考核指标，规范了暂住人口各项管理措施。

2005年，县公安局开展流动人口和出租房屋集中清理整治专项行动，共出动警力160人次，对暂住人口真正做到底数清，情况明，心中有数，措施得力。2005年，全县有暂住人口613人，其中男性412人、女性201人。

表15-3 　　　　　　　　　1991—2005年永福县流动人口统计表

单位：人

年度	合计	其中	
		男	女
1991	1100	820	280
1992	2656	2020	636
1993	2099	1673	426
1994	3482	2973	509
1995	2510	2083	427
1996	1602	1255	347
1997	1406	1027	379
1998	862	647	215
1999	973	686	287
2000	3339	2559	780
2001	1139	810	329
2002	735	368	367
2003	691	473	218
2004	743	538	205
2005	613	412	201

居民身份证管理

1991年，永福县对城镇居民实行户口簿管理。1992年，永福县对农村居民实行户口簿管理。

1992年7月，按照自治区公安厅转发《公安部关于加强居民身份证日常管理工作的通知》，永福县公安局开展居民身份证的制发、管理、查验、核查工作。居民身份证有效期限分为10年、20年、长期3种。对16周岁至25周岁的，发给有效期10年身份证；26周岁至45周岁的，发给有效期20年身份证；46周岁以上的，发给长期有效身份证。对居民身份证实行全国统一编号，编号由15位阿拉伯数字组成数码排列：行政区划代码（永福县为452325）6位，公民出生年月日代码（年月日各2位）6位，分配顺序代码3位。

1995年11月，根据公安部《关于启用新的防伪居民身份证有关问题的通知》，永福县采用新工艺制作新的防伪居民身份证。新的防伪居民身份证与以前制发的居民身份证相比,增强了防伪功能,方便群众识别证件真伪和有关部门核查、查验。

1997 年,县公安局根据自治区公安厅下发的《关于进一步加强居民身份证制发工作的通知》要求,提出 "办理居民身份证不得超过 3 个月" 承诺,落实责任制,保证群众在法定的时间内领到证件。

1999 年 10 月 1 日,永福县公民身份证编号由原来的 15 位数增加为 18 位数,即公民出生日期的年代码由 2 位数改用 4 位数表示,在分配顺序码后加编 1 位计算机校验码。校验码由号码编制单位按统一计算公式给出。

2002 年 8 月,县公安局实现无底卡制作居民身份证。制证周期由原来 3 个月缩短至 2 个月,同时开展了无底卡 7 个工作日完成制作快证业务。

2005 年 11 月,永福县开始集中换发第二代居民身份证。至 2005 年年底,共为 2500 人办理了第二代居民身份证。

1992—2005 年,全县共办理居民身份证 21.74 万张(不含第二代身份证)。

第六节　出入境管理

1991—1994 年,出入境管理由县公安局第一科(政保科)负责,设专门干警 1 人。1994 年 11 月 18 日,成立永福县公安局出入境管理股,专门负责出入境管理工作。

入境管理

1991 年,到永福县的外国人很少,入境人员主要是到永福探亲、经商的港澳台同胞。1995 年 6 月,自治区公安厅制发《关于〈公安派出所出入境管理主要工作职责〉的通知》,明确将境外人员入境管理工作任务落实到派出所。永福县公安局各派出所建立了《外国人、华侨、港澳台人员暂住情况登记册》《出入境管理情况登记册》,加强入境管理工作。1995—2005 年,县公安机关为境外人员办理大陆探亲通行证 107 例(人)。

中国公民因私出境管理

县公安机关对申请出境人员,只要不属于法定不批准出境的 5 种人(即刑事案件的被告人和公安机关或者人民检察院或者人民法院认定的犯罪嫌疑、人民法院通知有未了结民事案件不能离境的、被判处刑罚正在服刑的、正在被劳动教养的、国务院有关主管机关认为出境后将对国家安全造成危害或者对国家利益造成重大损失的),都可以得到批准。1995—2005 年,县公安机关为县内公民办理出国护照 275 例(人),办理去港澳探亲证 115 例(人)。

第七节　消防管理

1986 年,永福县公安局消防科编入中国人民武警部队序列,成立永福县公安消防大队,属正营级单位,隶属县公安局和桂林市公安消防支队双重管辖,属武警消防部队现役编制。负责永福县的消防监督、火灾扑救和社会抢险救援工作。

消防设施设备

1991年，县公安消防大队有消防车2台，在县城安装室外消防栓8处。

1991—2003年，永福县公安消防大队在县公安局院内办公。2000年，装备有消防水灌车1辆，公务车1辆。2002年投资30多万元，在永福镇凤翔路龙泉街3号修建1栋综合办公大楼，于2003年4月建成并投入使用。

2005年，县公安消防大队已在永福县城主要街道设有室外公共消防栓55处，单位内部室外消防栓21处。配置消防水灌车2辆，公务车1辆；并对3个消防车天然取水点进行维护，县城消防水源覆盖率达到100％。

消防监管

建筑工程消防审核　1998年开始，按照国家工程建筑消防技术标准需要进行消防设计的建筑工程应当报送。县公安消防大队负责中小型建筑工程的消防审核验收。1998—2005年，县公安消防大队共审核建筑项目202个，经审核批准186个。

重点单位消防监管　1991—2001年，县公安消防大队将火灾危险性大、发生火灾后将会造成损失大、伤亡大、影响大的单位列为消防安全重点检查单位，实行重点消防检查治理。2002年，县公安消防大队对全县消防重点单位的核查工作，确定全县消防重点单位26个。2005年，对全县的重点消防单位进行调整，确定消防安全一级重点单位15个、二级消防安全重点单位90个。其中，包括政府机关、宾馆饭店、商场市场、公众聚集场所及企业等，并全部录入消防安全重点单位信息系统，建立电脑防火档案。

公共场所消防检查

1991—1994年，县公安消防机构贯彻落实"预防为主"的消防工作方针，从源头抓起，加强对公共场所（主要是宾馆、饭店、客房、医院病房和娱乐场所）的消防安全检查，查处消防违法行为，对各个公共场所进行监督检查。

1995年，永福县按照自治区公安厅印发的《广西壮族自治区公共娱乐场所消防管理验收标准》和《广西壮族自治区公共娱乐场所火灾隐患处置暂行规定》，集中组织开展以公共娱乐场所为重点的消防安全专项检查治理。

1999年，永福县执行公安部《消防监督检查规定》，严格落实每季度对重点单位监督检查不应少于一次的规定，同时贯彻公安部当年5月25日新修订的《公共娱乐场所消防安全管理规定》，加大对消防安全重点单位的监督管理力度，推动防火责任制的落实，确保重点单位的消防安全。

2000—2004年，县公安消防大队每年定期对全县的公众聚集场所、易燃易爆化学危险物品场所、学校、文物古建筑等进行消防安全检查，对人员密集场所内阻碍逃生的防盗网、疏散通道、安全出口开展专项治理。

2005年，永福县共有公共娱乐场所74家，经公安消防机构审核56家。全县有火灾自动报警系统4家；有消防安全一级重点单位15个、二级消防安全重点单位90个；建立电脑防火档案105个，落实防火责任制105个。是年，根据公安部指示，县公安消防大队在全县范围内掀起大规模的火灾隐患大排查、大整改活动。同时，联合工商行政管理、安全生产监督等部门对"三合一"（集人员宿舍、生产经营和储存为一体的场所）厂房、在建工地、宾馆饭店、商场市场、医院病房以及公众聚集场所进行专项检查治理。

火灾事故与救援

1991—2005 年,县公安消防大队建立消防备勤制度,制定各种灭火预案和措施。大队设"119"(电话)火警指挥中心,并实行 24 小时值班制度。如发生火警,值班人员立即鸣响灭火警铃和指示火警区域,担任出警的消防中队迅速赶赴现场。充分发挥消防人员、专业技术和装备优势,积极抢救被困或遇险人员,保护和疏散物资,迅速控制灾情发展,尽快消除险情,努力减少灾情损失。

2003 年 6 月 15 日晚 8 时 50 分,永福县百寿镇东岸木地板厂因电器短路产生火花,造成火灾。该次火灾烧毁部分厂房、机械设备、原材料及产品一批,直接经济损失 26 万元。永福县公安消防大队接到报警后,消防官兵迅速赶赴现场施救。由于百寿镇没有消防水源,消防官兵调集百寿镇供销社手抬机动泵进行火灾扑救,经 2 小时奋力扑救,将大火扑灭。

2005 年 10 月 4 日 18 时 20 分,永福县城凤城路太平洋服装店二楼发生火灾。永福县公安消防大队接警赶赴火灾现场。当时火场浓烟太大,因没有空气呼吸器,消防人员无法进入火场施救,只能从外围窗口喷水,效果不佳,等浓烟散后才进入火场,延误了救火时机。同时火灾现场附近县水利局大门口有一具公共消防栓,因年久失修,不能开启使用。消防车需到县医院和连江路口取水,延误了救火时机。经过 1 小时 20 分钟的奋力扑救,终将大火扑灭。这场火灾造成直接经济损失 16 万元。

15 年间,县公安消防大队共参加灭火和抢险救援行动 320 起,出动消防车辆 450 辆(次),抢救受伤人员 165 人,抢救保护财产价值 463 万元。

义务消防队伍建设

1991 年,永福县有义务消防队 25 支,义务消防队员 170 人。1991—1994 年,县公安消防大队每年培训义务消防队员 100 多人次。

1995—2002 年,永福县国有企业改制,纷纷开展减员增效。一些企、事业单位片面追求经济效益,裁撤了原有的专职、兼职义务消防队;农村青壮年外出打工,部分义务消防队名存实亡,全县多种形式义务消防力量被削弱。2002 年,永福县有群众义务消防队 10 支。2003 年,永福县按照"现役为主、多种力量、多策并举、综合治理"的消防思路,公安部门积极谋划,政府、企业和社会各界积极参与,多种形式消防队伍建设取得新突破。2004 年,国电永福发电责任公司成立了电厂专职消防队,消防人员 7 人,配备水炮两用消防车 2 辆,无线机对讲机 2 部,空气呼吸器 4 套。2005 年,永福县企、事业单位共有义务消防队 11 支、义务消防队员 285 人、消防手抬机动泵 21 台。

第八节 监所管理

看守所管理

1991—1994 年,永福县有看守所 1 个,所址在永福县城龙泉街。看守所的设计关押量为 100 人,管理民警 5 人。4 年间共收在押人员 285 人,移交出所 263 人。1994 年年底在押人员 106 人。

1995 年,县看守所扩建,设计关押量增至 200 人。是年,县三所(永福县看守所、永福县拘留所、永福县收容审查所)合一,管理民警增至 8 人。民警负责刑事在押人员的日常生活、教育管理及收提押工作。武警中队负责县看守所外围警戒、在押人员的巡视及安全检查工作。

1997 年,县看守所认真落实公安部印发的《安全大检查与值班巡视制度暂行规定》,制订《县看守所规范化实施方案》和《县看守所岗位目标实施细则》,加强看守所的正规化管理。

1998 年,撤销永福县收容审查所。

2000 年,县看守所参加"全自治区看守所安全管理竞赛""打击牢头狱霸""留句心里话"等活动,全面推进县看守所规范化和等级化管理。当年新收在押 326 人,移交出所 315 人,年末在押人员 118 人。

2001 年,县财政拨款 550 万元,在永福县城向阳路茶岭街堕庙村旁新建县看守所。新看守所建筑面积 4860 平方米。设监舍 22 间,可容在押人员 350 人。

2002 年,县看守所根据公安部开展深挖犯罪的部署,充分发挥看守所"犯罪信息库"的独特优势,在看守所"第二战场"获取犯罪线索 12 条,破获案件 5 起,共抓获犯罪嫌疑人 5 人。

2003 年 6 月,县看守所搬迁至堕庙村旁新址。新的看守所采取四合庭院式建筑,所有的安全设施皆符合国家安全标准。看守所民警负责看守所监区的安全、巡视、监控及在押人员收提押、管理教育等工作。武警中队负责县看守所的外围安全和对监室安全检查的警戒。县人民检察院继续监督县看守所的执法工作。

2004 年 9 月—2005 年 1 月,县看守所开展监所管理工作大整顿。全面打击"牢头狱霸",强化监所秩序;同时开展大练兵活动,提高看守所民警整体素质。2005 年新收在押人员 316 人,移交出所 304 人,年末在押人员 102 人。

1991—2005 年,县看守所共收押各种犯罪人员及犯罪嫌疑人员 4295 人。

1995—2005 年,县看守所连续 11 年无安全责任事故。

拘留所管理

1991—1994 年,由永福县看守所代行拘留所职责。是年,县看守所收拘 96 人。

1995 年,成立永福县拘留所,所址与县看守所、县收容审查所合一。

2004 年 11 月,永福县将看守所食堂大部分改建为拘留所监舍,将拘留所正式独立办公,管理民警 3 人。独立后的县拘留所,设监所 3 间,可容在拘人员 30 人。县拘留所负责管治安拘留人员的教育、管理及日常生活等。

2005 年 1 月,县拘留所获县财政拨款 24 万元,安装了全方位电子监控设备。

2004—2005 年,县拘留所加强被拘留人员的日常教育管理工作,确保拘留所安全,实现教育矫正的目标。

1991—2005 年,县看守所、县拘留所共收拘各种违法人员 2400 人。连续 15 年无安全责任事故。

监所安全与规范化建设

1991 年,县看守所贯彻《中华人民共和国看守所条例》,坚持"四个管理"(即依法、严格、科学、文明管理),在"三个重点"(即重点环节、重点在押人员的管理教育、重点单位的整顿)上下功夫,落实岗位目标责任制,坚持 24 小时值班检查制度,加强对看守所的安全管理。

1992 年,县看守所被自治区公安厅授予"看守所十年安全无重大事故单位"。

1995 年,县看守所、县拘留所、县收容审查所三所合一办公。1998 年,撤销县收容审查所。

2004 年 11 月,永福县看守所与拘留所分离办公。

2005 年,县看守所和县拘留所获县财政拨款,安装了全方位电子监控设备。是年,县看守所、拘留所结合"三基"(抓基层、打基础、苦练基本功)工程建设,开展以强化对在押人员直接管理,确保监所安全为核心,以落实巡视监控二岗合一、民警包监室管理和主协管制度为内容的勤务模式改革。通过勤务模式改革,县看守所、拘留所管理工作进一步规范化,监所安全进一步加强。

1991—2005年,县看守所(1995年以后含县拘留所)及时发现和制止人犯企图自杀、逃跑等事件19起。2005年1月,县看守所被自治区公安厅评定为三级看守所。

第二章 检 察

1991—1995年,永福县人民检察院(简称县人民检察院)按照"严格执法,狠抓办案"的工作方针,以打击严重刑事犯罪活动、查办贪污贿赂、渎职犯罪和开展执法监督三项工作为重点,全面开展各项检察工作。5年间,共受理公安机关提请批准逮捕案件550起976人,受理移交审查起诉435起765人,提起公诉343起553人;立案侦查经济犯罪案件66起138人;受理侦查法纪案件43起43人。

1996—2000年,县人民检察院突出"强化监督,公正执法"工作主题,以严厉打击严重刑事犯罪、查办和预防职务犯罪、强化诉讼监督为重点,全面开展各项检察业务,逐步深化检察改革。5年间,共受理公安机关提请批准逮捕案件295起475人,受理移交审查起诉285起386人,提起公诉275起316人;立案侦查经济犯罪案件42起49人;受理侦查法纪案件27起33人。

2001—2005年,县人民检察院按照"加大工作力度,提高执法水平和办案质量"的总体要求,强调办案力度与办案质量的统一,办案数量稳中有升。5年间,共受理公安机关提请逮捕案件505起798人,受理移交审查起诉291起432人,提起公诉256起373人;立案侦查经济犯罪案件25起29人;受理侦查法纪案件6起6人。

第一节 机 构

1955年3月,成立永福县人民检察院。1991年,县人民检察院为永福县副处级专门法律监督机构,内设办公室、刑事检察科、经济检察科、法纪检察科、控告申诉检察科5个科(室),在职人员41人。院址在县城东江街四鸡岭176号。

1992年,县检察院增设民事行政检察科。1993年,增设监所检察科。1996年6月,撤销经济检察科,成立反贪污贿赂局。

1997年,撤销法纪检察科,成立反渎职侵权检察科。是年11月,县检察院搬迁到凤翔路50号办公大楼办公。1998年,增设政工科、行政装备科和司法警察大队。2001年,刑事检察科分为侦查监督科、公诉科。

2004年,设立人民监督员办公室。2005年年底,永福县人民检察院仍为副处级专门法律监督机构,内设办公室、政工科、侦查监督科、公诉科、反贪污贿赂局、反渎职侵权检察科、控告申诉检察科、民事行政检察科、监所检察科、人民监督员办公室、司法警察大队11个科室(局),在编在职人员39人。办公地址在县城永兴大道6号。

表 15-4　　　　　　1991—2006 年永福县人民检察院历任检察长名录表

姓　名	职　务	性别	出生年月	民族	籍贯	任职时间
卢义书	检察长	男	1949 年 1 月	瑶族	恭城县	1990 年 9 月—1993 年 11 月
李仁生	检察长	男	1952 年 10 月	汉族	永福县	1993 年 11 月—1999 年 1 月
张景源	检察长	男	1963 年 8 月	汉族	兴安县	1999 年 1 月—2002 年 9 月
杨卫东	检察长	男	1964 年 10 月	汉族	灌阳县	2002 年 9 月—2006 年 7 月

第二节　检察制度改革

1991—1997 年，县人民检察院在侦查监督办案中，坚持个人阅卷，重大疑难案件集体讨论、部门领导审核、主管检察长决定的办案制度。

1998 年，县人民检察院实行侦查监督改革，审查批捕部门由原来的个人阅卷，集体讨论、检察长决定的办案方式改为主诉检察官负责制。重大复杂案件由主诉检察官提交检察委员会讨论决定。出庭支持公诉工作也进行改革，由原来的指控式改为控辩式，即在法庭审理阶段，由出席法庭的主诉检察官宣读起诉书后，讯问被告人，并逐一举证说明，然后由其他诉讼参与人质证、辩护，最后由合议庭视被告人的认罪态度、案件的事实和证据作出是否有罪的判决。

2003 年，县人民检察院侦查监督部门把立案监督当作一项重要工作来抓。依法强化证据意识，把好案件事实关、证据关、法律关，对符合逮捕、起诉条件的坚决批捕，对不符合条件的依法不捕、不诉。同时组织干警学习好的出庭经验，提高出庭公诉水平，组织观摩支持公诉的重大案件的庭审和答辩。对重大复杂案件，出庭前全科人员集体讨论，群策群力，为出庭献策，提出模拟式答辩提纲。

2004 年，县人民检察院实行人民监督员制度，对检察机关直接立案侦查的贪污、贿赂、玩忽职守、贪赃枉法、重大责任事故等案件实施监督。

2005 年，县人民检察院实行择优录用，二层机构负责人竞争上岗、干警双向选择聘任制。

1998 年 1 月 17 日，县人民检察院获"全国集体一等功"称号

县人民检察院　供图

第三节　刑事检察

审查批捕

1991 年，县人民检察院全年审查公安机关移送批捕的刑事案件 140 起，批捕 266 人（含 1990 年积存 1 起 6 人）。

1992年,县人民检察院重点打击杀人、抢劫、强奸、流氓团伙、重大盗窃等方面严重危害社会治安的刑事犯罪。全年审查公安机关提请逮捕的刑事案件116起,批捕251名人犯。

1993年,县人民检察院把杀人、抢劫、强奸、爆炸、重大盗窃等犯罪作为重点打击对象,坚持从重从快方针,快捕快诉。全年审查公安机关提请逮捕的刑事案件108起,批捕114人。

1994—1995年,县人民检察院突出打击重点,对重大案件坚持提前介入公安机关的侦查预审活动,及时准确地打击严重刑事犯罪。对县农机局局长钟某某被杀一案,由于提前介入公安机关的侦查预审,在批捕起诉阶段分别只用了一天时间就作出了决定。两年共审查公安机关提请逮捕的刑事案件186起,批捕345人;受理该院自侦部门移送逮捕案件13起,批捕15人。

1996—1997年,县人民检察院共审查公安机关提请逮捕的刑事案件114起,批捕171人。

1998—2000年,县人民检察院共受理公安机关提请逮捕刑事案件181起304人,审查后批准逮捕犯罪嫌疑人303人;受理该院反贪局移送审查决定逮捕4起4人,审查后决定逮捕4人。

2001—2005年,县人民检察院共受理公安机关提请批捕刑事案件505起798人;审查后批准逮捕犯罪嫌疑人794人;受理该院反贪局移送批捕8起9人,审查后决定批捕8人。

起诉监督

1991年,县人民检察院对公安机关移送起诉的129起233名犯罪嫌疑人进行审查;决定向法院起诉98起160人,免予起诉5起21人,退回侦查机关补充侦查3起3人;报桂林地区人民检察院起诉10起27人,撤诉1起1人,积存12起21人。

1992年,县人民检察院对公安机关移送起(免)诉的122起229名犯罪嫌疑人进行审查;决定向法院起诉99起165人,免予起诉7起22人,不予起诉1起1人,退查1起1人;报桂林地区人民检察院起诉8起28人,积存4起10人。

1993—1995年,县人民检察院受理公安机关及该院自侦部门移送审查起诉的案件184起303人;经审查后向法院提起公诉案件146起228人。

1996年,县人民检察院依法起诉53起63人。

1997年,县人民检察院提起公诉50起76人。

1998年,县人民检察院受理公安机关移送起诉61起75人,受理该院侦查部门移送起诉4起4人;审查后依法起诉49起73人,决定不起诉2起2人;报送桂林市人民检察院起诉2起4人;退回公安机关补充侦查8起14人;结案率为100%。

1999—2005年,县人民检察院受理公安机关移送起诉408起606人。审查后依法起诉

2005年,县检察院干警出庭支持公诉

县人民检察院　供图

358起522人;决定不起诉19起24人;报送桂林市人民检察院起诉24起29人;结案率100%。

侦查监督

1991年,县人民检察院主要采取提前介入,了解案情以及接待群众的控告申诉举报等途径,实施侦查

监督职能。刑事检察部门在审查批捕阶段,建议公安机关增捕犯罪嫌疑人7人。

1992年,刑事检察部门全年提前介入公安机关侦查11次。

1993年,在审查公安机关提请批捕和移送起诉的案件中,对不符法定逮捕条件的7人依法作出不批准逮捕的决定,并纠正漏捕犯罪分子5人。1994—1995年,县检察院建议公安机关撤销案件3起3人,不批准逮捕2起2人,改变公安机关定性的16起20人,建议公安机关增捕8起8人。1996—1997年,检察院刑检部门工作提前介入侦查刑事案件14起28人。对尹某某抢劫一案,由于该案起因复杂,作案次数多,涉案人员分布广,刑检科与公安人员共同调查取证,掌握犯罪嫌疑人的基本犯罪事实和证据后,及时作出对该案7名犯罪嫌疑人批准逮捕的决定。

1998年,县人民检察院共提前介入公安侦查预审刑事案件10起12人,参加提前介入侦查的干警达26人次。对冯某某故意杀人案,检察院刑检人员与法医会同公安机关赶赴现场勘验和调查取证,在公安机关提请批捕的第二天,便作出批捕的决定。

1999—2005年,县人民检察院共提前介入公安侦查预审刑事案件72起83人;参加提前介入侦查的干警达147人次。

第四节　经济检察

1991年,县人民检察院把开展反贪污贿赂斗争作为检察工作的一个重点工作来抓。全年立案侦查经济案件16起17人,其中贪污12起13人、受贿3起3人、偷税案1起1人。决定逮捕经济犯罪嫌疑人8人,为国家挽回经济损失16万多元。

1992年,县人民检察院加强对反贪污贿赂案件的侦查力度,突出查办大案。全年立案侦查经济案件7起9人,其中贪污案4起6人、挪用公款1起1人、徇私舞弊案1起1人、窝赃案1起1人。永福农业银行百寿营业所出纳员陆某某贪污9万元的大案,为建院以来第一次查处的贪污数额最大的案件。在办理陆某某贪污案时,陆某某拒不交代贪污的9万元赃款的去向。检察院办案人员,千方百计调查取证、追赃,最后将9万元赃款全部追回。

1993年,县人民检察院受理各类经济案件5起5人,立案侦查5起5人,其中贪污案2起2人、受贿2起2人、偷税1起1人。决定逮捕经济犯罪嫌疑人3人,为国家和集体挽回经济损失20余万元。

根据中共中央关于惩治腐败的方针和最高人民检察院的部署,1994年,县人民检察院把惩治贪污贿赂等经济犯罪作为检察工作的重点,加大查大案要案工作的力度。1994—1995年,共立侦察经济案件38起41人,其中贪污案14起14人、受贿案17起19人、挪用公款案3起4人、偷税抗税案4起4人。属万元以上大案15起17人。逮捕经济案犯罪嫌疑人15人。两年共为国家和集体挽回经济损失129万余元。立案数为建院以来前所未有。

1996年6月6日,县人民检察院反贪污贿赂局成立。反贪力量得到充实,装备得到改善,有效地提高侦查快速反应能力和战斗力,重点查办了贪污受贿案件。在所立的16起经济案件中,属贪污案3起4人、受贿案10起10人、挪用公款案2起2人、偷税案1起1人。犯罪嫌疑人涉及科级干部5起5人、乡(镇)站所领导4起4人,是历年来查办科级领导干部经济犯罪案件最多的一年。全年破经济犯罪案件16起17人,逮捕经济犯罪嫌疑人5起5人,为国家和集体挽回经济损失60余万元。

1997年,县人民检察院侦查经济犯罪案件6起6人,提起公诉6起6人。全部为受贿案件。

1998年,县人民检察院反贪局侦查经济案件4起4人,提起公诉4起4人。全部为受贿案件。查办了国有企业永福轴承厂原厂长、在任厂长、副厂长、工会主席及供销人员的贪污受贿行为,挖出了该厂的"蛀虫",同时对那些涉嫌轻微经济犯罪的人员也作了处理。把打击、挽救和教育有机结合起来。通过办案为国家和集体挽回经济损失 99 万元。

1999—2000 年,县人民检察院共立侦查经济犯罪案件 16 起 22 人。其中,贪污案 9 起 15 人、贿赂案 2 起 2 人、行贿案 2 起 2 人,挪用公款案 3 起 3 人。

2001—2005 年,按照中共中央加大惩治腐败精神,县人民检察院把查办贪污贿赂犯罪作为重点,加大办案力度。共立侦查经济案件 25 起 29 人,其中贪污案 10 起 11 人、行贿案 3 起 3 人、受贿案 8 起 8 人、挪用公款案 2 起 2 人、私分国有资产案 2 起 5 人。为国家和集体挽回经济损失 42.28 万元。经济案件终结率 100%。

第五节　法纪检察

1991 年,县人民检察院法纪检察科接待群众来信来访 40 多件(次)。受理国家工作人员执行职务中渎职侵权案件 2 起 2 人。

1992 年,县人民检察院法纪部门,深入全县 9 个乡镇及部分县直机关、单位,了解案件情况,宣传法纪检察工作。全年受理法纪案件 15 起 15 人。

1993 年,县人民检察院重点查办侵权渎职犯罪案件。全年受理法纪案件 12 起 12 人,其中侵权渎职案 5 起 1 人,调查处理 7 起 7 人;立案侦查 1 起。

1994—1995 年,县人民检察院法纪部门重点查处刑讯逼供、非法拘禁、徇私舞弊、玩忽职守、重大责任事故等法纪案件。两年共受理法纪案件 14 起 14 人,其中重大责任事故 6 起 6 人、非法拘禁案 2 起 2 人、刑讯逼供案 1 起 1 人、其他法纪案 5 起 5 人。

1996 年,县人民检察院法纪部门把重点放在查处社会危害大、影响坏、群众反映强烈的刑讯逼供、非法拘禁、徇私舞弊、重大责任事故案件上,查处重大责任事故案件 4 起 4 人,其中立案 1 起 1 人;查处涉及执法人员违纪案件 11 起 11 人;查处非法拘禁案 1 起 1 人,解救人质 3 人。

1997 年,县人民检察院撤销法纪检察科,成立反渎职侵权检察科,主要查处国家工作人员渎职侵权的违法犯罪案件。是年,查处国家工作人员刑讯逼供案 1 起 1 人。

1998 年,县人民检察院受理法纪案件 8 起 14 人,其中刑讯逼供案 2 起、非法拘禁案 1 起、利用职务职权侵犯公民民主权利案 5 起。

1999—2005 年,县检察院共受理索贿、非法拘禁、刑讯逼供、重大责任事故等法纪案件 8 起 8 人,其中立案侦查 4 起 4 人。起诉后,法院均作了有罪判决。

1998 年 5 月,县人民检察院开展法纪检察学习业务活动　　　　　　　　　　　县人民检察院　供图

第六节　监所检察

1991 年,县人民检察院监所检察业务由法纪检察科兼管。1993 年,监所检察科成立后,由专人负责监所检察工作。是年,监所检察科干警坚持住所制度,深入看守所办公,共找犯罪嫌疑人及在押人犯谈话教育 100 余人次。同时,自编教材给在押犯罪嫌疑人及在押人犯上课,进行法制教育,对人犯发生的问题及

时立案侦查处理;检查监督看守所的工作,提出检察建议;加强办案时限的检查催办;打击哄监闹事的"牢头狱霸",堵塞漏洞,根除隐患,做好犯人的教育感化工作。

1995年5月,县人民检察院成立看守所检察室。1994—1995年,共给县看守所被押人犯集体上法制教育课7次1143人,个别教育人犯189人,配合县看守所搞安全检查25次,纠正超期羁押36人,整治"牢头狱霸"22次,检查信件4000余封。

1996—1997年,共给县看守所被押人犯上法制教育课13次,找人犯谈话24人,配合看守所进行安全检查12次,整治"牢头狱霸"17人次,提出检察建议26次,向执法机关提出检察建议6次,审查在押人犯信件3600余封,纠正超期羁押15人。

1998年,县人民检察院监所检察工作实行正规化、科学化、规范化的管理模式。是年,审查在押人犯信件1476封,扣押有泄密和带有色情的信件12封,教育人犯239人,配合看守所进行安全检查10次,解决监舍内打架斗殴3起,对看守所超期羁押提出意见70次,使9名刑拘超期人员得到矫正处理,1人上诉案件得到尽快裁定,2名不完全符合保外就医罪犯重新收监执行。

1999—2005年,县人民检察院共给在押人犯集体上法制教育课96次,个别教育人犯87人;配合看守所搞安全教育192次;提出检察建议15次;审查在押人犯信件1570封。

第七节　控告申诉检察

1991年,县人民检察院受理群众控告申诉128件(次)。同时积极做好自治区人大常委会颁布的《保护公民举报条例》的宣传工作。

1992年,全年接待公民控告申诉114件(次),调查处理12件(次)。

1993年,受理公民控告申诉107件,调查处理7件。

1994—1995年,县人民检察院开展文明接待活动,建立检察长接待日,对群众控告申诉信件做到件件有登记,事事有答复,案案有着落。两年共受理群众来信来访156件(次),初查和参与初查经济违纪案件23起,其中立案12起、立万元以上的贪污贿赂案10起。受到自治区、桂林地区人民检察院的表彰。

1996—1997年,受理群众控告申诉120件(次),初查举报线索31件(其中立案3起),为国家和集体挽回经济损失15万余元。

1998年,受理群众控告申诉118件(次),其中来信36件、来访82件(人次),初查案件线索36件。

1999—2005年,县人民检察院共受理群众控告申诉线索133件(次),其中来信57件、来访74件(次),初查案件线索62件。受理申诉10件(次)。县人民检察院控告申诉检察科被自治区人民检察院授予"文明接待室""文明接待示范窗口",荣立集体二等功1次。

第八节　民事行政检察

1992年,县人民检察院增设民事行政检察科。开始受理民事诉讼申诉案件及行政申诉案件,并在全县范围内利用广播、电视、发放宣传资料等形式大力宣传;不断加大办理民事、行政案件的抗诉力度,按照"敢抗、会抗、务必抗准"的方针,对法院确有错误的判决、裁定提请抗诉;对正确的判决、裁定则做好群众的服判息诉工作。

1992—2005年,民事行政检察科共受理接待群众对民事、行政案件的来访151件(次),立案审查33件(起),审查后建议提请本级或提请上级检察机关依法抗诉14件(起),法院作出改判6件(起)。最为突出的是 2004 年林某某、高某某与南宁市银象纸制品有限公司购销纸箱债务纠纷一案。一审法院作出林某某、高某某给付南宁市银象公司 19 万余元的判决。申诉人林某某、高某某不服一审判决,上诉至桂林市中级人民法院。桂林市中级人民法院审理后维持原判决。林、高二人不服判决而申请再审,桂林市中级人民法院再审后又作出了维持原判的判决。后林、高不服桂林市中级人民法院的再审判决,向桂林市人民检察院申诉。市人民检察院将此案交给永福县人民检察院民事行政检察科审查办理。民事行政科审查后,认为该判决认定的事实不清、证据不足,判决确有错误,遂向桂林市人民检察院民事行政业务部门提出了对该案的处理意见,后经桂林市人民检察院提请自治区人民检察院抗诉。后该案经自治区高级人民法院再审后改判,判决撤销林某某、高某某给付南宁市银象公司 19 余万元的判决,驳回南宁市银象纸制品业有限公司的诉讼请求。

第三章　审　　判

1991 年,永福县人民法院(简称县人民法院)依法实施公开审判、陪审、辩护、合议等审判制度和程序。1994 年,县人民法院在民事经济审判方式上推行直接开庭,当庭辩论,简单案件当庭宣判等制度。1996 年,开始实行立案和审判分离制度改革。1997 年,对刑事案件审判方式进行重大改革,改以前的“纠问式”审判方式为“控辩式”审判方式。1998 年 8 月,推行违法审判责任追究制度。2001 年,县人民法院再次进行审判制度改革。一是拆分告诉申诉庭为立案庭和审判监督庭;二是实行审判执行分离制度;三是推行独任审判制度;四是对院部业务庭所有案件全面推行流程管理制度,使审判案件各项工作纳入正规化、制度化的管理轨道。

1991—2005 年,县人民法院共受理刑事案件 1294 起。审结刑事案件 1289 起,审结率 99.61% ;受理民商事案件 8857 起,审结民商事案件 8942 起(含 1990 年的积案 85 起),审结率 100%;受理行政案件 222 起,审结行政案件 220 起,审结率 99.09% ;共执行案件 2657 起,执行物品标的 5037 万余元。

第一节　机　　构

1953 年 3 月,成立永福县人民法院,专门行使案件的审判职能。

1991 年,县人民法院为永福县副处级专门法律审判机构。内设政工股、办公室、刑事审判庭、民事审判庭、经济审判庭、行政审判庭、告诉申诉庭、执行庭 8 个庭室,下辖桃城、罗锦、堡里、百寿、永安、三皇、龙江法庭 7 个基层人民法庭。是年,县人民法院有人员编制 70 名,实配干警 58 人。院址在县城东江街四鸡岭 175 号。

1994 年 1 月 29 日,增设县人民法院法警大队。11 月 30 日,成立县人民法院桃城中心法庭。堡里法庭并入桃城中心法庭,辖桃城、堡里、广福 3 个乡镇审判事宜。

1996 年 6 月 20 日,县人民法院增设纪检监察室。院办公地址更改为县城凤城路四鸡岭 1 号。

1997 年 1 月 1 日,撤销龙江人民法庭,并入百寿人民法庭。是年,县人民法院有人员编制 70 名,实配干警 63 人。

2000 年 12 月,撤销经济审判庭;拆分告申庭为立案庭和审判监督庭;撤销罗锦法庭,并入桃城中心人民法庭;撤销三皇法庭,并入百寿中心法庭,管辖百寿镇、三皇乡、龙江乡3个乡镇审判事宜。

2001年10月,撤销永安法庭,并入百寿中心人民法庭。

2005年,永福县人民法院仍为副处级专门法律审判机构。内设机构为办公室、政工科、监察室、法警大队、立案庭、民事审判庭、刑事审判庭、行政审判庭、审判监督庭、执行庭10个庭(室)。下辖桃城人民法庭、百寿人民法庭2个基层法庭。全院有人员编制70名,实配干警58人。院办公地址在县城凤阁路90号。

表15-5 1991—2006年永福县人民法院历任院长名录表

姓 名	职务	性别	出生年月	民族	籍贯	任职时间
秦有锡	院长	男	1947年8月	汉族	广西永福	1987年11月—1998年8月
覃远存	院长	男	1954年12月	汉族	广西荔浦	1998年8月—2006年7月

第二节 审判制度改革

1991年,县人民法院对刑事、民事经济、行政审判案件,依法实施公开审判、陪审、辩护、合议等审判制度和程序。同时,实施人民陪审员制度,发展人民群众参与司法的优势。

1994年,县人民法院在民事经济审判方式上进行改革,改变过去法官包揽全部调查取证、当事人和律师不承担举证责任的做法,推行直接开庭,当事人和律师当庭质证、当庭辩论、法官在开庭前不与当事人单独会面、简单案件当庭宣判等制度。在审判过程中凡重大或疑难复杂案件均提交审判委员会讨论决定,防止或减少审判偏差。

1996年,县人民法院开始实行立案和审判分离制度改革。立案工作由告诉申诉庭负责,立案后由告诉申诉庭归口分流给各审判庭办理。

1997年10月,县人民法院对刑事案件审判方式进行重大改革,改以前的"纠问式"、审判方式为"控辩式"审判方式。

1998年8月,县人民法院推行违法审判责任追究制度。对审判人员在审判、执行过程中,故意违反与审判工作有关的法律法规,或者因过失违反与审判工作有关的法律法规造成严重后果的,分别责令有关责任人作出检查或通报批评;情节严重的给予纪律处分;有犯罪嫌疑的,移送有关司法部门依法处理。以此保证审判人员依法行使职权,促进法院廉政建设,维护司法公正。

1996年12月,县人民法院年终总结会议合影

县人民法院 供图

2001年,县人民法院再次进行审判制度改革。一是拆分告诉申诉庭为立案庭和审判监督庭。规定由立案庭负责院部各审判庭的立案工作;由审判监督庭对所有的再审案件及发回重审或检察院抗诉的案件,依法进行审判;对各基层法庭辖区内的立案、收费由各法庭负责,立案庭负责指导、监督;院部各种案件由立案庭统一立案后,再交给各业务庭进行审判。二是实行审判执行分离制度。即规定审判案件由各业务庭负责,执行案件由县法院执行庭专门负责的制度。规定院部各业务庭需执行的案件应及时移送执行庭执行;各基层法庭需执行的案件也可移送县法院执行庭执行。三是推行独任审判制度。县人民法院规定

对一些案情简单、情节轻微、社会危害不大的案件,可由一名审判员独任审判,以便加快审判速度,及时维护当事人的合法权益。四是对院部业务庭的所有案件全面推行流程管理制度。县人民法院制定《案件审判流程管理实施方案》,从立案、文书送达、文书打印、排期开庭、案件结案、督查催办等方面实行全程监督。通过推行流程管理,使审判案件的各项工作纳入正规化、制度化的管理轨道。

2005 年,县人民法院继续实施上述审判制度改革措施。

第三节 立 案

1991—1995 年,县人民法院实行立案、审判由同一法庭承担的制度。各法庭收到诉状或口头起诉后,由庭长决定是否立案。法庭收到起诉后应当在 7 日内决定是否立案,不应久拖不决。5 年间,全院共立案件 4341 起。

1996 年,县人民法院开始实行立案和审判分离制度。立案工作由告诉申诉庭负责,切实解决人民群众告状"难"问题。加强申诉和再审工作。全年全院立案件 883 起。

2001 年,县人民法院告诉申诉庭拆分为立案庭和审判监督庭。规定除基层法庭受理的案件外,院部所有立案均由立案庭负责受理,然后再分至各业务庭审理,实现立案、审判分离。当年,县人民法院将民事案件和经济案件统称为民事案件立案办理;同时,县人民法院对院部业务庭的所有案件全面推行流程管理,实行立审分离,走"大立案,精审判"之路,充实立案庭人员,立案庭对所立案件审理情况进行追踪监督。当年,全院共立案件 1026 起。

2004 年,县人民法院立案庭实行"三个零"(与群众零距离、零积诉、零上访)制度,创建法院"文明窗口"。当年,全院共立案件 800 起。

2005 年,县人民法院立案庭健全立案制度,规范立案流程,从信访接待、审查诉状到立案办理"一条龙"式服务,并为当事人发放诉讼风险提示书和诉讼指南等法律文书,提高了立案效率。当年,全院共立案件 591 起。

1991—2005 年,县人民法院累计立案 1.31 万起,其中刑事案件 1294 起、民事经济案件 8857 起、行政案件 222 起、执行案件 2691 起、申诉再审案件 82 起。

表 15-6 　　　　　　　　1991—2005 年永福县人民法院立案数量统计表

单位:起

项目 年度	立案总数	其中				
		刑事	民事经济	行政	执行	申诉再审
1991	688	118	432	4	128	6
1992	1255	127	917	13	194	4
1993	873	80	642	20	131	
1994	704	91	373	20	214	6
1995	821	76	602	18	114	11
1996	883	75	726	11	64	7
1997	960	48	785	19	108	
1998	759	66	535	19	139	
1999	940	54	728	17	136	5

续表

项目 年度	立案总数	其中				
		刑事	民事经济	行政	执行	申诉再审
2000	1109	72	644	11	382	
2001	1026	122	602	8	260	34
2002	853	91	565	16	181	
2003	884	90	482	22	290	
2004	800	84	427	10	270	9
2005	591	100	397	14	80	

第四节　刑事审判

1991—1993年,县人民法院共审结刑事案件325起,判处人犯824人。这3年的刑事审判工作,依法严惩故意毁坏公私财物,破坏集体生产,破坏计划生育工作的犯罪分子,对破坏计划生育的犯罪案件依法快审快结,从严惩处;开展打击盗窃犯罪活动专项行动,依法从严惩处盗窃集团的首要分子、惯犯、流窜犯,并注重打击销赃犯。这3年共审结盗窃案件135起,判处盗窃人犯212人;审结抢劫案件29起,判处人犯61人;故意伤害案件6起,判处人犯6人。3年先后在县城和一些乡镇召开宣判大会11次,宣判罪犯47人。

1994—1996年,永福县人民法院共审结刑事案件241起,判处人犯313人。其中,审结盗窃案件91起,判处人犯148人;故意伤害案件41起,判处人犯42人。这3年的刑事审判工作密切配合党中央提出的反腐败斗争,共审结贪污、受贿案件11起,判处人犯11人。

1997年,修改后的《中华人民共和国刑法》《中华人民共和国刑事诉讼法》全面实施。县人民法院根据广西壮族自治区高级人民法院审判方式改革工作会议精神,严格按照改革后的审判方式进行操作,改"纠问式"审判方式为"控辩式"审判方式。全年共审结刑事案件48起,判处人犯67人。其中审结盗窃案件15起,判处人犯26人;故意伤害案件8起,判处人犯9人。

1998年,县人民法院严格依照《中华人民共和国刑法》《中华人民共和国刑事诉讼法》等新的法律认定犯罪,确定罪名,坚持惩办与宽大相结合的刑事政策,该重判的重判,该轻判的轻判,在判处主刑的同时,依法适用附加刑,不让犯罪分子在经济上占便宜,切实保障国家法律的实施。全年审结刑事案件66起,判处人犯87人。其中,审结盗窃案件22起,判处人犯30人;故意伤害案件16起,判处人犯16人。

1999年,县人民法院落实广西全区法院"案件质量年""执行年""争创人民满意的法院、争当人民满意的法官"3项活动年。各项工作,抓住"优案工程""管理工程""形象工程"3个重要方面工作,搞好全县刑事案件的审判。全年审结刑事案件54起,判处人犯83人。其中审结盗窃案件10起,判处人犯12人;故意伤害案件15起,判处人犯21人。

2000年,县人民法院刑事审判工作坚持刑事诉讼法和审判方式改革的精神,院领导担任审判长主审刑事案件,继续抓提高当庭宣判率;加强青少年法制教育,坚持到附近中小学校讲授法制教育课。全年审结刑事案件72起,判处人犯115人。其中,审结盗窃案件18起,判处人犯26人;抢劫案件8起,判处人犯18人;故意伤害案件16起,判处人犯17人。

2001年,县人民法院坚持从严从重的刑事打击政策,严格依法严惩抢劫、伤害等刑事案件。全年审结刑事案件122起,判处人犯200人。其中,审结盗窃案件29起,判处人犯43人;抢劫案件16起,判处人犯34人;故意伤害案件19起,判处人犯25人。全年在罗锦、百寿镇和县城召开公判大会4场。

2002年,县人民法院审结刑事案件84起,判处人犯112人。其中审结盗窃案件34起,判处人犯47人;

故意伤害案件 18 起,判处人犯 19 人。

2003—2005 年,县人民法院共审结刑事案件 274 起,判处人犯 406 人。其中,审结盗窃案件 103 起,判处人犯 164 人。这 3 年间,县人民法院继续开展审判方式改革,对一些案情简单的刑事案件,安排独任审判员独任审判。

1991—2005 年,县人民法院累计审结刑事案件 1289 起,判处人犯 2207 人。

第五节　民商事审判

1991—1993 年,县人民法院共审结民事案件(含经济案件)1918 起,占法院全部收案的 79%。其中,婚姻家庭、侵权、合同三大类案件 1220 起,占全部民商事案件的 63.61%。仅 1992 年就审结 898 起,是历年来最多的一年。

1994—1996 年,县人民法院民事审判,积极推行审判方式改革,强化庭审功能,增强当事人的诉讼主体地位和当事人举证责任,变"纠问式"为"辩控式",努力实现使"旁听者听得清清楚楚,胜诉者胜得堂堂正正,败诉者败得明明白白"。3 年共审结民商事案件 1666 起。其中,婚姻家庭、侵权、合同三大类案件 1548 起,占全部民商事案件的 92.92%。

1997—1998 年,县人民法院开展庭审观摩活动,全面推行以"庭审方式"改革为重点的审判方式改革。由当事人进行当庭举证、质证、认证,要求有理摆在法庭,有效举证在法庭,事实查清在法庭,解决问题在法庭。两年共审结民商事案件 1297 起。其中婚姻家庭、侵权、合同三大类案件 1087 起,占全部民商事案件的 83.81%。

1999—2000 年,县人民法院实行民事审判与经济审判分开。1999 年清理"两会一部"(即合作基金会、乡镇企业基金会、供销社股金服务部)案件,经济案件成数倍增长,该年审结民商事案件总计 979 起,该类案件主要发生在桃城法庭和三皇法庭辖区。县人民法院积极配合清理收回已发放的贷款。两年共审结民商事案件 1615 起。其中婚姻家庭、侵权、合同三大类案件 1366 起,占全部民商事案件的 84.58%。

2001—2003 年,县人民法院民事审判,加强服务指导,向当事人发给《诉讼指南》《诉讼当事人须知》《诉讼风险告知书》等,对有经济困难的当事人实行诉讼费减缓免,体现司法对弱势群体的关怀,让有经济困难的当事人打得起官司、打得赢官司。3 年共审结民商事案件 1637 起。其中,婚姻家庭、侵权、合同三大类案件 1320 起,占全部民商事案件的 80.64%。

2004—2005 年,县人民法院共审结民商事案件 809 起。其中婚姻家庭、侵权、合同三大类案件 707 起,占全部民商事案件的 87.39%。

1991—2005 年,县人民法院累计审结民商事案件 8942 起(含 1990 年积案 85 起)。15 年间,受整个社会经济发展的影响,永福县民商事案件不仅总量多,占县人民法院收案数的三分之二以上。尤其是婚姻家庭、合同、侵权三大类民商事案件又占同时期民商事案件立案数的 79%。

表 15-7　　　　　　　　1991—2005 年永福县人民法院民商事案件结案统计表

单位:起

年度 数目	审结案件总数	结案方式					案件分类			
		调解	判决	裁定	督促	其他	婚姻家庭	侵权	合同	其他
1991	384						150	67	77	90
1992	898	183	202	38	475		146	89	107	556
1993	636	184	216	44	192		135	115	334	52

续表

数目\年度	审结案件总数	结案方式					案件分类			
		调解	判决	裁定	督促	其他	婚姻家庭	侵权	合同	其他
1994	351	147	145	52	7		127	71	124	29
1995	593	159	270	56	105	3	147	146	281	19
1996	722	241	385	68	16	4	146	117	389	70
1997	776	250	279	60	185	2	144	99	421	112
1998	521	158	218	73	65	7	116	79	228	97
1999	979	469	417	76	12	5	135	102	627	115
2000	636	229	337	52	14	4	121	110	271	134
2001	600	214	351	35			132	94	184	190
2002	559	170	368	21			75	112	269	103
2003	478	171	295	12			97	102	255	24
2004	420	135	271	14			103	112	118	17
2005	389	127	239	23			96	105	173	15

第六节　行政审判

1989年6月，成立永福县人民法院行政审判庭。通过行政审判，对行政机关的具体行政行为进行司法审查，保护公民、法人和其他组织的合法权益，维护和监督行政机关依法行使职权。

1991—1993年，县人民法院共审结行政案件37起，其中属山林、土地确权案件26起，治安处罚案件2起，林业处罚案件2起，税务案件1起，其他6起。1992年，《中华人民共和国行政诉讼法》正式实施，县内行政案件数量明显增多。从1991年的4起上升至1992年的13起，再升至1993年的20起。

1994—1996年，县人民法院共审结行政案件49起，其中属山林，土地确权案件40起，治安处罚案件3起，林业处罚案件2起，其他4起。

1997—1998年，县人民法院共审结行政案件38起，其中属山林、土地纠纷案件30起，治安处罚案件1起，其他7起。

1999—2000年，县人民法院共审结行政案件27起，其中属山林、土地确权案件19起，治安处罚案件2起，税务处罚案件3起，林业处罚案件2起，其他1起。

2001—2003年，县人民法院共审结行政案件45起，其中属山林、土地纠纷案件30起，治安处罚案件2起，税务处罚案件2起，其他11起。

2004—2005年，县人民法院共审结行政案件24起。其中属山林、土地纠纷20起，其他4起。

1991—2005年，县人民法院共审结行政诉讼案件222起（含1990年积案2起），其中维持原判125起、撤销原判49起、撤诉43起、其他方式结案5起。

表15-8　　　　　　1991—2005年永福县人民法院行政案件结案统计表

单位：起

项目\年度	结案总数	结案方式				案件类型				
		维持	撤销	撤诉	其他	山林土地	治安	税务	林业	其他
1991	4	3		1		1	2	1		
1992	13	3	5	5		10			1	2

续表

年度＼项目	结案总数	结案方式					案件类型				
		维持	撤销		撤诉	其他	山林土地	治安	税务	林业	其他
1993	20	8	4		7	1	15			1	4
1994	20	9	5		6		12	2		2	4
1995	18	10	4		4		18				
1996	11	10			1		10	1			
1997	19	13	3		3		17	1			1
1998	19	10	7		2		13				6
1999	16	5	5		5	1	11		3	2	
2000	11	4	4		3		8	2			1
2001	8	5	1		2		7				1
2002	16	13	2		1		10	2	2		2
2003	21	16	3		1	1	13				8
2004	10	8	1		1		8				2
2005	14	7	4		1	2	12				2

第七节　执　行

1991—2000 年,永福县人民法院由于审判案件的增多,执行工作任务日趋增大,执行难的问题比较突出。10 年间,共立执行案件 1610 起,已执行案件 1597 起,执行率 99.19%;已执结案件 1312 起,执结案率 81.49%;未执结案件 283 起,占 17.57%。2001 年,县人民法院实行审判、执行分离制度,规定案件的执行统一由执行庭负责,并增加执行人员,充实执行力量,分别采取司法拘留、冻结银行账户强行划拨、查封扣押财产、变卖或公开拍卖财产抵押债务、公告执行及委托执行等强制措施,取得明显成效。

1991—1993 年,县人民法院共执行案件 446 起,已执结案件 338 起,未执结案件 108 起,执结率 75.78%,执结标的 134 万元,"执行难"的矛盾明显。在案件执行过程中,共拘留 40 人,查封、扣押、拍卖物品 99 件次。

1994—1996 年,县人民法院共执行案件 383 起,已执结案件 348 起,未执结案件 35 起,执结率 90.86%,执结标的 216 万元。"执行难"的问题与矛盾有所缓解。在案件执行过程中,共拘留 56 人,查封、扣押、拍卖物品 100 件次。

1997—1998 年,县人民法院共执行案件 247 起,已执结案件 218 起,未执结案件 27 起,执结率 88.26%,执结标的 347 万元。"执行难"的问题与矛盾仍然存在。在案件执行过程中,共拘留 47 人,查封、扣押、拍卖物品 71 件次。

1999—2000 年,县人民法院共执行案件 521 起,已执结案件 408 起,未执结案件 113 起,执结率 78.31%,执结标的 1061 万元。"执行难"的问题与矛盾有所加重。在案件执行过程中,

2002 年 7 月,县人民法院工作人员深入瑶乡调研案件执行问题　　　　县人民法院　供图

共拘留 110 人,查封、扣押、拍卖物品 144 件次。

2001—2003 年,县人民法院共执行案件 715 起,已执结案件 634 起,未执结案件 57 起,执结率 88.67%,执结标的 1990 万元。"执行难"的问题和矛盾有所缓解。在案件执行过程中,共拘留 116 人,查封、扣押、拍卖物品 332 件次。

2004—2005 年,县人民法院共执行案件 345 起,已执结案件 327 起,未执结案件 18 起,执结率 94.78%,执结标的 1289 万元。"执行难"的问题和矛盾继续缓解。在案件执行过程中,县人民法院继续加大力度,并开展清理积案工作,共拘留 64 人,查封、扣押、拍卖物品 123 件次。

1991—2005 年,共执行案件 2657 起,执结物品标的 5037 万余元。

第八节　审判监督

1991—2000 年,县人民法院审判监督工作由告诉申诉庭负责,办理当事人告诉、申诉和检察机关抗诉等案件。10 年间共办理申诉、再审案件 39 件。

2001 年,按照"大立案、精审判、重监督、强执行"的审判方式改革方案,县人民法院单独设置审判监督庭,审判监督工作得以进一步加强。2001—2005 年,共受理 43 起申诉再审案件,通过再审程序,维持原判案件 33 起,民商事改判案件 9 起,刑事改判案件 1 起。

第九节　陪审、调解制度

陪审制度

1991—2004 年,永福县人民陪审员参加合议庭审理的案件,约占普通程序的 70%。人民陪审员由县人民法院任意委任,一般从教师、乡政府部门工作人员或退休干部中临时抽选,随意性较大。2004 年 8 月,县人民法院按照全国人大常委会颁布《关于完善人民陪审员制度的决定》。对人民陪审员进行遴选,并经县人大常委会审查批准,聘请相关部门专业干部 11 人为永福县人民法院陪审员,并颁发证书,进行培训,使其能胜任人民陪审员工作。

根据全国人大常委会《关于完善人民陪审员制度的决定》,规定人民法院审判下列第一审案件,由法官和人民陪审员组成合议庭进行,适用简易程序审理和法律另有规定的案件除外。即社会影响较大的刑事、民事、行政案件;刑事案件被告人、民事案件原告或者被告、行政案件原告申诉由人民陪审员参加合议庭审判的案件。

2004 年 8 月至 2005 年年底,县人民法院聘请人民陪审员参与陪审的案件 21 起。

诉讼调解制度

1991—2005 年,县人民法院贯彻民商事案件和刑事附带民事案件尽量适用调解方式结案原则。期间,以调解方式审结的民商事案件 2837 起,刑事附带民事案件 440 起,共 3277 起,占同期审结民商事案件和刑事附带民事案件总数 9801 起的 33.34%。

第四章　司法行政

1991—2005年,永福县经历了法制宣传教育第二、第三、第四个五年规划(简称"二五"普法、"三五"普法、"四五"普法),在全县全面推行依法治理。机关、农村、学校、企业全面建立和实行政务公开、村务公开、厂务公开,农民的法律意识和法律素质明显增强,推动了永福县依法治县进程。永福县"四五"普法被评为自治区法制宣传教育先进县。

律师服务成效显著。1991年,永福县律师事务所有专职与兼职律师7人,全面开展律师事务。1999年,律师工作进行改革,永福县律师事务所更名为直言律师事务所,有专职与兼职律师6人,全面承办律师业务。1991—2005年,全县律师担任法律顾问245家,担任刑事案件辩护510起,办理民事诉讼案件代理1580起,行政诉讼案件代理157起。为有关单位和个人调解处理经济纠纷,避免和挽回经济损失2580万元。

公正事务不断拓宽。1991年,永福县公证处配专职公证员2人,负责全县公证事务。至2005年公证员人数不变。1991—2005年,共办理各类公证4.39万件,其中经济公证事项5220件、民事公证事项3.87万件。

法律援助走上规范、常态化。20世纪90年代,永福县法律援助开始起步。2003年,县司法局增设法律援助中心。2003—2005年,共办理法律援助案件65起,非诉讼案件355起。

人民调解不断加强。人民调解工作认真贯彻"预防为主,调防结合"的方针,处理化解人民内部矛盾和纠纷。1991—2005年,全县各级人民调解委员会共调解各类民间纠纷2.61万件,调解成功2.48万件,调处成功率94.85%。

"三大纠纷"(土地、山林、水利纠纷)依法依规进行;政府法制事务走上规范化。

第一节　机　　构

永福县司法局

1982年6月,成立永福县司法局。1991年,县司法局为县人民政府工作部门,正科级行政机构。内设机构有秘书股、法制宣传股、基层工作股,下辖县律师事务所和县公证处。共有干部职工15人。局办公地址在桃城乡南雄村县南屯北面,茅江大桥旁。1996年7月,机构改革,明确县司法局是县人民政府主管全县司法行政工作的职能部门,担负法律服务、法制宣传教育和人民调解等任务。局办公地址不变,门牌号更改为县城东滨路14号。1999年,永福县律师事务所更名为直言律师事务所。2001年12月,机构改革,县司法局内设机构为政秘计财股、基层法制宣传股;下辖县直言律师事务所和县公证处。局直人员编制16名,实配16人。10个乡镇设司法所,人员编制20人。2003年,县司法局增设法律援助中心,属司法局二层机构,配专职干部2人,由局内人员调剂。2005年,县司法局仍为县人民政府正科级工作部门。内设机构有政秘计财股、基层法制宣传股、法律援助中心,下辖县直言律师事务所和县公证处。局直人员编制16名,实配16人。9个乡镇设司法所,人员编制20人。县司法局办公地址在县城东滨路14号。

1991—2005年,历任县司法局局长有:黄义(1984年6月—1991年9月)、白先频(1991年9月—1995年5月)、尹仲勋(1995年5月—1999年4月)、罗建华(1999年4月—2005年12月)。

永福县调处纠纷办公室

1974年2月，成立永福县处理土地、山林、水利纠纷办公室（简称"县调处办"）。配备专门干部，负责全县"三大纠纷"（即土地、山林、水利纠纷）的调查与处理。1991年，县调处办为副科级行政单位，挂靠县司法局，除由县司法局一名副局长兼县调处办主任外，还配置专门副主任和干部负责"三大纠纷"的调查与处理。办公地址在县司法局院内。2001年12月，机构改革，县调处办脱离县司法局，升格为正科级行政单位，直接隶属于县人民政府。2005年，县调处办为正科级行政单位，人员编制4名，实际配备干部6人。县调处办办公地址在县城凤城路88号和谐楼内。

2001年12月，县调处办升格为正科级行政单位后，至2005年，历任主任为黄源（2001年12月—2005年12月）。

永福县法制办公室

1991年10月，成立永福县法制局，配备副局长1人，负责草拟县人民政府法律规范性文件，指导法律规范性文件的贯彻实施和执法监督检查等。1994年1月，县法制局开始配置正局长（正科）级。1997年，撤销县法制局，其职能转入县人民政府办公室。2001年12月，机构改革，恢复成立县法制局并更名为法制办公室，为正科级行政机构。在县人民政府办公室挂牌，人员编制2人，实有人员2人。其职能扩大为审核县人民政府规范文件、行政法制培训、行政复议及其应诉。2005年，县法制办仍为正科级行政机构，配备专门干部2人。办公地址在县政府大院。

历任县法制办（含县法制局）主任（局长）有：莫桂保（1994年1月—1994年9月）、李小安（2002年1月—2003年2月）。

第二节　法制教育宣传

1991—2005年，县司法局按照中央宣传部、司法部的要求，在全县公民中有组织、有规划、有步骤地开展了第二个、第三个、第四个"五年规划"普及法律常识（以下简称"二五""三五""四五"普法）的宣传教育活动，同时积极贯彻"依法治国"的方针，在全县开展依法治县活动。通过普法、依法治县活动，提高永福县广大干部、群众的法律意识和依法办事水平，促进社会稳定和"两个文明"建设协调发展，推进永福县的民主法制建设进程。

"二五"普法（1991—1995年）

按照中央宣传部、司法部《关于在公民中开展法制宣传教育的第二个五年规划》，1991年永福县委、县人民政府批转了由县司法局拟定的《关于在全县公民中开展法制宣传教育的第二个五年规划》。"二五"普法的对象是一切有接受法制教育能力的公民。其重点对象是各级领导干部、执法人员（包括司法人员和行政执法人员）、青少年（特别是在校初中、高中学生）。普法内容主要是：以宣传学习宪法为核心，以专业法为重点，普及民族区域自治法、义务教育法、集会游行示威法、国旗法、行政诉讼法、土地法、森林法、税法、计生条例等法律法规的基本知识。县成立"二五"普法领导小组及其办公室，负责全县"二五"普法的学习和教育活动的开展和落实。全县每年安排一个单元的普法学习，进行一次考试。5年5个单元，共学习50多部法律法规。五年间，共完成50多部法律、法规的普及教育和学习。"二五"普法期间，永福县共有各类普法对象5.40万余人,参加学习和考试4.68万人,参学率达到85%以上。共举办各类普法培训班39期(次),培训普法骨干691人;完成各单元普法学习资料征订2.90万多册;全县中小学校均开设了法制课,县公、检、法、司各部门分别与各学校建立联系点,组织人员到学校上法制教育课116场(次);开展普法广播、电视讲座24次,录像影视宣传20场(次);出版普法专栏、板报450期,编印法制宣传资料4500份,书写标语1万余条。

"三五"普法(1996—2000年)

按照中共中央及自治区关于在公民中开展法制宣传教育的第三个五年规划的指示精神,中共永福县委、县人民政府于1996年8月30日批转县普法领导小组《关于在全县公民中开展法制宣传教育的第三个五年规划》,并印发《永福县依法治县规划》。是年,县人大常委会通过"三五"普法相关决议。"三五"普法的对象是:工人、农民、知识分子、干部、企业经营管理人员、学生和个体劳动者以及其他一切有接受教育能力的公民。其中,重点对象是各级领导干部、司法人员、行政执法人员、企业经营管理人员、青少年。普法内容包括刑事诉讼法、行政处罚

2000年9月14日,召开"三五"普法考核验收工作会议　　　　　　　县司法局　供图

法、教育法、香港基本法、道路交通管理条例等40多部法律法规。永福县成立了"三五"普法领导小组及其办公室,各乡镇、县直各单位也相应成立普法领导小组及其办公室。"三五"普法期间,共征订普法资料5.47万册;开办广播法制讲座220期,举办电视法制讲座158期;举办各类普法培训班247期;出版宣传栏、板报1170期;印发各类法制宣传资料1.40万份,书报1170期;书写法制宣传标语7500条;县公检法司各部门到各中小学校上法制课130多场(次);组织开展法律咨询日活动24次,出动宣传车500余次。根据上级对依法治县工作的部署,永福县抓了5个示范点,即广福乡、罗锦镇高崇村、县冶化厂、永福二中和县信用联社的依法治理工作。依法治理工作在1997年、1998年陆续铺开。县司法局尹仲勋被评为全国"三五"普法先进个人。县司法局荣获自治区"三五"普法先进单位。

"四五"普法(2001—2005年)

"四五"普法以深入学习、宣传邓小平法制理论和党的依法治国基本方略为主要任务,深入学习宪法和国家基本法律,提高公民的法律素质,增强广大干部,特别是领导干部的法制理论水平和依法决策、依法行政、依法管理的能力。"四五"普法的重点对象是各级领导干部、司法和行政执法人员、企业经营管理人员、青少年。永福县成立了"四五"普法领导小组及其办公室,各乡镇、县直各单位也相应成立普法领导小组及其办公室。五年间,共征订"四五"普法教材7.45万册,编印《农村普法教育手册》4万册;举办法制宣传活动20余次,出版法制宣传专栏260多期,发放宣传资料20多万份;出动宣传车200多次,悬挂宣传横幅100多条。在"四五"普法中,永福县率先在桂林市开展以农村普法"十个一"活动的民主法制建设工作。即在每个村委会成立一个普法依法治理领导机构、每个村委会有一个法制教育培训站、每个乡镇有一支法制宣传队伍、每个自然屯有一块法制宣传专栏、每个自然屯建立一家学法中心户、每一农户有一本实用法律法规书籍、每个自然屯有一条永久性法制宣传标语、每个月开展一次依法治理活动、每个季度集中学法一次、每年评选一次学法守法光荣户。"十个一"活动建设经验在全桂林市得到推广。同时在"四五"普法中,永福县实施依法治理"三大工程"(即地区依法治理、行业依法治理、基层依法治理),法律讲师团、

法律宣传员、法制文艺队发挥了特有的优势,促进了普法和依法治理工作的开展。"四五"普法中,各级领导干部、公务员年度参学、参考合格率均达到100%;企事业干部职工参学、参考率、合格率均达到96.80%。在"四五"普法考核评比中,永福县被评为自治区"四五"普法先进县。

依法治理

1998年,永福县全面启动依法治县工作。在行政机关,主要开展以学习专业法和落实执法责任制为内容的依法治理活动,以便增长全县行政干部的法律知识,增强法制观念,有效地提高领导干部及执法人员依法行政的能力。在企业、事业单位,主要开展依法生产、依法管理专项活动,促进企业经营机制的转换,增强企业活力。在农村,主要抓以农村集体经济承包合同管理为主的农村依法治理,县乡两级均成立"农村承包合同纠纷仲裁庭",有效地维护农村社会稳定。

1999年4月30日,永福县"148"法律服务专用电话正式开通。电话号码为8510148。

1999—2000年,在学校开展家校联教和警校共建依法治理活动,推进依法治校进程。

2001—2005年,在全县范围内开展政务公开、村务公开、厂务公开、校务公开等依法治理活动。在县城区进行"脏、乱、差"专项治理活动;在农村开设法制学校,修订村规民约,加强民主管理,依法规范村级管理行为等专项活动;在社会公民中开展与工作、生产、生活密切联系的法律知识的宣传教育,增强权利义务和遵纪守法的自觉性;在政法机关开展集中整治,依法打击违法犯罪分子的嚣张气焰,制止邪教活动,遏制暴力犯罪。同时,依法开展扫黄打非、禁毒、禁赌、严打、收枪治暴、打假治劣、制止非法传销、打击邪教和车匪路霸以及村霸地痞等专项治理活动。

至2005年,全县85个县直(含直管)单位、9个乡镇、99个村(居)委会、113所学校、64个厂矿企业、事业单位,均开展了依法治理工作,推进全县民主法制建设进程。

第三节 法律服务

律师事务

1991年,永福县律师事务所配备专职律师3人,聘请兼职律师4人,全面承办律师事务。主要接办刑事案件辩护、民事诉讼代理、行政诉讼代理、代写法律文书、解答法律咨询、担任企事业单位法律顾问等律师事务,是永福县唯一的律师执业机构。

1991—1995年,承办刑事案件辩护169起、民事诉讼代理案件356起、行政诉讼代理案件40起,担任常年法律顾问57家,为当事人避免和挽回经济损失310万元。1996—2000年,承办刑事案件辩护178件、民事诉讼代理案件626起、行政诉讼代理案件58起,担任常年法律顾问87家,为当事人避免和挽回经济损失870万元。1999年,律师工作进行改革,永福县律师事务所改名为县直言律师事务所,配备专职律师4人,聘请兼职律师2人,全面承办律师业务。2005年,县直言律师事务所配备律师人数不变。2001—2005年,承办刑事案件辩护163起、民事诉讼代理案件598起、行政诉讼代理案件59起,担任常年法律顾问101家,为当事人避免和挽回经济损失1400万元。

公证事务

20世纪90年代以前,永福县公证经济合同及其他法律公证的数量较少。至1990年,公证经济合同及其他民事行为公证为 163 件。随着国家"一五""二五""三五""四五"普法工作的开展,全民法律意识迅速提高,要求依法公证的人数迅速增加。1991 年,永福县公证处配专职公证员 2 人,负责全县公证事务。至 2005 年公证员人数不变。

1991—1995 年,永福县办理经济合同公证的数量增多,同时开展贷款公证、房产公证、租赁公证、农村承包合同公证、抵押担保贷款合同公证等新项目。5 年间,共办理各类公证 1.03 万件,其中经济公证(含经济合同、贷款公证、租赁公证、农村承包合同公证、抵押担保贷款合同公证)2980 件,民事公证(含财产、收养、亲属身份、出生、婚姻状况、房产公证)7340 件。

1996—2000 年,永福县公证在原来业务的基础上,以农村公证为突破口,办理农村房产公证、宅基地使用权公证、计生协议公证、农用拖拉机缴费公证等项目。5 年间,共办理各类公证 1.98 万件,其中经济公证 1320 件、民事公证 1.85 万件。

2001—2005 年,永福县公证在原来业务的基础上,开拓了林业开发合同公证等项目。5 年间,共办理各类公证 1.38 万件,其中经济公证 920 件、民事公证 1.29 万件。

1991—2005 年,全县公证工作比较强调任务的完成数量,批量公证大量产生,诸如农村房产公证、宅基地使用权公证、养路费征缴公证、计生协议公证、农用拖拉机缴费公证、林业开发合同公证等数量基数加大。

第四节　人民调解

20 世纪 90 年代,随着农村体制改革的不断深入,永福县司法局建立健全乡镇和村委会两级人民调解组织。1991 年,全县有乡镇人民调解委员会 10 个、村级人民调解委员会 96 个、街道人民调解委员会 1 个。乡镇人民调解委员会主任由乡镇司法所主任担任,村(街道)级人民调解委员会由村委会主任或民兵营长担任。1991—1995 年,全县乡镇、村(街道)级人民调解委员会共调解各类民间纠纷案件 9711 起,其中调处成功 8962 起,调处成功率 92.28%。1996—2000 年,共调解各类民间纠纷案件 8896 起,其中调解成功 8602 起,调处成功率 96.69%。2005 年,全县有乡镇人民调解委员会 9 个、村级人民调解委员会 96 个、街道社区人民调解委员会 3 个,形成了民间调解工作由县司法局组织管理,乡镇司法助理员具体指导基层调解工作的调解体制,及时就地地解决了大量的民间纠纷,为农村和城市基层的社会稳定,起到了"第一道防线"的积极作用。十五年间,人民调解工作主要贯彻"以防为主、调防结合"的方针,处理化解人民内部矛盾和纠纷,全力维护社会稳定。

2001—2005 年,共调解各类民间纠纷案件 7511 起,其中调解成功 7192 起,调处成功率 95.75%。

第五节　法律援助

20 世纪 90 年代,永福县的法律援助工作已经起步,县司法局及县律师事务所对家庭经济困难的当事人及老年人、残疾人、未成年人的刑事辩护、民事诉讼、行政诉讼及其他非诉讼案件代理业务,经过审查其申请符合条件,给予减免或全免辩护代理费用。每年受理的法律援助案件达 8~10 起。2002 年县司法局及律师事务所受理的法律援助案件 15 起,为弱势群众挽回经济损失 25 万元。

2003 年 9 月,国务院《法律援助条例》实施,永福县司法局增设县法律援助中心,并配备专职干部 2 人,作为司法局二层机构。永福县法律援助工作从此走上规范化、常态化。永福县法律援助中心大力宣传国务院《法律援助条例》《广西壮族自治区法律援助条例》,使法律援助工作成为政府的一项"民心工程"。

2003—2005年，永福县法律援助中心，共办理法律援助案件（刑事辩护、民事诉讼代理、行政诉讼代理）65起、非诉讼案件355起，解答法律咨询511件。

第六节 "三大纠纷"调处

1991年，县调处办负责调查处理全县集体单位之间、国有单位与集体单位之间"三大纠纷"（土地、山林、水利纠纷）调处工作。全年调处"三大纠纷"案件25起，接待群众来访270人次，处理群众来信50人次。1992年，县调处办继续加大"三大纠纷"案件调处力度。1992—2001年，共调处"三大纠纷"案件231起，接待群众来访2058人次，处理群众来信476件。2002年12月，按《广西壮族自治区人民政府关于土地山林水利纠纷调处工作若干问题的通知》精神和2002年12月1日起施行的《广西壮族自治区土地山林水利权属纠纷调解处理条例》的规定，县土地、山林、水利纠纷分别划归县国土、林业、水利职能部门负责调处。县调处办负责全县"三大纠纷"的组织协调、督促指导工作，组织、协调、督促国土、林业、水利职能部门调处"三大纠纷"，同时办理县委、县人民政府交办的"三大纠纷"大案要案主调处工作。其中2002年、2003年、2004年，全县开展"三大纠纷"突击调处活动。2005年，全县开展"三大纠纷"调处加强年专项活动。据统计，2002—2005年，县调处办牵头协调县国土、林业、水利职能部门共调处"三大纠纷"大案92起；接待群众来访571人次，处理人民群众来信150件；并完成全县调处人员共六期186人次的培训任务。

第七节 政府法制事务

审查论证政府法律事务

1991—1994年，县法制局的主要业务是参与政府法律事务，并代理县政府出庭应诉和处理一部分集体与集体之间的山林土地纠纷。1995—1997年，县法制局不再处理山林土地纠纷，而专门参与政府法律事务的审查论证。

2001年，县法制办恢复成立后，对县人民政府草拟的涉及法律方面的文件进行审查论证，确保政府文件合法、可行，为政府的具体行政行为把好事实、证据、法律关，使政府作出的具体行政行为合法、准确、适当。2001—2005年，县法制办共审查政府及相关部门涉及法律方面的文件、合同、企业用地协议书共238件，提出一些合理性意见，并得到采纳，防止了一些不适当的规范性文件出台，提高了规范性文件的质量。同时县法制办还对县委、县人民政府的一些重大工作部署出具法律意见。

行政复议案件及其应诉

1999年《中华人民共和国行政复议法》颁布实施。县法制办2001年恢复成立后，成为县人民政府的行政复议机构。县法制办对每宗行政复议案件都认真把好审结关。从调查取证、认定事实、处理程序、适用法律、复议审结、上报审批、送达执行等各个环节都严格操作，切实保证案件办理质量。如果引起行政诉讼，县法制办将根据申请人或原告的申请要求及诉讼请求，提出答辩书，并根据案件需要，受县领导委托出庭答辩，确保行政机关具体行政行为得到维护。2001—2005年，县法制办办理行政复议案件主要是申请人不服乡镇人民政府处理的同一乡镇内发生的个人之间、个人和单位之间的土地、山林、水利权属纠纷的处理决定,以及申请人不服公安机关作出的行政处罚决定。五年间共办理行政复议案件91起,审结91起,审结率100%。

行政法制培训

1991—2000年,永福县的行政法制培训,由县司法局负责,结合"二五"普法和"二五"普法同步进行。其中1991—1995年,行政法制培训的主要内容为行政诉讼法知识。1996—2000年,行政法制培训的主要内容为行政处罚法知识。

2001—2005年,县法制办恢复成立后,以申办行政执法证和行政复议资格证为载体,每年举办一期行政执法人员法律知识培训班,共举办5期,参加学员共500多人。培训的内容为《中华人民共和国行政诉讼法》《中华人民共和国行政复议法》《中华人民共和国行政处罚法》《中华人民共和国国家赔偿法》等法律知识。通过授课、考试、成绩合格者,方予以办理行政执法证和行政复议证书。2004年,《中华人民共和国行政许可法》颁布实施,县法制办与县司法局于当年11月联合举办了一期《中华人民共和国行政许可法》培训班,各乡镇人民政府、县直和驻永福县各有关单位负责人120余人参加了培训。同时,切实推进依法行政工作,对永福县各行政机关实施的行政许可项目、规定和实施主体进行专门清理,使《中华人民共和国行政许可法》得到顺利实施。

第五章 国防建设事业

永福县地处桂林与柳州之间,为桂林西南部重镇,历来为军事要冲。20世纪90年代至21世纪初,永福县人民武装部(简称县人武部)与驻永福部队发扬拥政爱民优良传统,在完成繁重战备训练任务的同时,出动人力物力,参加地方经济建设,完成抢险救灾和急、难、险重任务,开展扶贫帮困活动,密切了军政、军民关系。

做好征兵工作。永福县、乡镇人民政府每年均成立征兵工作机构,拨足经费,县、乡镇人武部坚持思想教育先行,激活适龄青年献身国防的热情;严格体检和政审,优中选优,将身体、政治、文化素质高的兵员输送到部队。1991—2005年,每年按时按量完成新兵征集任务。

加强民兵预备役建设。1991—1999年,永福县坚持民兵制度与预备役制度、民兵工作与战时兵员动员准备工作相结合,提高了民兵预备役建设水平。特别是2000年以后,加强民兵应急分队、专业技术分队和基干民兵建设,使这3支队伍成为平时维护社会稳定和战时兵员动员的骨干力量。加强民兵政治教育和军事训练,民兵队伍整体素质明显提高。

做好国防动员和国防教育工作。1995年,永福县国防动员委员会成立后,修订完善战时兵员扩编方案、交通战备方案、防空袭方案。加强交通设施建设,形成了军民结合的公路、铁路、水路为一体的交通战备网络。2000—2003年,重新调整交通战备部署,保障重点公路、桥梁、铁路和通讯畅通。2005年,完善防空方案和对策,重新调整划分县城疏散区域和指定进出路线,落实防空警报等。

1991—2005年,县国防教育领导小组在城乡广泛开展"不忘国耻,居安思危"为主题的国防教育活动;对青少年进行爱国主义精神和革命英雄主义精神教育;各中小学校全面落实国家规定的国防教育内容和课时,组织学生参加国防教育活动,完成军训任务。

第一节 机 构

永福县人民武装部

1952年8月,成立中国人民解放军永福县人民武装部(简称县人武部)。1954年8月,成立永福县兵役局,与县人武部合为一个机构,两块牌子。

1991年,县人武部为地方建制,属地方副县级军事单位,内设办公室、军事科、政工科、民兵训练基地管理科(即1室3科)。县人武部受桂林军分区和中共永福县委、县人民政府双重领导。下辖10个乡(镇)和1个县直机关基层人民武装部,配专职武装干部23人。县人武部办公地址在县城东江街161号。1992年,县人武部人员编制24名,实配干部16人、工人8人。1992年7月,增设县经济委员会基层人民武装部。是年底,县人民武装部辖10个乡镇和2个县直机关基层人民武装部。

1996年9月1日,根据《中共中央、国务院、中央军委关于县(市、区)人民武装部收归军队建制的通知》,永福县人武部收归军队建制,名称恢复为"中国人民解放军广西壮族自治区永福县人民武装部",由地方的副县级单位恢复为军队正团级单位,隶属广西桂林警备区,受桂林警备区和永福县委双重领导。县人武部办公地址在县城迎宾路170号。

表15-9   1991—2006年永福县人民武装部部长、政委名录表

姓名	职务	性别	出生年月	民族	籍贯	任职时间
廖慕卿	部长	男		汉	广西临桂	1986年5月—1991年9月
曾一帆	部长	男		瑶	广西平乐	1991年10月—1996年3月
杨进茂	部长	男		苗	湖南洞口	1996年4月—1999年3月
童庭阶	部长	男	1959年1月	汉	湖南新邵	1999年4月—2002年5月
刘陶文	部长	男	1958年8月	汉	湖南新化	2002年5月—2004年3月
梁柱平	部长	男	1962年9月	汉	广西玉林	2004年4月—2007年2月
许业钧	政委	男		汉	广西永福	1986年5月—1995年1月
黄显新	政委	男	1954年8月	壮	广西平果	1995年1月—2000年4月
唐玉明	政委	男	1962年9月	汉	广西兴安	2000年4月—2004年3月
陈顺军	政委	男	1963年8月	汉	湖南冷水江	2004年4月—2007年2月

永福县国防动员委员会

1995年2月,成立永福县国防动员委员会,与县委人民武装委员会一个机构、两块牌子。由县人民政府县长任主任,副县长、县人武部长任副主任,成员有县政府办、计委、经委、财委、财政局、公安局、交通局、邮电局、物资局、卫生局、林业局主要领导及县人武部副部长、军事科科长、政工科科长和办公室主任等12个单位组成。县国防动员委员会下设4个办事机构:县人民武装动员办公室,设在县人武部军事科;县国民经济动员办公室,设在县计委;县人民防空办公室,设在县人武部军事科;县交通战备办公室,设在县人武部办公室。

1999年,调整县委人民武装委员会和县国防动员委员会机构成员,调整后实行一套人员班子、两块牌子、两项职责(即人民武装委员会和国防动员委员会职责),县委书记任第一主任,县长任主任,县委副书记、县人武部长、政委、副县长任副主任。成员有县委办、政府办、组织部、宣传部、计划局、经贸局、编委

办、电信局、公安局、教育局、财政局、劳动局、交通局、建设局、卫生局、粮食局、邮政局、人事局、总工会、团县委、县妇联、永福火车站、武警永福县中队等各1名负责人，县人武部军事、政工、后勤等3个科长，共24个单位组成。下设5个办事机构:人民武装委员会办公室，设在人武部军事科;国防动员委员会综合办公室，设在县人武部军事科;人民武装动员办公室，设在人武部军事科;国民经济动员办公室，设在县计划局;交通战备办公室，设在县交通局。

2002年，调整增加县人武部1名副部长任副主任，24个成员单位不变。到2005年，领导成员几经调整，但机构设置不变。

永福县交通战备办公室

1985年1月31日，成立永福县交通战备领导小组，由县人民政府副县长任组长，县人武部副部长、经委副主任任副组长。领导小组成员有县公安局、交通局、公路段、邮电局、汽车站、计委、寿城乡、三皇乡、龙江乡9个单位各1名领导。领导小组下设办公室，由县交通局、县人武部、县公路段抽人组成，具体办理有关交通战备事宜。1995年2月成立永福县国防动员委员会交通战备办公室。办公室设在县人民武装部办公室。1997年11月7日，县人民政府批准永福县交通战备办公室在县交通局挂牌，它既是永福县国防动员委员会的办事机构，又是永福县政府负责交通战备动员工作的职能部门，副科级单位，人员编制1人，工资由永福县财政列支，其他经费由永福县交通局解决。2001年12月，机构改革，永福县交通战备办公室仍定为职能部门，挂靠县交通局。2005年，永福县交通战备办人员编制1人。

武装警察

武装警察部队永福县中队　1950年1月，永福县成立公安中队，隶属县公安局领导。1983年1月，中国人民武装警察部队永福县中队正式定编组建。1991年，武警永福县中队隶属桂林地区武警支队和地区行署双重领导。1998年，桂林地区与桂林市合并，武警永福县中队隶属桂林市武警支队和市人民政府双重领导。武警中队主要任务是担负永福县看守所警戒执勤、押解任务;维护地方社会秩序，预防和制止违法和犯罪分子的破坏活动;打击反革命分子和刑事犯罪分子，保卫党政机关和人民生命财产安全;处置各种突发事件以及维护公捕公判大会治安秩序等。至2005年，武警永福县中队人员编制及职责任务不变。

武警永福县消防大队　永福县消防大队的前身为永福县公安局消防科，成立于1979年，设在县公安局院内，人员由公安干警担任。1986年消防体制改革，消防科转为现役军人，设科长1人，参谋1人。1991年，县公安局消防科，隶属武警桂林地区消防支队，县公安局负责业务管理。1999年7月，县公安局消防科改为中国人民武装警察部队永福县消防大队，为正营级单位。2000年8月1日正式挂牌。编制为大队长1人、教导员1人、参谋2人。大队下辖一个中队，编制为中队长1人，指导员1人。公安消防大队的主要任务是负责辖区的消防监督、火灾扑救和社会抢险救援工作。2000年永福县有专职消防队1支，群众义务消防队10支。2005年装备有消防水罐车2辆、公务车1辆;专业消防队1支，群众义务消防队11支。县城主要街道设有室外、公共消防栓55处，单位内部室外消防栓21处。全县消防一级重点单位15个、二级重点单位90个、公共娱乐易燃易爆场所74家。由武警永福县消防大队管理的消防安全重点单位15个。

第二节　兵　役

1991年，永福县继续贯彻《中华人民共和国兵役法》，实行"以义务兵役制为主体的义务兵与志愿兵相

结合、民兵与预备役相结合的兵役制度"。

1998 年 12 月，永福县贯彻实施第九届全国人大常委会第六次会议通过重新修改的《中华人民共和国兵役法》，实行"义务兵与志愿兵相结合、民兵与预备役相结合的兵役制度"。

兵役登记

适龄公民兵役登记 1991 年，永福县继续贯彻《中华人民共和国兵役法》，开展公民兵役登记工作。每年结合民兵组织整顿工作，进行公民兵役登记。通过全县统一动员部署、统一训干、统一检查验收，使公民兵役登记工作走上规范化、制度化、正常化轨道。根据兵役法规定，每年 12 月 31 日以前年满 18 岁的男性公民经过兵役登记和初步审查合格的即为应征公民。如应征公民是维持家庭的唯一劳动力或者是正在全日制学校就读的学生，可以缓征；如有严重生理缺陷或严重残疾不适合服兵役的人，免服兵役；依照法律被剥夺政治权利的人，不得服兵役。1992 年，永福县人民政府印发《关于搞好〈兵役登记证〉发放工作的通知》的规定，凡符合兵役登记条件的公民，不领取《兵役登记证》的，在招工、招干、升学考试、申请工商营业执照以及结婚登记时，有关部门不得办理。据 1992 年 8 月统计，全县经过兵役登记的 18~22 岁男性公民领取《兵役登记证》，占 100%。1993 年，全县男性公民当年登记人数占适龄人数的 97.70%。2000 年，全县男性当年登记人数占适龄人数的 98.40%。2005 年，全县男性公民当年登记人数，占适龄人数的 97.50%。

退伍军人预备役登记 1991 年冬，永福县继续根据国务院、中央军委关于转发《退伍军人预备役登记统计暂行规定》，开展退伍军人预备役登记工作。据统计，1991 年全县登记服预备役的退伍军人共 1315 人，其中技术兵 578 人，占 43.90%；服第一类士兵预备役的 28 岁以下的退伍军人 425 人，占 32.30%；服第二类士兵预备役的 35 岁以下的退伍军人 890 人，占 67.70%。2005 年，全县登记服预备役的退伍军人中技术兵占登记人数的 36.50%；服第一类士兵预备役的 28 岁以下的退伍军人占 47.90%，服第二类士兵预备役的 35 岁以下的退伍军人占 52.10%。

兵员征集

1991—2005 年，永福县在征集新兵时，应征青年必须在户口所在地报名，经过体格检查、政治审查合格后，由县征兵办公室批准入伍。

兵员征集每年一次，每年在上级征兵命令下达后，永福县都成立县级征兵领导小组，由县委、县人民政府、县人武部主要领导任组长或副组长，成员单位有县政府办、宣传、教育、粮食、卫生、财政、公安、民政、县人武部各科抽调一名领导参加。设立征兵办公室，由县人武部军事、政工、后勤科和县委宣传部、公安、卫生、教育、民政等部门派人合署办公，分成宣传、政审、体检、后勤 4 个组。征兵办公室具体负责办理征兵工作事宜，召开征兵会议，培训征兵骨干，大力开展征兵宣传和国防教育。每年征兵，县里都统一抽调医务人员，组织体检队（组），开设体检站，采取定点或巡回的方法进行体检。

兵员政审工作主要由公安部门负责，坚持群众路线，重点查清应征青年的政治状况和现实表现。先由基层单位进行社会调查，弄清政治状况，搞好初审；再由县政审组进行复审或联审，做出合格与不合格的结论。对体检、政审合格的对象，由县征兵领导小组和接兵部队领导参加的定兵会议，择优定兵，定兵后由基层单位张榜公布。

兵员退役与安置

兵员退役 1991—2005 年，永福县的复退军人（包括干部、战士）成批（6 人以上回乡）到达县城时，县里组织群众到火车站欢迎。县领导及人武部领导接见并召开座谈会、欢迎会。个别到达的，由"转业建设委员会"(简称"转委会")办事人员到车站迎接。在县集中进行必要的教育动员后,安排返回各乡镇。

1991—1998 年,全县退伍军人中城镇非农业户口,占 24.20%,农业户口转非农户口,占 4%,农业户口占 71.80%,军地两用人才占 39.70%。1998 年,贯彻落实《中华人民共和国兵役法》。1999—2005 年,全县共退伍军人中非农业户口占 20.60%、农业人口占 79.40%。

退役安置 1991—2005 年,县委、县人民政府进一步充实"复退军人和军队退休干部安置工作领导小组",由常务副县长任组长,县人武部、政府办、民政局、人事局、劳动局、编委办、财政局、公安局等 14 个部门一名主要领导为成员,组织领导复退安置工作。全县复退军人安置工作继续贯彻"从哪里来,回哪里去"的原则,随着城镇企事业体制改革和用工制度改变,增加了复退军人安置工作的难度,县直、乡镇除了按照系统进行分配安置外,还采取张榜公告和推荐工作等方法,扩大安置范围和透明度。对城镇非农业户口退伍军人和荣立二等功以上农村退伍军人以及三等甲级以上伤残军人的工作安排,一边动员用人单位接收安置,一边做好不愿安置到企业单位的退伍军人的思想说服工作,每年春节前安置完毕。对农村退伍军人,复退安置办认真掌握其思想动向做工作,鼓励他们安心农村,勤劳致富。县人民政府制定了招工、招干时复退军人推荐优先、聘用优先的政策,激励农村复退军人扎实工作,成为骨干。1991—1998 年,全县安置就业复退军人中城镇非农业户口复退军人占 28.23%、农业户口复退军人占 71.77%。

1998 年 12 月,永福县贯彻实施《中华人民共和国兵役法》,加大了对复退军人的工作安置力度。但由于城镇企事业单位体制的改革,使复退军人的安排就业工作压力进一步增大。根据广西壮族自治区《退伍义务兵安置实施细则》,永福县对符合安排工作条件的退伍义务兵、转业志愿兵实行按系统分配、包干安置的办法安置,安置对象可以自主择业,双向选择,逐步形成多渠道、多路子的复退军人安置模式。1999 年开始试行复退军人自谋职业的安置办法,县人民政府对自主择业符合安排工作条件的复退军人制定了三项优惠政策:一次性补偿安置费 5000 元(以两年服役期为基数,每超期服役一年增加 1000 元);从事个体经商者,除国家规定上缴的税费外,属于本县收取的税费 3 年内免收(征);允许待岗择业,3 年内就业条件成熟的,县安置办可为其办理安置手续。当年,10 名复退军人安置对象签订《自谋职业合同书》,占全县复退军人安置对象的 33.33%。1999—2005 年,全县安置就业复退军人中,城镇非农业人口复退军人占 20.64%、农村户口复退军人占 79.36%。

第三节 民 兵

组织建设

1991 年,永福县的民兵整顿、调整、培训(简称整组)工作贯彻"控制数量,提高质量,抓好重点,打好基础"的方针和 1991 年施行的《民兵工作条例》,重点抓好基干民兵和"三支队伍"(即县民兵机动分队、乡镇护林防火分队、村治安巡逻分队)建设"三落实"(即组织落实、政治落实、军事落实)。

1992 年,继续搞好民兵整组,开展基层民兵组织建设"达标"活动。开展调查摸底和民兵政治审查,做好出入转队吸收新民兵工作,挑选年轻、身体好、政治条件合格的青年编入基干民兵。在基干民兵中,择优组编县、乡、村民兵机动分队。

1995 年,突出抓以应急机动分队为重点的民兵预备役基层组织建设。按照"三分编""两控编"(即外出人员与在家人员分编、农村民兵与乡镇企业民兵分编、专业分队与基干民兵分编;面临倒闭亏损的企业民兵控编、年龄大身体弱的入队民兵控编)及便于领导、便于活动、便于执行任务的要求整顿基层民兵组织,经全面检查验收,民兵组织和基本设施达标率 96.90%。

1998 年,在对全县民兵组织现状进行调查摸底的基础上,本着"有利于提高质量,有利于执行任务,有利于开展活动,有利于平衡负担”的原则,以村(居)委会编民兵营(连),3 人以上基干民兵编班,不够编班的零散基干民兵编入普通民兵管理,外出务工民兵单独造册,偏远的村屯不保留基干民兵,减少普通民兵,在县直机关、经贸局、商业总公司等单位组建基干民兵队伍。全县统一制定民兵组织整顿制度、民兵干部会议制度、民兵活动制度、政治教育制度、军事训练制度、基干民兵外出管理等六项制度。县、乡镇、村三级建立了民兵组织档案资料,具有“五表一卡四册”(即民兵预备役工作一览表、民兵组织实力统计表、民兵组织实力统计附表、退伍军人预备役统计表、基本情况和动员潜力调查统计表;退伍军人预备役登记卡;专职武装干部花名册、民兵应急分队花名册、预征对象花名册、地方与军事专业对口技术人员预备役登记花名册)。

1999 年,全县 97 个村(居委会)的民兵营都有办公室和青年民兵之家。全县投入基层人民武装部和村民兵营建设的资金达 30 多万元。经桂林市人民政府、桂林警备区联合检查验收,百寿镇、罗锦镇、永福镇、苏桥镇、桃城乡等 5 个人武部被评为全市先进达标基层人武部,东岸村、尚水村、中洲村、盘洞村、湾里村等 5 个民兵营被评为全市先进达标民兵营。

2000—2005 年,全县民兵组织整顿工作以围绕发展和稳定大局,深化改革,以民兵“三落实”和“召之即来,来之能战”为标准,以适应反侵略战争和改革开放,发展社会主义市场经济的需要。按照“规模适当,种类齐全,可靠管用”的原则,健全建强民兵“三种力量”(即参战支前力量、应急维稳力量、参加经济建设力量),提高民兵快速动员、参战动员和执行任务的能力,深化民兵基层组织调整改革,重点组建好基干民兵和专业技术分队、民兵应急分队,挑选政治思想好、身体好、文化素质高、专业技术精的优秀青年加入民兵队伍。经上级检查验收,乡镇、村基干民兵组织均达到优化结构标准。其间,全县民兵总人数中基干民兵保持在民兵总人数的 8% 左右。

政治教育

1991—1993 年,永福县民兵预备役部队政治教育以“培养有理想、有道德、有文化、有纪律”的新型民兵和合格后备兵员为目标,以总政群工部编发的《国防知识教材》《民兵政治教育读本》为基本教材,进行以爱国主义为核心的国防教育。1993 年基干民兵季课教育面达 90%。在教育活动中创先进基层人民武装部 4 个、先进民兵营 23 个。

1994—1996 年,各基层人民武装部对民兵干部的教育采取以会代训的方法,培训民兵营、连长和基干民兵排长共 500 多人。基干民兵的季课教育,利用整组、征兵和农闲以及重大节日进行,每年印教材 3000 多份发到民兵手中,教育面 91%。普通民兵教育年均达到 2 次以上,教育面 80%。

1997—2000 年,全县民兵政治教育以学习邓小平理论、党的基本路线和方针政策、人民战争思想、形势战备、民兵性质任务、民兵光荣传统和法制纪律为基本内容。教育的重点是民兵干部骨干和基干民兵。全县每年编印教材 5000 多份。各乡镇分别利用整组、征兵训练、“八一”建军节等时机集中上课。基干民兵教育开课率 100%,到课率 80%,完成 16 个课时;普通民兵教育开课率 90%,到课率 70%。

2001—2005 年,随着民兵工作不断改革深化,永福县把民兵政治教育纳入国防教育之中,开展形式多样化,以适应民兵流动大、集中授课难、时间难落实的状况。全县运用墙报、宣传栏、开设广播讲座、电视讲话、组织演讲竞赛和刊授教育等多种形式,在广大民兵中开展学习、践行“三个代表”重要思想和中共中央总书记江泽民关于国防和军队建设思想,按照“政治合格”的要求,以爱国主义为核心,抓好民兵政治教育。其间,全县共办墙报(专栏)396 期、广播电视讲话 28 期(次),发放教材刊物 7000 多份。

军事训练

1991—1996 年,永福县的民兵军事训练包括民兵干部培训、步兵分队、专业技术分队(含地方与军事对口专业分队）培训，以基干民兵为重点。根据总参谋部民兵军事训练调整改革的精神，在"缩小范围、减少人数、缩短周期、精简内容、突出重点、提高质量"的思想指导下，明确民兵军事训练改革的核心是减少训练任务，精减训练内容，减轻群众负担，主动为生产让路，为经济建设服务。训练对象由原来以步兵分队为主转为以民兵干部和技术兵为主；训练内容由原来基础训练为主转为以技术应用训练为主；训练周期由原来的四年、二年改为年度训练；训练形式由原来的乡镇分散训练改为集中到县训练基地训练。6 年间，全县民兵军事训练任务人数每年为 220 人次，训练时间约 20~22 天，其中政治教育 2 天。共实训基干民兵 1460 人次，其中女民兵 113 人次，占 8.52%；步兵 700 人次，占 47.95%；专业技术分队 760 人次，占 52.05%。训练合格率步兵为 98.10%；专业技术分队为 100%。培训民兵干部 131 人次，其中民兵营长 91 人次、专职武装干部 40 人次。训练民兵应急分队 174 人次。

1997—1998 年，全县民兵军事训练，重点是民兵应急分队、专业技术分队和民兵干部。两年培训专职武装干部 16 人次，时间共 14 天，主要进行 12.70 高机侦察专业和步兵教学法培训；培训基干民兵 552 人次，其中步兵 290 人次（含应急分队 100 人次）、专业技术分队 262 人次。参训女民兵 54 人次。训练时间 15 天，其中政治教育 2 天。步兵进行队列、射击、投弹、捕俘拳、防汛抢险和灭火训练。技术分队以应用训练为主。

1999—2000 年，全县分两批培训基干民兵干部 135 人次，进行队列、战术、轻武器练习射击、本级指挥和教学法训练；培训基干民兵 564 人次，其中民兵应急分队 150 人次、专业分队和步兵 414 人次。民兵应急分队训练 16 天，进行队列、轻武器操作、战术、警棍、盾牌术等训练。

2001—2005 年，永福县民兵军事训练以民兵工作军事"落实"为目标，以适应反侵略战争的需要，以"打得赢"为出发点和落脚点。2001 年，完成基干民兵训练 282 人次，其中民兵应急分队 150 人次、专业分队 114 人次、步兵 18 人次。训练时间 20 天，考核合格率 100%；训练与军事对口专业的医疗卫生、邮电通信、汽车运输人员 26 人次，训练时间 2 天。2005 年，重点训练民兵应急分队和专业对口分队，参训民兵 372 人次，训练时间 15 天。经考核，训练综合成绩达到良好以上。

第四节　国防动员和国防教育

交通战备动员

1991—1998 年，县交通战备办重点保障桂林—泗顶公路永福境内路段、桥梁。同时组织力量保障桂柳高速公路永福境内路段、桥梁，永福至两江公路境内路段桥梁，保障人员、物资及军需物资运输。

1999 年，县交通战备办牵头，联合相关部门组成县、乡公路抢险组、陆上运输组和水上抢险组，并开展训练活动。

2000—2003 年，县国防动员委员会交战办按照《广西壮族自治区实施〈国防交通条例〉办法》，建立和完善工作职责、会议制度、值班制度、情况通报制度和教育训练制度。重新调整交通战备部署，保障重点公路、桥梁、铁路和通信。增加良丰—永福公路县境内路段、桥梁，鹿寨—清水线县境内路段、桥梁，永福—堡里线公路、桥梁，永福—矮岭线公路、桥梁，英山—江岩线县境内路段、桥梁，干校—罗锦线公路、桥梁，牛河—龙江线公路、桥梁。铁路为湘桂线县境内路段、桥梁。通信中心设在永福县城凤城路永福县电信局。

2004 年 8 月，永福县召开交通战备工作会议，贯彻落实《民用运力国防动员条例》并修订《永福县交通战备重点目标保障方案》。2005 年 8 月，按照保障方案新组建永福县铁路抢修专业队伍、公路运输应急保障车队、水上交通保障分队、县乡公路抢修分队、桂海高速公路永福段应急保障分队和后勤保障组等专业保障队伍。2004 年和 2005 年，分别进行了交通战备实战演练。

国民经济动员

1991—1994年,永福县在落实各项战备工作中结合经济建设开展国民经济动员,发展生产,不断提高经济实力,加强战备。

1995年2月,成立永福县国防动员委员会国民经济动员办公室。办公室设在县计划委员会(后改为计划局、发展改革局),由计委主任兼任办公室主任。国民经济动员办公室成立后,立即开展初步的国民经济动员潜力调查。1995—2005年,国民经济动员办公室由县计划局配备2名工作人员兼职,按照职责制定全县国民经济动员计划和方案,进行重点工厂、企业和民用设施备战时民转军的研究,本着平战结合的原则,积极做好人力、物力、财力资源和技术的开发及储备。

人防战备动员

1969年,永福县人民防空委员会成立,与县战备领导小组一套人马,下设办公室与战备办公室合署办公。当时的人民防空主要以反空降为主。20世纪80年代后,反空降人防战备不再进行。

1996年,县人民防空工作由县人民防空指挥部负责,地点设在县人武部军事科;对县城及各乡镇所在地及大村屯的防空疏散路线、疏散区域及疏散指挥队伍作了调整。1999年5月,根据桂林市防空袭预案的要求,县人武部制定全县防空突袭预案,作为平时人防战备建设和战时组织人民防空斗争的依据。同时,调整县人民防空指挥部,负责统一指挥防空警报发布、人员疏散方案、维护社会治安、保护重点目标安全、组织专业队伍和人民群众消除空中突袭效果等。并重新制定《永福县人民防空方案》。2004年恢复成立县人民防空办公室。县人民防空办公室既是永福县国防动员委员会的一个二层机构,又是县人民政府的一个正科级行政职能部门,主要职责是负责全县人民防空工作及防空工程建设设施维护和管理等。县人民防空办公室在县城建局挂牌。配备干部2人。县人民防空办加强人民防空知识宣传,增强人民群众防空意识。2004—2005年,每年的民兵训练中安排人民防空科目,进行演练。同时,对全县中学生进行人防战备知识教育和必要的训练。2005年,县人民防空办完善防空方案和对策,重新调整划分县城疏散地域和指定进出路线,落实防空警报等。

兵员动员

动员服现役　20世纪90年代,永福县有大批适龄青年外出务工,导致部分乡镇适龄青年应征报名率一度有所下降。针对这种新情况,县、乡镇人民政府及人民武装部在开展普遍宣传动员的同时,实行领导分片包干,动员适龄青年回乡报名应征,确保应征报名率的稳定。

1991年,动员预征重点对象报名应征,为当年兵役登记人数的28.89%。

1992—1995年,动员预征重点对象报名应征,为当期兵役登记人数的27.61%。

1996—2000年,动员预征重点对象报名应征,为当期兵役登记人数的37.11%。

进入21世纪初,永福县根据新时期兵员质量不断提高的要求,县、乡、村三级党政机构,实行层层动员责任制,加大征兵动员力度,突出宣传贯彻《中华人民共和国国防法》《中华人民共和国兵役法》《中华人民共和国国防教育法》和《征兵工作条例》等法律法规,教育适龄青年依法服兵役。同时逐步提高军人家属优抚标准,使军人家属生活不低于当地群众的生活水平,增强征兵工作吸引力,提高兵员质量。2001—2005年,动员预征重点对象报名应征,为当期兵役登记人数的28.31%。

动员服预备役　1991—1995年,永福县根据民兵工作与战时兵员动员准备工作相结合、民兵制度与预备役制度相结合的原则,在每年的民兵整组、兵役登记确定预征对象和退伍军人预备役核对工作中,广泛进行宣传教育,动员符合兵役条件的公民服预备役,将18岁至35岁符合兵役条件的男性公民,除应征服现役外,编入民兵预备役组织;退出现役的复退军人符合预备条件的,进行核对登记服预备役。

1996年贯彻实施新颁布的《中华人民共和国预备役军官法》和落实中央军委《关于评定授予预备役军官军衔的指示》,上级军事机关授予永福县6名预备役军官军衔,其中上校1名、少校1名、上尉、中尉各2名。其他年度没有预备役军官获授衔。

国防教育

1989年,成立永福县国防教育领导小组,把国防教育纳入全民教育计划,以全体公民为对象,结合精神文明建设抓好国防教育。重点抓好各级领导干部的国防教育,要求领导干部重视国防教育,摆正位置,齐抓共管。每年组织县乡党政干部过军事日活动。1992年全县正科级领导干部参加"6·19"纪念毛泽东发表"民兵工作三落实"指示30周年活动。1996年,县人民武装委员会成员、人武部干部及民兵参加《广西武装》举办的国防知识竞赛;县乡两级学校上国防教育课53课时,听课师生达1.10万多人。1997—1998年,参加国防教育各项活动的民兵和各级学校师生达1.30万多人。1998—2000年,参加过军事日的县四家班子成员50多人。同时在城镇党政机关及企事业单位干部职工、民兵预备役人员、学校师生中开展"不忘国耻,居安思危"为主题的各种国防教育活动。2001—2005年,每年结合征兵、民兵整组、军事训练、重大节日等,开展以适龄青年、民兵预备役人员、学校师生、机关企事业职工为重点对象的国防教育,教育面均达80%以上。

学校国防教育 1991—1994年,永福县各中小学每年组织师生前往县内国防教育基地,开展国防及爱国主义教育活动。

1995年,全县中小学认真落实国家教委颁发的《小学、初中国防教育纲要(试行)》和《学校国防教育常识》的规定,始在高级中学(含职业高中)设立国防教育课,每学期不少于4个课时;初级中学和小学则结合有关课程和课外活动进行国防教育。在教育中抓好三支队伍建设,包括:一是由校长、班主任组成德育教学队伍,主要通过学校各种会议和班级工作进行爱国主义教育和国防意识培养;二是由教导主任、教研组长、语文、数学、物理、化学、思想品德、自然、音乐、体育、美术等学科教师组成学科教学队伍,结合学科教学直接对学生进行国防知识教育;三是学校党支部书记、少先队辅导员、军训教员组成辅导员队伍,通过丰富的活动和学生军训,开展国防知识和军事技能教育。1996年,县、乡镇人武部派出人员先后到学校上国防教育课53个课时,听课师生1.10万多人。1997年,县人武部在县职业中学、县教师进修学校进行国防知识测验,参加测验251人,及格率达90%。1998—2005年,县、乡镇人武部和驻军、武警部队每年均派出教员到驻地学校上国防教育课或开展国防教育活动。

学生军事训练 20世纪60年代,永福县开始学生军训。当时在永福中学进行军事队列训练和军事体育训练,训练时间为2~3课时。

至90年代初期,学生军训仍未形成制度,时断时续。

1995年起,按照《永福县全民国防教育实施方案》,全县高中、初中学校每年新生入学时,首先进行一周的军事训练,县、乡人武部和武警中队派出人员到各中学指导学生军训。据统计,1995年,参加军训学生3300余人。

1996年,县职业中学、永福县教师进修学校和永福中学聘请人武部现役军官担任军训教员,向阳小学、永福二中、职中聘请驻军和县武警中队的官兵为校外辅导员和军训教员。1998—1999年学年度参加军训学生2100多人。2000—2001学年度,县、乡镇人武部在全县18所中学开展军训,参加军训中学生近4000人。2003—2005年学年度,共有3800余名中学生参加年度军事训练。

国防教育基地建设

永福县国防教育基地,有林村血泪洞和革命烈士陵园(墓塔)等6处,分布在罗锦、百寿、广福、堡里、三皇、永安等6个乡镇境内。从1951年开始修建百寿烈士陵园,以后相继修建5座烈士墓(塔)。1985年,县人民政府拨出专款3.47万元。1991—2002年,县人民政府相继拨款4.49万元,逐年加强烈士陵园(墓塔)的维修管理。

林村血泪岩　位于罗锦镇林村村委会附近鳌峰山腰,原名林村下岩。1944年11月,日本侵略军用烟火熏死躲藏于岩洞内的群众79人。至今,岩洞深处仍残留着被日军熏死群众的遗骨。

永福县解放后,从60年代起,相继组织学校师生、机关职工和人民群众到洞内进行现场参观教育。请从洞内死里逃生的林肇祯、林你水等人讲述当年日军的罪行。

1983年,县人民政府将此岩列为县级重点文物保护单位。2001年,拨款修建碑文,列为爱国主义教育基地。

百寿烈士陵园　位于永福县百寿镇南郊教场岭,面积5272.88平方米,是永福境内规模最大的烈士陵园。1951年5月30日建成,烈士纪念塔高5.30米,正面刻有"中国人民解放军步兵四四零团剿匪烈士纪念碑",周围刻有碑文及在剿匪战斗中牺牲的81位解放军烈士的英名。百寿烈士陵园建成的当日,百寿县军民4000多人在烈士纪念碑前举行追悼大会,悼念剿匪战斗中牺牲的81位解放军烈士。以后每逢清明节,当地人民政府均组织学校师生、机关员工前往祭扫烈士墓,开展国防教育和革命传统教育活动。1991年以后,永福县委、县人民政府经常组织机关干部职工前往陵园开展国防教育活动;南五区的学校亦时常组织师生前往陵园开展国防教育和革命传统教育活动。当地老百姓自发前往扫墓,祭奠烈士英灵;民兵、共青团有时也在烈士陵园(墓、塔)组织学习革命先烈的活动。1997—2001年,全县到烈士陵园(墓、塔)参加国防教育活动的学校师生、机关员工、民兵青年和共青团员共达3万多人。2002年4月,百寿镇组织机关厂矿员工和师生3000余人到烈士陵园扫墓,县人武部领导作了"继承革命先烈光荣传统"的讲课。2004年5月,县人武部结合干部自律教育,组织全体干部到百寿烈士陵园瞻仰烈士墓,请参加过剿匪的老前辈讲战斗故事,学习先烈的献身精神,重温入党誓词,坚定为国防作贡献的信念。平时,人民群众及游客自觉前往烈士陵园瞻仰。

堡里革命烈士墓　位于堡里街西南面飞龙桥西头,初建于1966年3月,将散葬的11名剿匪烈士安葬于此。1986年,县、乡人民政府重修为混凝土结构的圆形墓,墓碑刻有碑文及烈士简介。

三皇烈士纪念碑　位于三皇乡三皇街西面约300米的马鞍山腰,1968年建成,安葬着6位革命烈士。1992年,县、乡人民政府重新修建,高3.50米,占地270平方米。

永安烈士墓　位于永安乡永安小学东面山坡,修建于1977年,碑塔高3.50米,占地100多平方米。

广福革命烈士纪念碑　坐落在广福乡鸡石街南端花果山,1986年10月建成,占地200平方米,纪念碑刻有10位革命烈士的生平简介。

罗锦革命烈士纪念碑　位于罗锦镇南郊月山北侧,1988年3月修建,占地200多平方米,上碑刻有"革命烈士永垂不朽",下碑刻有在解放战争、抗美援朝和剿匪斗争中牺牲的11名革命烈士英名。

第五节　拥政爱民

支援地方经济建设

1991年,永福县人武部除搞好本部业务工作外,抽调部分人力、物力支援县委、县人民政府的各项中心工作,积极参加地方经济建设。当年县人武部带领各乡镇人武部干部组织 6 个乡镇的民兵参加兴修板峡水库西干渠广福段,完成土方 12.20 万立方米,长 34 千米的渠道建设。

1993 年,县人武部发出《关于成建制地组织民兵消灭宜山荒山战斗的决定》。县人武部部长带领县、乡镇人武部干部,从堡里、广福、苏桥、罗锦、龙江、百寿等乡镇成建制地抽调 900 多名民兵集中到百寿镇进行造林灭荒大会战,奋战 10 天,植树造林 266.67 公顷。

1995 年,参与县委、县政府实施的"十万农民上项目"工程,人武部党委印发《发动民兵"上项目"的决定》,组织民兵开展"上项目"工作,使 3000 多个民兵家庭建有经济收入新项目,逐步走上富裕之路。

1996 年,县人武部成立了拥政爱民领导小组,下设办公室负责日常工作,主动向县委、县政府请示报告工作,积极参与地方经济工作,组织民兵完成急、难、险、重任务。

1997 年县人武部组织带领 15 个民兵连参加全县公路建设大决战,投工 1.80 万多个,按期完成公路建设工程。还与县教师进修学校签订了《军民共建公约》,与县委宣传部、公安局、卫生局、永福中学、职业中学等 30 多个单位建立友好合作关系,每逢重大节日开展军民联欢,过军事日活动,密切军政、军民关系,加强军政军民团结。

1998—2001 年,县人武部干部职工个人捐款 1.31 万元,单位捐资 3 万元,支持永福地方经济建设。

2002 年,人武部单位及干部职工个人捐资 2 万元支持永福县修建永福至兴隆公路(简称永兴公路)。

2003—2005 年,县人武部参加兴修水利、搞农村田园化改造、修建乡村公路和苏桥工业园区基础建设等,共投入 800 多个工日,支援车辆 67 辆次。2005 年 6 月中旬,洪水围困了县业余体校学生,人武部干部职工及时赶到现场,用竹排将 33 名学生解救到安全地带。

扶贫帮困

1991—1996 年,永福县人武部和乡镇人武部先后派出干部 39 人参与定点扶贫工作,建立联系点、挂钩点、示范点 23 个;举办科技文化讲座、培训班 160 多期;组织民兵 67 个连共 15 万人次,开展扶贫攻坚,使 1.40 万多名专职武装干部、民兵干部和民兵艰苦奋斗改变贫困面貌,继而带动 5000 多户贫困家庭脱贫;帮助特困户建房 98 间;参加开发种植、养殖业的民兵 60 多人,服务业(即汽车、摩托车、单车修理等)340 多人,加工、建筑业 700 余人,兴办集体企业 150 多人,参与公益事业 1.30 万多人,开发种植荒山 1900 多人。

1997 年,县人武部建立三皇乡江头村扶贫联系点,帮助该村筹款 2 万元建设集体山羊养殖场。1998 年,该养羊场纯收入 1.90 万元,初步改变了江头村无集体经济收入的状况。县人武部还多方筹措资金 30 多万元,给江头村 5 个自然屯解决生活用电;修建 2 个饮水工程,使 1100 多名群众喝上安全、放心水;开展科技和信息扶贫,动员群众发展适销农副产品,该村农民人均收入由 1994 年的 400 元,提高到 1998 年的 2100 元。

1998 年,县人武部 3 名部领导每人资助江头村一名特困家庭的小学生重返校园学习。至 2002 年,部领导换了三任,但每年资助 3 名小学生学习的活动从未间断。

1999—2002 年,县人武部捐资助学 1.80 万多元(含捐物折款),捐款救灾 3.80 万多元,捐衣物、物品 346 件,扶贫帮困 1.50 万元。

2003 年,县人武部捐资 2000 元,为三皇乡江头村委会购置办公桌椅和吊扇;还给村民赠送化肥等。

2004—2005 年,县人武部帮扶资金 4000 多元,帮扶三皇乡江头村 7 户特困或贫困群众发展生产和改善生活。

第十六篇

编制　人事劳动和社会保障

2001年5月，百寿镇开展社会养老保险收缴登记工作

张桂发　摄

第一章　编　　制

1991年以后,永福县的机构编制工作在改革中不断完善,在几次机构改革中,按照上级党委下达的机构设置和人员编制的指标和名额,安排全县县直党政机关、各乡镇党政机关和县乡事业单位的机构编制,对机构和人员进行管理,机构设置和人员总数基本控制在指标范围内。1991年,全县共有行政机构68个(县直58个、乡镇10个),行政编制1229名(县直830名、乡镇398名),行政在职人员1216人(县直833人、乡镇383人);全县有事业机构272个(县直119个、乡镇153个),事业编制4524名(县直1753名、乡镇2771名),事业在职人员4819人(县直2097人、乡镇2722人)。

1996—1997年,全县进行党政机构改革,县级行政机构精简为30个;乡镇10个党政机关不变。2001—2002年,全县再次进行党政机构改革,县级行政机构调整为47个;乡镇10个党政机构不变;乡镇事业机构同步进行改革,设置乡镇站所84个。2004年再次进行政府机构改革,范围仅限于县政府序列机构。截至2005年年底,全县行政机构59个(县直50个、乡镇9个),行政编制1033名(县直764名、乡镇269名);事业机构355个(县直131个、乡镇224个),事业编制4136名(县直1805名、乡镇2331名),事业在职人员4742人(县直2201人、乡镇2541人)。

第一节　机　　构

县机构编制委员会

1987年2月,成立永福县机构编制委员会(简称县编委),县编委主任由县长担任,副主任由县委分管党群的副书记和常务副县长担任,成员由县委组织部部长、县编委办主任、县人事局局长、县财政局局长组成,至2005年不变。

县机构编制委员会办公室

1987年2月,成立永福县机构编制委员会办公室(简称县编办)。1991年,县编办为县人民政府工作部门(不计机构数),专门负责县内机构和人员编制管理。是年,县编办为正科级行政机构,编制2名,在职2人。办公地址在县政府大院内。1996年7月,县编办更名为县机构编制委员会办公室(简称县编委办),仍隶属于县政府,编制3名,在职3人。2005年县编委办为正科级行政机构,编制仍保持3名,在职3人。办公地址不变。

1991—2005年,历任县编委办(含县编办)主任有:廖爱媛(1990年11月—1994年3月)、刘菊英(1994年3月—2005年12月)。

县机构编制委员会办公室下属单位

1994年12月,成立县事业单位管理所。2000年11月,更名为县事业单位登记管理局(简称县事业登记局),为机构编制委员会办公室下辖事业单位,事业编制2名,在职1人。2005年在职1人。

第二节　行政事业机构管理

机构设置

　　1987年以前,县委、县人大常委会、县政协、人民团体的机构设置由县委审定,并以县委或县委办公室的名义行文设置与变更;县政府序列的机构由县政府审定,并以县政府或县政府办公室的名义行文设置与变更。1987年,则由县委、县政府审定,统一由县编委一家行文设置与变更。

　　机构设置办理程序为:由业务主管部门写出设立机构的专题请示,并附依据材料交县编制部门根据管理权限上报审批,经批准设立的机构,由编制部门以县编委的名义行文下发;不同意设立的机构,则由编制部门向申请部门反馈审批意见。机构变更办理程序相同。

　　1991年,全县有正科级行政机构68个,其中县直58个(含县委、县政府、县人大常委会、县政协、县群团、县法院、县检察院机构,下同),乡镇10个;有正科级事业单位8个(含上级垂直领导机构,下同),副科级事业单位2个。1996年7月党政机构改革后,全县有正科级行政机构40个(县直30个、乡镇10个);正科级事业单位23个,副科级事业单位2个。2001年12月,再次进行党政机构改革,改革后全县有正科级行政机构57个(县直47个、乡镇10个),事业单位改革同步进行。2005年全县有正科级行政机构59个(县直50个、乡镇9个);正科级事业单位11个,副科级事业单位2个。

　　1996年7月,全县按照政企分开,理顺关系,明确职责,精简、统一、效能的原则,从实际出发、因地制宜,进行党政机构改革,1997年12月完成。县委原有工作机构12个,改革后设置6个。县编委办和县直属机关党委列为县委序列,不作为县委工作机构数。县政府原有工作机构47个,改革后设置工作机构24个。设议事协调机构的办事机构4个(不计入机构限额),改为挂牌机构16个。改革后行政单位改为事业单位机构14个,改为经济实体的机构1个。县级党政群机关原有行政编制586名,含地方编制90名(不含政法系统编制),实有在职人员612人。改革后核定行政编制为442名,减少144名,需精简行政在职人员170人。县政法系统(不含交警和消防)原有专项行政编制272名,实有在职人员261人,改革后核定行政编制280名,实有在职行政人员268人。乡镇机构改革与县级机构改革同步进行,全县保留10个乡镇党委、乡镇政府不变。乡镇党委、乡镇政府设综合办事机构5个,10个乡镇共设办事机构50个(不定级别)。10个乡镇原有行政编制398名,实有在职人员370人;改革后安排行政编制330名,比原有编制减少68名,需精简在职人员40人。

　　2001年12月,全县按照自治区和桂林市的部署,再次进行党政机构改革。2002年3月,基本完成机构调整,但是人员分流较多,逐年安置。这次机构改革,将直属机关工作委员会由县委直属机构改为县委工作机构,机构编制委员会办公室仍为县委序列的议事协调机构的办事机构(不计机构个数)。纪律检查委员会机关仍为县委序列机构,不计入县委机构个数。县人民政府在这次机构改革中,工作部门由原来的22个精简为20个,同时将县审计局、县环保局作为上级派出机构设置,不占县政府机构个数。乡镇机构改革同时进行。乡镇党委、乡镇政府综合办事机构由5个减为3个。乡镇事业机构改革同步进行,每个乡镇设8至9个事业机构。改革后共设置乡镇站所84个。改革前,县级党政机关原有行政编制478名、政法专项行政编制291名。改革后,上级核定,县级机关行政编制406名(行政编制369名、工勤编制37名),政法专项编制281名。领导职数的精简:改革前县直机关有领导人员198人,改革后核定领导人员职数为154名,减少44名;乡镇机关原有领导人员90人,改革后核定领导人员90名,相抵持平。乡镇机关改革前有行政编制340名。改革后核定为285名(行政编制271名、工勤编制14名)。乡镇事业单位(不含

中小学、卫生院）一律按大乡镇 9 个事业机构,中等乡镇 8 个事业机构设置。乡镇事业单位原有事业编制 710 名,改革后核定为 382 名。

事业单位法人登记

1998 年 10 月,国务院颁发《事业单位登记管理暂行条例》,每年开展事业单位法人登记。经过法人登记的事业单位,具有了独立的法人资格从事社会管理及各项活动。1998—1999 年,由自治区统一登记（即由自治区编办统一印制表格和证书）。2000 年改为全国统一登记（由中央编办制发各种表格及证书）。2000 年,永福县共有事业单位 376 个,符合法人登记条件的事业单位 315 个,完成登记的 315 个,登记率 100%。事业单位法人登记按性质、功能、经营范围等划分为九大类别,即教育、卫生、科研、文化体育、农林水、勘探设计交通气象环保、经济技术监督与信息咨询中介、城市公用社会福利、其他。按其经费来源划分为财政全额拨款、财政差额拨款和自收自支等三大类别。按《事业单位登记管理暂行条例》有关规定,每年 1 月至 3 月为事业单位法人登记年度检验时间。自从 2000 年实行全国统一登记以后,至 2005 年,全县事业单位法人登记年度检验均完成任务的 100%。

2005 年 5 月,实行中央机构编制委员会办公室《事业单位登记管理暂行条例实施细则》。永福县共有事业单位 355 个,符合法人登记条件并已进行登记的事业单位 284 个,登记率达 100%。

第三节　人员编制管理

编制审核

统一审核　永福县编制部门根据机构和人员变化情况,每隔几年要对全县行政事业机构的人员编制进行一次统一审核,或在机构改革时进行统一审核。1987 年年初成立县编办以来,至 2005 年,全县共进行过 4 次统一审核,时间为 1988 年 8 月、1992 年 12 月、1996 年 12 月、2001 年 12 月。

年度审核　1991—2005 年,为严格控制公费医疗的经费开支,县委、县政府决定,县公费医疗办公室（简称公医办）需凭县编制部门审核的人员编制花名册办理城镇干部职工的公费医疗年度审核手续。

财政部门凭机构编制部门审核花名册和人员异动通知书拨付经费。未经审核和没有人员异动通知书的单位及人员,不得拨付财政经费。

编制办理

永福县内办理人员编制异动手续,不同情况有不同依据。大致可分为 6 种:①国家统一分配的大中专毕业生。1997 年以前,由县教育部门提供的县大中专毕业生分配领导小组审定的分配方案,县编制部门凭分配方案所列的人员名单办理编制手续。1997 年停止分配后改为招聘制,按招聘名单办理编制手续。②军转干部安置。由县民政部门提供的县军转干部安置领导小组审定的安置方案,县编制部门凭安置方案所列名单办理编制手续。③招工招干（招聘录用）。由县组织、人事、劳动（人劳社保）部门报送录用名册给编制部门办理编制手续。1997 年停止招工招干后,改为招聘制,按招聘名单办理编制手续。④全县统一任命或调整人员。凭县委、县政府的调整任命文件办理编制异动手续。⑤日常人事变动。从 1997 年起由县人事领导小组（简称"七人"小组）审批,凭领导小组《会议纪要》审定的名单办理编制异动手续。⑥部门（乡镇）系统内的人员调整。在不改变财政与事业编制性质的情况下,凭部门（乡镇）报送的调整人员名单办理编制异动手续。至 2005 年不变。

编制统计

编制统计分年报和月报。2000 年以前进行手工统计上报,2001—2005 年实行网上统计。1991 年,全县人员总编制 5762 名,在职 5977 人。其中,行政编制 1148 名,机关自定事业编制 81 名,在职 1158 人;事业编制 4524 名,在职 4819 人(含中小学及乡镇卫生院,下同)。1999 年,全县人员总编制 5489 名,在职 6491 人。其中,行政编制 1054 名,在职 1129 人;事业编制 4435 名,在职 5362 人。2005 年,全县人员总编制 5169 名,在职 5732 人。其中,行政编制 1033 名,在职 990 人;事业编制 4136 名,在职 4742 人。

第四节　行政机关和事业单位改革

永福县编办负责全县党政机构与事业单位的调整与改革事项。1991—2005 年,永福县经历了 1996 年 7 月和 2001 年 12 月两次党政机构与事业单位改革。

县委工作机构和直属事业单位改革

1991 年,中共永福县委有工作部门 14 个,即县委办、组织部、宣传部、统战部、纪律检查委员会、县直机关党委、政法委、老干部局、对台办、保密局、政策研究室、机要局、信访办、人民武装部。有直属事业单位 2 个,即县委党校、县委党史办。

1993 年 5 月,县纪律检查委员会与县监察局合署办公。

1996 年 4 月,永福县人民武装部收归军队建制。

1996 年 7 月,进行县委工作机构改革。按照永福县党政机构改革方案,将县委 12 个工作机构调整为 6 个,精简 50%。改革后的县委工作机构为:县委办(挂机要局、信访局、保密办牌子)、组织部(挂老干部局、直属机关党委牌子)、纪律检查委员会(与监察局合署)、宣传部、统战部(挂侨办、民族事务局牌子,对台办设在统战部、宗教办放在统战部管理)、政法委(挂社会治安综合治理办公室牌子)。县编委办和县直属机关党委列为县委序列,不作为县委工作机构数。

2001 年 12 月,县委工作机构改革,县委党史办与县志办合并,称党史县志办。改革后的党史县志办分属县委和县人民政府直属事业单位。县纪律检查委员会(与县监察局合署办公)单列;县直属机关工委改为县委工作机构。

2005 年,县委设工作机构 6 个(县委办、组织部、宣传部、统战部、政法委、直属机关工委)和纪检检查机关。直属事业单位 2 个(县党史县志办和县委党校)。

县人民政府工作机构和直属事业单位改革

县人民政府工作机构改革　1991 年,永福县人民政府有工作机构 63 个,即办公室、行政管理科、监察局、编制委员会办公室、人事局、审计局、计划委员会、科学技术委员会、城乡建设委员会、老龄工作委员会、经济体制改革委员会、台湾工作办公室、侨务办公室、民族事务委员会、统计局、土地局、民政局、县志办公室、档案局、对外经济贸易局、人民银行、财贸金融委员会、财政局、税务局、工商行政管理局、商业局、粮食局、供销社、烟草局、农业委员会、农业局、林业局、水电局、农机局、特产局、畜牧水产局、气象局、农业区划办、经济委员会、工业局、交通局、供电局、乡镇企业委员会、矿产资源管理局、轻工局、标准计量局、糖业办公室、职工教育办公室、物价局、劳动局、物资局、对外经济技术协作办公室、计划生育委员会、体育运动委员会、教育委员会、文化局、卫生局、广播电视局、公安局、公安交警大队、司法局、处理纠纷办公室。

1996年7月，按照永福县党政机构改革方案，进行县人民政府工作机构改革。撤销县法制办，其职能转到县政府办公室；撤销县行政管理科，其职能转到县政府办公室；撤销县计委、物价局，组建县计划局，在计划局挂县物价局牌子；撤销县糖办，其职能转到县农业局。县农委改为农业领导小组办公室，为议事协调机构的办事机构；县国有资产管理局仍在县财政局挂牌；县经委改为县经济贸易局；县教育委员会更名为县教育局，县计划生育委员会更名为县计生局，县城乡建设委员会更名为县建设局，县科技委员会更名为县科技局，县乡镇企业委员会更名为县乡镇企业局，县侨办在县委统战部挂牌；县民委改为县民族事务管理局，在县委统战部挂牌；县处纠办在县司法局挂牌；县环保办为议事协调机构的办事机构；县编制办为议事协调机构的办事机构。县经体委并入经济贸易局，在经贸局挂县经济体制改革办公室牌子。保留县土地管理局牌子，行使行政职能为事业系列；县特产局改为事业单位，称县水果生产办，赋予行政职能；县农机局改为事业单位，称农机管理处，赋予行政职能；县广电局改为事业单位，称县广电管理处，赋予行政职能；县技术监督局改为事业单位，称县技术监督管理处，赋予行政职能；县畜牧水产局改为事业单位，称县畜牧水产管理处，赋予行政职能；县老龄办改为事业单位，称县老龄工作管理处，赋予行政职能；县文化局改为事业单位，称县文化管理处，赋予行政职能；县体育委员会改为事业单位，称县体育事业管理处，赋予行政职能；县档案局与县档案馆合并称县档案馆，为事业单位，赋予行政职能；县二轻局改为县轻工总会，为事业单位，赋予全县轻工行业管理职能；县商业局成建制转为县商业总公司，为企业单位；县物资局已为经济实体（物资总公司），不再保留物资局的牌子；县医药公司挂县医药管理局牌子，实为企业，局牌子挂在县经济贸易局；县外经委已为经济实体（外贸总公司），不再保留外经贸委的牌子；县供电局已为经济实体（县供电总公司），不再保留供电局牌子。撤销县财委，其职能转到县经贸局；县经济合作局改为对外经济技术合作办公室，为事业单位。

1996年机构改革后，县人民政府的工作部门由47个精简为23个，精简51%。即办公室、计划局、经济贸易局、农业局、教育局、公安局、民政局、财政局、人事局、劳动局、卫生局、计划生育局、审计局、工商行政管理局、统计局、交通局、司法局、建设局、林业局、水利电力局、乡镇企业局、粮食局、科学技术局。

2001年12月，根据《永福县党政机构改革方案》进行县人民政府工作机构改革。调整的部门有：在县人事局和劳动局的基础上，组建县人事劳动社会保障局；在县土地管理局和县地质矿产局的基础上，组建县国土资源局；在县文化局和县体育局的基础上，组建县文化体育局（挂新闻出版局牌子）；县水电局更名为县水利局；县物价局并入县发展改革局，保留牌子；县安全生产监督管理局、乡镇企业局并入县经济贸易局，保留牌子；县经济合作办更名为县招商局，在县经济贸易局挂牌。不再保留的部门有：撤销县财贸金融领导小组办公室，其职能和人员划入县经济贸易局；撤销县体改办，其国有企业改革职能交县经贸局承担，城镇住房制度和小城镇改革试点工作交县建设局及其他相应部门承担；撤销县农村工作办公室、区划办公室，其职能划归县农业局；撤销老龄办、县地名办公室，其行政职能划归县民政局；撤销县国有资产管理局，其职能划归县财政局；撤销县糖办，其甘蔗种植职能划归县农业局；糖业生产规划职能划归县经贸局。其他部门的设置有：县国家税务局、县地方税务局、县工商行政管理局、县质量技术管理局、县药品监督管理局实行自治区以下垂直管理体制；县法制办、县调处办在县政府办公室挂牌；县民族事务局、县侨务办公室在县委统战部挂牌。县国民经济动员办公室在县发展计划局挂牌；县交通战备办在县交通局挂牌；县房产局、县人防办在县建设局挂牌。政事合一机构的调整有：机关事务局改为县机关后勤服务中心，暂保留局的牌子；县档案局和县档案馆维持局馆合一的体制；县农机局改为县农机管理中心；县粮食局改为县粮食管理中心；县畜牧管理局改为县畜牧水产管理中心；县水果办改为县水果管理中心。转为经济实体的单位有轻工总会，其行政职能划归县经贸局。

2001年12月机构改革后，县人民政府的工作部门由23个精简为22个，精简4.35%，即政府办公室、发展计划局、经济贸易局、教育局、公安局、监察局(不计机构数)、民政局、司法局、财政局、人事劳动社会保障局、国土资源局、建设局、交通局、农业局、文化体育局、卫生局、计划生育局、统计局、科技局、林业局、水利局、审计局、环境保护局、机构编制办(不计机构数)、扶贫开发办(不计机构数)。

2005年，县人民政府工作部门及数量不变。

县人民政府直属事业单位改革 1991年，县人民政府直属事业单位机构有4个，即县志办、职教办、区划办、交警队。

1996年7月，机构改革，县人民政府直属事业单位机构有18个，即县志办、职教办、区划办、交警队、水果生产办公室、农机管理处、广电事业管理处、技术监督管理处、畜牧水产事业管理处、老龄工作管理处、矿产资源管理处、文化事业管理处、体育事业管理处、档案馆、轻工总会、对外经济协作办公室、土地局、机关事务管理局。

1997年，增设县房产管理局，在县建设局挂牌，为县人民政府直属事业单位。

2000年，增设县旅游局、县残疾人联合会，为县人民政府直属事业单位。

2001年12月，机构改革，撤销县职教办、县柑橘办；不再保留农村工作办公室、县区划办、县老龄办、轻工总会；县机关事务管理局改为县机关后勤服务中心，暂保留局牌子；县农机管理处改为县农机管理中心；县畜牧水产管理处改为县畜牧水产管理中心，县水果办改为县水果管理中心。上述保留单位皆为县人民政府直属事业单位。

2005年年底，县人民政府直属事业单位机构有11个，即县党史县志办、县档案局、县残疾人联合会、县旅游局、县机关后勤服务中心、县广电事业管理处、县交警大队、县水果管理中心、县农机管理中心、县畜牧水产管理中心、县房产局。

乡镇机构改革

乡镇党政机构改革 1991年，永福县下辖10个乡镇，即永福镇、百寿镇、桃城乡、广福乡、堡里乡、罗锦乡、苏桥乡、龙江乡、三皇乡、永安乡。

1996年7月，乡镇机构改革与县级机构改革同步进行。全县保留10个乡镇党委，乡镇政府不变。各乡镇党委、政府设综合办事机构5个(党政办公室、农业办公室、财经办公室、社会事务办公室、乡镇建设办公室)。10个乡镇共设综合办事机构50个(不定级别)。

2001年12月，乡镇机构改革与县级机构改革同步进行。乡镇党委、政府综合办事机构由5个减为3个。全县设大乡镇2个(罗锦镇、百寿镇)，党委、政府内设党政办公室和两个综合机构(农业办公室、财经办公室)。设中等乡(镇)8个(永福镇、桃城乡、堡里乡、广福乡、苏侨乡、三皇乡、永安乡、龙江乡)，党委、政府内设党政办公室，不设综合机构。乡镇人民政府实行助理员制。

2005年，乡镇党政机构名称及数量不变。

乡镇事业单位机构改革 2001年12月，乡镇进行事业单位机构改革。按大乡镇设9个事业单位、中等乡镇设8个事业单位的原则，把乡镇原事业单位，即广播站、文化站、农经站、农业推广站、林业站、水电站、兽医站、水产站、农机站、交通运输管理站、财政所、工商所、卫生院、计划生育管理站、计生协会、特产站、国土所、企办共18个事业单位，改革为9个事业单位，即农业服务中心(将原来的农业推广站、农机站、农经站、畜牧兽医站、水产站、特产站合并)、计划生育服务所(将原来的计生站、计生协会合并)、国土资源管理所(将土地管理所和矿产资源管理站合并)、财政所、文化广播站(将原来的文化站、广电站合并)、林业站、水利站、交通管理站、企业劳动服务站。

2005年，乡镇直属事业单位机构不变。

第二章 人 事

1991—2005 年，永福县人事管理进行了一系列改革。

在干部录用方面：1991 年，永福县机关、事业单位共有干部 4200 人。1992 年始，每年都从机关、企事业单位工人中转录部分正式干部，从村干和乡镇计生站临时工人中聘用少量合同制干部，干部队伍人数逐年增加。1993 年开始，干部调配按国家规定的编制额和调配计划进行，并推行自治区统一规范和行政机关工作人员年度考核制度。1996—1999 年，县内开始推行国家公务员制度，将 713 名行政机关的国家干部通过考试转换成国家公务员；企事业单位的国家干部身份不变。1999 年始，公务员招录实行公开考试制度，事业单位录用人员也参照公务员单位执行。是年，国家改变统包分配大中专学校毕业生而实行"双向选择，自主择业"政策。2005 年，全县机关、事业单位干部 5767 人。

在人事服务方面：1991 年，永福县人事局成立人才交流服务中心。1993 年 7 月，县人才交流服务中心对外挂牌县人才市场，开展人才引进工作。1999 年始，县人才市场重点开展大中专毕业生"双向选择，自主择业"接收和就业指导工作。2004 年 8 月，永福县印发《人事代理暂行实施办法》，对大中专毕业生实行人事代理。2001—2005 年，全县共推荐大中专毕业生 1517 人就业。

在工资制度方面：1991 年，全县行政机关、事业单位统一实行结构工资制。当年，全县机关、事业单位职工每人年平均工资 2267 元。1993 年 10 月起，实行工资制度改革，行政机关普遍实行职务级别工资制（简称职级工资制），事业单位分为专业技术人员工资制度、工人工资制度，并建立了正常增资制度。1994 年，完成全县工资套改工作。1996 年办理首次正常工资晋档升级。2005 年年底，全县机关事业单位每人年平均工资 14880 元。

第一节 机 构

永福县人事局

1982 年 12 月，成立永福县人事局，履行干部人事管理和服务职责。1991 年，县人事局为县人民政府职能部门，正科级行政机构，内设机构有办公室、干部调配股、工资福利股、教育培训股，编制 8 名，在职 7 人，局办公地址在县政府大院。1998 年，县人事局增设职称改革领导小组办公室（简称职改办）为二层机构。2001 年 12 月，机构改革，县人事局与劳动局合并，成立县人事劳动和社会保障局。

1991—2001 年，历任县人事局局长有：朱盛谦（1989 年 1 月—1992 年 4 月）、秦学文（1992 年 6 月—1993 年 10 月）、尹仲勋（1994 年 1 月—1995 年 4 月）、黄继培（1995 年 4 月—2000 年 8 月）、卿晓安（2000 年 8 月—2002 年 1 月）。

永福县人事劳动和社会保障局

2001 年 12 月，机构改革，撤销县人事局、县劳动局，组建县人事劳动和社会保障局，为县人民政府工作部门，正科级行政机构、主管全县人事劳动和社会保障工作。内设政秘股、工资福利股、社会保障股、综合管理股、专业技术人员管理股、劳动监察与仲裁股6个股室。有行政编制13名,实有干部职工14人。局办公地址在县政府大院。2005年,县人事劳动和社会保障局内设股室不变,有行政编制16名,实有干部职工16人。局办公地址仍在县城凤城路73号县政府大院。

2002—2005年,任县人事劳动和社会保障局局长有:卿晓安(2002年1月—2005年12月)。

县人事劳动和社会保障局下属单位

县人才交流服务中心　1991年,永福县人事局成立人才交流服务中心,为人事局下属事业单位,核定编制2名,在职2人。1993年7月,县人才交流中心对外挂牌县人才市场,开展人才引进工作。1999年始,县人才交流服务中心(县人才市场)重点开展大中专毕业生"双向选择,自主择业"接收和就业指导工作。2003年5月,县人才市场与县劳动力市场合并,成立县人才劳动力市场。办公地点设在县城凤城路103号,县电影院对面。

县职称改革办公室　1991年,县职称改革工作领导小组办公室(简称县职改办)设在县科委,为临时办事机构,为县科委二层机构,负责指导审定全县专业技术人员职称评聘工作。1998年,县职改办划归县人事局管理,核定事业编制2名,在职2人。办公地点在县政府大院人事局大楼。2005年在职2人。

第二节　人事制度改革

推行国家公务员制度

公务员制度宣传　1995年,永福县成立推行国家公务员制度领导小组,下设办公室,宣传《国家公务员暂行条例》,举办干部岗位培训班。当年办班8期,有1100人参加培训考试,参考率100%,合格率99%。

公务员登记　1996年,永福县直、乡镇两级开始推行国家公务员制度,将行政机关的国家干部转换成国家公务员,企事业单位的国家干部身份不变。通过培训骨干80人次,进行公务员登记;并组织党政机关干部参加桂林地区统一组织的公务员过渡考试。1999年完成公务员过渡。当年完成全县公务员登记713人。转为公务员的对象是县、乡镇行政机关的工作人员,县委、县人大常委会、县政协、县人民法院和县人民检察院等机关工作人员参照公务员登记。

至2005年年底,已完成全县公务员登记918人。

公务员考核　为了正确评价国家机关工作人员的德才表现和工作实绩,为其晋升、聘任、奖惩、培训、辞退以及调整工资待遇提供依据。1992年起,永福县对全县的行政机关工作人员进行年度考核。考核坚持客观公正、民主公开、注重实绩原则,考核内容包括德、能、勤、绩四个方面,重点考核工作实绩。1996年,行政机关干部考核过渡为国家公务员考核。国家公务员考核结果分为优秀、称职、不称职3个等次。2001年考核结果增加基本称职等次。1992—2005年,全县共考核公务员(行政干部)1.47万人次,其中被评为优秀2200人次、称职1.24万人次、基本合格50人次、不称职40人次。对见习、立案、受处分的国家公务员,年度考核不定等次。

公务员培训　随着改革开放的深入和市场经济的不断发展,新的形势对国家公务员(行政干部)提出了更高的要求,由永福县人事部门负责对国家公务员进行培训。从1992年开始,县人事部门每年与县委组织部、县委党校联合对行政机关工作人员进行培训。1996年以后,行政机关工作人员培训转化为公务员培训,县人事部门负责制订培训计划,组织实施和指导,并进行必要的协调工作;县委党校和其他部门负责教学授课等。先后开展了公务员过渡6门公共课(即《公务员法律及行为规范》《政府职能结构与运作》

《公务员条例简明教程》《法学基础与行政法》《公务员文书与写作》《中国特色社会主义》)等培训与计算机培训。2001—2005年增加对国家公务员法律、法规进行培训。1996—2005年，全县共完成公务员培训1700人次。从而有效地提高了全县公务员队伍的整体素质。

大、中专毕业生分配制度改革

1991—1998年，永福县根据国家规定，对大、中专学校毕业生实行统一分配工作制度。8年间全县共接收1233人，其中大专以上毕业生425人、中专毕业生808人。

1993年7月，永福县人才交流中心挂牌成立县人才市场，以"服务人才，服务社会"为宗旨，开展大中专毕业生的接收和就业指导工作。1999年永福县停止对大、中专毕业生统一分配工作制度，而开始对大中专毕业生实行"双向选择，自主择业"政策，推荐大中专毕业生就业。

2004年8月，永福县人事劳动与社会保障局制定了《永福县人事代理暂行实施办法》。根据大中专毕业生可以双向选择、自主择业的就业政策，县人才交流中心以拓宽就业渠道为目的，充分发挥市场配置人才资源的作用，认真开展人才现状及需求情况调研工作，加强人才信息管理，及时向社会提供人才供求信息，适时组织人才供需洽谈会，为毕业生及用人单位提供双选机会。2001—2005年，永福县共推荐大中专毕业生1517人参加工作和就业，年就业率平均达到46.56%。

表16-1　　　　　　　2001—2005年永福县大中专毕业生报到及就业情况统计表

单位：人

| 年度 | 合计 | 学历 | 小计 | 其中 | | | | | | | 就业率 |
				医疗卫生类	师范类	工业类	农林水类	金融类	司法类	其他	
2001	325	本科以上	30	5	5	6	7	0	0	7	33%
		专科	85	6	40	14	0	4	7	14	
		中专	210	14	70	55	23	11	9	28	
2002	290	本科以上	23	12	4	1	3	0	0	3	36%
		专科	98	10	59	6	3	3	6	11	
		中专	169	6	77	23	15	10	5	33	
2003	390	本科以上	13	3	2	1	5	0	0	2	46%
		专科	177	5	141	21	1	0	1	8	
		中专	200	27	34	61	23	15	2	38	
2004	223	本科以上	27	3	11	3	3	1	0	6	57%
		专科	84	4	27	22	2	1	4	24	
		中专	112	31	43	10	1	9	3	15	
2005	289	本科以上	44	7	26	1	2	0	0	8	61%
		专科	157	18	58	8	5	11	11	46	
		中专	88	32	40	3	4	0	2	7	

事业单位人事制度改革

1991年，永福县事业单位干部职工3588人。在教育方面继续实行县、乡镇分级办学、分级管理、财政包干的办学制度。县教育局直接管理县直学校，乡镇人民政府负责所辖区域初中、小学的教师任用、调配。是年，卫生事业单位的干部也实行县、乡镇分级管理，财政包干的办医制度。其他事业单位的干部由县人事部门一并管理。2000年，永福县部分中小学开始实施教职员工全员聘任制。2001年，全县事业单位人事制度改革全面铺开。各事业单位坚持以聘用制为突破口,不断推进人事制度改革。2002年,全县中小学教师任用管理权收归县教育局;乡镇卫生院的医师管理权也收归县卫生局。2004年,全县事业单位职称实行结构化比例管理。2005年,全县事业单位干部职工4824人。

第三节　干部管理

干部队伍

1991年,全县在职机关、企事业单位共有干部6918人,其中机关306人、事业单位3588人、企业单位3024人。在这些干部队伍中,女干部为2231人,占干部总数的31.99%;少数民族干部1037人,占干部总数的14.99%。文化结构:大学本科554人,占干部总数的8%;大学专科4081人,占59%;中专830人,占12%;高中及以下1453人,占21%。年龄结构:30岁以下的1176人,占干部总数的17%;31岁至35岁662人,占9.57%;36岁至40岁830人,占12%;41岁至45岁846人,占12.23%;46岁至59岁3404人,占49.20%。

1992年始,每年都从机关、企事业单位的工人中录用一部分干部,从农村村干和乡镇计划生育站临时工人中聘用少量合同制干部。国家统分的大中专毕业生也逐年增多,干部队伍人数逐年增加。1995年,机关、企事业单位干部总数达7025人,比1991年增加107人。其中行政机关662人,比1991年增加356人;事业单位3652人,增加64人;企业单位2711人,比1991年减少313人。随着国有企业的改制或部分企业破产,企业干部人数逐年减少。

1996年,县内开始推行国家公务员制度,将行政机关的国家干部转换成国家公务员,企事业单位的国家干部身份不变。1999年完成公务员过渡,全县共有713名行政机关干部转换成了国家公务员。

2005年,全县机关、企事业单位干部共有5767人,其中国家公务员1024人、事业单位4743人、企业0人。在这些干部队伍中,女干部3056人,占干部总数的53%;少数民族干部885人,占干部总数的15.35%。文化结构:研究生2人,占0.03%;大学本科879人,占15.24%;大专3752人,占65.06%;中专747人,占12.95%;高中以下387人,占6.71%。年龄结构:30岁以下893人,占15.48%;31岁至35岁476人,占8.25%;36岁至40岁697人,占12.09%;41至45岁702人,占12.17%;46至59岁2999人,占52%。

表16-2　　　　1991—2005年永福县机关、企事业单位干部基本情况统计表

单位:人

年度	总数	性别		少数民族	学历					年龄				
		男	女		研究生	大学	大专	中专	高中以下	30岁以下	31至35岁	36至40岁	41至45岁	46至59岁
1991	6918	4705	2213	1037	0	554	4081	830	1453	1176	662	830	846	3404
1992	6944	4713	2231	1039	0	554	4083	854	1453	1173	673	834	829	3435
1993	6971	4689	2282	1105	0	561	4021	861	1528	1162	681	844	832	3452
1994	6998	4521	2477	1087	1	593	4104	875	1425	1226	691	836	821	3424
1995	7025	4308	2717	1103	1	634	4100	873	1417	1201	683	839	831	3471
1996	6709	4042	2667	1002	1	657	4077	843	1131	1034	621	801	805	3448
1997	6518	3709	2809	984	1	689	3986	826	1016	987	602	782	796	3351

续表

年度	总数	性别		少数民族	学历					年龄				
		男	女		研究生	大学	大专	中专	高中以下	30岁以下	31至35岁	36至40岁	41至45岁	46至59岁
1998	6411	3583	2828	981	1	742	3972	799	897	965	594	781	767	3304
1999	6247	3381	2866	980	1	757	3904	772	813	944	586	769	738	3210
2000	6128	3211	2917	973	1	792	3900	756	679	931	577	755	722	3143
2001	6239	3185	3054	977	2	832	3917	751	737	950	583	761	727	3218
2002	6197	2955	3242	972	2	874	3912	746	663	941	580	756	725	3195
2003	6156	2897	3259	968	2	891	3899	762	602	937	575	743	722	3179
2004	6051	2833	3218	959	2	902	3883	760	504	932	534	740	719	3126
2005	5767	2711	3056	885	2	879	3752	747	387	893	476	697	702	2999

干部录用与调配

干部录用 1991年，全县共招收录用干部146人，其中正式录用干部81人，聘用合同制干部13人，民办、代课教师转公办教师52人。

1992—1998年，仍沿用1991年的做法，从机关、企事业单位工人、村干、合同制干部和电大、函大、业大、网络教育、自考等"五大"毕业生中考核招收录用干部，同时重点解决民办、代课教师转正问题。全县共录用干部523人，其中：正式录用干部300人，聘用合同制干部45人，民办、代课教师转公办教师178人。

1999—2005年，改招收录用为招收聘用制。同时，国家机关行政人员改为国家公务员，从企事业单位干部和大专院校毕业生中招录公务员。公务员招考由市人事局或自治区人事厅统一组织，按照报名、资格审查、笔试、面试、考核等程序进行。6年间，全县共录用干部456人，其中聘用乡镇干部113人、录用计生干部55人、录用其他部门干部61人、聘用干部转录用227人。国家机关招录公务员，根据《国家公务员暂行条例》采用"公开考试、严格考核"的办法，按照德才兼备的标准择优录用；对少数民族报考者予以照顾。事业单位录用人员参照公务员单位进行，由县人事局或市人事局统一组织。

干部调配 1991年，永福县机关、事业单位按照中共永福县委干部管理权限，副科级以上干部调配工作，由县委组织部负责；科员以下普通干部的调配工作，由县人事局负责。

1993年开始，县内干部调配按国家规定的编制额和调配计划进行，保证干部在地区、行业、部门之间的合理分布及部门内的合理配置。干部调配坚持以工作需要为主，注意发挥干部的专业特长，适当照顾干部的实际困难，鼓励和支持干部到基层单位、艰苦行业和边远贫困地区工作。聘用制干部实行乡镇之间的横向调动。为严格控制干部向县城、机关调动，县委、县政府于1997年成立了县干部调动领导小组，由县长任组长，分管党群的县委副书记、常务副县长任副组长，成员由县委组织部部长、县编委办主任、县人事局局长、县财政局局长组成（简称7人小组），统一审核干部调动工作。经7人小组审核同意调动后，在县人事部门办理人员调动手续的同时，还要到县编制部门办理人员编制异动手续，否则不予入编，财政不予拨款。

2002年1月以后，科员以下普通干部的调配工作，由县人事劳动和社会保障局负责。

1991—2005年，全县共调配干部7147人，其中调出县外干部350人、外地调入县内干部300人、县内调动6497人次。

干部任免 1991年永福县继续实行干部分级分类任用管理。按管理制度，县人事局主要管理县政府各职能部门二层机构正、副职领导干部和科级以下的股室股长、主任以及事业单位的站（所）长。2001年

12月机构改革后,县直部门二层机构正副职领导及乡镇机关中的各办公室主任由县人事劳动和社会保障局下文任免。1991—2005年,共任免二层机构领导1080人次。

干部培训与奖惩

干部培训　1991—1995年,县人事局联合县委党校及其他职能部门,每年对新录用、聘用的干部,民办教师转公办教师及新分配的大中专毕业生进行培训,采取集中培训和自学相结合的方式,培训课程为"马克思主义基础理论""行政管理学""行政机关应用文写作""法学基础与行政法""社会调查研究"共5门课程。五年间共培训干部1240人次。

1996年以后,县人事局组织的干部培训逐步转变为新录用公务员和新任干部上岗培训。

1999年组织全县公务员青年干部英语培训考试,参加培训人员480人。2001—2004年,组织机关干部进行《国家公务员行为规范》课题培训,参加人数为980人。2005年组织机关干部进行《中华人民共和国行政许可法》课题培训,参加人数550人。

1996—2005年县人事局共组织新干部上岗培训680人次;完成国家公务员培训1700人次。

考核奖惩　1991年全县在机关干部中实行岗位责任制,对干部的德、能、勤、绩进行考核。

1992年推行自治区统一规范的行政机关工作人员年度考核制度。1994—2005年推行机关干部(国家公务员)考核制度,同时也对事业单位的各类人员进行规范化、制度化考核。1992—2005年,全县共考核机关、事业单位7.50万人次,其中优秀4000人次、称职(合格)7.09万人次、基本称职(基本合格)90人次、不称职(不合格)72人次。对在年度考核中连续3年被确定为优秀等次的国家公务员,提前晋升一级级别工资。事业单位参照执行,亦提前晋升一级职务工资。1994—2005年,全县获晋升级别工资120人次,事业单位获晋升职务工资190人次。

事业单位人事管理

1991—1999年,永福县事业单位的干部由县人事局管理。2000年实行公务员登记和管理后,对全县事业单位的干部由县人事劳动与社会保障局实行分类管理。2005年全县事业单位干部职工4824人。

从1992年起,永福县对全县事业单位工作人员进行年度考核,考核内容包括德、能、勤、绩4个方面,重点考核工作实绩。考核结果分为优秀、合格、不合格3个等次。2001年增加基本合格等次。对见习、立案、受处分的事业单位工作人员,年度考核不定等次。

1992—2005年,全县共考核事业单位工作人员6.03万人次,其中被评为优秀1800人次、合格5.85万人次、基本合格40人次、不合格32人次。

第四节　人才市场

人事代理

1993年7月,永福县人才交流中心(设在县人事局)设立永福县人才市场。成立之初,县人才市场以"服务人才,服务社会"为宗旨,为不属于国家包分配的"五大"(指成人高等教育业余、函授、自学考试、电大、网络教育)毕业生和自费毕业生提供就业信息服务,为社会闲散科技人员办理求职登记;收集县城企业、事业单位人才需求信息,为求职人员推荐工作单位。1996年,开始办理企事业单位辞职人员的人事档案保管手续。2001 年 8 月,县人才交流服务中心成为从事人事代理业务的专门机构。人事代理的对象为各类用人单位和各类专业技术人员、管理人员及其他人员。主要业务是为委托代理单位提供国家及自治区人事有关政策法规等方面的咨询服务,办理各类专业技术人员、管理人员及其他人员的流动手续;协助委托代理单位招聘员工并代办聘用合同手续;办理合同签证、为符合条件的员工办理录用手续;为委托人员接转人事关系和党团组织关系,管理人事档案,提供身份认定,转正定级;代办专业技术职务资格申报;代办户粮关系手续。2001—2005 年,共接收大、中专毕业生 1517 人,办理人事档案保管 283人,辞职人员人事档案保管 24 人。2001 年,建立县人才交流中心集体户口,当年为 18 名大、中专毕业生办理了入户手续。2003 年 5 月,县人才市场与劳动力市场合并,成立县人才与劳动力市场。2004 年,成立县人才交流服务中心党支部,负责学生党员及辞职干部党员党组织关系管理。2001—2005 年,共办理大、中专毕业生转正定级 244 人。截至 2005 年年底,县人才与劳动力市场共为 137 名大中专毕业生办理了集体户口。

就业服务

1991 年,永福县人事局成立人才交流服务中心。1993 年 7 月,县人才交流中心对外挂牌县人才市场,开展人才引进服务工作。1994 年,组织县内厂矿企业人员和大、中专毕业生参加桂林地区在灵川县举办的第一届人才交流会。1995 年,组织县内厂矿企业人员和大、中专毕业生参加桂林地区在荔浦县举办的第二届人才交流会。1996 年,组织县内大、中专毕业生参加桂林地区在桂林地区教育学院举行的应届大、中专毕业生"双向选择"交流会。2002—2005 年,县人民政府每年在永福县城举办大、中专毕业生"双向选择,自主择业"招聘会,参加用人的县内外单位有 70~80 家,共为 500 多名大、中专毕业生达成了就业意向。

1991—2005 年,全县登记在册企业下岗及失业人员 4500 人,重新获得就业 2880 人。企业下岗和失业人员凭失业登记证明,可以享受县内公共就业服务,就业服务政策指导或按规定申领失业保险金。

第五节　技术职称管理

技术职称考试

从 1990 年 1 月起,永福县的统计员资格(初级)评审一律改由资格考试确定统计人员的任职资格,每年进行一次。1991 年经济系列开始实行经济员资格(初级)考试。1992 年会计、审计(初级、中级)先后实行资格考试。2001 年卫生系列亦实行资格考试。各系列的资格考试都是参加全国统考,每年进行一次。永福县技术资格考试地点设在桂林市。由自治区组织考试,考试科目为公共科目和各系列专业科目。自1991—2005 年,全县参加统计系列资格考试 38 人次、经济系列资格考试 580 人次。

1991 年始,申报文化、卫生、农业、经济、工程、档案、会计、统计、审计等系列中级、高级专业技术职务资格,实行测定外语水平考试(简称职称外语考试),并要求达到合格。1996 年始,把计算机应用能力考试(简称职称计算机考试)作为晋升和聘任中级、高级技术职称的必备条件,首先在工程、经济、卫生、教育、农业等系列实行。1998 年始逐步推广至所有系列。申报中级、高级专业技术资格人员,必须参加职称计算机考试。2001 年始,从事英语教学的教师晋升中级以上职称需参加职称外语考试,并达到合格。1991—2005 年,全县参加职称外语考试 892 人。1996—2005 年全县参加职称计算机考试 1520 人。职称外语和职称计算机考试都是每年进行一次,由市级(地区)人事部门组织考试。

技术职称评定

1986 年,永福县成立职称改革工作领导小组及办公室,配有专门人员,负责协调组织开展全县专业技术职称评定工作。1987 年,又分别成立中小学、工程、经济、农业、会计、卫生等系列评审小组,专门开展各系列的技术职称评审工作。高级职称由自治区负责评审,中级职称由桂林地区负责评审,初级职称由县级负责评审。

1991 年,县职称改革领导小组办公室设在县科委。是年起,全县专业技术职称评定转入经常性工作。1991 年年底,全县事业单位,有专业技术人员 4293 人,其中高级职称 37 人、中级职称 625 人、初级职称 3631 人。

1991—1997 年,全县专业技术人员评定由县科委负责。1998 年起,县职称改革领导小组办公室改设在县人事局。

2005 年,全县事业单位共有专业技术人员 3471 人,其中高级职称 48 人、中级职称 1352 人、初级职称 2071 人。从专业类别分教学人员 2429 人、卫生技术人员 566 人、工程技术人员 115 人、农业技术人员 159 人、其他专业技术人员 202 人;在乡镇一级的专业技术人员 2110 人、在县直一级的专业技术人员 1361 人。

技术职称聘任

1991 年,永福县专业技术职称实行评聘结合的办法。1993 年,技术职称实行评定资格与聘任职务分开进行,即实行评聘分开的双轨制,获得职称资格(含考试合格取得资格)人员,可作为应聘相应专业技术职务的主要依据,不与工资等待遇挂钩。聘任期一般为 3 年。行政机关中有专业技术职称的人员一律不聘任专业技术职务。

2004 年起,永福县所有事业单位的专业技术职务聘任实行结构比例管理,根据不同性质、规模核定聘任指标,在指标内实行竞聘上岗。

2005 年,会计、审计系列的高级职称开始实行考试与评审相结合。

1991 年,全县在聘的专业技术人员 4293 人,其中高级职称 37 人、中级职称 625 人、初级职称 3631 人。2005 年,全县在聘的专业技术人员 3342 人,其中高级职称 40 人、中级职称 1217 人、初级职称 2085 人,未聘职称人数 129 人。

第六节 工资福利

工 资

1991—1993 年 9 月,永福县机关工作人员实行以职务工资为主要内容的结构工资制,工资由基础工资、职务工资、工龄津贴、奖励工资 4 部分组成。事业单位行政人员和专业技术人员实行以职务工资为主要内容的结构工资制或其他工资制度。1991 年,全县机关事业单位职工每人年平均工资为 2267 元。

1993 年 10 月起,永福县实行机关、事业单位工作人员工资制度改革。机关工作人员(除工勤人员外),实行职务级别工资制,工资由基础工资、级别工资、职务工资、工龄工资 4 部分组成,新设级别工资,按确定的级别执行相应的级别工资标准,工龄津贴直接转为职级工资制中的工龄工资。这次改革还建立了机关、事业单位工作人员正常增资机制。是年,全县机关、事业单位工作人员 7000 多人参加工资调整。月增资约 40 多万元,平均每人月增资 50 多元。按工资改革文件规定,机关、事业单位工作人员在严格考核的

基础上,实行工资正常晋级。凡考核合格(称职)以上的,每年晋升 1 个职务工资档次,调整一次工资标准;机关、事业单位工作人员在同一级别工资内,考核连续 5 年合格以上的晋升 1 个级别工资档次;连续 3 年考核优秀的,提前晋升 1 个级别工资档次;考核不合格的,不得晋升工资。1993 年,全县机关事业单位工作人员每人年平均工资 3263 元。

1996 年办理首次正常工资升级,全县机关、事业单位人员 6578 人晋升一级工资,月增资 17.10 万元,人均增资 26 元。同时,1995 年 9 月 30 日前的离退休人员,从 1995 年 10 月起适当增加离退休费,离休人员按同职务在职人员标准增资(每月低于 25 元的按 25 元增加);退休人员每月增资 20 元;退职人员每月增资 15 元。全县机关、事业单位 2536 人增加了离退休费,月增资 5.60 万元。

1997 年 7 月 1 日起,永福县机关行政人员提高了基础工资,由每人每月 90 元,提高到 110 元;适当调整机关工人的岗位工资标准;相应调整事业单位职务工资标准。全县机关、事业单位在职 6516 人提高了工资,月增资 13 万元,人均月增资 20 元。机关、事业单位离退休人员 2617 人增加离退休费,月增资 5.20 万元,人均月增资 20 元。

1999 年 7 月 1 日起,调整机关、事业单位工作人员工资标准和相应增加离退休人员离退休费。机关行政人员基础工资标准由每月 110 元提高到 180 元,级别工资由十五级至一级每人每月 55 元至 470 元,提高到 85 元至 720 元;适当调整机关工人的岗位工资和技术等级工资标准。全县机关 1248 人参加调整,月增资 15 万元,人均月增资 120 元;事业单位调整工资构成中的固定部分,活的部分按不同类型比例相应提高,全县事业单位共 5096 人提高了工资,月增资 73.90 万元,人均月增资 145 元;离退休人员 2516 人增加了离退休费,月增资 25.20 万元,人均月增资 100 元。

2001 年 7 月 1 日起,分别提高机关行政人员基础工资和级别工资标准,基础工资标准由 180 元提高到 230 元,级别工资标准由十五级至一级每人每月 85 元至 720 元提高到 115 元至 1166 元;适当调整机关工人的岗位工资和技术等级职务工资标准。全县机关工作人员 1376 人提高工资标准,月增资 13.80 万元,人均月增资 100 元;同时,调整事业单位工作人员工资构成的固定部分和增加机关、事业单位离退休人员离退休费。全县事业单位 4816 人提高工资,月增资 48.20 万元,人均月增资 100 元。离退休人员 2578 人增加离退休费,月增资 20.70 万元,人均月增资 80 元。

2001 年 10 月 1 日起,再次提高公务员职务工资标准和事业单位工资构成固定部分,同时相应增加离退休人员离退休费。公务员各职务层次职务工资起点标准由 50 元至 480 元提高到 100 元至 850 元;机关工人岗位工资标准也适当提高。全县机关工作人员 1376 人提高职务工资标准,月增资 11 万元,人均月增资 80 元;事业单位 4816 人提高职务工资标准,月增资 38.50 万元;人均月增资 80 元;机关、事业单位离退休人员 2578 人增加离退休费,月增资 14.20 万元,人均月增资 55 元。

2003 年 7 月 1 日起,调整机关、事业单位工作人员工资标准,增加离退休人员离退休费。全县机关 1273 调整职务工资标准,月增资 6.40 万元,人均月增资 50 元;事业单位 4738 人提高职务工资标准,月增资 23.70 万元,人均月增资 50 元;机关、事业单位离退休人员 2657 人增加离退休费,月增资 8 万元,人均月增资 30 元。

2005 年年底,全县机关、事业单位在职人员 6750 人,年工资总额 10668.90 万元,每人年平均工资 15805 元。

福　利

休假　1991—2003 年,全县机关、事业单位在职人员依法享有公休假日(星期六、星期日)、探亲假、婚丧假、生育假。职工休假时间,不包括公休假日和法定节假日。2003 年 7 月,永福县贯彻执行《广西壮族自治区关于职工年休假暂行办法》,党政机关、人民团体、事业单位的正式职工,工作年限满 5 年以上者,均享受年休假待遇。工作年限满 5 年不满 10 年的,休假 7 天;工作年限满 10 年不满 15 年的,休假 10 天;工作年限满 15 年以上的,休假 14 天。职工休假期间,工资照发,各种保险福利待遇不变。

优抚 1991年,永福县贯彻执行《广西壮族自治区关于国家机关、事业单位工作人员死亡后遗属生活困难补助暂行规定》,国家机关、事业单位工作人员死亡后,除按规定发给抚恤金外,另由死者生前工作单位按其死亡当月工资合计数发给遗属3个月工资(不含死亡的当月)。从第四个月起,对符合困难补助条件的遗属给予定期补助。1994年,调整了机关事业单位工作人员死亡后遗属生活困难补助标准。调整后,机关、事业单位职工死亡后,除领取死者生前3个月工资,作为生活困难补助外,还发给一次性抚恤金。抚恤金标准:批准为革命烈士的,为本人生前40个月工资;因公死亡的20个月工资;病故的10个月工资。按规定领取死亡丧葬费1600元,因工牺牲的丧葬费为2000元。对符合抚养条件的遗属,经审核批准发给抚养费。抚养费标准为:离休人员死亡后,其遗属为非农业户口的每人每月100元,农业户口的每月80元至90元;退休人员,其遗属为非农业户口的每月70元,农村户口的60元。

1991—2005年,全县机关、事业单位共死亡职工857人,共支付困难补助费62.40万元、丧葬费103万元、遗属抚养费62.40万元。

岗位责任奖 1991—1992年,全县行政事业单位实行岗位责任制。通过考绩、考勤达到标准者,由县里发放年终一次性资金。1992年发放岗责奖420万元,人均600元。1993年10月工资改革后至2000年,对行政机关考核为称职以上的工作人员采取年终发放一次性奖金的办法,奖金标准按本人12月份基本工资(含职务工资、级别工资、基础工资、工龄工资四项)计发。对事业单位结合年度考核,对考核优秀、合格的人员发放年终一次性奖金,奖金标准为本人当年12月份的基本工资(含津贴部分)。从2001年起,对全县机关事业单位在职人员发放年终一次性奖金(即12月份基本工资双薪),至2005年不变。

第七节　离休　退休　退职

离　　休

1991年,全县在册离休干部105人。截至2005年年底,全县尚有离休干部47人,其中行政、事业单位33人,企业单位14人。

1991—1992年,离休人员离休金按本人工资全额领取。行政事业单位离休人员离休金的经费渠道,由财政负担;企业单位离休人员离休金,由各企业负担。1993—2003年,不属于财政开支的企业单位离休人员离休金实行社会养老保险统筹。2004年1月1日起,企业单位离休人员离休金从原工资渠道开支,对特困企业无力发放的,由县财政拨款支付。对离休干部的医疗费给予实报实销,每两年进行一次健康检查,并适当组织离休干部外出旅游,县委老干部局设立了老年干部活动室。

退　　休

1991—2000年,永福县执行国家统一规定的干部退休条件:即党政机关企事业单位的干部,男年满60周岁,女年满55周岁,且参加革命工作年限满10年的。男年满50周岁、女年满45周岁,且参加革命工作年限满10年,经过医院证明完全丧失工作能力的;因工致残,经过医院证明完全丧失工作能力的,也可以退休。满10年不满20年的退休人员的退休金计发比例为其基本工资的70%;满20年不满30年的退休人员的退休金计发比例为其基本工资的80%;满30年不满35年的退休人员的退休金计发比例为其基本工资的90%。

2001年7月,进行机构改革时,县委、县政府规定严格执行退休手续。凡达到退休年龄的党政机关人员和事业单位人员,必须及时办理退休手续。未达到退休年龄,但2004年年底工作年限满30年的;或男年满55周岁,女年满50周岁,且工作年限满20年的,本人愿意,经任免机关批准可提前退休。2002年,

全县党政机关和事业单位共有 350 人办理了提前退休手续。

1991—2005 年，全县共为 2800 名干部办理了退休手续。截至 2005 年 12 月底，全县机关、事业单位共有退休职工 2433 人。

退　　职

不具备退休条件，由医院证明，并经劳动鉴定委员会确认，完全丧失劳动能力的职工，应该退职。1991—2005 年全县办理退职 21 人。退职待遇：实行职级工资制的退职人员退职时，按基础工资和工龄工资定额发给。工作年限满 20 年不满 30 年的，职务工资和级别工资两项之和按 75% 计发；工作年限满 10 年不满 20 年的，职务工资和级别工资两项之和按 60% 计发；工作年限不满 10 年的，职务工资和级别工资两项之和按 40% 计发。事业单位工作人员和机关工人，工作满 20 年不满 30 年退职的，其退职生活费按本人原工资（含活的部分）的 75% 计发；工作年限满 10 年不满 20 年退职的按 65% 计发；工作年限不满 10 年退职的，按 45% 计发。

第三章　劳动和社会保障

1991 年前，永福县企业用工由政府统包统配。1992 年后，永福县打破计划用工模式，开展企业用工制度改革，推行全员劳动合同制，推动企业自主用工、劳动者自主择业的新型用工制度。1993—1999 年，企业工资分配实行"多劳多得"和"企业分配自主"的新型工资制度。实行企业工资总额与经济效益挂钩，按工资总额的增长低于企业效益增长的原则进行宏观调控。企业内部分配取消职工档案工资，推行岗位技能工资、计时工资、计件工资、加班工资、奖金等分配形式，破除长期以来工资分配中的"大锅饭"与"铁饭碗"。全县职工工资水平逐年递增。企业职工年平均工资 1991 年为 1982 元，1995 年为 3676 元。1998—2005 年，全县劳动就业形势发生巨大变化，国有和集体企业改制，就业人员逐年减少，农民进城务工人员人数增加。永福县多渠道筹集国有企业下岗职工基本生活保障和再就业资金，开展下岗职工转岗培训和农村劳动力转移就业培训；落实再就业优惠政策，开发公益性岗位，逐步增加企业职工收入。2000 年，全县企业职工年平均工资为 6056 元，2005 年为 11960 元。

20 世纪 90 年代至 21 世纪初，永福县稳步推进社会保障制度改革，开展企业养老保险、医疗保险、失业保险、工伤保险等，并不断扩大社会保险统筹面。2005 年，永福县企业职工社会养老保险参保职工由 1991 年的 5897 人扩大到 7292 人，养老保险基金收缴由 1991 年的 226.05 万元增加到 1680.60 万元；全县城镇职工基本医疗保险参保人数达 1.34 万人；失业保险、工伤保险覆盖到国有、非公有制企业和事业单位 86% 的职工。

第一节　机　　构

永福县劳动局

1974 年 2 月，成立永福县劳动局，履行劳动管理和服务职责。1991 年，县劳动局为县人民政府职能部门,正科级行政机构。内设机构有秘书股、计划调配股、工资福利股、劳动争议仲裁股4个股室,编制12名,在职11人。局办公地址在县政府大院。1995年县劳动局增设劳动安全监察股,人员编制由局内部调制。2001年12月,机构改革,县劳动局与县人事局合并,成立县人事劳动和社会保障局。

1991—2001年12月,历任县劳动局局长有:黄世琼(1990年10月—1996年5月)、黄新亮(1996年5月—2002年1月)。

县劳动局下属单位

县就业服务中心　1981年4月,成立县劳动服务公司,属自收自支事业单位。1991年有编制8名,在职8人,办公地点在县城凤城路103号茅江大桥头。1993年1月,县劳动服务公司对外挂牌成立县劳动力市场。2003年6月,县劳动服务公司更名为县就业服务中心,改为全额拨款事业单位,事业编制11名,在职12人。2005年,在职人员13人。主要职责是负责全县公共就业服务事务及公共就业培训。

县劳动和保障监察大队　2003年9月,成立县劳动和保障监察大队,事业编制3名,在职3人。办公地点在县人事劳动和社会保障局内。2005,编制和在职人数不变。

县社会劳动保险事业管理所　1986年9月,成立县社会劳动保险事业管理所(简称社保所),为县劳动局下属自收自支事业单位。1991年,编制3名,在职4人,办公地点在县劳动局内。2001年12月,改为全额拨款事业单位,负责全县企业职工离退休金的筹集与发放。办公地点在县人事劳动和社会保障局。2005年,县社保所有编制3名,在职12人。

县机关事业单位养老保险所　1995年4月,成立县机关事业单位养老保险所,属县人事局下属自收自支事业单位。负责全县行政机关、事业单位职工养老保险基金的统筹、管理和拨付以及自收自支事业单位职工养老保险基金的筹集和管理。有事业编制4名,在职4人。办公地点在县人事局内。2001年12月,县机关事业单位养老保险所办公地点设在县人事劳动和社会保障局内。2003年1月改为全额拨款事业单位,人员编制4名,在职4人。2005年,人员编制和在职人员不变。

县失业保险所　2000年12月,成立县失业保险所,由县劳动服务公司经办业务独立出来,全额拨款事业单位,主要职责是经办全县失业保险业务。人员编制6名,在职6人。办公地点在县人事劳动和社会保障局内。2005年,人员编制和在职人员不变。

县农村社会养老保险所　1992年12月,成立县农村养老保险所,为县民政局下属二级机构,财政全额拨款事业单位,人员编制4名,在职5人,办公地点在县民政局内。2002年1月,机构改革时从县民政局划入县人事劳动和社会保障局,主要职责是经办全县农村社会养老保险业务。人员编制14名,在职4人。办公地点迁至县人事劳动和社会保障局内。2005年,人员编制和在职人员不变。

县城镇职工基本医疗保险所(简称县医保所)　1987年成立县公费医疗管理办公室(简称县公医办)。1991年,县公医办为县卫生局下属事业单位,人员编制4名,在职4人。办公地点在县卫生局。2000年,县公医办改称县城镇职工基本医疗保险所,划归县人事劳动和社会保障局管理,并移至县人事劳动和社会保障局内办公。县医保所,负责全县财政拨款的机关、事业单位职工医疗费用的管理和支付及全县城镇国有和集体企业职工的医疗保险业务。2005年,人员编制5名,在职6人。

第二节　用工制度

1991年,永福县尚处于计划经济末期,国有集体企业招工指标要自下而上层层申报,由自治区审批,不准跨县招工,不准招用农民工。当时,全县的国有、集体企业在内部运行机制、产品更新换代、销售策略

及用工管理制度等方面不能适应市场变化,生产经营出现困难,甚至连年亏损等状况。部分国有企业的职工不辞而别,下海经商,出现了用工吃紧的现象。为了搞活经济,县劳动局冲破计划经济的束缚,从1992年起,逐步放开招工指标和地区限制,允许用工难的国有、集体企业到外县招收紧缺的生产一线工人或农民工,基本满足了企业发展的用工需求。

1993—1997年,永福县在大多数国有、集体企业推行承包经营责任制管理;并在少部分经济效益较好的国有企业试行优化劳动组合,即厂长(经理)组合副职领导,副职领导组合分管部门的中层管理人员,中层管理人员组合班、组长和生产工人。打破用工和分配制度中的"三铁"(即铁饭碗、铁工资、铁交椅)现象。1995年年后,永福县逐步推行全员劳动合同制,由企业根据生产(经营)需要在县内、外自主招工,劳动者自主择业,实行双向选择。劳动合同期满或企业生产形势发生变化,用工单位或劳动者均可以解除劳动合同。1995年底,全县有38个工业、商业企业实行全员劳动合同制,占企业总数的22.10%,签订劳动合同的职工1202人,占职工总数的27.54%。1996年,全县在私营企业、个体工商户中推行劳动合同制。至12月底,全县有46家私营企业建立劳动合同制度,占全县私营企业总数24.80%;550名私企职工与用人单位签订劳动合同,占全县私营企业职工总数80.53%。新型用工制度打破了中华人民共和国成立以后企业干部与工人之间的界线、固定工与合同制工人之间的界限、合同制工人与临时工之间的界限。企业各类人员统称企业职工;取消企业干部的身份,只有管理人员与生产人员之分,取消岗位终身制,全体人员平等竞争,能上能下,能进能出,由市场合理配置劳动力资源。

1998年,永福县开始推行集体劳动合同,即由企业职工代表大会向企业法人代表签订集体劳动合同,明确双方的职责权利。当年签订企业用工集体合同60家。至2005年,签订集体劳动合同的企业54家,职工2530人,合同签订率达88.39%。

2002年,永福县印发关于理顺国有企业劳动关系的意见,对下岗职工、离岗未就业等富余职工的安置,改制企业职工等劳动关系的处理提出了具体办法,用处置部分土地、资产变现及筹集资金补偿安置职工,实行职工身份置换(即买断工龄)。从2002—2005年,职工身份置换一次性补偿标准为:21年(含21年)以上工龄职工为县企业职工上年平均工资的3倍,20年工龄以下职工按县企业职工上年平均工资的3倍除以20年乘以当事人的实际工龄。截至2005年年底,全县有20家国有改制企业和9家集体改制企业按此办法为职工办理了身份置换,身份置换职工3030人;对不足5年达到法定离退休的职工根据本人自愿可实行内部退养。其余人员均在领取一次性身份置换补偿费后成为社会待业人员。

第三节　劳动就业

城镇劳动力就业

1991年,永福县县属全民所有制企业有职工2800多人,县属集体企业有职工580人。1991—1995年,永福县落实国务院《关于做好劳动就业工作的通知》规定,拓展就业渠道,缓解就业压力,强化社会待业就业服务,由县劳动管理部门指导安置就业750人,失业率一直控制在3%以下。

1996—1997年,由于市场急剧变化,许多国有、集体企业出现经营困难。全县县属国有、集体企业关、停、并转达10多家,下岗失业职工达1500多人。

1998年10月,县人民政府成立国有企业下岗职工基本生活保障和再就业工作领导小组及办公室,抽调县劳动局、县经贸局、工商局等单位多名干部在县劳动局合署办公,负责下岗职工的再就业工作。县委、县人民政府出台多项相应优惠政策,下发配套文件,对下岗职工进行多种形式就业安置:一是实行企业联营兼并,盘活资产,分流安置下岗职工;二是剥离企业后勤单位,分离企业办社会的职能,创造就业岗位安置下岗职工；三是引资金上项目,启动新的工业企业,安排下岗职工再就业；四是"退二进一",进行农业开发,安排下岗职工再就业；五是对大龄下岗职工实行内部退养；六是鼓励职工自谋职业,减免税费。个体私营企业聘用下岗职工,可以获得减免工商行政管理部门等行政事业性收费的优惠。下岗职工自谋职业,可享受政府贴息担保小额贷款。截至1999年年底,县劳动管理部门职业介绍1000多人次,安排下岗职工就业550人次；年末县城镇登记失业率为3.90%,就业紧张局势得到缓解。

2000—2005年,随着全县国有、集体企业产权制度改革的进行,企业职工下岗失业人数增加。县人民政府采取政府财政拨款、企业集资、社会捐助、引资金上项目等方式方法筹集资金,为1200多名下岗职工发放生活费和失业救济金。2004年,开发公益性岗位300多个。2005年,开发公益性岗位400多个,用于安置40岁以上女性和50岁以上男性下岗失业职工。

2005年,全县安置城镇就业人数820人。全县城镇登记失业率为3.95%。

1991—2005年,全县共安置城镇劳动力就业8740人。

农村劳动力转移就业

1991年,永福县有部分农民工到桂林市及周边县打工。1992年,县内农民外出打工人数逐年增多。

1993年,县劳动局根据国家调整就业政策,改变以往对农村劳动力进城务工以控制为主的做法,实行积极、疏导、合理流动,建立起适应经济发展的城乡劳动力流动新秩序。

1994年始,全县农村劳动力较大规模地向县内非农产业转移就业和向县外、自治区外输出劳务。当年,全县农村劳动力向外转移就业人员从1993年的1200人次增加到2310人次。1998年,全县农村劳动力转移就业人员达7700人次,占农村劳动力总数的6.28%。其中,有组织输出1115人次,自发外出务工6585人次；到广东等地务工就业有4620人次,到自治区内其他地方务工就业的有2310人。

2005年,全县农村劳动力转移就业人员达14300人次,占农村劳动力总数的9.90%。其中,有组织输出1573人次,自发外出务工12727人次；到广东等地务工就业有9100人次,到自治区内其他地方就业的有4300人次。

县域农村劳动力跨县、跨省(区)就业,需要办理流动就业证。1995年以前,县内农村劳动力劳务输出的合法证件是"广西社会劳动力外出务工证"。1996年,按《广西壮族自治区农村劳动力跨省(自治区)流动就业证申领和发放管理办法》的规定,县内农村劳动力跨县、跨省(自治区)就业都要到县劳动服务公司办理"广西壮族自治区外出人员就业登记卡",凭县劳动服务公司签发的"外出人员就业登记卡"到输入地领取"外来人员就业证",证卡合一后用人单位才能录用。流动就业证在签发证件机关管辖范围中有效,流动就业证有效期1年。1991—1995年,全县共签发"外出务工证"1.20万份。1996—2005年,共签发"就业登记卡"3.95万份。

农 民 工

农民工是指在城市从事非农业工作的农业户籍的工人。

1991年永福县总人口26.07万人,其中农业人口23.58万人、非农业人口2.49万人。全县劳动力资源总量18.33万人,其中农村劳动力资源15.56万人。当时大多数农村劳动者只致力于第一产业的作业,沿袭祖辈的生产生活方式。只有少数农村劳动者离开故土进城谋求生活新出路,有的租店铺开单车修理店、手表修理店等从事手工操作服务；有的租店铺开米粉店、快餐店、冰室等饮食店服务；有的进国营企业、集体企业做临时工作；大都从事苦脏累的工种,工作环境和待遇比正式工差得多,这些人被称为"农民工"或"临时工"。

随着国家改革开放政策进程的不断深入,农业科技的不断进步,有相当数量的农村劳动者从第一产业中分化出来,这部分人被称为"农村富余劳动力"。2005 年永福县共有 26.82 万人,其中农业人口 23.58 万人、非农业人口 3.24 万人。全县劳动力资源总量 19.33 万人,其中农村劳动力资源 17.06 万人。从第一产业中分化出来的农村富余劳动力达 6.78 万人,占农村劳动力总数的 39.74%,其中实现转移就业的农民工达 1.43 万人,他们进城务工从事的行业有建筑业、制衣、制鞋、酒店服务、商业、餐饮业、家政服务业等,从事技术型、智能型的工种较少。由于进城务工的农民工,没有城市户口,加上文化水平低,劳动强度大,福利待遇低,以及年龄、结婚、生育、照料家人等原因,农民工回流大。农民工的工作环境和收入状况与其本人受教育程度有关,中专文化以上的月均收入在 1200~1500 元;高中文化的月均收入在 900~1200 元;初中文化的月均收入在 800~1000 元;初中文化以下的月均收入在 500~800 元。

劳动力市场

1993 年 1 月,永福县劳动服务公司对外挂牌成立县劳动力市场,开展职业介绍业务。2000 年,根据劳动和社会保障部令第 10 号《劳动力市场管理规定》,县劳动服务公司进一步规范了劳动力市场管理行为。2003 年 1 月,县劳动力市场与县人才市场合并,成立县人才劳动力市场。办公地点在县城茅江大桥西桥头、县电影院对面。同年 10 月,县人才劳动力市场按照"三化"(就业服务体系专业化、制度化、社会化)的要求,加紧劳动就业服务体系的建设。县人才劳动力市场内设就业管理部、失业管理部、职业介绍部、推荐培训部、劳动事务代理部。2005 年已实现劳动力市场的信息网络平台建设。

第四节　劳动培训

企业职工培训

1991—2005 年,永福县劳动部门开展企业职工职业技能与职业资格培训,组织企业职工参加职业资格鉴定,开办电工、钳工、汽车修理、电脑打字、商业营业员、粮食营业员等专业培训班,共培训 1150 人。经县工人技术考核委员会考核,其中 550 人获中级工技术等级证书、450 人获初级工技术等级证书。举办焊工、司炉工、起重机械操作、厂内机动车辆驾驶等特种作业人员培训班 22 期,共培训司炉工、焊工 165 名,机械车辆操作员 450 人,由桂林市(地区)劳动安全卫生监察机构进行考核、发证;举办电脑、美容美发、烹调专业培训班 18 期,共培训个体工商户、私营企业职工 1250 人。

城镇失业人员培训

1999 年,永福县劳动部门根据全县国有企业、集体企业因改制、破产、兼并,出现大批富余职工和失业职工,需要分流安置和重新再就业的情况,规定下岗职工可享受一次免费转岗专业培训。申请培训的人员,凭本人下岗证、失业保险证到劳动保障管理部门举办的培训机构自主选择专业报名培训。专业设置以实用技术为主,培训期限一般为 1 个月至 3 个月。培训期满参加结业考试,合格者发给专业技能培训结业证书。对需要持资格证上岗的工种,鼓励下岗失业职工参加职业技能鉴定,获取职业资格证书。1999—2005 年,县劳动服务公司开办的各类失业人员再就业技能培训班 1366 人次。2003 年 6 月,县就业服务培训中心成立以后,当年开办了电脑、美容、烹饪等培训班 4 期,参加的人员达 184 人。2004—2005 年,县就业培训中心为 750 名下岗失业人员提供免费再就业培训。

农村劳动力转移就业培训

1995年起,永福县劳动部门按照"市场引导培训,培训促进就业"的方针,采取联合办学、委托培训、定向培训、订单培训等创新培训模式,利用乡镇农民文化技校和社会办学机构等,开展农村富余劳动力转移技能培训工作。培训的主要内容是农村种植、养殖等实用技术和绿证培训以及美容、烹调、维修家电、家政服务等专业就业培训。2004年,永福县专门成立了农村劳动力转移培训工作领导小组及办公室,加快农村劳动力转移就业培训步伐。2005年,永福县被自治区批准为农村劳动力转移培训品牌基地,享受"阳光工程"培训补贴。1995—2005年,全县共举办农村实用技术培训班3928期(班次),培训40.18万人次;举办绿证培训班527期(班次),培训2.37万人次;举办其他转移就业培训班1339期(班次),培训6.14万人次。

表16-3　　　　　　1995—2005年永福县农村富余劳动力转移培训情况统计表

年度	成教专职教师（人）			成教兼职教师数（人）			办班及培训情况					
	小计	县	乡镇	小计	乡镇	村	实用技术		绿证		其他培训	
							班次	人数	班次	人数	班次	人数
1995	13	3	10	253	15	238	106	31888	3	153	29	2143
1996	13	3	10	312	15	297	104	40076	3	156	23	1270
1997	13	3	10	338	15	323	106	33593	4	185	24	1637
1998	13	3	10	346	23	323	424	22307	5	225	205	6502
1999	10		10	337	32	305	501	34357	58	2462	208	10011
2000	10		10	306	32	274	360	28058	44	2209	295	19191
2001	10		10	247	35	212	378	53974	81	4097	232	5037
2002	10		10	256	43	213	629	45250	87	3927	212	6344
2003	10		10	264	41	223	592	41106	87	3774	111	6829
2004	10		10	264	41	223	378	35207	80	3325		
2005	18	8	10	260	40	220	350	35669	75	3205		

第五节　劳动工资　离休退休

劳动工资

1991年,永福县部分国有企业工资实行工资总额与经济效益挂钩的办法。总的原则是:工资总额增长幅度低于企业经济效益增长幅度,职工实际平均工资增长幅度低于企业劳动生产率增长幅度。县劳动局负责审批企业工资总额基数和经济效益指标挂钩形式或工资水平。对暂时不能实行企业工资总额与经济效益挂钩的国有、集体企业、中外合资企业、私营企业则实行工资总额包干办法,所有企业都要实行工资总额使用手册报劳动局备案签章。对实行工资总额包干办法的企业,县劳动局将工资包干总额数填入工资总额使用手册签章;银行实行工资提取登记制度。工资总额包干办法对企业突击发钱、乱发钱、乱发奖金和国有资产的流失等起到了抑制作用,达到宏观调控的目的。1991年年底,全县共有国有企业职工

5239 人,年人平均工资 1994 元;城镇集体企业职工 3048 人,年人平均工资 1979 元;非公企业职工 68 人,年人平均工资 1686 元。

1994 年 1 月,根据《自治区人民政府办公厅转发自治区劳动厅、财政厅、经委、工资改革办公室关于深化企业工资改革适当解决我区部分企业工资问题意见的通知》精神,调整了企业工资标准,并对企业工人和企业干部执行同一工资标准。1995 年年底,全县共有国有企业职工 4857 人,年人平均工资 3741 元;城镇集体企业职工 1911 人,年人平均工资 4154 元;非公企业职工 683 人,年人平均工资 3938 元。

2000 年 1 月,永福县企业工资分配全面放开,由企业与职工(通过工会)进行集体协商工资分配方式。各种所有制企业坚持以按劳分配为主,多种分配方式并存和效率优先、兼顾公平的原则,允许和鼓励劳动资本、技术管理等生产要素参与收益分配,加强对企业内部工资收入分配的规范指导。劳动管理部门对企业工资总额实行宏观管理,企业职工工资调整根据上级下达调资政策与企业效益工资相结合的形式进行。2000 年年底,全县共有国有企业在岗职工 2187 人,年人平均工资 5958 元;城镇集体企业在岗职工 1255 人,年人平均工资 5909 元;非公企业在岗职工 420 人,年人平均工资 4374 元。

2001—2005 年,随着国有、集体企业的改制,全县国有、集体企业职工大幅度减少,职工年人均工资相应提高。2005 年年底,全县全部企业在岗职工 2847 人,年人均工资 11966 元。

离休退休

1991—2001 年,永福县的企业职工正常退休(即男年满 60 周岁,女年满 50 周岁;在管理岗位女职员 55 周岁),由县劳动局审批;特殊工种人员退休,由桂林市(地区)劳动局审批。军人转业到企业工作或自谋职业的原军队干部,本人自愿并申请,可以在正常退休年龄的基础上提前 5 年退休,由县劳动局审批;因工伤和非因工完全丧失劳动能力人员退休,由县劳动局审批;经市(地区)劳动鉴定委员会作出伤残等级鉴定,完全丧失劳动人员退休、退职均由县劳动局审批。2002—2005 年,永福县的企业职工退休、退职均由县人事劳动和社会保障局审批。县属企业离退休人员;1991 年为 767 人,1995 年为 1150 人,2000 年为 1840 人,2005 年为 3220 人。

1991—2002 年,永福县离退休人员的管理由所在单位自管;企业被兼并或收购的,由兼并或收购单位代管;企业破产或倒闭的,由其上级主管部门代管,无主管部门的由县社会劳动保险事业管理所代管。2003 年始,全县企业退休人员移交社区管理。2003 年年底,全县已纳入社区管理的退休人员有 1204 人。永福县企业职工在办理退休手续后,其管理服务工作便与原单位分离,养老金实行社会化发放。人员移交社区和街道实行属地管理,由社区服务组织提供相应的服务。

2005 年,全县 3220 名企业退休人员全部实现社会化管理。

第六节　劳动争议仲裁　劳动保障监察

劳动争议仲裁

1991—1992 年,永福县每年受理各类劳动争议案件 3~5 件。大多通过调解解决。1993 年 8 月 1 日《中华人民共和国企业劳动争议处理条例》实施。永福县劳动局依法受理劳动争议仲裁案件,妥善处理企业劳动争议,保障企业和职工的合法权益。

1999 年后,永福县国有集体企业逐步改制,企业劳动关系日趋复杂化、多元化,隐性矛盾显性化。劳动争议案件较快增长,当年受理的劳动争议案件 13 件。各类案件主要集中在解除或终止劳动合同的经济补偿、社会保险费的缴纳、工资福利的兑现等方面。

2002 年 1 月,永福县专门成立了劳动争议仲裁委员会。该仲裁委员会由县人事劳动和社会保障局、县经贸局、县总工会等部门组成,设仲裁委员主任 1 名、副主任 2 名、委员 3 名。仲裁委员会下设办公室(设在县人事劳动和社会保障局),负责受理全县劳动争议仲裁案件。2002 年 1 月至 2005 年 12 月,全县共受理劳动仲裁案件 78 件,其中 2002 年 11 件、2003 年 20 件、2004 年 17 件、2005 年 30 件。从仲裁的内容来分:涉及社会保障案件 23 件、解除劳动合同经济补偿金案件 31 件、除名案件 6 件、工伤案件 14 件、因履行劳动合同而发生的争议案件 4 件。通过仲裁裁决 53 件、仲裁调解 16 起、申诉人自行撤诉 9 起,结案率为 100%。

劳动保障监察

1991 年,永福县劳动保障监察职能由县劳动局负责。1992—1994 年,完善劳动监察机构,检查国有、集体企业用工制度和用工情况,有无招用童工现象等。

1995 年,县劳动局设立劳动安全监察股,配备 1 名专职和 2 名兼职的劳动监察员。会同县经委、总工会、工商行政管理局等部门对 15 家具有代表性的国有、集体和非公企业进行重点检查。国有、集体企业基本上没有违反《中华人民共和国劳动法》,无招用童工及拖欠职工工资等现象。但少数非公企业存在用工未签订劳动合同、随意性大等现象。对违反用工规定的业主及时教育批评,并提出纠正措施。

1996 年,县人民政府办公室印发《关于实行劳动监察年度审查制度的通知》,开展劳动监察年审和《中华人民共和国劳动法》执法检查工作。由县劳动管理部门对用人单位签订劳动合同情况及最低工资保障、社会保险费用缴纳、基本劳动标准、有无使用童工等情况进行一次全面检查。对劳动用工等各方面情况符合《中华人民共和国劳动法》规定的企业单位颁发"劳动监察年度审查合格证",共颁发"劳动监察年度审查合格证" 173 本(173 个单位);对违反《中华人民共和国劳动法》的行为,如未签订劳动合同、未缴纳社会保险费,私营企业随意延长劳动时间、无故拖欠工资等行为,责令限期改正。至 12 月底,全县 80% 的国有企事业单位、75% 的集体企业单位办理了"劳动监察年度审查合格证";私营企业和个体工商户有 60% 办理了该项手续。

1997—2005 年,县劳动管理部门每年开展一年一度的劳动监察年审和劳动执法检查工作,以及专项执法检查工作。共完成劳动监察年审 1750 户(次)。通过劳动执法检查工作,全县国有集体企业及规模以上民营(私营)企业签订劳动合同共有 341 家,签订劳动合同的职工人数 5223 人。其中,国有企业 56 家,劳动合同签订率达 98%;集体及私营企业 285 家,涉及职工人数 2838 人。

第七节　社会保险

城镇企业职工养老保险

养老保险金征缴　1988 年以前,永福县的企业职工实行退休金制度。职工退休后,按比例在企业领取退休金。1986 年 9 月,成立永福县社会保险事业管理所,当年 12 月将全民所有制企业合同制工人退休养老基金从保险公司接管过来。1987 年 1 月,在全民所有制企业合同制工人中开展退休费用统筹。至 1987 年年底,参加退休费用统筹的全民所有制企业达到 50% 以上。1988 年 4 月,根据桂林地区行署布置,永福县在城镇集体企业合同制工人中推行退休费用统筹。1989 年,县供销系统全部参加养老保险费用统筹。

1991 年,贯彻《国务院关于企业职工养老保险制度改革的决定》和《自治区人民政府贯彻国务院关于企业职工养老保险制度改革决定的规定》,明确了企业职工基本养老保险基金由国家、企业、个人共同负担。从当年 11 月 1 日起,参保企业按工资总额的 18%,职工个人按本人标准工资的 3% 缴纳。永福县全民所有制企业、企业化管理的事业单位及其职工和部分自收自支的事业单位及其职工都参加了社会劳动养老保险统筹。除个别生产经营困难企业不愿意参加养老保险外,城镇集体企业大都参加了养老保险统筹。1991 年年底,全县参加养老保险的单位 87 个,参加养老保险在职职工 5897 人,其中国有企业、供销系统、自收自支事业单位职工 3792 人,占参保总人数的 64.30%;纳入养老保险范围的离退休人员 2 人。

1993 年始,把供销社系统以外的集体企业纳入企业职工养老保险范围。1997 年,企业职工养老保险的覆盖范围扩大到城镇各类企业和企业化管理的事业单位的全部职工,包括国有、集体、非公企业的全部职工以及城镇个体工商户,参加养老保险单位和职工逐年增多。

1998 年 1 月,永福县按照广西统一基本养老保险费的缴纳标准,所有参保单位的缴纳标准提高到在职职工工资总额的 20%,个人缴费标准提高到个人工资总额的 4.50%;废止退休人员也按退休费总额一定比例由单位缴费的规定。从 1998 年起,单位缴费比例以 20% 为封顶线,个人缴费则在 4.50% 的基础上每年上调 0.50%,直至调至 8% 为止。2004 年,个人缴费标准调整到个人工资总额的 8%。单位、个人缴费均达封顶线,两项之和达到工资总额的 28%。

2005 年 3 月,自治区人民政府发布《关于进一步完善城镇企业职工养老保险基金市级统筹的通知》文件,永福县的企业职工养老保险工作纳入了市级规划,实现了企业职工养老基金市级统筹。2005 年年底,全县共有 89 家企业 7292 名职工、3220 名离退休人员参加了养老保险。其中民营非公企业 8 家,职工 328 人,个体和灵活就业人员 2886 名。1991—1999 年,全县征缴职工养老保险费 2944.17 万元;2000—2005 年,全县共收缴养老保险费 8403 万元。

退休待遇计发 1991—1994 年,永福县企业退休人员的养老待遇计发,按其累计工龄的长短分档次,分别享受其退休前上月标准工资的 60%、70%、75%、80%、85% 等,最高不超过 100%。1994 年 7 月 1 日起,执行自治区政策规定,实行基本养老金计发办法改革,新退休的人员(即参保年限在 15 年以上,男年满 60 周岁,女年满 55 周岁的企业职工)按基础性养老金、过渡性养老金、个人账户养老金、工龄补贴等数块之和构成,并进行新老计发办法对比,就高不就低。自 1994 年 7 月 1 日起,新退休的企业人员(城镇各类企业的职工及个体工商户)用新计发办法计发养老待遇。新计发办法的养老待遇普遍高于老计发办法计划的养老待遇;企业离休人员比照机关行政单位同类人员享受离休待遇养老金。

1991—1996 年,永福县企业离退休人员的养老金发放,采取差额收缴与差额拨付,委托企业代发。这一做法程序简单,容易结算和操作,但较多企业不按时足额给离退休人员发放养老金,将养老金挪作他用。拖欠离退休人员养老金的情况较为普遍,影响了企业离退休人员的基本生活。1997 年开始,永福县对参保企业的养老保险实行全额收缴,对所有参保的离退休人员的养老金实行全额发放,委托银行代发。1998—1999 年,由于多种原因,永福县对企业职工养老金又改为差额收缴与差额拨付,委托企业代发。

2000 年,永福县根据自治区政策规定,恢复对参保企业的养老保险实行全额收缴,对所有参保的企业离退休人员的养老金实行全额发放,委托银行代发(亦称为社会化发放)。2000—2005 年,通过社会化发放,支付企业离退休人员养老金 9109 万元,支付遗属抚养费 347 万元。2005 年,全县城镇企业养老保险统筹范围内的离退休人员 2120 人。年支付职工养老金 2110 万元,养老金社会化发放率和按时足额发放率均保持在 100%。在发放形式上,本着"就近、方便、安全、快捷"的原则,采取了委托银行、邮政储蓄、信用社等金融机构发放的方式,确保每一位企业离退休人员每月都能按时足额领取到养老金。截至 2005 年年底,永福县企业退休职工养老金月最高领取 2014.80 元,月最低领取 185 元。

1991—2005 年,全县共支付企业离退休职工养老金 8560.38 万元。

企业职工养老保险基金管理　1991—1996 年,永福县城镇企业职工养老保险基金实行独立管理与运行。1997 年,广西实行自治区级统筹,由永福县按养老保险缴费工资总额和基金入库总额的一定比例向自治区上缴养老保险调剂金,并由广西统一政策,统一收缴与支付标准、统一管理和统一使用调剂金,对完成自治区下达的年度征缴任务 90% 以上仍支付不足的市、县,由自治区给予一定的养老基金调剂。市、县上缴调剂金后剩余基金,仍由市、县各自独立管理与核算使用。1991—2000 年,永福县的城镇企业职工养老保险基金,由县社会劳动保险所自收、管理、自支。2001—2005 年,永福县对城镇企业职工养老保险基金实行收支两条线管理,所征缴入库的养老保险基金全额存入县财政开设的基金专户,由财政局实行专户管理。养老保险经办机构所需办公经费及工作人员的工资福利,由县财政纳入预算并由财政部门统发。养老保险经办机构只设基金征缴收入和支出户,月末将收入户余额全部划入财政局基金专户。同时,养老经办机构按当月需支付离退休费总额向县财政局申请用款计划,经财政部门审核后按每月的实际需要从基金专户划入经办机构的支出户。2005 年,自治区人民政府下文对养老保险基金实行市级统筹。永福县除按原标准向自治区上缴调剂金和接受自治区调剂外,由桂林市政府对永福县历年结余的和当年征缴的养老保险基金,统一收归市级养老保险基金专户管理,同时接受市级养老保险基金调剂。

随着企业离退休人员逐年递增和养老待遇增加,永福县基本养老保险基金呈现支付缺口且逐年增大。中央及自治区、桂林市人民政府加大了对永福县基本养老保险基金的投入,每年通过采取转移支付的办法,给永福县城镇企业职工养老保险进行专项补贴。1997—2005 年,上级共下拨调剂金 136 万元;上级财政补贴县养老保险基金 1427.05 万元。

机关事业单位职工养老保险

1995 年以前,永福县机关事业单位职工实行离退休制度(即离退休金由财政拨给)。离退休费、丧葬费、抚恤金、遗属抚养费,均按国家及自治区有关规定计发。1995 年开始,将全县机关、事业单位干部职工及离退休人员纳入社会养老保险范围,将离退休金制度改革为职工养老保险制度,并成立县机关事业单位养老保险所,具体承办全县机关、事业单位干部职工的养老保险业务。机关、事业单位按在职人员工资总额和离退休人员的退休(职)费总和的 25% 缴纳养老保险费,职工个人按本人工资的 2% 缴纳养老保险费。机关、事业单位职工养老保险待遇按国家工资政策规定计发离退休费、丧葬费、抚恤金等。1995 年年底,全县机关、事业单位参加养老保险的干部职工 6220 人,离退休人员 1123 人。此后连年参保率都保持 100%,养老保险收缴率在 90% 以上,每年每月按　时足额发放离退休费及支付养老保险待遇。

2003 年,由于国务院对机关事业单位职工养老保险无统一政策与标准,各地做法不一,永福县原参保的机关公务员、全额拨款的事业单位退出参保缴费,差额拨款事业单位职工改按企业职工基本养老保险参保办法参保,执行企业职工基本养老保险标准。机关事业单位养老保险业务合并到县社保所。原机关、全额拨款的事业单位退休人员执行国家机关、事业单位退休制度,退休费由财政全额承担。差额拨款事业单位原退休人员的退休费,改按企业退休费发放后,不足部分由财政补足。1995—2002 年,全县共计征缴机关事业单位养老保险基金 1456.81 万元,拨付养老保险待遇支出基金 959.19 万元。

1995—2002 年,全县在职村干部参加了村干养老保险。

农村社会养老保险

1992 年 12 月,永福县农村社会养老保险,按照民政部制定的《县级农村社会养老保险基本方案(试行)》的规定和要求,由县民政局组织实施,参保对象为农民、乡镇企业职工及其他各业人员。以村为单位组织投保,缴纳保险费不分性别、职业,年龄为 19 周岁至 60 周岁,领取养老保险金的年龄为 60 周岁。

1993 年,永福县在 10 个乡镇的农村社会养老保险工作同时开展。至 2001 年,全县共有 22813 人参加农村社会养老保险,收取保险金累计 464.43 万元。2002 年 1 月,机构改革时,农村社会养老保险业务由县民政局移交给县人事劳动和社会保障局,并停止发展农村社会养老保险新业务,停止收取保险费,工作重点转移到加强基金管理和业务档案的清理上,对原已参加农村社会养老保险的人员,凡符合领取养老保险金条件或者退保条件的都要按规定足额发放养老金或给付退保金。

农村养老保险费缴纳以个人缴纳为主,集体补助为辅,国家予以政策扶持。保费缴纳采用每年一次性收费,设 100 元至 1000 元 10 个档次,多缴不限。个人缴纳部分和集体补助部分分别记账在个人名下,实行个人账户管理。从保险对象年满 60 周岁的下一个月起即可按月领取养老金。保险对象领取养老金保证期为 10 年,领取养老金不足 10 年身故者,其保证期内的养老金余额可以继承;领取养老金超过 10 年者,支付养老金直至其身故为止。

1993—2005 年,全县农村社会养老保险参保人数 2.28 万人,累计领取养老金人数为 1141 人,累计发放养老金 9.50 万元。

城镇职工医疗保险

医疗制度改革　1991—1999 年,永福县仍实行中华人民共和国成立后所一直推行的机关事业单位公费医疗制度和城镇企业职工劳保医疗制度,其中 1992 年桂林地区在永福县进行城镇企业职工养老保险试点。2000 年,永福县启动城镇职工基本医疗保险制度改革,将原县公费医疗管理办公室并入县城镇职工基本医疗保险事业管理所,负责全县医疗保险金的筹集管理与支付。2002 年,全县医疗保险逐步向城镇集体企业、私营企业及其他职工扩展。2004 年,医疗保险向个体工商户和灵活就业人员扩展。2005 年,全县城镇职工基本医疗保险参保人数达 13415 人,其中在职干部职工 8985 人,退休人员 4430 人;全县征缴医疗保险基金 753 万元,支付 725 万元。2000—2005 年,全县城镇职工基本医疗保险运行平稳。

参保范围　2000 年,永福县医疗保险根据国务院 1998 年《关于建立城镇职工基本医疗保险制度的决定》,确定参保范围为全县行政机关、企事业单位(含中央、自治区驻永福县单位)的职工与退休人员,实行属地管理,医疗保险费由用人单位和职工共同负担,医疗保险基金实行社会统筹与个人账户相结合。

医保基金征缴　2000 年,永福县城镇职工基本医疗保险基金按照"以支定收、收支平衡"的原则筹集,由用人单位和职工共同缴纳。用人单位以在职职工上年度工资总额为缴费基数,按 6% 缴纳基本医疗保险费;在职职工个人以上年度本人工资收入缴费基数,按 2% 缴纳基本医疗保险费;退休人员个人不缴纳基本医疗保险费。用人单位因生产经营发生困难,确实无法按时足额缴纳基本医疗保险费的,可以申请办理缓缴手续,缓缴期满仍不能按时足额缴纳基本医疗保险费的,暂停参保单位人员享受医疗保险待遇;未经批准而终止缴纳基本医疗保险费的,停止享受医疗保险待遇。参保人员个人账户有余额的,可继续享受个人账户规定开支的基本医疗待遇。企业依法宣告破产的,必须按规定清偿欠缴的基本医疗费,并一次性缴足退休人员 10 年的基本医疗费。

2000—2005 年,全县共征缴基本医疗保险基金 3036 万元,每年基金征缴率都达到 99%。

医保基金支付　2000 年,永福县城镇职工基本医疗保险基金由统筹基金和个人账户两部分构成。在职职工个人缴纳的基本医疗保险费,全部划入职工本人个人账户;用人单位为职工缴纳的基本医疗保险费划入职工本人个人账户部分,以参保人员本人上年度工资收入(退休养老金总额)为基数,按下列年龄段和比例划入:在职职工 45 周岁(含 45 岁)以下的划入 1.10%,45 周岁以上的划入 1.30%,退休人员划入 4%。

参保职工个人账户的本金和利息为职工个人所有,只能用于基本医疗,不得透支,不得提取现金,可以结转使用和依法继承。用人单位缴纳的基本医疗保险费,按上述规定比例划入个人账户后,其余部分全部进入基本医疗保险统筹基金,统筹基金用于大病治疗和救助。2000—2005 年,全县开通定点药店 9 家,参保人持医疗保险证（卡）可到定点药店购药。

2000—2005年，全县共支付基本医疗保险基金2753万元。

表16-4

2000—2005年永福县医疗保险情况统计表

项目 年份	参保人数（人）			征缴基金 （万元）	基金征缴率 （%）	支付基金 （万元）
	合计	其　　中				
		在职人员	退休人员			
2000	7264	5711	1553	227	99	140
2001	9611	7319	2292	394	99	338
2002	10306	7691	2615	480	99	469
2003	10756	7650	3106	651	99	439
2004	11045	7678	3367	531	99	642
2005	13415	8985	4430	753	99	725

大病救助　2003年9月，县人民政府制定《永福县城镇职工基本医疗保险大病救助暂行办法》，从即日起实施。每年收缴参加大病救助保险的每位职工（含退休人员）大病救助费40元，建立大病救助基金，对患大病者实行救助。大病救助保险基金每年每人最高支付限额为6万元，符合规定范围内的养老费用的报销最高比例为70%。如年度所收的基金不够支付时，县医保所根据当年大病救助基金实收和所发生的大病医疗费用总额，确定支付比例，但基本金的支出不得突破当年所收大病救助基金的总额。2005年，收缴全县职工大病救助基金70万元，支出69万元，基本做到了收支平衡。

失业保险

保险范围　1987年1月，永福县建立待业保险制度，在国有企业、自收自支事业单位及职工中实行待业保险，并开展待业保险基金收缴业务。1990年1月，待业保险范围扩大到供销社系统的集体企业。1991年，全县参加待业保险职工共2100人。1993年年底，用"失业保险"概念替代"待业保险"。

1991年，永福县开始对宣告破产的国有企业职工、濒临破产国有企业法定整顿期间被精减的职工、终止和解除劳动合同的工人以及企业辞退的职工实行失业保险制度。1998年，失业保险的覆盖范围扩大到城镇企业事业单位及其职工。城镇企业是指国有企业、城镇集体企业、外商投资企业，城镇私营企业以及其他城镇企业；城镇事业单位包括全部自收自支，差额拨款及全额拨款事业单位。2005年，全县参加失业保险职工5788人。

保险金收缴　在1998年7月1日前，全县失业保险参保企业按职工年工资总额1%缴纳，职工个人不缴纳。1994—1998年，全县共收缴失业保险费73万元。由于失业保险基金支付缺口增大，1998年7月1日后，按国家统一部署，永福县将失业保险缴费标准调整为用人单位按照职工月工资总额的2%，个人按1%缴纳，当失业保险基金不够支付时，由县财政给予补贴。1999年，全县收缴失业保险基金总额19.78万元。从2002年起，随着失业保险征缴对象的增多，失业保险基金年收缴总额超过100万元。2005年达120万元。1999—2005年，全县共收缴失业保险基金680.42万元。

保险救助金发放　失业保险基金的使用范围主要用于失业人员的失业救助金发放。发放标准为：缴费满1年不足5年的领取12个月的失业救助金，满5年不足10年的领取18个月的失业救助金，满10年以上的领取24个月的失业救助金。失业救助金的计算：1998年9月份以前，按失业人员本人工资的60%

至 70% 计发。1998 年 10 月起,按永福县最低工资标准的 70% 计发。具体标准为,1991 年待业救助金每人每月 30 元;1994 年 1 月开始,每人每月 64.60 元;1995—1997 年,每人每月 75 元;1998—2000 年,每人每月 140 元;2001 年每人每月 160 元;2002—2003 年,每人每月 221 元;2004 至 2005 年,每人每月领取 262.50 元。2005 年,全县领取失业救助 246 人。参加失业保险失业人员的门诊医疗费按应领失业保险金的 10% 计发。

1991—2005 年,全县领取失业救助(含待业救助)人数 2888 人,共发放失业救助金 822.80 万元。其中,1991—1998 年发放失业救助金 17.44 万元;1999—2005 年发放失业救助金 805.36 万元。

失业人员家庭人均收入低于县城镇居民最低生活标准的,可以按照规定享受县城镇居民最低生活保障待遇。

工伤保险

保险范围 2002 年 6 月,永福县企业职工工伤保险开始统筹。参保单位是县内已参加养老保险的全民所有制企业、企业化管理的事业单位、城镇集体所有制企业、乡镇企业、私营企业等。参保职工是上述单位在职的固定工、"混岗"集体工、劳动合同制工人等。2003 年,参保职工扩大到临时工、"三资"企业(即中外合资、中外合作及外商独资企业)职工。是年,企业工伤保险范围扩大到城镇各类企业及其职工。2004 年,国家颁布施行《工伤保险条例》后,将有雇工的个体工商户也纳入企业工伤保险范围。

至 2005 年年底,全县参加企业工伤保险职工 2218 人。

保险金征缴 2002 年,永福县企业工伤保险费由单位缴纳,职工个人不缴纳。工伤保险费根据以支定收,收支平衡的原则确定费率。

2002 年 6 月至 2003 年,全县所有参保单位的工伤保险缴费率为企业职工年工资总额的 0.80%。2004 年起,实施参照《国民经济行业分类》将行业划分为三个类别:一类是风险较小行业,二类为中等风险行业,三类为风险较大行业。这三类行业的缴费基准分别为 0.50%、1.00%、2.00%。用人单位属一类行业的,不实行费率浮动;用人单位属二、三类行业的,费率实行浮动。工伤保险基金实行县内统筹。工伤保险基金的 20% 为储备金,县提留的储备金自留 50%;另 50% 上交市级、自治区级工伤保险经办机构。工伤保险储备金由自治区统筹,实行县、市、自治区三级管理。2002 年 6 月至 2005 年,全县征缴工伤保险基金共 108 万元。其中 2005 年,征缴工伤保险基金 3.50 万元。

工伤认定及待遇 2002 年 6 月,成立永福县劳动鉴定委员会。2002—2003 年,全县工伤职工劳动能力鉴定由县劳动鉴定委员会评定伤残等级,由县社会劳动保险所负责组织实施。2004 年,改由桂林市劳动能力鉴定委员会评定伤残等级,由县城镇职工基本医疗保险所负责组织实施。2003—2005 年,全县申请工伤认定人数 9 人,其中认定为工伤 9 人。

2002 年 6 月至 2005 年,全县共支付企业工伤保险待遇 79 万元,收支相抵,累计结余 29 万元。其中,2005 年,认定企业工伤人数 4 人,支付工伤保险医疗费 0.50 万元。

第十七篇

民政 扶贫 信访

2005年4月,永福县信访工作实行首问责任制度　　张桂发　摄

第一章　民　　政

1991—2005年，永福县民政工作管理任务不断增加，民政管理职能不断扩大，业务扩展。主要负责基层自治组织建设、优待、抚恤、复退军人安置、救灾救济、社会救济、城乡居民最低生活保障、社会福利、老龄工作、婚姻与收养登记、殡葬管理、勘界和地名管理、民间组织管理等工作。

加强基层自治组织建设。1995年11月完成97个村公所改设村民委员会工作。同年实行村民自治。1998年6月，村民委员会实行村务公开、民主管理制度。2003年6月至9月，全县设置6个社区居民委员会，全面开展社区建设。至2005年，全县93个村民委员会、6个社区居民委员会全部完成换届选举。

落实优抚安置政策。1991—2005年，多次提高烈军属、革命伤残军人等优抚对象抚恤补助标准。义务兵家属优待政策落实面达到100%。落实复退军人安置政策，做好双拥工作。15年间，永福县连续4次获得自治区双拥模范县称号。

开展救灾救济。1991—2005年，县人民政府累计发放抗洪抗旱救灾款2110.90万元；中央、自治区和市级民政部门累计支援救灾款1583.90万元。1998年10月，在县城试行城镇居民最低生活保障制度。同年，启动农村居民最低生活保障工作。2000年，在全县全面推行城镇居民和农村居民最低生活保障制度。2001—2005年，全县农村居民最低生活保障费停止发放。

社会福利事业稳步发展。1991—2005年，逐步改善县福利院、光荣院、敬老院、社区服务楼等硬件和软件设施建设；发行销售社会福利彩票。15年间，共资助社会福利事业项目100多万元。推进殡葬改革，建立公墓。

老龄事业健康发展。1991—2005年，随着社会保障体系的健全，老年人基本生活有了保障。全社会形成爱老、敬老、助老良好氛围，老年文体活动正常开展。

加强婚姻与收养登记。1991—2005年，共办理结婚登记2.81万对，其中复婚71对；离婚登记1413对。

开展勘界和地名管理。1999年6月—2001年10月，县民政部门抽调力量开展行政勘界，共完成县际边界勘定390.53千米和县辖10个乡镇边界勘定工作。

加强民间组织管理。1991—2005年，全县共办理社会团体登记40个，其他农村经济协会登记81个，依法注销社会团体6个。

第一节　机　　构

永福县民政局

1974年2月，成立永福县民政局。1991年，县民政局为县人民政府工作部门，正科级行政机构，负责全县民政事务管理。内设办公室（秘财股）、救灾救济股、优抚安置股及扶贫办，在编人员11人。其中，局长1人、副局长2人、秘书1人，各股均设股长1人，扶贫办设主任1人，工作人员及司机各1人。局办公地址在县政府大院内。1992年，县民政局增设社团管理股，增加行政编制1名。1993年4月，县民政局增设二层机构：永福县农村社会养老保险所，增加事业编制4名（为核定自收自支事业单位人员编制性质）。是年，县民政局共有行政、事业编制人员 16 人。1996 年 10 月,民政局实行"三定"(定责、定岗、定人员)方案,增加行政人员编制 2 名。

2001 年 12 月,机构改革,保留县民政局。县扶贫办实行单列,与民政局分离。同时将民政局二层机构永福县农村社会养老保险所划归县人事劳动保障局管辖,县老龄工作委员会办公室并入民政局,又将县地名办的业务从县志办划出归民政局管辖。是年年底,县民政局设有办公室(秘书股)、财务股、救济救灾股、优抚股、安置股、基层政权股、社团股、老龄工作办公室、地名区划办公室、社会福利有奖募捐办公室(7 股 3 室)。共有民政行政人员编制 14 名,实配 14 人,设局长 1 人、副局长 2 人、纪检组长 1 人、副主任科员 3 人,股室股长、办公室主任及工作人员 7 人。

2004 年 10 月,永福县城市居民最低生活保障所成立,核定编制 2 名,设所长 1 人、工作人员 1 人,属县民政局二层事业单位。2005 年,永福县城市居民最低生活保障所人员编制增至 5 名。

2005 年 3 月,永福县民政局婚姻登记管理处成立,核定编制 2 名。8 月 1 日起,全县婚姻登记业务统一集中由该处办理。

2005 年底,县民政局为县人民政府工作部门,正科级行政机构。内设办公室(秘书股)、财务股、救灾救济股、优抚安置股、双拥办公室、基层政权股、社团管理股、老龄工作委员会办公室、地名区划办公室、城市居民最低生活保障所(低保所)、婚姻登记管理处等 11 个二层股室。配有行政、事业民政专职干部人员共 23 人。其中,局领导班子成员 6 人,即局长兼局党组书记 1 人、副局长 2 人、纪检组长 1 人、局党组成员 2 人;另设有局非领导职务主任科员 1 人、副主任科员 3 人;各股室正、副股长,正、副主任等共 13 人。永福县民政局办公地址在县城龙福路山北洲街 6 号。

1991—2005 年,历任县民政局局长有:赵日生(1991 年 10 月—1993 年 12 月)、阳社恩(1994 年 1 月—2001 年 10 月)、袁天赐(2002 年 1 月—2005 年 12 月)。

永福县老龄工作委员会办公室

1986 年 10 月,成立永福县老龄问题委员会。1989 年更名为永福县老龄工作委员会。1991 年,县老龄工作委员会为县政府正科级职能机构,人员编制 2 名,实配人员 2 人。办公地址在县政府大院。1996 年 7 月机构改革改称永福县老龄工作管理处,仍为正科级职能机构,编制 2 名,实配 2 人。2001 年 12 月机构改革,将县老龄工作管理处降格为股级机构,称县老龄工作委员会办公室,并划入为县民政局二层机构,具体负责全县的老龄工作事务,编制 1 名,实配 1 人。

1991—2001 年,历任县老龄工作管理处(含老龄工作委员会)主任有:张学邕(1988 年 6 月—1991 年 1 月)、吕万纪(1991 年 1 月—1992 年 3 月)、梁孝生(1996 年 6 月—1999 年 4 月)。

乡镇民政机构

1991 年 3 月,永福县 10 个乡镇建立民政办公室,每个办公室均有专项人员编制,设民政办主任 1 人,民政助理 1~2 人。2005 年,全县设有 9 个乡镇民政办公室,每个民政办有人员编制 2~3 名。

第二节　基层自治组织建设

村民委员会

1984 年 9 月,永福县在撤销人民公社管理委员会,建立乡镇人民政府的同时,将原人民公社下辖的 97

个生产大队改为 97 个村（居）民委员会，为基层群众性自治组织。

1987 年 9 月，根据自治区党委、自治区人民政府《关于把村民委员会改设在自然村的通知》精神，永福县将原以生产大队设立的 97 个村（居）民委员会改设为 97 个村公所，把村民委员会改设在自然村屯。村公所作为乡镇人民政府的派出机构，代表乡镇人民政府直接领导和指导村民委员会的工作。村公所干部由乡镇人民政府委任，工资由地方财政支付。村公所下辖村民委员会。全县共建立设在自然村的村民委员会 773 个。村民委员会的主任、副主任和委员，由该村有选举权的村民直接选举产生；村委会干部不脱离生产，报酬或补贴由村民统筹或由村办企业收入支付。

1991 年，全县共设 97 个村公所，773 个村民委员会，1912 个村民小组。

1995 年 11 月，按照自治区党委、自治区人民政府的统一部署，永福县开展撤所改委工作，即将原 97 个村公所改为 97 个村民委员会。村委会的干部，由该村有选举权的村民选举产生。村委会每届任期 3 年，可连选连任。村委会干部的报酬实行定补，人数按原村公所干部定补职数不变。撤所改委后，原以自然村设立的 773 个村民委员会自行撤销，改设为村民小组或其他经济合作组织。

2001 年，全县辖 97 个村民委员会，1871 个村民小组（队）。2003 年 6 月，永福镇中州村委会与永福镇街道委员会合并重组社区委员会。全县村民委员会调整为 96 个。

2003 年 9 月，罗锦镇镇上村民委员会改设为镇社区居民委员会；苏桥镇苏桥村民委员会改设为苏桥社区居民委员会；百寿镇寿城村民委员会改设为寿城社区居民委员会。是年年底，全县有村民委员会 93 个，1871 个村民小组（队）。

2005 年，全县有村民委员会 93 个，1871 个村民小组（队）。

1991—2005 年，全县各村委会相继修建办公楼（室），实现有人办事、有地方办事的基层群众自治建设格局。

村级民主选举　1991—1995 年，全县村公所的干部由乡镇人民政府委任。设在自然村屯的村民委员会的主任、副主任和委员，由该村有选举权的村民直接选举产生。

1995 年 11 月，全县撤销村公所改设村民委员会。1996 年 9 月 22 日至 26 日，举行首届村民委员会民主选举。全县 97 个村民委员会依法民主选举产生第一届村民委员会主任共 97 人、副主任 199 人、委员 168 人。1999 年 9 月 23 日至 29 日，永福县举行第二届村民委员会换届民主选举，共选出第二届村民委员会主任 95 人，还有桃城乡樟峡村、百寿镇新隆村 2 个村的村主任后经补选产生；副主任 199 人、委员 241 人。2002 年 9 月 20 日至 26 日，永福县举行第三届村民委员会换届民主选举，由 2898 名村民代表分别选举产生 97 个村的村民委员会主任 97 人、副主任 201 人、委员 241 人。2005 年 8 月 12 日至 9 月 20 日，永福县如期完成第四届村民委员会换届民主选举工作，共选举产生村民委员会主任 93 名、副主任 196 名、委员 238 名。

村级民主管理与村务公开　1998 年 6 月，永福县在全县 97 个村全面推行村务公开、民主管理制度，将村民关心的大事公布上墙，接受群众监督。当年 97 个村民委员会共设立村务公开专栏 97 处，面积 650 多平方米。每年村务公开的内容有：村民委员会干部任期目标；村民委员会财务收支情况；计划生育年度人口计划、生育指标发放政策、办法、发放对象；国家建设征用土地补偿费、劳动力安置补偿费及宅基地审批执行情况；土地承包及集体经济项目承包、经营情况；优抚、救灾救济款物发放情况；征兵、招工及涉及村民利益的重大事项；村民负担情况；上级党委、上级政府部门及相关部门的政策规定等。各村都建立了村务公开监督小组和理财小组，设监督举报箱和投诉电话。1998—2005 年，全县 10 个乡镇 93 个村民委员会累计公布村务公开内容共 2786 期，基本做到将当年基本情况公布上墙，接受群众监督。实现村民委员会村务公开工作制度化、规范化管理。

村级民主决策　1995—2005 年，永福县所有村委会全部实现村级民主决策。村级民主决策的主要形式是村民会议和村民代表会议。它们由村民委员会主持召开。村民会议由本村 18 周岁以上的村民组成。

召开村民会议,由本村过半数或者三分之二以上农户的代表参加,所做决定须经到会人员过半数以上通过方为有效。以下涉及村民利益的重大事项,村民委员会必须提请村民会议或者村民代表会议讨论决定方可办理:乡统筹的收缴方法,村提留的收缴及使用;本村享受误工补贴的人数及补贴标准;从村集体经济所得收益的使用;村办学校、村建道路等村级公益事业的经费筹集方案;村级集体经济项目的立项、承包方案及村公益事业的建设承包方案;村民的承包经营方案;宅基地的使用方案;村民会议认为应当由其讨论决定的涉及村民利益的其他事项。

社区居民委员会

1991 年,永福县有 1 个街道居民委员会,即永福镇街道居民委员会。随着县城建设和各乡镇小城镇建设步伐加快,2003 年 6 月,永福镇中洲村与永福镇街道居民委员会合并,组建凤城、龙泉和向阳社区居民委员会。2003 年 9 月,罗锦镇镇上村民委员会改设为镇上社区居民委员会;苏桥镇苏桥村民委员会改设为苏桥社区居民委员会;百寿镇寿城村民委员会改设为寿城社区居民委员会。是年年底,全县有 6 个社区居民委员会。

根据《中华人民共和国城市居民委员会组织法》,各社区居民委员会分别召开社区居民代表会议,依法民主选举社区居民委员会主任、副主任和委员人选。2003 年 9 月,永福县 6 个社区居民委员会完成第三届换届选举工作。2005 年 8 月至 9 月,永福县 6 个社区完成社区居民委员会第四届换届选举工作,共选举产生居民委员会主任 6 人、副主任 17 人、委员 36 人。2005 年,全县社区居民委员会有 6 个,即永福镇的凤城、龙泉、向阳社区委员会,百寿镇的寿城社区居委会、罗锦镇镇上社区居委会,苏桥镇苏桥社区居委会。6 个社区委员会皆有办公楼,实现有人办事、有地方办事的城镇基层群众自治建设格局。城镇社区居民委员会坚持以人为本,服务居民,构建起社会化社区服务体系,建立社区治安服务,警务进社区服务;开展文明小区创建活动,组织居民开展便民利民、家政服务等社区服务项目。

第三节　优待　抚恤　安置

优　待

1991—1993 年,永福县农村义务兵家属优待金户均 600 元;城镇义务兵家属优待金户均 240~250 元。1994 年,农村义务兵家属优待金提高到户均 640 元。1995 年,全县发放义务兵家属优待金 28.28 万元。1996 年,农村义务兵家属优待金提高到户均 1268 元;城镇义务兵家属优待金提高到户均 300 元。1997—1999 年,永福县按上年农民人均纯收入 70% 的标准发放义务兵家属优待金。农村义务兵家属优待金从 1676 元提高到 1999 元,城镇义务兵家属优待金从 500 元提高到 600 元;民政部门还在全县开展"爱心献功臣"活动,解决在乡老烈属、老伤残军人、老复员军人中的生活难、住房难、治病难问题,收到群众统筹款 124.83 万元,实物一批。2000 年,永福县被评为"全国爱心献功臣活动先进县"。2001—2005 年,农村义务兵家属优待金按全县上年农民人均纯收入 75% 以上兑现,户均 1600 元;城镇义务兵家属优待金户均 600 元。1991—2001 年,全县军属、烈属、因公牺牲病故军人家属、伤残军人优待款由群众统筹。2002—2005 年,优待款由县级财政补助。据统计,1991—2005 年,全县发放优待款 537.41 万元,其中优待义务兵家属 506.73 万元,优待烈属、牺牲病故军人家属 6.77 万元,优待伤残、老复退军人 19.53 万元,优待军人立功奖励 1.96 万元,其他优待 2.42 万元。

表 17-1　　　　　　　　1991—2005 年永福县群众统筹、财政优待发放情况统计表

| 年度 | 优待总户数（户） | 优待总金额（元） | 义务兵军人家属优待 | | 农村 | | | 城镇 | | | 烈士、牺牲病故军人家属优待 | | | 在乡伤残老复退军人优待 | | | 军人立功奖励 | | 资金来源 |
			总户数（户）	总金额（元）	户数（户）	户均标准（元）	金额（元）	户数（户）	户均标准（元）	金额（元）	户数（户）	户均标准（元）	优待金额（元）	人数（人）	人均标准（元）	优待金额（元）	人次（人）	金额（元）	
累计	7411	5353508	4494	5070912	3875		4777532	619		2933380	482		67656	2337		195340	98	19600	群众统筹优待
1991	463	220240	371	213880	349	600	209400	22	240	4480	28	60	1680	58	60	3480	6	1200	群众统筹优待
1992	458	216760	364	210000	340	600	204000	24	250	6000	28	60	1680	58	60	3480	8	1600	群众统筹优待
1993	482	231160	388	224400	364	600	218400	24	250	6000	28	60	1680	58	60	3480	8	1600	群众统筹优待
1994	453	222576	358	215860	324	640	207360	34	250	8500	29	66	1916	60	60	3600	6	1200	群众统筹优待
1995	468	292300	364	282800	310	860	266600	54	300	16200	29	100	2900	70	80	5600	5	1000	群众统筹优待
1996	432	372260	323	362260	270	1268	342360	53	300	19900	34	100	3400	70	80	5600	5	1000	群众统筹优待
1997	439	487216	328	476816	266	1676	445816	62	500	31000	34	100	3400	70	80	5600	7	1400	群众统筹优待
1998	465	543940	355	533740	292	1720	502240	63	500	31500	34	100	3400	70	80	5600	6	1200	群众统筹优待
1999	659	625726	345	590326	274	1999	547726	71	600	42600	34	200	6800	274	100	27400	6	1200	群众统筹优待
2000	534	459830	225	425030	194	2095	406430	31	600	18600	34	200	6800	270	100	27000	5	1000	群众统筹优待
2001	541	363400	230	328000	190	1600	304000	40	600	24000	34	200	6800	268	100	26800	9	1800	群众统筹优待
2002	532	339000	230	328000	190	1600	304000	40	600	24000	34	200	6800	260	100	2600	8	1600	群众统筹优待
2003	522	349600	220	315000	183	1600	292800	37	600	22200	34	200	6800	258	100	25800	10	2000	群众统筹优待
2004	508	350600	220	318000	186	1600	297600	34	600	20400	34	200	6800	250	100	25000	4	800	群众统筹优待
2005	455	278900	173	246800	143	1600	228800	30	600	18000	34	200	6800	243	100	24300	5	1000	群众统筹优待

注：1991—2005 年，全县发放优待总金额，包含其他优待 2.42 万元。

抚　恤

永福县抚恤金发放的对象和标准按照 1950 年中央人民政府内政部的有关条例和 1988 年国务院颁发的《军人抚恤优待条例》执行。抚恤主要包括死亡抚恤和伤残抚恤两种。

死亡抚恤　1991 年，全县尚有享受国家予以定期定抚烈士家属、因公牺牲军人家属、病故军人家属共37 人，年发放"三属"（即烈士家属、因公牺牲家属、病故军属）408 人次，定期抚恤金 1.60 万元。1992—2005

年,永福县根据国家政策先后 12 次调整"三属"定期定量生活抚恤金标准。截至 2005 年 12 月,居住农村烈士家属每人每年定期定量生活抚恤金标准 2640 元(每月 220 元);因公牺牲军人家属每人每年定期定量生活抚恤金标准 2520 元(每月 210 元);病故军人家属每人每年定期定量生活抚恤金标准 2340 元(每月 195 元)。

1991—2005 年,全县累计发放烈士家属、因公牺牲军人家属、病故军人家属定期定量生活抚恤费 56.34 万元。

表 17-2　　　　1991—2005 年永福县烈士、因公牺牲、病故军人家属抚恤情况统计表

年度	发放金额合计(元)	死亡一次性抚恤费		烈属因公牺牲军人家属定期抚恤费		病故军人家属定期抚恤费	
		金额(元)	人次(人)	金额(元)	人次(人)	金额(元)	人次(人)
累计	563361.4	10949.4	5	419927	4994	132485	891
1991	16001			16001	408		
1992	20085.4	3629.4	3	16456	415		
1993	19932			19932	397		
1994	20080			20080	394		
1995	26503	3520	1	22983	378		
1996	25925	3800	1	22125	398		
1997	24524			24524	462		
1998	23224			23224	387		
1999	38230			38230	444		
2000	37347			22177	231	15170	188
2001	53180			33235	251	19945	144
2002	52885			34365	215	18520	119
2003	65930			38760	204	27170	159
2004	63045			38250	191	24795	134
2005	76470			49585	219	26885	147

伤残抚恤　永福县根据国家对在革命战争和社会主义建设中负伤致残人员相关待遇政策,按其伤残等级给予伤残抚恤待遇,以示关怀和照顾。1991 年,全县发放伤残抚恤金(保健金)1.20 万元。1992—2005 年,永福县根据国家政策先后 9 次提高伤残抚恤金标准,使伤残军人及因公致残人员的生活水平随着生产发展同步提高。2005 年,全县发放伤残抚恤金(保健金)15.10 万元。1991—2005 年,全县累计发放在乡伤残、在职伤残人员抚恤金和疗伤、安装假肢补助费 57.47 万元。

表 17-3　　　　1991—2005 年永福县伤残抚恤金(保健金)发放情况统计表

年度	发放合计		其　中					
			在乡伤残抚恤		在职伤残抚恤		疗伤、安装假肢补助	
	金额(元)	人次(人)	金额(元)	人次(人)	金额(元)	人次(人)	金额(元)	人次(人)
累计	574674	1656	326983	717	185384	852	62307	87
1991	12001	120	8625	65	3376	55		
1992	15871	108	10407	40	3124	57	2340	11
1993	21576	136	5869	48	4039	77	11668	11
1994	18016	100	7479	27	3363	57	7174	16
1995	21184	104	13549	36	7343	65	292	3

续表

年度	发放合计		其 中					
			在乡伤残抚恤		在职伤残抚恤		疗伤、安装假肢补助	
	金额(元)	人次(人)	金额(元)	人次(人)	金额(元)	人次(人)	金额(元)	人次(人)
1996	27857	116	12190	49	5049	54	10618	13
1997	36966	132	16686	69	5285	47	14995	16
1998	31924	110	12462	28	8607	70	10855	12
1999	30185	93	19200	28	7519	63	3466	2
2000	29646	93	24177	28	5370	64	99	1
2001	36729	134	26555	83	9874	50	300	1
2002	38330	118	26685	68	11645	50		
2003	56185	92	42850	57	13335	35		
2004	47175	82	35870	41	10805	40	500	1
2005	151029	118	64379	50	86650	68		

生活补助

1991年,永福县在乡老复员军人定期定量生活补助8755人次,发放定期定量生活补助费14.35万元;在乡复员退伍军人临时生活困难补助1430人次,发放生活补助费9995元。2005年,全县在乡老复员军人定期定量补助8567人次,发放定期定量生活补助费138.95万元,在乡老复员军人定期定量生活补助面达100%;在乡退伍军人人定期定量生活补助346人次,发放定期定量生活补助费5.27万元。

1991—2005年,全县给予在乡老复员军人、在乡退伍军人定期定量生活补助、临时生活困难补助14.78万人次,发放补助费900.34万元。

表 17-4　　　　　1991—2005年永福县复员、退伍军人生活补助情况统计表

年度	合 计		其 中					
	补助费累计(元)	人次(人)	复员军人定期定量补助		退伍军人定期定量补助		临时生活困难补助	
			金额(元)	人次(人)	金额(元)	人次(人)	金额(元)	人次(人)
累计	9003396	147836	8475596	139206	328585	3941	199215	4689
1991	153514	10185	143519	8755			9995	1430
1992	175654	9735	167280	8945			8374	790
1993	321656	10310	309653	9768			12003	542
1994	291451	9156	281325	8604			10126	552
1995	396065	10612	392673	10387			3392	225
1996	408540	10756	405173	10602			3367	154
1997	396135	10728	304100	10618			92035	110
1998	393835	10775	368305	10251	20505	395	5025	129
1999	616626	10069	584664	9726	31812	340	150	3
2000	693633	10678	643150	9626	46700	827	3783	225
2001	685612	9872	614457	8627	53049	868	18106	377
2002	865024	7681	786568	7145	55060	499	23396	37
2003	1098615	9290	1064143	8870	31960	362	2512	58
2004	1060065	9032	1021093	8715	37122	304	1850	13
2005	1446971	8957	1389493	8567	52377	346	5101	44

安　置

义务兵安置　1991—2005 年,永福县共接收退伍义务兵 1356 人,其中由政府安排工作的城镇退伍兵 283 人、志愿兵 47 人、异地安置 1 人;回农村参加生产建设的退伍义务兵 592 人,向自治区内外用人单位推荐外出务工的农村退伍兵 433 人。另有 93 名退伍义务兵选择自谋职业。

退伍士官安置　永福县从 2002 年开始接受退伍士官安置。2002—2005 年,永福县共接收退伍士官及转业士官 25 人。其中,政府指令性安置到行政事业单位工作 14 人;自愿申请自谋职业并领取一次性自谋职业安置补偿金 11 人,每人 20 多万元。

伤、残及带病退伍士兵安置　1991—2005 年,永福县共接收持证伤残退役士兵 3 人、带病(精神病)退伍回乡军人 28 人,其中由县安置办协调安排工作的伤残军人 1 人,领取伤残军人补助金后自谋职业 2 人;带病退伍的,全部发给定期定量生活补助费,安排回农村由家人照顾。

军队离退休人员及无军籍退休职工安置　永福县自 1971 年起开始接收安置军队离退休干部及无军籍退休职工。1991—2005 年,共接收离休干部 1 人、退休干部 3 人、无军籍退休职工 11 人。全部由县民政局按上级政府政策规定的政治待遇和生活待遇给予妥善安排。

双拥工作

1991—2005 年,永福县成立和健全双拥(拥军优属、拥政爱民)工作领导小组,由县委书记任组长,县人民政府属下的 22 个成员单位的主要领导任成员,设立双拥办公室。各乡镇分别成立相应的双拥工作服务机构。每年定期召开 2 次军地例会研究双拥工作,积极开展双拥模范县建设工作,主动落实双拥工作经费,把军民共建纳入军地精神文明建设总体规划;军队离退休干部、转业复员退伍军人的安置率达 100%。十五年间,永福县级财政拨款用于支援部队及巩固国防建设的经费达 848.80 万元;每年的春节和"八一"建军节用于慰问驻县部队官兵、全县的烈军属、老复退军人等的直接经费达 200 多万元。1991—2001 年,实行群众对优抚对象的优待制度,设立县统乡筹拥军优属的群众优待基金。2002 年,取消群众统筹优待补助,把优待补助经费列进县级财政预算,执行县级财政优待补助。1991—2005 年,累计优待补助费发放 1260.55 万元。

永福县于 1996 年、1998 年、2000 年、2004 年,先后 4 次获得自治区党委、自治区人民政府、中国人民解放军广西军区授予的"双拥模范县"称号。于 2001 年、2003 年、2005 年先后 3 次获得中共桂林市委、市人民政府及桂林警备区授予的"双拥模范县"称号。

第四节　灾害救济

永福县地处广西暴雨中心之一,每年都有大小程度不同的暴雨出现,遭受水灾较频繁,经济损失十分严重。同时,永福县也时有旱灾、风灾、冰雹、虫灾等其他自然灾害发生,给全县人民的生产和生活造成很大困难。据不完全统计,1991—2005 年,全县共发生各种较大的灾情 31 次,其中水灾 16 次、旱灾 7 次、龙卷风及冰冻灾害 4 次、病虫灾害 4 次。

中共永福县委、县人民政府积极组织协调有关部门,调动社会力量,尽力帮助受灾群众及时解决因灾造成的生活困难,确保灾民有饭吃、有衣穿、有住所,并积极组织灾区群众恢复生产,搞好灾后重建。

1991—2005 年,永福县投入抗洪抢险救灾救济的县、乡工作组达 68 个,县、乡村各级干部 1900 多人,群众达 6.40 万人；县财政用于救灾的拨款 1205 万元，发放救灾贷款 339.40 万元；发放救灾粮食 56.80 万千克、被褥 6600 多床、毛毯 600 多床、蚊帐 200 床、帐篷 150 多顶、纯净水 1000 多桶及其他生活日用品一批。全县还安全转移被洪水围困群众 8.18 万人。灾后及时安排，帮助修复因灾倒塌房屋，开展生产自救，对恢复生产、生活予以必要的救济补助。

1991—2005 年，全县投入抗旱救灾的干部、职工有 1100 人，群众 7.68 万人次；投入抗旱救灾经费 905.90 万元，投入抽水机械 500 多台（套）、柴油 646 吨、抗旱用电 99.80 万千瓦小时。

1991—2005 年，全县灾区群众义务投工投劳累计 16.50 万个劳动日，开展生产自救，修复水毁设施，重建家园。非灾区的群众自愿捐款 20 余万元、捐赠衣被物品 3 万余件，帮助受灾户修建住房数百间。

国家各级民政部门对永福县灾民给予大力救济补助扶持。1991—2005 年，共救济受灾群众 36.41 万人次，累计发放救灾费 1583.90 万元；为 637 户受灾户发放维修及新建住房补助费 170 万元；先后支持新建了永安乡八弄屯、苏桥大坪土屯、永福镇渔排上屯等灾民新村。

第五节　社会救济

农村"五保户"供养

"五保户"供养指对农村无劳动能力、无生活来源的孤寡、老、残、幼的人员实行保吃、保穿、保住、保医、保葬（幼儿为保教）的供养方式，以保障其生活不低于当地一般村民的生活水平。1991—2005 年，永福县农村"五保户"供养以统供分散供养为主，集中供养为辅。

分散供养　1991 年，永福县分散供养农村"五保户"915 户 1115 人。由五保户与承包供养人（亲属）签订"五保"供养协议（合同）468 份 497 人（由承包供养人经营该"五保户"的责任田、山、林、地等，继承"五保户"的遗产，承担全部供养义务）。1991—2001 年，县民政局按国家规定，对农村"五保户"按每人每年口粮 300 千克（稻谷）、食用油 3 千克、零花钱 60 元的标准提供资助。对未落实以户承包供养的"五保户"，除部分集中到乡镇敬老院供养外，其余由所在村民小组包供包养，乡镇民政部门在乡镇统筹款中给予"五保"老人每月 10~15 元的生活费补助。

2002—2005 年，取消群众统筹款，永福县把符合享受"五保"待遇的农村"五保户"对象 2452 人全部纳入县级财政全额供养体制，使农村"五保户"的生活质量、生活水平得到明显提高。

集中供养　指由乡、村敬老院对农村"五保户"实行集中供养和管理。1991 年，永福县有三皇乡敬老院 1 所，入住敬老院集中供养"五保"老人 8 人，由国家每人每月补助生活费 30 元。

1993 年 3 月，罗锦乡敬老院建成使用。首批接收入住敬老院集中供养"五保"老人 16 人，入住敬老院"五保"老人每人每年口粮（稻谷）300 千克，由其老人原所在地村民小组供给。国家予以每人每月定期定量补助生活费 30 元。2002 年，由该镇统筹财政补贴解决，每人每月生活费标准 70 元。2005 年，罗锦镇敬老院入院集中供养"五保"老人 24 人，每人每月生活费标准 160 元，大米 15 千克。

1996 年，苏桥乡敬老院建成使用。入住敬老院集中供养"五保"老人 4 人，每人每月生活费 70 元。2005 年，入住该镇敬老院集中供养和管理"五保"老人 13 人，每人每月生活费标准 160 元，大米 15 千克。

2004 年 10 月，广福乡敬老院建成使用。入住敬老院集中供养和管理"五保"老人 10 人，每人每月生活费 100 元。2005 年，每人每月生活费标准 160 元，大米 15 千克。

2002—2005 年，永福县 9 个乡镇先后筹资新建乡镇村办"五保"村敬老院 43 所。2005 年，入住"五保"村敬老院集中供养和管理"五保"老人 329 人。

2005 年，全县有乡镇敬老院 4 所，入住集中供养和管理的农村五保老人 74 人。是年，入住乡镇、村级敬老院的老人全部按国家规定每人每月发放生活费标准:伙食费160元、大米15千克。

表17-5　　　　　　　　　2005年永福县农村"五保户"集中供养情况表

乡镇	集中供养人数(人)	乡镇敬老院		五保村		每人每月生活费标准	
		个数	供养人数(人)	个数	供养人数(人)	大米(千克)	伙食费(元)
合计	403	4	74	42	329	15	160
永福镇	40			5	40	15	160
广福乡	36	1	10	3	26	15	160
堡里乡	50			5	50	15	160
罗锦镇	117	1	24	12	93	15	160
苏桥镇	39	1	13	3	26	15	160
龙江乡	35			6	35	15	160
百寿镇	27			4	27	15	160
三皇乡	35	1	27	1	8	15	160
永安乡	24			3	24	15	160

特困户救济

定期定量救济　1991—1995年,永福县对城乡特困户、"三无"〔无法定赡养或抚(扶)养人、无劳动能力、无生活经济来源〕孤老、孤儿、孤残的特困人员给予生活费用的定期定量救济。每人每月救助10~15元。五年间,全县定期定量救济921人次,救济金额1.18万元。1996—2000年,全县定期定量救济1707人次,每人每月救助20~30元,救济金额4.97万元。2001—2005年,全县定期定量救济2967人次,每人每月救助30~45元,救济金额11.54万元。

临时困难救济　1991—2005年,永福县对因灾遭灾、患重病或其他原因造成暂时生活困难的家庭,给予短时间的或一次性定额救济。15年间,共给予临时困难家庭救济1.10万人次,发放救济款27.08万元,以及衣物、盖被、食品等救灾物资。

季节性困难救济　1991—1999年,永福县对出现在青黄不接的春荒和严寒冬令季节的季节性生活困难家庭,给予季节性生活困难救济。救济方式以补助粮食和保暖衣被为重。9年间共给予季节性生活困难家庭穿盖救济274人次,救济金额1.83万元,实物衣被一批。2000年,季节性困难救济方式取消。

1991—2005年,永福县累计救济特困户1.70万人次,发放救济金46.87万元。

表17-6　　　　　　　　　1991—2005年永福县特困户救济情况统计表

年度	救济金额合计(元)	定期定量救济		临时救济		穿盖救济		火灾户救济	
		人次	金额(元)	人次	金额(元)	人次	金额(元)	人/户	金额(元)
累计	468777	5595	176872	11045	270803	274	18280	107/19	2822
1991	24246	252	2933	2255	15959	100	4432	58/8	922
1992	28180	256	1987	1505	17050	45	9143		
1993	19265	175	2113	916	13962	95	3190		
1994	5536	120	1459	170	3707	15	320	5/1	50
1995	10984	118	3223	362	6861	5	200	18/5	700

续表

年度	救济金额合计(元)	定期定量救济		临时救济		穿盖救济		火灾户救济	
		人次	金额(元)	人次	金额(元)	人次	金额(元)	人/户	金额(元)
1996	9690	172	5003	112	4337			10/2	350
1997	4224	218	7296	360	1333	5	395	3/1	200
1998	32956	406	12400	430	19956	4	400	4/1	200
1999	16620	464	11590	134	4430	5	200	7/1	400
2000	41393	447	13490	751	27903				
2001	48073	422	15000	968	33073				
2002	77464	552	19250	1560	58214				
2003	75243	729	26060	1261	49183				
2004	40497	813	29449	217	11048				
2005	29406	451	25619	44	3787				

专项救济、救助

精简退职职工救济 1991年，永福县根据1982年民政部、财政部《关于进一步做好精简退职职工生活困难救济工作的通知》的要求，经自治区民政厅批准，在1957年年底以前参加工作，1961—1965年6月期间被精简的退职职工，享受原工资40%定期定量生活补助救济标准。1991—2005年，永福县共发放精简退职职工1598人次的40%定期定量救济金7.09万元。

流浪乞讨人员救助 永福县按上级民政部门规定，做好流浪乞讨人员的收容遣送、救助工作。1991—2005年，累计收容遣送各类流浪乞讨人员518人，支付遣返路费及生活费共1.55万元。

第六节 城乡居民最低生活保障

城镇居民最低生活保障

根据1997年9月国务院《关于在全国建立城市居民最低生活保障制度的通知》，永福县于1998年10月开始在县城（永福镇）试行开展城镇居民最低生活保障制度。拟定城镇居民最低生活保障标准：人均年收入低于800元。凡家庭人均收入低于这一标准的，经户主本人申请，民政部门审批，差额部分由国家补足。是年，县城共有87人次享受最低生活保障，每人每月25~30元。民政部门发放城镇居民最低保障金2464元。

1999年，永福县城镇居民最低生活保障制度扩大到百寿镇、罗锦镇的城镇居民。最低生活保障标准提高到人均年收入低于1000元。全县享受城镇居民最低生活保障救济3090人次，全年发放低保金6.03万元。

2000年，全县10个乡镇全面推行城镇居民最低生活保障制度，共救济城镇居民最低生活保障对象8020人次，每人每月35~45元。全年发放低保金16.95万元。

2001年，全县城镇居民最低生活保障对象4212人次，全年发放低保金17.95万元。

2002年，永福县印发《永福县城镇居民最低生活保障实施方案》，对城镇居民最低生活保障制度进行规范化管理。是年审核城镇居民最低生活保障对象9.60万人次，年发放最低生活保障金95.04万元，基本实现城镇居民最低生活保障对象的应保全保。

2003—2005年，全县共计核准城镇居民最低生活保障救济对象9.14万人次，人均每月60元，共计发放最低生活保障金488.62万元。

农村居民最低生活保障

1998年，永福县启动农村居民最低生活保障工作。低保标准线为年人均纯收入500元，不足500元的，由政府财政补足差额。凡家庭年人均纯收入低于这一标准线的，经户主本人申请，村委会评议，乡镇政府审核，县民政局批准，由县级财政补足。

2000年，全县享受农村低保的对象为4837人次，发放最低生活保障金9.07万元。

2001—2005年，由于农村低保资金来源不稳定，县级财政无法承担，农村低保工作未能正常开展，农村居民最低生活保障费停止发放。

第七节　社会福利

养老福利

1991—2005年，永福县在县城新建县福利院、光荣院各1所，社区服务楼（县老年活动中心）1所；先后新建、改建罗锦敬老院、苏桥敬老院、三皇敬老院、百寿敬老院4所乡镇敬老院及社区服务楼（老年活动中心）、罗锦镇社区服务楼；新建村级"五保"村敬老院43（所）。其中，县福利院、光荣院共占地面积1300平方米，建筑面积860平方米，总投资85万元。共有住房30间，可接纳孤寡老人或无人照料的老弱病残老人30人入住，供养老人的伙食费由县级财政按本县城镇居民最低生活保障标准全额供给。县老年活动中心建筑面积310平方米，为四层砖混结构楼房，投资36万元。罗锦镇社区服务楼于1996年建成，四层砖混结构楼房1幢，建筑面积417平方米，由罗锦镇民政办筹资28万元兴建，是县内乡镇中唯一的1所老年活动中心。

福利生产

1991年，永福县民政局负责民政福利企业的管理和对福利生产的协调指导。当年有集体民政福利工厂3家，生产服装及印染、印刷等。由于市场竞争剧烈及企业改制等原因，这些民政福利企业先后停产或关闭。

1999年，根据国家给予安置残疾人就业人数达到一定比例的企业享受减免税收、信贷优惠的政策，永福县加大对民政福利企业就业工作的协调，加大帮扶力度，多渠道拓宽残疾人劳动就业门路。至2005年，累计安置500多名有劳动能力的城镇残疾人就业。

福利彩票

1991年，永福县成立社会福利有奖募捐委员会，主任由分管副县长兼任，副主任由县民政局局长兼任，成员由相关部门领导组成，下设募捐办公室，负责福利彩票的销售和资金管理工作。

社会福利彩票由民政部门发行销售。即开型社会福利彩票由民政部统一印刷，每张面值2元。1991—1995年，永福县社会福利有奖募捐销售奖券的办法以分散小型为主，每期销售奖券，由民政部门任务包干到股室。奖品以日用品为主，最高奖为彩色电视机。

从1996年开始，永福县组织"大奖组"销售奖券。每期组织上百人的销售队伍进行大规模销售。

2000年元旦、春节期间，永福县开展大规模彩票销售活动。2001年开始进行"广西风采"电脑福利彩票发行销售工作,对原来即开型福利彩票销售影响较大。随后几年,永福县即开型福利彩票销售逐步减少。

2000—2005年,永福县共发行销售即开型社会福利彩票250万元,累计筹集社会福利基金51万元。其资金的使用管理由县民政局统一调配。1991—2005年,共资助各类社会福利项目和乡镇维修、新建敬老院等经费100多万元。

第八节 老龄工作

老年优待

1993—1998年,永福县老龄委(处),为县内70岁以上老人办理老人优待证1200多本。持老人优待证的老人在交通、旅游、诊病、年度体检等方面享有一定的价格优惠等。

1998年,永福县开始对城乡95岁以上老年人给予享受定期定量生活补助,其中95~99岁老人每人每月30元,100岁以上老人每人每月60元。至2005年,此定期定补政策不变。

2000—2005年,县老龄办配合国家开展的视觉中国第一行动,组织县内1020名老年白内障患者到医院免费完成白内障节除手术,手术成功率100%。

敬老助老活动

1996年,《中华人民共和国老年人权益保障法》实施后,县内出动宣传车上街宣传,出黑板报、墙报等,在全社会形成"尊老敬老"良好传统。1997年成立乡镇老年人协会10个,宣传对农村老年人优惠、优先、优质的社会服务。

1991—2005年,永福县每年在"九九"重阳节时,组织慰问老年人活动。县直部门组织志愿者服务小组,深入乡镇、村级敬老院,帮助解决老年人日常生活中的困难和问题,为老年人理发、打扫卫生、购买食品、燃料等生活用品等。

老年文体活动

1991—2005年,永福县组织老年群体组成10多个晨练辅导站和文体活动小组,开展打门球、跳健身舞、练太极拳、太极剑等文体活动。每天在县福寿广场、县剧院广场参加文体活动的老年人有200~300人。县政府每年适时组织老年队员参加桂林市及周边县、区进行门球友谊赛、乒乓球赛、象棋、围棋赛等;组织老年书画协会成员选送书画作品参加桂林市及周边县区的老年书画作品展。每年都组织县老年大学和业余彩调队参加自治区、市级文艺汇演,参加县农村彩调大赛等。

第九节 婚姻与收养登记

婚姻登记

登记机关 按照《中华人民共和国婚姻法》的规定,民政部门办理男女双方自愿结婚登记、离婚登记和复婚登记。永福县内地公民婚姻登记机关,在1990年以前均为婚姻登记当事人一方户口所在地的乡、镇人民政府。1991—2005 年 6 月 30 日，为乡镇人民政府的民政办公室。2005 年 7 月 1 日，成立永福县民政局婚姻登记管理处，将乡镇内地公民婚姻登记业务集中到由该处登记办理；而涉外婚姻（含港、澳、台及外国）则要到桂林市民政局登记办理。

结婚登记　结婚登记机关依照《中华人民共和国婚姻法》和《婚姻登记办法》办理结婚（复婚）登记。婚姻登记机关工作人员严格审核申请结婚男女双方是否符合婚姻法相关条款，审验各相关必备有效证件，确认无误后给予办理并颁发《结婚证》。1991—1995 年，办理结婚 9846 对，其中复婚 19 对。1996—2000 年，办理结婚 9407 对，其中复婚 26 对。2001—2005 年，办理结婚 8821 对，其中复婚 26 对。1991—2005 年，共办理结婚 28074 对，其中复婚 71 对。

离婚登记　婚姻登记机关工作人员在办理男女双方离婚申请时，都询明离婚的原因，做好调解工作，努力促使双方和好，慎重处理每宗离婚申请，只有在确认双方和好无望后，再协调男女双方对家庭财产的分割，对未成年子女的抚养达成共同协议，方给予办理离婚登记并颁发《离婚证》。男女双方协议离婚的，由婚姻登记机关即时办理；男女单方提出离婚且对方不同意的，只能向人民法院提出离婚诉讼。1991—1995 年，办理离婚 281 对。1996—2000 年，办理离婚 426 对。2001—2005 年，办理离婚 706 对。

婴幼儿收养登记

永福县婴幼儿收养主要指接养人收养找不到生身父母的弃婴、幼儿后，向县民政局申请办理收养登记，由县民政审查，符合收养法律规定的，发给《收养证》，接养人收养关系成立。1991—2005 年县民政局共办理收养登记 53 人，其中男性婴儿 6 人、女性婴儿 47 人。

第十节　殡葬管理

永福县民政局是县内殡葬管理工作的主管部门。根据国务院《殡葬管理条例》和广西壮族自治区《殡葬管理办法》的规定，结合永福县实际，做好推行火葬、改革土葬、节约殡葬用地、破除封建迷信陋习、提倡文明节俭办丧事等的宣传工作，加强对殡葬工作的管理。

推进殡葬改革

1991—2005 年，永福县还属于土葬区，尚未执行火葬改革。县民政部门主要是配合政府部门做好殡葬改革宣传，要求群众改革旧的丧葬习俗，破除丧葬习俗中的封建迷信，提倡节俭办丧事，并实行四改：一改出殡为开追悼会；二改穿白戴孝为戴黑纱和白花；三改送祭礼为送花圈；四改"理丧客"为"红白理事会"协理丧事。引导群众建立红白理事会组织并加强对这一群众组织的指导，让群众实现自我管理、自我教育、自我服务，以此推动丧俗的改革。

建立公墓

1987 年，县民政局向县人民政府提出拟建立公墓的规划和建议，经县委、县人民政府研究同意，由县财政拨款 2 万元作为公墓征地费，在永福至罗锦公路距县城 6 千米处的右侧，征用樟峡村的集体荒山牧场面积 6.67 公顷作为公益性公墓用地，为县城居民安葬死者骨灰或遗体之用。

1991 年 6 月，成立永福县公墓管理委员会。1991—2005 年，为加强对公墓场地的管理，以提高场地的

使用效率和节约用地以及墓地建设的需要,对进入公墓场地安葬骨灰或遗体的用户,管委会收取每穴300元的占地费。

第十一节　勘界和地名管理

行政区域勘界

1999年6月,永福县成立县勘界工作领导小组及办公室,并从县民政、土地、林业、水利、区划等部门抽调技术人员9人组成县际界线勘界工作队。从1999年6月至2000年8月,用1年多的时间,完成永福县与周边交壤的5个县的县际边界共390.53千米的勘定、绘图、签字、界桩的埋设等工作,其中永福县与临桂县141.75千米、永福县与阳朔县15.92千米、永福县与荔浦县26.93千米、永福县与鹿寨县108.60千米、永福县与融安县97.33千米。

2000年9月年至2001年10月,永福县完成县辖10个乡镇行政区域边界界线的勘定工作。

2003年,永福县获桂林市勘界工作先进单位。

2005年,永福县行政区域勘界距离长度不变。

地名管理

1991年,永福县地名管理办公室设在县志办。由县志办何为彦整理编辑《永福县地名志》。1992年6月,县人民政府印发《关于发行〈永福县地名志〉的通知》。1994年10月,《永福县地名志》由广西师范大学出版社公开出版发行。全书收集各类地名2339条,文字130万字,各类地图插图46幅,彩照178张,尚有各方面图表。该书是一本具有法定性质的地名工具书。

1991—2005年,永福县地名管理的主要内容有:(1)地名命名、更改;(2)地名标准化;(3)地名的汉字译写和罗马字母拼写,设置地名标志;(4)地名档案、资料与信息系统管理;(5)标准地名的推广。

1996年9月,经县人民政府批准,由县民政局、城建局、公安局和永福镇等单位联合对县城街道重新划分为7路21街,并进行再命名。

2001年12月,永福县将县地名办的业务从县志办划出归县民政局管辖。

2003—2005年,永福县开展地名补查和地名资料更新工作。完成整理全县100个重要地名条目释文的编写工作,编写资料100篇,主要包括:名胜古迹、大中型水库、电站、山脉山峰、企业、中学、河流、路桥等,完成永福县行政区域图的制作及出版发行;对全县新增的15个地名进行规范命名;做好县城路牌、路标的重新设置。

第十二节　民间组织管理

社会团体登记监管

社会团体登记　1991年起,永福县民政局负责社会团体登记。凡设于永福县行政区域并以永福县冠名的社会团体,已经成立的或申请成立的,对其社团性质、成立条件等主体要素审核合格后,准予登记纳入监管。登记审核过程中,除按照民政部有关文件规定:工会、工商联及各民主党派不需办理登记手续;共青团、妇联、科协、文联、社科联、侨联、台联等社团可简化登记手续外,其他社会团体需按规定的程序进行。县民政局办理社会团体登记时,按照条例规定审核,把不以营利为目的学术性、专业性、联谊性、行业性的社会团体列为登记范围。1991年,办理社会团体登记28个(即永福县农村金融协会、永福县交通职工政治思想工作研究会、永福县老年书画研究会、永福县畜牧兽医学会、永福县建筑系统职工政治思想工作研究会、永福县个体劳动者协会、永福县老年人体育协会、永福县书法美术工作者协会、永福县土木建筑学会、永福县花木盆景协会、永福县柑橘技术协会、永福县医药协会、永福县林学会、永福县农村卫生协会、永福县体育总会、永福县消费者协会、永福县经贸系统厂长经理研究会、永福县农学会、永福县夜行者诗社、永福县财政学会、永福县珠算协会、永福县会计学会、永福县食用菌协会、永福县罗汉果协会、永福县供销员协会、永福县企业管理协会、永福县计划生育协会、永福县集邮协会)。1992年,办理社会团体登记2个(即永福县经委系统职工政治思想工作研究会、永福县电影影评协会)。1993年,办理社会团体登记1个(即永福县足球协会)。1994年,办理社会团体登记4个(即永福县林业系统职工政治思想工作研究会、永福县扶贫协会、永福县标准化计量协会、永福县兰花协会)。1995年,办理社会团体登记2个(即永福县毛竹科技协会、永福县伊斯兰教协会)。2005年,办理社会团体登记3个(即永福县木材加工企业协会、永福县农村水电行业协会、永福县基督教三自爱国运动委员会)。

1991—2005年,全县共办理社会团体登记40个,其他农村经济协会登记81个。

社会团体监管　社会团体监管实行双重监管制度,业务主管部门负责社团日常业务监管,民政部门负责依照社团管理法规实施监管。1991—2005年,永福县民政局除办理社会团体登记外,还负责社会团体登记的年检。对经业务主管部门同意作变更和注销的社会团体,民政部门依照相关法规和程序办理社会团体的变更或注销。15年间,永福县民政部门办理社会团体名称变更登记1个,法人名称变更登记的社会团体1个;依法注销的社会团体6个(即永福县夜行者诗社、永福县扶贫协会、永福县智能气功协会、永福县天主教爱国会、永福县电影影评协会、永福县毛竹科技协会)。

民办非企业单位管理

1998年,永福县根据国务院颁发《民办非企业单位登记管理暂行条例》,规范县内民办非企业单位的登记管理。

2001年6月,永福县按照桂林市民政局、桂林市教育委员会《关于社会力量办学机构进行民办非企业单位依法复查登记的通知》要求,开始对县境内所属教育事业的民办非企业单位进行复查登记,并按社会团体和民间管理的相关规定,实施常态化管理。2001年6月至2005年,经永福县民政局复查登记并进行常态化管理的民办非企业单位有15家(即永福县蓓蕙幼儿园、永福县小太阳实验幼儿园、永福县新星幼儿园、永福县育才幼儿园、永福县罗锦镇上幼儿园、永福县罗锦镇乐乐幼儿园、永福县百寿镇朵朵幼儿园、永福县百寿镇佳佳幼儿所、永福县永福镇东江幼儿园、永福县苏桥镇益智幼儿园、永福县妇联明珠培训中心、永福县德华外语培训学校、永福县中族之星培训基地、永福县卓越电脑技术培训学校)。

第二章　扶　　贫

1991—1995年,永福县制定和实施一系列扶贫政策,实现从输血型扶贫到造血型扶贫的转变,从给钱

给物转变为产业扶贫开发,促进贫困村农业经济的持续发展。1996—2000 年,永福县开展扶贫攻坚战,科教扶贫取得明显成效。2001—2005 年,以整村推进扶贫工作为抓手,以包村扶贫为主要方式,大力加强贫困村基础设施建设扶贫、产业扶贫、信贷扶贫等工程,促进贫困村经济社会发展,改善贫困群众的生产生活条件。

第一节　机　　构

1991—1996 年,在永福县民政局内设扶贫办,负责民政扶贫工作,编制 1 名,实配 1 人。1996 年 10 月,成立永福县扶贫开发领导小组办公室(简称扶贫办),为副科级事业单位,与县民政局合署办公,负责农村扶贫工作,编制 2 名,实配 2 人。2001 年 12 月,机构改革,县扶贫办单列为县人民政府直管部门,并升格为正科级单位,负责全县农村扶贫开发工作,人员编制 3 名。办公地址在县政府大院。2005 年,县扶贫办内设秘书股、项目资金管理股,人员编制 3 名,实有工作人员 4 人。办公地址仍在县政府大院。

2001 年 12 月—2005 年,任县扶贫办主任为李群生(2001 年 12 月—2005 年 12 月)。

第二节　扶贫规划实施

1991—1995 年,永福县实现从输血型到造血型扶贫的转变,从给钱给物转变为产业扶贫开发。1993 年按照桂林地区农民人均纯收入不足 500 元的标准,全县划定贫困村 43 个。这一时期的产业扶贫开发,主要是通过宣传教育改变贫困群众等、靠、要的依赖思想,根据当地条件,选择开发一些周期短、见效快的种养项目,逐步解决温饱,脱贫致富。政策上,对贫困群众进行低息有偿借贷,促使贫困群众借“鸡”下“蛋”,然后偿还国家投放的发展资金。而国家再把回收到的发展资金,继续转投放给其他贫困群众滚动使用,让扶贫发展资金实现“造血”功能,助推贫困群众脱贫致富。

1996—2000 年,永福县开展扶贫攻坚战。县委、县人民政府通过争取自治区财政扶贫资金,下拨县财政扶贫配套资金和银行信贷扶贫资金,从财力上助推农村扶贫攻坚;通过县直单位定点包村扶贫和选派科技干部驻村科技帮困扶贫,从人力上助推农村扶贫攻坚。通过 5 年艰苦努力,永福县 43 个贫困村已有 28 个脱贫;5 年中累计有 2.13 万农村贫困人口越过温饱线;全县贫困人口从 1995 年的 2.40 万人下降到 2000 年的 2800 人。

2001 年,由于农村经济底子差,扶贫项目少,一些脱贫群众再次返贫现象出现。是年,按照桂林市划定农民年人均纯收入低于 1200 元的标准,永福县确定市级贫困村 10 个,即永福镇银洞村、百寿镇江岩村、永安乡枫木村、罗锦镇大西村、堡里乡黄元村、广福乡德安村、上寨村、龙江乡仁合村、三皇乡江头村、苏桥镇黑石岭村。永福县继续采取县直单位定点包村扶贫,下派科技干部驻村帮困扶贫的方法,通过异地开发,共同参与,整村推进扶贫等方式,助推农村扶贫开发,使贫困村的群众生产得到新的发展,生活得到新的改善。2001—2005 年,通过争取自治区财政扶贫资金和社会扶贫资金,同时发动群众投工投劳,修通贫困村屯道路 62 条 241 千米,建沼气池 1530 座,种植经济林果 400 多公顷;有贫困人口 6303 人解决了温饱问题,7450 人得到低保救助。

第三节　扶贫项目

1991—2000 年,永福县不属于国家重点扶贫地区,而属于面上扶贫县。国家安排给永福县的扶贫项目极少。县内扶贫工作多以部门为主。10年期间,全县共获自治区级、市级、以工代赈工程项目48个。扶贫项目主要是用以工代赈资金,改善农村水、电、路基础设施,学校设施,卫生设施等。

2001年,永福县扶贫办独立设置以后,依法履行职责,积极争取上级财政扶贫资金,做好全县扶贫开发工作。

2001年,投入财政扶贫资金82万元,加上社会扶贫资金和群众投工投劳,新(改扩)建村屯道路9条36千米、桥梁4座;新建人畜饮水工程13处,铺设水管2.93千米;改扩建小型农田水利5处440米,灌溉水田353.67公顷。

2002年,投入财政扶贫资金113.40万元,加上社会扶贫资金和群众投工投劳,新(改扩)建村屯道路23条36.95千米、桥涵9座46米、桥梁4座121米;新建人畜饮水工程14处560立方米,铺设水管24.50千米;新建沼气池380座。

2003年,投入财政扶贫资金157万元,加上社会扶贫资金和群众投工投劳,新(改扩)建村屯道路16条37千米、桥梁2座160米、新建人畜饮水工程4座125立方米,铺设水管7000米;新建沼气池380座。

2004年,投入财政扶贫资金159万元,加上社会扶贫资金和群众投工投劳,新建四级路2条10千米、村屯道路22条63.50千米、独立桥梁2座80米、人畜饮水工程2处;新建沼气池350座。开发种植罗汉果33.33公顷、淮山、夏橙23.33公顷。

2004年10月,永福县扶贫办支持淮山种植生产
唐庆甫　供图

2005年,投入财政扶贫资金155.20万元,加上社会扶贫资金和群众投工投劳,扩建四级路1条2千米;新建村屯道路27条56千米、独立桥梁8座341米、人畜饮水工程1处;新建沼气池420座。开发种植罗汉果40公顷、夏橙21.33公顷。

第四节　扶贫资金

资金来源

永福县的扶贫资金包括财政扶贫资金、以工代赈扶贫资金、信贷扶贫资金和社会扶贫资金等。1991—2000年,全县财政扶贫资金,主要是由上级民政部门和扶贫部门安排,数量不很多,且多是以给物为主。10年间,全县扶贫资金数量已无法统计收集。2001—2005年,全县财政扶贫资金,以向自治区扶贫部门争取为主,县级财政安排配套部分资金,同时向社会(部门单位和个人)筹措部分扶贫资金。这5年,全县安排的财政扶贫资金(含向上争取部分)共666.60万元;社会筹措的扶贫资金亦无法统计收集。

资金管理

财政扶贫资金管理　1991—1996年,全县财政扶贫资金由县财政局、县民政局管理使用。1997—2005年,全县财政扶贫资金由县计划局、县财政局、县扶贫办共同管理使用。一是对财政扶贫资金,由扶贫办、财政部门和使用单位做到专户管理、专账核算、专款使用。二是对财政扶贫资金,一直坚持项目跟着规划走、资金跟着项目走的原则，并按照资金总数的 90% 用于自治区、市级贫困村，10% 用于面上村。这些扶贫资金都能按照扶贫项目进度及时足额拨付。三是对财政扶贫资金账目健全，并符合财经管理制度，每个项目都设有会计、出纳，使项目资金、财务与现金分开，做到管理正规化。四是对财政扶贫资金实行严格的财政报账制度。每个扶贫项目竣工验收后，发票报账时，经项目负责人签字，乡镇分管领导核实，到县扶贫办审鉴后，再到县财政局农财股核鉴后到县会计结算中心报账。五是对财政扶贫项目资金实行公示制，对扶贫项目和资金财务情况进行公示，接受群众监督。

以工代赈扶贫资金管理　1991—1996 年，永福县以工代赈扶贫资金由地区、县财政部门和民政部门实施管理。1997—2005 年，全县以工代赈扶贫资金全由市（地区）、县发展与改革局（计划局）和县财政部门实施管理。管理办法与财政扶贫资金的办法相同。

信贷扶贫资金管理　永福县信贷扶贫资金包括小额信贷资金和扶贫专项贴息贷款。1998—2005 年，市、县两级分别成立由扶贫办、财政局、人民银行、农业发展银行、县妇联、农村信用合作联社、科技局等部门组成的小额信贷协调办公室，负责小额信贷扶贫计划的组织、管理、监督和培训等工作。小额信贷扶贫资金的运行由农业发展银行委托县农村信用合作联社向农户发放和回收。借款金额最高限额为 2000 元，期限一般为 1 年。2003—2005 年，永福县扶贫专项资金的贴息贷款由企业所在地农业银行按照规定的条件和程序发放。

社会扶贫资金管理　1991—2005 年，永福县社会扶贫资金实施由出资单位或个人根据自己的意向决定资金的投向，资金的管理模式由出资单位或个人自行决定。企业和个人捐赠部分存入财政扶贫资金专户，管理方式与财政扶贫资金相同。

第三章　信　　访

1991—2005 年，随着改革开放的不断深入，经济利益格局发生深刻变化，广大人民群众民主意识、法律意识不断提高，群众上访呈上升趋势。永福县信访工作采取领导机构与工作机构相结合、协调机构与职能部门相结合、专职人员与兼职人员相结合的工作形式，采取措施尽量把群众集体上访控制和解决在县内，把矛盾化解在县内，促进全县社会的和谐稳定。

第一节　机　　构

1986 年 10 月，成立永福县信访办公室（科级机构），编制 2 名。1991 年，县信访办为正科级行政机构，由县委、县人民政府共同管理，由县委办公室具体负责领导日常工作。人员编制增加至 3 名。办公地址在县政府大院。1996 年，县信访办在县委办挂牌。2005 年，县信访办为正科级行政机构，行政编制增加到 4 名，实有人员 5 人。其主要职责是处理来信，接待来访，倾听人民群众意见、建议和要求，转交和督促相关职能部门处理群众信访业务问题。县信访办办公地址在县政府大院。

1991—2005 年，历任县信访办主任有：周彝（1986 年 10 月—1992 年 4 月）、李二生（1994 年 1 月—1999 年 4 月）、李建成（1999 年 4 月—2001 年 4 月）、林胜豪（2001 年 4 月—2005 年 12 月）。

第二节　信访制度和信访网络建设

信访制度

随着永福县信访机构的不断健全,信访制度建设亦不断完善。1991—1994年,相继建立信访立卷、归档和交办督查等制度。1995年,建立信访信息工作制度,即随时向县委、县人民政府和桂林地区信访部门报送信访动态,每季度、每半年定期给上述单位、部门报送信访综合分析。1998年,建立信访工作激励机制,表彰信访工作先进单位和个人。2001年,设立县领导每月15日轮流接待来访群众来访日制度。2002年8月,永福县信访办设立信访接待室,并开通县长热线电话"8550609"。2003年5月,恢复实行县领导接待群众来访日制度,规定每月15日和30日为县领导接待群众来访日。对集体上访的群众代表由县委、县人民政府的主要领导或分管领导接待。县领导接待群众来访按照"谁接待,谁负责处理"的原则,建立接待处理责任制。每个县领导首次接待的信访案件,能够解决的当场解决,当场落实不了的,批示由有关职能部门办理,并负责督办,直到结案。

平时到县委、县政府上访的群众一般由县信访办负责接待。在接待群众来访时,信访工作人员认真倾听来访群众的意见、建议和要求,并对群众提出的问题进行解答。同时进行登记事情缘由以便向领导汇报,并转给相关职能部门办理。

对群众来信、来电要求解决问题并投诉的,县信访办皆先作登记;然后根据信访的内容分类处理。需要县领导阅批的则呈批,并根据阅批意见转交给有关职能部门办理;对影响较小的则直接转交给有关职能部门办理,对可立即答复的,则由信访部门直接回复信访人。

2005年5月1日,国务院颁布新的《信访条例》。是年,永福县为进一步畅通信访渠道,规范信访秩序,先后制定《四家班子领导接待群众来访日制度》《信访接访工作制度》《群众来信受理制度》《信访督办制度》《信访复核复查制度》以及"县长专线受理制度"等5个专门制度。同时印发《永福县政府办公大院群体性事件处置预案》等文件。切实解决信访工作突出问题,化解各类社会矛盾,维护全县社会稳定。

信访网络建设

1991—1995年,永福县进一步完善县、乡镇、村三级信访工作网络,调整和充实乡镇信访工作领导小组,并增配一些兼职信访工作干部,在村级指定1名副主任负责信访工作。1995年,有乡镇信访工作领导小组10个,有兼职信访工作干部65人,比1991年增加20人。2005年6月,由于永福镇和桃城乡合并,乡镇信访工作领导小组减少为9个。2005年底,全县有乡镇信访工作领导小组9个,成员69人;村(居)委会成立信访调解小组98个,设有信访调解员112人。

除县、乡镇、村(居)委会设信访机构,开展信访工作外,县人大常委会、县纪委、县公检法司等单位也开展信访办理工作。

第三节　信访办理

1991—1999年,县信访办公室共受理人民群众来信来访3975件(人次),其中来信1405件、来访2570人次。来信来访中属反映情况和提出建议类占16.24%、申诉类占25.70%、要求解决问题类

46.85%、揭发检举类占6.14%、其他占5.07%。9年间,受理自治区、桂林市(地区)转办及本级信访立案156件,结案150件,结案率96.20%。1994年县信访办公室被评为自治区信访工作目标管理责任制先进单位。

2000年以后,随着各种体制改革的深入进行,经济利益格局发生深刻变化,各种社会矛盾日益凸现,信访问题日益突出,群众开始出现赴京赴邕等非正常上访,大规模集体上访增多。针对信访工作出现的新情况,2001年起,县四家班子领导于每月15日在县信访办公室开展接待群众来访活动,推行领导负责包案制度,当年县领导亲自处理集体上访39起(件),接待上访群众365人次,批办督办信访件45件,召集信访工作协调会15次,解决重点问题19个。如解决百寿镇思磨村、苏桥镇欧村等数起棘手土地纠纷以及县酒厂、县矿粉厂等企业改制拆迁问题,县主要领导亲自出面做工作,开创了永福县信访工作新局面。2002年4月,永福县信访办成功解决三皇乡清水村"3·11"事件(因土地使用纠纷导致两村群众群殴和农业生产损害事件)。永福县信访工作的成功经验和做法引起上级的关注,2002年4月和2003年10月时任自治区信访局副局长黄吉业先后两次到永福县进行工作调研,并撰写《永福县齐抓共管,着力构建信访工作大格局》的经验文章在中央刊物《人民信访》上刊登。

2000—2005年,县信访办共受理群众来信来访1778件(人次),其中来信136件、来访(含集体来访)1642次、3850人。来信来访中属反映情况和提出建议类占11%、申诉类占8%、要求解决问题类占68%、揭发检举类占5%、其他占7%。6年间,受理自治区、桂林市转办及本级信访立案183件,结案165件,结案率90.20%。

第十八篇

教育　科技

永福县群众在给罗汉果人工授粉　　　张桂发　摄于 2005 年

第一章 教 育

　　1991年，永福县有教育部门办幼儿园2所、完全小学100所、初中17所、高中2所、县教师进修学校1所、职业中学1所。

　　全面推进"两基"达标。20世纪90年代初期，永福县基础教育的中心工作围绕"两基"推进达标工程。1997年10月，全县扫盲工作通过自治区验收，农村青壮年文盲扫盲率达99.90%；普及九年义务教育通过自治区验收，基本达标。

　　发展职业教育。1991年，县职业中学被确认为自治区级"示范性职业中学""文明单位"；被评为自治区级"科技兴农先进单位""职业技术教育先进单位"。1994年，县职业教育出现滑坡。1999年，被自治区评定为不合格学校，限期整改。2003年8月，县中等职业技术学校与县教师进修学校合并，组合为县职业教育中心。2005年，县职教中心开设6个专业，年末在校中专学生208人。

　　全面开展素质教育。1999年，全县实施深化教育改革，全面推进素质教育的意见。2000年始，小学生成绩用等级制代替百分制。2002年秋季，全县启动新一轮基础教育课程改革（简称课改）。随着课改逐步推开，招生和考试评价制度也逐步改革。2005年，全县初中、高中贯彻国家课改文件精神，用新的课程理念，指导常规管理，规范教学环节。

　　提高教师专业化成长水平。2001年6月，永福县启动"21世纪园丁工程"。全县有4名班主任为自治区级培养人才、2名教师为市级B类培养人才、62名教师为县级C级培养人才。

　　实施教育专项工程。1991—2005年，全县共投入教育资金5506.80万元，用于中小学"危房改造工程""普及九年义务教育工程""普及实验教学工程"等教育专项工程，彻底消除了中小学D级危房，使全县"两基""普实"工作顺利通过自治区评估验收和国家复查。

　　普及信息技术教育。2001年秋季学期始，全县初中、高中开设信息技术课。2004年9月，开始实施农村中小学现代远程教育工程试点项目。

　　2005年，全县有幼儿园18所，在园幼儿4134人；小学101所，在校小学生1.52万人；初中13所，在校初中生1.11万人；高中3所，在校高中生2977人；职业教育中心1所，在校中专生208人。

第一节 机 构

永福县教育局

　　永福县教育局是全县教育行政管理机构。

　　1974年2月，成立永福县教育局。1991年10月，县教育局改名为县教育委员会，为县人民政府工作部门，正科级行政机构。内设秘书股、人事股、计财股、普教股、职教股、招生办、电教股、勤工办、教研室、基建股10个股室。当年有行政编制人员8人、事业编制人员44人，局办公地址在县城解放街327号。下辖10个乡镇教育组。1996年，机构改革，县教育委员会又改名为县教育局。当年有行政编制人员8人、事业编制人员54人。教育局内设办公室、人事监察股、计财股、普教股、成教股、职教股、教研室、招生办、电教站、勤工办、基建股、督学股、职改办 13 个股室。下辖 10 个乡镇教育组。

1998 年 11 月,县教育局从县城凤阁路 64 号搬迁至凤城路 77-1 号。

1999 年,县教育局增设机关服务股,同时合并成教股、职教股为成职教股,职改办并入人事监察股,基建股并入计财股。

2002 年,普教股改名为基础教育股。

2003 年,全县撤销教育组,改设各乡镇中心校。

2004 年,县教育局增设项目办。

2005 年,县教育局为县人民政府工作部门,正科级行政机构。内设办公室、人事监察股、计财股、成人职教股、基础教育股、教研室、招生办、勤工俭学办、督学室 9 个股室。当年有行政编制人员 7 人,事业编制人员 61 人。下辖 9 个乡镇中心校。

教育局的行政管理体制是局长负责制,局务会议是常规决策会议。局办公地址在县城凤城路 77-1 号。

1991—2005 年,历任县教育局(含原县教育委员会)局长(主任)有:龙福林(1990 年 10 月—1992 年 4 月)、曾维良(1992 年 4 月—1996 年 5 月)、方发明(1996 年 5 月—2003 年 7 月)、周长安(2003 年 7 月—2005 年 12 月)。

乡镇教育组(中心校)

1990 年,恢复成立乡镇教育组,为乡镇教育管理机构。

1991—2002 年,乡镇教育组属事业编制,由各乡镇人民政府直接领导,管理全乡镇的教育教学工作。各乡镇教育组 6~8 人。2003 年,撤销乡镇教育组,设立乡镇中心校。配置 4~5 人,其中设校长 1 人,基础教育、成人教育业务副校长各 1 人。乡镇中心校由县教育局直接领导,管理各乡镇学前及小学教育工作。

第二节　学前教育

幼儿园设置

1991 年,永福县继续贯彻国家学前教育发展方针,实行国家、集体、个体共同举办学前教育,推动学前教育事业发展。当年全县公办独立建制幼儿园 2 所,即永福县幼儿园和百寿镇幼儿园。连同其他小学附设幼儿班,共设班 131 个。在校(园)幼儿 4846 人,教师 31 人。

1998 年,全县设置公办独立建制幼儿园 2 所,连同小学附设开办的幼儿班,共 112 个班;民办幼儿园 7 所,开办 7 个班。全县幼儿教师 137 人。

2001 年,全县公办独立建制幼儿园 2 所,连同小学附设开办的幼儿班,共 106 个班;民办(私立)幼儿园 11 所,开办 16 个班。全县在园幼儿 4010 人,教师 78 人。

2005 年,全县公办独立建制幼儿园 2 所(即永福县幼儿园和百寿镇幼儿园),连同小学附设、民办(私立)16 所,共开办 131 个教学班。在园幼儿 4134 人,教师 110 人。

幼儿园管理

1991—1993 年,县幼儿园由县教育局管理,乡镇幼儿园由乡镇教育组管理。县幼儿园设主任 1 人、副主任 2 人,分工负责行政和教学管理工作。乡镇幼儿园设主任 1 人,负责全面管理工作。

1994—2001 年,县幼儿园继续由县教育局管理,乡镇幼儿园由乡镇教育组管理。全县幼儿园实行园长负责制,原幼儿园主任改称园长。

2002—2005 年,县城幼儿园由县教育局直接管理,乡镇幼儿园由乡镇中心校负责管理。各幼儿园的园内工作由园长负责组织实施。幼儿园的教师主要是幼儿师范院校的毕业生;小学附设的幼儿班教师,从小学教师中抽调。

幼儿教育教学

1991 年,贯彻执行国家教育委员会发布的《幼儿园管理条例》和《幼儿园工作规程》,各园(班)贯彻保育与教育相结合的原则,以游戏为基本活动形式,合理地组织教学内容,引导幼儿的个性健康地发展,保障幼儿的身体健康;培养幼儿良好的生活与卫生习惯和良好的品德行为。

1992 年,全县各幼儿园(班)开展国旗下讲话、帮妈妈做事、关心同伴等活动。

1994 年,教育幼儿要热爱祖国、热爱母亲、热爱劳动,乐于做好事。

1996 年,执行国家教委颁发的《幼儿园工作规程》,注重培养幼儿智力,良好的品德行为以及活泼、开朗的性格。

1998 年,县教育局深化幼儿园教育教学改革,促进幼儿德、智、体、美、劳诸方面和谐发展,全面提高幼儿保育与教育的质量。

2000 年,贯彻执行《幼儿园教育指导纲要》,抓好歌舞表演、美术、艺术操(含武术)等课程的教学改革工作。

2001 年 9 月,全县各幼儿园(班)执行国家教育部颁发的《幼儿园教育指导纲要(试行)》,教育内容以全面性、启蒙性为原则,把健康、语言、社会、科学、艺术等 5 个方面的幼儿教育内容有机地结合起来,互相渗透,寓教于乐。

2002 年,开展多项幼儿教育活动,如国旗下讲话、班主题活动、帮妈妈做事、关心同伴等。

2003—2005 年,开展幼儿保育活动课题探讨和幼儿思想品质教育课题探讨,整改课程结构,优化教学策略,改变了教师说得多、孩子互相交流少,孩子围绕教师转的多、游戏活动开展少的旧教学模式,让幼儿大胆思考探索和实践,在探索中发展思维能力,在实践中培养动手能力、创造能力和自信、自强、自立的优秀品格。

1991—2005 年,全县幼儿园开设的课程主要有社会品德及安全教育、系列教学活动(含数学、常识、故事、绘画、手工、体育)、游戏活动等。

幼教经费

1991—2005 年,永福县贯彻执行中共中央、国务院转发的《全国托幼工作会议纪要》精神,各级教育部门举办的幼儿园、托儿所经费,分别由教育事业费列支。各企事业、机关举办的园所经费由各主办单位自行解决。

城镇民办幼儿园经费来源,为孩子家长交保育费与孩子所在单位向送托园所交管理费。

幼儿入园交费分为保育费和伙食费。1992 年,全县幼儿园增加保育费收费项目,每个幼儿每学期交保育费 12 元,1999 年增加到 30 元,2003 年增加到 60 元。2005 年保育费增加至 70 元。每月幼儿伙食费由家长负担。1991—1995 年每月伙食费 42 元。1996—2000 年每月伙食费为 50 元。2001—2005 年每月伙食费增至 60 元至 100 元。

幼儿园选介

永福县幼儿园 民国二十一年(1932 年)春,保姆黄懿贞在永福县苗圃创办幼稚班 1 个班,收幼儿 48

人。中华人民共和国成立后，1962 年，迁至解放街敬老院单独建园，名叫永福县幼儿园，公办性质。1968 年，园名改为永福镇幼儿园。1969 年，城关初中、城关小学和永福镇幼儿园并校，称东方红七年制学校。1973 年，永福镇幼儿园分开独立。1986 年 5 月，复名永福县幼儿园。1992 年 2 月，县财政拨款 110 万元，社会、家长捐资 10 万元新建设县幼儿园教学楼。1995 年 8 月，竣工投入使用。1996 年 2 月，县托儿所合并入县幼儿园，园长为法人代表。

2005 年，县幼儿园占地面积 5576.12 平方米，生均 15.93 平方米；园舍建筑面积 3850 平方米，生均 11 平方米。教学设备有电脑 8 台、电视机 9 台、消毒柜 9 台、脚踏风琴 10 台、过塑机 1 台、图书 3000 册（生均 10 册）。全园有公办教职工 35 人，其中教师 25 人、工人 10 人（含以工代教 7 人）。教职工中本科学历 2 人、大专 14 人、中等师范 16 人、高中以下 5 人。从学科分类，健康课教师 1 人、语言学科教师 10 人、社会学科教师 8 人、科学学科教师 7 人、艺术学科教师 6 人。从职称分类，中级职称 14 人、初级职称 18 人、女教工 34 人。开设 9 个教学班，其中小班 2 个，幼儿 98 人；中班 3 个，幼儿 107 人；大班 3 个，幼儿 90 人；学前班 1 个，幼儿 23 人。全园幼儿 318 人。

百寿镇幼儿园　创办于民国二十四年(1935 年)，原名百寿县城幼稚班，设 1 个班，收幼儿 35 人。中华人民共和国成立后，1977 年，复办 1 班，校名改为寿城公社寿城中心校幼儿班。1982 年秋天，幼儿班与小学分开，单独建园，定名寿城幼儿园，公办性质。设 4 个班，收幼儿 165 人。1984 年秋，分为城内幼儿园和镇上幼儿园两所。1989 年 4 月，更名为百寿镇幼儿园。2005 年，百寿镇幼儿园占地面积 960 平方米，园舍建筑面积 520 平方米，教学楼 1 幢，6 个大活动室、2 个小活动室、2 个休息室，另设有办公室及食堂。教学设备有电视机 3 台、DVD3 台、电脑 1 台、大型玩具 3 组，体育器材、音乐器材、美术器材等配备齐全。全园有公办教师 10 人。学历结构为大专 6 人、中师 4 人；职称结构为小学高级教师 4 人、小学一级教师 4 人、待评职称 2 人。开设教学班 8 个，其中小班 2 个、中班 3 个、大班 3 个。全园幼儿 268 人。

第三节　基础教育

小学教育

学校布局　1991 年，永福县有完全小学 100 所，教学点 198 个，教学班 1058 个，在校小学生 3.12 万人；教职工 1709 人，其中公办 1382 人、民办 327 人。当年招生 5627 人，毕业 5348 人，适龄儿童入学率 99.50%。

1992 年，百寿镇中心小学（即城内小学）附属教学点已发展为 367 名学生，18 名教师，10 个教学班的规模，经上级批准，该教学点正式独立建校，取名百寿镇镇上小学。

1996 年，广西南宁中华育英学校董事会捐款 20 万元，桃城乡集资配套 25 万元，改建桃城乡大苏小学。校名改为中华育英大苏希望小学。

1997 年，全县有完全小学 101 所，教学点 150 个，教学班 1039 个。

1999 年，广西共青团捐款改建苏桥镇树桥小学，并重新命名为广西共青树桥希望小学。

2001 年，按照小学就近入学和优化教育资源配置的原则，县教育局于 4 月印发了《永福县义务教育学校布局调整意见》。在深入调查研究的基础上，统一规划了各乡镇撤并教学点进程，是年全县撤并了 24 个小学教学点。

2004 年，全县撤并小学教学点 21 个，保留小学 101 所。

2005 年 8 月，台塑集团投资改建桃城乡镇东小学，并重新命名为永福县明德小学。是年年底，全县保留小学 101 所，小学教学点 9 个，在校小学生 1.52 万人；当年招生 2329 人，毕业 3749 人；适龄儿童入学率 99.48%。

小学管理 1991—2005 年，全县小学实行校长负责制，校长是学校法人代表，负责学校全盘教育教学工作。以校长为核心组成校务会。校务会由校长和教导处、总务处人员组成，规模较大的学校还有政教处。

学制、课程、教材 1991 年，全县小学实行五年学制办学。1992—2005 年，全县小学实行六年学制办学。

1991—1993 年，永福县小学开设的主要课程为思想品德、语文、数学、自然、历史、地理等。1994—2002 年，全县小学按国家教委制定的《全日制小学课程计划》安排教学工作。开设的学科课程有思想品德、语文、数学、外语、社会、自然、体育、音乐、美术、劳动等；同时安

2005 年 4 月 25 日，全县校长建设年强化管理年启动仪式暨校园文化建设现场会　今日永福报社　供图

排活动类课程和地方课程。2003—2005 年，全县小学贯彻执行桂林市调整后的小学课程计划，开设的主要课程有思想品德、语文、数学、外语、科学、艺术、体育健身等；同时安排社会实践课程和地方课程。

表 18-1　　　　　　　　　　2005 年秋永福县小学校点一览表

乡镇	中心校	小学	教学点
永福镇11所	永福镇南雄小学	坪岭小学、湾里小学、银洞小学、渔洞小学、大苏小学、塘堡小学、曾村小学、上潘小学、泡口小学、四合小学	
罗锦15所	罗锦中心小学	崇山小学、岭桥小学、江月小学、金福小学、星草小学、林村小学、大西小学、上笑小学、下村一小、下村二小、尚水小学、高崇小学	古座、笑岭
堡里10所	堡里中心小学	胜利小学、合顺小学、三多小学、拉木小学、罗田小学、清坪小学、波塘小学、黄原小学、东定小学	
广福7所	广福中心小学	矮岭小学、大石小学、龙溪小学、德安小学、龙桥小学、马陂小学	
苏桥9所	苏桥中心小学	大埠小学、盘洞小学、太平小学、良村小学、石门小学、黑石岭小学、树桥小学、大罗小学	
百寿13所	百寿中心小学	百寿镇上小学、朝阳小学、新隆小学、山南小学、石龙小学、芒洞小学、朝兑小学、东岸小学、江岩小学、白果小学、三河小学	大周
三皇10所	三皇中心小学	六龙小学、大路小学、荣田小学、江头小学、马鞍小学、桐木小学、文明小学、清水小学、古城小学	
永安10所	永安中心小学	喇塔小学、太和小学、枫木小学、永富小学、凤凰小学、军屯小学、永新小学	下水、山林
龙江10所	龙江中心小学	西河小学、兴隆小学、双江小学、仁合小学、丹江小学、龙应民族小学、上维小学、保安小学、驿马小学	
县直3所		永福县一小、向阳小学、永福县明德小学	

1991 年秋季学期，永福县小学开始使用全国统编九年义务教育教材。设置思想品德、语文、数学、自然、社会、音乐、美术、体育、劳动 9 科。四年级以上每周设劳动技术课 2 节；毕业班毕业前进行 1 周至 2 周科技培训，发给绿色证书。每学期举办 4 课时健康教育讲座。

1996 年秋，全县小学全面使用人民教育出版社出版的九年义务教育教材。2004 年秋，开始使用全国新版"九年制义务教育"新课标教材。至 2005 年不变。

教学方法 1991 年，全县小学在继承启发式教学方法、抓好双基（口算基本练习、应用题基本练习）的

基础上,根据各科的要求,进行教学方法改革尝试。语文课强调提高学生的阅读能力和写作能力等;数学科提倡快乐教学法,把游戏引进课堂,激发小学生学习兴趣,并采用数学专家邱学华的"一个兴趣、两个基本、三个为主、四个当堂"教学法。"两个基本"即口算基本练习、应用题基本练习。"三个为主"即以学生为主、以自学为主、以训练为主。"四个当堂"即当堂完成作业、当堂校对作业、当堂订正作业、当堂解决问题。

1999 年春,各小学认真贯彻"少(教学时间少)、精(教学内容精)、活(教法活)、新(教学手段新)、高(教学效益高)"的教学原则,充分发挥学生在学习中的主导作用,提高课堂效果。

2000 年秋,县教育局与天津中环公司合作,采取分批分期付款方式为县直小学和乡镇中心小学配备了计算机,微机网络技术开始应用于小学课堂教学。此前,永福县小学教学中先进的教学工具是幻灯、录音机。

2001 年秋,在部分小学推广愉快教学法,将游戏带进课堂,激发学生学习兴趣。

2002 年,多媒体教学进入小学课堂,现代科技教育手段广泛应用于小学教育教学工作。

2003—2005 年,永福镇小、向阳小学等学校实验湖北大学黎世法教授的"异步教学法"。课堂上,教师充分调动不同水平的学生参与探讨问题,让不同水平的学生都得到智力和潜能的开发。

中学教育

学校设置　1991 年,永福县设高中 2 所(永福中学、百寿中学),初中 17 所(永福中学、南雄中学、湾里中学、罗锦中学、月山中学、堡里中学、胜利初中、广福中学、矮岭初中、苏桥中学、百寿一中、百寿二中、三皇中学、永安中学、凤凰中学、龙江中学、保安初中)。

1995 年 8 月,永福镇中学与南雄初级中学合并为"永福县第二中学"。

1996 年,永安乡多渠道筹资新建"永安乡第二初中"。

2003 年,永安第二初中并入永安初中,县人民政府在原县中等职业技术学校校址改建县实验中学。

2004 年,永安乡凤凰初中并入永安初中。

2005 年,全县有普通高中 2 所(永福中学、百寿中学);完全中学 1 所(永福二中);初中 13 所(实验中学、湾里初中、罗锦初中、月山初中、堡里初中、广福初中、苏桥初中、百寿一中、百寿二中、三皇初中、永安初中、龙山初中、保安初中)。有在校高中生 2977 人、在校初中生 11138 人。有中学专任教师 760 人,其中高中 177 人、初中 583 人。

学校管理　1991—2001 年,全县各中学实行校长负责制。县人民政府任命高中校长。县教育局任命县直初中校长。乡镇初中党务受乡镇党委的直接领导,乡镇人民政府任命乡镇初中校长。

2002—2005 年,全县中学归县教育局直接领导。县人民政府任命 3 所高中、职教中心校长。县教育局任命所有初中校长。

1991—2005 年,全县各中学的管理机构,一般设有行政办公室、教务处、政教处、总务处、教研组。规模较大的学校设教学科研处。

初中入学招生　1991—1996 年,全县尚未普及初中教育,初中招生通过桂林地区招生考试录取。

1991 年,全县初中毕业生 2145 人,毕业率 98.60%。招生 2978 人,年末在校生人数为 7850 人。初中入学率为 89.30%,辍学率为 1.75%。

1994 年,初中入学率达到 93.32%。

1997 年,全县普及九年义务教育以后,取消小学毕业生升学考试。全县所有小学毕业生全部招收进初级中学就读。是年,全县初中毕业生 4510 人,毕业率为 96.25%;招生 2240 人,年末在校生人数为 11429 人,初中入学率达 86.59%,辍学率为 2.71%。

1998—2005 年,全县初中入学率都达 95% 以上,初中辍学率均控制在 3% 以内。

2005年，全县初中毕业生为3535人，毕业率为99.85%；招生3879人，年末在校生人数为11138人，初中入学率为95.80%，辍学率为2.19%。

高中入学招生 1991—1997年，全县初中毕业的考生参加中专，招收进高中就读。全县高中招生工作，由桂林地区统一招生考试择优录取。1998—2005年，由桂林市统一招生考试择优录取。高中招生考试科目为语文、数学、政治、物理、化学、英语6科。对"三好生"（即思想好、学习好、身体好）和优秀班干部优先录取，对少数民族山区的考生适当照顾。

1991年，全县高中毕业生286人，毕业率为99.68%。招生400人，年末在校生1268人。

1992—1998年，根据《中国教育改革和发展纲要》提出的"调整布局、稳定规模、稳定发展普通高中教育"精神，永福县注重控制高中适度规模和教育教学质量，高中在校学生每年保持在1200~1400人之间。1998年，全县高中毕业生458人，毕业率为99.28%。招生579人，年末在校生1552人。

1999—2005年，永福县按照"加快高中发展步伐，全面提高教育质量"的办学原则，积极扩大普通高中招生规模。2000年，全县高中毕业学生461人；招生623人，年末高中在校学生1824人。开设教学班34个。2005年，全县高中毕业生894人；招生1184人，年末在校生2977人；开设教学班67个。

学制、课程、教材 1991—2005年，永福县初中、高中仍按三、三分段制学制执行，即初中3年、高中3年。全县初中教育采用全国统编教材，设置思想政治、语文、数学、英语、物理、化学、生物、历史、地理、音乐、体育、美术、劳动13门课程；并适量增加健康教育、国情与国防、教育、劳动技术等课程，使用自治区统筹教材和部分乡土教材。初中教育以文化基础教育为主，适当渗透职业技术教育。每学年学业时间安排：上课34周、校传统活动1周、社会实践活动1周、期末复习考试3周、机动1周，总计40周。

全县高中教育采用全国统编教材，设置思想政治、语文、数学、英语、物理、化学、生物、历史、地理、体育、音乐、劳动等课程。高中全学年教学时间40周。其中，高一、高二每学年上课34周、复习考试2周、劳动技术教育4周；高三学年上课24周、复习考试12周、劳动技术教育4周。除常规课程教学外，还适当安排心理教育、人口教育、劳动技术课、课外活动课、国防和环保教育内容等。

表18-2 　　　　　　　　**2005年年末永福县初中教育基本情况统计表**

校 名	学校所在地	创办时间	班级数（个）	学生数（人）	教职工数（人）	教师数（人）
永福二中初中部	永福镇南雄屯南面高坡	1995年8月31日	17	1059	124	118
实验中学	县城北3公里石化洞	2003年9月1日	14	708	55	53
湾里初中	县城西郊原湾里小学	1966年9月1日	14	860	45	40
罗锦初中	罗锦原新江农场	1969年7月1日	12	515	46	41
月山初中	罗锦月山脚下	1948年9月1日	12	640	53	50
堡里初中	堡里六斗村	1957年7月1日	10	499	66	63
广福初中	广福板坡村	1958年7月1日	9	377	52	48
苏桥初中	苏桥巴塘	1963年7月1日	16	710	68	61
百寿一中	百寿永宁州城内	1968年9月1日	14			
百寿二中	百寿青龙潭	1964年9月1日	15	782	59	50
三皇初中	三皇大路马鞍山	1958年5月1日	14	670	68	62
永安初中	永安老屿河东岸	1970年9月1日	17	842	68	66
龙山初中	龙江原龙山小学	1968年9月1日	7	320	28	25
保安初中	龙江原保安小学	1969年9月1日	6	309	23	23

注：表中"永福二中初中部"一栏教职工数和教师数为全校数。

表 18-3　　　　　　　　2005 年年末永福县高中教育基本情况统计表

学校	学校所在地	创办时间	班级数（个）	学生数（人）	教职工数（人）	教师数（人）
永福中学	县城东原国营农场	1943 年 3 月 27 日	37	2225	154	134
永福二中高中部	永福镇南雄屯南面高坡	1995 年 8 月 31 日	19	1070	124	118
百寿中学	百寿镇迴龙山下	1942 年 6 月 1 日	15	760	56	51

注：表中"永福二中高中部"一栏教职工和教师数为全校数。

学校选介

永福镇小学　创办于清光绪三十三年(1907 年)，名为永福县城高等小学堂，位于县城文庙。民国元年(1912 年)9 月，改为铸群小学。民国九年(1920 年)更名为永福县立第一小学。民国二十二年(1933 年)，更名为桃城乡中心国民小学。民国三十年(1941 年)，更名为永福县立表证中心学校。中华人民共和国成立后，1950 年，复名永福县立第一小学。1953 年，更名为城关乡中心小学。1968 年秋，更名为永福镇东方红七年制学校。1977 年秋，更名为永福镇小学。

2005 年，永福镇小学占地面积 8737.70 平方米，生均 9.70 平方米；校舍 5049 平方米，生均 5.90 平方米。有教学楼 3 栋，教室 28 间，综合楼 1 栋，学校食堂 1 个。学校设有校长办公室、教务办公室、政教办公室、教师办公室、图书室、阅览室、电脑室、仪器室、实验室、音乐舞蹈练功室、美术室、体育器材室、少先队活动室、多媒体教室、教学资源室、远程教育观摩室。教学电脑 28 台，图书 2 万册，生均 20 册。理科教学仪器、电脑、体育器材、音乐器材、美术器材按一类标准配备，配备率为 100%。办学条件符合县级重点小学要求。在岗教职工 56 人，其中专任教师 53 人。在校小学生 946 人，师生比为 1∶18。另在读幼儿 223 人。

永福县向阳小学　创建于 1971 年秋。校址在县城东江街，属县立小学。1976 年，学校改名为永福县师范附小。1983 年 9 月，改名为城东小学。1985 年 4 月，恢复向阳小学校名，为县教育局直管学校。

2005 年，向阳小学占地 11166.70 平方米，生均 9.50 平方米。建筑面积 4820 平方米，生均 4.50 平方米。有教学楼 2 栋，综合楼 1 栋，共 22 间教室，另配有多媒体室、图书室、阅览室、微机室、仪器室、实验室、音乐室、少先队活动室、体育器材室 9 个专用教室，篮球场 2 个，气排球场 2 个，跑道 30 米。自然教学仪器 145 种 1348 件，劳技 48 种 113 件，电器教材 64 种 544 件，音乐 11 种 24 件，美术 14 种 90 件，卫生 11 种 15 件，其他 11 种 81 件，图书 19000 册。教学装备达到县级重点小学要求。在岗教职工 65 人。学历结构：本科 7 人、

永福县明德二小校园　　　　　　　　　　　　　　　　　　　黄福辉　摄于 2005 年 6 月

大专 38 人、中师中专 19 人、初中 1 人；职称结构：小学高级教师 51 人、小学一级教师 11 人、小学二级教师 1 人、未评职称 1 人、工人 1 人。教学班 21 个，在校学生 1011 人。

中华育英大苏希望小学　中华育英大苏希望小学的前身桃城乡大苏小学，建于民国二十六年（1937 年），校址在大苏村大方屯南面村头。中华人民共和国成立后，1956 年，改名大苏完小。1962 年，大苏属罗田区所辖，改名为罗田中心校。1967 年，罗田并于城关，改名大苏小学，校址迁至村公所旁。1969 年，附设初中班，改名大苏七年制学校。1981 年，撤销初中班，改名城关公社大苏小学。1984 年，更名桃城乡大苏小学。1995 年，广西南宁中华育英学校董事会捐款 20 万元，桃城乡集资配套 25 万元，改建桃城乡大苏希望小学。1996 年 1 月 28 日，学校更名为中华育英大苏希望小学，成为永福县内第一所希望小学。

2005 年，大苏希望小学校园占地面积 9999 平方米，校舍面积 1395 平方米。有教学楼 1 栋，6 个教室。设有教师办公室、图书室、阅览室、仪器室、实验室、体育器材室、少先队活动室、远教室。有电脑 1 台，图书 2278 册，数学教学仪器 33 种 59 件，价值 9836 元。自然教学仪器 104 种 294 件，价值 5345.50 元。体育器材 68 种 984 件，价值 10527 元。音乐器材 14 种 46 件价值 1482 元，美术器材 13 种 47 件价值 524 元，配齐率为 100%，达到小学三类标准。教职工 9 人。小学生 85 人，其中女生 47 人。

永福高级中学　其前身为永福县立国民中学（初级中学）。始创于民国三十二年（1943 年），校址在县城凤山西麓飞凤阁留霞观。民国三十五年（1946 年）3 月，改名为永福县立初级中学。是年春，私立矮岭初级中学并入。中华人民共和国成立后，1950 年 1 月，永福县立初级中学改为永福县第一初级中学。1951 年春，罗锦私立月沧中学、临桂县私立榕门中学并入。1953 年 11 月 27 日，学校迁至县城东原国营农场（即今址）。1956 年秋，始招高中 1 个班，发展为完全中学，更名为广西省永福中学。1958 年 8 月，永福县第二初级中学（罗锦）并入。1961 年秋，罗锦中心校附设初中班并入。同时停办高中班，增设小学教师轮训班。1965 年夏，复招高中班。1970 年 9 月，停办初中，只办高中。1975 年 9 月，县师范学校并入。1976 年 3 月，永福中学、向阳小学合并，仍称永福中学。同年，永福中学在罗锦公社育种场开办分校。1978 年 1 月，永福县师范学校和向阳小学脱离永福中学独立建制。2 月，永福中学定为县重点中学，复招初中班。1991 年，县职业中学的 2 个民族初中班并入。1996 年，学校停招初中班。高中一年级招 6 个班，全校共 18 个高中班。2004 年秋，高一年级新生招 9 个班。2005 年起，每年招新生 600 人，开设 12 个班。是年学校共设 37 个教学班。

2005 年，校园占地面积 6.67 万平方米，建筑面积 3.63 万平方米，其中教学及辅助用房 9608 平方米、行政教学办公用房 1100 平方米，生活服务用房 2.56 万平方米。有标准的田径运动场 1 个、篮球场 6 个、排球场 3 个、羽毛球场 8 个，有价值 4 万元的各种体育器材。有花圃面积 4400 平方米、绿化树 400 多棵。有全日制教学班 37 个，年末在校学生 2225 人。是年年底，全校在岗教职工 154 人，其中专任教师 134 人。从职称看高级职称 19 人、中级职称 55 人、初级职称 55 人。学校 95% 的专任教师具有本科以上学历，其中研究生学历 7 人，自治区"园丁工程"学员（A 类人才）7 人，市级以上优秀教师 12 人。

办学 62 年来，共办初中班 88 个，毕业生 4200 人；师范培训班 3 期，学员 100 人；高中 238 个班，毕业生 1.19 万人，升入普通高校 6400 人，其中考入清华大学 4 人。

永福县实验中学　创办于 2003 年 9 月，是在接管原县中等职业技术学校的基础上创建的一所全日制初级中学。学校位于县城北 3 千米的石化洞。2005 年全校设初中教学班级 14 个。年末在校学生 708 人。

2005 年，学校占地面积 6.67 万平方米，校舍建筑面积 1.31 万平方米，生均校舍面积 18.55 平方米。常规教学设备按初级中学一类标准配备。电教设备配备率达 100%，电脑 65 台；劳技设施配备率达 100%；图书 1.60 万册。学校建有运动场地 5712 平方米、篮球场 6 个、足球场 1 个、塑胶环形跑道 1 条、乒乓球台 4 台、排球场 1 个、羽毛球场 2 个、沙坑、单双杠等体育设施齐备。是年，全校共有教职工 46 人，其中专任教师 42 人。42 位专任教师中，具有研究生学历 1 人、大学本科学历 37 人、专科学历 4 人。职称方面，中学一级教师 25 人、中学二级教师 16 人、中学三级教师 1 人。

第四节　会考　中考　高考

高中毕业会考

1991年起，永福县执行《现行普通高中教学计划调整意见》，实行普通高中毕业会考制度，对普通高中课程、教材和考试制度进行改革。即普通高中从当年秋季入学的高一年级新生起，按国家教委颁发的《现行普通高中教学计划调整意见》及相应的教学大纲要求，使用修订或新编的教材进行教学，并同步进行高中毕业会考制度。

高中毕业会考，分为考试和考查两种。高一考地理；高二考英语、物理、化学、生物、历史，并考查物理、化学、生物实验；高三考政治、语文、数学、体育，并考查劳动技术课。考试由自治区统一命题、统一时间考试，县教育局组织考试，地区教育局组织阅卷。学生各科考试成绩分为A、B、C、D、E五个等级。E等为不及格，D等以上为及格。考查成绩分及格、不及格。会考不及格允许补考一次。政治思想品德表现合格，会考成绩和体育成绩均达到及格标准，发给普通高中毕业证。

2001年起，普通高中毕业会考改为：高一考地理、生物、生物技术（计算机），并考查生物实验操作；高二考政治、物理、化学、历史，并考查物理和化学实验操作；高三考语文、数学、英语，并考查劳动技术。体育成绩由学校根据平时学习、锻炼及体育达标情况综合评定。凡普通高中应届生，毕业会考有一门以上学科不及格者，不发毕业证书，只发结业证书，且不能参加当年高考。

高　考

组织领导　1991—2005年，永福县普通高考由县人民政府直接领导，自治区、桂林市招生考试院具体指导，县招生考试办公室负责组织实施。历年考场均设在永福中学。

考试科目和方法　1991—2001年，全县高考按自治区要求，采用"3+2"模式。"3"指考生必考的语文科、数学科、外语科；"2"分别指理科的物理科、化学科和文科的政治科、历史科。考试时间为每年7月7日至9日。

2002年，全县高考实行"3+X"科目设置模式和一年二次考试试卷使用。"3"同上；"X"为选考科目，分别指本科的12个科目组（即物理科＋化学科、物理科＋生物科、化学科＋生物科、政治科＋历史科、政治科＋地理科、历史科＋地理科、物理科＋综合科、化学科＋综合科、生物科＋综合科、政治科＋综合科、历史科＋综合科、地理科＋综合科）和专科的7个科目（即物理科、化学科、生物科、政治科、历史科、地理科、综合科）。本科最多可报考1个科目组再加1个科目，并能两两组成科目组；专科最多可报考两个同类科目。当年本、专科考试分离，考试时间：本科为7月7日—10日，专科为9月1日—4日，不分文、理科。本、专科两次考试的成绩不得交叉使用。

2003年，仍采用"3+X"科目设置模式。本科与2002年相同，专科只能选考一科。取消本、专科两次考试，本、专科考试时间合一。考试时间为6月7日—10日。

2004年，本、专科考试合一，本科考试的X科目组由2003年12个减少到6个；数学科实行文理分科考试；考试时间为6月7日—9日。

2005年，本、专科统考合一，考试科目设置改为"3+小综合"，"3"指语文、数学（分文、理科）、外语3科目，是每个考生必考科目；小综合指理科综合（物理、化学、生物科的综合）和文科综合（政治、历史、地理科的综合）。考试时间为6月7日—8日。

大中专录取人数 1991—2005年,永福县历年参加高考总人数10050人。录取大中专总人数5391人,其中重点本科261人、普通本科1637人、专科3106人、中专387人。录取率53.64%。

表18-4　　　　　　　　　　　　1991—2005年永福县高考录取人数统计表

单位:人

年份	考生人数	录取人数					
		重点本科	普通本科	专科	中专	合计	录取率%
1991	529	15	43	57	40	155	29.30
1992	496	18	46	53	42	159	32.06
1993	506	23	61	88	76	248	49.01
1994	564	24	81	115	59	279	49.47
1995	569	13	73	124	58	268	47.10
1996	555	17	72	130	25	244	43.96
1997	614	19	121	160	21	321	52.28
1998	599	6	88	130	14	238	39.73
1999	604	16	133	211	40	400	66.23
2000	565	12	129	254	12	407	72.04
2001	699	14	88	114		216	30.90
2002	807	11	154	378		543	67.29
2003	839	18	148	394		560	66.75
2004	965	18	169	446		633	65.60
2005	1139	37	231	452		720	63.21
合计	10050	261	1637	3106	387	5391	53.64

注:自2001年起,高考不招中专学生。

中　考

组织领导 1991—2005年,永福县初中升学考试(简称中考)工作由县教育局组织,县招生办具体实施。

考试科目 1991年,中考科目为语文、数学、政治、英语、物理、化学6科,全部闭卷考试,语文和数学为120分满分,其余各为100分满分。1992—1999年,中考增加考体育科(30分满分),其余不变。体育考试由县教育局按桂林市(桂林地区)教育局的统一要求组织人员到各初中具体实施。2000年后中考科目多有变化,中考体育屡有增废。

2002年,将物理与化学科合卷考试。2003年考语文、数学、英语、物理、化学、综合6科。综合科包括思想政治和历史内容,改为开卷考试。2004年,将政治和历史分科考试,政治开卷,历史闭卷。2005年,将思想政治和历史合卷,开卷考试。

命题及考试时间 1991—2001年,中考由自治区统一命题。县城、各乡镇设考点统一考试。2002—2005年,中考由桂林市组织命题,县城、各乡镇设考点统一考试。考试时间为3天,安排在每年6月底或7月初进行。

评卷 1991—2005年,中考评卷工作由桂林市(桂林地区)教育局统一组织。1991—2004年,中考考生成绩以原始分(百分制)的方式呈现。2005年,中考考生成绩按非课改学校和课改实验区学校两种方式记分,非课改考生还按百分制呈现,课改考生以等级制呈现,学生成绩分 A、B、C、D、E 五等。

录取　1991—2005 年,中考录取按照各类高中段学校招生计划,划定各类型高中学校最低录取分数(等级),由县教育局根据德、智、体、美、劳全面衡量,以文化考试成绩为主,严格按照考生志愿从高分到低分择优录取。

1991—2005 年,永福县历年初中毕业生参加中考人数共 2.52 万人,被桂林市重点高中和永福县内高中、桂林市和永福职业高中、中专等上一级学校录取人数 1.40 万人。年均录取率达 55.53%。

表 18-5 　　　　　　　　　　　　　**1991—2005 年永福县中考情况统计表**

单位:人

年份	参考人数	录取人数	其中				录取率 %
			普通高中	职业高中	中专	市重点高中	
1991	1678	594	516	22	44	12	35.40
1992	1484	796	700	37	49	10	53.64
1993	1308	910	804	50	45	11	69.57
1994	1546	819	716	42	50	11	52.98
1995	1549	688	580	48	50	10	44.42
1996	1521	833	626	149	48	10	54.77
1997	1729	935	709	138	55	33	54.08
1998	1936	1007	783	133	64	27	52.01
1999	2500	946	700	160	65	21	37.84
2000	1320	841	635	108	73	25	63.71
2001	1327	1061	722	152	169	18	79.95
2002	1416	840	688	136		16	59.32
2003	1553	1141	962	161		18	73.47
2004	2130	1210	1039	138		33	56.81
2005	2182	1362	1184	142		36	62.42
合计	25179	13983	11364	1616	712	291	55.53

第五节　专业教育

师范教育

永福县师范教育主要由永福县教师进修学校具体组织实施。

培训　1983 年,永福县师范学校改名为教师进修学校,停止招收全日制普通中师班,转为培训在职小学教师,兼办成人学历补偿教育。

1991 年,县教师进修学校以函授形式为主进行中师学历培训。同时开展成人中专培训,生源来自初中毕业生,统称"普转成"培训。1991—1994 年,招收小学教师进修班 2 个,学员 85 人;中师进修班 2 个,学员 238 人。

2003 年 8 月,县教师进修学校与永福中等职业技术学校合并,组合成永福县职业教育中心,校址在县城凤阁路 23-1 号。教育的形式更加多元化,有中等师范代培班,与高校联合举办的大专函授班、高等教育

自学考试辅导班,还有中等职业技术学校的中专班与职业高中班等;同时还承担小学校长培训任务。

县教师进修学校(含县职教中心)从1991—2000年,举办小学校长岗位培训班8期、小学教导主任培训班2期。2001—2005年,举办小学校长、教导主任及班主任培训班6期。15年共培训小学校长135人、教导主任98人、班主任188人。

学历教育 1991—1994年,县教师进修学校举办中师函授学历班4个,招收学员221人,毕业221人。1995—2003年,举办中师学历代培训班4个,招收学员104人,毕业104人。

1998年,县教师进修学校开始与桂林工学院联合举办大专函授学历教育,学制3年。至2005年,共举办财会、计算机、法律大专函授班14个,招收学员246人,获得大专学历学员246人。

2001年,县教师进修学校开始与桂林师专联合举办大专函授学历教育,学制3年。至2005年,共举办小学文史教育大专函授班5个,招收学员143人,获得大专学历143人。

职业教育

1991年,永福县内专门从事职业教育的学校只有县职业中学和中央农业广播学校永福县分校2所。1993年县成人中等专业学校挂牌,1994年开始招生。

永福县职业教育中心 1986年6月,永福县人民政府决定把永福县农业中学改为县职业中学。所有班级一律办成专业班,高中二年级改成果树栽培专业班,一年级新生设家电维修、畜牧兽医、农村医士3个专业。

1990年10月,县人民政府印发《关于加速发展我县职业教育的意见》,提出了农、科、教协调统筹的办学方向,从方法和形式以及经费来源、师资队伍建设、招生、毕业生就业等各方面作出明确规定,使县职业中学的发展有了政策依托。职业中学相继办起酱料厂、酒厂。专业教学实习基地有:食用菌厂、果脯食品厂、养鸡场、养猪场等。既取得一定的经济效益,又为专业教学提供了实习场所,使专业教学与生产实践有机结合。

1991年,永福职业中学服务农村,专业教学与生产实践相结合。开设农经、林业、机电、农产品加工、营销、畜牧兽医、服装制作、民用建筑8个专业,还附设民族初中班2个,全校共有学生人535人。是年,被自治区人民政府确认为自治区级"示范性职业中学""文明单位";被评为自治区级"科技兴农先进单位""职业技术教育先进单位",校工会被全国总工会教育工会评为"优秀职工之家"。

1992年,县职业中学增设预备役军校、文秘、职业教育师资培训4个专业,全校年末共有学生625人。1993年,县职业中学被共青团中央授予"社会实践合格单位"。

1994年,县职业中学副校长卿某因奸污女学生案发,被判刑7年。这一恶性事件给县职业中学声誉造成恶劣影响。同年,桂柳高速公路开工建设,将县职业中学分割成两片,刚竣工的一栋学生宿舍楼(1400平方米)、百头猪场及其他生活设施被拆除,果园、蔬菜基地被征用,直接经济损失100多万元。公路建设方按当时的有关规定,学校只得到10.30万元的补偿费。学校教学和实习场所严重不足,使发展势头良好的永福职业中学遭受巨大挫折。

1995年,永福县职业中学改名为永福县中等职业技术学校。开设机电、文秘、畜牧兽医、预备役军校、计算机应用5个专业。1996年,取消涉农类专业,增设美术、表演舞蹈、幼师3个专业,并招收综合高中班1个班。全校年末共有学生413人。

由于资金投入不足,学校基础设施跟不上发展需要。1996年,永福县中等职业技术学校被自治区取消了示范性职业学校资格。1999年被自治区评定为不合格学校,自治区教育厅对学校发出了限期整改通知。2003年8月,县中等职业技术学校与县教师进修学校合并,组合成永福县职业教育中心,教学更加多元化,既有师范类的函授教学,又有职业技术学校的专业班和短训班。年末共有学生285人。2004年,县职业教育中心开始与桂林电子科技大学联合举办本科函授学历教育,学制3年。至2005年,共举办法学本科函授班2个,招收学员61人。

2005年,县人民政府多方筹资1319.50万元(含划拨面积4.33公顷的土地费),在苏桥工业园区新建县职业教育中心。2005年永福县职业教育中心开设电子、机电、美术、计算机应用、计算机网络技术、电子商务6个专业;全校年末共有中专学生208人。

永福县成人中等专业学校　1993年9月,经广西壮族自治区教育委员会批准,在县委党校内增挂永福县成人中等专业学校牌子,与党校实行一套人员、两块牌子的管理体制。

县成人中专学校从1994年秋季起招生,开设中专会计专业(会计电算化)班1个,招收应、历届初中毕业生59人,学制为全日制3年。1995年、1996年暂停招生。1997年复招生27人,1999年招生30人、2000年招生24人、2001年招生46人、2002年招生37人、2003年招生52人、2004年招生41人、2005年招生35人,共计招生351人。从1994—2005年,共毕业中专学生223人。2005年6月,县成人中专与县职业教育中心合并,改名为永福县职业教育中心党校分部。待2005级学生毕业后,学校不再继续招收成人中专学生。

永福县成人中专学生毕业后,学校全部推荐就业,主要在永福、桂林、广东深圳、东莞等地中小企业从事财会、统计、仓管、物流、质检、跟单、收银等工作。

中央农业广播学校永福分校　对永福县农村青年和基层干部进行农业中专学历教育的任务,主要由中央农广校永福分校承担,学习形式为函授,学制3年。1992年8月,自治区将广西农业广播电视学校永福县分校纳入成人教育体系管理。为适应社会主义市场经济发展和教学改革的需要,农广校走联合办学的道路,先后与广西民族学院、广西农业职业学院、华中农业大学等大专院校联合办学。

1992—1997年,中央农广校永福分校与广西民院联合办学,开设了中专函授财会、乡镇企业管理、畜牧兽医、农学、园艺5个专业10个班,招收中专学员260人,毕业173人。

1999年,中央农广校永福分校与广西农业职业技术学院合作开展中专后继续教育,对具有中专学历的农技干部及乡镇干部进行大专函授学历教育。从1999—2005年先后开设农业推广、农村经济管理2个专业2个班,招生73人。通过2年学习,毕业73人,毕业率100%。

第六节　成人教育

扫除青壮年文盲

1991年,永福县人民政府印发《关于在全县进一步开展扫除文盲工作的通知》,要求把扫盲工作列入县、乡镇领导任期目标责任范畴,按照"四定"(即定扫盲对象、定扫盲人员、定扫盲质量、定脱盲时间)原则,动员中小学教师、初高中学生、离退休干部、职工、复退军人等参加扫盲工作。当年,县人民政府确认的青壮年文盲5514人,文盲率4.90%。当年脱盲任务4501人,实际脱盲3731人,完成任务率为82.90%。

1992年2月,全县实施扫盲工作大会战。以乡镇为单位,组织中小学教师和初高中学生作为扫盲教师投入扫盲大行动。采取深入各村屯动员和组织扫盲对象参加学习班,加大乡(镇)、村成人文化技术学校建设管理力度等方式,扎实推进扫除文盲工作。1992—1993年,全县共扫除文盲、半文盲5815人,扫盲率达95%。

1994年3月,县教委印发《永福县高标准扫除青壮年文盲验收工作实施方案》,提出了扫盲工作的具体操作办法,加快了全县扫盲工作进程。

1995至1997年,全县进入扫盲收尾阶段。全县累计投入扫盲和成人教育经费231.92万元,共建成9

所乡镇成人文化技术学校、97所村级成人文化技术学校。全县成人文化技术学校办学面达100%，并达到自治区三类学校标准。各成人文化技术学校狠抓扫除青壮年文盲教学工作，1995—1997年，全县扫除青壮年文盲883人，扫盲率达99.90%。

1996年12月，桂林地区行署组织对永福县青壮年扫盲工作进行抽查，认定为基本合格。1997年10月，永福县青壮年扫盲工作通过自治区验收，成为基本扫除青壮年文盲县。

农村实用技术培训

1991—1997年，县人民政府结合青壮年扫盲工作，开展农村实用技术培训，向农民传授种、养、经营等实用技术。7年间，共开办柑橘、萱麻、甘蔗、水稻、桑叶、罗汉果种植，牲猪饲养、鱼类养殖等类培训班786期，参加学习5.65万人次。

1997年全县扫除青壮年文盲工作基本结束后，全县以乡镇、村级成人文化技术学校为主阵地，开展农村实用技术培训和农村剩余劳动力转移培训。成人文化技术学校办学形式灵活多样，以短期培训为主，根据农民生产所需及时培训，有时集中课堂上课，有时在田间地头边学边实践。1997—2005年，共举办各类实用技术培训班3388期次，参加培训的农民群众34.88人次。

1999年，县教育部门与科技部门共同对农村初三毕业生进行实用技术培训，考试合格由县绿色证书工程领导小组颁发绿色证书。1999—2005年，共开办绿色证书培训452期次，向初三毕业生颁发绿色证书2.37万份。

高等教育自学考试和成人高校招生

1991—2005年，县教育局继续受自治区高等教育自学考试指导委员会委托，在县内办理高等教育自学考试和成人高考业务。各行各业、普通公民不限年龄、学历和名额，均可自愿报名参加考试。县教育局招生办负责接纳报名、分发教材和组织考试。县内在职干部职工、待业人员、个体户和农民均有人参加这两项考试。15年间，全县通过参加全国高等教育自学考试提高学历的共有246人，其中本科毕业19人、专科毕业227人。

1991—2005年，全县共有8480人次在县内报名参加本、专科成人高等教育招生考试，通过脱产或者函授的方式到广西师范大学、广西师范学院、广西教育学院等大中专院校学习进修。15年间，参加成人高考共录取4548人，毕业4548人（其中本科毕业1484人、专科毕业3064人）。

党校学历函授教育

中专学历脱产、函授教育　1985年，经自治区党委干部教育领导小组批准，中共永福县委党校开始举办干部中专脱产和函授教育培训。生源来自县直（含直管）部门、各乡镇机关、企事业单位在职干部。1991—1995年，县委党校共举办干部中专专修班2个，全日制学习，学制1年，招收学员64人，毕业64人；干部业余中专专修班1个，在职学习，学制3年，招收学员41人，毕业41人；干部中专转全科函授班1个，在职学习，学制1年半，招收学员40人，毕业40人；村干部中专函授班1个，半脱产学习，学制3年，招收学员44人，毕业44人。

1996年，县委党校中专学历脱产和函授教育停办。

大专学历函授教育　1987年，经自治区党委干部教育领导小组批准，中共广西壮族自治区委党校在中共永福县委党校设立函授站，举办干部大专函授教育，并于当年开始招生，生源来自县直（含直管）部门、各乡镇机关、企事业单位在职干部职工。1991—2004年,共在永福县招收政治、经济管理、行政管理、金融、财会等5个大专函授专业21个班,在职学习,学制3年,毕业大专学员891人。2005年,中共广西壮族自治区委党校大专学历函授教育在永福县停止招生。

2002年,经自治区教育厅批准,广西财经学院在中共永福县委党校设立函授站,举办干部大专函授教育,并于当年开始招生,生源来自永福县境内干部职工。2002—2005年,共招收大专函授财务会计专业4个班,在职学习,学制3年,招收学员143人,毕业学员120人。2005年还有在校函大学员23人。

本科学历函授教育　1999年,经中共中央党校批准,中共中央党校函授学院桂林市委党校函授站,在中共永福县委党校设立函授教学点,举办干部本科函授教育,并于当年开始招生,生源来自永福县境内干部职工。1999—2004年,共招收本科函授法律专业5个班,在职学习,学制2.50年,毕业学员200人。2005年,中央党校函授学院本科函授教育在永福县停止招生。

第七节　社会办学

民办幼儿园

永福县民办幼儿园始创于1995年。当年,经县教育局批准,由私人创办永福建设花园幼儿园和永福明珠幼儿园,各自招生1个班,教师4人。

1998年,县内民办幼儿园增至7所,共招生7个班,在园幼儿215人。教师15人。

2001年,县内民办幼儿园增至11所。共招生16个班,在园幼儿376人。教师28人。

2005年,全县共有民办幼儿园16所。即:苏桥益智幼儿园、罗锦乐乐幼儿园、罗锦镇上幼儿园、罗锦佳佳幼儿园、永福小太阳幼儿园、永福东江幼儿园、永福育才幼儿园、永福新星幼儿园、永福蓓蕾幼儿园、永福康乐幼儿园、永福制药厂幼儿园、永福明珠幼儿园、永福建设花园幼儿园、永福蓝天幼儿园、永福益智幼儿园、永福红豆幼儿园。这16所民办幼儿园共开设37个教学班,招收在园幼儿902人,聘用教师68人。

民办幼儿园接受县教育局管理,纳入县教育局教育教学指导范畴。

各民办幼儿园采取自筹资金、以园养人的形式办学,园舍多为租赁私人或集体住宅、闲置公房;教师由办园业主招聘,多为受过3年专业教育的大专或中专幼师毕业生。

绝大多数民办幼儿园为全日制办学形式,收费、课程设置、教材教法与公办幼儿园基本相同。

民办初中

1996年秋,湖南人租赁永安乡粮管所仓库兴办"永安乡湘桂初中",该初中为民办性质,当年招生100多人,分2个教学班,聘请退休教师进行教学。1997年后不再招生。至1999年秋学生毕业后即停办。

第八节　教师队伍

教师来源

公办教师　1991年后,永福县中小学教师来源于3种渠道:一是通过考评将优秀民办、代课教师转正为公办教师。二是接收高等师范院校分配毕业生。1991—2001年,每年都接受一批高等师范院校毕业生。

三是2002年计划分配师范院校毕业生制度取消,学校从师范类大中专毕业生中招聘。2002—2005年,每年都公开招聘一批师范类毕业生为教师。

1991年,全县有公办在职中小学教师1569人。1995年,全县接收师范类院校大中专毕业生79人为公办教师。同时,通过考评,将70名民办、代课教师转正为公办教师。1996年,全县接收师范类院校分配毕业生79人,其中本科毕业生3人、专科毕业生28人、中专毕业生48人。

1997年,全县普及了初中教育,高中规模不断扩大,初、高中教师缺额较大,一批小学骨干教师被调入初中任教,初中骨干教师被调入高中任教。同年,接收师范类院校分配大专中专毕业生65人充任中小学教师;通过考评,有民办和代课教师101人转正为公办教师。

2001年,接收师范类院校分配大中专毕业生105人。

2002—2005年,全县公开招聘师范类毕业生170人为教师。

2005年,全县在职中小学公办教师2338人。

民办教师 1986年,自治区人民政府规定,不能再招聘新的民办教师。1991年,全县有民办教师776人。1991—1999年,永福县实行乡镇财政包干,一些乡镇财政困难,不愿接受计划分配师范毕业生,而愿招聘低廉工资的民办、代课教师。其间,全县的民办、代课教师大都是自费读师范的毕业生。通过考评,每年都有一批民办教师转为公办教师。

2000年,永福县的民办教师除个别考试不合格外,已全部转为公办教师。

教师结构

性质结构 按性质分,有公办教师、民办教师。

1991年,永福县仍执行教育部1986年颁布的《全日制中小学教职工编制标准》,按班级数量配备教职工。当年,全县有教职工2451人,其中公办教师1569人、民办教师776人。全县自1986年起,不再招聘新的民办教师,并分批对在编民办教师进行文化测试,择优录用(转为公办教师)。到2000年,经考试合格的民办教师全部转为公办,不合格的予以辞退,结束了民办教师的历史。但由于永福县校点分散,部分学校仍存在教师不足,于是聘请代课人员顶岗现象。2002年起执行教育部新颁布的《中小学编制标准》,按学生人数核定教职工编制,当年全县教职工2476人,其中公办教师2224人、代课教师100人、工人152人。2005年,全县教职工2338人,其中公办教师2111人、工人162人、代课教师65人。

学历结构 1991年,全县中小学教职工2451人中,本科学历101人,占4.12%;大专学历421人,占17.18%;中师学历1038人,占42.35%;高中以下文化程度891人,占36.35%。

2005年,全县中小学教职工2338人中,本科学历355人,占15.18%;大专学历1144人,占48.93%;中师学历677人,占28.96%;高中以下文化程度162人,占6.93%。

职称结构 全县小学教师的职称分为:小学高级教师、一级教师、二级教师;中学教师的职称分为:中学高级教师、一级教师、二级教师。

1988年,永福县教育系统开始评定教师专业技术职称。以后每年评定1次。

1991年,全县共有在职初、中、高级职称教师1539人,其中初级职称1249人、中级职称271人、副高级职称19人。未评职称912人。在全县专任在职教师中,获中学副高级教师职称19人、一级教师职称143人、二级教师职称450人;获小学高级教师职称128人,小学一级教师职称799人。

2005年,全县共有在职初、中、高级职称教师2079人。其中初级职称1093人、中级职称953人、副高级职称33人。是年,在全县专任在职教师中,获中学高级教师职称33人、一级教师职称385人、二级教师职称531人;获小学高级教师职称568人、小学一级教师职称562人。

表 18-6　　　　　　　　　　1991—2005 年永福县在职教师统计表

单位:人

年度	总人数				学历结构				职称结构						
									中学				小学		
	合计	公办	工人	民办代课	高中以下	中师	大专	本科	高级	中级	初级	未评	中级	初级	未评
1991	2451	1569	106	776	891	1038	421	101	19	143	450	69	128	799	843
1992	2605	1597	122	886	1294	915	295	101	18	130	447	131	117	754	1008
1993	2637	1709	156	727	1121	1041	369	106	21	172	482	126	169	1089	578
1994	2563	1627	133	803	1053	1016	386	108	24	173	532	99	256	1065	414
1995	2771	1713	167	891	1273	997	381	120	36	226	566	93	291	1018	541
1996	2833	1772	166	895	1182	1105	431	115	34	216	573	107	315	969	619
1997	2943	1886	211	846	1235	1093	486	129	32	211	585	231	251	1078	555
1998	2846	1960	200	686	990	1208	519	129	34	216	584	93	334	979	606
1999	2701	2076	199	426	763	1126	673	139	25	222	561	119	435	969	370
2000	2748	2246	201	301	660	1214	734	140	20	225	647	136	357	909	454
2001	2584	2218	188	178	467	1203	781	133	25	244	661	164	421	778	273
2002	2476	2224	152	100	339	1175	842	120	24	275	668	118	433	770	188
2003	2546	2301	172	73	441	1014	931	160	23	284	683	91	440	871	144
2004	2353	2163	141	49	281	867	1048	165	32	371	530	108	560	630	122
2005	2338	2111	162	65	162	677	1144	355	33	385	531	122	568	562	137

教师管理

1991—2001 年,县教育局直接管理县直属学校(中学、小学、幼儿园)的教师任用、调配。各乡镇人民政府管理所辖区初中、小学幼儿园的教师任用、调配。2002—2005 年,全县学校(中学、小学、幼儿园)的教师任用、调配由县教育局直接管理。

1991—2001 年,永福县继续实行师范院校毕业生分配制度。2002 年,取消师范院校毕业生分配制度,开始实行在师范院校毕业生中公开招聘教师制度。新任教师由县教育局根据各级学校的需要统一安排。至 2005 年不变。

1991—2005 年,全县教师的考核工作已经形成制度。考核内容为德、能、勤、绩等。考核的目的是公正评价教师,激励其奋发进取,做好工作,为对教师的奖励、培训、辞退及调整职务、工资级别提供依据。

教师资格认定

1995 年 12 月,教育部颁发《教师资格条例》。永福县教育局于 1997 年开始对全县各级各类学校教师进行资格认定。

至 1999 年,全县共认定各级各类教师资格 2346 人,其中幼儿教师 39 人、小学教师 1533 人、初中教师 588 人、普通高中教师 128 人、职业高中教师 55 人、职业高中指导教师 3 人。

2003—2005 年,全县新增认定各级各类教师资格 260 人,其中幼儿教师 4 人、小学教师 93 人、初级中学教师 159 人、高级中学教师 3 人、职业中学教师 1 人。

2005 年年底,全县共有具备教师资格的教师(含退休教师)2589 人,其中幼儿教师 43 人、小学教师 1626 人、初级中学教师 747 人、高级中学教师 131 人、职业中学教师 42 人。

教师培训

1991 年以后,县人民政府及县教育局每年都安排专款,对各级各类教师进行培训。

1993 年,有 300 名中学教师通过进修、函授、自学高考等途径取得大专以上学历。

1999 年 5 月,县教育局建立中小学教师的培训和继续教育制度规定,教师继续教育年度考核不合格者不能评优,工资不能晋级。当年培训中小学教师 2000 人。

2000 年,县幼儿园、小学、初中、高中教师参加继续教育培训面达 100%。同年,有 1551 名中小学教师参加普通话测试培训,并参加全国统一的普通话水平测试。全县培训中小学电脑管理教师 50 人,培训"21 世纪园丁工程"县级(C)级骨干教师 54 人。

2001 年,有 1500 名中小学教师参加第二轮普通话测试培训。有 496 名中小学教师参加全国统一普通话水平测试。

2002 年,实行继续教育学分制。全县教师继续教育合格率 99.90%。

2003 年,举办电脑技术培训,参培教师 30 人;举办新课程培训,参培教师 1576 人。桂林市教科所举办中小学教师新课程培训,永福县参培人数 676 人。7—8 月暑假期间,培训幼儿教师 54 人、小学英语教师 54 人。

2004 年寒、暑假,聘请外籍英语教师举办小学英语骨干教师培训班 2 期,参训教师 108 人。聘请湖北大学教授黎世法讲学,参加人数 865 人。7—8 月暑假期间,培训中小学骨干教师 107 人。同年,县教育局印发《关于提高在职教师学历层次的实施意见》。该意见规定,在 2008 年 12 月前,凡中师毕业的小学教师取得专科学历,一次性奖励 1000 元;专科毕业的初中教师取得本科学历,一次性奖励 2000 元;本科毕业的教师取得研究生学历,一次性奖励 6000 元。该意见的实施极大地调动了教师参加提高学历培训的积极性。2004—2005 年,全县共有教师 165 人提高了学历层次。

2005 年寒、暑假,聘请外籍英语教师和广西师大研究生举办 2 期全县小学英语骨干教师培训班 2 期,参培教师 98 人;培训中小学班主任 86 人。

实施 21 世纪园丁工程

2001 年 6 月,永福县启动 21 世纪园丁工程。在县教育局成立"21 世纪园丁工程"领导小组,制定永福县中小学师资队伍建设"21 世纪园丁工程"实施方案,培养一批全县中小学学科带头人和骨干教师。

骨干培训 2001 年 3 月,桂林市教育科学研究所在桂林市中山中学举办第八期"21 世纪园丁工程"骨干教师培训,永福县选送学员 18 人参训。2002 年 5 月,县教研室在县教育局举办"21 世纪园丁工程"创新教育骨干教师培训,学员 20 人参训。2002 年 11 月,县教研室在县教育局举办"21 世纪园丁工程"新课改骨干教师培训,学员 60 人参训。2004 年 5 月,县教研室在县实验中学举办"21 世纪园丁工程"骨干教师教学研讨培训班,学员 18 人参训。

人才档案 2001 年 6 月,永福县培养"21 世纪园丁工程"自治区级班主任骨干 4 人,年轻优秀教师 64 人。其中,B 类(由桂林市教育主管部门培养百名市级中青年学科带头人)2 人;C 类(由县教育主管部门培养千名中青年骨干教师)62 人。B 类人才由桂林市"园丁工程"管理培训;C 类人才由永福县"园丁工程"管理培训。2003年11月,永福县建立县级教育教学人才库,其中首届高中人才库25人、初中人才库61人、小学人才库65人。并从中推选40人进入桂林市首届中小学教育教学人才库,其中高中组12人、初中组22人、小学组6人。

<h2 style="text-align:center">教师待遇</h2>

教师政治地位　1991—1999年,县人民政府贯彻《中华人民共和国教育法》《中华人民共和国教师法》,保障教师合法权益,教师政治地位逐年提高。县人民政府于每年教师节前后开展庆祝、表彰活动,并按"公开招考、平等竞争、严格考核、择优录用"的原则,逐年解决民办教师转正问题。至2000年,全县除了2位民办教师因有特别原因未能转为公办教师外,其余全部转为公办教师;60多名教师家属还获准办理"农转非"(即农业人口转为非农业人口)手续。

1991—2005年,一批教师分别荣获国家级和自治区级先进荣誉。其中,有3人被评为全国先进教育工作者、4人被授予国家级教学工作先进荣誉称号;12人被评为自治区级先进教育工作者、20人被授予自治区级教学工作荣誉称号。

加强教育系统的党团组织建设。在教师中积极发展中共党员。1991—1998年,教师入党、入团人数逐年增加。1999年,全县专任教师中有中共党员85人、共青团员150人。2005年全县在职专任教师中有中共党员506人、共青团员150人。15年间,党和政府重视提高教师参政议政的政治地位。1998—2005年,全县党员代表大会中有教育界代表22人。1991—2005年,全县人民代表大会中有教育界代表41人,全县政协会议中有教育界委员48人。

经济待遇　1988年,全县教师工资除按照有关规定参照公务员工资执行外,公办教师每人每月提高职务工资10%,享受教龄津贴5~10元。1992年5月起,永福县各级各类学校,男教师教龄满30周年,女教师教龄满25周年的,退休后享受在职全额工资级别。

1993年,全国工资制度改革,实行职务津贴工资制,教师享受职务工资、津贴工资、教龄工资、另加工资10%的岗位津贴。当时中学公办教师最高月工资为983.70元,最低月工资379元;小学公办教师最高月工资为856.30元,最低月工资为352元。此后,教师工资逐年提高。

2002年4月,全县公办教师工资收归县级管理,确保了教师工资按时足额拨发。

2005年起,全县公办教师与全县公务员一样,享受第13月奖励工资及住房公积金、医疗保险政策待遇。

<h1 style="text-align:center">第九节　教育经费</h1>

<h2 style="text-align:center">经费来源</h2>

永福县教育经费收入来源,以财政拨款为主、多渠道筹措,包括学生缴费、教育费附加、社会捐赠等。

财政拨款　1991—2005年,县财政每年按财政预算拨付教育经费。随着全县财税收入的增加,每年全县的教育经费也逐年增加。

1991年,县财政拨付教育经费446.50万元,占当年财税收入的41.31%。1992年为480.70万元,占41.38%。1993年为795.30万元,占19.99%。1994年为979.20万元,占41.57%。1995年为1079万元,占33.11%。1996年为1233万元,占25.75%。1997年为1665万元,占34.89%。1998年为1212万元,占23.92%。1999年为1408万元,占24.40%。2000年为1556万元,占26.02%。2001年为3108万元,占55.90%。2002年为3120万元,占34.84%。2003年为3293万元,占28.95%。2004年为3929万元,占

32.12%。2005 年为 4242 万元,占 24.52%。

2001—2005 年,全县共得到国家教育专项基金 1574 万元,其中有中央教育基金 954 万元、自治区教育基金 563 万元、市人民政府教育基金 57 万元。

学生缴费 1991 年,全县小学、初中学杂费收取标准不详。

1993—1995 年,全县小学生每生每学期学费 24 元、杂费 12 元、民办教师统筹费 15 元;初中生每人每学期学费 27 元、杂费 12 元、民办教师统筹费 18 元;高中生学杂费收取情况不详。

1996 年起,调整中小学、杂费以及民办教师统筹费标准。是年全县还收取学生建校费 51.95 万元。

表 18-7　　　　　　　　　1996 年永福县中小学每人每学期收费标准及收费统计表

单位:元

项目 学生	在校生（人）	学费		杂费		住宿费		水电费		借读费		民统费		建校费	
		标准	小计	标准	小计	标准	小计	标准	小计	标准	小计	标准	小计	标准	小计
职高	450	35	15750	37城 27农	16650	35城 25农	15750	20	900			30	1350	15	6750
高中	1418	35	49630	37	52466	35城 25农	49630	20	28360	70	99260	30	42540	15	21270
初中	13746	27	371142	37城 27农	371142	25	508602	20	274920	60	824760	25	343650	10	137460
小学	25656	24	615744	24	615744	25	641400			50		20	513120	7	179592
幼儿园	23840	80	197200	24	572160			5	119200			15	357600	7	166880

注:幼儿园一栏,"80 元"为保育费,不收学费。

1996 年,县人民政府印发《关于加快我县职业教育的决定》,决定从 1996 年秋至 1999 年秋季学期,在全县中小学收取职业教育费。小学生每生每学期 5 元,初、高中生每生每学期 10 元。2000 年停止。

2001—2002 年,九年义务教育阶段只收取杂费,小学生每生每学期 26 元、初中生每生每学期 45 元。

2003 年,高级中学学费:永福高级中学每生每学期 320 元、第二中学每生每学期 300 元、百寿高中每生每学期 280 元。中等职业中学每生学每期 230 元。义务教育阶段只收杂费,农村小学、县城小学每生每期 50 元、城镇小学每生每学期 45 元;农村初中、县城初中每生每学期 70 元、城镇初中每生每学期 60 元;计算机使用费:永福中学、永福二中、百寿高中、职业中学每生每学期 40 元,全县各初中、县城小学、城镇小学每生每学期 30 元。

2004—2005 年,义务教育阶段的学生只收取杂费。初中生每生每学期杂费 160 元、小学生每生每学期收杂费 110 元。

教育费附加 1992 年,永福县人民政府印

永福中学创自治区示范性普通高中项目建设开工仪式　　　黄东海　摄于 2005 年

发《关于贯彻自治区人民政府〈关于多渠道筹措教育经费的暂行规定〉实施细则》和《关于多渠道筹措教育经费,改善办学条件实施规划的通知》,在全县范围内开始征收教育附加费。1992—1993 年,全县教育附加费的征收标准为:农民年收入 1%~2%、"三税"(增值税、营业税、消费税)附加 3%、城镇建房 2 元 / 平方米、农村建房 1 元 / 平方米、控购商品税 2%、乡镇企业年利润 10%、处级干部 30 元 / 年、科级干部 20 元 / 年、一般干部 9 元 / 年、离退休干部 8 元 / 年、高中每生建校费 15 元 / 每学期、初中每生建校费 10 元 / 每学期、小学每生建校 5 元 / 每学期、机关企业单位 200 元 / 年。

1994 年,县委印发《关于做好多渠道筹措教育经费和依法征收教育费附加工作的通知》,对教育附加费的征收标准做了一些调整:农民按年收入 1.50%、在职干部按年工资的 1.50%、离退休干部为每年 20 元、个体工商户每年 200 元、城镇居民每人每年 15 元、超生罚款按 5%,其余不变。

1995 年,县委印发《关于多渠道筹措教育经费的决定》和《关于及时收取 1995 年各有关单位和个人教育费附加的通知》。

1996 年,县委、县人民政府印发《关于 1996 年多渠道筹措教育经费的决定》。是年,全县征收教育附加费 629 万元。

1997 年,执行 1996 年的标准,由各乡镇政府负责组织征收,县、乡两级征收教育费附加 433.34 万元。有的乡(镇)由村委会收支,具体数字难以统计。

1998 年,教育附加费暂停征收。只开征"三税"(增值税、营业税、消费税)教育费附加。当年征收"三税"教育费附加 41.37 万元。

1999 年,征收"三税"教育费附加 67.90 万元。

2000 年,取消农村教育费附加征收,只向干部职工征收教育费附加。当年征收干部职工教育费附加费及"三税"教育费附加 90.35 万元。

2002 年,全县开征地方教育费附加。同时继续征税"三税"教育费附加。当年征收地方教育费附加 418.10 万元、"三税"教育费附加 418 万元。

2003 年,全县征收地方教育费附加 141.50 万元、"三税"教育费附加 198 万元。

2004 年,全县征收地方教育费附加 63.36 万元 、"三税"教育费附加 128.49 万元。

2005 年,全县征收地方教育费附加 50.34 万元、"三税"教育费附加 196.13 万元。

社会捐赠 1991—1994 年,全县教育的社会捐赠数据不详。1995—2005 年,在实施普及九年义务教育期间的攻坚阶段和巩固提高阶段,县委、县人民政府组织多种形式的教育社会捐赠活动。11 年间,广大干部、群众、海外爱国同胞纷纷捐资。全县教育部门共收到社会捐赠人民币 216.62 万元、港币 40 万元。

勤工俭学收入 1991 年,永福县各级各类学校纷纷开辟勤工俭学项目。当年各学校共种植柑橘、沙田柚 53.33 公顷、白果 450 株,泡桐、湿地松 26.67 公顷。三皇乡清水小学与清水村开辟了百亩林场。全县学校开办服务学生的校内第三产业。各乡镇中心小学开办代销店、小饮食店,方便师生,服务教学。县勤工俭学公司开办石油液化气供应站。全年勤工俭学纯收入 106.81 万元。

1996 年,永福县勤工俭学公司成立,设公司经理 1 人、副经理 3 人;各乡镇设分管勤工俭学副校长 1 人,各学校有 1 名领导分管学校的勤工俭学。

1997 年,县勤工俭学公司实行经济承包责任制,年收入 230 万元。

1998 年,教育局收回向阳小学印刷厂,迁至永福县第二中学内,实行股份制,盈利 3.50 万元。

1999 年,县勤工俭学公司指导全县学校开辟教育内部市场,村级以上学校都办起小商店,中学开办食堂,既方便师生,又增加学校的勤工俭学收入,改善学校的办学条件。

2000—2005 年,全县勤工俭学的纯收入为 184.69 万元。学校勤工俭学收入主要用于改善办学条件,少部分用于解决教职工福利。

经费支出

教育经费支出，包括事业经费支出和基建支出两个方面。

事业经费支出　1991—2001年，实行分级办学，分级管理。各乡镇学校的办学经费由县财政划定指标，乡镇财政将教育经费下拨给教育组，由教育组分配使用并监督检查。

2002年，县人民政府按自治区有关规定，把教育管理权收归县教育局，教育经费由县财政划给县教育局统一管理。

1991—2005年，县财政拨付的教育经费大部分用于教师工资福利，部分用于学校建设、日常办公等事业费支出，学杂费全部用于教学办公。教育专款作为教育事业费，实行专款专用。

基建支出　1991—1994年，全县多渠道筹集的教育资金（含教育费附加、集体个人捐赠）用于新建校舍、维修新校舍，购置教学设备；勤工俭学收入，部分用于改善办公条件；教育基建专款，必须用于学校基建。四年间，全县累计投入教育经费1536万元，修缮校舍和新建校舍，其中新建1.03万平方米。

1995—1999年，全县处于"普九"攻坚阶段，投入教育经费1356万元，修建校舍。各乡镇政府自筹资金新建一批村级小学教学楼。当时的办学体制是分级办学，各乡镇的初中、小学由乡镇政府直管，未纳入县级统一规划，精确数据难以统计。2000—2005年，全县共投入教育经费2614.80万元，新建校舍4.74万平方米。

各项教育经费由教育行政管理部门统一管理，并接受财政、审计部门监督。县教育局建立财务和内部审计制度，负责对乡镇和县直学校教育经费的使用进行监督和审计。

第十节　教育设施设备

校　舍

1991年，永福县各级各类学校共有校舍17.36万平方米，其中危房1.60万平方米。县委、县人民政府按照"两基"（即"基本扫除青壮年文盲"和"基本普及九年义务教育"）工作要求，逐年加大对教育的投入。1991—2005年，全县共投入教育资金5506.80万元，用于中小学校舍建设，彻底消除了中小学D级危房，使全县"两基"工作顺利通过自治区评估验收和国家复查。2005年，全县各级各类学校占地面积103.52万平方米，校舍建筑面积18.98万平方米。

表18-8　　　　　　　　　1991—2005年永福县中小学校舍情况统计表

年度	幼儿园			小学			初中			高中			职校		
	数量（所）	校园面积（平方米）	校舍面积（平方米）	数量（所）	校园面积（平方米）	校舍面积（平方米）	数量（所）	校园面积（平方米）	校舍面积（平方米）	数量（所）	校园面积（平方米）	校舍面积（平方米）	数量（所）	校园面积（平方米）	校舍面积（平方米）
1991	2	3466	1194	298	423687	104142	16	232308	35865	2	180035	24542	1	189342	7860
1992	2	3932	1493	298	601634	98131	16	244277	40936	2	180035	27543	1	189144	7860
1993	2	3707	2127	305	601634	102093	17	253388	36068	2	180145	30231	1	189342	7860

续表

年度	幼儿园			小学			初中			高中			职校		
	数量（所）	校园面积（平方米）	校舍面积（平方米）	数量（所）	校园面积（平方米）	校舍面积（平方米）	数量（所）	校园面积（平方米）	校舍面积（平方米）	数量（所）	校园面积（平方米）	校舍面积（平方米）	数量（所）	校园面积（平方米）	校舍面积（平方米）
1994	2	3250	2127	306	525338	140491	16	253388	36068	2	190023	30542	1	98028	8960
1995	2	4090	2375	294	528517	140622	15	321428	80457	2	190023	31402	1	98028	8960
1996	2	4950	3456	272	528517	130622	15	310427	88908	3	190023	32500	1	98028	8960
1997	2	5157	4296	250	546982	122961	16	310354	77910	3	190100	32745	1	64200	8960
1998	2	5157	4296	235	546982	124935	14	218415	58707	3	190475	34002	1	76000	10884
1999	2	5157	4296	240	546982	126423	15	218415	60078	3	190475	34225	1	76000	10884
2000	2	5157	4296	198	541982	127347	15	218415	62889	3	190475	34225	1	76000	10884
2001	2	7603	5659	192	405631	129085	15	276354	84984	3	190598	34401	1	65700	11300
2002	2	8386	6079	177	433938	132637	15	298923	85152	3	190598	34787	1	65700	11299
2003	2	8331	6622	162	443143	129722	14	387329	93315	3	190566	35890	1	66973	5403
2004	2	9435	8275	141	425776	128011	14	381624	93641	3	154566	41569	1	6673	5403
2005	2	9777	8044	126	418712	134154	14	410654	9660	3	189336	32517	1	6673	5403

注：1. 小学的校园面积和校舍面积包括所辖教学点面积。

2. 幼儿园的校园面积和校舍面积不含小学学前班和民办幼儿园面积。

教学设备

1991年，全县中学实验室建设基本完成。2所高中和1所初中学校建起了理、化实验室。工作重心转入仪器配备。

1992年8月，永福县教育局电教仪器站成立。

1993年，全县筹措资金404.62万元用于改善中小学办学条件，其中为永福中学和县职业中学建立了微机室。

1995年，县教育局成立了"普及实验教学"工作领导小组，各中学也相应成立"普及实验教学"工作领导小组。

1996年4月，县人民政府印发《关于〈永福县普及九年义务教育学校硬件建设要求〉的通知》，重点加强校园、校舍、设施设备、教室及实验室、仪器室、团队活动室等建设。

2000年9月，永福县教育局与天津中环公司合作，采取分批分期付款方式，装备了全县17所初级中学的计算机室。

2002年12月，永福中学投资250万元建成综合教学实验大楼。

2003年，县人民政府筹集"普及实验室"经费663.50万元。建成实验室145间、仪器室190间、体育器材室80间，新增图书20万册，购买课桌2400套、教学电脑296台。是年，自治区人民政府督导室"实验教学普及县"验收团对永福县实验教学普及工作进行检查验收，结论是"基本合格"。

2004 年 11 月，全县完成了"现代远程教育农村中小学试点工程项目"建设，一类学校 6 所、二类学校100 所、三类学校 52 所的远程教育仪器安装调试工作，使全县 158 所中小学全部配备了现代远程教育仪器设施。

表 18-9　　　　　　　　　　1991—2000 年永福县学校教学仪器、图书统计表

年度	幼儿园	小学				中学				职业学校	
	图书（册）	教学仪器达标级别			图书（册）	教学仪器达标级别		电脑（台）	图书（册）	电脑（台）	图书（册）
		一类（所）	二类（所）	三类（所）		一类（所）	二类（所）				
1991									14000		4000
1992					15650				14500		4000
1993						1	9		14500		4000
1994					137547	1	14		74020		2860
1995					141858	1	15		167555		6405
1996					141858	1	14		167555		6405
1997		2	9	86	201768	1	17		178768		30000
1998		2	9	86	210016	1	16		185349		30000
1999		2	9	88	214811	1	16		191155		32000
2000	1050	2	9	88	217004	1	17	493	199036	493	17500

表 18-10　　　　　　　　　　2001—2005 年永福县学校教学仪器、图书统计表

年度	幼儿园			小学				中学				职业学校		
	录音带（盒）	电脑（台）	图书（册）	教学仪器价值（万元）	电脑（台）	电子图书（册）	图书（册）	教学仪器价值（万元）	电脑（台）	电子图书（册）	图书（册）	教学仪器价值（万元）	电脑（台）	图书（册）
2001	245	2	1050	189.58	2010	57	183341	421.8	463	56	177074	124.6	463	17500
2002	300	2	1225	287.47	79	191	176250	350.6	663	56	168049	124.6	663	17500
2003	461	2	1225	303.1	239	288	211799	675.8	665	56	211799	208.8	665	10708
2004	514	2	1720	278.38	287	299	172665	678.4	771	4123	213633	208.8	771	17708
2005	749	2	2650	475.9	476	4123	180480	636.1	771	17001	196308	208.8	771	13000

第十一节　教育改革

办学体制改革

学校管理　1991—2001 年，永福县学校管理，实行县、乡镇分级办学、分级管理、财政包干的办学制度。县教育局负责管理县直属学校（中学、小学、幼儿园等）；乡镇人民政府负责管理所辖区初中、小学和幼儿园等。由于各乡镇财力不均，安排教育资金有多有少，少数乡镇教育资金得不到保证，甚至个别乡镇

教师工资都未得按期足额发放。

为了使全县教育能够持续、健康、均衡发展。2002年全县进行学校管理体制改革。即从2002年开始，全县中学、小学、幼儿园的管理权统一收归县教育局，各学校教育经费也由县教育局统一安排；各乡镇中心校只负责辖区小学、幼儿园的教学业务工作。

社会办学　永福县社会(民办)办学起步较迟。1995年，县内开始出现私立幼儿园2所(永福县建设花园幼儿园和永福县明珠幼儿园)，各自招生1个班。1996年，永安乡出现私立民办初中1所(永安乡湘桂初中)，招初一2个班。1999年，该民办初中停办。2001年，县内民办幼儿园增至11所。2005年，县内民办幼儿园增至16所。

课程改革

中学课程改革　1991年，永福县初中、高中课程随教育改革的需要，略有调整，安排了地方课程，高中全年教学时间40周。高一、高二每年上课34周、复习考试2周、劳动技术教育4周；高三每年上课24周，复习考试12周，劳动技术教育4周。初中全年教学时间40周，每周35课时，文化课30课时。是年，高中思想政治课由每周2课时改为3课时，其中1课时用于时事政策教育；在高一年级开设世界史，高二年级开设中国近代、现代史；人口教育为高一年级必修内容。

1992年，初中使用九年义务教育教材，课程设置也相应进行调整。高中增设计算机课程。

1997年，永福县基本普及九年义务教育。初中课程包括文化课程和活动课程两部分。文化课程统一使用人数版九年义务教育教材，也有一部分由地方安排。在适当年级，因地制宜渗透职业技术教育课程。初中增设计算机课程。中考科目历史与政治合科。

2000年，全县初、高中每周34课时，其中文化课28课时。

2001年秋季学期，全县初中、高中增设信息技术课程。

2004年秋季学期，调整每周37课时，其中文化课31课时。开始使用新课标统编人教版教材。

2005年，全县初中、高中贯彻国家《基础教育课程改革指导纲要》及有关课改文件精神，用新的课程理念，指导常规管理，规范教学环节。

小学课程改革　1991年秋季学期，永福县小学开始使用全国统编九年义务教育教材。设置思想品德、语文、数学、自然、社会、音乐、美术、体育、劳动9科。四年级以上每周设劳动技术课2节；毕业班毕业前进行1周至2周科技培训，发给绿色证书。每学期举办4课时健康教育讲座。

1996年秋，永福县小学全面使用人民教育出版社出版的九年义务教育教材。

2000年秋季学期起，全县使用全国新版九年制义务教育教材。该教材着力培养学生的基本素质和基本能力，培养学生的创新精神。

2000年9月，县教育局与天津中环公司合作，采取分批分期付款方式为县直小学和乡镇中心小学配备了计算机，微机网络技术开始应用于小学课堂教学。

2003年，全县小学三年级以上年级全部开设信息技术课程和英语课程。

2004年秋，全县小学使用九年义务教育新课标教材。

实施九年义务教育及学制改革

1991年，永福县已普及小学教育。1992年3月，县教育委员会作出《关于将永福县小学五年制改成六年制的决定》，正式启动全县实施九年义务教育工程。即要求全县义务教育阶段学校(小学和初中)一律免试就近入学，小学入学率必须达99%以上，15周岁人口初等教育完成率必须达98%以上，小学辍学率

必须小于1%；初中入学率必须达95%以上，17周岁人口初级中等教育完成率必须达90%以上，初中辍学率必须低于3%。要求到2000年，全县全部完成学制改革任务。

1996—1997年，全县进入"两基"攻坚阶段。县委、县人民政府多次印发文件，召开专题会议，动员一切力量参与"普九"大会战，多渠道筹集教育资金。其间，由于部分学生和家长尚不明确自己的责任和义务，加上少数家庭贫困，仍存在少数学生辍学现象。对此，县委、县人民政府采取系列措施，县教育局派出各股室人员分赴各校巡查指导，全县教职员工放弃双休日、节假日进村入户动员辍学的学生返校复读。

1997年10月，自治区人民政府"两基"评估验收团对永福县的"两基"工作进行评估、验收，并给出"基本达标"的结论。1997—2005年，全县实行小学六年、初中三年的"六三"学制。县直及部分乡镇、村小学入学年龄提前到六周岁。

第二章　科　　技

1991—1993年，永福县每年投入科技推广经费10万~15万元，用于农业新品种新技术的试验与推广。1993年1月，永福县制药厂与中国医学科学院药用植物研究所合作开发出罗汉果甜甙，获国家科技进步三等奖。

1996年，永福县全面实施"科技兴县、科技兴农"战略。

2004年，永福县获"全国科技进步县"称号。

1991—2005年，全县科技成果推广项目107项，其中省（部）级24项、地市（厅）级19项、县级64项。获省（部）级科技进步奖及"星火奖"8项；获国家和自治区级农牧渔业丰收计划奖20项、科技改进奖2项。

1991年，县气象局通过电话、广播、印发资料向社会提供天气预报服务。1998年，开始通过县电视台每晚两次播放24小时天气预报。1999年开通"121"气象信息电话。2004年3月，开通手机、小灵通信息发布天气预报。

1991—2005年，永福县不是地震设防县，没有设立专业地震监测点及相关设备。2003—2005年，县地震局建立5个地震群测群防点，防震工作主要是进行防震减灾科普知识宣传。

第一节　机　　构

永福县科技局

1958年12月，成立永福县科学技术委员会（简称县科委）。1991年，县科委为县人民政府工作部门，正科级行政机构，主管科技行政管理事务。内设政秘股、综合股、科技干部股，有行政编制8人。办公地址在县政府大院内。下辖县科技情报所，有事业编制4人。1996年7月，机构改革，撤销县科学技术委员会，恢复成立县科学技术局（简称县科技局），人员编制不变。是年，县科技局办公地址搬迁至县城东滨路4号。2001年12月，机构改革，再次确认县科技局为县人民政府工作部门。2003年5月，成立县生产力促进中心，在县科技情报所挂牌，属一套人员两块牌子合署办公。2005年县科技局为县人民政府工作部门，正科级行政机构，内设政秘股、科研业务管理股、科普与科技法规管理股、技术市场管理股、网络中心5个股室，下辖生产力促进中心。共有干部和科技人员 16 人。局办公地址仍在县城东滨路 4 号。

1991—2005 年,历任县科技局(含县科委)局长(主任)有:黄业韬(1990 年 6 月—1999 年 3 月)、陈作胜(1999 年 4 月—2005 年 12 月)。

永福县地震局

2003 年 4 月,成立永福县地震局,为县人民政府直属副科级事业单位,在县科技局挂牌。主要职责是进行防震减灾科普知识宣传。2005 年县地震局人员编制 2 人,实有人员 2 人。

永福县气象局

1956 年 10 月,成立永福县气象站,为国家一般气象站。1982 年 1 月,升格为永福县气象局。1991 年,县气象局为正科级机构,实行由上级气象部门和地方人民政府双重领导,以气象部门领导为主的管理体制,隶属桂林地区气象局管理。是年,县气象局内设机构有测报股、预报股。全局职工 14 人。局办公地址在县城东江街 608 号。2000 年增挂县防雷中心牌子。2005 年县气象局仍属正科级机构,在职干部职工 7 人,合同制工人 4 人。局办公地址不变,门牌号改为县城向阳路 38 号。

1991—2005 年,历任县气象局局长有:唐克禹(1991 年 10 月—1993 年 12 月)、赵洪(1993 年 12 月—1999 年 11 月)、吴忠平(1999 年 11 月—2005 年 8 月)、廖文琼(2005 年 8 月—2005 年 12 月)。

永福县知识产权局

2005 年 11 月,成立永福县知识产权局,副科级机构,在县科技局挂牌,与县科技局一套人马两块牌子合署办公,县知识产权局局长由县科技局一名副局长兼任。配专职工作人员 1 人。

科技服务机构

永福县科技情报所　1979 年 1 月成立。1991 年,县科技情报所为副科级财政全额拨款事业单位,人员编制 7 人。其主要职责是开展科技情报信息研究、咨询服务,协助企业和农村引进新技术、新产品、新工艺、新品种等。1991—2005 年,县科技情报所人员编制 7 人,实有人员 5 人,职责任务不变。

永福县生产力促进中心　于 2003 年 5 月成立,在县科技情报所挂牌,与科技情报所是一套人员,两块牌子合署办公。内设办公室、信息服务部、市场调研部、咨询服务部、技术服务部。其主要职责为企业和农村提供科技信息,组织新技术的开发引用及示范推广。

第二节　科研管理与队伍

科研管理与科研团体

1991 年,县人民政府设立专职科技副县长。

1992 年,县委、县人民政府印发《关于推动科技进步的若干规定》,10 个乡镇建立科技领导小组,配备科技副乡(镇长)和科技助理员,所有建制村都配备村级科技副主任及农科员。1993—2005 年,全县建立和完善了县、乡镇、村级三级科技团体系统。2005 年,全县有县级科技推广机构 28 个、乡镇科技推广机构 48 个、农民技术协会 39 个、企业工程技术中心 3 个、技术研发中心 4 个、科技创新服务中心 2 家。全县 9 个乡镇农业技术推广站均配备技术人员 3~5 人。

科研队伍

1991—1997 年,全县科技人员由县科委负责管理。

1991 年,全县有事业单位各类专业技术人员 4293 人,其中高级职称技术人员 37 人、中级职称技术人员 625 人、初级职称技术人员 3631 人。

1995 年,全县事业单位有专业技术人员 4725 人,其中高级 88 人、中级 981 人、初级 3656 人。

1998 年,县科技干部管理、职称技术改革工作划归县人事局负责。

2000 年,全县事业单位有中级以上专业技术人员为 1157 人。

2005 年,全县事业单位有专业技术人员 3471 人,其中高级职称 48 人、中级职称 1352 人、初级职称 2071 人。各专业技术人员按行业分布为:工程技术人员 115 人、农业技术人员 159 人、卫生技术人员 566 人、教学人员 2429 人、经济人员 25 人、会计人员 75 人、统计人员 11 人、图书档案文博人员 16 人、新闻出版人员 20 人、播音人员 2 人、体育人员 5 人、艺术人员 33 人、政工人员 15 人;按学历分布为:研究生 11 人、大学本科 619 人、大学专科 1501 人、中专 997 人、高中及以下 125 人;按年龄结构分布为:35 岁及以下 1341 人、36 岁至 40 岁 579 人、41 岁至 45 岁 316 人、46 岁至 50 岁 520 人、51 至 54 岁 311 人、55 岁及以上 404 人。

永福县科技人员主要分布在教育系统、卫生系统、大农业系统。中、高级职称科技人员在自然科学领域分布少,年龄偏大。

第三节　科技经费与服务

科技经费

1991—2005 年,永福县财政每年投入科技推广经费 10 万 ~15 万元,主要用于农业新品种、新技术的试验与推广。同时,县财政从 2003 年起,每年还投入科技普及经费 5 万元。2005 年增至 8 万元。科普经费主要用于每年 5 月、10 月科普宣传大行动及全县科技示范户、示范村、示范基地建设。

科技服务

科技信息服务　2002 年,永福县建立科技信息网络中心。2003 年科技信息网络延伸到乡镇、村。2005 年,结合自治区"三农科技服务网建设"项目的实施,在永福镇、百寿镇、三皇乡、龙江乡、广福乡等 5 个乡镇及广福村、龙桥村 2 个村建立了 7 个网络节点,开通了"96188"

2005 年 11 月 14 日永福县文化、科技"三下乡"到三皇乡设点授书

县科技局　供图

科技服务热线。是年,通过科技信息网发布农业产品供求信息 300 多条,发布企业和产品信息 180 多条、科技动态信息 150 多条,免费为群众上网查询资料、下载信息 90 条,介绍新技术 7 项。

技术市场服务 1992—2005 年,自治区建立广西科技活动周,由各县于每年的第一周组织当地名特优产品赴南宁参展。永福县人民政府每年均组团参会参展。2005 年,组织了"罗汉果系列加工品""永福优质米""罗汉果改性三萜烯""永安黄竹笋"等 20 多种名、特、优产品及专利产品参展。

1997—2005 年,农业部每年举办北京科技博览会。2005 年 5 月,永福县组织鸿兴罗汉果制品厂获得国家发明专利的产品"罗汉果香甜晶",参加第十届中国北京国际科技产业博览会。9 月"罗汉果香甜晶"成为广西参加香港科技博览会的 5 个参展产品之一。

1998 年,永福县开始出现流通技术协会组织。2005 年,全县有流通技术协会 36 个,其中三皇乡果蔬批发市场被农业部列为国家级"菜篮子"定点市场。

科技进步考核 1991 年,永福县推行乡镇科技进步目标责任制管理。1992 年 3 月,永福县印发《关于推动科技进步的若干规定》及《永福县科技进步奖励暂行办法》,加强县、乡镇两级科技进步考核工作。1993 年 1 月,永福制药厂与中国医学科学院药用植物研究所合作开发出罗汉果甜甙,获国家科技进步三等奖。2004 年,罗锦镇、百寿镇和桃城乡、堡里乡、三皇乡等乡镇通过了 2002—2003 年度广西镇(乡)科技进步考核,其中罗锦镇、桃城乡获优秀。2005 年 12 月,永福县通过 2003—2004 年全国科技进步考核并获得先进县称号,石春莲、陈作胜分别被科技部授予"2003—2004 年度全国科技进步考核先进个人"称号。

第四节 科技普及与推广

科普宣传

1991—1995 年,永福县科技部门围绕农业产业结构调整、农业产业化经营和科普发展纲要,不断提高农民群众的科技文化素质,促进农业增效、农民增收和增强农产品竞争力。重点面向中青年农民、农村干部开展种养实用技术普及宣传。1996 年,永福县全面实施"科技兴县、科技兴农"战略,把发展和普及科学技术置于重要地位。是年,县科技局与教育局联合在全县中小学开展科学技术普及活动。1997 年,永福县实行以县科技局为牵头单位的科普工作联席会议制度,成员单位有农业、林业、水利、文化、卫生、司法等 19 个部门。不定期研究全县科技普及宣传问题,并每年组织开展大型科技下乡活动 3 至 5 次。2000—2001 年,县科技局与县委组织部联合建立农村党员科技示范户 500 户,并为每户示范户免费订阅《广西科技报》1 份,进行科普宣传。2005 年,县科技部门与县广电局联合开通农村实用技术互动点播系统,全年群众点播量达 3000 多人次。

农业科技推广

1991—2000 年,永福县共建立各类科技示范基地(点)153 个(次)、示范村(屯)52 个(次)、示范户 5099 户(次),引进、推广了罗汉果组培苗种植技术、超级稻、百利系列西红柿新品种、柑橘黄龙病综合防治、奶水牛和肉牛规模化养殖、温氏鸡养殖、超级稻、南植 199 等新技术、新品种、新成果共 1500 项,实施科技攻关项目 485 项。2000 年 8 月,永福县苗木基地被命名为自治区科普示范基地。是年,永福县被列入全国农科教结合协调领导小组组织开展的"实施农科教结合百县千乡万村示范工程"(简称百千万工程)示范县。2000 年,全县科技对经济增长的贡献率达 42.70%。2000 年,永福县还启动科技特派员制度。全县从县直单位选派 86 名科技特派员进驻到村屯,重点推广和发展以罗汉果、柑橘、优质梨、西红柿等种植及樱桃谷种鸭,温氏鸡养殖为主导产业的农业特色经济。

2001—2005年,永福县每年继续选派科技特派员80~90人进驻村屯工作,开展农业种植、养殖科技推广工作。五年间,全县共建立农业种植、养殖示范基地103个、示范村屯38个(次)、示范户3401户(次);6.67公顷连片以上的水果种植基地从2001年的5个发展到2005年的45个,总面积达到446.67公顷,年产值达2000多万元;罗汉果种植面积由2001年的1191.50公顷发展到2005年的2751.40公顷,产果量1亿多个,年产值达9000多万元。养殖示范基地由2001年的10个发展到2005年的35个,年产值达1亿多元。种养基地新品种的应用率全部达到95%以上。

1991—2005年,永福县主要推广以下农业科技成果。

粮食作物　主要推广了水稻、玉米、红薯等。推广杂交稻新品种80多个、优质稻品种40多个。2004年,开始引进和推广超级杂交水稻。2005年全县种植超级杂交水稻6251.36公顷,占全年水稻总播种面积的30.04%,推广超级稻新品种20多个。是年,全县优质稻(含超级杂交水稻)种植面积2.05万公顷,占水稻总种植面积的92%以上。

20世纪90年代,县内推广优质高产的杂交玉米品种有桂顶系列、桂单系列、掖单系列、正大系列等。2001—2005年,推广玉米新品种12个。2005年全县玉米种植面积2698.60公顷,其中杂交玉米播种面积占95%以上。全年玉米总产量9179.50吨。

2005年,引进西班牙红薯等新品种5个,全县红薯种植面积2666.67公顷。

经济作物　主要推广了蔬菜作物、油料作物、甘蔗、木薯、果用瓜等。引进蔬菜新品种90多个,如以色列番茄、韩国米椒、蜜本南瓜等。2005年全县蔬菜播种面积约1.59万公顷,其中商品蔬菜8000公顷以上;西红柿种植2378.40公顷。引进油料作物新品种8个,主要是花生及油菜品种。2005年全县花生种植2000公顷,油菜种植887.60公顷;引进台糖、桂糖等甘蔗新品种20多个。2005年,全县种植甘蔗2666.67公顷;引进南植199等高产木薯新品种6个。2005年,全县种植木薯2000公顷;引进果用瓜(主要指西瓜、香瓜)新品种16个。2005年,全县种植果用瓜754公顷。

2002年,开始引进推广罗汉果组培苗栽培技术。2005年,全县种植罗汉果2751.40公顷。

水果　推广了丰水梨、大果枇杷、南丰蜜橘等新品种40多个。2005年,全县水果总种植面积7927.80公顷,水果总产量51612吨。

农业新技术新品种选介

罗汉果下山种植　1997—1999年,中国科学院武汉植物研究所专家到永福县龙江乡,与当地罗汉果种植户合作进行罗汉果生物试验。

2002年,广西师范大学生物系副教授李伯林开始在龙江乡试种自己培育的罗汉果组培苗。

2003年,永福县首次承担国家级科技攻关项目"广西生态脆弱地区智能信息系统研究与示范(罗汉果子课题)",自治区科技部门指导在县内进行罗汉果"下山"人工栽培实验,选择平原缓坡地、低山丘陵坡地和水田共9.33公顷作实验基地,种植罗汉果组培苗1.04万株,获得成功。2004年桂林高新区伯林生物技术有限责任公司炼苗基地落户永福,罗汉果生物实验获得成功,境内罗汉果田间种植得以迅速发展。

优质稻　1997年,永福县农业局扩大"马坝小油粘"稻谷种植,到广东曲江县引进优质谷,对"马坝新粘""马坝香油粘"和杂交优质谷金优桂99等稻谷进行对比试种,"马坝新粘""马坝香油粘"等表现出产量高、米质优、抗性中等优点。

2000年,永福县被列为广西优质谷生产种植基地县,优质谷生产出现高峰期。为保护农民的种植积极性,充分发挥永福的优质谷生产优势,永福县成立了绿禾米业有限责任公司、农乐米业有限公司等农业龙头企业,积极发展订单农业,一方面为农户提供种子、技术,一方面实行保护价收购优质谷,引导农民积极发展优质谷种植。在农业龙头企业的带动下,永福县优质谷生产实现了产业化经营模式。2000—2004 年,每年种植优质谷面积 1.67 万公顷以上,其中"订单"形式的常规优质谷种植面积 6666.67 公顷以上。

2005 年,永福县 1.33 万公顷优质谷生产基地获广西无公害农产品产地认定。是年,全县种植优质谷面积达 2.05 万公顷,占全年水稻总面积的 92%。其中,"订单"面积达 7667 公顷,取代杂优而成为水稻生产的拳头品种。

优质梨 2001 年,由自治区农业厅汇珍公司指导,永福县建立了 200 公顷丰水梨产业化生产基地,并在全县范围内同步实施丰水梨科技攻关项目,加强对科技人员和农民种植户的培训,强化对冬季清园、肥水管理、保花保果、水果套袋、花芽嫁接等技术的指导。2004 年,大部分果树开始挂果,总产量达 15 吨,市场价每千克达 3.60~4 元,比普通梨高出了 1~2 元。2005 年,县乡农技部门指导种植户,普遍采用频振式杀虫灯、果食蝇诱捕器等生物防治技术种植优质梨,梨子的品质大幅提高。全县销售优质梨 5000 多吨,成交额 700 多万元。

桑蚕 永福县种桑养蚕的历史可以追溯到唐代。境内种桑养蚕以广福乡为代表。

1991 年全县桑园面积 1200 公顷,鲜茧产量 460.90 吨。

1992 年,广福乡桑园面积达 734 公顷,鲜茧产量 860 吨。后因蚕茧市场疲软,桑蚕生产逐年下滑。2001 年,全乡桑园面积减至 140 公顷,年产鲜茧 176.90 吨。2003 年产鲜茧 359 吨。2005 年,全乡桑园面积恢复到 342 公顷。由于桑树品种推广桂桑优 62 系列,桑蚕品种推广两广 2 号青松 × 皓月。桑蚕单产明显提高,单张产茧高达 45 千克,总产量达 947 吨。

广福乡生产的蚕茧茧色洁白,有光泽、茧形匀整,出丝率高,尤其是其解舒率达 73% 左右,一茧丝长 1080 米,位于广西榜首,有很强的市场竞争力。2005 年广福乡蚕茧价格每千克高达 32 元。

2005 年全县桑园面积 1067 公顷,鲜茧产量 546 吨。

西红柿 三皇乡是永福县西红柿主产区,永安、罗锦、百寿、苏桥等乡镇也有种植。

三皇乡西红柿,多采用夏植和秋植,每年 6—7 月播种。7 月中下旬至 8 月初定植,9 月下旬开始收果。该乡西红柿主栽品种有以色列番茄系列、荷兰百利系列、澳大利亚石头番茄等品种。不仅产量高,品质优,果型好,还错开了收获季节,价格高于外地同类产品。

1995 年,三皇乡种植西红柿 667 公顷,西红柿初步成为全乡支柱产业。2004 年全乡 1334 公顷西红柿被自治区认定为无公害蔬菜生产基地。2005 年,全乡西红柿栽培面积达 1554 公顷,总产量达 8.28 万吨,全乡农民人均产果高达 3312 千克。2005 年全县年种植西红柿 2378.40 公顷。

椪柑 永福县从 20 世纪 80 年代中期开始大面积种植椪柑。当时百寿镇王家胆屯夏氏兄弟率先承包土地大面积种植柑橘。由于果子色泽鲜、果形好、肉脆化渣、酸甜适度,品质明显优于周边县同类产品,果品尚未采摘即全被定购,被誉为"桂北柑橘第一峒",带动了全屯乃至整个百寿镇柑橘生产的发展。1991 年,县内百寿镇王家胆屯夏氏兄弟椪柑园的规模和效益凸显,带动了整个百寿镇柑橘生产的发展。1997 年全镇种植水果 1400 公顷。2001 年,达到 2400 公顷,其中椪柑种植面积 1466 公顷。2005 年百寿镇获广西无公害水果生产基地产地认定。是年,全镇水果面积 2133 公顷,其中椪柑面积 1734 公顷,年产椪柑 4.50 万吨。由于百寿镇椪柑品质好,规模大,产品销往俄罗斯、越南等国家和中国香港地区,水果生产逐渐成为当地的经济支柱。

第五节 科技产品与成果

1991—2005 年,永福县科技成果推广项目有 107 项,其中省(部)级 24 项、地(厅)级 19 项、县级 64 项。

通过鉴定的有 85 项,其中省(部)级 16 项、地(厅)级 25 项、县级 44 项。获各级科技进步奖及"星火"奖的有 109 项,其中省(部)级奖 8 项、地(厅)级奖 19 项、县级奖 76 项;获国家和自治区级农牧渔业丰收计划奖 20 项、科技改进奖 2 项。

科技产品

1991—2005 年,永福县科研单位主要从事农业种植、养殖、农机、林业管护与生产、工业产品研发、教育教学、医学卫生等领域研究。在梨子、优质米种植、水稻良种试验与繁殖、良种猪饲养、杂交水稻制种等方面取得一定成效。

15 年间,全县共研究开发工业新产品 22 个,开发和改进新技术 13 项。引进和推广水果、甘蔗、蔬菜等新产品 43 个,推广砂糖橘种植、台糖 27.28（甘蔗）品种栽培技术等新技术 57 项。

科技成果选介

罗汉果规范化种植研究 2001—2004 年,永福县科技局陈作胜、陶建刚参加由广西药用植物园、广西植物研究所、临桂县科技局、永福县科技局共同承担的"罗汉果规范化种植研究"项目。通过项目研究,制定出了罗汉果规范化种植标准操作规程,为广西中药材实现规范化生产提供了种植模式和技术规程。

农作物标准化栽培试验示范 2004—2005 年,永福县科技局陈作胜、唐小明、文宇、县粮食局潘乐成参加由桂林市农业、科技、林业 3 部门和有关县共同承担完成的"农作物标准化栽培试验示范"项目,通过对桂林市最具资源优势、最有特色和最具市场竞争力的柑类、橙类、银杏、月柿、葡萄、毛竹、优质稻 7 大农作物优势品种开展标准化栽培技术研究和示范,总结出各品种标准化栽培技术规程和产品产量、质量标准。

表 18-11　　　　　　　　1991—2005 年永福县重大科技获奖项目情况表

项目名称	研究单位及人员	获奖时间	获奖名称	授予单位
更新杂优组合促进粮食增产	县种子公司廖先惠等	1991 年	广西科技改进三等奖	自治区农业厅
桂林 11 万亩柑橘丰收计划	永福县农业局	1991 年	广西农牧渔业丰收计划奖一等奖	自治区农业厅
永福县 19 万亩低产田变高产综合技术应用	永福县土肥站	1991 年	广西农牧渔业丰收计划奖三等奖	自治区农业厅
罗汉果丰产栽培技术大面积推广应用	永福县农业局	1991 年	广西农牧渔业丰收计划奖三等奖	自治区农业厅
西瓜早熟、优质、高产综合技术应用	永福县特产局	1991 年	广西农牧渔业丰收计划奖三等奖	自治区农业厅
罗汉果丰产栽培技术大面积推广应用（星火技术）	永福县经作站莫振如、韦芝霖、黄承娥	1992 年	广西科技进步三等奖	自治区人民政府
30 万羽人工肉鸡技术开发	县畜牧兽医站王天偿等	1992 年	广西农牧渔业丰收计划奖四等奖	自治区农业厅
7 万头肉猪饲养综合技术示范推广	县畜牧兽医站	1992 年	广西农牧渔业丰收计划奖四等奖	自治区农业厅
益舒宝防治稻瘿蚊示范推广	县植保站刘叙泽等	1992 年	广西科技进步三等奖	自治区农业厅

续表

项目名称	研究单位及人员	获奖时间	获奖名称	授予单位
罗汉果丰产栽培技术大面积推广应用	县经作站莫振如、韦芝霖、黄承娥等	1992年	广西星火科技三等奖	自治区人民政府
永福县2000亩板栗丰产栽培技术	永福县特产局	1993年	广西农牧渔业科技进步三等奖	自治区农业厅
板栗单株优选	永福县特产局	1993年	广西农业厅科技评比第一名	自治区农业厅
采取有效措施控制狂犬病的发生	县兽医防检站韦云功	1993年	广西农牧渔业丰收计划奖三等奖	自治区农业厅
中药罗汉果开发与利用（罗汉果甜甙）	永福县制药厂、中国医学科学院药用植物研究所	1993年	科技二等奖 国家科技进步三等奖	中国医学科学院 中国科学院
永福县稻肥鱼综合增产技术	永福县农业局	1994年	广西农牧渔业丰收计划奖二等奖	自治区农业厅
罗汉果高产栽培技术试验示范	永福县经作站	1994年	广西科技进步三等奖	自治区人民政府
西瓜喷施稀土效应研究	永福县特产局	1994年	广西农牧渔业科技改进四等奖	自治区农业厅
番茄青枯病综合防治示范推广	县植保站刘叙泽等	1994年	广西科技进步三等奖	自治区农业厅
杂交早稻新组合在稻瘟病区的推广应用	县种子公司廖先惠	1994年	广西科技改进三等奖	自治区农业厅
2000亩板栗综合技术应用	县科教站郑道英等	1995年	广西农牧渔业丰收计划奖三等奖	自治区农业厅
椪柑单株优选	永福县水果办	1996年	广西优质果品三等奖	自治区农业厅
桂林地区2万亩马蹄高产技术（协作）	县科教站郑道英等	1996年	广西农牧渔业丰收计划奖二等奖	自治区农业厅
广西桂林地区400万头肉猪饲养综合技术开发	县畜牧水产养殖局王天偿等	1996年	国家农牧渔业丰收计划奖三等奖	农业部
广西桂林地区400万头肉猪饲养综合技术开发	县畜牧水产养殖局韦云功等	1996年	广西农牧渔业丰收计划奖一等奖	自治区农业厅
广西20万亩油菜新品种及增产配套技术	县农业局陈木兰、李桂芳	1998年	国家农牧渔业丰收计划奖三等奖	农业部
单甲醚防治柑橘红蜘蛛试验示范及推广	永福县水果办	1998年	广西农牧渔业优秀科技成果四等奖	自治区农业厅
永福县水稻丰产综合技术	县推广站李桂芳、李玉芳等	2001年	广西农牧渔业丰收计划奖三等奖	自治区农业厅
桂北3万亩板栗优质高产综合栽培技术应用	永福县水果管理中心	2002年	广西农牧渔业丰收计划奖三等奖	自治区农业厅
捕食螨防治柑橘害螨技术推广应用	永福县水产管理中心	2004年 2005年	广西农牧渔业丰收计划奖二等奖　全国农牧渔业丰收计划奖三等奖	自治区农业厅 农业部

续表

项目名称	研究单位及人员	获奖时间	获奖名称	授予单位
永福县柑橘区域布局与发展规划	永福县农业局	2005年	广西农业资源调查与区划成果三等奖	自治区农业厅
3万亩南方优质梨高产栽培技术推广	永福县水产管理中心	2005年	广西农牧渔业丰收计划奖三等奖	自治区农业厅

第六节　知识产权

1991年1月，永福县农机修造厂黄应林申请的专利"畜力动力头"（专利号ZL902010956）获得授权。这是永福县第一件获得授权的专利。

2000年，永福镇中洲村农民廖家桢申请的专利"新型圆形拱顶旋水化粪池"获国家知识产权局颁发的专利证书。

2003年3月，桂林中族中药股份有限公司申请的"中族"牌商标被评为"广西著名商标"称号。

2004年5月，永福山葡萄酒股份有限公司申请的"永福山"牌商标被评为"广西著名商标"称号。

1991—2005年，永福县共有专利申请数量34件，获得国家专利数量20件，其中发明专利3件、实用新型专利14件、外观设计3件。

表18-12　　　　　　　　　　　1991—2005年永福县专利申请授权情况统计表

单位：件

永福县	申请量				授权量			
	总计	发明	实用新型	外观设计	总计	发明	实用新型	外观设计
1991	1	1	0	0	1	0	1	0
1992	3	1	1	1	2	0	1	1
1993	0	0	0	0	0	0	0	0
1994	0	0	0	0	0	0	0	0
1995	1	0	1	0	0	0	0	0
1996	2	1	1	0	0	0	0	0
1997	0	0	0	0	1	0	1	0
1998	4	2	2	0	1	0	1	0
1999	1	1	0	0	1	0	1	0
2000	3	0	3	0	1	0	1	0
2001	1	0	1	0	3	1	2	0
2002	2	0	2	0	2	1	1	0
2003	3	1	2	0	2	0	1	1
2004	8	2	4	2	2	0	1	1
2005	5	1	4	0	4	1	3	0
合计	34	10	21	3	20	3	14	3

第七节　防震减灾

防震减灾宣传

2003 年，永福县地震局成立后，着力于防震减灾科普知识宣传工作。2004—2005 年，每年依托"5·12"全国防震减灾日、"7·18"唐山大地震纪念日、5 月科技"三下乡"、10 月科普大行动、安全生产咨询日等时段，深入乡镇、社区、学校开展防震减灾科普知识宣传，年均发放宣传资料 3 万多册（份）。期间，建立了 4 所防震减灾科普示范学校（即永福县实验中学、永福县第二中学、永福县百寿中学、苏桥镇苏桥初中）。通过在示范学校开展防震减灾科普知识宣传活动，达到"教育一个学生，影响一个家庭，带动整个社会"的目的。

地震监测预报

1991—2002 年，永福县不是地震设防县，没有设立专业地震监测点及相关设备。

2003—2005 年，永福县地震局建立 5 个地震群测群防点，分别是永福县气象局国家气象观测站、永福新桂野生动物养殖有限公司（地址在广福乡马陵村）、苏桥镇大罗村水井观测点、百寿镇江岩村江西屯水井观测点、罗锦镇福星养兔基地。每年召开一次地震群测群防点工作培训会议，对地震监测预报知识进行培训。同时，在全县各乡镇确定防震减灾工作分管领导及助理员（兼灾情速报员）118 人，实现了防震减灾助理员对全县所有村的全覆盖。

第八节　气象业务与服务

气象业务

天气预报　永福县气象站从 1957 年起就开始做天气预报服务业务，贯彻"大中小结合，以小为主；图资群结合，以群为主；长中短结合，以中为主"的技术政策，进行县站补充预报业务。当时无方法、无经验，只能走群众路线，走访老农，收集民间中流传的适应大自然变化的经验来作预报，并从自然界中采集鳅鱼、黄鳝、乌龟等动物来喂养，观测它的变化，来作天气预报的参考依据。20 世纪 60 年代后期，由于有县气象站的资料积累，不断总结经验与交流，开始放弃对动物的观测，使用广西气象部门推广综合要素时间剖面图的单站天气预报工具和方法进行预报。

1982 年以后，通过气象传真机，接收中央气象台发布的数值预报产品图片资料，推广 MOS（金属氧化物半导体）预报方法，使县气象站在汛期暴雨预报、春播低温阴雨预报、寒露风预报的水平和质量得到不断提高。1994 年 1 月，建立县减灾防灾天气预警系统，实现市、县计算机联网并投入业务运行，可以从中调取大量的云图、雷达回波、森林火点等资料以及上级的各种指导预报产品。1999 年 6 月，建立县气象卫星综合应用系统 VSAT（微型地球站）单收站，通过卫星获取更多种类的气象资料。综合要素时间剖面图的单站天气预报工具和方法一直沿用至 2005 年。

气象信息网络　1982 年配备气象传真机。1987 年配备 PC-1500 计算机和甚高频电话。1994 年 1 月，设置第一台电脑，建立县减灾防灾天气预警系统，实现地（市）、县计算机联网并投入业务运行。1999 年 6

月,建立县气象卫星综合应用系统9210单收站,通过卫星获取更多种类的气象资料。1999年10月建立"121"气象电话自动答询系统。2001年筹集资金,建立县级电视天气预报制作系统。2004年10月,县气象局办公室安装宽带网,接通NOTES网络。

气象服务

服务决策　永福县气象站从建站开始,气象工作就走为国民经济建设服务,以农业服务为重点的道路。20世纪70年代,增加为国防建设服务的内容,每年都以较高的质量为民航提供航空气象报和危险天气报。在为国民经济各行各业服务中,主要做好暴雨、低温冷害、大风、寒露风等灾害性天气预报服务、为县农业生产提供决策依据,当好参谋。1990年夏秋,全县发生大旱,大小河溪干枯断流293条,水库干枯45座,山塘干枯249个,严重影响全县国民生产及群众生活。县气象局通过资料分析,预报9月底前有一次降雨过程,并立即向县领导汇报,结果23日至24日降51毫米大雨,全县解除旱情。

1991年、1996年、1998年的春播期间,由于气象部门提前准确预报和服务,使农民抓准"冷尾暖头"播种和采取防寒育秧措施,减少烂秧烂种的损失。

公益服务　20世纪80年代,公益气象服务主要以书面文字发送为主。1989年开始加强公益气象服务工作,通过电话、广播、印发资料信息方式向社会提供天气预报。1998年,开始通过县电视台每晚两次播放24小时天气预报。1999年6月通过"121"气象信息电话发布。2004年3月,开始通过手机、小灵通等现代通信手段传递气象信息。从此,气象信息的发布全面走上现代化,覆盖面更广,传播速度更快。

雷电灾害防御　1992年11月,县气象局防雷装置监测所开展防雷设施检测工作。2000年4月,根据《中华人民共和国气象法》,加强对全县雷电灾害防御工作的组织管理和行政执法。2000年6月施行国家气象局发布的《防雷减灾管理办法》。2000年10月在县气象局挂牌成立县防雷中心,并开展为国家和社会生活提供气象科技服务工作,开展防御雷电装置工程设计审核、验收监测、技术开发、灾情调查鉴定业务。2005年2月施行新的《防雷减灾管理办法》。

2005 年春节永福县城龙狮表演　　　　　　唐庆甫　供图

第十九篇

文化　体育

第一章　文　　化

　　永福县是广西彩调文化的发源地,福寿文化底蕴深厚。

　　1991—2005 年,永福县的群众文化活动日趋繁荣,并逐步形成了"凤山之春""茅江之夏""金色之秋""银海之冬"四大广场文化品牌。15 年间,县内有业余文学作者 80 多人,从事小说、散文、诗歌、戏曲的创作。1993 年,散文作品《福寿之乡》由漓江出版社出版。永福县诗词楹联协会活动丰富,作品不少。县文化馆主办县内文学内刊《龙溪》,登载各类文学作品。永福县的美术、书法活动十分活跃。15 年间,县内作者在地市级以上报刊和赛事中发表与参赛的美术、书法作品达 200 多件。

　　1991—2005 年,全县形成覆盖城乡的文化娱乐市场经营网络,文化经营点 235 家;广播电视事业进入新的发展时期,建成乡镇、村级广播电视转播机构。特别是 1996 年开展"广播电视村村通"建设工程后,全县 93 个村都通了广播电视,有线电视入户率达 83.73%。15 年间,全县文物保护与利用成效好;报纸、图书发行量稳中有升;县档案馆加强档案管理,完善档案服务,累计接待利用档案信息者 8678 人次,提供利用档案 2.55 万次。

第一节　机　　构

永福县文化事业管理处

　　1974 年 2 月,成立永福县文化局。1991 年,县文化局为正科级行政机构。有干部职工 7 人。下辖县文化馆、县图书馆、县文工团、县文物管理所、县文化市场管理办公室、县演出公司、县电影公司等 7 个二层机构和 10 个乡镇文化站,共有干部职工 91 人,其中干部 12 人、职工 39 人、临时工 40 人。局办公地址在县城解放街 89 号。

　　1996 年 7 月,机构改革,县文化局改称县文化事业管理处,赋予行政职能。领导班子设主任 1 名、副主任 2 名。

　　1997 年 5 月,增挂"永福县文化事业局"牌子,实行一套人员、两块牌子。

　　2001 年 12 月,机构改革,县文化事业管理处与县体育事业管理处合并,成立永福县文化体育局。

　　1991—2001 年 12 月,历任县文化事业管理处(局)主任(局长)有:龙倚仁(1987 年 10 月—1994 年 1 月)、王希尧(1994 年 1 月—1999 年 4 月)、陈运安(1999 年 4 月—2001 年 12 月)。

永福县文化体育局

　　2001 年 12 月,机构改革,永福县文化事业管理处(同时挂县文化事业局牌子)与永福县体育事业管理处(同时挂县体育事业局牌子)合并,成立永福县文化体育局,增挂永福县新闻出版(版权)局的牌子,为县人民政府工作部门,正科级行政机构。人员编制 7 名,实有人员 9 人。局办公地址在县城解放街 89 号。

　　2005 年,县文体局内设政秘股、计财股、文体股 3 个股室,人员编制 7 名,实有人员 8 人。下辖县图书馆、文化馆、文工团、文物管理所、文化市场管理办公室、电影公司、体育运动学校 7 个二层企事业单位和 9 个乡镇文化站。全县文体系统共有干部职工 83 人。局办公地址在县城永福剧院内。

2002—2005 年，县文体局局长为：阳社恩（2002 年 1 月—2005 年 12 月）。

永福县广播电视事业管理处

1984 年 8 月成立永福县广播电视局。1991 年，县广播电视局为正科级行政机构，负责管理全县广播电视事业。人员编制 7 名，实有人员 7 人。局办公地址在县城建新街 173 号。1996 年 7 月机构改革，县广播电视局改称县广播电视事业管理处，属县政府管理的正科级事业单位，赋予行政职能。1997 年 5 月增挂永福县广播电视事业局牌子，实行一套人员、两块牌子。2005 年县广播电视事业管理处为正科级事业单位，赋予行政职能。内设办公室、新闻部、专题部、广告播控室、社会管理室 5 个部（室），干部职工 34 人（含合同工 1 人）。局办公地址不变，门牌号改为县城凤城路 76 号。

1991—2005 年，历任县广播电视事业管理处（局）主任（局长）有：黄建民（1991 年 9 月—2002 年 1 月）、黄佳明（2002 年 1 月—2005 年 12 月）。

广电网络永福分公司

2004 年 6 月，从永福县广播电视事业管理处分离干部职工 16 人，成立广西广电网络永福分公司，专门经营管理永福境内有线电视网络业务，隶属广西广电网络公司直接管理。公司办公地址在县城凤城路 76 号。至 2005 年，广电网络股份有限公司永福分公司以经营广播电视节目信号传输、分配业务为主，除确保广播电视和信息节目安全、优质传送外，已逐步发展为以实现全县广播电视数字化、网络化为目标，以网络和信息服务为基础，以广播电视业务为龙头，积极拓展各类专网业务和增值业务的企业法人。2005 年，广西广电网络永福分公司内设办公室、农网维护部、城网维护部、技术部、客户服务部 5 个室（部），干部职工 16 人。

2004—2005 年，广电网络永福分公司经理为黄佳明（2004 年 8 月—2005 年 12 月）。

永福县档案局（馆）

1958 年 12 月，成立永福县档案科（馆）。1984 年 12 月，县档案科（馆）改称县档案局。1985 年 10 月，档案机构改革，恢复县档案馆，作为县人民政府直属事业机构，归口县档案局管理。1991 年，县档案局（馆）人事编制 8 名，实有 7 人。县档案局（馆）址在县政府大院。1996 年，机构改革，县档案局与档案馆合并，称档案馆，为正科级事业单位，赋予行政职能。1997 年 5 月，增挂永福县档案局牌子，与县档案馆实行一套人员、两块牌子体制，馆址设在县委、县人民政府大院内。2005 年，县档案局（馆）内设办公室、管理股、业务股、档案编研股，人员编制 7 名，实有干部职工 8 人。馆址仍在县政府大院。

1991—2005 年，历任县档案馆（局）馆长（局长）有：李二生（1990 年 10 月—1994 年 1 月）、张绪生（1994 年 1 月—1998 年 9 月）、吕万纪（1998 年 9 月—1999 年 4 月）、宾新友（1999 年 4 月—2001 年 12 月）、李敏（2001 年 12 月—2004 年 2 月）、曾心弟（2004 年 3 月—2005 年 12 月）。

县文化系统二层事业机构

永福县文化馆 1952 年 11 月成立。1991 年，县文化馆负责组织全县群众文化工作，开展文学艺术创作活动,属财政全额拨款的公益性事业单位,有干部职工 10 人。馆址在县城建新街 228 号。2005 年县文化馆设有创作室、音乐舞蹈室、舞美室、服装室、档案室、展厅、排练厅等。是年全馆有干部职工 12 人。

永福县图书馆　1978 年成立。1991 年,县图书馆负责馆藏图书的购进、保管和借阅,属财政全额拨款的公益性事业单位,有干部职工 6 人,馆址在县城解放街 174 号。2005 年,县图书馆有阅览楼和书库各 1 栋,总面积 1800 多平方米,有干部职工 8 人。馆址在县剧院广场旁。

永福县文工团　1958 年成立。1991 年,县文工团以文艺演出为主,兼做宣传、辅导工作,属财政差额拨款的事业单位。是年,有职工 25 人。2002 年,永福县文工团转为财政全额拨款。2005 年,县文工团有员工 24 人,其中三级演员职称 5 人、四级演员职称 19 人。文工团地址在县剧院。

永福县文物管理所　1979 年成立。1991 年,县文物管理所负责对县内文物的管护、普查、收藏,属县财政全额拨款的事业单位,有工作人员 2 人。县文物管理所办公地址在县城凤阁路 25 号。2005 年,有职工 4 人。

县文化市场管理办公室　1990 年成立,挂靠县文化局,负责对县内音像、印刷、演出、字画、书刊、舞厅等文化经营项目进行管理。办公地址在县文化局。2005 年,有编制 1 名,实有工作人员 3 人。

永福县电影发行放映公司　1980 年 7 月成立。1991 年,县电影公司为企业化管理事业机构,负责全县电影发行放映工作。内设办公室、财务股、放映管理股、发行股、宣传股、技术股,职工 10 人。下辖县电影院及广福、堡里、罗锦、苏桥、龙江、百寿、永安 8 个电影站。全县电影系统职工 20 人。电影公司办公地址在县城东江街 1 号。2005 年,县电影公司与县城电影院合一,有职工 12 人,负责放映电影录像等。

乡镇文化站　1991 年,全县共有乡镇文化站 10 个,为财政拨款补贴的事业单位,有工作人员 12 人。2005 年年末,全县共有乡镇文化站 9 个,主要任务是传播社会主义文化,宣传党的方针、政策,传播科技文化知识,有工作人员 11 人。

第二节　群众文化

集体文化活动

文艺会演　1991—2005 年,随着经济的发展,人民生活水平的提高,永福县境的群众文艺会演活动广泛开展起来,并逐步形成了"凤山之春""茅江之夏""金色之秋""银海之冬"四大广场文化品牌。县内彩调队、业余文艺队还承担着党委、政府中心工作的宣传任务,有计划地在县城和乡镇巡回演出。

茅江之夏　"茅江之夏"自 1986 年始,每年一届。至 2005 年已举办 20 届。第 13 届之前,虽然群众参与踊跃,节目也十分丰富,但并不是专门的彩调演出,而是包括彩调、小品、戏剧、声乐、器乐和舞蹈等综合节目的晚会。从第 13 届开始,综合采纳各方面的意见,县文化部门决定把"茅江之夏"打造成为专门的农村彩调大赛,已顺利举办了 7 届,影响极大。

"茅江之夏"经过多年的演变,其演出形式与比赛规则均已十分稳定。每届大赛,永福所辖 5 乡 4 镇都组队参加,一般 12~16 个队,节目丰富,演员众多,观众热情。赛事规定每个参赛队伍要演出一个自创节目,内容自定,有古代戏,也有现代戏,时间在 25 分钟之内;一个传统节目,也就是折子戏,选自《王二报喜》《王三打鸟》《蠢子拜寿》《隔河看亲》等传统剧目,时间在 20 分钟之内;传统彩调唱腔表演唱,时间在 6 分钟之内。每届"茅江之夏",一般要连续演出 4 晚。评委由县政府管理文化方面的领导,县委宣传部与文明办的领导以及文化馆、文工团的专家担任。节目奖项丰富,如自创、传统节目和传统彩调表演唱都要评出一、二、三等奖,还要评选出优秀演员 20 名、优秀导演 2 名、创作奖 2 名等,各个奖项都有一定的物质奖励。

永福县的群众文化娱乐活动十分丰富,其中最突出的是彩调演出。由县文化馆主办的大型农村彩调大赛"茅江之夏",是其中最重要的文化娱乐活动之一。"茅江之夏"由县委宣传部牵头,县宣传文化部门积极配合,上至80岁老人,下至8岁孩童,纷纷从各个乡镇赶来参加这一年一度的彩调盛会,有的乡镇甚至包车将群众送至县城观看彩调。每年举行"茅江之夏"的场所永福剧院或天凤广场都被上千观众围观得水泄不通。彩调所特有的娱乐性是永福福寿文化重要的组成部分,永福人民热爱着这个土生土长的艺术。

2005年6月27日,永福县第20届茅江之夏彩调表演

杨志德　摄

金色之秋　"金色之秋"是永福县又一项重要的群众文化娱乐活动。1991年开始举办,至2005年已举办第15届。由县文化馆主办,每年10月份举行。其主要内容也以彩调演出为主。与"茅江之夏"不同的是,它所演出的内容规定为传统彩调。一般有7个队,一方面由县文化馆邀请水平较高的演出队伍参加,另一方面也接受自愿报名,凡是愿意参加的队伍都提供一定的经费,在县城天凤广场、剧院广场一带搭台露天演出,每个队演出2个小时。每次演出5晚或7晚。评委大部分由"茅江之夏"的评委组成。2003年,邀请专业彩调演出团体演出了7晚。

凤山之春　"凤山之春"是永福县又一项重要的综合性群众文化娱乐活动,1996年始办,举行的时间在正月的初三到初七。节目十分丰富,彩调演出方面,一般抽选各个乡镇优秀的彩调演出队伍3至4支,与县文工团、县老年彩调队一起演出,白天和晚上均有彩调表演。另外还有舞龙舞狮、山歌大赛、猜谜观灯、斗鸡斗牛、冬泳和烟花晚会等。同时,县文化馆还牵头组织老年书画研究会和永福画院等书画团体,举行迎春书画展。在春节长假期间,整个县城一片沸腾,热闹无比。

银海之冬　"银海之冬"是永福县另一项重要的综合性群众文化娱乐活动。1991—2005年每年冬季,永福县举办广场电影及电影下乡宣传活动。每年放映的电影数量在120场次以上。

业余文艺演出

永福县城街头自编自演彩调节目

唐庆甫　摄于2003年7月

广西民间艺术之乡（彩调）　20世纪80年代以后,永福县业余彩调队、龙狮队等文艺团体普遍兴起。农村婚嫁、乔迁、贺寿等喜庆场合,常有邀请彩调队、龙狮队表演助兴。

1991年,全县有业余文艺队46支、业余龙狮队25支。

2002年,永福县罗锦镇获广西"民间艺术（彩调）之乡"称号。

2003年,在桂林市举行的农民彩调大赛中,永福县罗锦镇镇上彩调队演出的传统彩调剧《龙女与汉鹏》、桃城乡上台彩调队演出的现代彩调剧《婆媳之间》同获一等奖。至2005年,经常开展演出活动的彩调、文艺队伍有:南雄、

樟峡、大方、白马、上台、渔洞、高街、龙桥、矮岭、盘洞、波塘、罗田、罗锦、林村、龙江、社边、百寿、三皇、小巷、夕阳红、万年青、永福镇、园丁、红霞、老年大学、龙泉社区、天凤、银河等28支。据统计，从2000—2005年共演出2500余场，观众达3.75万余人。其中，天凤、银河两支业余文艺队分别在中洲乐园和电影院定点进行营业性演出，并经常邀请桂林、柳州等地的彩调艺人同台共演。县内作者创作彩调等文艺作品还经常参加桂林市公安、交通、保险、统计、新闻出版等行业举办的文艺展演并多次获奖。

山歌会　山歌，是永福县常见的一种群众自娱自乐的文化活动。1994—2005年，每届"金色之秋"期间，都有大型的"广场山歌擂台赛"，平时在县城凤城路林荫道上也经常有山歌会，由山歌手进行对唱角逐。2000年，永福县首次参加桂林市第二届"漓江之声"文艺汇演山歌擂台赛。2004年9月20日，永福县在天凤广场举办"公民道德建设"山歌擂台赛。2005年12月，龙江乡社边屯举办新农村建设山歌擂台赛，邀请融安、柳城、临桂及永福县的20位"山歌王"进行山歌比赛。2001—2005年，每年都选派歌师、歌手参加"漓江之声"山歌擂台赛，并多次获集体二等奖或三等奖。

第三节　文学艺术

文学创作

1991—2005年，县文化馆每年都举办创作培训班1至2期，培养了众多业余作者。其间，永福县业余作者在地市级以上刊物发表诗词118篇、小说故事15篇、散文19篇。其中黄河兴的词《满江红·和谐社会》2005年6月获文化部、中国硬笔书法协会、中国书画研究院联合举办的"和谐杯"全国诗书画摄影作品大展赛一等奖。

县文化馆从20世纪80年代创办出版文艺刊物《龙溪》，至2005年共出版99期，发表永福县业余作者创作的诗歌、戏曲、小说、散文等，刊物曾被市（地区）、省（自治区）、国家级图书馆收藏。

诗词楹联协会是永福县一个影响较大的文学协会。1991—2005年，有会员100多人，大多为50岁以上的永福县籍人，其中最年长的为86岁，会刊为《凤巢山新韵》，已出刊4期。创作多为诗词楹联，内容丰富，或吟咏永福山水，或赞颂名人先贤，或评论时事。

散文作品集《福寿之乡》，由广西作协副主席黄继树主编，1993年12月，由漓江出版社出版发行。这本由40多篇散文组成的作品集，其作者绝大部分都是永福籍的知识分子。书中的每一篇文章都洋溢着作者对家乡的热爱赞颂。这些作者用欢快的笔触描绘家乡的山川名胜。探寻曾经发生在这片乐土上的传奇故事。

新编彩调剧目。1991—2005年，县内作者秦纪林创作的《豆腐郎》，秦强创作的《送锣》《弄巧成拙》《陪酒女》《王二报忧》《婆媳之间》，龙腾瑞的《瓜王取经》《扶贫》《拆房》等比较有名。以《豆腐郎》《婆媳之间》《拆房》为代表。《豆腐郎》由原永福县文工团专业编剧、永福镇塘堡人秦纪林创作，获当时桂林地区二等奖，自治区一等奖，后参加全国大赛获三等奖。《婆媳之间》由秦强编写，该剧在2004年、2005年分别获得桂林市、自治区演出一等奖。

专业文艺演出

永福县专业文艺演出由县文工团承担。1991年，县文工团共有队员25人，有音响、服装、道具等，价值3万余元。县文工团以该县"凤山之春""茅江之夏""金色之秋"和桂林市"漓江之声"等大型文化活动为载体，以歌舞、彩调、桂剧等形式活跃在城镇乡村，宣传党的方针、政策和法律法规以及城乡新人、新事、新风貌,辅导群众开展业余文化活动。1991—1999年,平均每年演出达95场。

1999年,因部分演职人员退休、调离,县文工团只有员工15人,无法承担县内大型活动演出任务。2000年,县文工团面向社会招聘年轻演员10人,使员工增至25人。

2000年,县文工团发挥自身特色,利用永福彩调之乡和广西彩调发源地的优势,挖掘传统彩调剧目,与广西文化音像出版社合作,拍摄了传统彩调VCD碟6张(剧目5个)。

2002年10月,自治区文化厅资助及县人民政府筹资149.05万元,对县剧院进行改造和装修,县文工团也购买了先进的灯光音响,更换了全新的舞台布幕,增购了扬琴、二胡、月琴、打击乐等新乐器和一批服装道具。2005年,县文工团服装道具、灯光、音响总价值达23万余元。

2000—2005年,县文工团每年演出超过100场。

美术　书法创作

1991—2005年,永福县的书法、绘画活动十分活跃。期间有自治区美术协会会员2人、桂林市美术协会会员13人。有"永福画院""西林画院""永福老年书画研究会"等团体。据不完全统计,整个永福县绘画工作者近200人,其中百余人在北京、西安、南宁、桂林等地以经营画廊为业。在桂林举办的许多书画展览中,永福画家的作品占据一定的比例。永福画院,有会员20多人,以中青年画家为主,绘画的内容大多为山水、花鸟、人物等,形式以国画为主,兼以油画、版画等。西林画院,有会员40多人,以少数民族画家为主。画院的创作基地位于永福县龙江乡崇山峻岭中的秀美村庄—高庄板埠。永福县老年书画研究会,成立于20世纪80年代。该研究会1991—2005年期间有会员70多人。每年都举办"迎春书画展",在永福老年活动中心举办讲座,向会员讲评书画及创作知识;还组织会员到永福周边集体写生。2002年3月,永福县举办桂林·永福女子书画艺术交流会,有30多位女子书法作者共创作展出作品65幅。2005年《中国老年书画报》曾开辟专版报道永福老年书画研究会各个方面的情况。

1991—2005年,永福县作者在地市级以上报刊和赛事中发表和参赛的美术、书法作品达200余件。

美术获奖主要奖项　1995年,全志明创作的书画《梅花报喜图》,参加由中华逸吟墨诗书画国际展览会举办的菲律宾国际书画大赛,获国际文化交流"精英奖"。全志明还7次创作书画作品参加日本扇面艺术协会举办的国际扇面书画展,其中《水乡的春天》《梅月相思》《梅月图》等已出版成书发行。

1997年,文新军创作的国画《红梅花开迎港归》,在文化部社会文化司和港澳台司主办的"迎接97香港回归"中国书画作品大奖赛中获佳作奖。

1999年,韦雅夫创作的画作《溪瀑》入选日本扇面艺术协会第20回国际扇面展。

2002年,韦雅夫创作的画作《苗寨风光》,获全国政协办公厅、人民政协报社举办的中国西部风情书画展优秀奖。

2003年,许军生创作的中国画《山水》获国家文物局、中国书画收藏家协会特别收藏。

2004年,韦雅夫创作的画作《西江风光》获中国国策研究会、中国老年文化艺术交流会举办的"中国国策书画展"金奖。

2004年,黄子曦创作的中国画《春香》在由世界艺术家协会世界华人艺术大会组委会、世界文化艺术研究中心举办的第八届世界华

2005年8月,书法名家赠送书法作品给永福县文化馆
　　　　　　　　　　　　　　　杨志德　摄

人艺术大会艺术展中获银奖。

2004年11月，黄子曦创作的中国画《十二生肖梅花》获中国荣誉评审委员会专利发明一等奖、中国科技成果奖励委员会科技最佳成果进步奖二等奖。

2005年，许军生创作的中国画《清音图》获中国文化美术家协会举办的第三届当代中国文化书画艺术北京邀请展金奖。

永福画院、西林画院先后出版了美术作品集。

书法获奖主要奖项　1993年1月，汤永成创作的书法作品获第二届"红年杯"全国书画大奖赛一等奖。

1999年，廖彦超创作的书法作品获北京"中华当代书画艺术展"金奖。

2001年3月，汤永成创作的书法作品获中华当代书画艺术展铜奖；首届中国老年书画展优秀奖。

2003年10月，汤永成创作的书法获"白衣卫士杯"全国中老年诗书画国际互联网大展铜奖。

2004年9月，廖彦超创作的书法获第二届中国老年文化书画艺术展优秀奖。

第四节　广播　电视　电影

广　播

1991年，永福县人民政府把发展广播事业作为县人民政府为民办12件实事之一。印发《关于切实抓好农村广播网建设的通知》，确定全县1991—1993年安装3万只喇叭的目标。全县县、乡、村三级联动，分级负责，多方筹资，甚至贷款建设农村有线广播网。至1993年3月，全县共投入广播建设经费38.50万元，架设乡—村—屯广播线路293.20千米，建成乡镇级调频差转台4座、村广播室14个、自然屯有线广播网点117个。全县9个乡镇、73个村公所通广播，全县入户喇叭达1.41万只。

1993年12月，成立永福县人民广播电台。国家广播电影电视部批准永福建立调频广播，呼号为"永福县人民广播电台"，发射台址为白马山。实行有线广播和无线（调频）广播混合覆盖，通过白马山发射台传播，发射频率为96.60兆赫，功率100瓦，每日播音365分钟，其中播出永福县新闻45分钟。至1994年底，全县入户喇叭达2.60万只。1995年发展到2.70万只，全县广播仍维持在高峰期。但随着科学技术的进步和有线电视的迅猛发展，粗放型的有线广播线路陈旧老化，修复的难度很大，音质欠佳。有线广播已不适应新形势的发展和人民群众文化生活的需要。

1996年下半年起，全县广播事业出现下滑趋势。至1997年底，全县正常通响的广播只有3425只。

1998年，在县城凤山发射台安装有线喇叭6只，每天早晚各播音1次。乡村有线喇叭基本停用。

2003年，县广播编辑部与电视编辑部合并。县广播电视台集中力量办电视，全县有线广播停播。

电　视

无线电视　1992年以前，永福县干部群众依托白马山电视转播台、凤山电视差转台及各乡镇自筹资金建立的一些小型差转台收看电视节目。当时都是无线电视，县城可收看中央1、2套，广西1套和桂林电视台节目，乡镇可收看中央1套、广西1套节目。无论县城还是乡镇，电视信号均不稳定。

有线电视　1992年3月，县委、县人民政府作出建设县城有线电视网的决定，由县委宣传部牵头，县广电局具体负责实施。县财政划拨14万元启动资金，建设县城有线电视网络。当年底共架设县城有线电视主干线4.50千米，终端线入户1400余户。1993年以后，县城有线电视主干线不断延伸，至1997年达10千米，终端用户超过4000户。

1993年秋,全县各乡镇有线电视有计划铺开。当年开通罗锦、百寿2个乡镇。1994年开通堡里、永安、三皇、龙江、广福5个乡镇。是年12月,国家广电部批准筹建永福县有线电视台,呼号为"永福县有线电视台"。1995年完成了苏桥镇政府所在地的有线电视网络建设任务。1996年底全县各乡镇均开通有线电视,共有终端用户3000多户,可收看7套以上电视节目。

1997年,村屯广播电视网逐步铺开,采用用户自愿的原则,统一由县、乡镇广电部门设计施工,落实专人管理。当年年底,全县共筹资33.20万元,建设村(屯)级广播电视网站32个,共有终端用户1336户。

1997年,全县电视覆盖人口达85%。

1998年,县有线电视采用550兆邻频传输方式传送中央6套、广西1套等16套电视节目,90%以上用户图像达到4.50级左右。全县有线电视用户5000户左右。当年全县还有广播电视盲点村57个。

1999年6月,永福县启动"广播电视村村通"一期工程,采用卫星地面接收,小片联网的方式,在全县9个乡镇建立小片网57个,联网入户2111户,新增的广播电视覆盖人口1.83万人,均可接收7~12套电视节目和2套广播节目。当年县城新架设有线电视主干线3条,整理主干线4条,新增有线电视用户461户;还开通桃城乡湾里村主干线1千米,完成了苏桥电厂厂区电视信号优化工程。当年底,全县电视网络总长达55千米,有线电视网站58个,电视用户1.28万户。

2000年,永福县对县城有线电视主干线路进行整改,进一步优化有线电视传输质量。并从当年5月起新增5套电视节目,新装抛物面天线一面,接收桂林电视台节目信号,通过MMDS系统发射到县内南片乡镇有线电视网,增加乡镇网络节目数。2000年9月,启动县城有线电视光纤工程,建成光纤管道工作井18个。

2002年永福县启动"广播电视村村通"二期工程,重点是通过光缆和多路微波将县城广播电视信号直接传送到乡镇、村、屯,使全县电视用户都能收看20套以上电视节目。至2004年8月,县城及南面五个乡镇光纤联网全面完成,共建设站点138个、小片网2个、联网用户2623户。

2004年11月,县广播电视正式与桂林市广播电视、广西壮族自治区广播电视联网,县有线电视除正传桂林电视台、广西电视台广播电视节目外,还能将"永福新闻"节目传输到桂林电视台,并通过桂林电视台返传至广西电视台。

2005年9月,县内北片四乡镇光纤联网工程完成,传输电视节目35套,广播节目2套,解决了北四乡镇群众看不到《永福新闻》的难题。是年年底,全县9个乡镇93个村广播电视全部实现光纤联网,入网用户9500户,其中村、屯入网用户达3142户(含小片网),入户率为83.73%。

县办电视新闻节目 1992年7月,县委、县人民政府批准筹建永福县有线广播电视台,除转播中央电视台、省(区)、市电视台11套节目外,还自办一套永福有线电视台节目,不定期播出永福电视新闻、通知、广告,对县委、县人民政府的重大政策、举措及县内重大事件、商品信息进行宣传报道。当年播出永福电视新闻80条,次年播出永福电视新闻156条。

1994年,国家广电部批准建立永福县有线广播电视台。当年县有线电视台每周播出一期《一周永福新闻》,用永福方言播音,于周五19:35首播,周六12:30重播。全年共播出《一周永福新闻》51期208条。

1995年下半年,《一周永福新闻》开始用普通话播音,播音员形象开始出现在荧屏上。当年共播出《一周永福新闻》51期254条,总播出时间560分48秒。

1996年年初,县有线电视台与桂林地区有线电视台实现微波联网。《一周永福新闻》改版为《永福新闻》,每周二、周五播出,周三、周六重播。全年共播出《永福新闻》101期483条,总播出时间867分47秒;桂林地区有线电视台在《桂北新闻》节目中播出有关永福新闻消息78条。同年10月,县有线电视台开通中央电视台加密频道。

1997年,县有线电视台加强对县委、县人民政府"引资金、上项目、求效益、兴科教"十二字战略方针和"构筑桂北投资第一县"政策举措的宣传报道,共播出《永福新闻》101期518条,总播出时间1101分

30 秒；上送《桂北新闻》播出简讯 91 条；上送《广西新闻》播出简讯 10 条。同年 9 月，县有线电视台和县人民广播电台合二为一，定名为永福县广播电视台。

1999 年，《永福新闻》调整播出时间，每周一、三、五 19：50 首播，当日 22：00、次日 12：30 重播，周日 19：50 和 22：00 播出《一周要闻回顾》。全年共播出《永福新闻》195 期，其中《一周要闻回顾》50 期，总播出时间 2312 分 32 秒。上送广西有线台、广西卫视台播出稿件 51 条，上送桂林电视台播出新闻稿件 104 条，与中央电视台合拍专题片 2 个，在中央电视台二套《金土地》栏目中播出。

2000 年，县广播电视台自办节目中增加天气预报栏目。当年播出永福新闻稿件 1419 篇，上送自治区台播出永福新闻 54 条，上送桂林市台播出永福新闻 126 条。

2001 年 3 月，增加《新闻视点》栏目，每周播出一期，每期 15 分钟。《新闻视点》以贴近实际、贴近生活、贴近群众的新闻事实为内容，及时披露群众反映最强烈、呼声最高的热点问题，被群众称为"永福的焦点访谈"。

2002—2005 年，县广播电视台自办节目基本保持不变，每年播出永福新闻约 1300 条，播出时间约 1300 分钟，每年上送自治区、桂林市播出永福新闻分别为 50 条和 100 条以上。2005 年，增设《星火科技》栏目。

电　影

1991 年，全县有电影发行放映公司 1 个，为相对独立的经济实体，自主经营，自负盈亏。有在职职工 10 人。下设乡镇电影站 7 个，职工 20 人。有专用电影院 5 个（永福电影院、堡里电影院、苏桥电影院、罗锦电影院、寿城电影院）。其中，4 个乡镇电影院采用 35 毫米氙气灯座机，基本达到县级电影院的标准。其他乡、村有民办电影队 70 多个。全县全年放映电影达 1 万多场次。1991—1992 年，县城电影院电影放映还处于高峰期，其他乡镇电影站放映收入只能基本维持运转。

1993—2002 年，随着录像业和有线电视的发展，以及文化娱乐活动方式日趋多样化，人们看电影场次逐年趋少，全县电影放映业经济效益逐年下降，票房收入已无法做到保本经营，亏损严重。各乡镇电影院相继关闭，民办电影队陆续解散。2003 年，各乡镇电影院全部停业，农村已无民办电影队。2005 年，全县有电影放映公司 1 个，县城电影院 1 个，有职工 12 人，放映电影、录像等，勉强维持经营。

第五节　广播电视网络与管理

广播电视网络

经过 1991—1995 年的建设和整网，在农村免费发放安装有线广播接收机。至 1995 年，永福县有线广播发展到顶峰期。其间，有线广播与无线调频广播并行发展，混合覆盖。1996 年有线广播停建新线路，用户数开始下滑，调频广播逐渐取代有线广播。2000 年各乡镇全面停止有线广播转播工作，调频广播全面取代有线广播。

1993 年以后，县城有线电视快速发展。至 1997 年有线电视主干线已达 10 千米，终端用户超过 4000 户。1993 年秋，各乡镇有线电视有计划铺开。至 1996 年年底，各乡镇均开通有线电视，共有终端用户 3000 多户，可收看 7 套以上电视节目。

从 1996 年起，各乡镇已通电的边远山区农户开始购买接收机"大锅头"单家独户收看卫星电视。一般都办理了审批手续。初期卫星电视可收看 20 套至 30 套电视节目。1998 年 10 月，国家广电总局提出在 20 世纪末基本实现"村村通广播电视"（简称村村通）的发展目标,要求已通电的村,村村通广播电视。全县从 1999 年起实施广播电视村村通工程。到 2004 年,全县已完成南面 5 个乡镇光纤联网工程。2005 年 9 月完成北面 4 个乡镇光纤联网工程。能收看 35 套以上电视节目和 2 个广播节目。通过地面卫星接收系统转播中央和部分省区上星的电视节目,以闭路方式进村入户,解决边远山区群众看电视难的问题。但是由于管理机制不健全,上述村村通出现不同程度的"返盲"现象。从 2004 年起,国家启动 20 户以上（全县按 50 户以上）已通电的自然村村村通广播电视工程。在认真总结首轮村村通工程的基础上,改变过去靠"卫星落地"的做法,把实施村村通工程重点放在已通光纤网的周边村屯,以光纤网信号为切入口,使新一轮村村通的用户能看到与县城一样的电视节目。至 2005 年年底,全县共完成 9 个乡镇广播电视光纤联网,入网用户 9500 户。

从 2003 年起,在完成县城城区地下管道埋设的同时,集中力量狠抓有线电视网络的整合和升级改造,将原来的 CATV 网改成 HFC 宽带网,机房设备更新。2004 年 3 月联通自治区广电宽带网。

至 2005 年统计,架设县城至乡（镇）光纤 55 千米,设立有线电视网站 58 个,电视用户 1.28 万户。为使庞大的广电网络能长效运行,县、乡、村三级成立相应的管理机构。县成立农网部,乡镇成立管理服务站,村屯（指有线电视网的点）成立网络维护点。

广播电视管理

永福县广播电视事业管理主要是宣传管理、播出管理、行业管理和执法管理。

1991—2005 年县广播电台和电视台播出的新闻节目和专题节目都要经台长和局长把关签字后播出,重大新闻需请示县领导后播出。对乡镇、村、企事业单位的广播电视室（站）的播出进行监督,防止乱播滥放现象的发生,搞好荧屏净化。

开展审定、办证、年检等日常行业管理,经常开展对境外卫星电视转播秩序的专项治理。根据《卫星电视广播地面接收设施管理规定》（1993 年 10 月 5 日国务院令第 129 号）及《卫星电视广播地面接收设施管理规定》实施细则（1994 年 2 月 3 日广播电影电视部令第 11 号）的有关规定,对销售、安装、使用卫星电视广播地面接收设施的审定、办证等进行行业管理,对符合条件要求安装卫星地面接收设施的单位和个人,要向县广播电视部门提出申请并报地区（市）广播电视部门审批,在办理许可证后方可安装。对违反规定擅自安装和使用卫星地面接收设施的,由广播电视行政部门没收其安装和使用的卫星地面接收设施,并按规定处以相应罚款。根据 2002 年 3 月 7 日国家广电总局、公安部、信息产业部、外经贸部、海关总署、国家工商总局联合发布的《关于进一步加强卫星电视广播地面接收设施管理的意见》要求,2003—2005 年,由县广播电视事业管理局、县综治办、县公安局、县工商局组成专项治理工作领导小组,开展联合执法,查处不履行审批手续非法安装、销售、擅自转播境外卫星电视节目的单位和个人。共检查了 1070 座卫星电视地面接收设施,取缔了违法安装使用的 260 多座,给其余 810 座符合安装使用条件的补办了《接收许可证》手续。

第六节　报纸　图书

报　纸

《今日永福》《今日永福》的前身是《永福报》,是由永福报社内部出版发行的中共永福县委机关报,于 2001 年 7 月 1 日创刊。社长由县委常委、宣传部部长兼任,设总编 1 人,刊头由永福县文化馆秦心国题写。永福报社为事业单位,2001年有采编人员5人。报纸为黑白版4开4版,每周出版1期,设时政要闻、综合新闻、副刊和社会新闻4个版面,实行征订发行制,每年每份28元,当年每期发行3000份。

2002年5月1日,《永福报》自43期起,更名为《今日永福》仍内部出版发行。至2004年7月12日,总发行151期后,《今日永福》停刊。

报刊订阅 1991—2005年,永福县的重点党报党刊订阅由县委宣传部与县邮政局共同负责。每年10月,以县委或县委办名义制订下一年度重点党报党刊发行工作的文件,明确重点党报党刊的订阅范围、数量、经费等,并限期完成下一年度的报刊征订任务。15年间,全县约每年完成重点党报党刊《人民日报》280份、《广西日报》1100份、《求实》230份、《光明日报》30份、《经济日报》70份、《当代广西》2400份、《桂林日报》3300份。

一般报刊征订由各单位和个人自行到县、乡镇邮政部门征订。

图　书

县图书馆 1978年5月,在永福县文化馆阅览室的基础上成立永福县图书馆。设书库和阅览室2部分。

1991年,县图书馆馆址在县城解放街174号。

2000年,县图书馆对书库藏书进行重新整理上架,图书自动化管理工作进入实质性的数据制作阶段。新进馆图书全部按标准机读目录格式输入电脑,使用电脑打印卡片及进行统计,使用条形码号作为图书财产号,使用著者四角号码代替原来的种类号,设书名目录、分类目录各1套。

2003年,县图书馆开通馆内局域网,并开始将馆藏图书录入电脑,启动图书馆自动化程序。

2005年,县财政拨款5万元,为县图书馆添置电脑12台、投影设备1套,建立了全国文化信息资源共享工程永福县中心站和永福图书馆电子阅览室,为读者提供科学技术、文化信息、影视资料、电子图书、民俗文化等内容的服务。

2005年底,县图书馆馆址在县剧院广场旁,有阅览楼和书库各1栋,总面积1800余平方米,设图书外借处、成人阅览室、少儿阅览室、参考资料室、过刊阅览室、电子阅览室及全国文化信息资源共享工程永福县中心站等服务窗口。阅览室有座位170个,书架2158米(单层总长度),馆藏图书9.93万册,年内还订阅报刊114份(种)。

1991—2005年,县图书馆共接待读者56.90万人次,其中图书借阅处接待22.62万人次、阅览室接待34.28万人次,借阅图书69.33万册(次)。

1994年、2003年,永福县图书馆先后两次被文化部评定为三级图书馆。

乡镇、村级图书馆(室) 1991—2005年,县文化局指导乡镇图书馆建设,共培训图书管理员35人次;帮助建设湾里、矮岭、龙山、黄源4个村创建自治区级村屯图书室。2005年,全县共有乡级图书馆9个,藏书5万多册,年均接待读者10万人次。

第七节　文化市场管理

永福县文化市场的管理始于20世纪90年代,当时随着市场经济的发展,人们的文化生活方式趋于多样化,文化市场相应形成。外来表演团体的演出、卡式录音带零售、流动书摊和书报亭逐步增多。1990年,成立永福县文化市场管理办公室,挂靠县文化局,负责对县内音像、印刷、演出、字画、书刊、舞厅等经营项目进行管理。1991—1995年,县文化市场管理办公室贯彻执行"一手抓管理,一手抓繁荣"的指导方针,积极培育新兴的健康有益的文化经营项目,丰富群众文化生活。对申办经营各类文化项目的店(家)进行核实、登记发证。对经营舞厅、音像、桌球、电子游戏、卡拉 OK 厅的店(家)发给"文化经营许可证"。经营录像放映的店(家)发给录像放映许可证。

90 年代后期,电子游戏经营发展较快。2000 年,县文化市场管理办公室对全县文化娱乐经营场所进行重新审核登记。是年,全县有电子游戏机室 30 多家;录像放映、"卡拉 OK 厅"、舞厅等文化娱乐场所 40 多家。2001 年,电脑网吧开始进入永福县文化市场。

2001—2005 年,县文化市场管理办公室,每年都联合公安局、工商局、广播电视局等单位对文化市场进行 2~3 次统一检查。除对县城进行扫黄、打非外,还对一些存在安全隐患的公共娱乐场所责成限期整改。

2005 年,全县共有文化经营点 235 家,其中电脑网吧 22 家,卡拉 OK 厅、音乐茶座 31 家,歌舞厅 3 家,桌球室 125 家,游戏机室 23 家,书报刊出租、零售店 16 家,音像制品零售店 15 家。

1991—2005 年,县文化市场管理办公室,共接待外地演出团体 120 个,演出 150 场。牵头查处各类违法违规经营案件 191 起,其中警告 85 起、停业整改 10 起、罚款 96 起;收缴非法盗版音像制品 3.80 万余张(碟),其中收缴黄色淫秽音像制品(影碟、光盘)3100 余张。

第八节　文　　物

文物保护单位

1991 年以前,永福县境内有经自治区人民政府批准确定的自治区级重点文物保护单位 3 处"宋代窑田岭窑址""明代永宁州城""百寿岩石刻"。有经县人民政府批准确定的县级重点文物保护单位 5 处"凤山福字石刻""波村汉墓群""山南悬崖墓葬""山北洲宋代窑址""林村血泪洞"。2005 年,经县人民政府批准,又新增加了百寿江岩村的"穿岩古道"、三皇马鞍村的"下马桥"、塘村的"石拱桥"3 处古代交通遗址为县级重点文物保护单位。

2005 年底,全县共有自治区级重点文物保护 3 处,县级重点文物保护单位 8 处。

宋代百寿岩石刻　又名夫子岩,在百寿圩镇东北半公里处的对河山脚。岩深 30 米,面积约 400 平方米,宽敞明亮。宋绍定二年(1229 年)古县县令史渭根据传说和有关记载在岩顶石壁上镌刻了《百寿图》。全图主体是一繁体楷书大"寿"字,长 175 厘米,宽 148 厘米,笔力遒劲,雕刻精工。独具匠心的是笔画中嵌入一百个小"寿"字,一字一体,无一雷同,从图腾文字直至行、篆、隶、真、草诸体皆备,每字旁均注明文体出处。岩壁还有赵孟頫书的"宁寿",明代总兵俞大猷的《百寿岩石壁题铭》和都御史张羽中的《平定古田大功碑》,以及其他题诗石刻 23 处。岩中石刻已于 1980 年被广西壮族自治区人民政府列为自治区重点文物保护单位。

明代永宁州城　在百寿圩镇北端。明清两朝为永宁州治所,民国是古化、百寿县治。建于明成化十三年(1477 年),始为土城。成化十八年(1482 年)改建成石城,城垣内外壁用清

中小学生参观百寿岩　唐庆甫　摄于 2004 年 7 月

一色大料石砌成，中间用泥砂填心，夯整牢固。开拱形城门4座，东曰"东兴"、南为"镇宁"、西名"安定"、北称"迎恩"。隆庆六年（1572年）、万历三年（1575年）、万历十四年（1586年）、清康熙年间多次增修。城墙周长1277米，高约6.33米，厚3.20米，墙上建垛637个，窝铺12间，兵马司4处。门楼4座，原城内建筑有知州署、学正署、训导署、守备署、千总署、书院、明伦堂、养济院、常平仓、文庙、武庙、昭忠祠、城隍庙等。墙上垛头窝铺等，于民国二十年（1931年）被拆去建百寿民众教育馆，现存高度3.70米，周长1277米。城内建筑也因年久失修毁坏。中华人民共和国成立后，1990年，广西壮族自治区文化厅拨款修复东门和南门门楼。如今城墙仍完整无损，是长江以南保存最完整的古石城之一。1980年被列为广西重点文物保护单位。

永宁州古城门

县旅游局　于2005年供图

宋代窑田岭窑址　宋代窑址，在永福县城南部2千米处的洛清江两岸，面积约12平方千米，具体分布在窑田岭、徐水冲、大部岭、塔脚岭、牛子坪、鬼塘岭、瓦窑岭、木浪头8个地方，共23座。窑址附近，瓷器遍地散布。1979年自治区文物工作队发掘3座窑址，出土了碗、盘、碟、壶、罐、腰鼓等30多种青釉印花瓷器，徐水冲几座窑址现在保存最为完整。据考证，属宋代青瓷器窑址。1980年被列为广西壮族自治区文物保护单位。

凤山福字石刻　古称华盖山、凤巢山，在永福县城中心。山顶有大福石，大福石上刻一大楷书大"福"字，据传为清代听石僧所刻。字高83厘米，宽78厘米，书写奇特，每划收笔处均现5个指痕。传说是按武状元李珙掌书福字真迹刻成的。

波村汉墓群　在苏桥镇波村西南的锣鼓坪，分布在约0.25平方千米的山间。共28座汉墓，现可辨认的12座土堆墓，最大的墓高4米，直径约20米；最小的高2米，直径10米。曾被不法分子盗挖3座，后自治区考古队对被盗之墓进行清理，发现一批汉代陶器。1983年被列为县级文物保护单位。

山北洲窑址　在县城北2千米处的小窑门，为宋代青瓷器窑址，表面上已分不出几座，仅1座斜坡龙窑仍保存完整和800平方米堆积层中遗物散布，有碗、盘、壶、瓶等彩釉瓷器。1983年被列为县级文物保护单位。

山南悬崖墓葬　在百寿镇山南村庵子山悬崖峭壁上的仙姑岩里，岩口离地面约60米，洞宽20余平方米。正中央置放1座檀木棺，至今不朽。相传明万历年间（1573—1620年），一个叫青莲的贫弱女子反抗黄姓恶霸逼婚而出家于庵子山修道，死后葬于该岩穴。该墓葬是研究中国西南地区悬崖墓葬的重要资料之一。1983年被列为县级文物保护单位。

林村血泪岩　在罗锦镇林村的鳌峰山上，原名下岩。洞内宽广，深60余米。民国三十三年（1944年）冬，日本侵略军侵入县境，当地群众84人躲入岩中。11月3日凌晨，日本侵略军冲至岩口放火烧毁人们所藏财物，熏死79人。如今岩内白骨累累，人们称之为"血泪岩"。中华人民共和国成立后，1983年被列为县级文物保护单位。

穿岩古道　在百寿镇江岩村。岩洞南北相通，长60米，宽敞明亮，可容千余人。岩壁溜光，平如刀削；岩底石板铺平，古为桂林、云南、贵州的主要驿道，也是广西八府赴省城陆上交通的必由之路。南面岩壁有清州牧武越熊题刻的"灵岩一窍"和其他石刻多处，北面岩壁刻王天卿题的"洞天一色"，参将陈大器篆刻题诗一首。南岩口东侧曾修灵岩寺,西侧修文昌阁,民国初年已毁。岩北面有一石洞,四季有风吹出,冬暖夏凉。

　　还有三皇乡马鞍村的"下马桥",塘村的"石拱桥"为古代交通遗址。

文物收藏

　　1991—2005 年,县文物管理所按国家有关规定,在县内收集并展出了部分文物,并重点征集了县内少数民族文物。

　　2005 年,永福县博物馆馆藏文物 200 多件,其中国家二级文物 8 件(套)、三级文物 24 件(套),其他文物 170 件。所藏文物有古陶瓷品、古砚盘、古铜器、古碑帖、古钱币、古字画和部分革命文物。陶瓷器有汉代陶罐 5 件,南北朝陶俑、瓷俑、陶猪、瓷盘 17 件,宋瓷瓶 1 个,明青花鸟梅瓶、人物梅瓶、瓷罐、瓷枕等 15 件。铜器为唐代初期铜镜 1 面、宋代铜镜 2 面。古碑帖有《魏石门铭》《中兴颂碑记》《宋人诗评语》3 种拓本。古钱币藏自汉至清末各朝的五珠钱、元宝、通宝 65 套,以及日本的宽永通宝和越南景盛通宝数十枚。古字画有明人仿宋代画家巨然作《山水横幅》1 幅,清代画家李熙垣、李吉寿等作的山水、花鸟、梅花等手稿 22 幅(套)。革命文物有桂北人民解放总队成立宣言、通牒、布告,桂北人民解放总队路西支队布告等。

文物管理与保护

　　永福县文物管理所具体实施县内文物的管理与保护工作。

　　20 世纪 90 年代,县财政多次拨款维修百寿岩和永宁州古城。县文物管理所依法拆除了百寿岩内寿字石刻周边乱搭建的"香房"。

　　2001—2005 年,县人民政府组建了一支 16 人的文物保护员队伍。每年对永福县境内的自治区、县级重点文物保护单位进行巡护。

第九节　档　案

馆库建设与管理服务

　　馆库建设　20 世纪 50 年代末,永福县档案馆建馆初期,先后在县委楼上和县委组织部楼上办公。1966 年 5 月,永福县档案馆建成,馆址在县政府大院,两层楼房,砖墙土木结构,建筑面积为 320 平方米,使用面积为 260 平方米。1992 年,县档案馆根据《广西壮族自治区地(区)、县档案馆定升级办法》,开展档案馆定升级活动。同年 12 月,经自治区、桂林地区档案局(馆)定升级评审小组评审,永福县档案馆定为自治区三级档案馆。2005 年,经过外墙翻新及室内装修,原老年人活动中心用房划归档案局,新增使用面积 80 平方米。2005 年年底,县档案馆有库房 6 个,另设办公室、查阅室、值班室、档案资料整理室共 4 个。馆内主要设备有:电脑、空调、复印机、数码相机、档案柜(箱)、去湿机、打字机、手提电钻、速印机、油印机、灭火器、电风扇、报警器、缝纫机、温湿度记录仪等。

　　档案管理　1991—2005 年,永福县档案馆建立和完善档案检索工具,编写各种资料 100 多万字,开放民国时期档案 1256 卷。

　　根据《中华人民共和国档案法》《中华人民共和国档案法实施办法》《广西档案管理条例》,县档案馆(局)制定了永福县档案管理制度、档案整理制度、档案保密制度、档案借阅登记制度、档案统计制度和档案执法监督检查制度,特别强调各机关单位和乡镇政府档案室要做到"三铁八防"(即配备铁门、铁窗、铁

柜、档案室防腐、防尘、防潮、防火、防蛀、放光、防高温、防盗）要求，从制度上保证档案工作的正常开展。1991—2005年，县档案馆开展档案法律宣传和执法检查17次，受检单位298个（次），对存在问题较突出的单位，下达限期整改通知书，并定期进行复查。

档案服务　1991—2005年，县档案馆共接待利用档案信息者8678人次，提供利用档案2.55万次。

馆藏档案

1991年永福县档案馆馆藏档案101个全宗，20095卷，其中永久8676卷、长期11324卷、短期95卷。其中，民国时期档案12个全宗2654卷，为桂林地区保存旧档案之最。

2005年年底，永福县档案馆共藏档案2.33万卷。其中，民国时期档案12个全宗，2654卷；中华人民共和国成立后档案94个全宗，2.06万卷。

民国时期档案资料　永福县档案馆收藏民国时期档案资料，主要指中华人民共和国成立前民国时期原永福、百寿两县政府1938年1月1日至1949年9月30日的档案资料。上述档案资料分别于1955年、1964年9月（由县档案馆组织力量清理）、1968—1969年（由县革委会清查办公室清理）、1985—1986年（由县公安局组织力量清理）分3批接受入馆。共12个全宗，2654卷。随档案入馆的资料有65种，225册。资料的出版时限为1927年1月1日至1949年9月30日。资料内容记载时限为1915年1月1日至1949年9月30日。

中华人民共和国成立后档案资料　1949年11月至2005年，县委、县政府（含县人委、县革委，下同），县直机关、企事业单位，乡镇（含区、公社、大队）形成的档案共94个全宗。包括文书档案1.61万卷、各种专业档案4461卷。其中，教学档案581卷，土壤普查档案273卷，工业普查档案39卷，人口普查档案58卷，广播新闻稿件档案465卷，工商企业登记档案8卷，干部职工退职、死亡人事档案922卷，农村阶级成分档案617卷，"文化大革命"处遗档案716卷，财会档案152卷，统计档案68卷，审计档案7卷，氮肥厂生产流程档案549卷，照片档案5卷，录音档案1盒。档案的内容有机构设置、变更、行政区域、体制改革、人事任免、工资改革工资调整、职称评定的文件材料；有精兵简政、干部下放、知青插队、落实政策、"文化大革命"处遗、平反冤假错案的文件；有历届召开的党代会、人代会（包括各届人民代表会议）以及工业、妇女、贫协、工商联代表会和各种党代会等文件；有会议记录及其他文件材料；有历次政治运动（清匪反霸、土改复查、抗美援朝、"三反""五反"、查田定产、民主建设、粮食统购统销、三大改造、肃反审干、整风运动、"反右倾"斗争、人民公社、大炼钢铁、社会主义教育运动、知青回城、"二五"运动等）中形成的文件材料；有文教、卫生、体育、计划生育等事业发展规划、经验总结材料。上述文件材料虽经县档案馆大力收集，但由于解放初期永福县文书处理制度不够完善及"文化大革命"中的失散，现馆存档案资料仍欠齐全。

馆藏图书资料

1991年永福县档案馆有各种图书资料1496种，5420册。

2005年，永福县档案馆收藏有图书资料1389种，6755册。

民国及以前图书资料　永福县档案馆收藏有清光绪十二年（1886年）版的清代的《永宁州志》和民国六年（1917年）版的民国《永福县志》各一部，主要内容是记载永宁州和永福县的政治、军事、经济、邮政、文教、卫生等方面的内容。县档案馆还收藏有民国二十二年（1933年）广西省政府民政厅编制的《广西各县概况》一书，记述了当时广西94个县的地理（各县区域图、沿革、疆域及方位、面积、山川、关隘、气候）、政治（内务、财务、司法、教育）、经济（土地、金融、产业）、交通（水路、陆路、电报、电话、无线电、收音、邮政、航空）、社会（语言、风俗、宗教职业团体、慈善团体、生活状况、主要物价调查）等情况。民国三十三年（1944年）广西省政府统计局编印的《广西年鉴》，记载了当时各县的概况和数字。对于研究永福县和广西省的历史有一定的参考价值。

中华人民共和国成立后图书资料　永福县档案馆收藏的中华人民共和国成立后出版的图书资料主要有马列主义经典著作、毛泽东等老一辈无产阶级革命家著作、传记;中国共产党及其领导下的人民团体、革命组织的历史资料;有反映永福县本地区政治、经济、科技、文化、教育、卫生等方面内容资料;有各种文件、法令、党代会、人代会、先代会、"文化大革命"大事记等汇编;有各种手册、辞典、年鉴、统计、普查资料;有政治、宣传、文档、文学等方面的期刊、报纸和工具书等。

基层档案建设

1991年,永福县共有58个县直单位(含垂直管理单位)机关档案室、10个乡镇政府档案室。其中,被评为自治区三级档案室有3个,即县农业局档案室、林业局档案室和公安局档案室。全县基层档案室共藏档案21500卷。

1999年,县人民检察院档案室晋升二级档案室。

2005年,全县9个乡镇政府档案室完成建档任务,全部达标;99个村(居)委会全部完成建档任务。

2005年,全县有9个县直机关(含垂直管理单位)档案室使用GD2000档案管理软件。有21个县直机关档案室获得了定升级,其中一级档案室8个、二级档案室6个、三级档案室7个。

1999年,县人民检察院档案室晋升二级档案室

县人民检察院　供图

第二章　体　　育

1991—2005年,永福县不断加大群众体育、学校体育和体育竞赛工作力度,形成党政领导支持、各部门各单位扶持、群众积极参与的多层次体育活动格局。全民健身运动进一步普及。逢年过节,县文体部门根据节日特点,协同有关部门和社会团体举办各种体育比赛活动,以喜闻乐见形式活跃和丰富群众业余生活。中小学校体育发展较快,体育达标率得到提高。一批体育尖子在参加地市级以上体育比赛中取得良好成绩。

第一节　机　　构

永福县体育事业管理处

1960年5月,成立永福县体育运动委员会(简称县体委)。1991年,县体委属正科级行政职能部门,管理全县体育事业,有工作人员 9 人,办公地址在茅江桥头东面。1996 年 7 月,县体委改称县体育事业管理处,属正科级事业单位,赋予行政职能。1997 年 5 月,增挂县体育事业局牌子,实行一套人员、两块牌子体制。2001 年 12 月,机构改革,县文化局与县体育事业管理处合并,成立永福县文化体育局。

历任县体育事业管理处(含县体委)主任有:秦济凤(1987 年 12 月—1996 年 7 月)、林六二(1997 年 8 月—2001 年 12 月)。

永福县业余体校

1973 年 6 月,成立永福县少年业余体校,为县体委下属事业单位,配备专职教练员,对从各中小学选拔上来的学生进行专项训练。1989 年 1 月,在县少年业余体校的基础上成立永福县举重运动学校。1991—2005 年,县业余体校属县体委(后改为文体局)下属二层事业单位,校址在茅江桥头东面,以训练举重队员为主。每年平均在校学生 40 多人。2005 年,县业余体校教职员工 5 人。

第二节 体育设施

永福县体育练习馆

1985 年年初,在县城茅江大桥东侧建成永福县体育练习馆。该馆长 70 米,宽 21 米,房顶高 15 米,建筑面积 1500 平方米,使用面积 1410 平方米,配有 2 个篮球场、运动员宿舍、食堂、电子计时记分表、附设举重训练房和 400 米环形田径场。1987 年,自治区体委拨款 2 万元。在该馆建成了 240 平方米的健身房。1991—2005 年,每年在馆内举行各种类型的篮球比赛和举重、健身等训练运动。

中小学及社会体育设施

1991—2005 年,随着永福县经济的发展和中小学办学规模的扩大,体育硬件设施和体育器材大幅度增加。根据 2004 年第五次全国体育场地普查数据,全县有灯光球场 5 个、篮球房 1 间、室外轮滑场 1 个、田径场 2 个、体育场 1 个、举重房 1 间、地掷球场 1 个、篮球场 168 个、排球场 7 个、门球场 4 个、小运动场

正在建设中的县体育馆工地　　　　　　　　　　　　　　黄福辉　摄于 2005 年 12 月

10个、羽毛球场 8个、乒乓球场 75个、田径道路 21条、乒乓球房 2间。全县体育场地总数 305个,其中标准体育场地 199个、非标准体育场地 106个。

学校体育场地建设是各类学校创建活动的一项主要内容。1991年起,学校体育器材主要是购买厂家生产的,自制的越来越少。1991—2005年,县内各中小学校领导都把改善学校运动设施作为学校建设的主要工作来抓。至 2005年,各中小学学校基本上有符合自治区要求的运动场地。体育设施和体育器材已十分齐全,可以满足体育课和学生课外体育活动开展的需要。

第三节　群众体育

1991—2005年,永福县群众体育运动蓬勃发展,全民健身运动进一步普及。其中,2003年、2005年两次被自治区授予全民健身活动先进单位。

广场体育运动

1991—2002年,在永福县城剧院广场、电信小广场、火车站广场,有许多人搞健身运动。

2003年,永福县城天凤广场投入使用。广场内安装全民健身工程设施,成为全民健身的运动场所。广场内体育设施有秋千、跳马训练器、臂力训练器、伸腰训练器、平行梯、组合训练器、链梯、吊环、吊杆、上攀软梯、单杠、双杠、肋木等 14种。2003—2005年,每天早、晚,在天凤广场参加太极剑、太极拳、健身团体操、健身舞、健步走和器材健身的群众达数百人。

老年体育运动

县内老年体育活动组织完善,活动频繁。1991—1999年,主要开展单项竞赛活动。2000—2005年,改为举办年度老年运动会,比赛项目有太极拳、太极剑、柔离球、健身团体操、健身舞、门球、登山、健步走、功夫扇等 10多个项目。县老年人体育健身活动已经由个别自发走向有组织、有计划、有规模。太极拳、剑、扇,柔力球,健身操(球),还有门球、乒乓球、羽毛球等,都是深受老年人喜爱的运动。

棋牌球类活动

篮球　篮球是县内群众参与面最广的体育项目之一,每年都举行数次大型赛事。1994年起,县委、县人民政府每年都举行副科级以上干部篮球赛。县内以企业单位赞助、以行业系统命名的各类"杯"赛也每年举行。平时,县直单位之间、乡镇之间经常互相邀请进行竞赛。乡镇也经常组织村与村、学校与学校的竞赛活动。2000年全县有业余篮球队 77支。2005年全县业余篮球队发展到 82支。

象棋　1991—2005年,县内象棋协会活动开展正常,每年组织一至二次竞赛活动,并数次组队参加桂林市农民象棋大赛。象棋比赛纳入每年春节文体活动范畴。

乒乓球　1991—1999年,县内乒乓球协会曾组织过几次大型竞赛,但逐渐减少。2000—2005年,在县老干局、总工会、县老年人体育协会等文体活动室,常年有乒乓球协会会员进行训练活动,乒乓球比赛主要作为单位内部节假日活动项目开展。

围棋、桥牌　1991—2005年,县内业余围棋、桥牌协会经常开展比赛活动,曾多次组队参加市、自治区级比赛并获得名次。但由于经费等原因,比赛频率逐年降低。

汽排球　县内从 2005 年年底兴起。各乡镇和县直（含直管）各单位经常组队参加永福县和桂林市各系统组织的比赛。2005 年"三八"国际劳动妇女节期间，县妇联组织开展了 25 场次比赛。

第四节　学校体育

中小学校体育

1991—2005 年，永福县教育局教研室配备一名体育调研员，负责全县中小学体育工作。全县各级各类学校均设立体育教研组主抓学校体育工作，贯彻实施《国家体育锻炼标准》及《学校体育工作条例》，坚持两课（体育课、课外活动课）、两操（体操、眼保健操）、两活动（班队活动、少先队活动），学生每天参加体育活动不少于 1 小时。同时实施体育推广、达标工程，组织开展各项体育竞技活动，组织开展体育教学论文评比活动；学校每年举行校运会；教育局定期举办中小学生篮球赛和"园丁杯"教职工篮球赛。

1999 年 10 月 14 日，永福县向阳小学学生在做课间操
县教育局　供图

县人民政府加大投入学校体育设施建设资金，共建篮球场 19 个、田径场 6 个，筹集专项资金 7.80 万元添置中学体育器材。学校按照教育部（教委）颁布的新体育教学大纲，每周 2 节体育课、6 次早操、6 次课间操、6 次眼保健操以及 2 节课外活动课为学校体育常规教育与锻炼时间。体育课的主要教学内容有田径、球类、体操、武术等项目。学校体育课积极改革教学模式与方法，提倡体育兴趣教学，培养学生终生锻炼的好习惯。期终鉴定，评定"三好"学生时，注重考核体育成绩。每年秋季学期，各中学分别举行一次校级学生体育运动会，各乡镇举行一次乡镇级小学生体育运动会，县教育局定期举办全县中小学生体育运动会。积极组团参加自治区、市级中小学体育运动会。

1991 年，全县中小学生体育达标率在 92.23% 以上。

1992 年，全县初中升学考开始加试体育。

1993 年，全县中考体育满分（30 分）33 人，平均分 23.69 分。县教育局举行全县中学生男女篮球赛。

1994 年，全县中考体育满分者 97 人，平均分 24.56 分。

1998 年，县教育局组织全县体育教师开展优秀体育教学论文评比活动。

1999 年，县教育局规定每 2 年分别举办初中、小学学生篮球赛制度，同时要求学校加强抓好乒乓球、田径、象棋、羽毛球等活动开展。永福中学女子队参加桂林市重点中学学生篮球赛获金牌。

2001 年 11 月上旬，教育局举办了永福县第七届初中生篮球赛。

2002 年，县教育局组织中学体育教师到灌阳、龙胜参加体育教师主体教学观摩课。永福中学、永福二中、百寿镇二中、三皇初中、月山初中、堡里初中等进行了体育主体性教学。

2004 年，教育局举办全县中学生男女篮球赛；并组队参加全市重点中学学生篮球赛，永福中学男子组获金牌。

2005 年，永福中学女子代表队获桂林市重点中学学生篮球赛金牌；获桂林市首届青少年运动会女子篮球赛银牌。永福中学羽毛球代表队获桂林市首届羽毛球赛男子双打铜牌。全县中小学生体育达标率达 94% 以上。

表 19-1　　　　　1991—2005 年永福县中小学生参加各级各类赛事情况统计表

年份	项目	级别	金牌（枚）	银牌（枚）	铜牌（枚）	破纪录（次）	
						全区	地市
1991	田径	地区	3	5			
	乒乓球	地区	6	4	5		
	举重	自治区	7	11	5		
	围棋	自治区		3			
	田径	自治区	1	1	3		1
1992	举重	自治区	2	5	3	4	
	田径	自治区	2	1			
	围棋	自治区	28	10	13	16	
1993	举重	自治区	13	5	5	4	
	田径	自治区	2	1			
	田径	地区	11	3	4		
	乒乓球	自治区			1		
	乒乓球	地区	1	4	4		
	围棋	自治区	1	4	1		
1994	田径	自治区	10	3	1	1	
	举重	自治区		3	5		
	乒乓球	地区	3	1	4		
1995	田径	自治区	2	3	1		
	举重	自治区		4	1		
	举重	地区	3	2			
	田径	地区	5	6	1		
	乒乓球	地区	1	2	1		
1996	举重	自治区		3	1	1	
1997	举重	自治区	4	3	4		
	田径	自治区	1		1		
	田径	地区	12	7	5		
1998	举重	自治区	4	4	2		
	田径	自治区	1	1	1		
1999	举重	自治区	2	5	2		
2000	田径	市级			2		
2004	篮球	市级	1				
2005	篮球	市级	1	1			
	羽毛球	市级			1		

业余体校体育

1991—2005 年，县业余体校每年平均在校学生 40 多人。1992 年，县业余体校学生参加自治区举重锦

标赛,男子组获 13 枚金牌、5 枚银牌、3 枚铜牌,5 人 8 次破自治区少年记录;女子组获 20 枚金牌、13 枚银牌、6 枚铜牌,8 人 16 次破自治区少年记录。

1993 年,县业余体校学生参加自治区举重锦标赛,参赛学生获 12 枚金牌、5 枚银牌、5 枚铜牌,4 人 6 次破自治区少年记录。在 1993 年全自治区少年田径分龄赛中,县业余体校学生刘明姣获 14 岁组 1500 米、3000 米金牌 2 枚;袁坤获 13 岁组 1500 米金牌 1 枚。

1996 年,县举重运动学校学生参加自治区第八届运动会女子举重比赛,参赛学生韦江红破 46 公斤级挺举自治区记录,胡丽破 54 公斤级抓举自治区记录,陈丽娟破 59 公斤级挺举自治区记录,莫爱芬破 64 公斤级抓举自治区记录。

2003 年 10 月下旬,县举重运动学校学生李兵、王永久参加自治区第十届运动会举重比赛,李兵获男子 2 组 69 公斤级抓举和挺举总成绩金牌,王永久获男子 2 组 69 公斤级铜牌。

第五节　体育竞技比赛

1991—2005 年,永福县籍运动员在各类体育竞技比赛中共获金牌 135 枚、银牌 139 枚、铜牌 112 枚,其中获团体金牌 3 枚。尤其在举重和田径项目中成绩突出,举重破一项亚洲纪录,1 人 2 次破全国纪录,23 人 40 次破自治区级纪录;田径 1 人 2 次破地区(市级)纪录,2 人 2 次破自治区纪录。

1991 年,永福县籍举重运动员王云松代表广西在福州市举行的全国男子举重锦标赛中获金牌 1 枚、银牌 2 枚,获亚洲赛银牌 3 枚。

1994 年,永福县籍残疾人运动员李幼秀代表中国在国际"远南"残疾人运动会上获金牌 4 枚、银牌 1 枚。

1999 年,永福县籍举重运动员谢华元代表广西在全国青少年举重 62 公斤级比赛中获抓举、挺举总成绩金牌,并破全国青少年抓举和挺举记录。

2001 年,永福县籍举重运动员谢华元在自治区举重锦标赛中获 69 公斤级金牌 4 枚。6 月 9 日至 14 日,永福县在象州县举行的全(自治)区青少年举重锦标赛中,获金牌 12 枚、银牌 4 枚、铜牌 6 枚。

2002 年,永福县籍举重运动员谢华元在自治区举重锦标赛中获 69 公斤级金牌 3 枚。

2004 年,永福县籍运动员参加举重、游泳、田径类竞技体育比赛,获国家级金牌 7 枚;获自治区级金牌 1 枚、银牌 7 枚、铜牌 7 枚。其中,举重运动员李兵获"全国青少年举重比赛、全国后备人才基地赛(抓举、挺举)总成绩金牌"。永福县举重运动员黄永刚获"全(自治)区青少年举重锦标赛总分金牌 1 枚,抓举、挺举总成绩银牌 1 枚";陈艳婷获"全(自治)区青少年田径 800 米银牌 1 枚、400 米蹼泳银牌 1 枚";赵军林获"全(自治)区青少年蹼泳锦标赛 4×100 米接力铜牌 1 枚、400 米蹼泳铜牌 1 枚";黄硕获"全(自治)区青少年蹼泳锦标赛 4×200 米接力银牌 1 枚、4×100 米蹼泳铜牌 1 枚";李文慧获"全(自治)区青少年蹼泳锦标赛 4×200 米接力银牌 1 枚、4×100 米蹼泳铜牌 1 枚"。

2005 年,在中、日、韩三国举重对抗赛中,永福县籍举重运动员李兵获 94 公斤级金牌 1 枚。在 2005 年全国青少年举重锦标赛中,李兵代表广西获"抓举、挺举总成绩金牌 4 枚、挺举成绩铜牌 2 枚"。永福县黄硕获"全(自治)区青少年蹼泳锦标赛 4×200 米接力银牌 1 枚、4×100 米蹼泳金牌 1 枚";黄冯斌获"全(自治)区青少年游泳锦标赛 120 米自由泳总分铜牌 1 枚、50 米自由泳银牌 1 枚";陈艳婷获"全(自治)区青少年田径锦标赛铜牌 1 枚"。

第二十篇

卫生

永福县人民医院门诊大楼　　　唐庆甫　摄于 2005 年 3 月

第一章　卫生行政

1991—2002 年,永福县县级全民所有制医院(卫生院)、县卫生防疫站、私人诊所由县卫生局直接监管;乡镇级全民所有制卫生院、乡村私人诊所(卫生室)由乡镇人民政府监督管理。2002 年 12 月,将乡镇卫生院、乡村私人诊所(卫生室)收回县卫生局直接监管。2004 年 11 月,撤销县卫生防疫站,分别组建永福县疾病预防控制中心和永福县卫生监督所,由县卫生局直接监管。

永福县对医疗机构的执法监督,主要通过日常检查和年检实施。1991 年,永福县加强县级和乡镇级医院(卫生院)的内部管理、规范医疗护理质量管理。1995—1998 年,逐步实施医疗护理规范化(标准化)管理、责任目标管理。2002 年 7 月,对全县医疗机构对外门诊、个体诊所(卫生室)进行评审和执业重新登记,对个体诊所(卫生室)进行规范和管理。2004—2005 年,各医院(卫生院)加强药品用量管理工作。

1991—2005 年,县卫生局加强对全县执法医师管理、医疗事故管理、医疗市场管理、红十字会管理等,严格农村卫生管理和监督,搞好城乡爱国卫生运动。

第一节　管理机构

永福县卫生局

永福县卫生局为全县卫生系统行政管理机构。1972 年 6 月,成立永福县卫生局。1991 年,县卫生局为县人民政府卫生行政管理工作部门,正科级行政机构。县卫生局内设人事秘书股、计划财务股、卫生法制与监督股、医政股、药政股、防保股 6 个股室,行政编制 13 名。直接管理县公费医疗管理委员会办公室、县初级卫生保健委员会办公室、县药检所、县卫生学校 4 个全额拨款事业单位。下辖 12 个医疗卫生单位,即县人民医院、县中医医院、县妇幼保健院、县卫生防疫站、百寿中心卫生院、罗锦乡卫生院、苏桥乡卫生院、堡里乡卫生院、广福乡卫生院、龙江乡卫生院、三皇乡卫生院、永安乡卫生院。县卫生局办公地址在县城东江街 90 号。2000 年 3 月,县公费医疗管理委员会办公室划归县人事劳动社会保障局,并更名为永福县医疗保险所。2001 年 12 月,原属县人民政府的爱国卫生运动委员会办公室并入县卫生局,仍履行其原工作职责。2003 年 5 月,桂林市药品监督管理局永福分局成立,县卫生局划出药政、药检职能归桂林市药品监督局永福县分局管理。2005 年,县卫生局为县人民政府工作部门,正科级行政机构。内设办公室、人事股、医政股、防疫股、妇幼股、后勤财务 6 个股室,行政编制 13 名。直接管理县卫生学校(编制 3 名)、县红十字会(编制 2 名)、县初级卫生保健委员会办公室(编制 2 名)、爱国卫生运动委员会办公室(编制 1 名)。下辖的医疗卫生事业单位有县人民医院、县中医院、县妇幼保健院、县疾病预防控制中心、县卫生监督所、县妇幼保健站,罗锦镇、百寿镇 2 个中心卫生院及堡里乡、广福乡、苏桥镇、三皇乡、永安乡、龙江乡 6 个卫生院。县卫生局下辖的企业单位有县卫生饮料厂。县卫生局办公地址不变,门牌号改为县城凤城路 110 号。

1991—2005 年,历任县卫生局局长有:孙富林(1987 年 10 月—1994 年 1 月)、张志生(1994 年 1 月—2001 年 8 月)、傅红叶(2001 年 8 月—2005 年 12 月)。

县卫生局事业机构

县公费医疗管理办公室 简称公医办。1991年编制3名,在职3人,办公地址设在县卫生局。2000年3月,县公医办划归县人事劳动社会保障局管理,编制3名,在职3人。

县初级卫生保健委员会办公室 简称县初保办。1991年成立,为县卫生局直接管理的二层事业单位,编制2名,在职2人。办公地址设在县卫生局。负责落实农村初保工作规划和任务,制定初保工作计划并协调各成员部门付诸实施;及时掌握初保工作进度,组织审评、考核、总结、推广先进经验。1994年4月,组织推进全县"农民健康教育行动"。2005年,县初保办有编制1名,实有工作人员1人。

县红十字会 1992年8月,成立永福县红十字会,为县卫生局直接管理的二层事业单位,配专职人员2人。办公地址设在县卫生局。负责组织县内业余卫生救护训练,举办业余卫生教育,培养不脱产的卫生人员,组织红十字卫生站和红十字卫生员,建立群众性的卫生救护组织,协助卫生部门进行医疗救护和防疫保健工作;开展群众性的卫生宣传活动;组织群众积极参加爱国卫生运动;根据医疗救护工作的需要,组织无偿献血工作;参加自然灾害和其他临时性的医疗救护,进行国防救护训练,战时参加军民伤病员的医疗救护;从事国际性救济、医疗救护和社会服务,与各国红十字会及红十字国际组织进行联合和友好往来;担负适合中国红十字会性质和宗旨的其他工作。2005年,县红十字会有编制2名,实有工作人员2人。

县爱国卫生运动委员会办公室 1957年冬,成立永福县爱国卫生运动委员会。1978年,成立县爱国卫生运动委员会办公室(简称县爱卫办),设置专职人员。1991年,县爱卫办为县人民政府下辖职能机构,编制3名,在职5人。办公地址设在县卫生局。县爱国卫生运动委员会为县人民政府统筹协调全县爱国卫生工作的领导机构,其主要任务是:组织各乡镇、各部门爱国卫生运动,搞好除"四害"(老鼠、蚊子、苍蝇、蟑螂)和环境卫生工作,控制和消灭疾病。县爱卫会下设办公室挂靠县卫生局代管。

2001年12月,机构改革,县爱卫办并入县卫生局,仍履行原工作职责。人员编制精减为1名。为加强爱国卫生工作,县卫生局从县初保办事业编制人员中调2人到爱卫办工作。2005年,县爱卫办编制1名,实有工作人员2人。与县卫生局同址办公。

县药品检验所 1990年3月成立,为县卫生局直接管理的二层事业单位,编制4名,在职4人。办公地址设在县卫生局。2003年5月,划归桂林市药品监督管理局永福县分局。至2005年不变。

第二节 卫生管理体制改革

1990年,永福县作为自治区卫生管理体制综合改革试点县之一,将乡镇卫生院的人事、财务、物资管理权(简称"三权")下放给当地乡镇人民政府管理,下放后县卫生局只负责业务指导,"三权"下放后虽然当地政府对卫生院起到看得见管得着的作用,但也存在"责、权"管理脱节现象,主要是当地政府对卫生投入的力度不够,缺乏良性补偿机制,人员增加和几经工资改革后,人员办公经费一直未增加,暴露出人才不稳、技术滞后、设备缺乏的弊病。为了生计,一些医务人员放弃部分业务或预防保

2005年6月30日,县医院举办歌咏晚会

陈毓超 摄

健工作去寻求其他经济收入。为加强对卫生院的行业管理，理顺农村卫生管理体制，县政府根据上级要求，从2002年12月收回乡镇卫生院"三权"，归口由县卫生局管理，但是明确了各级政府的资金投入仍然是农村卫生投入的主渠道。

1991年以后，全县卫生部门将承包责任制改为目标管理责任制，把以经济效益为主转变为以社会效益和经济效益同步，加强卫生业务建设，完善内部管理，实行分级管理制度，贯彻效益优先，奖勤罚懒的机制，逐步深化卫生体制改革。1994年7月，全县实施乡镇卫生院"预防保健二合一工程"，进行预防保健、医疗分离的改革，从卫生院划出预防、保健功能成立独立的防疫妇幼保健所，由卫生院中的防疫、妇幼保健专业技术人员组成，全县定编30名，平均每个乡镇3至4名，定为全额拨款性质事业单位，行政上仍由卫生院统一管理，在卫生院内有专门的办公用房和专业设备，作为卫生院业务建设的一部分，业务上独立行使农村公共卫生监督和疾病控制、母子保健保偿功能。在传染病管理、地方病防治、疫情监督监测、食品卫生和环境卫生监督、计划免疫及乡镇卫生组织"一体化"管理工作中发挥作用。为适应区域卫生发展要求，1996年，经桂林地区卫生局批准，罗锦卫生院更名为罗锦镇中心卫生院，成为区域内医疗、预防、保健的指导中心。到此全县中心卫生院增加至2所。2000年，县内医疗机构划分为营利性（以营利为目的的个体和私立诊所、门诊部）和非营利性（公立和对内不以营利为目的的企事业单位医疗室）两类，并分别核发许可证。

2002年，全县卫生工作按照"改革、创新、规范、效益、发展"的要求，实施卫生工作目标管理，加强了公共卫生突发事件处理"责任网""信息报告网"和"紧急救助网"三网建设，在抗击非典、遏制禽流感、霍乱、伤寒、结核病等重大传染病的发生和流行上取得了较好的成绩，促进了全县卫生事业的健康发展。2004年11月，撤销县卫生防疫站，分别组建县卫生监督所和县疾病预防控制中心，这项体制改革符合卫生监督执法和技术服务相分离的原则，避免了政事不分现象。

卫生体制改革推动医疗卫生事业发展。但截至2005年，全县仍存在卫生事业发展落后于经济发展、医疗卫生资源配置不合理及对医疗服务监管不力现象，公立医疗机构运行机制出现市场化倾向，检查费用高，公益性淡化和药品器材生产流通秩序混乱，药价过高，群众仍面临看病贵和看病难等问题。

第三节　医疗管理

全民所有制医院（卫生院）医疗质量管理

1991年，永福县加强县级和乡镇级全民所有制医院（卫生院）的内部管理，建立各种规章制度和医疗护理考评标准，规范医疗护理质量管理。

1994年，永福县根据卫生部《关于加强医疗质量管理的通知》要求，各医院（卫生院）均成立质量监控领导小组，落实三级医师查房制度，对医疗质量实行目标管理，全员参与，责任到人，医疗质量评价结果与个人奖金挂钩。

1995—1998年，逐步实施医疗护理规范化(标准化)管理、责任目标管理。各医院（卫生院）逐步修订完善各种医疗护理文件(住院病历、门诊病历、处方、护理记录、各种报告单)的书写规范，各种主要病种的诊断、治疗常规、抢救程序、疗效判断标准，各项医疗、医技质量检查标准和考核制度。

2002年后，各医院（卫生院）加强对医务人员法律法规的学习教育，逐步建立医患谈话制度、诊疗告知患者制度，签订知情同意书制度等。2003年，县卫生局成立临床医疗服务督查组，对县级和乡镇级全民所有制医院的临床医疗质量进行督查。

2004—2005年，各医院（卫生院）加强药品用量管理工作，将医院年度药品用量指标纳入科室目标管理,对药品药剂使用过程中的一些问题进行整改。

公费医疗管理

1991—1999 年,永福县公费医疗由县卫生
局管理。公费医疗经费:一是由财政拨付专款;
二是干部职工按工资比例扣筹。对公费医疗
经费支出实行医疗费定额包干,超定额补贴的
办法。其中,1991—1992 年,定额费每人每月
6 元,节约归己,全年超过 72 元者,超额部分按
工龄长短分 6 个等级到公费医疗办公室报销,
即对工龄 4 年以下的报销 75%,5~14 年报销
80%,15~24 年报销 85%,25~34 年报销 90%,
35 年以上的报销 95%,离退休人员、二等乙级
以上残废军人全部报销。1993—1999 年,永福
县公费医疗定额费每人每年 200 元,补贴办法
参照 1991 年。

2001 年 7 月 1 日,县卫生局举办庆祝建党八十周年
联欢晚会　　　　　　　　　　　　县卫生局　供图

2000 年 3 月,永福县撤销县公费医疗办公室,设立县城镇职工基本医疗保险办公室(简称县医保办),
并将医保办由县卫生局二层机构划归为县人事劳动社会保障局二层机构。享受城镇职工基本医疗保险的
范围为:机关、事业单位(包括自收自支事业单位)、企业的在职及退休人员。对城镇职工基本医疗保险的
个人账户费用指标实行节留,可移至下年使用。2005 年,县医保办有在职人员 4 人。

农村合作医疗管理

农村合作医疗制度是由政府组织引导,农民自愿参加,个人、集体和政府多方面筹集资金,以大病统筹
为主的互助合作制度。1969—1980 年,全县以生产大队为单位兴办合作医疗卫生室,卫生人员称"赤脚医
生"。1980 年,农村合作医疗自行解散。1981—1996 年,农村合作医疗卫生室改为由赤脚医生个人承包、
自负盈亏。

1997 年,经县委、县人民政府批准,永福县以苏桥乡太平村为试点开展农村合作医疗工作。是年 12 月,
太平村以合医合药方式办起了合作医疗卫生所,全村 510 户 2165 人参加合作医疗。每人每年集资 15 元。
参合者患病到合作医疗卫生所就医免交挂号费、注射费、观察费、出诊费、处置费及一定比例的医疗费。在
试点带动下,1997 年全县有 14 个村办起了合作医疗卫生所,6794 户 3.08 万人参加农村合作医疗。当年
县财政拨款 2 万元,卫生局支持价值 1 万元的物资给农村合作医疗卫生所,助推合作医疗事业发展。1998
年,全县 71 个村建立农村合作医疗,占全县村总数的 73.20%。1999 年,因财政支持经费短缺及农民筹集
资金等原因,合作医疗自行解体。2000—2005 年,各村卫生室又恢复个体性质的经营方式。

执业医师管理

1995 年 5 月,永福县规定,凡符合《中华人民共和国执业医师法》相关条款规定者可参加全国统一的
执业医师资格或者执业助理医师资格考试。成绩合格者,可取得执业医师资格或者执业助理医师资格,并
向市卫生局申请注册。未经医师注册取得执业证书者,不能从事医师执业活动。根据《医疗机构管理条例》

规定,县级医疗机构医生执业,必须取得执业医师以上资格证,并经市卫生局注册取得执业证书者,才能从事医师执业活动。

1998年6月,永福县卫生局根据《中华人民共和国执业医师法》,对全县医师开展执业规范管理。对1998年6月前已取得医学专业技术职称和医学专业技术职务的人员,由市卫生局认定,取得相应的医师资格;对其中在医疗、预防、保健机构中从事医疗、预防、保健业务的医务人员,予以注册,并发给医师执业证书。

2003年,县卫生局成立临床医疗服务督查组,对全县执业医师医疗执业工作进行检查监督,促使医疗执业规范有序开展。

1991—1998年,永福县内医务人员的专业技术职称实行评定制。1999年,《中华人民共和国医师资格考试暂行办法》颁布实施。永福县卫生局每年皆组织该县医务人员参加医师资格考试。1999—2005年,全县参加执业医师资格考试1170人,合格846人,合格率72.30%。

社会办医管理

1991年,永福县有个体诊所(含村卫生室)90个,有医疗卫生人员95人。是年,县卫生局除了对全民所有制、集体所有制医疗机构进行管理外,还依法对社会办(私人)医疗机构进行监督管理。2002年7月,县卫生局对全县医疗机构对外门诊、个体诊所进行评审和执业重新登记,对个体诊所(卫生室)进行规范和整顿。2005年,永福县内有民办综合门诊部(协和门诊医院)1个、村级卫生所(室)97个,个体诊所106个、厂矿医务室1个、校办医务室1个,有医疗卫生人员245人。

医疗事故管理

1991—2005年,永福县内医疗事故鉴定,由市级(地区级)以上医疗事故鉴定委员会按《医疗事故处理条例》规定的方法和程序,进行鉴定。15年间县内共进行市级(地区级)医疗事故鉴定17次。

医疗市场管理

1991—2005年,永福县卫生局将打击非法行医作为一项重点工作。每年利用广播、电视、墙报、办班培训等形式,开展卫生法律法规和医学科普知识的宣传教育,提高人民群众的自我保护意识,增强医疗机构和医务人员依法执业的自觉性。经常开展专项整治行动,不定期组织卫生执法人员到各乡镇、各医疗卫生单位进行巡回检查,监督检查医疗广告,查处违法医疗机构、非法行医人员,取缔非法医疗摊点,销毁非法中草药等。15年间全县共取缔非法行医208人次。

红十字会管理

1992—2005年,永福县先后发生多次严重洪涝灾害和其他灾害。灾情发生后,县红十字会向上争取到国内外红十字会救助的救灾物资。其中,中国红十字会捐赠大米20吨,其他物资捐助折款9.26万元;广西红十字会捐赠大米120吨,救助物资折款63.58万元;桂林市红十字会捐赠实物折款5.20万元,捐赠现金1万元;香港红十字会捐助大米79吨,捐助物资折款43.56万元;国际联合会捐助大米70吨,捐助物资折款35.41万元。县红十字会及时将这些救灾钱物分发到受灾村屯灾民手中,共救助灾民20987人。

1992—1997 年,县红十字会以"救死扶伤、扶危济困、敬老助残、助人为乐"的人道主义为宗旨,积极开展社会募捐爱心活动。募捐善款 9.56 万元,救助全县贫困重症患者 12 人。1998—2005 年,县红十字会以"捐血助人、奉献爱心"为主题,开展无偿献血活动,无偿献血人数近 3000 人。

第四节　农村卫生管理与监督

1991 年,永福县有全民所有制乡镇中心卫生院 1 家(百寿中心卫生院)、乡镇卫生院 7 家、村级卫生所(私人承包)90 个,共有卫生技术人员 280 人。1991—2002 年,乡镇、村级卫生医疗机构,由乡镇人民政府管理。2002 年 12 月,永福县人民政府印发《关于乡镇卫生院上划县级卫生行政部门垂直管理的通知》。县卫生局完成对乡镇卫生院"三权"(人事、财务、物资管理权)收归工作。从此,县卫生局对县直属和乡镇医疗机构的人、财、物实行直接管理。对村级卫生机构按《乡村医生从业管理条例》要求,实行由村委会领导,乡镇卫生院指导考核的审批制度。同时规定乡镇卫生院医生

2005 年 10 月 19 日,县卫生局组织医务人员给百岁老人检查身体　　　　　　　唐庆甫　摄

执业必须取得执业助理医师以上资格证,村级医生执业必须取得乡村医生资格证,并在卫生局注册取得执业证。

2005 年,全县有全民所有制乡镇中心卫生院 2 家(百寿中心卫生院、罗锦中心卫生院)、乡镇卫生院 6 家;有建制村卫生所(室)97 个、个体诊所 106 个,共有村医 245 人。

村级卫生所管理

1991 年,永福县村级卫生所(室)由私人医生个人承包,自负盈亏。

1992 年 8 月,永福县推行乡镇卫生院(中心卫生院)对村卫生所(室)"统一布局,行政统一管理,人员统一调配,药品统一采购,财务统一核算"的"一体化"管理制度。一体化管理要求做到"五统一"。统一布局定点:村卫生所是乡镇卫生院的派出机构,根据当地农村的卫生规划进行布局,统一命名。统一聘用工作人员:村卫生所的医务人员由村委提名,乡镇卫生院审核、聘用,报县卫生局审批。统一行政管理:村卫生所实行乡镇卫生院、村委双重领导,业务上接受乡镇卫生院的统一管理、培训、考评。统一药品购销:由乡镇卫生院统一代购药品及一次性卫生耗材。统一财务管理:村卫生所定期上报收入、支出情况给乡镇卫生院,由卫生院统一建立财务账册。

1994 年,全县 97 个公所村,都有村级卫生所(个人承包经营),在职村医中有 47.28% 的人员具有中专以上学历。

1999 年,县人民政府拨付财政资金 8.70 万元,发动群众自筹资金 10 多万元,使 5 个贫困村全部按标准建立了卫生所。

2002 年 7 月,县卫生局对全县村级卫生所进行评审和执业重新登记,对村级卫生所进行规范和整顿。

2003 年,县卫生局对全县乡村医生开展业务培训,开展静脉用药证。

2002—2005 年，全县开展创甲级卫生所（室）活动。其硬件标准为：用房面积 40 平方米以上，诊室、治疗室、药房三室分开。截至 2005 年，全县有甲级卫生所（室）68 个。

2005 年年底，全县有村级卫生所（室）97 个、个体诊所 106 个。有乡村医生执业资格 237 人、助理执业医师资格 8 人。

农村公共卫生监督

1991—2005 年，永福县各乡镇设 1~2 名卫生检查员（由乡镇卫生院防疫医师担任）。由县卫生防疫站牵头，各乡镇卫生检查员参加，每年对辖区内公共场所卫生、食品卫生进行定期、不定期的监测、监督。1991 年全县抽查 92 家农户 240 项卫生细化指标进行监测，合格率 83.30%。2005 年全县抽查 255 家农户 422 项卫生细化指标进行监测，合格率 82.20%。

农村初级卫生保健

永福县的农村初级卫生保健工作（简称农村初保）从 1991 年开始实施。当年成立了永福县农村初级卫生保健委员会，下设农村初保办公室，各乡镇由卫生院指定 1 人兼职负责各乡镇初保工作。县财政每年预算拨出初保专项经费 3 万 ~5 万元。

1994 年 4 月，成立永福县农民健康教育行动领导小组，落实健康教育人员，在县防疫站设立健康教育科，建立健全了县、乡镇、村三级卫生宣传网，注重中小学健康教育。全县中小学校健康教育开课率达 100%。2005 年，全县农村食品抽样检查覆盖率达 100%，食品卫生合格率达 85.95%。农村儿童"四苗"（卡介苗、百白破、脊灰、麻疹疫苗）单苗接种率均达到 95% 以上，"四苗"建卡率达 100%。1999—2005 年，全县无甲类传染病发生，乙类传染病低于全自治区发病率，控制在国家规定标准内，地方性甲状腺肿等地方病均控制在国家标准内。孕产妇系统管理率达 85.33%，新法接生率达 100%，高危孕产妇住院分娩监护率达 100%，孕产妇死亡率低于万分之五，婴儿死亡率低于 25‰，儿童系统管理率达 65% 以上。

第五节　爱国卫生运动

环境卫生

1991 年 4 月，永福县开展第三个全国爱国卫生月活动。县爱卫办利用广播电视、报刊宣传；利用宣传车下乡巡回宣传；在乡镇街日上街向群众发放宣传资料；在全县城乡开展大规模的环境卫生治理，参加人数达 2.50 万人，清除垃圾 2000 多吨，清理污水沟 560 条，长 3250 千米，清理卫生死角 50 多处；在县城投资 20 万元新建街道 1 条，解决历年老大难地段 4 处环境卫生治理。

1992—1995 年，全县开展 7 次环境卫生大突击活动。每年分春秋两季组织除"四害"（即灭蚊、灭蝇、灭鼠、灭蟑）。县人民政府组织 2 次大检查，评出爱国卫生先进单位 8 个。1996 年，全县共 5 万多人参加春季城乡环境爱国卫生活动，清运垃圾 909 吨，疏通沟渠 11395 米，消毒厕所 549 个，没收劣质饮料 600 多瓶。1997—1998 年，县委、县人民政府筹资 700 多万元拓宽了县城主要街道，并安装了路灯及垃圾桶等卫生设施。1999—2000 年，以积极开展创建文明卫生县城、卫生集镇为主题，继续实行门前三包卫生责任制。

2001—2005 年，县人民政府印发《县城城区市容和环境卫生管理规定》，以"一池（沼气池）、一绿（村旁宅边绿化美化）、二通（通电话、广播电视）、五改（改厕、改厨、改水、改电、改路）"为目标，领导全县城乡深入开展环境爱国卫生突击活动。全县共建村屯垃圾池(坑)704个,初步实现村道无污水、住宅无烟尘、村中无臭气、资源无破坏、环境无污染的"五无"目标。

农村文明卫生村建设

1991—1997年,农村爱国卫生运动以搞好村屯环境卫生为主,主要形式是除"四害",清扫村巷道、住所,不留卫生死角。

1998年,永福县开始实施《桂林市文明卫生村创建验收标准》,开展文明卫生村建设。1999—2002年,全县共有8个村屯被评为桂林市级文明卫生村。2003年,永福县把创建文明卫生村作为社会主义新农村的重要内容,列入县人民政府每年为民办好事、办实事的重要工作之一。2003—2005年,县爱卫办多方协调,筹集文明卫生村建设资金895万元,建成市级文明卫生村92个(分别为2003年23个、2004年36个、2005年33个)。其中,龙江乡龙山村社边屯、龙江乡双江村二冲屯、龙江乡双江村船埠屯、百寿镇江岩村茶树坪屯2005年"获自治区级文明卫生村"称号。市级文明卫生村占全县自然村屯总数的4.92%。

改善农村卫生条件

1991—2005年,永福县农村卫生建设主要以创建文明卫生村为载体,以推广沼气、硬化道路、净化环境为重点,以改变广大农村村民卫生习惯,提高村民文明程度,保障村民健康为目的。

改水 1991年,各乡镇政府克服财政吃紧困难,按"三个一点"(即国家、集体、个人出一点)的筹资原则,集资100.57万元,用于改水(即架接自来水)。建成集中式供水34处,手压机井2160口。1996年,县卫生防疫站对全县饮水水源进行调查,进一步完善改水规划。2005年,三皇乡集资36万元,用于改水,使5000人吃上了清洁卫生水。

1991—2005年,全县累计投资666.90万元,用于农村改水。全县共建成集中供水工程74处(不含城镇水厂),农村饮用自来水人口4.59万人,自来水普及率占农村人口的18.65%。另有村屯自引山泉的简易自来水点654处,农户有手压机井7.80万台。农村改水累计受益人口达24.26万人,占全县农村总人口的90.45%。

改厕 1991—1995年,永福县农村改厕(改造旧式厕所)工作走上正轨,累计投入改厕经费200多万元。1996—2000年,县委、县人民政府将农村改厕工作列为民办实事工程之一,投入改厕经费300多万元。2001—2005年,县爱卫办向中央和自治区申请到农村改厕项目资金186.40万元,县乡财政配套及群众集资234.49万元,加快了农村改厕工作进程,农户无害化粪池全面推广。1991—2005年,全县共建农户卫生厕所2.37万座,建沼气池3.07万座,全县农村使用卫生厕所普及率为36.32%。

第二章 医 疗

1991—2005年,随着医疗科学技术的发展,永福县各医院(卫生院)完善专业分科设置,广泛开展新技术、新疗法,引进先进医疗设备,医疗技术水平有了较大提高。县人民医院以西医治疗为主,同时设有中医科、中医门诊和中医药房。县中医医院以中医治疗为主,同时也设有西医门诊、西医药房。各乡镇卫生院

皆是中西医结合型的卫生院。县内还有 1 家私立医院——协和医院。县中医医院和各乡镇卫生院虽未专设草医门诊,但都可用草药处方为患者治病。此外,县内瑶药瑶医也很富特色,疗效显著。

第一节　医疗机构

医疗机构概况

1991 年,永福县有全民所有制医疗机构 11 家。其中,县级综合医疗机构 1 家(县人民医院)、县级中医机构 1 家(县中医院)、县级妇幼保健机构 1 家(县妇幼保健院);乡镇全民所有制医疗机构 8 家(百寿镇中心卫生院、罗锦镇卫生院、堡里乡卫生院、广福乡卫生院、苏桥镇卫生院、三皇乡卫生院、永安乡卫生院、龙江乡卫生院)。是年全县有在职卫生技术人员 432 人(其中高级技术职称 4 人、中级技术职称 91 人、初级技术职称 337 人),共开设病床 334 张,全县有个体诊所(含村卫生室)90 个,医务人员 95 人。全县平均 5000 人有医务人员 1.60 人,有病床 1.20 张。

1996 年,罗锦镇卫生院更名为罗锦镇中心卫生院。

2005 年年底,成立永福镇卫生院(与县妇幼保健院一套人马、两块牌子)。

2005 年,全县共有医疗机构 215 家,房屋建筑面积 48234 平方米,业务用房 23836 平方米;住院病床 463 张。其中,全民所有制医疗机构 12 家,即县级综合医疗机构 1 家(县人民医院)、县级中医机构 1 家(县中医医院)、县级妇幼保健机构 1 家(县妇幼保健院);乡镇全民所有制医疗机构 9 家(百寿镇中心卫生院、罗锦镇中心卫生院、广福乡卫生院、堡里乡卫生院、苏桥镇卫生院、龙江乡卫生院、三皇乡卫生院、永安乡卫生院、永福镇卫生院),有在职在编卫生技术人员 386 人(其中高级技术职称 5 人、中级技术职称 201 人、初级技术职称 180 人);是年,全县有村级卫生所(室)97 个、个体诊所 106 个;有医务人员 245 人、村级母婴保健员 280 人、接生员 15 人。全民所有制医疗机构共设病床 463 张。

医疗机构选介

永福县人民医院　永福县人民医院创建于 1937 年,是一所集医疗、教学、科研、康复和防疫保健为一体的综合性医院,是自治区"产科达标"医院、"爱婴医院"。1991 年,县人民医院建筑面积 9000 多平方米,其中业务用房 6000 多平方米。医疗器械总价值 30 多万元。年内完成门诊治疗 9.20 万人次,住院治疗 4700 多人次。2000 年 7 月,县人民医院投资 100 多万元的 CT 室建成并开机使用,结束了县内医院无 CT 机的历史。2005 年,县人民医院有在职人员 255 人(其中在职在编人员 177 人)。在员工中属卫生技术人员 235 人(含高级职称 1 人、中级职称 73 人、初级职称 161 人),行政后勤人员 20 人。医院临床设有内科、外科、妇产科、儿科、中医科、五官科、急诊科;医技科室有放射科、CT 室、检验科、功能检查科、麻醉科、药剂科、门诊科等。主要大型医疗设备有:全自动生化分析仪、全自动血球计数仪、飞利浦 DR 数字成像系统、500mAX 光机、德国西门子双排螺旋 CT 全身扫描机、体外震波碎石机、电子胃镜、三维 B 超等,总资产价值 1500 余万元。实际开放病床位 141 张。

永福县中医院　永福县中医院恢复成立于 1981 年 2 月,由原永福镇中医院改名。是一所以中医为主,集医疗、教学、科研、预防为一体的国家"二级甲等"医院。1991 年,县中医院有建筑面积 2800 多平方米,其中业务用房 1600 平方米,设有病床 60 张。年内完成门诊 8.90 万人次,住院治疗 650 人次。1996 年,县中医医院拉开创建"二级甲等医院"达标工作。2000 年 1 月,获"二级甲等医院"称号。2001—2005 年,县中医院每年 3 月份开展"关爱姐妹月"健康活动,免费为全县妇女进行妇科疾病检查。每年重阳节期间,免费为老年人进行身体健康检查。2005年,县中医院有在职人员161人(其中在职在编人员88人)。在员工中属卫生技术人员145人(含高级职称1人、中级职称51人、初级职称93人),行政后勤人员16人。医院临床设有内科、外科、妇产科、中医科、急诊科、放射科、功能检查科、检验科等科室。主要大型医疗设备有:全自动生化分析仪、全自动血球计数仪、500mAX光机、德国西门子双排螺旋CT全身扫描机、体外震波碎石机等价值600多万元的现代化医疗设备。2005年,县中医院总资产价值1100多万元,开放病床位170张,完成门诊(含急诊)10.75万余人次。

百寿镇中心卫生院 百寿镇中心卫生院成立于1943年。是一所综合性乡镇中心卫生院,是县内北部4乡镇防疫妇保中心、医疗技术指导中心和急救中心。1991年,百寿镇中心卫生院建筑面积4500平方米,其中业务用房1400平方米。门诊部设内儿科、外科、妇产科、中医科、牙科、检验科、X光室、B超室、心电图室等主要科室,住院部设有病床50张。1997年12月,百寿镇中心卫生院通过桂林地区卫生局"一级甲等医院"验收,成为全县第一个获上等级的乡镇卫生院。2005年,百寿镇中心卫生院设有门诊部、防保科、妇产科、内儿科、外(骨)科、中医科、五官科、口腔科、皮肤科、胃镜室以及放射科和检验科等科室10余个。装备有200mAX光机、日本进口阿洛卡B超仪、呼吸机、麻醉机、电动洗胃机、纤维胃镜、高频电刀、心电监护仪、电除颤仪、电脑胎心监护仪、多普勒胎音监护仪、全自动生化仪等。能开展甲状腺、肿瘤、甲亢,四肢骨折、外伤、脊椎、骨盆损伤、椎间盘突出、乳腺疾病、胆结石、泌尿系结石、膀胱、输尿管、前列腺、烧伤、烫伤、宫外孕、剖宫产、子宫肿瘤、附件肿瘤切除等手术。是年,全院有在职员工96人,其中中级职称18人、初级职称57人、其他行政后勤人员21人;实际开放病床位75张。

罗锦中心卫生院 罗锦镇卫生院成立于1958年,设内科、外科、妇产科、中医科。1996年,罗锦镇卫生院更名为罗锦镇中心卫生院,成为一所综合性乡镇医疗机构。2005年,全院设有门诊部、防保科、妇产科、内儿科、外科、中医科,以及放射科和检验科等科室10余个。配备有200mAX光机、B超、生化分析仪、心电图机、尿液分析仪、洗胃机、救护车等医疗设备设施。是年全院有在职职工56人,其中卫生技术人员50人,开放病床位30张,床位使用率98%,门(急)诊3.37万人次。

第二节 医疗设施和技术

1991年,永福县全民所有制医疗机构11家,主要医疗器械有X光机、心电图机、生物显微镜、微波治疗机、牙科椅、起短波治疗机、电冰箱等。县级医院和乡镇卫生院均能做三大常规检查,开展各种电泳和肥达氏化验、肝功能检验和肾功能化验、胃液分析等检查,对县内各种常见病及急重病人能予以诊治和抢救。是年,全县有集体所有制村级卫生所(室)97个(个人承包),企事业单位设立的卫生室18个。这些卫生所(室)能够处理常见病、多发病,能开展脓包切开、外伤缝合、计划生育等小手术。

2000年7月,县人民医院投资100多万元的CT室建成并正式开机使用,结束了县内医院无CT机的历史。

2005年,全县有全民所有制医疗机构12家,共设病床463张,拥有德国西门子双排螺旋CT机、电磁波体外碎石机、500mAX光机及

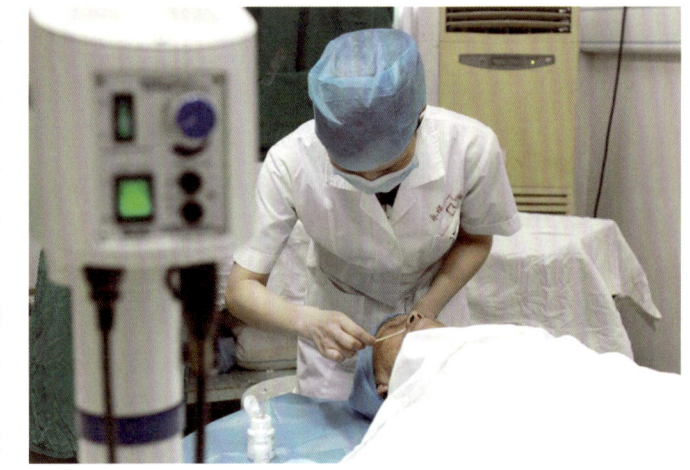

2005年,永福县人民医院免费实施白内障手术

县卫生局 供图

DR 影像系统、电子纤维胃镜、进口彩色 B 超机、多功能心电监护仪、血透机、全自动生化分析仪、全自动血球计数仪、快速洗片机、呼吸机、除颤仪、电子肠镜、宫腔镜、腹腔镜、胃肠造影系统、膀胱镜、麻醉机、多功能治疗仪等价值 2890 万元的一批先进疾病检测治疗仪器,可广泛开展急诊、急救和各种手术,除特殊病种的危重病例送上级大医院治疗外,一般常见危重病例县内医疗单位均能处置。

第三节　中医　草药

　　永福县属山区县,境内山岭逶迤,草木茂盛,有中草药材 1050 余个品种,主要入药的有罗汉果、八角莲、百合、苍耳子、灵芝、山豆根、路边菊、车前草、穿心莲、鱼腥草等。当地瑶药瑶医,疗效显著。

常见中草药选介

　　罗汉果　葫芦科藤本落叶植物罗汉果的成熟果实,雌雄异株,具有一次生长多年的块根状宿根性。因其块根形象似佛肚而得名。瓜果椭圆形或球形,表面生有淡黄色柔毛。原产中国的广西、广东、江西等省的热带、亚热带山区,后以广西桂林产罗汉果著名而驰名中外,尤以永福和临桂县所产最为著名,约有百余年栽培历史。罗汉果具有二百多年的历史,为历代朝廷贡品,被誉为"东方神果""长寿之神果"和"神仙果"。罗汉果营养价值丰富,富含天然果糖及多种人体必需的微量元素、维生素、蛋白质和氨基酸,热含量极低,干果含总糖量为 25.17%~38.31%,其中含有相当于约蔗糖 300 倍的罗汉果甜甙。

　　罗汉果药用价值:罗汉果具有降血糖作用,为糖尿病、高血压、高血脂和肥胖症患者之首选天然甜味剂,而且罗汉果味甘性凉,有清热润肺、凉血舒骨、化痰止咳、润肠通便和生津止渴等功效,可治急慢性气管炎、咽喉炎、哮喘、百日咳、胃热、肠燥便秘、急性扁桃体炎等症,糖尿病患者亦宜服用。用它的根捣碎,敷于患处,可以治顽癣、痈肿、疮疖等;果毛可作刀伤药;用罗汉果少许,冲入开水浸泡,是一种极好的清凉饮料,既可提神生津,又可预防呼吸道感染,常年服用有清热凉血、润肺、滑肠排毒、消除面疮之作用,无任何毒副作用,为驻颜美容、延年益寿、减肥健身之佳品。为永福民间常用中草药。正因为罗汉果有如此神奇之功效,中华人民共和国卫生部把其列为"既是食品,又是药品"的植物。

　　八角莲　是小檗科多年生草本植物,高达 60 厘米;根状茎横走,粗短,呈结节状。茎单一,肥厚多汁。茎生叶 1~2 枚,盾状,叶片近圆形 4~9 厘米浅裂,裂片边缘有细齿。花深红色,5~8 朵簇生于茎顶,花梗细长。浆果近球形,近黑色,具多数种子。每年花期 5 月,果期 7—9 月。喜阴湿环境,忌强光和干旱。八角莲为中国特有种植,也是永福民间常用中草药,根状茎和叶入药,具有追风散毒、活血化瘀、杀虫等功效;叶形奇特,可供观赏。

　　百合　又名杂种百合,为百合科百合属多年生草本植物。无皮鳞茎扁球形,乳白色。茎直立,地下茎节有茎生根,地上茎刚直矮壮、绿色光滑。叶散生多数,披针形。花顶生数朵、喇叭形、平展,花被先端稍向外反卷,乳白色,花被筒深处淡绿色。百合植株挺秀,花大色艳。是国内广泛栽培的球根花卉之一,也是永福民间常用中草药。百合有家种和野种之分,有红花、白花等品种,不仅味道鲜美,而且营养丰富,入药以野生白花者为佳。其性平、味甘微苦,无毒,富含蛋白质、脂肪、脱甲秋水仙硷,淀粉及少量钙、磷、铁等。有补中益气,润肺止咳、清心安神之功能,对肺热干咳、痰中带血、肺弱气虚、肺结核咯血等症,都有良好疗效。同时,还有清热、宁心、安神作用,可用于热病后余热未清、烦躁失眠,神志不宁,以及更年期出现的神经官能症、癔症、食欲不振、低热失眠、心烦口渴等症状。秋季阳气收敛,阴气滋生,气候凉爽干燥,燥为秋的主气。按中医理论,秋天与人体肺脏相应,秋燥易伤肺,以致出现皮肤干裂、口干咽燥、咳嗽少痰等各种病症。百合已成为一种非常理想的解秋燥滋润肺阴的佳品。

　　苍耳子　苍耳子原名为枲耳实,别名野茄子、刺儿棵、疔疮草、粘粘葵。为菊科植物苍耳的果实。苍耳子始载于《神农本草经》。苍耳子种皮膜质,呈浅灰色,有两枚子叶,有油性。气微,味微苦。

在药用上,苍耳子温和疏达,味辛散风,苦燥湿浊,通窍止痛,具有通鼻窍的功能,可用于风寒头痛、痹痛拘挛、鼻渊、不闻香臭、时流浊涕等病症;另外还具有祛风除湿、通络止痛的功能,可用治风湿痹症、四肢拘挛、疥癣麻风等症。为永福民间常用中草药之一。但使用苍耳子时应需注意血虚头痛者不宜服用。且不可服用过量,服用过量容易导致中毒。

灵芝 灵芝又名菌灵芝或木灵芝,为担子菌类多孔菌科灵芝属,是寄生于栎树及其他阔叶树木根部的一种蕈类。灵芝形状呈伞状,木质,十分坚硬,菌盖呈肾形或半圆形,通体皆为紫褐色,表面有漆状光泽。

灵芝的应用范围非常广泛。由于灵芝入五脏肾,可补益全身五脏之气,所以无论心、肺、肝、脾、肾脏虚弱,都可以服用灵芝来治疗。灵芝可以治疗的病种涉及呼吸系统、循环系统、消化系统、神经系统、内分泌系统,以及运动系统等各个系统;涵盖内科、外科、妇科、儿科、五官科等各科疾病,为永福民间常用中草药之一。而灵芝之所以有这么广泛的功效,其根本原因就在于灵芝具有扶正固本,增强免疫力,提高机体自身抵抗力的巨大作用。灵芝是在整体上双向调节人体机能平衡,调动机体内部活力,调节人体新陈代谢机能,提高自身免疫能力,促使全部的内脏或器官机能正常运作。

山豆根 山豆根别名有山大豆根、苦豆根,为豆科槐属蔓生性矮小灌木植物柔枝槐(广豆根)的根及根茎,根茎形状不规则,呈结节状,顶端残留茎基(头大),其下着生数条根;根呈长圆柱形,稍微弯曲,向下渐细,常有分枝。这些分枝长短不一,表面呈棕褐色或灰褐色,有不规则的纵皱以及微微突起的横向皮孔,质地坚硬,难以折断,断面平坦,外淡黄,木部黄白,有豆腥味,味极苦。山豆根主产于广西、广东、江西、贵州等地,其中以根条粗壮,外色棕褐,质坚硬者为佳。味苦,性寒。归人心、肺、胃经。

山豆根的药用价值主要在于清热解毒,清利咽喉,对金黄色葡萄球菌、絮状表皮癣菌及白色念珠菌有抑制作用,还具有抗肿瘤作用。与其他药物配伍可用于治疗急性扁桃体炎、咽炎、肺胃火上攻、咽喉或牙根肿痛、急性胆囊炎、疮肿、宫颈炎、宫颈癌等,为永福民间常用中草药之一。

路边菊 路边菊,别名田边菊、鸡儿肠、马兰等,是菊科马兰属多年生草本植物。路边菊不但观赏价值较高,而且还是常用的中草药,具有较高的药用价值。路边菊植株茎直立,茎生叶呈披针形,叶片呈倒卵状、长圆形,边缘中部以上具有两到四对浅齿,上部叶小,全缘;头状花序呈疏伞房状,总苞半球形;边花舌状,紫色;内花管状,黄色。路边菊味微苦辛,性平,无毒,夏、秋采全草晾干药用,鲜草可随采随时用药。

路边菊的药用价值在于它具有清热解毒、散瘀止血、消积的功效,可用于治疗外感风热、疮疖、风火眼痛及预防流行性感冒,急性咽炎,扁桃体炎,流行性腮腺炎,传染性肝炎,胃、十二指肠溃疡,小儿疳积,肠炎,痢疾,吐血,崩漏,月经不调等病疾;外用可治疮疖肿痛,乳腺炎,外伤出血等,为永福民间常用中草药之一。

车前草 车前草别名牛遗、当道、吓衣、牛舌、车轮菜等,为车前草科车前属多年生宿根草本植物。车前草无茎,根丛生,具多数细长之须根;叶根生,具长柄,薄纸质;叶片皱缩,展平后呈卵形至广卵形;表面灰绿色或污绿色,具有5条到7条明显弧形脉;先端钝或短尖,基部宽楔形,边缘波状,间有不明显钝齿。周年开花,穗状花序自叶丛中抽出,花茎长,小花白色。车前草气微香,味甘微苦,性寒。归肝、肾、肺、小肠经。

车前草的嫩叶和种子均可以食用,车前草含有钙、磷、铁、胡萝卜素、维生素C、胆碱、钾盐、柠檬酸、草酸、桃叶珊瑚等多种成分,营养价值很丰富。药用价值也很高,它的药用价值在于清热利尿、祛痰、凉血、解毒、明目,可用于水肿尿少,尿血,热淋涩痛,暑湿泻痢,痰热咳嗽,吐血衄血,痈肿疮毒,目赤肿痛,喉痛等,为永福民间常用中草药之一。具体药用方法有内服和外服两种,内服,煎服或捣汁服;外用,鲜品适量,捣敷患处。

穿心莲 穿心莲别名一见喜、斩蛇剑、苦草、榄核莲等,是爵床科一年生草本植物穿心莲的干燥地上部分。秋初茎叶茂盛时采割,晒干。茎呈方柱形,多分枝,节呈膝状膨大,质地很脆,易折断;单叶对生,叶柄短或近无柄;叶片纸质,皱缩、易碎,完整者展开后呈披针形或卵状披针形,先端渐尖,基部楔形,全缘或波状,上表面呈绿色,下表面呈灰绿色,两面都很光滑。气微,味极苦,性寒。归心、肺、大肠、膀胱经。

穿心莲的药用价值在于它具有清热解毒、凉血消肿的功效,还具有抗菌、抗病毒作用,可用于感冒发

热、咽喉肿痛、口舌生疮、顿咳劳嗽、泄泻痢疾、胃肠炎、热淋涩痛、痈肿疮疡、流脑、气管炎、肺炎、百日咳、肺结核、肺脓肿、水火烫伤、毒蛇咬伤等症，为永福民间常用中草药之一。

鱼腥草　鱼腥草又名蕺菜、蕺儿根、摘儿根等，为三白草根多年生草本植物，因其茎叶搓碎后有鱼腥味，因而得名为鱼腥草。鱼腥草植株矮小，茎下部伏地或作地下根状茎生于浅层土壤中，白色，节上生根；茎上部直立，叶心形或宽卵形，常见绿色，偶有紫色。搓碎有鱼腥味，味微涩，一般人都因此而讨厌鱼腥味，其实鱼腥草阴干后，不但鱼腥气没有，而且还微有芳香，在加水煎汁时，则挥发出一种类似肉桂的香气；煎出的汁如淡的红茶汁，仔细品尝，有类似红茶的味道，芳香而略有涩味，毫无苦味，且无腥味，对胃没有刺激性。味辛，性微寒，归肺经。

鱼腥草药用价值在于它具有良好的清热解毒、祛痰、利湿、消肿、消痈排脓、利尿通淋等作用，还具有增强免疫系统和抗肿瘤的作用。可用于肺脓肿、痰热咳嗽、肾炎水肿、白带、尿路感染、痈疖等症，为永福民间常用中草药之一。近年来鱼腥草的临床应用有所发展，它被创新性地用于大叶性肺炎、急性支气管炎及肠炎、腹泻等疾患，收到较好的疗效；又具有利尿作用，因此可应用于尿路感染、尿频涩痛症。冠心病患者病发心绞痛时，生嚼根茎，能起到暂时缓解疼痛的作用。

药茶　药酒

药茶、药酒在永福县流传已久，药以"茶""酒"的形式出现，病人乐意饮用，并可不拘时间，随时泡服。同时，药茶、药酒的温度容易控制，可以根据病情选择恰当的服法。从疗效上看，药茶、药酒的有效成分溶出量大，药液质量好，宜于临床使用。永福县民间药茶主要以预防感冒为主，常用的有姜糖茶、苏羌茶、白芷荆芥茶等；药酒主要以治疗跌打损伤、美容美颜药酒为主。

永福民间中草药秘验单方选

海金沙排石汤　配方为海金沙30克、金钱草9克、茅根15克。上药放入砂锅煎10分钟，每日1剂。有排石功效。

三金排石汤　配方为金钱草30~60克、海金沙12克、炙鸡内金粉6克（分两次冲）、生地15克、玄参12克、天冬9克、石苇12克、扁蓄9克、瞿麦9克、怀牛膝9克、车前草12克、滑石12克、川木通4.50克、生甘草4.50克。上药放入砂锅煎10分钟，每日1剂。有通淋利尿排石功效。

妇女月经不调药方　配方为益母草20克、鸡蛋2只、红糖1勺。上药放入砂锅煎10分钟将鸡蛋打入药汤中，加红糖内服。有调经止痛功效。

骨质增生药方　配方为三七粉10克、威灵仙100克、枫树骨碎补50克、透骨消20克、过江龙20克。上药除三七外全部生用，共捣碎外敷患处，敷药后患处发热，辣疼，以不能耐受为度再去药，若患处起泡用消毒针刺破，外擦蓝汞，患部伤口愈合后再敷一次，一般两剂可愈。有活血散淤，消骨刺功效。

高血压方　配方为吴茱萸10克、醋适量。将吴茱萸研细末，醋调贴两脚心（涌泉穴）。有降血压功效。

瑶医瑶药

1991—2005年，永福县境内居住着盘瑶、山子瑶2个瑶族支系共9450多人。由于地处边远高寒山区，其特有的地理环境和气候条件，造就了瑶族地区丰富的自然资源。瑶族人民利用当地动、植、矿物资源，传承了富有永福特色的瑶医瑶药。

永福县瑶族的药圩药市，集贸易与防病治病、医药交流于一体，瑶医与民族风俗紧密结合。2005年，县内登记在册销售草药的瑶医160多人。

瑶医诊疗,与中医不同。在中医望、闻、问、切四诊中,瑶医一般只用望、闻、问三种,尤重问诊。通过患者讲述,确定病症,再对症下药。药物以植物类药物为主,亦有一定配方。常用的还有甲诊、掌诊、舌诊、耳诊、面诊等。根据疾病发生的原因和临床表现的症状特征,总结出了有风、锁、痘、痧等病症的名称。在治疗上,除采用永福当地的草药内服、外洗、外敷等外,还有放血、火灸、蛋灸、骨灸、艾灸、磁灸、推拿以及拔罐、针挑和指刮、碗刮、匙刮等。

瑶医治疗范围很广,内科包括心脏病、高血压、肝炎、胃病、肾炎、胆囊炎、腮腺炎、气管炎、浮肿、上吐下泻等;外科包括刀伤、枪伤、跌打损伤、虫蛇咬伤、烫伤、骨折、腰肌损伤、痔疮、无名肿毒等;五官科包括咽喉肿痛、眼疾、中耳炎、鼻流血、牙痛等;妇科包括月经不调、痛经、月经过多、血崩、产后恶露不尽、闭经、阴部瘙痒、白带、催产、子宫脱垂、绝育避孕等;皮肤、神经科包括羊痫风、皮肤溃烂疡、疥癞、疮疖、痈疽、湿疹、顽癣等;儿科包括小儿肺炎、惊风、肝积、中暑、百日咳等。瑶医不仅能治疗一般常见病、多发病,对跌打损伤、刀伤、枪伤、虫蛇咬伤、风湿骨痛、绝育避孕等疑难杂症的治疗,也有许多特效良方。其治病用药的特点是不讲究药物剂量,一般都是凭经验用手抓撮,药量因人而异。草药医治跌打损伤及痈疽、疮毒,一些疑难杂症均有显著效果,有些甚至起到立竿见影的奇效。一些有一定文化的瑶医,常把医术单方和医疗效果编成顺口溜流传,作为重要的临床试验记录。特别是医疗灸语,把使用的各种方法、灸用实具、药物和灸用部位等编成口头禅,传授后人。如"痛心胸,热灰冷水伏碗蒙""肚子皮,蛋白银戒伏肚脐""脚肚胀,杉树刺血好快当""毒蛇咬,烟筒烟泥敷就好",易记实用,效果良好。

永福瑶族习医者必懂药,识药者必会医。瑶医自古以来都是自己诊病,自己采药加工,配方发药。

据县内资深瑶族民间草医对瑶族地区药物资源的调查统计,瑶医用的药物品种约1000种,常用的800种。瑶医根据药物的性味功能和临床所治病症的特点,将传统常用的药物总结归纳为"五虎""九牛""十八钻""七十二风"等,对药物的临床应用的确有可靠疗效。

药浴,是瑶族独有的保健医疗方法。瑶医称之为"黄桶药浴"。药浴的药材采用当地草药。一次药浴所用的草药,少的有二三十种,多的到五六十种,甚至上百种。所用之药物因地制宜,功能多种多样,有清热解毒、祛风散寒、舒筋活络、滋补气血等等。药浴时根据不同季节、不同疾病选择不同的药物。新生儿及产妇选用温补和消炎作用的药物大血藤、五指毛桃等36种,可预防产妇和新生儿的各种感染,滋补气血,促进产妇子宫恢复。许多瑶族妇女,经过产后药浴的调养保健,产后一周即可上山和下水参加体力劳动。

永福瑶族还有应节药浴的习惯。时令佳节或年终岁尾,男女老少都要进行药浴。如农历五月初五,家家户户都派人上山采集"百草药",放进大锅里,加入数桶清水大火煎熬。晚上,全家人按传统规矩,按年龄大小顺序,各人舀一盆药水用"黄木桶"洗澡。

瑶族有自制药酒的习惯,所用药物均为永福当地名贵草药。泡制的药酒依其性能可分为造血补气、壮阳、祛风除湿、养肝补肾、舒筋活络等几大类。

第三章　疾病预防与妇幼保健

1991—2005年,永福县境内麻风病绝迹,基本消灭丝虫病,未发生内源性疟疾病例,儿童计划免疫接种建卡率100%,"四苗"(卡介苗、脊髓灰质炎活疫苗、麻疹减毒活疫苗、百白破疫苗)覆盖率95%以上;建立了公共卫生突发事件"三网"(责任网、信息直报网、紧急救助网),形成覆盖城乡、功能完备、反应灵敏、运转协调的公共卫生突发事件应急机制。各级妇幼保健单位均成立了预防保健科,建立起孕产妇系统管

理,全部实施母子保健保偿"一条龙"服务。

第一节　预防保健机构

县防疫防控机构

1956年,成立永福县卫生防疫站。1991年,永福县卫生防疫站为永福县专门防疫防控机构,属县卫生局管理的公共卫生防疫副科级事业单位,主要承担食品卫生、公共场所与环境卫生、饮用水、学校采光、酒店洁具、传染病防治、化妆品等公共卫生防疫的管理、监督职能。是年,县卫生防疫站建筑面积1700平方米,有干部职工28人。站址在县城东江街680号。2003年7月,国家专项国债支持县卫生防疫站100万元,用于建设疾病预防控制中心大楼。2004年11月,撤销县卫生防疫站,组建永福县疾病预防控制中心和永福县卫生监督所。永福县疾病预防控制中心负责全县传染病防治、计划免疫等工作;永福县卫生监督所负责全县公共场所、食品卫生、生活饮用水、劳动卫生、学校卫生等公共卫生监督工作。2005年,永福县疾病预防控制中心有干部职工编制25名,实有职工25人;永福县卫生监督所有干部职工编制15名,实有职工15人。办公地址皆在县城向阳路茶岭街4号。

县妇幼保健院

1991年,永福县有专门妇幼保健机构1家,即永福县妇幼保健院。初建于1985年11月,由原县妇幼保健站和桃城乡卫生院合并组成,是一所集保健、预防、医疗、教学为一体的全民所有制医疗保健单位。1991年县妇幼保健院有建筑面积1800多平方米,其中业务用房1200平方米,主要设妇产科、内儿科、中医科、放射科、儿保科、理疗科、化验室等科室,设病床30张。年内,全院干部职工55人。院址在县城东江街四鸡岭172号。1995年,县妇幼保健院成为桂林地区首批国家级"爱婴"医院。1999年11月,被确认为"一级甲等妇幼保健院"。2005年,县妇幼保健院有在职人员120人,其中卫生技术人员101人(含高级职称1人、中级职称19人、初级职称81人),其他行政人员19人。有开放病床65张,设有保健科(内设婚检室、儿检室、不孕不育诊室)、妇产科、内儿科、新生儿科、外科、软组织损伤科、口腔科、眼耳鼻喉科等临床科室以及心电图、B超、X光、检验科等辅助检查科室。除拥有彩超、全自动血球计数仪、X光机、心电图仪器、心电监护仪、救护车等常规仪器外,另配备有胎儿监护仪、新生儿抢救台、婴儿培养箱、新生儿黄疸治疗仪、妊高征分析仪、微量输液泵等妇产科和新生儿科专科医疗设备。年内门诊量7.95万人。县妇幼保健院地址在县城永兴大道铁路立交桥旁。

第二节　传染病与地方病防治

传染病防治

永福县卫生防疫站从建站开始就专设传染性疾病疫情统计员。1991—2000年,全县用手工制作疫情报表。2001年,县级执行网络直报,乡镇仍用手工制作疫情报表。2003—2005年,全县配置电脑并安装宽带执行网络直报。

1991—2002年,全县按《中华人民共和国传染病防治法》规定的35种传染病进行统计报告。2003年,传染性非典型肺炎、人感染高致病性禽流感疫情发生后,法定传染病报告病种为37种,其中甲类2种、乙类 25 种、丙类 10 种。

流行性感冒 永福县 1991—2005 年,共发生流感病例 936 例,年平均发病率为 20.13/10 万。2003 年,百寿二中、三皇初中、桃城乡湾里初中、广福初中流行性感冒疫情暴发,其中百寿中学 83 例、三皇初中 37 例、龙江保安初中 37 例、桃城湾里初中 21 例、广福初中 23 例,病例以学生为主。发生疫情后,县卫生防疫站组织专业人员对疫点进行处理,很快控制了疫情,防止疫情的蔓延。

病毒性肝炎 1991—2005 年,全县共报告病例 4568 例,年平均发病率为 98.24/10 万,死亡病例 3 例,死亡率 0.65/10 万。其中,甲肝病例 291 例,年平均发病率为 7.01/10 万,死亡 2 例,病死率为 0.07%;乙肝病例 4028 例,年平均发病率为 86.63/10 万;丙肝病例 76 例,年平均发病率为 1.63/10 万;戊肝病例 11 例,年平均发病率为 0.24/10 万;未分型病例 127 例,年平均发病率为 2.73/10 万。2000—2005 年,县内连续 6 年进行乙肝疫苗接种,接种人数 2.04 万人,有效控制肝炎病例发生。

流行性脑膜炎 1991—2005 年,全县共报告病例 7 例,年平均发病率为 0.15/10 万,无死亡病例报告。

狂犬病 1991—2005 年,全县共发生狂犬病病例 17 例,年平均发病率 0.37/10 万,死亡率 0.37/10 万,病死率 100%。2003—2005 年,县内连续 3 年接种狂犬病疫苗人数 7330 人,有效控制狂犬病发生。

脊髓灰质炎 1992 年 12 月,永福县龙江乡发生脊髓灰质炎病例 1 人。患儿系龙江乡龙山村二队人,1987 年 4 月 14 日出生的儿童,麻痹程度系右下肢 5 度损伤。1993 年全县进行脊髓灰质炎糖丸强化免疫,接种率均达 90% 以上。1994 年 12 月,永福县开展第一轮消灭脊髓灰质炎强化免疫。全县共设 65 个服苗点。每个点有医生 3 至 4 人,另抽 99 名医生下村屯补漏,使全县服苗率达 100%。之后无病例报告。于 2000 年如期实现消灭脊髓灰质炎。

麻疹 1991—2004 年,全县共发生麻疹病例 197 例,年平均发病率为 4.24/10 万,其中 1994 年死亡 1 例,死亡率 0.38/10 万。2000 年苏桥镇树桥村发生麻疹暴发流行,病人以 0~10 岁组发病人数最多为 28 人,占发病人数的 90.32%。同年,对全县 15 岁以下儿童进行麻疹疫苗普种,且 12 月龄麻疹接种率历年均在 90% 以上,此后麻疹年平均发病率均在 5/10 万以下,低于全自治区平均发病率水平。2005 年,县内无麻疹病例报告。

艾滋病 永福县首例艾滋病感染者发生在 1999 年 6 月。至 2005 年,全县共有艾滋病感染者 83 人。

霍乱及副霍乱 1996 年 6 月,永福县发生甲类传染病霍乱病例 5 例。病例主要分布在罗锦镇金福村,病人均为去桂林采石场打工返乡人员得民工。县卫生部门组织专业医务人员赴罗锦镇金福村,对病人采取隔离治疗措施,并对周围人群进行检查,对周围环境进行消毒。经过半个多月的监测,无二代病例发生,无死亡。之后至 2005 年,县内无霍乱病例报告。

鼠疫 1991—2005 年,永福县无鼠疫病例报告记载。

痢疾 1991—2005 年,全县共发生病例 2455 例,年平均发病率 52.80/10 万。其中,细菌性痢疾 2175 例,年平均发病率为 46.47/10 万;阿米巴痢疾 18 例,年平均发病率为 0.39/10 万。县内以福氏菌群为主。

白喉 1991—2005 年,县内发生病例 1 例,由 1998 年百寿镇报告,发生在 10 岁组儿童。1998 年以后全县没有病例报告。

百日咳 1991 年 2005 年,县内发生病例 3 例,均是 1993 年的病例,病例分别分布在罗锦镇、堡里乡、龙江乡各 1 例,分属 0 岁组、4 岁组和 6 岁组。1994 年以后没有病例发生。

伤寒及副伤寒 1991—2005 年,县内共报告病例 1550 例,年平均发病率为 33.33/10 万,死亡病例 1 例,死亡率为 0.02/10 万。全年各月均有病例发生。经每年对易感人群进行普种疫苗,发病人数大大降低。

布病 1991—2005 年,县内无布病病例报告。

结核病 1991—2005 年,全县共报告病例 2948 例,年平均发病率为 63.40/10 万,死亡 11 例,死亡率 0.24/10 万。2004 年 3 月 24 日启动结核病控制项目后,大多数病人经规则抗结核和对症治疗后康复。

麻风病 永福县于 1987 年消灭麻风病。至 2005 年,县内无麻风病例发生。

钩体病 1991—2005 年,全县共发生病例 318 例,死亡病例 7 例,年平均发病率 6.84/10 万,病死率 2.20%。经每年对疫区易感人群进行预防接种,很好地控制了疫情。

恙虫病 1991—2005 年,全县无恙虫病例报告。

非典型肺炎预防

2003 年 2 月,传染性非典型肺炎(简称"非典")——一种致命的传染性疾病在广东城市蔓延,全国各地迅速报告有输入性疫情发生,以北京市最为严重。4 月 26 日,永福县人民政府印发《关于切实做好全县防控非典型肺炎工作的紧急通知》,成立"非典"防治领导小组及办公室,对县内医务人员进行及时培训,设立定点医院,全县医务人员以实际行动投入了抗"非典"工作。对全县的影视厅、网吧、娱乐场所暂时予以停业。全县设立健康检查站、公共卫生信息网和 24 小时"非典"防治咨询热线电话、疫情报告电话,并对全县 210 多处公共场所进行消毒。投入 26 万元专款用于防治"非典"工作及所需物资,出版"非典"防治板报 359 块,向广大干部群众发放宣传资料 6 万多份。同时对 300 多名外出返乡务工人员进行健康检查、登记注册及做好应急处置流程等工作。5 月 8 日、10 日、12 日,桂林市人民政府"非典"防治工作督查组 3 次到永福检查,检查了县中医院、孔雀山庄医学留验站、罗锦镇等单位的"非典"防治工作。5 月 9 日,县"非典"防治办印发宣传传单 5000 份,分发到各乡镇人民政府、县乡医疗卫生单位。桂林市医学专家到永福为县直医疗单位业务骨干进行"非典"防治知识讲座,并送来《非典型肺炎自我防范普及手册》560 本。5 月 14 日,县卫生局举办县直医疗卫生单位院(站)长、业务副院(站)长、发热门诊负责人及乡镇卫生院长、发热病人门诊负责人的非典型肺炎防治业务培训班。5 月 19 日,县"非典"防治办公室将《自治区卫生厅关于加强乡村发热病人诊疗管理紧急通知》转发到县直医疗卫生单位及乡镇卫生院。

抗"非典"期间,永福县共派出行政人员 2765 人次、卫生业务人员 2065 人次,调查监测返乡人员 2695 人,其中自广东回归人员 1725 人、北京 83 人、港澳台 7 人、检疫车辆 3170 辆次,1.44 万人次。设立了 11 个发热门诊,监测 3154 人,排查重点发热病人 5 人。

经排查,全县未发现"非典"患者病例和疑似病例。

寄生虫病防治

永福县卫生防疫站建站初期就成立了寄生虫病防治科,重点开展血吸虫、疟疾、丝虫病等人体寄生虫病调查、防治工作。

疟疾 俗称"打摆子"。1992 年,永福县通过自治区基本消灭疟疾考核组考核,达到基本消灭疟疾标准。1993—2005 年为灭疟后期监测阶段。这一阶段的主要任务是巩固灭疟成果,各乡镇卫生院均设立疟原虫镜检站,每年都参加联防区组织的交叉检查及年度联防会议,把发热病人列为常规血检对象。至 2005 年累计血检发热病人 12.01 万人次,居民血检 1844 人次,流动人口血检 5505 人次,现症病人根治 97 人。检测发现病例全部为输入病例,且以外出海南务工返乡人员为主。

丝虫病 1992 年 8 月,自治区卫生厅消灭丝虫病考核组到永福考核验收。通过资料审核和现场考核,确认永福县达到了消灭丝虫病标准。至 2005 年,永福县无丝虫病例发生。

地方性甲状腺肿防治

地方性甲状腺肿大,俗称"匏颈病"。多发于山区。

1993 年,永福县对桃城、广福、堡里 3 个乡 7~14 岁中小学生进行抽样调查,调查 5252 人,发现甲状腺肿大病人 1167 人,患病率为 22.22%。经深入调查,主要病因为食盐缺碘所致。

1996 年,全县统一对特需人群强化补碘,全县 4.50 万名中小学生和 1 万名幼儿、育龄妇女服用了碘油丸。同时加强对碘缺乏病知识教育和食用碘盐供应,病情迅速得到控制。

2001 年,全县消除碘缺乏病。至 2005 年,永福县无地方性甲状腺肿病例发生。

第三节 公共卫生监督

1992 年,永福县基本消灭疟疾。2000 年,全县消灭脊髓灰质炎。2001 年,消除碘缺乏病。2003 年将乙肝疫苗纳于计划免疫,并重点抓好防"非典"工作,对流动人口、外地返回人员开展发热监测,在县汽车站、火车站和三皇清水村设 3 个临时检疫点,检疫过往车辆旅客上万人。2004—2005 年,免费治疗结核病。

1991—2005 年,永福县无特大食物中毒事件发生。

食品卫生监督

1991—2005 年,县卫生防疫站食品卫生科,专门负责全县食品卫生的监督管理,对食品生产和经营的场地进行审查,符合生产经营条件的发给卫生许可证。每年不定期地对企业生产经营的食品进行抽检,对食品销售行业的食具(饮具)进行卫生检测,防止食品污染和食物中毒发生。

1995 年,《中华人民共和国食品卫生法》实施,为食品卫生监督管理和检测检验提供了法律依据。1995 年起,县卫生防疫站对全县所有食品从业人员和公共场所从业人员实行培训考试制度,培训考试合格取得合格证后才能从事食品行业生产或销售工作。

1999 年 11 月,永福县餐具消毒中心在县卫生防疫站开业。该中心备有碗碟 6 万多个,满足县城餐具消毒需要。

2000 年 12 月,永福县卫生防疫站通过自治区技术监督部门的计量认证,取得计量认证资格证书。同时将全县各食品生产、加工厂家、饭店、个体食杂经营户纳入食品卫生监督管理范围,并触及各乡镇村屯。

2001 年,县卫生局、公安局、工商局等部门联合行动,出动 200 人次对全县食品卫生进行监督检查。

2004 年,贯彻执行《自治区卫生厅关于实施 2004 年食品放心工程的通知》,开展食品卫生专项整治工作,并印发《关于加强餐具消毒工作的通知》,加强食品卫生的监督管理。是年 9 月,桂林市药品监督管理局永福县分局更名为桂林市食品药品监督管理局永福县分局,增加了食品安全综合监管职能。

2005 年,县人民政府成立县食品安全协调委员会,统一领导全县食品安全工作,对全县食品生产加工、批发零售的单位、门市部进行全面的食品卫生安全检查。

1991—2005 年,全县继续执行对食品从业人员和公共场所从业人员体格检查制度,检查项目有皮肤病、乙肝、肠道传染病、结核病等,检查合格后方能上岗,经检查患传染病者一律调离食品或公共场所工作岗位。15 年间,共为 46751 人次从业人员进行体检。

食物中毒事件

1992 年 10 月 1 日,百寿镇卫生院的 1 名护士与镇中学的 1 位教师办结婚酒席,由于办酒席的地方卫生条件极差,造成 84 人因食用有沙门氏菌的食物而引起的中毒事件,因处理及时,未造成人员死亡。

1992 年 8 月 31 日,三皇乡发生一起食用隔夜卤水引起的中毒事件,经检验分析为金黄色葡萄球毒素中毒。中毒人数 1 人。经医院抢救,好转出院。

1993 年 5 月 18 日,在永福县罗锦乡和苏桥乡相继发生了毒蕈中毒事件。罗锦乡林村石头洞共有 18 人中毒,苏桥乡树桥村 2 人中毒,经抢救及时,无人员死亡。

1998 年 5 月 10 日,广福乡供销社职工廖某与火车站职工赵某、广福中学教师赵某等 3 人采食野蕈中毒,住院 3 天出院。

1998 年 8 月 11 日,罗锦乡高崇村神弯屯 2 人发生误食有机磷农药浸泡过的荸荠而引起食物中毒。经抢救,好转出院。

1991—2005 年,永福县共发生食物中毒事件 5 起,中毒 110 人,经抢救全部好转。

生活饮用水卫生监测

1991—2003 年,永福县卫生防疫站每年对县供水公司水源水和水管管网末梢水进行检测,县城居民饮用水水质基本保持稳定。农村居民一般饮用井水、山泉等饮用水存在以下问题:一是农村生活污水流入生活饮用水源,以致水中细菌总数和大肠菌群超标,各乡镇均不同程度存在;二是含锰、铁的土质浸入饮水水源,使水中的铁、锰含量超标,如苏桥乡、广福乡;三是受石灰岩地貌影响,饮用水质总硬度超标,如罗锦镇、永安乡。

2004—2005 年,县卫生监督所成立后继续对城镇居民饮用水质和农村饮用水质进行检测,保证县内居民饮水安全卫生。

劳动卫生监督

职业病监督 1991 年,县卫生防疫站卫生科设有劳动卫生小组,配备必要的检查、检验设施,具体负责县内职业病监督监测,定期组织厂矿、企业职工进行健康检查。

1995 年,县内存在职业病危害因素的厂矿企业有农械厂、矿粉厂、水泥厂、南方塑料厂、印刷厂、化肥厂、冶化厂、轻工机械厂、轴承厂、制药厂等 16 家,接触粉尘、化学毒物和其他有害粉尘作业人数 919 人,其中接触粉尘作业 677 人、接触化学毒物作业 211 人、接触其他有害作业 31 人。

2002 年 5 月,《中华人民共和国职业病防治法》实施,永福县职业病监督管理进一步规范化、系统化。

2003 年 6 月,永福县企业单位职业病危害项目申报工作初步完成。

2004 年,永福县存在职业病危害因素的厂矿、企业增加至 45 家(其中县直企业 21 家、乡镇企业 24 家),接触粉尘、化学毒物和其他有害粉尘作业人数达 1870 人。至 2004 年年底,尘肺病观察对象 6 人,属职业禁忌调离作业岗位 4 人。

2005 年,全县开展职业卫生安全专项整治活动,重点整治用人单位职业病危害项目申报情况、企业整改情况及职工健康体检及个人防护用品配备情况。

粉尘、化学毒物监测 永福县劳动卫生监测监督工作主要由县卫生防疫站公共卫生监督科负责。

1991 年,全县设监测粉尘作业点、化学毒物作业点共 140 个,合格 93 个,合格率 66.40%。是年,永福水泥厂发生一起急性一氧化碳中毒事故,造成 4 名炉前工急性中毒,经抢救全部恢复健康。

1993 年,全县监测粉尘作业点 45 个,合格 18 个,合格率 40.00%;监测有毒作业点 11 个,合格 9 个,合格率 81.80%。全年发生农药中毒 58 例,其中生产性农药中毒 17 例、非生产性农药中毒 41 例,出现死亡 2 例。

1994 年,全县监测粉尘作业点 21 个,合格 9 个;监测有毒作业点 6 个,合格 2 个。全年发生农药中毒 26 例,无死亡。其中生产性农药中毒 16 例、非生产性农药中毒 10 例。

1995 年,全县监测粉尘作业点 26 个,合格 9 个;监测有毒作业点 14 个,合格 9 个。全年发生农药中毒 40 例,其中生产性农药中毒 2 例、非生产性农药中毒 38 例,出现死亡 3 例。

1997 年,全县监测粉尘作业点 26 个,合格 11 个;监测有毒作业点 10 个,合格 7 个。

1998—2005 年,全县不再设粉尘作业、化学毒物作业监测点。

放射卫生监测　1991—1993 年,永福县主要加强对放射源、防辐射设施、设备的检查和管理,督促从事放射工作的人员每年到桂林地区防疫站进行健康体检并进行个人剂量监测。

1994 年,放射卫生主要由桂林地区卫生防疫站放射卫生科进行监督监测。

1995 年,桂林地区卫生防疫站对永福县 6 家建材企业的建筑材料进行放射卫生监测,全部合格。监测 8 个医疗单位的医用 X 线机 11 台,合格 10 台。监测放射点 207 个,合格 189 个。

1997 年,桂林地区卫生防疫站再次对永福县 6 家建材企业的建筑材料进行放射卫生监测,全部合格。监测 9 家医疗单位的医用 X 线机 12 台,合格 10 台;监测放射点 228 个,合格 208 个。

2004 年,桂林市疾病预防控制中心对永福县 5 家医疗单位进行放射监测,监测医用 X 线机 5 台,CT 机 2 台,全部合格;监测放射点 146 个,合格 128 个。

学校卫生监督

1991—2005 年,永福县卫生防疫站开展全县中小学校卫生调查,对教室采光、照明等进行检测,检查生活饮用水、食堂、厕所卫生,并对部分学校进行重点抽查。

学生健康档案　永福县从 1990 年开始建立学生健康档案。1991—2005 年,每年对在校学生进行一次健康检查。每年体检后都对体检资料进行统计、整理。

1992 年,体检向阳小学学生 814 人,患龋齿人数 426 人,龋齿率为 52.34%;沙眼患者 38 人,患病率 4.67%;视力不良 31 人,视力不良率为 3.81%。

2003 年 9 月上旬,县卫生局组织近 20 人的专业技术人员队伍,对全县乡镇以上中小学及 5 所村级小学学生进行健康检查,共检查中小学生 11153 人(中学生 7224 人、小学生 3929 人),受检率为 60.25%。发现高中生视力不良 694 人,视力不良为 44.95%;初中生视力不良 574 人,视力不良率为 10.11%;小学生视力不良 197 人,视力不良率为 5.01%。中学生患砂眼人数 1693 人,患病率为 23.44%;小学生沙眼患者 1574 人,患病率为 40.10%;小学生龋齿患者 1441 人,龋齿率 36.68%;中学生龋齿患者 296 人,龋齿率 4.97%。

2005 年,对南片 5 个乡镇中小学生进行健康检查,中学生龋齿患者 753 人,龋齿率 20.61%;小学生龋齿患者 744 人,龋齿率 64.36%;中学生沙眼患者 593 人,患病率为 16.23%。小学生沙眼患者 164 人,患病率 14.19%。中学生视力不良 1390 人,视力不良率为 38.10%。

高考生健康体检　20 世纪 80 年代以后,永福县坚持对高考学生进行全面健康检查。1991—2005 年,全县高考生身体完全合格人数 2511 人,完全合格率为 20.30%。受专业限制考生 7296 人,受限报专业率为 79.71%。限报专业主要原因是视力不良,其次是身高不足、屈光不正、色弱等。

公共卫生突发事件应急机制

1992 年 11 月 20 日,180 次列车在湘桂线永福境内发生爆炸引发火灾,烧伤旅客 44 人,县卫生局、县红十字会迅速组织以县人民医院为主县直医疗单位 100 多名医务人员立即投入抢救工作,使大多数伤员脱离危险,受到上级有关部门表扬。

2002 年 5 月,永福县启动公共卫生突发事件"三网"(责任网、信息直报网、紧急救助网)建设。全县成立公共卫生突发事件"三网"建设领导小组,印发了永福县公共卫生突发事件"三网"建设实施方案。按照"属地管理,统一指挥;常备不懈,快速反应;以人为本,全力以赴,救命救残"的原则,明确规定政府相关部门及医疗紧急救助机构的职责和任务,通过计算机并网建立起覆盖城乡、功能完备、反应灵敏、运转协调的公共卫生突发事件应急机制,负责处理急性中毒、传染病紧急救治、意外伤害紧急救助等工作。是年,永福县在组织协调公共卫生突发事件组织中,建立健全"结核病疫情网络直报""艾滋病疫情网络直报""非典疫情零报告""人感染高致病性禽流感疫情零报告"等制度,且未发生公共卫生突发事件迟报、漏报、瞒报现象。"三网"建设启动后,永福县还制定了公共卫生突发事件应急救护、传染病应急救护、急性中毒应急救护等工作预案。

2003年4月,全国传染性非典型肺炎流行期间,永福县共派出行政人员2765人次、卫生业务人员2065人次,调查监测返乡人员2695人,其中自广东回归人员1725人、北京83人、港澳台7人,检疫车辆3170辆次,乘客1.44万人次;设立了11个发热门诊点,监测3154人,排查重点发热病人5人,防止了"非典"疫情输入县境。

2005年,人感染高致病性禽流感流行期间,永福县及时制定预案,开展防治知识培训,并严格医院发热门诊管理。对发热病人进行预检、分诊、排查,防止人感染高致病性禽流感疫情输入县境。

第四节　妇幼保健

1991年,永福县各级妇幼保健人员共有488人,其中全民所有制医疗单位有助产师、助产士(含护士兼助产士)20人、妇幼保健医师(士)15人,农村不脱产接生员(含会接生的乡村医生)453人。建立孕产妇系统管理点34个、儿童保健点2个。1991—2005年,各级妇幼保健人员重点开展新法接生、围产期保健、妇女"五期"(月经期、孕期、产期、哺乳期、更年期)保护、儿童健康检查等工作。2005年,永福县3家县级医疗单位及各乡镇卫生院均成立预防保健科,建立起孕产妇系统管理,全部实施母子保健保偿一条龙服务。至2005年年底,全县共有妇幼保健医师(士)20人、助产师7人、助产士2人。

妇女保健

妇女劳动保护　1991年,永福县贯彻执行《妇女劳动保护规定》,维护妇女合法权益,确保女职工在劳动过程中的安全与健康。全县规定:女职工在月经期不能安排从事低温、泡水和国家规定的第三级劳动强度的劳动;孕期不得安排有毒及放射性的工作;不得延长劳动时间;不得安排加班和夜班,在劳动期间进行产前检查,应当算作劳动时间;产假期间不得停发工资。将妇女初产假增至90天;如遇难产再增加产假15天;多胎生育,每多生一胎增加产假15天;哺乳未满一岁的婴幼儿不延长工作时间、不安排夜班,每天允许两次哺乳时间1小时。

1994年,县妇幼保健院增设更年期保健门诊,为更年期妇女作保健指导。

1995—2005年,县妇幼保健院开设新婚孕妇学校,每月开办2期,主要讲授孕期、产期的保健知识。

妇女病普查普治　永福县每年坚持开展妇女病普查普治工作,对象是育龄妇女。1991年,普查2206人。其中,患病1287人,患病率53.30%;药物治疗1002人,治疗率为77.90%;乳透人数940人,患有疾病的73人,占乳透人数的7.76%;未发现宫颈癌及乳腺癌。此后每年都开展妇女病普查,发现宫颈糜烂、滴虫性

1993年3月,永福县推行妇幼保健保偿制度

县卫生局　供图

阴道炎病人占比例较大。2005 年,在全县范围内开展"关爱女性健康,免费为育龄妇女健康检查"的预防子宫颈癌、乳腺癌为主的妇女病普查工作,共检查 1.61 万人,其中患病 7898 人,发现可疑癌变者 7 人。

新法接生 1991 年,永福县普查及科学接生,提倡住院分娩。1995 年,永福县贯彻落实《中华人民共和国母婴保健法》,全面开展创建爱婴医院活动,提高产科质量,普及并规范新法接生工作。

1995 年,全县新法接生数 2317 人,新法接生率 96.50%;新生儿破伤风发生人数 5 人,发生率 0.21%;孕产妇死亡 1 人,死亡率 4.2/万。1996 年后,全面推行住院分娩。1999 年启动"母亲安全工程"。2001 年,强调转变村级接生员职能,为协助做好孕产妇保健指导。2005 年,全县新法接生 3133 人,新法接生率 98.89%;全县住院分娩率 98.29%,无新生儿破伤风发生。

孕产期保健 1988 年,永福县卫生局成立县孕产保健协作组,在全县推行孕产妇系统管理及新生儿、婴幼儿系统管理,对婚育妇女实施从怀孕至生产后 42 天内以母体为中心的保健指导。1991 年,县级医院和各乡镇卫生院普遍建立孕产期保健卡。

1992 年,全县共建 73 个孕产妇系统管理点,监护高危妊娠 74 例。

1993 年,在试点村新法接生率 100%,无孕产妇死亡;对全县 18~35 岁育龄妇女突击接种破伤风类毒素。应接种 9127 人,实接种 8267 人,接种率达 90.60%。当年全县推广保健保偿制一条龙服务,各乡镇孕产妇系统管理率达 95% 以上,并按要求建立高危孕产妇档案,筛选、监测、正确处理高危孕产妇。县妇幼保健院选派一批专业人员到上级医疗保健单位进修学习,使一系列围产期保健中发现的儿科、内科、妇产科疾病在县妇幼保健院得到有效防治。全年对 74 名高危孕妇进行了诊断、监测,使其安全度过了分娩产褥期。

2001 年,全县转变农村接生员职能,把村级接生员转变为村级妇幼保健员,协助保健部门做好孕产妇保健指导,产前动员、护送孕妇到有条件的医院(卫生院)住院分娩、县妇幼保健院开设救护车免费接送孕产妇的"绿色通道",方便孕产妇住院分娩。当年住院分娩率达 89.68%,比上年提高 11.28 个百分点。

2002 年,在接生员职能转变后,全县住院分娩率达 93.71%,比上年提高 4.03 个百分点,孕产儿死亡率为 10.19‰,对高危筛查出的 44 名孕妇进行全程监护管理,均安全度过孕期、产期及产褥期。

2005 年,县妇幼保健院成立全县产科急救中心,成功救治了 3 名危重孕产妇。当年住院分娩率达 96.55%,比上年提高 3 个百分点。是年,全县每个乡镇均派出一名保健医生参加全市孕保、儿保、妇保培训班学习,县妇幼保健院派出了 10 名医师参加学习,大大提高了孕产期保健的工作质量。当年 7 月,举行全县第三期母婴安全启动大会暨母婴安全担架发放仪式,自治区卫生厅配备的 40 副担架全部发放到全县边远村屯。

母子保健保偿 1993 年 3 月,永福县以罗锦乡作为试点开展母子保健保偿制工作。罗锦乡政府充分发挥村干部及村卫生员的作用,使用广播、墙报、标语、《给孕妇的一封信》等多种形式宣传、动员群众入保。罗锦乡当年 6 岁以下儿童应入保 2438 人,实际入保 1973 人,入保率 80.90%;孕妇入保 39 人,入保率 18.20%。

1994 年 5 月,永福县在全县范围内开展母子保健保偿一条龙服务活动。当年,全县孕妇应入保 1777 人,实入保 1524 人,入保率 85.80%;0~6 岁儿童应入保 2.27 万人,实入保 1.87 万人,入保率为 82.60%。

2005 年,全县孕妇应入保 6017 人,实入保 3771 人,入保率 62.67%;0~6 岁儿童应入保 1.72 万人,实入保 1.65 万人,入保率为 95.63%。

儿童保健

儿童健康检查与发育调查 1991—2005 年,永福县坚持定期进行儿童健康检查。每年"六一"节前夕,由县妇幼保健院牵头,组织医务人员深入学校、机关及部分村屯为儿童进行健康体检,了解全县儿童的健康状况,明确儿保工作的重点。1996 年以前,儿童体检按长江以南 9 省标准进行评价。1996 年以后采用世界卫生组织推荐的 NCSH 标准评价。

1991 年,全县体检儿童 3104 人,受检率 11.54%。按长江以南 9 省标准进行评价,体重达均值以上的为 955 人,身长达均值以上的为 924 人,缺点人数为 1985 人,缺点率占参加体检人数的 63.90%。龋齿数为 1515 人,患龋齿率占参加体检人数的 48.81%。根据体检结果,永福县加强了口腔卫生宣传教育工作。

1992—1995 年,全县儿童体检密度逐年加大,根据体检结果,分别加强集体儿童营养指导、佝偻病患者专案管理、呼吸道疾病预防、口腔保健及眼保健。

1996 年,全县体检儿童 10950 人,受检率 53.40%,体重达中位数以上者 2570 人,身长达均值以上 3162 人,儿童营养性贫血占 8.04%,呼吸道疾病患病率 26.01%。

2005 年,全县 7 岁以下儿童体检人数为 1.45 万人,4 个月纯母乳喂养人数为 2213 人,5 岁以下儿童体重中位数以下者有 173 人,5 岁以下儿童中重度营养不良患病率为 1.51%。当年 7 岁以下儿童因溺水等意外死亡 11 例,全县加大了家庭保健知识宣传力度。

幼儿常见病防治　1991 年,全县采用氟离子透入法对儿童进行龋齿防治。1992 年,在县妇幼保健院、县人民医院及永安乡卫生院、百寿镇中心卫生院设点进行小儿肺炎、腹泻监测。1997 年,全县开展大规模补碘工作,补碘率达 95%。

1998 年,重点加强儿童龋齿病的普查普治。1999 年,开展儿童弱视、斜视的筛查治疗。2000—2004 年,对儿童开展驱蛔治疗。2005 年,开展小儿包茎病的普查和治疗。

儿童保健指导　1991—2005 年,永福县通过三大主渠道加强对儿童的保健指导。一是开展评选"健美儿童"活动。十五年间,全县共评出"健美儿童"226 名。二是加强对托儿所、幼儿园卫生保健工作管理和业务指导。1991—2001 年,全县以县幼儿园为示范,对各托幼机构实行系统保健指导。2002 年,县卫生局、教育局联合组成监督评审小组,对全县小学及所有托幼机构进行现场监督考核,并为 24 所小学颁发《卫生保健合格证》。2005 年,对全县 39 所托幼机构进行评估,全部合格。三是建立儿童保健系统管理点,加强对散居儿童的管理、监测和保健指导。全县于 1993 年开展母子保健保偿制工作试点。1994 年,建立 97 个儿童保健系统管理点。2000—2005 年,县、乡、村三级联合,对儿童集中定点进行健康检查、预防接种,对产妇进行产后访视,对体弱儿童进行系统治疗,有计划地开展儿童"四病"(破伤风、麻疹、结核病、小儿麻痹症)专项防治工作。

创建爱婴医院

1991 年,永福县除坚持开展"母乳喂养日"咨询服务活动外,还通过印刷宣传册,出版板报,举办家长学校、讲座,定期健康检查的面对面交流等多种形式,大力宣传优生优育、科学育儿知识,指导家长正确喂养、科学护理婴幼儿。是年编印优生优育宣传资料 500 份,出版儿童计划免疫专刊二期;是年县保健院组织上街、下乡宣传咨询服务 4 次,免费咨询 600 余人次,发放儿童保健宣传资料 900 份。

1994 年,永福县继续做好促进母乳喂养工作,并在全县开展创建爱婴医院(卫生院)工作。

1995 年 8 月,县妇幼保健院被确定为桂林地区首批爱婴医院。同年,县妇幼保健院获得国家级"爱婴医院"称号;并获得世界卫生组织、联合国儿童基金会、卫生部颁发的"爱婴医院"奖牌。1996—1998 年,县人民医院、县中医医院、罗锦镇中心卫生院、百寿镇中心卫生院、永安乡卫生院、苏桥乡卫生院、堡里乡卫生院、三皇乡卫生院、龙江乡卫生院相继获得桂林地区"爱婴医院"(卫生院)称号,并由世界卫生组织、联合国儿童基金会、卫生部颁发的"爱婴医院"(卫生院)奖牌。

1999 年 9 月,永福县正式启动"母亲安全工程"。同年 11 月,县妇幼保健院被确定为"一级甲等妇幼保健院"。

2005 年,县卫生局要求已经获得"爱婴医院"(卫生院)的医疗单位对照"爱婴医院"(卫生院)复查标准进行自查,找出不足并及时改进。县卫生局还组织"爱婴医院"(卫生院)监督评审员对 7 家"爱婴医院"(卫生院)进行了复评。全年母乳喂养率 99.83%,纯母乳喂养率 76.30%,对全县 173 名体弱儿童建卡管理率为 100%。

第二十一篇

2005 年永福县少数民族活动　　　　　　　　唐庆甫　供图

民族　宗教　语言　社会风俗

第一章　民　　族

　　永福县是多民族地区,世居民族有汉、壮、瑶、回族。

　　1991 年,永福县共有民族 16 个,其中汉族人口占全县总人口的 87.99% ;少数民族 15 个,少数民族人口占全县总人口 12.01%。2005 年,全县共有民族 18 个,其中汉族人口占全县总人口的 85.28% ;少数民族 17 个,少数民族人口占全县总人口的 14.72%。永福县各级政府关心少数民族生活,在城镇广开就业渠道,在农村加大扶贫开发力度,发展少数民族地区经济。同时增加财政投入,扶助少数民族地区发展文化教育卫生事业,提高农民健康水平。

第一节　机　　构

　　1985 年 4 月,恢复成立永福县民族事务委员会,负责管理少数民族事务。1991 年,县民族事务委员会为县政府正科级职能机构,编制 3 名,实配干部 3 人。办公地址在县政府大院。1996 年 7 月机构改革,县民族事务委员会改称为县民族事务管理局,正科级单位,在县委统战部挂牌,编制 2 名,实配干部 3 人。2001 年 12 月,机构改革时,县民族事务局划归党群口,受县委和县人民政府双重领导。2005 年,县民族事务管理局仍有编制 2 名,实配干部 3 人。办公地址仍在县政府大院。

　　1991—2005 年,历任县民族事务管理局(含县民族事务委员会)局长(主任)有:盘先熙(1989 年 2 月—1993 年 8 月)、章永龄(1994 年 1 月—1999 年 4 月)、黄通新(1999 年 4 月—2005 年 12 月)。

第二节　民族人口与分布

　　1991 年,永福县共有 16 个民族,总人口 260692 人。其中:汉族 229428 人,占全县总人口的 88% ;少数民族 15 个,31312 人,占全县总人口的 12%。少数民族中,壮族人口数居首位,为 21522 人;瑶族 7820 人、回族 1459 人、侗族 237 人、苗族 102 人、京族 30 人、布依族 22 人、满族 19 人、锡伯族 13 人、仫佬族 57 人、毛南族 16 人、蒙古族 4 人、土家族 4 人、朝鲜族 5 人、黎族 2 人。其分布情况是:汉族、壮族分布在全县各乡镇。瑶族是县内第二大少数民族,分布在桃城乡 1983 人、堡里乡 2375 人、广福乡 2396 人、龙江乡 752 人、永福镇 198 人。其他乡镇瑶族人口均在 100 人以下。回族是县内的第三大少数民族,全县有回族人口 1459 人,其中永福镇 490 人、罗锦乡 373 人、桃城乡 160 人、苏桥乡 137 人,其余乡镇回族人口在 100 人以下。侗族和苗族人口分散分布在永福镇、堡里、苏桥、百寿、三皇、永安、龙江等乡镇。

　　2000 年,第五次全国人口普查统计,永福县共有 18 个民族,总人口 268313 人。其中,汉族人口 231115 人,占总人口 86.14% ;少数民族 17 个,人口 3.72 万人,占总人口 13.86%。比 1991 年增加 7621 人,增长 2.92%。17 个少数民族中按人口多少排序,有壮族 27128 人、瑶族 8096 人、回族 1284 人、侗族 288 人、苗族 161 人、京族 76 人、仫佬族 60 人、布依族 28 人、满族 20 人、锡伯族 18 人、毛南族 15 人、蒙古族 7 人、土家族 6 人、朝鲜族 5 人、黎族 2 人、彝族 2 人、白族 2 人。其分布情况是：汉族、壮族各乡镇均有分布。瑶族、回族人口除三皇乡之外，其他乡镇均有分布。苗族、侗族人口共 449 人，也分布全县。彝族、黎族、白族人口最少，各 2 人，分别分布在永安乡、永福镇和苏桥镇。

2005 年，永福县共有 18 个民族，总人口 268151 人。其中，汉族人口 228679 万人，占全县总人口的 85.28%；少数民族 17 个，少数民族总人口 3.95 万人，占全县总人口的 14.72%。少数民族中，壮族人口数仍居首位，为 27297 人，占全县总人口的 10.18%；分布在全县 9 个乡镇的平原和地区。瑶族人口 9385 人，占全县总人口的 3.50%，散居在永福镇和广福乡、堡里乡、龙江乡的边远山区。其中，广福乡瑶族人口稍多，达 2970 人，主要分布在德安、上寨、矮岭、广福、龙溪等 5 个村；堡里乡瑶族人口 2450 人，主要分布在河东、和顺、茶料、胜利、九槽 5 个村；永福镇瑶族人口 2380 人，主要分布在坪岭、湾里、泡口、四合、银洞 5 个村；龙江乡瑶族人口 810 人，主要分布在丹江、上维、龙隐 3 个村。另外，苏桥镇原干校在 20 世纪 70 年代，从平南县搬迁来的瑶族约 40 人。百寿镇也有少量的瑶族居住。回族人口 1287 人，占全县总人口的 0.48%。主要分布在永福镇、罗锦镇、苏桥镇 3 个乡镇的圩集上。其他 14 个少数民族按人口多少排序，有侗族 654 人、苗族 378 人、仫佬族 147 人、京族 86 人、布依族 80 人、毛南族 52 人、土家族 51 人、黎族 25 人、满族 23 人、锡伯族 13 人、彝族 13 人、朝鲜族 8 人、蒙古族 6 人、白族 3 人，散居于县城机关和各乡镇村屯。这 14 个少数民族人口共 1540 人，占总人口的 0.57%。形成永福境内各民族大杂居、小聚居分布状况。

第三节　民族事务管理

宣传落实民族政策

1991—2005 年，每年 9 月为全国民族政策、法律法规宣传月。永福县民族事务局（含民族事务委员会）利用广播、电视、宣传车、板报等多种形式宣传民族政策、法律法规知识。每年还在县城和少数民族聚居的乡镇开展大型的民族政策、法律法规知识宣传月咨询活动。2005 年，为永福镇回民新落实墓地，面积 0.77 公顷，解决了县内回族长期未解决的墓地问题。

民族成分认定和管理

永福县属典型的少数民族杂散居县。县内 17 个少数民族杂散居住各个乡镇及村屯。1991—1995 年，县民族事务局依据国家《关于中国公民确定民族成分的规定》，对符合条件的公民及时进行民族成分变更和认定，并对少数民族学生颁发民族证，凭证享受少数民族优惠政策。1996—2005 年，县民族事务局先后与县公安局、教育局、工商局等部门协调沟通，为县内少数民族群众落实户口、开办企业及少数民族学生中考、高考享受优惠加分等政策提供服务。

开展民族项目扶贫

1991—2005 年，县民族事务局共向上级民族事务委员会争取到少数民族项目专项扶持资金 173 万元。扶持边远少数民族村屯的基础设施建设。扶持的项目主要是架桥、修路、改善学校环境、人畜饮水及发展生产等。2005 年，还争取到香港乐施会项目资金 48 万元，重建永福镇银洞村解放桥和广福乡矮岭村横岭桥 2 座水毁桥梁。

第四节　民族团结

1991—2005 年,中共永福县委、县人民政府认真落实党的民族政策,团结带领各族人民逐步走向共同富裕。

加大政府民族扶贫资金投入。先后扶持瑶族聚居的广福乡德安村、上寨村、龙溪村、广福村;堡里乡河东村、茶料村、和顺村、胜利村、九槽村;永福镇坪岭村、银洞村、泡口村、湾里村;龙江乡龙隐村、丹江村、上维村等架接高压电。2003—2005 年,利用国家对农村电网进行升级改造的政策,加快县内瑶族村民电网改造,使绝大部分瑶族村民用上安全稳定的大网电。至 2005 年年底,尚有广福乡的大石山、宜兴自然屯,堡里乡的羊结、小鹅河自然屯等人少地偏的瑶族村屯尚未通电。

加快民族村屯基础设施建设。扶持县内瑶族、壮族村屯修建公路,架设大小桥梁 20 多座,改善少数民族地区交通落后状况。扶持缺水少数民族村屯修建引水工程,安装自来水,改善人畜饮水困难状况。扶持少数民族村屯修建小型水利工程,修建拦河水坝,改善农田灌水状况。扶持少数民族村屯改水改厕,建造沼气池,改善民族村屯卫生状况。

积极发展民族村屯特色经济。罗锦镇林村古座屯,是永福县唯一壮族聚居村屯。2000 年,全屯壮族人口 303 人。2005 年,有壮族人口 336 人。该屯大力调整产业结构,着重发展水果和油茶种植,走绿色农业发展路子。同时依托该屯石匠手艺传承,建成现代化的大型石材加工厂,石材产品远销外地,甚至供不应求,成为该屯的支柱产业。随着生产的发展,群众生活水平明显提高。永福镇银洞村是壮、瑶族与汉族杂居的民族村。2001 年被列为自治区级贫困村,县人民政府加大财政和社会扶贫资金的帮扶,使该村调整种植业结构,加快发展水果种植业,走上脱贫致富之路。2004 年,该村获桂林市授予的"民族团结进步示范村"称号。

加快民族村屯文化教育卫生事业发展。1991—2005 年,全县有民族学校 1 所(龙江乡龙应民族小学),其他民族村小学 17 所。1992—1996 年,永福县职业中学,附设民族初中班 2 个,招收少数民族学生。县人民政府在教育经费方面实行倾斜政策,扶持民族学校和民族村小学基础设施建设;对入学困难的少数民族中小学生实行补助。截至 2005 年,每个壮族、瑶族村都有大学毕业生,每个壮族、瑶族村屯都有初中、高中毕业生。

在罗锦镇古座壮族村屯设有彩调文艺演出队,在堡里乡、广福乡、龙江乡和永福镇瑶族聚居村屯设有山歌演唱队,县里不定期开办山歌比赛活动。在全县壮族、瑶族聚居的村设有卫生所(室),配备 1~2 名乡村医生,提高少数民族群众健康水平。

加强民族团结,发展社会主义民族关系。1992 年,龙江乡政府被授予"全自治区民族团结进步先进集体"称号。1995 年 3 月,县委、县人民政府成功处置罗锦回民斋月聚会事件,化解民族纠纷。1995 年 10 月,县人民政府批准成立永福县伊斯兰教协会。1998 年,广福乡上寨村获自治区党委、自治区人民政府授予"全自治区第三次民族团结进步先进集体"称号。

2004 年 11 月,广福乡瑶族妇女在刺绣
县民族局　供图

第二章　宗　　教

1991—2005 年,永福县宗教活动恢复较快,信教人数有所增多,宗教人员文化素质逐步提高,宗教场所管理逐步进入规范化。2005 年,永福县有佛教、伊斯兰教、天主教、基督教 4 个宗教教派;有伊斯兰教协会、天主教爱国运动委员会、基督教"三自"爱国运动委员会 3 个宗教性社团组织;全县有信教群众 5310 多人,正式入教信徒 1830 多人;有正式登记的宗教管理理事会 7 个,宗教职业人员 43 人(含义工培训人员),场所管理人员 58 人。

第一节　机　　构

1991—2001 年,永福县的宗教事务由县委统战部管理。2001 年 12 月,成立永福县宗教局,为县政府管理的正科级事业单位,赋予行政管理职能,编制 2 名,实配干部 2 人。其主要任务是管理县内宗教事务。办公地址在县政府大院。2002 年机构改革,县宗教局在县委统战部挂牌,仍属于县政府系列的正科级事业单位。2005 年县宗教局仍有编制 2 名,实配干部 2 人。办公地址不变。

2001—2005 年,任县宗教事务局局长为:赵军(2001 年 12 月—2005 年 12 月)。

第二节　宗教事务管理

1991—2001 年,永福县的宗教事务由县委统战部管理。1991 年,县委统战部依法对全县宗教场所进行登记,共登记佛教寺庙 2 座(县城凤山澄心寺、苏桥西登寺);天主教堂 1 座(广福乡上寨村土养槽天主教堂);基督教堂 2 座(罗锦基督教堂、矮岭基督教堂);伊斯兰教清真寺 2 座(罗锦清真寺、苏桥清真寺)。1994 年,批准重建伊斯兰教永福清真寺。1998 年,桂林市佛教协会为永福县引进佛教扶贫资金 15 万元。

2001 年 12 月,永福县宗教局成立,依法开展全县宗教活动登记和年度检查工作。重点检查"一证四制度"(活动场所登记证、场所管理制度、财务管理制度、教务管理制度、自建自律制度)落实情况,促进宗教场所管理的制度化、规范化。同时不定期举办宗教团体及宗教教职员工培训班,引导宗教人士和广大信教群众遵守国家法律、法规和方针政策,努力对宗教教义作出符合社会进步要求的阐述,为民族团结社会发展和祖国统一多做贡献。2004 年 2 月,永福县罗锦清真寺获自治区宗教系统表彰的"五好"(遵守纪律好、活动正常好、民主管理好、服务社会好、环境卫生好)宗教活动场所称号。

第三节　佛　　教

佛教从南朝时期开始传入永福县。到 20 世纪 20 年代至 40 年代,永福县境内有佛教寺院 21 座、庵堂 22 座。在 20 世纪 60 年代,全县所有佛教寺院、庵堂都遭到人为损坏,宗教活动全部停止。20 世纪 90 年代中期，县内佛教寺庙相继重建。至 2005 年，正式登记的佛教寺庙有凤山澄心寺、苏桥西登寺；暂缓登记的有凤灵寺、百寿岩。是年，全县共有佛教信徒 3420 人，其中西登寺信徒 1100 人、澄心寺信徒 2100 人、百寿岩信徒 120 人、凤灵寺信徒 100 人。

第四节　天　主　教

天主教是清光绪二十四年（1898 年），传入永福县。中华人民共和国成立后，1962 年下半年，全县开展社会主义教育运动，县内天主教停止活动。中共十一届三中全会以后，党和政府贯彻宗教信仰自由政策，实行"自办、自养、自传"的方针，使县内天主教活动得以正常开展。1991 年，在永福县广福乡上寨村有土养槽天主教堂 1 座，6 间教堂仍保存完好；有天主教社团 1 个（永福县天主教爱国运动委员会）；全县有天主教教徒 300 多人。1998 年，重修广福乡上寨村土养槽天主教堂。2005 年，全县有天主教社团 1 个（永福县天主教爱国运动委员会），有信仰天主教群众 400 多人，其中天主教教徒 325 人，主要分布在广福乡上寨村、德安村。上寨村土养槽天主教堂教职人员有神父 1 人、修女 2 人。

第五节　基　督　教

基督教在永福县有两个教派，一是浸信会，二是宣道会。所办教堂都称为"福音堂"。基督教于 1911 年开始传入永福县城、罗锦镇、矮岭圩、堡里乡、苏桥镇等，并先后设置了浸信会福音堂。民国二年（1913 年）永福县城建有浸信会福音堂。民国六年罗锦满塘村建有浸信会福音堂。民国八年（1919 年）堡里街建有浸信会福音堂。民国二十年（1931 年）罗锦街设置宣道会福音堂。民国二十二年（1933 年）矮岭街设置宣道会福音堂。其传教士都是由桂林浸信会和宣道会派遣的牧师和传道人员。

中华人民共和国成立后，1991 年，永福县有基督教社团 1 个（永福县基督教三自爱国会），有罗锦基督教堂 1 座、矮岭基督教堂 1 座，共有基督教教徒 16 人。2005 年，永福县有基督教社团 1 个（永福县基督教三自爱国会），有罗锦、矮岭、县城 3 个基督教堂和广福 1 个基督教活动处所，共有基督教教徒 529 人。其中，罗锦基督教堂教徒 50 人、县城基督教堂教徒 299 人、矮岭基督教堂教徒 80 人、广福基督教活动处所教徒 100 人。

第六节　伊斯兰教

伊斯兰教从元朝开始传入永福县。主要在永福镇、罗锦镇、苏桥镇 3 个乡镇的回民中传布。县内回民均信奉伊斯兰教。

1991 年，全县回民 1240 人，有罗锦清真寺 1 座、苏桥清真寺 1 座。各有伊斯兰教阿訇 1 人。

1994 年，县内外回族教亲捐资重建永福清真寺。

永福县城清真寺

蒙明德　摄于 2005 年 10 月

1995 年,成立伊斯兰教社团 1 个(永福县伊斯兰教协会)。

2005 年,全县回民 1269 人。有伊斯兰教社团 1 个(永福县伊斯兰教协会),有伊斯兰教清真寺 3 座(罗锦清真寺、永福清真寺、苏桥清真寺),有教职员工 4 人(罗锦清真寺 1 人、永福清真寺 1 人、苏桥清真寺 2 人),有伊斯兰教信徒 890 人(罗锦镇 418 人、永福镇 318 人、苏桥镇 154 人)。

第三章　语　　言

永福境内的语言,主要有汉语方言、瑶语和壮语。汉语方言分为永福官话和永福平话。永安乡东部有少数从江西省迁移来的居民,讲汉语客家方言。这种方言当地人称之为江西话。堡里乡东南部、广福乡南部、龙江乡北部以及永福镇西部一带为瑶族聚居区,通行瑶语。罗锦镇古座村的壮族讲壮语,2005 年使用壮语的有 336 人。部分回族人内部讲回语。县内各民族,对外大都使用永福官话交流。1991—2005 年,国家大力推广普通话。全县公务场合一般讲普通话。

第一节　汉语方言

永福官话

永福官话,属汉语北方方言,西南次方言,是全县各民族的公共交际语言,在桂林、柳州、河池、贺州等地(市)可交流使用。

永福官话又称"桂林话",在永福全境通行。永福官话的声母共有 20 个(包括零声母),韵母 36 个,声调 14 个,且永福官话有变调和减音 2 种音变现象,其中变调又可以分为 4 种情况:一是表示亲属称谓的阳平或去声调的叠音词,前一个音节或后一个音节的声调常起变化。阳平音节叠音称谓,后一个音节常改读去声;二是去声调的单音节形容词重叠式,表示人或事物的性状程度的加深,前一个音节常改读成阳平调;三是去声调的单音节量词重叠使用,表示"每一"的意义,前一音节也常改读成阳平调;四是婴幼语言中,去声调的叠音名词含有细小、喜爱的意义,前一个音节常读成阳平调。

永福官话跟普通话相比,声母成一一对应关系的有 10 个,成一对二对应关系的也有 10 个;韵母成一一对应关系的有 25 个,成一对二或一对多对应关系的有 11 个;其声调基本上与普通话对应。因此,永福当地不论老少,都能听懂普通话,有的老人甚至能用普通话与陌生人交流,这也为在本地推广普通话增加了很大的便利。县境西部的百寿镇和三皇、永安、龙江等 3 个乡通用的官话,跟县境东部各乡镇用的官话在语言上存在一些差异。永福官话词汇丰富,不少词语跟普通话相同,且其语法结构跟普通话也基本相同,如按普通话的语法规律去分析、理解并运用永福官话,问题不是很大。

永福官话的语言与普通话既有类似,又有明显的地方色彩。在此着重略记。

词头"老"。"老",除了与姓氏搭配(老张、老李)组合外,还有两种用法:加在单音的亲属称谓面前,如老哥、老姐、老弟、老妈等;加在非亲属称谓前面,如老外(外孙、外甥、外国人)、老同(同庚)、老扦(赌博的骗子)等。

词尾"法""仔"(读崽)。如没有什么搞法;这有什么看法?　"仔",永福官话是指儿子;作名词尾则表

示小称,如鸡仔、狗仔、鱼仔、刀仔等。

重叠词。永福官话多有重叠。名词重叠,如伯伯、叔叔、姑姑、嬢嬢、娃娃等;动词重叠,如走走、看看、挑挑拣拣、啰啰唆唆等;形容词重叠,如冷冷的、凉凉的、慢慢地、蒙蒙的、毛毛躁躁、雷雷堆堆、稀稀拉拉等;方位词重叠:如上上下下、里里外外、前前后后、高高低低等。

数量词:系位组合中省略位数词。三位以上的系位组合中,如果最后一位数是整数,则语位数词可以省略,如一百一(省十)、一万五(省千)等;"2"和"半","数词"。"2",桂林官话一般说"两",如两斤、两万、两张、两层等等;"半",与"把"组成概数,如半把斤、半把亩、半把里等;"半"还可以与反义词组成合成词,如半肥瘦、半生熟、半新旧等;概数词。与"把"或"数"组成概数词,如万把块钱、十把里路、十把年等等;百数里路、千数斤、万数块(钱)等。

词的搭配。永福官话地方特色浓厚,一些词与词搭配组成的句子,具有独特的地域性。人称代词与名词搭配,人称代词作定语,如他们爸(他爸爸)、你们姑爹(你姑夫)、我们家(我的家)、我们老师(我的老师)等,这种说法包含亲切和尊敬的感情色彩;量词与名词搭配,"张",用于片状的东西,一张床单、一张竹席等。"条"用于分条列举的事物,如一条题目(一道题目)、一条月(一个月)等。"把"用于嘴巴和嗓子,如一把嘴(一张嘴)、一把金嗓子等。"封"用于以纸或布包起来的东西,如一封饼干、一封炮仗。"饼"用于圆饼状的东西,如一饼磁带、一饼蚊烟香等。"塘"用于长度单位等于10华里,如:二塘路(20里路)、塘把路(10里多路)等;量词与动词搭配。"轮"用于一般动作行为,相当于普通话的"番""次","打了一轮游戏机、谈了一轮白话"。"转"用于包括往返走路的行为,近似于普通话的"趟""下",如请他来一转,到河边走一转等。"水"用于有争斗的行为,相当于普通话的"回""场",如看来要斗一水了,挨他搞了一水等。"造",用于同一种农作物在一年中种植和收获的次数,相当于普通话的"茬",如一年种两造谷子,西瓜可以连到种两造等。

词的活用。一些字、词用在永福官话中具有独特的含义,显得幽默、诙谐。

"水"。永福官话中包含有次等的、劣质的意思,属形容词。用于作动词时,指小看、嘲讽、差劲。如讲话文明点,讲粗话会给人家水你的;你那件事情做得太水了。

"烟"。火烟,名词。用作形容词时指烟气浓,用作动词时指烟熏。如把炭头丢了去,莫搞得这烟好大,烟得我眼泪水都出来了等。

"饿"。由不及物动词活用为及物动词,永福官话中包含特别喜欢和贪图的意思。如礼拜天你也要去加班,那饿钱! 这些东西你也要,莫那么饿嘛等。

"山"。当"高耸的地形"讲,是名词。永福官话活用为形容词,指山多、偏僻、荒凉。如那位子太山了,连没得一里路的平地;山得鬼都没愿去。

"老娘"。普通话是指女人摆资格时的自称,属名词。永福官话用作形容词时,指老气横秋,爱逞能。如去哪学到老娘,连不像个娃仔;他老娘得很,哪个都想管。

永福平话

永福县罗锦镇、堡里乡、永福镇、龙江乡、苏桥镇、广福乡等乡镇的部分村庄,除通用永福官话之外,还通用另一种汉语方言——平话。平话,原指农村平常百姓说的话,同属汉族方言,与永福官话相对。1991—2005年,讲平话的约有7万多人。各乡镇讲的平话,虽然大体相同,但仍有一些差别,不过并不影响交际。讲平话的人以罗锦镇最多,罗锦平话影响较广。罗锦平话声母共有20个(包括零声母),韵母37个,声调5个,其词汇、语法为县内民众所熟练运用。

第二节　少数民族语言

瑶　　语

在永福县堡里乡东南部、广福乡南部、龙江乡北部以及永福镇的西部一带为瑶族聚居区,通讲瑶语。1991—2005 年,使用瑶语的约有 9000 多人,占全县总人口的 3.50%。县内瑶语分为盘瑶语和山子瑶语两个分支。

盘瑶语言　盘瑶是永福瑶族的一个支系,自称为"尤勉",其语言自称为"棉祙"。他称"瑶话"。现在各出版书刊通称"勉语"。盘瑶语言属于汉藏语系苗瑶语族瑶语支勉荆方言尤勉土语。2005 年,操永福盘瑶语言的人口有 8600 多人。操尤勉土语的瑶族全世界相通。县民族局原局长黄通新于 2003 年访问美国瑶人社区,与美国瑶胞交流时,讲的是"勉语"。唱瑶歌用的也是"勉语"。

"勉语"语言温和委婉富于感情色彩,而且复杂多变又很微妙。同一事物,在不同的场合或事件的处境下,同一语音有多种说法。如"三"字组成的"三十""十三"和单音词"三",这个"三"字就有三种音。三十读"发折",十三读"折番"。三作单音词时读"bu"。

现将盘瑶部分瑶语与永福官话对照如下:严六梦(吃晚饭)、古(狗)、严沃(吃肉)、容(羊)、补英(烧烟)、咋(茶)、后(裤)、协(鞋)、远(碗)、臭(床)、当,读当铺的当(凳)、照心(洗凉)、羊搞(走路)、依(二)、不 bu(三)、杯(四)、巴(五)、古(六)、夕(七)、过(哥)、右(弟)、夺(姐)、由(叔)、大翁(外公)、大固(外婆)、温(水)、翁(爹)、固(奶)、明嘿(赶圩)、端(儿子)、谋(云)、当(灯)、蒙当—上当的当(蚊帐)、明害叨(去哪里)、罢中(唱歌)、照(脚)、梅明害(你去哪)、依明毒收(我去读书)。

盘瑶有 3 种语言。即在族群内部,在不同场合使用不同的语言。日常生活用"会话语",对歌场合用"歌语",民间信仰活动中使用"经语"。这三种语言有一定区别,尤其是"经语"与生活用语差别很大。日常用语为一般瑶语。"歌语"有古老瑶语成分。

未经研习的年轻人听不懂"歌语"和"经语"。如"走路",日常会话时读作"羊稿",歌唱时却读作"旧楼"。而"经语"更复杂,既有瑶语,又有汉语粤方言、西南官话方言。这决定于师公念诵的那本经文是从何时何地从哪个族群引进的。如从粤语地区的汉人社会中引进的,就用粤方言。而在使用过程中,往往插进一些瑶语,以致这些"经语"特别难懂。"经语"的使用很稳定。师公在传承过程中,弟子必须按要求念诵经书,不能变调。因此,"经语"是古老语言,不是现实语言。县民族局原局长黄通新 2003 年 11 月访问美国加州萨克拉门图市的北海兰市时,与当地师公赵春道交流。赵春道拿出一本《盘古大皇偓孙书歌牒》交给黄通新带回祖国,以便子孙传承。赵春道师公用梧州话念诵了一段经文。在翻阅他家的"祖传"手抄本时,发现其祖先正是从乐昌迁移到广西梧州市居住,后来经永福县(有一祖坟葬在泡口村大田屯),过融安县进入云南省辗转迁徙到老挝,于 20 世纪 80 年代到了美国定居。虽然年代过了很久,"经语"仍然保持着原来的状况没有改变。

山子瑶语言　山子瑶是永福瑶族另一支系。山子瑶语言,属于汉藏语系苗瑶语族瑶语支勉荆方言荆门土语。2005 年,操永福山子瑶语言的人口约有 300 多人。现将山子瑶部分语言与永福官话对照如下:

波(三)、神散(十三)、阿(一)、依(二)、波(三)、陂(四)、啵呀(五)、多(六)、宜(七)、贬(八)、嘟(九)、裳(十)、神熬(十五)、宜囊(吃饭)、宜嗦(吃粥)、星仙(老师)、爱先(医生)、拐降(过年)、嘟定(九点)、宜适定(二十点)、气沙(汽车)、丹砂(单车)、蹄东(红薯)、达汪(黄豆)、渣忧(茶油)、岁(儿子)、沙(女儿)、匪(睡)、麻(马)、央叫(走路)、劳(回)、稳(水)。

由于瑶语词汇远不如汉语词汇丰富,仅是反映日常生活和生产劳动的词语,而现代文化教育和科学技

术的词语极少。要表达这方面的词语必须借用汉语。新名词、新的科学术语,用瑶语已不能表述。随着时代发展,永福瑶族频繁地与外族人交往,许多词汇已汉化。在纯瑶族村寨里,瑶语尚能完整保留。在周边都是汉族或者是瑶汉杂居的村屯,瑶语逐步被同化。

<h1 style="text-align:center">壮　语</h1>

　　壮族是永福县少数民族人口最多的民族。2005 年,全县壮族人口为 2.73 万人,占全县总人口的10.18%。由于壮族与汉族杂居分布,使得绝大多数壮族人口已通讲汉语。只在罗锦镇林村古座屯,仍然讲壮族方言,人数有 336 人。古座壮族居民在内部交流时,使用壮语,与其他民族交流时,则使用永福官话或普通话。

　　罗锦镇林村古座屯壮语属汉藏语系壮侗语族壮傣语支的桂北土语。

　　古座屯壮语在语音、语法和词汇方面,都有自己的特征。

　　语音　桂北壮语有 i e a o u n 六个元音,它是构成壮语的主要成分。有 22 个声母,其中清赛音声母只有不送气的 b d g,韵母有 108 个,大致可分为舒声韵和塞声韵两种。他们都是由 6 个元音字母 a o e I u n 或元音字母加韵尾构成。声调有八个调音。舒声韵有六个调类;塞声韵有两个调类。舒声韵的音节用原音或鼻辅音作韵尾。赛声调的音节用闭塞辅音作韵尾,以 p t k 收尾的是第六调,以 b d g 收尾的是第八调。第一至第八调的调值为 53、31、42、13、33、21、5、12。

　　语法　桂北壮语语法没有形态的变化,因此词序在造句上很重要。语句中,主语在前,谓语在后,宾语或补语在谓语之后。以名词、量词词素为中心的修饰或合成词,与汉语的构词方式恰好相反。中心成分在前,修饰成分在后。如猪母(母猪)、刀菜(菜刀)、斗烟(烟斗)、水热(热水)、肉牛(牛肉)、花红(红花)。

　　词汇　丰富的单音词尾词汇是桂北壮语的重要特点之一。它没有形态和语尾的变化,作为附合意义单位的音节特别发达,使简洁的单音词能很好地执行表情达意功能,很少有意义上的混淆。桂北壮语的词汇较丰富,可以表达出壮族同胞全部生活和生产概念。

　　永福境内壮族居民使用汉字,不会使用壮文。

<h1 style="text-align:center">回　语</h1>

　　永福回族,主要分布在罗锦镇、永福镇和苏桥镇的圩集上。2005 年,全县回族人口 1269 人,占全县人口的 0.48%。永福回族长期与汉族杂居分布,使得回族完全能用永福官话或普通话交流。但回族人内部还用一种特殊的语言交流。这种语言只局限于在回族穆斯林之间交流,属阿拉伯语和波斯语。如穆斯林见面,以"色俩木"相互问候:"安色俩木,而来苦木",意思"主赐你平安"。回答:"我尔来苦门色俩木,我乐哈麦桶拉西,我班兰卡上呼",意思是"主的平安和恩慈,吉祥在你上"。

　　现选永福回语中一些词语与永福官话对照如下:

波斯语	永福官语	阿拉伯语	永福官语
叶克	1	很贼勒	猪
读	2	拜格乐	牛
斜	3	单杂知	鸡
车哈勒	4	板推	鸭
盘字	5	晚子	鹅
舍舍	6	伊玛目	教长

罕夫特	7	讨白	忏悔
罕失特	8	喊力	马
乃哈	9	沙顿	羊
代哈	10	口到	吃、尝、品
牙字代哈	11	伊玛尼	信
读艾字代哈	12	刷俩台	祈祷
乃麻子	礼拜	候麻勒	驴
朵斯梯	朋友、乡老	百鹅力	骡

第三节 民间语言

永福民间谚语选

凡事要好,须问三老。

火要空心,人要忠心。

让人三分不为输。

牛大压不死虱子,官大管不了儿子。

有理打得三代祖,无理骂不得孙媳妇。

爱听奉承话,必有自私心。

人为财死,鸟为食亡。

法律无漏洞,讼师无饭吃。

吃不穷,穿不穷,不会打算一世穷。

大吃犹如小赌。

无猫才知老鼠多。

喂仔不如喂娘,催禾不如催秧。

劝架莫劝一边,听话莫听一面。

男人学做女人工,纵使发财也不凶。

教子读书,万两黄金总不如。

天晴做来下雨吃,下雨做来有病吃。

儿不嫌母苦,狗不嫌家穷。

请人抓痒抓不多,请人哭妈无泪落。

轻担可添斤,重担莫添两。

肚饿莫吃萝卜,人穷莫走亲戚。

禾怕包胎旱,人怕老来穷。

儿多母苦,马瘦毛长。

卖菜吃黄叶,卖笋吃笋蔸。

好仔怕烂仔,烂仔怕死仔。

一年起屋,三年吃粥。

七月黄蜂(针最毒)八月蛇(牙最毒)。

千有万有,不如自家有。

人是铁，饭是钢，三天不吃打踉跄。

上山容易下山难，下山两腿颤弹弹。

马屎皮面光，里头变老糠。

火笑有客到。

牛牯打架角对角，鸡公打架叮头壳。

四十四，眼睛生倒刺。

叫花子留不得隔夜米。

好手难提四两重。

有人辞官不做，有人连夜赶场。

吃盐比你吃米多，过桥比你走路多。

买马铁少，配鞍铁多。

豆腐盘出肉价钱。

这山望着那山高，到了那山没柴烧。

蚂蝗听不得水响，叫花子听不得锣鼓响。

捉跳蚤也要沾点口水。

养仔莫算饭米钱。

酒醉心明白，脚软去不得。

老姜辣味大，老人经验多。

说话不算话，见你鬼都怕。

天高不挡太阳，儿大不压爹娘。

父母疼孙子，爹奶爱长孙。

君子不同牛斗力。

行运之时山难挡，背时如同水摊沙。

风吹鸭蛋壳，退财人安乐。

跌时莫讲当年有，老来莫讲少年能。

宁穿朋友衣，莫戏朋友妻。

宁可雪中送炭，莫要火上加油。

帮得你一时，帮不了你一世。

天天有客不穷，夜夜做贼不富。

天天拜神瞎烧纸，有病不诊还是死。

来说是非者，必是是非人。

他人气我我不气，我若气了中他计。

百花怕大雨，万木怕深秋。

公鸡越叫天越明，大路越走路越平。

吃不离盐，穿不离棉。

牛眼看人高，狗眼看人低。

放牛娃仔望耙田，好吃女人盼过年。

高山打锣名声响，点灯吃饭眼前光。

鬼吃粑粑人作出。

口干（渴）不论田头水。

朝里有人好做官，厨房有人好去审。

越穷越见鬼,越冷越遭风。

塘里无鱼虾子贵,家中无仔女为王。

零钱怕总算,细水怕长流。

寡婆子听不得媒人劝。

一根肠子通到屁眼底。

三斤子姜,不如一斤老姜。

大字麻麻黑,小字认不得。

天晴不晒谷,落雨骂天毒。

心大做叫花。

为老不尊,带坏儿孙。

世上每(没)得后悔药。

白天耍隆隆,夜晚织麻哄老公。

十八姑娘吊颈死,愿肥黄土每(没)肥人。

好了还想好,猪肉用油炒。

有眼不识宝,见了姑娘喊大嫂。

吃得亏,拢一堆。

死鸡挣硬颈。

送仔读书,不如送仔赶圩。

读书读得多,"料"字写成"科"。

蛇有蛇路,蚂有蚂路。

得了包袱想雨伞。

最大不过芭蕉叶。

一个跳蚤撑不起一床被窝。

一代亲,二代表,三代了。

八百搞出一吊二。

人狂有祸,天狂有雨。

人情大过债,鼎锅拿去卖。

嘴巴两块皮,讲话无高低。

大话每(没)要本,总要扯得狠。

马打架,靠把嘴。

六十不留宿,七十不留餐。

少了癫子没(不)成圩。

龙多不治水,鸡多每(没)生蛋。

油多不坏菜,礼多人不怪。

生柴怕猛火。

禾稿灰多,妇人话多。

好心无好报,好柴烧烂灶。

过后加盐每(没)进味。

问客杀鸡。

上面歪个嘴,下面跑断腿。

学得会,捡得累。

条条蛇咬人。

背仔寻仔。

虾公连累鱼仔。

扁担无钉两头刷（滑）。

独柴难烧，独子难教。

屙屎不出怪地硬。

黄牛角，水牛角，各顾各。

眼看手莫动，动了肚拐痛。

做好每（没）得好，烧香挨鬼恼。

少吃多有味，多吃胀坏胃。

压人吃饭，莫压人挑担。

衣裳不怕烂，总要勤洗换。

多衣多寒，无衣自暖。

吃饭先喝汤，胜过开药方。

鱼仔送饭，鼎锅挖烂。

冷头莫冷脚，冷脚睡不着。

姜辣口，蒜辣心，辣椒辣眼睛。

猪来穷，狗来富，猫来捆白布。

娃仔屁股三把火。

娃仔跌大，葫芦吊长。

娃仔跌着，口水当膏药。

锣鼓配当当。

懒人屎尿多。

懒人自有懒人福，瘸脚蚂蚁跳进屋。

人吵败，猪吵卖。

人吵生，肉吵（炒）熟。

正月犁头雪，二月剪刀风，三月寡婆寻寡公。

四月八，冷刷刮（结尾）。

五月五，冷死老牛牯。

六月六，冷死老孤独。

日长夏至，夜长冬至。

今天晚上满天星，明天一定大天晴。

冬冷晴，春冷暖。

过了二月社，一夜暖一夜。

早红雨，晚红晴。

早雨夜晴，夜雨不留停。

回南转北，冷得了不得。

牙虫（蚯蚓）出来晒干粑，蚂蚁牵线水推沙。

麻叶翻背有雨落。

惊蛰暖烘烘，冷到五月中。

雷打秋，二糙禾苗折半收。

正月蚂蚓叫,谷种撒两道。

立夏立夏,犁耙上钩挂。

头糙插颗米,二糙插到底。

天上鱼鳞斑,地上晒谷不用翻。

雷公先唱歌,有雨也不多。

雷击天边,大雨连天。

早雾晴,晚雾阴。

春雾雨,夏雾热。

秋雾风,冬雾雪。

灶屋不出烟,准是要变天。

久雨听鸟鸣,不久就天晴。

雨中麻雀叫,预报晴天到。

牛羊吼叫,有雨就到。

燕子低飞蛤蟆叫,倾盆大雨就来到。

太阳生毛,大水滔滔。

早红不过午,夜红晒破土。

蚜虫爬上岸,定有洪水看。

久雨麻雀叫,出门不戴帽。

蚂蚁搬家蛇过道,要穿蓑衣戴雨帽。

西北起黑云,雷雨就来临。

东闪西闪,晒死老黄鳝。

南闪北闪,冲走鱼筌。

南闪三夜才雨,北闪当夜就来。

闪电像火,雷雨难躲。

今天雾罩地,尽管晒棉被。

交春有雨落,旱田好插禾。

雨水(节气)无雨落,抗旱插早禾。

惊蛰雷鸣米似泥,春分下雨病人稀。

谷雨无雨下,抗旱总不罢。

小满无雨落,日头晒脑壳。

立夏不下(雨),犁耙高挂。

芒种火烧天,要雨到秋边。

芒种雨淋淋,夏至定天晴。

芒种怕雷公,夏至怕北风。

夏至露茫茫,洪水淹山岗。

小暑南风吹,田土晒成灰。

雷打小暑头,七月洪水流。

雨打小暑头,二十四天不停头。

立秋漏秋,旱死泥鳅。

立冬有雨一冬晴,立冬无雨一冬阴。

小雪下了雪,小暑天更热。

永福歇后语选

棒头吹火——一窍不通。

床脚底用斧头——碍上碍下。

床脚底用斧头——吃暗亏。

吃坛子疴瓦渣——吃不消。

鬼师佬用镰刀——少剑（见）。

蚂蚁跳塘——不知深浅。

用脚盆洗脸——脸面大。

给聋子拜年——大家一样。

家公背媳妇过河——吃力不讨好。

眉毛吊扫把——扫脸。

狗吃粽粑——无解。

瞎子上坟——估堆。

歪嘴吃田螺——以外就歪。

矮子上楼梯——步步高。

瞎子打老婆——放不得手。

脱裤子放屁——多余的。

六十岁学吹鼓手——空学的。

半夜吃黄瓜——摸不着头尾。

阴沟里洗屎席子——臭上加臭。

茅斯房的棍子——闻（文）也闻（文）不得，舞（武）也舞（武）不得。

正月十五贴门神——晚了。

大姨妈打鞋底——长扯。

扛捞绞进庙——捞神。

瞎婆子打仔——随倒捞。

木匠的锯子——不据石（据实）。

哑巴进庙——讲不出神。

屎胀挖粪坑——临时抱佛脚。

老鼠拖秤砣——自塞后路。

老虎借猪——每（没）得还。

老鼠尾长脓——每（没）得几多。

烟屎臭虫——死对头。

水过鸭背——一滴没留（全没了、忘了）。

瞎猫闯着死老鼠——好彩，碰彩。

鼻涕咧进嘴——捡得吃。

蛇过打田基——空的。

斧子打凿凿打木——一级压一级。

手长衣袖短——照顾不到。

永福童谣选

一筒米,两筒水,吃饱拍大腿。

落大雨,涨大水,推死鸡婆吃巴腿。

鸡公仔,尾巴拖,三岁娃仔学唱歌,不是爷娘教会我,自己聪明没奈何。

烟一烟,烟过那边天,那边香糯米,这边臭狗屎。

胖子胖,打麻将,输了钱,不认账。

麻子麻,偷枇杷,枇杷每(没)结果,拿起麻子倒顶锁。

摇一摇,摇到外婆桥,鸡仔吃白米,鸭仔吃浮瓢。大人吃饱做活路,小人吃饱又来摇。

排排坐,吃糯糯。糯糯香,炒老姜。老姜辣,炒枇杷。枇杷苦,炒猪肚。猪肚硬,买杠秤。秤又长,买只羊。羊会走,买个狗。狗会叫,吓得羊咩钻进灶。

第四章　社会风俗

风俗是一个地区和民族长期形成的社会风尚和民众习惯的合称。在千百年的历史长河中,居住于永福这一方水土上的汉、壮、瑶、回各民族,在节庆、礼仪、饮食、居住、服饰、信仰等方面,形成了独具民族特点和地方特色的民风、习俗。这些风俗源于永福历史的传承,在 20 世纪 90 年代乃至 21 世纪初虽略有改变,但仍不失成为永福福寿文化的重要印象。

第一节　节庆习俗

传统节庆

春节　俗称过年。是永福民众最隆重的传统节日。以农历十二月除夕和次年正月初一为过春节高潮。春节前后有系列祭祀活动。一般把农历十二月二十三日(或二十四日)过小年送灶王上天,直到新年的拜年习俗都归于春节。永福县过春节有贴春联、年画、福字等习俗。除夕守岁、坐等天明,零时一刻,人们燃放爆竹迎接新年。在农村还要烧香烧纸钱,以饭、菜、茶水供奉天地祖先。大年初一清晨,燃放鞭炮接财神。小孩穿着新装,挨家挨户给长辈拜年,长者给小孩赠糖果、糕点等物,有的给小红封包,谓之"挂颈钱",熟悉人见面互相问候新年好。初二"打牙祭"。初三为"斥口"日,一般不外出,否则遭人议论。初四烧"开门纸"。之后,行亲走戚,互相拜年,请年饭等。中华人民共和国成立后,国家规定春节放假三天。1999 年开始,调休两个双休日,共为 7 天假期。节日前后,机关、企事业单位举行"团拜",军民互相慰问。

元宵节　农历正月十五日为元宵节,亦称上元节。是晚,家家户户吃"汤圆",俗称吃"元宵"。民间活动有调龙、舞狮、唱戏、唱灯(彩调)、跑排灯、跑旱船、跳纸马等。

惊蛰　一般在每年农历二月初六左右。惊蛰日,农村习惯沿墙脚撒石灰,意在防止蚂蚁、蛇虫进屋。

社日　农历二月初二为社日。旧时永福群众喜欢聚集宰杀肥猪、鸡、鸭祭社王,然后会餐,俗称"吃社"。

永福民众还有习惯,在社日共同商定村规民约,商讨修造塘堰水坝及灌溉渠道等公益事业。各家各户还有做"社粑"的习惯。

清明节　农历三月节气。这天,人们多去祭扫坟墓,俗称上坟。旧时有的联宗祭祖,称之为"吃清明会。"永福一带喜包粽子过节。而百寿一带则有一种特殊的风俗叫作"打包",就是煮起十样八样菜,用生菜叶把各样菜都包一点,包起后一口吃掉,边包边吃,各吃各包。中华人民共和国成立后,清明节期间,机关、学校、企事业单位组织所属人员祭扫烈士墓,缅怀先烈的丰功伟绩,进行革命传统教育。

端午节　农历五月初五是端午节。永福民众家家包粽子,门前插艾枝、菖蒲,意取除毒、驱邪;杀鸡鸭、喝雄黄酒,驱避蛇虫。有的农村儿童胸前挂着用草药制成的"香包",含辟邪之意。

六月节　农历六月初六为娃仔节,外婆为小孩包长角粽,俗称"生日粽""娘娘粽",有的小孩在当天认寄妈。是日,很多人家还将家里的被褥、衣服拿到外面晾晒。俗语称"六月六,晒红绿"。

中元　农历七月初七至十四称为中元节。农村大搞祭祖活动,故又称"鬼节"。各地节期不同,有的是初七,有的是初九,有的是十四,也有的从初七起一直到十四才结束。结束时,到河边烧金银纸锞、纸柜、纸钱包等。俗称"送爹奶""送祖先""送公太"等。

中秋节　农历八月十五为中秋节。是永福一年中较大的节日,各家各户备好酒好菜,置备月饼。吃团圆饭,晚上用瓜果、月饼赏月。

重阳节　农历九月初九为重阳节。永福有重九登高的风俗,并杀鸡鸭过节。同时九月九也是决定帮工去留的日子。教书先生也于这天离教回家,故当地有"九月九老师不走学生走"的说法。重阳节亦被称为"老人节"和"敬老节",晚辈都要回家看望、孝敬老人。

冬至节　为农历冬至日。永福民众有"冬至大过年"的说法。是日,农村各家杀鸡宰鸭,祭奉祖先。过了冬至,民众开始腌制腊肉。

过小年　除夕称为过年,前后有一系列的祭祀活动。永福民众在农历十二月二十三日晚送灶王上天,二十四过小年。此后打扫内外清洁卫生,并筹办过年菜肴、酒类及用品。除夕桃符更新,旧时要拜祖宗、祭天地、城隍、土地神,有的还要供社王、菩萨等。然后以美酒佳肴吃团年饭。饭后接灶王回归,当晚全家"守岁",长辈要给晚辈"压岁钱"。

纪念节庆

元旦节　中华民国成立以后,采用公历纪年,以黄帝纪元四千六百九年十一月十三日为中华民国正月元旦,即公历的1月1日为元旦节。中华人民共和国成立后沿用。此节放假1天,调前后双休日,共3天假期。在永福机关、企事业单位,亲友多于节前购买贺年卡、年历互相赠送,农村群众基本不兴。

妇女节　1949年12月,中央人民政府政务院规定每年的3月8日为全国妇女节,与国际妇女节同日。

植树节　1979年,全国人大常委会决定,每年3月12日为植树节。是日,永福机关、企事业单位的人员都参加植树造林活动。

劳动节　1949年12月,中央人民政府政务院规定,5月1日为劳动节,与国际劳动节同日。此节放假3天,加前后两个双休日,共7天假期。永福机关、企事业单位多在5月1日前举行活动,表彰劳动模范、先进生产(工作者)等。

青年节　1949年12月,中央人民政府政务院正式确定5月4日为中国青年节。永福机关、企事业单位多在4月底、5月初召开大会,表彰先进青年;青年团组织,也多举行各种文娱活动以示庆祝。

护士节　改革开放以后,国家规定5月12日为护士节,与国际护士节同日。是日,永福卫生医疗部门常举行活动,表彰先进护理人员。

儿童节　1949年12月,中央人民政府政务院规定6月1日为儿童节,与国际儿童节同日。永福机关、企事业单位在儿童节前后到小学、幼儿园进行慰问。

建党节　7月1日，为中国共产党诞生日。是日前后，各级党组织召开座谈会、纪念会，表彰优秀共产党员，举行新党员入党宣誓仪式等。此外，党政领导下基层慰问老党员、困难党员；检查党务工作。

建军节　中华人民共和国成立后，国家规定8月1日为建军节。是日前后，中共永福县委、县政府及民政部门对所属单位的复员、转业、退伍军人和辖区驻军进行慰问。

教师节　1985年1月，全国人大常委会决定9月10日为教师节。此后，每年教师节期间，中共永福县委、县政府及教育部门召开座谈会，组织慰问教师（含离、退休教师）。

国庆节　中华人民共和国成立后，定10月1日为中央人民政府成立日，为国庆节。此节放假3天，2000年起，加前后两个双休日共7天假期。节日前后，永福机关、企事业单位多举行丰富多彩的文体活动以示庆祝。

敬老节　1987年，自治区党委、自治区人民政府决定从1987年起，将农历九月初九日重阳节定为敬老节。节日前后，永福机关、企事业单位多举行离、退休老干部座谈会，对老干部、老职工进行慰问。

外来节日

改革开放以后，与国外文化交流日益扩大，西方国家的一些节日传入，成为"舶来节日"，俗称"洋节"。这些节日多在青少年中流行，尚未得到多数成年人的认同。如2月14日为情人节，男女青年相互祝贺，情侣之间互送礼物。4月1日，为愚人节，此日青少年往往愚弄人玩笑，或搞一些善意的恶作剧。5月份第二个星期日为母亲节，儿女们买一份礼品，或发短信，给母亲一份温馨的喜悦。6月份第三个星期日为父亲节，男女青年买一份礼品，或发短信给父亲，以示孝顺。12月25日，为圣诞节，是西方信奉基督教和天主教国家的重大节日。是日，永福的一些年轻人也常在一起聚会，或举行烛光晚餐，有些甚至通宵达旦。

少数民族传统节庆

三月三歌节　是壮族的传统歌节。在每年农历三月初三日，叫作"三月三歌节"或者"三月三歌圩"。永福壮族的新郎新娘一般会挑在三月三举行婚礼，其实它也是壮族的"情人节"。壮族每年有数次定期的民歌集会，以三月三最隆重。

敬牛节　是壮族传统节日，在每年农历四月初八日前后，又称"天牛节""牛生日""牛王诞""收牛魂""脱轭节""牛神节""洗牛脚节"。壮族农家祭牛有"栏祭""野祭""堂祭""庙祭"四种形式。"栏祭"即牛栏，是祭牛最为普遍的形式。届时，以鸡、肉、酒、菜、五色饭供祭牛栏。"野祭"即祭野外牧场。届时，人们特别是牧童带着食品、祭品到牧牛山坡、牛寮等处供祭并团坐宴饮。"堂祭"即在家中堂屋祭牛并唱"牛歌"。"庙祭"即祭牛庙、牛社。每年四月初八牛节，农家杀猪祭庙、社，并举行唱彩调戏会和歌圩会。永福壮族在敬牛节这天，每家都会挂一个"牛头骨"，有的还会挂很多个，壮族人民认为挂的越多，就代表越富有。大家还会在这天做"五色饭"，即五种颜色的糯米饭，还会煮一大锅饭来喂牛，觉得牛就要犁田干活了，先要好好款待它们。中华人民共和国成立后，这些壮族传统节日逐渐淡化。

庆丰收节　是瑶族传统节日。在每年农历六月初六日，俗称"尝新节"。这一天瑶族喜气洋洋，包粽子、杀鸡宰鸭。有的村庄还跳盘王舞、舞草龙等。瑶民认为：六月是一年中最珍贵的月份，也是大种大收的季节。春天种下的现在要收回；秋冬要收回的，现在必须种下去；春季种的现在丰收，现在种的将来定能丰收。因此应该庆贺一番。

盘王节　农历十月十六日为瑶族盘王节。据说古时评王和高王打仗，评王出了赏格："谁能取得高王首级，给予重赏，并将第三公主嫁与他为妻"。当下群臣无人敢应，而瑶族始祖盘瓠应召出征，渡海取回高王首级,盘王因此得配评王第三公主为妻,并受封在南京会稽三十宝殿当王。盘王与公主相亲相爱,生下六男六女,传下瑶家十二姓氏,后来有一天盘王上山打猎,被羚羊触下山崖身亡。其子女为替父报仇,用羚羊皮制成长鼓,到一定时间就敲响长鼓,跳舞唱歌,以示纪念盘王,故盘王节又叫"跳盘王"。节日一般三天两夜,有时长达七天七夜。除"跳盘王"外,青年男女在村里村外摆歌堂,互相答歌对唱,通宵达旦。未婚的姑娘小伙常常通过对歌物色对象。盘王节表现了瑶族人民对祖先的怀念和对美好生活的追求。旧时县内瑶族"跳盘王"掺杂祭祖,有很多迷信色彩。中华人民共和国成立后,永福县瑶族对"盘王节"已经不太时兴,近年来又有所恢复。

开斋节 是回族的传统节日。在回历(伊斯兰教历)的第九个月份(即公历的7—8月间)举行。每逢这个月都要封斋。所以称为斋月。成年回族群众从封斋这天起,斋戒一个月,每天从破晓起要戒绝饮食,连水都不喝一口,到黄昏方能吃一些清淡的饭菜(病人、孕妇除外)。随后,在清真寺内举行一次二十拜的礼拜。斋月的开始和结束均以见月为准,共为29天或30天。月初进入"斋月",俗称为"入斋",斋月最后一天要看见新月,第二天即为"开斋节"了。这天,回族群众穿着整齐,喜气洋洋地聚集在清真寺,举行会礼、团拜、茶话会、集体扫墓等活动。礼拜后交纳"麦子钱",再分给困难的人家,各家还炸"油香"招待客人,有的青年还特意选择这一佳节举行婚礼。国家规定每逢开斋节回族人放假一天,并特殊供应茶油面粉及牛肉等。

古尔邦节 是回族的传统节日。从开斋节第一天算起往后推70天即是"古尔邦"节,亦叫宰牲节、忠孝节或小开斋节。"古尔邦"节是阿拉伯语的意译,为"献身"意思。相传阿拉伯人的祖先易卜拉欣受伊斯兰教真主安拉的启示,要宰杀自己的儿子伊斯玛仪勒以表示对安拉的忠诚,当易卜拉欣举刀子的一刹那间,安拉派遣的特使牵着一只羊匆匆赶到现场,命令以宰羊代替献子。以后就在伊斯兰教中形成了每年宰牲献祭的习俗,承认易卜拉欣为圣祖。这个节日,回族中经济条件许可的,在早上沐浴更衣,将鸡、鸭、鹅、牛、羊牵到清真寺。在做完礼拜后进行宰牲,除留下一部分自食外,其余分别赠送亲友和较贫困的回民,以分享节日快乐。

圣纪节 是回族的传统节日。回历三月十二日(公历1月中旬)是伊斯兰教创始人穆罕默德诞生纪念日,据传这一天也是穆罕默德逝世的日子,故又称为"圣忌节"。在这个节日里,回族同胞都集中到清真寺做礼拜,诵《古兰经》,然后会餐,这个节也有交"麦子钱"的活动。

第二节　生产习俗

迎接瑞雪、新雷

永福地处亚热带,冬季少雪。若冬季下雪,便视为吉祥之兆。每遇下雪,孩童则欢呼雀跃,在雪地里追逐,嬉闹;长辈笑逐颜开,心情舒畅。每年立春后打的第一声雷称新雷,民间视为吉兆。届时,有些家庭燃放鞭炮,有些家庭则用刀砍砧板,用木棒敲打谷仓、盆、罐等。以此祈祷新春宏发,人畜安泰,五谷丰登。

种　植

永福农民每年第一天插稻秧时,一些人家要拿一小撮根带烂泥的秧苗涂巴在门上,叫"开秧门"。播种豆类、花生、玉米等作物,下种后,喜用茅草打一个茅(草)标,插在地中间,或插上带叶的小树枝,意为已入种,示意人们不要踩入,也不要让牲畜进入;也为防止鸟兽损害。每年开春,群众喜在村落的后山或树边的山坡及村头、村尾种植竹木,并禁止砍伐,人人遵守这一不成文的规定。采伐时不准砍风景树、水源山的林木。

养　殖

永福农民养殖家畜,以猪、牛、狗、猫、兔为主,少数人家养马、羊。对牛特别爱护,称之为"耕牛",农历四月初八日,为牛王节。这一天耕牛不劳作,还要喂最好的饲料给牛吃。养殖家禽以鸡、鸭、鹅为主,少数人家喜养鸽,养蜂。瑶族群众喜爱养狗。

中华人民共和国成立以后,永福农民喜养殖鲤鱼、草鱼、鲢鱼、塘角鱼等。20世纪90年代后,有些人家习惯用稻田养殖禾花鱼、泥鳅等。

学　艺

中华人民共和国成立后,理发、打铁、木工、泥水工、裁缝等行业,兴拜师学艺。学徒期视其技艺繁简而异,有数月、数年不等。学徒期间只供吃饭,不给工钱,还要侍候师傅。改革开放以后,拜师学艺礼俗从简,只请师傅吃餐饭或给付一定学费,中途可以来去自由。

狩　猎

永福山区人民喜狩猎,追捕猎物时,互相传送讯息时吹招哨筒(用竹筒或牛角做成)。所得兽类见者有份。改革开放以后,由于生态环境改变,兽类减少,狩猎活动也逐渐趋于减少。

第三节　生活习俗

建　筑

永福农村建新房砌大门时,一般要选定吉日,并在大门的横眉上贴上一张红纸,以示新门户已立,平安吉利,红红火火之意,称安门。

农村逢建新房(平房)一般举行上梁仪式。"上梁",是整个建房造屋过程中最隆重的仪式。上梁的时辰一般在午时,上梁时辰一到,木工师傅就开始主持和指挥升梁了。升梁时燃放鞭炮,掌声、欢呼声不断响起,喜气洋洋。升梁后,由木工师傅穿上新布鞋去安梁、踩梁和坐梁,主家和众人抛宝梁粑、硬币和糖果。观者欢乐争抢,热闹非凡。接下来,主家办宴席招待木工师傅、帮忙的人和亲朋好友。即吃"上梁酒"。此俗在20世纪90年代中后期房屋,因以混凝土结构替代了砖瓦结构的缘故逐渐减少。

居　住

永福村落多依山傍水,背风向阳,为几十家或百多家一村。壮汉族多住平原村镇,也有少部分居住山区。回族住城镇。瑶族居山区,或单家独户,或几户群居。永福县最大的村落是苏桥镇的盘洞村,共有300多户。旧时砖瓦屋仅为富户所有,贫民多为泥冲土墙,盖茅草、木皮,且少开窗户,房屋矮小,黑暗不清。山区为竹木结构,有的上层住人,下层关牲口。中华人民共和国成立后,特别是中共十一届三中全会召开后,群众居住条件改善,木皮、茅草房已为砖瓦房所代替,有的建起了钢筋水泥结构的楼房,宽敞明亮,卫生条件得到改善,但一些山区少数民族居住条件仍然较差。20世纪90年代后,城镇化迅速推进,

城乡人民的居住条件得到前所未有的提高,城镇、农村居民住房基本都以钢筋水泥为建材,并且日益讲究室内装修。

饮　　食

主食　永福人以大米为主食,兼或面食杂粮,一日三餐。中华人民共和国成立前,除部分有钱人家有白米饭吃外,农民多以杂粮、瓜菜等掺入主食,半稀半干,半饱半饥。中华人民共和国成立后,至20世纪70年代以前生活虽有了较大提高,但主食结构仍没有多大改变,特别是1959—1961年三年困难时期,不少地方年人均口粮不足150千克,仍以杂粮瓜菜掺食。1962年,人民群众的生活开始好转,之后逐年提高。1978年,中共十一届三中全会以后,逐步改变农村经营体制和农业产业结构,粮食增产,经济增收,广大人民群众的生活有了根本性的好转,主食多为大米,兼以面食。一日三餐干饭,稀饭、米粉、面条用以调节主食结构。副食有蔬菜、瓜类、豆类、花生、芝麻等制品;杂粮已不作为主食,多用来加工副食品或饲养家禽家畜。20世纪90年代后,人民生活进一步提高,城镇居民能天天吃到鸡鸭鱼肉。大多数家庭早餐在街边摊点吃米粉、包子、馒头、油条、糕点等,中午和晚上在家就餐。农村居民吃肉亦是常事,逢年过节山珍海味也上了农家餐桌。玉米、高粱、红薯、芋头等粗粮因其营养丰富,又重新受到居民青睐。回族居民禁食猪、狗肉。

风味小吃　永福风味小吃有切粉、米粉(用蒸笼制成的宽而长条的称切粉,用榨子榨出来的圆而长条的叫米粉)、糯米糍粑、年糕、松糕、马蹄糕、粽子、汤圆、油炸馍、油堆、米豆腐、甜酒、梅水凉粉等。过年做的年粑用栀子水泡至初夏,仍香甜可口。中华人民共和国成立后,面条、面包、蛋糕、牛奶、油条等亦颇风行。醋鸭血炒白芋菜、豆角,别具风味,此菜在百寿、永安、三皇等乡镇风行,俗称炒鸭酱。百寿民间节日还有内容丰富的包酿类菜肴,以苦瓜、茄子、香菇、辣椒、南瓜、豆腐等为食材的包酿,较有特色。回族清炖牛腩也很受人们的喜爱。

服　　饰

中华人民共和国成立前,永福的男女皆穿土布衣服,颜色有黑、白、蓝3种。富户人家有丝绸衣服。男子穿唐装,女子穿无领大襟衣,裤子多为宽裤脚,款式一年四季无多大变化,只是随天气冷热加减。壮族多穿无领铜扣大襟。瑶族衣着镶有花边珠子,用银牌扣,系之以兰、黄、白兼杂的腰带。20世纪50年代城镇男子流行列宁装、中山装、解放装;女子时兴列宁装和连衣裙等。面料以斜纹、卡基最时髦;农村男子以唐装、锁头裤为主,女子仍穿无领大襟衣,布料多为土林布、蓝关布,少数条件较好的也有斜纹、卡基布等。60年代,城镇、农村男子均流行中山装、解放装、西装长、短裤。面料多为斜纹棉布、卡基布,颜色以蓝、灰、黄为主;女子服装式样与50年代无多大变化,只是质地比50年代好些,多为斜纹、卡基等。色泽有很大变化,有蓝底白花、蓝底红花、大红花布、格子花布等。"文化大革命"期间,城镇、乡村男女服装颜色普遍流行蓝、灰、黄等。青年及学生,不分男女尤喜穿草绿军装。70年代,除保留60年代服装式样外,1978年以前部分人还喜欢穿工作服。80年代许多男青年爱穿喇叭裤。20世纪90年代以后,由于人民生活水平发生了根本性的变化,穿着比较考究,服装款式五花八门。男性主要流行式样有中山装、解放装、运动服、太空服、西服、夹克、牛仔裤等。冬季穿呢大衣、棉衣、皮衣、羽绒衣,夏天穿衬衣、T恤衫等。城镇女子流行连衣裙、旗袍及各种式样的长、短裙子,花色品种繁多,质地以化纤、混纺、绒尼、丝绸为主,夹克衣料以皮革等多种面料制成。人们的服装追求时尚化和品牌化。

境内回族日常冠戴与汉族大体一致,只有部分年长男性戴无毡圆帽,夏季为白色,冬季为黑色。女性戴盖头。

永福瑶族服饰风格独特。保持民族特色。盘瑶男装上身与汉族男人同为大襟衣,下身为宽裤头便裤。

头饰包头布。盘瑶妇女上身穿有领的对襟蓝布或黑布衣,对襟从两肩至腹部镶上宽约 13 厘米绣有五颜六色的花纹图案的绣饰,称"绣花"或"挑花",用若干块长约 5 厘米、宽 3 厘米的银牌扣作衣扣,衣袖袖口和裤脚也镶有绣饰花边,腹部系折叠绲边小花围裙,腰间系长 3 米左右、宽约 40 厘米的白布或蓝布带子,带子两端边缘挑有犬齿花纹,捆扎带子时让白布带两端分别垂于臀部两边,白布带子外面加一条色彩艳丽的丝织花带。

盘瑶妇女头饰有尖头形头饰、平头形头饰两种。

尖头形头饰,是用黄竹笋壳做成的一个高 13~17 厘米的尖塔状帽子,再用一条宽 33 厘米、长 100 厘米,周围挑有犬齿及线条花纹的黑布头巾裹住,加捆 2 条钉上小明镜和小明珠的犬齿小花带,少女和中青年妇女的头巾及小花带还等距离钉上小穗子。广福乡上寨村、德安村的瑶族妇女戴的就是尖头形头饰,他称"尖头瑶"。

平头形头饰(他称"平头瑶")分为大平头和小平头两种。大平头形头饰用一块长 93 厘米、宽 83 厘米的黑布做成"博士帽",帽子上面绣有图案花纹,再用竹叶做固定圈,用一条用白色丝织花带捆住平额头的周围,在白丝带上再用 133 厘米长白纱包缠至 26~28 厘米大的圆形帽,将绣有花纹图案的"博士帽"上方拉平即可。少女、中青年妇女的头帽两边还缀上小穗子。永福西河一带的盘瑶妇女戴的头饰为大平头。小平头帽子在固定好的周围密密钉上小穗子的方头布巾包头,让头巾边缘的小穗子披于头的周围,飘飘拂拂,艳丽多彩。堡里乡的盘瑶妇女头饰属小平头形。

永福山子瑶的服饰比较红艳.头饰是黑底绣布依次叠放而上,前边露出大红的绣花。圆形顶箍之下,用红色毛线缠绕,背后插着带有坠链的银簪。山子瑶妇女发髻盘于头顶,盖上一个银制头冠,用红绒线缠住,再覆上一块绣花头巾,缀以五色彩珠。山子瑶衣服有寸余高的绣花立领,前襟有别于其他瑶服,如旗袍似的两个扣子之后斜到腋下。最绚丽的是腰带,白的、红的,罗裙之上缠一条,在背后打结参差坠下,带尾丝绦串珠留穗,走起路来飘摇摆动。

第四节　礼仪习俗

交际礼节

永福县人民历来好客,尊老爱幼,见面问好,远出回家向长辈请安。问候语有:"您好""早(晚)上好。"早、中、晚餐前后,则问"吃饭了没有?"表示关心。客人来,先请坐,后倒茶递烟。农村平时宴客,请客人坐上方,晚辈筛酒,从客人筛起,还帮客人添菜舀饭,帮别人舀饭要双手递上。饭后倒茶给客人漱口,然后倒水给客人洗脸洗脚。红白喜事,上亲安排坐堂屋正中或左边一桌,而这一桌的最长者则坐上方或左方,搛菜时,先有人喊"用菜",然后他带头搛哪碗,别人就随后跟着搛那一碗。筛酒由客位最长者起,等大家都添了酒后众人才举杯同饮。自己不喝了就站起来,手拿碗筷向别人说"列位慢慢喝",有的则从长者起一个个喊到,然后才开始吃饭。离席前则请"列位慢吃",有的亦从长者一个个喊到,然后离席。红喜酒席上,主家还备纸给客人"打包"。吃结婚喜酒,一般打红封包,舅父为上客,备的礼物有全套穿戴或部分用品,送糕担、米担等。吃白喜酒席则带香纸竹帛、三牲供品、送祭幛挽联、打白封包(死者年事高的也可以打红封包)。寿辰酒席亲友一般送鸡、酒、猪肉、寿面之类,有的则打封包,送对联、镜屏、放鞭炮以示庆贺。女儿(婿)则给老人买衣帽、鞋袜等礼品。小孩三朝酒席,妇女去贺喜一般送布料、鸡米之类,外婆要送抱裙、背带、衣帽、鞋袜之类,满岁亦如此。新居、亲友贺喜打封包、送镜屏、放爆竹等。无论红白喜事,主家都要设宴招待,以示答谢。席间饮酒者多喜猜码行令。此外,有的迁职升学也宴请亲朋好友,来者根据各人喜好,送到相应礼物。平时行走亲戚、会朋访友,一般会带糖果、水果、烟酒之类。有的群众还喜相互拜认,如拜

寄娘（父）、认同年兄（弟）、同年姐（妹），俗称"认老同"，拜认者互相送鸡鸭鱼肉及衣服布匹等物，以后均作亲戚、逢年过节均有互访。

婚　嫁

中华人民共和国成立前，永福民众婚嫁都要遵守"父母之命，媒妁之言"。特别是再婚妇女，更要遵守这一原则，稍有违背便会遭到谴责或惩罚。中华人民共和国成立后，多是自由恋爱，即使是媒人介绍，也是双方愿意，不再由父母包办。20世纪90年代后的婚嫁礼仪习俗没有很大改革，只是越来越讲究排场，结婚之日接新娘，农村一般用手扶拖拉机、摩托车，有条件的用汽车；城镇普遍用装饰得十分漂亮的轿车。嫁妆档次越来越高，农村一般是室内用具、单车、衣车、电视机、摩托车等。城镇一般都是新潮家具、高档电器、名贵衣物。婚宴隆重，农村一般是"十大碗"，鸡鸭鱼肉样样俱全；城镇一般在酒店设宴，每桌300~500元，外加名贵烟酒。宾客送礼，一般几十元，高的100元或几百元。节俭成婚、不举行婚礼或旅行结婚的也有，但很少，未形成风气。婚嫁讲排场、比铺张的不良风气，已为城乡居民所厌恶，但又不得不为之。

招赘　即以女招郎入赘，男到女家落户，男方先一天宴请六亲，次日由女方缝制新衣及备三牲迎亲，有的女方不去迎亲，由男方伴郎送到女家成亲，次日回门。中华人民共和国成立前，上门郎受人歧视。现时人们已习以为常，女方父母把上门女婿当儿子看待，家族亦平等对待。

瑶族婚俗　永福瑶族婚俗，男来女往不受约束。瑶族把女儿出嫁和招郎上门同样看待，不存在重男轻女这一恶习。彩礼要得很少。迎娶之日，亲朋好友均来做客。几个年轻漂亮的姑娘小伙，加上4~6人的乐队，敲锣打鼓，吹着唢呐去迎亲。拜过堂后，即摆宴席待客。晚上客人纷纷找伴对歌，彻夜不息。

生　育

汉族生育　永福民众小孩出生，其父须到岳父家"报姜酒"，在小孩出生"三日"、满一个月、"满百日"时分别请"三朝酒""满月酒""百日酒"，满周岁时请"对岁酒"，俗称"长尾巴"。20世纪90年代以后，一般在小孩周岁前只办"满月酒"，宴请亲朋好友，答谢小孩在月子期间送礼祝贺的亲友。"对岁酒"一般只请内亲及至友。婴儿出生后，一般在三朝、满月或百日的时候就要给他取名，孩子的名字一般有乳名和大名之分。乳名即小名，旧时，农村小孩的乳名习惯取得贱一些，人们认为这样小孩容易抚养。大名即学名、正名，一般都要查阅书籍，或按辈分排行等取名。

回族生育　永福县回族的生育习俗至今仍保留着穆斯林的色彩，最富特点的是"取经名"和"交还16"。一是取经名。婴儿出生后请阿訇为婴儿举行的一种命名仪式。婴儿出生后半月左右，洗过澡，由家长抱出来，请阿訇念经文，给孩子取经名。阿訇念过经取好经名后，用红纸写好贴在门内或者交给家长收存。经名一般只用于回族内部。取好经名后，阿訇要对着婴儿的耳朵轻轻吹口气，意思是，求主赐他健康。二是交还16，又称"出幼"。小孩不论男女，满16岁时都要举行"交还16"仪式。举行仪式时，不仅阿訇要念经，而且小孩也要跟着阿訇"举意"，诵读"清真经"。仪式结束后，就标志着小孩已经成年。这天，一般都要宴请亲朋进行庆贺。意即：在孩子未成年以前，孩子的一切行为是无知的，他们所犯的过错都要由其父母来承担责任。举行仪式后，表明儿童已长大成人，今后的责任就交还他们自己了。

瑶族拜寄风俗　永福瑶族对小孩的成长特别关注，有一种叫"拜寄"的习俗，就是希望小孩子顺利长大。如小孩有病难，就要拜寄某自然物，如木、石、水等，依托拜寄物保佑孩子免遭灾难，健康成长。有的父母认为孩子命薄，须拜寄"寄爷""寄妈"。选择拜寄对象，一般要生辰属命相生且子女较多的健康长辈为宜，男孩拜寄"寄妈"，女孩拜寄"寄爷"，并由寄爷寄妈为小孩另起新名，以禳灾招福，健康成长。"寄仔""寄女"到结婚时，要对寄爷寄妈进行"谢寄"，已示他（她）已成年。

喜　庆

寿庆　永福寿庆俗称生日酒，一般的规矩是不满 60 岁不办，还有父母在世的不办。随着人们生活水平的提高，办寿酒的人越来越多，不论年龄或父母是否在堂，年纪大的（一般满 60 岁以上）有亲朋来贺，中青年或小孩生日则以家庭聚餐的形式庆祝。前来祝贺的一般赠镜屏、寿联、打封包、送活鸡、猪肉等礼物。

三朝满月　凡妇人新生子女，尤其是第一胎，三朝或满月（请客日期由主家拟定），先通知女方父母，俗称"报姜酒"，即拿鸡、肉、酒等物馈送。又告知亲朋好友、亲友来贺，俗称"汤饼会""兰汤会""吃粑粑酒""吃满月酒"等。买衣帽、鞋袜，拿鸡、米、糖饼等礼物相送。外婆还要另买襁褓、抱裙等物。主家则制备甜酒、汤圆、糖饼招待，并摆宴席谢客。

满岁　满岁，称之为对岁，俗称"长尾巴"。亲朋或拿肉提鸡，或拿封包置衣帽等物来贺。是日，主人即具"文房四宝"（笔、墨、纸、砚）、尺、线等物让小孩观其所好，以鉴其贫廉、智愚及性之所好，俗称"试周"。中华人民共和国成立后多从俭。20 世纪 90 年代后有所恢复。

其他喜庆　乔迁新居、厂店开业、升学晋级等喜事，许多当事人筹办酒席，邀请亲朋好友来庆祝一番，此类喜庆活动有日益盛行的趋势。

丧　葬

永福民间丧礼较繁，凡有后裔之中年人及老年人，病临危时，须先移下床，男移于正堂落气，叫寿终正寝；女移于内屋落气，叫寿终内寝。气绝，即施行整尸，又行剃发抹身更衣，然后平卧覆盖全身，这叫小殓。全家披麻戴孝，继向六亲报丧。入棺时，棺内垫放枕褥，褥上放硬币七枚，成七星形垫背，口中含硬币，移尸入棺后，将一切陪葬物放入棺内，盖棺，这叫大殓。既殓毕，举枢停堂中，男偏东墙，女偏西墙，或男左女右。亲友办祭礼幛或赠吊仪。按六亲九眷亲疏发白戴孝。有的请道士打道场、开路迁枢还山，送葬亲友执绋（引棺绳索）接牵，娘家人不送葬。孝子孝孙捧灵位、持蕃及祭幛在前，女孝戴白布尖帽哭送在后，有的在半路设祭（叫路祭），过河则祭河泊之神，至开山下葬，举行暖井下棺，先洒土盖棺，说彩话，后分金立向，再砌坟祭墓。另外，还有丘葬迁葬的习俗，就是出枢后，不开井，葬于地面，用土块砌成坟，以后再行择地复葬；二次葬时，用坛罐（俗称金坛）或小红棺材，实行捡骨，用酒洗净，从脚趾到头骨依次置放，然后封盖迁葬。

凶死葬　一般不在家里殒命的，不得迁回正堂开吊。产死不得走大门出枢（一般由窗下开个洞，把棺材递出去），不开吊，不送葬，抬至半途还要打旋。这样，以避免死者灵魂回家。

回族丧葬　回族人民信奉"人死归土"，传统不用棺木，习惯土葬。教义规定丧家停止开炊，每日由亲友送饮食，死者在家不能超过 3 天。出葬前，先由阿訇率领主持"洗礼"，念《古兰经》，子女为死者洗净身体，用巾擦干，然后抬入"塔市提"（清真寺专运"亡人"公用的长方形木匣）。再由阿訇率领送葬者举行"葬礼"，埋葬时先掘一个长方形墓穴，分上下两层，上大下小，下层一般长 233 厘米，宽 50 厘米，深约 133 厘米，由死者亲人将"买梯"（尸体）平卧 3 根布带上，徐徐吊入墓穴，安放平正，头朝北，面向西，背部直接接触泥土，然后用 7 块石板或木头（称"曼堂"）盖住土坑，再覆盖泥土，筑成长方形墓堆，没有陪葬物。有"生不带来，死不带走"的说法。不看风水不择向山。殡葬仪式不吹吹打打，不鸣铳放炮，不准喝酒。高寿老人去世后，守"买梯"之夜，主家一般都煮"寿粥"，亲友来看望都吃"寿粥"，走时并把盛寿粥的碗带回自己家里，称之为寿碗，意味着家里的每个人都像老人一样长寿。

第五节　民间信仰

神灵祭祀

永福民众时代传承,形成了一定的神灵祭祀仪式制度。祈望通过神灵祭祀,解决现实中遇到的某些问题。祭祀的对象最初起源于图腾崇拜,后来发展为灵魂信仰、神灵崇拜、禁忌、辟邪等。

图腾　永福瑶族是以犬为图腾的民族。根据瑶族民间传说,瑶族始祖名盘瓠(或称盘护),是远古高辛氏的一只龙犬,因帮助高辛氏杀败犬戎,立功受封并娶高辛氏子女为妻,生六男六女,自相婚配,繁衍后代。因此,永福瑶族人民以承认自己是龙犬的子孙,作为追宗认祖的根据。盘王节是瑶族人民祭祀盘王的大型活动。

传说盘护毛色为五色,所以,瑶族喜穿"五彩衣",无论男女,都要在领边、袖口、库沿、胸襟两侧绣上花纹图案。有的上衣前短后长,形似"龙犬"尾。妇女把发髻梳成多角状,再覆上花帕,形成"龙犬"耳;男子裤管两侧绣上红线,象征盘护受伤后流下的血丝。有些地方的神龛上筑有"狗巢",塑有狗像。瑶族禁止杀狗食狗肉,有的地方在除夕和尝新节要举行祭狗仪式,在祖先神龛前用狗食盆盛放猪肉、豆腐、米饭献祭,祭毕喂狗,然后全家才能进食。

壮族崇拜青蛙,以青蛙为图腾的地方禁止捕食青蛙,认为青蛙是雷王的儿子,若将青蛙杀死,必遭雷击。在他们的生活中,崇拜青蛙的事例随处可见,至今在一些地方尚有古朴隆重的蚂蚜节,即祭祀青蛙的节目。

灵魂　永福民间认为人死之后,灵魂和躯壳相分离,躯壳可以腐烂消失,而灵魂却会永生不朽。为了得到先人的保佑,所以后辈往往用供品,十分虔诚地去祭祀祖先。它属于"吉礼",为五礼(吉、凶、宾、军、嘉)之首,地位最重要,意味着继承先人遗志,发扬光大。永福民间的祭祖活动,有墓祭、家祭、庙祭。

墓祭时主要是子孙修整祖先墓地。土葬的墓地坟堆,经一年的风吹雨淋,坟堆不免土壤流失,杂草丛生。因此到了第二年的清明时节,要为祖坟墓地除草植树,清扫修整一番,进行扫墓。为坟头加土,并在坟头压纸钱,谓之"上坟"。这是民间祭祀已逝的亲人、祖先,庄重地对先人、先祖送上自己的思念和敬意,墓祭代代传承,抒发人们尊祖敬宗、慎终追远的传统道德。

家祭是永福群众以家庭为单位组织的祭祖仪式,为感念祖先灵魂是宗族和家庭的保护者。祭礼在家中厅堂,家祭代数一般为三代,祭时全家人均要参拜,仪式须由家长主持。按传统习惯,每一次祭祀大体上都以三个步骤进行:第一,上香。全家人先净手后,由家长开始依次上香,通知祖先灵魂回家来享祭。第二,摆祭。由主祭人把准备好的祭品供奉到供桌上,供品的次序为:最先上的是酒,其次碗碟。第三,主祭人主持祭祀,众人齐跪,祭祀开始。主祭人手持酒杯跪在前边,子孙按辈分跪在他身后,主祭人大声念祷词。一般情况下,第一招呼祖先,称儿孙们来看你了;第二感谢祖先在过去这段时间保佑大家平安有长进,简要叙述各自的主要经历;第三为儿孙们祈祷,内容为:求子、除病驱邪、保佑出远门的人平安归来、长寿延年等等。前三杯祈祷完后,开始让每一位参祭者拜祭。然后烧化纸钱给先人。这样祭礼就完成了。

永福的庙祀典礼是纪念广西历史上唯一的武状元李珙。抗金英雄李珙被当地百姓敬称"李王",二月十六李珙生日这天要在他的家乡堡里举行祭礼,祭礼庄严肃穆,由当地有名望的读书人和官员等参祭。祭礼在堡里的"李圣公庙"(又称"大庙")进行,祭日前一天,要整扫祠堂,陈设器皿,洗涤用具,备办牲礼供品。供品备好后,祭祀当日,子时火炮放一响,大家做准备。丑时,火炮再放一响,参祭者手捧香烛供品前往祠堂致祭,不参祭者可在旁观看,进祠堂门时要端正慢行,将香烛祭品排列供桌上,然后退站两旁。黎明时,开炮三响,祭典正式开始,主祭人请李王安位,叫请祖安。这时鼓乐鞭炮齐鸣,由主祭者宣读祭文,而后按年龄尊长向李王行拜。过去永福民间3年1次举行"李王出游"的纪念活动,从农历六月初十日至十六日七天,由李圣公庙起李王神驾,在永福、临桂两县周行。出游队伍所经之处,家家户户出门焚香朝拜,感谢神福降临,途中大祭十三次,小祭 40 余次,一路香烛遮道。

神灵 永福民间习俗腊月二十四过"小年",小年最主要的就是祭灶神。灶神是民间受到普遍信仰尊崇的神灵,几乎家家户户都有供奉。人们认为灶神是掌管饮食的神,同时也是玉帝派到各家的督使,专门监视各家各户的言行、大小过错,一旦发现令它不满的行为,就暗地里记录下来。待到腊月二十四,就回到天上向玉帝座汇报。这样灶神掌饮食,进而掌握人们的寿夭祸福。人们祭灶,一方面是想通过这一祭祀活动得到幸福,另一方面也是怕灶神给他们带来灾难。祭灶神时把旧年贴在厨房墙上的灶神神像取下来焚化,表示灶神已上天言好事去了。祭灶神前要准备好祭品,购买纸马以备灶神上天时骑,一边焚烧一边唱祭灶歌。

禁忌与辟邪 在永福民间禁忌中,与神灵有关的包括:忌以手指指神圣物,如神像、菩萨等,恐不恭神明而受惩罚。祭祀时集体叩拜,不许嬉闹说笑,气氛应当庄严肃穆,否则认为当年收成不好,禽兽为患。忌脚踩灶是壮族信仰禁忌。民间不准用脚踩灶,也不能用器物拍打灶,否则会得罪灶王。

与节日有关的比如:农历大年初一忌说粗口话,否则口臭;早中餐不煮新饭菜,全吃年三十晚吃剩下的,意为年年有余,顺心如意。忌灶火熄,从除夕之夜到正月初三灶火一直要燃着,不能熄灭,表示全年烟火不断。

有的禁忌涉及人际交往:忌在人前吐痰,在别人面前吐痰或吐口水,是不礼貌的行为。会招别人反感。客人到家,主人往往以酒席款待,一些地方有"空桌留客"之俗,即主家在客人到来以后即摆上桌、碗、筷、杯等物,表示诚心待客的意思,客人此时忌讳一味拒绝,若执意要走,便是对主人不尊重。有些地方一家来客,各家招待,客人要轮圈吃一遍,不吃者不礼貌。只要到各家都尝一点,便是领到了情,尽到了礼。

永福百姓还忌砍村边树木。民间认为,山有灵,应当敬畏,禁止伐木。特别是村寨的后山,认为是保护全寨安宁的神灵居住之所,绝对禁止砍伐,违者严惩。所以,永福的村村寨寨前后面都是森林密布,树木参天,泉水长流。民间也忌竹子开花,竹子开花是一种不吉预兆。若开花的竹子在屋边,预示这一家将有灾难,在村外则预示有灾荒。因此必须将竹子立即砍倒,灾难方可消除。农历四月初八是壮族牛王节,这日不得役牛,要让辛苦了一年的耕牛休息,各家除扫理牛栏、祭拜牛王外,还得给牛洗涮身子,做好吃的犒劳它。严禁骂牛打牛,否则认为年内牛会生病而不能耕作。此期间有牛意外死亡,人们只能将牛埋葬,而不得食其肉。

民间迁居新房,要举行入火仪式,从旧房屋火灶里引来一把火,点燃新房子里的灶火,寓意为保证本家烟火永不熄灭。

在平常,为免鬼神打扰,当地人还常以各种器物避邪,以求得平安。他们相信镜子、玉器、金器或缝衣针能避邪,故家居、出门常挂上或带上这类物品。有些地方的妇女出门,则在路上扯把草,或置于小孩背带上,或置于身后的路口与水边,其意都是驱除野鬼的追踪。有些地方背小孩出门,路过水边河边时,要向水中丢几枚钱币,以买得小孩行路的平安。平时出门忌打破碗,要出门办事,如煮夹生饭或打破碗碟,会办事不利。出门办事最忌煮夹生饭,民间认为这是一种不祥的预兆,不久必有灾难或横祸,因而出门办事都要改期,还要求神拜佛,请师公道公来为之消灾。如若打破碗碟,要快说"岁岁(碎碎)平安"。还忌落筷。筷子掉在地上,是不吉利的预兆,惊动了地下的祖先。要说"快乐、快乐",取本地方言"乐"与"落"同音来避邪。

生育禁忌方面规定妇女怀孕要部分忌口,如不吃狗肉和辣椒,怕引动胎气。家有孕妇,则不得修理房屋,孕妇的床也不能移动,亦是怕胎儿不吉。产房也有禁忌,家中男人及外人忌进产房,否则会撞霉气;更不能在产房上翻动瓦盖,否则会惊飞婴儿灵魂。生子的人家,多在门外插一些物品作标记,以防外人误入而带来不详。有些地方插柚树叶或黄皮果树叶,有些地方挂黄布或红布做成的小包,有些地方则系一把青草或禾草。

壮族师公道教

壮族师公教,也称师公道教,源于古代的越巫,清一色的男性。师公教在发展过程中,受道教影响,形成以越巫为主、兼蓄道教部分内容的古代壮族宗教。壮族师公教形成于明清。但吸收了宋代不出家的正一派元素。师公教由数人组成一师公班，数个自然村屯设一班，没有全民族统一的组织，没有宗教领袖，散留民间，但有派别。如永安乡凤凰村一带有马师公、谢师公两派。师公最经常的活动是送鬼。壮民凡遇丧葬者，均须请师公诵经追荐亡灵。师公是师公教的宗教神职人员，皆为兼职，平时做农活或在附近乡镇打工，有法事活动时才肩负起师公的使命。师公有严格的传承方式。过去由师馆（即比较固定的传教场所）和机构传承。广西比较有名的庙牙师馆就在永福县堡里乡，首任馆老韦献图，师公为祖传，已八代。明末清初，庙牙师馆有面具 3 担、经书 50 部、72 步法、指法、身段，还有战鼓、大双边锣、大钹、长鼓、阴笛、朝笛、唢呐等乐器和七人乐队。1968 年，庙牙师馆被取缔。

中共十一届三中全会后，壮族师公道教得以恢复。20 世纪 90 年代末，县内壮族村屯群众还信奉师公道教。一些村屯还设有师馆或师公班。师馆不是师公出家之地，而是师公学经文、仪式、舞蹈、唱腔、乐器等技艺的传承场所。师公教有完整的教义教规，其神灵系统为"三十六神、七十二相"，包括壮民族神、壮化道教诸神和佛教的观音等。这些经书都是用手抄而成，每部经书有数十行至数百行不等，最长的达几千余行，多为五言或七言山歌歌体，有押脚韵排歌和押腰脚韵勒脚歌两种样式。师公教的法器，主要有蜂鼓、铜锣、铜钹、铜铃、宝剑、师刀、祖杖、令牌、玉简（又称笏）、卦木（又称符、符笺、竹筊，属竹根制品，卜吉凶祸福，两仰两俯胜卦，主吉；一仰一俯，丑卦，主凶）、鞭、七星旗、法印等。这些法器，充满神秘性，是师公沟通鬼神的媒介。壮族师公是壮族的文人，传承了壮族的传统文化。这些传统文化又主要体现在师公教的经典经书里。师公经书保存有古代壮族人民有关天文、气象、时令、历法、地理、历史、风土、动植物、医药、武器、农业、畜牧业、手工业、狩猎、服饰、饮食、起居、婚姻制度、家庭、信仰、雕刻、绘画、音乐、舞蹈等方面的内容。因此师公教经书又是壮族古代社会文化的百科全书，是古代壮族文化之集大成者。

瑶族"正一"道教

永福盘瑶一贯崇奉盘护（盘王），信奉"正一"道教，崇敬三清尊神，一切法术以太上老君为正统法师。道教始祖张林，其远孙张汝才为正一教主，主领天台山等三个山的画符，后自称天师道。所修道术为卜卦、符篆、祈让、禁咒。念玉皇经、清正经、道德经、南华经、五庭经、悟真经、座王论、参同契。敬奉玉皇大帝、北极大帝、天皇大帝、后土王祇（女神）、大明神（太阳）、夜明神（月亮）、东北星、金木水火土五行神、太一、文昌、裂星、二十八宿、风雨雷电五岳神、四海神、社日、五祀、城隍、土地、灶君、门神、财神及当地圣、贤、忠、孝、仁、义烈士。做法事道场吹牛角，叫天门，吹笛，过火炼油锅，上刀山，故又称"文武道"。盘瑶自古至今道教观念一直很浓。20 世纪 60 年代末，受"文化大革命"破四旧之风冲击，活动中断，香炉被毁，"正一"道教经典被没收。瑶民就把香炉及三清神像以及做法事经书拿到深山石洞里收藏起来，有些虽被风雨侵袭损坏，但收藏得好的仍完整保存下来，更巧的收藏是把经书等放到棺材里。直到 80 年代后期，党和政府重申宗教信仰自由政策后，瑶民们才从山洞里取回香炉及神像等，从棺材里取出经书，继续开展活动。

20 世纪 90 年代末 21 世纪初，县内盘瑶村屯群众还普遍信奉"正一"道教。

"正一"道教没有规定或固定的场所。通常是哪村谁家请去做什么法事就做什么法事。例如某家请去还"消灾除难愿"，就做还盘王愿；谁家老人归世，就做斋事道场；若某村要打回龙就打回龙法事。无人雇请，道教师公则不活动。雇请频繁，师公说是"香门旺盛"；反之，则是"香门不旺"。

瑶族的道教师称"师公"。师公受人尊重，分阴、阳二师。阴师经过发童炼童，炼到一定程度，即基本达到炉火纯青时，经祖、本二师"点童"后，即可替他人发童卜卦。阴师的继承不以个人意志为转移，而要有个人内在的"童性"，发得起"童"，才有"炼童"的先决条件。阳师则不同，任何男性青、壮年均可学做道师，只要个人把各种道教典籍读熟，经师父点拨有关法术，拨给兵马，即可随师替他人做法事，在各种法坛上边做边学，遇到某些关键性关节，由师父在实践中再加指点，如此再三，就可得心应手。

第二十二篇

2003年，永福县荣获"广西经济发展十佳县（市）"称号　　县委办供图

第一章　人　　物

钟灵毓秀、人杰地灵的永福县,自古就是人才辈出的福地。既有历史上垂名的高官要臣,有坊间百姓口耳相传的能人巧匠,还有傲骨铮铮文采风流的仁人志士。

本章所记人物,分为传、表两部分。

第一节　人物传略

本节人物传略,选取在永福影响较大,在各领域中建树较多,并在永福县志编纂委员会编《永福县志》(1996年版)尚未收录的13人立传,排列以卒年先后为序。

秦 万 林

秦万林(1876—1923年),男,永福县永福镇塘外洲人,精通木工、竹器编织,被世人称为"活鲁班"。其竹编制品多达100多种,大至粮囤、床、桌、屏风,小至针帽、头簪、耳挖无一不精。其编织的挂箩、提篮、竹手袋等,蓂工精巧、图案新颖、美观耐用,行销省内外。

清光绪三十一年(1905年),秦万林移居县城。其见西河渡口滩陡水急,渡船事故时有发生,于是考察地形、水势,测定西河流速,在渡口上游两岸打桩拉起钢丝绳系渡船,并发明制作渡船的"水拨舵",利用水力自行控制渡船的平衡和行驶方向。过渡人员上了船,只要拉动"水拨舵",渡船就会调整好方向,借着水流的力量平稳安全地行驶向对岸。待船头一触及河岸,"水拨舵"立即自行跳动,使船停住不动,妇孺皆能操纵。从此永福县城便有"西河自来渡"奇观,过往客商无不惊叹。秦万林也因此得到"活鲁班"的美名。

漆 道 澄

漆道澄(1891—1949年),男,字渔波,永福县(原百寿县)百寿镇新隆黄源新村人,生于清光绪十七年(1891年)农历二月二十日酉时。

时值清廷腐败,外侮频仍,国势衰危,民不聊生,有被列强瓜分之虞。漆道澄有感于此,立志救国救民,毅然投笔从戎。清光绪三十四年(1908年),考入广西陆军学堂,与李宗仁同窗共砚。毕业后,开始军旅生涯,先后任排长、连长等职。

民国元年(1912年),漆道澄进入桂系军阀陆荣廷创办的广西陆军速成学校学习(学校监督林秉彝)。民国十一年至十三年(1922—1924年),漆道澄在李宗仁创办的广西玉林第五独立旅干部所任军事教官。在李宗仁、白崇禧领导下,先后参与了平定盘踞广西之旧桂系军阀陆荣廷、谭皓明、沈鸿英等战斗。战斗中漆道澄身先士卒,屡着功绩。民国十五年(1926年),北伐战争中,广西部队改编为国民革命军第四集团军。民国十九年(1930年),漆道澄升任国民革命军第四集团军第十师二十九团团长。

民国二十年(1931年),"九一八"事变,日军入侵中国。为抗日救国,广西积极组训民兵。漆道澄调升为玉林、桂平等民团指挥官,兼团管区司令。民国二十六年(1937年),"七七"卢沟桥事变,抗战军兴,国难当前,国民革命军第四集团军第七军奉命北上抗日。漆道澂出任国民革命军第七军一七三师五一九旅少将旅长,先后参加淞沪会战。民国二十七年(1938年),漆道澂率领五一九旅参加了徐蚌诸战役及台儿庄战役,在安徽宿蚌地区阻击日军获胜,粉碎了日军南北夹攻台儿庄的迷梦。是年漆道澂因功升任一七一师中将师长。民国二十七年至二十九年(1938—1940年)。漆道澂转战于豫、鄂、皖之间,兼任皖东党、政、军统一指挥官及行政督察专员,继续对日作战,奔驰于安徽巢湖流域及大别山麓,经历战斗数十仗,屡立战功。民国三十年(1941年秋),漆道澂升任第七军中将副军长兼一七一师师长。时值豫、鄂、皖边区游击总部成立(司令部设在安徽省全椒县古河镇),漆道澂兼任边区游击总指挥部司令,掌管该区军、政大权,坐镇全局,防御日本侵略军,并组训游击队,潜入京沪,袭击敌后,派遣特工,策反伪军,使敌伪日夜不宁,疲于奔命,亦使皖东人民得以安居乐业。

民国三十四年(1945年),抗日战争胜利结束。漆道澂因积劳成疾,辞弃军、政要职,赴沪治病,但未获愈,于民国三十六年(1947年)春返回桂林疗养。后应广西省主席黄旭初之邀,于民国三十六年(1947年)秋出任广西省玉林专区行政督察专员兼保安司令,颇有政声。

1949年8月,漆道澂病情急剧恶化,遂离任前往香港,入住香港养和医院。但因肝硬化症,病入膏肓,医治无效。于1949年9月25日子时病逝。9月27日,遗骨在香港薄扶林道火葬场焚化。10月,将骨灰空运回桂林,葬于柘木镇李家村。后因修建桂林飞机场,迁葬于桂林步兵学校之麓。

赵 世 璠

赵世璠(1884—1958年),男,永福县永福镇人。号玉生,乃名医赵仑山之子,自幼好学,聪明过人。12岁即执教于乡私塾,养家自立,业余研习家传医术,博览历代名医著作,深得其中奥秘。民国十四年(1925年)赵世璠于县城西门街(今建新街)开业行医,因医术精湛,药到病除,名声大振,就医者时常盈门。赵世璠对就医者不拘贫富,皆悉心诊治,用药严谨,对一些病人认为不治之症的病例,其敢于接手,不顾得失。

赵世璠不仅精通医道,还擅读书、通历史,遇缙绅达人每待为上宾,为人不拘常礼、老幼同仁。1952年,其倾全家资财与李子才等人同组同康联合诊所,并长期为中医培训班讲授脉经,弟子遍及全县。

王 燮

王燮(1901—1960年),男,永福县永福镇人。又名王沂澄,自幼家贫,靠教书及小贩为生,业余专攻中医。因当时从医者多数兼营药材,故无资金开业。后得友人秦诚资助,合伙经营"经生佛药房",挂牌行医。由于其医术精通,人缘颇好,有机会进入永福镇上层社会,其于民国二十六年(1937年)加入中国国民党,任区分部宣传委员。

抗日战争时期,北方不少难民南下,永福县政府在武庙、附廓庙等处,设难民收容所。难民经过长途跋涉,加上饥寒交迫,病者无数。在这艰难的日子里,王燮出任收容所医师。当时县政府既不出钱,又不给药,难民看病得自己出钱,可对这些背井离乡的难民,大多无钱看病。王燮概然免费为难民治病。民国二十六年(1937年)永福镇发生流行性急性肠胃炎,不少筑路民工都感染此病,王燮自配药方,煎成药液,免费供患者服用。

抗战胜利后,国民党发动内战,继续大量征兵。为内战当兵,群众极不愿意,故逃兵颇多。为确保兵源,永福县、乡两级采取大抓逃兵做法,抓不到逃兵,就抓家属坐牢。因此很多逃兵家属都身陷囹圄,一时监狱人满为患,且很多人患病。恰逢此时,王燮主持监狱医疗,其常以医生身份开出证明,让被关押者"保外就医",使不少逃兵及家属免遭牢狱之苦。

王燮行医,不论患者有钱无钱,皆悉心就诊,使许多群众感赞其德。

1952年,王燮与李子才、赵同福、韦化芝等组织同康联合诊所。王燮担任县卫生协会主任,组织发动全县农村中草医师参加各区卫生协会,为人民卫生事业服务。1956年王燮当选为县人民代表大会代表。1960年王燮逝世。

莫　忠

莫忠(1911—1968年),男,永福县永福镇(原桃城乡)塘堡村洪山堡屯人。其是父亲死后不久出生,乳名孝生,其母秦氏是塘外洲下塘人。

莫忠幼时聪明,4岁始读私塾,7岁入永福小学,小学毕业考入永福初级中学,然后入桂林高级中学,后转学至梧州读书,高中毕业后考入广西大学。西大毕业后,又入国立南京大学深造。

莫忠从南京大学毕业,开始走入仕途。首先在四川省任秘书,后来回广西省报考县长。当时有4000余人参加考县长,莫忠考取第一名,他第一任在荔浦任县长,当了多年时间。日寇于民国三十三年(1944年)入侵广西,荔浦沦陷,莫忠携县政府工作人员逃至红头乡山区。日寇失败投降后,莫忠仍然继续任荔浦县长。后调至平乐县任县长,继而调至广西省政府财政厅任督导主任,适逢财政厅厅长王逊志因病赴广州治疗,莫忠代理财政厅厅长职约3年。此后,莫忠调至榴江县当县长,至1949年调回永福县任县长。

莫忠在永福县任县长期间,已是广西解放的前夕,永福游击队和中共地下组织活动比较活跃。当时广西省政府开列游击队、中共地下组织主要成员40多人名单,命令永福县长莫忠进行拘留逮捕,意取一网打尽。但莫忠胸有成竹,没有逮捕中共地下组织和游击队的成员,反而巧妙地掩护中共地下党、游击队及民主进步人士汤松年等。临近永福县解放时,桂北军政区司令周祖晃十分反动,有一次听到周祖晃要到永福检查工作,莫忠就把周祖晃要到永福的消息悄悄转达给游击队,掩护汤松年等进步人士和地下党、游击队员脱离危险。

永福解放初,开展清匪反霸,莫忠亲自送劝降书到堡里崇化山区规劝匪首莫敌向人民解放军投诚。1950年,解放军的领导机关送莫忠去临桂县会仙镇参加高级知识分子学习班。数月后,莫忠回到洪山堡老家居住。1953年,调莫忠去桂林图书馆工作,是年又调莫忠去湖南省湘潭县参加高级知识分子培训班,莫忠考试成绩优良。1954年,莫忠被调去陕西省西安大学任俄语系副教授。

1968年,"文化大革命"内乱时期,西安大学有2名学生把莫忠押解回永福原籍。不久莫忠被人杀害。此时,西安大学尚不知莫忠的死讯。

1968年,西安大学成立革命委员会后,学校复课,四处查问莫忠的下落,才了解到莫忠于"文化大革命"中被人遣送回原籍,于是急派2名干部到永福县调查,方知莫忠死讯。

李　子　才

李子才(1889—1979年),男,又名宗丹,永福县罗锦镇崇山头人。是名医李绰卿之长子。青年时期,其半耕半读,同时随父习医,精研医典,并得其父秘传。年方25岁便开始在罗锦镇境内行医,而立之年悬壶济世于永福县城,开设"李萱寿堂",为人治病,以中医内儿科为主。1952年成立同康联合诊所,李子才投股参加,曾任副所长。1959年调桂林医学专科学校任教,兼任中医科门诊医师。1962年因病辞职,仍回永福县中医院工作。

李子才行医50多年,除受家传外,还博览历代医家名著,尤推崇张仲景、李时珍。当时桂林地区"发热"病居多,李子才常云"阳常不足,阴常不足"临症施治。其辨症严谨,用药味少量重,力倡用药宜精,不宜过杂,杂则相互牵制,反而不专。其晚年著有《临床验方选集》,只有初稿,不幸的是"文化大革命"期间其书稿佚失。

在生活方面,李子才崇尚简朴,对人态度谦和,工作任劳任怨,备受群众赞赏。

覃刘明

覃刘明(1910—1991年),男,原名刘少明,族名刘台安,乳名春连,广西永福县永福镇(原桃城乡)江西屯人。8岁丧父,家中无田无地,靠母亲磨豆腐为生。9岁时外出讨饭,帮人看过牛,当过做雨伞的童工,在彩调班当过小杂役,卖过辣椒等。17岁拜龚寿春为师学唱调子,跟着大师傅龚寿春、二师傅樊鸿禄的彩调班跑江湖,从此步入彩调生涯。覃刘明年少机敏,学艺专心,学调40天便能出台演出,20岁时已跑过29个县内外乡镇,演唱过的彩调剧目已超过百出。22岁时在柳城、宜山、罗城等县唱彩调,在罗城县四把乡博龙屯入赘覃家,开始其唱调、教馆生涯。1951年担任罗城县四把区双寨乡土改复查宣传队导演,一边从事生产劳动,一边宣传土改、复查、清匪反霸、抗美援朝政策。1956年迁回永福县原籍,与弟刘小连、儿子刘邦宣组成一支三人彩调队在民间演出。1957年应邀去南宁参加彩调老艺人座谈会,与谢济舟、黄妹、张桂妹、文大贱、莫景光等共聚一堂。由其演唱录谱的彩调唱腔有《观音赞》《请八仙腔》《瑶旦腔》等。回县后覃刘明调到永福县文工团担任彩调导演。1960年因粮食缺乏,县文工团解散,其离职回家生产。1964年后,覃刘明先后应聘在永福、罗城、临桂、荔浦、资源、柳城等县教馆,传承彩调。粉碎"四人帮"后,覃刘明还应邀到上述各县文化馆办的彩调骨干培训班,传授彩调基本功和剧目。覃刘明一生演出彩调剧目240多个,教馆47馆,培训学徒1300多人,教馆传授的彩调剧目96个。其唱调、教馆的足迹遍及桂林、柳州、河池3个地区18个县,为彩调剧种的传承发展作出了贡献。

梁景明

梁景明(1912—1993年),男,原名梁大谋,小名神宝,永福县百寿镇人。少时聪敏好学,12岁时承袭家传银匠手艺,一举成名。17岁入"古化班"习桂剧净行,出科后跟师刘长春。被桂剧界称之为"记老"的刘长春,年岁与梁相仿,但自幼出身梨园世家,八把椅子皆能,且能通晓桂剧所有剧目角色的皮水、念白、表演身段、曲牌。刘长春见梁勤勉聪慧、学艺专心,一教就明、一点就通,便收其为首徒,为其取艺名"景明"。民国二十六年(1937年),梁景明在百寿创办"梁家戏园",请桂剧名艺人雪冬梅、林秀甫、邓芳琼、何健农、碧云鹤、阎玉亮等到百寿,收学徒30多人,其中有百寿县长罗正芬、县府庶务阳子玉、县府司法秦某等人。

民国二十八年(1939年),梁景明为躲征兵,到桂林酒家名厨哈里夫处学习厨艺。哈里夫是回族人,桂剧票友,当时在桂林酒家为头厨大师傅,与梁私交甚厚。一年后梁景明回百寿开了"梁记米粉店",又得百寿县的官厨赵鸿英师傅传授永宁州"福菜宴席""寿菜宴席"的烹饪制作技艺。在厨艺生涯中,梁景明特别注重学习传统的"百寿包酿"烹制技巧,曾制作"百寿包酿"一百种,名传当时的百寿、中渡、融县、三江等县乃至贵州的榕江县一带地方,被人们尊称为"宝师傅"。

民国三十三年(1944年)桂林沦陷时,刘长春雇请两名力夫将桂剧全堂剧本挑到百寿梁家,慎重交代梁景明保管,并师徒同榻共枕近一年。1954年,为配合人民政府倡导的"扫盲运动",梁景明创作了戏剧《文盲吃暗亏》,先后在桂林、柳州两地区上演,引起轰动。1956年,其创作、导演桂剧神话剧《蚌壳舞》参加广西省民间文艺会演,获得三等奖。1958年,其创作导演的时装剧《跃进马》,参加广西壮族自治区成立庆典暨自治区首届文艺大会演,荣获金奖第一名。自治区人民委员会授予他"广西民间甲级艺人"证书。随后,梁景明被调到永福县文工团担任总导演。1959年广西《刘三姐》大会演时,梁景明导演的《刘三姐》在桂林地区会演中夺得第一名。

1960年粮食缺乏,县文工团解散,梁景明返回百寿从事生产。1966年"文化大革命"开始后,梁景明被当作"永福黑戏霸"在万人大会上批斗,两次被抄家。梁景明的师傅刘长春留下的桂剧全堂剧本被武装民兵抄去球场展览,全部焚毁。1972年刘长春得知此事后,流泪叹道,桂剧从此失传了。梁景明的晚年以吟诗遣怀悠闲度日,有《山野风声》诗集传世。在其恢复工作后教授的徒弟,现还健在的有秦强、刘老连、陈植珍、张凤娣、王学文、廖梅君等人。

刘 自 忠

刘自忠(1945—1995年),男,永福县龙江乡龙山村人。生前曾做过代课教师、生产队干、村干部,曾被自治区人民政府授予"优秀村长"称号,荣获"地区农业综合开发先进个人""县劳动模范"等称号。其于1995年5月13日,因患癌症医治无效,不幸去世。

刘自忠1984年被推选担任龙山村公所副村长,1987年改任村长。在任副村长、村长的11年期间,他和村里的其他干部一道,为发展龙山村经济、引导农民脱贫致富作出了贡献。使当时的龙山村连续5年荣获地、县造林绿化先进村,成为全县最早的自治区、地区、县三级"文明村",村集体经济总收入超100万元,村民人均纯收入达1500元以上。刘自忠自己富了,不忘帮助贫困群众致富。其先后拿出5万元资助40余户生产和生活困难的村民,其中有20多户农民脱了贫。刘自忠严于律己,先人后己,为他人想得多。乡党委和乡政府曾两次推荐安排其到乡直单位工作,被其婉言谢绝,并推荐其他年轻同志到乡里工作。刘自忠事业心强,有着忘我的工作精神。1992年10月,刘自忠知道自己患了癌症后,仍不顾病魔缠身,以坚强的意志与病魔做斗争,忘我地工作。其在桂林南溪山医院治疗期间,经常星期六下午自费乘车近百千米回到村里与村干部一道商量工作,处理事务,甚至在病房主持召开了6次村委会干部会议研究工作。特别是1993年7至8月间,在龙山村发生百年不遇特大洪灾的日子里,其不顾医生的劝告,毅然抱病走出医院,坚持与村干部一道走村串户,跋山涉水,领导群众抗洪救灾。其为帮助被洪水冲倒的双塘小学建好校舍,拖着病躯,跑上要资金,跑下发动群众献工献料,重建校舍,使学生重返校园学习。

1995年6月12日,中共永福县委、县政府印发《关于开展向刘自忠同志学习的决定》。8月2日,中共桂林地委作出在全地区开展向优秀村长刘自忠学习的决定。8月10日,自治区党委副书记丁廷模在地委书记陈光明陪同下到龙山村看望了刘自忠的家属。8月13日,自治区党委常委、宣传部部长潘琦看望了刘自忠的家属。11月13日自治区党委追认刘自忠为中国共产党党员,并决定在全自治区开展向刘自忠学习的活动。

韦 永 成

韦永成(1906—1997年),男,永福县苏桥镇太平村人。民国时新桂系少壮派首领、白崇禧的外甥李宗义(李宗仁弟)的妻弟。

民国十五年(1926年),广西军阀李宗仁资助韦永成去苏联莫斯科中山大学深造,因此结识蒋经国,二人交往甚密。民国十九年(1930年)韦永成离俄回国,历任国民革命军第一方面军前敌总指挥部政治部主任、南宁军校政治部主任、国民党广西省党部书记等职,并创办桂林乐群社。民国二十三年(1934年)夏,韦永成奉派到德国留学,两年后奉李、白之召回国,先后出任广西靖绥公署政治部副主任、第五路军总政训处主任、广西日报社社长、前线出版社社长、广西建设研究会副会长、桂林乐群社社长等职。民国二十五年(1936年)"两广事变"前,韦永成便成了李宗仁、白崇禧身边的红人。徐州、台儿庄战役开战前夕,韦永成受命于危难之际,到国民革命军第五战区司令长官部担任中将政治部主任,还兼第十一、二十一两个集团军的政治部主任,负责对全战区军官的政治教育、培训军事干部和政治干部。

民国二十八年(1939年)10月,安徽省主席、第二十一集团军总司令兼大别山游击军总司令廖磊突发脑溢血去世。李宗仁、白崇禧对继任的安徽省主席李品仙的为人不放心,决定派韦永成到李品仙身边去工作。这样,韦永成便当上安徽省民政厅长。作为新桂系少壮派首领,作为李、白派到李品仙身边的"钉子",韦永成主动出击,大胆参与第五战区及安徽省政府的重要决策。在人事方面,韦永成在安徽掌握了决定权。韦永成当选为国民党中央候补委员,次年又当选为立法委员。

因留苏时与蒋经国的交情,韦永成结识了蒋的堂妹蒋华秀,并于民国三十年(1941年)与蒋华秀完婚,成为了蒋介石的侄女婿。民国三十四年(1945年),抗战胜利后,韦永成不再任安徽省民政厅长,当选为国民党中央候补委员。民国三十五年(1946年),专任立法委员。1949年随蒋介石撤退到台湾。赴台后的韦永成失意于政坛,蒋氏父子不再对他委以重任。韦永成与告老闲居的李品仙一同在台北组织了"广西同乡会",并捐资建立"韦氏兄弟奖学金"。1997年2月4日,病逝于美国洛杉矶客居寓所。

韦 瑞 霖

韦瑞霖(1912—1998年),男,壮族,字焕熙,永福县苏桥镇上石门村人。曾任广西壮族自治区政协副主席,自幼好书法、诗画。

民国十九年(1930年),韦瑞霖毕业于桂林师范,后进入广西行政研究院学习。民国二十五年(1936年)参加反蒋的"六一运动"(史称"两广事变")。抗战初期,曾任第五战区抗敌青年军团政治指导员、抗日宣传队长。民国二十九年(1940年)在桂林考取候用县长第一名,却志愿到广西抗战前线、最小的县份——宁明县任县长。在宁明县组织抗日,颇见成效。后又曾调昭平、平乐、柳江等县任县长。民国三十四年(1945年),抗战胜利后,韦瑞霖得到重庆国民政府通令嘉奖。1949年8月,韦瑞霖升任桂林市市长。桂林市解放后,1949年12月率部接受解放军和平改编。1952年当选为广西省人民代表会议代表。1953年至逝世前,先后任广西省人民委员会参事、广西省救济分会副秘书长,第一、二、三、四、五届广西政协常委兼专任副秘书长;第五、六届自治区人大常委会常委;第六、七届广西政协副主席;民革广西壮族自治区委会主委、名誉主委、民革中央监察委员会常委等职。并与黄启汉一同在南宁创办了邕江大学,先后任副董事长、董事长。

韦瑞霖在书法、国画、诗词方面的造诣颇深。字采欧、颜、柳体之长,自成一体;国画以松、竹、梅见长;追求清逸、隽永、求真、尚美的诗品和人格。诗、书、画相渗相融。作品多次在海外参展,屡获殊荣。1991年10月,在广西壮族自治区博物馆举办了韦瑞霖个人诗词书画展。1995年,作品被载入中国《百名反法西斯老战士书画集》,是广西当代壮族文人的代表性人物。其先后担任过广西书画篆刻研究会副会长、秘书长,广西历史学会副会长,广西诗词学会副会长,中山书画印社社长,广西政协文史资料主编。曾编纂出版过《新桂系纪实》(上、中、下册)、《赤子吟》《实用诗韵》《韦瑞霖诗书画选集》等书籍。1998年病逝于南宁。

徐 平 民

徐平民(1911—1999年),男,字九经,号世泽,别号哀鸿,永福县永福镇人。永福县第一、二届政协委员。自幼酷爱书画,喜画花鸟、奔马、人物、山水。曾获徐悲鸿、马万里等名家教诲,并与徐悲鸿结为族契,交往甚密。

徐平民长于山水画,尤喜作江南山水,其画布局严谨有致,意境深邃,有可赏、可游、可居之妙。犹善画梅,法宗传统而独辟蹊径,梅干多坚瘦古朴,梅枝蜿蜒回环,画花时其姿态多向外倾露蕊,穷其内在。这种画法不仅能将梅花的聚散、正斜、开合、藏露、盛衰等自然生态表现得淋漓尽致,还能令画面增添无穷奇妙及无限乐趣。

抗战时期,身为国民党军统上校的徐平民,出于民族大义,在重庆掩护了一批中共地下党员和进步师生安全撤离重庆。民国三十六年(1947年)冬在南京举办个人画展,徐悲鸿亲自出席主持,并赐其别号"哀鸿",深得古城各界人士赞誉。中华人民共和国成立后,1950年夏,得友人之助,在柳州举办第二次个人画展。1982年,71岁高龄的徐平民从宜山师专退休后回永福县城居住,他年年开办书画培训班,义务教授青少年习画,名下弟子数百人。同时坚持书画创作。1990至1996年连续入选日本国际扇面展,并编入作品集。1991年被评为第三届全国健康老人。1993年《中国书画报》对其人其画作了专题报道,作品多次参展。1996年在"桂陵杯"国际美术书法作品大赛中获老年组一等奖。其艺术传略入编《中国美术书法界名人名作博览》。徐平民曾任中国老年书法研究会会员、广西老年书法研究会理事、桂林地区老年书法研究会顾问、永福县老年书画研究会名誉会长、东方美术研究院客座教授等职。1999年病逝。

于 寓 真

于寓真(1926—2003年),男,永福县堡里乡人、书法家、天津市文史研究馆馆员。

中学时代的于寓真,品学兼优,很早便追随柳亚子从事抗日救亡运动。并因书画出众,深得何香凝、梁漱溟、叶圣陶、徐悲鸿、朱荫龙等前辈器重。抗战胜利后,由于参与领导桂林市的学生运动,被国民党政府通缉而奔赴解放区。北京解放后,于寓真回到柳亚子身边,成为亚老的忘年之交,也因此得以领略历代书画珍品、遍访名家,为其博采众长,创立个人的书画风格奠定了基础。

中华人民共和国成立后,从20世纪50年代至80年代,于寓真经历了近30年的政治磨难。在艰难的环境里,其仍然矢志书翰,以手指为笔,以腿腹为纸,以练字解疲乏,以习书抗屈辱,练就一笔"苍劲有力,潇洒流畅"(柳亚子语)的好字。20世纪80年代,于寓真在政治上平反后,复出书坛,焕发出更大的创作激情。晚年的书法得颜真卿之深厚、赵佶之挺秀;草书步怀素,追孙过庭,挺拔刚劲,取得了更高的成就。后任天津市文史馆馆员、柳亚子诗书画院院长。先后在天津、北京、秦皇岛等地举办过个人书法作品展,均获成功。2003年病逝。

第二节 高级专业技术职务人员表

本节表格收录1991—2005年在永福县工作,并且在此期间内取得副高级及以上职称的专业技术人员。

表22-1 1991—2005年永福县获高级专业技术职称人员表

姓名	性别	出生年月	籍贯	工作单位	职称及获得时间
汤积光	男	1952年4月	永福	永福县教育局	中学高级教师 1992年12月
何为彦	男	1940年12月	永福	永福县党史县志办	副编审 1992年12月
肖贵辛	男	1937年7月	玉林	永福县卫生局	儿科副主任医师 1992年12月
孙富林	男	1937年11月	荔浦	永福县卫生局	外科副主任医师 1992年12月
梁进汉	男	1944年9月	都安	永福县卫生局	中医科副主任医师 1992年12月
陶泰基	男	1935年1月	灵川	永福县人民医院	内科副主任医师 1992年12月
黄吉生	男	1937年1月	武鸣	永福县人民医院	副主任检验技师 1992年12月
易璐	女	1936年4月	灵川	永福县人民医院	副主任护师 1992年12月
胡朝凤	男	1933年9月	永福	永福县坪岭林场	高级工程师 1992年12月

续表

姓名	性别	出生年月	籍贯	工作单位	职称及获得时间
陆金雄	男	1939 年 6 月	容县	永福县木材公司	高级工程师 1992 年 12 月
张秀英	女	1937 年 11 月	武鸣	广西农业广播电视学校永福分校	高级农艺师 1992 年 12 月
韦涛	男	1942 年 10 月	武宣	永福县种子公司	高级农艺师 1992 年 12 月
黄启禄	男	1936 年 6 月	永福	永福县农业技术推广站	高级农艺师 1992 年 12 月
李世麟	男	1943 年 12 月	贺州市	永福县科技局	高级农艺师 1992 年 12 月
李自力	男	1939 年 10 月	湖南祁阳	永福县科技局	高级教师 1992 年 12 月
廖中天	男	1935 年 3 月	永福	永福县政府	高级经济师 1992 年 12 月
谢敬森	男	1940 年 7 月	苍梧	永福县水产畜牧兽医局	高级水产工程师 1993 年 4 月
周从英	女	1946 年 1 月	桂林	永福县水产畜牧兽医局	高级兽医师 1993 年 4 月
唐亚明	男	1957 年 10 月	灌阳	永福县教育局	中学高级教师 1993 年 9 月
邓榕珍	女	1941 年 6 月	永福	向阳小学	中学高级教师 1993 年 9 月
黄振连	男	1955 年 2 月	永福	百寿中学	中学高级教师 1993 年 9 月
沈济	男	1935 年 7 月	永福	百寿中学	中学高级教师 1993 年 9 月
唐国恒	男	1940 年 2 月	永福	永福二中	中学高级教师 1993 年 9 月
李谢华	女	1940 年 4 月	永福	永福二中	中学高级教师 1993 年 9 月
尹雪弟	男	1955 年 12 月	永福	永福中学	中学高级教师 1993 年 9 月
阳云飞	男	1944 年 4 月	永福	永福中学	中学高级教师 1993 年 9 月
刘向东	男	1946 年 7 月	永福	永福县党校	高级讲师 1993 年 9 月
肖辉光	男	1935 年 3 月	广东	永福县人民医院	内科副主任医师 1993 年 9 月
周继生	男	1940 年 10 月	湖南	永福县永安乡卫生院	内科副主任医师 1993 年 9 月
梁志贞	男	1935 年 1 月	永福	永福县百寿中心卫生院	内科副主任医师 1993 年 9 月
谢斌人	男	1939 年 9 月	永福	永福县百寿中心卫生院	内科副主任医师 1993 年 9 月
陈伟祥	男	1943 年 12 月	玉林	永福县林业局	高级工程师 1993 年 12 月
黄建勋	男	1937 年 1 月	永福	永福县林业局	高级工程师 1993 年 9 月
胡传明	男	1956 年 7 月	平南	永福县林业局	高级工程师 1993 年 9 月
黎秀旭	男	1938 年 12 月	宁明	永福县木材公司	高级工程师 1993 年 9 月
虞怀义	男	1937 年 12 月	柳城	永福县水产畜牧兽医局	高级兽医师 1994 年 6 月
廖国才	男	1936 年 5 月	永福	永福县水产畜牧兽医局	高级兽医师 1994 年 6 月
黄辉曲	男	1943 年 9 月	永福	永福县党校	高级讲师 1994 年 6 月
梁舒	女	1943 年 9 月	贵港	永福县党校	高级讲师 1994 年 6 月
尹寿成	男	1948 年 7 月	永福	永福县种子公司	高级农艺师 1994 年 11 月
曾红卫	男	1944 年 12 月	永福	永福县科技情报所	高级农艺师 1994 年 11 月
于善明	男	1954 年 6 月	永福	永福县教育局	中学高级教师 1994 年 12 月
黄大雄	男	1945 年 10 月	永福	三皇初中	中学高级教师 1994 年 12 月
张金东	男	1949 年 2 月	永福	百寿中学	中学高级教师 1994 年 12 月
阳新锋	男	1954 年 6 月	永福	百寿中学	中学高级教师 1994 年 12 月
潘日生	男	1945 年 7 月	永福	永福二中	中学高级教师 1994 年 12 月
罗文杰	男	1942 年 12 月	永福	永福二中	中学高级教师 1994 年 12 月
周小安	男	1947 年 10 月	桂林	永福中学	中学高级教师 1994 年 12 月
李尚钦	男	1950 年 2 月	永福	永福中学	中学高级教师 1994 年 12 月
肖东平	男	1958 年 12 月	永福	永福中学	中学高级教师 1994 年 12 月
肖鸿书	男	1956 年 10 月	永福	永福中学	中学高级教师 1994 年 12 月
莫桂成	男	1934 年 12 月	永福	永福县人民医院	内科副主任医师 1994 年 12 月
赵一民	男	1940 年 12 月	临桂	永福县人民医院	副主任医师 1994 年 12 月

续表

姓名	性别	出生年月	籍贯	工作单位	职称及获得时间
凌玉选	男	1941 年 8 月	防城港	永福县科技情报所	高级工程师 1994 年 12 月
方日寿	男	1939 年 12 月	永福	永福县科技局	高级工程师 1995 年 4 月
秦庚生	男	1953 年 6 月	临桂	永福县教育局	中学高级教师 1995 年 12 月
蒋小莲	女	1951 年 3 月	桂林	永福县教育局	中学高级教师 1995 年 12 月
韦殿斌	男	1952 年 6 月	永福	永福二中	中学高级教师 1995 年 12 月
王志雄	男	1949 年 2 月	永福	永福二中	中学高级教师 1995 年 12 月
李居昭	男	1953 年 6 月	永福	永福中学	中学高级教师 1995 年 12 月
卢 新	男	1962 年 3 月	永福	永福中学	中学高级教师 1995 年 12 月
石高星	男	1938 年 12 月	永福	永福县林业局	高级工程师 1995 年 12 月
陈友致	男	1938 年 12 月	贵港	永福县木材公司	高级工程师 1995 年 12 月
蒙江峰	女	1945 年 5 月	桂平	永福县水产畜牧兽医局	高级兽医师 1996 年 5 月
廖炳英	女	1956 年 9 月	永福	永福县教育局	中学高级教师 1996 年 12 月
王开端	男	1946 年 12 月	永福	永福中学	中学高级教师 1996 年 12 月
王喜荣	男	1951 年 8 月	永福	永福中学	中学高级教师 1996 年 12 月
黄承平	男	1957 年 7 月	永福	永福县教育局	中学高级教师 1997 年 12 月
阳卫弟	男	1938 年 8 月	永福	苏桥初中	中学高级教师 1997 年 12 月
黄桂生	男	1953 年 3 月	永福	永福中学	中学高级教师 1997 年 12 月
韦黎明	男	1962 年 2 月	永福	永福中学	中学高级教师 1997 年 12 月
吴 泓	男	1962 年 8 月	湖北	永福中学	中学高级教师 1997 年 12 月
周凤安	男	1950 年 10 月	永福	永福县妇幼保健院	卫生管理副主任医师 1997 年 12 月
赵永赤	男	1944 年 11 月	湖南	永福县卫生防疫站	防疫副主任医师 1997 年 12 月
李次发	男	1962 年 1 月	临桂	永福县人民医院	副主任医师 1997 年 12 月
蒋代荣	女	1958 年 4 月	兴安	永福县妇幼保健院	副主任医师 1997 年 12 月
唐昌琳	男	1964 年 5 月	全州	永福中学	中学高级教师 1997 年 12 月
雷长生	男	1954 年 8 月	永福	永福二中	中学高级教师 1998 年 12 月
李田保	男	1955 年 1 月	永福	永福二中	中学高级教师 1998 年 12 月
陈 剑	男	1962 年 9 月	永福	永福县人民医院	副主任医师 1999 年 12 月
黄玉明	男	1946 年 4 月	永福	永福县教育局	中学高级教师 2000 年 12 月
侯 韬	男	1962 年 1 月	永福	永福中学	中学高级教师 2000 年 12 月
陈松林	男	1959 年 4 月	永福	永福县教育局	中学高级教师 2001 年 12 月
刘启勇	男	1959 年 10 月	永福	永福县教育局	中学高级教师 2001 年 12 月
吕本文	男	1958 年 11 月	永福	永福二中	中学高级教师 2001 年 12 月
冉禄韬	男	1954 年 3 月	永福	永福职教中心	高级讲师 2001 年 12 月
陆佳华	男	1963 年 11 月	玉林	永福县人民医院	内科副主任医师 2001 年 12 月
邹金陵	男	1953 年 2 月	桂林市	百寿镇初中	中学高级教师 2002 年 12 月
廖耀云	男	1963 年 9 月	永福	永福县中医院	内科副主任医师 2003 年 12 月
周 利	女	1964 年 2 月	永福	永福县中医院	中医内科副主任医师 2003 年 12 月
莫玉华	女	1964 年 4 月	永福	永福职教中心	高级讲师 2004 年 12 月
徐承安	男	1952 年 9 月	永福	百寿镇中心校	中学高级教师 2004 年 12 月
莫忠斌	男	1968 年 5 月	永福	永福二中	中学高级教师 2005 年 12 月
李章英	女	1955 年 9 月	永福	永福县土壤肥料站	高级农艺师 2005 年 12 月
吴增平	男	1967 年 11 月	永福	永福县人民医院	外科副主任医师 2005 年 12 月
黄朝寅	男	1950 年 12 月	永福	龙江初中	中学高级教师 2005 年 12 月

注：籍贯为广西壮族自治区的，只记述市或县名。

第三节 先进个人名录

本节收集 1991—2005 年永福县获厅(局)级以上的先进个人名录。

省部级以上先进个人

1991 年 9 月,县向阳小学校长邓榕珍获"全国优秀教师"称号。

1992 年,永福县李有甫、白光祖获自治区党委、自治区人民政府授予"全(自治)区民族团结进步先进个人"称号。

1992 年,县经作站莫振如、韦芝霖、黄承娥等合作的"罗汉果丰产栽培技术大面积推广应用"项目获自治区人民政府星火科技三等奖。

1994 年,县经作站莫振如、韦芝霖、黄承娥等合作的"罗汉果高产优质栽培新技术试验示范"项目获自治区人民政府科技进步三等奖。

1994 年,永福县籍残疾人运动员李幼秀代表中国在"远南"残疾人运动会上获 4 枚金牌、1 枚银牌。

1995 年 3 月,县公安局龙江派出所所长吴崇礼获公安部授予"全国优秀人民警察"称号。

1995 年,县农业局刘叙泽获国家科委、人事部、农业部授予"全国农业推广先进工作者"称号。

1996 年 6 月,县医药局局长王新生获卫生部授予"全国医疗卫生工作先进个人"称号。

1996 年,县农业局刘叙泽获自治区党委授予的全自治区"优秀共产党员"称号。

1997 年 5 月,县小画家赵鑫所画的《啼鸣回归国运宏昌》获在韩国展出的"和平杯"国际儿童书画艺术交流大赛银质奖。

1998 年,永福县白先庆、莫敦玲获自治区党委、自治区人民政府授予"全自治区民族团结进步工作先进个人"称号。

1998 年,县公安局民警李荫山获公安部授予"全国公安信访工作先进个人"称号。

1999 年,桃城乡湾里村上台屯游润妹获国家计划生育委员会授予"全国计生中心户长奖"。

2001 年 10 月,副县长钟晓梅获卫生部授予"全国改水改厕工作先进个人"称号。

2001 年 11 月,县审计局周格丽获国家审计署授予"全国审计机关勤政廉政先进个人"称号。

2001 年,县气象局廖文琼获国家气象局授予"全国气象优秀测报员"称号。

2002 年,县城万帮超市业主余华获劳动和社会保障部授予"全国再就业先进个人"称号。

2002 年,百寿镇山南村蒙新风获全国妇联授予"全国三八绿色奖章"。

2004 年,永福县籍少年运动员李兵代表广西获"全国少年举重比赛、全国后备人才基地赛(抓举、挺举)总成绩第一名"称号。

2004 年,县人民政府县长石春莲、县科技局局长陈作胜分别获科技部授予"全国科技进步工作先进个人"称号。

2005 年,堡里乡波塘村计生专干韦继秀获国家人口和计划生育委员会授予"全国'婚育新风进万家'先进个人"称号。

2005 年,堡里乡波塘村计生专干韦继秀获全国妇联授予"全国'双学双比'能手"称号。

2005 年,永福县籍少年运动员李兵代表中国获在日本举行的"中国、日本、韩国三国举重对抗赛 94 公斤级冠军"称号;代表广西获"全国青少年举重锦标赛抓举、挺举、总成绩第一名、挺举成绩第三名"称号。

2005 年,永福县退休干部廖中天获国家体育委员会授予"全国老年体育工作先进个人"称号。

自治区劳动模范和广西五一劳动奖章获得者

1993年，县向阳小学校长邓榕珍获"自治区劳动模范"和"自治区教育先进工作者"称号。

1995年，县重晶石矿矿长陈重宁获"自治区劳动模范"和"自治区企业发展先进工作者"称号。

1996年，县残疾人运动员李幼秀、龙江乡龙隐村盘先武获"自治区劳动模范"称号。

1998年，龙江乡龙山村范天坤获"自治区劳动模范"称号。

2000年6月，县人民医院妇产科主治医师黄素珍被授予广西五一劳动奖章。

2003年，县交通局苏桥道班班长全相林被授予广西五一劳动奖章。

2005年，县龙腾胶合板厂陈贻康获"自治区劳动模范"称号。

厅（局）级先进个人

1992年2月20日，永安乡卫生院周继生获"全（自治）区卫生系统先进工作者"称号。

1994年5月，县人民医院外科护士长唐昌媛获自治区卫生系统"山荷杯护士之星"称号。

1994年9月，县广电局宋江获"全（自治）区广电系统抗洪抢险先进个人"称号。

1994年，县经作站莫振如获自治区农委、人事厅、农业厅、科技厅授予"全（自治）区农业生产第一线从事农业技术推广工作有显著成绩的科技人员"称号。

1995年，永福县谢志坤、潘九成、王宜琼、黄泌山、黄建勋、梁家世、唐克耀、张家诚获自治区林业系统"造林模范"和"林业生产先进工作者"称号。

1995年8月，县卫生局莫志雄、教育局唐世才获自治区"禁烟工作先进个人"称号。

1995年，县农业局陈木兰、李桂芳、梁载林获自治区农委、人事厅、农业厅、科技厅授予"全（自治）区农业生产第一线从事农业技术推广工作有显著成绩的科技人员"称号。

1996年11月，县妇幼保健院韦龙妹获自治区妇幼卫生系统"先进工作者"称号。

1996年，县科教站郑道英等人协作的"桂林地区2万亩马蹄高产技术"项目获自治区农业厅"丰收二等奖"。

1997年，县农业局潘新华获自治区农委、人事厅、农业厅、科技厅授予"全（自治）区农业生产第一线从事农业技术推广工作有显著成绩的科技人员"称号。

1998年，县农业局黄少庭获自治区农委、人事厅、农业厅、科技厅授予"全（自治）区农业生产第一线从事农业技术推广工作有显著成绩的科技人员"称号。

1998年，县气象局赵洪获广西重大气象服务"先进个人"称号。

2001年，县人民检察院检察长张景源获"全（自治）区优秀检察干警"称号，并荣立个人二等功。

2001年，县公安局局长蒋汉学获自治区公安厅授予"全（自治）区优秀人民警察"称号。

2002年，永福镇小教师韦平获全自治区民族体育"先进个人"称号。

2002年，县气象局吴忠平获广西重大气象服务"先进个人"称号。

2002年，县公安局局长蒋汉学获自治区公安厅授予"全（自治）区优秀人民警察"称号。

2003年，县党史县志办李汴明获中共广西壮族自治区委党史研究室授予"全自治区党史宣传教育工作先进个人"称号。

2003年，县农机管理中心黄永光获自治区人事厅、自治区农机管理中心授予二等功荣誉。

2004年，县水产畜牧兽医局韦云功获自治区水产畜牧局授予"全（自治）区动物防疫工作先进个人"称号。

2004年，永福县少年运动员黄永刚获"全（自治）区青少年举重锦标赛总分第一名,抓举、把举总成绩第二名"称号;陈艳婷获"全（自治）区青少年田径800米第二名,400米蹼泳第二名"称号;赵军林获"全（自治）区青少年蹼泳锦标赛4×100米接力第三名",400米蹼泳第二名称号;黄硕获"全（自治）区青少年蹼泳锦标赛4×200米接力第二名",400×100米蹼泳第三名称号;李文惠获"全（自治）区青少年蹼泳锦标赛4×200米接力第二名",400×100米蹼泳第三名称号;潘玉芳获全自治区"八桂群星文艺大赛优秀演员奖"。

2004年，县委宣传部杨志德获"广西日报优秀通讯员"称号。

2004年，县公安局李玲获自治区公安厅授予"广西优秀人民警察"和"广西十佳女警"称号。

2004年，县委机要局局长王松获"全自治区党委系统机要工作先进个人"称号。

2004年，县广电局黄大胜、宋江、王智采写的新闻专题《惊心动魄1小时》获"广西电视台与广西广播电视学会联合举办的2004年度优秀作品评选二等奖";黄大胜、宋江采写的新闻《甲苯泄露险情排除,河中未见生物尸体》获"广西电视台2004年度好新闻一等奖"。

2005年8月，永福县教师黄朝寅、唐永恩获自治区教育厅授予"八桂山区优秀教师"称号。

2005年，县妇联主席李美花获自治区妇联授予"全自治区禁毒好家庭"称号。

2005年，县法院阮福珍获自治区高级人民法院授予"全（自治）区司法行政工作先进个人"称号。

2005年，县统计局黄思荣、凌晟分别获自治区经济普查领导小组办公室授予"第一次全国经济普查先进个人"称号。

2005年，县水产畜牧兽医局韦云功分别获自治区水产畜牧兽医局授予"全自治区优秀动物防疫监督员"和"全自治区优秀动物疫情员"称号;韦滨获"全自治区优秀动物检疫员"称号;陈明生获"广西牛品种改良先进工作者"称号。

2005年，永福县少年运动员黄硕获"全（自治）区青少年蹼泳锦标赛4×200米接力第二名,4×100米蹼泳第一名"称号;黄冯斌获"全（自治）区青少年游泳锦标赛120米自由泳总分第三名,50米自由泳第二名"称号;陈艳婷获"全（自治）区青少年田径锦标赛800米第三名"称号。

2005年，县委宣传部杨志德获"广西日报优秀通讯员"称号。

2005年，县广电局黄大胜采写的新闻"一名党员与一个小康文明示范屯"获"广西广播电影电视局与广西广播电视学会联合举办的2005年度优秀作品评选三等奖"。是年，黄大胜获广西电视台授予"先进通讯员"称号。

2005年，永福供电公司唐修林、李健、蒋大军、于冬成、肖蝶获"广西电网公司农电安全先进个人"称号。

第二章　先进集体

本章收录1991—2005年永福县获厅（局）级以上的先进单位名录。

第一节　省部级以上先进集体名录

1991年12月，县职业中学获共青团中央授予"中学初中教育活动合格单位"称号。

1992年，县农业生产资料公司获商业部授予"全国农资供应先进单位"称号。

1992年，龙江乡政府获自治区党委、自治区人民政府授予"全（自治）区民族团结进步先进集体"称号。

1993年，县企业局获自治区党委、自治区人民政府授予"发展乡镇企业先进单位"称号。

1993年，永福县获自治区党委、自治区人民政府授予"全（自治）区计划生育工作达标县"称号。

1993年，县制药厂与中国医学科学院药用植物研究所合作开发出罗汉果甜甙。当年"中药罗汉果开发与利用"项目获中国医学科学院科技二等奖、国家科技进步三等奖。

1994年，永福县获全国双拥工作领导小组、民政部授予"全国爱心献功臣活动先进县"称号。

1994年10月，县农业生产资料公司获国内贸易部授予"农业科技服务先进单位"称号。

1994年，广福乡获自治区人民政府授予"计划生育工作先进单位"称号。

1995年，县企业局获自治区党委、自治区人民政府授予"先进乡镇企业管理部门"称号。

1995—1998年，永福县连续四年获自治区人民政府授予"计划生育工作达标县"称号。

1995年1月，永福县获林业部授予"全国林业宣传工作先进县"称号。

1996年6月，县医药局获卫生部授予"全国医疗卫生工作先进集体"称号。

1996年8月，县畜牧水产管理处获农业部授予"农牧渔业丰收奖"。

1996年，县供电局获电力工业部授予的"电力'三为'服务达标单位"称号。

1996年，县企业局获自治区党委、自治区人民政府授予"先进乡镇企业管理部门"和"发展乡镇企业一等奖"称号。

1996年，永福县获自治区党委、自治区人民政府授予"双拥模范县"称号。

1997年，县企业局获自治区党委、自治区人民政府授予"先进乡镇企业管理部门"称号。

1997年8月，县人民检察院控申举报接待室荣获1995—1996年全国检察机关"文明接待室"称号。

1997年12月，县人民检察院获最高人民检察院授予"集体一等功"。

1998年，广福乡上寨村委会获自治区党委、自治区人民政府授予"全（自治）区民族团结进步先进集体"称号。

1998年，永福县荣获自治区党委、自治区人民政府授予"双拥模范县"称号。

1998年，永福县获自治区人民政府授予"计划生育'三为主'达标县"称号。

2000年4月，永福县获全国双拥工作领导小组、民政部授予"全国爱心献功臣活动先进县"称号。

2000年，永福县获自治区党委、自治区人民政府授予"双拥模范县"称号。

2001年3月，永福县获自治区人民政府授予"无毒县"称号。

2002年，县农机安全监理站获农业部授予"全国农机清理'黑车非驾'安全整治行动先进单位"称号。

2002年，县物价检查所获国家计委授予"规范化基层物价检查所"称号。

2003年，永福县获自治区人民政府授予"广西经济发展十佳县"称号。

2004年，永福县获"2003—2004年全国科技进步先进县"称号。

2004年10月，永福县获自治区党委、自治区人民政府、广西军区授予"双拥模范县"称号。

2005年2月，永福县获自治区人民政府授予"全自治区再就业工作先进单位"称号。

2005年，永福县获自治区人民政府授予"全自治区

2004年10月，永福县荣获自治区"双拥模范县"称号　　　县委办　供图

2000—2005 年经济责任审计工作先进县"称号。

2005 年，县农业局获自治区人民政府授予"全区农业发展先进单位（广西中草药第一大县）"称号。

2005 年，永福县获自治区人民政府授予"全区农业新型优势产业发展奖三等奖（中药材）"称号。

2005 年，县教育局获教育部授予第十届全国中小学生绘画、书法作品比赛组织工作先进集体奖。

2005 年，县植保站获全国农技推广服务中心授予"全国农业技术推广工作先进单位"称号。

2005 年，县物价检查所获国家发改委授予"2003 至 2005 年度规范化基层物价检查所"称号。

2005 年 2 月，永福县荣获自治区"再就业工作先进单位"称号　县政府办　供图

2005 年，县人口计生局获国家人口和计划生育委员会授予"全国婚育新风进万家先进单位"称号；苏桥镇获"全国婚育新风进万家先进乡镇"称号；龙江乡龙山村获"全国计划生育协会先进村"称号。

第二节　厅（局）级先进单位名录

1991 年 10 月，县职业中学获自治区文明办授予"文明单位"称号。

1991 年，县文工团获自治区文化厅授予"先进演出团体""自治区学雷锋先进集体"称号。

1992 年 12 月，县公安局看守所获自治区公安厅授予"十年安全无重大事故单位"称号。

1994 年 9 月，县广电局获自治区广电局授予"全（自治）区广电系统抗洪抢险先进集体"称号。

1995—1997 年，县农村信用社营业部获自治区团委、广西壮族自治区人民银行授予"青年文明号"称号。

1996 年 6 月，县妇幼保健院、县水电局、县板峡水库管理处和百寿镇人民政府获自治区爱卫会授予"全自治区爱国卫生先进单位"称号。

1996 年 11 月，县堡里工商所、龙江工商所获自治区工商行政管理局授予"全（自治）区个体私营经济规范化管理达标单位"称号。

1996 年，人民银行永福县支行获自治区综治委授予"全（自治）区社会治安综合治理模范单位"称号。

1997 年 5 月，县检察院和反贪局分别获自治区人民检察院授予全（自治）区"先进检察院""先进反贪局"称号。

1992—1997 年，永福县石油分公司连续 6 年获广西石化总公司授予的"先进油库"称号。

1997 年，永福县获自治区综治委授予全自治区"铁路护路联防工作先进县"称号。

1999 年，龙江乡获自治区体育委员会授予"自治区第五批体育先进乡镇"称号。

1999—2001 年，永福县获自治区人口与计划生育领导小组授予"计划生育达标先进单位"称号。

1999 年，永福县荣获自治区综治委授予"全（自治）区铁路护路联防工作先进县"称号。

2000 年，永福县地税局获自治区文明办授予"文明单位"称号。

2000 年，永福县获自治区广电局授予"广播电视新闻报道先进县"称号。

2001 年 8 月，永福高速公路管理所获自治区文明办授予"文明单位"称号。

2001 年 12 月，县人民检察院获自治区人民检察院授予"五好检察院"称号。

2001 年，永福县获自治区交通运输厅授予"十四年水上安全无事故先进单位"称号。

2001 年，县物价检查所获全自治区"先进文明物价检查所"称号。

2001年，县林业局获自治区绿化"先进集体"称号。

2001年，县体育局获自治区全民健身活动"先进单位"称号。

2001年，县公安局获"全(自治)区优秀公安局"称号。

2002年，县工商银行获自治区级"文明单位"称号。

2002年，县物价检查所获自治区计划委员会授予"文明物价检查所"称号。

2002年，县工商局获自治区文明办授予"文明单位"称号。

2002年，县公安局获自治区公安厅授予"全(自治)区优秀公安局"称号。

2003年，县文体局获自治区体育委员会授予"全民健身活动周先进单位"称号。

2003年，县公安局刑侦队获自治区公安厅授予"全(自治)区公安系统先进集体"称号。

2003年，广福乡振鑫桑蚕合作社获自治区供销总社授予"十佳示范专业合作社"称号。

2003年，县人民法院获自治区高级人民法院授予"全(自治)区法院办公室工作先进集体"称号。

2004年，县文工团彩调剧《婆媳之间》获自治区文化厅授予"八桂群星文艺大赛演出一等奖"。

2004年，县委宣传部获广西日报社授予"广西日报宣传报道先进集体"称号。

2004年，县信用联社获自治区信用联社授予"广西十佳信用联社"称号。

2004年，县农业局获自治区农业厅授予"2002—2004年全(自治区)农业系统先进单位"称号。

2004年，县公安局行政科获自治区公安厅授予"全(自治)区公安系统先进集体"称号。

2004年，县广电局获广西电视台授予"电视新闻报道工作先进单位"称号。

2004年，县广电局获广西电视台授予"全(自治)区安全播出秩序先进集体"称号。

2005年，县水利局获自治区水利厅授予"2004—2005年度全(自治)区冬春水利暨小型水利体制改革工作二等奖"。

2005年，县人民法院办公室获自治区高级人民法院授予"全区法院办公室先进集体"称号。

2005年，县统计局获自治区经济普查领导小组授予"第一次全国经济普查先进集体"称号。

2005年，县广电局获广西电视台授予"电视新闻报道工作先进单位"称号。

2005年，县农业局获自治区农业厅授予"全自治区农业系统先进单位"称号。

2005年，县水产畜牧兽医局获自治区水产畜牧兽医局授予"广西牛品种改良工作先进单位"称号。

2005年，县文体局获自治区体育委员会授予"全民健身活动周先进单位"称号。

2005年，县委宣传部获广西日报授予"宣传报道先进集体"称号。

2005年，永福供电公司获广西电网公司授予"先进集体"称号。

2005 年 7 月,永福县青龙口水库风光　　　　　　　　　　唐庆甫　摄

附

录

一、县委、县人民政府文献选辑

中共永福县委员会　永福县人民政府
关于集资办教育的规定

永发〔1991〕53号

各乡镇党委、政府,县直各部、委、办、局:

几年来,经过全县人民的共同努力,我县教育事业得到了较大的发展,学校的办学条件有了进一步改善。但是,我县中小学校舍普遍不足,一些学校课桌椅陈旧破损,教学仪器紧缺,校园配套设施建设不完善。这几年,由于受现有办学条件的限制,我县小学升初中、初中升高中的升学率比较低。按照《义务教育法》的要求,普及初中教育困难较大。另外,职业技术教育和成人教育起步慢,办学基础比较薄弱,适应不了我县经济和社会发展的需要。为了认真贯彻"人民教育人民办,办好教育为人民"的方针,依靠各族人民大力发展教育事业,使教育更好地为经济建设服务,为人民服务。根据国务院和自治区的有关规定,经县委、县人民政府研究,决定自1991年起在全县范围内多渠道筹集教育经费,增加对教育的投入。现对集资办教育作如下规定:

一、教育集资的对象和标准

县(处)级干部每人每年30元,局级干部每人每年20元,一般干部、职工每人每年15元(离退休的县处级干部每人每年18元,局级干部每人每年12元,一般干部、职工每人每年9元);城镇居民每人每年8元;个体工商户每人每年12元;农户每人每年4元(扣除本户上学的人员)。1993年年底以前,高中、初中、小学每生每学期分别为15元、10元、5元。自1994年起,高中、初中、小学每生每学期分别为10元、7元、5元。

鼓励各行各业捐资助学,厂矿企业、行政事业单位、社会团体应在财力、物力诸方面支持办好教育。

二、教育集资的征收办法

县直和乡(镇)干部、职工(含离退休干部职工)的集资款,于每年的8、9月份两个月由所在单位从本人的工资中扣交,分别交县、乡(镇)教育行政部门。

城镇居民的集资款由各乡(镇)人民政府组织征收,于每年的9月底以前征收完毕。然后,划拨给本乡(镇)教育行政部门。

个体工商户的集资款由所在地的工商行政管理部门负责于每年的9月底以前征收完毕。然后,将所收款项转交当地教育行政部门。

农户的集资款在每年的夏粮入库时,由各乡(镇)粮管所负责代收,再转交当地教育行政部门。

学生的集资款由所在学校在每学期开学时一次性征收,县直学校和各乡(镇)中、小学所收的集资款,分别交县教育局和乡(镇)教育组。

三、教育集资的管理使用

教育集资款由教育部门统一管理使用。要坚持勤俭办学、厉行节约的方针,建立健全财务制度和审计制度,接受财政、审计、物价等有关部门和群众的监督与检查,提高资金的使用效益,杜绝贪污、浪费和挪用现象。

四、做好宣传发动工作

教育集资涉及面广,必须认真做好广泛深入的宣传发动工作。各乡(镇)党委、政府和各级教育部门及各部门、各单位都要利用这种宣传工具,运用多种形式向广大干部、群众宣传教育在社会主义现代化建设中的地位和作用,宣传集资办教育的重要意义。宣传在教育集资中的好人好事,使广大干部、群众树立"百年大计、教育为本"的思想,增强发展教育的历史责任感和时代紧迫感。为办好教育,踊跃捐资办学。

各乡(镇)党委、政府要切实加强对教育集资工作的领导,在大力做好宣传发动工作的同时,采取必要的措施,保证教育集资工作的顺利进行。

中共永福县委员会 永福县人民政府
关于大力发展水果生产的决定

永发〔1993〕16 号

水果是高效益的经济作物,我县经过多年的努力虽然取得了一定成绩,但与桂林地区的十个县相比,无论是面积和产量差距都很大,这与形势的发展和要求极不相称。为了加速小康进程,必须把水果生产作为建造农民富裕大厦的重点工程来抓。为此特作如下决定:

一、发展规划

今后三年全县每年要扩种两万亩。到 1995 年冬,加上现有水果面积要达到十万亩以上,实现农业人口人均半亩(纯山区除外)。到 2000 年水果产值要达到 1.80 至 2 亿元,人均 700 元,使之成为一项新兴的骨干产业。要实现这一目标,各乡镇必须认真做好规划,并采取规模种植(办场)与家庭种植相结合,确保任务的圆满完成(各乡镇任务见附表)。

二、品种布局

根据我县的土质、气候条件和现实水果情况,今后发展水果的主要品种是:板栗、枣子、月柿、白果、沙田柚、甜橙类和桃、李、梅。其布局:石山地区以板栗、枣子、月柿为主。土岭丘陵地区以月柿、白果、沙田柚为主。具体到一个乡镇要以上规模、成批量、群众愿意为原则,因地制宜地落实好应当发展的品种。在抓好上述品种的同时,特产部门要积极抓好其他新品种的引进、培育、推广工作,使我县的水果品种不断得到更新。

三、种苗供应

要以自育为主,外引为辅,育苗工作由特产局负责。为了保证果苗的质量,凡要求育苗的农户必须先申报,经特产局批准发给准育证方可育苗,所需的种子、砧木、接穗一律由特产局提供或者经特产局认可,并符合植物检疫要求,否则不予出售。育出的苗木,达到规格、质量要求的由特产局分配销售计划;凡经特产局安排的育苗,如销售金额达不到种子(砧木)接穗投资的,由县政府用特产发展基金给予适当补贴。外引的苗木必须根据县植保部门的要求调苗,并有对方的检疫证、合格证、许可证方可销售。外引果苗的主渠道是特产局,其他单位和乡镇经县政府同意,也可按计划组织。凡未经批准,不按计划组织的果苗,一律不准销售,所造成的经济损失一概由调苗者承担。

四、加强管理

加速我县水果生产要坚持两手抓,即一手抓种植,一手抓管理。只有加强管理,提高新老果树的经济效益,才能进一步调动群众发展水果的积极性,因此决不可重种轻管。为了抓好这一工作,县乡特产部门要认真抓好水果生产的技术培训和技术指导,抓好创高改低的典型示范,树立样板,以点带面,力争用两三年的时间,使果农的水果生产技术普及到现在种粮水平,同时要积极采取措施,努力改善果园的灌溉条件,大幅度提高果园的单位面积产量。

五、奖励与处罚

为了保证我县水果生产规划的实现,各级都应有必要的激励机制相配套。就县直和乡镇而言,今后每年的水果种植任务和产果数量都要作为农业双向承包的重要考核内容。另外,凡完成年度扩种任务的,经有关部门验收达标,按面积计算,每亩奖给乡镇2元,县直有关部门0.10元,完不成任务的要给予通报批评,并扣罚主要领导和分管领导农业奖各100元。各乡镇对各村公所亦应制定相应的办法,以保证计划的实现。

中共永福县委员会　永福县人民政府
关于狠抓农业综合开发加快农业经济发展的决定

永发〔1994〕27号

为了加快农业经济发展,大幅度增加农民收入,实现奔小康目标,振兴我县经济,必须狠抓农业综合开发。为此,县委、县人民政府特作如下决定:

一、农业综合开发的指导思想和战略重点

指导思想:钱粮并举,效益为主,以市场为导向,以完成当年经济指标和实现本世纪末的长远目标为目的,因地制宜,长短结合,大力调整农业经济结构,优化资源配置,发展高产、优质、高效农业,加快发展速度,确保本世纪末实现小康目标。开发重点是:粮、林、果、畜、菜、禽、鱼、桑、蔗、特等十个方面。发展战略是:长抓林、中种果,当年效益要狠抓养殖和经济作物。大力开发"四荒"(荒山、荒坡、荒地、荒水),改造"两低"(低产田、低产园),狠抓"一冬"(冬季农业)。

二、今后三年农业经济主要指标和开发任务

农业总产值每年递增15%,至一九九六年达到41776万元;农民人均纯收入每年平均增加150元,到一九九六年达到1360元。实现上述指标,在稳定粮食生产的同时,一要坚决完成林业、种植业"三一〇"工程,即在三年内扩种水果10万亩(以板栗、沙田柚、白果、月柿为主),扩种竹子10万亩,每年种植当年见效的商品性经济作物10万亩(主要是罗汉果、桑茧、粮蔗、马蹄和西红柿、夏阳白、西瓜等瓜菜);二要抓好以生猪为主的畜牧家禽水产养殖业,三年增加出栏肉猪15万头以上;三要抓好提供砂石和劳务输出为主要内容的副业收入。

为使农业开发形成规模,提高商品率,"三一〇"工程要按8个种植带组织生产:

一是以三皇、永安、百寿为主的五万亩板栗种植带,其中永安、三皇各二万亩。

二是以南五乡为主的五万亩沙田柚、白果、月柿种植带,其中柚子二万亩、白果一万亩、月柿一万亩、杂果一万亩。

三是以沿河两岸为主的竹子种植带,其中毛竹五万亩、其他竹子五万亩。

四是以龙江、百寿、桃城为主的二万亩罗汉果种植带,其中龙江一万亩。

五是以三皇、永安、百寿为主的二万亩西红柿种植带,其中三皇一万亩。

六是以广福、桃城、罗锦为主的二万亩桑叶种植带,其中广福一万亩。

七是以南五乡为主的一万亩糖蔗种植带,其中桃城四千亩。

八是以罗锦、苏桥、桃城为主的五万亩瓜菜、马蹄种植带,其中罗锦、苏桥、桃城各一万亩以上。

畜牧家禽养殖业要用抓大户带小户的办法,逐步形成规模养殖。

三、强化措施,推进农业综合开发

1.延长土地承包期,鼓励农民开发。原生产队的耕地承包期满后,再延长30年;对新开发的土地包括荒山、荒地及水面,承包期可延长50至70年。并依法办理土地承包手续。土地承包关系稳定后,实行所有权、承包权、经营权三权分离,在坚持土地集体所有的前提下,允许土地使用权和已开发的成片林果依法有偿转让。

2. 统一规划,连片开发。已承包给个人的土地,各乡、村、队要统一规划,限期开发,开发成片的,政府尽可能给予一定的种苗补助;逾期不开发的,由集体收回转包他人开发,并予以处罚。对尚未开发面积较大的荒山、荒地、荒水,在土地所有权不变的前提下,鼓励国营、集体、个人和外商投资经营开发,谁开发谁得益,承包方式由经营者和所有权单位共同协商,形式不限。

3. 多渠道增加农业开发投入。县、乡财政每年要拿出当年总收入的 2% 作为农业开发资金,并安排一定的开发周转金;县农行和各信用社要切实保证农业开发的必要贷款;各乡(镇)和涉农部门要积极向上级主管部门争取项目资金和引进外资,对引进的外资,按有关规定给予一次性奖励。同时,各乡(镇)要成立农村合作基金会,通过合作基金会筹集资金,增加农业开发的投入。

4. 扎实抓点,以点带面。首先是抓好农业综合开发点。县里要抓好一个乡(镇)和九个村公所;各乡(镇)要分别抓好二个村公所;各村公所要分别抓好一个自然屯。农业综合开发点要一抓三年,换人不换岗,其做法要按县里提出的发展战略,长中短相结合,农林牧副渔全面发展,各点要建立农业综合开发档案,以便检查和考核;其次是抓好单项品种规模开发点。各乡(镇)每年至少要分别抓好四个相对集中连片面积超1000 亩或产值超 60 万元以上的开发项目。县直农业部门也要对口抓好示范点。

5. 加强农业社会化服务。县乡农村、林业、水利、畜牧、特产、农林经营等农技推广部门,要按有关文件规定健全机构,配足人员;各村要从适应各自农业综合开发的需要出发,建立各种民间专业技术协会、研究会配备好农科员,形成县、乡、村三级技术服务网络。各级各类农技推广组织和科委、科协及其他涉农部门要积极为农业开发开展综合服务。为了搞好农技推广服务,鼓励农业科技部门和科技人员积极参与农业综合开发,凡搞科技承包和技物结合的,允许从服务项目的纯收入中提取 5% 左右的服务费。

6. 搞活流通,以销促产。一是根据市场需求,大力发展以本地农副产品为主要原料的加工企业和储藏库,使之成为农业开发的龙头企业,带动农业综合开发。二是适应规模开发的需要,建好农副产品专业批发市场。三是在充分发挥国营商业和供销社主渠道作用的同时,县直农业部门和乡(镇)、村要建立健全农业开发公司、农副产品推销公司和推销协会,加强推销队伍建设,实行国营、集体、个人多层次经营。为了搞活农副产品流通,允许国营、集体、个人企业的供销人员兼销农副产品,所获利润可抵承包任务,提效益工资,加发奖金;鼓励离退休和停薪保职的干部职工参与农副产品推销,其形式可独资经营也可与有关单位联营,无论其所获利润多大,原待遇不变;允许国家机关企事业单位在不影响工作的前提下参与农产品推销,其收入由单位自行处理;鼓励农民从事农事农产品推销,组织各种形式的运销联合体,对有突出贡献的,可优先安排农转非并吸收为国家干部;对推销农副产品所需要的证件、证明等手续,工商、财政、税务等部门要从速办理,并主动提供政策、法律方面的指导,不准乘机乱收费;对从事农副产品所需的资金,金融部门应予以必要的支持,为了鼓励各级各部门和个人大力推销农副产品,除专营的品种及粮食部门销售粮食以外,凡推销农副产品上交国家税收达 10 万元以上的国营商业、供销部门,5 万元以上的县、乡行政和企事业单位(含集体单位),2 万元以上的村公所和个人,授予推销农副产品先进单位和个人称号,并给予一定的物质奖励。

7. 抓好农业开发支撑体系建设。其中主要是:要抓好农业基本建设,实行山、水、田、林、路综合治理,进一步改善农业生产条件;要坚持不懈地抓好农村社会治安综合治理,为农业开发创造一个安定的社会环境;要加强与涉农工业和饲料工业建设,为农业和畜牧业提供更多、更好的物质供应;要抓好农村基础教育、成人教育和职业技术教育,提高农民科学文化素质,搞好农业科技研究,普及农业适用技术,提高农业开发的科技含量。

8. 坚持实行农业开发双向集团承包责任制。村公所要向乡(镇)党委、政府承包,乡(镇)要向县委、县政府承包。乡、镇、村承包的项目是"三一○"工程年度计划面积产量和牲猪头数,年度总产值计划和人均纯收入增长数,农业、特产税、牲猪二税增幅,农业开发点达标和农产品不滞销共五大项;县直农业经济部

门向县分管领导承包。承包的内容是与"三一〇"工程有关的项目年度面积产量计划,主管产业或项目的年度产值计划,农业开发示范点达标,服务工作等四项。属服务性质的农业部门也要按量化管理的要求落实承包责任制。

奖励和处罚:承包单位要交押金,到期完成承包任务的退还押金,并给予精神和物质奖励,超额的加奖,完不成任务的不奖,并扣押金不退,其中"三一〇"工程年度计划第一年完不成任务的发黄牌警告,第二年完不成的发红牌警告,第三年完不成的主要领导和分管领导就地免职。奖金支付办法:县直农业部门和乡(镇)由县财政支付,村和乡(镇)农业部门由乡(镇)财政支付。

年度双向集体承包实施方案另行制定。

加强领导,狠抓落实。县、乡、村三级和有关部门必须把加快农业综合开发作为振兴农业经济的首要任务来抓。县、乡都要成立农业开发领导小组,充实完善办事机构。党政一把手要有一个亲自抓,同时还要安排一名以上的副职领导专抓,分管工业、财贸、乡镇企业的领导协助抓,以便于协调解决生产、物资、流通、加工等环节的问题和困难。涉农部门和乡(镇)的干部要分别保证三分之二和三分之一以上的力量来抓农业综合开发;村干部要把主要精力用于农业综合开发,凡落实抓农业综合开发的领导和成员要精力到位、工作到位,并建立严格的岗位目标责任制。要改变工作作风,经常深入第一线,加强调查、督促和指导。县、乡(镇)要建立农业开发例会制度、检查制度,定期检查分析、总结农业综合开发的新情况、新问题、新经验,及时解决存在的问题,促进农业综合开发的各项计划、指标的全面完成。

中共永福县委员会 永福县人民政府
关于加快发展非国有经济有关问题的决定

永发〔1995〕48 号

为加快我县非国有经济的发展,繁荣永福经济,确保我县国内生产总值 1998 年实现翻三番的目标,经县委、县政府研究,特作如下决定:

一、解放思想,更新观念,切实改进工作作风,提高办事效率

(一)县乡(镇)党政机关、各职能部门都要坚持以经济建设为中心的思想。树立想大的、干大的、勇创一流的新观念,破除"自满自足、小富即安"的小农经济思想;树立让利求发展的新观念,在让利中扩大开放;树立全局利益新观念,克服本位主义思想,做到部门利益服从全局利益。要坚持"有利于发展社会主义社会生产力,有利于增强社会主义国家的综合国力,有利于提高人民的生活水平"的原则和"有利于本地经济发展"的精神,加快我县非国有经济的发展步伐。

(二)切实改进机关工作作风。各部门要联系工作实际,制定为非国有经济发展服务的制度和措施,减少办事环节,提高工作效率,决不允许任何单位、部门只顾小团体、部门利益,利用职权给企业、给经济发展设置障碍,要彻底扭转机关门难进、脸难看、事难办的状况。要重点解决乱收费、乱摊派问题。决不允许任何人以手中的权力谋取个人私利,情节严重的要采取组织、行政和法律措施,以确保非国有经济快速发展。

二、强化服务措施,制定"低门槛"政策,放手发展非国有经济

(一)放宽企业注册资本标准

以《公司法》和《公司登记管理条例》为基准,推进企业登记管理体制、登记事项、登记程序改革,以直接登记为主,审核登记为辅。在内资企业登记方面,其注册资本达到规定标准的 60%,即予核准登记,不足部分注册资本在一年内补足。对科技企业、乡镇企业、股份合作制企业重点扶持,其注册资本达到规定限额的 50% 即可先行登记注册,余额限期在一年内补足。

对农村三户农民以上出资、出物和出技术、共同组成的经济联合体可按股份合作制核准登记,享受集体企业待遇;对开办种养型、生产型、加工型的企业,投入资金在 10 万元以下的可免办验资证明。

(二)放宽经营方式和经营范围

1. 除国家禁止经营和专营的商品外,不再限制商品种类,并取消主营、兼营的划分,按国家工商局《企业经营范围用语规范》中的大类核准。

2. 对企业处理超储积压物资、商品,处理清仓抵债物资、商品及推销本地积压商品、引进本地所需的物资,可办理期限不超过六个月的一次性经营手续。

3. 鼓励个人兴办独资企业,合伙兴办合资企业和兴办股份制。

4. 鼓励个人投资经营多个项目和企业,从事跨地区、跨行业多种形式的经营。

5. 鼓励个人承包、租赁、兼并、购买国有、集体企业。

6. 实行"谁投资谁受益"原则,鼓励个人兴办工业品、农副土特产品等交易市场。

7. 鼓励个人参与房地产开发。

8. 允许个人投资兴办学校、医院(个人诊所)、幼儿园、托儿所、敬老院、会计事务所、律师事务所、剧院、图书馆,承办报刊发行、公用电话业务。

9. 允许个人从事资源开发,进行农副产品加工、汽车运输、建筑业、科技咨询服务、文化娱乐等行业。

10. 允许经纪人、代理商从事商业中介、代理服务。

11. 个体工商户、私营企业试产、试销或推销国营、集体企业滞销产品,一律不受经营范围、经营方式限制,工商行政管理部门不作超经营范围处理。

(三)发展个体、私营经济,坚持"四个不限"政策。即:发展比例不限、发展速度不限、从业人数不限、经营规模不限。

(四)简化办照手续,放宽办照条件。

1. 对无主管部门企业,由开办企业直接向登记机关申请登记注册。

2. 清理许可证和专项审批,除法律、法规条例规定涉及国家安全、国家垄断和关系人民生命健康的企业,如金融、外贸、交通、航空、医药、出版等行业及生产经营易燃、易爆、有毒物品需生产经营行业管理部门审批或领取生产经营许可证外,其他行业或部门的许可证,均不作为核发执照的前置条件,企业不再提交资信证明,独资企业不再提交企业章程(有限责任公司除外),工商行政管理部门可直接发照并视为合法经营,其他任何部门不得以未取得本部门许可证而按非法经营查处。

3. 私营企业注册资本达到规定数额的 50% 以上即可审核登记,发给证照。

4. 边远山区从事个体经营的,可"先开办,后规范",允许先到工商行政管理部门备案,从事经营活动半年再办领证照。

5. 边远山区新办的个体工商户、私营企业降低 30% 收取登记办照费。

6. 凡外地人员在我县范围内开办个体私营企业的,凭本地公安部门签发的暂住证和个人身份证即可核发营业执照,司法部门保障正常经营和人身、财产安全。

7. 放宽企业各种审批条件,凡具备下列条件之一的企业,可申请冠"广西"名称:

一是企业注册资本达 500 万元,并连续三年盈利的;

二是乡镇生产型企业,注册资本达 300 万元,并连续三年盈利的;

三是生产型企业的产品出口创汇达 30 万美元的;

四是被国家、省科技管理部门认定为高科技企业,并生产出科技新产品的;

其他生产名、特、优、新出口创汇产品并进行大规模经营企业,可分别冠以广西、桂林、永福等行政区域名称。

(五)制止"三乱"行为,确保非国有经济的健康发展。

1. 严格执行核发收费登记制度。凡有行政事业性收费单位,其收费的依据、项目及标准,必须经县纠风办、财政局、物价局核准登记。除国家法规和上级政府规定以及经自治区财政、物价、行业主管部门联合

签署批准收取的费用外,其他任何单位和个人,不得随意增加收费项目,否则追究单位领导和当事人责任。

2.取消押金制度。工商、税务、林业、卫生防疫、公安、畜牧、文化、水利、技术监督、烟草、环保及其他部门,除个别特殊项目经政府批准外,均不得在办理有关证照时向业主收缴押金。

3.严格执行行政处罚、行政首长负责的制度

为确保非国有企业和个体工商业主的合法权益,任何具有行政处罚资格的单位或部门,在对非国有企业和个体工商户作出行政处罚时,必须公开处罚依据和有单位(或部门)法人代表审核签署的行政处罚决定书。否则,视作无效。被处罚者对处罚不服,可直接向县纠风办公室投诉。凡经纠风办查证核实的错罚或乱罚行为,除责令处罚单位赔偿因此而造成的经济损失外,还要追究单位(或部门)法人代表的责任。

三、完善优惠政策措施,促进非国有经济的发展

(一)凡国内外客商在我县从事非国有经济经营活动的,可继续享受永发〔1994〕26、67号文所列优惠政策。此外:凡在本县投资办企业,投资额5万元以上不足10万元的,按规定交纳城镇人口增容费后,可允许1人由农村户口转为企业所在城镇常住户口;投资额在10万元以上,允许1人免交纳由农村户口转为企业所在城镇常住户口的城镇人口增容费;投资额在15万元以上不足20万元的,允许1人按规定交纳城镇人口增容费后"农转非",1人免城镇人口增容费"农转非",并以此类推。

(二)境外客商来我县投资办企业,除享受前款所列政策优惠外,另按下列规定予以优惠待遇。

1.产品出口企业和经省级以上科技管理部门认定的先进技术企业可返还所得税3年,其他企业凡出口产值达到当年企业产品产值50%以上的,经申请可返还所得税3年。

2.开发能源、交通等基础设施的企业在投资回收期内可返还所得税,用于企业还贷。

3.从事农业、林业、牧业、渔业等利润率低的企业在投资回收期内可返还所得税。

4.新办地产品出口企业,归还银行贷款有困难的,经县人民政府批准,可在地方所得中适当返还该企业交纳的税款。

5.外商投资者从企业分得的税后利润在我县再投资,经营期在三年以上的,经县人民政府批准,可返还再投资部分已缴纳企业所得税的50%。

6.新办的外资、独资企业经营期十年以上的,其新建的房产,经税务机关批准,可以先征后返一至三年房产税。

7.凡产品出口企业经税务机关批准,可实行固定资产加速折旧。

8.外商投资兴办的企业需委托其在我县的亲友代理或为企业管理人员,受委托人属本县国家干部或工人的,可按规定停薪留职。

四、切实加强对发展非国有经济的领导

1.各级党政领导、各有关部门要相应成立发展非国有经济领导小组,指定一名主要领导专抓此项工作,并纳入领导政绩重要考核内容之一。

2.县直各有关部门,特别是经济执法、监督管理部门要相应制定出支持和发展非国有经济的措施,创造一个宽松的环境,促进我县非国有经济快速发展。

中共永福县委员会　永福县人民政府
关于加快发展乡镇企业的决定

永发〔1995〕50号

为了加快乡镇企业的发展,使乡镇企业在全县实现"翻三番、奔小康"目标中能够挑重担,县委、县人民政府特作如下决定:

一、统一思想,把发展乡镇企业作为全县经济工作一个战略重点来抓

乡镇企业是农村经济的重要支柱和国民经济的重要组成部分。无论是要提高农民收入水平,发展农村经济,巩固政权,维护社会稳定,还是要实现国内生产翻三番、奔小康目标,加快乡镇企业发展都是必不可少的举措。我县90%人口在农村,经济发展的整体水平较低,大部分群众的生活水平仍然处在温饱线上,少数地方脱贫的任务还很重。要在1998年全县实现翻三番、奔小康目标,最关键的问题是农村问题、农民问题。农村经济不发达,农民不富裕起来,翻三番、奔小康都是空话。实践证明,乡镇企业是我县发展农村经济,增加农民收入的潜力、优势、希望所在,没有乡镇企业的大发展,农村经济就不可能大发展,小康目标就不可能实现。因此,全县各乡镇党组织、各级干部都必须这样来认识和对待这个问题,坚信不疑、坚定不移、坚持不懈地把加快发展乡镇企业,作为全县经济工作的战略重点来抓,把工作侧重点转移到加快发展乡镇企业上来。

二、制订规划,明确目标,完善政策,促进乡镇企业持续高速高效发展

要认真制订规划,落实发展目标,县乡(镇)、村在制订"九五"规划时,要把乡镇企业的发展作为一项重要内容。按照1995年实现国民生产总值第二个翻番,1998年实现第三个翻番,人民生活基本实现小康的目标要求,根据本地发展乡镇企业的优势和潜力,研究和制定乡镇企业发展具体规划和措施,突出抓好各自乡镇企业发展的重点,总结推广典型经验,推动整个乡镇企业的快速发展。就全县来说,1995年乡镇企业营业收入要在1994年的基础上再翻一番,达到21.50亿元,乡镇工业产值、税收分别要比上年增长74%和40.70%以上,完成固定资产投资1亿元以上;1996年到1998年,乡镇企业营业收入分年度为32亿、45亿和60亿,增长率分别为50%、40%和35%,其中工业产值要占营业收入的50%以上。从今年起到1998年,全县发展乡镇企业的重点,是抓好"工业立县立乡(镇)"的战略的实施。要经过三年的努力,力争平均固定资产投资1亿元以上,全县1个乡镇工业产值超3亿元;10个工业产值超千万元以上的企业;30个工业产值超千万元的村。各级都要突出抓一批典型,树立样板,带动面上的发展。县委、县政府继续坚持表彰奖励发展乡镇企业先进集体和先进个人的制度,并制订、完善评比奖励办法,以推动全县乡镇企业的发展。

要认真贯彻落实中央、自治区发展乡镇企业的各项政策和我县发展企业的优惠办法,原来执行的有关发展乡镇企业的各项优惠政策和措施,除了有新规定按新规定执行以外,都要坚持贯彻执行,并保持稳定。与此同时,要根据新的情况,在县级职权范围内,从实际出发,制定出有利平等竞争,有利于包括乡镇企业在内的各种不同所有制企业发展的优惠政策措施。乡镇企业自身要认真学习研究政策,用好、用足、用活政策,充分发挥政策在企业发展中的作用。

三、以市场为导向,调整产业结构,优化资源配置

乡镇企业能够从小到大,在激烈的竞争中生存发展,重要的原因就是它有一个适应市场的机制,能够根据市场需要组织生产,由市场来决定资源和生产要素的配置。要使乡镇企业得到更大发展,必须面向市场,以市场为导向,进一步调整产业结构,优化资源配置。

要把发展乡镇企业与开发性农业结合起来。近年来,我县农业综合开发初具规模,林果业快速发展。以罗汉果、西红柿、马蹄等为主的种植业,以桑蚕、鸡、鸭、羊、猪、鱼等为主的养殖业也正在向基地化、集约化方向发展。把农副产品加工增值、扩大销路,既可促进开发性农业的发展,也可使乡镇企业立于不败之地。要通过这种结合,把乡镇企业逐步办成农工贸、产加销结合的综合服务型企业。

要立足当地资源优势。我县有丰富的资源,这是潜在优势。把资源优势发挥出来,不仅是乡镇企业发展的需要,也是经济振兴的优势。当前,我们要在继续抓好"木头""石头"开发的同时,进一步扩大矿产资源、建筑材料的开发和交通运输、旅游、饮食服务等第三产业的发展。各地要研究自己的资源优势,加速资源的开发利用,并十分重视依靠科学技术,开发新产品,加工增值,规模经营,促进乡镇企业的快速发展。

要积极发展为城市工业和居民生活服务的乡镇企业。我县处于桂林、柳州两个城市之间,要抓住契机,积极寻求"挂、靠、联",与城市工业企业特别是大中型企业、科研机构、大专院校建立紧密联系,主动接受城市的输出与辐射,在产品开发、技术指导、资金融通、人才培训、产品销售等方面进行协作,以促进乡镇企

业的提高与发展。要重点扶持一批养殖大户和养殖企业，不断扩大肉、禽、蛋、鱼和果、菜生产，把城市居民生活的必需品作为乡镇企业发展生产的主导产品。

要大力发展外向型企业和产品。我们要面向国内外两个市场，逐步提高外向经济比重。在采取多种办法招商引资、促进外向型经济发展的同时，要利用本地资源发展外向型企业。通过引进资金、出让部分产权、进行改造或技术"嫁接"，改造传统产品、提高产品档次，开发和生产出口创汇产品，目前已在国际市场上站稳脚跟的名、特产品，要通过横向联合，或以股份合作形式，扩大生产规模，提高外向经济比重。

四、因地制宜，鼓励多种经济成分共同发展

在发展乡镇企业中，要继续实行"多轮驱动，多轨运行"，放手发展各种所有制形式的企业。根据不同生产力水平，哪个"轮子"转得快就让那个轮子快转，不限比例看发展，不限速度看效益。目标只有一个，就是让乡镇企业快发展、大提高。

要继续办好乡（镇）、村集体企业。一定要通过改组、改制、改造的办法，彻底改变过去那种"二国营"的管理方式和经营方式，明晰产权，独立核算，自主经营，自负盈亏。要完善分配制度，留有一定积累，使乡（镇）、村集体企业越办越兴旺。要特别重视解决"空壳村"的问题。对"空壳村"办工业企业困难的，县、乡（镇）要给予扶持，可通过联合办一些上得起、干得成、有效益的服务型、农业开发型、加工型的小企业，一点一滴地积累，一步一步地发展，为以后办大的企业创造条件。

要重视发展股份合作制企业。这是农村适应市场经济和生产发展需要而产生的一种新型的合作经济组织形式，有利于在自愿基础上筹集社会资金，聚集各种生产要素形成新的生产力；有利于明确企业产权关系，促进企业更加完善经营机制；有利于强化职工主人翁意识，增强企业凝聚力，是发展乡镇企业一种很好的组织形式。各地要认真总结经验，积极推广，已经搞起来的，要帮助规范和完善。

要鼓励支持发展个体、私营经济，发展和用好经济能人。对个体、私营经济，在政策上要与其他所有制经济一视同仁，不能歧视和限制，要依法保护其合法权益。与此同时，要发现和依靠个体、经营经济中的能人，积极支持他们办实业，引导他们创办股份合作企业，争当大股东和出任企业经理（厂长），成为发展乡镇企业的"领头雁"，使能人经济成为乡镇企业发展的增长点。

要继续提倡机关、企事业单位和干部职工参与和投资兴办乡镇企业。积极鼓励和支持科技人员承包或领办乡镇企业；鼓励和支持大中专毕业生到乡镇企业工作，以他们的知识和才能帮助乡镇企业发展。

五、通过改组联合，推动规模经营

目前我县乡镇企业发展的总体水平不高，经营方式还是小打小闹，既不利加强管理和资源的有效配置，也形不成规模效益。必须积极引导，使之向集中连片和规模经营发展，提高规模效益，提高市场竞争能力。今明两年，要通过改组、联合、租赁、兼并等方式，优化资源配置，组建竹木制品、矿产品、茧丝、建筑材料、旅游、农副产品营销、禽畜养殖和运输服务的八大集团公司。同时，要通过完善各种服务，实行龙头带动形成产业化，鼓励发展一村一品、一乡一品的产业，形成区域性规模，以推动生产专业化、经营一体化、各具特色的专业村、专业乡的形成。

六、与小城镇建设相结合，办好工业小区，推动和引导乡镇企业集中发展

从现代社会大生产的要求来看，乡镇企业不宜分散布点，也不宜搞"长廊式"，而应该走连片开发的路子，围绕小城镇建设发展企业群体。这样的布局，有利于促进技术、信息的充分利用，有利于产业的衔接而减少交通、商品交换的费用，有利于企业生产和生活的统一管理和加速农村工业化——城市化的实现。这是乡镇企业发展的方向。因此，要把乡镇企业的发展与小城镇建设结合起来，凡有条件办到小城镇的乡镇企业都要尽量办到小城镇上。今明两年，我们要在重点抓好百寿、堡里原已形成的工业小区建设的同时，按照统一规划、统一征地、统一设计、统一施工、统一配套的要求，做好苏桥、永福镇工业小区的开发和建设。为了促进乡镇企业发展与小城建设的结合，要解决好城镇户籍管理问题。今后，凡投资5万元以上不足10万元，可允许1人在交纳城镇人口增容费后可落入企业所在地的城镇户口；凡投资10万元以上，可允许1人免交城镇人口增容费即可落入企业所在地城镇户口,以此类推,不断加快和促进小城镇建设与乡镇企业发展的结合。

七、以农民积累为主体,逐步形成多元化、多渠道的投入机制

发展乡镇企业以农民投入为主体,进行自我启动、自我积累、自我发展,这既是乡镇企业发展的规律,也是乡镇企业发展的优势和力量所在。实践证明,依靠国家投入为主发展乡镇企业既不现实,国家也难以做到。要加大乡镇企业的投入,必须逐步形成以农民积累投入为主体,大力发展股份合作制,办好农村合作基金会。同时,还要积极争取银行、信用社的贷款扶持,充分利用外资办好"三资"企业。县、乡(镇)两级财政要增加对乡镇企业的投入,给乡镇企业必要的扶持。要做好乡镇企业项目的储备,选择高科技、效益好、有规模的项目争取国家、自治区专项资金的支持。

八、依靠科技进步,不断提高乡镇企业水平

我县乡镇企业发展不仅总量少,而且科技含量低,已成为影响我县乡镇企业发展一个主要制约因素。我们必须高度重视科学技术在乡镇企业发展中的重要作用,把乡镇企业的发展切实转到依靠科技进步和提高劳动者素质的轨道上来,推动乡镇企业上档次、上规模、上水平。当前,要着力加快科技成果向实现生产力转化,把科研与生产结合起来,充分发挥科研、技术扩大部门的作用,鼓励科技人员下乡独办、合办、租办、领办乡镇企业,要鼓励和提倡企业与大专院校、科研单位的结合,推动乡镇企业技术进步。同时,要重视培养企业自己的科技人员,提高全体职工素质,把人才培训作为企业发展的重中之重来抓,加强和提高乡镇企业发展的科技含量,以科技进步获取更好效益。

九、加强领导,搞好服务,努力为乡镇企业发展创造一个宽松环境

发展乡镇企业关键在领导。各级领导和广大干部一定要高度重视,把加快乡镇企业发展作为振兴永福经济的战略重点,实现1998年奋斗目标的重大战略措施来抓,殚精竭虑,真抓实干。要进一步强化各级党政领导发展乡镇企业的意识,真正做到各级领导统一认识,全民形成共识,在全社会形成发展乡镇企业的大气候。要切实加强县、乡(镇)党委、政府对乡镇企业工作的具体领导,坚持党政一把手有一名亲自抓,分管领导专门抓,乡(镇)干部有三分之一以上力量抓不动摇。同时,要稳定和加强乡镇企业管理机构。在改革中,机构不撤并,职能不削弱,经费渠道不改变,人员不够的要充实,以保证抓乡镇企业发展的足够力量。

乡镇企业是一个涉及多部门、多行业的产业,各有关部门要密切配合,提高服务。要一如既往地履行部分职能,为企业提供住处、科技、立项、审批、水、电、路、通信、土地、环保、市场、资金等方面的服务。要认真治理"三乱"问题,切实减轻企业负担。纪检、监察、工商、物价等单位要加强监督检查,对重点企业要挂牌保护,出现问题,要及时纠正、及时处理,努力为乡镇企业发展创造一个宽松环境。

要建立、完善乡镇企业发展指标考核体系,认真评价、考核党政机关、乡(镇)企业主管部门支持、发展乡镇企业的工作实绩。对各项考核指标完成好的乡镇企业、支持乡镇企业发展成绩显著的单位和个人,由县、乡(镇)财政在年度预算支出中安排专项支出资金给予重奖。凡完不成当年乡镇企业发展任务或故意给乡镇企业设卡刁难的单位,要给予单位主要领导"黄牌"警告,差距太大或问题性质严重的,对单位主要领导作出组织处理和纪律处分。各级各部门要按照这一精神,认真制定出各自的考核奖惩办法,使乡镇企业更上一层楼。

中共永福县委员会　永福县人民政府
关于进一步加快企业整体改革的决定

永发〔1997〕54号

各乡镇党委、政府,县直各部、委、办、局、处、行、社、总公司:

为进一步贯彻落实党的十四届三中全会《关于建立社会主义市场经济体制基本问题的决定》,大胆探

索和建立与社会主义市场经济体制相适应的企业管理体制。从整体上搞活国有企业,根据地区企业改革工作会议的部署,为加快步伐全方位推进企业整体改革,特作出如下决定:

一、改革的指导思想、总体思路和基本原则

指导思想:贯彻落实党的十四届三中全会决定和江泽民同志关于进一步搞好国有企业改革重要讲话的精神,按照建立社会主义市场经济体制的要求,以"产权清晰、权责明确、政企分开、管理科学"的现代企业制度为目标,以盘活存量资产为突破口,以资产出售为重点,进一步放开放活国有企业,加大企业产权制度改革力度,加快企业组织结构调整,促进搞活整个国有经济,推动全县经济再上新台阶。

总体思路:解放思想,放开搞活;调整结构,盘活存量;选择适宜形式;全方位整体推进企业改革。

基本原则:坚持制度创新,转机建制;坚持盘活存量,优化结构;坚持统筹规划,综合配套;坚持政策引导,政府推动;坚持分类指导,稳步推进。

二、改革的目标

从现在起,用一年的时间完成全部企业改革任务,其中产权制度改革要达到70%以上;到今年底企业改革的面要达到90%,其中产权制度改革的面要达到50%以上。

三、改革的范围

除供电、供水、医药、生资,待下步进行改革外,所有的国有工业、国合商业、乡镇二轻集体企业,物资、外资及各局属、各部门的国有、集体企业都列入这次改革范畴。

四、改革的主要内容

(一)建立与完善企业法人制度。

按照国家有关规定对改造企业进行清产核资工作,界定产权、清理债务、评估资产、核实企业法人财产拥有量,核定资本金,理顺和明确企业财产关系。企业以全部法人财产自主经营、自负盈亏,独立享有民事权利,承担民事责任,企业作为独立的法人实体和市场竞争主体。

(二)确立企业的公司组织形式。

公司制产权制度改革是企业制度的主要形式。依据现代企业制度的组织形式要求及《公司法》的规定:按照分类指导的原则,结合我县企业实际,多数企业可改组为股份合作制企业或有限责任公司。各个企业在工作组的指导下进行具体选制,实现的途径有:

1. 内部职工持股;

2. 债权转为股权;

3. 引进外来资金入股;

4. 企业之间投资参股;

5. 吸收部分事业单位及某些基金投资入股。

(三)建立科学规范的公司治理结构和改革企业劳动、人事、分配等经营管理制度。

1. 根据权力结构、经营机构、监督机构相互分离、相互制衡和精干效能的原则,形成由股东会、董事会、监事会和经营层组成的公司治理结构,保证权益明确,各司其职,有效行使决策、监督和执行权。

2. 改制企业自主独立招收企业员工(原企业职工要基本安置达90%以上),打破企业内部管理人员和企业员工界限,实现全面劳动合同制,建立企业和员工双向选择的劳动用工制度。

3. 改制企业的工资总额多少,由董事会决定,工资水平和企业内部分配由企业自主决定。

4. 改制企业要主动实行《企业财务通则》和《企业会计准则》及国家有关的各项规定,按照《公司法》《会计法》和公司章程,科学设置财务会计机构,建立健全公司内部财务会计制度,配备合格的财务会计人员。

5. 全面提高企业和职工素质,做好各项基础工作,增强企业的竞争能力和适应市场的能力,使企业效益不断得到提高。

五、改革的主要形式和运作

（一）整体转让。通过对企业资产评估后，产权整体转让或出售给企业内部职工，将企业改组成为股份合作制企业。

（二）股份制改造。对效益好、有实力和发展前景的企业，按照《公司法》要求，采取有限责任公司形式转机建制。

（三）兼并转让。鼓励优势企业兼并劣势企业，实行产权转让，优势扩张。即优势企业为出资控股方，劣势企业则折股参股。在具体动作中，可实行资产无偿划转。

（四）承贷拍卖。国有企业和集体企业都可以出售、拍卖，出售拍卖前企业的全部资产经评估后确定标价。鼓励企业内部职工购买企业产权，建立以职工内部持股为主的股份合作制企业，或进入产权市场，向社会公开拍卖。

（五）引资嫁接。引进国外资金、技术、设备、人才管理方式，对企业进行嫁接改造，实行合资合作经营，外商可全资收购或控股、参股。

（六）依法破产。对长期亏损，资不抵债，挽救无望的企业，依法实施破产。

实际操作除执行永发〔1994〕57号文件外，按上级下达的有关文件和有关规定进行操作。

六、切实解决好改革中的重点和难点

在企业资产评估、资产处置和产权拍卖上，要突破原有的思想框框，评估要"宜粗不宜细、宜松不宜紧、宜低不宜高、宜小不宜大"，不要人为地提高；产权界定要尊重历史，面对现实，合情合理，对企业资产处理除文件死规定外，其余形成部分原则上归企业所有；拍卖操作中在保证几个原则条款不变的前提下，具体运作可适当灵活处置。

（一）关于国有资产的评估和处置。国有小型企业进行产权制度改革，必须首先进行清产核资，界定产权。在清产核资中，要充分利用国家关于清产核资的有关政策，尽可能冲减长期积累的企业潜亏、资产损失和呆账损失等，夯实企业资本。企业资产评估既要遵循国家的有关评估准则，又要注意结合企业的具体情况，防止评估结果出现畸高畸低现象。对企业结余的工资基金、奖励基金和福利基金等，在评估时可视同负债处理并量化到职工个人名下。

根据企业不同情况，可将企业中非经营性资产（如宿舍、医院、食堂等）从企业总资产中剥离。对企业占用的土地使用权，在一定期限内可暂不作价入股或租赁。

（二）关于国有资产的出售。小型企业产权原则上一次性整体出售，如企业资产规模较大，可以先出售部分产权，其余在一定时间内作为企业负债有偿使用。职工一次性购买产权有困难的，可以分期付款，并区别不同情况确定分期付款年限，超过规定年期的应交纳资金占用费。要合理确定国有资产出售价格，依据企业效益情况不同，其售价以资产评估值为基础上下浮动。对资不抵债企业可按零资产出售，其差额部分采取不同方式一次性或分期补齐，在未补齐期间的差额按国家对企业的负债处理。

（三）关于企业历史债务负担。企业在产权转让和分立重组中要落实债务，防止债务悬空。金融部门应参与改革方案的制订和实施。

（四）关于职工社会保障。要加快企业社会保障体系建设，扩大社会保障资金筹集范围。企业在改制时，可从资产中划出一块，以不同方式用于解决离退休职工的社会保障问题，原企业欠交的各项社会保障金也可从企业资产中一次性扣除。

（五）关于国有资产收益。政府从出售或出租企业产权回收的资金，一要优先用于支付整个国有小型企业产权改革的成本，如职工社会保障和就业安置费用。用这笔资金设立"国有小型企业产权改革基金"，专款专用。二要用于国有资本的再投入，集中扶持支柱产业和骨干企业的发展。对部分资金紧缺的企业，经批准也可将这笔资金在一定时间内留在企业有偿使用。对率先改制的企业，国有股的红利五年内可暂不收缴，根据企业的不同情况，可以用于补充企业公积金，可以作为滚动资金留在企业有偿使用，也可以用

于冲减原国有企业的历史债务。

（六）关于政企分开。各级政府部门要转变职能，对改制企业改变管理方式，按照《企业法》和《公司法》的规定任命企业干部和安置人员。政府和有关部门及全社会都要积极为企业服务，帮助解决职工社会保障、企业办社会等问题，为企业发展创造良好的外部环境。同时，要结合企业产权制度改革，积极培育和发展社会中介服务机构。

（七）关于建立健全企业的约束机制。企业改制后，要进一步建立健全自我约束机制和社会监督机制。要正确处理好改革与管理的关系，以改革促进企业管理，以管理进一步巩固改革成果。企业改制后，要继续深化企业内部各项配套改革，逐步形成干部能上能下、职工能进能出、收入能高能低的良性运行机制，全面提高企业的各项管理水平。

七、加强对企业改革的组织领导

全县企业改革为两块进行：工业企业一块，流通企业一块。改制是改革的攻坚战，政策性强，遗留问题多，工作与政策涉及面广，难度很大。既需要改制企业和各有关部门的共同努力，积极探索与大胆实践，又必须有组织、有领导地进行。为保证改革的顺利推进，特采取如下措施：

（一）县成立企业改革工作领导小组，由县长任组长，下设政策、综合办公室，办公室工作人员从县委、县政府、人大、政协和有关部门抽人（与本单位工作完全脱钩）组成。

（二）工业企业（经贸口、二轻、乡镇企业、局属企业）、流通企业（商业总公司、物资总公司、外贸总公司、供销社合作社）两大块，要成立以主要领导任组长的领导小组，同时从各部门抽调人员组成有相当规模的改制工作队，深入企业（保证每个改制企业有两名以上工作队员），具体负责企业改革的实施。

（三）根据改制的客观需要，成立资产评估、职工就业安置组两个专职工作组，对口进行改制的专职工作。

（四）各乡镇党委、政府、县直各主管部门主要领导要亲自抓企业改制。领导班子成员之间要有明确分工，包干负责，把改制任务分阶段、分指标具体落实，抓实抓到位。

（五）建立企业改革发展基金。为切实解决好企业改制后出现的一些新情况、新问题，设立企业改革发展基金，资金来源是：1.实行债务挂账的企业由财政返还的全部所得税；2.各部门向企业所收费的5%；3.以1997年底为基数，改制企业上交财政税收增量部分的10%，计入企业改革发展基金，由县财政部门设专户管理。基金用途是：补充离退休职工养老金不足，归还挂账部分的贷款本息，清偿其他应付款。

（六）各部门必须以大局为重，通力协作，坚决贯彻县委、县人民政府出台的企业改革措施，确保改革方案在本单位实施到位。为此，县委、县政府决定：1.凡是对企业改革不支持、不配合，影响改革进度的，不管是领导还是一般干部，坚决调离原单位；2.凡是不支持改革，不带头参与改革的企业经理厂长一律就地免职，三年内不准调动工作。

中共永福县委员会　永福县人民政府
关于印发桂林苏桥新区优惠政策实施办法的通知

永发〔2000〕18号

各乡（镇）党委、政府，县直各部、委、办、局、行、社、总公司，苏桥新区管委：

桂林苏桥新区优惠政策实施办法，经县四家班子联席会议讨论通过，现印发给你们，请遵照执行。

桂林苏桥新区优惠政策实施办法

为了更好地贯彻苏桥新区投资优惠政策，避免与上级文件规定相冲突，加快开发建设步伐，特制定投资优惠办法实施细则如下：

一、根据桂林市苏桥新区开发建设领导小组制定的《桂林苏桥新区管理委员会管理权限》第五条第四点"新区建设投资等项目，所缴纳的各项税款，以1998年为基数，从1999年起新增地方所得部分（不含火电厂，兑现优惠政策部分除外）的50%留在新区，由管委会安排用于新区建设"的规定，结合中共永福县委永发〔1999〕67号文件的有关规定，制定苏桥新区投资优惠政策实施办法如下：

（一）实施办法：一是除火电厂外，对以独立核算企业法人与单位的企业、项目引进者、项目服务者按公布的投资优惠政策的标准，由县财政在年度预算中列支作新区开发建设经费拨给管委，由管委兑现给有关投资者。二是除兑现优惠政策、上交上级财政、扣除征管费用外，县财政实得部分，县财政占55%，新区管委占45%，由县财政通过预算列支拨付给管委。

（二）具体标准：

1. 企业所得税从企业实际纳税年份算起，以县财政实得数为准，前五年全额拨给新区管委会，由管委会兑现给企业，后五年拨50%给管委会兑现给企业，余下部分县财政占55%，管委占45%。

2. 增值税按下列标准拨给管委，由管委兑现给投资者，余下县财政实得部分，县财政占55%，新区管委占45%

（1）年纳税额在50万元以内的，按实际纳税额拨15%。

（2）年纳税额在50万元以上、100万元以下的，按实际纳税额拨20%。

（3）年纳税额在100万元以上的，按实际纳税额拨25%。

3. 营业税以县财政实得数为准，按下列办法拨给新区管委，由管委兑现给投资者，余下部分县财政占55%，管委占45%。

（1）年纳税额在5万元至100万元以内的拨30%。

（2）年纳税额在100万元以上的拨40%。

4. 印花税除按实际纳税额的50%拨给管委兑现投资者外，余下部分以县财政实得数为准县财政占55%，管委占45%。

5. 房产税除按实际纳税额的30%拨给管委兑现投资者外，余下部分在县财政实得数中拨45%给管委用于新区建设。

6. 土地增值税以县财政实得数为准，除拨30%给管委兑现投资者外，余下部分中拨45%给管委用于新区建设。

7. 农业特产税以县财政实得数为准，除按下列办法拨给新区管委兑现投资者外，余下部分中拨45%给管委用于新区建设。

（1）年纳税5万元至10万元的拨50%。

（2）年纳税在10万元以上的拨70%。

（三）火电厂项目缴纳的各项税收以县财政实得数为准按5%拨给管委用于新区建设。火电厂项目上交的土地收入以县财政实得数为准，按10%拨给管委用于新区建设。原县人民政府对火电厂项目作出的承诺，由县财政直接兑现。

二、根据永发〔1998〕79号文件第八条："县委、政府同意划拨500亩土地由管委开发作新区的启动资金，土地出让金、契税由财政先征后返、全额返还。"和永发〔1999〕67号第三条的规定。对土地开发收入作下列分配：

1. 县委、政府划拨给新区管委的500亩启动土地，财政按规定划拨交纳的土地出让金、契税外，除耕地占用税、公粮一次性减免留财政与苏桥镇分配外，其他地方收入按实得额划拨新区管委。

2. 根据永发〔1998〕79号文件"基础设施用地不上交"的规定，新区管委基础设施项目（基础设施的含义是：管委招商大厦、供水、供电、电讯、道路交通、排水、排污、市政设施、农田水利等）用地的税费全额上交县财政,由县财政按县财政的实得额全额划拨新区管委。

3.除上述两点外,其他土地收入按县财政实得额的 45∶55 分配。即:新区管委 45% 由财政划拨,县级财政按 55% 留成。

4.办理土地手续时,土地出让金水田、旱地 8 元 /m²,其余地类 6 元 /m² 的标准交纳。

三、本办法从 1999 年起实行,1999 年度的支出由县财政和新区管委结算拨付,从 2000 年起县财政应按季和新区管委结算拨付。

四、因苏桥新区开发建设呈动态趋势,县财政预算可按概算数列支,按多扣多补,年度结转的方式进行。

五、凡与本规定不符的,按本规定执行。

中共永福县委员会　永福县人民政府
关于招商引资奖励暂行规定

永发〔2001〕32 号

各乡镇党委、政府,县直各部、委、办、局、处、行、社、总公司,苏桥新区管委:

为进一步加快永福县经济发展,鼓励社会各界人士引荐更多的县外客商到永福投资置业,特制定本规定:

一、奖励的对象:

1.引荐外商(含县外客商,下同)到永福投资兴办合资经营、合作经营、独资经营企业,或者租赁永福厂房场地设施兴办企业的单位和个人;

2.引荐外商到永福县兴办加工装配和补偿贸易企业的国内公民、华侨、港澳同胞、台湾同胞和外国商人。

二、奖励标准:引荐县外客商投资的资金设备到位已形成税收的,根据有关引荐协议和引荐单位或个人的申请,对其直接引荐人员给予奖励:

(一)引荐县外客商投资兴办各类合资、合作经营企业项目和补偿贸易项目,外商实际投入(含实物、技术投入,下同)30 万元人民币以上 300 万元以下的,奖励 3000 元至 30000 元;投入 300 万元人民币以上 500 万元人民币以下的,奖励 4 万元人民币;投入 501 万元至 1000 万元的,奖励 4 万元至 7 万元;投入 1001 万元至 1 亿人民币以上的,按实际投入的 0.70% 予以奖励。奖金由合资、合作的永福方支付。

(二)引荐县外客商到我县兴办独资经营企业项目,外商实际投入人民币 100 万元至 500 万元的,奖励 3 万元;投入人民币 501 万元至 1000 万元,奖励 3 万元至 8 万元;投入人民币 1000 万元至 5000 万元的奖励 8 万元至 15 万元;投入人民币 5000 万元至 1 亿元以上的,奖励 15 万元至 30 万元。奖金由县乡受益财政支付。

(三)引荐县外客商租赁厂房、场地、设施进行独资经营的,在外商投资项目投产后,按合同规定的第一年全年租金总收入的 10% 奖励给直接引荐人;租用土地经营的,按合同规定的第一年全年租金总收入的 20% 给予奖励。奖金由出租方支付。

(四)引进县外资金购买国有、集体企业,按成交额的 2%~5% 给予引进人一次性奖励,奖金从出卖企业收入中提取解决。

(五)到上级有关单位争取正常以外项目,无偿拨款支持永福经济建设的资金到位后,可以给予该单位到位资金总额 10% 作为项目前期经费和业务经费,其中可给予直接有功人员 5% 的奖励。

三、引荐外商来我县投资兴办企业等项目的引荐者,须与项目所在地人民政府指定的部门或项目主办(主管)单位,合作单位签订引资协议,载明双方责任、支付奖励数额和方法,属工业项目的报县工业领导小组办公室备案,属农业项目的报农业领导小组备案,属城建旅游项目的报城建旅游领导小组备案。引资协议书作为确定直接引荐人(即奖励对象)的依据。

对引荐外商实际投入资金数额的核定,由以上各有关领导小组办公室召集财政、审计、工商、税务、金融等有关部门联合审核确认(属合资项目的,本县合资方应参与审核),并出具投资到位证明书作为兑现奖励的依据。对外商引进的机械、物资,须经资产评估所评估,属技术投入的应由技术部门评估。

四、支付奖金的部门和单位,一次性兑现奖金有困难的,经批准可先支付奖金的50%,余款待项目投产后一年内付清。

五、打破乡镇区域界限,实行"谁引资、谁受益",充分调动各乡镇的引资积极性。若引荐的企业项目不适合在本乡镇建设的,可引荐到本县苏桥工业区、永福镇、桃城乡兴办,该企业项目投产后所产生的税收和各种规费,按"三七"分成,即30%归企业项目所在乡镇,70%归引荐的乡镇。

六、如有违反本规定,弄虚作假,冒领奖金者,一经查实,责令其退回奖金,并依法予以处罚。

本规定下发之日起执行。如过去下发的有关文件规定与本规定条款不符的,以本规定为准。

二、名家看永福散文选辑

(散文选辑顺延至2007年资料)

盛世多福寿

周　明

踏上桂林永福领地,满眼是绿! 青的山,绿的水,神奇的山峰,别样的风光,真是一片充满魅力的热土。

永福,顾名思义,永远幸福。人们幸福了,自然便追求长寿,即所谓"福中有寿,寿中有福"。福寿文化,乃中华民族的优秀传统文化。伴随着民族的兴旺、发展,福寿文化亦绵延至今,发扬光大。这一点,在永福尤为突出,并且形成了一个凝聚各族人民对福寿向往和追求的精神理念的福寿节。这在神州大地恐怕是独具特色、独一无二的。在永福,我们几乎天天都可以听到看到感受到福寿文化的浓郁气氛。2007年的11月,北方已是寒风嗖嗖的初冬季节,我从家乡西安飞抵桂林,而广西却依然是如春的景色,暖意融融。走进永福,处处皆是福与寿的感染,是名副其实的福寿之乡。

到达永福的次日清晨,我在当地几位文友的陪同下,迎着朝阳,穿过郁郁葱葱的林间小道,沿山而上,登攀海拔280米的著名凤山。凤山,坐落在县城中心,虽然山不算高,但一个城市中一座风景秀丽的山,而且山脚下三面环水,这在中国也实属罕见。相传在隋朝曾有一双美丽的凤凰在山中梧桐树上筑巢栖息,因此得名凤巢山,后改名为凤山。在凤山顶峰一块精美巨石上刻有一个大红"福"字,远远看去,熠熠闪光,加上烟雾缭绕,似有走进云峰仙境之感。根据桂林著名学者梁熙成先生考证,他认为"福"字的构造是一口田。这就是说,人们如果能够有一块能生长出食物的土地,从而使自己能够繁衍生息下去,该是多么美好的事呀! 当然"福"也告诉人们:得福即安。这也就是我们现在常说的祈福社会安定,人类安康! 如今,凤山上的石刻大"福",已成为永福百姓祈福迎祥之地,吉祥之地。今天,我站在"福"字面前,肃然起敬。接着,我们一行又驱车到赫赫有名的百寿镇的百寿岩。这真是一个巧夺天工的奇迹! 至今已有八百年历史的百寿图便是精刻细雕地镌刻于百寿岩内顶端的石壁上。它是由一百个形体各异的小寿字组成的一个高177厘米、宽148厘米的巨大"寿"字。应该说,这是中华民族和谐文化的集大成和形象生动的体现。

站在和风习习的岩洞中，我们一个个仰头观望大寿字，也在仔细辨认那百个小寿字，无不为古人的智慧和能工巧匠的高超技艺惊叹不已！人常说，得寿延年，这是人们对生命长久和身心健康的本能追求。又据梁熙成先生考证，他认为"寿"字的构造，上部是一位老人的面相，下部从手从口，意思是用手把食物送入口中。整个字的含义是：人只要有食物，有饭吃，就可以生存下去，生命也会长久，从而更能得到寿。

可见福与寿的连带关系和深层内涵是多么密不可分！

应该说，永福县城凤山顶上的"福"字石刻和百寿岩中的"百寿图"石刻，正是永福县福寿文化的重要标志和历史渊源。也是中华民族文化的瑰宝。许是福寿的护佑，永福居然是拥有国内最多长寿老人之县，最多孝顺老人的孝子之县。这是永福人的富有，也是永福人的良好德行。仅 2007 年据不完全统计，在永福健在的百岁老人就有三十六人之众！其中女性居多，男性仅三人。而孝道人物更是不计其数，事迹感人至深！我们曾在永福几个农村拜望过几位百岁老人，他们都生活得幸福美满，直说自己赶上了好年景，赶上了好时代。真可谓盛世多福寿啊！

【作者】周明，系全国知名作家、编审。陕西周至县人，毕业于兰州大学中文系。历任人民文学杂志常务副主编，中国作家协会创联部常务副主任，中国现代文学馆副馆长。本文发表于黄继树主编的《福寿之乡》散文作品集，漓江出版社 2008 年出版。

永福祈福

周树山

2006 年 10 月下旬，应德明之邀，去广西永福县参加福寿节作家笔会。回来之后，一直想写篇文章，但却无从动笔。案前摆着两本画集，是广西和永福画家的画作；还有一本题为《福寿之乡》的书，是永福的作家们描写家乡山水风物的散文集。永福乃钟灵毓秀之地，自古以来，才人辈出，俊采星驰，彩笔摹胜境，江山入画图。永福作家和画家们已把美丽的永福展示给世人，摩挲捧读，足可坐游永福矣，何劳我这外地的匆匆过客再赞一词？可永福好山好水好地方，不写文章，岂不辜负永福数日之游？于是欣然命笔，以志其胜。

大凡地望形胜、山水绝佳之处，必有人文胜迹存焉。永福北接桂林，南望柳州，山水之美，风物之盛，物产之饶，是上天对永福人民的厚待。可是永福人所津津乐道的倒不完全在于气候和山水，永福不是来自天外的"飞地"，周边各县和永福的地理条件是一样的。况江南春山含烟，绿水环廓之色，岂独永福一县乎？永福人引以为豪的是历代先贤及其创造的历史文化。这使我确信，沧桑世事，岁月悠悠，人类所能留下的只有文化，而后世子孙沾溉受惠的也是祖先留下的文化成果。据永福作家梁熙成先生考证，永福（含百寿）设县是在西晋太康二年（281 年），距今已有一千七百多年的历史。在这漫长的历史岁月中，地方官不可胜数，无论清浊贤愚，皆湮没无闻，唯有南宋的知县史渭至今被人们所铭记，因为他留下了摩崖石刻"百寿图"。史渭一定还有其他方面的政绩，为什么人们只记得这"百寿图"呢？因为这个东西就留在那里，供人们凭吊瞻仰。人们从这里可以感受到中国文化的博大精深，寄托了人们长寿的祈愿与祝福。这个长 177 厘米、宽 148 厘米的大寿字，集正、篆、隶、行四法为一体，阳刻的大寿字笔画里，又有阴刻一百个小寿字，百寿百体，字字珠玑，令人叹为观止。这就是"百寿图"。那日，我驻足崖前，久久地仰望着一千余年前先人留下的这件艺术杰作，感动之余，也有很多联想。我想，古希腊和罗马人可以把人体雕刻得栩栩如生（想想断臂的维纳斯），可我们的先人竟至在一个字上弄出如此多的花样，大约西方人是很难理解的吧？中国文化繁复雕琢的一面于此也见一斑。这也是东西文化差别之一证。这件前人留下的艺术杰作可以引发各种话题，它也使后人受惠多多。据说，1936 年，为缓解蒋桂两系之矛盾，广西省政府主席曾以一幅装裱精美的拓印"百寿图"作为蒋介石五十大寿的贺礼，蒋欣然接受。后来，为加强同盟国之关系，英国女王寿诞时，蒋介石又将其转赠英国女王。1989 年，拓印的"百寿图"还曾远赴北非，为摩洛哥国王祝贺六十华诞。1997 年，法国总统密特朗委托秘书给永福写了一封中文信函，告知密特朗总统已将"百寿图"拓品作为东方文化精品珍藏于他的私人博物馆中。就是如今永福人挂在嘴边的"福寿文化"，若没有这"百寿图"又从何谈起？史渭官阶不高，《宋史》未必有传，但是永福人民铭记并感谢他，就是因为他给永福人民留下了一件文化遗产。从隋朝开科取士起，封建社会的大小官员多为读书人，目不识丁者极少。读书人做官，除了发展经济，让百姓丰衣足食之外，也得做点文化事儿，但是有这种自觉意识的人不是很多。我常想，一个热爱文化的读书人，即便做了官，因为有人文精神的浸润，大约也很少会成为贪渎枉法之辈。如北宋的欧阳修、范仲淹、王安石、苏轼等人是大家所熟知的。当然这个问题不可一概而论，环境造就人，人又是复杂的，你可以举明末阮大铖的例子来反驳我，那就把他归入"很少"的特例吧！

永福还有一眼"丹砂井"。福寿节期间，主办者请 1199 名长寿老人在广场上摆了"千叟宴"，用 200 张桌子摆成大"寿"字，空中摄影，蔚为壮观，此举是一个大手笔。除此之外，"丹砂井"节目也做得颇有声色。永福的一名副县长带领卫生防疫人员远赴百里，前往百寿镇，取来丹砂井水，在万人瞩目下，请台上选出的十名寿星啜饮。一时，这"丹砂井"耸动四方，令人颇感神奇。这也是文化的功劳。据《永宁州志》载："百寿岩在州治东渡江百步许，山如横障，石洞天开，幽敞绝尘，炎夏无暑。《广舆记》云：'廖扶，永宁人，相传家有丹砂井，一族饮此井者，皆百余岁。'《抱朴子》亦云廖扶丹砂井，一族数百口饮之多寿，今井已无迹可寻。"从文字上看，《永宁州志》大约修于明朝，这个名不见经传的修志作者引述的这段话让我们后人拿来大做文章。结果，"丹砂井"找到了，廖扶一个白须拂胸的老寿星的像也立起来了，我们还考证出廖扶其人竟活了 158 岁，真乃天寿也！福寿文化又多了一道景观。若无这段文字，何来"丹砂井"乎？文化之功岂可没也？其实我们知道丹砂就是硫化汞，拿现代科学眼光来看，并不能使人长寿，服用太多反而有害。古人企望长寿，道家有炼丹之术，以为服用可以仙升。就连李白也有诗云："归休白鹅岭，渴饮丹砂井。"李白没有到过永福，他若知道丹砂井就在永福，他一定会跑到永福住下来，又会写出多少浪漫多情的诗篇呢！

永宁州古城也是永福人的骄傲。这座始建于明代的古城位于县城西北的百寿镇。正是秋光潋滟，水落石出之时，青山淡远，澄江如练，有浣衣女踞石戏水。我们踩着江中凸起的大石过江，但见城门耸峙，俯临江水，城墙完好，雉堞依旧，仿佛仍有带甲将士手持戈矛在城楼上守望。进得城来，古朴的民居、店铺夹街相连，行人表情澹定从容，无论少长，得山风水气之浸润，肌肤大率黄白嫩泽；有倚门相望者，有挎篮卖柑者，有蹲踞门首捧粗瓷大碗吃米粉者，乡音婉约，细语轻声，绝无扰攘喧哗。人若高髻广袖，草履葛巾，则依稀明朝城郭也！这份安详，这份超然，和古城如此谐调一致，城外青山城内人，相看两不厌，这就是永宁州的气韵和风度。永宁州城历数百年风雨，四门皆在，据说是江南现存较为完整的古代石城之一。我想起湘西的凤凰古城，迟至清代，才成为辰沅永靖兵备道的治所，揣想其建城时间不会早于永宁州城。但那里出了沈从文和黄永玉两位文化大家，所以名气大于这座藏于桂北山水中的古城。人以文传，地以人传，文章（取其广义而言）岂非曹丕所言"经国之大业，不朽之盛事"哉！

我在永福所见当不止此。百寿镇上有一株世界上最大的重阳树，蓊郁苍然，树龄逾八百年以上。每当国有大事，树冠间青烟袅袅，氤氲升腾，令人啧啧称奇。我们没有见到老树吐气冒烟，但当地人言之凿凿，好事者还有记载，当非虚言。这件事情可能会有科学的解释，但我宁信老树有灵。八百年间，这株老树见证过多少人世沧桑，惜其无言。青烟紫气，喜乎？悲乎？预兆乎？警示乎……"究天人之际，通古今之变"的太史公早已不在，我等凡庶小子安可测度？登临永福县城内的凤山，还有一个光绪初年的大"福"字石刻，笔画粗如掌，是凤山澄心寺主持听石僧所制。当年还刻上一个"安"字，风雨剥蚀，已不可见，唯"福"字尚存。"安"字虽湮灭，神州已大安。永福有"福"，百寿有"寿"，大安大福，福寿双全，永福的"福寿文化"至此齐备矣！

说到文化，就不能不提到深蕴于民间的传统风习。永福虽处桂北山中，但南方的文化积淀深厚，耕读传家，子弟向学，纵是深山更深处，也有饱读诗书人。永福在宋代，曾出过文、武两个状元，这是跳过龙门的,姑且不论。就是山野村夫,扛着镢头,挑着担子,赤着脚,施施然迎面走来,你也不可小觑。说不定此人就是声情并茂、出口成章的山歌高手,连唱三天三夜不带穷词儿的;也可能是能编能演、粉墨擅场的彩调大王,肚子里的戏文足可颠倒众生;更可能是诗书满腹、词章锦绣的骚人墨客,秦汉文章,唐诗宋词,样样来得,让你后生小子瞠目结舌。我在龙江乡社边村采风时,在一户人家的堂屋里抄过一副结婚喜庆的长联,对仗工稳,比兴繁富,每联37字,非有厚实的古文功底的联对高手所不能为。南方民间重视宗族传承,走入山中人家,见堂屋正墙上皆供奉祖先牌位,而且各宗族俱有堂号,如谢氏的"陈晋堂",莫氏的"钜鹿堂",黄氏的"江夏堂"等。我们爬了很远的山,到山顶一户人家,同行的县委宣传部副部长见堂屋供着"江夏堂"的宗族牌位,立刻认出是自己的本家。这些宗族堂号因何而来? 他们的先祖为何立下这些堂号? 其间有何渊源往事? 要细心研究,这可能就是一门专门的学问。这里涵容了民间千百年间形成的法天敬祖、敦亲孝悌的信仰。农民们本分节俭、和平处世的品德也时时得到耳濡目染的教化。如农家小院春联中"守本分而安岁月,存天理以度春秋";"手足情深当敬爱,妯娌和睦应关怀";"当家始知油盐贵,主事方晓柴米艰";"多行善事继先祖,广积阴功启后人"……这就是中国农民的信仰和生活哲学,它在广大的中国乡村有着巨大的生命力,它是文化,是智慧,也是生活,是农民最后坚守的精神家园。

古人云:"道不可见,于日用饮食见之。"在永福的日子里,我常常想,永福之"福"在哪里呢? 在那株重阳老树边的草地上,一个白发的老婆婆把毛茸茸的鸡雏一只只拣拾到衣襟里。母鸡是八月十五丢的,如今它不仅回来了,还带回了孵出的鸡雏。老婆婆提着母鸡,兜着鸡雏蹒跚着走出田埂。她的笑容里藏着悠长的岁月和安详的日子,这就是永福之"福"。在百寿镇一户古朴的山里人家,堂屋的硬木长椅上坐着四五位老婆婆,年长的百余岁,最小的也七八十岁了。她们唠着家常,说着果园、山林和河里的鱼,说着夏天的一场大雨,还说起好多年前隔着河和一个后生对唱山歌的情景,哎呀呀,那时候还是女娃子呢! 这时,这家的主人——其中一个老婆婆的儿子从园子里摘回一篮子金黄的甜橙,把一个个甜橙热情地送给不期而至的客人,连连劝客:"吃吧,吃吧,甜着呢!"手捧硕大的甜橙,果蒂上还带着鲜嫩的绿叶。哦,金黄的甜橙和鲜绿的叶子哟,这就是永福之"福"。在龙江乡的社边村,村支书谢水弟带我们走过吊桥,沿着青石小路攀爬,从碧绿的翠竹缝隙望出去,可以见到脚下蜿蜒清澈的江水绕村而去。这是油茶树,这是木薯秧,这是胡椒林,这是罗汉果,它不是结在树上的,它是结在藤上的;看,这架起的罗汉果园,青藤蔽日,多好,多清凉;看,这垂下的罗汉果,像圆圆的翡翠。好,那就照张相吧,留个纪念。看,这是佛手瓜,等着,我去给你们摘一个来。噢,好清香啊! 是啊,把佛手瓜切片泡在蜂蜜里,是止咳润肺的良方。蜂蜜,多着呢? 临走时我要送你一罐好蜂蜜。我们这里的蜂蜜可不比别处,做一个木桶放在屋檐下,野蜂就会自己来酿蜜,这野蜂蜜啊,好着呢! 来,让我把木桶掀起,请你们看一下。没事儿,只要你不伤害它们,野蜂是不蜇人的,这些小东西也通人气呢! 累了吧? 热了吧? 你们城里人不惯爬山,都出了汗。好,就停在这里,别动,听我吹声口哨。我们站在山坡上,望着远方碧绿的山坳,旁边有几株高大的相思树。谢水弟吹了声口哨,一会儿工夫,只听风声泠泠,山坳间云气氤氲,清风骤至,相思树叶片翻动,飒飒有声,顿觉神清气爽,遍体清凉。我们啧啧称奇,待山空云静,也吹口哨,呼唤山风,竟屡试不爽。谢水弟憨憨地笑着,说,我们本地人爬山到这里,累了热了,就在这里歇脚,一吹口哨,就有风来,爽着呢! 先是觉得蹊跷,后来习以为常了。哦,遂人愿的听人唤的习习山风啊,你起于青萍之末还是起于佛手树下? 你掠过枇杷林,穿过翠竹岭,跨山越涧,飒然而至,带给我们的不就是永福之"福"吗? 永福之"福"在于上天赐给永福百姓的万古青山,在于永福百姓富足的衣食之源和一个个寻常恬静的日子,在于永福百姓富于创造性的生活。永福留下了青山和文化,永福之"福"将世代相续,绵绵不绝。

我乃北方人,祈福去南国。想我离家南下之时,已是寒凝大地,满目萧索。一到南国,则青山缥碧,绿水澄澈。永福数日勾留,名胜古迹、山水人物,叠印心中,如一阵阵南来之风,搅动我心底的涟漪。据传,昔者舜弹五弦之琴,歌《南风》之诗,其词曰:"南风之薰兮,可以解吾民之愠兮;南风之时兮,可以阜吾民之财兮。"舜乃上古的帝王,他祈愿民无愁苦,丰衣足食,我乃区区一书生,没有五弦琴可弹,但我的祈愿却是和舜一样的啊！让薰薰南风带去我对永福人民深深的祝福吧！

2006 年 12 月 31 日于一木堂

【作者】周树山，系全国知名作家。时任中国作家协会会员，中国戏剧家协会会员，国家一级编剧。本文发表于黄继树主编的《福寿之乡》散文作品集，漓江出版社 2008 年出版。

百寿便永福

陈肖人

　　永福，是一个滚瓜烂熟的地名，因为它就蹲在邕桂线上，作为广西文化人，一年之中谁不几次和它擦肩而过？因而就把它看得很平常了。所谓"平常"，无非就是一个地名、站名而已。而永福境内的百寿（镇），上个世纪 80 年代，因友人的家就在此地，曾和他到过一次。看了一下百寿岩的"寿"字，当时对文物之类不感兴趣，看就看了，没留下什么特别印象，及至这次参加永福举办的"福寿吉祥文化笔会"。会上，听主人介绍，永福县有人口 27 万，60 岁以上老人 3.70 万人，占总人口 14%；90 岁至 99 岁老人近 1000 人，80 岁至 89 岁老人有 4000 多人，尚健在的百岁以上老人 32 个，这一说，让我深为震撼。因为联合国的有关组织规定为百岁以上老人在每 10 万人中，占 7.50 人者命名为"长寿之乡"，而永福 10 万人中占有 11.90 人，大大超过联合国的规定。在全世界的长寿之乡中，有什么地方能与之匹比呢？我没有查找过有关资料，但这足以令人稀奇了。

　　这么一来，我的思维被拽住了。"永福""百寿"这两个地名不再是平平常常的地名，而是十分生动的字眼，是人类毕生追求的理念，是社会谋求的终极生境，这是至高无上、无比完美的境界，永福和百寿全占了。在思索之中，我凑出了一句非对非诗的词语："百寿便永福，永福即百寿"。这话近乎词语"魔方"，可全作名词用，也可全作形容词用，更可作名词、形容词用，反正随君所思所想所取。

　　永福笃定是长寿之乡了。而永福为什么笃定是长寿之乡，是天时？是地利？是人和？第二天，我们走马"百里画廊""夫子庙"前、"重阳树"下，一路"观花"，所见所闻，耳濡目染，足可以对这个问题得到了几许诠释。

　　第二天一早，我们车走"百里画廊"。所谓"百里画廊"就是永福的西河沿岸。这条西河是永福境内的龙江和百寿河汇合而成，流到永福就叫洛清江，洛清江流经鹿寨注入柳江。永福到桂林其中有一公路就是沿西河而去。永福的森林覆盖面积达 74%。所以，走在这条路上，满山是黑森森的林木，山下是清悠悠的流水。永福的山都不太高，但与周边多石山的几个县不同，几乎全是泥山。如此自然地理环境，加上南方雨水充沛，永福这地方林森竹茂，植物繁多，那是理所当然的了。但是，在今天来说，也未必尽然。别说全国，就说广西，要找森林，得往边远的山区里去；要找清流，难觅其踪，多少江河支流，鱼虾尽灭，污水横流。可在永福，县城就处在绿荫掩映之下，清流萦回之中，边清流便是西河而来。我走至途中，车遇熄火，大家下车等车换接时，北京来的几位同行走下江边，面对这哗哗流淌的清悠悠江水，赞不绝口。相随的主人说，如果大家高兴，尽可以捧水来喝，这水绝无污染，都是山中的清泉汇聚而成的。大家都掬起水来，口虽然不渴，都喝进嘴里一试，男的喝了进去，女的含进口中嗽嗽。客人们面对这两岸青山、一江绿水，都打开摄像机、照相机，不住地把这山山水水摄入镜头。

　　换车之后，再沿途而去，偶见一些村寨，都是吊脚楼的木屋，掩映在茂林修竹之中。在公路边上，不时有竹筒相接的泉水注入路边。主人告诉我们，这都是给赶路的人喝的。我们看见也有自驾车的游客，拿起塑料桶，装着满满一两桶，放进车后厢，满载而去。这绝对是一条山路，因它处在山中腹地，沿山而走。但这也绝对不是一条山路，因为它有山无坡，虽沿山沿江而去，却平平坦坦，路况绝佳。来往车辆不多，稳坐车上，饱览沿途风光。时值仲秋，山上是森森林木，山下是潺潺流水，垌中是金黄稻田，岸边是枫红荻白，野

·789·

花杂树,无一不怡情悦目。我们就像坐在电瓶车,畅游在大公园。不,这是天公的造化,这是实实在在的大自然。这美丽的大自然,如果没有公权力的保护,没有沿岸百姓的滋养,再好的大自然也难有今天。因此,说它是"百里画廊"实不为过。对久居闹市的我们来说,这岂止是画廊,简直是一块圣地! 沿途一走,杂念全去,浮尘尽滤,心清气爽,哪里去找? 四十多公里的路,只恐走得快了,不知不觉间来到了夫子庙前。

夫子庙,也称百寿岩,所在地叫百寿镇,此地历代曾设县置为百寿县。1952年后,并入永福县。来前,主人介绍,百寿岩中有八百多年前宋代留下的石刻巨制"寿"字,是阳刻,"寿"字中阴刻入一百个字体不同的小"寿"字,小"寿"字旁边刻有铭章,注明字体或出处。世人便谓之"百寿图"。从"百寿图"中,不但使人领略到汉字的起源,还能窥见中国文字的演化、发展历程,所以有人喻它为中国书法史的一部珍贵档案。甚至某位西方汉学家在研究它时发出"百寿图"简直是中国文字的"太阳系"的感喟! 如此文化瑰宝,可是藏在深闺人未识? 未必。据说,1937年冬,蒋介石五十大寿时,全国各省地方官员送去的贺礼他都拒收了,唯有南洋侨领陈嘉庚送去的战斗机和当时的广西省主席黄旭初送去的精裱"百寿图"拓件,蒋介石收下。1972年,英国女皇寿庆,蒋介石又把这幅"百寿图"拓件赠贺英国女王。1987年,摩洛哥国王六十寿辰,中国政府赠贺的礼品就是"百寿图"。1997年,法国前总统密特朗的秘书用中文给永福县写了一封热情洋溢的信,信中说,总统阁下已把"百寿图"作为东方文化精品珍藏于他的私人博物馆。如此种种,可见"百寿图"已名扬天下,饮誉中外。

可是,当我们车进百寿镇,在一小石山前停留,主人告诉大家,百寿岩就在这里时,我有点愕然了。举目望去,那百寿岩外围筑的铁门、门柱、围墙,一看,以为是停车场,因那铁门是用粗糙的圆铁条焊成,那门柱、围墙赫红中贴上蛋花色瓷面,和县城众多的厂房大门无异,这哪里是深藏文化瑰宝的地方? 及至踏上几级石阶,走进敞阳的岩内,迎面是一些附在岩中,大小不一、高低相坐、披红挂绿的观音、菩萨,给人感觉是近乎乡村小庙。待再往左右两旁石壁一看,特别是见岩洞右边岩壁上大大的"寿"字时,思维才慢慢走入佳境。

这个"寿"字并非刻在直竖的岩趾,而是嵌入几成45度角的岩壁中,可见当时这位石刻者的能工巧艺。主人给我们介绍,此字的创造是南末绍定己丑年(1229年),霜署任古县(百寿镇)的知县史谓创作的。他到任后,得知此地曾出现过一个叫廖扶的村民寿至158岁(东晋葛洪的《抱朴子》中有记载),廖扶家中有一丹砂井,一族饮此井水,皆百余岁。史谓有感于此,便创作了这个"寿"字,并请当时桂林最有名的石匠王鼋镌刻。字长177厘米,宽148厘米,而且令人稀奇的是这个"寿"字集正、篆、隶、行四法于一体。"寿"字的对面,也就进岩洞的左边岩壁有元代大书法家赵孟頫的"宁寿"二字的真迹石刻。岩洞还有不少知名不知名的文人墨客留下的诗词刻字,大部分保存得相当完好。看到这些国宝石刻,我想起"文化大革命"期间,何以不被销毁而保存下来? 问及此事时,主人笑笑说,当时附近村民,听说某日"红卫兵"要来铲除这些"封资修",村民马上挑来牛屎大粪,堆叠在洞中,臭气冲天,红卫兵根本无法立足,更无法把石刻铲除了。这样,这宝贝石刻才得以躲过大难,保存下来。这就是农民的智慧,聪明、质朴、略带土俗、狡黠,但却很管用。

看完百寿岩,主人又领我们去参观离这百来米的"重阳树"。重阳树,听来颇新鲜,也颇有诗意。一出岩门,主人就指着不远处一株树冠如盖的大树说,那就是重阳树。大家便急奔而去,走近一看,那可真是了不得的一株大树,就像一堵墙立在眼前。树根周围长了不少苔藓,而且令人惊异的是,树的主干套生了一株榕树,这株榕树几乎把主干包住了,成了套生树,树中之树,所以人们又把这株重阳树称为"阴阳树"。据测,重阳树高14.90米,树冠宽为31米,树干胸围5.31米。这株树经林业专家测定,已有900年以上树龄,是世界上最大的一株重阳树。当地村民视其为"神树"。怪,大树周围砌围着光溜溜的石栏,既可以保护大树,夏天暑日,又能为村民乘凉歇息。树旁插满了香烛残枝,香灰残蜡铺满一地。人们敬重重阳树,也敬重老人,"重阳树""重阳节"那是福寿的象征。"人间重晚情",这是国人的美德,民间尤是。

正当我们离树而去,忽然间,见一位老婆婆从在树一旁杂草丛生的田地边爬上路基,右手拽一只老母鸡,左手拿三个鸡蛋还揽在衣兜,里面有一窝小鸡仔。这下子引起了大家的兴趣,纷纷围过来问个究竟。原来这只老母鸡已经半个多月没有回家,老婆婆便出来寻找,发现这老母鸡在草丛中窝着一窝鸡仔,手上三个鸡蛋是孵化不出仔的蛋。这么一说，大家更有兴致了，有人把老婆婆扶上路基，簇拥着随她进了家。老婆婆放下鸡仔，进内屋抓了一把碎米撒在地上，母鸡、鸡仔便欢欢叮食了。大家见老婆婆身虽微驼，但面色红润，手脚尚麻利，便问老婆婆多大年纪。老婆婆说，八十三岁，大伙都"啊"一声，发出"了不起"的感叹！

从老婆婆家出来，我就跌入沉思。我老家就在农村，从小在农村摸爬滚打长大。因为九十三岁的老母亲还在老家，所以每个月我都奔回老家看望老母亲，对农村、对老家，可以说是一往情深；对农家、对农事也可说兴趣盎然。像母鸡在野外草丛生蛋、孵化鸡仔这种现象，小时候我也见过。但是，现在的农村，确实是鲜有了，岂止鲜有，我们那里的农村，简单是不可能的事，因为屋前屋后，甚至村边，几乎没有任何草丛，不是光秃秃的屋边，便是屋边之外的稻田，鸡几乎是全养在笼里，傍晚才放出笼来，鸡哪里还有草丛野地觅食的天地？但是，在百寿，在长寿之乡的永福这个地方，多少年来，环境依然，山水依旧，生态不变。青山依旧在，黄花晚节香。这黄花便是福寿之花。这生态环境，不就是天时、地利、人和的环境吗？还到哪里去找？如此和谐环境，人能不百寿吗？人能不永福吗？

永福之行，我信然。

【作者】陈肖人，系全国知名作家。时任广西出版总社编审，中国作家协会会员，享受国务院特殊津贴专家。本文发表于黄继树主编的《福寿之乡》散文作品集，漓江出版社2008年出版。

福寿之乡的吉祥三宝

彭　匈

广西永福县城西北，有一小镇，大号百寿。此地群山遥列，一水蜿蜒，城郭方正，古木参天。

早就听说东晋葛洪在此炼丹，我对其真实性一直存疑，怕是后人附会，看到文字记载，方知百寿原为县置，为西晋太康二年（281年）所设。应该说，1700多年前，这个地方就很有一点名气了。道家讲究修炼，追求长生不老。我这样推断，并不是葛洪四处云游，偶然到了百寿，发现这里有个汉时寿及158岁的廖扶，而是廖扶的名声早已由当地官员传到中原，葛洪是慕名而来的。来此一番考证，乃记入《抱朴子》："廖扶，汉初始安县人，家有丹砂井，寿一百五十八岁"，并见证"一族百口饮之多寿"。汉晋年代相隔不远，葛洪的记载可信。

葛洪炼丹的小山，山下一岩，不大，一人修炼，正得其所。岩得名，因了葛洪；岩出名，却为壁穿上的那个大大的寿字。字高1.77米，宽1.48米。字为阳刻，整体间架为楷书，细看又蕴含多种笔意，起笔收笔皆为圆头小篆，其鹅头燕尾又为汉隶笔势，右下"寸"字的一点，露飞白，为章草。大寿之中，阴刻了一百个小寿字，字中有字，颇耐咀嚼。它的珍贵在于，字字皆有出处——每一字旁，均有一长方印章，注明此字出自何处，可谓无一字无来历。因勒石年代为南宋绍定已丑年，因而选字下限为宋四家，有"蔡（襄）书"等，由宋上溯，则有唐"虞（世南）书"、唐"怀素"、晋王羲之"换鹅经"、秦"程邈"等，再往上，则为金文（商鼎、周鼎、汉鼎）、甲骨文、石鼓文、西夏台书等，再往上溯，深不可测，直可追溯到仓颉"初造书契"的时代甚至更远。遥想我们的祖先，观摩自然百态，用其象形以纪年记事，遂有火文、水文、树文、叶文、龙文、狮文、箭文、芝草文、星斗文、蝌蚪文、聚宝文等。细看寿字右下一点，内藏两个寿字，左边一个为聚宝文，笔画由象牙、犀角、龟板、珊瑚、玛瑙等构成，似可看出古代民族融和乃至中外文化交流之轨迹。

以前就听说一个流传得很广的故事，说是有人见一八十老叟在屋前啼哭，人问何故，答云父亲打我。为何打你？因为我不听我爷爷的话。据说当时的知县史渭，在寻访一桩水利纠纷案时，也经历了一番类似的情景。山中常有千年树，世上难逢百岁人，而乡里期颐老人甚多，米寿者更不可胜数，史渭无穷感慨，遂萌发镌刻百寿图的意念。时光流逝，多少达官显贵了无烟痕，而七品史渭则与当年之善举一道流芳千古。人有善愿，天必佑之。信然。

百寿图，堪称福寿之乡第一宝。

出寿字岩，左望，有大树挺立村头，冠盖庞然，浓荫蔽日。近前，但见树身灰褐，质朴粗厚，淳淳然若野外长年劳作的苍髯老者。叶片呈椭圆形，色道很深，微风中轻轻翻动，其声如老人叨叨絮语。大树胸围5.31米，七个小学生手拉手，正好一圈。本地人叫"凉木树"。那年来了一位专门研究植物的学者，他是来看百寿图的，这个在他的考察生涯中的"巨大发现"，实属偶然得之。当下他说出一番话来，顿使这藏在山中人未识的宝树价值倍增。他说，这树的植物学名叫重阳木，又名水蚬木，是热带、亚热带的特有树种。他曾去过十四个国家考察，当年在我国西双版纳发现一株胸围1.90米的重阳木就令他激动不已，据他所看过的资料记载，世界上最大的一株重阳木在北非的摩洛哥，胸围也只有3.80米。"这才是世界上最大的重阳木！"这可是专家说的。

更为神奇的是，树身约三米高处，寄生着一棵水桶般粗壮的榕树。榕树细腻光滑，与粗朴刚健的重阳木纠缠一处，令人想起罗丹那男女紧紧拥抱的体现人类之爱的著名雕塑。

重阳古木，应是福寿之乡的第二宝。

绕树一匝，进入村落。秦砖汉瓦，房舍井然。村中偶见小憩的村民，或蹲或坐，皆眉目和善，温润迎人。见此登时想起陆放翁之"箫鼓追随春社近，衣冠简朴古风存"句。绕过曲径，但见"苔痕上阶绿，草色入帘青"，进得门来，早有四位老妪靠在木沙发上，迎接我们的到来。为首一位，已过百龄，其余三位，八十九十不等。我在百岁老人身旁小心坐下，握着老人的手，感到温暖柔和，我说了一些问候的话，声音并不大，老人却听得清，竟然回答，这两年耳朵有点背了，还能走动云云。说话间，进来几个五六十岁笑眯眯的男子，大约是老人的儿孙之辈，捧了许多脐橙，给我们每人两个，堂屋里的气氛很是和谐。

据当地文化界朋友介绍，凡是能见到的与此地有关的古籍，都有百岁老人的记载，可以说，历朝历代，百寿这个地方的百岁老人都没有间断过。据近年人口普查，永福县尚健在的百岁老人有32位，90岁至99岁的老人有近千人，80岁至89岁的老人有4000多人。

百寿老人，应是福寿之乡的第三宝。

百寿图刻在岩中侧上方顶穹，此等形制，名为"天碑"；重阳木根深叶茂，深得大地之精气；加上从未断档的百岁老人，可以说，福寿之乡的吉祥三宝深得天、地、人之真昧。

可以预见，这个地方成为全世界目光的聚焦点，业已为期不远。哪天听到世界级的以长寿为主题的"百寿论坛"开幕的消息，我一点也不惊讶。

【作者】彭匈，系全国知名作家。曾任漓江出版社社长、广西人民出版社总编辑。时任广西出版总社出版工作部主任、编审。本文发表于2006年12月5日《广西日报》花山副刊。转载于黄继树主编的《福寿之乡》散文作品集，漓江出版社出版。

神秘的百寿丹砂井和百寿图

黄继树

从山水甲天下的桂林乘车沿桂（林）融（安）公路西去，行30余公里，便是民国代总统李宗仁先生的故居。又西去30余公里，就到了永福县百寿镇。

百寿镇有两件宝贝闻名天下，一是丹砂井，一是百寿图。

——

有关丹砂井的记载，最早出自东晋道教理论家、炼丹家、医学家葛洪所著的《抱朴子·内篇》卷十一《仙药》："余亡祖鸿胪少卿曾为临沅令，云此县有廖氏家，世世寿考，或出百岁，或八九十，后徙去，子孙转多夭折。他人居其故宅，复如旧，后累世寿考。由此乃觉是宅之所为，而不知其何故，疑其井水殊赤，乃试掘井左右,得古人埋丹砂数十斛,去井数尺,此丹砂汁因泉渐入井,是以饮其水而得寿。"

葛洪的先祖在三国时吴国为官,"曾为临沅令"。临沅,古县名,治所在今湖南常德一带。葛洪 13 岁时父亲就去世了,他对自己这位曾任临沅令的先祖恐怕没什么印象。关于丹砂井的传说,很可能是葛洪从他学习炼丹的师傅郑隐那里听来的。郑隐是葛洪的先祖葛玄的弟子。丹砂,是一种矿物名,它的化学名称叫硫化汞,是提炼汞最主要的原料,朱红色、半透明,中医用于安神和定惊。

葛洪本来在东晋朝廷里做官,因镇压农民起义有功被封为关内侯,但他对官爵禄位并不感兴趣,而是热心于炼丹术。当他听说交趾有丹砂,便毅然向皇上请辞侯爵,"求为勾漏令"。交趾,为汉武帝所置十三刺史部之一,辖境相当于今广东、广西的大部和越南的北部、中部一带。勾漏,即今广西的北流市。葛洪带着他的儿子和侄子千里迢迢跑到广西北流市来做一个小小的"勾漏令",以便寻找丹砂进行炼丹。很可能他在广西北流县没有找到丹砂,便辗转来到广西北部的常安县(今永福县百寿镇一带)继续寻找丹砂。传说他到了今百寿镇的百寿岩,发现岩前有一眼井,井水清澈晶莹,色淡红。这不正是他梦寐以求的丹砂井吗? 真是踏破铁鞋无觅处,得来全不费功夫! 在欣喜之余,葛洪便在岩洞中住了下来。他日汲丹泉,夜炼金丹,著书立说,历数载而不返。于是,这山便被当地人称为"葛祖山",这岩被称为"夫子岩",这井被称为"丹砂井",就连葛洪攀缘上下山的一种山藤也被称为"葛藤"。葛洪不仅发现了丹砂井,还发现一大奇迹,这就是住在岩洞附近的一个姓廖的家族,饮用岩前丹砂井中之水都活到了百岁以上,其中一位叫廖扶的老人更是活到 158 岁。《永宁州志》(百寿镇古属永宁州)记载:"百寿岩在州治东渡江百步许,山如横障,石洞天开,幽敞绝尘,炎夏无暑。《广舆记》云:'廖扶,永宁人,相传家有丹砂井,一族饮此井者,皆百余岁。'《抱朴子》亦云廖扶丹砂井,一族数百口饮之多寿。今井已无迹可寻。"古籍除《广舆记》外,《地舆记》亦有记载。

葛洪后来云游到广东罗浮山,在山中继续炼丹著书,终在罗浮山去世。此后,丹砂井之名不胫而走。唐代大诗人王维、李白虽然没有到过岭南,但对丹砂井却甚为仰慕。王维有诗:"徒思赤笔书,讵有丹砂井。"(《林园即事寄舍弟紞》)李白有诗:"归休白鹅岭,渴饮丹砂井。"(《送温处士归黄山白鹅峰旧居》)后来,历朝历代便不断有文人墨客前来寻觅丹砂井,渴望能饮用丹砂井水而长寿百岁。他们大概都没有寻觅到这神秘的丹砂井,只留下一些惆怅的诗词墨迹传之后世。"旧井丹砂何处寻,桥头侧听水潺潺""丹砂流泉延上寿,玉人空谷寄遐心""谁乘明月寻仙井,且喜云拥梵宫胜""独有丹砂寻不得,归来依旧白髭须""廖氏岩前芜草没,难觅丹砂"……

虽然历代文人墨客们苦苦寻寻觅觅,也难觅丹砂井之踪迹,但百寿镇一带却随处可见百岁老人。丹砂井虽已淹没无迹可寻,但丹砂井水却透过深厚的地层,默默地渗透到了万户千家,滋养了百寿镇这一方得天独厚的百姓。

二

百寿岩和百寿镇的得名源于丹砂井和百寿图。百寿图是宋代绍定己丑(公元 1229 年)知县史渭策划创作的,至今已近 800 年。百寿图镌刻于百寿岩内顶端的石壁上,由 100 个形体各异的小寿字组成一个大寿字,字高 177 厘米,宽 145 厘米。

百寿图是中华民族和谐文化的集大成者。人要想长寿百岁必须有一个和谐的生存环境,百寿图的创意便是由此而得。传说宋代绍定年间(1228—1233 年),知县史渭到古县(今百寿镇一带)上任伊始,发现当地百姓屡因丹砂井水发生纠纷,讼诉不断,时有械斗流血丧命事件发生,便下令远近村户每户推举一位老者前来协商解决井水纠纷的办法,以止械斗,安宁县境。不料,来者竟然有 100 位,而且全是百岁以上老者。百位百岁老者个个都是智叟,他们给史渭出谋划策,很快便把困扰地方多年的丹砂井水纠纷案解决了。从此,四方安宁、县境和谐、人寿年丰。史渭由此受到启发,便邀请当时一批书法名家齐集夫子岩内,大家寻经查典、广征博引,历时一年终于创作出了这幅百寿图。史渭请来一位叫王竈的摩崖石刻高手,将百寿图镌刻于岩内石壁顶端。

百寿图的字体结构体现了一种高度的和谐性。它的 100 个小寿字，百字百体，中国文字的种类在其中均可找到，宋代以前各种书法大家的不同书体风格都包括在内，虽风格流派各异，但却非常和谐地融聚于一个大寿字中。那大寿字包容了 100 个小寿字，其运笔又包括了正、篆、隶、行，将四法融为一体，更显端庄大气、厚重圆润，给人以顶天立地、气吞山河之感。

百寿图不仅在字体结构上体现了高度的和谐性，而且还把佛教文化、道教文化、少数民族文化和中外文化完整地融聚于一体，巧妙地体现了中华文明的和谐性。百寿图中，每一个小寿字旁均有一枚铭章，这些铭章含意深远。如"瑶池宝意""四利佛书""西方梵书"无不透出佛教的神秘色彩；"飞章符""皇极篆""青黄君书""玄隶""帝君玉牒"又流露出道家气息；"西夏台书"显出北方少数民族的文化特征；"聚宝文"则把古代西洋各国的文字用珊瑚、玛瑙、珍珠、象牙、犀角等宝物的形式形象生动地描绘出来。百寿图以中华文明的广阔胸怀对各种文化兼收并蓄，从而形成一种博大精深的和谐文化。

百寿图由于巧妙地体现了中华和谐文化的特色，因而具备极高的文化精神价值。1936 年 10 月，蒋介石 50 寿辰（虚岁），当时正是全国抗战的前夕。蒋介石与李宗仁、白崇禧的桂系矛盾很深，李、白以出兵抗日为由逼蒋抗日，发起了"六一"反蒋运动，蒋、桂军事冲突一触即发。后经各方调停斡旋，蒋、桂双方均以"和为贵"最后握手言和，从而保存了中国抗战的精锐。事后，蒋介石到洛阳"避寿"。李、白命广西省主席黄旭初携带一幅拓印装裱精美的百寿图去向蒋介石祝寿，意涵双方团结和谐共赴国难的精神。抗战时期，为了加强与盟国英国的关系，百寿图又充当了中外和谐的使者，远赴英伦三岛为英国女王祝寿。1989 年 7 月，摩洛哥国王哈桑二世 60 华诞，百寿图又到北非为国王祝寿。

百寿图是一幅常读常新的不朽之作。

【作者】黄继树，系全国知名作家，也是永福籍作家。国家一级作家，享受国务院特殊津贴专家。时任桂林市文联名誉主席，桂林市作家协会主席。本文发表于 2006 年 12 月 12 日《文艺报》。转载于黄继树主编的《福寿之乡》散文作品集，漓江出版社 2008 年出版。

三、前贤诗词选辑

秋子赋

西晋·潘歆（字展元）

春元更立，太康以纪。

厥门奉檄，任三万里。

背负白鹿，走马单骑。

蓝田柳绿，车马熙熙。

直下江陵，都门换檄。

及至云梦，无涯无际。

资水湍急，艰险莫述。

千里楚地，尽皆南语。

大雪纷飞，檐下冰激。

鄱县越趄，百日无期。

湘水遥遥,桂山远绿。

荷月将尽,山色独奇。

始安在西,常安立邑。

开辟鸿蒙,饮马梁溪。

草舍竹篱,开衙立署。

溪水如蓝,黄草凄凄。

注:此赋为永福县永安乡退休教师黄椿口述、记录。据考,百寿县建县始于晋太康二年(281年),初称常安县。古常安县,为三国吴甘露元年(265年)置,但吴国随之灭亡。直至晋武帝太康元年(280年),始委官赴任,太康二年(281年)辛丑秋,县宰潘歆方到此建衙立署治事。故旧志载:常安县为晋太康初(280年)置。

下列前贤古诗词选自罗明圭、梁熙成编著《永福前贤诗词集》

九月初三日登两江城观新月口占
宋·王世则

两江城踞凤凰头,街市繁华一水悠。

东去犀牛望明月,西来铁笔写新秋。

北驱九岭如奔马,南舞双狮滚绣球。

更得三星齐拱照,登临欲上揽银钩。

注:这首诗是北宋太平兴国四年(979年)秋永福县城人王世则在桂州(今桂林)两江贡院乡试中榜后所作。宋太平兴国八年(983年)王世则中状元。两江城在凤凰山前面,当时是桂州书院所在地。城东有巨石如犀牛,西有笔架山,南有狮石,北面沿河有九座土岭相连。

甘　露　赋
宋·王世则

万里随车兮,滋草木之灵长;百花珠吐兮,美御苑之馔良;

杨枝乱舞兮,播东海以济渴;大德四布兮,咒弥陀之法化;

葡萄已熟兮,垂神女之乳香;雨飞琼树兮,调牛娘之耕田;

甘露降兮,天下太平;俾圣主兮,是为之赋。

注:《宋宫廷直秘阁实录》载:雍熙二年(985年)四月二十六日,宋皇宫内苑喜降甘露。太宗诏状元王世则作《甘露赋》。世则奋笔疾书,少刻立就。上览之,龙心大悦。

高岩立春日
宋·王世则

二年白玉堂,挥翰供帖子。风尘起草台,墨照澄心纸。

三年文昌省,拜赐近天咫。红蓼颂御盘,金幡褭宫蕊。

晚为日南客,环堵隐乌几。朝来闻击鼓,土牛出墟市。

忧怀不自闲,欲逐春事起。安得五亩园,种蔬引江水。

注:此篇是王世则于景德二年(1005年)立春日题留在白象岩中的石刻。共3处,其余2处已不能辨。

割袍诗
宋·李温之

草间虽可活,丈夫誓不为。今为忠义死,作鬼亦杀贼。

注:李琪,永福堡里乡人,字温之,宋大观元年(1107年)武状元。宋靖康二年(1127年)五月,李琪率三千勇士北上勤王,至衡洲,与七万金兵血战数日。金兵主帅粘罕敬其忠勇,派人劝降,李琪割袍血书此诗作答。后李琪全军皆战死,无一生还。

游太平岩
明·刘敬(知县)

漫游刚到此,好景在人间。
笋斗岩前石,春妆屋后山。
行云留不住,飞鸟倦知还。
此是乾坤奥,松门不用关。

注:刘敬,云南省太和人。明正德年间(1506—1521年)任永福知县。太平岩在今永福县罗锦镇上笑村星江屯后,岩前有七贤书院。

赠苏桥驿丞
明·解缙

微官自古重英贤,孔子当时为乘田。
况是太平边报少,苏桥驿里枕书眠。

注:解缙,江西省吉水人。明代进士,任广西布政使参议。曾主持编纂《永乐大典》。明永乐五年(1407年)过相思棣到苏桥有感而作。

秋夕寿岩觞月
明·郑应龄(州牧)

夫子岩前秋已高,天心月色净巾袍。
匣中剑气寒星斗,洞口岚光拂羽旄。
玉露全消青草瘴,金风未解碧丝绦。
千山万水明双眼,可无尊罍共酝醪。

注:郑应龄,福建省莆田县(今莆田市)举人,明万历年间(1573—1620年)任永宁州牧。

秋日钟鼓岩题壁
明·林裕阳(州牧)

路入桃源胜,幽岩一径通。秋容山色外,花气鸟声中。
酒似兵厨旨,诗惭武库工。地灵今始显,逸兴几人同。

注：林裕阳，福建省常乐县举人。明万历年间(1573—1620 年)任永宁州牧。钟鼓岩位于今百寿镇三河村双排屯后。

上都琅岭
明·庞尚龙(州牧)

处处群峰鸟道盘，扪萝直上翠微峦。
侧身渐觉山河近，回首方知天地宽。
舆马似从云外度，画图直向镜中看。
回车莫问王阳险，多少同阊苦旱叹。

注：庞尚龙，时任明代永宁州牧。都琅岭在今龙江乡兴隆村和苏桥镇盘洞村及临桂县两江镇交界处，海拔 604 米。

过都琅岭
明·马光(州牧)

不负山灵约，行行又到山。峰高遥似逼，径转往疑还。
烟壑轮蹄下，星辰指摘间。忙忙双屐谢，何似岭云闲。

注：马光，时任明代永宁州牧。

渡　牛　河
清·李重发(州牧)

平沙带水望牛河，舟子停桡待客过。
黄竹杉松森夹岸，青山胜似白云多。

注：李重发，时任清代永宁州牧。牛河在今龙江乡西河村境内。

题　济　泉
清·刘新翰(举人)

万仞山头涌细湍，一泓飞坠气如兰。
直从银汉分仙派，不用金童捧露盘。
瀑水廉泉堪比洁，烈风疾雨不生澜。
凭谁乞与热中客，一滴能教肺腑寒。

注：刘新翰，今百寿镇三河村龙井村人，清代雍正年间举人。

咏夫子岩
清·邱锡畴(州牧)

古田仙迹莽榛芜，犹听村民说廖扶。
尘外烟花凭蝶梦，山头晴雨任鸠呼。
空岩尚锁千年翠，峭壁长悬百寿图。
独有丹砂寻不得，归来依旧白髭须。

注：邱锡畴，时任清代永宁州牧。夫子岩，又名百寿岩，在今百寿镇东岸村境内。

题夫子岩

清·杨奎（州牧）

寿岩凭眺旧风流，逸韵偏从翰墨留。

花月满庭应识我，八千年岁一春秋。

注：杨奎，江苏省阳湖人，监生。清代乾隆年间（1736—1795 年）任永宁州牧。

永福县治

清·林光棣（知县）

桂岭漓江逦丽来，清光淑气蔼城隈。

河环三面隐龙里，山绕重垣拱凤台。

高寺钟沉千户晓，好花春到一庭栽。

滥竽那许遍循吏，漫忆当年文武才。

注：林光棣，四川省蓬溪县人。清代道光年间（1821—1850 年）任永福知县。

喜　雨

清·林光棣（知县）

未忍田禾旱气侵，官民虔祷望云深。

连朝喜慰三农愿，一滴甘霖一滴金。

蝶恋花·凤巢山怀古

清·苏信德（教谕）

凤巢山上凤凰驻，凤去山空烟绕梧桐树。

为问名山谁是主，至今文脉垂祠宇。

状元劲书文和武，山水钟灵瑞霭云霞吐。

抚景而今生鼓舞，弦歌一邑齐邹鲁。

注：苏信德，广西武鸣县人。清代道光年间（1821—1850 年）任永福县教谕，并纂写《永福县志》。

永福八景诗

摘自清道光八年（1828 年）版《永福县志》

清·李树乔（举人）

（一）凤巢玉液

依然清冷泻山坳，一举千年尚有巢。

天与词臣留胜迹，人从修竹话初苞。

但凭小酌洗尘腑，不肯随波逐绿郊。

矫矫立朝威凤在，休将瓶钵为公淆。

（二）鹤沼金莲

何时风景久传扬，古迹徒牵梦想长。

雪白缟衣横月影,露寒金粉落花房。

卢耽去后应无迹,荀令经时尚有香。

回忆当年裙屐集,遥情空寄水中央。

(三)金山耸翠

万里如涛涌此山,亭亭独立镇南关。

任夸百丈玲珑玉,不学群峰倭坠环。

有意回澜江浩渺,无心出岫石斑斓。

耆颐不厌西来爽,都在朝岚暮霭间。

(四)银洞流清

一勺真堪寄此生,出山争及在山清。

廉泉让水名同美,雪碗冰瓯佛可呈。

涤我肺肠千顷绿,笼人须发半奁明。

招邀尚斗旗枪去,饮罢何妨又濯缨。

(五)西江古渡

垂阳两岸唤孤舟,人去人来不计秋。

桃叶多情应脉脉,仙槎有路自浮浮。

日残脾昵延归客,樟佛波光伴宿鸥。

我欲芒鞋踏霜去,不知谁是识津流。

(六)东岭甘泉

森林万笏尽参天,中有清流醴作泉。

何必探源休细索,果然知味不须煎。

幸无水递搜奇品,赖有茶经证秘传。

拂藓磨崖题迥酌,总因甘冽两能全。

(七)龙溪晚唱

船编黄篾饮羹藜,欸乃声传自远溪。

一曲鸣榔穿绿苇,三更收钓傍青堤。

舟移浅渚牵蓬泊,人聚斜阳晒网低。

到底渔翁无挂碍,卖鱼沽酒任沉迷。

(八)上乘晓钟

棱棱晓色日初升,百八声钟出上乘。

真个空门情欸欸,早令春梦醒腾腾。

天鸡唱罢风初肃,街析敲残僧作兴。

此际有人持半偈,西来真谛即春冰。

注:李树乔,广西永福罗锦镇人。清代乾隆年间举人,曾任大挑、广东增城知县。为清代山水画家李熙垣之父。

浪淘沙·古田八景

摘自清光绪十一年(1885 年)版《永宁州志》

清·余绍先(举人)

(一)文峰映日

天际插文峰,义驭晴烘。沧溟蘸墨海波红。云蔚霞蒸饶五色,画出苍龙。

咄咄自书空,开辟鸿蒙。春秋濡染露华浓,万丈光芒腾碧汉,雁阵藏锋。

（二）笔架千云

苍翠锁南关,缥缈三山。笔锋遥阁绿云湾。疑是巨灵神变化,海上携还。

秀峭出尘寰,岂易登攀。文章点染翠微间。欲挟飞仙临绝顶,遂我奇观。

（三）寿岩古篆

峭壁舞龙蛇,云篆堪夸。笔锋苍劲扫烟霞。镇静如山仁者寿,写照生花。

评史本名家,仙吏才华。风波可镇水之涯。廖氏崖前芜草没,难觅丹砂。

（四）竹鸟遗钟

古刹白云乡,山水苍茫。梵王宫殿久荒凉。遗下洪钟眠草莽,铸是萧郎。

忆昔鸟中王,绚采高岗。歧山鸣后往何方?枳棘丛中非久住,须卜朝阳。

（五）道姑仙迹

洞口吐祥烟,景物澄鲜。逍遥如在大罗天。嘉会仙岩降王母,常聚群仙。

空半碧峰连,玉笋天然。遗棺犹在翠微巅。风雨飘零今不朽,六百余年。

（六）六祖禅踪

独占此山秋,石洞清幽。灵龟听法喜抬头。石鼓传声同献瑞,必有缘由。

宝刹俯平畴,翠滴香浮。千峰环抱水悠悠。祖意西来谁领取,衣钵虚留。

（七）杨井天泉

纵步踏云烟,直上层巅。岩唇甘露滴涓涓。杨妹救军不得此,难望生全。

仗剑铸苍天,石涌甘泉。古来胜事岂虚传。呵嵋有神临厄地,自遇奇缘。

（八）龙潭香鲤

千尺水难量,赤鳝潜藏。渔人朝暮集溪旁。钓罢归来烹数尾,其味深长。

同在水中央,此独芬芳。沉杉气冽异寻常。他日龙门波浪涌,烧尾尤香。

注:余绍先,广西永福县百寿镇人,清代道光年间举人,解元。

游西登山

清·韦懿贞（女）

层峦耸翠石清华,飞鹜长空落彩霞。

幽境萦回千仞秀,禅门红拥遍桃花。

注:韦懿贞,清代永宁州壮族女诗人,也是永福(含百寿)县有史以来第一位女诗人。

秋 思

民国·张其锽

无限他年事,都归此夜心。时艰一慷慨,归计几沉吟。

远雁江天寂,孤灯楚馆深。踌躇更何许,付与梦秋阴。

注:张其锽,永福县苏桥镇人,清代光绪三十年(1904年)进士。民国初,先后出任湖南省军事厅长、广西省长、山东省督军,后出任吴佩孚十四省联军参谋总长,北洋政府授其上将衔。

古田骊唱

民国·韦启瑞(知事)

饱腴山水赋归来,揽胜穷幽亦快哉。

篆字摩挲镌百寿,战功煊赫纪三台。

关刀砍地光芒露,文笔书天阵势开。

此是两间磅礴气,仁看灵秀毓英才。

注:韦启瑞,广西藤县人,民国元年至三年(1912—1914年)任永宁县知事。

出关抗日口占

民国·侯人松

良心驱我出雄关,死死生生若等闲。

我是中原一男子,要将肝胆济时限。

注:侯人松,永福县堡里乡人。青年从政,中年投军,官至国民党中将,主张联共抗日。晚年回到永福从事教学工作。

四、福寿诗词楹联赋选辑

凤山祈福辞

梁熙成

天开福门兮,太阳出;

地开福门兮,五谷熟;

国开福门兮,万事兴旺;

家开福门兮,生活富足;

福泽桑梓兮,青山永驻;

福被苍生兮,才俊辈出;

福源长久兮,千秋;

福祉康宁兮,万古!

一鞠躬! 再鞠躬! 三鞠躬!

祝毕。

注:梁熙成,退休干部,永福县百寿镇人。曾任永福县政协秘书长。创作于2006年秋。著有《永福彩调史稿》,获第七届广西文艺创作铜鼓奖。

永福县首届福寿节有感

梁熙成

天凤高鸣新广场,咸集千叟话重阳。
寿天福地双全界,文状武魁二美乡。
读史更添豪迈气,观今再谱辉煌章。
长江后浪超前浪,银发殷殷咏太康。

注:作者同上(略)。创作于2006年秋。2006年秋,永福县举办首届福寿节。

福寿乡居乐

陈禄升

大厦鳞鳞别草堂,今生小邑也风光。
山川聚秀培人杰,风雨调和孕稼长。
汉果蔗糖甘玉液,葡萄稻米酿琼浆。
凡夫欲慕神仙境,那及家居福寿乡。

注:陈禄升,退休干部,永福县罗锦镇人。曾任中共永福县委副书记、政法委书记。退休后任县诗词楹联学会会长。创作于2006年秋。著有《养心集》诗词集。

凤山览胜

伍树成

远览群峰秋色浓,风浸雨洗更峥嵘。
高楼大厦如林立,茂树繁花遍地蓬。
雾镇山腰生紫气,云含日景照苍松。
今看福寿乡中景,经济腾飞物阜丰。

注:伍树成,退休干部,永福县永福镇人。曾任永福县志办公室副主任。创作于2006年秋。著有《怡情》诗词集。

祝吕翁佩芳老人百岁寿句

罗世奎

罗锦吕翁德望崇,年高人健赛青松。
声名直与菊争艳,浩誉堪同梅比容。
遣兴田园观稻菽,舒怀坡岭朐春风。
遐龄已届期颐岁,绕膝儿孙乐扈从。

注:罗世奎,退休干部,永福县百寿镇人。曾任永福县建设局局长。创作于2006年秋。

福寿节千叟宴感怀

罗明圭

大德遐龄悉世尘,人间冷暖印犹新。

后昆立业赖家宝,贤士兴邦敬耄宾。

玉液樽樽千叟乐,升平处处万民臻。

昔传圣祖春园宴,今岁邀来更有神。

注:罗明圭,退休干部,永福县百寿镇人。曾任永福县人大常委会副主任。退休后任县诗词楹联学会会长。创作于2006年秋。

水调歌头·福寿节颂

陈禄升

同享太平世,佳节又重阳。

年年岁岁今日,遍地菊花黄。

聚秀山川福地,头戴尧天舜宇,甘汁饮西江。

何处觅幽境,永邑似仙乡。

尊敬老,关爱幼,美德扬。

地灵人杰,成就文武状元郎。

社会和谐兴旺,富贵康宁常驻,共此好时光。

寿比苍松老,福似海天长。

注:作者同上。创作于2006年秋。

重阳敬老

陈三德

重阳敬老不寻常,耄叟耋翁来四方。

相聚广场谈变化,同欢故地话沧桑。

年年岁岁人增寿,岁岁年年福满堂。

市貌新容今胜昔,遐龄宽慰喜兴邦。

注:陈三德,退休干部,永福县三皇镇人。曾任县师范学校校长。创作于2006年秋。

福寿吟

秦心国

铁笔生花夫子岩,钟灵毓秀凤巢山。

有情最是西江水,百转千回福寿连。

注:秦心国,退休干部,永福县永福镇人。曾任县文化馆馆长。创作于2006年秋。

楹联选录

福临大地,寿满人间。

福比海天辉万里,寿同日月照千秋。

寿天福地双全界,文状武魁二美乡。

福沐神州齐举金樽祝盛世,寿浴凤地同开玉韵颂康年。

福地现生机白首妪翁传雅韵,寿乡盈瑞气青春学子报佳音。

世事任纷繁犹冀可珍福与寿,人生悲短暂贵能奉献爱和诚。

祭四定陈公文

侯人松

中华民国卅有七年,夏历八月廿一日,后学信士大中补习学社员侯人松、于寓真等,谨以时镶香烛酒礼普遍之仪,竭诚迎祭于我大宋恤赠辰州太守四定陈公之神驾前。

大哉,我公,生为儒吏,死为明神,是其为吾邑宋代俊杰之特秀者焉。我公经文纬武,纠合义勇,与吾邑先贤李刺史温之先生慷慨勤(保、护)王,成仁就义,是其又为我穷乡僻壤精忠为国之领导者焉。忆当北宋凌夷,徽钦蒙难,中原无主,外寇披猖!星飞蜡诏(用蜡密封的诏书),李刺史既奉命而出师勤王,电闪霓旌;我公又倡义而策军报国。三千义烈,艰难苦战于湖湘;五六英杰,纵横先驱乎锋镝。巍巍李公,既以刺史而御武成仁,恤赠忠州防御史;岳岳我公,又以僚吏长(幕僚之首)而与龙潭诸公致身就义。同役义士,悉化虫沙;共难贤僚,皆成猿鹤! 其忠于为国,义于为友,百世之下,闻风兴起,诚足以廉顽而立懦(使顽廉,使懦立)也! 我乡邑自昔至今原奉祀有凉伞公、石岩公、满塘公、龙潭公……现在庙貌如生,而且祀产犹存。其祀产即为其死难后之遗产,乡里传称为公昆仲同胞同盟,后辈不得详知。要皆当时与我公共患难,殉国家者无疑也。

呜呼! 自公为神,今不过八百余年耳,文献虽不足徵(zhēng,征集),而民族之天良始终不泯! 愿我公暨同役共难诸公在天之灵,昭格(典范)佑启(帮助启发),垂(流传)感化荫护于无穷,庶几,桑梓人民荷天赋神庥(xiū,庇荫、保护)于万世。当此秋高八月,祝英灵万古长昭,更祈神格兆民,俾遐迩群生共化。歆歆休哉。伏维

尚飨

注:侯人松。同上(略)。

——青苔谢应崇抄录

永福梁熙成、蓝胜福录入、笺点

福寿文化赋

陈禄升

岁序丙戌,节令重阳,时逢盛世,国泰民康。继清康乾二百余年,今重开千叟宴,名曰"中国·桂林·永福福寿节"。吾已步入稀龄,得幸此宴,偕千余耄耋老叟,同登"福寿"之列,入寿席,欢聚一堂,话沧桑,赞盛况,为贺寿而交觞,其喜洋洋! 今第二届又隆重开幕,四方宾客,新闻媒体云集永福;闲散游人,扶老携幼,穿过城区大街小巷,集结于阔绰之天风广场。人流如潮,彩球高悬;高楼栉比,金碧辉煌。风景如画,彩旗飘扬。夜来霓虹闪烁,焰火腾空,放射出喜庆之光芒。

正金秋时节,风和日丽,粮果成熟,菊桂争艳,万里飘香,伴随节日的盛装,点缀成一片繁荣兴旺之万千

景象。党政军民，士农工商，同唱主旋律，歌声嘹亮；共奏太平曲，鼓气铿锵。墨客挥毫，尽描山川之锦绣；文人秉笔，同抒胸臆之篇章。福寿文化之内涵，中华传统之艺术，见诸书画长廊。此乃福寿节之盛况。

长寿之乡，得益于山川之秀丽，人文之和谐。看郁郁葱葱之凤麓，"福"字镌刻于石上，则五福荫士庶；苍松翠柏之葛祖山，"寿"图摩崖于岩壁，而百寿满城乡。源源不断之丹砂井，潺潺流水之西江，乃孕育长寿者之琼浆。人居福地，绿满山岗。古田八景，依稀可见；桃镇三水，九曲回肠。永宁古邑，城墙高耸，乃历史之见证；苏桥园区，工业新城，将快步而远航。板峡平湖，纳百川之溪流，碧波荡漾；金钟幽洞，收天然之美景，异彩纷繁。登云矗立，山高而连天壤；枫木坳陡，地广而接八荒。道路纵横，交通便利，可迎四方宾客；田连阡陌，物产尤丰，能引八面贾商。蔗糖柑橙，天赐甘汁；葡萄米酒，人造琼浆。竹笋香菇，由此集散；香米汉果，远渡重洋。人择幽境而居，物宜膏腴而长，事业兴则心潮澎湃，顺民意则百业繁昌。

古廖扶，寿一百五十八，居长寿者之冠；昔南宗六祖，讲法授徒，欲传衣钵，寻幽而至三皇。文状元文锋犀利，为世代传颂；武状元抗金勤王而血战沙场。历代名人，史书有载；书画珍品，馆所收藏。诗词曲赋，巨著名篇，皆留传于世；彩调剧种，"变脸"世家，已登大雅之堂。文人辈出，名人荟萃，文能辅国，武可安邦。此皆集地灵之大成，绽放人杰之芬芳。

喜今日，人心向上，奋发图强。重教育，必人才济济；重科研，自成果辉煌。创和谐而兴旺，走正道而康庄，强县治而开发工业，富民策而拓展农桑，正风气而长治，除邪恶以久安，保水土而增五谷，栽梧桐以引凤凰。尊老爱幼，树社会新风尚；孝子贤孙，正家庭之伦常。国富民殷，当增福寿；家和里睦，自有吉祥。寿自福中得，福自寿中藏。人间仙境美，怎及福寿乡。

五、永福民间传说、故事选辑

罗汉果来源传说

关于"罗汉果"的来源，众说纷纭，在永福县内的传说主要为两种。一种是与佛教有关，相传野生"罗汉果"发源地附近"竹鸟寺"（建于宋代，在今永福县龙江乡龙隐村）僧人最早采摘该果实作为素果供奉佛像前，并用之煮成果茶饮用。明《马光纪略》有"竹鸟寺僧人以果茶待之"的记载。这种植物的块根呈上方尖园下方厚园的形状，有裸露在地面，形状就像裸露的大肚腹，于是被人们称为"罗汉晒肚"，将其根称为"罗汉薯"，结出的果实称为"罗汉果"。后来，竹鸟寺僧人为采摘方便，将罗汉果移至竹鸟寺旁栽培，获得成功，于是逐渐传入民间种植。

另一种传说，是在龙江山区一带，有一位名叫罗汉的瑶族农民，在山间丛林中发现一种野生果子，清香扑鼻，味甜如蜜，便把果苗引入家种，后来又发现用这种果子泡水喝，可以医治咳嗽，于是种植这种果子的人越来越多。人们为纪念这位最早发现并引种这种果子的人，便把这种果子称为罗汉果。

北宋武状元李珙掌书大"福"字传说

永福县城凤山"福"字大石刻，源于北宋武状元李珙"掌书福字"的故事。李珙，字温之，永福县堡里乡陂角村人，宋大观元年（公元1107年）武状元。史载："李珙，少业儒，尚气节，两升上庠，三试礼部而不遇，乃慨然以功名自奋。大观初，以武略而魁天下。"李珙功成名就，衣锦荣归之时，曾到凤山脚下的书馆拜谢

恩师。恩师请他题一幅座右以激励后人,李珙不用毛笔,而以掌着墨写了一个大大的福字。这个故事代代相传,家喻户晓。清代,凤山澄心寺高僧寂籁禅师,别号听石僧,以为李珙掌书福字的故事与佛家有缘。李珙掌书福字的本意,是他觉得这一方福山福水给了他福运,文试不中,武举夺魁,一举名标天下,所以他书写了这个大大的"福"字。而听石僧却从中悟出了真谛:李珙掌书福字,正寓含着"拿摸给你得福"的求福之道,"福"与"佛"谐音,这不正是佛祖的咒语"南无阿弥陀佛"吗?得福者安,遇佛者然(了然),求"福"之道与求"佛"之道竟是安然成为一体,和谐相融,蕴藏着佛家妙理天机。于是听石僧仿掌书故事,在凤山顶巨石上刻下了这个大"福"字。

南宋古县知县史渭书写"百寿图"传说

永福县百寿岩的得名是因为夫子岩的穿壁上刻着一个大大的寿字。该寿字是南宋绍定己丑(1229年)年的古县知县史渭所书,请静江(桂林)名匠王竉镌刻。至于该寿字的来历,传说颇多,大致有以下几个版本:

其一,知县史渭来此上任,见到当地人多长寿,百岁以上寿星也很常见,深感惊讶。尤其是活到158岁高龄的廖扶,最后成仙,驾云而去的传说,知县史渭深为这一方神奇的福山寿水而骄傲,不禁感慨造化之神奇。于是欣然挥毫,写下一个巨大的寿字。然后遍览经籍,广征博引,历时一年制成"百寿图",延请名匠刻于石壁,流传至今。

其二,传说史渭到任伊始,就碰到了一件数十年官不能断的田水诉讼案。史渭亲自下到村中,找老者了解原委。在村头遇见一位年约五旬的老者,当问及田水灌溉事的时候,老者说:"小民不知,请问家父"。史渭就去见他的父亲,是一位年约八旬的老者,当问及田水涉讼之事时,答曰:"小民不甚知之,请问家父"。史渭忙请他的父亲,来者是一位皓首银发年逾期颐的老翁,仍说:"此事需问家父方知"。史渭大惊,忙登门敦请。进至三重草堂,看见一位鹤发童颜的老翁正端坐于堂前,年纪140多岁了。史渭访得原因,判清此案,民心悦服,安居乐业。后来,史渭再次访问该村,了解到许多人家都有百岁老人,并且劳作如常。史渭深为感慨,在夫子岩内聚集地方老者,探究长寿秘诀,共商造福地方之举。为纪念此事,请来匠人,刻制了"百寿图"。

其三,史渭刚来古县做知县时,因当地灾祸频仍,地方不宁,深为苦恼。有一夜,忽做一奇梦,梦见一群白发老翁向他哭诉,说他们是地方上一百位百岁老人,因为前任县令高登(《永宁州志》记载,高登实是一个好官,颇有民望,后入名宦祠)挖断了当地的丹砂井千年灵根——两只千年何首乌,造成了连年灾荒,地方不宁。现在特来请新任知县扶正灵根,安抚地方,造福乡民。并说愿作"百寿图"一幅,请知县大人镌刻于丹砂井侧,可保地方平安。史渭醒来之后,觉得此事非同小可,便差人四处寻访,果然访得一百位百岁老人,每位老人各出一寿字,百字百体。史渭赶忙请人镌刻于丹砂井侧的夫子岩内,这就是"百寿图"的由来。说也奇怪,自从"百寿图"刻成,便年年风调雨顺,五谷丰登,人民安居乐业。

下列民间故事摘自永福县民委、文化局民间文学"三套"集成编辑部编印《永福民间故事》

瓜籽三洒分瑶汉

"瓜籽三洒分瑶汉"由堡里乡的瑶族老人赵进财口述,对汉、瑶、壮三族的起源做了非常神奇的解释。故事大意是说天下本来为一姓,后来在金星女元年四月八日起,天下洪水泛滥,一直持续了七天七夜,洪水滔天,一直上涨至天门,一个仙人见了,知道天下要改朝换代,于是下到凡间,放干人间的洪水,然后回天庭报告,玉皇大帝便命他到人间视察情况。他拿着一根一丈二长的铁拐棍走了很多年月,经过了无数国家,到处人迹湮灭,最后到达中国,刚好看见伏羲两兄妹,天下只剩下他们两人。仙人便让他们成亲,以延续人类,但他们不肯,仙人强求,两兄妹便提出两个要求,只有达到要求才肯成亲。两个要求分别是兄妹隔海烧香,香烟结绞和兄妹各自上一座高山,丢下石磨面和石磨底,两底相合,这样他们才能结婚。最后他们的要求都达到了,两兄妹默默无言地拜堂成亲。婚后不久,妹妹怀孕,但直到第三年,才生出一个无头无脑的冬瓜,玉帝派出金童玉女来开刀,但还是没有见到人,只有一个冬瓜和冬瓜籽。跟随而来的仙人将这些冬瓜籽分别洒到了山上,变成了壮家;洒到了大地,就便成了百姓(汉);剩下的洒到了坎底,就成了长毛瑶、铲子瑶、茶山瑶等。最后形成三十六苗瑶,七十二侗壮,瑶汉结合,人类又重新繁衍起来,人世间也重新昌盛。

板瑶的祖先

"板瑶的祖先"的大意是玉帝有一位护卫神和一位仙女相爱,被玉帝发觉,双双打下凡间,仙女投胎为三公主,护卫神因心急而投胎为一只大花狗。后来,因天下大旱,民不聊生,盗贼四起,出现了十八个强盗,人称十八罗汉,占寨为王,到处杀人放火,民不安生。官兵多次去围剿,都无功而返,皇帝只好下诏,谁能剿灭十八个强盗,就招为驸马,但还是无人应征。有一天,大花狗主动请缨,皇帝和满朝文武都大吃一惊。大花狗来到强盗窝,装着顺从的样子以取得强盗的信任,过了一阵,趁强盗们熟睡,大花狗顺利地咬死十八个强盗。大花狗回到朝廷,皇帝无法,只好让它在三个女儿中选择妻子,大花狗选择了三公主。三公主拜堂时十分羞愧,于是皇后做了一顶特别的帽子,在一块木板上放三块红巾,四周缀满珠子,同时还用一把扇子遮住他的脸,免得被人看到。成亲后,大花狗白天是狗,晚上就变成了一位俊美的年轻人,公主十分高兴。后来,皇帝封三驸马为瑶王,等到皇帝老了,又将江山让给了他,而板瑶就是从他拜堂时戴的那块板子得名而来的。

王世则巧对夺状元

宋状元王世则的传说在永福县城、堡里、桃城一带广为流传。"王世则巧对夺状元"说王世则少年时因被石块砸伤而变成了跛脚的残疾人,然而他虽四肢不全,却满腹文才,后经历千辛万苦,长途跋涉上京应试,以《六合为家赋》一举夺魁,中了状元。但皇上听说他是个拐脚,心有不满,有意将他的状元拿掉,用第二名广东举人谢文魁来顶替他,但这样做又于理不合,难以服众,于是皇上想用出难题的方式,名正言顺地拿掉王世则的状元。到了殿试那天,皇上出了三道难题。第一道难题是谁先走到殿前敲响那面大鼓,就封谁做状元。王世则用一块石头远远地击中大鼓,胜了第一题。第二道难题是谁能先顺齐殿前的两把乱草,就封谁做状元。王世则用一把刀将草斩得整整齐齐,又胜了第二题。第三题是谁能把殿前池中的水挑到殿上,就算谁胜出。王世则拎起一桶水便回到殿上,并回答了皇上的质疑,"我只听说过一桶(统)江山,没有两桶(统)江山的",又得到了皇上的赞赏,胜了第三场,终于封为状元,成为宋初一代文豪。

"李珙的传奇"三则

抗金英雄李珙的传说在永福县城、堡里、桃城、广福、罗锦一带家喻户晓,其传说颇多。李珙壮烈殉国后,堡里街及合顺、罗田一带的庙宇中,都有他的塑像,尤以堡里街庙中的塑像为最大,人称李王。他的传说极富神奇色彩。

一则"立板为树"。相传李珙的父亲病死在路上,李珙从别处扛来四块楠木准备做棺材安葬父亲,但抬头一看,蚂蚁搬泥土帮他把父亲安葬好了,于是李珙跪拜了几次,扔下楠木便离开了。但那四块楠木竖立了起来,眨眼间便长成了四棵大楠木树。

二则"坐骑纸马"。相传李珙十一二岁时,搬到堡里街附近居住,哥嫂资助他去永福上学,永福至堡里有四十多里,李珙每天早晚回家吃饭,从不耽误上学。但他每天都很早回家,家里人怀疑他没去上学,但又确实有人看到他在永福,嫂子感到奇怪,便偷偷观察,才发现李珙每天上学时,便悄悄在门口墙洞中取出一个纸

马，一吹口哨，纸马便立刻变成一匹真正的大白马，李琪便骑上白马去上学，回到家，又将纸马放进墙洞。

三则"卧身断河"的故事也是相当奇异。相传李琪与伙伴去水门滩抓鱼，但水门滩是一条大河，河水又宽又急，难以抓到鱼，李琪便让伙伴们到滩尾等待，他自己走到滩头，横身躺下，江水即断，滩尾水浅鱼跳，伙伴们高兴的抓到了很多鱼。这些传奇性颇浓的故事，是对李琪事迹进行的神化，认为李琪从小就非同平凡，这些故事与民间流传的关于一些皇帝的神奇传说如出一辙，永福人民正是热爱着生长于此的英雄，所以不惜对其事迹进行了一再的夸张与虚构。

"韦银豹传说"三则

韦银豹是明代永福壮族义军的首领，他的生平颇具传奇色彩，关于他的传说在永安、百寿一带老少皆知，虽然三百多年过去，但他的故事在永福人民的口中代代相传。

一则"插杆成竹"，说的是韦银豹和他的朋友去钓鱼，天黑之后，露宿于野，将两根钓竿插在身旁，第二天起来一看，用了一二十年的钓竿居然长出了竹叶，他们在无意中发现了一块活龙地。

二则"鞭劈九塔山"，说的是力大无穷的韦银豹在赶鸭子时，鸭子不听话，他便用力地甩了一鞭，向西边的九塔大石山打去，霎时一声巨响，接着山崩地裂，将九塔大石山打出一道百多丈的山峡，后人取名为九塔山峡。

三则"血写将军堡"，说的是韦银豹在一次战斗中被官兵打败，他被围困难以脱身。眼见就要被官兵捉拿，正在这时，他发现了一块大石头，石头后有一大丛梆芒草，他急忙钻进草丛中，没想到，在石头后面还要一个洞，他便躲入洞中，逃过追捕。脱离危险后，韦银豹便从洞中出来，咬破手指，在石头上写下"将军堡"三字，后来人们便将这三字刻了下来。

百中姑娘

"百中姑娘"讲述的是一位善良勇敢、武艺高强，并且一心为民除害的英雄的故事。一名叫黄善的猎手，两夫妻年过半百，仍膝下无儿无女。有一次，打猎回来，途径一个庙宇，便进去求庙王赐给他们一男半女。后来，黄善之妻果然在当年冬天生下一女，此女聪明伶俐，两夫妇十分疼爱。这个姑娘从小跟父亲学习十八般武艺，刀枪剑戟样样精通，特别是射箭法，百步之内，箭无虚发，故而被称为百中姑娘。在她与父亲外出打猎之时，村里来了一个妖王，强迫村民献猪献牛，甚至献童男童女，所以当地民不聊生，人人在恐慌度日。百中姑娘和父亲回来之后，火冒三丈，她父亲一人带上武器与妖王搏斗，终因年老体衰，不敌而亡。百中姑娘悲痛欲绝，但为了铲除妖王，为民除害，为父报仇，她手持双剑，骑上狮子找到妖王。虽然她年纪尚小，但体力充沛，而且为民除害之心极为迫切，故而越战越勇，终于打败了妖王，使之现出原形，原来是一只蚂拐。蚂拐向百中姑娘保证以后不再害人而专吃害虫，但百中姑娘没有轻信它，而是手持双剑，跳入它的嘴中，日夜看守着它，使它不再出来害人。年代渐趋久远，蚂拐变成了一座山，她的坐骑大狮子变成了狮子山，百中姑娘也变成了一块玉石，至今还屹立在永安通往鹿寨的路边。

李春访观音

"李春访观音"讲述的是一位勤劳勇敢、为人正直的小伙子李春寻访观音的故事。李春家境困难，依靠给财主帮工度日，所以他决心去南海寻访观音，以改变自己的命运。路程遥远艰难，而且去一次只能问三件事情，但李春义无反顾地上路了。一路上他答应帮一位财主询问李树为什么开了四年花，却不结果；帮一位村妇询问她的女儿已经十八岁了，为什么还不能说话；帮一只原是天神的乌龟询问它已修行了四年，为什么还不能返回天宫。南海快到了,但李春觉得很为难,因为加上他要询问的事情,就已经有四件事情,但他毅然放弃自己的事,而只向观音询问了别人的三件事情。但观音明察秋毫,决定破例帮助李春一次,李春终是好心人有好报,得到了龟神赠予的神珠,娶到了村妇美丽的女儿,还得到了财主的一大缸银子,从此过上幸福的生活。

唐败遇仙

"唐败遇仙"说的是好人有好报的故事。唐败是一个无父无母的青年小伙子,生活十分困苦,只能依靠在山上挖地种杂粮维持生计。后来有一天中午时分,他正在山上汗流浃背的劳动,遇到了一位白发苍苍的老人,老人请求他分一点饭吃,唐败二话不说就分饭给这位老人吃,一连十天都是如此。老人深受感动,要求唐败不要再种地了,等到下雨时,便去河中网鱼。如果网到的是鱼,就带回家,如果不是,就重新放回到河中。等到下雨时,唐败便真的去河中网鱼,不过他什么鱼都没网到,只网到了一只老鼠、一窝蜜蜂、一条南蛇、一条豺狗,他全都放回到河中。唐败只好忍着饥饿,回家睡觉。没想到在梦中,那条豺狗对他说在他屋后的大松树下,藏有一缸金子和一缸银子。唐败第二天醒来,便去挖掘,果然有一缸金子和一缸银子。但他回家时被一个财主看到了,财主起了贪心,去官府告他,说唐败不可能有那么多金银,一定是偷他家的,唐败有口难辩,被抓入监牢之中。在牢中,那只放走的老鼠每天都搬来一碗饭给唐败吃,后来唐败出了监牢,靠做帮工为生。有一年,一个员外的女儿生了背花,请了许多名医,却无计可施,员外无法,对外宣称谁能治好他的女儿,就将女儿许配给他。唐败放走的那条南蛇听说了,托梦给唐败,说它去找了一些灵药,放在唐败的门墩上。唐败拿着大蛇给的药治好了员外女儿的病,但员外嫌弃唐败只是一个帮工,于是备了三十六台轿子,让唐败找出他女儿所坐的那台。正在唐败冥思苦想的时候,蜜蜂托梦给他,让唐败选择那台上面有许多蜜蜂的轿子。这样,唐败顺利地找到了员外的女儿,并与她成亲。后来人们编了四句诗来形容唐败所放走的这些动物对他的报答,"豺狗送金又送银,老鼠搬粮养罪人。南蛇搬药救小姐,蜜蜂搭救我成亲。"

丹 砂 井

永福县内丹砂井因葛洪和廖扶而著名,它早已作为确有之物而记录在《抱朴子》中,但有关它的传说在永福百寿镇流传不绝。传说在清朝之时,永宁州的一个县官听说了廖扶与丹砂井的故事,就想去查实一番。就在他准备前去的这段时间里,不知从何处来了一男一女两个小童,经常与县官的小儿子玩耍,县官感到好奇,就去询问小童来自何处,答曰来自廖家村,又问父母姓名,小童避而不答。县官更加好奇,派人暗中查访,结果村中并无此人。县官便暗中跟踪小童,小童在丹砂井附近消失不见。县官断定丹砂井里定有蹊跷,便派人将井水戽干,在井底发现一对何首乌。县官起了贪心,命厨师将这对何首乌蒸熟给他吃,厨师为尝尝味道,喝了几口汤,竟飘飘忽忽上天成了仙。县官不见了厨师,赶忙吃了何首乌肉,结果全身化为一摊烂肉。

阿岩和阿丹

"阿岩和阿丹",是一篇十分优美的传说。它对永福县城的凤山,堡里乡的凤岩、飞凤亭、回龙岭、回龙亭、回龙庙、飞龙桥、夜合山、和尚岭、八庙的来源都做了充满神奇的想象,情节曲折离奇,想象丰富圆满,本身就是一篇优秀的文学作品。传说的基本情节为:古时,在茅江上游的古河旁边有一个壮族部落,有一对夫妻,丈夫叫阿岩,妻子叫阿丹。他们为了改变部落困苦的状况,冒险进入终年云雾缭绕、有进无回的雾罩山。经过无数艰难险阻,终于在凤凰的引导下,找到了一片沃野,有一个几百亩大的清水湖,湖水幽静,鱼儿在里面悠闲的游来游去,还有数十头犀牛在湖边戏水,湖泊的周围是青山翠竹,有无数的果实挂满枝头,山花锦簇,鸟语花香,真是一个人间仙境。回家之后,他们便带领族人经过千辛万苦来到这片沃野,族人都十分惊喜,于是大家辛勤地开荒种地,犀牛和小金龙也用心地帮助他们。眼见丰收在望,突然来了四条大蛇,将他们的家园毁坏得一塌糊涂。为了保卫来之不易的家园,壮族人民在凤凰、小金龙和犀牛的帮助下,勇敢地与蛇精战斗,但终因实力相差太远,还是不敌,他们损失惨重,小金龙战死,阿丹阿岩都跌落山崖。阿岩后来得救,但阿丹却消失不见了。于是阿岩每天在山梁上痴痴地等待着阿丹的回来。有一天,一个白衣少妇飘到阿岩旁边,阿岩急忙追上去,跳入两山中间的裂缝中,突然南边的山梁就慢慢移动,与北边的山梁联合在一起。从此之后,南边会移动的山梁就叫夜合山,对面的山岭叫和尚岭。壮族人民为了使阿岩和阿丹能够经常相会,便在裂缝中建庙供奉他们的塑像,但蛇精经过这里时,就发大水将庙宇冲走,人们一连建了七年,都被冲走了,第八次时,人们把庙建在了蛇精看不到的地方,这座庙宇便称为八庙。为了纪念小金龙,它战死的地方,被称为回龙岭;在它与蛇精战斗所发洪水的地方,建了一座桥,名为回龙桥;还在它被蛇精打伤的地方,建成了一座庙,就是回龙庙。还有那只美丽的凤凰,在它寻找阿岩阿丹而停留歇脚的地方,就被称为凤岩;它飞去救小金龙,在小金龙死去的地方,人们筑了一座凉亭,叫飞凤亭;凤凰栖息过的那座山,就被人们称之为凤山。虽然蛇精逞恶,但壮族人民并没有屈服,他们重新整理好田地,收拾好房屋,一代一代生生不息地继续繁衍下去。

飞 鹅 庙

永福县广福乡原名为鸡石湾,为什么后来被称为广福呢,这跟飞鹅庙有关。"飞鹅庙"的传说讲述的就是这个故事。故事说的是清朝乾隆年间,在七星岭上住着一位叫范连权的有钱人,他有钱十万,于是被封为"员外"。他喜好求神,经常杀鸡宰鸭祭祀神灵,有一次祭祀的时候,有一只煮熟的鹅突然变活,腾空而去,范连权连忙派人跟随而去。这只煮熟的鹅一直飞到了螺山山顶,跟随的人上山一看,鹅早已不见,只剩下一堆鹅毛。当时的人们认为这是瑞气呈祥,便在螺山山顶新建了一坐庙宇,借飞鹅之事而命名为"飞鹅庙"。飞鹅庙的故事越传越远,许多人就认为天上真的存在一个广施恩泽的广福王,并且在鸡石湾显灵了。于是,人们就塑了一个"广福灵王"的神像,作为飞鹅庙的神主,对他顶礼膜拜。后来,人们认为这个庙,山高路远,求神与出游都颇为不便,于是筹款在玉屏对面,即飞鹅落脚的地方,重新兴建了一个宏伟的大庙,庙门横批为"飞鹅庙"三个字。直到民国年间,仍没有广福这个名称,但因为有了飞鹅庙和广福灵王,群众便渐渐地称这里为广福,从此鸡石湾便换名为广福。

穿 岩

穿岩位于今百寿镇江岩村,"穿岩"则是关于盘古的传说。盘古在开天地的时候,和他的父亲经过江岩村,看到两座山挡住了去路,盘古的父亲想要鼓励年幼的盘古,便与之打赌,看谁能先打通一座山,就算他比较能干,他们以敲鼓为号。盘古虽然年幼,力气比不上他父亲,但他十分精明,在他还没打通山洞的时候,就先去敲鼓。等他父亲停下走过来观看情况时,盘古便奋起直追,抢先一步,打通了山洞,成了"穿岩",胜了他的父亲。盘古的父亲知道自己被儿子哄骗了之后,一巴掌拍在山壁上,还留下了五个手指印。但他转念一想,他的儿子还是很聪明伶俐的,于是放心地把开天辟地的事业交给了他。

西 登 山

西登山位于苏桥镇,黛色苍苍,秀丽多姿,但近看山脚西面却缺了一角,崩塌了好大一块,使得这座郁郁苍苍的山峦无端地失去了许多颜色,令人颇为遗憾,所以人们又称这座山为西登塌。为什么这座山会崩塌一块呢? 传说在很久以前,有一位福寿公公居住于此,他乐善好施,喜于助人,当地人对他极为尊崇。但是天上的二郎神自恃法力高强,经常为非作歹,得知人们尊爱福寿公公之后,心里颇为不服,于是向他下了挑战书,约定在西登山比法,一决高低。虽然福寿公公年岁已高,但毫不畏惧二郎神,二郎神连吹七口气都没能撼动他。后来他一跃而起,双脚踏在二郎神的脊背上,他的千钧神力,使二郎神难以支撑,脚下用力一磴,山便崩塌了一大块,将他掩埋了起来。福寿公公看到自己开了杀戒,心有不忍,从此远走他乡。当地人们却怀念着他,看到那块崩塌之地,想起了他为民除害的情景,就将此山命名为西登山,又称西登塌。

大 碗 山

在堡里乡,只要一看到大碗山起了雨脚,便知道大雨即来。传说在很久以前,玉皇大帝命令雨神冬天降雨,春天不降。于是人间无法种植庄稼,人们贫困交加,饿殍遍地。雨神看到人间惨状,心有不忍,于是有一年,他不按玉帝旨意,在春天降下了绵绵细雨,但人间已无粮种可用,雨神焦急万分。后来他终于想出一个妙计,命令他的大黄狗和大白猫,偷偷地进入南天门的粮仓,扒拉了许多种子撒到人间。人间终于有了种子,又有了充足的雨水,于是人们获得大丰收。玉帝却勃然大怒,将雨神贬下凡间,雨神下凡时,偷偷地带上了一个能盛无量水的石碓坎和一只大碗,还带着他心爱的大黄狗和大白猫,来到古河镇西南边的高山上定居。后来新任雨神严格遵守玉帝的旨意,人间又民不聊生,到处一片荒凉,但古河一带却风调雨顺。原来下凡的雨神,用石碓坎将冬天的雨水收集起来,他随时将雨水洒给人们,所以这里年年五谷丰登。但后来有一年,一个外乡人闯到了雨神居住的地方,他看到雨神不吃饭,便以为是他的石碓坎不够大,趁着雨神不注意,他便想帮雨神将石碓坎凿大一点,刚凿下去,石碓坎便成了两半,雨神顿时变了脸色,但他没有责怪这个无知的外乡人。后来外乡人逢人便说起他所遇到的事情,人们都说那肯定是神仙,相邀上山查看,雨神早已不见,只有狗和猫死在那里,还有一只大碗和破成两半的石碓坎。后来人们为了纪念雨神,便将此山称为大碗山。

落　　空

"落空"是一个机智人物的故事。基本情节是一个酒色之徒式的县官,听说一位叫"落空"后生的妻子才貌双全,便心生觊觎,妄想用权势来刁难"落空"后生以夺取其妻。县官要求"落空"后生在一个月之内办完三件事情,分别是织一匹路一样长的布,养一头山一样重的猪,酿一缸海水一样多的酒。"落空"后生感到十分为难,回家后茶饭不思。他妻子听说事情原由后,让他带一把尺子、一杆秤和一个水瓢去见县官。对县官说要想织一匹路一样长的布,就请县官先用尺子量量这路到底有多长,要想养一头山一样重的猪,就要称称山有多重,要想酿一缸海水一样多的酒,就得用瓢量量海水有多少瓢。县官大吃一惊,心里暗暗佩服,从此以后,再也没有为难过"落空"后生和他足智多谋的妻子。

西 瓜 籽

"西瓜籽"是一个燕子惩恶扬善的故事。从前有两兄弟,哥哥很狡猾,弟弟很老实。哥哥将自己的名字取为王金旺,将弟弟取名为王糊涂。有一年春天,有一只受伤的燕子飞到王糊涂的家中,王糊涂的老婆将燕子治好了。第二年春天,燕子便衔来一颗西瓜籽吐在王糊涂的家门口,王糊涂的老婆又将西瓜籽种在菜园,到了吃西瓜的日子,藤上结了一个西瓜,不过没熟透。有一天,王糊涂向王金旺借两斤米,王金旺马上拒绝了。王糊涂很生气,回家将剩下的半斤米全煮粥,但到半夜肚子又饿了,于是他们摘来那只没熟透的西瓜,破开一看,里面的西瓜籽全是金子。王金旺看到弟弟突然变得很有钱,就着急地问,王糊涂没法,只好告诉了他。王金旺与他老婆便也想照做,于是有一次,也有一只燕子飞到他家,他老婆用竹篙将燕子的腿打伤,又治好它。第二年,燕子也吐了一颗西瓜籽到他家,等到结了西瓜,王金旺夫妻便破开,没想到里面只有一团火,将这狡猾、贪心的两夫妻烧死了。

六、古县志研究

罕见的刻本——道光版《永福县志》
李达麟

据传,永福县最早的志书编成于明代,但今无传本。现在能够见到的最早的《永福县志》是清道光八年(1828年)刻本,林光棣修,苏信德纂。

林光棣,四川蓬溪人,举人。清嘉庆二十四年(1819年)、道光七年(1827年)先后两度出任永福知县,其间曾任天河县(今广西罗城县)、修仁县(今广西荔浦县)知县,主持了《天河县志》《修仁县志》的编修。《永福县志》是在他第二次出任永福知县的三个月之内编成的。为此他自己也表示惊叹:"噫!前三年不敢作,何今三月而告成书?"

苏信德,字珠泉,武缘(今广西武鸣县)人,永福县教谕,三个月成书的《永福县志》与他"独任纂校,昼夜辛勤,手不停批"是分不开的。

全书共四卷,分列十二目。作者称"凡土地、人民、政事、物产靡不备载",是研究永福历史的重要参考资料。记事止于清道光七年。书前八篇序文,其中之一出自回乡办丧事的临桂状元陈继昌手。序文都写成于道光八年(1828年)——《永福县志》刊成之年。

书是木板雕印本。书的版式、行款等皆为清代风格,作为桂版书还算是刻印得不错的。当然,也有一些考校不精的地方,故后人评其"舆地、边隘名称,间有不符",还有一些明显错字,如第二卷书口的"宦绩"误刻成"宦责"令人惊奇之处在于竟会弄错避讳。如"宏"字缺末笔(清讳"弘"不讳"宏")。清代曾大兴"文字狱",这种避讳的"扩大化",虽令人感到惊奇,却不至于因此惹出祸事来,道光刻本不避道光讳,而且全书从序到正文"宁"不缺笔(道光帝名旻宁),这就不是一般过失了,通常会被视为大不恭,是要治重罪的。这是道光版《永福县志》不同寻常的地方。

道光刻本《永福县志》不避道光讳,的确不多见。

道光本传世不多,到民国初已经很难见到了。1934年,当时的内政部图书馆还藏有一部,后来下落不明。现在国内仅桂林图书馆藏有一册(卷二),此外,日本东洋文库有藏(残损程度和书品状况不明)。1916年(民国五年)刘兴增修《永福县志》,第二年由桂林蒋国文堂刊行。蒋国文堂位于桂林学院街,清宣统年间曾刻印了宣统己酉科的《广西选拔贡卷》。民国后蒋国文堂除了刻《永福县志》外,还刻了《燕雪轩诗草》(1914年)、《易楔》《易数偶得·读易杂识》《易学笔谈》(初集、二集)(1919年)、《愚一录晚说订·沈氏改正·著法》(1922年)等,是清末民初在桂林很有影响的刻书坊。

民国本《永福县志》基本上是根据道光本原样重刻而略作增补修正,八篇序文用原书板重印,部分地保留了道光本原貌。还增刻刘兴序。此外,前面提到的"宦责"已作了更正;"扩大化"的避讳字恢复了本来面目;还可以看到改朝换代所带来的变化,如"国朝"改作"清"等。然而作者还是把道光本遗漏了的道光讳给补上(不是全部)。道光本当讳不讳,民国本又反其道而行之,版本界以讳字定版刻年代的"金科玉铎"用之于桂版《永福县志》,竟会有枘凿之叹。

民国本《永福县志》刻成至今已80多年,现在仅藏于一史馆、南京图书馆等9家大型藏书机构,属于流传甚少的珍本书。

注:李达麟,退休干部,时任桂林图书馆历史文献部馆员。

2005 年 3 月,永福县城凤山顶福字石刻　　　　　　唐庆甫　摄

索　引

索引说明

一、本索引采用主题分析索引方法。正文（包括篇、章、节、目、子目、文献、资料、图片和表格）中凡具有独立检索意义的完整资料，均可通过本索引进行检索。

二、索引按汉语拼音字母（同声字按声调）顺序排列。篇、章、节作索引款目用黑体字排印，其余款目用宋体字排印。表格、图片在其款目后分别注明"表""图"。

三、索引款目后的数字表示内容所在的页码。

四、空两字位起排的款目为上一主题的"附见"。同一主题的"参见"只标页码。为便于读者检索，内容有交叉的款目，在本索引中重复出现。

五、索引一个标目出现在志书中多处页码的，依次排在同一个标目之处，用","号将不同的页码分开。

六、序、概述、大事记等不作索引，阿拉伯数字和拉丁字母开头的款目排在索引的前面。

"110"报警服务　548

21世纪园丁工程　660

IC卡电话　332

A

阿岩和阿丹　809

矮岭河　79

艾滋病　717

爱国卫生运动　708

爱婴医院创建　724

安全技术检验　205

安全生产管理　260

安全生产监督管理　259

安全生产检查　261

安全生产教育和宣传　259

安全生产事故查处　261

安全生产专项整治　260

案件执行　569

B

八角莲　712

"八五"计划执行　392

坝后水电站　240

白厂丝　272

白垩系　63

白喉　717

白露　76

百合　712

百货公司产权改革　284

百日咳　717

百寿便永福　789

百寿河　78

百寿烈士陵园　306,586

百寿旅游景区　305

百寿脐橙（图）　152

百寿商业公司产权改革　284

百寿峡谷　310

百寿岩　67,305

百寿镇　44

百寿镇财政　45

百寿镇城镇交通旅游　45

百寿镇党委政府人大主席团正职领导任职　45

百寿镇工业　45

百寿镇海菜花（图）　87

百寿镇集镇全貌（图）　136

百寿镇教育卫生文化　45

百寿镇开展社会养老保险收缴登记工作（图）　589

百寿镇农业　44

百寿镇脐橙生产（图）　149

百寿镇西红柿交易市场（图）　289

百寿镇小山峡风光（图）　44

百寿镇幼儿园　645

百寿镇中心卫生院　711

百寿镇重阳古树（图）　83

百中姑娘　808

班线客运　319

斑点叉尾鮰网箱养殖技术　222

板栗　163

板峡电站　240

板峡湖景区　307

板峡湖旅游　307

板峡水库二期引水工程　226

板峡水库工程管理处　225

板峡水库所属电站　240

板瑶的祖先　807

板丈电站　240

办学体制改革　666

半洞河　79

半机械化化肥深施技术推广　204

包件（裹）　327

保密工作　466

保险　364

保险机构　359

保险基金保险　428

堡里革命烈士墓　586

堡里乡　52

堡里乡财政　53

堡里乡财政所办公大楼（图）　337

堡里乡党委政府人大主席团正职任职　54

堡里乡工业　53

堡里乡购买联合收割机收割稻谷（图）　52

堡里乡教育卫生文化　53

堡里乡景区景点　307

堡里乡旅游业　53

堡里乡农业　52

堡里乡组织联合收割机收割稻谷（图）　203

报刊订阅　690

报刊发行　328

报刊杂志宣传　453

报纸　689

报纸　图书　689

北部和中部山地林农区　155

北宋武状元李珙掌书大"福"字传说　805

本科学历函授教育　657

碧水湾公馆小区　131

编后记　853

编制　590

编制　人事劳动和社会保障　589

编制办理　592

编制机构　590

编制审核　592

编制统计　593

编纂出版《永福县大事记》　469

编纂出版《永福县志》　468

编纂出版组织史资料　468

标准化工作　420

标准化监督管理　420

滨江别墅区　131

滨江路　40

殡葬改革　633

殡葬管理　633

冰雹　94

乒乓球　697

兵役　579

兵役登记　580

兵员动员　584

兵员退役　580

兵员退役与安置　580

兵员征集　580

病虫灾害　93

病毒性肝炎　717

波村汉墓群　308,692

波塘田园化工程　228

波有岭　66

捕捞生产　219

布病　717

部门和行业不正之风纠正　457

C

财产保费收入　364,365

财产保险　364

财产给付与赔付　365

财产营销险种　364

财税　金融　335

财源培植　339

财政包干　337

财政扶贫资金管理　637

财政管理　344

财政管理体制　337

财政机构　336

财政监督　346

财政金融审计　423

财政收入　339

财政支出　341

财政专项检查　346

采矿　261

采矿　冶炼　261

采矿、加工许可证发放　387

采矿权出让　387

参观百寿岩（图）　691

残疾人抽样调查和普查　537

残疾人扶贫解困　538

残疾人教育　538

残疾人教育和就业　538

残疾人就业　538

残疾人康复　537

残疾人普查和康复　537

残疾人文化体育　538

残联　536

残联代表大会　536

残联机构　536

残联主要工作　537

蚕病综合防治　179

蚕茧　290

苍耳子　712

查禁赌博　547

查禁卖淫嫖娼　547

茶山果　184

拆迁安置和民政福利院小区　131

产地检疫　170

产品质量法宣传　418

产品质量监督与行政执法　418

长寿老人　102

长寿生态旅游资源　304

长滩果　183

长途电话　331

常见中草药选介　712

常住人口管理　551

超级稻栽培技术　173

超级稻种植基地　167

潮水岩　67

车辆购置税　350

车辆管理　549

车前草　713

成人高校招生　656

成人教育　655

成鱼养殖　220

承包经营与租赁经营改革　249

城市管理监察大队　121

城市维护建设税　354

城网改造　243

城乡规划　121

城乡基础设施建设　505

城乡建设　120

城乡建设　环境保护　119

城乡建设机构　120

城乡居民最低生活保障　630

城镇"巾帼建功"活动　532

城镇国有土地有偿使用　382

城镇化进程　446

城镇居民生活　115

城镇居民生活消费　116

城镇居民收入　115

城镇居民最低生活保障　630

城镇劳动力就业　608

城镇企业职工养老保险　613

城镇失业人员培训　610

城镇土地使用税　354

城镇职工参保范围　616

城镇职工医疗保险　616

城镇住户抽样调查统计　401

惩治刑事犯罪　543

池塘养鱼　220

池塘综合养殖技术　222

崇江界　66

崇山古民居　309

抽样调查统计　401

出入境管理　553

出售转让与关停破产国企　249

出租汽车客运　319

初级水电农村电气化县建设　228

初中教材　648

初中课程　648

初中入学招生　647

初中学制　648

处暑　76

穿心莲　713

穿岩　67,307,810

穿岩古道　692

传染病防治　716

传染病与地方病防治　716

传输设备　332

传统节庆　741

疮痂病　178

创优争先　449

春分　76

春季　68

春节　741

春节舞龙队下乡闹新春（图）　117

"春蕾计划"实施　533

从业人口构成　102

村级民主管理　622

村级民主决策　622

村级民主选举　622

村级卫生所管理　707

村民委员会　621

村屯规划　124

村屯建设　137

村务公开　622

村镇规划　124

村镇建设　135

D

打击非法传教　548

打假　418

大板山　66

大板山水源林保护　197

大邦河　79

大病救助　617

大崇山　66

大寒　76

大灵通　334

大罗汉果　184

大气环境质量　139

大事记　9

大暑　76

大碗山　811

大雾山　66

大溪河火车站扩建　276

大雪　76

大中专毕业生分配制度改革　598

大中专录取人数　652

大专学历函授教育　656

代金征收　297

丹砂井　80,306,809

丹砂井水受到游客喜爱（图）　306

丹砂泉　81

单位庭院绿化　128

党报党刊征订　454

党代会常任制试点　449

党风廉政建设　456

党风廉政教育　456

党风廉政责任制　457

党史县志编纂　468

党外干部培养选拔　459

党外统战　459

党校党员干部培训　469

党校教学研究　469

党校教育　469

党校学历函授教育　656

党校学历教育培训　469

党员发展　447

党员教育与管理　448

档案　693

档案服务　694

档案馆库建设　693

档案馆库建设与管理服务 693

档案管理 693

道班（养护站）建设 318

道路交通安全管理 548

道路交通秩序管理 548

稻飞虱 180

稻田养鱼 220

稻瘟病 177

稻瘿蚊 180

稻纵卷叶螟 179

登记机关 632

登云山 65,308

低产田综合整治 381

地表水 77

地层 62

地方税务 353

地方性甲状腺肿防治 718

地籍管理 377

地貌 64

地貌特征 64

地名管理 634

地税税种税收 353

地税征收管理 355

地下河 80

地下水 80

地震监测预报 677

地质 62

地质　地貌 62

地质结构 63

第五次人口普查 399

第一次全国经济普查 400

电报 333

电话号码 332

电力 239

电力机构 239

电力生产 242

电视 686

电网改造 243

电网主要技术改造 243

电信 330

电影 688

电子化建设 363

淀粉蛋白质类饲料 207

调运检疫 170

跌水电站 240

定期统计 397

东滨路 40

东部河谷农业区 155

东南部山地林粮区 155

东南与西北山地 64

冬瓜果 183

冬季 68

冬季绿肥 166

冬至 76

冬至节 742

动力插秧机械 202

动员服现役 584

动员服预备役 584

动植物资源 86

洞穴 67

都琅界 66

豆荚螟 181

端午节 742

短尾猴 86

断裂 63

对台服务 461

对台交流 461

对台事务 461

对台宣传 461

多金属矿（铜、铅锌）89

E

鹅 212

儿童保健 723

儿童保健指导 724

儿童健康检查与发育调查 723

儿童节 742

二级阶地 63

"二五"普法 572

F

发票管理 355

法纪检察 561

法律服务 574

法律援助 575

法制教育宣传 572

法制宣传和法律援助 537

番茄(西红柿)生产基地 168

番茄嫁接育苗技术 175

番茄青枯病 178

反假货币与反洗钱监管 366

方解石矿 89

方解石矿加工 255

防洪抗旱 232

防震减灾 677

防震减灾宣传 677

房产登记管理 133

房产交易 134

房产税 353

房屋产籍和交易登记管理 133

放射卫生监测 721

飞播造林 194

飞鹅庙 810

非典型肺炎预防 718

非公经济代表人士 460

非国有经济 445

非煤矿山专项整治 260

肥料 156

肥料管理 172

肥料农药种子 156

废气污染调查处理 145

废气治理 143

废弃矿山复垦治理 144

废水污染调查处理 145

分拣封发邮件 330

分区规划 123

分税制 337

分税制前税收 349

粉尘监测 720

风 74

风霜 74

风味小吃 746

封山育林 195

峰丛洼地 65

峰林谷地 65

凤城路 40

凤阁路 40

凤山 65,308

凤山地质灾害防治 389

凤山福字石刻 692

凤山之春 683

凤翔路 40

佛果酿 190

佛教 729

扶贫 635

扶贫规划实施 636

扶贫机构 636

扶贫项目 636

扶贫资金 637

扶贫资金管理 637

扶贫资金来源 637

服饰 746

服务业统计 399

福利 604

福利彩票 631

福利生产 631

福禄泉 81

福寿诗词楹联赋选辑 801

福寿之乡的吉祥三宝 791

福塘泉 81

福源商城 132

抚恤 624

妇联 529

妇联机构 530

妇联主要工作 531

妇女保健 722

妇女病普查普治 722

妇女代表大会 530

妇女儿童发展规划实施 532

妇女儿童合法利益维护 531

妇女节　742

妇女劳动保护　722

妇女月经不调药方　714

妇幼保健　722

附录　769

复员退伍军人安置　627

G

改厕　709

改水　709

改制后的桂林中族中药公司生产车间（图）　267

概述　1

干部调配　600

干部队伍　599

干部管理　599

干部教育培训　450

干部录用　600

干部培训　601

干部任免　600

干部述职评议　487

柑橙生产基地　168

柑橘　290

柑橘黄龙病　93

柑橘价格　407

柑橘木虱　181

柑橘主要病害及防治　178,180

岗位责任奖　605

高等教育自学考试　656

高毒农药和剧毒毒鼠强管理　171

高级专业技术职务人员（表）　760

高考　651

高考生健康体检　721

高考组织领导　651

高速公路客运　319

高血压方　714

高中毕业会考　651

高中考试科目和方法　651

高中入学招生　648

个人储蓄存款利息所得税　350

个人所得税　353

个体工商户文明经商　413

个体工商户注册登记与年检　411

个体工业　252

个体商业与服务业　291

个体私营工业企业　251

耕地　154

耕地保护　379

耕地保护责任制　379

耕地开发与整治　380

耕地开发整理　380

耕整机　201

耕整机推广　204

耕作机械　201

工会　522

工会代表大会　522

工会机构　522

工会送温暖活动　524

工会主要工作　523

工伤保险　618

工伤保险范围　618

工伤保险金征缴　618

工伤认定及待遇　618

工商联　533

工商联参加经济建设　535

工商联参政议政　535

工商联公益与光彩事业　535

工商联机构　533

工商联代表大会　534

工商联主要工作　534

工商联组织建设　534

工商企业年检　411

工商团体　410

工商行政管理　409

工商行政管理机构　409

工业　245

工业发展　445

工业废水治理　142

工业改革　445

工业固体废物治理　143

工业管理　246

工业管理机构　246

工业门类与名优产品 261
工业普查 399
工业企业计量定级 420
工业污染源监测 140
工业用地项目 374
工业与能源统计 398
工资 603
工资福利 603
工作机构和直属事业单位 439
公安 542
公安机构 542
公办教师 657
公厕建设与管理 129
公房出售 132
公房管理 133
公房建设 130
公费医疗管理 705
公共场所消防检查 554
公共卫生监督 719
公共卫生突发事件应急机制 721
公共娱乐场所管理 546
公粮征收改革 297
公路 313
公路"三乱"治理 458
公路管理 313
公路养护 317
公路建设 314
公路运输 318
公路运输市场管理 318
公墓建立 633
公务员登记 597
公务员考核 597
公务员培训 597
公务员制度宣传 597
公园乐园绿化 128
公证事务 574
供电 241
供电范围 241
供水 125
共青团 525
共青团机构 525

共青团永福县代表大会
　　第十二次 526
　　第十三次 526
　　第十四次 526
　　第十五次 526
　　第十六次 526
共青团主要工作 527
钩体病 718
古底河 79
古尔邦节 744
古桂柳运河 309
古县志研究 812
谷物征收 297
谷雨 76
股份制工业企业 252
骨质增生药方 714
固定电话 331
固体废物治理 143
瓜类枯萎病 179
瓜籽三洒分瑶汉 806
关刀山 66
馆藏档案 694
馆藏图书资料 694
灌区水利工程 228
光温充裕易涝区 75
广播 686
广播　电视　电影 686
广播电视管理 689
广播电视网络 688
广播电视网络与管理 688
广场体育运动 697
广电网络永福分公司 681
广福革命烈士纪念碑 586
广福乡 50
广福乡财政 51
广福乡党委政府人大主席团正职任职 52
广福乡工业 51
广福乡教育卫生文化 51
广福乡兰麻古道 310
广福乡龙溪村选举县乡人大代表（图） 480
广福乡木薯生产基地（图） 50

广福乡农村建设　51
广福乡农业　50
广福乡葡萄种植（图）　155
广福乡桑蚕生产基地（图）　167
广福乡瑶族妇女在刺绣（图）　728
广告管理　415
广西民间艺术之乡（彩调）　683
广西移动通信有限公司永福分公司　330
广西永福海丰铁合金有限公司　263
桂林典林食品有限公司生产产品（图）　270
桂林桂珠生物科技有限公司　266
桂林合众国际橡塑机械制造有限公司　264
桂林鸿帆科技发展有限公司　266
桂林华力重工机械有限责任公司　264
桂林荟力淀粉有限公司　270
桂林龙江罗汉果保健品有限公司外景（图）　245
桂林市华力重工机械有限责任公司苏桥基地开工
　　（图）　264
桂林市食品药品监督管理局永福县分局　430
桂林市烟草公司永福营销部　281
桂林苏桥工业园区发展目标　375
桂林苏桥工业园区规划　374
桂林苏桥工业园区规划年限　375
桂林苏桥火电厂生产车间（图）　242
桂林苏桥新区　273
桂林苏桥新区标准厂房建设　277
桂林苏桥新区道路建设　276
桂林苏桥新区东西大道　276
桂林苏桥新区服务管理　277
桂林苏桥新区供电设施　277
桂林苏桥新区供水、供电设施建设　277
桂林苏桥新区供水设施　277
桂林苏桥新区机构　273
桂林苏桥新区基础设施建设　276
桂林苏桥新区建设用地平衡（表）　375
桂林苏桥新区交通通信和能源优势　274
桂林苏桥新区决策与开发规划　275
桂林苏桥新区开发与投资环境　274
桂林苏桥新区其他配套服务设施　277
桂林苏桥新区亲情化服务　278
桂林苏桥新区区位优势　274

桂林苏桥新区水资源优势　275
桂林苏桥新区通讯服务设施　277
桂林苏桥新区投资优惠政策　446
桂林苏桥新区土地资源优势　275
桂林苏桥新区项目建设服务　278
桂林苏桥新区园区路网工程　277
桂林苏桥新区政策服务　278
桂林苏桥新区职工住宿设施　277
桂林速丰木业有限公司　269
桂林天和木业有限公司　269
桂林天和木业有限公司大门（图）　269
桂林五洲制糖有限公司　267
桂林银监分局永福办事处金融监管　366
桂林永福福寿米业有限公司　270
桂林永福金鹏焊接材料有限责任公司　265
桂林永福绿禾米业有限公司　270
桂林永福睿丰制丝有限公司　266
桂林永福云汉日用化工有限公司　265,（图）
　　265
桂林元峰纸业有限公司　268
桂林正点实业有限公司　265
桂林正点蚊香厂生产线（图）　265
桂林中族中药公司糖浆生产车间（图）　253
桂林中族中药股份有限公司　266
桂柳高速公路潮水隧道　325
桂柳高速公路桥底至恋爱桥段防洪堤　228
国道　314
国道桂柳高速公路永福段桥梁　322
国道省道县道干线养护　317
国电永福发电厂一角（图）　249
国防动员和国防教育　583
国防建设事业　577
国防建设事业机构　578
国防教育　585
国防教育基地建设　586
国家公务员制度推行　597
国家税务　350
国民经济动员　584
国庆节　743
国税税种税收　350
国税征收管理　350

国土专项资金审计　428

国土资源管理　368

国土资源管理机构　368

国有（营）商业经营　283

国有工业企业财务审计　426

国有工业企业改革　248

国有工业企业及改革　247

国有及规模以上工业企业发展　247

国有集体企业领导经济责任审计　429

国有商业经营及改革　283

国有水利工程管理体制　230

国有土地使用权流转　384

国有资产管理　345

过小年　742

H

海菜花　86

海金沙排石汤　714

函件　327

寒露　76

寒武系　62

汉语方言　731

汉族生育习俗　748

旱灾　92

旱作节水技术　176

行风评议　458

"呵护未来服务队"　455,529

合理密植　174

合理施肥　174

合同管理　416

合作金融机构　359

河陡岩　309

河道管理　234

核算综合统计　397

荷兰农业专家考察三皇乡西红柿种植（图）　150

黑石界　66

横水渡口　321

红毛果　183

红十字会管理　706

胡麻叶斑病　177

户政管理　551

护士节　742

花生　161

花岩　67

华山电站　240

华山水库除险加固工程　226

华山水库工程管理处　225

华山水库所属电站　240

化学毒物监测　720

化学工业　265

环保设施"三同时"制度　148

环境保护　138

环境保护机构　138

环境保护检查　147

环境管理　146

环境监测　140

环境事故调查处理　145

环境卫生　708

环境卫生管理　129

环境宣传与教育　146

环境影响评价　148

环境治理　142

环境质量　138

黄龙病　178

回语　734

回族丧葬习俗　749

回族生育习俗　748

汇兑　327

会考　中考　高考　651

婚嫁习俗　748

婚姻登记　632

婚姻与收养登记　632

火灾事故与救援　555

霍乱及副霍乱　717

J

机动车登记　549

机动车检验　549

机动脱粒机　201

机构设置　591

机关事务管理　507

机关事业单位职工养老保险　615

机械　263

机械　化工　263

机要工作　467

鸡　211，213

基本单位普查　400

基本农田保护规划　374

基本农田保护期限　374

基本农田保护区范围　374

基本农田保护区划定　379

基本农田分级标准　374

基层党建　447

基层档案建设　695

基层人大工作　488

基层团组织建设　527

基层政权　494

基层自治组织建设　621

基层组织　443

基层组织建设　447

基础教育　645

基督教　730

基建工程决算审计　427

基准地价　383

疾病预防与妇幼保健　715

集贸市场　128

集贸市场管理　412

集体工业企业财务审计　427

集体工业企业及改革　251

集体商业经营及改革　287

集体商业经营体制改革　287

集体文化活动　682

集邮　328

集镇建设　135

集资办教育　444

脊髓灰质炎　717

计划　389

计划编制与执行　391

计划机构　389

计划生育　106

计划生育"三结合""三为主"　112

计划生育常规管理　111

计划生育处罚政策　109

计划生育工作"两化"管理　112

计划生育工作责任状　112

计划生育管理　111

计划生育机构　107

计划生育技术队伍　113

计划生育技术服务　113

计划生育奖励政策　109

计划生育协会　107

计划生育行政执行　111

计划生育宣传教育　110

计划生育依法管理　112

计划生育政策　108

计划生育中心户组织　111

计划体制改革　390

计量监督管理　419

计量器具强制检定　419

计量执法检查　420

纪检监察　456

纪念节庆　742

技术市场服务　671

技术职称管理　602

技术职称考试　602

技术职称聘任　603

技术职称评定　603

寄生虫病防治　718

家禽饲养技术　214

家禽养殖　211

家禽引进与品种改良　213

家庭婚姻构成　102

家庭联产承包责任制　150

家畜饲养技术　213

家畜养殖　210

家畜引进与品种改良　212

价格管理　404

价格认证评估　406

驾桥岭　66

驾驶员管理　550

兼并与股份合作改革　249

监督县内生产企业　418

监督县内销售企业　418

监所安全与规范化建设　556

监所管理　555

监所检察　561

减轻农民负担　457

检察　557

检察机构　557

检察制度改革　558

简化审批、登记注册程序　256

简易公路　317

建材　268

建材　木业　268

建党节　743

建军节　743

建设工程监理　135

建设花园小区　132

建设项目安排　396

建设项目管理　395

建设项目管理与安排　395

建设项目环保管理　148

建设用地登记发证　377

建置沿革　23

建筑工程消防审核　554

建筑工程招投标管理　135

建筑工程质量管理　135

建筑施工　134

建筑习俗　745

建筑业　134

建筑业与固定资产投资统计　398

鉴真泉　81

江河流向　65

江河资源　304

江西泉　81

交换机　332

交际礼节　747

交通　312

交通　邮电　311

交通法规宣传教育　549

交通规费征收　314

交通机构　312

交通设施项目　374

交通事故处理　550

交通战备动员　583

教师待遇　661

教师队伍　657

教师骨干培训　660

教师管理　659

教师节　743

教师结构　658

教师经济待遇　661

教师来源　657

教师培训　653，660

教师人才档案　660

教师性质结构　658

教师学历教育　654

教师学历结构　658

教师政治地位　661

教师职称结构　658

教师资格认定　659

教学设备　665

教育　642

教育　科技　641

教育附加费　662

教育改革　666

教育机构　642

教育基建支出　664

教育经费　661

教育经费财政拨款　661

教育经费来源　661

教育经费支出　664

教育设施设备　664

教育事业经费支出　664

街道划分　40

节庆习俗　741

节庆宣传　453

节育避孕指导　114

结核病　717

结婚登记　633

蚧类　181

《今日永福》　689

金城山庄小区　132

金鸡河水库除险加固工程　226

金鸡河水库工程管理处　225

金鸡河水库所属电站　240

金橘　162

金猫　86

"金秋助学"活动　524

金融　357

金融机构　357

金融监督管理　365

金融监管机构　357

金融统计　366

金融征信管理　366

金色之秋　683

金钟山景区　304

金钟山景区永福岩风光（图）　303

金钟山全景（图）　305

金钟山天坑　67

金钟山永福岩（图）　305

金钟岩　67

禁毒　547

禁忌与辟邪　751

经济合作联社　151

经济检察　560

经济责任审计　429

经济作物推广　672

经济作物栽培技术推广　174

经理国库　365

惊蛰　76,741

精简退职职工救济　630

精神文明和民主法制建设　506

精神文明建设　454

敬老节　743

敬老助老活动　632

敬牛节　743

九槽河　79

九落岩　67,307

九年义务教育及学制改革　667

"九五"计划执行　393

救灾救济粮食供应　301

居民身份证管理　552

居民生活　115

居住区绿化　128

居住习俗　745

拘留所管理　556

军队离退休人员及无军籍退休职工安置　627

K

开斋节　744

勘界和地名管理　634

看守所管理　555

抗旱救灾　233

抗洪抢险　232

考核奖惩　601

科技　668

科技产品　674

科技成果选介　674

科技队伍　670

科技服务机构　669

科技机构　668

科技进步考核　671

科技经费　670

科技普及　539

科技信息服务　670

科技兴县　446

科教文卫事业　505

科普试验示范　540

科普宣传　671

科协　538

科协机构　539

科协主要工作　539

科研管理与队伍　669

科研管理与科研团体　669

客运站场　318

控告申诉检察　562

苦马岭　66

库区移民粮食供应　300

跨世纪青年农民培训工程　168

跨市班线　319

狂犬病　717

矿产开采加工　253

矿产品加工　255

矿产品开采　253

矿产资源　89

矿产资源规划范围及期限　376

矿产资源规划分区及储量　376

矿产资源规划目标　376

矿山生态环境保护　377

矿业督查　388

矿业监督管理　387

溃疡病　178

困难职工帮扶中心　524

L

拉江果　183

喇塔河　79

辣椒疫病　178

兰麻古道　310

篮球　697

劳动保障监察　613

劳动工资　611

劳动工资　离休退休　611

劳动工资统计　399

劳动和社会保障　606

劳动和社会保障机构　606

劳动节　742

劳动就业　608

劳动力　154

劳动力市场　610

劳动模范评选与管理　525

劳动培训　610

劳动卫生监督　720

劳动争议仲裁　612

劳动争议仲裁　劳动保障监察　612

老干部工作　451

老干部生活待遇　451

老干部医疗待遇　451

老干部政治待遇　451

老龄工作　632

老年大学　452

老年体育运动　697

老年文体活动　632

老年优待　632

雷电界　66

雷电灾害防御　678

梨　162

离婚登记　633

离休　605

离休　退休　退职　605

离休退休　612

礼仪习俗　747

李春访观音　808

李锋调研永福罗汉果项目成果（图）　184

"李琪的传奇"三则　807

李子才　756

里佳泉　82

理论学习　444

鲤鱼滩水电站　241

立案　565

立春　76

立冬　76

立秋　76

立夏　76

痢疾　717

连江路　40

连江商住小区　132

联合收割机　201

恋爱桥至茅江桥段防洪堤　228

梁景明　757

粮食保护价收购　296

粮食补贴　238

粮食仓储　298

粮食仓储管理　298

粮食仓储容量　298

粮食定购　294

粮食和油料作物　159

粮食加工　299

粮食价格　407

粮食平价定量供应　296

粮食生产基地　167

粮食市场建设及管理　298

粮食议价收购　295

粮食自给工程基地　167

粮食作物推广　672

粮油 292

粮油仓储与加工 298

粮油购销制度改革 294

粮油机构 292

粮油加工 299

粮油经营 297

粮油经营体制改革 294

粮油经营与市场建设 297

粮油体制改革 294

粮油议销 296

粮油作物栽培技术推广 172

林村血泪岩 586,692

林副产品 194

林木采伐管理 198

林业 190

林业机构 190

林业生产 192

林业违法案件查处 198

林政管理 198

灵魂 750

灵芝 713

领导班子和干部队伍建设 449

领导干部监督管理 450

领导干部考察 450

领导干部廉洁自律 456

领导干部选拔任用 450

刘自忠 758

流动人口管理 551

流浪乞讨人员救助 630

流行性感冒 717

流行性脑膜炎 717

硫铁矿 254

六月节 742

龙江 78

龙江森林公园 310

龙江社边风光 310

龙江乡 54

龙江乡财政 56

龙江乡党委政府人大主席团正职任职 56

龙江乡工业 55

龙江乡教育卫生文化 56

龙江乡毛竹生产基地（图） 192

龙江乡农业 54

龙江乡社边农家乐（图） 55,279

龙江乡乡村建设 55

龙井泉 80

龙口泉 81

龙溪水电站 241

龙涎泉 81

垄稻沟鱼生产技术 221

陆兵与苏桥工业园区工作人员合影（图） 275

陆炳华到县公安局检查指导工作（图） 543

路边菊 713

路灯 127

路政管理 313

旅游 302

旅游机构 302

旅游建设用地项目 374

旅游经营 302

旅游资源 303

律师事务 574

罗汉果 290,712

罗汉果煲猪肺汤 189

罗汉果病害及防治 179

罗汉果茶 188

罗汉果产量 185

罗汉果冲剂 187

罗汉果虫害防治 182

罗汉果大姜汤 190

罗汉果规范化种植研究 674

罗汉果贵妃汤 189

罗汉果加工及销售 186

罗汉果姜茶 189

罗汉果来源传说 805

罗汉果民间常见用法 189

罗汉果深加工 186

罗汉果生产与加工 182

罗汉果糖水 189

罗汉果甜贰 189

罗汉果下山种植 672

罗汉果销售 186

罗汉果银花含片 188

罗汉果栽培　184

罗汉果止咳颗粒　188

罗汉果止咳糖浆　188

罗汉果制品　187

罗汉果组培苗栽培技术　175

罗汉果组培苗栽培技术要点　185

罗锦革命烈士纪念碑　586

罗锦江月风光(图)　88

罗锦金鸡河水库公路(图)　46

罗锦田园春色(图)　84

罗锦田园风光(图)　61

罗锦镇　46

罗锦镇财政　47

罗锦镇崇山古民居(图)　309

罗锦镇工业　47

罗锦镇交通旅游商业　47

罗锦镇教育卫生文化　47

罗锦镇景点　309

罗锦镇农业　46

罗锦镇乡党委政府人大主席团正职任职　48

罗锦中心卫生院　711

罗锦种鸭养殖场(图)　209

洛清江　77

洛清江航道　320

落空　811

M

麻风病　717

麻疹　717

马　210

马鞍山　66

马水橘　161

满岁　749

螨类　181

芒种　76

毛竹　289

毛竹黄脊竹蝗防治　196

毛竹双色竹刺蛾防治　197

茅江　77

茅江航道　320

茅江之夏　682

美术创作　685

美术获奖主要奖项　685

猕猴　86

蜜橘　161

蜜炼罗汉果膏　188

苗木培育　192

民办初中　657

民办非企业单位管理　635

民办教师　658

民办幼儿园　657

民兵　581

民兵军事训练　582

民兵政治教育　582

民兵组织建设　581

民国及以前图书资料　694

民国时期档案资料　694

民间信仰　750

民间语言　735

民间组织管理　634

民商事审判　567

民生关注和改善　506

民事行政检察　562

民用爆炸物品管理　546

民政　620

民政　扶贫　信访　619

民政机构　620

民政救灾救济物款审计　429

民主决策　503

民族　726

民族　宗教　语言　社会风俗　725

民族成分认定和管理　727

民族机构　726

民族人口与分布　726

民族事务管理　727

民族团结　728

民族项目扶贫　727

民族政策宣传落实　727

民族宗教工作　460

名家看永福散文选辑　785

名优工业产品　271

明代永宁州城 691
模拟移动电话 333
莫忠 756
母子保健保偿 723
木材采伐 194
木材经营 194
木业 269

N

纳税申报 355
南部丘陵林农区 155
南丰蜜橘 161
南宋古县知县史渭书写"百寿图"传说 806
泥盆系 62
年度计划 391
年度审核 592
碾米机推广 204
酿酒 270
牛 210,213
牛肉价格 407
农产品质量安全管理 172
农村"三提五统"费审计 428
农村"双学双比"竞赛活动 531
农村"五保户"分散供养 628
农村"五保户"供养 628
农村"五保户"集中供养 628
农村初级卫生保健 708
农村公共卫生监督 708
农村合作基金会 151
农村合作医疗管理 705
农村集体土地登记发证 378
农村集体土地使用 385
农村经济抽样调查 401
农村经济合作组织 151
农村经济体制 150
农村经济统计 398
农村居民生活 116
农村居民生活消费 117
农村居民收入 116
农村居民最低生活保障 631

农村科普网络 540
农村劳动力转移就业 609
农村劳动力转移就业培训 611
农村劳动力转移培训阳光工程 169
农村能源建设 199
农村青年中心活动 528
农村人畜饮水工程 229
农村社会养老保险 615
农村实用技术培训 656
农村适用技术培训 539
农村税费改革 356
农村土地承包责任制 445
农村卫生管理与监督 707
农村卫生条件改善 709
农村文明卫生村建设 709
农村宅基地有偿使用 385
农村智能电话 332
农副产品加工机械 202
农副产品价格 407
农副产品经营 289
农副产品流通 445
农机安全监理 205
农机服务 203
农机管理 205
农机技术培训 203
农机技术推广 203
农机市场管理 205
农机违章处理 205
农机维修 204
农机销售 204
农机销售和油料供应 204
农机应用 200
农技推广 172
农林牧渔 149
农贸集市建设 136
农民工 609
农民用水户协会管理 230
农民专业合作组织 152
农网改造 243
农药 156
农药管理 171

农药市场检查　171
农药许可管理　171
农业机械　199
农业机械机构　200
农业技术培训　168
农业科技推广　671
农业龙头企业　152
农业普查　400
农业强县　445
农业生产基地　167
农业生产资料价格　408
农业生产资料经营　290
农业新技术新品种选介　672
农业有害生物普查　170
农业执法　170
农业综合开发　445
农业综合开发资金审计　428
农用电话　332
农用水泵推广　204
农用运输机械　201
农作物标准化栽培试验示范　674
农作物病害及防治　177
农作物虫害及防治　179
疟疾　718

P

排灌机械　201
排水　126
排污费征收　148
排污许可　148
盘王节　743
盘瑶语言　733
陪审和调解制度　570
陪审制度　570
配电设备改造　244
椪柑　161,673
批发零售与餐饮业统计　399
枇杷　162
票据清算与银行账户管理　365
品种及分布　182

平衡施肥技术　175
平原　65
葡萄　162
普查统计　399
普及型技术培训　169
瀑布　88

Q

漆道澂　754
其他党务　466
其他农业技术推广　175
其他喜庆　749
其他优惠政策　256
其他灾害　94
其他重要景区和景点　305
其他专项资金审计　427
棋牌球类活动　697
企业财务审计　426
企业所得税　350
企业所得税(地方企业所得税)　353
企业整体改革　445
企业职工培训　610
企业职工养老保险基金管理　615
企业注册登记　410
起诉监督　559
气候　物候　67
气候分区　75
气温　71
气象服务　678
气象服务决策　678
气象公益服务　678
气象信息网络　677
气象业务　677
气象业务与服务　677
汽车货运　319
汽车客运　319
铅矿　254
前贤诗词选辑　794
枪支弹药管制刀具管理　546
侨办接待来访　460

侨办接受捐赠 461

侨办引进外资 461

侨法宣传贯彻 461

侨务及中国港澳台事务 460

桥梁 322

桥梁 隧道 322

桥牌 697

秦万林 754

勤工俭学收入 663

覃刘明 757

青年节 742

青年科技推广活动 528

"青年文明号"活动 527

青年志愿者活动 527

青皮果 183

青少年读书教育宣传 453

青少年科普教育 540

清明 76

清明节 742

庆丰收节 743

丘陵 65

秋分 76

秋季 68

取水许可管理 231

全民所有制医院（卫生院）医疗质量管理 704

泉水 80

群众体育 697

群众文化 682

群众治安联防 548

R

人才交流服务中心就业服务 602

人才市场 601

人大常委会工作机构 473

人大代表联谊交流 482

人大代表视察与联谊交流 481

人大代表选举 479

人大代表议案办理 482

人防战备动员 584

人工造林 193

人口 96

人口变动 99

人口抽样调查统计 401

人口分布密度 97

人口构成 101

人口机械变动 101

人口数量 96

人口数量与分布 96

人口文化构成 102

人口行政区域分布 97

人口性别年龄构成 101

人口与计划生育 444

人口与计划生育 居民生活 95

人口资源 41

人口自然变动 100

人民调解 575

人民团体 521

人民银行金融管理 365

人民政府 490

人民政府 政协 489

人民政府工作机构 493

人民政府机关建设 503

人民政府领导机构 490

人民政府重要会议 495

人民政协 507

人民政协工作机构 508

人民政协机构 507

人民政协领导机构 507

人民政协主要工作 513

人事 596

人事代理 601

人事机构 596

人事制度改革 597

人寿保费收入 364

人寿保险 364

人寿给付与赔付 364

人寿营销险种 364

人文旅游资源 304

人武部扶贫帮困 587

人物 754

人物 先进集体 753

人物传略　754

人员编制管理　592

日用工业品价格　407

日照　太阳辐射　69

入境管理　553

软腐病　178

S

三朝满月　749

"三大纠纷"调处　576

"三个代表"学习教育活动　449

三化螟　180

三皇烈士纪念碑　586

三皇田园化工程　229

三皇乡　56

三皇乡财政　58

三皇乡大路村枫木屯与碧山屯争执龙米井水源纠纷　236

三皇乡党委政府人大主席团正职任职　58

三皇乡工业　57

三皇乡交通市场建设　57

三皇乡教育卫生文化　58

三皇乡农业　56

三皇乡无公害蔬菜基地生产（图）　164

三皇乡西红柿分箱包装销售（图）　57

三级阶地　63

"三讲"教育活动　448

三金排石汤　714

三脉两廊　64

"三农"工作　445

"三五"普法　573

三县界　67

三月三歌节　743

桑蚕　165,673

桑蚕生产基地　168

桑树病害防治　179

桑树虫害防治　181

桑树栽培技术　175

丧葬习俗　749

扫除青壮年文盲　655

森林保护　195

森林病虫害　93

森林病虫害及防治　196

森林防火　195

森林环境治理　144

森林消防预防工程建设　195

森林消防专业队和半专业队建设　196

森林资源　192

森林资源调查　198

砂糖橘　161

山北洲窑址　308,692

山地　65

山地丘陵平原　65

山豆根　713

山歌会　684

山岭　65

山岭资源　303

山绿茶降压片　273

山南悬崖墓葬　306,692

山葡萄酒　272

山体滑坡　94

山子瑶语言　733

伤残抚恤　625

伤残及带病退伍士兵安置　627

伤寒及副伤寒　717

商标管理　414

商标广告和合同管理　414

商贸　旅游　279

商贸城　132

商品购销　291

商品价格　406

商品条码管理　421

商业　服务　280

商业步行街　132

商业服务机构　280

商业小区开发　132

少数民族传统节庆　743

少数民族语言　733

少先队工作　529

社会办学　657

社会办学　667

社会办医管理 706
社会保险 613
社会风俗 741
社会扶贫资金管理 638
社会福利 631
社会救济 628
社会捐赠教育费 663
社会团体登记 634
社会团体登记监管 634
社会团体监管 635
社会宣传 453
社会治安综合治理 462
社区居民委员会 623
社日 741
社员股金清理整顿 289
神灵 751
神灵祭祀 750
神秘的百寿丹砂井和百寿图 792
审查批捕 558
审计 422
审计机构 422
审判 563
审判机构 563
审判监督 570
审判制度改革 564
生产习俗 744
生活补助 626
生活废水治理 143
生活习俗 745
生活饮用水卫生监测 720
生活用电用水价格 408
生态公益林 193
生态环境治理 144
生物复合肥 271
生育习俗 748
生育指导 114
生猪生产 445
声环境质量 140
省部级以上先进个人 763
省部级以上先进集体名录 765
省柴灶推广应用 199

省道 306 桂浮线永福段桥梁 322
省道 315
省际班线 319
圣纪节 744
盛世多福寿 785
失业保险 617
失业保险范围 617
失业保险金收缴 617
失业保险救助金发放 617
师范教育 653
施政成果 504
施政纪略 503
狮子口湖景区 308
湿度 74
湿度 蒸发 74
"十五"规划水电农村电气化建设 228
"十五"计划执行 393
石城界 67
石灰坳电站 240
石炭系 63
石油供应 286
食品 270
食品 酿酒 270
食品安全协调与监管 431
食品标签备案 421
食品生产安全监督管理 419
食品卫生监督 719
食品药品监督 430
食品药品监督机构 430
食物中毒事件 719
世行贷款造林项目 194
市场管理 412
市场检查 170
市场检查与整顿 413
市场物业管理中心 410
市内班线 319
市内电话 331
市容管理 129
市容环境综合整治"南珠杯"竞赛 130
市容环卫 129
市政建设 125

市政建设用地项目　374

市政桥梁　127

事业单位法人登记　592

事业单位人事管理　601

事业单位人事制度改革　598

适龄公民兵役登记　580

收费政策　257

收割机械　201

收集和编纂中共永福地方史　468

收枪治暴　465

寿庆　749

受理质量投诉　418

狩猎习俗　745

书法创作　685

书法获奖主要奖项　686

书法名家赠送书法作品给永福县文化馆（图）
　685

书香花园别墅区　131

疏林草地藤蔓植被区　83

蔬菜　163

蔬菜面积与产量　163

蔬菜品种　164

蔬菜主要病害及防治　178

蔬菜主要害虫及防治　181

鼠疫　717

数字移动电话　333

双拥工作　627

"双杂"（杂交水稻、杂交玉米）种子生产　157

霜　74

霜冻　94

霜降　76

霜霉病　178

霜期　74

霜日　74

水稻　159

水稻旱育稀植技术　172

水稻和罗汉果病虫害　93

水稻良种推广　157

水稻垄作栽培（垄稻养鱼）技术　176

水稻免耕栽培技术　173

水稻抛秧栽培技术　172

水稻主要病害及防治　177

水稻主要害虫及防治　179

水电农村电气化县建设工程　228

水电站工程　228

水法宣传　234

水费征收　231

水果　161

水果生产　445

水果推广　672

水环境质量　138

水晶矿　90

水库除险加固与蓄水工程　226

水库养鱼　220

水库移民安置　238

水利　224

水利　445

水利　电力　223

水利工程管理　230

水利工程建设　226

水利机构　224

水利水电能源项目　373

水量　88

水路　320

水路　铁路　320

水路航道　320

水路运输　320

水上航运管理　320

水事纠纷调处　235

水头泉　80

水土保持　236

水土流失　237

水土流失治理　145

水土流失治理效果　237

水土流失治理与开发　237

水文　77

水域与鱼类品种　218

水源林保护　197

水源林保护区　197

水源林植被区　83

水灾　90

水政执法　234

水资源　88

税收财务物价大检查　347

税收信息化建设　351

税收征管模式　351,355

税收政策　256

税务　348

税务登记　355

税务机构　348

税务稽查　351,356

税务银行保险业审计　424

丝虫病　718

司法行政　571

司法行政机构　571

私人股份制水电站　241

私营工业企业　252

思想道德教育　454

死亡抚恤　624

四季　68

四旁植树　193

"四五"普法　573

饲料资源　207

松材线虫病　197

松毛虫害防治　196

宋代百寿岩石刻　691

宋代窑田岭窑址　692

宋忠州防御史李琪墓　308

苏桥工业园桂林云汉日用化工有限公司生产产品
（图）　265

苏桥互通立交工程　277

苏桥新区道路设施（图）　276

苏桥新区福龙工业园（图）　274

苏桥新区企业所得税优惠　256

苏桥新区土地使用优惠　256

苏桥镇　48

苏桥镇财政　49

苏桥镇工业　49

苏桥镇教育卫生文化　50

苏桥镇景点　308

苏桥镇农业　48

苏桥镇乡党委政府人大主席团正职任职　50

诉讼调解制度　570

隧道　324

索引　814

T

太阳辐射　70

炭疽病　178

唐败遇仙　809

糖果食品厂产权改革　284

糖酒副食品公司产权改革　284

桃城乡党委政府人大主席团正职领导任职　43

桃城乡跨世纪青年农民培训（图）　169

特大交通事故选记　551

特困户定期定量救济　629

特困户季节性困难救济　629

特困户救济　629

特困户临时困难救济　629

特殊生育政策　108

特种设备安全监察　421

特种行业管理　545

提水工程　227

体育　695

体育机构　695

体育竞技比赛　700

体育设施　696

天凤广场　127

天气预报　677

天主教　730

甜橙　162

铁矿　89

铁路　321

铁路护路　465

铁路货运　321

铁路客运　321

厅（局）级先进单位名录　767

桐木河　79

统计　397

统计报表填报培训　402

统计程序　402

统计从业资格培训　402

统计法学习宣传　402

统计分析　401

统计服务　403

统计管理　401

统计机构　397

统计继续教育培训　402

统计类目　397

统计培训　402

统计设备　403

统计信息化建设　402

统计执法检查　402

统一审核　592

统一战线　459

统战部招商引资　460

统战干部队伍建设　459

投递　329

投诉网络建设　416

图书　690

图腾　750

屠宰行业管理　287

土地变更登记　378

土地变更调查　377

土地承包　150

土地出让金年限和出让金　382

土地登记发证　377

土地二轮承包　151

土地分等定级　382

土地和矿产资源规划　370

土地监察队伍机构　386

土地开发规划期限　371

土地开发规划区域　371

土地开发整理规划　371

土地利用规划编制　370

土地利用规划措施　371

土地利用规划目标　371

土地利用规划期限　370

土地利用结构调整规划　370

土地利用总体规划　370

土地使用　381

土地隐形市场清理整顿　387

土地增值税　353

土地证书年检　378

土地政策　257

土地执法监察　386

土地资源　84

土壤　82

土壤　植被　82

兔　210

团员代表大会　526

退耕还林工程　194

退耕还林和种苗工程资金审计　428

退耕还林粮食供应　301

退伍军人预备役登记　580

退伍士官安置　627

退休　605

退休待遇　614

退役安置　581

退职　606

拖拉机　201

拖拉机货运　320

W

外来节日　743

外贸经营　285

外贸经营与产权改革　285

外贸体制改革　285

外资运用审计　427

晚婚晚育政策　108

王世则巧对夺状元　807

王燮　755

网络通信(互联网)　334

网箱草鱼养殖技术　221

网箱养鱼　220

危险化学品专项整治　260

危险剧毒物品管理　546

危险物品管理　546

韦瑞霖　759

"韦银豹传说"三则　808

韦永成　758

围棋　697

违法用地案件查处　386

违纪违法案件查办　457

维权保护　416

卫生　701

卫生管理机构　702

卫生管理体制改革　703

卫生环境治理　144

卫生行政　702

未利用地开发区　373

位置　22

温凉湿润区　76

温暖易旱区　75

温州蜜柑　161

文化　680

文化　体育　679

文化机构　680

文化旅游资源　304

文化市场管理　690

文明单位和文明村镇创建　455

文物　691

文物保护单位　691

文物管理与保护　693

文物收藏　693

文学创作　684

文学艺术　684

文艺会演　682

纹枯病　177

污水治理　142

无公害农产品生产基地　167

无公害蔬菜生产　164

无人值班变电站　243

无霜期　74

无线电视　686

无线寻呼　333

五金公司产权改革　284

五年计划　392

武警永福县消防大队　579

武装警察　579

武装警察部队永福县中队　579

物候　76

物价　403

物价管理体制　404

物价机构　404

物业管理　134

物资供应产权改革　284

物资供应经营　284

物资供应经营与产权改革　284

X

西滨路　40

西部石山农业区　155

西登岭　66

西登山　309,810

西瓜　165

西瓜籽　811

西河　78

西河防洪堤二期工程　126

西河航道　320

西河流域景区景点　310

西河漂流　310

西红柿　673

西岭田园化工程　229

希望工程活动　528

喜庆　749

细菌性条斑病　177

夏季　68

夏秋番茄反季节栽培技术　174

夏至　76

先进个人名录　763

先进集体　765

先进性教育活动　449

纤维多汁性饲料　208

县爱国卫生运动委员会办公室　703

县安全生产监督管理局　247

县办电视新闻节目　687

县财政局　336

县财政局工作人员下乡开展申报（图）　339

县长办公会议

　　第十届　495

　　第十一届　498

　　第十二届　500

　　第十三届　502

县成人中等专业学校　655

县城　38
县城　乡镇　38
县城碧水湾住宅小区（图）　131
县城道路和广场绿化　128
县城调度自动化　243
县城发展　38
县城防洪堤工程　227
县城房地产业　130
县城供水　125
县城规划　121
县城旧城改造　124
县城西河防洪堤　126
县城西河防洪堤工程　126
县城周边景点　308
县初级卫生保健委员会办公室　703
县大板山水源林保护站　192
县党史县志办公室　442
县道　315
县道线桥梁　323
县道乡道村道支线养护　318
县地方交通规费征收稽查所　313
县地方税务局　349
县地震局　669
县电信大楼（图）　330
县电信局　326
县调处纠纷办公室　572
县动物卫生监督所　206
县动物疫病预防控制中心　207
县对国有企业财务管理体制　338
县对外经济贸易总公司　281
县发展和改革局　389
县发展和改革局下属单位　390
县法制办公室　572
县防疫防控机构　716
县房产管理局　120
县妇幼保健院　716
县个体劳动者协会　410
县工商行政管理局　409
县工商银行大楼（图）　335
县公安交警大队基本技能训练（图）　549
县公安局　542

县公安局派出机构　543
县公费医疗管理办公室　703
县公路管理所　313
县公路局　312
县供电局　239
县供电局李家寨变电站设施（图）　223
县供电局员工在高空施工现场作业（图）　243
县供销合作联社　282
县供销社共产党员教育培训合影（图）　452
县国防动员委员会　578
县国家税务局　348
县国土局派出机构　369
县国土资源局　369
县航务管理所　313
县红十字会　703
县环保局监测站实验室（图）　140
县机构编制委员会　590
县机构编制委员会办公室　590
县机构编制委员会办公室下属单位　590
县机关事业单位养老保险所　607
县基层党组织　443
县基层纪律检查委员会组织　443
县级财政管理体制　337
县级财政预决算及财务审计　423
县建设局　120
县建设局下属单位　121
县建筑工程招投标管理站　121
县建筑工程质量监督站　121
县交通局　312
县交通局路政队　313
县交通局下属单位　313
县交通运输管理所　313
县交通战备办公室　579
县教育局　642
县经济贸易局　246
县经济信息中心　390
县就业服务中心　607
县科技局　668
县科技情报所　669
县矿产资源管理处　369
县劳动和保障监察大队　607

县劳动局　606

县劳动局下属单位　607

县老龄工作委员会办公室　621

县粮食局　292

县粮食局下辖企事业单位　293

县林业局　190

县林业局下属单位　191

县绿化委员会办公室　191

县民政局　620

县明德二小校园（图）　649

县木材公司　191

县木材检验技术中心　191

县内班线　319

县农村社会养老保险所　607

县农机监理人员到堡里乡指导农机生产（图）
　205

县农业局　153

县农业区划办公室　154

县农业生产领导小组办公室（农委）　154

县气象局　669

县侨务办公室　441

县轻工总会　247

县人才交流服务中心　597

县人大常委会人事任免

　第十届　478

　第十一届　478

　第十二届　479

　第十三届　479

县人大常委会重要会议

　第十届　474

　第十一届　476

　第十二届　476

　第十三届　477

县人大代表视察

　第十届　481

　第十一届　481

　第十二届　481

　第十三届　482

县人大代表议案办理

　第十届　482

　第十一届　484

第十二届　485

第十三届　485

县人大领导机构　472

县人大执法检查　486

县人口和计划生育局　107

县人民代表大会　470

县人民代表大会机构　472

县人民代表大会全体会议

　第十届　470

　第十一届　471

　第十二届　471

　第十三届　472

县人民法院工作人员深入瑶乡调研案件执行问题
　（图）　569

县人民法院年终总结会议合影（图）　564

县人民检察院档案室晋升为二级档案室（图）　695

县人民检察院干警出庭支持公诉（图）　559

县人民检察院干警外出办案（图）　462

县人民检察院获“全国集体一等功”称号（图）
　558

县人民检察院开展法纪检察业务学习活动（图）
　561

县人民武装部　578

县人民武装部收归军队建制交接仪式（图）　541

县人民医院　710

县人民医院歌咏晚会（图）　703

县人民医院门诊大楼（图）　701

县人民医院免费实施白内障手术（图）　711

县人民政府

　第十届　491

　第十一届　491

　第十二届　491

　第十三届　491

县人民政府办公室　493

县人民政府常务会议

　第十届　495

　第十一届　498

　第十二届　500

　第十三届　502

县人民政府工作机构改革　593

县人民政府工作机构和直属事业单位改革　593

县人民政府直属事业单位改革　595

县人民政府重要会议

　　第十届　495

　　第十一届　498

　　第十二届　500

　　第十三届　502

县人事局　596

县人事劳动和社会保障局　596

县人事劳动和社会保障局下属单位　597

县森林防火指挥部办公室　191

县森林公安分局　191

县商业局及所属国有（营）商业产权改革　283

县商业总公司　280

县商业总公司体制改革　283

县社会劳动保险事业管理所　607

县审计局工作人员开展经济责任审计（图）　428

县生产力促进中心　669

县失业保险所　607

县实验中学　650

县水产技术推广站　207

县水果管理中心　153

县水利电力局　239

县水利局　224

县水利局下属单位　225

县税务局　348

县司法局　571

县台湾工作办公室　441

县体育练习馆　696

县体育事业管理处　695

县图书馆　690

县土地管理局　368

县委、县人民政府文献选辑　770

县委办公室　440

县委党校　442

县委督查　466

县委工作机构　439

县委工作机构和直属事业单位改革　593

县委和县政府召开工作会议（图）　504

县委老干部局　441

县委领导机构　436

县委其他职能部门　441

县委统一战线工作部　440

县委宣传部　440

县委政法委员会　440

县委直属事业单位　441

县委重要决策　444

县委组织部　440

县卫生局　702

县卫生局庆祝建党八十周年联欢晚会（图）　705

县卫生局组织医务人员给百岁老人检查身体（图）　707

县文化市场管理办公室　682

县文化系统二层事业机构　681

县文明办公室　441

县物资供应总公司　281

县乡集体工业企业改革　251

县乡镇人大代表换届选举

　　第十届　480

　　第十一届　480

　　第十二届　480

　　第十三届　480

县向阳小学　649

县向阳小学学生在做课间操（图）　698

县消费者协会　410

县畜牧水产管理处　206

县畜牧水产管理处下辖事业单位　206

县畜牧站　207

县药品检验所　703

县业余体校　696

县医药局（公司）430

县邮电局　325

县邮政储蓄机构　359

县邮政局　326

县幼儿园　644

县域经济　504

县园林绿化管理所　121

县招商局　247

县政府政务公开栏（图）　489

县政协六届四次会议（图）　513

县知识产权局　669

县直机关工委新党员培训班合影（图）　467

县直机关后勤服务中心　493

县直属机关工作委员会 440

县职称改革办公室 597

县职业教育中心 654

县中小企业局 246

县中医院 710

县属集体工业 251

县综合规划设计室 390

县综治办公室 441

乡村青年文化节 529

乡道 316

乡镇 41

乡镇财政管理体制 338

乡镇财政所 337

乡镇村级计划生育组织 112

乡镇党政机构改革 595

乡镇供水 126

乡镇和村级图书馆(室) 690

乡镇机构改革 595

乡镇基层供销社 282

乡镇级财政预决算及财务审计 423

乡镇计划生育机构 107

乡镇教育组(中心校) 643

乡镇民政机构 621

乡镇企业 445

乡镇人民政府 494

乡镇事业单位机构改革 595

乡镇水电所 225

乡镇水利工程管理体制 230

乡镇文化站 682

乡镇政务公开 494

乡镇总体规划 124

相思江 77

湘桂铁路永福段 321

湘桂铁路永福段隧道 324

向阳路 40

象棋 697

消防管理 553

消防监管 554

消防设施设备 554

消费税 350

消费者权益保护 416

萧登波考察苏桥经济开发区(图) 257

小(1)型水库蓄水工程 227

小(2)型蓄水水库 227

小菜蛾 181

小寒 76

小康生活测评 117

小灵通 334

小满 76

小山塘蓄水工程 227

小暑 76

小水电建设 240

小型水利专项资金审计 427

小学管理 646

小学教材 646

小学教学方法 646

小学教育 645

小学课程 646

小学课程改革 667

小学学校布局 645

小学学制 646

小雪 76

校舍 664

斜纹夜蛾 181

新法接生 723

新经济组织工会建设 523

新苗林场(碧辽河林场) 192

新型肥料应用技术 176

新鱼种引进 221

信贷扶贫资金管理 638

信访 638

信访办理 639

信访机构 638

信访网络建设 639

信访制度 639

信访制度和信访网络建设 639

信用社社员代表大会 363

刑事案件侦查 543

刑事检察 558

刑事审判 566

行政法制培训 577

行政复议案件及其应诉 576

行政机关和事业单位改革　593

行政区划　22

行政区划调整　26

行政区域勘界　634

行政审判　568

行政事业财务审计　425

行政事业单位财务管理体制　338

行政事业单位经济责任审计　429

行政事业和经营服务性价格监督　405

行政事业机构管理　591

凶死葬　749

休假　604

徐平民　759

畜禽检疫　217

畜禽良种引进与品种改良　212

畜禽品种　209

畜禽饲料　207

畜禽饲养技术　213

畜禽养殖　209

畜禽疫病防治　214

畜禽疫病防治　216

畜禽疫病种类　214

蓄水　88

宣传部理论学习　452

宣传教育　452

学前教育　643

学生健康档案　721

学生缴费　662

学生军事训练　585

学校管理　666

学校国防教育　585

学校体育　698

学校卫生监督　721

学校选介　649

学艺习俗　745

血泪岩　310

Y

鸭　211,213

蚜虫　181

烟草专卖　285

烟草专卖市场整顿　286

烟草专卖营销　285

烟尘监测　141

烟花爆竹管理　546

烟花爆竹专项整治　260

岩洞资源　304

羊　210,213

阳光公寓　132

杨梅　162

养蚕技术　175

养老保险　428

养老保险金征缴　613

养老福利　631

养牛　213

养羊　214

养鱼技术培训　221

养鱼技术培训与鱼病防治　221

养殖生产　219

养殖习俗　745

养殖业　206

养殖业机构　206

养猪　213

恙虫病　718

窑田岭窑址　308

瑶医瑶药　714

瑶语　733

瑶族"正一"道教　752

瑶族拜寄风俗　748

瑶族婚俗　748

药茶　药酒　714

药品监管　431

药品生产流通监管　431

药品使用监管　432

药政监督管理　432

冶炼　262

野生动物　86,87

野生海菜花　307

野生植物　86,87

业余体校体育　699

业余文艺演出　683

一般固体废物治理 143
一般生育政策 108
一级阶地 63
伊斯兰教 730
医保基金征缴 616
医保基金支付 616
医疗 709
医疗保险 428
医疗废水治理 142
医疗废物治理 144
医疗管理 704
医疗机构 710
医疗机构概况 710
医疗机构选介 710
医疗设施和技术 711
医疗市场管理 706
医疗事故管理 706
医疗制度改革 616
医院药房监管 432
医院药品招标监管 432
依法行政 503
依法治理 574
依法治县 446
移动电话 333
以工代赈扶贫资金管理 638
义务兵安置 627
银海之冬 683
银行存款 360
银行贷款 361
银行管理体制改革 362
银行其他业务 362
银行业金融机构 358
银行中间业务 363
引水工程 227
饮食习俗 746
饮用水源监测 141
印花税 354
印刷 268
婴幼儿收养登记 633
迎宾大道 40
迎接瑞雪和新雷 744

营业税 350,353
拥政爱民 586
永安烈士墓 586
永安太和风光（图） 59
永安乡 58
永安乡财政 60
永安乡党委政府人大主席团正职任职 60
永安乡独洲村明境屯一组与二组争执阳家屋背水沟
　水源纠纷 236
永安乡工业 59
永安乡教育卫生文化 60
永安乡喇塔村屯与马岭屯水事纠纷 235
永安乡农业 59
永福病山羊扑杀情况（2003 年）（表） 215
永福防汛抗旱指挥长培训班（图） 232
永福高级中学 650
永福高速公路收费站（图） 314
永福官话 731
永福恒大机械铸造有限公司 264
永福金钟山景区天坑风光（图） 63
永福矿产公司 262
永福茅江大桥（图） 1
永福民间传说和故事选辑 805
永福民间谚语选 735
永福民间中草药秘验单方选 714
永福平话 732
永福祈福 786
永福泉 80
永福三皇乡华山选矿厂 262
永福山葡萄酒业有限公司 271
永福水文站 225
永福顺兴制糖有限公司 267
永福童谣选 741
永福西河上客船运输（图） 320
永福县"八五"计划经济社会发展年度计划指标及
　完成情况（表） 393
永福县"九五"计划经济社会发展年度计划指标及
　完成情况（表） 394
永福县"六五"世界环境日宣传活动（图） 147
永福县"三五"普法考核验收工作会议（图）
　573

永福县"十五"计划经济社会发展年度计划指标及
　　完成情况（表） 395

永福县白马造纸厂 268

永福县百寿腾飞铁合金有限公司 263

永福县百寿永盛铁合金有限公司 263

永福县板峡湖游艇（图） 307

永福县部分年度柑橘黄龙病普查情况（表） 93

永福县部分年份部分化肥价格变动情况（表）
　　408

永福县部分年份部分农副产品价格变动情况（表）
　　407

永福县部分年份部分日用品价格变动情况（表）
　　408

永福县部分年份居民生活用电用水价格变动情况
　　（表） 408

永福县部分年份农业机械情况（表） 202

永福县部分年份桑蚕种植面积及产量（表） 166

永福县部分年份水稻种植面积产量（表） 160

永福县部分年份玉米用种量及播种面积（表）
　　159

永福县财政一般预算支出情况（1991—1997年）
　　（表） 342

永福县财政一般预算支出情况（1998—2005年）
　　（表） 343

永福县残联代表大会
　　第一次 536
　　第二次 537
　　第三次 537

永福县城（建成区）国有土地有偿使用收费标准
　　（1994年）（表） 383

永福县城（建成区）土地分等定级（1993年）（表）
　　382

永福县城北部景象（图） 125

永福县城步行街（图） 130

永福县城城北区域建设（图） 433

永福县城春节龙狮表演（图） 679

永福县城大气环境质量（2005年）（表） 140

永福县城凤城路景象（图） 9

永福县城建设规划用地平衡情况（1996—2015年）
　　（表） 123

永福县城街头自编自演彩调节目（图） 683

永福县城茅江大桥（1995年摄）（图） 127

永福县城南部全景（图） 90,303

永福县城清真寺（图） 730

永福县城全景（图） 40

永福县城天凤广场（图） 39

永福县城天凤广场段防洪堤工程（图） 126

永福县城天凤广场周边建设（图） 341

永福县城天凤广场周边景象（图） 119,128

永福县城天凤广场周边下雪景象（图） 75

永福县城西河公路大桥（图） 323

永福县城西江大桥河段（图） 21

永福县城阳光超市（图） 292

永福县城樟峡大桥（图） 311

永福县城主要街道划分情况（2005年）（表） 41

永福县初中教育基本情况（2005年）（表） 648

永福县大中专毕业生报到及就业情况（1991—2005
　　年）（表） 598

永福县党组织及党员人数（1991—2005年）（表）
　　447

永福县档案局（馆） 681

永福县地表水质监测结果（2005年）（表） 139

永福县地方税（费）收入情况（1995—2005年）（表）
　　354

永福县第20届茅江之夏彩调表演（图） 683

永福县第十届至第十三届人民政府县长和副县长
　　名单（表） 492

永福县电网 242

永福县电影发行放映公司 682

永福县淀粉蛋白质类饲料生产情况（1991—2005
　　年）（表） 208

永福县动物疫病消长情况（1991—2005年）（表）
　　217

永福县扶贫办支持淮山种植生产（图） 637

永福县福成金属有限公司 263

永福县妇女代表大会
　　第九次 530
　　第十次 530

永福县复员退伍军人生活补助情况（1991—2005年）
　　（表） 626

永福县高考录取人数（1991—2005年）（表） 652

永福县高中教育基本情况（2005年）（表） 649

永福县个体工商户注册登记及年检情况(1991—
2005年)(表) 412

永福县各年月日照及百分率(1991—2005年)(表)
69

永福县各乡镇月年平均温度(1991—2005年)(表)
73

永福县各有关温度(1991—2005年)(表) 72

永福县各月季平均气温(1991—2005年)(表)
68

永福县各月降水量情况(1991—2005年)(表)
73

永福县各月平均气温(1991—2005年)(表) 71

永福县耕地评价等级面积汇总(1996年)(表)
84

永福县工会代表大会
第十次 522
第十一次 523

永福县工商联会员代表大会
第十次 534
第十一次 534
第十二次 534

永福县工商企业注册登记及年检情况(1991—2005
年)(表) 411

永福县公安局交通警察大队处理道路交通事故情
况(1991—2005年)(表) 550

永福县供销社系统主要生产资料商品销售情况
(1991—2005年)(表) 291

永福县共青团员开展城乡清洁工程志愿活动(图)
527

永福县广播电视事业管理处 681

永福县国税(费)收入情况(1995—2005年)(表)
352

永福县国有粮食企业稻谷收购情况(1991—2005
年)(表) 295

永福县国有土地使用权出让情况(1993—2005年)
(表) 383

永福县国有土地使用权出让情况(2002—2005年)
(表) 384

永福县国有土地使用权流转情况(1993—2005年)
(表) 384

永福县焊条厂 264

永福县华山水库除险加固工程开工(图) 226

永福县黄牛养殖(图) 210

永福县获"广西经济发展十佳县(市)"称号(图)
753

永福县获高级专业技术职称人员(1991—2005年)
(表) 760

永福县获自治区"双拥模范县"称号(图) 766

永福县获自治区"再就业工作先进单位"称号(图)
767

永福县机关干部在南雄村附近植树造林(图)
193

永福县机关企事业单位干部基本情况(1991—2005
年)(表) 599

永福县计生人员深入瑶山宣传计生政策(图)
110

永福县家禽生产情况(1991—2005年)(表) 212

永福县建设用地土地登记发证情况(1991—2005
年)(表) 378

永福县交通战备办公室 313

永福县金融机构人民币存款情况(1991—2005年)
(表) 360

永福县金融机构人民币贷款情况(1991—2005年)
(表) 362

永福县近现代部分百岁老人名单(表) 104

永福县俊杰集团有限公司 263

永福县开展科普下乡到瑶寨活动(图) 521

永福县科级领导干部培训班合影(图) 448

永福县粮食仓储企业仓库容量情况(1991—2005
年)(表) 299

永福县粮食仓储企业库存粮食稻谷情况(1991—
2005年)(表) 299

永福县粮食企业水库移民粮食供应情况(1991—
2005年)(表) 300

永福县烈士、因公牺牲和病故军人家属抚恤情况
(1991—2005年)(表) 625

永福县流动计生服务车进瑶寨(图) 95

永福县流动人口情况(1991—2005年)(表)
552

永福县硫铁矿 262

永福县六福山葡萄酒业有限公司 271

永福县龙溪电站河段(图) 78

永福县罗汉果（图）　182

永福县罗汉果面积产量（1991—2005年）（表）
　185

永福县罗汉果装箱销售（图）　187

永福县明清部分长寿老人名单（表）　103

永福县年蒸发量（1991—2005年）（表）　75

永福县农村"五保户"集中供养情况（2005年）（表）
　629

永福县农村富余劳动力转移培训情况（1995—2005
　年）（表）　611

永福县农民群众踊跃购买农业机械（图）　200

永福县农民踊跃交售爱国粮（图）　296

永福县坪岭林场　192

永福县铅矿　262

永福县青龙口水库风光（图）　769

永福县群众统筹和财政优待发放情况（1991—2005
　年）（表）　624

永福县群众在给罗汉果人工授粉（图）　641

永福县人大常委会领导名单（1990—2006年）（表）
　472

永福县人工造林面积（1991—2005年）（表）
　193

永福县人口分布情况（2005年）（表）　99

永福县人口普查情况（2000年）（表）　98

永福县人口情况（1991—2005年）（表）　96

永福县人口自然变动情况（1991—2005年）（表）
　100

永福县人民法院历任院长名录（1991—2005年）
　（表）　564

永福县人民法院立案情况（1991—2005年）（表）
　565

永福县人民法院民商事案件结案情况（1991—2005
　年）（表）　567

永福县人民法院行政案件结案情况（1991—2005
　年）（表）　568

永福县人民检察院历任检察长名录（1991—2006
　年）（表）　558

永福县人民武装部部长和政委名录（1991—2006
　年）（表）　578

永福县人民政协领导名单（1990—2006年）（表）
　508

永福县三皇清水选矿厂　262

永福县山葡萄种植获丰收（图）　155

永福县伤残抚恤金（保健金）发放情况（1991—2005
　年）（表）　625

永福县尚健在百岁老人名单（2005年）（表）　105

永福县少数民族活动（图）　725

永福县深入各乡镇进行计生政策巡回宣传（图）
　112

永福县牲畜定点屠宰情况（1991—2005年）（表）
　287

永福县牲畜检疫情况（1991—2005年）（表）
　218

永福县蔬菜面积和产量（1991—2005年）（表）
　164

永福县水稻产量与施肥水平情况（1991—2005年）
　（表）　174

永福县水稻用种量及主要品种情况（1991—2005
　年）（表）　158

永福县水果种植面积和产量（1991—2005年）（表）
　163

永福县水利冬修及水库除险动员大会（图）
　230

永福县饲料生产抽样调查　209

永福县苏桥经济开发区一角（图）　49

永福县太阳总辐射旬月平均总量（1990年）（表）
　71

永福县特困户救济情况（1991—2005年）（表）
　629

永福县天然保健食品饮料厂　267

永福县土地整理复垦和开发方案（1996—2010年）
　（表）　372

永福县土地资源（图）　367

永福县推行妇幼保健保偿制度（图）　722

永福县退耕还林粮食（稻谷）供应情况（1991—2005
　年）（表）　301

永福县万福林业化工有限公司　266

永福县未利用地区域情况（2000年）（表）　373

永福县文工团　682

永福县文化馆　681

永福县文化科技"三下乡"到三皇乡设点授书（图）
　670

永福县文化市场管理（图） 413

永福县文化事业管理处 680

永福县文化体育局 680

永福县文物管理所 682

永福县西河二桥周边景象（图） 129

永福县纤维多汁性饲料生产情况（1991—2005 年）
（表） 208

永福县乡镇集贸市场基本情况（2005 年）（表）
136

永福县小康生活标准测评计算（2000 年）（表）
118

永福县小学校点情况（2005 年）（表） 646

永福县校长建设年强化管理年启动仪式暨校园文
化建设现场会（图） 646

永福县信访工作实行首问责任制度（图） 619

永福县刑事案件立案和破案情况（1991—2005 年）
（表） 545

永福县行政建置沿革（表） 25

永福县行政区划（1991 年）（表） 27

永福县行政性事业性经营性和公益性收费监督情
况（1991—2005 年）（表） 405

永福县畜牧业生产情况（1991—2005 年）（表）
211

永福县畜禽常见非传染性疾病（1991—2005 年）
（表） 217

永福县畜禽疫病免疫注射情况（1991—2005 年）
（表） 216

永福县畜禽疫病种类（1991—2005 年）（表）
214

永福县学校教学仪器和图书统计（1991—2000 年）
（表） 666

永福县学校教学仪器和图书统计（2001—2005 年）
（表） 666

永福县瑶族群众（图） 116

永福县药政监督处罚案件情况（2002—2005 年）
（表） 432

永福县野生动植物名录 87

永福县一般预算收入情况（1991—1997 年）（表）
340

永福县一般预算收入情况（1998—2005 年）（表）
341

永福县医疗保险情况（2000—2005 年）（表）
617

永福县渔洞上高街葫芦泉（图） 80

永福县渔业生产情况（1991—2005 年）（表）
221

永福县与相邻县场联防建设 196

永福县预算外资金收支情况（1991—2005 年）（表）
345

永福县在职教师情况（1991—2005 年）（表）
659

永福县早籼稻谷定购价格（1991—2003 年）（表）
295

永福县中考情况（1991—2005 年）（表） 653

永福县中小学每人每学期收费标准及收费情况
（1996 年）（表） 662

永福县中小学生参加各级各类赛事情况（1991—
2005 年）（表） 699

永福县中小学校舍情况（1991—2005 年）（表）
664

永福县重大科技获奖项目情况（1991—2005 年）
（表） 674

永福县重晶石矿 262,（图）

永福县重晶石矿亿名达矿粉厂（图） 251

永福县主要商标注册情况（1991—2005 年）（表）
414

永福县专利申请授权情况（1991—2005 年）（表）
676

永福歇后语选 740

永福镇 41

永福镇财政 43

永福镇党委政府人大主席团正职领导任职
43

永福镇工业 42

永福镇教育卫生文化 43

永福镇农业 42

永福镇湾里村渡口运输（图） 321

永福镇小学 649

永福镇银洞村罗汉果生产基地（图） 42

永福中学创自治区示范性普通高中项目建设开工
仪式（图） 662

永宁州城 306

永宁州古城门（图） 692

永兴大道 40

用电价格 408

用电优惠 238

用工制度 607

优待 623

优待　抚恤　安置 623

优抚 605

优质稻 672

优质谷种植基地 167

优质梨 673

邮电 325

邮电机构 325

邮路 329

邮政 326

邮政编码 327

邮政储蓄 328

邮政快件 328

邮政设施 328

邮政业务 326

油菜 160

油料供应 204

油料加工 300

柚 162

有偿划拨土地使用权 381

有线电视 686

幼儿常见病防治 724

幼儿教育教学 644

幼儿园管理 643

幼儿园设置 643

幼儿园选介 644

幼教经费 644

于寓真 760

鱼病防治 222

鱼苗种生产 220

鱼腥草 714

渔业区划 218

渔业生产 219

渔业资源与渔业区划 218

雨水 76

语言 731

玉米 160

玉米良种推广 158

玉女泉 80

预防保健机构 716

预算外资金管理 344

元旦节 742

元宵节 741

园林绿化 128

月山 66，309

孕产期保健 723

Z

杂交玉米高产栽培技术 174

灾害救济 627

栽培及产量 184

栽培林植物植被区 83

在建的县体育馆工地（图） 696

造林绿化 446

造纸 268

造纸　印刷 267

噪声监测 141

噪声污染调查处理 145

噪声治理 143

增值税 350

斋岩 67

招商引资 446

招商引资 255

招商引资成效 258

招商引资措施 257

招商引资优惠政策 446

招商引资政策 255

招赘 748

沼气池推广应用 199

赵世璠 755

褶皱 63

侦查监督 559

侦破经济犯罪案件 544

震旦系 62

征管档案 355

蒸发 75

政策性粮食供应　300
政策研究　466
政法　国防建设事业　541
政法工作　461
政法执法监督　461
政府办公楼建设　137
政府采购管理　346
政府法律事务审查论证　576
政府法制事务　576
政区　22
政协参政议政　513
政协服务基层　520
政协联谊活动　518
政协民主监督　515
政协提案工作　516
政协委员　509
政协委员会全体会议　511
政协委员视察和专题调研　515
政协委员学习　519
政协文史工作　519
政协宣传工作　519
政协永福县第三届至第六届委员会委员各界别组
　　成人数（表）　510
政协永福县第三届至第六届委员会委员构成情况
　（表）　511
政协永福县委员
　　第三届　509
　　第四届　509
　　第五届　510
　　第六届　510
政协永福县委员会全体会议
　　第三届　512
　　第四届　512
　　第五届　512
　　第六届　513
县人武部支援地方经济建设　586
知识产权　676
执法监察　458
执业医师管理　705
直管公房　133
直属机关党建　467

直属机关党员发展　467
直属机关党员教育管理　467
直属机关党员学习培训　467
职工合法权益维护　523
"职工之家"建设　524
职工重大疾病互助补充保险　524
职业病监督　720
职业教育　654
植保"三诱"技术　176
植保机械　201
植被　83
植树节　742
植树造林　192
植物检疫　170
制糖　267
治安管理　545
治理开发重点项目　237
治理乱收费　406
质量技术监督　417
质量技术监督机构　417
质量监督管理　418
中共地方组织　人民代表大会　433
中共永福县党员代表大会
　　第八次　434
　　第九次　435
　　第十次　435
　　第十一次　435
中共永福县地方组织　434
中共永福县第十一届代表大会
　　第一次会议　435
　　第二次会议　436
　　第三次会议　436
中共永福县纪律检查委员会　439
中共永福县纪律检查委员会机关　442
中共永福县纪律检查委员会历任书记名单(1991—
　　2006 年)（表）　439
中共永福县委员会
　　第八届　436
　　第九届　437
　　第十届　437
　　第十一届　437

中共永福县委员会　永福县人民政府关于大力发展
　　水果生产的决定　771

中共永福县委员会　永福县人民政府关于狠抓农业
　　综合开发加快农业经济发展的决定　772

中共永福县委员会　永福县人民政府关于集资办教
　　育的规定　770

中共永福县委员会　永福县人民政府关于加快发展
　　乡镇企业的决定　776

中共永福县委员会　永福县人民政府关于进一步加
　　快企业整体改革的决定　779

中共永福县委员会　永福县人民政府关于印发桂林
　　苏桥新区优惠政策实施办法的通知　782

中共永福县委员会　永福县人民政府关于招商引资
　　奖励暂行规定　784

中共永福县委员会　永福县人民政府关于加快发展
　　非国有经济有关问题的决定　774

中共永福县委员会历届常委会成员名单(1991—
　　2006年)(表)　437

中国工商银行永福县支行　358

中国公民因私出境管理　553

中国建设银行永福县支行　358

中国联合通信有限公司永福分公司　330

中国农业发展银行永福县支行　358

中国农业银行永福县支行　358

中国人民保险公司永福支公司　359

中国人民财产保险股份有限公司永福县支公司
　　359

中国人民银行永福支行　357

中国人寿保险股份有限公司永福县支公司　360

中国铁通集团有限公司永福经营部　331

中国银行业监督管理委员会桂林监管分局永福县
　　办事处　357

中华人民共和国成立后档案资料　694

中华人民共和国成立后图书资料　695

中华育英大苏希望小学　650

中考　652

中考考试科目　652

中考录取　653

中考命题及考试时间　652

中考评卷　652

中考组织领导　652

中秋节　742

中石化永福石油分公司　282

中小学及社会体育设施　696

中小学乱收费治理　458

中小学校体育　698

中学教育　647

中学课程改革　667

中学学校管理　647

中学学校设置　647

中央农业广播学校永福分校　655

中药　266

中药　制糖　266

中医　草药　712

中元节　742

种植习俗　744

种植业　152

种植业机构　153

种植业区划　155

种子　157

种子法律法规宣传　170

种子管理　170

种子生产监管　171

种子市场检查　171

种子许可管理　171

重点单位消防监管　554

重点企业发展扶持　446

重点项目用地规划　373

重晶石矿　89,271,254

重晶石矿产品(图)　89

重晶石矿粉加工　255

重阳古树　306

重阳节　742

重阳树　87

重要商品价格检查　405

珠江防护林工程　194

猪　210,212

猪肉价格　407

主食　746

主题宣传　453

主要电信企业　330

主要农作物　159

主要水事纠纷选介　235

住房公积金管理中心永福管理部　121

住宅建设　130

住宅小区开发　131

注册登记管理　410

专项斗争　463

专项规划　124

专项救济救助　630

专项资金审计　427

专业教育　653

专业文艺演出　684

专用公路　317

专用铁桥和立交桥　324

壮语　734

壮语词汇　734

壮语语法　734

壮语语音　734

壮族师公道教　751

资源与区划　154

自管公房　133

自来水价格　408

自然环境　61

自然旅游资源　303

自然灾害　90

自然资源　84

自治区劳动模范和广西五一劳动奖章获得者　764

宗教　729

宗教机构　729

宗教事务管理　729

综合经济管理　367

总体规划编修　121

总体规划布局　122

总体规划用地条件　122

组织机构代码　421

组织建设　447

编 后 记

    今永福县由原永福县、百寿县于1952年8月合并而成。1949年以前,原永宁州(含百寿县)曾先后编撰过《永宁州纪略》《永宁州志草》和《永宁州志》;永福县编撰过《永福县志》。1996年,修编了中华人民共和国成立后的第一部《永福县志》,内容下限为1990年。

    根据广西壮族自治区人民政府、桂林市人民政府关于编修第二轮地方志书的要求,2004年12月,永福县调整地方志编纂委员会成员。2005年5月18日,永福县人民政府印发《关于开展永福县第二轮地方志编纂工作的通知》及编纂实施方案。5月20日,召开全县第二轮地方志编纂工作暨修志业务培训会议,全面启动第二轮《永福县志》编修工作。第二轮《永福县志》断限时间是1991—2005年,范围涉及9个乡镇和87个县直、区直及中直驻永福单位,承编部门涉及96个单位。由于修志涉及面广、时间跨度长、工作量大、专业性强、质量要求高,永福县党史县志办本着对历史、对人民负责的精神,历经10个春秋,经过3个阶段,多方搜集资料,反复斟酌,考证核实,数易其稿,反复修改,至2014年8月方成正稿。

    第一阶段,纂写编目和搜集资料。2005年下半年开始草拟篇目。2006年,进行篇目意见征集。2007年,根据多方征集的意见,对篇目框架进行修改完善,并根据修改后的篇目框架开始搜集少部分资料。2008年,大面积地做好第二轮《永福县志》的资料搜集。2009年上半年基本完成所有承编单位的县志资料搜集,共约200万字。

    第二阶段,初稿编撰和统稿总纂。2008年下半年开始,永福县党史县志办安排本办业务骨干4人,外聘3位有经验的干部对各承编单位交来的资料进行县志初稿编撰。2009年8月,新任党史县志办主任蒙明德也参加县志初稿编撰。具体分工如下:蒙明德负责凡例、概述、水文、土壤、植被、城乡建设、农村经济体制、种植业、罗汉果生产、林业、农业机械、桂林苏桥工业园区、粮食、邮电、食品药品监督管理、中共永福县地方组织、县人民代表大会、人民政府、人民政协、工会、共青团、妇联、工商联、残联、科协、公安、司法行政、国防建设、编制、人事、劳动和社会保障、扶贫、信访、民族、宗教、语言、人物、先进集体、附录、索引、编后记共41章(部分)的初稿编撰与编辑;唐贤珍负责建置、政区、地质地貌、气候物候、自然资源、自然灾害、人口、计划生育、居民生活、环境保护、国土资源管理、审计共12章的初稿编撰与编辑;潘仁松负责交通、财政、税务、金融共4章的初稿编撰与编辑;熊文华负责养殖业、水利、电力供应、工业、工业门类、社会风俗共6章的初稿编撰与编辑;汤积光负责计划、统计、物价、工商行政管理、质量技术监督共5章的初稿编撰与编辑;蓝胜福负责教育、科技、文化、体育、卫生行政、医疗、疾病预防与妇幼保健共7章的初稿编撰与编辑;黄德榜负责民政章的初稿编撰与编辑;潘敬宽负责检察、审判共2章的初稿编撰与编辑;李汴明负责大事记的初稿编撰与编辑。至2010年年底,基本完成续志初稿,共140万字。2011年上半年,由主编蒙明德对全志内容进行了总纂,并解决了初稿编撰和编辑过程中个别章、节重复及漏项问题,增添了一些重要文献。2011年7月,将全志内容分给各编辑进行交叉修改和校对,提出一些好的意见和建议。2011年10月,由主编蒙明德对经过各编辑交叉修改和校对的第二轮《永福县志》内容进行统稿修改,形成《永福县志(1991—2005年)》第二稿内容。2011年12月,将《永福县志(1991—2005年)》第二稿内容返回各承编单位进行复核修改。2012年3月,由主编蒙明德对经过各承编单位复核修改的《永福县志》内容进行第三次统稿修改,形成《永福县志(1991—2005年)》第三稿内容。

第三阶段,评议修改和送审。2012年5月28日,永福县召开《永福县志(1991—2005年)》县级审稿会,邀请县领导、各行业专家、老干部及党史县志办的历届领导共21人对《永福县志》内容进行评议,与会人员发表了很多修改建议和意见。2012年6月至7月,由主编、总纂蒙明德根据县级审稿会的修改建议和意见,对《永福县志》内容进行第四次统稿修改,形成《永福县志(1991—2005年)》第四稿内容。

2012年8月28日至29日,永福县召开《永福县志(1991—2005年)》综合评稿会议,邀请自治区、桂林市地方志办公室主要领导和修志专家24人,对《永福县志(1991—2005年)》评议稿进行修改。参加综合评稿会的自治区、桂林市地方志办公室的主要领导和修志专家有:自治区地方志编纂委员会办公室主任、研究员李秋洪,自治区政协常委、教科文卫体委员会副主任、研究员蓝日基,自治区地方志编纂委员会办公室副主任邓敏杰,自治区地方志编纂委员会办公室副巡视员文崇礼,自治区地方志编纂委员会办公室顾问(副厅级)、编审晏源源,市县志指导处处长、编辑赵敏,机关党委专职副书记孙仿,市县志指导处副处长、副编审梁燕鸣,主任科员陈小军、黄家接,副主任科员苏麟忠;桂林市地方志编纂委员会办公室主任、编辑唐群森,桂林市地方志编纂委员会办公室副主任徐朝凯,桂林市地方志编纂委员会办公室副主任、副教授韦兰玉,地方志科科长、副编审徐李宁,年鉴科科长、编辑胡小春,秘书科科长、编辑曾荣平,主任科员、副编审关玉成,地方志科副科长廖志良,资料科副科长、编辑李春瑜,副主任科员覃丰展。与会专家组从篇目框架、资料内容、志书体例、行文规范修辞、人物入志、图文并茂等6个方面,提出了299条修改意见及建议,为编修出高质量的《永福县志》打下了良好基础和条件。

2012年9月至12月,由全体编纂人员熟悉、消化、掌握自治区、桂林市两级地方志办公室专家对第二轮《永福县志》评稿意见,制订出后期完善修改工作方案,并增加了富有永福特色的"罗汉果生产"和"桂林苏桥工业园区"两章内容。2012年12月,以县政府办文件形式印发《关于进一步做好〈永福县志(1991—2005年)〉补充材料工作的通知》,并于2013年4月基本搜齐各承编单位的补充材料。2013年1月至2014年3月,由主编蒙明德按照自治区与桂林市两级地方志办公室专家的评稿修改建议意见对《永福县志(1991—2005年)》内容进行逐篇逐章逐节的后期修改与完善补充,并完成统稿和总纂。2014年4月至5月,由主编蒙明德与编辑李汴明进行《永福县志(1991—2005年)》彩页及内文插图的编排。2014年6月至8月,由主编蒙明德与编辑莫伟华对《永福县志(1991—2005年)》的节、目内容进行索引编排,最终形成《永福县志(1991—2005年)》第五稿(即送审稿)。

2014年9月,将《永福县志(1991—2005年)》送审稿呈送县四家班子主要领导审核。

2014年12月,将《永福县志(1991—2005年)》送审稿呈送桂林市地方志办公室的领导和专家复审。

2015年8月,将《永福县志(1991—2005年)》送审稿呈送自治区地方志办公室的领导和专家终审。

2015年12月,自治区地方志办公室召开《永福县志(1991—2005年)》专家终审会,对永福县志内容提出终审和补充完善意见。

2016年1月,针对自治区专家组提出的终审意见,制订终审后完善、修改工作方案,并再次大范围搜集永福县志补充资料。是年,由总纂蒙明德按照自治区专家组终审和补充完善意见对《永福县志(1991—2005年)》进行补充和完善。

2017年11月,完成修改后付印出版。

《永福县志(1991—2005年)》编修,得到县委、县人民政府的高度重视,每年把续修县志的专项经费列入财政预算,解决办公场所,购置电脑、打印机、扫描仪等办公设施,为修志工作创造了良好的条件,保证了续修工作正常运转。历任县委书记莫桦、赵德明、文建中、黄永跃、蒋昌桂,县人大常委会主任于顺弟、罗代璋,县长石春莲、文建中、蒋文明、王芳、莫振华,县政协主席徐元声、刘永祥、秦际广都十分关注修志工作,过问修志进程,解决工作困难,给予修志工作强有力的领导和保障。先后分管党史县志工作的县委副书记唐纪文、唐标明,县委常委、县委办主任黄泽治、秦际广、秦传志,副县长秦学文、王宜琼、林增学、李庆节、孙玉杰、蔡一鸣经常听取工作汇报,深入编辑部指导,解决工作中遇到的难题和困难,使修志工作顺利开展,如期完成。

县志续修工作得到了自治区地方志办公室、桂林市地方志办公室的大力支持和帮助。自治区地方志办公室主任李秋洪、原主任蓝日基、副主任邓敏杰、副巡视员文崇礼、顾问晏源源等;桂林市地方志办公室主任唐群森、徐朝凯,副主任韦兰玉等亲临《永福县志(1991—2005年)》综合评稿会,并多次莅临永福县指导修志工作。

各乡镇党委、乡镇政府和县直、区直及中直驻永福各有关单位及资料员对永福县志续修工作给予了大力支持并提供了大量的文字、图片资料。永福县委宣传部杨志德、永福县摄影协会唐庆甫、张桂发,今日永福报社邹龙等给本县志续修提供了大量图片。

《永福县志》的续修凝聚了各级领导、撰稿编辑人员、审稿人员、资料员的大量心血和辛勤汗水,是各方通力合作、共同努力的结果。同时也是县党史县志办全体人员集体智慧和劳动的结晶。历任县党史县志办主任、副主任及现任全体人员负责各承编单位资料的搜集和催交,并进行全书文字、图片资料的录入、核对等,对续编县志的成书发挥了重要作用。

值此,在《永福县志(1991—2005年)》即将出版发行之际,谨向所有关心、支持、帮助和参加本志书编纂工作的单位领导、工作人员、资料员及社会各界人士表示诚挚的谢意!

由于编者水平有限,志书中错漏、不当、不周之处在所难免,尚祈领导、专家及读者不吝指正。

永福县地方志编纂委员会

2017年6月